杭州年鑑

HANGZHOU ALMANAC

沙孟海题

(2007)

杭州市人民政府地方志办公室

方志出版社

图书在版编目(CIP)数据

杭州年鉴.2007 / 杭州市人民政府地方志办公室编.
北京:方志出版社,2007.10
ISBN 978-80238-166-7

Ⅰ.杭… Ⅱ.杭… Ⅲ.杭州市-2007-年鉴 Ⅳ.Z525.51

中国版本图书馆 CIP 数据核字(2007)第 159064 号

杭州年鉴(2007)

编　　者:杭州市人民政府地方志办公室
(杭州市环城北路 318 号)
邮编 310026
电话 0571-85253687

出 版 者:方 志 出 版 社
(北京市建国门内大街 5 号中国社会科学院科研大楼 12 层)
邮编 100732
网址 http://www.fzph.org

责任编辑:李　沛

发　　行:方志出版社出版发行部
010-85195814 85196281

经　　销:新华书店总店北京发行所

法律顾问:北京市京诚律师事务所

印　　刷:杭州余杭人民印刷有限公司

制　　版:杭州新正多媒体技术有限公司

开　　本:889×1194　1/16

印　　张:35.5

字　　数:1468 千

版　　次:2007 年 10 月第 1 版　2007 年 10 月第 1 次印刷

印　　数:0001-3000 册

ISBN 978-7-80238-166-7/K-898　定价:200.00 元

中国最佳旅游城市

Hangzhou—The Best Tourist City in China

杭州市地方志编纂委员会

杭 州 年 鉴 编 辑 部

杭州市地图
安徽省
浙江省
湖
天目
昱岭
白际山
千里岗
衢州市
乌溪
苏红
板桥
梅林镇
狮桥镇
章村镇
甲路镇
南极
仙霞镇
三溪镇
俞村
胡乐镇
旌德
金沙镇
庙首镇
长安镇
杨溪镇
逍遥
绩溪
溪头镇
许村镇
临溪镇
霞坑镇
岔口镇
歙县
徽州区
漳潭
瑸田
黄山市
屯溪区
岛石镇
浙西天池
千倾塘
龙井桥
仁里
新桥
浙西大峡谷
大峡谷镇
白马崖
黄柏坞
桃树岭
落塘
甲子山
源头
杨树下
十八龙潭
马啸
石长城
清凉峰
清凉峰镇
株柳
龙岗镇
昌化镇
太阳镇
於潜镇
柳溪江
董家
景村
前岗
学川
中国石花洞
(瑞金洞)
河桥镇
浪川
潜川镇
祝川
昱岭关
大明山
塘里
濡口温泉
濡口镇
韩家
宝坞
乐平
洪岭
水坑
童家
双坑
云头
法道
杨树坞
横路
龙皇殿
西天目山
山后坞
大有
千洪
隐将
瑶山
秋源
黄石潭
流湘飞瀑
马山
方腊洞(被俘)
联盟
王阜
金紫尖
屏门
仰韩
临岐镇
岔口
岭源
金星
合村
分水镇
里邵
后河
赵家村
百江镇
新棚
坑口
石岭后
西河
许家
罗山
严村
横塘
塔坞
文昌镇
奎星桥
威坪镇
方腊洞(聚义)
左口
后坞
中包坪
姜家村
宋村
金峰
海坑
湖坑
重坑
北坞
方家
唐坪山
鸠坑
金家坞
温馨岛
富文
双溪口
慈溪
田垄里
前坞
金村
徐洪
结蒙
梓桐镇
梅峰观岛
龙山岛
千岛湖
淳安
马路
瀛山书院遗址
蛇岛乐园
千岛湖镇
源口
墩头
狮石
汪家
界首
严家
孔雀园
姥山岛
姜山
东坑
莲花镇
阮宅
杨村
界首列岛
三潭岛
牛坞源
天池
紫培山
洋溪街道
下涯镇
姚家
樟村
浪川
姜家镇
甘坞
横坑口
里商
濂河坞
蜜山岛
桂花岛
桐官景区
白沙奇雾
建德市
马目埠
王山顶
中洲镇
汾口镇
陈家坞
石林镇
里湖家
朱家埠
新岭湾
齐溪镇
百亩畈
石山底
大茂川
昌墅
安阳
兰玉坪石林
横路口
更楼街道
林村
邓家
大洋
龙门
桂花庵
大墅镇
琅琊岭石林
西山坪石林
石门
西山坪
公曹
灵栖洞天
八亩丘
翠坑口
东村
寿昌镇
芝堰水库
何田
坞坑
露天降
枫树岭镇
红山香
三井尖
李家镇
大同镇
航头镇
大慈岩
金山头水库
黄店镇
马金镇
大溪边
枫树岭水库
花石源
上坊
长林口
寻芳
大慈岩镇
十里荷花
岭后
鲁家田
观音岩
上方镇
上马
朝阳
孝坑源
兰溪市
永昌街道
磨心尖
方家
音坑
开化县
童源
太真
林山
老石坎水库
报
天目
南天
吕
西
乌窠
陈
天目
何宋
红灯笼乡
罗村水库
杭千高速
建龙高速公路
黄衢南高速公路
新安江
千岛湖
富春江
天目溪
昌化溪
分水江

图 例
省、直辖市界
设区市界
县（市、区）界
铁路及车站
高速公路
规划
国道及编号
G330
省道及编号
S45
县乡道
河流、水库、桥梁
机场
省政府驻地
设区市政府驻地
县（市、区）政府驻地
乡、镇政府及街道办事处
村 庄
风景名胜区
自然保护区
森林公园
景 点
山 峰
比例尺 1:580000
浙江省地质调查院 编制
地图审核：浙S(2007)173号
注：本图界线不作划界依据
杭州市
萧山区
滨江区
余杭区
临安市
富阳市
桐庐
德清
海宁市
桐乡市
绍兴市
越城区
诸暨市
浦江
义乌市
杭州经济技术开发区
杭州萧山国际机场
西湖
钱塘江
富春江
窑头山
1095
仙华山
观音尖

杭州荣誉

中国最佳旅游城市

十大节庆城市

全国城市交通畅通工程模范管理一等水平城市

中国大陆最适宜发展物流城市第四名

中国城市总体投资环境第一名

全国双拥模范城市五连冠

全国学习型家庭创建示范城市

中国十佳国际性城市第四名

中国最具幸福感城市第一名

中国典范品牌城市

全国绿化模范城市

中国最令人向往的地方

综合竞争力全球第 85 位

胡庆余堂、解百、张小泉、楼外楼、老大昌入选首届中华老字号品牌百强榜

中国城市竞争力金牌城市

中国十大国际化城市第九名
全国城市创新环境第二名
中国十大品牌城市国际休闲都会
“中国幸福城市”第一名
中国大陆最佳商业城市第一名
中国最令人向往的旅游胜地第一名
国家软件出口创新基地

2005 年度平安市
全国治安最好城市
中国城市生活质量第三名
第十届国际花园城决赛最大贡献奖
中国十大宜居城市第二名

运河风光　（市运河指挥部 供稿）

友好往来

2006年4月4日，中共浙江省委常委、杭州市委书记、市人大常委会主任王国平会见日本泰尔茂医疗产品公司董事长和地孝。（市外办 供稿）

5月20日，俄罗斯圣彼得堡市议长久利潘诺夫在市议会大厅欢迎中共杭州市委副书记、市长孙忠焕一行。（市外办 供稿）

4 月 6 日，土库曼斯坦总统尼亚佐夫参观中国丝绸博物馆。　（苗 军 摄）

7 月 1 日，老挝人民革命党总书记、国家主席朱马利游览灵隐寺。　（苗 军 摄）

11 月 3 日，科摩罗联盟总统桑比参观杭州娃哈哈集团有限公司。　（苗 军 摄）

杭州新貌

6 月 29 日，召开全市科技创新大会暨市委九届十一次全体（扩大）会议。（市科技局 供稿）

12 月 23 日，举行杭州万象城奠基仪式。（钱江新城 供稿）

8 月 29 日，汇丰银行杭州分行开业庆典在杭州凯悦酒店举行。 （市外办 供稿）

9 月 30 日，杭州市举办十大平民英雄颁奖晚会。 （市文广集团 供稿）

体育场路新貌　　（市建委 供稿）

杭州—千岛湖高速公路通车　　（市建委 供稿）

电梯生产基地——西子奥的斯电梯有限公司生产场景　（张杭平 摄）

改善背街小巷工程——小营巷新貌　（市建委 供稿）

都市水乡水秀苑安居工程　（市建委 供稿）

4 月 20 日，2006 年中国国际休闲产业博览会在杭州和平国际会展中心开幕。（市休博办 供稿）

西溪湿地综合保护二期工程启动（赵尔平 摄）

灵隐寺入口

冷泉猿啸

灵隐景区综合整治一期工程竣工

吴山广场河坊街

伍公山民俗休闲区

吴山戏曲文化博览廊

吴山景区综合整治一期工程竣工

龙井八咏诗碑廊

龙井八景恢复工程竣工

（西湖风景名胜区管委会 供稿）

4 月 13 日，首届世界佛教论坛在杭州举行。　　（市佛教协会 供稿）

4 月 14 日，杭州歌舞团创作演出大型歌舞诗剧《和平颂》。　　（市文广集团 供稿）

4 月 27 日至 5 月 3 日，第二届中国国际动漫节在杭州举行。 （市文广新闻出版局 供稿）

10 月 27 日，第十五届中国金鸡百花电影节——中国（杭州）文化艺术星光大道暨著名电影明星手模活动在杭州举行。 （市文广集团 供稿）

11 月 5 日，举行 2006 年杭州国际马拉松比赛。 （苗 军摄）

数字杭州

对浙江而言，杭州是省会城市，浙江的政治、经济、科教、文化中心。

对中国而言，杭州是历史文化名城、长江三角洲南翼中心城市。

对世界而言，杭州是国际风景旅游城市。

全市生产总值(亿元)

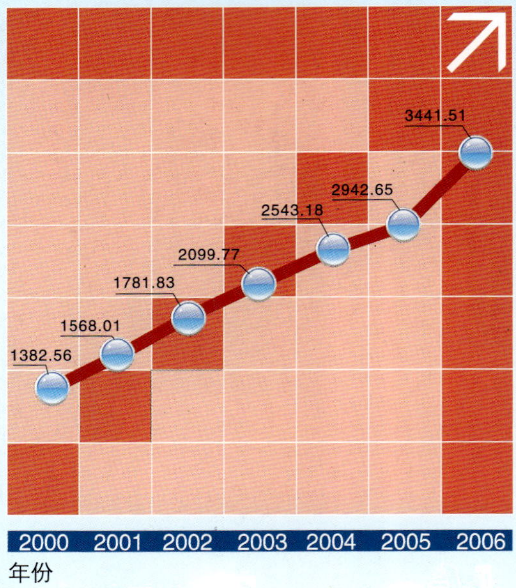

人均生产总值(元)

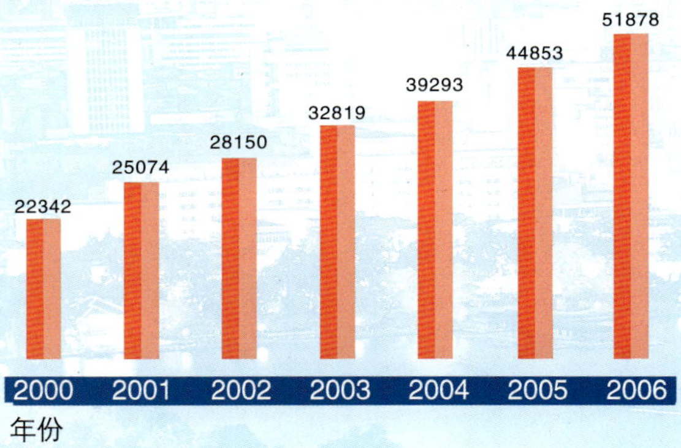

地方财政收入(亿元)

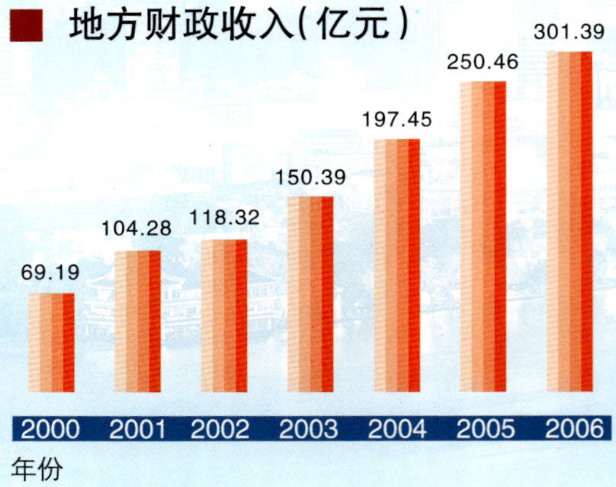

社会消费品零售总额(亿元)

限额以上固定资产投资(亿元)

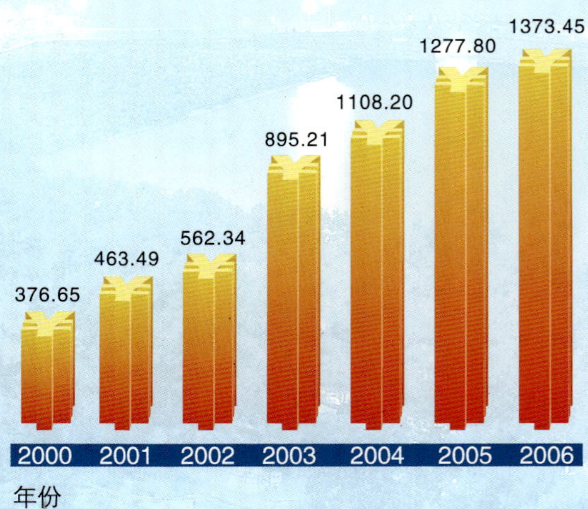

地区生产总值构成(%)

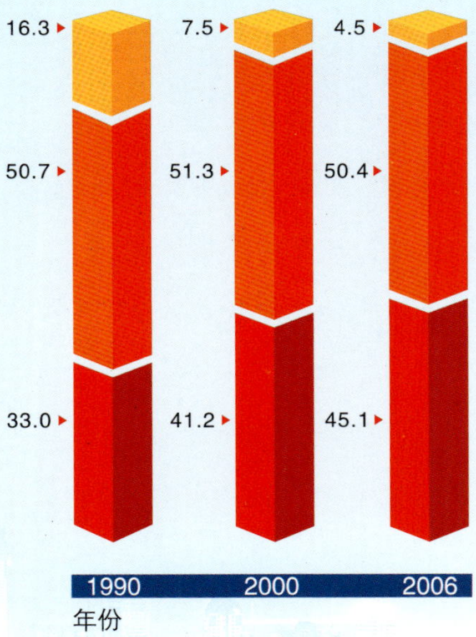

市区居民人均可支配收入和农民人均纯收入(元)

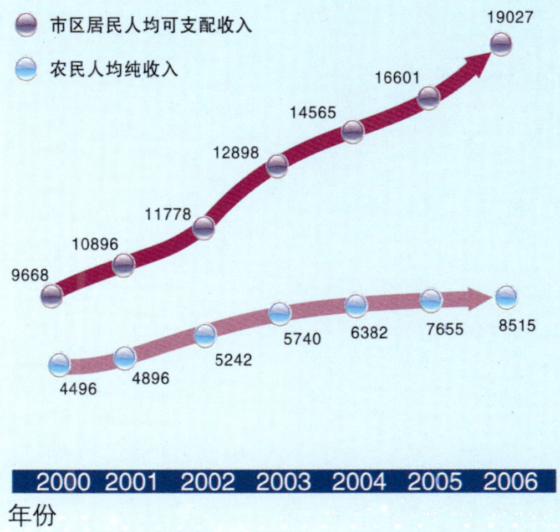

2006 年杭州经济占浙江省的比重(%)

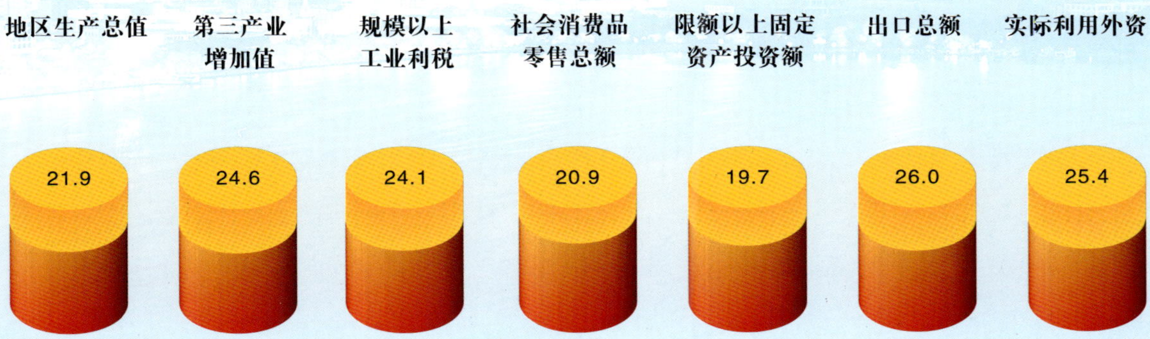

2006 年杭州市平均每天创造的财富

地区生产总值	农林牧渔业总产值	规模以上工业企业总产值	社会消费品零售总额	财政收入
9.43 亿元	**6437** 万元	**19.11** 亿元	**3.05** 亿元	**1.71** 亿元

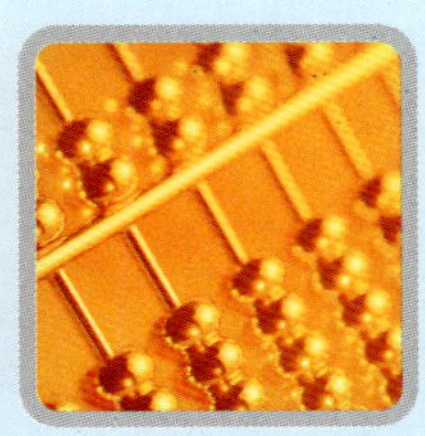

编辑说明

一、《杭州年鉴》是中国共产党杭州市委员会、杭州市人民政府主办的重要年刊，是汇集市情、地情信息资料的地方综合年鉴，系统地逐年记载杭州自然、政治、经济、文化、社会等方面发展的主要情况，为各级党政机关、研究部门和社会人士以及中外投资者，了解、研究、建设杭州，提供丰富、翔实的资料。本书是1987年创刊以来连续出版的第21部年鉴。

二、《杭州年鉴(2007)》以邓小平理论和"三个代表"重要思想为指导，全面反映2006年全市人民在中共杭州市委、杭州市人民政府的领导下，以科学发展观为统领，围绕"构筑大都市，建设新天堂"的战略目标，坚持"发展、创新、节约、稳定、为民"，经济保持快速健康发展，名城强市建设迈出新步伐，和谐社会建设和各项社会事业快速协调发展，全面建设小康社会取得的新成就、新经验以及在发展中遇到的新情况、新问题。

三、本年鉴采用分类编辑法，由卷首、百科、卷尾三个基本部分组成，设类目、分目、条目三个层次。2007卷有类目45个、分目256个、条目2131个、彩图77版、随文图照197幅、表格112张、资料40篇。

四、本年鉴采用彩色印刷，刊登杭州新貌和"西湖杯"优质工程、代表性企业、文教卫生、乡镇街道及有关单位的事迹介绍，以更好地反映杭州市经济和社会发展的新成就。

五、为更好地发挥年鉴的作用，2002年始，在出版书版的同时，出版电子版年鉴(光盘)；2003年始，载入"中国杭州"政府门户网站，网址：www.hangzhou.gov.cn。

六、本年鉴所刊载的文字内容和数据，由杭州市有关职能部门提供，并经各级领导审核。统计资料数据使用现行法定计量单位，主要数据由杭州市统计局提供。一些重要的连续性指标数据，在上年卷刊出后，有关部门作了适当调整，书中作了说明。

七、《杭州年鉴》编纂工作在中共杭州市委、市政府的领导下，得到各区、县(市)和市属各部门及有关单位的大力支持，广大编纂人员为年鉴撰稿、编辑、校对付出了辛勤劳动。书中如有疏漏和失误之处，恳请广大读者批评指正。

杭州年鉴编辑部

2007年9月

目录

Contents

特 载

特 辑

大事记

总 述

农 业

工　业

支柱工业

授权经营工业

个体民营经济

科学技术

商 业

市 场

会展业

世界休闲博览会

经济合作交流

对外经济贸易

国家级开发区

城市建设管理

环境保护

西湖风景名胜

文　物

旅　游

交通运输

邮电 通信

财政 税务

金 融

经济管理

信息化建设

党 政

民主党派和工商联

职工　青少年　妇女组织

劳动保障　人事

外事　侨务　台务

政 法

军 事

教 育

文 化

新闻出版

卫　生

体　育

社会生活

人　物

区　县(市)

统计资料

附 录

彩色图版

索 引

Contents

Education

Culture

Press & Publication

Public Health

Sports

Social Activity

People

Districts & Counties (Cities)

Statistics

Appendix

Colorful Inserts

Index

坚持科学发展 构建和谐社会 为建设生活品质之城而不懈奋斗(摘要)

在中国共产党杭州市第十次代表大会上的报告

(2007 年 2 月 10 日)

王 国 平

我受中共杭州市第九届委员会委托，向大会作报告。

一、肯定成绩，鼓舞斗志，坚持走杭州特色发展之路

市第九次党代会以来的 5 年，是“构筑大都市、建设新天堂”取得阶段性成果的 5 年。我们努力践行“干在实处、走在前列”的要求，认真落实省委“八八战略”，初步走出了一条杭州特色科学发展之路。

量的增长与质的提高统筹推进，经济发展又好又快。5 年来，全市生产总值由 1568 亿元增至 3441 亿元，人均生产总值由 3029 美元增至 6505 美元，达到中等发达城市水平；财政收入由 188 亿元增至 624 亿元，增长 2.3 倍。与此同时，经济结构优化升级，经济效益显著提高。粮食生产稳中有升，都市农业加快发展，优势特色产业产值占农业总产值比重超过 70%。传统优势工业提升发展，高新技术产业快速成长，走新型工业化道路迈出坚实步伐，工业经济保持“一高一领先”。现代服务业加快发展。三次产业比重调整为 4.5:50.6:44.9，杭州被授予“中国最佳旅游城市”和“东方休闲之都”称号。

城市化与新农村建设统筹推进，城乡区域协调发展。实施城市化战略，西湖、西溪湿地、运河三大综合保护工程硕果累累，“和谐杭州示范区”建设扎实推进，“33929”、“三口五路”、“一纵三横”、“五纵六路”道路综合整治和背街小巷改善工程全面完成。钱江新城加快建设，4 个高教园区形成规模，4 个国家级开发区、4 个省级开发区和各县(市)省级开发区加快发展。“东网加密”、“黄金水道”工程加快推进，“交通西进”、“乡村通达”工程全面完成。5 县(市)发展全面提速。杭州城市发展从

“西湖时代”迈入“钱塘江时代”，市域网络化大都市雏形初现。坚持以工促农、以城带乡，为农民办的“9 件实事”全面完成。

社会进步与经济发展统筹推进，“名城强市”夯实基础。历史文化名城保护全面加强，京杭大运河、杭州西湖·龙井茶园、良渚遗址列入中国世界文化遗产预备名单，哲学社会科学、文学艺术、广播电视、新闻出版、史志档案事业加快发展，数字电视、动漫游戏、文化创意产业异军突起，群众文化生活丰富多彩。“精致和谐、大气开放”的城市人文精神深入人心，社会主义荣辱观教育不断深化，精神文明建设扎实推进。在全省率先普及十五年基础教育。综合科技实力保持全省第一，创新环境排名全国大中城市第二。医疗卫生事业长足发展，人均预

期寿命达78.9岁。在第13届省运会上,杭州代表团以明显优势继续保持金牌和总分"两个第一"。

改革创新与对外开放统筹推进,发展动力不断增强。坚持以理念创新带动体制创新,取得重大体制创新成果。多种所有制经济共同发展,国有经济控制力增强,59个企业跻身中国民营企业500强,数量居全国城市第一。实施"开放带动"战略,实际利用外资5年增长3.5倍,累计有53个世界500强企业在杭投资;实际利用内资5年增长4.5倍;外贸出口总额5年增长2.6倍。

环境优化与民生保障统筹推进,人民生活持续改善。先后获得国际花园城市、国家环保模范城市、国家卫生城市、全国绿化模范城市、中国城市投资环境"金牌城市"、中国大陆最佳商业城市等一系列荣誉,跻身中国"十大品牌城市"行列,排名中国"十佳宜居城市"第二位。"破七难"取得阶段性成果。市区居民人均可支配收入、全市农民人均纯收入5年年均分别增长11.8%和9.8%。

"法治杭州"与"平安杭州"统筹推进,社会政治保持稳定。坚持人民代表大会制度,坚持中国共产党领导的多党合作和政治协商制度,完善"一个核心、三个党组"的领导体制,爱国统一战线发展壮大,民族、宗教、侨务、对台、地方外事等工作不断加强,工青妇等群团组织作用有效发挥。基层民主建设加强,公民有序政治参与扩大。连续4年被评为全国社会治安综合治理优秀城市,被新浪网和《小康》杂志评为全国治安最好城市。推进双拥共建,加强国防后备力量建设,实现全国双拥模范城"四连冠"。

先进性建设与执政能力建设统筹推进,党的建设全面加强。圆满完成党员先进性教育活动试点和先进性教育任务,保持党员先进性长效机制初步形成。开展"创业在杭州"大讨论等重大主题教育实践活动。加强领导干部理论培训。加强党外干部、女干部、少数民族干部、后备干部培养选拔,开展大规模培训干部工作。"先锋工程"和农村、社区"领头雁"工程不断深化,国有、非公、改制企业和机关、学校、新社团组织党建工作水平提高,党员队伍建设全面加强,流动党员"安家工程"扎实有效。加强老干部工作。坚持党管人才,完成首轮"356"工程和"131"计划,人才总量翻一番。落实党风廉政建设责任制,构建惩防体系,加强从政道德教育和廉政文化建设,纠正不正之风,查处违纪违法案件。市委全委会、常委会坚持民主集中制,全市上下心齐、气顺、劲足、实干、风正。

五年来,杭州的发展令人振奋,杭州的变化令人瞩目,但我们决不能自满、决不能自傲。要清醒地看到,自身工作中还有许多不足,杭州发展中还有不少"短板"。主要是:影响科学发展的体制机制性障碍尚未根除;经济结构不够合理,自主创新能力有待提高,能源资源、生态环境制约加剧;农业基础依然薄弱,农民增收难度增大;固定资产投资增势趋缓,消费拉动作用有待增强;社会事业特别是农村社会事业发展相对滞后,社保覆盖率等指标离全面小康目标值还有差距;8城区、5县(市)发展不够均衡,城乡居民收入差距仍呈扩大趋势,"破七难"力度仍需加大;领导班子执政能力还有待提高,干部作风还有待转变,社会管理和公共服务还有待加强;社会不稳定因素增多,一些社会成员诚信缺失、心态失衡、道德失范,干部队伍中腐败现象还时有发生。我们必须采取切实有效措施,弥补不足,接长"短板",让杭州的"发展之桶"能盛更多的"水"。

二、认清形势,明确目标,理清今后五年发展思路

今后5年,是我市人均生产总值突破10000美元、实现从中等发达水平向发达水平跨越的关键时期。这一时期的阶段性特征是:发展处于黄金期,社会转型进入加速期。我们面临的机遇前所未有,面对的挑战也前所未有,但总体上机遇仍大于挑战。全市上下务必保持昂扬向上、奋发有为的良好精神状态,永不自满,永不懈怠,永不言败,变困难为希望,乘机遇而勇进。

今后5年工作的指导思想是:高举邓小平理论和"三个代表"重要思想伟大旗帜,坚持以科学发展观统领经济社会发展全局,落实省委决策部署,实施"五大战略",引领"和谐创业",破解"七难问题",建设"名城强市",构建平安、法治、和谐杭州,全面推进经济、政治、文化、社会建设和党的建设,全力打造覆盖城乡、全民共享的"生活品质之城"。

落实科学发展观、构建和谐社会,归根到底是为了提高人民群众生活品质。生活品质包括经济生活品质、文化生活品质、政治生活品质、社会生活品质、环境生活品质。提高生活品质,既是杭州每个市民的当下愿望,又是杭州这座城市发展的长远目标,是杭州落实科学发展观、构建和谐社会的生动实践,是新的历史条件下对"构筑大都市、建设新天堂"的创新和发展。可以说,"生活品质之城"是杭州最具代表性、差异性、独特性的城市品牌。

今后5年杭州的奋斗目标是:实现从中等发达水平向发达水平的历史性跨越,人民群众经济生活殷实富足、文化生活丰富充实、政治生活生动活泼、社会生活安全有序、环境生活舒适便利,人人生活更幸福,身心更健康,初步打响"生活品质之城"品牌。

——经济生活品质显著提升。今后5年,全市生产总值年均增长11%以上,力争总量翻一番,人均生产总值突破10000美元。市区居民人均可支配收入、农民人均纯收入分别超过30000元和12000元,人民群众普遍过上殷实富足的小康生活。经济结构优化,产业层次提升,增长方式转变,生产劳动科技化、艺术化,工作环境人性化、舒适化。"和谐创业"蔚然成风,全民创业广泛开展,生活与创业高度融合。

——文化生活品质显著提升。文化事业繁荣,文化产业增加值增幅超过地区生产总值增幅。文化服务体系完善,人民群众文化生活丰富充实。教科文卫体事业费支出占财政支出比重增加,人人享有接受教育的机会,人人享有基本卫生保健服务,人均预期寿命接近80岁。市民思想道德、科学文化、身心健康素质全国一流,打造"人文杭州"、"礼仪之邦"。

——政治生活品质显著提升。民主健全,法制完善,民主协商普及,参与渠道畅通,合法权益受到保障,全市经济、政治、文化、社会生活走上民主化、法制化轨道,杭州成为不同阶层人民共同生活的美好家园。

——社会生活品质显著提升。家庭幸福,邻里和睦,人与人诚信友爱,全社会互帮互助。社会安定有序。劳动

就业充分。社会公平正义，分配制度完善，社保覆盖率达到全面小康水平。公共服务体系完善，公共产品和服务质优量足。

——环境生活品质显著提升。“三副六组团”初具规模，“东动西静南新北秀中兴”城市新格局基本成形，市域网络化大都市建设取得进展，杭州都市交通圈、旅游圈、经济圈、文化圈初步形成，生态市建设取得新突破。地铁一期建成，快速公交成网，人民群众出行条件改善。杭州城市清洁、清静、绿色、亲水、无视觉污染，成为全国一流“宜居城市”。

实现上述目标，必须始终坚持以下8条指导原则：

必须始终坚持解放思想、勇于创新。

必须始终坚持科学发展、率先发展。

必须始终坚持为了人民、依靠人民。

必须始终坚持深化改革、扩大开放。

必须始终坚持和谐稳定、依法治市。

必须始终坚持保护第一、节约优先。

必须始终坚持市县联动、城乡统筹。

必须始终坚持敢干大事、干成大事。

三、引领“和谐创业”，夯实物质基础，着力提高人民群众经济生活品质

建设“生活品质之城”，需要雄厚的物质基础。必须以经济建设为中心，以调整经济结构、转变增长方式为主线，推进“五大战略”，引领“和谐创业”，实现速度、质量、效益相协调，消费、投资、出口相协调，人口、资源、环境相协调，争创新农村建设全省先行区、全国示范区，打造国际旅游休闲中心、全国创意产业中心、“长三角”先进制造业中心、“长三角”南翼现代服务业中心、全省科技教育中心，推动杭州经济又好又快发展，为人民群众提供更多就业机会、营造更好创业环境、带来更高经济收入。

坚持建设新农村与推进城市化“两轮驱动”，促进城乡区域统筹协调发展。今后5年，是建设社会主义新农村的关键期。要把解决“四农一村”问题作为重中之重，以发展农村经济为中心，以促进农民增收和提高农民生活品质为重点，推进城市带动、农业提升、村庄整治、社会发展、农民保障、基层建设，确保我市新农村建设走在前列。稳定粮食生产，深化都市农业建设；千方百计增加农民收入，建立农民稳定增收的长效机制，确保农村居民人均纯收入年均增长8%以上；开展“百团联百乡、千企结千村”活动，深化农村综合改革，继续为农民办实事做好事。要把基础设施建设和社会事业发展的重点转向农村，财政新增教育、卫生、文化事业经费和固定资产投资增量主要用于农村，各级财政每年支农资金增幅要高于当地财政收入增幅。加快“城中村”改造，建设新农村示范村。加强外来创业务工人员管理和服务。

今后5年，是构筑市域网络化大都市的决战期。要坚持城市化战略，以更大力度拓展发展空间，集聚生产要素，突破发展瓶颈，增强综合服务功能，奠定“长三角”南翼中心城市地位。围绕做优老城区，推进沿江开发、跨江发展，加强历史文化名城保护，完成西湖、西溪湿地、运河三大综合保护工程，加快钱江新城、下沙副城、滨江科技新城、“和谐杭州示范区”和之江国家旅游度假区建设，推进市区西部保护与发展，提升老城区品位和综合服务功能。围绕做强新城区，强力推进江东、临江、钱江、余杭4个省级开发区建设，加快江东、仓前2个高教功能区建设，加强良渚遗址保护利用，打造江南、临平两大副城和六大组团，推动新城区加快发展现代服务业。围绕做大5县(市)，实施“融入战略”，促进市区产业特别是制造业梯度转移，加快中心镇建设，推动5县(市)变“郊县”为“郊区”，成为杭州大都市的重要功能区。围绕做新都市圈，坚持规划共绘、设施共建、产业共兴、市场共拓、环境共保，加强与绍兴、湖州、嘉兴等周边地区的合作交流，促进资源整合、产业整合、功能整合，构建以杭州市区为核心，以富阳、临安、桐庐、建德、淳安为紧密圈，以海宁、桐乡、德清、安吉、绍兴、诸暨等6个与杭州接壤县(市)为影响圈的杭州都市圈，增强杭州大都市的集聚辐射功能。围绕做畅骨架网，以道路、河道整治带开发、带建设、带改造、带保护、带管理，以“路河更新”带动“城市更新”。围绕“洁化、绿化、亮化、序化”目标，理顺城管体制，创新城管方式，建立长效机制，拓展“数字城管”，推动杭州城市管理再上新台阶。

坚持先进制造业和现代服务业“两轮驱动”，推进工业兴市，建设服务业大市。按照“提升发展传统优势工业、适度发展新型重化工业、大力发展高新技术产业”方针，积极运用高新技术和先进适用技术改造提升轻工纺织、机械制造、食品饮料等传统优势工业和丝绸、女装、包装印刷、工艺美术等都市型工业；适度发展装备制造业、运输设备制造业、精细化工等技术含量高、附加值高、投资密度高、无污染的新型重化工业；以提高自主创新能力为主线，以信息、新型医药、环保、新材料“四产业”和文化创意、高效农业、知识型服务业“三领域”为重点，推动高新技术产业从“点”的发展向“面”的拓展转变，实现从“杭州制造”向“杭州创造”的跨越，把杭州打造成以集约化、国际化、生态化为特色的“长三角”先进制造业中心。坚持传统服务业与新兴服务业、生产性服务业与生活性服务业并举，重点发展大旅游产业、大文化产业、金融服务业、商贸与物流业、信息服务与软件业、中介服务业、房地产业、社区服务业等八大门类现代服务业。到2010年，力争市区服务业增加值占生产总值的比重达50%左右，把杭州打造成以高增值、强辐射、广就业为特色的“长三角”南翼现代服务业中心。坚持“旅游西进”战略，推进旅游结构战略性调整，形成观光游、会展游、休闲游“三位一体”的旅游产业新格局，把杭州打造成以观光旅游、文化体验、会展交流互相支撑为特色的国际旅游休闲中心，进一步打响“东方休闲之都”品牌。

坚持外源型经济与内生型经济“两轮驱动”，统筹开放带动和自身发展。坚持“开放带动”战略，在更大范围、更广领域、更高层次参与国际分工和国际合作，加强区域合作交流，提高利用内外资质量，扩大利用内外资规模，发展外向型经济、“省会经济”、“总部经济”、“研发经济”、服务外包，巩固老市场，开辟新市场。弘扬“敢为人先、敢冒风险、敢争一流、宽容失败”的杭州创新创业文化，推进“以民引外、民外合璧”，彰显“知识资产化、创业个人化、产业块状化”特色，放心、放手、放胆、放开发展民营经济，特别是民营高科技产业和大文化产业，加快建设民营经济强市。抢抓机遇，超前谋划，积极培育新兴

经济形态。发展“创意经济”，打造以文化、创业、环境高度融合为特色的全国创意产业中心；培育具有国际竞争力的临空产业集群，打造杭州空港经济圈；加快重点涉海项目建设，发展“海洋经济”；推进城市品牌、行业品牌、企业品牌互动，发展“品牌经济”；培育进军国际资本市场“旗舰”企业，加大境外融资力度。坚持以开放促改革，加大改革攻坚力度。以实现从行政配置资源为主向市场配置资源为主转变为重点，深化要素市场化改革；以转变政府职能为重点，深化行政管理、投资、财税体制改革；以完善金融企业法人结构和优化金融结构为重点，深化金融体制改革；以提高竞争力和控制力为重点，深化国有企业改革；以建立富有活力的文化体制和文化产业经营机制为重点，深化文化体制改革；以建立社会公平保障体系为重点，加快社会领域体制改革，增创体制机制新优势。

四、建设“名城强市”，发展社会事业，着力提高人民群众文化生活品质

建设“生活品质之城”，需要强大的精神动力。必须以“一名城、四强市”建设为抓手，促进文化融入生活、提升生活，让人民群众享有丰富文化、优质教育、满意医疗，科学文化知识更充裕、精神世界更充实、行为举止更文明、身体心理更健康，把杭州打造成以知识创新、应用研发、人才集聚为特色的全省科技教育中心。

建设文化名城，培育和谐文化。坚持马克思主义在意识形态领域的指导地位，确立中国特色社会主义共同理想，树立社会主义荣辱观，弘扬以爱国主义为核心的民族精神和以改革创新为核心的时代精神、与时俱进的浙江精神、“精致和谐、大气开放”的杭州城市人文精神，广泛开展文明、和谐创建活动，不断提高全体市民的思想道德和文明素养。加强物质和非物质文化遗产保护，加大城乡文化投入，加快城乡文化设施建设，广泛开展群众文化活动，繁荣哲学社会科学、文学艺术、新闻出版、广播影视，修复“人文生态”，提升文化“软实力”，打造“文化人天堂”。

建设教育强市，优先发展教育。坚持教育优先发展，高质量普及十五年基础教育，大力发展高等教育包括民办高等教育，积极吸引国内外知名高校来杭办学，加快发展职业技术教育、成人教育和社区教育，培养和引进名校长、名教师，加快发展农村教育。

建设科技强市，推进自主创新。强化企业创新主体地位，推进与浙江大学等名校大院战略合作，构建开放型城市创新体系，提升原始创新、集成创新和引进消化吸收再创新能力，自主创新能力、科技综合实力和公众科学文化素养国内领先。

建设卫生强市，加强医疗保障。坚持公共卫生优先发展和公共医疗卫生的公益性质，加大财政对公共卫生的投入，健全公共卫生管理服务体系，提高公共卫生服务水平。坚持城乡统筹，健全城乡医疗卫生服务网络，促进城乡医疗卫生均衡发展。加大监管力度，实施“食品药品放心工程”，确保食品、药品、餐饮卫生安全。

建设体育强市，增强人民体质。广泛开展全民健身活动，提高人民健康水平，增强竞技体育综合竞争力，构建全民健身服务体系，发展体育健身服务业和体育用品制造业，建设杭州奥林匹克体育中心等一批重大项目。

五、建设“法治杭州”，发展民主政治，着力提高人民群众政治生活品质

建设“生活品质之城”，需要健全的民主法治。必须大力加强民主法制建设，形成民主团结、生动活泼、有序参与、依法治市的政治局面，巩固人民群众当家作主的政治地位。

坚持根本政治制度和基本政治制度，加强基层民主政治建设。坚持和完善人民代表大会制度，坚持和完善中国共产党领导的多党合作和政治协商制度。完善居(村)民自治，健全厂务、村务、居务公开和职工代表大会、村(居)民代表大会等基层民主制度，扩大公民有序政治参与。

完善法律制度和司法机制，全面推进依法治市。坚持科学立法、民主立法，提高立法质量。加强对行政机关、司法机关的监督，推进依法行政，建设法治政府。坚持司法为民、公正司法，健全法律服务体系，加强对弱势群体、困难群众的法律援助和司法救助。实施“三五”依法治市和“五五”普法教育规划，提高公民法律意识和法律素质。规范市场秩序，健全信用体系，打造“信用杭州”。

完善领导体制和工作机制，推进民主科学决策。完善“一个核心、三个党组”的领导体制和工作机制，加强党对人大、政府、政协、审判机关、检察机关的领导，支持他们依照法律和章程独立负责、协调一致地开展工作；加强党对工青妇等人民团体的领导；加强党对民族、宗教、侨务、对台和地方外事工作的领导。坚持党管武装，加强党对国防后备力量建设的领导，推进双拥共建。坚持“问情于民”、“问需于民”、“问计于民”，推进决策科学化、民主化。

六、破解“七难问题”，创新社会管理，着力提高人民群众社会生活品质

建设“生活品质之城”，需要广泛的群众基础。必须倍加关注老百姓的衣食住行、安危冷暖、生老病死，让老百姓安居又乐业。

健全管理服务体系，提高公共管理和服务水平。强化政府的社会管理和公共服务职能，提高公共产品和公共服务供给能力，逐步形成惠及全体人民的基本公共服务体系，提高政府公信力和执行力。推进“和谐社区”建设，强化城乡社区管理和服务功能。坚持培育发展和管理监督并重，发挥各类社会组织提供服务、反映诉求、规范行为的重要作用。

打造“平安杭州”，增强人民群众的安全感。正确把握最广大人民根本利益、现阶段群众共同利益和不同群体特殊利益的关系，形成科学有效的利益协调机制。拓宽社情民意表达渠道，建立领导干部接待群众、联系群众制度，落实信访和“12345”工作责任制，建立科学有效的诉求表达机制。创新“枫桥经验”，深化乡镇(街道)综治工作中心建设，形成科学有效的矛盾调处机制。着力解决人民群众反映强烈的问题，坚决纠正损害群众利益的行为，建立科学有效的权益保障机制。严厉打击敌对势力、邪教组织渗透颠覆破坏和各种严重犯罪活动。加强安全生产，完善应急管理体制。

促进充分就业，发展和谐劳动关系。实施积极就业政策，支持自主创业、自谋职业，着力帮助“零就业”家庭和就业困难人员就业，推进农村劳动力转移就业。完善劳动关系协调机制，建立工资集体协商机制，维护劳动者特别是外来务工人员合法权益。加大再分配调节力度，保护合法收入，取缔非法收入，着力提高低收入者收入水平，逐步扩大中等收入者比重。

健全社会保障，保障人民基本生活。加快构建社会保险、社会救助、社会福利、慈善事业相衔接，覆盖城乡居民的大杭州、大社保体系。健全"四级救助圈"，提高城乡低保标准，提高农村"五保"和城镇"三无"对象集中供养率，完善各类特殊群体救助制度。发展社会福利事业、残疾人事业和老龄事业。强化社保基金监管，实现保值增值。

完善公共财政体制，促进基本公共服务均等化。健全公共财政体制，调整财政支出结构，加大对就业再就业、社会保障、生态环境、公共基础设施、社会治安等领域的投入，加大对贫困山区、生态保护区的转移支付力度，保障各级政权建设的需要。

破解"七难问题"，让人民群众共享发展成果。要进一步深化"春风行动"，建立困难群众帮扶救助和就业援助长效机制，破解"困难群众生活就业难"；推进"四改联动"，降低医疗费用，提高医疗质量，破解"看病难"；推行义务教育阶段免收课本费和作业本费，完善教育资助券和人民助学金制度，实施"名校集团化"，推进教育帮扶，改善外来务工人员子女入学环境，破解"上学难"；坚持建设保障性住房和改善危旧房两手抓，破解"住房难"；坚持公交优先，建设地铁和快速公交，加强交通管理，挖掘停车潜力，破解"行路难停车难"；加强效能建设，深化综合考评，办好"12345"、"96345"、"96666"服务热线，破解"办事难"；提高市民保洁意识，落实长效管理，破解"清洁保洁难"。特别要抓好市委、市政府出台的"破七难"20项新举措的落实。

七、推进"环境立市"，打造"宜居城市"，着力提高人民群众环境生活品质

建设"生活品质之城"，需要一流的环境支撑。必须坚持"环境立市"战略，建设全国一流"宜居城市"。

做好"五水共导"文章，打造亲水型"宜居城市"。杭州有江、有河、有湖、有"溪"，又邻海。建设"生活品质之城"，必须做好水的文章，彰显"五水共导"的城市特色。要切实加强对钱塘江、西湖、西溪、运河水环境的保护和修复，加大截污纳管力度，扩大禁养区范围，防治污染，加快建设环保基础设施，实施市区河道综合整治与保护开发工程，加强滨河地带生态修复和开发建设，做到"河畅、水清、岸绿、景美"，让更多的市民"倚河而居"。

做好蓝天、绿色文章，打造友好型"宜居城市"。加大城市大气污染治理力度，严格执行机动车尾气排放标准，严格控制城市扬尘污染，扩大禁燃区范围，调整能源结构，加强植树造林、绿地建设，加强对生态功能区的保护，促进人与自然和谐相处、友好相融。

做好节约文章，打造节约型"宜居城市"。推广清洁生产，发展循环经济，淘汰落后生产能力，建立节约型产业发展模式。坚持集约节约用地，建立节约型城市建设模式。压减行政开支，降低行政成本，建立节约型政府运作模式。倡导崇尚节约、反对浪费、合理消费、适度消费，建立节约型社会消费模式。

做好"居者有其屋"文章，打造共享型"宜居城市"。高度关注困难群众、弱势群体、低收入阶层的安居问题，加大中低价位商品房、经济适用住房、拆迁安置房、廉租房、农转居公寓、人才公寓、外来务工人员集体公寓建设力度，确保5年内完成主城区156万平方米危旧房改善任务，使杭州真正成为全体人民同居共享的"宜居城市"。

八、加强党的领导，提高执政能力，为建设"生活品质之城"提供坚强政治和组织保证

坚持科学发展，构建和谐社会，建设"生活品质之城"，关键在党。

加强思想政治建设，提高理论素养和知识水平。健全以党委理论学习中心组为重点的学习制度，不断加强工作中的理论自觉和理论指导。加快知识更新，优化知识结构，不断丰富做好领导工作的知识武装和知识储备。坚持学以致用、用有所成，把学习的体会和成果转化为坚持科学发展、构建和谐社会、建设"生活品质之城"的能力，转化为推进党的执政能力和先进性建设的能力。

加强领导班子和干部队伍建设，提高领导能力和工作水平。加强对全市各级领导班子理想信念、根本宗旨、民主集中制、廉洁从政、统战理论等的教育。探索发展党内民主的有效途径和办法。深化干部人事制度改革。坚持党管人才，建设人才强市，造就高素质的党政干部、企业经营管理人才、专业技术人才、社会工作人才队伍。

加强基层组织和党员队伍建设，增强党的凝聚力战斗力。健全我市党员"长期受教育、永葆先进性"的长效机制，做好抓基层、打基础各项工作。开展"三级联创"活动，推进"先锋工程"和"领头雁"工程，加强新经济组织、新社会组织、企业、机关、事业单位党建工作，建立城乡一体的党员动态管理机制。做好老干部工作。

加强党风廉政建设，树立为民、务实、清廉的良好形象。全市各级领导干部要大力倡导、自觉践行胡锦涛总书记提出的8种良好风气，全面加强思想作风、学风、工作作风、领导作风、生活作风建设。要坚持标本兼治、综合治理、惩防并举、注重预防，构建教育、制度、监督并重的惩治和预防腐败体系。坚持党要管党、从严治党。拓展从源头上防治腐败工作领域，重点围绕管好人、管好权、管好钱，加强廉政制度建设，加大社会和群众公开监督力度。加强反腐倡廉主题教育和思想道德、党纪国法教育，推进廉政文化建设。各级领导干部特别是"一把手"要带头加强思想道德修养，带头廉洁自律，带头严守纪律，带头接受监督，带头管好配偶、子女和身边工作人员。要坚决纠正损害群众切身利益的不正之风，严肃查办违法违纪案件，对腐败分子发现一个坚决查处一个。落实党风廉政建设责任制，支持纪检监察机关依纪依法办案，形成反腐倡廉的强大合力。

全面贯彻六中全会精神 阔步迈上构建和谐杭州新征程(摘要)

在市委九届十三次全体(扩大)会议上的报告

(2006年12月7日)

中共浙江省委常委、杭州市委书记 王国平

一、一年来市委常委会的主要工作

市委九届十次全会以来,围绕贯彻省委实施"八八战略"和建设"平安浙江"、"法治浙江"、"文化大省"等一系列重大决策,市委常委会团结带领全市各级党组织和广大干部群众,高举邓小平理论和"三个代表"重要思想伟大旗帜,以科学发展观为统领,以"解放思想、干在实处、走在前列"为要求,以提高人民群众生活品质为重点,坚持"发展、创新、节约、稳定、为民",推进"五大战略",破解"七大问题",建设"一名城、四强市"和创新型城市,打造"和谐杭州"、"平安杭州"、"法治杭州",经济、政治、文化、社会建设和党的建设全面推进,经济社会发展呈现"十大亮点":一是人均GDP突破6000美元。二是财政收入突破600亿元。三是规模以上工业销售产值突破6000亿元。四是服务业增加值增幅超过工业。五是增长方式转变取得新进展。六是招商引资实现"六年翻两番",全面完成新一轮招商引资"三年倍增"计划。七是统筹城乡区域发展取得突破。八是城镇登记失业率再创新低。九是城乡居民收入均以两位数增长。十是全面建设小康社会走在全省前列,完全有可能在2007年基本实现小康。杭州还获得了"全国绿化模范城市"称号,被世界银行评为中国投资环境"金牌城市",第3次被评为"中国大陆最佳商业城市排行榜"第一名,被确定为创建"中国最佳旅游城市"3个试点城市之一。

一年来,市委常委会认真贯彻党的十六届五中和六中全会、全国"两会"、中央农村工作会议、中央经济工作会议、全国科技大会和省委十一届十次、十一次全会精神,在深入调查研究基础上,召开了一系列会议,出台了一系列文件,作出了一系列部署,做了大量卓有成效的工作。

(一)推进新农村建设。我们始终坚持把解决"三农"问题作为重中之重,创造性地把解决外来务工人员和"城中村"问题纳入"三农"工作,开展"百团联百乡、千企结千村"活动,着力解决"四农一村"问题,扎实推进社会主义新农村建设。围绕提高农业现代化水平,加强农田水利建设,调整农业结构,预计全市农业总产值可增长6.3%,优势特色产业产值占农林牧渔业总产值的比重达70%以上。围绕增加农民收入,坚持工业反哺农业、城市支持农村和"多予、少取、放活"方针,市财政安排支农资金比上年增长10%以上。坚持"科技兴农",推进农业产业化经营,累计培育市级以上农业龙头企业184个、农民专业组织420余个。围绕加快农村建设,全面完成"9件实事"。围绕解决"城中村"问题,开展30个点、40个村"城中村"改造试点,推进"景中村"整治。

(二)推进城市化战略。我们坚定不移地以城市化带动工业化、信息化、市场化、国际化,做优老城区、做强新城区、做大5县(市)、做新都市圈、做畅骨架网,加快建设市域网络化大都市和杭州都市经济圈。接轨大上海、融入"长三角",杭湖嘉绍都市经济圈建设开局良好。

(三)推进"工业兴市"战略。我们围绕提高自主创新能力,提升发展传统工业、适度发展重化工业、大力发展高新技术产业,加快建设"天堂硅谷"。市财政安排科技三项经费3.27亿元。全市新认定企业高新技术研发中心54个,累计232个;新增国家级企业技术中心4个、省级22个、市级52个;与名校大院的战略合作进一步深化,新引进名校大院、跨国公司来杭共建创新载体7个,累计57个;新增孵化器面积13万平方米,累计达66.5万平方米。完成新一轮企业技改投入"三年倍增"计划,重工业增幅高于轻工业,高新技术产业发展势头迅猛,国家级基地和试点建设成效显著,"信息港"建设取得重大进展,通信、软件、集成电路、数字电视、动漫、网络游戏6条"产业链"做大做强。

(四)推进"旅游西进"战略。我们坚定不移地实施"旅游西进"和旅游国际化战略,大力发展现代服务业,加快建设国际风景旅游城市和服务业大市,努力形成先进制造业和现代服务业"两轮驱动"经济增长的新格局。预计全年接待入境游客176万人次,国内游客3600万人次,旅游总收入超过525亿元,分别增长16.3%、10.2%和12.9%。成功举办首届世界休闲博览会、第八届西湖博览会等重大会展节庆活动,杭州被世界休闲组织授予"东方休闲之都"称号。

(五)推进"开放带动"战略。我们坚定不移地走改革开放之路,以开放促改革、促发展。加快建设民营经济强市。预计今年全市规模以上民营企业工业销售产值可达3325亿元,占全市规模以上工业经济总量的50%。出台关于全面推进文化体制改革的《实施意见》,文化体制改革从试点向面上推进,从市本级向区、县(市)拓展。深化行政管理体制改革,加快转变政府职能。召开全市招商引资大会,57个浙商来杭投资,100余个企业总部或地区总部迁杭,圆满完成"对口支援"和"山海协作"工作任务。二、三产业利用外资各占"半壁江山",累计有53个世界500强企业入户杭州。外贸出口保持高增长,"走出去"进入新阶段。

(六)推进"环境立市"战略。我们牢固确立"环境重于政策"理念,推进"1278"环境污染整治工程和"1250"生态市建设工程,建立生态补偿机制,开展循环经济示范试点。截至12月4日,全市空气质量优良天数达284

天，优良率达84.03%。

(七)破解“七大问题”。我们始终高度关注人民群众最关心、最直接、最现实的利益问题。围绕解决困难群众生产生活问题，开展第六次“春风行动”和“万名党员访万家困难户”活动，启动第七次“春风行动”，出台一系列帮扶救助新政策；制定关于加强就业再就业工作的《实施意见》和9个配套文件，开通“工会就业绿色通道”，启动新一轮“姐妹帮扶工程”，出台《杭州市农民工基本养老保险“低标准缴费、低标准享受”试行办法》、《杭州市职工生育保险办法》，农村“五保”对象和城镇“三无”对象集中供养，对老城区24万名企业退休人员实行免费健康体检。围绕解决“看病难”问题，研究制定关于建立企业在职人员门诊医疗费社会统筹、外来务工人员大病住院基本医疗保险、城镇老年居民大病住院基本医疗保险、少年儿童大病住院基本医疗保险制度等政策文件。全市社区卫生服务中心(站)就诊患者人次数首次超过市属医院。市、区两级医疗机构人均门诊费用比上年下降2.2%。围绕解决“上学难”问题，在全省率先免收城乡义务教育杂费；全市有557所城乡中小学结对互助，成为杭州实施名校集团化战略的新突破和新农村建设的新亮点；新建外来务工人员子女学校4所，解决了12万名外来务工人员子女入学问题；累计成立教育集团51个，188所中小学实行名校集团化办学。围绕解决“住房难”问题，老城区新开工建设经济适用住房102万平方米，新开工建设拆迁安置房60万平方米，安置在外过渡2年以上拆迁户4482户，落实经济租赁房房源2万平方米，全面启动危旧房改善试点；杭州老城区人均住房使用面积超过20平方米，88%的家庭拥有成套住房，杭州再度荣获“中国人居环境奖”。围绕解决“行路难停车难”问题，坚持“公交优先”，开通快速公交一号线。完成“一纵三横”道路综合整治，实施“五纵六路”道路综合整治，新增停车泊位10408个；新改善背街小巷1055条，累计1560条、360千米，受益单位1.12万家、受益群众135万人；杭州获“全国城市道路交通管理畅通工程模范管理(一等)水平城市”称号。围绕解决“办事难”问题，开展市直单位综合考评，深化满意单位创建活动，加强机关效能建设，建成杭州服务信息化统一平台，“96345”服务热线试运行。围绕解决“清洁杭州”问题，建设“数字城管”，加强环境整治，主城区“四化”长效管理覆盖率达90%，“数字城管”一期工程率先通过国家验收，顺利通过国家卫生城市复评。萧山、余杭区和5县(市)解决民生问题各具特色、各有亮点，成效明显。

(八)打造“平安杭州”。我们坚持一手抓发展，一手抓稳定，严密防范和严厉打击境内外敌对势力、邪教组织、非法宗教势力等的颠覆渗透破坏活动和各种刑事犯罪活动，推进综治工作中心规范化建设和“三个延伸”工作，整合基层群防群治力量，加强外来人口管理，做好未成年人预防犯罪、社区矫正以及监管改造工作。1月~11月全市刑事立案数比上年下降，破案数和打处数上升，杭州被评为“全国治安最好城市”。落实信访和“12345”工作责任制，群体性事件均得到有效化解和妥善处置。安全生产实现“四个零增长”。

(九)建设“一名城、四强市”。我们出台关于加快“一名城、四强市”建设的意见、政策意见和5个规划文件，努力加快社会事业发展。全面实施《杭州市历史文化名城保护规划》，加强文物古迹保护，建成开放严官巷南宋遗址陈列馆等5个陈列馆(展示馆)，新增全国重点文保单位15个，累计达24个、26处，有8个和10个项目分别入选全国和省首批非物质文化遗产代表作名录。成功举办第二届中国国际动漫节、第十五届中国金鸡百花电影节等重大文化活动，广泛开展“万千场文化活动下基层”、文化科技卫生“三下乡”和科教文体法律卫生“四进社区”等活动。在第13届省运会上，杭州代表团获得金牌和总分两个第一。初步完成杭州奥林匹克体育中心选址工作，配合省做好2013年全运会申办工作。召开纪念胡锦涛同志视察杭州社区党建工作五周年大会，推进和谐社区建设。

(十)加强民主法制建设。我们高度重视发挥市委的领导核心作用，坚持和完善人民代表大会制度，加强和改进党对人大工作的领导，坚持和完善中国共产党领导的多党合作和政治协商制度。贯彻全国统战工作会议精神，加强与民主党派合作共事，完成市各民主党派、工商联换届。贯彻党的民族、宗教、侨务、对台工作政策，成功承办首届世界佛教论坛和第三届全省少数民族传统体育运动会。开展第二届杭州市优秀社会主义事业建设者评选表彰活动。加强和改进对工青妇工作的领导。开展纪念长征胜利70周年活动。启动实施“三五”依法治市和“五五”普法教育规划。加强双拥工作，推进国防后备力量建设。

(十一)加强党的建设。全面完成党员先进性教育任务，建立健全保持党员先进性长效机制。在全市各级领导班子中深入开展“强素质、保先进、促发展”主题教育实践活动，深入学习《中国共产党章程》和《江泽民文选》，认真做好市、区县(市)和乡镇三级领导班子换届工作。加大干部培训力度。加强基层组织建设和农村、社区、国有企业、非公企业、新经济组织党建工作。全面完成党员干部现代远程教育建设任务。加强党员教育管理和老干部工作。坚决惩治腐败现象，开展党员干部违反廉洁自律规定专项清理，推进治理商业贿赂工作，纠正各种侵害群众利益行为。扎实构建惩防体系，推进源头治理，加强廉政文化建设，开展巡视工作和党风廉政建设责任制检查，深化党务公开、公务用车和公务接待制度改革试点。坚持“党管人才”，圆满完成第一轮企业经营人才“356”工程培训任务，实施“815”高级蓝领培训工程，开展首次杭州市杰出人才奖和市政府特殊津贴人员评选，出台《杭州市有突出贡献人才住房申购办法(试行)》。建成中国杭州留学人员创业园，赴国外招聘海外留学人才，首次在发达国家设立海外留学人才联络处。市委常委会加强自身建设，完善学习制度，坚持民主集中制，团结开拓、求真务实，深入基层、深入群众，干净干事、廉洁奉公。市四套领导班子和全市上下心齐、气顺、劲足、实干、风正，想干大事、敢干大事、能干成大事。

当前我市经济社会发展中也存在不少突出矛盾和薄弱环节，主要是：经济结构不够合理，自主创新能力不够强，能源资源、生态环境、科技人才"瓶颈"制约加剧，节能降耗难度较大，调整经济结构、转变增长方式压力增大；固定资产投资特别是工业投入增长缓慢，影响了经济发展后劲；杭州住房、汽车消费增势趋缓，消费拉动作用有待增强；经济社会发展"一条腿长、一条腿短"问题尚未解决，居民平均受教育年限、主要水系水质、城市空气质量和基本养老、医疗、失业保险综合覆盖率离全面小康目标值还有较大差距。8 城区和 5 县(市)发展不平衡问题依然存在，城乡居民收入差距仍有扩大趋势；不稳定因素增多；政府管理和公共服务能力有待增强，党的建设也还存在不少问题。这些问题，必须在今后工作中切实加以解决。

二、新一年主要工作任务

明年是新一届党委、政府任期的第一年。明年工作的指导思想是：高举邓小平理论和"三个代表"重要思想伟大旗帜，坚持以科学发展观统领经济社会发展全局，认真贯彻党的十六届六中全会、中央经济工作会议和省委十一届十一次全会精神，以提高人民群众生活品质为重点，按照"发展、创新、节约、稳定、为民、和谐"总要求，推进"五大战略"，破解"七大问题"，引领"和谐创业"，建设"一名城、四强市"和创新型城市，打造"和谐杭州"、"平安杭州"、"法治杭州"，实现杭州经济社会又好又快发展。

建议明年我市经济社会发展宏观调控主要预期目标为：地区生产总值增长 12%，万元生产总值综合能耗下降 4%以上；全社会固定资产投资增长 12%；社会消费品零售总额增长 13%；地方财政收入增长 13%；城镇居民可支配收入和农村居民人均纯收入分别增长 8%；新增城镇就业 14.9 万人；城镇登记失业率控制在 4.5%以内；企业职工基本养老保险参保人数 180 万人；主要污染物化学需氧量和二氧化硫年排放量分别减少 3%；人口自然增长率控制在 4.03‰以内；居民消费价格指数保持基本稳定。明年要重点做好 12 项工作。

(一)围绕构建"和谐杭州"，全面贯彻党的十六届六中全会精神。构建社会主义和谐社会，开辟了科学社会主义理论的新境界，完善了中国特色社会主义事业"四位一体"的新布局，提出了建设富强民主文明和谐社会主义现代化国家的新目标，找到了正确处理各种社会矛盾的新途径，具有重大的现实意义和深远的历史意义。要深刻理解社会和谐是中国特色社会主义的本质属性，构建社会主义和谐社会必须以解决人民群众最关心、最直接、最现实的利益问题为重点，坚持"六项原则"；社会公平正义是社会和谐的基本条件，制度是社会公平正义的根本保证；建设和谐文化是构建社会主义和谐社会的重要任务，社会主义核心价值体系是建设和谐文化的根本；加强社会管理、维护社会稳定是构建社会主义和谐社会的必然要求；社会主义和谐社会既是充满活力的社会，也是团结和睦的社会；深刻理解构建社会主义和谐社会关键在党。要紧密结合杭州实际，把六中全会精神全面贯彻落实到构建"和谐杭州"的生动实践中去。要坚持科学发展，推进"五大战略"，夯实"和谐杭州"的物质基础；发展社会事业，建设名城强市，夯实"和谐杭州"的思想文化基础；创新体制机制，建设"法治杭州"，夯实"和谐杭州"的制度基础；完善社会管理，打造"平安杭州"，夯实"和谐杭州"的社会基础；破解"七大问题"，提高生活品质，夯实"和谐杭州"的群众基础；加强党的领导，推进共建共享，夯实"和谐杭州"的政治基础。

(二)围绕建设社会主义新农村，解决"四农一村"问题。坚持工业反哺农业、城市支持农村和"多予、少取、放活"方针，促进农业不断增效、农村加快发展、农民持续增收。依法保护耕地，保持耕地占补平衡，保护粮食综合生产能力。完善城市、平原、山区三大都市农业圈层，启动 50 条优势特色产业带建设，推进"科技兴农"、"经纪活农"，确保农业总产值增长 7%以上。切实把基础设施建设和社会事业发展的重点转向农村，开展"百团联百乡、千企结千村"活动，加强农村基础设施和生态环境建设。深化农村改革，繁荣农村文化，加强基层组织和民主政治建设。规范土地流转，促进规模经营，提升农业现代化水平，增加农民经营性收入。发展特色块状经济，促进农业剩余劳动力和农村人口有序转移，增加农村非农性收入。完善农村社会保障，加大扶贫力度，提高征地补偿标准，增加农民转移性收入。抓好"一区一统筹、一村一方案"改造试点，做好"改"、"整"、"控"、"征"、"管"5 字文章，推进"城中村"、"景中村"改造整治和市政公用环卫配套设施建设。解决外来务工人员问题，扎实办好清理和防止工资拖欠、实施外来务工人员"双低"养老保险、实施外来务工人员大病住院基本医疗保险、扩大外来务工人员工伤保险、接纳外来务工人员子女入学、组织外来务工人员参加工会、加强外来务工人员职业技能培训、推行劳动合同范本等 8 件实事。

(三)围绕构筑市域网络化大都市，走新型城市化道路。加强规划指导，创新体制机制，实施项目带动，提升管理水平，以城市化带动工业化、信息化、市场化、国际化，加快构筑市域网络化大都市和杭州都市经济圈，促进区域统筹协调发展。

(四)围绕打造"天堂硅谷"，走新型工业化道路。深入实施"工业兴市"战略，提升发展传统工业，适度发展重化工业，大力发展高新技术产业，强力推进开发区建设，加大投入力度，增强工业发展后劲，走新型工业化道路，确保"一高一领先"。

(五)围绕建设服务业大市，加快发展现代服务业。坚持规划引导，完善落实政策，狠抓项目落地，加快打造服务业大市。推进"旅游西进"，加快构筑全市 1 小时半旅游圈、经济圈，打造"名城—名湖—名山"世界级黄金旅游线，提高旅游国际化水平，打响"中国最佳旅游城市"品牌。加快"十大休闲基地"建设，推动休闲会展产业向周边县(市)辐射延伸，提升"东方休闲之都"品牌。坚持传统服务业与新兴服务业、生产性服务业与生活性服务业并举，加大服务业招商引资力度。积极发展创意、网络游戏等新兴文化产业。加快发展金融服务业，发展电子商务，建设物流基地。延伸拓展信息服务领域，大力发展各类中介服务组织，稳定房地产市场。用足用好社区服务业专项资金，满足人民群众的服务需求。加快旅游休闲功能区、中心城区综合功能区、物流功能区、生产性服务功能区等现代服务业功能区建设。

（六）围绕提升文化"软实力"，建设"一名城、四强市"。全面实施《杭州市历史文化名城保护规划》，研究制定《杭州市历史文化名城保护条例》，加强历史文化遗产保护，修复杭州人文生态。落实关于加快"一名城、四强市"建设的意见和政策意见，加快打造"文化人的天堂"。坚持省、市、区三级联动，做好杭州奥体中心项目前期工作，全力配合省政府申办2013年全运会。加快建设文化硬件设施，加大城乡基层文化设施建设投入。组团参加第六届全国城市运动会，做好2007年女足世界杯杭州赛区工作。围绕提高自主创新能力这条主线，突出打造"天堂硅谷"这个重点，以理论创新为先导、体制创新为动力、科技创新为核心、服务创新为保障，加快构建城市创新体系。以社会主义核心价值体系建设为重点，把和谐家庭、和谐社区、和谐企业、和谐机关创建与群众性精神文明创建活动有机结合起来，倡导和谐理念，培育和谐精神，营造积极健康的思想舆论氛围，培育和弘扬杭州特色创新创业文化。

（七）围绕建设节约型生态型城市，推进"环境立市"。坚持节约优先、保护第一。倡导节能、节水、节地和资源充分利用，优化产业结构，推广清洁生产，严控高耗能、高耗水、高污染和资源浪费项目。实施"770工程"，发展循环经济。降低行政成本，打造节约型政府。建设生态市，以污染物排放总量控制为龙头，以改善水环境和空气质量为重点，扩大禁养区、禁燃区范围，推进"1278"和"1250"工程，突出抓好钱塘江和运河两大流域水环境治理，全面启动市区河道综合整治与保护开发工程，完成61条内河、136千米河道综合整治。要加快推进市区及各县（市）截污纳管工程，新增截污量40万吨/日。明年7月1日起全市在用机动车尾气排放实行欧Ⅱ标准，新车实行欧Ⅲ标准。在全市范围内强制推行热电联产企业和10吨以上热煤锅炉脱硫除尘改造，集中供热范围内的燃煤锅炉2007年年底前全部拆除，坚决关停"十五小"和"新五小"等污染企业。加快建设环保基础设施。加大执法力度，严肃查处环境违法行为。稳定人口低生育水平，提高出生人口素质，促进人与自然和谐相处。

（八）围绕提高人民群众生活品质，破解"七难问题"。解决"困难群众生活就业难"、"看病难"、"上学难"、"住房难"、"行路难停车难"、"办事难"、"清洁保洁难"等人民群众最关心、最直接、最现实的利益问题，提高人民生活品质，打造"生活品质之城"。重点落实20项举措：1.加大帮扶救助力度。2.促进充分就业。3.建立城镇无保障老年居民养老保障制度。4.落实农民养老保险试行办法。5.实行企业在职人员门诊医疗费社会统筹。6.建立城镇老年居民大病住院基本医疗保险制度。7.建立少年儿童大病住院基本医疗保险制度。8.加强社区医疗服务中心（站）建设。9.提高新型农村合作医疗参合率和筹资标准。10.建立两年一次企业退休人员定期健康体检制度。11.适当提高企业退休人员节日慰问费。12.解决符合条件外来务工人员子女入学问题。13.实施名校集团化战略。14.推进"两个房等人"。15.完善廉租房制度。16.全面启动危旧房改善工程。17.推进"公交优先"。18.完善杭州服务信息化统一平台。19.以城郊结合部和"城中村"为重点，加大整治力度，落实长效管理。20.建设智残人托管中心。

（九）围绕增创体制机制新优势，深化改革扩大开放。要深化经济体制改革，深化文化体制改革，深化行政管理体制改革，创新社会管理体制，扩大对内对外开放，使改革开放成为杭州经济社会发展的强大动力。

（十）围绕打造"平安杭州"，维护社会稳定。坚持严打、严防、严管，依法严厉打击黑恶势力犯罪和严重暴力犯罪活动，严密防范和坚决打击各种敌对势力和邪教组织的渗透破坏活动，落实社会治安综合治理各项举措。深化政法综治部门基层基础建设，完善以电子监控和区域报警为核心的技防运作体系，健全群防群治工作网络。建立健全科学有效的利益协调机制、诉求表达机制、矛盾调处机制、权益保障机制，加强信访和"12345"工作，确保不发生影响社会稳定的各类群体性事件。开展"综治进民企"活动，创建"平安企业"。健全应急管理体制，完善应急管理机制，有效应对自然灾害、事故灾害、公共卫生事件、社会安全事件，加强安全生产和食品、药品、交通、消防、旅游安全监管。

（十一）围绕建设"法治杭州"，推进民主法制建设。加强和改进党对人大工作的领导，支持和保证市人大及其常委会依法行使立法权、监督权、重大事项决定权和选举任免权。支持人大代表依法履行职责、行使权力。加强和改进对统战、政协和民主党派、工商联工作的领导，推进政治协商的制度化、规范化和程序化，充分发挥人民政协和民主党派的民主监督作用。坚持和完善"一个核心、三个党组"的领导体制，发挥党委对同级人大、政府、政协的领导核心作用。加强对政法工作的领导，支持审判机关和检察机关依法独立行使职权。正确处理政党关系、民族关系、宗教关系、阶层关系、海内外同胞关系，加强对民族、宗教、侨务和对台工作的领导，巩固和发展最广泛的爱国统一战线。充分发挥工青妇等群团组织的作用。依法推进基层民主自治建设。加强社会主义法治理念教育。推进双拥共建，加强国防后备力量建设。

（十二）围绕提高建设社会主义和谐社会的本领，全面加强党的建设。以提高领导班子和领导干部领导和谐社会建设的本领为重点，加强思想政治建设，不断提高各级领导班子和党员干部的思想政治素质，强化理论武装，坚定理想信念，提高党性修养。加强领导班子和干部队伍建设，做好领导班子换届各项工作，加强新一届领导班子的民主集中制建设，完善党委内部议事和决策程序及相关制度，促进党内和谐。贯彻《中华人民共和国公务员法》、《党政领导干部选拔任用工作条例》和中央颁布的有关干部人事制度法规性文件，深化干部人事制度改革，抓好大规模培训干部工作。加大干部交流力度，加强后备干部队伍建设。抓好党务公开试点，以点带面，稳步推开。加强基层组织建设。围绕建设社会主义新农村，深化农村“领头雁”工程。加强社区党组织体系和“党建工作示范社区”建设，加大“两新”组织、撤村建居社区、“下放”企业党建工作力度，深化流动党员“安家工程”，提高非公有制企业党建工作水平。加强党风廉政建设，坚持“标本兼治、综合治理、惩防并举、注重预防”方针，建立杭州特色惩防体系基本框架，严肃查处违纪违法案件，着力解决损害群众利益的突出问题。推进基层党风廉政建设，加强和改进行政监察工作。坚持“党管人才”，全面实施“十一五”人才规划，加强创新型管理人才、创新型企业家队伍建设和非公有制经济组织人才队伍建设，建设一支宏大的社会工作人才队伍。

政府工作报告(摘要)

在市十一届人民代表大会第一次会议上

(2007 年 4 月 9 日)

杭州市市长　孙忠焕

一、2006 年政府工作和本届政府期间经济社会发展情况

2006 年，是我市全面实施“十一五”规划的第一年，是贯彻落实科学发展观、加快社会主义和谐社会建设、各项事业取得明显成效的一年。全市人民在省委、省政府和市委的正确领导下，坚持“发展、创新、节约、稳定、为民”，完成了市十届人大六次会议确定的目标任务，推动经济社会进一步迈上科学发展轨道。全市实现生产总值 3441.51 亿元，比上年增长 14.3%；财政总收入 624.49 亿元，增长 19.9%；社会消费品零售总额 1112.37 亿元，增长 14%；全社会固定资产投资 1460.54 亿元，同口径增长 10.1%；万元生产总值能源消耗初步测算下降 4%左右。

(一) 优化产业结构，经济健康快速发展

农村经济持续发展。制定落实新农村建设规划和扶持政策，都市农业加快发展，全市农林牧渔业总产值达 234.94 亿元，比上年增长 7%，其中优势特色产业产值的比重达 73.9%。科技兴农和为农服务进一步加强，防汛抗旱、森林防火、重大动植物疫病防控等取得新成绩。

工业增长质量提高。工业经济实现销售产值增幅快于总产值增幅，利税增幅快于销售产值增幅。规模以上工业销售产值达 6860.81 亿元，比上年增长 28.3%。

服务业蓬勃发展。成功举办首届世界休闲博览会。顺利通过“中国最佳旅游城市”创建验收。接待入境游客和国内游客分别达 182.02 万人次和 3682.14 万人次，旅游总收入达 543.69 亿元。成为中国服务外包基地城市和国家软件出口创新基地。商业特色街区建设实现新突破。房地产业健康平稳发展。中介和新型社区服务业得到稳步推进。

(二)统筹城乡发展，网络化大都市建设成效明显

市区建设得到加强。实施危旧房改善工程，历史建筑保护整治全面展开。撤村建居和“城中村”改造步伐加快。完善公交网络布局，快速公交一号线投入运营。加快电网建设，实施“21421”工程。“数字城管”一期工程通过验收，“四化”覆盖率达 90%。钱江新城建设顺利推进。杭州经济开发区功能日益完善。滨江科技新城基本形成。钱江世纪城建设前期准备工作全面启动。县(市)建设步伐加快。杭千、杭徽高速杭州段建成通车，形成“1 小时半交通圈”。实现“县县通高速”。实施“49100”帮扶项目 311 个。“乡村通达”工程顺利完成。实施“村村通宽带”工程，农村科技信息服务网络不断完善。完成农民素质培训 25.88 万人次。为农民办“9 件实事”全面完成。

生态环境稳步提升。各区、县(市)全部成为国家环境保护模范城市或国家级生态示范区。启动西溪湿地二期综合保护工程。农村生态环境日益改善。荣获全国绿化模范城市称号。

(三)加大公共投入，社会事业向纵深发展

文化事业日趋繁荣。杭州图书馆新馆开工建设。京杭大运河博物馆建成开馆。实施省、市级“东海明珠”工程 18 个。新增国家级文化产业示范基地 2 个。成功举办第十五届中国金鸡百花电影节。中国国际动漫节固定落户杭州。数字电视整体转换用户在全国率先突破百万大关。进一步加强版权保护。对外文化交流丰富活跃。京杭大运河、西湖·龙井茶园、良渚遗址被列入中国世界文化遗产预备名单。

教育事业协调发展。全市适龄儿童学前三年入园率

和初中毕业生升高中比率均为96.6%。在全国率先实行城乡义务教育免杂费。资助困难家庭学生5.1万人次，解决12万余名外来务工人员子女入学问题。全市高等教育毛入学率达48.55%。基本建成社区教育网络。杭州师范学院升格杭州师范大学通过国家级评审。

科技实力持续增强。新认定56个企业(行业)高新技术研发中心和79个省级高新技术企业，组建3个省级科技创新平台。新增科技孵化面积13万平方米和2个国家级高新技术创业服务中心。高新开发区获得国家级“标准化示范区”称号。国家专利试点城市工作通过验收，全市申请专利和授权均居省会城市第二位。新增市级以上名牌产品146个。引进各类人才4.8万名。首次开展市杰出人才奖评选。

卫生体育事业成效明显。开设爱心门诊183家，设立“惠民病床”1004张。全市新型农村合作医疗参合率达94.8%。主城区新建社区卫生服务站19个。超额完成农村体育设施“3个100”建设任务，下城、萧山、余杭、富阳成为省级体育强区(市)。第13届省运会夺得金牌和总分“两个第一”。城北体育公园开工建设。建成中国体育博物馆杭州分馆和中国棋院杭州分院。

(四)推进改革开放，发展动力有效增强

重点领域改革不断深化。积极做好国家综合配套改革试点申报工作。深入推进乡镇综合改革。加快燃气、水业集团等市政公用行业改革，基本完成国有控股上市公司股权分置改革。探索建立排污权交易、工业用地市场化配置新机制。文化体制改革从试点向面上推进。深化行业协会和事业单位改革。全市生产总值中，非公有制经济所占比重已达64.1%。

对外开放水平有新的提高。加快转变外贸增长方式，进出口总额达389.09亿美元，增长30.3%。实际利用外资和内资分别达22.55亿美元和324.89亿元，分别增长31.7%和21.0%。

(五)维护群众切身利益，民生保障得到强化

市民生活水平稳步提高。市区城镇居民年人均可支配收入和全市农民年人均纯收入分别达19027元和8515元，分别增长14.6%和11.2%。物价保持基本稳定。全年开工建设经济适用住房123万平方米、拆迁安置房63万平方米。

社会保障机制逐步健全。新增城镇就业17.53万人，实现再就业12.08万人。全市五大保险净增参保人数分别达25.76万人、20.79万人、27.4万人、21.06万人和32.48万人。对城区24万名企业退休人员实行定期免费体检。征地“农转非”人员生活保障得到较好落实。开展第七次“春风行动”，完善对困难群众的26项援助措施。

“平安杭州”创建不断深化。治安环境保持全国领先。加大食品、药品等市场监管力度，推进“放心工程”。应急预防和处置能力得到提高。事故起数、死亡人数、受伤人数、直接经济损失分别下降26%、10.1%、26%和24%。

(六)强化政府管理，行政效能又有新的提高

法治政府建设扎实推进。主动接受人大依法监督、依法评议和政协民主监督，积极推行政府领导领办人大代表重点议案和政协重点提案制度，定期向市人大、政协通报工作。强化对部门的依法行政考核和执法监督，继续推进相对集中行政处罚权工作。查处商业贿赂案346件，挽回经济损失2.7亿元。

行政服务效能得到提升。深入开展政风行风建设，群众反映的突出问题进一步得到解决。有效开展对市重点项目、政府重大实事工程专项督查。深化市行政服务中心和公共资源交易中心建设，推进区、县(市)和乡镇招投标统一平台建设。建立综合考评机制，不断提高机关效能。全面推进政务公开，电子政务建设取得新成绩，市民卡工程取得阶段性成果，“96345”便民热线全面启动。信访、“12345”市长公开电话和“96666”效能监察等工作成效明显。公务员队伍建设不断加强。市民对政府效能的满意度日益提高。

2006年各级政府为民办实事工程顺利完成。

民族、宗教、外事、侨务和对台工作取得新成绩。成功举办首届世界佛教论坛。人防、统计、人口计生、口岸、档案、气象、拥军优属、防震减灾等工作不断加强。工会、共青团、妇联、科协、红十字会、侨联、关心下一代、残疾人事业等健康发展。

2006年是本届政府任期的最后一年。2002年以来，本届政府以邓小平理论和“三个代表”重要思想为指导，牢固树立和落实科学发展观，认真贯彻国家宏观调控政策和上级各项工作部署，紧紧依靠全市人民，加快构筑大都市，建设新天堂，胜利完成市十届人大历次会议确定的各项目标任务，走出一条具有杭州特色的富民强市之路。

过去的5年，是杭州认真实践科学发展观的5年，是杭州综合实力显著增强的5年，是杭州发展环境不断优化的5年，是杭州网络化大都市快速推进的5年，是杭州社会事业全面发展的5年，是杭州人民生活明显改善的5年。5年来，本届政府注重科学发展，注重改革创新，注重务实为民，注重统筹协调，注重依法行政，保持了杭州发展的良好势头。

5年的成绩来之不易，发展中存在的问题更须理性应对。当前，我市经济社会发展存在的困难和问题主要表现为：发展中的结构性、体制性、机制性障碍尚未彻底消除；投资拉动作用有所减缓，国际贸易摩擦增加；资源与环境等约束增强，自主创新能力亟待提升；社会保障体系有待进一步健全，破解“七难问题”任重道远；区域发展不平衡依然存在，城乡居民收入差距仍有扩大趋势，新农村建设任务十分繁重；不稳定因素增多，维护社会和谐稳定的压力加大。同时，政府职能转变、作风建设有待进一步深化。我们要高度重视存在的矛盾和问题，采取更加有力的措施加以解决。

二、今后五年经济社会发展的指导思想、目标和思路

今后5年，是坚持科学发展、构建“和谐杭州”、建设“生活品质之城”的重要时期。目标宏伟，任务艰巨。我们要抢抓机遇，再接再厉，乘势而上，扎实推进和如期实现“十一五”规划与市第十次党代会提出的各项目标任务，切实肩负起时代和全市人民赋予的重任。

今后5年发展的指导思想是：高举邓小平理论和“三个代表”重要思想伟大旗帜，坚持以科学发展观统领经济社会发展全局，落实省委、省政府和市委的决策部

署，实施“五大战略”，引领“和谐创业”，破解“七难问题”，建设“名城强市”，构建平安、法治、和谐杭州，全面推进经济、政治、文化、社会建设，全力打造覆盖城乡、全民共享的“生活品质之城”。

今后5年的奋斗目标是：实现从中等发达水平向发达水平的历史性跨越，人民群众经济生活殷实富足、文化生活丰富充实、政治生活生动活泼、社会生活安全有序、环境生活舒适便利，人人生活更幸福，身心更健康，初步打响“生活品质之城”品牌。

今后5年的主要预期目标建议为：全市生产总值年均增长11%以上，力争总量翻一番，人均生产总值突破10000美元；财政收入年均增长13%，市区居民人均可支配收入和农民人均纯收入分别超过3万元和1.2万元；万元生产总值综合能耗年均下降4.4%，主要污染物化学需氧量、二氧化硫排放量年均分别减少3.5%；人口自然增长率低于4.6‰。

今后5年发展的基本思路是：以科学发展观为统领，坚持又好又快发展，大力提升经济生活品质；以名城强市建设为抓手，弘扬人文精神，繁荣社会事业，大力提升文化生活品质；以法治杭州建设为手段，推进民主科学决策，大力提升政治生活品质；以改善民生为目标，坚持以民为先，创新社会管理，大力提升社会生活品质；以城市化带动为载体，坚持市县联动、城乡统筹，大力提升环境生活品质；以增强政府执行力与公信力为重点，加强作风建设，提高服务效能，为建设“生活品质之城”提供坚强保障。

三、2007年政府工作的主要目标任务

2007年全市经济社会发展的主要预期目标建议为：在优化结构、提高效益和降低消耗、保护环境的基础上，地区生产总值增长12%；全社会固定资产投资增长12%；社会消费品零售总额增长13%；地方财政收入增长13%；城镇居民人均可支配收入和农村居民人均纯收入均增长8%；新增城镇就业14.9万人；城镇登记失业率控制在4.5%以内；企业职工基本养老保险参保人数180万人；万元生产总值综合能耗下降4%以上；主要污染物化学需氧量和二氧化硫年排放量分别减少3.5%和3.6%；人口自然增长率控制在4.03‰以内；居民消费价格总水平保持基本稳定。重点抓好以下8项工作：

（一）着力增强自主创新能力，切实转变经济增长方式

增强自主创新能力。深入贯彻落实建设创新型城市的一系列扶持政策，积极引导企业加大研发投入，继续加强与中科院、浙大等著名高校院所的战略合作，积极组织开展行业共性技术的联合攻关，探索自主创新融资风险共担机制，继续推进品牌、专利和标准化战略，全面提升杭州产品形象。

坚持走新型工业化道路。按照“提升发展传统优势工业、适度发展新型重化工业、大力发展高新技术产业”要求，积极运用高新技术和先进适用技术改造提升传统优势工业和都市型工业，加快发展先进装备制造业，适度发展运输设备制造业、精细化工等技术含量高、附加值高、投资密度高、无污染的新型重化工业，大力建设“天堂硅谷”，促进从“杭州制造”向“杭州创造”的跨越。加快发展海洋经济。加强规划引导，进一步优化工业空间布局。充分发挥块状经济的优势。加快市区工业企业搬迁步伐。加大工业技改投入。节约集约利用要素资源。继续抓好重点行业、企业的节能降耗工作。继续推进循环经济“770工程”和工业循环经济“2632”工程，广泛开展企业清洁生产审核和绿色企业创建工作，支持推进半山电厂IGCC示范工程建设。

加快建设服务业大市。加快发展八大门类现代服务业，尤其是生产性服务业。全力推介杭州“中国最佳旅游城市”新名片，加快“十大休闲基地”建设，打造“名城·名湖·名山”世界级黄金旅游线。大力发展会展业。提升商业特色街区功能，推进核心商圈和钱江新城中央商务区建设。做大做强商贸物流业，提升信息服务水平。加快发展金融服务业，大力吸引国内外金融机构来杭设立总部和分支机构，继续推进企业上市，提高上市公司质量。积极引进知名中介服务业品牌。促进房地产业健康稳定发展。大力发展电子商务。培育发展便利型超市、家政、医疗、养老等服务行业，形成较为完善的社区服务网络。

（二）着力发展现代农业，切实推进社会主义新农村建设

提升都市农业发展水平。加强耕地保护，稳定粮食生产。完善优势特色产业区域化布局，积极探索建立农民专业合作、供销合作、信用合作“三位一体”的农村新型合作经济。启动50条优势特色农业产业带建设，新增市级农业龙头企业30个和专业合作社80个。加强农业基础设施建设。进一步推进农业科技创新，加强农产品市场体系建设和质量管理。大力发展休闲观光农业，建设一批具有乡土特色的风情小镇，新培育省级乡村旅游点10个以上。

增强农民转移就业能力。完成农民素质和技能培训20万人次，发展乡镇特色块状经济，完善城乡统一、公平竞争的劳动力市场，健全农村就业服务网络，促进农村富余劳动力转移就业。积极引导下山移民脱贫致富。改善外来务工人员就业、维权和生活环境。

不断增加农民收入。落实各项支农惠农政策，鼓励民营企业参与新农村建设。健全对被征地农民合理补偿机制和失地农民就业保障机制，探索实现农民收益增长的有效办法，确保农村居民人均纯收入持续增长。

促进农村全面进步。深入实施新农村建设“六项工程”和“百千工程”，加强农村基础设施建设。搞好第二次全国农业普查。加快54个“城中村”的改造步伐。推进水利五大重点工程建设。深化“49100”工程，重点支持欠发达地区新农村建设。推行农村学校义务教育阶段学生免收课本费和作业本费。完善医疗卫生服务网络，加强乡村医疗卫生机构建设。落实农民最低生活保障制度。加强农村生态环境的设施建设。健全乡镇政务公开和村务公开联系点制度。加强基层民主法制建设。全面启动新一轮为农民办10方面实事工程。

（三）着力增强体制优势，切实提高市场化和国际化水平

加大改革攻坚力度。加强国有资产重组整合。贯彻落实促进非公有制经济发展的规划及政策。贯彻执行价格改革措施。深化公用行业改革。进一步缓解中小企业和农村融资难问题。全面落实要素市场供给制度改革措施。深化投资体制改革。推进收入分配制度改革，落实最

低生活保障和最低工资标准。加快社会领域体制改革，创造一流的社会发展环境。

加快构建对外开放新格局。深入推进外贸增长方式转变，优化进出口结构。积极做好外贸摩擦预警和应对服务工作。进一步加大招商引资力度，探索建立招商引资市域内统筹协调机制。拓展基础设施和现代服务业利用内外资渠道。加快建立国际营销网络和境外生产体系，发展境外加工贸易。进一步接轨上海、融入"长三角"，做好对接上海世博会工作。建立杭湖嘉绍的合作协调机制，积极发展杭州都市经济圈。加强"山海协作"和对口帮扶工作。发展总部经济、省会经济，推动浙商回归工程。加强对外宣传，提高杭州的国际知名度。

(四)着力完善城乡互动机制，切实推进城市化进程

提升主城区功能。坚持基础共建、资源共享，依托主城各个区块的特色优势，进一步发挥主城区集聚、辐射、带动作用。加快钱江新城建设步伐。

推进新城区发展。强化规划协调，加快三副城和六组团建设。加快建设钱江世纪城基础设施工程。

加快5县(市)发展。逐步加大公共财政对县(市)的支持力度，促进5县(市)积极融入大都市，实现功能互补、错位发展。

加强生态市建设。加大环保执法力度。继续推进"1278"和"1250"工程。加强水环境治理，进一步健全生态补偿机制。积极创建饮用水源达标区。完善县城及中心镇污水处理设施。加强森林资源保护和生态公益林管理。加强汽车排气管理。加强建筑节能工作，积极推广绿色建筑标准。

(五)着力推进名城强市建设，切实繁荣社会事业

大力弘扬和谐文化。实施七大文化建设工程，加强公共文化服务，建设具有杭州特色的和谐文化。

推进教育均衡发展。继续实施教育帮扶工程。妥善解决符合条件的外来务工子女接受义务教育问题。深化基础教育新课程改革，全面实施素质教育。高度重视职业教育和实习基地建设，构建适应先进制造业、现代服务业和现代农业的职业技术教育体系。积极发展高等教育。支持和规范民办教育发展。大力发展农村教育、社区教育、市民教育，打造学习型城市。

促进科技事业发展。建立开放型区域科技创新体系。鼓励企业自主创新。加快孵化器建设。强化与高校合作。积极创建国家专利工作示范城市。实施全民科学素质行动计划，提高城乡居民的科学素质。加强留学人员创业园区等人才载体建设。实施新一轮"131"优秀中青年人才培养计划和钱江特聘专家计划。强化职业培训和高技能人才培养工作。

发展卫生体育事业。加强公共卫生体系建设，提高重大疫病防治能力。逐步推进社区卫生服务机构"收支两条线"改革。完善新型农村合作医疗制度。巩固卫生城市创建成果。积极开展全民健身、"与奥运同行"活动。协助做好2007年女足世界杯杭州赛区工作。

(六)着力为民办好实事，切实提高市民生活品质

提高就业服务水平。落实就业优先政策，促进多形式、多途径就业，支持自主创业。加强对大中专毕业生、退役军人等群体就业的指导和服务，进一步抓好城镇"4050"等困难人员就业。加强公共就业服务，完善社区、村镇就业服务网络。

健全社会保障体系。完善城镇居民社会保障制度，探索建立新型农村社会养老保险制度，健全被征地农民基本生活保障制度。落实城镇无保障老年居民养老、大病住院基本医疗保险和少年儿童大病住院基本医疗保险政策措施。实施外来务工人员基本养老保险和大病住院基本医疗保险制度。继续优化企业退休人员社会化管理服务。完善社保基金使用、监管等制度。加快构建养老服务体系。加快完善城乡社会救助体系。积极推进"居者有其屋"工程。

以破解"七难问题"为重点，扎实抓好以下10方面的实事工程：1.完善城市生态设施。2.强化住房保障。3.推进村庄整治。4.加强基层医疗服务。5.健全就业培训服务体系。6. 丰富城乡文化生活。7. 推进农村健身运动。8.加大食品安全监管力度。9.建立交通事故救治保障机制。10.缓解"行路难停车难"。

(七)着力完善社会管理功能，切实提高社会和谐程度

提高社会管理水平。强化社区服务，开展农村新社区建设试点工作。深化"信用杭州"建设。加强流动人口服务和管理。不断培育、健全和规范民间组织，发挥群众团体、行业协会、商会等团体的社会功能。强化企业约束机制。加强国防教育。继续开展拥军优属活动，争创全国双拥模范城市"五连冠"。

强化"法治杭州"建设。落实"三五"依法治市和"五五"普法教育规划。认真接受人大的法律监督、政协的民主监督，重视社会监督和新闻舆论监督，不断强化监察、审计等内部监督。依法开展行政复议和行政应诉工作。坚持依法行政，规范行政执法行为。扩大法律援助受援面。加大计划生育宣传力度，稳定低生育水平，提高人口素质。依法做好新形势下的民族、宗教、外事、侨务、对台事务等工作。加强人防、统计、口岸、档案、地方志等工作。

深化"平安杭州"创建。完善社会治安防控体系，严厉打击各类严重刑事犯罪活动。做好社区矫正、归正人员帮教安置工作。充分发挥人民调解组织作用。加强民情民意调查、人民建议征集、信访和"12345"市长公开电话办理工作，着力解决土地征用、房屋拆迁、环境保护、特殊人群待遇等群众反映强烈的问题。积极预防和妥善处置各类群体性事件。继续抓好安全生产重点领域源头管理和执法监察。继续推进食品药品放心工程。强化气象灾害监测预警、森林防火和重大动植物疫病防控工作。完善应急管理体制机制，制定应急体系建设规划，加快建设市政府应急指挥中心，实现预警、动员、反应、处置的整体联动。加大市场监管力度，维护良好的市场秩序。

(八)着力强化作风建设，切实提高政府管理创新能力

创新政府管理体制。坚持发挥市场在资源配置中的基础性作用，加强经济监测预测工作。履行社会管理和公共服务职能。建立健全领导、专家、群众和社会组织相结合的科学民主决策机制，完善重大问题决策制度。健全公共财政体制，继续推进部门预算等改革。进一步深化事业单位人事综合配套改革。深入贯彻行政许可法和

依法行政实施纲要，加快建设法治政府。

增强公共服务能力。完善公共服务体系，提高公共服务质量。确保当年新增财力的三分之二用于社会事业发展、社会保障和提供社会公共服务。深化行政审批制度改革。坚持“两项制度、两项活动”，推进重大项目建设，切实提高投资效率。

加强作风和效能建设。坚持从严治政，廉洁从政。加强公务员队伍建设，深入开展“作风建设年”活动。扎实推进机关效能建设。进一步完善惩治和预防腐败体系，认真开展商业贿赂专项治理工作。降低行政成本，建设节约型政府。牢固树立科学发展观和正确的政绩观，努力建设人民群众满意的政府。

京杭大运河保护与申遗杭州宣言

（2006 年 5 月 24 日）

京杭大运河是我国古代劳动人民创造的一项伟大工程，是祖先留给我们的珍贵物质和精神财富，是活着的、流动的重要人类遗产。大运河肇始于春秋时期，形成于隋代，发展于唐宋，最终在元代成为沟通海河、黄河、淮河、长江、钱塘江五大水系，纵贯南北的水上交通要道。在两千多年的历史进程中，大运河为我国经济发展、国家统一、社会进步和文化繁荣作出了重要贡献，至今仍在发挥着巨大作用。

京杭大运河显示了我国古代水利航运工程技术领先于世界的卓越成就，留下了丰富的历史文化遗存，孕育了一座座璀璨明珠般的名城古镇，积淀了深厚悠久的文化底蕴，凝聚了我国政治、经济、文化、社会诸多领域的庞大信息。大运河与长城同是中华民族文化身份的象征。保护好京杭大运河，对于传承人类文明，促进社会和谐发展，具有极其重大意义。

随着经济社会的发展，大运河的传统运输功能已经改变，河道、沿河风貌和人民生活都发生了很大变化，当前又面临着城市现代化、农村城镇化建设的严重挑战。如果再不加强保护，大运河的历史文化遗存、风光景物和自然生态环境就会不可避免地遭到破坏，真实性和完整性就会不复存在，这将是中华民族不可挽回的巨大损失。对大运河进行抢救性保护、实现可持续发展已经到了紧要关头。

在此，我们呼吁：

——唤起公众对大运河重要地位和多重价值的社会认知度，进一步增强各级政府的保护意识，总结和宣传各地在保护与发掘运河深厚历史文化内涵方面的经验，动员全社会力量参与大运河的保护与申遗工作，延续运河文脉，传承运河文明。

——从国家战略高度，建立统一协调机构，制定大运河保护的法律法规，统筹保护与发展规划，调动各方力量，实施有效保护，科学合理利用，造福子孙后代。

——按照《保护世界文化和自然遗产公约》的要求，重视并启动京杭大运河申遗工作，以创新的思想，正确处理自然遗产、文化遗产与非物质文化遗产的关系，切实把申遗的过程变成加强大运河保护与管理的过程。

——尽快成立由相关部委、有关专家、沿岸城市参加并全力支持的研究机构，收集资料，摸清家底，以严肃的科学态度，开展调查研究和价值评估工作，向有关部门提出可行性建议。

——贯彻科学发展观，在大运河沿线经济社会发展规划与实施过程中，更加注重大运河的整体风貌，确保沿线文物得到有效保护，合理利用资源，维护生态环境，实现可持续发展，使古老的运河重新焕发青春与活力。

全国政协京杭大运河保护与申遗考察团
和运河沿岸城市代表

▶▶资料：京杭大运河

京杭大运河北起北京，南达杭州，有近 2500 年历史，是中国开凿最早、规模最大、里程最长的运河。大运河流经北京、天津、河北、山东、江苏、浙江 6 省市，贯通海河、黄河、淮河、长江、钱塘江 5 水系，全长 1794 千米，相当于苏伊士运河的 10 倍多，巴拿马运河的 22 倍，是世界上最长的人工河流，也是最古老的运河之一。大运河与长城是中国古代两项伟大工程，闻名于全世界。

京杭大运河杭州段北起余杭塘栖镇，南至江干三堡船闸，途经余杭、拱墅、下城、江干 4 区，全长约 39 千米。杭州市重视对运河的保护开发，多次对运河杭州段进行治理。

2006 年 5 月 22 日，全国政协京杭大运河保护与申遗考察团 40 余名专家和运河沿岸城市 200 余名代表汇聚杭州，参加京杭大运河保护与申遗研讨会。在 24 日的闭幕式上，通过《京杭大运河保护与申遗杭州宣言》。

2006 年 10 月 1 日，运河杭州段综合整治与保护一期工程竣工，运河水质改善，沿河环境、居住条件大为改观，初步实现“还河于民、造福于民”的目标。

▶▶资料：名词解释

(按首字汉语拼音顺序排列，首字为数字和英文字母的，随后依次排列)

安全生产"四个零增长"：各类事故次数、死亡人数、受伤人数和直接经济损失"零增长"。

"八八战略"：浙江省委十一届四中全会作出进一步发挥八个方面的优势、推进八个方面的举措的决策部署(简称"八八战略")：一、进一步发挥浙江的体制机制优势，大力推动以公有制为主体的多种所有制经济共同发展，不断完善社会主义市场经济体制；二、进一步发挥浙江的区位优势，主动接轨上海、积极参与长江三角洲地区合作与交流，不断提高对内对外开放水平；三、进一步发挥浙江的块状特色产业优势，加快先进制造业基地建设，走新型工业化道路；四、进一步发挥浙江的城乡协调发展优势，加快推进城乡一体化；五、进一步发挥浙江的生态优势，创建生态省，打造"绿色浙江"；六、进一步发挥浙江的山海资源优势，大力发展海洋经济，推动欠发达地区跨越式发展，努力使海洋经济和欠发达地区的发展成为浙江经济新的增长点；七、进一步发挥浙江的环境优势，积极推进以"五个百亿"工程为主要内容的重点建设，切实加强法制建设、信用建设和机关效能建设；八、进一步发挥浙江的人文优势，积极推进科教兴省、人才强省，加快建设文化大省。

"百千工程"：于2003年7月开始实施。按照统筹城乡经济社会发展的要求，以村庄规划为龙头，以改善农村生产生活条件为重点，从治理"脏、乱、差、散"入手，加大村庄整治力度，加强农村基础设施建设，加快发展农村社会事业，用5年时间，在全市行政村普遍开展环境整治的基础上，对1200个村实施重点整治，并把其中的200个村建成全面小康示范村。

"百团联百乡，千企结千村"：简称"联乡结村"，是"49100"帮扶工程的延伸和拓展，是城乡统筹加快新农村建设的又一举措。从2006年开始，由市、县两级组织100个以上集团联系100个以上乡镇，动员1000个以上企业(单位)结对1000个行政村。

城镇"三无"对象：无法定赡(抚、扶)养人或法定赡(抚、扶)养人无赡(抚、扶)养能力；无劳动能力；无经济来源的城镇居民。

"东动西静南新北秀中兴"：杭州城市新格局。"东动"即依托杭州经济技术开发区、萧山经济技术开发区和江东、临江、临平、钱江工业功能区，建设东部现代工业区。"西静"即依托浙江大学和杭州高新技术产业开发区，形成研发型高新技术产业带和高新技术产业密集区；依托西湖风景名胜区和近郊景区，形成西部旅游产业区。"南新"即由江南城依托萧山城厢镇和滨江高新技术开发区，接纳主城的部分市级功能和人口，拓展城市发展空间，建成具有大都市新功能的城市副中心。"北秀"即依托良渚文化遗址等生态文化旅游景区，增强休闲度假、旅游观光和科教产业功能。"中兴"即以主城区为中心，发展会议展览、金融保险、信息服务、文化体育等现代服务业，形成现代服务业密集区。

"东海明珠"工程：是全国"万里边疆文化长廊建设"的重要组成部分，是加强农村文化建设的主要抓手之一。

"东网加密"：是杭州市"接轨大上海，融入'长三角'"的标志性工程，也是加快城市东扩、推进城市化进程的先导性工程。主要内容是：建设以"五线一连一通道"为主的200千米高等级路网。"五线"指新建杭浦高速公路(沪杭高速公路复线)，拓宽沪杭高速公路和杭甬高速公路，改建余杭区320国道一级公路，新建萧山区萧山大道一级公路。"一连"指新建钱江九桥及两岸快速路。"一通道"指新建钱江通道。

"对口支援"：根据省委、省政府指示精神，今后一个时期，杭州市对口支援四川南充、重庆涪陵、新疆和田和西藏那曲地区，工作任务为经济合作、干部挂职、劳务合作、人才培训、发展公益事业和移民安置。

"枫桥经验"：1963年由浙江省诸暨市枫桥镇首创。主要内容是：矛盾不上交，就地解决，实现捕人少、治安好。毛泽东批示要"各地仿效，经过试点，推广去做"。改革开放以来，"枫桥经验"发展和形成了具有鲜明时代特色的新经验，即"党政动手、依靠群众、加强基层、化解矛盾、维护治安、促进稳定、保障发展"。

工业循环经济"2632"工程：指在2个区域、6个园区、30个企业开展工业循环经济建设，200个企业开展清洁生产审核。2个区域为萧山区、富阳市；6个园区为杭州高新技术产业开发区、杭州经济技术开发区、余杭区百丈竹制品工业块状经济区、富阳市高桥工业功能区、建德市大洋化工功能区、杭州萧山临江工业园区。

"黄金水道"工程：杭州市现代化水运建设工程。总投资85亿元，到2020年，主要指标达到"4611"目标。即500吨级航道总里程达400千米；港口货物吞吐能力达6000万吨，集装箱吞吐能力达100万标准箱；各类结构和功能的大吨位船舶总规模达100万载重吨。

"交通西进"工程：是杭州市打造一小时半交通圈、旅游圈、经济圈的基础性工程和实施"旅游西进"战略的先导性工程。主要内容为建设"一绕、三线、三连、四大接口"。"一绕"即杭州绕城高速公路。"三线"即杭千(杭新景)高速公路、杭徽高速公路、05省道一级公路。"三连、四大接口"指彭浦线、桐於线、昌文线3条等级公路和会泽里、檀村、前山、昱岭关4个接口项目。

"禁燃区"：指禁止销售、使用高污染燃料的区域。

"禁养区"：指禁止畜禽养殖的区域。

"两港五区"："两港"指信息港、新药港；"五区"指杭州高新技术产业开发区、杭州经济技术开发区、江东工业园区、临平工业区、高教园区。

"两个房等人"：住房困难户能随时申购经济适用住房，拆迁户能随时拿到拆迁安置房。

"两口两线"："两口"指沪杭高速公路德胜立交入城口和杭浦高速公路大井入城口；"两线"指德胜快速路(中、东段)和石祥快速路(含石大线)。

"两项制度、两项活动"："两项制度"指领导干部联系重大项目制度、项目推进制度；"两项活动"指"工业企业服务年"和"外商投资企业服务月"活动。

"两新"组织：新经济组织、新社会组织。

"领头雁"工程：村党支部书记队伍建设活动。以邓小平理论和"三个代表"重要思想为指导，紧紧围绕建设有中国特色社会主义新农村的中心任务，努力培养和造就一支思想政治素质强、发展经济能力强、民主法制意识强和群众工作本领强的村党支部书记队伍，充分发挥村党支部书记强村富民的“领头雁”作用，进一步增强村党支部的凝聚力和战斗力。

流动党员“安家工程”：杭州市加强流动党员教育管理的综合措施。

“六项工程”：即城市带动工程、农业提升工程、村庄整治工程、社会发展工程、农民保障工程和基层建设工程。

“六项原则”：必须保持经济平稳较快发展；必须加快转变经济增长方式；必须提高自主创新能力；必须促进城乡区域协调发展；必须加强和谐社会建设；必须不断深化改革开放。

“名城·名湖·名山”世界级黄金旅游线：指连接名城上海、名湖西湖、名山黄山的旅游线。它将著名国际大都市上海、著名国际风景旅游城市杭州和著名湖泊西湖、世界自然遗产黄山连接在一起，是中国东部最具国际品质与潜力的旅游线。

“名城强市”：指建设文化名城和教育强市、科技强市、卫生强市、体育强市，实现经济社会和谐发展。

农村“五保”对象：由财政支付保吃、住、穿、医、葬的农村老人。

农村体育设施“3个100”：指在全市农村新建100个健身点、100个篮球场、100个乒乓球室(场)。

七大文化建设工程：指广播电视“村村通”工程；以构建“十五分钟文化圈”为目标的文化阵地建设工程；“东海明珠”和文化信息资源共享工程；以解决农民群众看电影难为重点的电影“2131”工程；公共图书服务“一证通”工程；以“万场文化活动”为抓手的百姓文化服务工程；以“百村帮扶”为载体的文化扶贫工程。

“七难问题”：即困难群众生活就业难问题、看病难问题、上学难问题、住房难问题、行路停车难问题、办事难问题、清洁保洁难问题。

“三口五路”道路综合整治工程：指彭埠入城口、02省道留下入城口、104国道北线入城口和艮山路、环城北路、天目山路、莫干山路、解放路的综合整治，道路总长约37千米。

“三纵五横”快速路网建设：“三纵”指中河和上塘高架路，石桥和秋涛快速路，东湖和通惠快速路；“五横”指环城北路和天目山快速路，德胜快速路，石祥快速路，江南大道，彩虹大道。

“山海协作”工程：是省委、省政府为促进浙江省欠发达地区加快发展而做出的重大战略举措。“山”指以浙西南山区、海岛为主的欠发达地区，“海”指沿海发达地区、经济发达的县(市、区)。

“十大休闲基地”：西溪国家湿地公园休闲基地、千岛湖滨水休闲度假基地、天目山森林休闲度假基地、环湘湖休闲度假基地、龙门山古镇休闲度假基地、新安江清凉世界避暑休闲度假基地、余杭南湖滨水度假基地、大明山高山休闲度假基地、大清谷温泉休闲度假基地、桐庐大奇山乡村休闲度假基地。

“十五小”污染企业：小造纸、小制革、小染料、土炼焦、土炼硫、土炼砷、土炼汞、土炼铅锌、土炼油、土选金、小农药、小电镀、土法石棉制品、放射性制品、小漂染。

“数字城管”：“数字化城市管理”的简称，指运用现代化信息技术(计算机技术、通讯技术、网络技术、人工智能等)，量化城市管理对象，细化管理行为，实现城市管理运行模式科学化，形成信息采集、信息处理和监管评价多层面完整闭合的回路系统。

“四化”：即“洁化、绿化、亮化、序化”，是城市环境长效管理内容及机制的简称。

“四级救助圈”：即市、区(县、市)、街道(乡镇)、社区(村)四级帮扶工作网络。

“四农一村”：指农业、农村、农民、农民工和“城中村”。

“四位一体”：胡锦涛总书记明确指出，构建社会主义和谐社会是中国特色社会主义事业四位一体总体布局的重要组成部分，及时对构建社会主义和谐社会进行研究并作出全面部署，有利于推动社会主义经济建设、政治建设、文化建设、社会建设全面发展，确保实现全面建设小康社会的宏伟目标。

“五大战略”：指城市化战略、“工业兴市”战略、“旅游西进”战略、“开放带动”战略、“环境立市”战略。

“五个统筹”：《中共中央关于完善社会主义市场经济体制若干问题的决定》提出“统筹城乡发展，统筹区域发展，统筹经济社会发展，统筹人与自然和谐发展，统筹国内发展和对外开放”。这是党中央领导集体对发展内涵、发展要义、发展本质的深化和创新，蕴含着全面发展、协调发展、均衡发展、可持续发展和人的全面发展的科学发展观。

“五纵六路”道路综合整治工程：指环城东路、绍兴路(两路在一条纵线上)、东新路、古墩路、新塘路、湖墅路等6条市区纵向主干道综合整治。

“先锋工程”：浙江省开展的农村基层党组织建设活动。其主要内容为“五强”，即强核心、强素质、强管理、强服务、强实力。

“乡村通达”工程：杭州农村交通建设工程。投资20多亿元，历时4年，目标是2007年年底前全市行政村通上等级公路，通村公路的路面实现硬化。

新“十大工程”：指杭州市“十一五”期间将实施的新农村建设、工业功能区建设、现代服务业培育、综合交通建设、新城区建设、生态市建设、休闲之都建设、科技创新能力提升、文化名城建设、民生保障等十大工程。

“新五小”污染企业：小水泥、小火电、小炼油、小煤矿、小钢铁。

新一轮“131”优秀中青年人才培养计划：到2010年，分3个层次培养45岁左右的新世纪优秀中青年人才1400名，其中有100名45岁左右的在国内或省内具有领先水平的学术技术带头人，300名40岁以下的后备学术技术带头人，1000名40岁左右的优秀专业技术骨干。

循环经济“770工程”：指“十一五”时期杭州市创建“7个一批”循环经济示范工程、实施70个左右循环经济重点示范建设项目。"7个一批"示范工程是指一批循环型工业示范园区、一批循环型农业示范园区、一批循环型示范企业、一批"四节"(节能、节水、节电、节材)示范工程、一批循环型示范社区、一批循环经济技术开发和应用示范工程、一批废弃物资源化利用和无害化处理示范工程。

"一高一领先":原指全市工业经济增幅高于全省平均水平、工业经济总量领先全省各市。2004年5月,市委、市政府充实和完善杭州工业经济"一高一领先"的目标内涵,具体包括5项指标:工业经济增幅高于全省平均水平;工业经济总量领先全省各市;高新技术产业和高附加值、低能耗、低污染的传统优势产业占全部工业经济总量的比重高于全省平均水平;工业利税总额领先全省各市;工业经济效益考评综合得分超过全省平均水平,处于全省领先地位。

"一主三副六组团":"一主"指主城区;"三副"指下沙副城、江南副城、临平副城;"六组团"指义蓬组团、瓜沥组团、临浦组团、余杭组团、良渚组团、塘栖组团。

"一纵三横"道路综合整治工程:指保俶路、曙光路—体育场路、凤起路、庆春路的综合整治。

"作风建设年":为深入贯彻胡锦涛总书记在中纪委第七次全会上的重要讲话精神,全面加强领导干部作风建设,市委、市政府提出在全市开展"作风建设年"活动,要在大兴学习之风、深化机关效能建设、改进工作作风、改进和规范公务接待、坚决刹住违规建设楼堂馆所的不良风气、厉行节约、反对铺张浪费等6个方面取得明显成效。

"1250"生态市建设工程:全市确定12个重点领域、在每个领域内每年开展50项生态建设试点工作。这12个领域是:农村生活污水处理,农村生活垃圾处置,养殖业污染物处理,废弃矿山生态修复及"青山白化"治理,河道整治及水生态系统恢复,清洁生产,无公害、绿色、有机农林产品、食品及基地建设,新能源利用,工农业废弃物综合利用,生态村镇创建,生态街道、社区及安静小区创建,绿色系列(如绿色学校、绿色社区、绿色工地等)创建。随着生态市建设的逐步推进,这12个领域将适当调整。

"1278"环境污染整治工程:"1"指市区大气污染综合整治,"2"指钱塘江、太湖(含运河、苕溪)两大重点流域污染整治,"7"指七大重点监管区域,即萧山东片印染染化、萧山南阳经济开发区化工园区、余杭苕溪流域、富阳造纸春江区块、临安锦溪流域、桐庐钟山乡石材加工、建德化工行业的污染整治,"8"指八大重点行业,即化工、印染、造纸、医药、味精、电镀、水泥、冶炼的污染整治。

"21421"工程:杭州电网建设2006年实施的工程,包括扩建涌潮、乔司2项500千伏输变电工程,新(扩)建义蓬、横岭、钱王等14项220千伏输变电工程和拱南、三堡、越王等21项110千伏输变电工程,累计新增110千伏及以上变电容量308.4万千伏安、新投运110千伏及以上线路625.9千米。

"33929"道路综合整治工程:指33条道路、9座桥、2条隧道、9个入城口的综合整治,要求基本建成大都市道路骨架。

"356"工程:用3年时间培训500个企业的600名高级经营管理人员。

"49100"帮扶工程:杭州市帮助欠发达地区发展的举措。2001年~2002年实施第一轮,帮扶对象是到2000年底尚未实现小康目标的49个乡镇,以及这些乡镇中100个发展难度较大的村。2003年~2006年实施第二轮,帮扶对象是2001年农民人均纯收入不足3500元或发展制约因素较多的49个乡镇、农民人均纯收入不足2500元或发展制约因素较多的100个村。

"815"高级蓝领培训工程:在5年中,每年力争培训高级工8000人、技师1000人、高级技师50人。

"96345"服务热线:杭州市以公益性服务为主导的便民服务热线,同时开设96345便民服务网站和数字电视96345服务专区,为杭州市民提供包括政府便民服务、公共便民服务、公共信息查询、社区信息服务、商务信息服务等五大类便民服务内容。

"96666"服务热线:杭州市党政机关服务态度和效能投诉电话。受理范围包括:态度冷漠、生硬,作风蛮横、粗暴等不礼貌、不文明的行为;上班时间无正当理由脱岗、离岗,或在岗聊天、办私事等擅离职守的行为;办事拖拉、推诿扯皮、敷衍塞责、工作效率低下、无故超过办事时限等不负责任的行为;对群众提出的正当要求置之不理,可以办、应该办的事不予办理等不作为行为;不按规定程序公开、公平、公正办事等不公道、不正派行为;不给好处不办事,给了好处乱办事,或者故意拖延刁难等"吃、拿、卡、要"行为;其他不满意的行为。

9件实事:市委、市政府决定,自2004年起,用3年时间,集中力量抓好和深化9件为农民办实事项目,到2006年底全面完成。9件实事包括:减轻农民税费负担,推进"百村示范、千村整治"工程,健全农村社会保障体系,实施乡村通达工程,抓好农村教育培训,深化"49100"帮扶工程,完善农村公共卫生体系,加强农村科技文化信息服务,强化农村生态建设。

IGCC示范工程:IGCC (Integrated Gasification Combined Cycle)即整体煤气化联合循环。IGCC发电技术是将固体煤气化、净化与燃气—蒸汽联合循环发电相结合的一种洁净煤发电技术。 (市府办 年鉴处)

特　辑

Special Edition

·杭州市获中国最佳旅游城市称号·

【创建中国最佳旅游城市】 国家旅游局2003年下发《"中国最佳旅游城市"创建指南》后，杭州市人民政府即提出书面申请。2006年4月，杭州市被国家旅游局确定为创建中国最佳旅游城市试点工作城市。

接受试点任务后，杭州市成立由省委常委、市委书记、市人大常委会主任王国平和副省长钟山任总顾问，省旅游局局长纪根立任顾问，市委副书记、市长孙忠焕任组长，市四套班子12名分管领导任副组长，省旅游局分管领导和市55个部委办局主要领导、13个区县(市)26名党政一把手任成员的杭州市"创佳"工作领导小组及其办事机构，制定《杭州市创建中国最佳旅游城市实施方案》和《创佳目标分解表》、《创佳资料分解表》、《创佳任务分解表》，细化需重点推进的108项工作内容，纳入年度政府工作目标考核重点。

6月6日，杭州市召开有1500余人参加的创建中国最佳旅游城市动员大会，王国平做动员报告，钟山提出4点工作要求，国家旅游局局长邵琪伟出席大会并讲话。大会确定了"'创佳'为人民，'创佳'靠人民，'创佳'成果由人民共享"的"创佳"指导思想。会上，市旅委、市城管办、杭州西湖风景名胜区管委会、西湖区政府等6个主要责任单位、26个责任单位与市政府签订了《创建中国最佳旅游城市责任书》。

经过全市各级党委和政府、各责任单位、相关工作人员及广大市民的共同努力，"创佳"工作进展顺利。11月10日~16日，国家统计局抽调来自河南、云南、安徽3省的国家城调人员40人到杭进行市民和游客抽样调查。在7天时间里，国家城调队完成对1000名市区居民的入户随机抽样和1400名国内游客、600名入境游客的景区(点)及口岸随机抽样。杭州市民、国内游客、海外游客对杭州旅游业发展持充分肯定态度，并给予高分。11月20日~26日，国家旅游局试评工作组到杭验收。工作组走访百余个景区(点)和相关单位，进行273次访谈，召开18次座谈会，覆盖了《中国最佳旅游城市评定细则》中现场考察部分137个考评点，对杭州"创佳"工作总体评价是：支撑旅游业发展的体制优势明显，发展城市旅游的观念意识超前，城市基础设施、旅游设施不断完备，城市旅游资源丰富，旅游产品配套成熟，城市人居环境良好。杭州市通过中国最佳旅游城市考评验收。

2006年，杭州市接待境内外游客3864.16万人次。　　(市外办 供稿)

【"创佳"工作三大亮点】 围绕旅游服务设施的进一步完善配套和服务水平的进一步提高，重点提升旅游环境"国际化、人性化、规范化、法制化"水平。杭州市对照《"中国最佳旅游城市"创建指南》及"创佳"《评定细则》，针对杭州存在的薄弱环节，着力推进和完善旅游信息服务网络建设、旅游商品开发保护及展示销售、高星级宾馆建设和旅行社服务规范、数字电视进宾馆工程、主要道路和风景区的标识系统，开通环西湖公交旅游线中英双语广播，建立出租车外语后台援助系统，在城市窗口单位一线人员中开展英语300句学习，完善市域银行系统及ATM自动取款机和外汇兑换点等旅游国际化工程。

围绕游客和市民对旅游业的认可度和获益度，重点解决好游客和市民高度关注的重点、热点、难点问题。杭州市根据自身的实际情况，把加强诚信经营、整治旅游市场、解决市区交通拥挤及停车难、推进旅游厕所建设及日常维护、强化机动车司机人本意识等群众反映较集中的问题作为重点，扎实工作，不放过任何细节；严格考核，发现问题及时整改，力求完美。

围绕完善"创佳"评定体系，总结经验，为"中国最佳旅游城市"提供"标尺"。为国家旅游局提供修改、完善"创佳"评定体系的意见和建议，是试点城市的任务之一。杭州市在"创佳"过程中，注意通过实践总结经验，提出了数据量化分档原则、最佳承载量递减或递增分档原则、类比和案例分档原则、权威性分档原则、客观数据与考察体验相呼应分档原则、要素赋值分档原则的建议，被国家旅游局采纳，进一步完善专家现场评分的量化尺度，增强可操作性，保证现场考察评分公平、科学。在创建中国最佳旅游城市试评（杭州）工作交流会议上，国家旅游局副局长张希钦充分肯定杭州为完善"创佳"评价体系丰富了内容，树立了标准，做出了全面、系统、成熟的贡献。

【联合国世界旅游组织专家到杭评估】 11 月 17 日~21 日，应国家旅游局邀请，联合国世界旅游组织派出艾瑞克(Erik Holm Petersen)和罗伯特(Robert G Cleverdon)两位专家到杭评估杭州"创佳"工作。通过实地考察，两位专家认为，杭州不仅理解并遵循"创佳"的标准，而且理解和遵循"创佳"的精神，"创佳"工作人员怀着巨大的热情和奉献精神，出色地完成各项工作任务。杭州已经真正成为中国旅游城市的典范，而且可以为中国其他的旅游城市作出很好的榜样。 （张文照）

·8 个项目入选国家级非物质文化遗产名录·

【保护非物质文化遗产】 5 月 20 日，国务院公布第一批 518 项国家级非物质文化遗产名录。杭州市的梁祝传说、白蛇传传说、余杭滚灯、小热昏、西泠印社金石篆刻、张小泉剪刀锻制技艺、竹纸制作技艺、胡庆余堂中药文化等 8 个项目入选，入选数列全国同类城市前茅。

5 月 31 日~6 月 2 日，以"国家文化安全"为主题的中国非物质文化遗产保护·余杭论坛在杭州市余杭区举行，论坛形成《中国非物质文化遗产保护·余杭倡议》。 （金杭婷）

【梁祝传说】 梁祝传说以提倡求知、崇尚爱情、歌颂生命的主题深深打动着人们的心灵，以曲折动人的情节、鲜明的人物性格、奇巧的故事结构而受到民众的广泛喜爱。梁祝传说形成于 1600 年前的晋代，主要流传于宁波、上虞、杭州、宜兴、济宁、汝南等地，并向中国的各个地区、各个民族流传辐射。在流传的过程中，各地人民又不断丰富发展传说的内容，甚至还兴建了众多以梁祝传说为主题的墓碑和庙宇等建筑。此外，梁祝传说还流传到朝鲜、越南、缅甸、日本、新加坡和印度尼西亚等国家。

【白蛇传传说】 白蛇传传说所塑造的白娘子、许仙、法海和小青等人物形象，表达了广大人民对人性解放的渴望，是中华民族宝贵的精神文化遗产。白蛇传传说肇始于唐五代时期，基本成型于南宋，至迟到元代已被文人编成杂剧和话本。明代冯梦龙编纂的拟话本《白娘子永镇雷峰塔》是该传说最早的较为完整的文本。明清以降至现当代，民间的口头文学与各类俗文艺的改编、搬演相互渗透、相互融合，使白蛇传成为故事、歌谣、小说、演义、话本、戏曲、弹词以及电影、电视、动漫、连环画等各种文艺形式的经典题材。其影响不断扩大，流布全国，家喻户晓，并远播日本、朝鲜、越南、印度等许多国家。 （年鉴处）

【小热昏】 小热昏是广泛流行于江浙沪一带的曲艺谐谑形式，又名"小锣书"，俗称"卖梨膏糖的"。它源于清末街头的"说朝报"，"朝报"是当时杭州的地方小报，卖报人一面敲小锣，一面念出报上的主要新闻，称为"说朝报"。1905 年，小热昏创始人杜宝林把说朝报的形式运用到卖梨膏糖上，把说唱的内容由新闻朝报和生活趣事变为有简单故事情节、有人物性格和矛盾冲突的节目。因大多数节目表达了对现实生活的不满，经常招致官差驱赶，为逃避追究，故将这种形式取名为"小热昏"，意思是演员自己发昏说的胡话。"小热昏"以说唱逗笑为主要艺术手段，基本曲调有"锣先锋"、"三敲赋"和"东乡调"，现"三敲赋"、"东乡调"已成绝响，演唱者仅存杜宝林第四、五、六代的几位艺人，众多传统曲目濒临失传。 （许 英）

【余杭滚灯】 余杭滚灯源于浙江余杭翁梅一带，流传至今已有 800 多年历史，是节庆和灯会期间表演的具有强烈竞技特点的民间舞蹈。自南宋起，余杭民间一直把滚灯作为一种吉祥之物、强体之器，每逢元宵或庙会必参与表演，世代相传。余杭滚灯集舞蹈、技巧、体育于一体，有 9 套 27 个动作，具有多样性、综合性、竞技性的鲜明特征，既有江南舞蹈的秀美俏丽，又有民间体育杂技的刚劲健美。2000 年获全国第十届"群星奖"优秀奖，同年余杭被命名为浙江省民间艺术（滚灯）之乡。

（沈文娇）

【西泠印社金石篆刻】 西泠印社创立于清光绪三十年（1904 年），是主要从事金石篆刻创作与研究，同时兼及书画创作的民间社团。社址坐落于杭州市西湖景区孤山西麓，社址内包括多处明清古建筑遗址，园林精雅，人文景观荟萃，摩崖题刻随处可见。西泠印社由浙派篆刻家丁仁友、王福厂、叶舟、吴隐等人共同发起创建。1913 年，近代艺术大师吴

西泠印社收藏的印章

（市文广新闻出版局 供稿）

昌硕被推为首任社长。入社者均为精擅篆刻、书画、鉴赏、考古、文史的大家，印社由此声誉日隆。每年春秋两季，同仁雅集，形成独特的祭仪和活动模式。西泠印社秉承“保存金石、研究印学、兼及书画”的宗旨，在艺术创作、学术研究、文物考古、出版交流等方面均取得辉煌成就，成为海内外金石篆刻史上时间最悠久、成就最高、影响最大的学术团体，获得“天下第一名社”之盛誉。

【张小泉剪刀锻制技艺】 清康熙二年(1663 年)，张小泉剪刀始创于杭州，后成为闻名遐迩的“五杭”产品(即张小泉剪刀、孔凤春鹅蛋粉、张允升花线、宓大昌烟丝、王星记扇子)之一。传统民用剪刀是张小泉的起家产品，有“信花、山郎、五虎、圆头、长头”五款，以镶钢均匀、钢铁分明、磨工精细、刃口锋利、销钉牢固、开合和顺、式样精巧、刻花新颖、经久耐用、物美价廉等十大特点闻名。张小泉传统制剪有 72 道工序，镶钢锻打技艺和剪刀表面的手工刻花技艺历经磨练被延续下来。张小泉剪刀曾为清宫御用品，1910 年获南洋劝业会银奖，1915 年获巴拿马万国商品博览会二等奖，1926 年获美国费城世博会银奖，1929 年获杭州西湖博览会特等奖。 (年鉴处)

【竹纸制造技艺】 竹纸制造技艺始于南宋，世代相传，迄今已有 1000 多年。竹纸以当年生嫩毛竹为原料，制造工艺包括制浆、造纸等 72 道工序，主要品种有元书纸、京放纸、高白、海放、花笺等近 20 种。富阳竹纸在继承传统造纸技艺的基础上形成了独具特色的制作技艺，其纸质柔软、卷舒虽久而墨中不渝，不为虫蛀，享誉国内外。富阳竹纸中昌山纸获 1915 年农商部最高特货称号和巴拿马万国商品博览会二等奖、1926 年北京国货展览会三等奖；京放纸获 1915 年巴拿马万国商品博览会二等奖、1926 年北京国货展览会三等奖；元书纸和乌金纸获 1929 年杭州西湖博览会特等奖；刷黄纸和“五千元书纸”获 1929 年杭州西湖博览会一等奖。 (陈炜祥)

【胡庆余堂中药文化】 “江南药王”胡庆余堂是“红顶商人”胡雪岩于清同治十三年(1874 年)创建的药铺，地处杭州清河坊。胡庆余堂全面继承了南宋官方制定的《太平惠民和剂局方》制药技艺和行业规范。“戒欺”是胡庆余堂的店训，由胡雪岩亲笔写就。130 余年来，胡庆余堂始终恪守“戒欺”原则，秉承中国传统伦理道德和中医药文化，形成了以“戒欺”为内涵特色的经商理念和店规。胡庆余堂保存了一批民间的古方、秘方，身怀绝技、熟练掌握中药手工技艺的老药工依然健在，这都是社会的巨大财富。 (年鉴处)

·西溪湿地项目获世界休闲创新奖·

4 月 22 日，在杭州举办的世界休闲博览会开幕式上，世界休闲组织官员向杭州“西溪湿地”项目颁发“世界休闲创新奖”奖杯和奖状。

“芦锥几顷界为田，一曲溪流一曲烟”。杭州城区西部以西溪水网体系为存在基础的西溪湿地，生态资源丰富，自然景观幽雅，文化积淀深厚，其独特的江南水乡风光，构成优美的风景画卷。西溪湿地发现于东晋，发展于唐宋，兴盛于明清，衰弱于民国。由于长期以来自然演化和人为干预，湿地生态系统渐遭损坏，原始景致日渐衰微。2003 年，杭州市加快西溪湿地综合保护步伐。杭州旅游规划部门、西溪湿地综合保护工程指挥部与在杭高校等单位合作，开始对西溪这片国内罕见的城市湿地保护区进行旅游策划，将其形象定位于“湿地风光、田园风情”，提出“处处现原貌、步步有风景、月月赏节会、人人游西溪”的策划理念，通过形象策划、营销策划、项目策划、游览组织以及运营和管理策划，逐步形成西溪湿地综合保护区“生态、文化、休闲”三位一体的旅游品牌，最终实现“人人畅游西溪”的目标。2005 年 2 月，国家林业局组织专家组赴西溪考察，充分肯定“西溪模式”，并要求西溪成为全国湿地综合保护和合理利用的典范。随着西溪湿地一期综合保护工程圆满完成，西溪国家湿地公园于 2005 年 5 月 1 日正式开园。这成为中国第一个集城市湿地、农耕湿地、文化湿地于一体的国家湿地公园。

全球有 4 个项目获得首届“世

左图：河坊街胡庆余堂　右上图：表演小热昏　右下图：表演余杭滚灯

(市文广新闻出版局 供稿)

界休闲创新奖”,除中国浙江省旅游科学研究所的“杭州西溪湿地综合保护地的旅游策划”外,还有加拿大卡尔加里伊曼纽尔基金的“儿童运动坊”,新西兰克赖斯特切奇市的“南部中心多感官设施”以及澳大利亚昆士兰汤斯维尔市的“海滨——大众休闲场所”3个项目。(施 智)

·首届世界佛教论坛在杭开幕·

4月13日,由中国佛教协会、中华宗教文化交流协会主办,浙江省承办的首届世界佛教论坛在杭州开幕,来自37个国家和地区的佛教领袖,15个国家的驻华使节,国外政要、专家学者和国内佛教界人士等中外来宾1000余人参加。

中共中央政治局常委、全国政协主席贾庆林于4月12日到杭州亲切会见出席论坛的部分代表,并发表重要讲话。

开幕式上,全国政协副主席、中共中央统战部部长刘延东致辞,全国政协副主席董建华宣读联合国秘书长安南的贺信。

论坛围绕“和谐世界,从心开始”的主题,就“佛教的团结合作”、“佛教的社会责任”和“佛教的和平使命”3个分议题进行深入探讨和交流,并达成广泛共识。4月16日,论坛闭幕式在舟山市普陀南海观音广场举行。

首届世界佛教论坛是中华人民共和国成立后在中国内地召开的第一个国际性宗教会议,也是佛教进入中国2000年以来第一次由中国主办的佛教国际性会议。论坛宣扬了中国和平发展的理念,贯彻了中国宗教信仰自由政策,弘扬了中国优秀的传统文化,深化了中国佛教与世界佛教的交流,取得圆满成功。

论坛井然有序,庄重热烈,气氛祥和,服务周到,受到国内外的广泛好评。5月22日,中共浙江省委、省政府通报表彰首届世界佛教论坛承办工作先进单位,中共杭州市委、市政府受到表彰。(雷俊峰)

·运河综合整治取得成果·

5月22日~24日,京杭大运河保护与申遗研讨会在杭召开。(任 鲸 摄)

【运河(杭州段)综合整治与保护开发一期工程竣工】 10月1日,京杭大运河(杭州段)综合整治与保护开发一期工程竣工。一期工程于2004年8月开工,实施范围为石祥路至秋涛路。市京杭运河(杭州段)综合整治与保护开发指挥部、西湖文化广场建设指挥部、市交通局和拱墅、江干、下城区等单位参与建设。经过两年多的奋战,运河主城区两岸破旧的民舍、杂乱的厂房、荒废的仓储、残缺的堤堰,被延绵的景观、诱人的绿色、璀璨的灯光所替代。运河主城区段游步道全线贯通,环境面貌、居住条件大为改观。“还河于民、造福于民”的目标初步实现。

为庆祝京杭大运河(杭州段)综合整治与保护开发一期工程胜利竣工,也为运河申报世界文化遗产和打造世界级旅游产品宣传造势,浙江日报报业集团和杭州市委宣传部、市运河指挥部在运河文化广场共同组织“庆国庆·万人手拉手,走近大运河”活动。活动当天,沿运河两岸20余千米近10万名身穿红衫的群众手拉着手,同唱《梦想天堂》,激情拥抱大运河。浙江卫视等省、市新闻媒体现场直播,向全国人民传递了这一盛景。(王英翔)

【中国京杭大运河博物馆开馆】 10月1日,中国京杭大运河博物馆对外开放。该博物馆坐落于运河文化广场,建筑面积1.07万平方米,是国内第一座以运河文化为主题的大型专题博物馆,旨在全方位、多角度地收藏、保护、研究运河文化资料,展现大运河自然风貌和历史文化。博物馆以“运河推动历史,运河改变生活”为主题,分大运河的开凿与变迁、大运河的利用、河畔的城市、运河文化四个主展厅及漕运故事半景厅、“十里红妆”——运河水上人家婚俗家具厅两个专题展厅。

(翁红亮 周新华)

【国家级专家考察运河(杭州段)】 3月18日,国家历史文化名城保护专家委员会副主任郑孝燮、国家文物局古建筑专家组组长罗哲文等一行,乘坐水上巴士考察京杭大运河(杭州段)和西溪水系,为运河申遗可行性寻找技术上的方法和捷径。实地考察后,两位专家听取浙江省委常委、杭州市委书记王国平就运河(杭州段)整治与保护情况的介绍。两位专家表示,京杭大运河是一个流动的、活着的遗产,其价值和风貌的传承不能“断流”,应在保护中有发展,发展中含保护。申遗应将自然文化遗产、物质文化遗产和申报非物质文化遗产结合在一起,尽可能地保持运河原有的风貌。

【京杭大运河保护与申遗研讨会在杭召开】 5月12日~21日,由全国政协副主席、中国社会科学院院长陈奎元带领,68位全国政协委员和专家组成的京杭大运河保护与申遗考察团,从北京出发,途经天津、河北、山东、江苏、浙江5个省(市)、18个地级市、30余个县(市),对运河现状进行全面考察,听取沿线省、市对大运河申报世界文化遗产的意见和

10月16日,杭州市召开宣传贯彻《地方志工作条例》工作会议。

(市志办 供稿)

建议。

5月22日~24日,京杭大运河保护与申遗研讨会在杭州召开,考察团成员、国务院有关部委领导、专家学者、运河沿线城市市长和代表等200多人出席。在为期3天的研讨会上,全国政协委员、专家和沿线城市代表相互交流保护及发掘运河历史文化的经验,深入探讨运河保护与申遗中迫切需要解决的问题。研讨会通过《京杭大运河保护与申遗杭州宣言》,宣言提出了建立协调机构、动员全社会参与保护、启动运河申遗、开展价值评估和合理利用资源等意见。为推进大运河的保护与申遗,研讨会建议筹建京杭大运河研究会,尽快制订申遗工作方案。

【新闻媒体报道运河综合保护】 8月,《人民日报》、《经济日报》等中央新闻媒体分别对杭州市运河综合整治与保护开发工作进行专访。省委常委、市委书记王国平接受《人民日报》海外版记者专访,在海外版上刊登题为"杭州的答案"的报道。《经济日报》"运河经济"采访组连续7天发表"探访京杭大运河"的特别报道,引起社会各界的广泛关注。全国政协副主席、中国社会科学院院长陈奎元,交通部副部长徐祖远等领导、学者纷纷为保护运河撰文,呼吁全社会积极参与大运河的保护、利用和开发。 (王英翔)

·学习宣传贯彻《地方志工作条例》·

【制定《杭州市实施〈地方志工作条例〉办法》】 8月21日,市政府第116次常务会议审议通过《杭州市实施〈地方志工作条例〉办法》。9月14日,该办法公布实施。这是全国第一个贯彻国务院《地方志工作条例》的地方政府规章,也是杭州市历史上第一个关于加强和规范地方志工作的政府规章。该办法共25条,明确"一纳入、五到位",即市、区县(市)人民政府应当加强对本行政区域地方志工作的领导,将其纳入国民经济和社会发展规划及年度目标考核内容,切实做到领导到位、组织到位、经费到位、队伍到位、条件到位。

【召开宣传贯彻《地方志工作条例》会议】 10月16日,杭州市召开宣传贯彻《地方志工作条例》工作会议。中国地方志指导小组办公室主任助理、中国地方志协会副秘书长高延军,市委副书记、市地方志编纂委员会副主任叶明出席会议并讲话。市政府秘书长、市地方志编纂委员会副主任娄延安,全国著名方志学家、省地方志学会会长魏桥等出席。市政府副秘书长、办公厅主任兼市志办主任许小富主持会议。会议要求进一步增强做好地方志工作的使命感和责任感,抓好《地方志工作条例》和《杭州市实施〈地方志工作条例〉办法》的落实,加强组织领导,形成合力,推动地方志事业繁荣发展。

【中指组领导到杭调研】 7月19日~23日,中国地方志指导小组办公室主任助理、中国地方志协会副秘书长高延军,中国地方志指导小组办公室理论政策研究室主任邱新立到杭州进行宣传贯彻《地方志工作条例》调研。杭州市志办汇报认真学习宣传贯彻《地方志工作条例》的工作情况。中指组领导对杭州市紧密结合工作实际,扎实开展宣传贯彻《地方志工作条例》的做法表示肯定。

【参加经验交流会作典型发言】 10月17日~20日,国务院法制办和中国地方志指导小组在北京联合召开全国学习贯彻《地方志工作条例》经验交流会。杭州市志办作为特邀代表参加会议,市志办副主任贾大清从宣传贯彻《地方志工作条例》的主要举措和体会两个方面作了典型发言,7项举措受到与会代表的赞赏,得到国务院法制办和中指组领导的肯定,认为杭州市的工作积极主动,富有创造性,在学习贯彻《地方志工作条例》、加快地方志工作法制化建设方面的经验值得全国学习和借鉴。市委、市政府对这项工作高度重视,在很短的时间内出台《杭州市实施〈地方志工作条例〉办法》,并增挂"杭州市人民政府地方志办公室"牌子,在全国是第一家,也是唯一的一家。

【举办依法修志培训班】 11月28日~29日,杭州市举办依法修志暨志鉴编纂工作培训班。市直属各单位办公室负责人,志鉴撰稿人,区、县(市)地方志办公室负责人,市地方志办公室工作人员100余人参加培训。会议解读了《地方志工作条例》和《杭州市实施〈地方志工作条例〉办法》,并就年鉴编纂的规范化,二轮修志的创新,增强志书的权威性,体现志书的时代特色及修志中应该注意的问题和解决办法等作了辅导。 (市志办)

大事记

Chronicles of Events

·2006年杭州市大事记·

1月

1日 《杭州市人民调解条例》施行。这是中国首部专断“家务事”的法规。

2日 中国绿色食品协会命名在杭州的浙江食品市场为中国首个绿色食品展示中心。

4日 中共杭州市委(以下简称市委)、杭州市人民政府(以下简称市政府)公布《关于做好外来务工人员就业生活工作的若干意见》。

△市委召开全市政法暨深化“平安杭州”创建工作会议。

7日 文澜阁《四库全书》整理编纂学术研讨会在杭州举行。

9日 杭州市组团参加“2006年港澳·浙江周”旅游促销活动。

10日 市委召开全市党建和组织工作会议。

13日 市委、市政府召开全市招商引资大会。

16日 杭州市组团赴香港参加2006年国际时尚汇萃活动，推介杭州丝绸女装产业。

17日 全国总工会授予杭州西子奥的斯电梯有限公司和富阳市供电局全国学习型组织先进单位称号，授予杭州市设备安装有限公司电工班班长王兴柱全国知识型职工先进个人称号。

19日 在中央文明办、建设部、国家旅游局联合召开的创建文明风景旅游区工作会议上，西湖风景名胜区获“全国文明风景旅游区”桂冠。

23日 中共杭州市纪律检查委员会(以下简称市纪委)召开第七次全体(扩大)会议。

2月

1日 复兴大桥(钱江四桥)获中国建筑行业工程最高奖——鲁班奖。

10日 市委、市政府召开全市农村工作会议。

△市政协组织编纂的《西湖文化》、《现代文化名人与杭州》、《杭州名人名居》首发。

11日 七格污水处理厂一、二期工程特许经营权成功转让，天津创业环保股份有限公司以8.58亿元获得25年特许经营权。

15日 市政协八届五次会议开幕(19日闭幕)。

△市委、市政府召开全市计划生育国土资源环境保护工作会议。

16日 市十届人大六次会议开幕(20日闭幕)。

21日 最高人民检察院给江干区人民检察院记集体一等功，授予萧山区人民检察院反贪污贿赂局局长赵桔水全国模范检察官称号。

25日 由浙江林学院和中国国际茶文化研究会联合组建的国内首所茶文化学院在杭州成立，秋季开始面向全国招生。

26日 杭州市休闲运动协会成立。

3月

1日 市决策咨询委员会成立。

3日 市公安局刑侦支队六大队大队长聂海芬，市十四中党总支书记、副校长邱峰，杭州巾帼家政有限公司总经理丁常菊，杭州鑫康食品有限公司董事长汪素莲获全国“三八”红旗手称号；市公安局余杭分局交通巡逻(特)警察大队临平中队女子岗、浙江老年关怀医院老年关怀病区、市公共交通集团有限公司大众公交28路获全国“三八”红旗集体称号。

△首届沪浙园林绿化交易会暨第三届浙江萧山花木节在萧山区开幕。

8日 2006年杭州商务环境暨“十一五”规划重点项目推介会在香港九龙香格里拉大酒店举行。市委副书记、市长孙忠焕作主旨演讲。会上有10个外商投资项目签约，总投资5.87亿美元，合同外资2.12亿美元。随后，孙忠焕率团赴新加坡开展招商活动。

△杭州大剧院入选建设部评定的全国十大建筑科技成就目录。

12日 17岁的杭州籍运动员王琳在中国羽毛球大师赛上连克高手，获女子单打冠军。

13日 沪杭磁悬浮交通项目获国务院批准。

16日 市委、市政府召开全市民营经济大会。

19日 中韩围棋擂台赛第二阶段比赛在杭州揭幕。24日，中方副帅常昊战胜韩方主帅李昌镐，中方获擂台赛冠军。

20日 杭州2006年“西湖之春”艺术节开幕(5月23日闭幕)。

21日 杭州警方破获一起历年来最大的贩毒案，缴获毒品“麻古”1万粒、“摇头丸”3000粒、“K粉”4小包，案值80余万元。

25日 杭州籍运动员许昱华获

2006年国际象棋女子世界锦标赛冠军。

27日 杭州市文学艺术界联合会第六次代表大会开幕（29日闭幕）。

28日 在全省建设“平安浙江”电视电话会议上，杭州市获2005年度平安市称号，全市13个区、县(市)都进入首批平安区、县(市)行列。

29日 市委副书记、市长孙忠焕随浙江省党政代表团赴江西学习考察。30日，杭州与江西签约合作项目14个，总投资20.65亿元(31日返杭)。

31日 在全国造林绿化表彰动员大会上，杭州市被授予全国绿化模范城市称号。同时，桐庐县被评为全国绿化模范县，浙江林学院和杭州钢铁集团被评为全国绿化模范单位。

4月

1日 中共中央政治局常委、国家副主席曾庆红在台州、宁波、杭州、嘉兴视察(5日离浙)。

△万向集团自主研制的纯电动大客车和小轿车驶上杭州街头。

▶▶资料:纯电动汽车

使用万向集团自主创新、研制的锂离子动力蓄电池。大客车最高时速90千米，经济时速下最大续驶里程280千米，百千米平均耗电量70千瓦时。小轿车最高时速126千米，经济时速下最大续驶里程380千米，百千米平均耗电量11千瓦时。

6日 著名IT企业网易公司与杭州高新技术产业开发区管委会签约，投资3780万美元建立7万平方米的研发基地。

10日 由杭锅集团和日本三菱重工合作开发的两台地铁盾构机刀盘发运日本神户。这是杭产地铁设备首次出口。

▶▶资料:盾构机

又叫全断面隧道挖掘机，具有速度快、质量好、经济和利于环境保护等优点，掘进速度比传统方法快4~10倍，广泛应用于城市地铁隧道和各种隧道工程建设。刀盘是盾构机的主要工作部件，由于工艺复杂、技术附加值高，国际上主要由德国、日本等几个企业生产。

11日 省委常委、市委书记、市人大常委会主任王国平，市委副书记、市长孙忠焕率杭州市党政代表团赴沪，与上海市党政领导共商沪杭合作大计。上海市政府和杭州市政府签署《深化沪杭经济合作与交流框架协议书》。同日，沪杭经济合作项目签约仪式和杭州世界休闲博览会推介会在沪举行，沪杭两地签署48个合作协议。其中，外资项目15个，总投资3.72亿美元，合同外资1.86亿美元；内资项目33个，总投资97.77亿元。

13日 首届世界佛教论坛开幕式在杭州举行，全国政协副主席刘延东、董建华出席。此前，中共中央政治局常委、全国政协主席贾庆林于12日在杭州会见出席论坛的部分代表。论坛于16日在舟山闭幕。

17日 国家发改委公布第五批省级开发区名单，杭州市的钱江经济开发区、萧山临江工业园区、江东工业园区名列其中。

19日 市委、市政府召开首次全市城市工作会议。

20日 全国政协视察团到杭州视察休闲产业发展情况（25日离杭）。

△“相约东方休闲之都”大型活动暨西湖·湘湖休闲博览会圣火传递活动启动。

△杭州市丝绸协会成立。

△杭州大剧院被文化部授予中国新时期优秀文化设施称号。

21日 中共中央政治局委员、国务院副总理吴仪在杭州考察杭州万事利集团、杭州娃哈哈集团和浙江苏泊尔家电制造有限公司。

△“一湖三园”(湘湖、世界休闲博览园、世界休闲风情园、东方文化园)开园。

22日 2006年杭州世界休闲博览会暨第八届中国杭州西湖博览会开幕。中共中央政治局委员、国务院副总理吴仪宣布开幕，全国政协副主席张怀西出席。2006年杭州世界休闲高层论坛同日举行，吴仪作主旨演讲。

△市领导王国平、孙忠焕等会见并宴请中国国民党荣誉主席连战和夫人一行。

24日 市委、市政府召开全市工业兴市大会。

△国家发改委批复杭州市地铁1号线工程可行性研究报告。

25日 杭州悍马集团研制成功8000万像素数码照相机。这是国内首创的实用化数字航空测量照相机，售价高达1000万元。

27日 第二届中国国际动漫节开幕式在杭州举行，国务委员陈至立宣布开幕(5月3日闭幕)。此前，陈至立于26日考察杭州动漫企业。

28日 市委、市政府印发《杭州市“十一五”人才规划》。这是杭州第一个人才规划。

△杭州市警察协会成立。

盾构机刀盘和他的制造者 （杭锅集团 供稿）

30日 中共中央政治局委员、国务院副总理曾培炎在省市领导陪同下视察杭州数字电视公司。

5月

8日 市委、市政府分别在萧山、余杭召开江东工业园区、萧山临江工业园区和余杭经济开发区、钱江经济开发区建设誓师大会。

9日 为期3天的城镇和风景区水环境治理国际研讨会在杭州开幕。来自联合国教科文组织、世界银行全球环保基金会、国际自然保护联盟、美国国家公园管理局、中国建设部、中国科学院、中国工程院及浙江省、杭州市的专家学者、政府官员和企业家等500多人出席。

11日 美洲各地中华会馆中华公所华侨总会联谊会代表团一行到杭州参观访问(14日离杭)。

12日 杭州市与西班牙奥维耶多市缔结为友好城市。

17日 "五纵六路"道路综合整治工程启动。

18日 杭州近代教育史陈列馆、杭州城市建设陈列馆、杭州高级中学校史陈列馆、城区河道整治陈列馆开馆。

19日 全国人大常委会副委员长许嘉璐率全国人大常委会节约能源执法检查组到杭州检查实施《中华人民共和国节约能源法》工作情况。

20日 市长孙忠焕率杭州市政府代表团出访俄罗斯、匈牙利和捷克(6月3日返杭)。

△首届中国商帮峰会在杭州举行。出席峰会的十大商帮是:晋商、徽商、浙商、苏商、沪商、京商、粤商、闽商、鲁商、豫商。

21日 杭州市第二届外来务工青年大型公益集体婚礼举行,百对新人踏上红地毯。

22日 京杭大运河保护与申遗研讨会在杭州开幕。全国政协副主席陈奎元致开幕词。全国政协京杭大运河保护与申遗考察团40余名专家和运河沿岸城市200多名代表出席。在24日的闭幕式上,通过《京杭大运河保护与申遗杭州宣言》。

△中国农工民主党2006年中青年党员培训班在富阳举行结业典礼。全国政协副主席、农工民主党中央常务副主席李蒙出席并讲话。

24日 中国经济社会论坛2006年会议在杭州举行。全国政协副主席李蒙出席并讲话。

26日 市政协召开八届二十次常委会议,协商通过《关于杭州市发展循环经济、促进节约型社会建设的若干建议》。

△原中共杭州市委常委、统战部部长徐松林因受贿罪被判处有期徒刑10年6个月,并处没收财产3万元。此前,省委批准给予徐松林开除党籍、行政开除处分。

27日 劳动和社会保障部、中国职工教育协会授予浙江省电信有限公司杭州市分公司2005年度学习型组织中国优秀奖。

△中国商业联合会商品市场专业委员会授予四季青服装特色街区"中国服装第一街"称号。

29日 市第七届残疾人运动会开幕(31日闭幕)。

△杭州市人民政府与国家开发银行浙江省分行联合召开开发性金融战略合作会议,并共同签署《杭州市"十一五"重大建设项目战略合作备忘录》,合作金额600亿元。同日,杭州市开发性金融领导小组及办公室成立。

30日 为期3天的孙子兵法国际研讨会在杭州举行,来自30多个国家和海峡两岸、香港地区的300多名专家学者出席。

△中国非物质文化遗产保护·余杭论坛开幕。杭州有西泠印社金石篆刻艺术、小热昏、张小泉剪刀锻制技艺、胡庆余堂丹丸制作工艺、白蛇传传奇、梁祝传说、余杭滚灯等8项入选国家首批非物质文化遗产保护名录。

6月

2日 在首届浙江城市与省外浙商互动洽谈会上,杭州市与省外浙江籍企业家签约9个项目,总投资19.46亿元。

△杭州8个企业入选中国软件百强。其中,UT斯达康通讯有限公司和浙江浙大网新科技股份有限公司分别列第4位和第6位。

7日 从余杭区良渚镇后杨村遗址中发现良渚文化晚期显贵者墓葬群,9个墓葬中出土各类文物200多件,包括全国迄今发现的第二件玉"耘田器"。

8日 在宁波举行的跨国公司总裁圆桌论坛上,市长孙忠焕应邀作主题为"营造环境与发展的和谐"的发言,介绍和谐创业的杭州发展模式。

10日 位于严官巷的南宋遗址陈列馆和位于孩儿巷的陆游纪念馆开馆。

△上午10时许,杭城突遭历时半小时左右的暴风雨袭击。西湖风景区有409株树木在狂风暴雨中倒下,城区也有220株大树被吹倒。园林和绿化部门积极组织抢救,至下午,倒伏的树木基本被扶正并加固。

△2005年全国十大考古新发现之一的南宋御道遗址展示厅工程完工并对外开放。

11日 在第三届城市竞争力国际论坛上公开发布的《全球城市竞争力报告(2005年~2006年)》中,杭州综合竞争力排名全球第85位,为中国城市第8位、中国内地城市第5位。

▶▶资料:中国城市竞争力排名

《全球城市竞争力报告(2005年~2006年)》是中国社会科学院倪鹏飞博士与美国巴克内尔大学彼得·卡尔·克拉索教授牵头,美、中、加、意、英、荷、韩、墨等8国学者携手,历时一年多研究完成的。报告选定110个在所处区域有代表性的城市,中国入选21个。其中,香港第19位、台北第48位、上海第69位、北京第70位、深圳第73位、广州第74位、澳门第80位、杭州第85位、大连第88位、苏州第89位、厦门第90位、青岛第93位、成都第94位、南京第97位、珠海第98位、温州第99位、长沙第103位、西安第104位、合肥第105位、重庆第108位。

△"台湾侨联总会"参访团首次到杭参观访问。

△在联合国教科文组织和中国民俗摄影协会联合举办的第五届国际民俗"人类贡献奖"年赛上,杭州日报社记者陈庆港的作品《秘密森林里最后的母系氏族》获唯一大奖。

12日 杭州市被全国妇联、民政部、文化部、国家环保总局、国家广电总局命名为全国学习型家庭创建示范城市。

17日 在意大利第10届海湾动画节上,杭产动画《济公》获7岁~12岁区优秀电视连续剧奖。

18日 第20届全国荷花展在杭州花圃开展。来自50多个城市的200多个品种、万余缸荷花争奇斗艳。

20日 市委副书记、市长孙忠焕赴青岛、郑州、无锡考察(25日返杭)。

28日 市十届人大常委会第三十二次会议审议通过《关于推进"法治杭州"建设的决定》。

△杭城首条过江隧道——庆春路过江隧道开工。隧道全长5352米,北接庆春东路,南与萧山区钱江世纪城的市心路相通。预计2010年建成。

29日 市委召开全市科技创新大会暨市委九届第十一次全体(扩大)会议,通过《杭州市建设创新型城市规划纲要》,作出《关于进一步打造"天堂硅谷"推进创新型城市的决定》,出台《关于提高企业自主创新能力的若干配套政策》。

30日 市委召开庆祝中国共产党成立85周年暨先进性教育活动总结表彰大会。

7月

5日 根据《浙江省乡(镇)经济社会综合发展水平测评指标体系》评出的浙江百强乡镇中,杭州占29席,萧山区宁围镇位列第一。

9日 《开天辟地》——纪念中国共产党成立85周年图片展在杭开展(16日结束)。

11日 杭州联合农村合作银行与荷兰合作银行、国际金融公司战略合作签字仪式在杭州举行。荷兰合作银行、国际金融公司将分别以1.70亿元和0.86亿元的资金入股,持有杭州联合农村合作银行10%和5%的股份。

12日 杭州市"知荣辱树新风1000场文化活动下基层"活动启动。

17日 全球最大的电梯生产基地之一——西子奥的斯新厂区在江干经济园区落成。新厂区工程用地面积7万平方米,建筑面积4.1万平方米,总投资1.9亿元。新厂建成后,西子奥的斯每年能生产系列电扶梯2万余台。

18日 市政府印发《杭州市"十一五"循环经济发展规划》。

△杭州市基层干部培训中心成立暨首期村党组织书记建设社会主义新农村示范班开班。

△经过半年多的抢救性考古发掘,南宋德寿宫遗址考古发掘二期工程告一段落。

▶▶资料:德寿宫

是宋高宗赵构传位于孝宗后颐养天年的居所。此处原为秦桧旧第,秦桧亡后收归官有,改筑新宫。1162年,赵构移居新宫,并改名为德寿宫。之后,孝宗为表孝敬,将德寿宫一再扩建。宫中布局与皇城相似,坐北朝南,建有德寿殿、后殿、灵芝殿等十余座殿院。1189年,孝宗仿效高宗内禅,退居德寿宫,并改名重华宫。此宫后又侍奉宪圣太后、寿成皇太后,先后改名为慈福宫、寿慈宫。1268年,其地一半改建道宫,名宗阳宫,一半废为民居。至清初,此地渐为官署、民居所占,故址所存不及十之二三。

22日 中断12年之后,杭州举办传统全民健身活动——横渡钱塘江。

24日 杭州市残疾人联合会被评为全国残疾人联合会专门协会工作先进单位。

▶▶资料:杭州市残疾人联合会专门协会

1983年起,杭州市残疾人联合会陆续成立盲人协会、聋人协会、肢残人协会、智力精神残疾人亲友协会等4个专门协会和残疾人集邮协会、残疾人无障碍环境促进会、残疾人体育协会、残疾人事业新闻促进会等4个兴趣协会。

27日 全国工商联公布2005年度上规模民营企业调研排序,杭州有59个企业入围500强,占11.8%,连续4年位居全国第一。

△市政府召开全市社会主义劳动竞赛动员大会。

29日 建德市草莓专业户吴东良作为农村实用人才代表受到中共中央、国务院邀请赴北戴河疗养。

8月

3日 国家广电总局致函杭州市委、市政府,明确中国国际动漫节今后固定在杭州举办。

10日 《江泽民文选》在杭州市首发。21日,市委下发通知,要求全市各级党组织认真组织学习《江泽民文选》。

△市政府召开全市企业工资集体协商会议。

△文化部批复同意西湖区杭州数字娱乐产业园挂牌成立(浙江)国家数字娱乐产业示范基地。

11日 市委、市政府召开全市现代服务业大会。

△市政府出台《关于加强我市历史文化遗产保护的实施意见》。

12日 全国工商联、中国民(私)营经济研究会等11个单位联合发布"品牌中国总评榜"。杭州市获"典型品牌城市"大奖,阿里巴巴网络技术有限公司总裁马云、吉利控股集团董事长李书福、万向集团公司董事局主席鲁冠球入选"中国25大功勋品牌人物",阿里巴巴并购雅虎中国入选"中国25大标志品牌事件",阿里巴巴网络技术有限公司、吉利控股集团、万向集团公司入选"中国25大典范品牌企业"。

12日 市委副书记、市长孙忠焕率杭州市党政代表团在拉萨市看望并慰问杭州籍士兵和援藏干部(19日返杭)。

15日 历时3天的中国农工民主党杭州市第八次代表大会闭幕。大会选举产生新一届市委会,吴正虎任主任委员。

△临安市获国家卫生城市称号。

16日 市委、市政府决定,设立市综合考评委员会办公室,作为市综合考评委员会的常设办事机构。

18日 历时3天的中国致公党杭州市第四次代表大会闭幕。大会选举产生新一届市委会,郁嘉玲任主任委员。

△艺术大师韩美林为西湖度身设计的雕塑作品,高5.3米、直径3.8米、重5吨的"九龙盘珠"青铜巨球落户杭州植物园。

21日 历时3天的中国民主建国会杭州市第十一次代表大会闭

幕。大会选举产生新一届市委会，陈小平任主任委员。

24日 亚洲开发银行与杭州市商业银行在杭签署股份认购协议和战略合作协议。亚洲开发银行将以超过人民币2亿元的代价，获得杭州市商业银行5%的股份。

25日 历时3天的中国民主促进会杭州市第十一次代表大会闭幕。大会选举产生新一届市委会，赵光育任主任委员。

26日 为期1周的2006年"西湖之夏"音乐节闭幕。

△杭州医药业的"胡庆余堂"、百货零售业的"解百"、刀剪业的"张小泉"、餐饮业的"楼外楼"、调味品业的"老大昌"入选首届"中华老字号"品牌百强榜。11月7日，"胡庆余堂"、"张小泉"、"楼外楼"、"西泠印社"等21个企业(品牌)被商务部认定为"中华老字号"。

28日 省、市、区三级共建的浙江省法纪教育基地在杭州南郊监狱成立。

△杭州市再次获建设部颁发的中国人居环境奖。2001年曾获此殊荣。

29日 汇丰银行杭州分行开业。

30日 市委、市政府召开杭州市公共资源交易管理委员会首次全体(扩大)会议，全面部署深化服务性政府平台建设等工作。

31日 杭州市佛教界举行木鱼大和尚示寂回向法会，追忆一代高僧。木鱼大和尚生前是浙江省佛教协会名誉会长、杭州市佛教协会名誉会长、杭州市政协委员、灵隐寺方丈，于7月28日圆寂，享年94岁。

9月

1日 市委、市政府召开"一名城、四强市"建设工作会议，专题部署文化名城和教育、科技、卫生、体育强市建设工作。7日~15日，市委、市政府又先后召开建设"卫生强市"、"科技强市"、"体育强市"、"教育强市"工作会议。

4日 杭州市反腐倡廉成果展开幕。

△杭州地区在桐庐县分水镇三溪村首次成功实施火箭人工增雨作业。

7日 历时3天的中国国民党革命委员会杭州市第九次代表大会闭幕。大会选举产生新一届市委会，陈重华任主任委员。

△由中国旅游经济研究中心、中国营销学会等联合发起的首次中国旅游名县评比中，有18个旅游资源丰富、产业基础好、品牌知名度高、极具发展潜力的县当选，桐庐县跻身其中。

8日 公安部、建设部授予杭州市全国城市道路交通管理畅通模范管理(一等)水平城市称号。

9日 首届中国网商节暨第三届中国网商大会在杭州召开。

10日 历时3天的中国民主同盟杭州市第十一次代表大会闭幕。大会选举产生新一届市委会，陈振濂任主任委员。

12日 杭州滑稽艺术剧院国家一级演员、"小热昏"第五代传人周志华获第四届中国曲艺牡丹奖表演奖。这是中国曲艺最高奖。

14日 《杭州市实施〈地方志工作条例〉办法》经市政府常务会议审议通过并正式公布。这是国务院《地方志工作条例》颁布实施后国内首个地方政府关于地方志工作的法规。

15日 在《福布斯》中文版2006年中国大陆最佳商业城市榜单上，杭州市第3次荣登榜首。前10位依次为杭州、北京、上海、无锡、宁波、苏州、大连、广州、南京、天津。

△浙赣电气化铁路全线通车。

18日 来自欧盟亚洲保护生态环境国际合作项目的数十名中外专家会聚西子湖畔，参加城市林业政策研讨会。会上总结了以"生态经济共赢，人文景观相容，城市乡村互动"为主线的"杭州模式"，以此作为向全国推广的成功规划和管理经验。

19日 2005年度全国十强县(区、市)揭晓，萧山区名列第七。

▶▶资料：2005年度全国十强县(区、市)(共11个)

江苏昆山市、广东顺德区、江苏张家港市、江苏江阴市、广东南海市、江苏常熟市、浙江萧山区、江苏武进区、江苏太仓市、江苏吴江市、浙江绍兴县。其中太仓和吴江并列第九。

20日 中国民主促进会杭州市委员会和九三学社杭州市委员会被中共中央统战部、各民主党派中央、全国工商联评为"各民主党派工商联无党派人士为建设小康社会作贡献先进集体"。

△杭州高新区留学人员创业园获国家级"金字招牌"，成为人事部与杭州市政府共建单位。

23日 浙江省暨杭州市2006年哲学社会科学普及周活动开幕。

24日 杭州市和国家发改委社会发展司共同主办的"提高生活品质，推进和谐发展"研讨会在杭州举行。研讨会发表《生活品质评价的导向性建议(杭州建议)》。

26日 历时3天的九三学社杭州市第六次代表大会闭幕。大会选举产生新一届市委会，朱祖德任主任委员。

28日 杭报集团推出的多媒体数字报纸亮相杭州网。

29日 历时2天的杭州市工商业联合会第十一次会员代表大会闭幕。大会选举产生新一届执行委员会，张必来任会长。

△由商务部欧洲司、外经贸发展事务局和中国外商企业协会主办，中华工商业联合会经济部、杭州市萧山区人民政府协办的中欧企业合作论坛在萧山举行。

30日 西湖综合保护第五批三大项目(灵隐景区综合整治一期、吴山景区综合整治一期和"龙井八景"恢复)竣工。至此，历时5年的西湖综合保护工程基本结束。

10月

1日 运河(杭州段)综合整治与保护开发一期工程竣工典礼在杭州运河广场举行。京杭大运河博物馆同日开馆。

△在国家统计局公布的2006年度中国大企业集团竞争力500强名单中，杭州有34个企业集团榜上有名。

8日 杭州市妇联被授予全国"平安家庭"创建活动先进集体称号，上城区同时被评为全国"平安家庭"创建活动先进区(县)。

11日 中国体育博物馆杭州分馆开馆。

△"话说西湖·国际绘画艺术论

整治后的京杭大运河杭州段　（阎　剑摄）

坛”在杭州开幕。

12 日　首届印文化产品博览会暨第二届西泠印社国际艺术节开幕。

14 日　在杭州举行的 2006 年全国强镇发展论坛上，国家统计局公布 2006 年全国千强镇名单，杭州有 53 个镇入围，其中萧山区 22 个镇全部入围，宁围镇名列全国第六。

15 日　第九届世界休闲大会在杭州开幕。大会期间，与会代表在 90 场各类形式的专题会议上，集中探讨“休闲：社会、文化和经济不可分割的组成部分”这一主题(20 日闭幕)。

△省委常委、市委书记王国平会见到杭州访问的中国国民党荣誉主席、智库董事长连战。

△杭州凤起机床有限公司大型数控机床制造基地在临安经济开发区内奠基。基地占地约 18 公顷，建筑面积约 10 万平方米。

△下城区被民政部命名为全国民政工作先进区。

16 日　市委、市政府召开宣传贯彻《地方志工作条例》工作会议。

△杭州万马高能量有限公司维修电工技师孟伟在全国高技能人才工作会议上被评为全国技术能手。

17 日　第三届全国部分重点城市国内合作交流工作研讨会在杭州召开。会上，长江三角洲城市经济协调会、泛珠江三角洲区域合作行政首长联席会、环渤海地区经济联合市长联席会共同签署《关于区域合作组织间开展工作交流与合作的协议》。

△首届杭州国际剪纸艺术节暨国内外剪纸艺术精品展开幕。

18 日　市委老干部局被评为全国老干部工作先进集体。

19 日　纪念红军长征胜利 70 周年大型音乐会在武林广场举行。

20 日　2006 年中国杭州西溪第二届湿地论坛开幕，来自全球 20 多个国家和地区的 160 余名专家出席。

21 日　国家新闻出版总署授予西泠印社出版社《中华大典·历史地理典》立项书。

▶▶资料:《中华大典》

编纂出版《中华大典》，是新中国成立以来最大的文化出版工程。《中华大典》参照现代科学的图书分类法，以古文献汇编的形式，对上至先秦、下迄辛亥革命的历代优秀文化典籍进行梳理汇编，提供准确的古籍分类资料。全书预计节录经典古籍 2 万多种，总规模 8 亿多字，要求 2010 年全面完成。由西泠印社出版社承担的《中华大典·历史地理典》，计划 20 册，4000 万字。

22 日　2006 年杭州世界休闲博览会暨第八届杭州西湖博览会闭幕。世界休闲组织授予杭州“东方休闲之都”称号。此前，20 日晚，杭州市与世界休闲组织签订备忘录，初步确定第二届世界休闲博览会于 2011 年下半年在杭州举办，会期不超过 3 个月。同时商定，世界休闲博览会的组织机构将落户杭州。

23 日　第十三届浙江省运动会闭幕。杭州体育代表团以 337.5 枚金牌、总分 6007 分双获金牌和总分第一名；在大众体育部比赛中，杭州也以 883.5 分居总分榜首。

△2006 年国际基因组学大会在杭州开幕。

△在国家统计局公布的对 40 个中国城市企业创新专项调查报告中，杭州的创新环境排名第二。前 10 名依次是：上海、杭州、青岛、深圳、苏州、北京、常州、烟台、广州、绍兴。

24 日　杭州市举行 2006 年中国青年志愿者海外服务计划·埃塞俄比亚项目杭州志愿者出征仪式。

25 日　第十五届中国金鸡百花电影节在杭州开幕(28 日闭幕)。

△在福建举行的第五届中国竹文化节上，余杭区、临安市被国家林业局命名为“中国竹子之乡”。

28 日　全长 128 千米的杭州至千岛湖高速公路全线贯通。

30 日　第七届浙江省残疾人运动会闭幕。杭州市代表团获总分 587.29 分，名列第一。

△市委组织部开始对全市 271 名乡(镇)党委书记、乡(镇)长分两批进行为期 3 天的“新农村建设”专题集中轮训(11 月 10 日结束)。

△市民政局局长赵申行被人事部、民政部授予全国民政系统先进工作者称号。

31 日　由亚太城市观光振兴机构事务局(TPO)和杭州市旅委共同举办的“TPO 论坛 2006”在杭州开幕。论坛的主要议题为：亚太地区的旅游目的地营销策略。

△由杭州公交集团和香港白马巴士(集团)有限公司共同出资组建的杭州白马安达公共交通客运服务有限公司成立，主要提供包车和小区巴士服务。

△杭州市保密法制宣传漫画展开展。

11 月

1 日　市委召开九届十二次全体会议，审议通过《关于召开中国共产党杭州市第十次代表大会的决议》。第十次党代会定于 2007 年 1 季度召开。

△杭州市市长孙忠焕与河南省开封市市长刘长春在杭州签署两市

缔结友好城市协议。

△中国无机盐工业协会授予建德市中国碳酸钙产业基地称号，并与建德碳酸盐行业协会签订全面合作协议。

2日 有全国783个城市、景区、城镇、乡村参加评选的“2006年最令人向往的二十大旅游胜地”揭晓，杭州市获“金牌单位”称号，位列城市第一。

4日 中共中央政治局委员、书记处书记、中宣部部长刘云山在省市领导陪同下考察杭州市文化体制改革工作。

6日 在全国自然保护区工作会议暨中国自然保护区发展50周年大会上，天目山自然保护区被宣布为全国示范保护区。

▶▶资料：天目山自然保护区

天目山位于临安市境内，动植物资源丰富，人文资源积淀深厚。1956年被划为森林禁伐区，1986年7月被国务院公布为全国第一批国家级森林和野生动物类型自然保护区，1995年成为联合国教科文组织“人与生物圈计划”(MBA)成员。经过50年努力，天目山各项工作取得很大成绩，先后被命名为全国科普教育基地、全国青少年科技教育基地和全国生物多样性保护示范基地，2001年被评为4A级景区。

8日 武警杭州市支队森林消防大队成立。杭州是浙江省第二大林区，森林面积100余万公顷，林木蓄积量2400多万立方米。

11日 《民族的脊梁、祖国的骄傲、杭州之子——钱学森院士先进事迹图片展》在钱王祠开展。

△2006年中国投资环境论坛在杭州举行。同日，世界银行发布《政府治理、投资环境与和谐社会：中国120个城市竞争力的提升》报告，杭州被列为6个“金牌城市”第一名，还有13个城市被评为“银牌城市”。

13日 在杭州举办的国际花园城市决赛中，桐庐获国际花园城市称号。颁奖会上，国际公园协会授予杭州市“最大贡献奖”奖杯。

14日 杭州市开始为企业退休职工免费健康体检。这项实事今后每两年开展一次。

17日 在建设部召开的全国数字化城市管理工作会议上，杭州市政府城市管理办公室被评为全国城市管理先进集体。

19日 新加坡杭州科技园在杭州经济技术开发区奠基。科技园占地42.9公顷，建筑面积6864万平方米，是浙江省与新加坡政府在浙江的首个合作项目。

△为期3年的第一轮杭州与香港互派公务员实习交流工作圆满结束。

26日 杭州首轮企业高级经营管理人才培训“356”工程圆满结束。3年来，全市共培训551个重点骨干企业的623名主要经营管理者。

27日 桐庐县通过国家级生态示范区考核验收。此前，杭州有临安市、淳安县和建德市3个国家级生态示范区。

28日 杭州对口支援三峡库区移民工作领导小组被国务院三峡工程建设委员会评为全国对口支援三峡工程库区移民工作先进集体。

30日 市委、市政府召开大力发展高新技术产业工作大会。

△“以信息化网络创新管理促进房产中介行业健康发展”综合性创新项目投入试运行。该项目被建设部在全国推广。

△全国首个国家城市湿地生态气象站在西溪湿地投入使用。

△桐庐县富春江镇被建设部命名为全国小城镇建设示范镇。

12月

1日 国家发改委、商务部、信息产业部共同授予杭州市国家软件创新基地称号。同时获此称号的还有广州、南京、成都和济南。

4日 市政府出台《杭州市少年儿童大病住院医疗保险试行办法》和《杭州市城镇老年居民大病住院医疗保险试行办法》，市区40万名少年儿童和15万名无保障城镇老年居民纳入医疗保险范围。31日，出台《杭州市城镇老年居民生活保障办法》，解决城镇无保障老年居民的养老问题。

5日 由卫生部、世界卫生组织和联合国儿童基金会共同确立的妇幼保健服务项目在下城区正式启动。该项目在中国有3个试点，另两个在北京市的朝阳区和大兴区。

7日 市委召开九届十三次全体(扩大)会议。贯彻中共十六届六中全会和省委十一届十一次全会精神，总结和部署工作。

△在全国工商联、日本经济同友会、韩国经济人联合会、新加坡工商联合总会共同举办的亚洲制造业论坛2006年会上，杭州被评为中国制造业十大最具竞争力城市之一。

8日 随着最后4个有30多年历史的煤矿关闭，杭州结束了采煤的历史。

10日 为期两天的“长三角”地区妇联主席联席会暨“长三角”、港澳台等地妇女创业论坛在杭州开幕。全国人大常委会副委员长、全国妇联主席顾秀莲及省市领导出席开幕式。会议期间，与会代表签订《杭州宣言》，成立创业女性沙龙。

15日 在国家文物局公布的《中国世界文化遗产预备名单》中，与杭州有关的项目有：大运河、杭州西湖·龙井茶园、良渚遗址等3项。入选项目共35项。

18日 由杭州萧山国际机场有限公司和香港机场管理局共同组建的杭州萧山国际机场合资公司成立。

△下城区被民政部、卫生部、中国残联命名为全国残疾人社区康复示范区。

20日 在中共中央统战部、国家发改委、人事部、国家工商总局、全国工商联联合举办的第二届全国非公有制经济人士优秀中国特色社会主义建设者表彰大会上，华立集团股份有限公司董事长汪力成、富通集团董事长王建沂被授予优秀中国特色社会主义建设者称号。

25日 杭徽高速公路、杭新景高速公路(杭州段)全线通车。

△商务部、信息产业部、科技部共同认定杭州为中国服务外包基地城市。同时被认定的还有北京、南京、武汉、济南、天津。

28日 矗立在钱塘江边的杭州电信大厦落成。大厦高232米，有43层，是截至2006年底的浙江第一高楼。

△杭州德胜快速路沪杭高速公路立交工程竣工。

31日 全市13个区、县(市)党委领导班子和纪委领导班子换届工作结束。

(市委办　市府办　年鉴处)

总　述

General Survey

·历史地理气候·

【历史沿革】 考古发现表明,10 万年前就有智人"建德人"在今建德市李家乡一带活动。2001 年,跨湖桥遗址考古发现,约 8000 年前的新石器时代早期,今萧山区已有人类活动。从新石器时代后期的良渚文化开始,杭州有 5000 多年的历史。

秦王政二十五年（公元前 222 年)置钱唐县、余杭县,属会稽郡。

隋开皇九年(公元 589 年)始称杭州。

五代时的吴越国(公元 907 年~978 年)在杭州建都。

南宋建炎三年(公元 1129 年),赵构南渡至杭州,升杭州为临安府。绍兴八年(公元 1138 年),南宋正式定都临安,历时 140 余年。

民国元年（公元 1912 年)2 月,以钱塘、仁和县地并置杭县。民国 16 年(公元 1927 年)5 月,划杭县城区等地设杭州市,杭州置市始此。

1949 年 5 月 3 日,杭州解放。

杭州是中国的七大古都之一,浙江省省会,全国 15 个副省级城市之一,长江三角洲重要中心城市,被国家列为全国历史文化名城和重点风景旅游城市。

【地理位置和面积】 杭州市地处东南沿海的长江三角洲南翼,杭州湾西端,钱塘江下游,京杭大运河南端,是长江三角洲重要中心城市和中国东南部交通枢纽。市域界于北纬 29°11′~30°34′和东经 118°20′~120°37′。全市土地面积 16596 平方千米,其中市区 3068 平方千米。

【地貌】 境内地貌类别多样。西北部和西部系浙西中山丘陵区,主要山脉有天目山、白际山、千里岗山等,全市最高点是海拔 1787 米的清凉峰。东北部和东南部属浙北平原地区,地势低平,海拔仅 3 米~6 米,地表江河纵横,湖泊密布。在全市土地面积构成中,山地丘陵占 65.6%,平原占 26.4%,江、河、湖、荡、水库占 8%。

【河流湖泊】 市域内主要河流有钱塘江(境内长 74 千米)、东苕溪(境内长 96 千米)、京杭大运河（境内长:杭申甲线 49.21 千米,杭申乙线 39.78 千米)、萧绍运河和上塘河等。钱塘江水系包括新安江、富春江。新安江水库又名千岛湖,面积 573 平方千米,蓄水量 178 亿立方米,湖内有大小岛屿 1078 个,是中国东南部沿海地区最大的水库。杭州市中心的西湖水面面积 6.5 平方千米,是全国重点风景名胜区。

【自然资源】 杭州土壤以红壤和水稻土为主。红壤分布于丘陵区,质地粘重,呈酸性反应,宜种茶树、果树。西湖龙井一带出产的茶叶品质最优。水稻土集中分布在东北平原区,该区是粮、油、棉、麻、桑和多种蔬菜的主要产地。

杭州处于中亚热带常绿阔叶林植被带,全市森林覆盖率为 64%,生物种类繁多,资源十分丰富。其中,国家一级保护动物 13 种,二级保护动物 55 种,二级保护植物 13 种。临安市的天目山、清凉峰被列为国家级自然保护区。

矿产资源有萤石、白云石、石灰石、膨润土等大型非金属矿床和铁、钼、铜等中型金属矿床。临安昌化出产一种罕见的鸡血石,质地细腻,色

运河之春　　(孙　凯摄)

彩鲜艳，为收藏石和图章石中的珍品。（年鉴处）

【气候特征】杭州市气候属亚热带季风性，四季分明，温暖湿润。年平均气温15.9℃~17.0℃，呈南高北低分布。极端最高气温39.8℃~42.9℃，极端最低气温-7.1℃~-15.0℃。年平均相对湿度76%~81%。无霜期199天~328天。杭州市每年都会出现灾害性天气，影响比较严重的有暴雨、台风、高温、干旱、雷击、寒潮、大雪等。

2006年杭州市区年平均气温18.3℃，年降水量1164.3毫米，年降水天数134天，年日照时数1422.8小时，年平均相对湿度72%。

2006年度杭州市总的气候特点是：年平均气温异常偏高，年总降水量偏少，年雨雪日偏少，年日照时数偏少。春季气温明显偏高，降水略偏少；梅雨期短，且梅雨量少；夏秋干旱，有4个台风影响，但影响程度小；突发性灾害天气频繁；秋季温高雨少；冬季气温偏高。

（木美丽 范辽生）

·人口变迁·

【全市人口】2006年末，杭州市总户数2099084户，比上年（指2005年，下同）增加24847户，增长率为1.19%；总人口6663129人，增加58677人，增长率为0.88%；平均每户3.17人。总人口中，男性3382318人，占50.76%；女性3280811人，占49.24%；性别比为103.09。全市非农业人口3097845人，占总人口的46.69%；比上年增加122459人，增长率为4.03%。非农业人口占总人口比例比上年增长1.44个百分点，主要原因是：杭州市户口政策进一步放宽，相当一部分外地人员被批准迁入；城市建设征地、撤村建居，大量农业人口转为非农业人口；公安机关贯彻落实公安部便民利民措施，放宽了部分人员的落户条件。

2006年，全市出生人口57790人，比上年增加557人；出生率为8.71‰，下降0.01个千分点。全市死亡人口38892人，增加3475人；死亡率为5.86‰，上升0.46个千分点。自然增长18898人，自然增长率为2.84‰，下降0.49个千分点。

2006年末，未落户常住人口15199人，占总人口的0.23%，比上年减少2607人。出现未落户常住人口的原因是：一些偏远农村地区人员申报户口意识不强，出生申报不及时；部分大中专院校毕业生未在年底前落户。

【市区人口】2006年末，市区总户数1233138户，比上年增加12986户；总人口4141774人，增加46610人。总人口中，男性2094522人，占50.57%；女性2047252人，占49.43%；性别比为102.30，下降0.61。市区非农业人口2564174人，占总人口的61.91%；增加108590人，非农业人口增长率为4.33%。

2006年，市区出生人口33260人，比上年减少796人；出生率为8.07‰，下降0.33个千分点。死亡21156人，减少154人；死亡率为5.14‰，下降0.11个千分点。自然增长12104人，自然增长率为2.94‰，下降0.2个千分点。

【迁移人口】全市迁移人口212458人，比上年减少13694人，以省内迁移为主。全市人口机械增长45470人，其中市区41274人。与上年相比，增长幅度略有下降，主要原因是近年户口政策进一步放宽引起的人员进杭高峰已过，人口迁移逐步趋向平稳。（市公安局）

·行政区划·

【行政区划概况】2006年，杭州市新建1个街道、25个社区。撤销2个镇、6个乡、10个居民区、7个行政村。

至2006年末，在杭州市行政区域范围内，有县级市3个、县2个、市辖区8个、建制镇108个、乡33个、街道58个、社区703个、居民区55个、行政村3659个。（张 刚）

·经济发展·

【人均GDP突破6000美元】2006年，全市实现生产总值3441.51亿元，比上年增长14.3%。按户籍人口计算，人均51878元；按常住人口计算，人均为45170元；按全年平均汇率折算，分别达到6506美元和5665美元。

【财政收入突破600亿元】2006年，全市实现财政收入624.49亿元，比上年增长19.9%。其中，地方财政收入301.39亿元，增长20.3%。在全国15个副省级城市中，杭州市财政

表1 2006年杭州市行政区划概况 单位：个

地域名称	街 道	乡	镇	社 区	居民区	行政村
上城区	6			51		
下城区	8			71		
江干区	6		4	94	1	25
拱墅区	7		3	71		18
西湖区	7	2	5	123		64
滨江区	3			12		23
萧山区	4		22	140		411
余杭区	4	1	14	58		260
市区小计	45	3	48	620	1	801
桐庐县	2	4	7	9	7	186
淳安县		12	11	10	2	898
建德市	3	1	12	30	27	512
富阳市	4	6	15	23	3	611
临安市	4	7	15	11	15	651
合 计	58	33	108	703	55	3 659

备注：

1.西湖区的西湖街道（下属9个村、6个社区）委托西湖风景名胜区管委会管理。

2.江干区的下沙街道（下属12个社区、1个居民区）、白杨街道（下属5个社区）委托杭州经济技术开发区管委会管理。

表 2　　2006 年杭州市乡、镇、街道调整情况

地域名称	撤销、新建的乡、镇、街道
萧山区	调整河庄镇行政区域范围，将委托萧山围垦指挥部管理的东至十工段、南接河庄镇、西至四工段、北临钱塘江、面积为 29.81 平方千米的区域划归河庄镇。调整益农镇行政区域范围，将委托萧山区农业对外综合开发办管理的东临钱塘江、东南交界绍兴县、南接益农镇、西交农垦一场、北至外十三工段横河、面积为 26.4 平方千米的区域划归益农镇
拱墅区	撤销上塘镇建制，在原区域范围内设立上塘街道
淳安县	撤销汪宅乡建制，与千岛湖镇合并；撤销横沿乡建制，与汾口镇合并；撤销唐村镇建制，与威坪镇合并；撤销郭村乡建制，与姜家镇合并；撤销白马乡建制，与枫树岭镇合并；撤销严家乡建制，与王阜乡合并；撤销光昌乡建制，其中塘边、石岭后、雌龙源、雄龙源、龙源庄等 5 个行政村并入左口乡，富山、杨岸、光昌边等 3 个行政村并入文昌镇

表 3　　2006 年杭州市社区、居民区、行政村调整情况

地域名称	撤销、新建的社区、居民区、行政村
上城区	南星街道十亩田社区更名为水澄桥社区；将原十亩田社区的十亩田家园和清怡花苑区块划归海月桥社区管辖
下城区	石桥街道新建景荣、景安社区；东新街道新建水漾苑社区
江干区	四季青街道新建钱杭社区；丁桥镇撤销建塘、同协、赵家、三义行政村建制，并按原行政村区域分别建立建塘、同协、赵家、三义社区；凯旋街道新建景湖社区；白杨街道新建邻里社区
拱墅区	祥符镇新建映月、清涟、秀水社区
西湖区	三墩镇新建政苑社区；古荡街道撤销益乐、莲花新村居民区、第七医院家委会
萧山区	城厢街道新建美之园、潇湘社区；萧山经济技术开发区新建市北、红垦社区；北干街道新建工人路社区；新塘街道城郊村更名为朱家坛村
余杭区	闲林镇新建沿山河社区；星桥街道新建香榭社区；塘栖镇撤销酒店埭村，新建酒店埭社区；南苑街道撤销联盟村，新建联盟社区
桐庐县	富春江镇撤销黄坡岭、大洋坪、春江、盛家、水电、宅前、花坪山居民区，新建大洋坪、黄坡岭社区
建德市	梅城镇撤销渔业行政村建制(2005 年漏报)

表 4　　2006 年末杭州市街道、乡、镇名称

区、县(市)	街　道	乡	镇
上城区(6 个街道)	清波、湖滨、小营、紫阳、南星、望江		
下城区(8 个街道)	武林、天水、朝晖、潮鸣、长庆、文晖、东新、石桥		
江干区(6 个街道 4 个镇)	四季青、白杨、凯旋、采荷、闸弄口、下沙		笕桥、彭埠、丁桥、九堡
拱墅区(7 个街道 3 个镇)	米市巷、湖墅、小河、和睦、拱宸桥、大关、上塘		半山、康桥、祥符
西湖区（7 个街道 2 个乡 5 个镇）	西湖、北山、灵隐、古荡、西溪、翠苑、文新	周浦、蒋村	留下、转塘、袁浦、龙坞、三墩
滨江区(3 个街道)	浦沿、西兴、长河		
萧山区（4 个街道 22 个镇）	城厢、北干、蜀山、新塘		义蓬、戴村、义桥、进化、新湾、所前、临浦、瓜沥、宁围、新街、闻堰、河上、楼塔、浦阳、衙前、坎山、党山、益农、靖江、南阳、河庄、党湾、
余杭区（4 个街道 1 个乡 14 个镇）	临平、南苑、东湖、星桥	中泰	仁和、运河、良渚、闲林、径山、塘栖、崇贤、乔司、余杭、仓前、鸬鸟、瓶窑、黄湖、百丈
市区小计	45	3	48
桐庐县（2 个街道 4 个乡 7 个镇）	桐君、旧县	钟山、莪山畲族、合村、新合	富春江、横村、江南、凤川、分水、瑶琳、百江
淳安县(12 个乡 11 个镇)		里商、金峰、富文、界首、安阳、浪川、屏门、瑶山、鸠坑、宋村、王阜、左口	千岛湖、文昌、石林、临岐、威坪、姜家、梓桐、汾口、中洲、大墅、枫树岭
建德市（3 个街道 1 个乡 12 个镇）	新安江、洋溪、更楼	钦堂	大同、大慈岩、航头、三都、寿昌、莲花、大洋、乾潭、梅城、杨村桥、下涯、李家

续表 4

区、县(市)	街 道	乡	镇
富阳市（4 个街道 6 个乡 15 个镇）	富春、东洲、春江、鹿山	上官、环山、春建、新桐、湖源、渔山	高桥、新登、受降、场口、常安、龙门、万市、洞桥、胥口、渌渚、灵桥、大源、里山、常绿、永昌
临安市（4 个街道 7 个乡 15 个镇）	锦城、上甘、青山、玲珑	板桥、西天目、乐平、千洪、横路、马啸、新桥	高虹、太湖源、於潜、潜川、清凉峰、湍口、河桥、大峡谷、横畈、三口、藻溪、太阳、昌化、龙岗、岛石
合计	58	33	108

收入仅次于深圳、广州，居第三位。

【农林牧渔业总产值增长 7%】 2006 年，全市完成农林牧渔业总产值 234.94 亿元，比上年增长 7%。其中，蔬菜、茶叶、花卉苗木、竹业、节粮型畜禽和水产等“六大优势产业”产值 138.43 亿元，水果、干果、蚕桑、药材和蜂业等“五大特色产业”产值 28.87 亿元，分别增长 10.5% 和 20.8%。

【工业总产值和销售产值双双超过 6000 亿元】 2006 年，全市规模以上工业实现工业总产值 6975.46 亿元，增长 28.2%；工业销售产值 6860.81 亿元，增长 28.3%，双双越过 6000 亿元大关。总量继续全省领先，增长速度都比全省平均水平快 3.8 个百分点。工业经济效益考评综合得分 235.24 分，高出全省平均水平 16.84 分。

2006 年，全市高技术产业实现工业总产值 1173.63 亿元，比上年增长 46.5%；总量领先全省各市，所占工业总量的比重也超过全省平均水平。

【财政收入总额中来自民营经济的占 35.1%】 2006 年，全市民营企业实现商品销售总额 4317.75 亿元，占全市商品销售总额的 69.2%，比上年提高 3.4 个百分点。全市财政收入总额中来自民营经济的达到 218.99 亿元，占 35.1%。

【服务业实现增加值超过 1500 亿元】 2006 年，全市服务业实现增加值 1552.07 亿元，比上年增长 17.3%，增幅高出工业 3.6 个百分点。对全市经济增长的贡献率达 53.1%，占全市生产总值的比重比上年提高 1 个百分点。

【社会消费品零售总额突破 1000 亿元】 2006 年，全市消费品零售总额 1112.37 亿元，比上年增长 14.0%，成为浙江省第一个社会消费品零售总额突破千亿元的城市。

【进出口总额增长超过 30%】 2006 年，全市实现进出口总额 389.09 亿美元（含省级公司），比上年增长 30.3%，增幅提高 8.4 个百分点。

【招商引资突破 500 亿元】 2006 年，全市实际吸收外地资金 504.69 亿元，比上年增长 24.1%。其中，境外到位资金 22.55 亿美元，国内引进资金 324.89 亿元，分别比上年增长 31.7%、21.0%。

【城乡居民收入双双呈两位数增长】 2006 年，市区城镇居民年人均可支配收入 19027 元，比上年增长 14.6%；农村居民年人均纯收入 8515 元，增长 11.2%。扣除物价因素，实际增幅分别比上年提高 1.1 和 2.7 个百分点。

【旅游总收入突破 500 亿元】 2006 年，全市实现旅游外汇收入 9.09 亿美元，比上年增长 19.9%；国内旅游收入 471.24 亿元，增长 16.8%。全市旅游总收入达到 543.69 亿元，增长 16.9%。（汪萌萌 卢学法）

·经济体制改革·

【基本确立经济体制改革工作新机制】 5 月 24 日，市委、市政府印发《中共杭州市委、杭州市人民政府关于进一步统筹协调全市经济体制改革工作的意见》，包括加强组织领导，总揽改革全局；完善协调机制，合力推进改革；规范工作程序，有序推进改革；采取有效措施，保障改革实施 4 个部分。意见的出台，标志着新的杭州经济体制改革领导机制和工作责任体系基本确立，改革的规范化、制度化和法制化建设迈出坚实步伐。杭州成为继深圳后建立和完善改革工作推进机制的城市。

【深化行政审批制度改革】 2006

运河边的旅游餐饮场所——乾隆舫（拱墅商贸旅游局 供稿）

年，杭州市各市级部门将与固定资产投资审批相关的审批事项、人员、权限逐步集中到市行政服务中心，实现窗口办结的单位不断增加。工商、国土资源、劳动和社会保障、财政、房管等部门的办事大厅作为市行政服务中心的分中心于11月28日挂牌，各项运行机制逐步建立，信息网络开始对接。《杭州市基本建设项目并联审批办法(试行)》开始实施，再造审批流程，网上联审应用进一步扩大，会审时间明显减少。市行政服务中心与区、县(市)行政服务中心的互动增强，建立了业务统计月报制度。行政审批平均办结天数4.68天，比承诺时间平均提前约40%。社会各界对行政服务中心各方面工作满意率达98.9%，比上年提高6.15个百分点。

【公共服务财政支出增加】 2006年，杭州市强化财政公共服务职能，调整财力分配结构，扩大公共服务财政支出。全年市本级预算安排科技支出3.83亿元，比上年增长47.2%；农业、林业、水利及支农支出1.95亿元，增长10.1%；文体广播事业费支出2.52亿元，增长43%；教育支出5.80亿元，增长22.8%；医疗卫生支出6.02亿元，增长30.3%。

【国资监管政策法规体系初步形成】 2005年~2006年，市国有资产监督管理委员会着力构建国有资产监督管理政策法规体系。两年来，先后出台27个政策文件，涵盖预算管理、产权管理、业绩考核、统计评价、投资决策、财务审计、内部控制等多个领域，初步形成国资监管的政策法规体系框架，保障国有资产保值增值。如实施《杭州市国有资产营运机构国有资产经营预算管理办法》，促使国有资产经营预算实现从单纯的监督型预算向监督与考核相结合的预算转变。实施《杭州市国有资产营运机构经营者任期经营业绩考核和中长期激励试行办法》，对于解决企业短期行为，全面完成清产核资工作，摸清“家底”，起到很好的作用。实施《杭州市国有资产营运机构重大事项监督管理暂行规定》，健全财务报表和财务监督体系，进一步强化了对企业重大投融资、股权变动、产权转让等重大事项的监督管理。

【基本完成上市公司股权分置改革】 根据中国证监会及省国资委的安排，2006年，杭州市积极推进上市企业股权分置改革。在市政府的统一领导和协调下，经过各方努力，全市19个上市公司中有18个完成了股权分置改革工作。

【全面启动市政公用企业改革】 2006年，市政府制订《杭州市市政公用行业特许经营条例》和《关于加快市政公用行业市场化进程的实施意见》，全面启动市政公用企业改革。

按照“主辅分离”的原则，公交集团、水业集团等单位共完成20多个辅业单位的改制，为推进集团的改革打下了基础。全市燃气经营管理体制改革取得重要进展，继引入英荷壳牌公司参与天然气管网建设之后，瓶装液化气公司部分股权也成功转让。杭州市天子岭废弃物处理总场和杭州市环境卫生科学研究所实行场所分立，杭州市天子岭废弃物处理总场“事转企”的改制方案在分立后开始实施。杭州市沥青拌和厂与杭州市路桥有限公司重组改制方案获市政府批复。市区(不含萧山、余杭区)生活固体废弃物处置监管中心筹建和垃圾计量收费的各项准备工作有序进行，其他区和3个垃圾处置企业也开展有关准备工作。

【农村股份制改革取得新进展】 7月初，市委、市政府召开全市深化农村股份制改革工作会议，提出已“撤村建居”的村和集体资产较多的村，到2010年要基本完成股份制改革。至年末，全市有301个村完成股份制改革，其中“撤村建居”村107个，分别比上年增加115个和13个。

通过实施股份制改革，实现了村民从“农民”到“股民”的转变，股份经济合作社的经济实力不断发展壮大。多主体创办、多形式发展的专业合作社快速发展。至年末，全市专业合作社达381个，并建立杭州市发展农村新型合作经济联席会议。

推进农产品行业协会建设。至年末，有市级农产品行业协会8个，会员957个，其中单位会员544个。

【金融业改革继续推进】 2006年，杭州市采取规范法人治理结构、开展增资扩股以及落实各项扶持政策等措施，继续推进金融改革。杭州联合银行通过增资扩股，顺利引进国外战略投资者，荷兰合作银行和国际金融公司分别认购杭州联合银行10%和5%的股份。8月，亚洲开发银行以2亿元资金获得杭州商业银行5%的股份，杭州商业银行外资股份的比例达24.9%。农村信用社进一步完善法人治理结构，健全内控制度，转换经营机制，增强了自我约束和风险控制能力。全市有3个企业发行短期融资券，总金额30.5亿元。

【做大做强中小企业担保机构】 2006年，杭州市梳理原有的促进中小企业信用担保体系建设的各项扶持政策，完善总体政策框架，并修订对信用担保机构的扶持政策，出台《杭州市中小企业信用担保机构风险补偿资金使用管理暂行办法》。办法规定，从2006年起，市级财政每年在市中小企业发展专项资金中安排一定资金，专项用于对杭州市担保机构的风险补偿；2006年的补偿资金总额在1500万元以内。为鼓励科技创新，化解融资担保风险，杭州市制定《关于进一步促进创新型企业融资担保的试行办法》，建立联合担保的新模式。4月，组建杭州市最大的中小企业融资担保机构——杭州市中小企业担保有限公司并开始营运，注册资本1.15亿元。

【完善生态补偿机制】 继2005年实施《关于建立健全生态补偿机制的若干意见》之后，2006年，市政府制定《杭州市生态补偿专项资金管理办法》，建立生态补偿指标考核体系、排污权交易制度等生态补偿配套政策，进一步规范和加强生态补偿专项资金的使用管理，并新增5000万元生态补偿专项资金。萧山、余杭、桐庐、淳安、建德、富阳、临安7区、县(市)全年实施生态补偿项目96个，其中污水处理厂等环境基础设施项目84个、流域环境综合整治项目5个、饮用水源保护工程项目5个、畜禽养殖类项目2个，总投资约1.5亿元。各区、县(市)财政都给予一定比例的配套资金。生态补偿专项资金发挥“四两拨千斤”的作用。

【加大就业再就业政策力度】 2006年，在确保国家、省就业再就业政策全面落实到位的前提下，杭州市从实际出发，对原有的就业再就业政策进行延续、扩展、调整和充实。5月，市政府出台《关于进一步加强就业和再就业工作的实施意见》。随后，市有关部门先后出台《就业援助证》发放、公益性岗位管理、税费减免、社保补贴、专项资金管理等15个配套文件，进一步创新工作举措，增加扶持对象和扶持项目，提高补贴标准，加大就业扶持力度，形成覆盖面更广、含金量更高、措施更有力的具有杭州特色的新一轮促进就业政策体系。至年末，全市新增就业17.53万人，帮助失业人员实现再就业12.08万人，其中就业困难人员4.19万人，分别完成全年目标任务的127.9%、132.8%和190.5%；城镇登记失业率控制在3.5%。

【社会保险扩面有新进展】 2006年，杭州市进一步健全社会保障体系，扩大社会保险面。至年末，全市企业养老保险净增参保人数20.2万人，完成全年目标任务的252.1%；失业保险参保人数145.77万人，完成120.0%；医疗保险净增参保人数20.79万人，完成259.8%；工伤保险净增参保人数21.06万人，完成210.6%；生育保险净增参保人数32.48万人，完成811.9%。继续做好征地"农转非"人员社会保障工作。至年末，全市有31.29万名征地"农转非"人员参加养老保险及享受各类生活补贴，基本做到即征即保。

【加强企业工资宏观调控】 杭州市努力构建企业工资分配调控体系。6月，发布318个工种、14个国民经济行业、11种登记注册类型企业、11种专业技术等级及不同学历的杭州市2006年度企业劳动力市场工资指导价位。8月，召开杭州市企业工资集体协商工作会议，积极推行集体合同制度，建立工资集体协商指导员队伍，进一步推进企业工资集体协商工作。从9月1日起，调整市区(不含萧山、余杭区)职工最低工资标准，月最低工资由670元提高到750元，小时最低工资由5.7元提高到6.4元。至年末，以工资集体协商制度、工资指导价位以及最低工资标准为主体的企业工资分配调控体系基本形成。

【大力发展社区卫生服务】 4月，市政府印发《关于加强社区卫生建设的重点工作及责任分工的意见》，对加强社区卫生服务队伍建设等8个方面提出工作要求，明确牵头部门和配合部门。市区(不含萧山、余杭区）社区卫生服务机构规范化建设日见成效，有32个社区卫生服务中心通过规范化建设评估，规范化率达71.1%；有184个社区卫生服务机构实现不同形式的网络联接，信息化率达92%。社区卫生服务机构用房条件继续得到改善，全年市财政安排1000万元用于对各区新建、置换、购买社区卫生服务机构配套用房的奖励和补助，社区卫生服务站业务租赁用房的租金政府补偿率达到96.7%。各区按每万名居民20万元的标准落实户籍人口的社区卫生预防保健经费。9月，市医改领导小组出台《关于杭州市社区卫生服务机构"收支两条线"综合改革试点工作的指导意见》。下城、滨江区在社区卫生服务机构中全面实施"收支两条线"管理改革，拱墅、江干、西湖、上城区开始筹备试点。下城区长庆潮鸣社区卫生服务中心"收支两条线管理"、"部分药品零差率"等改革被誉为全国最成功的试点。

【加强农村卫生工作】 2006年，杭州市大力加强农村卫生工作，全年投入新型农村合作医疗经费达1903万元。至年末，新型农村合作医疗乡村覆盖率100%，全市农民参加新型农村合作医疗人数370.65万人，参合率94.8%。人均年筹资额65元；人均住院报销额1451元，报销比率约20%~25%；人均门诊报销额18.55元，报销比率约15%~20%。各地积极开展农民健康体检工作，至年末，全市有216万名农民参加体检，占参加新型农村合作医疗人数的58%。乡镇卫生院转型为社区卫生服务中心和规范化建设工作继续推进。至年末，全市有131个乡镇卫生院转型为社区卫生服务机构，占总数的84.5%。

【完善医疗救助制度】 2006年，杭州市修订完善《杭州市城镇困难人员医疗救助办法》，进一步规范操作程序和操作办法。市区(不含萧山、余杭区）对未参保城镇困难家庭成员的医疗救助实施零起点、广覆盖，全年有未参保城镇困难家庭成员2261人(次)获得医疗救助金828.44万元。市区参保人员医疗互助网络工作也取得较好的成效，全年实施医疗救助6321人次，发放救助款1572.9万元。萧山、临安、淳安等区、县(市)对原有医疗救助政策进行修订，降低救助门槛，提高救助比例，扩大救助范围。8个市属医院于2月28日前全部开设爱心门诊、推出"惠民病床"，此项措施逐步推广到市区(不含萧山、余杭、滨江区)社区卫生服务机构和各区、县(市)医院。至年末，全市各公立医疗机构共开设爱心门诊183家，设置惠民病床1004张，诊治困难人群12812人次，减免费用15.14万元。

【构建法律援助网络】 2006年，杭州市着力探索"政府主导、非政府组织共同参与"的法律援助新机制，进一步完善纵向到底、横向到边的法律援助网络体系。至年末，全市所有乡(33个)、镇(108个)、街道(58个)都建立了法律援助工作站，困难群众可以借助交通工具1小时内就近获得法律援助服务。通过招募志愿者的方法，组织14个基层法律援助工作志愿团，有500多名志愿人员参与，以法律援助工作站为依托，开展农村非诉讼法律援助事务工作；通过人民调解委员会等自治组织，参与非诉讼法律援助事务的调解，解决民间纠纷。

放宽外来务工人员援助条件。一年来，全市共办理涉及外来务工人员案件2061件，比上年增长69.3%，占全年法律援助案件总量的50%。（卓信宁）

·创建文明城市·

【社会主义荣辱观宣传教育深入人心】 5月，市文明委制定下发《关于进一步深入开展社会主义荣辱观宣传教育实践活动的实施意见》，通过举办各种主题教育实践活动，在全社会形成扬荣拒耻新风尚。主要活动有：组织社会主义荣辱观专题系列讲座，把讲座送到社区、企业、学校，并通过杭州电视台进行播放；开展学习和实践社会主义荣辱观征文和演讲比赛；举办以"牢固树立社会主义荣辱观，努力推进和谐社区建设”为主题的杭州市第二届社区工作者演讲比赛和社区文艺汇演，弘扬健康向上的社区文化氛围。

【文明礼仪宣传教育实践活动广泛开展】 为进一步深化文明礼仪宣传教育实践活动，2月，市文明委制定下发《关于进一步深化文明礼仪宣传教育实践活动的实施意见》，提出抓好“五个万”(文明礼仪知识万人学、文明礼仪常识万人谈、文明礼仪实践万人行、文明礼仪言行万人评、文明礼仪电影戏剧万场演)，倡导“五个不”(不随地吐痰、不乱扔垃圾、不损坏公物、不在公共场所大声喧哗、不在公共场所吸烟)，解决“五个难”(文明行路难、文明乘车难、文明游园难、文明上网难、文明用餐难)。市文明办、市贸易局、市饭店协会联合全市餐饮行业制定了“文明用餐”公约，倡导文明就餐，树立健康科学文明的生活方式。西湖风景名胜区以“文明游园”为主题，举行“文明游园从我做起”万人签名仪式，开展景区窗口文明礼仪示范岗竞赛、文明游园劝导等宣传教育实践活动。市网吧协会(筹)发出“文明上网、文明办网”倡议书。市建委、市文明办组织外来务工人员开展文明礼仪“百千万”(即全市数百家施工企业、千余个建设工地、20余万外来务工人员)行动，加强对外来务工人员的文明礼仪宣传教育。

【市民学校办出特色】 2006年，杭州市市民学校坚持贴近实际、贴近生活、贴近群众的办学方针，充分发挥电视媒体的作用。市民学校电视讲坛每周播出一次，全年共播出专题讲座近60讲，办出了栏目化、品牌化、系列化的杭州特色。市区累计办民工学校700余所，近10万人次参加学习。10月，中央文明办、建设部、全国总工会联合调研组对杭州建设工地民工学校情况进行专题调研，对民工学校在加强外来务工人员素质教育中的作用给予充分肯定。

【创建省级示范文明城市(区)成绩显著】 2006年，杭州市以“国家卫生城市”复评、创建“全国最佳旅游城市”为抓手，以提高市民文明素质和城市文明程度为目的，广泛开展省级示范文明城市(区)创建活动。年末，按照自愿申报、资格审核、综合评价、测评考核和审核上报5个环节，依据《浙江省示范文明城市测评体系》和操作手册规范，进行全面、客观、公平、公正的测评考核。经市文明委推荐，上城、下城、西湖、萧山区被省文明委命名为首批省级示范文明城市(区)。

【开展“文明行路指数播报”】 为进一步深化“文明从脚下起步”活动，3月15日起，按照属地管理的原则，各个社区组建由各交通路口附近的行政机关、企事业单位和社区共产党员、共青团员、居民群众及外来务工人员参加的文明交通劝导员队伍，在99个路口参与交通秩序维护和劝导，全市近25万名各界群众直接参与。5月22日起，在市区10个主要路段进行“文明行路指数”抽样调查，并通过市级新闻媒体公布，对不文明行路的典型事例进行曝光。全年参与的志愿服务人员8960人次，播报“文明行路指数”224天，省、市新闻媒体刊播有关“文明行路”报道210余篇。活动开展以来，市区各主要路口通行秩序明显改善，“文明行路指数”普遍达到98%以上。

【“杭州文明在线”影响稳步提升】 1月1日，“杭州文明在线”网站正式开通。网站设“工作提示”、“创建之窗”、“文明剪影”、“钱塘论坛”、“文化建设”、“未成年人教育”、“志愿者在线”、“爱国主义教育”等20余个主栏目，内容丰富，形式活泼，图文并茂，涵盖面广，多角度多层面地反映杭州市精神文明建设整体情况。网站开通以来，吸引众多网民参与，受到兄弟城市网站好评。至年末，网站点击率超过40万人次，平均每天1500人次左右。 (吴江湾)

【十大“平民英雄”感动杭城】 为让在平凡工作和生活中自觉践行社会主义荣辱观的“平民英雄”成为大众学习的榜样和社会的楷模，2006年，市文明委组织开展第二届感动杭州十大“平民英雄”评选活动。通过广泛宣传和自荐、推荐，产生候选人130余名。经过广大市民投票，8名市民、1对夫妇和1个集体被评为“平民英雄”。他们是：为民工维权的退休教师杨桂英、为群众免费推拿的社区义工杨铮君、鞠躬尽瘁的农村干部鲍大荣、舍身救人的武警战士程本、捐献骨髓的医生汪霖、技术精湛的工人蒋兴权、背着母亲上学的大学生刘霆、青春献教育的云南四十朵花花小学支教团、收养流浪儿的王万林、热心城市环境保护的潘顺发夫妇。9月30日，杭州十大“平民英雄”颁奖典礼在杭州大剧院举行，市领导王国平、孙忠焕、虞荣仁、叶明等为英雄颁奖。

(吴江湾 江政卿)

2006年杭州市十大“平民英雄” (市文明办 供稿)

【组织首届“公民爱心日”活动】 为深入开展社会主义荣辱观教育，大力弘扬中华民族传统美德，5月27

日，市文明委以“同在蓝天下，幸福手拉手”为主题，组织首届“公民爱心日”活动，在全社会营造关心和爱护未成年人健康成长的良好氛围。在首届“公民爱心日”活动中，社会各界为条件相对落后的学校、相对贫困家庭的学生和外来务工人员子女“捐献一本书、捐助一元钱、送上一份爱”。全市13个区、县（市）设立爱心捐助活动点296处，共接收捐款5390万元、图书48203册，受助学校74所、学生1063名。

【加强未成年人思想道德建设】 2006年，围绕加强和改进未成年人思想道德建设，市文明办与有关部门整合资源，组织实施未成年人思想道德建设10件实事；继续开展“红色之旅”爱国主义教育活动，推进爱国主义教育基地和公益性文化设施对未成年人免费开放；在全市范围内开展十大“阳光少年”评选活动，促进未成年人树立良好的社会责任感和现代公民意识；举办“天堂的儿歌”演唱比赛，让优秀儿歌走进学校、走进社区、走进儿童的心灵。未成年人思想道德建设工作深入人心，形成齐抓共管的良好局面。

【加快基层文化设施建设】 2006年，杭州市加快社区文化广场等设施建设。全市建有社区（村级）文化活动中心（文化活动室）1208个，总面积超过24万平方米；新建120余个市文化信息资源共享工程；建成科普画廊545个。继续推进“三个100”农村小康健身工程，全年投入经费200万元，在基础设施薄弱的农村新建健身苑点、篮球场、乒乓球场各100个。实施“万册图书资料送基层”、“有线电视村村通”工程。基层文化设施建设，为深入开展科教、文体、法律、卫生“四进社区”、“百场文艺演出进社区”、文明礼仪电影（戏剧）万场演出和“创强争先”（创建省体育强区、县（市）和全国体育先进社区、省体育先进社区）等活动，以及家庭文化、楼道文化、廉政文化等群众文化蓬勃开展，奠定了物质基础。

【“乡风文明千里行”文艺演出深受欢迎】 2006年，为丰富农民精神文化生活，进一步推进农村精神文明建设，市委宣传部、市文明办、市文广新局联合组织“乡风文明千里行”文艺大篷车巡回演出活动，采取政府采购的形式，将优秀文艺节目送到农村，为农民群众服务。演出节目以“知荣辱、树新风”为主题，除深受农民喜爱的越剧折子戏、魔术、杂技外，还有一些歌颂农村新成就、新变化，反映农民身边好人好事，展示农村建设美好前景，倡导文明，树立新风，思想性、教育性强的节目。全年演出30余场，观众4万余人次。

【“双千结对、共创文明”活动全面深化】 2006年，市文明委制定下发《关于进一步深化“双千结对（1000个文明单位与1000个行政村结对）、共创文明”活动的通知》。各区、县（市）积极响应，共组织222个文明单位参与，共建对子累计达到920个；培育“双千结对、共创文明”活动先进典型30个。各文明单位共向结对村提供扶持资金2648万元，赠送图书235931册，帮助修建道路203千米、桥梁53座、各类文化活动场所36678平方米，开展文化活动452次，开发经济发展项目261个，推动了城乡协调发展。 （吴江湾）

·依法治市·

【政府法律顾问提供法律保障】 2006年，市政府出台《杭州市人民政府法律顾问室工作规则》，市政府的一些重要决策和全市的一些重大项目都由市政府法律顾问室审核把关。在地铁1号线招商、七格污水处理厂特许经营、历史建筑保护和危旧房改善工作、上德立交桥专利侵权案、西湖风景区大安停车场土地资产处置、杭州未来世界公园土地规划、国际花园城市评选、犬类集中整治等重大事项中，均由市政府法律顾问室提供法律意见，为这些事项的圆满处理提供法律保障。全年市政府和市政府办公厅发布的110件规范性文件也都经市政府法律顾问室法律审核，保证了依法决策。

【围绕中心工作开展地方立法】 2006年，市法制办共起草、审核地方性法规和政府规章草案18件。其中，6件地方性法规草案经市政府常务会议审议通过后提交市人大常委会审议，8件政府规章通过市政府常务会议审议后发布施行。此外，3件法规规章草案已经审核完毕，待条件成熟后予以颁布；1件以政府规范性文件发布施行。

2006年的地方立法工作是紧紧围绕市委、市政府中心工作开展的。如围绕建设“节约型社会”的目标，制定《杭州市建筑节能管理办法》、《杭州市城市节约用水管理办法》等；围绕“生态市”建设，制定《杭州市畜禽养殖污染防治管理办法》、《杭州西溪国家湿地公园管理办法》等；围绕群众关心的民生问题，制定《杭州市精神卫生条例》、《杭州市再生资源回收管理办法》、《杭州市居住区配套设施建设管理条例》等。对一些重点或专业性较强的立法项目，坚持召开立法专家咨询论证会，确保立法的科学性和可操作性。

▶▶资料：2006年杭州市颁布实施的法规规章目录

一、地方性法规

《杭州市机动车驾驶员培训管理条例》（市第十届人大常委会60号公告）

《杭州市精神卫生条例》（市第十届人大常委会62号公告）

《杭州市大型活动安全管理条例》（市第十届人大常委会63号公告）

《杭州市居住区配套设施建设管理条例》（市第十届人大常委会64号公告）

《杭州市市政公用事业特许经营条例》（市第十届人大常委会66号公告）

《杭州市客运出租汽车管理条例（修订）》（市第十届人大常委会67号公告）

二、政府规章

《杭州畜禽养殖污染防治管理办法》（市政府令第225号）

《杭州市建筑节能管理办法》（市政府令第226号）

《杭州市房屋拆除施工安全管理办法》（市政府令第227号）

《杭州市行业协会管理办法》（市政府令第228号）

《杭州市城市节约用水管理办法》（市政府令第229号）

《杭州市行政执法责任制规

定》(市政府令第 230 号)

《杭州市再生资源回收管理办法》(市政府令第 231 号)

《杭州市房屋租赁管理规定》(市政府令第 232 号)

《杭州市科学技术进步奖励办法(修订)》(市政府令第 233 号)

【推行行政执法责任制】 1 月,杭州市出台《杭州市人民政府办公厅关于进一步深化完善和全面推行行政执法责任制有关事项的通知》,同时对原《杭州市行政执法责任制暂行规定》和《杭州市行政执法错案责任追究办法》进行了修订。按照《国务院办公厅关于推行行政执法责任制的若干意见》和省政府的统一部署,杭州市依法界定行政执法的实施机关和组织,根据法律、法规、规章和"三定方案"的规定,对行政执法主体进行清理,对委托执法单位进行认真审查,按照提议、决定、批准、公告的程序,最后确认行政处罚实施主体 149 个,行政许可实施主体 63 个。市各行政执法单位对照现行法律法规规章,全面开展行政执法职权的梳理工作,按照行政处罚、行政许可、行政强制、行政给付、行政确认、行政裁决、行政征收、登记备案及其他行政行为的分类,明确各行政执法主体的行政执法职权、执法依据。在清理执法主体、职权、依据的基础上,各行政执法机关对每一项行政执法行为制定具体的执法工作程序,以岗位为基础,编制执法流程图(表),明确执法环节,确定执法方式,规定执法时限,并将法律、法规、规章赋予的法定职责层层分解落实到执法机构、执法人员,保证了行政执法工作有序进行。

为提高基层行政执法能力,杭州市加大行政执法人员培训力度。全年举办综合法律知识培训班 12 期,培训行政执法人员 1827 名,办理和发放行政执法证 1735 本,基本满足了基层行政执法工作的需要。

2006 年,市政府先后出台《杭州市依法行政工作考核办法(试行)》、《2006 年度区、县(市)政府及市政府直属单位依法行政工作考核内容和评分细则》、《关于 2006 年度依法行政工作评议考核须查阅相关材料和台账的通知》等文件,在加强准备工作的基础上,对 42 个市级行政执法机关和各区、县(市)政府依法进行评议考核。

【加强行政执法行为监督工作】 为贯彻落实《中华人民共和国行政许可法》和《全面推进依法行政实施纲要》,10 月,市法制办与市监察局联合下发《关于对〈中华人民共和国行政许可法〉贯彻实施情况进行检查的通知》和《关于组织 2006 年度行政执法案卷评查工作的通知》,在市级行政执法机关开展《中华人民共和国行政许可法》贯彻执行情况和行政执法案卷评查专项检查工作。同时,按照《杭州市行政处罚案卷质量评查标准》和《行政许可案卷质量评查标准》,开展 2006 年度市级行政执法部门行政执法"十佳案卷"评选活动。为指导有关部门制定规范性文件,市法制办还制定《杭州市行政机关制定规范性文件指导规则》。全年共办理区、县(市)政府规范性文件备案 22 件,市政府各部门规范性文件法律审查 81 件,各地各部门制定的规范性文件质量有所提高。

【依法应诉行政复议】 2006 年,市政府行政复议办公室收到复议申请 140 件(涉及 470 人次),比上年增长 35%。其中,受理 78 件,不予受理 2 件,作其他处理 60 件。已审结 77 件,其中维持 48 件、终止 27 件、撤销 1 件、确认违法 1 件。

全年收到以市政府为被告的行政应诉案件 19 件,民事诉讼应诉案件 1 件,合计 20 件。至年末,结案 14 件,全部胜诉,胜诉率 100%。以市政府为被申请人的行政复议应诉案件 9 件,已审结 7 件,全部得到妥善处理。

在办案过程中,市政府行政复议办公室始终遵循"以事实为依据、以法律为准绳"的原则,采取"堵"、"疏"结合的方式,依法公正审理复议案件,复议准确率达到 100%,充分发挥了行政复议制度的救济、监督、保障功能,彰显行政复议高效、便捷、公正的特色,及时有效地化解了行政争议,最大限度地保护公民、法人和其他组织的合法权益,促进各级行政机关依法行政。针对个案实际,采用简易方法办案,或者采用协调、和解等方式解决争议,提高办案效率。

9 月,市政府出台《杭州市行政首长出庭应诉工作暂行办法》。全市各部门高度重视,积极落实,许多部门还出台了相应的实施办法。按照规定,有关部门的行政诉讼案件由行政首长出庭应诉。

【认真受理仲裁案件】 2006 年,杭州市仲裁委员会受理案件 368 件,涉案标的额 4.99 亿元,其中逾千万元的案件 11 件。受理案件涉及合同种类 26 个,主要是商品房买卖合同、装修施工合同、承包合同、买卖合同、建筑工程施工合同、房屋转让合同、租赁合同、委托代理合同、加工承揽合同以及物管合同等。全年审结案件 394 件,结案率为 89.3%。已结案件中,裁决 233 件,裁决率为 59.1%;调解 72 件,调解率为 18.3%;撤案 89 件,撤案率为 22.6%;30 日内快速结案 73 件,快速结案率为 18.5%。 (彭志芳)

【社会治安综合治理工作向基层延伸】 1 月 4 日,在全市政法工作会议上,市委书记王国平、市长孙忠焕分别与 13 个区、县(市)和 18 个市级有关部门负责人签订 2006 年度社会治安综合治理目标管理责任书。年终,经考核,31 个签约单位、部门全部达标,其中上城区、下城区、余杭区、临安市、市建委、市妇联等 6 个单位被评为优秀达标单位。

全市各级政法委、综治办重视抓好综治基层基础建设,扎实推进综治工作向社区、村、民营企业延伸。全市 71.5%以上社区、村建成综治工作站(室)。5899 个规模 50 人以上或产值 500 万元以上的民营企业中,2991 个建有综治工作站(室),建成率 50.7%;其中 200 人以上民营企业 1086 个,建有综治工作站(室) 657 个,建成率 60.5%。综治工作向社区、村、民营企业延伸,有效地筑起社会治安的第一道防线。(钱荣心)

·市和区、县(市)机构概况·

【市级主要机构及负责人名单】

中国共产党杭州市第九届委员会

书　记:王国平

副书记:孙忠焕　　于辉达

　　　　朱报春　　叶　明

常　委：王国平　孙忠焕
于辉达　朱报春
叶　明
徐松林(~2006-01)
顾树森　盛继芳
王金财　于跃敏(女)
张鸿建　齐毓春
吴鹏飞

委　员：(按姓氏笔画为序)
于跃敏(女)　于辉达
王水法　王国平
王金财　王忠德
王基信　叶　明
朱报春　朱金坤
刘晓刚　许勤华
孙景淼　孙忠焕
齐毓春　李端阳
杨戌标　来坚巨
吴　键　吴鹏飞
吴德隆　佟桂莉(女)
沈　坚　张建华
张鸣放(女)　张鸿建
陈建华(女)　陈新成
金胜山　郑素成
项　勤　赵申行
赵纪来　胡　侠
娄延安　洪航勇
顾树森　徐一超
徐松林(~2006-01)
翁卫军　郭泰鸿
盛继芳　曾东元
虞荣仁

候补委员：(按得票数为序)
陈永良　翁钢粮
赵　晴　邬丽娜(女)
郭禾阳　陈锦梅(女)
陆瑞芬(女)　周和根

秘书长：顾树森

市委工作部门：

办公厅

主　任：严华好

组织部

部　长：于跃敏(女)

宣传部

部　长：张鸿建

统战部

部　长：徐松林(~2006-01)
曾东元(2006-02~)

政策研究室

主　任：胡征宇

政法委员会

书　记：于辉达

国防动员委员会(人民武装委员会)

第一主任：王国平
主　任：孙忠焕

保密委员会

主　任：顾树森

党史研究室

主　任：叶建新

党　校

校　长：朱报春

杭州日报报业集团

社　长：李建国
总编辑：赵　晴
党委书记：李建国

干部理论学习讲师团

副团长：朱金中

老干部局

局　长：程浙山

市直机关党工委

书　记：崔鹏飞

农业和农村工作办公室

主　任：来坚巨(~2006-04)
高乙梁(2006-04~)

市综合考评办公室(2006-08~)

主　任：伍　彬
党组书记：伍　彬

中国共产党杭州市纪律检查委员会

书　记：叶　明
副书记：孙建华　徐苏宾(女)
常　委：叶　明　孙建华
徐苏宾(女)　吴水根
张德林　陈章永
王叶林
俞少平(~2006-12)

杭州市第十届人民代表大会常务委员会

主　任：王国平
副主任：吴　键　丁德明
安志云　李松春
杨耀梁　林振国
朱荫湄(女)

委　员：(按姓氏笔画为序)
丁沛华　卞吉安
叶有福　卢华英(女)
朱重庆　刘争平
李建国　沈惠娟(女)
宋小春　张　勇
陈利卿(女)　陈建华(女)
陈康森　林雪玲(女)
周　蕙(女)(~2006-11)
郑贤祥　赵天行
钮容量　贺建强
徐爱秀(女)　翁钢粮
蒋天荣　韩柏青
詹家光　戴宝多

秘书长：俞宝祥
党组书记：吴　键

市人大常委会工作部门：

办公厅

主　任：张　勇

研究室

主　任：陈利卿(女)

法制委员会

主任委员：杨耀梁(兼)

内务司法委员会

主任委员：杨耀梁(兼)

财政经济委员会

主任委员：丁德明(兼)

城乡建设环境保护委员会

主任委员：林振国(兼)

教科文卫、民宗侨委员会

主任委员：安志云(兼)

法制工作委员会

主　任：刘争平

内务司法工作委员会

主　任：刘争平

财经工作委员会

主　任：钮容量

城乡建设、环境保护工作委员会

主　任：郑贤祥

教科文卫、民宗侨工作委员会

主　任：陈康森

人事代表工作委员会

主　任：徐爱秀(女)

杭州市人民政府

市　长：孙忠焕
副市长：盛继芳　陈重华(女)
金胜山　项　勤
杨戌标　孙景淼
沈　坚
党组书记：孙忠焕
秘书长：娄延安

市人民政府工作部门：

办公厅

主　任：许小富
党组书记：娄延安

政策研究室

主　任：赵　敏(~2006-12)

发展和改革委员会

主　任：董建平
党委书记：董建平

国有资产监督管理委员会

主　任：许荣森
党委书记：许荣森

经济委员会

主　任:王大安(~2006-04)
　　　赵纪来(2006-04~)
党委书记:王大安(~2006-04)
　　　赵纪来(2006-04~)

科学技术局
局　长:孙　远
党组书记:孙　远

教育局
局　长:徐一超
党委书记:徐一超

财政局
局　长:陈锦梅(女)
党委书记:李端阳(~2006-02)
　　　陈锦梅(女)(2006-02~)

国家税务局
局　长:方慧光

地方税务局
局　长:陈锦梅(女)

监察局
局　长:徐苏宾(女)

人事局
局　长:郑素成
党组书记:郑素成

劳动和社会保障局
局　长:张建华
党委书记:张建华

民政局
局　长:赵申行(~2006-07)
　　　邵　胜(2006-07~)
党委书记:赵申行(~2006-07)
　　　邵　胜(2006-07~)

公安局
局　长:吴鹏飞
党委书记:吴鹏飞

国家安全局
局　长:方孔文
党委书记:方孔文

司法局
局　长:洪慧萍(女)
党委书记:洪慧萍(女)

交通局
局　长:王水法
党委书记:王水法

药品监督管理局
局　长:郭泰鸿
党委书记:郭泰鸿

安全生产监督管理局(安全生产委员会办公室)
局　长(主　任):陈伯雄
党组书记:陈伯雄

贸易局(粮食局)
贸易局局长:吴德隆(~2006-04)
　　　刘庆龙(2006-04~)
党委书记:吴德隆(~2006-04)
　　　刘庆龙(2006-04~)
粮食局局长:梁　群(~2006-07)

对外贸易经济合作局
局　长:王忠德
党委书记:王忠德

打击走私与口岸管理办公室
主　任:杨志毅(女)
党组书记:杨志毅(女)

建设委员会
主　任:朱金坤
党委书记:朱金坤

钱江新城建设指挥部(钱江新城建设管理委员会)
总指挥(主任):杨戌标(兼)
党委书记:王光荣

规划局
局　长:阳作军
党组书记:阳作军

房产管理局
局　长:杨　坚
党委书记:杨　坚

国土资源局
局　长:储根荣
党组书记:储根荣

环境保护局
局　长:陶柏文
党组书记:陶柏文

园林文物局
局　长:张建庭
党委书记:张建庭

城市管理办公室
主　任:陈红英(女)(~2006-12)
　　　陈祥荣(2006-12~)
党组书记:陈红英(女)(~2006-12)
　　　陈祥荣(2006-12~)

城市管理行政执法局
局　长:赵荣福
党委书记:赵荣福

旅游委员会
主　任:项　勤(兼)
党委书记:李　虹

西湖博览会组委会办公室
主　任:冯　俊

信息化办公室
主　任:董建平
党组书记:董建平

审计局
局　长:潘再高
党组书记:潘再高

统计局
局　长:顾晓奋(女)
党组书记:顾晓奋(女)

工商行政管理局
局　长:章建成
党委书记:章建成

物价局
局　长:李爱国
党组书记:李爱国

质量技术监督局
局　长:潘荣琨
党委书记:潘荣琨

农业局
局　长:邵银泽
党委书记:邵银泽

林业水利局
局　长:许保水
党委书记:许保水

文化广电新闻出版局
局　长:陈建一
党委书记:陈建一

卫生局
局　长:邬丽娜(女)
党委书记:邬丽娜(女)

文化广播电视集团(文化广播电视集团有限公司)
管委会主任:王玉明
公司董事长:王玉明
党委书记:王玉明

体育局
局　长:张连水
党委书记:张连水

人口和计划生育委员会
主　任:陈国妹(女)(~2006-12)
党组书记:陈国妹(女)(~2006-12)

外事办公室
主任:郑浙民
党组书记:郑浙民

侨务办公室
主　任:陈树龙
党组书记:陈树龙

法制办公室
主　任:吴声华
党组书记:吴声华

公共资源交易管理委员会办公室、行政服务中心
主　任:赵　敏(~2006-06)
　　　李　玲(女)(2006-06~)
党组书记:赵　敏(~2006-06)
　　　李　玲(女)(2006-06~)

企业上市领导小组办公室
主　任:孟繁明

民族宗教事务局
局　长:赵一新
党组书记:赵一新

人民防空办公室
主　任:施增富
党组书记:施增富

台湾事务办公室

主　任:陈建伟

国内经济合作办公室

主　任:周开疆

党组书记:周开疆

市政府驻北京办事处

主　任:柳久森(~2006-12)

　　　周先木(2006-12~)

市政府驻上海办事处

主　任:蔡易然

市政府驻深圳办事处

主　任:蔡易然

中国人民解放军浙江省杭州警备区

党委第一书记:王国平(兼)

党委书记:齐毓春

司令员:王炳友(~2006-03)

　　　李大清(2006-03~)

政治委员:齐毓春

陆军预备役步兵师高炮团

党委第一书记:于辉达(兼)

党委书记:王劲松(~2006-03)

　　　　王少华(2006-03~)

团　长:张建荣

第一政治委员:于辉达(兼)

政治委员:王劲松(~2006-03)

　　　　王少华(2006-03~)

中国人民政治协商会议杭州市第八届委员会

主　席:虞荣仁

副主席:马时雍(~2006-12)

施锦祥　蒋福弟

鲍世甲　曾东元

俞国庆　陈振濂

韩国熹　郁嘉玲(女)

常务委员:(按姓氏笔画为序)

丁志光　马凤森

王　坚　毛伟志

毛耀武　卞吉安

方治平　方莉英(女)

叶鉴铭　卢华英(女)

史及伟　朱舟海

朱晓静(女)　刘　卫

刘秋敏　庄哲卿

祁国宁　孙　跃

孙银标　孙鼎荣

孙锡培　杨薇薇(女)

李小花(女)　李冈源(女)

吴正虎　吴伟根

吴潮炎　何西华

何嘉琳(女)　余生瑞

汪小玫(女)　沈荣根

沈祥熙　张云溪

张少华　张永谊

张荣官　陈小平

陈伯滔　妙　高

林正范　周根娣(女)

房梅华(女)　柯传奎

胡泽之　俞小安

俞宝祥　施农农(女)

洪慧萍(女)　姚建华(女)

徐凤娟(女)　徐冠巨

翁启蕴　黄大成

戚俊生　崔鹏飞

章鹏飞　蒋志衎

蒋　山　储念治

楼建人　褚树青

薛家柱

秘书长:徐泉海

党组书记:虞荣仁

党组副书记:马时雍(~2006-12)

市政协工作部门:

办公厅

主　任:孙　跃

研究室

主　任:龚志南

提案委员会

主　任:蔡卫平

文史和教文卫体委员会

主　任:宋传水

经济科技委员会

主　任:陈小平

城市建设和人口资源环境委员会

主　任:刘　卫

社会法制和港澳台侨委员会

主　任:吴潮炎(2006-09~)

市中级人民法院

院　长:王基信

党组书记:王基信

市人民检察院

检察长:刘晓刚

党组书记:刘晓刚

民主党派和工商联:

中国国民党革命委员会杭州市委员会

主　委:陈重华(女)

中国民主同盟杭州市委员会

主　委:陈振濂

中国民主建国会杭州市委员会

主　委:蒋福弟(~2006-08)

　　　陈小平(2006-08~)

中国民主促进会杭州市委员会

主　委:韩国熹(~2006-08)

　　　赵光育(2006-08~)

中国农工民主党杭州市委员会

主　委:李松春(~2006-08)

　　　吴正虎(2006-08~)

中国致公党杭州市委员会

主　委:郁嘉玲(女)

九三学社杭州市委员会

主　委:朱茵湄(女)(~2006-09)

　　　朱祖德(2006-09~)

杭州市工商业联合会

会　长:鲍世甲(~2006-09)

　　　张必来(2006-09~)

党组书记:赵天行

部分人民团体:

杭州市总工会

主　席:陈永良

党组书记:陈永良

中国共产主义青年团杭州市委员会

书　记:卞吉安(~2006-12)

党组书记:卞吉安(~2006-12)

杭州市青年联合会

主　席:卞吉安

杭州市妇女联合会

主　席:陈建华(女)

党组书记:陈建华(女)

杭州市归国华侨联合会

主　席:吴水泉

党组书记:吴水泉

杭州市科学技术协会

主　席:朱国海

党组书记:朱国海

杭州市文学艺术界联合会

主　席:陈一辉(女)

党组书记:陈一辉(女)

杭州市老龄工作委员会

主　任:孙景森(兼)

杭州市社会科学界联合会

主　席:史及伟

党组书记:史及伟

杭州市残疾人联合会执行理事会

理事长:董吾恩

党组书记:董吾恩

杭州市对外友好协会

名誉会长:王国平(兼)

会　长:虞荣仁(兼)

其他行政事业机构:

市政府专家咨询委员会

主任委员:史济烜

市爱国卫生运动委员会

主　任:陈重华(女)(兼)

市地方志编纂委员会

主　任:孙忠焕(兼)

市机构编制委员会

主　任:孙忠焕(兼)

市电力局

局　长:单　人(~2006-11)
　　　赵光静(2006-11~)
党委书记:潘金华

浙江省电信公司杭州市分公司

总经理:吴晓伟
党委书记:钟　斌(女)

市邮政局

局　长:王小明
党委书记:杨　全

浙江移动通信有限公司杭州分公司

总经理:林长春(2006-08~)
党委书记:林长春(2006-08~)

中国联通有限公司杭州分公司

总经理:程忠祥
党委书记:程忠祥

中国网络通信集团杭州分公司

总经理:孙志华
党委书记:孙志华

浙江省石油总公司杭州分公司

经　理:章贤芳
党委书记:孙建国

市气象局

局　长:王国华
党组书记:王国华

市供销合作社联合社

主　任:樊国强
党委书记:樊国强

市级机关事务管理局

局　长:何铨之
党组书记:何铨之

市委、市政府信访局

局　长:何　楷
党组书记:何　楷

市档案局

局　长:伍　彬(~2006-08)
党组书记:伍　彬(~2006-08)

西泠印社社委会

主　任:魏皓奔
党组书记:魏皓奔

市烟草专卖局(杭州烟草分公司)

局　长(经　理):方祖英
党组书记:钟　祥

杭州经济技术开发区管理委员会

主　任:金胜山(兼)
党工委书记:盛成皿

杭州钱江经济开发区(杭州工业新区)管理委员会

主　任:许保金
党工委书记:许保金

杭州钱江外商台商投资区江南管理委员会

党工委书记:王伟民

杭州高新技术产业开发区管理委员会

主　任:张　耕
党工委书记:洪航勇(~2006-12)
　　　　尚国胜(2006-12~)

杭州之江国家旅游度假区管理委员会

主　任:许迈永(~2006-04)
　　　盛阅春(2006-04~)
党工委书记:高乙梁(~2006-04)
　　　　许迈永(2006-04~)

杭州西湖风景名胜区管理委员会

主　任:张建庭
党委书记:张建庭

市经济规划院

院　长:董建平

中国人民银行杭州中心支行

行　长:周业梁
党委书记:周业梁

中国工商银行浙江省分行营业部

总经理:沈立强(~2006-06)
　　　王百荣(2006-06~)
党委书记:沈立强(~2006-06)
　　　　王百荣(2006-06~)

中国建设银行浙江省分行营业部

总经理:余静波
党委书记:余静波

中国农业银行浙江省分行营业部

总经理:汪　勤
党委书记:汪　勤

交通银行杭州分行

行　长:俞炯玲(女)
党组书记:俞炯玲(女)

杭州市商业银行

董事长:马时雍
行　长:吴太普
党委书记:吴太普

中国人民财产保险公司杭州市分公司

总经理:吴建林(~2006-11)
　　　徐　斌(2006-11~)
党委书记:吴建林(~2006-11)
　　　　徐　斌(2006-11~)

中国人寿保险公司杭州市分公司

总经理:朱卫星
党委书记:朱卫星

中国太平洋财产保险公司浙江分公司

总经理:李增培
党委副书记:李增培

中国太平洋人寿保险公司浙江分公司

总经理:程政钦(女)
党委书记:程政钦(女)

市社会科学院

院　长:史及伟
党组书记:史及伟

市工业资产经营有限公司

董事长:许荣森(~2006-04)
　　　傅力群(2006-04~)
总经理:张锦铭
党委书记:许荣森(~2006-04)
　　　　傅力群(2006-04~)

杭州商业资产经营公司

董事长:戴国强
总经理:郦加清
党委书记:戴国强

市交通资产经营有限公司(~2006-06)

总经理:郑明甫
党委书记:王水法

杭州市交通集团有限公司(2006-06~)

副董事长:郑明甫
总经理:郑明甫
党委书记:王水法

市城市建设资产经营有限公司

董事长:朱寅传(~2006-07)
　　　王　坚(2006-07~)
总经理:杨　军(2005-06~)
党委书记:朱寅传(~2006-07)
　　　　王　坚(2006-07~)

市京杭运河(杭州段)综合整治和保护开发指挥部

总指挥:陈　述
党委书记:陈　述

【区、县(市)主要机构及负责人名单】

中国共产党杭州市上城区第七届委员会(~2006-12)

书　记:张鸣放(女)

中国共产党杭州市上城区第八届委员会(2006-12~)

书　记:徐祖尊

中国共产党杭州市上城区纪律检查委员会

书　记:朱履林

杭州市上城区第十二届人民代表大会常务委员会

主　任:沈国友

上城区人民政府

区　长:徐祖尊(~2006-12)
代区长:陈红英(女)(2006-12~)

中国人民政治协商会议杭州市上城区第二届委员会

主　席:杨全岁

上城区人民法院

院　长：葛成富（~2006-12）
代院长：施金良（2006-12~）

上城区人民检察院

检察长：高万洋（~2006-12）
代检察长：李森红（女）（2006-12~）

中国共产党杭州市下城区第七届委员会（~2006-12）

书　记：翁卫军

中国共产党杭州市下城区第八届委员会（2006-12~）

书　记：赵　敏

中国共产党杭州市下城区纪律检查委员会

书　记：朱钟毅（~2006-12）
　　　　朱永祥（2006-12~）

杭州市下城区第十二届人民代表大会常务委员会

主　任：翁卫军（~2006-12）
代主任：杨淑慧（女）（2006-12~）

下城区人民政府

区　长：傅力群（~2006-04）
代区长：项永丹（2006-04~）

中国人民政治协商会议杭州市下城区第二届委员会

主　席：赵洁生

下城区人民法院

院　长：周进军

下城区人民检察院

检察长：陈合达（~2006-12）
代检察长：潘松萍（2006-12~）

中国共产党杭州市江干区第七届委员会（~2006-12）

书　记：暨军民

中国共产党杭州市江干区第八届委员会（2006-12~）

书　记：徐立毅

中国共产党杭州市江干区纪律检查委员会

书　记：周志辉（~2006-12）
　　　　邱卫星（2006-12~）

杭州市江干区第十二届人民代表大会常务委员会

主　任：暨军民（~2006-12）

江干区人民政府

区　长：蔡仲光

中国人民政治协商会议杭州市江干区第二届委员会

主　席：蒋妙玉

江干区人民法院

院　长：金福泉（~2006-12）
代院长：叶　青（女）（2006-12~）

江干区人民检察院

检察长：张世文（~2006-12）
代检察长：余国利（2006-12~）

中国共产党杭州市拱墅区第四届委员会（~2006-12）

书　记：许勤华

中国共产党杭州市拱墅区第五届委员会（2006-12~）

书　记：俞东来

中国共产党杭州市拱墅区纪律检查委员会

书　记：钟丽萍（女）（~2006-12）
　　　　陈建华（2006-12~）

杭州市拱墅区第四届人民代表大会常务委员会

主　任：许勤华（~2006-12）
代主任：陆家华（女）（2006-12~）

拱墅区人民政府

区　长：俞东来（~2006-12）
代区长：许　明（2006-12~）

中国人民政治协商会议杭州市拱墅区第二届委员会

代主席：赵树华

拱墅区人民法院

院　长：叶玉秋（女）

拱墅区人民检察院

检察长：邱关林

中国共产党杭州市西湖区第六届委员会（~2006-12）

书　记：高乙梁（~2006-04）
　　　　许迈永（2006-04~）

中国共产党杭州市西湖区第七届委员会（2006-12~）

书　记：许迈永

中国共产党杭州市西湖区纪律检查委员会

书　记：吴国良（~2006-12）
　　　　叶伟平（2006-12~）

杭州市西湖区第十二届人民代表大会常务委员会

主　任：高乙梁（~2006-04）
代主任：张志钧（女）（2006-04~）

西湖区人民政府

区　长：许迈永（~2006-04）
代区长：盛阅春（2006-04~）

中国人民政治协商会议杭州市西湖区第二届委员会

主　席：柳宗宝

西湖区人民法院

院　长：郑重圭（~2006-12）
代院长：邵天一（2006-12~）

西湖区人民检察院

检察长：郑惠明（~2006-12）
代检察长：张　鸣（2006-12~）

中国共产党杭州市滨江区第二届委员会（~2006-12）

书　记：洪航勇（~2006-12）
　　　　尚国胜（2006-12~）

中国共产党杭州市滨江区第三届委员会（2006-12~）

书　记：尚国胜

中国共产党杭州市滨江区纪律检查委员会

书　记：周瑞烈（~2006-12）
　　　　俞少平（2006-12~）

杭州市滨江区第二届人民代表大会常务委员会

主　任：洪航勇（~2006-12）
代主任：方岳义（2006-12~）

滨江区人民政府

区　长：张　耕

滨江区人民法院

院　长：王美芳（女）

滨江区人民检察院

检察长：李森红（女）（~2006-12）
代检察长：陆　珉（女）（2006-12~）

中国共产党杭州市萧山区第十二届委员会（~2006-12）

书　记：王金财

中国共产党杭州市萧山区第十三届委员会（2006-12~）

书　记：王金财

中国共产党杭州市萧山区纪律检查委员会

书　记：朱　华

杭州市萧山区第十三届人民代表大会常务委员会

主　任：施松青

萧山区人民政府

区　长：郑荣胜（2006-02~）
代区长：郑荣胜（~2006-02）

中国人民政治协商会议杭州市萧山区第十一届委员会

主　席：沈奔新

萧山区人民法院

院　长：潘季林

萧山区人民检察院

检察长：方新建

中国共产党杭州市余杭区第十一届委员会（~2006-12）

书　记：何关新

中国共产党杭州市余杭区第十二届委员会（2006-12~）

书　记：何关新

中国共产党杭州市余杭区纪律检查委员会
书　记：汪宏儿（~2006-12）
　　　　魏祖民（2006-12~）
杭州市余杭区第十二届人民代表大会常务委员会
主　任：何关新
余杭区人民政府
区　长：刘庆龙（~2006-04）
代区长：姜　军（2006-04~）
中国人民政治协商会议杭州市余杭区第八届委员会
主　席：李小花（女）
余杭区人民法院
院　长：傅樟绚
余杭区人民检察院
检察长：程曙明（2006-03~）
代检察长：程曙明（~2006-03）

中国共产党桐庐县第十一届委员会（~2006-12）
书　记：邵　胜（~2006-06）
　　　　戚哮虎（2006-06~）
中国共产党桐庐县第十二届委员会（2006-12~）
书　记：戚哮虎
中国共产党桐庐县纪律检查委员会
书　记：竺泉海（~2006-12）
　　　　姚吉锋（2006-12~）
桐庐县第十三届人民代表大会常务委员会
主　任：邵　胜（~2006-07）
代主任：孙关昌（2006-07~）
桐庐县人民政府
县　长：陈祥荣（~2006-12）
代县长：陈国姝（女）（2006-12~）
中国人民政治协商会议桐庐县第六届委员会
主　席：徐国相
桐庐县人民法院
院　长：邵天一（~2006-12）
代院长：刘　波（2006-12~）
桐庐县人民检察院
检察长：郭志平

中国共产党淳安县第十一届委员会（~2006-12）
书　记：陈新华
中国共产党淳安县第十二届委员会（2006-12~）
书　记：陈新华
中国共产党淳安县纪律检查委员会
书　记：邱卫星（~2006-12）
　　　　富永伟（2006-12~）
淳安县第十三届人民代表大会常务委员会
主　任：陈新华（2006-03~）
代主任：张启煌（~2006-03）
淳安县人民政府
县　长：胡　侠（2006-03~）
代县长：胡　侠（~2006-03）
中国人民政治协商会议淳安县第六届委员会
主　席：沈建平（女）
淳安县人民法院
院　长：程建飞（~2006-12）
代院长：罗　鑫（2006-12~）
淳安县人民检察院
检察长：张　鸣（~2006-12）
代检察长：张哲峰（2006-12~）

中国共产党建德市第十一届委员会（~2006-12）
书　记：赵纪来（~2006-04）
　　　　陈春雷（2006-04~）
中国共产党建德市第十二届委员会（2006-12~）
书　记：陈春雷
中国共产党建德市纪律检查委员会
书　记：高国飞（2006-12~）
建德市第十三届人民代表大会常务委员会
主　任：赵纪来（~2006-04）
代主任：谢康春（2006-04~）
建德市人民政府
市　长：洪庆华（2006-02~）
代市长：洪庆华（~2006-02）
中国人民政治协商会议建德市第十一届委员会
主　席：刘志新
建德市人民法院
院　长：胡世乾（~2006-12）
代院长：楼军民（2006-12~）
建德市人民检察院
检察长：余国利（~2006-12）
代检察长：方顺才（2006-12~）

中国共产党富阳市第十一届委员会（~2006-12）
书　记：佟桂莉（女）
中国共产党富阳市第十二届委员会（2006-12~）
书　记：徐文光
中国共产党富阳市纪律检查委员会
书　记：朱永祥（~2006-12）
　　　　应敏扬（女）（2006-12~）
富阳市第十三届人民代表大会常务委员会
主　任：佟桂莉（女）（~2006-12）
代主任：汪锦汉（2006-12~）
富阳市人民政府
市　长：戚哮虎（~2006-7）
代市长：徐文光（2006-7~12）
代市长：张锦铭（2006-12~）
中国人民政治协商会议富阳市第六届委员会
主　席：胡志坚
富阳市人民法院
院　长：王少青（~2006-12）
代院长：程建飞（2006-12~）
富阳市人民检查院
检察长：吴炳林（~2006-12）
代检察长：吕金芳（2006-12~）

中国共产党临安市第十一届委员会（~2006-12）
书　记：王　坚（~2006-06）
　　　　邵　毅（2006-06~）
中国共产党临安市第十二届委员会（2006-12~）
书　记：邵　毅
中国共产党临安市纪律检查委员会
书　记：钟文静（女）
临安市第十二届人民代表大会常务委员会
主　任：王　坚（~2006-06）
代主任：肖锡坤（2006-08~）
临安市人民政府
市　长：方建生（~2006-07）
代市长：王　宏（2006-07~）
中国人民政治协商会议临安市第六届委员会
主　席：
临安市人民法院
院　长：何　敏
临安市人民检察院
检察长：吕金芳（~2006-12）
　　　　罗有顺（2006-12~）

（市委组织部）

农 业

Agriculture

·农业综述·

【社会主义新农村建设开局良好】 2006年，是实施国民经济和社会发展“十一五”规划的第一年，也是杭州市推进社会主义新农村建设（以下简称新农村建设）的开局之年。市委、市政府高度重视新农村建设，科学谋划，精心部署，一手抓城市化推进，一手抓新农村建设，创造性地把解决农民工困难和“城中村”改造纳入“三农”工作，努力促进农村经济社会协调发展。全市实现农林牧渔业总产值234.94亿元，比上年（指2005年，下同）增长7%。农业产值125.14亿元，林业产值26.77亿元，渔业产值28.91亿元，分别增长10.1%、14.9%和6.7%；牧业产值48.72亿元，下降1.8%。农民年人均纯收入8515元，增长11.2%。

新农村建设成为政府工作的重中之重。市委、市政府成立由书记和市长挂帅、41个市级部门组成的新农村建设领导小组，明确职责分工，分解落实任务，搞好配合协作，相继建立新农村建设联席会议制度、联络员工作制度、督查制度、交办督办制度等，确保新农村建设规划的各项任务落到实处。各地、各部门按照市委、市政府的要求，制定政策，加大投入，转变职能，落实举措，积极推进新农村建设。杭州市在全省率先出台社会主义新农村建设规划，描绘全市新农村建设的宏伟蓝图，明确新农村建设的发展目标和工作任务。2006年，全市各级党委、政府制定《关于以工促农以城带乡推进社会主义新农村建设的若干意见》等110余项“支农、强农、惠农”政策，不断完善以工促农、以城带乡的投入机制。全市抓住农村开展共产党员先进性教育活动的契机，充分利用新闻媒体，广泛开展以新农村建设为主题的宣传教育，努力营造新农村建设的社会氛围。主办“浙江发展论坛——从杭州实践看沿海发达地区新农村建设路径选择”，新农村建设的影响面不断扩大。评选出10个“杭州最美的村庄”，萧山区航民村等4个村被评为省“魅力新农村”；对市新农村建设联络员、农业部门中层干部以及乡镇领导等800余人开展专题培训，增强建设新农村的使命感和责任感；构建推进机制，不断激发新农村建设的活力；明确领导小组及成员单位新农村建设工作职责，组织农村工作指导员和科技特派员深入基层；因势利导，积极鼓励社会力量投入新农村建设，按照“政府倡导、自愿奉献、项目带动、互利双赢”的原则，积极筹划共建活动；出台新农村建设考核办法，把新农村建设绩效纳入对市直部门和区、县(市)的考核范围；评选出一批新农村建设示范乡镇和标兵村，树立新农村建设的先进典型。

粮食生产稳定，优势特色产业加快发展，农业生产区域化布局更加明显，农业产业化经营扎实推进，都市农业发展迅速。全市市级以上农业龙头企业184个，其中省级30个、国家级3个；年销售收入超亿元的农产品加工企业50个。农民专业合作组织培育工作力度继续加强，全市有各类农民专业合作组织420个，农民组织化程度不断提高。全市一大批龙头企业和专业大户在外建基地、办市场、搞加工，农业的外向度进一步加大，全年农产品出口交货值近100亿元。农村现代流通网络逐步健全，农村连锁超市发展迅速。全市有95.7%的乡镇和14.5%的村开设了连锁超市和便利店，农业生产资料连锁网点达200个，方便了农民群众的日常生活。以“绿色、休闲、参与、体验”为主题的休闲观光农业旅游发展迅速。全市建成具有一定规模和档次的休闲观光农业接待点200余个，其中经认定的市级示范单位26个；全年接待游客800余万人次，营业收入突破6亿元。农业科技不断进步，基本完成多元化农业技术推广体系改革。种子种苗工程建设顺利实施，全市良种覆盖率在96%以上。农产品质量安全体系不断健全，新增无公害农产品基地面积近2万公顷，基地蔬菜农药残留检测合格率99.9%，生猪“瘦肉精”检测合格率100%。畜牧兽医体制改革顺利完成，动物防疫队伍不断壮大，重大动物疫病防控成效显著。全市“一枝黄花”疫情发生面积也比上年减少25%。

2004年，市委、市政府决定用3年时间，完成减轻农民税费负担等9件实事。2006年末，9件实事原定的目标和任务全面完成，免缴农业税提前实现。2006年，投入资金33.52亿元，完成46个示范村、446个重点整治村整治。全市累计投入130亿元，完成137个示范村、1088个重点整治村整治，提前一年完成“百村示范、千村整治”工程。“城中村”改造不断推进，全市确定撤村建居试点村159个，其中107个完成股份制改造；多层公寓建设项目累计立项 1138 万平方米、开工 372 万平方米、竣工 224 万平方米，回迁安置面积 131.87 万平方米，建成一批环境优美、基础设施配套齐全的多层公寓住宅小区；扶持 3895 户农村贫困家庭进行危房改造。2006 年，解决 22.11 万名农民的饮用水问题，累计解决 67.48 万名农民的饮水问题，97%的农村通上了自来水。

农民保障水平不断提高，出台《杭州市农民工基本养老保险“低标准缴费、低标准享受”试行办法》，全市普遍建立失地农转非人员的就业和社会保障制度；农村低保水平大幅度提高，老城区(指上城、下城、江干、拱墅、西湖、滨江区，下同)农村低保水平为 220 元~240 元/人·月，萧山、余杭区和 5 县(市)为 134 元~168 元/人·月；农村“五保”对象集中供养率 90.1%。全市新型农村合作医疗乡村覆盖率 100%，农民参合率 94.8%，列全省第一。劳动保障站(室)向农村延伸，全市有 553 个行政村建立了劳动保障服务室，基本实现老城区劳动保障服务网络全覆盖。

全面完成“乡村通达”工程，累计建成农村公路 2300 千米，完成乡道硬化 510 千米，等级公路通村率和硬化率均达 98%以上；全市建成准四级客运站 14 个、港湾式停靠站 233 个，94%的行政村开通了客运班车。农村教育培训全面升级，实用人才队伍建设迈上新台阶。全市参加各类培训的农民累计 75.78 万人，其中 2006 年有 25.88 万人。农村富余劳动力和失地农民培训转移 6.02 万人，转移率 73%，发放各类培训结业证书 16.42 万本。建德市吴东良、滨江区胡金龙、萧山区尚舒兰 3 位农民成为享受市政府特殊津贴的农村实用人才。吴东良被评为杭州市杰出人才，并作为浙江省唯一的农村实用人才代表受到党中央、国务院领导的亲切接见。实施市级“49100”帮扶项目 311 个，总投资 2.08 亿元，49 个接受帮扶的乡镇农民人均年收入超过 4800 元，100 个接受帮扶的村农民人均年收入超过 4200 元。

农村公共卫生体系逐步健全，卫生资源得到合理配置，社区卫生服务机构建设加快，81.7%的乡镇卫生院转型为社区卫生服务中心。全市有农村社区卫生服务站 395 个，94%的乡镇设立公共卫生管理员，97.7%的村设立公共卫生联络员。农村药品监督网、供应网覆盖率达 100%，乡镇卫生院药房规范率达 100%，村卫生室药房合格率达 99%，农民在家门口就能看得上病、看得起病。

农村科技文化信息服务得到加强，实施《关于加强农村文化建设的意见》，设立农村文化建设专项资金，高标准建设县级文化馆、图书馆和乡镇综合文化站、村文化室；加快推进新一轮广播电视“村村通”工程和农村电影放映“2131”工程，全市农村广播电视覆盖率 93.9%；开展“双千结对、共建文明”和“乡风文明千村行”等活动，农村群众性文化活动进一步丰富；全市 93.4%的行政村开通有线电视，80%的村建立农业信息服务点，农民信箱注册突破 13.4 万个。农村生态环境日益改善，119 个规模化畜禽养殖场完成污染综合治理，98 个村完成农村生活垃圾收集工程建设，超过年初计划的 60%；新建农村生活污水净化示范村 96 个，受益农户超过 2.1 万户。围绕生态市建设目标，积极开展绿化造林工作，全市森林覆盖率达到 64%。

农业综合生产能力进一步提高。全年完成标准农田建设项目 48 个，建设标准农田 5053 公顷，累计建成 11.05 万公顷；完成宅基地整理项目 186 个，复垦耕地面积 366.67 公顷，新增耕地 880 公顷；完成造田造地项目 120 个，垦造耕地 1133 公顷；加强“肥药双控”，实施水稻重大病虫害综合防治，推广测土配方，实施“沃土工程”；新增、改善灌溉面积 2.4 公顷，完成河道疏浚 371 千米、河道整治 212 千米、河岸绿化 43.16 万平方米；完成 44 座水库保安、31 座水库达标和 120 座山塘除险保安建设任务；完成 11 个小流域综合治理，治理水土流失面积 177.6 平方千米。

农村各项改革不断深化。延长山林承包期，稳定农村土地承包关系，维护农民的土地承包经营权；加强农村土地承包权证的管理，确保农户承包地的面积、地块、合同、权证“四相符”；科学管理、分配和使用农村土地征用补偿费，开展并完成桐庐县农村土地承包纠纷仲裁试点工作；启动农村集体非农建设用地使用权流转试点工作。农村实行党务、村务、财务“三公开”，全市村务、财务公开率达 100%，公开规范率在 95%以上。村务公开内容、形式、程序“三到位”基本落实，民主议事协商、集体财务审计监督、民主评议村干部“三项制度”全面推行，村级会计委托代理面达 98%。农村普遍建立“一厅二室三场所”(村民议事厅、党员活动室、医疗服务室、体育健身场所、文化娱乐场所、信息交流场所)。积极实施村内筹资筹劳“一事

表 5　2006 年杭州市农村经济总收入情况

项　目	金额(亿元)	比上年(%)
合　计	7 129.13	19.7
市　区	5 241.17	19.6
萧山区	2 714.23	15.1
余杭区	1 198.09	32.2
富阳市	799.55	30.1
临安市	431.07	26.4
建德市	206.42	13.6
桐庐县	357.95	4.0
淳安县	92.97	1.0

表 6　2006 年杭州市农村三大产业收入构成

项　目	金额(亿元)	比重(%)	比上年(%)
第一产业收入	209.11	3.0	13.0
第二产业收入	5 250.23	73.6	13.0
第三产业收入	1 669.80	23.4	51.0

一议”制度，全市133个村实行“一事一议”。社区股份制改革不断深化，全市301个村完成股份制改革，其中老城区107个，萧山、余杭两区和其他县(市)194个。农村集体资产管理进一步加强，全市1/3的行政村实施了村级集体经济审计，开展村级集体经济发展及债务情况调查；不断深化乡镇机构、农村义务教育管理体制、县乡财政管理体制改革，化解乡村债务，建立村级组织运转保障机制；合理界定乡镇政府职能，理顺县乡权责关系，推进乡镇机构改革。城乡免费义务教育政策进一步落实，全市城乡义务教育免除杂费1.5亿元。农村扶贫助学力度不断加大。全市资助困难家庭学生5.1万名，资助金额2412万元。

【表彰农业优秀科技工作者】1月6日，市政府办公厅印发《关于表彰2001年~2005年杭州市农业优秀科技工作者的通报》。临安市林业科学研究所何钧潮等5人被命名为杭州市有突出贡献的农业优秀科技工作者，建德市农业技术推广中心孔樟良等10人被命名为杭州市农业优秀科技工作者，桐庐县农业技术推广中心刘文等10人被命名为杭州市农业先进科技工作者。

【命名第八批市级农业龙头企业】2月27日，市委、市政府命名杭州市第八批农业龙头企业。19个企业榜上有名，分别是：杭州豆制品有限公司、杭州惠远实业有限公司、杭州加进鸭业食品有限公司、杭州萧山梅西八字桥酱菜厂、浙江传化江南大地发展有限公司、杭州华泉豆制品有限公司、杭州明成木业有限公司、杭州萧山博大园林绿化有限公司、杭州萧山法庆农牧发展有限公司、杭州城北畜禽有限公司、浙江桑普实业有限公司、浙江富阳市翠雪食品有限公司、桐庐县蚕桑专业合作社有限公司、杭州蜂圣科技开发有限公司、杭州深宝绿色食品有限公司、临安浙皖农贸城实业有限公司、杭州浙大天赐生态科技有限公司、杭州莱克竹木业有限公司、杭州绿润制茶有限公司。

【实施对市级农业龙头企业的动态考核】2月21日，市政府发文公布对第一批至第七批143个市级农业龙头企业考核结果。其中141个企业合格，继续保留市级农业龙头企业资格；2个不合格单位被取消市级农业龙头企业资格。

【启动第二次农业普查】12月31日，杭州第二次农业普查启动。此次普查涉及杭州市境内的全部农业生产经营和服务单位、159个乡镇和部分街道、4026个村（含部分社区、居委会）、3.43万个村民小组、139.85万农户。

【认定第二批休闲观光农业旅游示范园(点)】4月3日，市农办和市旅委根据《杭州市级农业旅游(休闲观光)示范点检查验收标准(试行)》及《杭州市级农业旅游（休闲观光）示范单位评选和奖励办法》之规定，认定市级农业旅游(休闲观光)综合类示范园(点)1个，即杭州大地之春农业休闲观光区；认定市级农业旅游(休闲观光)特色类示范园(点)11个，即钱江水禽休闲观光农业园区、萧山湘湖生态鳖养殖场、杭州神博乐园、余杭竹园农业生态休闲观光园区、杭州西坝生态农业观光园、杭州绿慧生态休闲农庄、杭州蜂农氏蜂文化休闲观光园、中得农业休闲观光园、杭州云森生态农业休闲园区、临安八百里养生园、柳溪江农业休闲旅游观光园区。

【召开土地开发整理工作会议】4月17日，市政府召开全市土地开发整理工作会议。会议总结杭州市2003年~2005年土地开发整理工作，表彰标准农田建设先进单位和先进个人，部署下一阶段的土地开发整理工作。2003年~2005年，全市通过土地开发垦造耕地4253公顷，宅基地整理复垦耕地165.87公顷，新建成标准农田3.89万公顷，再次提前两年完成第二轮3.73万公顷的建设任务。会议明确2006年土地开发整理任务是：建设标准农田4667公顷，其中新增耕地力争达到666.67公顷；宅基地整理新增耕地293.33公顷；通过低丘缓坡开发等造田造地800公顷。

【召开农民素质培训工作会议】4月25日，市委、市政府在萧山召开全市农民素质培训工作会议，总结两年来的农民素质培训工作，并就2006年及“十一五”期间农民素质培训工作进行部署。在会上，2004年以来在农民素质培训工作中表现出色的23位先进工作者受到表彰，首批认定的19个杭州市农民素质培训示范基地举行了授牌仪式。

【培训农村工作指导员】6月22日~24日，市农村指导员和科技特派员领导小组办公室在市委党校对市级单位下派的第三批90名农村工作指导员进行为期3天的培训。市委组织部、市农办、市信访局领导就杭州市农村基层党组织建设、农村改革与发展、新农村建设思路、当前农村信访热点难点问题、农村政

富阳市举办农民转移就业电工技能培训班 （市农办 供稿）

8 月 8 日~9 日，杭州市召开农业农村生态建设工作会议。 （市农办 供稿）

策法规与农村工作方法、农村党员远程教育等内容进行专题辅导。培训期间，省级优秀农村工作指导员袁炼红、市级优秀农村工作指导员陈赛权介绍了工作经验和体会。

【深化农村股份制改革】 7 月 6 日，杭州市委、市政府召开全市深化农村股份制改革工作会议，总结交流农村股份制改革经验，研究农村股份制改革措施。杭州市加快农村股份制改革步伐，撤村建居，城中村、镇中村、园中村改革与普通行政村改革分类分层次推进，确保集体资产增值；促进基层民主，保证股东的知情权、决策参与权和监督权；增加集体经济的透明度，保障股东对集体经济的收益权，促进农村的稳定。据统计，全市自1998 年实施第一批撤村建居以来，到 2006 年上半年，在老城区 3 批共 159 个撤村建居单位中，103 个完成股份制改革，成立股份经济合作社，量化资产达到 40.98 亿元，8.5 万撤村建居的居民成为股东。萧山、余杭区和其他县（市），也有 94 个村完成股份制改革。至 2006 年末，全市完成股份制改革的村有 197 个，量化资产达到 67.20 亿元。

【国际湿地公约组织秘书长考察西溪湿地】 7 月 5 日~6 日，国际湿地公约组织秘书长皮特·布里奇华特等一行 4 人到杭考察西溪国家湿地公园一期综合保护工程的生态修复、生物多样性保护与监测、科研宣传教育各方面工作，并实地查看了即将动工的二期综合保护工程。在听取汇报并实地考察后，国际湿地公约组织秘书长一行对西溪国家湿地公园的建设管理工作予以高度评价，并对今后的发展提出了建设性意见。

【出台社会主义新农村建设规划】 7 月 17 日，杭州市社会主义新农村建设领导小组举行第一次会议，省委常委、市委书记王国平，市委副书记、市长孙忠焕，市委副书记于辉达，副市长孙景淼等出席。会议听取市新农村建设领导小组办公室关于全市新农村建设的工作汇报，审议《杭州市社会主义新农村建设规划》及相关配套政策。

8 月 9 日，市委、市政府出台《杭州市社会主义新农村建设规划》。规划着重分析了杭州市的优势条件、现实基础，强调要坚持“发展为重、惠民为本，以工促农、以城带乡，党政主导、农民主体，统筹规划、有序推进”的原则，力求体现科学性、综合性、指导性和可操作性。规划明确新农村建设的目标是：2010 年，建成经济持续发展、村容明显改善、社会和谐文明的全面小康的社会主义新农村；2020 年，建成繁荣富裕、和谐文明、城乡融合、秀美安康的现代化社会主义新农村。

【组织村支部书记新农村建设培训】 7 月 18 日~21 日、25 日~28 日，来自全市部分先锋工程“五好村”和“百千”工程示范村的 100 余名党支部书记，分两期在杭州参加建设社会主义新农村专题培训。组织村党支部书记参加培训，是市委为贯彻落实中共十六届五中全会精神，巩固和扩大农村先进性教育活动成果，培养新农村建设带头人，推进全市新农村建设作出的一项重要决策。专题培训提高了农村基层干部执行政策的能力、加快发展的能力、服务群众的能力、依法办事的能力和解决自身问题的能力。市农办、市农业局、市建委、市文明办、市信访局、市委党校等部门的领导和专家，围绕“经济发展、生活富裕、村容整洁、乡风文明、管理民主”的中心为“村官”进行辅导。

【召开农业农村生态建设工作会议】 8 月 8 日~9 日，杭州市农业农村生态建设工作会议在临安召开。会议交流了各地贯彻落实浙江省农村环境综合整治和环境保护大会精神等情况，研究部署下一步农业农村环境整治 8 项工作：扎实开展畜禽养殖业污染综合治理；加快农村生活污水净化工程；积极做好农村垃圾收集处理工程；深入实施农村“百千”工程；全面做好农村农药化肥双控工程；全面组织实施 10 万农户生活污水净化沼气工程；综合整治河道清淤工程；优化林业生态，确保森林面积、森林蓄积和森林覆盖率三增长。

【村级财务管理行为责任追究制度向全国推广】 8 月，余杭区制定的《杭州市余杭区违反村级财务管理行为责任追究制度（试行）》得到农业部肯定，并刊登在《农村经营管理情况》第 36 期上向全国推广。2005 年 10 月，余杭区按照建设平安余杭、构建和谐社会的战略思想，积极探索加强村级财务管理和规范村级财务行为的长效机制，区纪委、农办、农业局、监察局根据国家有关法律、法规制订《杭州市余杭区违反村级财务管理行为责任追究制度（试行）》（以下简称《制度》）。《制度》共 24 条，对责任追究的范围、形式和责任确定、界定、程序等作了具体规定。《制度》明确了对村经联社财务负责人、村助理会计、村会计服务中心会计、村民主监督理财小组组长、农经站长、镇乡(街道)分管领导等6个层次人员的责任追究办法，包括责令改正、警告、通报批评、记过、离岗免职、建议司法机关处理等。

【协商完善新型农村合作医疗制度】 8月9日，市政府、市政协举行新型农村合作医疗改革专题协商会。市政府通报了全市新型农村合作医疗工作情况。杭州新型农村合作医疗在一定程度上缓解了农民的“看病难”和因病致贫、因病返贫的问题，这一点得到了政协委员和有关专家肯定。针对新型农村合作医疗制度中存在的农民思想认识不足、筹资难度较大、机构建设不足、农村卫生资源缺乏、农村健康教育滞后等问题，政协委员和有关专家提议：加大宣传力度，提高农民参保的积极性；提高筹资水平，建立稳定的筹资机制；加强机构及服务能力建设，提高监督管理水平；增强农村卫生的服务能力，减轻农民费用压力。

【举办农村实用人才研究生课程进修班】 8月8日，杭州市首届农村实用人才研究生课程进修班在浙江工业大学开班。该班是杭州市农村实用人才“125”培训工程中人员层次最高的进修班，20名学员都是农业龙头企业的经营能人。农村实用人才研究生课程进修班旨在培养新农村建设的拔尖人才，提高农业龙头企业管理层的决策能力和管理水平，标志着杭州市农村实用人才培训工作走上了规范性、系统性的新阶段。这次进修班有三大特色：农村实用人才参加研究生课程进修班在全国尚属首次，表明杭州市的农村实用人才培训工作继续走在全省前列；学员来自基层，从事的行业涵盖水产、竹业、干果、蔬菜、畜牧等农业主导产业，在农村实用人才队伍中具有较强的代表性；培训内容按照工商管理硕士课程设置，结合农业企业特点，贴近农业企业经营发展的要求。

【举办新农村建设论坛】 9月9日，由杭州市政府、浙江省农办、浙江省发改委主办，余杭区政府承办的“从杭州实践看沿海地区新农村建设路径选择——2006浙江发展论坛”在余杭区开幕。省委副书记周国富出席论坛并致辞，杭州市市长孙忠焕、省经济建设咨询委员会主任张浚生等参加会议。浙江大学、中国人民大学、南京大学等专家及省有关部门负责人作了主题演讲。论坛总结了杭州市和余杭区建设社会主义新农村的实践经验，形成推进社会主义新农村建设的“余杭共识”：推进社会主义新农村建设已经成为统筹城乡发展的战略重点，必须结合实践进行理论和体制的创新来统筹城乡发展；坚持学习宣传、规划先导、机制创新和组织保障等六步规程，把握好统筹城乡发展的大方略，在统筹城乡产业发展、劳动就业、规划布局、教育发展、社会保障、管理体制改革六个方面实现新突破；从国家宏观、县级中观、村级微观三个层面建设生产发展、生活宽裕、乡风文明、村容整洁、管理民主和经济、政治、文化、社会与党的建设协调推进的社会主义新农村。

【推介休闲观光农业游】 9月24日，市农办、市旅委和市科协联合举办的“2006中国乡村旅游年——杭州休闲观光农业游专场推介活动”启动仪式在杭州西城广场举行，各区、县(市)的42个休闲观光农业企业现场推介休闲观光农业旅游。市级机关工会系统的负责人和西湖区有关街道、社区的干部近200名代表到萧山、余杭等地进行参观体验。这项活动让更多的市民增加了对休闲观光农业游特色景点、旅游线路的了解。

【春茧丰收蚕农增收】 2006年，全市春蚕饲养量16.56万张，比上年增长8.4%；产茧7923吨，增长9.8%；收购量7853吨，增长17.9%；桑园面积1.65万公顷，增长7.6%；春茧每50千克平均价1307元，提高30.4%。产量的增加和收购价的提高，使蚕农收入增加四成。

【首个小麦专业合作社成立】 10月30日，浙江省首个小麦专业合作社——杭州恒天小麦合作社成立。这个专业合作社由浙江省粮食行业规模最大的农业龙头企业杭州恒天面粉集团发起，40个省内外小麦主产区购销、储备企业自愿联合组成。恒天面粉集团地处萧山经济技术开发区，系该行业省级研发中心，也是省内最大的小麦加工企业。新成立的小麦合作社将发挥联合和合作优势，开展信息交流和小麦合作交易，组织生产经营和技术研讨，指导农户搞好小麦生产，提高种植效益，促进农民增收。

【赴深圳举办农商对接会】 11月9日，市政府在深圳举办“2006年杭州(深圳)农商对接会”。全市近百名农业部门和农商企业负责人向广东和港澳地区的客商推介杭州市6大类300多种名优农产品。深圳市政府及有关部门领导、商贸界的负责人应邀参加农商对接会。当天，由深圳市中爱联科技有限公司和中国—东盟自由贸易区法律贸易研究会等单位创办的深圳“杭州名优特产展销

9月24日，杭州休闲观光农业游专场推介活动启动。　　(市农办 供稿)

引进繁育的新品种西红柿　（市农业局 供稿）

中心”在深圳南山区龙珠七路中爱大厦举行揭牌仪式。该中心将成为杭产名优农产品在深圳的展示中心、销售中心和交流中心。

【参展省农博会成果喜人】 11月23日~27日，在2006年浙江省农业博览会上，杭州市200多个农产品加工企业的2000多种名、特、优农产品受到欢迎。经专家评选，杭州市参展的95种农产品荣获2006年省农博会金奖，104种产品获优质奖，分别占全省获奖产品总数的15.8%和16.5%。

【举办农家菜烹饪大赛】 12月3日，市农办、市旅委和市烹饪餐饮业协会联合主办杭州市首届“白马湖杯”农家菜烹饪大赛。这次参赛的50位选手都是由各区、县（市）认真选拔和推荐的休闲观光农业旅游园（点）和农家乐特色旅游村的农家菜烹饪高手。大赛组委会聘请7名国家级烹饪大师担任评委。经过紧张、认真的比赛和严谨、公正的评定，评出龙井飘香鸡等金奖16项、银奖20项和铜奖36项。杭州市首届“白马湖杯”农家菜烹饪大赛展现了杭州农家特色菜肴，有利于提升全市休闲观光农业旅游餐饮服务水平。

（娄火明）

·种植业·

【种植业概况】 2006年，杭州市粮食复种面积18.50万公顷，比上年减少0.12万公顷，减幅为0.6%；每公顷平均产量5786千克，增加227千克，增幅为4.1%；总产量107.07万吨，增加3.57万吨，增幅为3.5%。油菜种植面积3.65万公顷，减少0.11万公顷，减幅为3.1%；每公顷平均产油菜子1929千克，增加50千克，增幅为2.7%；总产7.03万吨，减少0.04万吨，减幅为0.6%。蔬菜种植面积10.53万公顷，增加0.22万公顷，增幅为2.1%；每公顷平均产量31.00吨，增加0.98吨，增幅为3.3%；总产326.62万吨，增加17.30万吨，增幅为5.6%。毛茶总产量2.69万吨，增长5.4%；总产值13.94亿元，增长7.8%。其中名优茶产量1万吨、产值11.60亿元，分别增长5.0%和10.4%。果园面积2.54万公顷，水果总产量63.76万吨，分别增长2.5%和21.3%。全市饲养蚕种40.40万张，总产蚕茧1.84万吨，分别增长10.7%和12.5%。种植业实现产值125.14亿元，增长10.1%。

【组织粮油高产高效竞赛】 2006年，市农业局组织开展粮油高产高效竞赛，参加市级竞赛的农户1.24万户，建示范方45个，示范方总面积1791公顷。粮油高产示范竞赛在促进粮油高产品种推广、加快适用配套技术应用、增强示范辐射等方面具有积极作用。示范方内每公顷经济效益普遍比当地平均值增加1500元，其中稻鸭共育示范方每公顷增加3500元。

【总结蔬菜高产栽培模式】 2006年，市农业局对春番茄—秋辣椒、大棚苦瓜—小尖辣、大棚芦笋避雨栽培、高山瓠瓜—四季豆、胡瓜—长豇豆—四季豆、芹菜—小白菜—小白菜—芹菜、黄瓜—小白菜—秋芹—冬芹7种蔬菜高产栽培模式进行了调查总结。这7种模式栽培的蔬菜平均每公顷产量115.36吨，比全市平均产量高44.1%；每公顷产值21.76万元，为全市平均值的1.4倍，其中芹菜—小白菜—小白菜—芹菜这一模式的每公顷产值达44.25万元。

【推广新品种新技术】 杭州市加大新品种和新技术推广力度，全年引进粮油、蔬菜、茶、桑、果等新品种281个，进行试种和示范。全市水稻免耕直播栽培技术推广面积1.16万公顷，稻鸭共育技术推广面积2000公顷，单季晚稻无公害生产技术推广面积8.80万公顷，病虫害综合防治技术推广面积13.20万公顷，大棚饲养蚕种7461张。

【贡牌西湖龙井茶获中国名牌农产品称号】 4月26日~29日，市农业局和市茶叶产业协会，组织各区、县（市）茶叶重点企业和茶叶产业协会参加2006年北京马连道第六届茶叶节暨浙江绿茶博览会。杭州市选送的贡牌西湖龙井茶、狮牌西湖龙井茶、佛鼎牌径山茶、鸿牌雀舌茶、千岛玉叶牌千岛玉叶茶等12个品牌在名茶评比中获金奖。西湖龙井茶和余杭径山茶还参加浙江省十大名茶推介会，贡牌西湖龙井茶在珍品绿茶拍卖会上拍卖价达到每千克256万元。10月，贡牌西湖龙井茶在农业部组织的中国名牌农产品推荐评选中获中国名牌农产品称号。

【实施茶桑果优化改造工程】 杭州市把优化改造茶、桑、果作为提高农业经济效益的重要措施，全年优化改造茶、桑、果面积分别为4667公顷、733公顷和1333公顷。改善制茶厂的厂房、制茶设备、卫生条件，改造蚕茧催青、收烘基本设备，开展以园地更新、品种改良、技术推广等为主要内容的果园优化工作。茶、桑、果优化改造工程带来直接经济效益1亿元。

【开展形式多样的水果推介活动】为进一步宣传推介名、特、优水果，在各种水果的成熟季节，杭州市各地开展一系列以观花尝果为特点的乡村旅游和水果销售推介活动。拱墅区"半山桃花节"、萧山区"杜家杨梅节"、临安市"紫坊杨梅节"、余杭区"塘栖枇杷节"、桐庐县"钟山蜜梨节"等活动，在增加旅游收入的同时提高了品牌水果的影响力。在8月12日~13日省农业厅主办的浙江省精品水果展销会上，桐庐的桐江牌圆黄梨、余杭的天堂鸟牌西子绿梨、富阳的鹳山牌燕红桃等13个产品获浙江省精品水果金奖。展销会销售蜜梨3000余千克、李子400余千克、葡萄1300余千克、杨梅酒100千克。

【中药材种植发展较快】中药材种植业是杭州市的特色产业，近几年发展较快。2006年，全市中药材种植面积达4000公顷，其中吊瓜530余公顷。淳安县枫树林镇的中药材种植面积达770余公顷。木本药材栀子种植面积467公顷，有240公顷已经出产，平均每公顷产量2.4吨，产值2.16万元。

【强化对基地农产品的监管】2006年，市农业局根据浙江省农业厅《关于开展无公害农产品产地监控试点工作的通知》精神，建立市级蔬菜产地监控点20个，省级蔬菜产地监控点3个，对西湖、江干、拱墅、下城、滨江区的927.67公顷监控区域平均每周抽检100批次，对临安、富阳市的528公顷监控区域平均每周抽检50批次。全年对基地上市前的粮油、蔬菜、水产品、畜产品、水果、茶叶等6大类食用农产品组织抽检1582批次，抽检合格率99.6%；开展基地农产品速测定性监测1.98万批次，监测合格率99.6%。

【创建农业品牌207个】2006年，杭州市创建无公害农产品、绿色食品、有机食品等农业品牌207个，有26个农业品牌获市级以上名牌称号。至年末，全市累计获得无公害农产品、绿色食品、有机食品标志有效使用权的产品达562个，获得市级以上名牌称号的农产品103个。10月，贡牌西湖龙井茶、淳牌有机鳙鱼

表7 2006年杭州市粮食生产情况

项 目		面积（千公顷）	比上年（%）	总产量（吨）	比上年（%）
总 计		185.03	-0.6	1 070 661	3.5
稻谷	小 计	97.61	-2.9	732 295	2.9
	早 稻	2.21	-26.8	13 513	-23.0
	晚稻及迟中稻	95.40	-2.2	718 782	3.5
春粮	小 计	21.44	-1.4	79 257	2.8
	大 麦	0.81	2.5	2 827	4.5
	小 麦	16.55	-2.2	65 567	1.9
	其 他	4.08	1.0	10 863	7.8
夏秋杂粮	小 计	65.98	3.3	259 109	5.4
	夏秋番薯	16.48	2.0	104 159	6.7
	夏秋玉米	16.55	4.7	68 156	6.0
	夏秋大豆	27.71	2.6	71 705	1.7
	其他秋杂粮	5.24	6.9	15 089	11.9

表8 2006年杭州市棉花、麻类、油菜子生产情况

产 品	面积（千公顷）	比上年（%）	总产量（吨）	比上年（%）	单产（千克/公顷）	比上年（%）
棉 花	0.68	-8.1	935	-9.9	1 385	-1.6
麻 类	0.09	-40.0	554	-26.1	6 368	23.1
油菜子	36.46	-3.1	70 336	-0.6	1 929	2.7

表9 2006年杭州市蚕茧、茶叶、水果生产情况

单位：面积（公顷）、总产量（吨）、单产（千克/张）

项 目	数 量	比上年（%）	单 产	比上年（%）
桑园面积	16 531	7.6	–	–
饲养蚕种张数	404 047	10.7	–	–
其中：春 蚕	165 551	8.4	–	–
夏 蚕	30 422	40.5	–	–
秋 蚕	208 074	9.1	–	–
蚕茧总产量	18 384	12.5	45.5	1.7
其中：春 茧	7 923	9.8	47.9	1.3
夏 茧	1 193	30.0	39.2	-7.5
秋 茧	9 268	13.0	44.5	3.6
茶园面积	30 635	1.1	–	–
茶叶产量	26 939	5.4	–	–
其中：春 茶	18 265	5.3	–	–
夏 茶	4 269	7.0	–	–
秋 茶	4 405	4.4	–	–
果园面积	25 398	2.5	–	–
其中：柑橘园	9 689	0.7	–	–
水果产量	637 638	21.3	–	–
其中：柑 橘	121 020	14.5	–	–

杭州龙坞西湖龙井茶示范园区 （市农业局 供稿）

被中国农产品认定委员会评为中国名牌农产品。

【中低产田改造进展顺利】 杭州市2005年度中低产田改造计划顺利完成。全市完成中低产田改造市级示范工程22个，面积1471公顷。示范工程全部通过市级验收，中低产田改造技术推广面积达6707公顷。为了更好地搞好中低产田改造，市农业局会同市财政局、市造地领导小组办公室修订下发《杭州市市级中低产田改造示范项目实施办法》，完成2006年度中低产田改造首批市级示范工程的踏勘立项工作。

【落实粮食安全种子和救灾种子储备】 2006年，杭州市种子技术推广站保质保量地储备粮食安全生产种子20万千克，其中早稻种子15万千克、小麦种子5万千克。市本级储备救灾种子23万千克，指导各区、县(市)落实救灾种子94.5万千克，全市救灾种子的储备量达117.5万千克，确保了粮食生产的用种安全。

【保护种质资源】 根据浙江省种子总站的统一部署，2006年，杭州市种子技术推广站在市区范围内开展种质资源的调查和收集保护工作。收集保存了杭州蚕白菜、杭州小葱、勾白萝卜等3个传统特色的地方品种，并对杭州红茄品种实施提纯复壮。

【防控“一枝黄花”】 杭州市继2005年对“一枝黄花”防控以后，2006年加大防控力度，选择春秋关键时机进行专项防控，并做到机械防控和化学防控相结合，取得了阶段性成效，全市受“一枝黄花”侵害面积685.14公顷，比上年减少25%。

【开展植保社会化服务试点】 建德市、临安市开展水稻病虫害“统防统治”、“代防代治”等植保社会化服务试点，水稻褐飞虱等重大病虫害的防控取得良好效果。植保社会化服务可以减少农药用量，减轻环境污染，降低生产成本，提高植保技术的到位率。通过“代防代治”，每公顷农田可减少防治费用626元，增加产值1080元，为农民增加纯收入1706元。

【农业科技进村入户】为培育农业科技示范户的学习能力、自我发展能力和辐射带动能力，2006年，以科技人员直接到户、良种良法直接到田、技术要领直接到人为主要方式的农业科技进村入户活动继续开展。全市有653名农业科技人员参加这项活动，共联系农业科技示范户3390户，其中有农业龙头企业272个。全年推广试种新品种439个，推广种养新技术326项，举办各类培训班1301期，培训农民5.06万人次。

【新建都市农业示范园区60个】 全年新建的60个都市农业示范园区，同类相对集中，凸显了区域布局特色。其中茶叶、花卉苗木、水产、节粮型畜禽、竹业、蔬菜、水果、干果、蚕桑、蜂业等优势特色产业类园区46个，占76.7%。至年末，全市共建成都市农业示范园区227个，实现总产值8.80亿元。

【控制农业投入品】 2006年，杭州市严格管理和控制农业投入品，减少农业生产对环境的污染。全年使用农膜6190吨，回收5209吨，回收率84.2%。秸秆还田4.30万公顷，秸秆综合利用率91%。省、市级“肥药双控”示范方面积2215公顷，“肥药双控”科技示范户100户。市级“肥药双控”示范方内平均化肥使用量减少11%，农药使用量减少21%。在蔬菜生产中推广防虫网、性诱剂、杀虫灯，防治面积3000公顷，推广测土配方施肥技术9.67万公顷。钱塘江流域、太湖流域和饮用水源保护区建立监控点40个，及时掌握全市农业生产环境和农业面源污染情况。 （徐德玉）

·林业·

【林业概况】 2006年，杭州市林业工作围绕“构筑生态大都市、建设绿色新天堂”的目标，开展五大重点工程建设。坚持生态优先，推进城乡绿化一体化进程；坚持富民为本，大力发展竹子、花卉苗木和干果等优势特色产业；坚持科技兴林，努力完善林业科技支撑体系；坚持依法治林，不断强化林业保障体系。全年完成造林更新面积4493公顷，其中用材林1033公顷、防护林467公顷、经济林1573公顷、竹林1420公顷。组织329万人参加全民义务植树。新建省重点生态公益林面积6.73万公顷，累计达29.4万公顷，建成市级园林绿化村44个、省级绿化示范村15个、景观林带566.67公顷，接受帮扶的乡镇退耕还林866公顷。林业产业快速发展，全市林业产值26.77亿元，比上年增长14.9%。建成省级森林食品基地17个、市级示范园区13个，认定省级林业龙头企业2个、省级林业观光园区7个、市级科技型林业龙头企业4个。资源保护进一步加强。全市林木采伐量64.83万立方米，依法办理林地征占用面积833.33公顷。建立森林消防示范队伍16支、森林灾害远程视频预警监控系统5个，营建生物防火林带210

千米。森林火灾受害率 0.1‰，森林病虫无公害防治率 99.6%，林业刑事案件查处率 98.8%。杭州市荣获全国绿化模范城市称号，桐庐县荣获全国绿化模范县称号，余杭区、临安市分别被命名为中国竹子之乡。成功举办第二届杭州西溪湿地论坛、欧盟亚洲保护生态环境系列培训和第三届中国花卉产业高峰论坛等活动。市林业水利局被全国绿化委员会、人事部、国家林业局评为全国绿化先进集体。

【确立林业五大重点工程】 2006年，杭州市在调查研究的基础上，“十一五”期间重点发展林业生态建设、林业产业提升、林业休闲观光、科技兴林示范和森林资源保护等五大林业工程。林业生态建设工程包括 56.67 万公顷生态公益林建设和 400 千米景观林带建设，林业产业提升工程包括林业特色基地和林业龙头企业建设，林业休闲观光工程包括百村园林绿化建设和森林休闲观光旅游建设，科技兴林示范工程包括林业科技推广体系建设和种子种苗繁育体系建设，森林资源保护工程包括森林资源监测体系建设和森林灾害防控体系建设。（林福平）

【建成首批省级兴林富民示范乡村】 为贯彻落实《浙江省百乡千村兴林富民示范工程建设实施意见》，结合“十一五”期间杭州市林业发展规划目标，市林水局编制完成《杭州市兴林富民示范工程建设五年规划方案》，目标是：建设一批特色明显、效益显著、可持续利用的生态经济型林业产业带，打造一批生产发展、农民富裕、生态优良的兴林富民示范乡镇，构建一个产品关联度高、产业链长、附加值高的比较发达的林业产业体系；到 2010 年，建成高效生态林业基地 4.2 万公顷，培育33 个省级示范乡（镇）、138 个省级示范村，实现林农人均林业收入占总收入的 40%以上。2006 年末，全年已完成 7 个省级示范乡（镇）、29 个省级示范村的建设任务。（应 媚）

【景观林建设启动】 7 月，市绿化委员会办公室、林水局、财政局联合出台《杭州市景观林带建设以奖代补办法（试行）》。9 月，市林水局编制完成《杭州市“十一五”期间景观林建设规划》，计划到 2010 年营造 400 千米（面积 8667 公顷）以上的多林种、多树种、多层次、多色彩、生态经济型混交的森林景观大道，以实现生态效益、社会效益和经济效益的协调发展。临安、富阳、桐庐、建德、淳安等县（市）组织实施杭新景（杭千）高速公路、杭徽高速公路和 05 省道两侧的景观林建设，按照适地适树的原则，积极推广种植彩化树种，建设具有区域特色的景观林带合格面积565.13 公顷，其中新造型 183.6 公顷、改造型 381.53 公顷。

（汤惠明）

【科技下乡活动受到林农欢迎】 2 月 17 日~18 日，由省林业厅、市林水局、桐庐县政府主办的省、市、县“百乡千村兴林富民”送科技下乡活动在桐庐举行。40 余位专家参与现场咨询，毛竹高效培育技术、山核桃高效栽培技术和香榧丰产栽培技术 3 场专题讲座深受林农欢迎。农业专家实地、现场指导了板栗低效林改造技术。

【举办退化笋用竹林复壮技术培训班】 8 月 18 日，市林水局、科技局联合实施的杭州市重点星火培训项目——退化笋用竹林复壮技术培训班在浙江林学院举行。两位高级工程师分别主讲退化笋用竹林改造技术和退化雷竹林替换品种丰产栽培技术，参加培训班的 700 余名乡镇林业技术员和笋竹种植户基本掌握了竹林改造复壮技术，为全市近 6700 公顷退化笋用竹林的复壮和品种更新优化创造了条件。（高耀庭）

【延长山林承包期】 根据省委、省政府的统一部署，杭州市从 2 月起全面开展延长山林承包期、统一换发《中华人民共和国林权证》的工作。至年末，全市核发《中华人民共和国林权证》43.62 万本，核发率 95.4%。发证山林面积 106.41 万公顷，其中自留山 12.21 万公顷、责任山 20.15 万公顷、统管山 65.49 万公顷；签订责任山承包合同 19.56 万份，签订率 99%。根据省委、省政府的规定，山林承包期统一延长至2055 年 12 月 31 日。

延长山林承包期和核发林权证，涉及全市 160 个乡（镇、街道）、3673 个行政村、105.23 万户农民。工作过程中，调处山林纠纷 1209 起，调处面积 1366 公顷。

为切实搞好这项工作，市委办公厅、市政府办公厅下发《关于切实做好延长山林承包期工作的通知》，成立由市委副书记于辉达任组长、副市长孙景淼任副组长的工作领导小组，在桐庐县瑶琳镇百岁村开展延长山林承包期工作试点。此次延长山林承包期、核发林权证，是继 1981 年林业“三定”（稳定山权林权、划定自留山和确定林业生产责任制）以来，又一次大规模的山林确权工作。

【严格控制森林采伐】 2006 年是执行“十一五”期间森林采伐限额的第一年，杭州市“十一五”期间年森林采伐限额为 122.27 万立方米。2006 年，全市实际采伐 80.97 万立方米，比上年减少 6.14 万立方米。按消耗类型分，商品林采伐 52.51 万立方米，非商品林采伐 28.46 万立方米；森林采伐量按采伐类型分，主伐 41.51 万立方米，抚育采伐 30.3 万立方米，更新和低产林改造采伐 4 万立方米，其他采伐 5.16 万立方米。全年毛竹采伐 822.43 万株。（俞荣林）

【推进法治林区建设】 2006 年，杭州市森林公安机关围绕市委、市政府建设平安杭州、法治杭州战略，以建设平安林区、法治林区为中心，以抓基层、打基础、苦练基本功的“三基”工程为抓手，以保护森林资源安全为重点，推行警力下基层、警务进林区，先后组织开展禁种铲毒、破案攻坚战、保护野生动物资源等专项行动，办结了一批群众反响强烈、社会影响较大的森林案件，促进了林区社会的和谐稳定。全年办理各类森林案件 816 起，其中刑事案件 81 起、行政案件 735 起。处罚违法犯罪人员 957 人次，挽回经济损失 388 万元。

【实施保护生态环境国际合作项目】 9 月 18 日~27 日，市林水局等 3 个中方单位首次联合芬兰等欧盟成员国共同开展的欧盟亚洲保护生态环境国际合作项目在杭州实施。该项目旨在通过对城市林业政策制

9 月 18 日~27 日，欧盟亚洲保护生态环境项目研讨会在杭州实施。

（市林水局 供稿）

定的一系列研讨，促进中国城市森林的生态经营管理。项目工作包括在杭州组织召开国家城市林业建设研讨会、杭州市城市林业建设研讨会以及举办 5 期不同层次的培训班。杭州市副市长孙景森出席研讨会并讲话，国家林业局政法司、中国林科院、中国林业研究所等相关部门负责人，芬兰、丹麦等国的项目专家和全国各省、市的林业单位工作人员参加了研讨会。 （郭新保）

【开展基层基础建设年活动】 全市森林公安机关扎实开展基层基础建设年活动。加强以“三情”（山情、林情、社情）、“四网”（群防群治网、边界联防网、案件协查网、情报信息网）、“两管理”（林区外来流动人员管理、林区治安重点区域管理）为重点的基层基础业务建设，推行警力下沉、警务前移、警民协作、服务超前的警务机制。继续推进固本强基工程建设，以创建等级派出所为载体，规范警务运行机制，健全执法管理体系，建立群防群治网络。组织开展大练兵集训活动，围绕应知的基本知识、应会的基本技能、应有的基本体能，提高森林公安民警保护生态安全、驾驭林区治安局势、处置突发事件的能力和为经济社会发展服务的能力。 （徐惠芳）

【森林火灾受害率下降】 全年共发生森林火灾 11 起，过火面积 161 公顷，受害森林面积 100 公顷，损失立木蓄积 3664 立方米、幼树 6 万株。森林火灾受害率 0.1‰，比上年下降 0.5‰。直接用于扑火经费 15 万元。在扑火中 1 人受重伤，3 人受轻伤，未发生重特大森林火灾和人员死亡事故，是近五年来森林火灾损失最少的一年。杭州市森林防火指挥部获浙江省森林防火指挥部通报表彰。天目山国家级自然保护区连续 50 年无森林火灾，市政府予以通报表彰和奖励。 （童修耀）

【成立武警森林消防队】 11 月 6 日，为落实《杭州市森林火灾应急预案》，提高对森林火灾的快速反应和高效扑救能力，经市政府同意，杭州市森林防火指挥部、武警杭州市支队联合印发《关于成立武警杭州市支队森林消防大队的决定》。11 月 8 日，武警杭州市支队森林消防大队成立。武警杭州市支队森林消防大队下设 6 个中队，主要承担杭州市辖区内发生较大森林火灾时的应急支援、全力扑灭任务。至年末，淳安、临安、建德、桐庐、余杭、西湖、萧山、富阳等区、县（市）也相继建立了武警森林消防队。 （童修耀 周瑞峰）

·畜牧业·

【畜牧业概况】 2006 年，杭州市在部分地区禁养、限养畜禽及动物疫情防控形势十分严峻的情况下，深化畜牧体制改革，积极发展优势特色畜牧业，加强畜牧业污染治理，延

表 10 2006 年杭州市畜牧业生产情况

项目		单位	年内出栏数	比上年(%)	年末存栏(箱)数	比上年(%)
生猪		万头	300.69	-5.1	152.47	-7.8
牛	小计	万头	0.95	3.3	3.11	-12.4
	其中：奶牛	万头	-	-	1.15	-12.2
羊		万只	29.26	1.4	18.40	-18.0
兔		万只	31.59	-25.8	22.07	-28.3
禽		万羽	4 499.14	-6.5	1 818.83	0.8
蜂		万箱	-	-	18.02	-6.5

表 11 2006 年杭州市主要畜产品产量

项目		单位	数量	比上年(%)
主要畜产品产量	肉类	吨	292 498	-4.8
	蛋类	吨	108 689	10.1
	奶类	吨	41 196	-18.3
	兔毛	吨	20	11.1
	蜂蜜	吨	22 989	9.7
全市人均占有量	肉类	千克	43.90	-5.7
	蛋类	千克	16.31	9.1
	奶类	千克	6.18	-19.0
	蜂蜜	千克	3.45	8.7

长畜牧产业链，保持了畜牧业的基本稳定。全年生猪饲养量453.16万头，比上年下降6.0%；年末存栏152.47万头，下降7.8%；出栏300.69万头，下降5.1%。奶牛存栏1.15万头，下降12.2%%。羊存栏18.40万只，下降18.0%；出栏29.26万只，增长1.4%。兔存栏22.07万只，下降28.3%；出栏31.59万只，下降25.8%。家禽存栏1819万羽，增长0.8%；出栏4499万羽，下降6.5%。蜂18.02万箱，下降6.5%。肉类产量下降4.8%，蛋类产量增长10.1%，蜂蜜产量增长9.7%，奶类产量下降18.3%。全市畜牧业产值48.72亿元，下降1.8%，畜牧业产值占农林牧渔总产值的20.7%。

【重大动物疫病监控体系初步建成】 2006年，在省、市防治动物疫病指挥部的统一部署下，杭州市紧张有序地开展重大动物疫病防控工作。全市接受口蹄疫免疫的牲畜526.83万头，接受禽流感免疫的家禽3940万羽。市畜牧兽医总站配合市信鸽协会，免疫注射信鸽7.13万只。为了防止奶牛"两病"（结核病、布鲁氏杆菌病）等人畜共患病的发生和传播，在全市范围内开展奶牛"两病"普查。对1.16万头奶牛进行结核病检疫，检出阳性牛103头；对1.33万头奶牛进行布鲁氏杆菌病检疫，检出阳性牛234头。对检出的所有阳性牛均严格按照规定进行无害化处理。

重大动物疫病监控体系初步建成。全市新增动物重大疫病监控点47个，累计达到75个。首次将屠宰场、农贸市场、种畜禽场以及西湖区、杭州经济技术开发区的散养畜禽纳入监控范围，使监控点的设置更加科学合理。及时做好监控情况的月度分析工作，分析情况通报区、县（市）。

11月19日，农业部副部长尹成杰在省、市领导陪同下视察杭州市外来动物报验中心城北报验站。尹成杰充分肯定杭州市在流通领域动物防疫监管工作中的管理创新成就。

【开展动物检疫】 2006年，杭州市全面开展动物检疫工作。全年屠宰检疫牲畜359.87万头，其中生猪354.44万头、羊4.32万只、牛1.11万头，检出病畜3874头，屠宰场畜禽检疫率达100%。市区两个家禽屠宰场检疫家禽19.9万羽，检出病禽1543羽。产地检疫牲畜99.37万头，其中生猪89.75万头、牛1.49万头、羊8.13万只；检疫家禽819.29万羽。开展市场集中督查53次。

【创新狂犬病防疫工作机制】 2006年，市畜牧兽医总站根据市政府关于对市区犬类开展集中整治的要求，与市城管办、市城市行政执法局等部门密切配合，加大狂犬病的免疫密度，加强狂犬病免疫知识宣传，出台合理的宠物防疫收费政策，创新狂犬病防疫新机制，较好地提高了养犬户做好犬类防疫的自觉性。全市农村接受狂犬病免疫注射的犬21万余只，市区（不含萧山、余杭区）接受免疫注射的犬9930只。

富阳市高桥养殖示范园区的生态土鸡　　（市农业局 供稿）

【畜禽粪尿综合利用】 市农业局根据生态市建设的要求，对奶牛存栏200头以上、生猪存栏500头以上、肉牛存栏400头以上或家禽存栏1万羽以上的畜禽养殖场实施畜禽粪尿综合利用和治理，全市有68个单位参加。11月，经市环保局等部门组成技术考核小组考核验收，68个实施单位达到综合利用和治理的目标。

【推进畜牧兽医体制改革】 根据国务院《关于推进畜牧兽医管理体制改革的若干意见》和浙江省政府《关于推进畜牧兽医体制改革，切实加强动物防疫工作的通知》精神，杭州市各地畜牧兽医体制改革进展顺利，畜牧兽医力量得到加强。2006年末，市和各区、县（市）本级的畜牧兽医机构均已升格。余杭、西湖、拱墅、临安、建德等区、县（市）在改革本级畜牧兽医体制的同时，加强乡镇畜牧兽医队伍建设，落实了乡镇专职畜牧兽医人员的工资和福利待遇。

（徐德玉）

·水产业·

【水产业概况】 2006年，杭州市继续调整渔业结构，积极发展名、特、优水产，开展水产健康养殖，水产业继续呈良好的发展态势。全市水产养殖面积6.16万公顷，比上年增长0.4%；网箱养殖面积194.87万平方米，增长0.7%；水产品总产量15.73万吨，增长6.4%；渔业产值28.91亿元，增长6.7%。

【名特优水产养殖面积有增有减】 2006年，全市名、特、优水产养殖面积2.33万公顷，与上年持平。18个名、特、优水产主要品种的放养量41.9亿尾（只），比上年增长23.6%。根据市场需求，各类名特优水产的养殖面积有增有减。鳖养殖面积1867公顷，略有减少，但温室养殖面积155.9万平方米，增长13.1%；南美白对虾养殖面积3260公顷，增长39.7%，主要集中在萧山区，占全市的93.5%；乌鳢养殖面积2527公顷，增长15.6%；罗氏沼虾养殖面积

表 12　　2006 年杭州市水产养殖面积

项　目	面积(公顷)	比上年(%)
(一)总计	61 551.04	0.4
内　塘	8 127.08	3.2
外　荡	5 103.66	-7.6
山　塘	2 112.80	-0.3
水　库	44 540.70	1.2
其　他	1 666.80	-6.4
(二)网箱养殖	1 94.87	0.8

表 13　　2006 年杭州市水产品产量

项　目	产量(吨)	比上年(%)
(一)总计	157 303.83	6.4
其中:养　殖	147 070.33	6.5
捕　捞	10 233.50	6.0
(二)养殖水域		
内　塘	63 731.03	6.7
外　荡	12 031.70	5.1
山　塘	6 053.30	2.4
水　库	9 136.10	5.0
稻　田	40 964.20	9.8
其　他	15 154.00	5.1
(三)主要养殖品种		
青　鱼	2 435.40	12.1
草　鱼	12 937.06	0.4
鲢　鱼	18 795.13	-11.9
鳙　鱼	12 872.28	-1.5
鲫　鱼	10 423.79	2.9
鳊　鱼	5 641.86	0.1
鲤　鱼	2 673.92	-2.9
罗非鱼	536.12	-32.7
鲶　鱼	784.00	4.8
鳖	21 108.00	3.4
蟹	2 481.51	-18.1
虾　类	30 235.90	48.7
加州鲈鱼	775.90	0.5
乌　鳢	15 657.10	2.3
鳗、鳜鱼	521.60	54.2

833.33 公顷，增长 22.1%；鳜鱼养殖面积 166.67 公顷，增长 65.6%。青虾、河蟹、银鲫、加州鲈鱼等的养殖面积，分别减少 8.9%、19.6%、11.4%和 27.2%。由于余杭区对外荡开展综合整治，全市珍珠养殖面积减至 3107 公顷，育珠蚌放养量为 4500 万只，分别减少 18.1%和 19.0%。

【拓展水产品市场】 2006 年，杭州市在发展名特优水产的同时，大力发展水产品加工业，拓展水产品市场。全年出口水产品 3820 吨，比上年增长 4.0%；出口贸易额 2495 万美元，增长 24.4%。加工水产品 2.17 万吨，产值 4.85 亿美元，分别增长 71.4%和 42.9%。下城区的近江、余杭区的博陆等 4 个主要水产交易市场全年成交量 44.21 万吨，成交额 36.08 亿元。

【推广水产品健康养殖技术】 2006 年，杭州市为提高水产品质量，积极推广水产品健康养殖技术。市农业局举办名、特、优水产品健康养殖技术培训班9 期，受训 1017 人。全年推广水产品健康养殖面积 858 公顷，其中鳖 142 公顷、乌鳢 134 公顷、南美白对虾 163 公顷、罗氏沼虾 205 公顷、青虾 133 公顷、河蟹 71 公顷、翘嘴红鲌 10 公顷(网箱养殖)，产量 1.05 万吨，产值 2.30 亿元。

【实施渔业资源增殖项目】 2006 年，杭州市的渔业资源增殖项目年度奖金从 80 万元增加到 120 万元。市渔政部门继续坚持以优势种群为主的原则，注重人工增殖的质量。全年放流夏花鱼种 813 万尾，其中名优水产品种占 40%；放流冬片鱼种 317 万尾，计 9.98 万千克，主要品种为鳙鱼、鲢鱼、草鱼、三角鲂等。为尽快修复浙江省渔业种群资源，省海洋与渔业局在 2006 年实施渔业资源增殖项目。杭州市争取到项目资金 45 万元（其中市财政配套 15 万元），在钱塘江水域放流中华绒螯蟹种 121.8 万只、中华鳖种 8.02 万只；临安市投入资金 30 万元，在青山殿水电站大坝以上至华光潭水库江溪内放流鱼种 72 万尾；桐庐县投入资金 23.19 万元，在分水江与富春江交汇处放流河蟹 16 万只、鳖 11 万只；淳安县由省财政投入资金 25 万元，在千岛湖水域放流鱼种 18.43 万尾、银鱼卵 50 万粒。

【保护水生野生动物】 2006 年，杭州市渔政部门采取多种措施，加强对水生野生动物的保护。首次开展保护水生野生动物宣传进社区、进学校活动。全年展出宣传展板 440 块，散发宣传图册 150 余份，到滨江区联庄小学向小学生讲解有关水生野生动物保护知识。11 月，市渔政渔港渔船监督管理总站在吴山广场举办保护水生野生动物大型宣传活动，悬挂横幅，放置水生野生动物科普展板，展示绿海龟、玳瑁、大鲵、胭脂鱼等水生野生动物标本，并接受市民咨询。市渔政渔港渔船监督管理总站会同市工商局、公安局等部门对水产经营市场、宾馆酒楼及动物园等场所开展专项检查 37 次，处理违反水生野生动物保护条例的案件 19 起。

【发展休闲渔业】 按照建设都市农

杭州神博乐园休闲垂钓区　（市农业局 供稿）

业的要求，杭州市的水产业积极嫁接旅游业发展休闲渔业，丰富城乡人民的精神文化生活，提高渔业的经济效益。2006年末，全市已建有各类休闲渔场175个，其中集养殖、垂钓、游乐、观光、餐饮为一体的专业休闲渔场50个。休闲渔业已成为渔业结构从平面调整向立体调整、实现可持续发展的切入点。

【处理渔业污染案件】 2006年，全市发生渔业污染案件147起，其中萧山区85起、余杭区44起、富阳市18起，直接经济损失493.9万元。至年末，已处理结案85起，为渔民挽回损失202.6万元。（徐德玉）

·水利·

【水利概况】 2006年，杭州市加强水利基础设施建设，改善城市水环境，保证水安全，抓好防汛防旱工作。全年完成土石方3820万立方米，新增改善灌溉面积2.4万公顷，改善22.11万农村人口的饮用水条件。建设清水河道212千米，河道配水23.7亿立方米，市区河道保洁1945千米。完成46座水库保安工程，治理临村病险山塘120座，综合治理小流域11个，治理水土流失面积177.6平方千米。新增水电装机2.02万千瓦。全年投入水利建设资金17.3亿元。

重点水利工程建设进展顺利。下沙排涝闸站工程设计最大闸排流量290立方米/秒、泵排流量40立方米/秒，于3月18日开工，年内完成泵室主体结构；七堡闸站改建工程设计最大闸排流量194立方米/秒，11月24日通过各分部工程验收；东苕溪土桥湾铁路桥段拓宽工程年末完成铁路桥扩孔部分；青山水库回水堤防洪工程按计划完成并通过验收；小砾山排灌枢纽工程取水头部工程全部完成；萧山围垦东线治江围涂完成一期工程，围成面积346.67公顷。

【完成首轮小流域综合治理】 杭州市境内集雨面积在20平方千米以上的小流域151个，普遍存在小雨小灾、大雨大灾、无雨旱灾的情况，防洪能力低下。2003年，杭州市启动小流域综合治理工程，计划治理小流域30个。

2006年，市政府出台《关于“十一五”期间山塘水库除险保安和小流域综合治理的通知》。全年完成仕村溪、灵山溪等11个小流域综合治理工程，治理水土流失面积177.6平方千米。至年末，全市累计完成30个小流域的山、水、田、林、路综合治理，完成第一轮治理任务。至2006年末，共修建山塘水库95座、堰坝311座、渠道342千米、防洪堤325千米，总投资5.05亿元，明显改善了当地的生产条件和生活环境。（杨志祥）

【市区清水河道建设成效显著】 2006年，市区河道整治及长效管理工作以改善水环境、创建“清洁杭州”为目标，采取驳坎、清淤、绿化、配水、保洁等综合整治措施。

按照风景旅游城市的定位及大都市建设的要求，全市建设功能完备、生态优良的清水河道212千米，完成土石方558.2万立方米、河岸绿化51.8万平方米。市区建设清水河道111.3千米，完成土石方265.1万立方米、河岸绿化45.1万平方米。

深入开展河道配水、保洁等长效管理工作，完善市区河道配水方案，提高市区河道水环境质量。市区全年河道配水量达到22.2亿立方米。加强水质监测，改善运河水系水质。制订苕溪流域向运河配水调度方案，通过余杭闸、上千埠船闸、化湾闸和安溪闸等向运河配水约1.8亿立方米。根据余杭区水系特点，制订通过上塘河、和睦港把临平地区的水排入钱塘江的方案。7月底，上塘河截流，横山一级、二级翻水泵站流量由2立方米/秒连续12小时运行改为5立方米/秒连续24小时运行，从塘栖一带的湖漾中取水，进一步改善临平城区水质。为确保配水设施运行到位和河道保洁落实到位，全年开展专项检查18次、暗访30余次，检查河道300余条（次），发出整改抄告单15份、配水调度单5份，编制运河配水周报26期。（鲁 飙）

【启动山塘水库除险保安工程】 为尽快消除山塘水库的安全隐患，构建平安杭州，保障经济发展，市政府于5月下发《关于“十一五”期间山塘水库除险保安和小流域综合治理的通知》。在继续实施病险水库除险保安的同时，全面开展临村病险山塘除险加固工作，重点治理坝高大于10米、距离下游村庄小于500米的308座临村病险山塘，确保下游人民生命财产安全。2006年，全市67个小型水库（其中标准化水库40个）、120座山塘完成除险保安。（叶 青）

【依法加强水资源管理】 2006年，全市受理水行政许可850项（其中市本级43项），受理、办结率均为100%。在做好行政许可的同时，加强对审批项目的监督、检查与水政执法的力度。市本级水政执法巡查505次，立案查处水事违法案件42

临安市龙岗镇新溪村农民饮用水工程 (市林水局 供稿)

起，处理、调解水事纠纷6起，立案查处42起。在严格取水许可审批的基础上，规范取水计量装置，依法征收水资源费3900余万元(其中市本级2700余万元)。为准确反映全市主要江河、湖泊、水库的水资源状况，全年发布6期水资源质量通报和1期水资源公报。 (郑雪元)

【超额完成农民饮用水工程】 解决农民饮用水困难是一项民心工程，是社会主义新农村建设的重要内容。市政府出台的《杭州市农民饮用水工程建设实施意见》，明确2003年~2006年改善48.47万农村人口的饮用水条件，实施以奖代补的资金政策。

2006年末，全市累计完成改善67.47万人的饮用水条件，共投入资金5.57亿元，超额完成改善48.47万人饮用水条件的计划目标。

【汛情旱情】 2006年汛期，全市平均降雨740.5毫米，比上年同期少67.5毫米，比多年平均值少28.5%。新安江库区汛期平均降雨985.6毫米，分水江流域748.4毫米，东苕溪流域717.3毫米，市区655.5毫米。淳安县霞源站降雨量最大，达1307.0毫米；市区拱宸桥站降雨量最少，只有525.0毫米。钱塘江、东苕溪干流均未超警戒水位。

全市6月13日入梅，6月18日出梅，梅期仅6天，为中华人民共和国成立以来第二短梅汛（1958年仅3天）。梅汛期平均降雨量23.3毫米，远低于多年平均值。

全年高温伏旱期较长。由于持续高温，降雨偏少，全市中型、小型水库蓄水量一度分别下降到正常蓄水量的50.7%和44.6%。淳安、临安等县(市)局部出现旱情，有4660公顷农作物因旱受灾，1.74万人发生饮水困难。

2006年，杭州市多次发生局部强对流天气。5月7日~10日，全市普降中到大雨，淳安、建德等县(市)出现暴雨，最大降雨出现在淳安县姜家站，雨量达209毫米。淳安县有16个乡镇受灾，倒塌房屋102间，农作物受灾面积9680公顷，部分公路、堤防损毁，直接经济损失3800万元。6月10日8时~10时，临安、淳安、建德、桐庐等县(市)和杭州市区遭受强对流天气袭击，出现短时强降雨。临安市千倾塘水库站每小时降雨量最大，达22毫米；淳安县百罗畈站每小时降雨量为15毫米，位居第二，并伴有7级~11级大风和冰雹，部分乡镇遭受不同程度损失，民房受损，山核桃等经济作物受灾较重。7月7日，富阳市龙羊地区遭受短时暴雨袭击，最大降雨量出现在富阳市徐畈站，雨量达66毫米，强降雨引发泥石流，洞桥、万市等乡镇受灾较重。 (李朝秀)

·农业机械·

【农业机械概况】 全年杭州市拥有农业机械总动力298.30万千瓦（不含渔业机械)，比上年增长2.1%。其中柴油机动力177.15万千瓦，汽油机动力9.33万千瓦，电动机动力111.82万千瓦。各类农机具60.13万台(套)，增长6.6%。各类拖拉机5.86万台（与其配套的各类农机具1.88万台)，收获机械21.14万台，植保机械7241台，排灌机械16.50万台，农副产品加工机械3.03万台。农业机械原值32.01亿元。全市机耕作业面积18.16万公顷，其中春耕面积3.93万公顷、夏耕面积9.76万公顷、冬耕4.47万公顷。机械播种面积1053公顷，机械排灌面积47.69万公顷，联合收割机跨区作业1.92万公顷。

【完成农业机械普查】 为全面掌握农业机械化现状，浙江省农业厅于1月下发《关于开展全省农业机械普查工作的通知》，要求以《中华人民共和国统计法》为依据，遵照农业部、国家统计局制定的《农业机械化管理统计报表制度》的统计指标解释规定，全面、准确、系统地开展农机具的普查工作。杭州市筹集普查奖金170.66万元，经过3个多月努力，4月底，全市农业机械普查任务顺利完成。

【制定购置农业机械补贴政策】 3月，市农业局、财政局联合制定《杭州市购置先进适用农业机械财政补助办法》，根据全市优势特色产业的发展需要，确定5大类、14个品种、100余个机型的农业机械产品为购置补贴对象。该办法深受农户欢迎，呈现出强大的政策拉动效果。全年购置农机具总金额1243万元，其中市财政补助207.60万元，各区、县(市)财政配套补助156.02万元，带动农民自筹购机款879.77万元，新增各类农业机械2095台(套)。

【油菜生产全程机械化技术逐步成熟】 在2005年研究油菜生产全程机械化配套技术的基础上，2006年，市农机部门在桐庐县横村镇阳山畈村和富阳市场口镇塘华村建立两个油菜生产全程机械化试验基地，研究制定《油菜机械直播高产高效技术》、《油菜收获机械化技术》两个技术规程。经试验统计，油菜全程机械化生产比人工生产每公顷节约生产成本3000元左右，油菜生产全程机械化技术逐步成熟。

【水稻机械化插秧试验】 2006 年，萧山区农机水利局在浦阳镇尖山村、径游村、江西俞村和十三房村开展水稻机械化插秧试验，作业面积 14.67 公顷。6 月 16 日，市农机部门在萧山区浦阳镇召开杭州市水稻机插作业现场会，日本的洋马和井关、韩国的东洋、浙江省湖州市的现代农庄 4 个生产厂家的新型插秧机到现场进行演示。

【市农机管理站获两项全国先进】 2005 年 10 月~2006 年 4 月，国家农业部农机监理总站在全国农机监理系统中开展行风评议活动。杭州市农业机械管理站因服务优质、执法文明、廉洁高效，于 8 月 25 日被农业部农机监理总站评为全国农机监理系统行风评议活动先进单位。"十五"期间，杭州市的农业机械管理工作认真落实科学发展观，以促进农业增效、农民增收为目标，开拓进取，加快全市农业现代化进程。2006 年 8 月 31 日，杭州市农业机械管理站被农业部评为"十五"期间全国农业机械化管理工作先进单位。

（徐德玉）

·供销合作·

【供销合作概况】 2006 年，杭州市供销社部门以服务"三农"为己任，以强化管理为核心，以资产的保值增值为目的，审时度势，抢抓机遇，实现销售额 75.6 亿元，比上年增长 12.1%；实现利润 4.87 亿元，增长 2.5%。市本级实现销售额 36.11 亿元，增长 10.1%。

加快农民专业合作社建设，改造重组基层供销社。全年围绕建设社会主义新农村这一主题，努力按《浙江省农民专业合作社条例》执行，着手规范已建专业合作社的股本设置、注册商标登记，制定产品质量标准，规范服务，专业合作社在质的方面有较快提升。加强专题调研，指导面上工作，促进专业合作社的发展，全年新创办农民专业合作社 34 个，供销社领办的农民专业合作社达到 110 个。2006 年是基层社改造重组规划实施的最后一年。全市供销社按照全国总社《关于加快发展基层供销社全面参与社会主义新农村建设的意见》的要求，全面完成基层社改造重组建设三年规划目标。基层供销社已成为农民专业合作社持续发展、产权制度改革、农村现代流通网络体系建设的重要基础。

机械化插秧　　（市农业局 供稿）

拓展农村连锁经营，构建农村现代流通网络。全市各级供销社抓住实施"千镇连锁超市、万村放心店"工程建设的机遇，结合当地实际情况，把基层组织和网络作为重要的战略资源，充分发挥现有存量资产的优势，通过自营、联营、加盟等方式发展农村连锁经营，促进农村现代流通网络建设。全年整合、发展连锁经营网点 424 个，其中生活资料连锁网点 250 个、农业生产资料连锁网点 169 个、其他连锁网点 5 个。

（王俊杰）

【市农业生产资料流通协会成立】 4 月 20 日，为促进农业生产资料行业适应市场经济的发展要求，充分发挥行业在发展现代农业、建设社会主义新农村中的作用，杭州市农业生产资料流通协会经市民政局核准成立。这为经营企业构筑了交流平台，对强化农业生产资料行业自治自律，促进行业规范健康有序发展，维护农业生产资料市场秩序具有积极作用。

【建设农业生产资料现代流通网络】 9 月，市政府批转市供销社等部门《关于杭州市鼓励农业生产资料现代流通网络发展实施的意见》，市供销社制定《关于印发杭州市供销社发展农业生产资料现代流通网络建设奖励扶持办法的通知》。年末，市供销社会同市工商局、农业局、财政局等部门，对全市申请农业生产资料现代流通网络建设的单位进行考核。4 个农业生产资料连锁经营企业、39 个农业生产资料连锁经营超市、189 个农业生产资料便利店通过验收，得到市财政资金奖励。市供销社拨出专项资金，奖励在农业生产资料网络建设中取得优异成绩的农业生产资料经营单位。

（许 平）

【果品公司跨入全国果业十佳行列】 2006 年，杭州果品有限公司鲜果销售额再攀新高，达到 5.96 亿元，比上年增长 6.3%；实现利润 1066 万元，增长 16.9%，首次突破 1000 万元大关；被中国果品流通协会评为 2006 年度中国果品行业十佳影响力企业。

努力引进新开发时令商品。华东地区的名、优、新、特果品，有 80% 是在该公司首销后获得成功的，杭州人"口感第一、价格其次"的水果消费观，无形中赋予了该公司"优质国产水果流行风向标"的独特地位。2006 年，青田山鹤牌东魁杨梅、余姚舜水牌蜜梨、嵊州羲之牌桃型梨和翠沁牌蜜梨等名优新品在该公司举办的展会首次亮相。

积极创造条件延长水果的市场周期。旺销几年的沙糖橘，1 月~2 月的销售额达到 2861 万元，占这两个月销售额的 30.7%；5 月，杨梅、荔枝销售额分别为1526万元和3938万元,均比上年同期增长20%。在这两项果品的支撑下,鲜果单月销售创造了6669万元的新纪录。

【杭州农副产品物流中心果品市场开工】 由杭州果品有限公司投资组建的杭州农副产品物流中心果品市场项目位于余杭区良渚镇勾庄地块,规划建设用地6.87公顷,建筑面积近7万平方米,概算总投资1.8亿元。果品市场设施包括交易大厅、果品冷藏库、产品展示厅、精品拍卖厅、信息发布厅和质量检测中心,集交易、配送、储运、加工、信息等多功能于一体。按照"整体设计、分块实施、政府主导、市场运作"的要求,经过一年多时间的筹备,项目规划、征地、拆迁等前期工作全部完成,2006年末开工。 (缪涛柱)

【农业生产资料商品淡季储备】 2006年,受商品生产成本、出口、能源和交通运输等多种因素影响,农业生产资料价格不断上涨。杭州市和萧山区、余杭区、富阳市农业生产资料有限公司等市供销社系统企业心系"三农"、服务"三农",集中资金,加大采购力度,努力做好农业生产资料淡季储备工作。全年共储备化肥2.56万吨、农药638吨,在农业生产资料经营中凸显出"淡储旺供"的有效作用。

【科技培训助农惠农】 市供销社系统农业生产资料企业立足"三农",结合农业生产实际,积极开展农业生产资料技术推广与培训,送科技和服务下乡。萧山区农业生产资料公司从3月开始,在前进庄稼医院举办"红盾护农放心农业生产资料科技咨询服务"大型现场会,发放各类资料1.6万份,接受农民咨询1.09万人次;8月,在15个镇和围垦地区举办17期晚稻安全用药技术讲座,当地种粮大户、农业生产资料经营大户等800余人参加培训。余杭区农业生产资料有限公司会同农技部门和生产企业,8月份在塘栖、瓶窑、径山三镇举办3期水稻病虫害防治农技培训班,150余人次参加培训。市农业生产资料有限公司在余杭区余杭镇召开水稻直播田病虫害防治及除草应用技术推广会,在临安市山核桃主要产区昌北、潘口、横路、硖口等镇推广高效环保除草剂。科技助农活动受到农户欢迎。 (顾利江)

【市供销社获全国供销社系统考核一等奖】 市供销社在全国供销社系统2006年度综合业绩考核中获一等奖。全年经营收入首次突破100亿元,达到111.87亿元,比上年增长13.7%;其他反映工作业绩和为农服务实绩的各项指标均比上年有较大增长。农产品收购总额11亿元,增长12.7%;农业生产资料销售额4.7亿元,增长13.4%;消费品零售额19.2亿元,增长23.5%。各级供销社自觉融入全市新农村建设,在发展农民专业合作社和构建农村经营服务网络上取得了优异的成绩,培育出全国和省、市示范性合作社23个。全市合作社入社农户9778户,农业增加产值27亿元,农民实现收入9.4亿元。农村连锁企业发展到24个,连锁经营网点2153个,营业面积15万平方米,年销售额突破20亿元。其中实行"统一品牌标识、统一采购配送、统一台账制度、统一服务规范"的农业生产资料连锁网点200余个。农村综合服务社达到12个。 (徐肇明)

4月20日,杭州市农业生产资料流通协会成立暨第一次会员大会召开。 (市供销社 供稿)

【杭州茶厂入围中国茶叶行业百强】 杭州茶厂有限公司入围由中国茶叶流通协会评定的2006年中国茶叶行业百强,并在年末举行的中国茶叶行业经济年会上受到表彰。

这次评出的2006年中国茶叶行业百强企业皆具备以下条件:生产经营有一定规模,具有较先进的生产条件和技术装备;产品质量管理体系健全,产品质量符合国家标准要求;最近三年经营状况稳定,经济效益和社会效益良好;售后服务体系比较完善,顾客的满意程度高,无虚假宣传,无消费者对产品质量安全投诉等不良记录;市场影响力和竞争力较强,信誉良好,具有较高的用户满意度和认知度;产品及企业本身符合国家的产业、安全、卫生、环保等方面的法律法规规定。 (余世建)

·气象·

【气象概况】 2006年,杭州市年平均气温异常偏高,年总降水量偏少,年雨雪日偏少,年日照时数偏少。

气温 全市年平均气温17.8℃,比常年(1971年~2000年,下同)偏高1.3℃。各地年平均气温在16.9℃~18.3℃之间,比常年偏高0.7℃~1.9℃。隆冬(1月~2月,下同)平均气温在5.0℃~6.3℃之间,比常年偏高0.5℃~1.1℃。春季(3月~5月,下同)平均气温在16.5℃~17.4℃之间,比常年偏高0.9℃~2.2℃。夏季(6月~8月,下同)平均气温在27.2℃~28.9℃之间,比常年偏高0.6℃~1.9℃。秋季(9月~11月,下同)平均气温在18.6℃~20.1℃之间,比常年偏高1.0℃~2.4℃。初冬(12月,下同)平均气温在6.5℃~8.2℃之间,比常年偏高0.2℃~1.2℃。

极端最高气温出现在萧山，为40.5℃，出现日期为8月29日；极端最低气温出现在临安，为-7.3℃，出现日期为1月8日。

市区全年35℃以上的高温天数为39天，37℃以上的有20天。

降水 全市年总降水量平均为1271.7毫米，比常年偏少218.3毫米，偏少15%。各地年降水量在1164.3毫米~1407.4毫米之间，比常年偏少144.4毫米~290.7毫米，偏少9%~20%。隆冬降水量在127.3毫米~188.9毫米之间，比常年偏多39.4毫米~98.0毫米，偏多45%~108%。春季降水量在325.2毫米~564.4毫米之间，比常年偏少31.4毫米~33.0毫米，偏少5%~9%。夏季降水量在286.6毫米~476.8毫米之间，比常年偏少80.9毫米~244.5毫米，偏少15%~46%。秋季降水量在180.7毫米~260.7毫米之间，比常年偏少20.4毫米~86.9毫米，偏少了7%~31%。初冬降水量在15.2毫米~25.9毫米之间，偏少20.0毫米~30.4毫米，偏少45%~67%。

年雨雪日数平均为146.4天，比常年偏少12.9天。全市6月13日入梅，6月18日出梅。梅雨期偏短、梅雨量明显偏少，梅雨特征不明显。市区的馒头山观测点梅雨量仅18.3毫米，而常年梅雨量为277.4毫米。

日照 全市年日照时数平均为1642.1小时，比常年偏少179.7小时。各地年日照时数在1422.8小时~1778.3小时之间，比常年偏少76.0小时~378.9小时，偏少4%~20%。隆冬日照时数在120.7小时~154.0小时之间，比常年偏少68.0小时~85.7小时。春季日照时数在401.7小时~502.3小时之间，桐庐比常年偏少9.5小时，其他各地偏多10.7小时~83.9小时。夏季日照时数在518.9小时~637.3小时之间，桐庐、萧山比常年偏少，其他各地偏多10.9小时~47.6小时。秋季日照时数在270.1小时~403.4小时之间，比常年偏少74.1小时~164.8小时。初冬日照时数在89.0小时~137.8小时之间，比常年偏少6.8小时~47.2小时。

【主要气候事件】 **大雪** 2月17日，萧山、临安、富阳、淳安出现大雪，最大雪深5厘米~9厘米。大雪对交通影响较大，杭州萧山国际机场出入航班不同程度受阻，对各地农作物影响不大。

寒潮 全年有3次寒潮过程。2月15日前后，萧山、临安、富阳、桐庐出现一次寒潮过程，无明显灾情。3月11日前后，全市再次出现寒潮过程，对正处于萌芽阶段的春茶特别是早生春茶生长影响较大，造成一定损失。4月12日前后，萧山、临安、富阳又一次出现寒潮过程，部分茶叶受到一定程度的冻害。

连续阴雨 1月中旬到下旬初，全市出现长达10天左右的持续阴雨天气；2月中旬到下旬，各地阴雨连绵。连续阴雨天气导致地下水位偏高，农作物根系长期处于浸渍状态，根系生长较差。

大雾 1月12日，杭州市出现年内第一场大雾，造成三条高速公路全线封道，杭州萧山国际机场41个航班延误。1月13日、15日、16日、30日出现的大雾，对交通也造成一定影响。12月26日的大雾天气，造成运河全面停航，高速公路基本关闭，长途汽车停开，机场80个航班延误。

大风 2006年出现14次大风天气，尤其是6月10日10时左右出现的雷雨大风，杭州西湖自动站观测的最大风速为29.5米/秒，给各地造成了严重损失。西湖风景名胜区损失严重，共倒伏各类树木数百株，西湖南高峰三台阁倒塌；萧山区益农镇大棚蔬菜损失价值120万元左右；临安市直接经济损失达2.63亿元；富阳市2人死亡，直接经济损失2000余万元；桐庐县直接经济损失1299万元；建德市死亡3人、伤1人，直接经济损失1000多万元；淳安县直接经济损失4960万元。

雷电 8月13日19时许，建德市一男子骑摩托车带着妻子从寿昌驶往新安江镇，遭遇雷击，致使该男子和其妻受伤。

暴雨 全年出现8次暴雨过程。4月12日、5月18日、5月31日、8月22日、9月11日的暴雨未造成损失，其他暴雨对杭州市一些地方造成了较大的经济损失。5月9日的暴雨导致桐庐县部分地区山体滑坡，直接经济损失60多万元；淳安县经济损失3879万元。7月5日的暴雨造成淳安县经济损失3638万元。

高温干旱 全市的高温干旱主要出现在8月中旬和10月下旬，对农业生产和居民生活用水等造成一定影响。8月13日土壤水分监测数据显示，杭州市大部分地区达到土壤干旱标准。9月17日~10月31日，全市各站降水量比常年同期偏少8成~9成，各地平均气温偏高明显。根据10月30日土壤水分自动监测站网资料分析，全市大部分地区出现不同程度的土壤干旱。

台风 全年杭州市受4个台风影响，分别是0601号台风“珍珠”、0604号台风“碧利斯”、0605号台风“格美”和0608号台风“桑美”。0601号台风带来暴雨天气，其他3个台风主要带来了大风，均无明显灾情。

【市气象局获全国气象部门文明台站标兵称号】 12月24日，中国气象局发出《关于表彰全国气象部门文明台站标兵的决定》，杭州市气象局获全国气象部门文明台站标兵称号。市气象局紧紧围绕市委、市政府中心工作，认真贯彻落实《国务院关于加快气象事业发展的若干意见》和中国气象事业发展战略精神，推进气象业务技术体制改革，全面实施科技兴气象、人才强局和拓展领域三大战略，精诚团结、开拓进取，深入开展创建文明台站标兵活动，积极推进一流台站建设，带动了各项工作的全面协调发展。

【开展气象业务技术体制改革】 2006年，根据中国气象局、浙江省气象局的统一部署，全市气象部门开展了“多轨道、集约化、研究型、开放式”的气象业务技术体制改革。重点建设天气、气候、生态与农业气象、大气成分、雷电、人工影响天气等六条轨道，加快完善气象综合观测体系、气象预报预测体系、公共气象服务体系、信息与技术保障体系、科技创新和教育培训体系，加强杭州的国家气候观象台、国家气象观测站、区域气象观测站、国家气候监测网、国家天气观测网、国家专业气象观测网、区域气象观测网建设。

【首个城市湿地生态气象站启用】 11月底，杭州西溪国家湿地公园生态气象站建成并投入使用。此举突

7月8日，杭州市火箭人工增雨作业培训班在桐庐举行。（市气象局 供稿）

破了全国城市生态气象观测站点建设的零记录，可为研究城市湿地生态环境保护提供第一手生态气象观测资料。杭州西溪国家湿地公园生态气象站将逐步建成集气象监测、预警、科研、科普与服务为一体的基地，包含气象、水文、环境、土壤、动植物、大气化学等多个学科的观测项目和观测技术，开展西溪湿地对杭州夏季高温调节作用的研究，运用先进的数值模型，分析湿地的社会效益。公园大门口的气象电子显示屏于12月16日开通，提供日常天气预报和气象灾害预警预报等服务信息。

【实施火箭人工增雨作业】 2006年，桐庐县、富阳市气象部门在当地政府的支持下，成立人工影响天气作业领导机构，制定实施方案，相继购置了人工影响天气作业装备，全市人工影响天气作业工作取得实质性进展。7月8日，市气象局在桐庐举办首次火箭人工增雨作业培训班，来自全市气象部门30余人参加并顺利通过火箭人工增雨作业上岗证考试。9月4日，在桐庐县分水镇三溪村成功实施全市首次火箭人工增雨作业。青山殿降雨量最大，分水其次，分别达到38.4毫米和29毫米；合村和百江的降雨量分别为26.2毫米和14毫米；瑶琳降雨量最少，但也在5毫米以上。这次人工增雨作业，有效缓解了当地旱情，为分水江水利枢纽工程库区带来了更多的可调控水资源。

【气象保障服务】 全市气象部门坚持做好重要时期、重大活动和重点工程专题气象保障服务，全年发布决策服务和专题服务材料1000余份，向媒体发布各类灾害性天气预警信号397次。全力以赴做好春运、“五一”黄金周、“十一”黄金周、2006年杭州世界休闲博览会、首届世界佛教论坛、第二届国际动漫节、首届中国网商大会、万人牵手走进运河、滨江之夜烟花大会等重要活动以及萧山围垦、桐庐枢纽工程水资源调度等重大工程的专题气象保障服务。西湖龙井茶采摘季节气象预报、强雷雨大风预警、抗缺电决策气象服务的经济和社会效益明显。8月14日，首次发布杭州市干旱监测公告，预报天气趋势，提出应对建议。

【气象信息发布渠道日趋完善】 1月1日，市气象局与杭州电台、电视台联合推出城市气象观测资料实时播报节目，每小时滚动播报最新气象信息。3月1日，市气象局推出公交电子站牌气象服务，市区近500块公交电子站牌全部开通日常天气预报和突发气象灾害预警信号的实时发布。气象服务内容更加广泛，7月推出草面、水泥面的最高、最低温度预报，为城市绿化养护及交通安全服务；12月推出交通气象预报，提供杭州绕城高速及周边主要高速公路的天气、能见度、风速及其他重要天气实况及预报。全市气象部门继续开展环境、旅游、生活、健康等多类别40多种气象指数服务，深受市民欢迎。

【加快建设中尺度自动气象站】 杭州市气象部门全年新建自动气象站31个，升级改造气象站91个，通信系统全部采用CDMA/GPRS系统。至年末，全市建成中尺度自动气象站132个，遍布气象灾害易发区、高速公路、主要江河湖面、山区等地，形成高密度分布的地面自动气象监测网。建成14个土壤墒情监测站，为科学指导防旱抗旱和农业生产、生态建设提供准确的决策参考信息。自动气象站应用系统不断改进，实现了对自动站资料的远程实时监控，为提高突发气象灾害监测预报服务能力提供了强大支撑。

【电视气象频道全新改版】 5月20日，杭州数字电视公共气象频道全新改版，推出整点气象播报、半点生活气象、科普新天地、气象现场、杭州气象等栏目，全天24小时均有循环滚动的气象资讯。重点关注气象热点和与天气相关的社会热点，实现对台风、暴雨等重大灾害性天气和重大气象事件的实时直播。该频道社会知名度不断提高，列华数自建频道收视率首位。10月15日，气象现场节目参加第六届“华风杯”全国电视气象节目观摩评比活动，获副省级城市综合一等奖、最佳科学信息奖和主持艺术一等奖。

（木美丽 范辽生）

杭州市农业局

HANGZHOUSHI NONGYEJU

萧山钱江水禽驯养繁殖示范园区

半山桃花

梅家坞茶乡

淳安唐村蚕桑示范园区

自 2003 年 1 月中共杭州市委、市政府出台《杭州市发展都市农业实施意见》以来，通过 4 年创造性地实践，都市农业建设成绩斐然。优势、特色产业得到长足发展，传统产业得到提升，新兴产业发展势头强劲；城市、平原、山区三大农业圈层格局基本形成。至 2006 年末，全市累计建成市级农业示范园区 227 个，农业专业示范村 1000 个（其中市级示范村 150 个）；培育市级以上农业龙头企业 184 个，组建各类农民专业合作组织 420 个，建成休闲观光农业接待点 200 余个；引进内资 58.6 亿元、外资 2.5 亿美元；外建基地近 20 万公顷；引进推广新品种 1000 多个，良种覆盖率 96%以上；培训农民 75 万余人次；建成省级无公害农产品生产基地近 10 万公顷；获得无公害、绿色、有机“三品”认证 442 个、市级以上著名商标 108 个、中国名牌农产品 2 个；改造中低产田 3.33 万公顷；拥有农机 60.13 万台(套)，总动力 300.84 万千瓦；设施农业面积 8667 公顷；全市农林牧渔业总产值 235 亿元，年均增长超过 9%；其中优势特色产业产值 173.56 亿元，占农业总产值的 73.9%；农民人均纯收入 8515 元，年均增长 10%以上。

巨网捕鱼壮观场景

工 业

Industry

·工业综述·

【工业实现“一高一领先”】 2006年，是杭州市“十一五”计划开局之年，面对国家加强宏观调控的形势，全市工业企业积极采取措施，努力拼搏，取得可喜成绩。全市有规模以上工业企业7826个，比上年（指2005年，下同）增长6.3%；全年规模以上工业完成总产值6975.46亿元，增长28.2%；完成工业销售产值首次突破6000亿元，达到6860.81亿元，增长28.3%；总产值和销售产值的增速均提高6.9个百分点。全年对外经济贸易发展良好，自营进出口总额389.1亿美元，增长30.3%。

全市规模以上企业实现利税576.51亿元，比上年增长27.9%；其中利润314.49亿元，增长33.8%。工业企业入库税收307.99亿元（指国税、地税部门入库税收），增长22.9%；占全市财政收入及其增收额的49.3%和55.4%，比重分别增长1.2个百分点和16.3个百分点，对财政收入的推动作用明显。

工业经济实现速度、质量、效益同步增长，规模以上工业销售产值、利税和利润增幅分别高出全省平均水平，总量领先全省各地（市），其中杭州市的利税占全省总额的24.1%。全市11项工业经济效益综合考评得分235.24分，比上年提高19.94分，高出全省平均水平16.84分；经济效益综合考评得分在全省11个地（市）的位次居第3位，实现“一高一领先”目标。

【工业协调快速发展】 杭州市区和5县（市）工业协调快速发展。全年市区规模以上工业实现销售产值5648.51亿元，比上年增长25.8%；实现利润268.81亿元，增长27.5%。5县（市）工业实现销售产值1212.30亿元，增长29.7%；实现利润45.68亿元，增长41.6%。

8月，杭州锅炉集团有限公司为用户生产高压加热器构件。（市经委 供稿）

在全市规模以上工业完成总产值中，轻工业2909.35亿元，比上年增长20.9%；重工业4066.11亿元，增长349%。

【工业新产品产值增速加快】 杭州工业企业为化解成本压力，获取高附加值收益，加快技术创新步伐，新产品产值快速增长。全市规模以上工业实现新产品产值641.85亿元，比上年增长26.6%；新产品产值率9.20%，与上年相比提高0.85个百分点。新产品对全市规模以上工业总产值增长的贡献率达到11.9%。全市高技术产业实现工业总产值1179.63亿元，增长46.5%；占规模以上工业总产值的比重17%，所占比重高出全省平均水平8.7个百分点。半数区、县（市）工业新产品产值增速快于全市平均水平。其中，上城区工业新产品产值比上年增长50.4%，拱墅区、萧山区、余杭区、桐庐县、淳安县和富阳市的工业新产品产值，分别增长65.4%、68.4%、46.3%、2.5倍、97.9%和1.3倍。工业新产品产值总量相对较大、增速较快的行业分别是饮料制造业、纺织业、化学原料及化学制品制造业、电气机械及器材制造业，新产品产值分别增长61.2%、81.9%、48.7%和41.1%。

【非国有控股工业主体地位凸现】 杭州市深入开展招商引资，加快经济结构调整，非国有控股经济向纵深发展，保持强劲发展势头。全年规模以上非国有控股工业实现销售产值5809.78亿元,比上年增长28%,增幅提高4个百分点,拉动全市规模以上工业销售产值增长23.8个百分点。非国有控股工业销售产值占全市规模以上工业的比重为86.3%,对全市规模以上工业销售产值增长的贡献度91.7%。非国有控股工业实现利润254.22亿元,增长34.7%,增幅提高28.8个百分点。

外商及港澳台投资企业有1385个,其中市区有1055个;成为工业经济快速增长的"助推器",实现销售产值2328.07亿元,比上年增长35.1%;增幅提高12个百分点,拉动全市规模以上工业销售产值增长11.3个百分点。实现利润118.77亿元,增长44.8%,增幅大幅提高。销售产值和利润增幅分别高出全市平均水平9.2和16.4个百分点。私营企业保持较快增长,全年规模以上私营企业实现销售产值2008.90亿元,增长23%;实现利润71.27亿元,增长27.8%。

全市国有控股工业实现销售产值919.69亿元,比上年增长14.3%,增幅提高2.3个百分点;实现利润53.91亿元,增长5.2%,增幅提高13.3个百分点。

【高新技术产业增势强劲】 全市高新技术产业快速发展,其中规模以上工业中高技术产业实现销售产值1173.26亿元,比上年增长46.5%;占全市规模以上工业销售产值的比重17.1%,上升2.3个百分点。实现利润48.05亿元,增长76.6%;所占比重15.3%,上升3.7个百分点。高技术产业销售产值和利润增幅分别高出全市平均水平19.7和42.8个百分点。

高技术产业的快速增长主要得益于拥有高技术产品企业的生产能力扩大。如杭州摩托罗拉移动通讯设备有限公司、杭州东信移动电话有限公司、杭州华为三康技术有限公司等企业新增生产线。这3个企业全年实现销售产值570.45亿元,比上年增长1.62倍;实现利润14.13亿元,增长1.58倍。3个企业对全市高新技术产业销售产值和利润增长的贡献率分别达到97.8%和43.4%。全年通信设备、计算机及其他电子设备制造业销售产值和利润的增幅分别达到57.8%和2.7倍。

表14　**2006年浙江省各市规模以上工业销售产值情况**

地　区	销售(亿元)	为上年(%)	排　序
杭州市	6 860.81	128.3	1
宁波市	5 863.68	123.2	2
温州市	2 567.55	120.7	5
嘉兴市	2 602.01	122.6	4
湖州市	1 362.08	128.9	8
绍兴市	3 785.01	123.0	3
金华市	1 701.60	126.5	7
衢州市	416.77	132.7	9
舟山市	343.80	126.0	11
台州市	2 095.28	126.4	6
丽水市	388.39	132.6	10

注:此表根据杭州市经委2007年2月统计资料。

【重轻工业比例发生变化】 杭州市在高新技术产业中,通信设备、计算机及其他电子设备制造业快速增长。重工业实现销售产值4014.92亿元,比上年增长32.1%,增幅提高11.7个百分点;轻工业实现销售产值2845.89亿元,增长18.2%,增幅回落6.1个百分点。轻工业与重工业的比例由上年的44.2:55.8变为41.5:58.5。重工业实现利润166.09亿元,增长40.4%,增幅提高53.4个百分点;轻工业实现利润148.40亿元,增长17.5%。

【完成技术改造331.33亿元】 根据省政府开展"工业项目推进年"活动的要求,围绕第2轮技改投入"三年翻一番"的目标,杭州市深入开展重点工业项目及搬迁项目、重点技术改造项目建设。全市技术改造投资完成331.33亿元,比上年增长24.4%。全市累计完成限额以上工业投资464.03亿元,增长4.5%。限额以上工业投资占全市限额以上固定资产投资1083.19亿元的比重为42.8%。

全市列入省"双千工程"(投资项目1000个、工业投入1000亿元)的技术改造项目98项,总投资77.48亿元。至年末,累计完成投资44.88亿元,开工建设项目96项,开工率98%;投产项目64项,竣工率65%。被市首批确定的82个重点技改项目,全部开工建设,累计完成投资额27.88亿元。其中西子奥的斯电梯有限公司电梯车间技改、杭州邦联氨纶有限公司年产500吨差别化功能性氨纶技改、浙江天元生物药业股份有限公司500万人份裂解型流感疫苗技改、杭州富沃德电子电器有限公司新增1.5万台永磁同步无齿轮曳引电机生产线等45个项目建成投产(试生产)。被市第2批确定的62项重点技术改造项目,总投资26.2亿元,部分已经开工。

【98项技改项目列入省双千工程】 6月30日,省经贸委下发2006年技术改造"双千工程"项目计划。列入计划项目1194项,总投资1725.6亿元。其中,省重点技术改造项目287项,总投资487.4亿元;各地(市)重点技术改造项目907项,总投资1238.2亿元。杭州市经过努力和争取,列入省重点技术改造项目36项,总投资54.8亿元,分别占省重点技术改造项目数和总投资的12.5%和11.2%;列入市重点技术改造项目62项,总投资22.68亿元,分别占全省各市重点技术改造项目数和总投资的6.8%和1.9%。被列入省、市的项目主要涉及高新技术产业、装备制造业、传统优势产业改造提升和精细化工等行业。

【6个企业销售产值分别超过100亿元】 据工业部门统计,杭州市万向集团有限公司、杭州娃哈哈集团有限公司、摩托罗拉移动通信设备有限公司、浙江中烟杭州制造部、浙江恒逸集团有限公司、浙江荣盛化学纤维有限公司6个企业全年销售产值分别超过100亿元。其中,摩托罗拉移动通信设备有限公司销售产值超过200亿元。全年销售产值15亿元~30亿元的大企业大集团有20

个,30 亿元~60 亿元的大企业大集团有 16 个,60 亿元~100 亿元的大企业大集团有 4 个。

【21 个企业定为省工业循环经济试点】 11 月 16 日,省经贸委发出《做好全省工业循环经济试点工作的通知》,公布全省工业循环经济“4121”示范工程方案,列入工业循环经济试点企业 116 个。其中浙江中烟杭州制造部等 21 个杭州企业入围。

【先进制造业基地建设评价】 2006 年,全省先进制造业基地建设评价结果公布,杭州市以 89.95 分的总得分列全省 11 个地(市)第 1 位。

该项评价由省建设先进制造业基地工作协调小组办公室、省经贸委、省统计局联合开展。评价体系由 28 项指标构成,包括组织建设落实情况、规划引导、政策扶持、协调和服务体系建设 4 项品质标志指标,制造业增加值占全省比重、工业用地产出率等 24 项数量标志指标。由各市经贸委(经委)提供 4 个品质标志指标数据和发展规模居前 5 位的行业排序资料,其他考核指标数据均由省统计局、省科技厅、省质量技术监管局、省国土资源厅、省安全生产监管局、省环保局等省建设先进制造业基地工作协调小组办公室成员单位提供。

从 28 项指标评价情况看,杭州市在规划制订、服务体系建设 2 项品质标志指标以及制造业增加值占全省比重、高技术产业占制造业比重、研发投入占销售收入比重、省级及以上技术中心数、专利受理数、7 项工业经济效益综合指数、制造业销售收入全国所占比重、出口交货值全国所占比重、省级及以上著名品牌数、亿元制造业增加值伤亡事故发生率等 12 项数量标志指标中获得满分。除重点产业集聚度与工业产出耗水率 2 项指标得分外,其他 14 项指标的得分均居于前列。宁波、绍兴分别以 89.9 分和 88.4 分列第 2 位和第 3 位,第 4 位~第 11 位分别是湖州、台州、温州、嘉兴、丽水、衢州、金华和舟山。

【新增 6 种中国名牌产品】 9 月 7 日,浙江省对新获 2006 年中国名牌产品称号的 57 个生产企业表彰在省人民大会堂进行。其中,杭州有 6 种产品被评为中国名牌产品。至此,浙江省拥有中国名牌产品 195 种,总量列全国第 2 位。杭州市拥有中国名牌产品 32 种、国家免检产品 37 种、浙江和杭州名牌产品各 175 种。

【59 个民营企业进入全国 500 强】 2006 年 7 月 27 日,全国工商联公布 2005 年度上规模民营企业排序,杭州市有 59 个企业进入 500 强行列,比上年增加 6 个,占全国的 11.8%,占浙江省上榜企业 203 个的 29.1%。

这次排序根据的营业收入总额指标,由 2004 年的 9.72 亿元提升到 13.36 亿元。采取民营企业自愿参加的原则,杭州市有 225 个营业收入总额超 2 亿元的企业参加申报。在进入全国 500 强的 59 个企业中,营业收入总额排名前 10 位的是杭州娃哈哈集团有限公司、华立控股股份有限公司、浙江恒逸集团有限公司、UT 斯达康通讯有限公司、浙江荣盛化纤集团有限公司、浙江吉利控股集团有限公司、浙江传化集团有限公司、浙江康桥汽车工贸集团有限公司、西子电梯集团有限公司、杭州斯达康通讯有限公司。缴税排名前 10 位的企业是杭州娃哈哈集团有限公司、浙江吉利控股集团有限公司、西子电梯集团有限公司、浙江华立控股股份有限公司、杭州斯达康通讯有限公司、UT 斯达康通讯有限公司、浙江传化集团有限公司、杭州滨江房产集团有限公司、康恩贝集团有限公司、浙江华成控股集团有限公司。

【10 个企业列入自主创新能力前列】 国家统计局首次按照企业研究与试验发展(R&D)经费投入的指标,经过行业和企业综合评定,确定 50 个行业的前 10 名企业为中国大中型工业企业自主创新能力行业 10 强企业。12 月 21 日,国家统计局在北京举行首届全国大中型工业企业“自主创新能力行业十强”信息发布会。入选 10 强企业最多的 5 个省(市)分别是江苏 87 个、浙江 70 个、广东 56 个、山东 48 个、上海 42 个。其中杭州市有 10 个企业列入“自主创新能力行业十强”榜,占浙江省的 1/7。

杭州市列入 10 强的企业有:农药制造行业的浙江新安化工集团股份有限公司,涂料、油墨、颜料及类似产品制造行业的杭州传化华洋化工有限公司,金属加工机械制造行业的杭州机床集团有限公司,起重运输设备制造行业的浙江杭叉工程机械股份有限公司,轴承、齿轮、传动和驱动部件制造行业的杭州前进齿轮箱集团有限公司,风机、衡器、包装设备等通用设备制造行业的杭州中亚机械有限公司,汽车零部件及配件制造行业的浙江亚太机电股份有限公司,电池制造行业的浙江南都电源电力股份有限公司,通信设备制造行业的浙江东方通信集团有限公司,通用仪器仪表制造行业的华立集团。

【2 个项目获国家科技进步二等奖】 2006 年 1 月,全国科学技术大会公布的 2005 年国家科学技术奖励名单上,杭州市的全自动电脑调浆系统和环孢菌素 A 制造新工艺关键技术及其应用项目分别获得国家科技进步二等奖。

全自动电脑调浆系统由杭州开源电脑技术有限公司自主完成。该项目将色彩空间理论和范例推理算法以及数据库技术应用于印染调浆,实现调浆配色的智能化和柔性化,有利于提高配色精度和印花产品质量,节能降耗,性能达到国际先进水平。该系统用于纺织印染业,可全面提升纺织印染产品质量和档次水平。至年末,该项目产品累计推广 91 套,创造销售收入 1.02 亿元,创汇 100 万美元,净利润 1230 万元,上缴税金 776 万元。用户使用该系统,带来加工品种的增加和产品质量的提高,新增产值 21.8 亿元以上,降低生产成本 2.2 亿元以上。

参见授权经营工业类目环孢菌素制造项目获国家科技进步二等奖条目。

【16 个企业获品牌发展专项资金】 12 月末,省财政厅和省经贸委通知杭州娃哈哈集团有限公司等 16 个企业获得 2006 年度国内品牌发展专项资金 165 万元的资助。专项资金由省财政厅、省经贸委、省外经贸厅从中央财政下拨的品牌发展资金中统筹安排,支持的对象是纳入省

经贸委重点培育和发展的省内自主品牌(含中华老字号),推进品牌建设活动的相关组织单位。该专项资金的安排及省财政厅、省经贸委印发的《浙江省国内品牌发展资金管理暂行办法》自2006年度起执行。

【评价考核企业技术中心】 2006年8月,为进一步加强对企业技术中心的评价监督和规范化管理,推动企业技术中心发挥重要作用,市政府委托专家对杭州市第2批、第4批、第6批以及2005年度考核不合格的共102个市级企业技术中心的工作情况进行评价考核。2005年度有7个优秀、85个合格、10个不合格。不合格的企业中,有1个连续2年评价成绩不合格、2个连续2年没有上报技术中心的评价材料。根据杭州市技术中心管理办法,撤销上述3个企业的市级企业技术中心资格,其余7个限期整改。

据统计,2005年度全市170个市级企业技术中心的产品销售收入517.9亿元,利润41.35亿元,技术开发经费支出额18.57亿元;全市56个省级企业技术中心的产品销售收入849.5亿元,利润75.95亿元,技术开发经费支出额31.24亿元;6个国家级企业技术中心的产品销售收入361.7亿元,利润总额19.95亿元,技术开发经费支出额18.74亿元。

杭州53个技术中心参加省级企业技术中心的评价,有52个合格,1个因不合格而被省经贸委等5单位撤销省级企业技术中心资格。

【9个企业列入正版正货试点】 4月26日,为加强杭州市流通领域知识产权保护,规范市场经济秩序,市整顿和规范市场经济秩序工作领导小组办公室、市知识产权保护工作领导小组办公室等部门联合举行首批"正版正货"承诺单位授牌仪式,"正版正货"承诺单位徽标同时揭晓。

杭州解百股份有限公司、杭州百货大楼、杭州联华华商集团有限公司世纪联华庆春店、杭州胡庆余堂国药号有限公司、杭州武林药店有限公司、杭州可的便利店有限公司、杭州新华书店有限公司、好又多百货有限公司、杭州华东大药房连锁有限公司列入首批试点。试点单位认真落实"正版正货"承诺创建活动的各项任务,在知识产权管理机构、管理制度、人员培训、商品进货等方面做了努力。

【18个企业被评为版权保护示范企业】 浙江省首批版权保护示范企业由省新闻出版局在行业推荐和企业自荐的基础上,经过调查筛选、综合评审、社会公示最终确定。12月,省新闻出版局公布全省首批45个"版权保护示范企业"。杭州市的华为三康公司、信雅达公司、浙大网新公司、恒生电子公司等14个IT企业,中南卡通公司、智慧动画公司、小奇兵卡通公司、玄机科技公司4个动漫企业入选。这批示范企业有相应的版权管理规章制度,具有一定数量的原创作品或自主版权作品,有一定的反盗版能力,在各自行业内具有较高的知名度和美誉度。如果示范企业的版权产品遭遇侵权盗版,各级版权行政管理部门将对侵权行为予以重点查处。

【IT产业企业获资金资助】 12月,信息产业部、省信息产业厅下达2006年度第2批国家电子信息产业发展基金资助和省信息服务业发展专项资金计划。杭州市有4个企业的项目获部第2批电子信息产业发展资助资金400万元,53个企业的项目获省信息服务业专项资金资助2570万元。2006年,全市累计获得信息产业系统政府专项资助资金近7000万元。其中,部电子信息产业发展基金资助1600万元,电子信息产业发展基金省财政配套360万元,省信息服务业专项资助资金2570万元,市信息港产业发展专项资助资金1192万元,市信息服务与软件业发展资助资金1195万元。

【3个工业园区获国家批准】 10月,国家发改委发布公告,批准杭州钱江经济开发区、临江工业园区、江东工业园区为省级开发区。至2006年末,全市共有9个省级开发区和56个重点培育功能区,累计开发面积1.27万公顷,入工业园区企业7500余个,全年实现工业总产值1700亿元,占全市工业总产值的1/4。

【举办工艺美术大师作品展】 10月19日,第七届中国工艺美术大师作品暨工艺美术精品博览会(简称工美大师作品展)在浙江世贸中心展览馆拉开帷幕。世界手工艺理事会主席玛瑞娅·赛琳娜·欧莉娅,原省委书记李泽民,省人大常委会副主任叶荣宝,副市长沈坚,中国工艺美术协会常务副理事长张红,省文联党组书记高而颐等出席开幕式。该次展览由杭州市政府和中国工艺美术协会等单位共同主办,是杭州世界休闲博览会的重要活动之一,也是最受观众欢迎的展会。开展前,杭州市政府收到市工艺美术大师吴松江捐赠的石雕作品——济公造像。该作品长165厘米,宽60厘米,高220厘米,主体部分是唯妙唯肖的济公阳刻石雕,其造像构思奇特,由新版杭州市区图组成。工美大师作品展于23日结束。

参见会展业类目第七届工艺美术精品博览会在杭举行条目。

【参加中国浙江工业博览会】 11月10日,由省政府主办、省经贸委与杭州市政府共同承办的中国浙江工业博览会(以下简称工博会),在浙江世贸中心隆重举行。杭州市组织24个装备制造业龙头企业参展,集中展示杭州实施"工业兴市"战略取得的成就。杭州展团安排在浙江世贸中心1号馆的全部展位和部分室外展位,展出面积占整个展会的1/4。

2005年全市装备制造业企业实现产品销售收入609.4亿元,实现利润28.9亿元。杭州市参展企业展出大量的自主创新成果和先进产品。国内电梯行业销量居前3名的西子奥的斯电梯有限公司,推出平均节能25%的无齿轮电梯、能源再生电梯等节能环保型系列产品。杭州汽轮动力集团有限公司生产的工业汽轮机、中小型水电设备及工业齿轮箱等产品,为能源综合利用、节能、环保、增效型产品。万向集团自主研发的电动汽车,充满电后一次能行驶380千米。中国重汽集团杭州发动机有限公司的斯太尔柴油机,是国内同类产品中性能、排放、质量最优,性价比最高的柴油机,产品达到欧Ⅱ、欧Ⅲ排放标准。东风杭州汽车有限公司展示的"东风风圣"系列环保、节能高档豪华客车,成功出口马来西亚、泰国等地。浙江富春江水电设备有限公司研发成功的立式灯泡(潮汐)发电机组,具有高技术、高附加值的特点,可替代进口关键技术。富通集团展出具有自主知识产权的光纤预制棒、新型环保锂离子电池等产品。

11月18日,全国人大常委会副委员长路甬祥、全国政协副主席徐匡迪参观工业博览会。11月20日,300余位出席中国机械工程学会年会的院士、专家参观杭州展区。

【举办国际游艇展】 10月27日~29日,由淳安县政府和市经济委员会共同主办的2006年中国·杭州千岛湖绿城国际游艇展在千岛湖广场举办。该活动是杭州世界休闲博览会的重要项目,也是国内规模最大的水陆联合游艇展示会。游艇展主要由游艇展示、VIP游艇试乘体验和游艇产业签约(游艇下水)仪式3个板块组成。45艘参展游艇分别来自中国、澳大利亚、美国、意大利、法国、加拿大、日本、新西兰和挪威等国家的31个公司和单位,参观人数6.9万人次。参展期间,共签约资金2.9亿元。成交游艇6艘,并在千岛湖下水,总交易额3200万元。

(胡传明)

·丝绸工业·

【丝绸工业概况】 2006年是丝绸行业不平静的一年。丝绸工业原料白厂丝价格暴涨暴跌,最高35万元/吨,最低20万元/吨,生产企业订单减少,成本难以控制。印度是中国丝绸最大的进口国之一,中国丝绸遭遇印度反倾销,几乎涵盖中国所有出口印度的丝绸产品,作为全国重点丝绸产业基地和主要出口地区的杭州,不可避免地遭遇"寒流"。出口退税下调2个百分点和人民币升值,使平均利润率较低的丝绸产业受到影响。杭州市政府、丝绸行业企业齐心协力,采取有力措施,取得"十一五"计划开局之年的较好成绩。

全年完成工业总产值86.20亿元(不包括丝绸服装,下同),比上年增长15.8%;出口交货值37.88亿元,增长15.4%。丝绸企业主营业务收入80.82亿元,增长16.8%;实现利税总额3.62亿元,下降5.9%;实现利润1.86亿元,下降15.5%。

杭州市有规模以上丝绸纺织企业205个,比上年减少3个;职工人数2.99万人。丝绸行业企业主要分布在萧山区、余杭区、桐庐县,分别以化纤绸织造业、真丝绸织造业、真丝针织业为主,形成明显的丝绸生产特色区域。

企业研发能力不断增强,新增杭州金富春丝绸化纤有限公司省级技术中心和华泰丝绸有限公司市级技术中心。杭州喜得宝集团有限公司承担的《数码喷射印花和平网四分色印花协同生产产业化研究》项目获2006年杭州市优秀新技术二等奖,杭州临平创新丝绸实验厂生产的色银花缎获2006年杭州市优秀新产品三等奖。

丝绸企业注重创建名牌产品,新增浙江名牌产品2种,他们是淳安县茧丝绸总公司千岛湖牌桑蚕丝、杭州喜得宝集团有限公司喜得宝牌真丝印染绸;新增杭州名牌产品1种,为杭州金利丝业有限公司中强牌白厂丝。

【丝绸与女装产业发展规划确定】 弘扬"丝绸之府"、打造"女装之都"是市委、市政府根据杭州丝绸与女装产业发展的形势和任务,审时度势做出的重大决策。根据杭州市委、市政府《关于弘扬"丝绸之府"、打造"女装之都"的若干意见》,杭州市丝绸与女装产业发展领导小组办公室委托浙江省工业经济研究所组织有关专家、学者、企业家成立编制组和评审组,编制《杭州市丝绸与女装产业"十一五"发展规划》,并通过评审。2006年7月,正式出台实施。规划期限2006年至2010年,规划范围是杭州市行政区域。

【举办国际丝绸论坛】 10月26日~27日,首届由国家茧丝绸协调办公室、中国丝绸协会、杭州市政府主办的"2006国际丝绸论坛"在杭州香格里拉饭店召开。商务部市场运行调节司司长、国家茧丝绸办公室副主任房爱卿,中国丝绸协会会长弋辉,杭州市政府副市长沈坚到会致辞。该论坛是国际丝绸协会停止工作后,举行的参加人数最多、级别最高的一次国际性会议,欧盟纺织服装协会会长、意大利丝绸协会会长、日本蚕丝会会长、韩国蚕丝会会长、巴西制丝协会副会长、印度丝绸出口委员会副主席等国外代表50余人,中国大型丝绸生产、研发、贸易企业、院校、研究所代表近70人出席丝绸论坛。

中国丝绸协会在论坛上作《中国茧丝绸业发展研究报告》,日本农林水产消费技术中心横滨生丝检验所与浙江出入境检验检疫局丝检中心就生丝自动(电子)检验数据进行交换,中国生丝电子检测标准研究小组发布《生丝电子检测分级规定草案》、《生丝电子检测方法草案》、《生丝电子检测分级规定和检测方法草案编制说明》,各国丝绸协会会长陆续发表演说。论坛加强了各国

10月26日~30日,在和平国际会展中心举办中国国际丝绸博览会。

(张永春 摄)

10 月 26 日，在河坊街举办"天下河坊"大型服装展演。 （黄 佳 摄）

茧丝绸业相互交流和合作，推动茧丝绸业持续健康发展。

【举办丝绸博览会】 10 月 26 日~30 日，由商务部、杭州市政府主办，国家茧丝绸协调办公室、中国丝绸协会、杭州市经委、市贸易局共同承办的"2006 中国国际丝绸博览会"在杭州和平国际会展中心举行。商务部部长助理、国家茧丝绸协调办公室主任黄海，全国妇联书记处书记张世平，中国丝绸协会会长弋辉，省委常委、杭州市委书记王国平，浙江省、杭州市有关部门领导和部分省市商务主管部门的负责人以及意大利、法国、印度、日本、韩国、巴西等国家的丝绸机构、协会负责人出席开幕式并参观博览会。博览会汇集了上百家丝绸企业、上万种丝绸产品，数万名国内厂商到会，组委会邀请到法国、意大利、瑞士、美国、俄罗斯、印度、泰国、马来西亚、日本、韩国等 11 个国家和地区的 300 余名专业客商参加展会。展会期间，首次举办国际丝绸论坛。

博览会展示面积 1.2 万平方米，比上届扩大 20%，其中特装展位占 80%以上。浙江、江苏、上海、四川、重庆、广东、辽宁、陕西、湖北、江西等 11 个省、市的重点丝绸企业参展，其中四川、重庆、淳安等省、市、县以组团形式参加，整体形象突出。博览会成交近 6 亿元，其中出口 5500 万美元，国内贸易 1.5 亿元，现场成交 3000 万元。参观人数 5.2 万人次，其中专业客商 2.2 万人次、外商超过 3000 人次。

【丝绸博览会细划区块】 2006 年中国国际丝绸博览会特色鲜明，整个展馆按参展企业及产品的类别分区划块，分别设为特装展区，潮流广场区，各省、市组团区，中国百年织锦画收藏展区等。其中，潮流广场汇集 2006 年中国丝绸企业、科研机构、大专院校等单位研发的新产品，反映丝绸产品的时尚性与专业性，对专业观众具有吸引力；中国百年织锦画收藏展区展出清末、民国时期都锦生、袁震和等一批中国丝织业企业生产的精美织锦画，其中许多作品都是绝版孤品，是中国第一次以织锦画为主题的丝绸收藏品展。

【举办"天下河坊"服装展演】 10 月 26 日，由杭州市政府、中国美术学院主办，中国国际贸易促进委员会杭州市分会、杭州市上城区政府、中国美术学院设计学院、中国丝绸博物馆、杭州电视台、杭州市丝绸行业协会、吴海燕工作室共同承办的 2006 年中国（杭州）丝绸文化节——"天下河坊"大型服装展演在杭州河坊街举办。省政协主席李金明，省委副书记乔传秀，省委常委、宣传部部长陈敏尔，中国丝绸协会会长弋辉，杭州市市长孙忠焕，市政协主席虞荣仁，市人大常委会副主任丁德明，副市长沈坚等领导出席观看。现场接待观众 1000 余名。

"天下河坊"是大型服装展演《东方丝国》中的第二回，围绕"和谐"主题展开表演。以三维影像形式在大型天幕上播放"天下河坊"的创意概念：宇宙、地球、中国、杭州、河坊街。该项活动由中国美术学院院长许江担任总策划，中国美术学院设计学院与造型学院教师等参与，中国著名设计师吴海燕教授担任服装设计，展出 120 余套以杭州丝绸为主题的创意服装，著名模特关琦、胡巧玉等 100 位佳丽参加表演。杭州电视台现场直播，中央电视台、新华社、中新社、《浙江日报》、浙江电视台经济生活频道、《钱江晚报》、《东方早报》、中国女装网等 40 余家媒体进行报道。

【举行东方丝茶会】 10 月 30 日，由杭州市政府主办，市贸促会、上城区政府、杭州电视台、中国丝绸博物馆、中国茶叶博物馆、杭州市丝绸行业协会、吴海燕工作室共同承办的 2006 年中国（杭州）丝绸文化节——东方丝茶会电视时尚沙龙活动在杭州曲院风荷西湖会所举行。副市长沈坚出席活动并致辞。保加利亚、匈牙利、印度、秘鲁等国驻沪领事馆领事及夫人，著名作家王旭峰，越剧名家茅威涛，奥运冠军罗雪娟等身着由著名设计师吴海燕设计的丝绸礼服出席。

"丝为国色，茶为天香"，东方丝茶会是杭州第一次运用电视节目的方式，突出"丝"与"茶"两大主题，以丝、茶为时尚标志的文化艺术沙龙，由丝绸服装走秀、茶艺、歌舞、书法表演、来宾访谈等内容组成，杭州电视台全程录播。

【举办丝绸时尚节】 9 月 19 日~23 日，由下城区委、下城区政府、市贸易局共同主办，市旅游委员会、浙江理工大学、HAGIHARA（马来西亚）协办，杭州中国丝绸城承办的 2006 年杭州（国际）丝绸时尚节暨杭州中国丝绸城建城 20 年庆典活动在丝绸城举行。市委常委、组织部长于跃敏，市人大常委会副主任安志云，副市长项勤、沈坚等领导出席。作为西博会的指定项目之一，主题是"天堂丝绸，休闲时尚"，主要活动有开幕晚会——尽展丝绸城 20 年历程、绸舞飞扬——体现丝绸休闲互动、绸府丰姿——突显丝绸无穷魅力、演绎论坛——丝绸艺术的饕餮盛宴。

丝绸时尚节将丝绸展示、丝绸展销和丝绸研讨有机结合，展示面积3.2万平方米，有25万人光顾杭州中国丝绸城，成交额3.1亿元。

【市丝绸行业协会成立】 4月20日，杭州市丝绸行业协会在西子宾馆召开第一届会员代表大会，杭州丝绸企业和有关方面的代表参加成立大会。副市长沈坚、中国丝绸协会秘书长钱有清、浙江省丝绸协会秘书长王伟应邀参加会议并致辞。经过会员代表大会选举，产生12人组成的理事会，达利（中国）有限公司总经理费建明当选杭州市丝绸行业协会会长，任东毛当选秘书长。聘请沈坚担任名誉会长。

【蚕茧产值4.34亿元】 在产业化政策的扶持下，杭州市蚕桑基地建设和产业化项目加快实施步伐，推广桑蚕品种及大棚养蚕、方格簇营茧等先进适用技术，质量提高产量增加。全年饲养蚕种36.3万张，蚕茧产量1.58万吨，蚕茧产值4.34亿元，分别比上年增长8.6%、9.4%、42.3%，3项指标均创历史新高。由于茧丝市场的价格拉动，全年50千克茧平均价格1372元，增长25.3%。

【3个公司进入全国行业竞争力10强】 4月27日，中国纺织服装行业竞争力发布会在北京召开。杭州市的万事利集团有限公司、达利（中国）有限公司和杭州金富春丝绸化纤有限公司进入2005~2006年度全国丝绸行业竞争力10强企业，分别列第1名、第6名、第7名。杭州市丝绸企业进入全国行业竞争力前10强的企业比2005年度增加1个，占全国的3/10，占全省的3/4。

【万事利列丝绸品牌首位】 1月10日，中国品牌研究院公布《中国最有价值商标123个行业第一名榜单》，万事利品牌列中国最有价值商标的丝绸行业首位，商标评估价格为6.65亿元。中国品牌研究院是独立的品牌研究机构，其评价按独立、科学和公正的原则进行，不同于个案的商标价值评估，无偿为企业认识自身和其他商标的价值提供一个可比较的参考数据，评价的数据来源于上市公司财务报告、行业组织或政府的统计数据。

【受到全国纺织工业先进表彰】 12月6日，全国纺织工业劳动模范、先进工作者和先进集体表彰大会在北京人民大会堂召开，500名全国纺织劳模、先进工作者，100个先进集体受到表彰。该次表彰活动是2000年国家机构改革、行政行业管理机构撤销后，由人事部、中国纺织工业协会首次进行的行业性省（部）级先进评选表彰活动。杭州市获得全国纺织工业劳动模范称号的有达利（中国）有限公司副董事长费建明、杭州商辂丝绸有限公司技术辅导员王淑花、杭州金富春丝绸化纤有限公司技术中心主任盛建祥、杭州万谷纺织有限公司技术中心主任姬力民、万事利集团有限公司副总裁屠红燕、浙江华兴服装有限公司业务部经理汪亚萍6人；杭州杭派女装商会会长吴文宏获全国纺织工业先进工作者称号。浙江凯喜雅国际股份有限公司、汉帛（中国）有限公司被授予全国纺织工业先进集体。

【弹力桑特缎通过省级鉴定】 12月2日，杭州金富春丝绸化纤有限公司生产的弹力桑特缎通过省科技厅的省级新产品鉴定。该产品以低捻真丝作经，甲壳素棉抗菌纱/LYCRA包缠复合丝作纬，以缎纹组织交织而成，在织物材质的选择与组合、工艺的优化等方面均有所创新，技术处于国内领先水平。织物具有舒适、滑爽、透气、弹性好等特点，有较强抗菌性，是一款高档的新型面料。

该公司生产的色织弹力丝特缎于2005年通过浙江省科技厅的新产品鉴定。2006年9月，该产品被科技部列入国家火炬计划项目。

【万事利公司科技项目通过验收】 9月15日，杭州万事利科技有限公司承担的丝绸用染料与助剂研究开发项目在杭州通过省经贸委组织的验收。该项目的深入开发应用，对纺织丝绸业应对国际技术壁垒、促进生态印染加工有明显作用。

11月11日，万事利集团有限公司承担的真丝绸环保涂料拔染印花产品、高性能超真涤纶面料和纯棉服装雾漂洗涤新工艺3个项目通过杭州市技术创新项目验收。其中纯棉服装雾漂洗涤新工艺解决了易出现雾斑和强力下降过大的技术难点，产品风格独特，工艺技术处于国内领先水平。

【喜得宝集团项目通过验收】 7月16日，杭州喜得宝集团有限公司承担的数码喷射印花和平网四分色印花协同生产产业化研究项目通过省经贸委组织的鉴定。该项目在四分色——花多色印花方法、提高数码喷墨与平网四分色印花符样率的方法已申请国家发明专利，总体技术水平属国际先进。

11月4日，杭州喜得宝集团有限公司承担的真丝绸小浴化渐进色及设备研制项目通过杭州市技术创新项目验收。该套设备结构合理，操作简便，易于推广，已获实用新型专利授权，技术水平国内领先。

【华泰公司项目通过验收】 10月22日，浙江华泰丝绸有限公司承担的多种纤维交织绸拔染印花技术及产品开发项目通过杭州市创新项目验收。该项目突破丝与其他纤维交织绸印染同色性和色牢度差的技术难题，整体技术和产品达到国内领先水平。

【复合纤维面料环保染色技术通过鉴定】 12月29日，由浙江理工大学和杭州喜得宝集团有限公司承担的项目——新颖含丝复合纤维面料环保染色技术研究在杭州分别通过国家茧丝办第6批发展性项目验收和省科技厅省级科技项目鉴定。该技术有创新性，达到国际先进水平。

【4项成果获中国纺织工业协会科技奖】 10月19日，在北京人民大会堂举行的2006年中国纺织工业协会科技奖表彰大会上，杭州宏华数码科技股份有限公司的数码喷射印花系统、浙江理工大学的蚕丝丝素表面结构特性研究、浙江理工大学等单位的环保型多功能PTFE复合膜及其层压纺织品研究获一等奖，杭州金富春丝绸化纤有限公司的织物风格可实现任意变化技术获二等奖。

【《中国丝绸诗歌选》出版】 10月，由杭州市丝绸与女装发展领导小组、市丝绸行业协会主编,程长松选注的《中国丝绸诗歌选》由杭州出版社正式出版发行。省委常委、市委书记王国平为该书题词,原省委常委、副省长瞿翕武题签,副市长、市丝绸与女装产业发展领导小组组长沈坚作序。该书收录100多位诗人的160余篇诗歌,对所收诗歌加了注释670余条。诗人以不同的艺术风格,对植桑、养蚕、缫丝、织绸、制锦,到丝绸练染、服饰制作桑蚕丝绸生产及相关的民情风俗进行吟咏。这本以丝绸为题材的诗歌专集出版发行,为中国的丝绸文化填补了空白。

【丝绸女装产业基地奠基】 4月20日,达利(中国)有限公司建设世界一流的丝绸女装产业基地奠基仪式在萧山举行。中国纺织工业协会会长杜钰洲、市人大常委会副主任丁德明、副市长沈坚、市政协副主席鲍世甲等领导和相关行业代表出席,中国丝绸协会会长弋辉致辞。

该基地位于杭州萧山区钱江农场的达利(中国)有限公司厂区,土地面积14.62公顷,计划固定资产总投资6.05亿元,新增流动资金5.25亿元,建设期18个月。该项目的实施对杭州市弘扬"丝绸之府"、打造"女装之都",提升中国丝绸在国际上的地位和形象,扩大丝绸女装的对外贸易,带动地方的产业链,有深远的意义。 (高振纲)

·轻工业·

【轻工业概况】 杭州市轻工行业坚持自主创新,积极转变经济增长方式,产量、效益、质量稳步增长。据对107个行业归口企业统计,全年完成工业总产值732.83亿元,比上年增长15.7%。完成工业销售产值720.47亿元,增长14.1%;其中出口交货值98.20亿元,增长7.4%。实现利税175.26亿元,增长15.5%;其中利润76.57亿元,增长20.1%。

轻工行业全年工业销售产值增幅呈现两头高、中间略低走势。一季度增幅16.1%、上半年增幅14.4%、三季度增幅13.8%,四季度增幅回升,明显快于三季度,全年平均增幅14.1%。几个主要行业保持较好的增长态势,为平稳增长奠定基础。

食品行业发挥支柱产业的作用,全年完成销售产值373.19亿元,比上年增长13.7%。其中,杭州娃哈哈集团有限公司增长30.7%,浙江贝因美科工贸股份有限公司、杭州知味食品有限公司、杭州五丰冷食有限公司、杭州绿盛食品有限公司、浙江致中和酒业有限公司等企业销售产值增幅都在20%以上。

电气机械及器材制造业发展势头良好,全年实现销售产值102.48亿元,比上年增长18.9%。其中家用电器行业保持产销两旺,特别是生产电冰箱的浙江华日实业投资有限公司销售产值完成11.33亿元,增长75.2%。浙江苏泊尔家电制造有限公司完成销售产值7.47亿元,增长61.6%。杭州钱江制冷集团有限公司增长39.4%,杭州中新微电机制造有限公司增长34.5%,杭州飞华照明电器有限公司增长27.7%,杭州松下家用电器有限公司增长17%。

造纸行业通过对排放污水处理的改造,加大对环境整治的投入,较好地实现从原来的污染型、高能耗向低污染、可排放、能循环转变。造纸企业原材料使用进口木浆,生产的产品趋于高档次。造纸行业集中的富阳市,在2005年关停69条生产线的基础上,2006年关停28条低、小、散生产线。富阳有造纸企业351个,拥有500余条生产线,逐渐向专业园区(春江、灵桥、大源)聚拢。杭州市造纸行业全年实现销售产值60亿元,比上年增长19%。

羽毛(绒)加工及制品行业完成销售产值41.23亿元,比上年增长11.3%;金属制品完成销售产值28.76亿元,增长35.8%;家具行业完成销售产值20.5亿元,增长26.3%;印刷行业完成销售产值18.03亿元,增长18.5%。

轻工行业以提高自动化、提高质量、提高效率为目标,对生产线进行技术改造,全年投入重点技术改造项目21个,总投资10多亿元。投产后新增销售38亿元,新增利税5.5亿元。其中:食品企业7个,投资4.5亿元;印刷包装企业5个,投资4.15亿元;家电企业6个,投资1.4亿元;其他企业2个,投资3602万元。其投入产出比例分别为1:3.06、1:1.7、1:11.24和1:4.59,其中家电企业产出率最高。

12月31日,浙江美浓丝网印刷有限公司被省科技厅认定为浙江省高新技术企业,获得《浙江省高新技术企业证书》。9月22日,德意控股集团有限公司的"德意"被评为中国驰名商标。由省农业厅、省林业厅、省海洋与渔业局、省粮食局、省供销合作联合社联合认定的第4批省级农业龙头企业中,浙江溢佳香食品有限公司榜上有名。

【重视经济发展质量】 轻工行业重视增长速度,更关注增长质量,力求做到又好又快发展,全年效益增幅一直高于产值增幅。归口轻工企业一季度利润增幅比销售产值增幅高0.76个百分点,上半年高6.24个百分点,一季度至三季度高3.18个百分点,全年平均高5.96个百分点。行业的亏损面下降12.5%。

【轻工行业产销衔接良好】 轻工行业生产的主要产品,全年发展势头良好。浙江华日实业投资有限公司生产电冰箱102万台,比上年增长85%;杭州娃哈哈集团有限公司生产软饮料543.17万吨,增长17.6%;玫琳凯(中国)化妆品有限公司生产化妆品31.97亿元,增长14.4%;杭州钱江制冷集团有限公司生产冰箱压缩机325万台,增长58.5%。产品生产与销售衔接保持较好水平,全年产销率98.6%,比全市平均水平高0.21个百分点。

【轻工企业增强创新能力】 轻工企业立足增强自主创新能力,把创新运用到技术开发、管理模式及相关机制中,为行业发展带来较好的效益。全年有8个轻工企业被列入杭州市级技术进步中心。归口管理轻工企业全年投入科技活动经费7.56亿元,比上年增长55%;新增利润12.8亿元。经济增长由主要依靠资金和物质要素投入转向主要依靠科技进步,经济效益增长超过产值的增长幅度,利润、利税创历史最好水平。全年完成利税和利润分别达到30.9亿元和22.3亿元,分别增长45.8%和46.9%。

【依托品牌促进销售增长】 各轻工企业实施品牌战略,重视用高新技术改造传统行业,积极采用新工艺、新技术、新材料,提高产品的科技含量和高附加值。全年实现新产品产值113.02亿元，比上年增长86%，占销售产值的比重上升到15.7%。进一步调整品牌推广策略，优化品牌价值定位，基本形成依靠品牌战略促进销售增长，用强势销售推动品牌建设的良性互动。在主营业务收入方面，杭州娃哈哈集团有限公司实现153.62亿元，增长30.7%；浙江中烟杭州制造部完成121.42亿元，增长销售产值13.4%；祐康食品集团有限公司完成销售产值4.92亿元，增长31.5%；杭州天堂伞业集团有限公司完成销售产值6.02亿元，增长22.8%；杭州老板实业集团有限公司完成销售产值8.45亿元，增长14.3%；浙江三弘集团有限完成销售产值14.26亿元，增长13.5%。

（傅　敏）

▶▶资料：GF全自动灌封口拧盖机

该机由杭州中亚机械有限公司研制，具有独立的自主知识产权，集电子重量式灌装、铝膜制盖、旋转高频封口和磁力拧盖技术于一体，同时具有全自动CIP和SIP系统。全自动完成进瓶、灌装、高频封口、拧盖输出一系列动作，运转平稳可靠，机电一体化程度高，产量大（8000瓶/时），灌装精度高（≤±3g），成品饮用方便（易撕舌头的铝膜制盖技术），更换品种方便（元件快速更换技术），卫生等级高（无接触式灌装、100级空气高洁净度层流系统和全自动的CIP和SIP系统）。主要适用液态奶、酸奶和乳酸饮料等产品的瓶装和桶装包装。该机申请了6项专利。（王　瑛）

【组团参加中国食品博览会】 11月10日~13日，由商务部、浙江省政府主办，宁波市政府、省经贸委承办的2006年中国食品博览会在宁波国际会展中心举行。有33个省（市）组团参展，聚集了来自各地1600余个参展企业。杭州展团有77个企业，设有144个展位。在浙江馆以特装的形式，荟萃了娃哈哈、农夫山泉、祐康、康师傅、千岛湖啤酒、蜂之语、双峰乳业、溢佳香、万隆、五丰、知味观、采芝斋等知名杭州品牌，展出产品近千种，展示"锦绣杭州、精美食品"的整体形象。杭州市经委被省经贸委评为最佳组织奖和最佳设计奖单位。

【设立工艺美术特色园地】 4月，为改变杭州市工艺美术品销售比较分散、没有规模的状况，市经委组织杭州市工艺美术大师及有关专家，对信义坊、岳王艺术城、通宝城、河坊街、天工艺苑等处进行筛选，综合各方面的意见后，选择杭州市清河坊历史街区安荣巷作为杭州市工艺美术特色园地。至10月，全市有17位工艺美术大师、10多个工艺美术企业入驻特色园地。

参见区县（市）类目工艺美术特色园地安荣巷条目。

【工艺美术网建成】 10月16日，为充分利用互联网不受时空限制的优势，由市经委主办，市中小企业服务中心承办，市工艺美术行业协会协办的工艺美术网正式开通，网址为www.hand_arts.cn。该网站设有工美概况、行业动态、政策法规、代表人物、品种技艺、企业推荐、精品展示、专题专栏、交流园地9大版块，比较全面地反映杭州工艺美术情况，是工艺美术对外宣传的一个重要窗口。网站开通后，影响逐步扩大，其中12月平均每天的点击数超过300次。

【编纂《杭州工艺美术瑰宝集》】 2004年10月起，为充分展示杭州工艺美术发展历程，宣传杭州工艺美术，市经委组织编纂《杭州工艺美术瑰宝集》画册。该画册收录了杭州市工艺美术工作者的116幅优秀作品，较全面反映了杭州工艺美术自新中国成立以来的发展历程，是杭州市工艺美术行业的一次重要回顾和展示。2006年10月，由浙江人民美术出版社出版发行。

【加强工艺美术形象宣传】 杭州市通过参加展览会和走出去，加大对工艺美术整体形象宣传。10月，经过有关专家筛选、工艺美术大师推荐，安排杭州市46件作品在第七届中国工艺美术大师作品展暨工艺美术精品博览会中心展区进行展示宣传。在博览会上，杭州市获得19个金奖、9个银奖、16个铜奖。其中在中心展区内产生13个金奖、6个银奖、3个铜奖。

11月28日~30日，为扩大工艺美术行业影响，开阔工艺美术工作者的创作视野，杭州市经委组织20多位工艺美术大师和工艺美术企业代表，赴温州、乐清、青田等地进行学习。分别与温州市工艺美术行业协会、乐清市工艺美术行业协会进行交流，拜访了高公博、虞金顺、周锦云、倪东方、张爱庭等中国工艺美术大师。

【举办4期工艺美术培训班】 为推进工艺美术事业进一步发展，杭州市把人才培养作为传统工艺美术保护工作的重点。针对不同专业内容，分别于2006年6月、9月、11月、12月举办了4期工艺美术行业人才培训班。每期时间为2天左右，累计近300人次参加。经过培训，工艺美术人才理论素养得到提高，创作思路更为开阔，撰写作品介绍更加贴切。一些年轻人才的作品在第七届中国工艺美术大师作品暨工艺美术精品博览会上获奖。

【资助重点传统工艺美术保护发展项目】 经各区、县（市）主管部门推荐，市经委组织专家对企业申报的重点传统工艺美术保护发展项目进行评议复审，通过对企业的审核，2006年资助10个项目81.5万元。其中，市财政资助69.5万元，各区、县（市）配套12万元。支持嵇锡贵、赵锡祥、陈水琴、郑胜宁4位大师建立工作室，共给予一次性资助10万元。11月，争取到省工美专项资金33.5万元，对杭州市工艺美术企业和大师进行资助。

杭州工艺美术研究所有限公司2年得到30万元工艺美术专项资金资助，在全真彩塑项目的开发中，引入光电技术，向更高技术层次发展。杭州敦煌工艺品厂得到工艺美术专项资金资助后，筹措差额款项，购买专用设备，加强产品质量的检测。

【奥普控股香港上市】 12月8日，奥普集团控股有限公司在香港主板成功挂牌。从2006年3月30日正式启动到成功挂牌，上市筹备进程历时8个月。"奥普控股"超额配售共发行2.006亿股，每股价格区间0.93港元~1.23港元，共募集资金

2.47亿港元。工商东亚融资有限公司和交通证券有限公司为此次上市的联席牵头经办人。

【推进祐康名牌战略】 2003年，祐康食品集团有限公司生产的佑康牌速冻主食品被国家质检总局评为中国名牌产品。2006年9月，该集团的速冻主食品蝉联中国名牌产品称号，并被国家质检总局评为2006年全国用户满意产品。12月，该集团的速冻、冷饮产品被国家质检总局授予中国免检产品称号。11月18日，在2007年中央电视台“黄金”段位广告招标会上，该集团以7500多万元取得“黄金”段位9个时段的广告标的。

【永泰集团通过循环经济建设评审】 12月29日，浙江永泰集团股份有限公司循环经济建设评审在杭召开。评审会由杭州市经委主持，参加会议的有浙江省环科院、省能源检测中心、浙江大学、市清洁生产技术服务中心等单位的专家。专家同意永泰集团通过循环经济审核验收。

【金鱼集团生产效益同步增长】 国家统计局公布2006年度中国大企业集团竞争力500强，杭州金鱼电器集团名列第30位，这也是进入500强的杭州市大企业集团中排名首位的企业。企业集团竞争力的评价指标体系，是按照影响企业集团竞争力的因素，分为能力指标和机制指标。评价范围是2003年至2005年国家统计局《企业集团统计年报》中登载的年营业收入和资产总计均在5亿元及以上的全部企业集团。

金鱼电器集团进行精细化规范管理，不断创新体制，加强技术研发力量，不断焕发新的活力，生产、效益实现同步增长。全年营业收入达到50亿元，主导产品洗衣机销量194万台，实现利润3.5亿元。

【娃哈哈集团技术中心被认定为国家级】 杭州娃哈哈集团有限公司从满足消费者对保健食品的需求出发，开展生物工程、保健饮料方面的研究和创新，获得一大批原创性成果。如在国内饮料行业首创乳饮料稳定体系稳定效果科学评价系统，掺假生鲜牛乳的快速检测，配料用水的除氧脱气处理，超净化热灌装、湿面保鲜技术等重大成果。11月，娃哈哈集团技术中心被国家发改委等5部委列入第13批国家认定企业技术中心。

在国务院发展研究中心企业研究所、搜狐财经、北京大学中国信用研究中心、北京光华传媒4家机构共同发起，杜邦中国有限公司作为策略合作伙伴的“2006最佳企业公众形象奖”评选中，杭州娃哈哈集团榜上有名。在商务部和中央电视台联合举办的“中国品牌之路”主题晚会上，“娃哈哈”名列2006年“最具市场竞争力”饮料品牌榜首。

【2个企业获中国家具设计金奖】 9月12日，第八届中国家具设计奖在上海举办的2006年第十二届中国国际家具展览会上揭晓。杭州市的家具生产企业取得优异成绩，其中浙江顾家工艺沙发制造有限公司获得软体家具设计金奖、展会最佳展位设计金奖，浙江圣奥家具制造有限公司获得办公家具设计金奖，浙江春光名美家具制造有限公司获得办公家具设计银奖。 (傅 敏)

【万科礼品公司制作特许礼品】 杭州万科礼品有限公司承担杭州世界休闲博览会、第八届中国杭州西湖博览会及2006年国际旅游小姐冠军总决赛三大盛会的特许礼品策划和开发任务。其中，休博会的特许礼品有“金桂”、“西湖十景”藏书票等10个系列100多种款式，产品风格体现了“休闲”的特色。休博会结束后，万科礼品公司将100种特许礼品样品捐献给西博会博物馆收藏，并将开发的部分休博会文具、玩具，通过“春风行动”，送给民工子弟学校的学生。 (施 智)

·化学工业·

【化学工业概况】 杭州化学工业形成以石油加工、化学原料及化学制品制造、橡胶加工三大行业为主，以精细化学工业为主导产业的地方特色化学工业体系。有规模以上企业522个，从业人员7.46万人，资产397.25亿元。

在国际原油价格波动、石化原辅材料价格持续上行的背景下，全年规模以上企业完成工业总产值569.71亿元，工业销售产值559.60亿元，分别比上年增长19.9%和20.1%。实现主营业务收入572.83亿元，增长21.9%；实现利润31.56亿元，增长16.1%；实现利税54.47亿元，增长16.5%。化学工业经济总量占全市规模以上工业总量的8.3%，产业规模列全市各行业第5位，在全省同行业中排第2位。

石油加工业全年完成工业销售产值39.67亿元，比上年增长55%；实现利税3.41亿元，增长47.9%。化学原料及化学制品制造业完成工业销售产值397.72亿元，增长14.5%；实现利税45.97亿元，增长21.3%。橡胶加工业完成工业销售产值122.21亿元，增长31.5%；实现利税5.1亿元，下降22.4%。6月，杭州炼油厂8万吨气体分馏装置技术改造项目建成投产，当年生产精丙烯2.3万吨，实现利润1亿元。

【化工行业外向度水平提高】 全市化工行业产品出口面扩大，数量增长。全年规模以上企业完成出口交货值99.36亿元，比上年增长16.9%，出口交货值占工业销售产值的比例17.8%。

传统出口优势行业中，出口交货值在工业销售产值中的所占比例，化学农药制造业52.19%，颜料制造41.99%，染料制造业30.26%，橡胶靴鞋制造业90.04%。轮胎制造业呈现良好的出口态势，成为杭州化工出口的龙头产业、全年完成出口交货值34.90亿元，增长21.6%。

有机胺和膨润土系列产品成为新增出口优势产品。如建德建业有机化工有限公司全年实现出口交货值8702万元，比上年增长42.1%。膨润土行业出口增长势头喜人，浙江华特实业集团和杭州仇山漂土有限公司出口交货值分别增长67%和54.9%。一些原来长期由国外大公司占据市场的产品，如硅酮密封胶和粉末涂料用聚酯树脂等，杭州的化工企业已经能够生产，而且产品出口国际市场业绩不俗。之江有机硅化工有限公司出口交货值从2005年的47万元增加到2006年的898万元，中法化学有限公司出口交货值从2005年的804万元增加到2006年的1373万元。

【加快城区化工企业搬迁】 12月29日，杭州电化集团有限公司、杭州油脂化工有限公司、杭州龙山化工有限公司和杭州庆丰农化有限公司4个原在市区的重点化工企业在临江工业园区新址举行隆重的开工奠基仪式，异地整体搬迁改造工程进入施工建设阶段。4个化工企业的搬迁总投资分别为：电化集团有限公司19.8亿元、油脂化工有限公司5.8亿元、龙山化工有限公司15.7亿元、庆丰农药有限公司6.9亿元。4个企业建成后，预计可实现的年销售额分别为26.7亿元、12亿元、24.3亿元和9亿元。

杭华油墨化学有限公司位于杭州经济技术开发区、杭州中法化学有限公司位于临江工业园区的新址建设基本完成，进入设备安装调试和试生产阶段。这2个企业的搬迁总投资以及建成后预计可实现的年销售额，杭华油墨化学有限公司为2998万美元和9亿元，中法化学有限公司为1.36亿元和7亿元。

【加强化工品牌建设】 9月，浙江新安化工集团股份有限公司的XINAN牌草甘膦除草剂和杭州之江有机硅化工有限公司的金鼠牌硅酮密封胶被国家质检总局认定为中国名牌产品。杭州化工行业累计有4个企业的5种产品获得中国名牌产品称号，其他中国名牌的产品分别是传化集团有限公司的传化TRANSFAR牌液体洗涤剂和传化TRANSFAR牌合成洗衣粉，杭州中策橡胶有限公司的朝阳CHAOYANG牌全钢子午线轮胎。

由世界品牌实验室和世界经理人周刊联合发布的2006年《中国500最具价值品牌》排行榜中，浙江传化集团的"传化"和中策橡胶有限公司的"朝阳"分别以54.71亿元和22.77亿元的品牌价值名列第107位和第267位。与上年相比，"传化"的品牌价值增加3.68亿元，排名晋升10位；"朝阳"的品牌价值增加0.88亿元，排名晋升13位。

浙江新安化工集团股份有限公司及其"XINAN"品牌入围商务部组织评选的2006年"最具市场竞争力品牌"的化肥、农药品牌和生产企业名单。12月1日，《南方周末》等媒体组织的企业社会责任评选揭晓，浙江传化集团被评为2006年最有社会责任的民营企业。

【提升化工企业创新体系】 2006年，浙江新安化工集团股份有限公司被国家发改委、科技部等5部委认定为国家级企业技术中心，这在杭州化工企业中是首个。杭州油漆有限公司、浙江杭州鑫富药业股份有限公司、建德市新化化工有限责任公司3个企业被省经贸委、省财政厅等5部门认定为浙江省企业技术中心，杭州科本化工有限公司、中轻物产化工有限公司、杭州威尔达化工有限公司、杭州东旭助剂有限公司等7个企业被市经委认定为杭州市企业技术中心。杭州市化工行业累计建成1个国家级企业技术中心、12个省级企业技术中心和22个市级企业技术中心。

国家统计局发布的首届全国大中型工业企业"自主创新能力行业十强"信息中，浙江新安化工集团股份有限公司（农药制造行业）和杭州传化华洋化工有限公司（涂料、油墨、颜料及类似产品制造行业）荣登"中国自主创新能力行业十强"榜。

【注重化工技术进步】 杭州纸友科技有限公司、杭州市化工研究院有限公司共同开发的新型高留着型淀粉表面施胶剂项目，由于在高速纸机上有优良的适用性、对纸产品性能的明显改善和减少损纸回用时白水COD值等方面的显著作用，获2006年度中国石油和化学工业协会科技进步一等奖。

杭州林达化工技术工程有限公司在甲醇合成技术上具有国内领先水平，从技术及软件和工艺包开发到专利设备的结构施工设计、加工等方面取得许多创新成果，特别在大型甲醇合成塔设计制造方面获得成功，大型低压均温型甲醇合成技术为国内首创，具有完全自主的知识产权，先后获得国家科技进步奖和国家技术发明二等奖。2006年该公司获得"中国化工行业技术创新示范企业"称号，"合成氨厂节能型甲醇甲烷化生产工艺和装置"项目获得国家科技部火炬高技术产业开发中心颁发的2006年度国家火炬计划项目证书。

【开展节能减排活动】 杭州金帆达化工有限公司、杭州帝凯化工有限公司、杭州有机硅化工有限公司等11个化工企业，通过杭州市推行清洁生产工作领导小组办公室组织的清洁生产审核验收。浙江蓝天环保高科技股份有限公司、浙江桐庐汇丰生物化工有限公司、建德新化化工有限公司、杭州临安金龙化工有限公司4个化工企业和建德大洋（马目）化工区块，通过杭州市推进工业循环经济工作领导小组办公室组织的循环经济建设审核验收。全市开展节能减排活动，累计有26个化工企业通过清洁生产验收，10个化工企业（含化工区块）通过循环经济建设审核验收。

【调整染料行业结构】 浙江吉华集团有限公司积极开发高性能分散染料新品种，提高低污染、节能型产品产量和规模，限制和淘汰工艺落后的产品生产，全年完成工业总产值23.74亿元，比上年增长31.1%。杭州下沙恒升化工有限公司、杭州近江化工染料有限公司是专业生产酸性染料和阳离子染料的企业，"小品种、大市场"优势凸显，全年实现利润总额分别增长58%和59.6%。杭州颜料化工厂围绕硫酸—染（颜）料中间体—染（颜）料产业链做精做细，基本实现物料和能源循环利用，全年完成主营业务收入4.81亿元，实现利润5988万元，增长86.4%。

【橡胶集团销售产值101.94亿元】 杭州橡胶集团公司全年完成工业总产值101.85亿元，比上年增长31.8%；完成工业销售产值101.94亿元，增长33.7%；实现主营业务收入102.43亿元，增长352%。该集团成为杭州市首个100亿元规模的化工企业，并列中国企业500强第404位，中国大企业竞争力500强第125位。

【高性能颜料生产线建成】 6月，浙江百合化工控股集团有限公司与世界颜料知名企业——科莱恩（Clarian）国际有限公司合资建设的年产3000吨永固类高性能有机颜料生产线投产。项目位于临江工业园区，总投资7968万元。

该颜料生产线引进科莱恩国际

有限公司先进的生产工艺和设备装置,全流程贯彻节能降耗、清洁生产理念。在原材料的溶解、投放过程中,采用封闭方式,防止溶液的喷溅和气体的泄漏;在压滤工段采用第3代隔膜压滤机,每吨颜料的漂洗用水从原来的60立方米降至45立方米,节约用水1/4;在烘干工段采用最先进的带式干燥机,有效提高工作效率,基本杜绝了粉尘污染;在粉碎工段采用自动灌装设备和吸尘装置,工作环境得到很大改善。生产的高性能永固类颜料比国内同类产品耐溶剂性提高2级,耐热性提高200℃。预计年产量3000吨/年,总产销售值2.6亿元,实现利税4200万元。（梁 超）

·建材冶金工业·

【建材冶金工业概况】 杭州市建材冶金工业企业努力克服国家宏观调控及生产要素的制约,全面提升速度、质量和效益,为"十一五"规划起好步、开好局打下坚实基础。据对78个行业监控企业统计,全年完成工业总产值358.63亿元,比上年增长19.7%;实现销售产值349.43亿元,增长24.7%。实现利税28.86亿元,增长21.5%;其中利润13.97亿元,增长22.8%。

从全年经济运行走势看,呈现出低开高走的运行态势。年初,延续上年小幅增长的势头低开;自4月起,生产、销售、效益指标逐步快速回升;至12月底,达到全年最高点,增长的稳定性进一步增强。

主要产品产量大幅增长。全市生产水泥1708万吨,比上年增长13.4%;生产平板玻璃440.25万重箱,增长11.5%;7个钢结构企业生产钢结构47.87万吨,增长52%。塑料型材、铜采选业和铜冶炼业3个行业生产增长幅度超过70%。生产和销售保持良好衔接,78个企业平均产销率达到97.44%,高于上年5.14个百分点。累计完成主营业务收入342.53亿元,增长21.2%。其中,水泥行业43.55亿元,增长20.7%;建筑陶瓷行业19.18亿元,增长32.7%;技术玻璃行业6.37亿元,增长38.2%;钢结构行业53.88亿元,增长28.2%。统计的32个水泥企业全年实现产销率达到100.08%,高于上年0.1个百分点,产品供不应求。

经济效益快速回升,全年利润在经历连续9个月的负增长后,终于从10月起出现增长,12月达到全年最高增长点22.8%。建筑陶瓷、人造地板、铜采矿等行业经济效益提升明显,实现利润分别增长9.06倍、1.02倍、3.17倍。水泥行业通过价格自律,摆脱相互压价、无序竞争的被动局面,从10月起价格强劲反弹、理性回升,水泥熟料价格从年初低于200元/吨上涨至年底的230元/吨,11月达到全年最高价300元/吨,效益出现快速回升。水泥企业普遍产销两旺,统计的32个水泥企业实现利税2.73亿元,比上年增长21.2%。

【重点企业引领行业发展】 建材冶金重点企业发挥龙头支撑作用,引领行业发展。9个省、市重点企业(省1个、市8个)全年实现工业总产值、主营业务收入和利税,分别为214.06亿元、208.21亿元和18.78亿元,占78个监控企业总量的59.7%、60.8%和65.1%,生产、销售和效益增幅为24.2%和30.5%和20.7%。有4个企业工业总产值超过20亿元,他们是杭州诺贝尔集团有限公司、浙江东南网架股份有限公司、杭州富春江冶炼有限公司、杭州钢铁集团有限公司,其中杭州钢铁集团钢铁主业101.82亿元;杭州富春江冶炼有限公司生产增长1.37倍,成为9个重点企业中增长最快的企业。

重点企业以创新、品牌、管理、规模等优势赢取市场。诺贝尔集团面对日趋激烈的市场竞争,积极开发新产品,拓展销售网点,全年生产墙地砖2395万平方米,比上年增长12%;实现利润8818万元,增长2.72倍,是9个重点企业中利润增长最快的企业。

【增强建材冶金科技创新能力】 杭州市建材冶金企业技术创新和新产品开发能力明显增强,监控的78个企业全年科技活动支出总额8757万元,平均每个企业120万元,比上年增长1.79倍。78个企业新产品产值44.95亿元,增长99%;新产品产值率12.5%,高于全市规模以上工业企业3.9个百分点。杭州诺贝尔集团技术中心被批准为省级第10批企业技术中心,杭州富春江冶炼有限公司、浙江华东钢业集团有限公司、杭州森佳木业制造厂3个企业的技术中心被批准为市级第7批企业技术中心,杭州潮峰钢结构集团有限公司、浙江国盛钢结构有限公司、建德三狮松涛水泥有限公司被批准为市级第4批工业企业信息化应用试点企业。杭州和合玻璃控股公司的热固化自清洁玻璃获市级优秀新产品新技术一等奖,浙江中财型材有限公司的高耐候ASA/PVC共挤彩色门窗型材获二等奖,杭州天伦钢丝有限公司的高等级强粘合镀锡联剂胎圈钢丝获三等奖。

【水泥行业开展节能竞赛活动】 为了提高水泥行业能源利用水平,积极推广先进适用的节能技术,水泥行业在市经委的支持倡导、市水泥协会的组织下,开展节能竞赛活动。全市13个新干法熟料生产企业、25个水泥粉磨企业参加竞赛活动,熟料生产企业参竞率达到100%,粉磨生产企业参竞率达到50%。

全年有9个企业受到表彰。其中,浙江尖峰登城水泥有限公司、建德三狮松涛水泥有限公司被评为杭州市水泥行业节能竞赛优胜企业,建德红狮水泥有限公司、浙江金首水泥有限公司、富阳登城水泥有限公司、杭州美亚水泥有限公司被评为杭州市水泥行业节能竞赛先进企业,建德红狮安仁建材有限公司、杭州佳力水泥有限公司、浙江青石集团有限公司被评为杭州市水泥行业节能表扬企业。

【尖峰登城水泥公司注重节能降耗】 浙江尖峰登城水泥有限公司开展节能竞赛活动,提高员工的节能意识,促进生产管理水平的提高。通过提高设备运转率、改进工艺技术、提高主机台时产量、使用先进适用的节能技术等措施,主要能耗指标比上年明显下降。吨熟料综合能耗比上年下降2.32千克,吨熟料综合电耗下降2.73千瓦时,总计合标煤3320.78吨;水泥工序电耗下降3.47千瓦时,总计合标煤568.50吨。全年节约标煤3889.28吨,约合原煤5200吨,降低生产成本约260万元。

【扣件及承重支架成果通过省级鉴定】 2006年8月,浙江东南网架股份有限公司承担的国家自然科学基金项目子课题《组合扣件及承重支架设计关键技术和工程应用研究》技术成果在杭州通过省级鉴定。评审专家认为该课题研究水平达到国内领先水平,设计理论和方法的研究属国内首创。

体育场馆、飞机场候机大厅等大跨度空间结构,由于结构跨度大(50米以上)、下弦标高较高(20米以上),安装支架需要承受较大的结构自重和施工负载,而且安装支架与结构的拉接较弱。2003年,浙江大学申请了国家自然科学基金项目《大型空间结构施工技术研究及建筑全过程分析模拟系统》,并获得批准。浙江东南网架有限公司承担该项目的子课题。2004年起,对子课题进行理论研究,创建用扣件式钢管脚手架,搭设大型空间结构安装用承重支架的整体稳定分析理论及建立格构式核心结构体系的设计理念。2005年至2006年,该项设计在46项工程中应用获得成功,根据理论研究成果和工程应用经验,制订了供该公司执行的标准。

【制订和发布墙体材料革新规划】 8月,为了加快墙体材料改革步伐,促进墙体材料向节能、节地、利废、环保多功能方向发展,制订和发布《杭州市墙体材料革新"十一五"规划》。提出到"十一五"期末,新墙材产量达到22.5亿块标砖,占墙材总量的90%;城镇新墙材建筑使用比例达到100%。以开发利用本地资源和城市废弃物为重点,生产满足城市建筑体系需要及建筑节能要求的轻质、高强、保温隔热的非粘土类新型墙体材料。

【积极应用余热发电技术】 水泥行业是资源能源消耗型行业,煤电成本约占水泥生产成本的70%以上。为了提高杭州市水泥行业的资源、能源综合利用效率,提升行业节能减排水平,水泥熟料生产企业充分利用水泥熟料煅烧生产过程中排放的大量废气余热进行发电。

至年末,杭州市13个水泥熟料生产企业已有9个开始投资建设余热发电项目。10月27日,建德海螺水泥有限责任公司建设的2台余热回收利用锅炉配1台额定功率约8300千瓦的发电机组顺利发电;该项目年发电1800万千瓦时,每年可创效益约3000万元。

【金属板材生产线投产】 9月,位于杭州江东工业园区的浙江东南金属薄板有限公司金属薄板生产线一期项目竣工投产。该项目由浙江东南网架集团与香港梅泰克公司共同出资建设,总投资7490万美元。项目分3期实施,计划年产金属薄板100万吨,产品可广泛用于家电、汽车、五金、建筑钢结构等领域。

一期工程以酸洗、冷轧、热镀锌等薄板生产线为主,年产热镀锌等金属薄板50万吨,主要设备轧机从德国引进,工艺装备水平达到国际领先水平。二期工程主要包括扩建连续退火生产机组和重卷、重剪机组及配套办公设施。计划于2007年底投入生产。

【淘汰粘土砖瓦窑】 8月,杭州市为节约土地,保护耕地,推进墙体材料革新步伐,制定《关于开展我市粘土砖瓦整顿淘汰工作的实施意见》。提出以2004年为基数,到2007年底关停和淘汰粘土砖瓦窑50%以上,即到2007年底淘汰170个企业的175座粘土砖瓦窑的目标。

杭州市及有关区、县(市)政府及部门做了扎实有效的工作,市政府制定和审核关停淘汰工作计划,与各区、县(市)政府分管领导签订关停淘汰粘土砖瓦窑工作责任书。各区、县(市)统一思想认识,成立由政府分管领导任组长、各相关职能部门参与的工作班子,明确各部门职责和任务。各区、县(市)及时安排和落实关停粘土砖瓦窑企业的补偿资金和工作经费。

至年末,萧山、余杭、桐庐、淳安、建德、富阳、临安7个区、县(市)都完成了当年关停目标任务。全市关停淘汰142个企业的148座粘土砖瓦窑,16个企业的16座轮窑转为生产非粘土砖瓦。

【关停水泥机立窑生产线】 截至6月30日,杭州市最后5条水泥机立窑生产线全部关停。7月下旬,杭州市有关部门组成的考核组对关停最后5条水泥机立窑生产线工作进行了验收。杭州市原有的154条水泥机立窑生产线全部淘汰关停,提前半年完成市政府目标任务,提前一年半实现省政府考核目标,成为在全国率先全面关停机立窑生产线的省会城市。全市压缩落后水泥生产能力1300万吨,减少粉尘排放16.9万吨,氟化物排放1.12吨,二氧化硫排放9100吨。节约标煤10.4万吨,节约用电3.3亿千瓦时,提高劳动生产率5倍。

【建成新型干法水泥生产线16条】 根据《杭州市建设先进制造业基地水泥行业发展纲要》,有计划、有步骤、有控制地适时引导和鼓励企业建设具有国际先进水平高品质、环保型的新型干法水泥生产线。至2006年末,全市累计建成投产新型干法水泥生产线16条,其中日产4000吨及以上生产线7条、日产2500吨及以下的生产线9条,全市新型干法水泥熟料能力达到1520万吨/年,形成建德、富阳两个省级熟料生产基地。杭州市从"十五"期间初期以机立窑生产为主、新型干法水泥比例仅占12.2%的城市,发展成为国内第1个全部生产新型干法水泥的省会城市。

【积极开拓农村散装水泥市场】 杭州市全年散装水泥供应量超过1230万吨,比上年增长19.8%;平均散装率达到72.07%,提高3.84个百分点,散装率达到国际先进水平(要求70%以上)。截至2006年,杭州市散装水泥供应量连续6年居全国省会城市首位。

根据商务部、省经贸委关于开拓散装水泥农村市场的要求,杭州市散装水泥工作围绕建设社会主义新农村主题,积极发展农村散装水泥销售网点,全市7个区、县(市)各建立了至少2个农村销售网点。全年因供应散装水泥,节约水泥包装纸7.39万吨,折合优质木材40.62万立方米,节电0.89亿千瓦时,节水0.15亿立方米,节煤9.6万吨,减少粉尘排放6.15万吨。 (陈 蓉)

·电力工业·

【电力工业概况】 2006年,杭州市

发电、供电企业职工总数7867人。固定资产原值241.87亿元，净值155.39亿元。全年产值197.29亿元，上缴国家税金6.46亿元。

全市电力工业发电设备总容量369.14万千瓦，全年发电量144.51亿千瓦时。地方办的公用热电厂(容量6000千瓦及以上)38座，企业自备发电站全年发电量11.37亿千瓦时。杭州市有35千伏及以上公用变电所282座，变电容量2833万千伏安，比上年增长242.47万千伏安。有35千伏及以上输电线路(包括电缆)581条，线路总长度5521千米；有10千伏配电变压器(含用户)5.55万台，总容量1864万千伏安，增加195.46万千伏安；有10千伏配电线路(含电缆)7818条，总长度2.16万千米。

按电度表户为计算单位，杭州市有电力用户278.06万户，比上年增长5.3%；全年供电量348.53亿千瓦时，增长14.2%；售电量331.07亿千瓦时，增长14.5%。杭州电网(不包括建德、淳安)年最高用电负荷603.68万千瓦，增长26.4%。

完善《杭州电网“十一五”规划》，编制《杭州电网目标网架规划》。全年电网建设改造完成投资26亿元，超额完成年初确定的目标。全社会用电负荷突破600万千瓦，售电量突破300亿千瓦时，电源性缺电基本缓解。

杭州市区全年新建10千伏线路60条，新敷设、调换10千伏电缆734千米，新设公用变压器1634台计45万千伏安，新建、改造10千伏开闭所137座。配合“五纵六路”、“背街小巷”、钱江新城核心区块、西湖综合保护等工程实施架空线改地下电缆工程。

杭州市电力局通过ISO 9000、ISO 14000、OHSAS 18000标准体系的年度监督审核，企业管理更趋规范有序。有序用电成效显著，全网没有出现电源性拉闸限电，实现“错峰不拉路、力争不拉电”的目标，赢得广大客户的好评。对杭州市区2万余户合表用户中具备改造条件的进行一户一表改造，实行抄表、收费到户。从技术层面上研究楼道灯供电计费问题，解决因分摊矛盾出现的欠费停电现象。积极探索对高层写字楼实行公变供电的可能性，解决写字楼分割销售后客户要求单独计量结算的要求及专变供电造成电价“一刀切”的现象。出色完成世界佛教论坛、世界休闲博览会、“金鸡百花”电影节等重要保障供电任务。

2006年，杭州市电力局连续20年保持浙江省、杭州市文明(先进)单位的称号，获2006年度杭州市区城市管理工作保障先进单位、2006年度杭州市信访工作先进单位等称号。

2006年，500千伏富阳变电所运行良好。 (黄颂贤 摄)

【签署加快电网建设会谈纪要】9月29日，浙江省电力公司与杭州市政府就共同推进杭州市“十一五”期间电网发展、加快杭州市新农村建设等问题进行会谈，并达成共识，签署《关于全面加快杭州电网“十一五”发展、共同推进新农村电气化工程建设会谈纪要》。纪要明确省电力公司积极支持杭州电网重大项目的实施，支持杭州高压主干网架的建设，规划在市中心、余杭、萧山3处，新建钱江、杭北、萧东3座500千伏变电所，新建25座220千伏变电所和90座110千伏变电所，新增110千伏及以上变电容量2535万千伏安。积极支持杭州市全面实施新农村电网建设，统一安排杭州市新农村电网“十一五”发展规划和35千伏及以下农村电网建设总投资10.89亿元，促成5个区县(市)、103个乡镇、1872个行政村分别达到国家电网公司关于新农村电气化县、新农村电气化乡镇、新农村电气化村的标准。

纪要确定杭州市政府坚持“统一认识、统一规划、统一领导、统一政策、统一征迁”要求，将杭州电网“十一五”发展规划纳入杭州市国民经济和社会发展总体规划、城市总体规划、城镇体系规划、土地利用总体规划，电网建设作为杭州市基础设施建设的重要组成部分。充分发挥市电网建设领导小组的作用，完善电网建设领导小组办公室会议制度，及时协调解决建设中的问题。杭州市政府着力建设资源节约型、环境友好型社会，科学制定并实施有序用电方案，提高电能的利用效率；加强对电网谐波污染企业的管理和治理力度；落实电力设施保护责任制度，严厉打击并依法惩处窃电和破坏电力设施的违法犯罪行为，为电网安全稳定运行创造良好的法制环境。

【杭州电网建设项目确定】10月26日，杭州市初步确定杭州电网第9批220千伏、110千伏输变电项目建设规模。计划确定49个项目，新增变电容量379万千伏安，新建线路406千米，总投资38亿元。

第9批电网项目是“十一五”期间电力部门首批安排的工程，建设规模约占杭州电网“十一五”规划的1/5。该电网项目以适度超前的原则，大力保障城北、九堡、下沙、滨江、钱江世纪城等城市建设和“一主三副”城市布局形成的重点区域。其中，220千伏石北变电所、110千伏东风变电所满足城北地区石桥、丁桥等大型居住区供电需要；九堡区域安排110千伏牛田变电所，以保障“决战东部”战略的实施。220千伏新一变电所、110千伏七格变电所和220千伏铁南变电所、110千伏府前变电所、浦沿变电所分别满足下沙、滨江两大副城建设。220千伏世纪变电所和110千伏顺坝变电所为“沿江发展、跨江发展”战略和建设江南城的重大举措提供配套。

为保障重点区域的工业发展需要，第9批工程安排了220千伏临化变电所、110千伏横山变电所，以满足萧山临江及余杭钱江、临平等开发区发展需要。

第9批项目安排110千伏东站变电所、东区变电所和220千伏天湖变电所、凤凰变电所的扩建工程，解决市区城北、下沙、城西及萧山等区域电网容量严重不足的问题。根据新农村建设的需要，安排富阳、临安、桐庐等县(市)农网工程项目10个，新增变电容量70多万千伏安。

表15　2006年杭州市全社会用电量按用电性质构成情况

项　目	用电量(万千瓦时)	构　成(%)	比上年(%)
城乡居民生活用电	407 288.20	11.13	16.11
农林牧渔业	40 136.18	1.10	6.95
工业	2 687 609.68	73.45	14.22
建筑业	45 017.51	1.23	7.80
交通运输、仓储、邮政业	36 162.31	0.99	14.50
信息传输、计算机服务和软件业	21 006.22	0.57	26.64
商业、住宿和餐饮业	158 532.83	4.33	12.56
金融、房地产、商务及居民服务业	93 723.45	2.56	10.39
公共事业及管理组织	169 770.73	4.64	12.78
全社会用电量总计	3 659 247.11	100.00	14.08

表16　2006年杭州市全社会用电量按区域用电构成情况

地　区	用电量(万千瓦时)	构　成(%)	比上年(%)
主城区	1 314 172.51	35.91	10.10
萧山	1 109 002.00	30.31	14.35
余杭	376 193.70	10.28	15.89
富阳	394 637.30	10.78	9.83
临安	168 612.00	4.61	13.81
桐庐	94 529.60	2.58	11.02
淳安	41 400.00	1.13	11.73
建德	160 700.00	4.39	14.18
全社会用电量总计	3 659 247.11	100.00	14.08

【售电331.07亿千瓦时】 随着浙江省供用电矛盾的基本缓和，杭州地区的拉限电情况明显好于上年，没有发生因电源性缺电而引起的拉限电情况，推动了电力电量的较快增长，经济发展呈良好态势。2006年，杭州电网全社会最大负荷603.68万千瓦，夏季电网空调负荷200万千瓦左右，比上年同期净增80万千瓦，其中居民空调负荷在130万千瓦左右。积极开拓市场，优化流程管理，使客户新增需求得到满足。加强对地方小水(火)电的管理和控制，市场占有率处于稳中有升趋势。居民峰谷表用户的增长以及商业电价的下降，促使用电量进一步增长。

至年末，杭州市完成全社会用电量365.92亿千瓦时，市电力局全年售电量首次突破300亿千瓦时大关，达到331.07亿千瓦时，居全省各地(市)电网之首。其中萧山供电局售电量首次达到100.13亿千瓦时，比上年增长17.4%。

【推出一户通系统】 3月1日，市电力局的“一户通系统”正式投入使用。该系统是与省电力公司联网、处理同城或同区域支付电费结算业务的电子转账系统，具有安全性高、信息传递快速、资金清算快捷、托收成功率高、方便用户等优点。加入浙江“一户通系统”的联网银行有20多家，联网收费单位60多个，业务覆盖47个县(市)。杭州市区通过“一户通系统”缴纳电费的单位客户享受到更为方便、快速、可靠的服务。

【提供优质供电服务】 市电力局在推出“一户通系统”基础上，重点构建完善的客户服务体系。完善、拓展VIP大客户服务制度，适时扩大VIP服务范围，针对商业客户、非工业客户等制订个性化服务项目。开展社区客户经理制试点，为社区居民提供业务受理、咨询、故障报修等服务。提供精细服务，推广居民和大用户电费通知单现场打印，解决因手工填写字迹潦草对客户造成的不便。改变用电业务申请单由用户填写的方式，统一由用户口述，营业人员现场输入并打印，使申请单字迹清晰，利于保存，避免差错。针对供电电压偏高或偏低及不稳、电压闪变、谐波等影响客户正常生产的问题，开展提高电能质量课题研究，提高客户终端电能质量。

【半山发电公司发电项目列入“863”计划】 以杭州华电半山发电有限公司为实施单位的“200MW级IGCC关键技术研究开发与工业示范”课题被科技部列入“十一五”期间国家“863”计划，财政部于2006年12月拨付了首批课题经费。

IGCC发电技术具有良好的环保效应，是将煤炭气化、煤气净化和联合循环发电有机结合的一种洁净煤发电技术，在高效、清洁方面优于常规燃煤发电技术。采用合成煤气“燃烧前脱除污染物”技术，排放烟气几乎不含烟尘，二氧化碳实现“零”排放，氮氧化物的排放量远低于常规燃煤机组。　(杨　扬)

专注婴童事业

BEINGMATE

贝 因 美

浙江贝因美科工贸股份有限公司

创办于1992年，坐落在西子湖畔的杭州高新技术开发区内，公司员工1.35万人。贝因美公司以“打造伟大企业，追求成功人生”为宗旨，全方位服务于中国婴童事业。自主研发生产的贝因美系列婴幼儿食品，涵盖代乳品、断奶期食品和辅助食品3大类共100多个品种，另有“比因美特”品牌孕妇装、童装、童床、童车等1000多种孕妇用品和婴儿用品。

贝因美公司关注中国宝宝的健康成长。“爱婴工程”、“育婴工程”、“亲母工程”三大工程并举的公益事业体系，从生育、养育、教育多个层面为中国宝宝的健康成长提供服务。突破原有的产业格局，开拓新的业态模式，以比因美特国际连锁店为主导，经营0岁~12岁婴童与孕妇用品、食品、玩具和服装，发展全方位的婴童事业。

贝因美“育婴专家”品牌形象日益深入人心，正朝着中国婴童产业的领跑者和综合运营商的目标前进。贝因美公司将一如既往地专注婴童事业的发展，全心全意帮助中国宝宝健康成长！

杭州市墙体改革领导小组办公室

HANGZHOUSHI QIANGTIGAIGE LINGDAOXIAOZU BANGONGSH

2006 年，全市墙体改革部门的干部职工深入贯彻落实国务院办公厅《关于进一步推进墙体材料革新和推广节能建筑的通知》和浙江省人民政府办公厅《关于加快发展新型墙体材料的通知》精神，坚持科学发展观，开拓创新，求真务实，做了大量扎实有效的工作，全面完成 2006 年度目标任务。全市新型墙材产量达到 24.56 亿块标砖，比 2005 年增加 6.89 亿块，增幅达 38.99%；新型墙体材料产量占墙材总量的比例为 80.71%，提高 10.17 个百分点；新型墙材建筑使用比例达 53.12%，提高 12.28 个百分点；关停粘土砖瓦窑 164 座，粘土制品产量压缩到 5.87 亿块标砖，下降 1.51 亿块，降幅为 20.46%；一批企业生产的新型墙材出口日本、新加坡、澳大利亚、中东等国家和地区，为全面完成“十一五”时期奋斗目标开了好局，迈出了坚实一步。

按国家统计口径计算，2006 年全市生产的新墙材，可节约土地 300.86 公顷（按挖土 2 米深计），节约能源 16.96 万吨标煤，减少废气排放 4240 吨（指 SO_2 气体），利用废渣 185.84 万吨，为实施科学发展观、创建节约型社会作出了应有的贡献。

运河畔白马公寓

杭州市副市长沈坚在市墙改工作会议上讲话

杭州市经济委员会主任赵纪来在市墙改工作会议上作报告

杭州市政府副秘书长赵立康主持市墙改工作会议

杭州市墙改工作会议

赵纪来代表市墙改领导小组与各区、县(市)墙改办负责人签订墙改目标管理责任书

北京2008年奥运会合作伙伴
OFFICIAL PARTNER OF THE BEIJING 2008 OLYMPIC GAMES

杭州市电力局

HANGZHOU MUNICIPAL ELECTRIC POWER BUREAU

杭州市电力局是国家一流供电企业和浙江省特大型供电企业，承担着杭州8区及富阳、临安、桐庐3县(市)的供电任务，供电区域9780平方千米，有职工4216人。2006年，最高供电负荷603万千瓦，售电量313亿千瓦时，受理业扩报装519万千伏安。至2006年末，杭州电网有供电客户243万户，35千伏及以上变电所240座，总变电容量2804万千伏安，35千伏及以上输电线路5600千米。杭州电网的变电容量和售电量均列全国省会城市前茅。

近年来，杭州市电力局贯彻落实国家电网公司“一强三优”发展战略，以科学发展观为指导，坚持以人为本，开展爱心活动，实施平安工程，凝心聚力、务实奋进，扎扎实实地推进各项工作，努力营造电网安全、队伍稳定、和谐发展的环境，实现了“十一五”时期的良好开局，为杭州经济发展和人民生活水平的提高作出了积极贡献。

杭州市电力局已连续20年保持浙江省、杭州市的文明(先进)单位称号；2001年被全国总工会授予“全国模范职工之家”；2002年被评为国家电力公司双文明单位，成为杭州市的首批文明行业单位；2003年被中国质量管理协会评为全国质量效益型先进企业；2004年被全国总工会授予全国五一劳动奖状，通过了省电力公司组织的建设国际一流供电企业考评，并成为国家电网公司的首届文明单位；2005年底顺利通过了ISO 9001、ISO 14001、OHSAS 18001三标一体化认证；2006年被授予企业档案目标管理“国一级”单位等荣誉称号。

宝石山亮灯工程

500 千伏杭兰线

电力抢修

500 千伏高压线

500 千伏富阳变电所

带电作业

HANGZHOU MUNICIPAL ELECTRIC POWER BUREAU

杭州华电半山发电有限公司

HANGZHOU HUADIAN BANSHAN POWER GENERATION CO., LTD

中国华电集团公司党组书记、总经理曹培玺(中)到杭州华电半山发电有限公司调研

10月26日,"中华环保世纪行"记者团到公司调研。

杭州华电半山发电有限公司总装机容量143.5万千瓦,是全国首个百万千瓦级燃机电厂。2006年荣获浙江省文明单位、中国华电集团公司文明单位标兵、优秀发电企业等荣誉称号。

公司坚持社会效益优先，生态环境至上。烟气脱硫工程被国家经贸委确定为"九五"期间国家技术改造优秀项目，被国家环保总局评为国家环境保护百佳工程，是全国三大环保示范工程之一，脱硫效率在95%以上,达到国内一流水平。

公司天然气发电工程3台39万千瓦燃气蒸汽联合循环机组,是国家实施西部大开发战略、落实"西气东输"工程下游的配套发电项目,被列为国家重点建设项目和浙江省"五大百亿"工程。该项目采用率先引进的9FA重型燃机，无固体废弃物产生，基本无烟尘和二氧化硫排放,具有良好的环保效应,又有启停快、调峰能力强、循环热效率高的特点。2006年4月29日,中共中央政治局委员、国务院副总理曾培炎视察天然气发电机组生产现场，对燃机的建设和运营情况给予高度评价。

国家环境保护百佳工程——半山烟气脱硫系统

天然气发电机组全景

支柱工业

Pillar Industries

·机械工业·

【机械工业概况】2006 年，杭州市机械行业面对国家加强宏观调控的新形势，努力克服原辅材料涨价等影响，各企业通过加强内部管理、开拓市场和技术创新等有效措施，主要经济指标保持平稳增长态势。行业归口统计的 102 个规模以上企业，完成工业总产值 873 亿元，比上年（指 2005 年，下同）增长 21.2%；完成工业销售产值 862 亿元，增长 20.7%；工业产品产销率达到 99.24%，高于上年 0.13 个百分点。

在国家宏观调控政策的作用下，产销增长速度由前几年的高速增长逐步向稳步增长的态势回归。全年实现产品销售收入 848 亿元，比上年增长 19.8%。实现利税 72.3 亿元，增长 16.5%；其中实现利润 49.8 亿元，增长 17.1%。亏损企业亏损额 2.097 亿元，上升 23.4%。经济运行质量高于上年水平，经济效益综合指数 197.36 分，比上年上升 22.6 个百分点。资产负债率 59.39%，流动资产周转率 2.0%，分别高于上年 0.23、0.17 个百分点；总资产贡献率 9.79%，成本费用利润率 6.19%，分别低于上年 0.44、0.15 个百分点。全员劳动生产率 15.75 万元/人，提高 3.69 万元/人。

随着国家宏观调控的深入，对产业发展作用显现。杭州市汽车及零部件、电工电器、仪器仪表三大重点产业，全年完成工业销售产值 720 亿元，比上年增长 21.7%，高于全行业平均增幅 1 个百分点。其中：汽车零部件产业完成 394 亿元，增长 23.7%；电工电器产业完成 234 亿元，增长 29.1%；仪器仪表产业完成 92 亿元，基本持平。三大产业占全行业经济总量比重 83.5%。受国家大力发展能源、电力工业的拉动和汽车工业持续发展的影响，行业中涌现一批年工业销售产值增长 100%以上的重点企业。其中浙江佳力科技股份有限公司增长 1.82 倍，浙江富春江水电设备有限公司增长 1.26 倍，中国重汽集团杭州汽车发动机有限公司增长 1.04 倍。

企业自主创新能力不断加强。华立仪表集团股份有限公司企业技术中心、浙江佳力科技有限公司企业技术中心、杭州减速机厂企业技术中心、杭州兆丰汽车零部件制造有限公司企业技术中心、杭州南都电源动力股份有限公司企业技术中心被认定为第 10 批省级企业技术中心。杭州海兴电器有限公司企业技术中心、杭州市钱江弹簧厂企业技术中心、杭州恒力电机制造有限公司企业技术中心、杭州华立仪表有限公司企业技术中心、杭州华新机电工程有限公司企业技术中心、杭州中能汽轮动力有限公司企业技术中心、杭州依维柯汽车变速器有限公司企业技术中心、杭州工具量具有限公司企业技术中心、杭州军联机械电子控股有限公司企业技术中心、杭州好克光电仪器有限公司企业技术中心、浙江友成塑料模具有限公司企业技术中心、杭州奇碟离合器有限公司企业技术中心、杭州立强机械有限公司企业技术中心、杭州天恒机械有限公司企业技术中心、浙江富春江水电设备有限公司企业技术中心被认定为第 7 批市级企业技术中心。至年末，市机械行业共有国家级、省级、市级企业技术中心 58 个，其中国家级 4 个、省级 21 个、市级 33 个。

科技进步和技术创新成果显著，5 种机械产品被认定为 2006 年中国名牌产品。杭州南方特种泵业有限公司的 NF 牌不锈钢多级离心泵、浙江国泰密封材料股份有限公司的萧星牌密封材料及密封制品、杭州减速机厂的恒星牌减速机、杭州武林机器有限公司的飞鸽牌和武林牌手动葫芦、杭州兴源压滤机有限公司的兴源牌压源机、杭州发达齿轮箱集团有限公司的发达牌船用齿轮箱系列、杭州恒达环保实业有限公司的 HD 牌污水处理设备、杭州富生电器有限公司的 FS 牌小功率电机、杭州电缆有限公司的永通牌 35 千伏及以下电力电缆、浙江南都电源动力股份有限公司的南都 Narada 牌阀控式密封铅酸蓄电池、杭州江南电缆有限公司的梦虹牌钢芯铝绞线被评为浙江名牌产品。至年末，全市机械行业共有中国名牌产品 11 种、省级名牌产品 41 种。杭州市汽车内饰件有限公司的龙生牌汽车座椅功能件、浙江萧山金龟机械有限公司金龟牌 JM 系列精密冷冲模架、杭州杭发集团公司的杭发牌水(汽)轮发电机组、杭州电缆有限公司的永通牌圆线同心绞架空导线、浙江万马电气电缆集团有限公司的万马牌电缆附件、浙江电联设备工程有限公司的电联（DY-Link）牌单管塔、杭州兆丰汽车零部件制造有限公司的 HZF 牌汽车轮毂单元总成、杭州西子孚信科技有限公司的西子孚信牌永磁同步无齿轮曳

2006 年,杭州前进齿轮箱集团有限公司加强技术改造,从德国引进 2 米磨齿机加工产品。(市经委 供稿)

引机、杭州华惠阀门有限公司的杭州/杭牌高中压阀门减温减压装置、杭州西湖汽车零部件集团有限公司的铁流牌摩擦材料、杭州正强万向节有限公司的正强牌汽车十字轴万向节、杭州起重机械有限公司的杭起牌起重机、杭州和泰机电工业有限公司的和泰 HOTA 牌垂直斗式提升机、杭州金鼎液压件制造有限公司的新魁牌液压件 14 种产品被认定为杭州名牌产品。

市机械行业获杭州市优秀新产品新技术奖 30 项。其中,浙江亚太机电股份有限公司的 BJ2500 型汽车制动防抱死系统(ABS)、杭州中亚机械有限公司的 GF 全自动旋转式灌装封口拧盖机、浙江南都电源动力股份有限公司的太阳能光伏系统贮能电池 3 项获一等奖;浙江杭叉工程机械股份有限公司的 1.3 吨~2 吨 J 系列三支点蓄电池叉车等 11 项获二等奖;杭州锅炉集团有限公司的 5000 吨/小时水泥窑纯低温余热锅炉等 16 项获三等奖。

【电动汽车项目通过“863”计划验收】 1 月 12 日,经过科技部专家组的评审,万向集团承担的两项国家“863”计划电动汽车重大专项——电动汽车运行考核试验研究和 WX 纯电动汽车动力总成通过验收。

万向集团从 1999 年开始涉足电动汽车领域,作为浙江省电动汽车重点项目筹备组的唯一企业成员,该集团成立万向电动汽车有限公司。通过努力,完成纯电动轿车和纯电动大巴车的开发,经过 15 万千米运行,取得大量实验数据,并积累了电动汽车改装、检测、充电、运行、维修、人员培训等方面的经验,为国家发展电动汽车提供了决策依据,为推进电动汽车产业化、商品化进程发挥重大作用。

【万向集团入选全国知识产权试点】 2 月 21 日,在国家知识产权局公布的第 3 批全国企事业知识产权试点单位名单中,万向集团榜上有名。第 3 批试点工作从 2006 年 5 月正式开始,为期 3 年。内容包括建立和完善知识产权(以专利为主)管理规章制度;加大产权管理的力度;加大对知识产权制度规则运用的力度,全面开展企业专利战略的研究和实施;加大知识产权培训的力度;建立符合实际的企事业单位知识产权工作考评表 5 个方面。

【机床集团并购德国企业】 6 月 9 日,在宁波举办的第八届浙江投资贸易洽谈会对外经济合作项目签约仪式上,杭州机床集团有限公司与德国 aba z&b 磨床有限公司签订境外投资合作协议。机床集团以 600 万欧元收购德国 aba z&b 磨床有限公司 60%的股权。始建于 1898 年的德国 aba z&b 磨床公司是欧洲 4 大磨床制造企业之一,机床集团是中国平面磨床行业的排头兵企业。收购后,机床集团在德国建立技术研究机构,借助德国公司原有的百年形象、人才队伍、产品知名度、销售渠道和市场资源,直接进入国际市场。合作双方计划投资 600 万欧元,在中国投资新建机床企业,产品定位于中端市场。合作研制的第 1 个产品是 MGK7350 数控高精度卧轴圆台平面磨床,在 2006 年德国斯图加特机床展览会上受到好评。

【5 种机械产品列入中国名牌】 9 月 6 日,在北京人民大会堂举行的中国名牌授牌仪式上,浙江亚太机电股份有限公司的湘湖牌汽车制动系统、万向集团公司的钱潮(QC)牌万向节(复评)、杭州汽轮动力集团有限公司的工字牌工业汽轮机、万向集团公司的万向牌汽车制动系统、杭申控股集团有限公司的杭申牌万能式低压电器5 种机械产品获 2006 年中国名牌产品称号。

【组建前进马森船舶传动公司】 10 月 18 日,杭州前进齿轮箱集团有限公司与法国马森公司(MASSON MARINE 公司)经多次洽谈后,就组建杭州前进马森船舶传动有限公司在杭州签订合资合同。前进马森船舶传动公司落户萧山经济技术开发区,总投资 6000 万元,注册资本 3000 万元。其中:杭州前进齿轮箱集团有限公司投资 1800 万元,占 60%的股份;马森公司投资 1200 万元,占 40%的股份。主要生产经营船用齿轮箱、可调螺旋桨、船舶传动装置及相关零部件,规模年产 1500 台(套)。

法国马森公司有着 100 年船用齿轮箱制造历史,其船用齿轮箱和可调螺旋桨的设计理念及制造技术具有国际先进水平,在欧洲建立了较好的销售网络及售后服务系统。前进齿轮箱集团是中国最大的船用齿轮箱生产企业,具有较大的性价比优势,在扩大国际中端市场、进入高端市场方面潜力巨大。通过合资合作,采用先进的技术和科学的经营管理方法,扩大船用产品的领域,生产经营适合市场的新一代产品,扩大国际市场销售量,获得双方满意的利益。

【锅炉集团签订 3 亿多元供货合同】 10 月 19 日,杭州锅炉集团与福建省晋江天然气发电有限公司在福州正式签订 4 套 9F 燃气轮机余热锅炉供货合同。该项目是福建省列为国家“十一五”计划的重点电源建设项目。在燃气轮机余热锅炉(HRSG)领域中,杭州锅炉集团以技术、制造、服务及业绩的明显优势保持着市场的领先地位。该合同标的额3亿多元,是锅炉集团迄今为止得到的最大一笔订单。

【流动舞台车通过文化部验收】 中汽商用汽车有限公司在文化部流动舞台车招标项目中,以总分第一的优势,获得60%的招标份额。10月26日,这辆流动舞台样板车通过国家文化部和省有关部门的验收。该车只需3名操作人员,在15分钟时间内,即可搭建成一个设施齐备、功能完善的演出舞台。该项目顺应了社会主义新农村建设的要求,项目投产奠定了该公司在专业文化车领域的领先地位。

【杭氧公司收购江西制氧机厂】 12月30日,杭氧股份有限公司与江西省九江市国有资产监督管理委员会正式签订“江西制氧机厂整体生产性资产及流动负债”产权转让合同。江西制氧机厂是中国空分行业的重点企业,也是江西省重点国有企业,有一定市场竞争力和发展潜力的产品,有一支较高素质的职工队伍。由于历史原因背上沉重包袱,企业发展步履维艰。九江市政府决定通过资产转让的方式实现企业改制,剥离包袱使企业轻装上阵。杭氧公司出于行业整合、优势互补的战略角度,参与江西制氧机厂的收购。

参见授权经营工业类目江西制氧机厂产权转让条目。

【年产4.5万台汽车发动机】 截至12月26日,中国重汽集团杭州发动机有限公司提前5天,实现2006年生产4.5万台汽车发动机的目标。这一成绩刷新了该公司2004年生产发动机22837台的最高纪录,比2005年增长1.42倍。 (平永星)

·电子信息业·

【电子信息业概况】 杭州市深入贯彻实施《关于加快杭州国家电子信息产业基地建设的若干意见》,通过《杭州市“十一五”信息产业规划》和信息产业导向目录的编制、发布,有效使用有限的政府资金,努力引导企业自主创新、开拓进取,有效推动电子信息产业持续快速发展。

全年电子信息产业规模以上企业实现销售收入1306.25亿元,比上年增长28.7%。实现利税总额78.9亿元,增长23.2%;其中利润52.1亿元,增长43.5 %。电子信息产业从业人数10.47万人,增长13.1%。

通信设备制造业发展很快,完成销售收入688.18亿元,比上年增长94.2%。软件业实现销售收入261.84亿元,增长10.9%;软件出口6.16亿美元,增长1.33倍。新认定的软件企业107个,累计507个;新登记软件产品689件,累计2389件;41个企业通过CMM/CMMI/双模认证;集成电路产业全年收入20.31亿元,增长26.4%。

具有自主知识产权的数字电视核心芯片研发成功后进入批量生产,自有品牌的机顶盒占据国内市场较大份额,数字电视一体机完成研发并投入批量生产,杭州数字电视产业链发展取得突破,数字电视产业基地基本成型。

动漫游戏产业发展较快,企业数量由2004年的不到10个发展到2006年的85个,企业注册资本4亿余元,从业人员3000余人。2006年生产制作21部585集1.1万分钟的原创动画片,其时长位居全国前列,全年销售收入近4亿元。

通信行业全年实现业务收入96.45亿元,比上年增长13%。

【通讯设备制造业快速增长】 2006年,杭州通讯设备制造业扭转上年下滑的局面,产值、销售几乎均比上年增长1倍。该行业在全市电子信息产业中的比重重新超过50%,达到52.7%,创造近几年的新高。通讯设备制造业的快速增长,保障了电子信息业保持快速增长势头。杭州市信息产业全年规模以上企业实现销售收入占全市工业经济销售收入的1/5,占全省电子信息产业总销售收入的1/3强。

【实施培育大公司和优势企业战略】 全市电子信息产业中,全年销售收入超过1亿元的企业72个,其中超过10亿元的企业16个,超过100亿元的企业3个。前10个企业的销售收入占全市电子信息制造业销售收入的4/5。2006年度杭州市有5个企业进入全国电子信息产业100强,8个企业入选2006年度全国软件100强企业,浙江省软件10强企业全部为杭州软件企业,比上年增加1个;12个企业被认定为2006年度国家规划布局内重点软件企业。2006年,杭州市被商务部等部门认定为国家软件出口创新基地和国家服务外包基地城市。

【电子信息业运行质量提高】 杭州市电子信息产业全年实现利税总额78.9亿元,比上年增长23.2%;其中

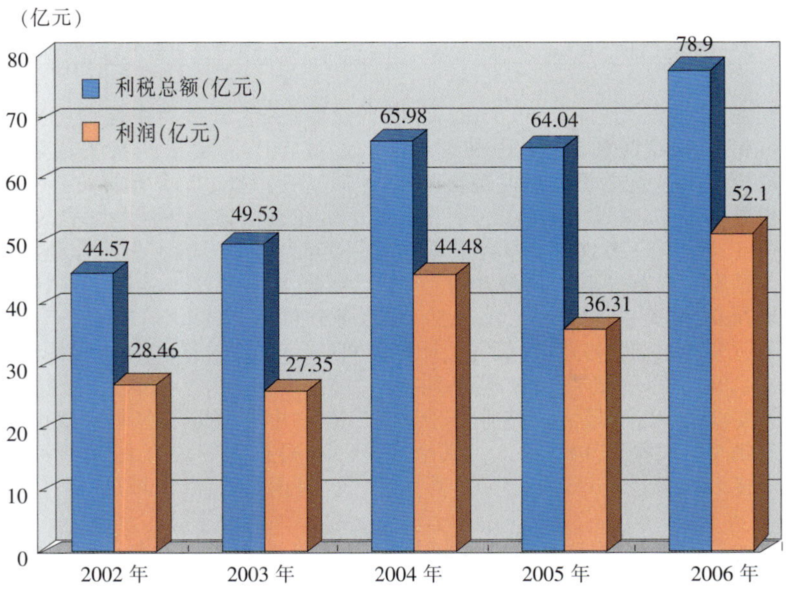

图1 2002年~2006年杭州市电子信息业利税变化情况

表 17　　2006 年杭州市电子信息产业主要产品产量情况

名称	单位	2006 年	2005 年	增长(%)
GSM 手机	万部	2 577	1 572	63.93
笔记本电脑	万部	152	134	13.43
光纤	千米	3 559 763	2 228 192	59.76
彩色电视机	万台	140	124	12.90
集成电路	万块	92 130	78 889	16.78
集成电路芯片	万片	43	34	26.47
基站设备	万信道	666	233	185.84

表 18　　杭州市列入 2006 年中国软件 100 强企业情况

名称	排名	软件收入(万元)
UT 斯达康通讯有限公司	4	598 554
浙江浙大网新科技股份有限公司	6	420 029
杭州恒生电子集团有限公司	38	59 286
中控科技集团有限公司	55	44 810
华立集团有限公司(浙江)	58	40 392
浙江大华技术股份有限公司	72	34 923
杭州士兰微电子股份有限公司	75	33 429
南望信息产业集团有限公司	91	27 344

表 19　　2006 年度杭州市列入全国优秀软件产品情况

序号	申报单位	产品名称
1	杭州新世纪电子科技有限公司	新世纪办公自动化系统 iOA V5.0
2	浙江联众卫生信息科技有限公司	联众医院信息系统 V2.0
3	浙江联众卫生信息科技有限公司	联众医疗服务价格监督管理系统 V1.0
4	浙江弘申信息技术有限公司	弘申环境信息在线监测综合管理系统 V1.0
5	杭州创业金卫软件有限公司	创业新型农村合作医疗管理信息系统 V1.0
6	杭州创业软件股份有限公司	创业社区卫生服务管理信息系统 V2.0
7	杭州爱科电脑技术有限公司	爱科服装信息化共享平台 V1.0
8	杭州爱科电脑技术有限公司	爱科服装 PDM 系统 V1.5
9	浙江航大科技开发有限公司	浙科国际贸易进出口模拟教学软件 V1.0
10	杭州浙大数维信息系统工程有限公司	数维地理信息系统平台(WalkGIS)V1.0
11	杭州正方电子工程有限公司	正方现代教学管理信息系统 V6.0

利润 52.1 亿元，增长 43.5 %，高于全市工业经济利润 31.1%的增幅。规模以上企业电子信息业销售收入增长 28.7%，超过上年水平，高于全市工业经济 26.2%的平均增幅。产销衔接良好，其中制造业总产值 1074.93 亿元，销售产值 1071.59 亿元，产销率达到 99.69%。手机、计算机、彩电等主要产品产销率均在 98%以上，10 个最大制造业企业的产销率有 7 个在 98%以上，其余 3 个接近 97%。

【杭州成为中国服务外包基地城市】 2006 年，商务部大力实施服务外包“千百十工程”。根据商务部、信息产业部《关于开展“中国服务外包基地城市”认定工作有关问题的通知》，在市委、市政府的关心和协调下，在市信息办与外经贸局、高新区(滨江)等部门的密切配合和共同努力下，杭州成功入选第 2 批“中国服务外包基地城市”。12 月 25 日，商务部、信息产业部和科技部在杭州举行授牌仪式，共同认定并授牌杭州市为“中国服务外包基地城市”，同时获得授牌的还有北京、南京、武汉、济南、天津 5 个城市。

【杭州被认定为国家软件出口创新基地】 12 月 1 日，杭州市被商务部认定为“国家软件出口创新基地”，同时被授牌的有广州、南京、成都和济南 4 个城市。作为 11 个国家级软件出口基地之一，杭州市享受国家有关扶持政策。商务部通过加强国际市场开拓，利用中央外贸发展资金，统一对外打造中国软件整体品牌；加大对基地的支持力度，加强对基地的引导和服务；依托各基地，加强信息交流与共享，编制《中国软件出口年度报告》；加强与驻外使领馆联系，为基地和企业提供国际市场信息服务。

【5 个企业列入中国电子信息 100 强】 5 月 31 日，经企业申报、地方行业主管部门推荐和信息产业部审核，依据企业 2005 年营业收入排序的第二十届电子信息 100 强企业正式揭晓。杭州市有 5 个企业入围 100 强，浙江浙大网新科技股份有限公司列 43 位，浙江富春江通信集团有限公司列 51 位，富通集团有限公司列 54 位，华伦集团列 75 位，西湖电子集团有限公司列 80 位。

【8 个企业列入中国软件 100 强】 5 月，信息产业部公布 2006 年中国软件收入规模前 100 个企业名单，即国家软件 100 强企业。杭州市有 8 个企业入围，入围个数与 2005 年持平，入围名次比上年有较大幅度提生。上届排名第 22 位的华立控股股份有限公司由于主营业务改变，归口到经贸委部门，没有参与 2006 年电子 100 强企业排名。

【12 个企业被认定为国家重点软件企业】 国家发展和改革委员会、信息产业部、商务部、国家税务总局联合发布《关于公布 2006 年度国家规划布局内重点软件企业名单的通知》，全国有 152 个企业通过认定。杭州市有 12 个企业被认定为 2006 年度国家规划布局内重点软件企业，他们是浙江中控技术有限公司、杭州信雅达系统工程股份有限公司、浙江西安交大龙山软件有限公司、浙江大学快威科技集团有限公司、南望信息产业集团有限公司、浙江大华技术股份有限公司、浙江浙大网新兰德科技股份有限公司、杭州宏华数码科技股份有限公司、杭州东忠软件有限公司、杭州东信北邮信息技术有限公司、杭州开源电

脑技术有限公司、杭州创业软件股份有限公司。杭州市被认定的企业个数在全国城市中位居第3位，仅次于北京和上海。

【11种产品成为优秀软件产品】 由中国软件行业协会主持的全国优秀软件产品评选结果揭晓，全国有84种优秀软件产品入选。该次评选历经地方软件行业协会推荐，中国软件行业协会初评、权威专家委员会终审评议等环节，杭州市有11种产品获2006年度国家推荐优秀软件产品称号。

【卫生服务管理信息系统列入优秀软件产品】《创业社区卫生服务管理信息系统》V2.0版本是由杭州创业软件股份有限公司在V1.0版本的基础上，征求多方意见后重新设计和开发的。该系统主要功能包括：健康档案、疾病管理、传染病管理、高血压专项管理、妇女保健、儿童保健、计划免疫、健康教育、眼病防治、全科诊疗、数据传输、统计分析和系统维护等，具有全面性、集成性、通用性和灵活性等特点，为社区卫生服务部门提供整体的解决方案，为社区卫生综合服务提供系统的指导和管理。该产品有助于解决“看病难”问题，深受用户欢迎，得到卫生部的肯定，成为2006年度国家推荐优秀软件产品 。

【士兰微公司列入中国集成电路设计10强】 中国半导体行业协会依据参加协会统计企业上报的数据，公布2006年度中国集成电路设计、集成电路与分立器件制造以及封装测试领域前10强企业。杭州士兰微电子股份有限公司入围2006年度中国集成电路设计前10强，名列第7位。该公司专业从事集成电路以及半导体微电子相关产品的设计、生产与销售。2001年1月投资进入芯片制造领域，2003年3月11日在上海证券交易所上市，2004年底在杭州滨江建成测试工厂。截至年末，该公司总资产15亿元，净资产6.5亿元，全年营业收入8.7亿元。

【7个企业被评为信息产业科技创新先进集体】 信息产业部决定对近年来在信息产业科技创新工作中取得突出成绩的集体和个人予以表彰。8月，经各省市和有关单位推荐，按相关程序审定，信息产业部、国家发改委、科技部在联合召开的全国信息产业科技创新会议上，汉王科技股份有限公司等129个集体被评为信息产业科技创新先进集体，刘迎建等292名个人被评为信息产业科技创新先进工作者。其中，杭州市的中控科技集团有限公司、国芯科技有限公司、开源电脑技术有限公司、富通集团有限公司、聚光科技(杭州)有限公司、东信北邮信息技术有限公司以及杭州电子科技大学共7个单位被评为先进集体，王匡、邹志永、王健、许光明、施一明、谢松桂、薛安克、刘敬彪、严义、张云电10人被评为先进工作者。 (陈丽华)

·食品工业·

【食品工业概况】 杭州市是食品生产、经营和消费的大市、强市。全市有4300余个食品企业，食品品种规格较齐全，食品资源得以综合开发和充分利用，食品工业成为支柱产业。全年食品工业企业加快新产品的开发和产品品质的提高，推动品牌战略的实施和先进制造业基地的建设，呈现出良好的运行态势。

食品行业克服原辅材料价格上扬、能源动力紧缺、市场竞争加剧等制约因素，实现持续健康和谐有序发展。根据市经委统计的32个最具代表性、上规模企业的主要经济指标实绩，全年食品工业总产值379.38亿元，比上年增长18.9%；销售收入373.19亿元，增长13.7%。利税总额143.64亿元，增长28%；其中利润55.79亿元，增长31.9%。资产总额达到327.66亿元。

食品行业的经济成分多元化发展，产业结构进一步趋向合理。民营企业发展迅猛，规模扩张迅速。国有企业重组改制的进程加快，重新焕发青春活力。外资合资企业多赢发展，带来新的管理理念和经营模式。

杭州食品工业企业重视资源的合理开发，重视生态建设和环境保护，重视先进制造业基地建设，食品工业发展很快，技术水平明显提高，传统行业得到提升，“杭州食品”的品牌效应初见成效。重视主动融入“长三角”经济区域合作，区域特色和块状经济的优势得到发挥。实现工厂化生产、网络化供应，充分利用现代物流和电子商务等先进技术，进一步把企业做大做强做精。祐康集团参加2006年杭州高新技术展示交易会，展示电子商务模式和杭州市食品(农产品)安全与标准化技术服务平台。

【建设儿童食品安全信用体系】 由市食品协会牵头，粮食、卫生、工商、质监、环保、教育、农业等部门共同组建的市儿童食品安全信用体系建设试点工作小组，把监管部门及试点企业的档案建立、信用评价及试点的推广作为全年的工作重点。市食品协会根据国家食品药品监督管理局下发的儿童食品行业婴幼儿配方乳粉企业生产经营档案示范文本，制定适合杭州婴幼儿奶粉生产企业的《婴幼儿配方乳粉企业生产经营档案示范文本》和适用于果(蔬)法饮料生产企业的《果(蔬)法饮料行业生产企业管理档案示范文本》，供各相关企业使用，规范企业行为。6月，信用评价结果揭晓，首批30个试点企业都为A级；9月18日，新增加的第2批70个试点企业名单揭晓。

【铁皮石斛专委会成立】 2月，中央电视台对杭州登峰营养保健品有限公司生产基地报道以后，整个铁皮石斛行业的销售进入低迷状态。市食品药品监管局和政府有关部门商讨后，决定成立铁皮石斛生产企业的行业组织，促进行业自律，重塑铁皮石斛在消费者心目中的地位。9月27日，召开杭州市铁皮石斛专业委员会成立大会。该专业委员会为市食品工业协会分支机构，先后制定《杭州市铁皮石斛行业自律公约》、《公开承诺书》、《杭州市铁皮石斛行业监督方案》、《铁皮石斛原料标准》、《铁皮石斛类保健食品生产质量管理要求》、《杭州市铁皮石斛专业委员会财务制度》等，加强行业管理，约束和规范各会员企业。

【食品网开通】 11月10日，由杭州市经委主办，市食品工业协会承办的食品网，经过一年多时间的制作、调整，在宁波举行的中国食品博览会上正式开网运行。网址是www.

11月9日~13日，举办中国(宁波)食品博览会。图为杭州食品展台。（陶江锋 摄）

hzfood.net。该食品网设有名优企业推荐、展会信息、供求信息、最新动态、行业动态、政策法规、质量信息、食品开发等特色栏目，为食品企业和消费者服务。

【淳安实施食品安全信用体系建设】11月，淳安县制订《食品安全信用体系建设试点实施方案》。根据实施方案，2006年在全县范围内，选择质量管理基础比较好、市场规模比较大、社会影响比较广的2个食品生产经营企业作为试点，2007年试点企业总数不少于3个。2006年度食品安全信用体系建设工作分3个阶段进行。在准备阶段主要做好组织培训，推荐试点企业名单，制定工作方案，组织调查企业基本情况。在实施阶段做好宣传发动，培训辅导，现场指导，加强监管和组织评价。在总结推广阶段，做好食品安全信用体系建设试点总结，找出试点中的存在问题，提出全面推进食品安全信用体系建设的建议和对策，提出推广企业名单。

【食品安全信用信息系统通过验收】11月，杭州市食品安全信用信息系统一期工程通过市统计局和市公安局等部门专家验收并投入运行。该系统由市食品药品监督管理局主办，表明全市的食品安全监管向信息化、现代化迈出了重要步伐。该系统由连接各相关部门的监管信息采集交换、面向社会的食品安全信息服务2个网，食品安全监管、企业生产经营档案、食品产品质量3个信息库，数据采集交换、企业生产经营档案信息采集、数据库管理、食品安全信用评价、食品安全信用信息服务5个系统组成。总投资1000余万元，计划分3期建设，于2008年全部建成。一期工程主要完成“2网3库5系统”的开发建设，实现市食品药品监管局与市工商局、市质监局等部门的食品生产经营企业基础信息交换，为及时向社会发布全市食品安全信息，动员全社会力量监督食品安全和广泛宣传食品安全知识提供平台。

【依靠科技装备保证质量】杭州顶津食品有限公司是顶新国际集团康师傅公司控股的饮品生产基地，有员工1600余人，产品主要销往华东地区。2006年，通过计量检测体系认证，建立了质量保证体系。该公司从丹麦、瑞典引进UHT(超高温瞬时全自动杀菌)技术，使产品在超高温下，仅需几秒钟既达到杀菌的要求，并使产品保持原味。常温无菌包装能将杀菌后产品，充填到无菌包装材料中，不必对产品进行二次杀菌，也不必在产品中添加防腐剂来抑制产品中的细菌。自动包装采用全电脑及电气伺服驱动技术，缩短了设备的调整、换产及开机准备时间。该公司的产品口感自然、安全健康，受到市场欢迎。全年实现产值14.19亿元，利税3亿元，其中利润1.89亿元，分别比上年增长23.9%、17.7%和7%。

【举办第二十一届食品展销会】2月7日~13日，杭州市第二十一届食品展销会在浙江展览馆举办。该届展销会坚持为生产企业服务、为市场规范化服务、为老百姓节日消费服务的宗旨，以周密扎实的基础工作，确保参展商品安全可靠优质价廉，受到各界人士的肯定和欢迎。展销会有150余个工商企业的3000多种商品参展，接待购物者8万余人次。据不完全统计，销售额超过800万元。（来 妍）

【娃哈哈集团销售饮料超过150亿元】杭州娃哈哈集团公司以差异化赢得定价权，制定合理价差促进了开发新产品的积极性。从2005年始，开发出的娃哈哈营养快线受到饮料市场欢迎。2006年，研发的爽歪歪益生菌酸奶饮料与非常咖啡可乐，以独特的口感得到消费者的认可。2006年，娃哈哈集团扩大了经销商队伍，在4500家经销商下面，形成8万余家娃哈哈的分销商，直接控制数以百万计的销售终端。制定的合理价差，调动了各级经销商的销售积极性，激发了经销商精耕细作、挖掘市场潜力的自觉性。该集团实行差异化产品开发和销售渠道扁平化策略，使全年饮料销售收入首次突破150亿元，达到154.84亿元，比上年增长30.7%。

【东南面粉公司依靠质量兴业】杭州东南面粉有限公司是浙江省最大的面粉加工企业，占地面积5.3万平方米，建筑面积3.7万平方米，年生产能力8万吨。该公司根据全国人大常委会颁布的《中华人民共和国食品卫生法》、卫生部发布的《食品添加剂卫生标准》等有关法律、法规精神，分别按采购、生产、流通、消费4个环节，从原料采购、索证验质、生产记录、包装标志、出厂检验、质量标准、销售记录、售后服务8个方面制订18个控制程序、34个管理要素、87条内容、20个记录文本，保证了食品安全的追溯性。基本形成“科学消费放心食品、放心使用免检产品”的氛围，为建设食品安全信用体系打好了基础。2006年，杭州东南面粉有限公司实现产值1.6亿元。

【引进婴幼儿奶粉生产线】 5月18日，杭州贝因美集团有限公司引进婴幼儿奶粉生产线工程项目开工典礼在黑龙江安达市举行。贝因美集团投资13亿元，从荷兰引进国内首条国际先进水平的高端婴幼儿配方奶粉专用生产线。计划2008年投产，年产值约100亿元。通过投资奶源建设，与当地优势资源的整合，在安达市建立优质、绿色环保的婴童配方奶粉产业基地。（傅　敏）

【贝因美集团获食品安全信用大奖】浙江贝因美科工贸股份有限公司是贝因美集团下属企业，有员工1.35万人。该公司自主研发生产贝因美系列婴幼儿食品涵盖代乳品、断奶期食品和辅助食品3大类100多个品种，另有“比因美特”品牌孕妇装、童装、童床、童车等1000多种孕妇用品和婴儿用品。产品严格遵循国际孕妇和婴幼儿安全保护标准生产。6月，贝因美集团获中国质量信用评价中心授予的AAA质量信用单位称号；获得中国宋庆龄基金会、中国食品科学技术学会主办，国家青少年食品质量监督检验中心和中国食品科学技术学会儿童食品专业学会颁发的“2006食品安全信用大奖”。该公司遵遁绿色、环保、健康、安全、科学理念，生产不断发展，全年主营的系列米粉产量7650吨，销售收入4.15亿元。（周　影）

·纺织化纤工业·

【纺织化纤工业概况】 杭州是浙江省的纺织化纤工业主要基地，纺织化纤工业也是杭州市的支柱产业。杭州纺织化纤企业坚持科学发展、可持续发展主线，发挥区块经济特色，全面提升产业集群档次，进一步完善产业链，各项经济技术指标在全省和全国省会城市中，保持“一高一领先”地位。

全市列入国家行业统计口径的规模以上的纺织品制造加工和化纤企业1837个，其中服装制造业413个。从业人员30.44万人，其中服装制造业8.83万人。另有刺绣、地毯、工艺编织企业53个，轻纺综合的羽绒皮毛制品企业218个，纺织服装设备制造企业49个，从业人员5.9万人。

纺织化纤工业经济运行情况良好，全年完成工业总产值1341亿元，比上年增长24.6%；其中，纺织667.69亿元，化纤465.19亿元，服装202.75亿元，纺织面料鞋帽业5.43亿元。销售产值1314亿元，增长24.8%；其中，纺织651.17亿元，化纤460.14亿元，服装197.40亿元，纺织面料鞋帽业5.37亿元。全年完成出口交货值347.24亿元，增长18.7%；其中，纺织202.43亿元，化纤6.27亿元，服装133.61亿元，纺织面料鞋帽业4.93亿元。全年实现利税70.83亿元，增长24.3%；其中利润42.34亿元，增长31.5%。轻纺综合的羽绒皮毛、刺绣、地毯、工艺编织和纺织设备制造业完成工业总产值208.44亿元，销售产值203.55亿元，实现利税10.38亿元，其中利润5.95亿元。

全市拥有棉纺锭130万锭，约占全省的26%。气流纺5.26万头，占全省47.8%；其中3.19万头属国际一流水平。各类织机7.6万台，无梭化率达76.3%。以涤纶为主体的各类化纤纺丝能力达到357万吨。其中：涤长丝320万吨，占90%；粘胶短纤16万吨，占4.4%；其他为涤纶短纤11.5万吨、锦纶4万吨、粘胶长丝1.2万吨、氨纶3.3万吨、丙纶1万吨。全市以萧山、余杭两区的纺织产业集群为主力板块，服装及家纺面料的总生产能力达到46亿米，并形成配套的印染后整理能力。全年实产纱32.46万吨，比上年增长18.4%；各类坯布28.96亿米，增长10.9%；混纺交织布3.08亿米，增长4.6%；印染布加工36.39亿米，增长11.5%；化纤布25.3亿米，增长12.1%。

全市各类化纤生产323.26万吨，比上年增长21.6%。其中：涤纶丝310.1万吨，增长21%；粘胶丝8.7万吨，增长42.3%；锦纶丝3.78万吨，增长36.2%；丙纶丝6789吨，增长8%。真丝5077吨，增长2.1%。丝织品2.07万米，增长11.1%。针织品（折用纱量）2.996万吨，增长15.4%。非织造布3.08万吨，增长14.5%。全年实产服装3.51亿件，增长13.2%；其中梭织服装2.38亿件，针织服装1.13亿件。另有羽绒皮毛服装1996万件。

全年完成固定资产投资额66.53亿元，创新产品产值70.86亿元。大类的纺织专用装备都达到国内一流水平，培育发展了一批著名商标和名牌产品。

市纺织协会有9大类专业（支行业）企业成员，会员企业的年销售产值650亿元。协会坚持“做好服务、办好实事、当好参谋、搭好桥梁”的方针，开展多样化服务，建立行业网站，组织10项专业技术经济交流研讨活动和2次外向型经济贸易交流活动以及2次跨地区考察学习活动。获得主管部门和企业的好评，第4次被评为市经委系统先进协会。

【实施纺化品牌战略】 杭州市纺织化纤行业持续快速发展，发挥政府引导、行业协会推动作用，以企业为主体大力实施品牌战略，促进纺织品市场竞争力的提高。

全年澳坦斯牌装饰布、众望牌装饰布、迪欧达牌羽绒服被认定为国家免检产品。RONGXIANG牌涤纶长丝、柯力达牌装饰布、TIDYLON牌羽绒制品、SIDANDA牌羽绒制品、众望牌装饰布、玫瑰牌萧山花边、科尔牌棉纱、喜得宝牌真丝印染绸和丝绸服装、鹤舞牌制式服装、富可达牌皮革服装、千岛湖牌桑蚕丝11种产品被认定为省名牌产品。

云森牌纱线、红化牌涤纶长丝、圣菲丹牌装饰布、TIDYLON牌羽绒制品、图形雪尼尔纱线、图形环保多功能遮光布、SIDANDA牌羽绒制品、SIAPKANGDA牌PU人造革、飞航牌无纺布、玫瑰牌萧山花边、中强牌白厂丝、唐诗牌服装、礼根牌服装、阿尔特贝娜牌女装、汉龙威尔牌休闲装、鹤舞牌制式服装16种产品被认定为市名牌产品。

【29种纺织商标被评为驰名著名商标】 2006年，杭州市培育29种纺织商标为中国驰名和省、市著名商标。获中国驰名商标的有浙江北天鹅服饰股份有限公司的“北天鹅BEITIANE”商标，杭州金富春丝绸化纤有限公司的“金富春”商标。

获浙江省著名商标的有：图形（淳安县茧丝绸总公司），图形（浙江

杭州商铬丝绸有限公司纺纱车间 （市纺织协会 供稿）

力达现代纺织有限公司），翔盛纺织+图形（杭州翔盛集团有限公司），曼江利（杭州江宁丝绸制衣有限公司），JNBY（杭州江南布衣服饰有限公司），万利+图形（浙江万利纺织机械有限公司），图形（浙江云森集团有限公司），孔雀+图形（杭州蓝孔雀化学纤维〈股份〉有限公司），春江+图形（浙江春江轻纺集团有限责任公司），富丽达+图形（富丽达集团控股有限公司），金富春+图形（杭州金富春丝绸化纤有限公司），BEITIANE+图形（中服浙江北天鹅服饰股份有限公司），兽王+图形（兽王集团有限公司），喜得宝+图形（杭州喜得宝集团有限公司）等14种商标。

获杭州市著名商标的有：JJFZ+图形（杭州建杰纺织有限公司），天外天+图形（杭州富春染织服装有限公司），星冠+图形+拼音（杭州金星植绒厂），圣菲丹（杭州圣菲丹纺织品有限公司），自然伊格（大自然控股集团有限公司），万帛（浙江万通家纺有限公司），樱久儿+图形（杭州伊斯特服装有限公司），胜奇+图形+拼音（杭州胜奇纺塑有限公司），JOININ（杭州嘉艺针织有限公司），美施+图形（杭州美施服饰有限公司），重峰+图形（浙江重峰制衣有限公司），月桂+图形（杭州月桂袜业有限公司），盈湖（杭州赛尔美服饰有限公司）等13种商标。

【14个纺织项目获市优秀新产品新技术奖】 杭州市纺织行业新产品新技术的开发研究有重大进展，经企业申报、有关部门初审推荐、专业评审组初评、市评委审核和复评，市经委、市科技局、市财政局核准，2006年纺织行业有4项获二等奖、9项获三等奖。获二等奖的是：杭州国泰环保科技有限公司开发的“印染工业碱减量废水资源化处理并回收生产高纯度对苯二甲酸与延伸产品生产”，杭州华欣纺织有限公司开发的“环保型电脑绣花彩色涤纶底线”，富丽达集团控股有限公司开发的“爽肤呢”，杭州喜得宝集团有限公司开发的“数码喷射印花和平网四分色印花协同生产产业化研究”。获三等奖的是：浙江万利纺织机械有限公司开发的“WL 2002型高支纱短纤倍捻机”，杭州长翼纺织机械有限公司开发的“一步法电脑数控复合捻线机”，杭州经纬电子机械制造有限公司开发的“特绣机”，浙江宏发集团有限公司开发的“仿真丝方格绉纺织面料”，杭州华成聚合纤有限公司开发的“功能性涤纶凉爽纤维”，杭州临平创新丝绸实验厂开发的“色银花缎”，杭州宏宇纺织有限公司开发的“舒丽纱”，万事利集团有限公司开发的“纯棉服装雾漂洗涤新工艺”，浙江大学海特机电技术公司开发的“面向信息网络的电子提花机及电控系统”。

【氨纶生产能力3.3万吨】 氨纶纤维的特性能体现和满足人们对穿着的要求，针织内衣、牛仔等服装面料以及胸罩、袜子、运动衣、游泳装等为了提高服装性能，都要用部分氨纶原料，因此有“无氨不成布”的说法。20世纪90年代，中国的氨纶行业仅在烟台、连云港有2个企业，氨纶纤维主要依靠进口。2002年5月，杭州市第1个生产氨纶的青云集团舒尔茨氨纶公司兴建，2003年4月投产。至2006年末，杭州市有5个氨纶企业，年生产能力达到3.3万吨，约占全国产能的15%。青云集团舒尔茨氨纶公司实施溶剂由DMF改为DMAC的新工艺新技术，使氨纶生产更为环保，并在其他氨纶企业中推广。杭州的邦联公司应用氨纶连续纺的新工艺，使单产提高，能耗下降，产品的回弹性更好。

【举办面料辅料博览会】 12月13日~15日，由市纺织行业协会主办，市丝绸行业协会、市服装行业协会、市杭派女装商会支持的“2006中国（杭州）纺织丝绸、面料、辅料博览会”在杭州和平会展中心举办。展会占地4000余平方米，以杭州、绍兴为主体的江、浙、沪150多个纺织丝绸面料、辅料企业参展，展出面料、辅料、服饰配件等。3天的展出，吸引6000余名观众参观，其中专业观众4000余人。

在此期间，由市纺织行业协会牵头组织举办论坛活动——“2006新颖面料开发与质量控制检测研讨会”。有关专家作面料行业的现状、差距以及发展方向，织物结构的新设计，面料检测方法与技巧，面料的流行趋势和生态纺织品等报告，交流新产品开发、新技术应用的经验。

【打造余杭家纺品牌】 8月，第十二届中国国际家纺博览会在上海举行。余杭区80余个企业以“余杭家纺”的名义集体亮相，签下3.5亿元订单。余杭区的4642个家纺企业中，年产值500万元以上的企业只有142个，许多小企业只能靠贴牌式、订单式生产。作为打造地理区域品牌的一项重要举措，余杭区家纺协会注册申请“余杭家纺”的集体商标。集体商标成员特别是中小企业，可以“借船出海”，用区域品牌推动单个品牌，在竞争中弥补企业规模较小造成的力量不足。

【余杭实施生态纺织品认证】 生态

纺织品是纺织品发展方向，是纺织品通往国际市场的一张“绿色通行证”。余杭区制订有关扶持政策，市纺织行业协会与余杭区经发局、余杭区家纺协会合作，举办技术知识培训班。至年末，圣菲丹纺织品公司、碧雅布艺公司、雅士居艺布公司、舒兰布艺公司、奥坦斯布艺公司、泰利德布艺公司6个企业在万泰认证有限公司配合下，通过了生态纺织品认证。

【春江集团注重开发新产品】 浙江春江轻纺集团有限责任公司前身是杭州春江棉纺织厂，成立于1982年。2000年该公司全面转制，由中国中纺集团公司控股。

浙江春江轻纺集团有限责任公司化大力气进行技术改造，注重开发新产品。至2006年末，累计投入技改资金2.8亿元，形成高档精梳纱生产线和高档转杯纱生产线，拥有环锭纺纱17.3万枚、气流纺纱2496头和线锭1.75万枚。吸湿排汗纤维纱等7种产品获得中国棉纺织行业协会颁发的优秀产品创新奖，丽赛纤维纱等4种产品获得浙江省科技新产品奖，春江牌纱线被评为浙江省名牌产品，并成为生产军用衬衣面料特种纱线的定点生产企业。2006年，实现销售收入3.89亿元，其中各类新产品和新品种的销售收入占24%。

【荣盛集团列入全国民营企业500强】 荣盛化纤集团是杭州市受表彰的大企业大集团之一，企业规模进入全国同行业10强，列入全国民营企业500强。

16年前，该企业在萧山益农镇上只有8台梭织机和临时租用的6间平房。1993年，有了第100台织机，产销超过1000万元。1995年中国纺织行业陷入低迷，该企业卖掉100台织机，投资1200万元，发展涤纶加弹项目。1997年，实现从传统织造业向化纤业转型，全年产值突破1亿元。2003年，荣盛化纤集团公司宣告成立，产销突破30亿元。2006年，该集团净资产达到22亿元，销售产值首次超过100亿元，达到101.9亿元。

【12万吨粘胶短纤生产线投产】 富丽达集团前身是个只有近百名职工的小型农垦企业，经过20多年的努力，发展成拥有织造、印染、纤维制造、热电、污水治理、进出口等分公司的浙江省最大的面料织造企业。该集团被国家纺织产品开发中心认定为化纤仿毛织物开发基地，富丽达牌服装面料被认定为浙江名牌产品，“靓爽呢”产品被杭州市评为优秀新产品。用粘胶短纤维制造的纱线是面料织造的主要原料。为了实现产业链的延伸和产业结构的优化，该集团投资筹建粘胶纤维生产线。2005年5月，第一期工程6万吨生产线投产；2006年12月，第二期工程6万吨生产线试运行。2006年，实产粘胶短纤维7.6万吨，成为全国单个企业产能最大的工厂。全年集团销售产值达到20亿元。

【兴惠集团喷水织机污水零排放】 浙江兴惠化纤集团有喷水织机近1000台，年产各类服装面料1.2亿米，是萧山区最大的面料生产基地。由于喷水织机作业需要大量用水（每天3立方米/台~5立方米/台）和排放生产废水，该集团2003年建造了2座污水处理站。为了确保污水处理的效果，2006年对污水处理设施进行改造，重新建造2套组合式气浮过滤装置，采用物化处理方法，经隔油、气浮、沉淀、过滤及专用药剂等过程，处理高浓度喷水织机废水，确保出水水质达标。浮渣经污泥池收集，由环卫站外运，进行填埋处理。从车间排出的污水管道改用无缝钢管，杜绝污水的泄露。通过改造，喷水织机排放的废水经处理，全部得到循环回用，真正实现了零排放。废水处理成本由2005年的0.9元/立方米左右降至2006年的0.77元/立方米。每年节约用水76.5万立方米。

【三元集团抓节能降耗】 三元集团公司是杭州市的大型骨干企业，有15个子公司，其中9个印染企业、2个织造企业、1个科技公司、1个污水治理企业、1个热电厂、1个房地产企业，拥有总资产17亿元。该集团注重节能降耗，制订10项措施。其中，有循环回用冷却水，每日回用水达1万立方米；改造疏水阀门，用水量大的生产设备进行技术改造；回用减碱量设备的废液，回收油锅炉烟气、棉印染染色废水以及拉幅定型机余热；采用丝光废碱回收措施，每天回收碱30吨；95%以上的用电设备采用变频节电。2006年实现销售收入15亿元，实现利税9200万元，节能降耗效果明显。（姚　挺）

·女装产业·

【女装产业概况】 杭州女装产业呈现快速发展势头，出口保持稳定增长。全市有规模以上服装企业408个，比上年增加4个；从业人员8.83万人，增加5500余人。全年实现工业总产值201.52亿元，增长17.9%；主营业务收入192.64亿元，增长17.3%。实现利税14.53亿元，增长16.8%；其中实现利润9.52亿元，增长16.1%。出口交货值138.19亿元，增长19%。

产业总量逐步扩大，劳动生产率提高。2006年与2001年相比，规模以上服装企业数增长1.1倍，从业人员增长91.2%，工业总产值增长2.06倍，实现利税增长2.01倍。

企业规模逐步扩大，经济效益不断提高。据中国服装协会公布，2006年杭州市有6个企业成为全国服装行业销售收入100强企业，4个企业成为全国服装行业利润总额100强企业，排序逐年靠前。在销售收入100强企业中，万事利集团有

表20　2006年杭州市列入全国服装行业销售收入100强企业情况

单位：位次

名　称	排　序	比上年上升
浙江华鼎集团有限责任公司	19	2
万事利集团有限公司	23	1
浙江省二轻企业集团进出口有限公司	50	11
达利(中国)有限公司	51	5
汉帛(中国)有限公司	53	2
杭州江宁丝绸制衣有限公司	99	–

注：杭州江宁丝绸制衣有限公司是首次进入全国服装行业销售收入100强。

限公司连续11年进入全国服装行业100强企业名单。在利润总额100强中，浙江华鼎集团有限责任公司连续2年位居第10位，进入全国前10强；万事利集团有限公司位居第28位，前移30位；汉帛(中国)有限公司位居第51位，前移1位；杭州江宁丝绸制衣有限公司位居第83位，前移11位。

服装企业注重创建名牌产品，全年新增浙江名牌产品2种，他们是杭州喜得宝集团有限公司的喜得宝牌丝绸服装、浙江蓝天鹤舞控股有限公司的鹤舞牌制式服装。新增杭州名牌产品5种。杭州大力推进丝绸与女装产业发展，又产生一张“金名片”。5月27日，中国商业联合会会长何济海到杭州授予杭州四季青服装特色街区“中国服装第一街”匾牌。

【中国纺织服装信息商务中心大楼奠基】 4月20日，中国纺织服装信息商务中心大楼在杭州举行奠基仪式。全国政协副主席郝建秀，中国纺织工业协会会长杜钰洲，浙江省委常委、杭州市委书记王国平，省政协副主席王玉娣，中国纺织工业协会副会长王天凯、杨东辉，市人大常委会副主任丁德明，副市长沈坚，市政协副主席鲍世甲等领导以及有关部门代表出席。

该大楼是中国纺织工业协会、杭州市政府、浙江中纺腾龙投资有限公司利用行业资源、政府资源和企业资源，共同打造的国内第1个行业综合性信息商务大厦，包含产品研发、商务贸易、展示交流、人才支撑、咨询策划5大功能以及13个服务中心，是杭州市“十一五”期间“弘扬丝绸之府，打造女装之都”的重点建设项目之一。该中心大楼地处杭州四季青服装特色街区，总投资9亿元，总建筑面积10万平方米，共16层。

【组团参加北京CHIC活动】 4月4日~6日，杭州市政府连续第五次组织女装企业参加北京中国国际服装服饰博览会(CHIC2006)。中国纺织工业协会会长杜钰洲、中国服装行业协会常务副会长蒋衡杰等有关方面的负责人和杭州市人大常委会副主任丁德明、副市长沈坚、市政协副主席鲍世甲等到杭州女装展位参观指导。

在此期间，杭州市丝绸与女装产业发展领导小组办公室（以下简称市丝绸与女装办）与深圳市贸易工业局在北京昆仑饭店联合召开深圳·杭州“CHIC2006”联合新闻发布会，杭州杭派女装商会与深圳市服装行业协会签署两地服装产业战略合作协议，由中国纺织工业协会与杭州市政府合力打造的中国纺织服装信息商务中心大楼的对外宣传网站举行开网仪式，举行2006年杭州丝绸·女装万里行北京站“衣锦”时装展示秀和杭州中国国际女装展、“国际品牌与中国市场”高峰论坛、“2006CHIC杭州展团”、杭州丝绸与女装高层论坛、杭州丝绸·女装万里行活动、中国国际女装设计大赛、院校服装设计“未来之星”评选活动以及服装制作技能大赛等活动的新闻发布。杭州市进京参展企业20多个，展位面积2000多平方米。依据专业化展会的要求，各企业分散到各个场馆。位于展会一号馆的（杭州）中国纺织服装信息商务中心展位，作为唯一在展馆正前方广场上的展示企业而成为亮点。

【举办服装制作技能大赛】 为加强高技能服装人才的培养和引进，加大传统行业采用高新技术的力度，根据“练内功、铸品牌、推动名牌战略”理念，推进杭州服装产业的技术进步和行业发展，市丝绸与女装办会同市服装协会、市中小企业服务中心、市缝制机械行业协会和杭州职业技术学院共同举办2006年“祥盛杯”服装制作技能暨试衣模特大赛。

大赛从4月4日开始，9月5日落下帷幕。大赛由服装制作技能大赛和试衣模特大赛两部分组成，其中技能大赛分团体赛和个人赛。团体赛由服装制版、服装CAD、工艺制定、服装制作等项组成，有50余个杭州市的服装企业参加。个人赛由服装制版、服装CAD、服装制作等项组成，参赛对象面向全国，有300多名选手参加。试衣模特报名参赛选手1000余人。大赛由祥盛缝纫机有限公司冠名赞助，市经委、市劳动局、市质监局、市总工会、团市委等给予大力支持。

10月26日~30日，杭派女装在中国国际丝绸博览会上展示。 （张永春 摄）

【举办中国国际女装展】 6月29日~7月2日，由杭州市政府主办，市丝绸与女装办、杭州贸促会、下城区政府等承办的中国·杭州第六届中国国际女装展在杭州和平国际会展中心举办。

女装展在女装成衣、面辅料、制衣机械3个常规展区的基础上，增设国际品牌区、中国美院毕业生作品展示区、特卖区3个特色区域。展会面积1.2万平方米，展位数近600个，有200余个企业参展，其中有美国、瑞士、日本、尼泊尔、新加坡等国家和地区的18个品牌参展。参观人数3.8万人次，比上届增长11%；其中专业观众1.1万人次，普通观众2.7万人次。

在此期间，举行“2006国际品牌与中国市场”高峰论坛暨第二届女装经理人杭州年会、2006年院校服装设计“未来之星”决赛颁奖晚会、国际时尚色彩论坛暨2007/2008秋冬季国际流行色彩趋势发布会、“西湖夜宴”动态时装秀等活动。

【评选服装设计未来之星】 6月29日，由市丝绸与女装办主办，市服装设计师协会承办，杭州搜盈服装设备有限公司冠名赞助的2006年“搜盈杯”院校服装设计“未来之星”评选活动在杭州嘉华国际商务中心举行。在组织中国美术学院、浙江理工大学、浙江科技学院、杭州职业技术学院、浙江林学院等5所在杭院校参赛的基础上，首次邀请北京服装学院、东华大学、江南大学、武汉科技学院、大连轻工业学院、苏州大学、南京艺术学院等7所国内知名服装专业院校选送作品参赛。经过初选，有26组杭州和7组外地院校共33个系列180套服装入围决赛。经过国内知名专家和设计师的评审，11组作品的设计者获得“搜盈杯”院校服装设计“未来之星”称号，4组作品的设计者获得“搜盈杯”院校服装设计“未来之星”特别奖。

【举办丝绸·女装万里行活动】 2006年，由市丝绸与女装产业发展领导小组办公室主办，杭州杭派女装商会承办开展第三届杭州丝绸·女装万里行活动。该届活动与前两届的内容不同，在女装的基础上增加丝绸内容；形式不同，改变前两届连续1个月走完10个城市的形式，以分时分站进行宣传，时间纵向延伸为整年；方式不同，改变单独举办活动的模式，采取与当地服装展会相结合的方式。

万里行活动于4月4日在北京正式启动，到10月30日在上海结束。选择了最有可能提升“杭州女装”、“杭州丝绸”知名度的城市——北京、香港、深圳、青岛、上海5个城市或地区举办，实现从国内二线服装城市走向国内一线服装城市的目标。据不完全统计，参与活动的各地领导、商场经理、客商2500余人，比上一届增长50%。

【举办时尚女装街活动】 4月20日~10月22日，武林路时尚女装街管委会组织承办水木年华签售会、品牌展销会、“我们结婚吧——情歌PK秀”、杭州市第三届“飞鱼牛仔杯”街舞大赛、“武林衣秀·影像志”等7项活动，优化经营环境，促进旅游经济的发展，打造和提升了武林路时尚女装特色街品牌。大型活动“武林衣秀”营造时尚氛围，首次让普通市民与明星模特同台走秀。

【时装设计师入选“中国十佳”】 11月24日，在中国服装设计师协会主办的2006年北京中国国际时装周上，杭州杰施时装有限公司设计总监施杰获得第十二届“中国十佳时装设计师”称号，“杰施”获得中国2006年度最佳女装品牌。施杰于1994年从浙江丝绸工学院（现浙江理工大学）服装系毕业后留校任教，1996年开始涉足服装业，1998年创立“杰施”品牌。“杰施”品牌女装既有婉约、小桥流水的地域色彩，又反映了国际潮流。

【优秀服装设计师赴国外培训】 12月9日，为了整体提升杭州女装设计水平，加快杭州服装品牌与国际知名品牌接轨，培养一批高素质的服装设计人才，由杭州市政府出资选送曾获得“中国十佳时装设计师”和“杭州市十佳服装设计师”称号的10余位杭州优秀服装设计师赴法国、意大利进行为期16天的培训。在法国和意大利期间，设计师们通过听课、课件练习，参观考察时尚展馆、品牌店、名品街、百货公司橱窗布置和时装工厂生产流程等活动，与国外同行进行交流。法国高级时装公会主席和国际著名品牌CHLOE（克洛耶）的总裁等亲自授课，法国和意大利的专家等传授有关市场、营销、广告、设计、流行、品牌、材料等方面的知识。（高振纲）

·医药工业·

【医药工业概况】 杭州市有专业药厂76个、中药饮片生产企业17个、医用氧生产企业8个、药用辅料生产企业10个、医疗器械生产企业403个。全部从业人员1.98万人。全年列入医药行业统计口径的70个医药工业企业资产111.5亿元，固定资产净值28.7亿元，资产负债率44.2%。

市医药行业根据药品流通领域专项整治、药品招标、治理商业贿赂、药品降价等情况，克服能源、原辅材料和劳动力价格普遍上涨等困难，贯彻落实市委、市政府《进一步打造“天堂硅谷”，推进创新型城市建设的决定》，认真组织实施“十一五”期间医药行业发展规划，加大技术创新和工业性投入，全市医药工业主要经济指标保持增长。列入行业统计口径的70个医药工业企业完成工业总产值93.1亿元，比上年增长4.9%；工业销售产值90.9亿元，增长6.5%；工业产品产销率97.7%，上升1.4个百分点。工业产品出口交货值17.6亿元，增长25.5%。主营业务收入90.1亿元，增长5.2%。利税19.6亿元，下降4.1%；其中实现利润11.9亿元，下降8.8%。

化学制药是杭州医药工业的基础。杭州中美华东制药有限公司、杭州默沙东制药有限公司、杭州赛诺菲安万特民生制药有限公司、杭州手心医药化学品有限公司等重点企业发展较快。全年化学制药企业完成主营业务收入41.06亿元，占全市医药工业总量的46%。

中药是杭州医药工业的传统优势行业。青春宝集团有限公司、杭州天目山药业股份有限公司、浙江惠松制药有限公司、浙江康莱特药业有限公司等已成为全国中医药行业的知名企业。全年中药制药企业完成主营业务收入22.95亿元，占全市医药工业总量的25%。

生物医药行业是杭州市医药工业的重点发展领域。艾康生物技术(杭州)有限公司、杭州九源基因工程有限公司、艾博生物医药(杭州)有限公司、浙江天元生物药业股份有限公司等生物医药企业茁壮成长。全年生物医药企业完成主营业务收入8.46亿元，占全市医药工业总量的9%。

医疗器械行业成为近年来杭州市医药工业发展的新兴力量。泰尔茂医疗产品(杭州)有限公司、眼力健(杭州)制药有限公司是该行业的骨干企业。以杭州桐庐医疗光学仪器总厂、杭州桐庐尖端内窥镜有限公司为龙头的内窥镜产品达到全国同行业领先水平。全年医疗器械企业完成主营业务收入 14.83 亿元,占全市医药工业总量的 19%。

从产品情况看,年销售收入超 1 亿元的单个品种有医用 SF 导管、21 金维他、百令胶囊、卡博平、赛斯平、保列治、舒降之、泰能、科素亚、波立维、安博维、青春宝抗衰老片、参麦注射液、护理液、单抗诊断试剂、铁皮石斛、丹参注射液、乐沙定等 18 个,比上年增加 1 个。这批优势产品的工业总量占全市医药工业总量的 50%以上。 (王明兴 林 昀)

▶▶资料:超临界二氧化碳萃取中药有效成分产业化研究

该研究由浙江康莱特集团有限公司等单位完成,解决了超临界二氧化碳萃取中药成分中的关键技术难题,成功应用于中药有效成分的提取、分离,改变了中国中药制备以往以液体溶媒提取的传统工艺技术,尤其使原来以丙酮、石油醚等有机溶剂(以石油为原料制备)提取中药脂溶性成分,改用成本低廉、节能又环保的二氧化碳提取分离,在中药领域开启产业化应用的前景。产品经 SFDA 批准生产,合格率 100%。2005 年 1 月获国家知识产权局技术发明专利,先后获得中华中医药学会科学技术奖一等奖、国家技术发明二等奖。

(王 瑛)

【加快建设“新药港”】 杭州市开展第 2 批新药港企业备案,经申报、审定,确定第 2 批 23 个备案企业名单并予以公布。首次开展“新药港”企业培训资助项目申报,经申报、审定,确定对符合条件的 9 个企业给予培训资助。针对“新药港”建设状况展开调研,分别召开重点企业和专家座谈会,完成“‘新药港’建设取得进展,发展趋势不容乐观”专题材料和杭州市医药产业发展研究报告。12 月,杭州市调整市新药港建设专家咨询委员会组成人员,召开新一届专家委员会全体会议。

“新药港”产业集聚区是杭州市医药产业快速发展的重要载体,产业集聚区建设由点到面层层推进,全面铺开。杭州经济开发区“新药港”产业园区建设取得明显成效,已成为市医药产业示范基地。至年末,有 31 个医药企业相继进区,资产总计 30.3 亿元;2006 年投产医药企业 24 个,实现销售产值 19.8 亿元,占全市医药行业销售产值的 20%以上。杭州高新技术产业开发区、余杭经济开发区、富春江经济开发区、桐庐经济开发区等医药产业功能区建设取得积极进展。

【建设医药先进制造业基地】 杭州市优化升级医药产业结构,坚持贯彻“大力发展生物技术药物,重点发展现代中药,积极发展新型化学药物,加快发展新型医疗器械”的方针,以《杭州市先进制造业基地建设重点领域、关键技术及产品导向目录》为指导,组织实施重点项目建设,2006 年有一批重点项目建成投产。7 月,美国独资艾博生物医药(杭州)有限公司正式投产,当年销售产值达到 1.52 亿元。艾森生物(杭州)有限公司开发的拥有自主知识产权的高通量药物筛选系统和生物芯片高技术产品投入生产,产品进入美国等市场;杭州龙达新科生物制药有限公司、浙江天元生物药业股份有限公司乙型流感疫苗基地、浙江弘盛药业有限公司、浙江惠迪森药业有限公司等新建项目陆续建成投产。浙江中医药大学中药饮片厂、杭州民生药业集团有限公司大输液生产基地、浙江科锐生物科技有限公司等项目正在抓紧建设。这批重点项目科技含量较高,部分达到国内乃至世界先进水平。

【医药产业信息数据库建成】 2006 年 12 月,由杭州市信息科技研究院承担的杭州医药产业信息数据库及医药信息导航平台项目建成并正式投入运行。该项目列入 2004 年杭州医药产业发展资金资助项目,数据库以网络医药类信息资源为基础,提出搜索专业科技网站核心群体的“循环链接分析法”,建设网络导航平台,整合第三方评价法与网站群体内部被引链接频数统计法,设计开发了“专业网站群体识别软件”,达到国内同类研究的领先水平。至年末,10 万余人次访问了数据库平台网站。该数据库为杭州市医药企业、科研院所等单位和部门提供一流的医药专业信息检索和网络导航服务,促进技术创新,提高杭州新药自主创新的水平。

【新药筛选中心建设进展顺利】 杭州市“新药港”建设重点医药公共技术平台项目——杭州高通量新药筛选中心于 2005 年 8 月经市政府批准正式立项,分 3 期建设。截至 2006 年末,项目首期建设完成,科研人员陆续到位,建设资金按期投入,并在实验室建设、中通量药物筛选系统开发、筛选模型建立和经筛选得到的活性化合物研究等方面取得积极进展,阶段性目标基本实现。计划于 2007 年底全部建成投入运行,为市医药企业、新药研发机构提供服务。

【开展“新药港”香港推介活动】 8 月 16 日~21 日,杭州市政府组团赴香港地区参加 2006 年国际现代化中医药及健康产品展览会。正大青春宝药业有限公司、杭州中美华东制药有限公司、杭州民生药业集团有限公司、杭州胡庆余堂药业有限公司、浙江康莱特药业有限公司、杭州天目山药业股份有限公司等 14 个杭州市重点医药企业的 31 位代表参加。期间,举办杭港中医药及保健食品产业合作发展恳谈会,拜访香港贸易发展局、香港商报社、香港工业总会、香港中华厂商联合会,参观考察长江生命科技有限公司、香港科技园等。杭州市经济委员会与香港贸易发展局签署《关于杭港两地产业发展合作框架协议书》。该活动扩大了杭州医药产业的影响,加强了杭州医药企业与香港地区以及国际机构、厂商的沟通和联系,取得了一批经贸、科技合作成果。

【加强与奥思达珐玛制药公司合作】 7 月,杭州民生药业集团有限公司与美国奥思达珐玛公司在杭州共同签署针对美国市场的“联合研发产品与市场开拓”协议。民生药业集团计划在 2007 年至 2010 年重点实施国际化发展战略,主导目标定位在美国市场。奥思达珐玛公司主要从事非专利药开发、药物释放技术、生物制药与化学新物质研发以及相关医药产品在美国上市销售等业务。与美国奥思达珐玛制药公司联手,通过美国先进的研发环境与中国生产成本优势的结合,标志着民生药业在实施国际化发展战略的道路上迈出实质性的一步。

(王明兴 林 昀)

红剑集团
HONGJIAN GROUP

发展理念

持续做精

力争做强

确保做长

企业精神

严 明

唯 实

敬 业

发 展

浙江红剑集团有限公司是一个以化纤原料制造为主，工、贸结合的企业集团，下辖杭州红山化纤有限公司、杭州红剑聚酯纤维有限公司、杭州红剑纸业有限公司等子公司。集团占地面积34万平方米，总资产13.3亿元，2006年实现销售收入34.7亿元。具有24万吨聚合及相配套的熔体直纺涤纶长丝年生产能力，产品涵盖聚酯切片、涤纶牵伸丝、涤纶低弹丝、涤纶预取向丝，畅销国内20多个省、市并远销韩国、西班牙、波兰等国和地区，深受国内外用户的青睐。公司通过了ISO 9002质量管理体系及ISO 14001环境管理体系认证。

集团系省、市、区百强企业，位列中国制造业500强、中国民企500强、浙江民企100强，在中国化纤行业中始终保持前50强，“红化”商标被评为浙江省著名商标。集团在不断发展的同时，积极参与各项社会公益活动，以实际行动回报社会。

翔盛集团
XIANGSHENG GROUP

公司大楼

整洁的车间

先进的设备

浙江翔盛集团有限公司是一个集化纤、纺织、热电、进出口贸易、对外投资为一体的综合性企业集团，创立于1986年，拥有杭州翔盛纺织有限公司、杭州翔盛彩色涤纶有限公司、杭州翔盛高强纤维材料股份有限公司、杭州翔盛热电有限公司、杭州萧山翔盛提花纺织有限公司、杭州翔盛进出口有限公司6个子公司，5个现代化生产基地。总资产20.5亿元，职工3000余名，2006年实现销售收入40.6亿元。

公司坚持“品质、效益、规范、创新”的经营理念，不断创造新的经营业绩，被评为AAA级信用企业、省市百强企业、全国民营企业500强、全国制造业企业500强。2002年顺利通过ISO 9001:2000版质量体系认证，2005年被省科技局、省发改委、省经贸厅、省统计局联合认定为浙江省高新技术50强企业。2006年“翔盛”商标被评为浙江省著名商标。

翔盛人将继续发扬“翱翔盛世，永续发展”的企业精神，以社会责任为己任，团结拼搏，勇于迎接挑战，为经济发展和社会繁荣昌盛作出更大的贡献。

优质的产品

中国重汽集团杭州发动机有限公司

CHINA NATIONAL HEAVY DUTY TRUCK GROUP HANGZHOU ENGINE CO., LTD.

（杭州汽车发动机厂）

杭州汽车发动机厂整体搬迁签约仪式

中国重汽集团杭州发动机有限公司是中国重型汽车集团有限公司的全资子公司，占地面积25公顷，总资产10亿元，是中国第一个专业生产重型高速柴油机的大型骨干企业。2006年产销发动机4.55万台，是2005年的1.47倍；实现销售收入17.8亿元。被国家统计局和中国汽车工业协会评为中国汽车零部件百强企业，被杭州市评为市百强企业和市模范集体。

公司设有省级技术中心，具有很强的产品研发能力。2006年7月，具有独立知识产权、满足欧Ⅲ排放标准的WD615欧Ⅲ系列（198千瓦~294千瓦）发动机投入批量生产。8月，又推出了动力更强、油耗更低的新一代动力系统节能Ⅱ号发动机。

根据中国重汽集团"十一五"期间发展规划，结合杭州市工业布局调整，企业将整体搬迁至萧山经济技术开发区。2006年9月8日，新厂区开工建设。搬迁改造项目总投资20亿元，占地面积38.67公顷。通过整体搬迁改造，公司将建成国内一流、世界先进的发动机生产基地。

建设中的新厂区效果图

授权经营工业

Industries of Trust Assets Management

·工业资产经营·

【工业资产经营概况】 杭州市工业资产经营有限公司（以下简称工业资产经营公司）是由杭州市政府授权经营管理国有资产的国有独资有限责任公司。所属企业120个，涉及机械、电子信息、化工、医药、纺织、服装、丝绸、建筑材料、三产服务等行业，其中参股、控股企业70个，包括被市政府列入杭州市重点培育的大企业大集团7个。按行业分类，有工业企业98个、商贸企业22个。有职工6万余人。6月15日，举行杭州市工业资产经营公司成立5周年庆典。

围绕全年目标任务，突出发展主题，深化企业改革，加强资产监管，改善服务质量，生产经营保持快速增长，国有资产的收益保持较好水平。全年实现销售收入420亿元，税利32.1亿元，其中利润15.6亿元，分别比上年（指2005年，下同）增长22.3%、20.8%和23%。实现工业销售收入398.7亿元，税利31.4亿元，其中利润15亿元，分别增长23.4%、20.9%和23.7%。新产品产值76.10亿元，增长30.1%；新产品产值率19.38%。国有直接控股、参股企业实现销售收入300.4亿元、税利23.3亿元、利润14.1亿元，分别占全部门的71.5%、72.6%和90.4%；全年国有资产净收益2.3亿元，实现净收益率9.5%。

实施"工业兴市"战略，着力培育大企业、大集团。杭州橡胶集团公司、杭州金鱼集团有限公司、中国石化集团杭州炼油厂3个大企业、大集团，完成工业总产值178.44亿元，比上年增长30.6%；完成销售产值178.60亿元，增长31.3%。其中，橡胶集团实现工业产值、销售收入100亿元的双突破，完成工业总产值101.85亿元，增长31.8%；完成销售收入102.43亿元，增长35%。

实施开放带动战略，外贸出口和招商引资有新的进展。全年实现出口交货值75.1亿元，比上年增长15.2%。以增资扩股为重点，协议利用外资2530万美元，实际利用外资1271万美元。其中，杭州西湖啤酒朝日（股份）有限公司增资、拜耳杭州作物科学有限公司增资、杭州锅炉集团有限公司股权转让合资、杭州赛诺菲万安特民生制药有限公司股权转让等项目的外资已经到位。

加快企业改革重组，深化国有企业改革。圆满完成杭州西湖啤酒朝日（股份）有限公司增资和杭州啤酒厂的撤销，杭州中法化学有限公司增资，杭州中北大酒店有限责任公司增资和股权转让，浙江轻机实业有限公司引进民营资本和股权受让。基本完成杭州重型机械有限公司劳动用工制度改革和杭州市丝绸进出口有限公司分立重组。稳步推进杭州化纤（集团）有限公司改革重组和杭州龙德医用器械有限公司股权重组。

【完成投资30.4亿元】 工业资产经营公司按照提升发展传统优势产业、适度发展新型重化工业和大力发展高新技术产业"三位一体"的要求，加大工业投入，大力实施重点项目推动战略。全年完成固定资产投资21.1亿元，技改投入9.3亿元，比上年分别增长3.9%和9%。在9个市重点项目中，中国石化集团杭州炼油厂的年产8万吨气体分馏装置项目、杭华油墨化学有限公司的挤水法生产胶版油墨新工艺技术改造项目、杭州电化集团有限公司的废水纳管项目等8个项目全部完工。12月1日，中国石化集团杭州炼油厂10万吨/年白油加氢工程正式开工。

【稳步推进18个企业搬迁】 企业搬迁是市工业资产经营公司"十一五"期间实现又好又快发展的重要抓手，是新的历史条件下推进"工业兴市"战略、调整产业结构、促进产业集聚、带动开发区（园区）建设的需要，是实施"环境立市"战略、提升中心城市服务功能的需要，是企业加快技术改造、扩大生产规模、增强发展后劲的需要。至2006年末，全部门有18个企业列入杭州市搬迁计划，其中杭州金鱼集团有限公司、杭州金鱼家电有限公司、杭州松下家用电器有限公司、民生药业集团有限公司（原料车间）、光华实业股份合作公司5个企业圆满完成搬迁。

正在实施搬迁的有13个企业。杭州中策橡胶有限公司、杭州喜得宝集团有限公司、杭华油墨化学有限公司、达利（中国）有限公司、杭州电缆有限公司、中国重汽集团杭州发动机有限公司、杭州重型机械有限公司（锻造公司）7个企业正在建设之中。杭州人民玻璃有限公司在落实搬迁用地。杭州新华纸业有限公司等5个企业完成征用土地，正在进行建设施工准备。12月29日，杭州电化集团有限公司、杭州油脂化工有限公司、杭州龙山化工有限公司、杭州庆丰农化有限公司4个化工企业在萧山临江工业园区举行奠基仪式。

【金鱼集团实施整体搬迁】杭州金鱼集团有限公司经过一年多的建设，金鱼集团创新工业园和松下电器杭州工业园杭松家电公司新工厂陆续建成。2006年5月，金鱼集团顺利完成企业搬迁。6月初，全部移交长板巷、善贤路厂区共计7.87公顷土地，比通常企业搬迁提前半年时间交地。

在建设和搬迁过程中，金鱼集团及投资企业的员工克服台风、高温缺电等不利因素影响，采用与国际接轨的项目管理总承包模式，召开搬迁项目推进会，专题研究、解决项目推进过程中的问题。重视做好干部员工的思想工作，通过内部刊物、专题板展等形式，让大家及时、深入了解搬迁项目进展。全体员工体现了高度的觉悟，以企业发展大局为重，安全、平稳、有序地完成上千台(套)设备的搬迁和3000余名员工的大转移，没有发生安全事故和群体性事件。

金鱼集团所属8个企业实现整体易地搬迁后，总建筑面积达到20万平方米，形成年产300万台洗衣机世界一流水平的制造业基地，竞争实力上了新的台阶。

【加强循环经济建设】工业资产经营公司以安全生产和清洁生产为抓手。加强主要经营者、安全生产管理人员和员工的教育培训力度，认真开展“安全生产月”和“安康杯”活动，加强安全生产检查，强化危险化学品、机械制造等重点行业、重点企业、重点工程的安全生产监管。全年死亡人数、事故次数、受伤人数、经济损失4大安全指标实现负增长。与市政府签订生态建设与环境保护目标责任书，积极配合市清洁生产领导小组做好所属企业清洁生产试点。工业资产经营公司被评为杭州市2006年度安全生产年度考核优秀单位，杭州朝阳橡胶有限公司、杭州轴承集团有限公司、杭州新华纸业有限公司、中国石化集团杭州炼油厂等8个企业通过清洁生产审核验收，杭州民生药业集团有限公司、杭州张小泉集团有限公司、杭州锅炉集团有限公司、杭州喜得宝集团有限公司、杭州中法化学有限公司、杭州西湖啤酒朝日(股份)有限公司6个企业获得杭州市和谐劳动关系先进企业称号。

【张小泉集团焕发青春】杭州张小泉集团有限公司的前身张小泉剪刀店始创于1663年，至今已有340多年的历史。通过深化改革，老字号企业焕发青春。通过策略性提价，保持批发市场、终端市场、专业市场的三头并进，两年累计开拓(ABC类)超市2536家，全国连锁百强店进入率达到60%。注重知识产权保护，杭州张小泉集团与上海张小泉刀剪总店的商标维权案被《中国知识产权报》列入2006年典型案例推荐榜。

2006年6月2日，张小泉锻制技艺被国务院列入非物质文化遗产保护名录。12月19日，张小泉品牌获商务部首批“中华老字号”称号。

【油漆公司提升竞争力】杭州油漆有限公司加快技术创新，提升产品结构，核心竞争力不断增强。该公司建有浙江省涂料行业唯一的省级企业技术中心，已成为中国涂料行业职业技能鉴定站的实训基地，凡经该公司培训考试合格的人员，可颁发由化学工业职业技能鉴定指导中心核发的中华人民共和国劳动和社会保障部职业资格证书。2006年，新产品“脂肪酸改性聚酯多元醇合成聚氨酯固化剂”和“电器专用无害漆系列产品”通过省级鉴定，“脂肪酸改性聚酯多元醇合成聚氨酯固化剂”获得杭州市科技新产品成果奖三等奖，11种产品外观、包装设计以及“环氧地坪涂料”和“聚氨酯固化剂的制备方法”两种新产品新技术获国家专利。

【锅炉集团拓展国内外市场】杭州锅炉集团有限公司根据市场要求进行技术创新，及时调整产品结构，改变营销战术。2006年，干熄焦余热锅炉市场占有率重新成为全国第1位，签订供货合同10台(套)，合同总额超过1亿元；9E、9F燃气轮机余热锅炉和水泥窑余热锅炉等项目保持优势地位，其中水泥窑余热锅炉得到大力推广和应用，实现销售收入1.8亿元。

实现技术创新的跨越，首次成功制造出口日本的地铁盾构刀盘。开拓东南亚、南亚市场，循环流化床锅炉和燃气轮机余热锅炉成功销往泰国、印度。与奥地利安博巨环能工程有限公司签署脱销技术转让协议，提升产品的环保性能。通过实施宝钢集团项目，学习美国GE公司标准和项目管理，提升设计制造水平。杭州锅炉集团被评为“省环保产业骨干企业”、“市百强企业”，获得浙江省高新技术企业认定证书。

【HR商标海外注册】中国石化集团杭州炼油厂“HR及图形”商标是杭州市著名商标，涵盖白油、化学试剂、防锈油、压缩机油等第1、2、4类多个特种油品。2006年，炼油厂通

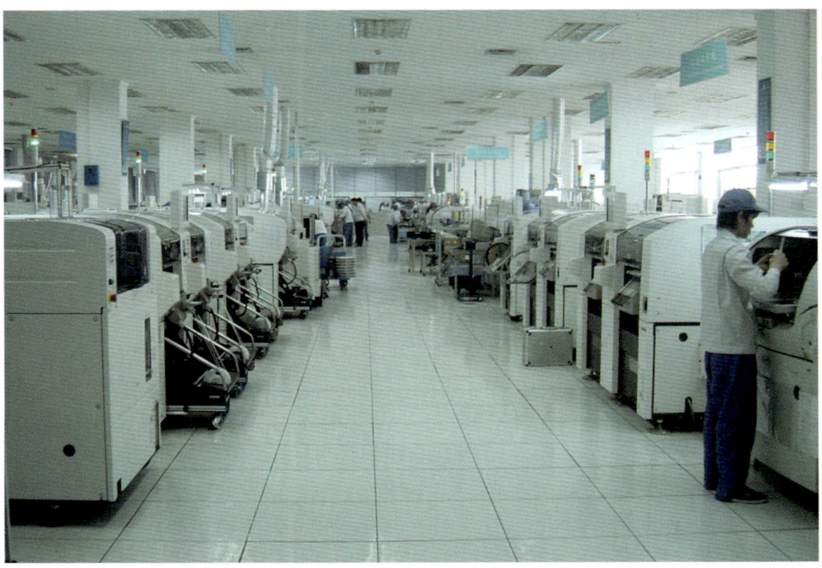

2006年，技术改造后的三菱数源公司自动贴片车间。(西湖电子集团 供稿)

过中国国际贸易促进委员会浙江分会，将白油“HR 及图形”商标在泰国及印度尼西亚两国进行注册，有效期至 2013 年 9 月。这次注册成功，为该厂的白油产品扩大海外销售及知识产权的保护起到积极作用。

【沈括塑像揭幕】 4 月 25 日，中国石油开发利用的奠基人、北宋科学家沈括塑像落成揭幕仪式在中国石化集团杭州炼油厂隆重举行。沈括塑像高 1.8 米，采用树脂材料制作。原浙江省委常委、副省长、杭州炼油厂首任党委书记翟翕武出席仪式，为塑像揭幕。 （华招林 陆舞鹄）

·西湖电子集团·

【西湖电子集团概况】 西湖电子集团有限公司（以下简称西湖电子集团）是一个具有 30 余年历史的大型企业，国家 520 个重点企业之一，是杭州市政府授权国有资产经营的国有独资公司。至 2006 年末，占地总面积 27.72 万平方米，建筑总面积 14.07 万平方米，拥有总资产 26.48 亿元、净资产 4.98 亿元。职工 1045 人，其中具有中高级职称人员 140 人。

西湖电子集团下属企业主要有数源科技股份有限公司（以下简称数源科技公司）、三菱数源移动通信设备有限公司、杭州西湖电子进出口有限公司、杭州电子市场有限公司、杭州智能楼宇系统工程有限公司、杭州易和网络有限公司、杭州易和互联软件技术有限公司、杭州中兴房地产开发有限公司、杭州中兴景洲房地产开发有限公司、杭州中兴景天房地产开发有限公司、诸暨中兴房地产开发有限责任公司、合肥西湖房地产开发有限责任公司、浙江数源贸易有限公司、西湖电子集团移动通信分公司和西湖集团（香港）有限公司等 15 个；参股企业主要有杭州数字电视有限公司、三丸东杰（控股）有限公司 2 个。主要有模拟/数字彩电、数字电视机顶盒、移动通信设备及手机、计算机软件开发、房地产开发和软件园区建设等产业。

以发展企业优势产业、增强自主创新能力、提升企业效益为目标，深化企业改革，加强企业管理，加快产品研发，拓展产品市场，企业进入中国电子信息 100 强行列，排名第 80 位。全年完成彩电产量 105.98 万台，手机产量 118.33 万部，机顶盒产量 5.13 万台；彩电销量 111.09 万台，手机销量 109.63 万部，机顶盒销量 4.11 万台。销售收入 11.07 亿元，利润 4805 万元，上缴税金 6162 万元，出口创汇 4967 万美元。

加大经济适用房开发建设力度。开发丁桥景园经济适用房楼盘，小区总建筑面积 16.93 万平方米，共建设高层住宅楼 18 栋 1467 户。与杭州市建委联合编发《杭州电子报》丁桥经济适用房特刊，组织预登记购房户进行实地考察。全年丁桥景园销售住房 1040 套，超额完成目标任务。中兴房地产开发有限公司调整完善组织机构，获得二级资质，注册资本增扩到 1.2 亿元。全年房地产开发销售住宅 1351 套、商铺 50 间，实现销售额 2.93 亿元，比上年增长 22.8%；实现利润 6582 万元，增长 39.4%。

做大做强主业，拓展新兴产业，全年完成技改总投资 3200 万元，主要实施 5 个项目。其中，总投资 2998 万元的数字电视技术改造项目，当年完成投资 1450 万元，年内顺利完工；当年立项的总投资 810 万元的表面贴装基板生产线技术改造项目，于当年 11 月完成，实际完成投资 581 万元；被列为杭州市 2006 年重点技改项目的液晶电视生产线技术改造项目，计划投资 2100 万元，当年完成投资额 640 万元；被列为杭州市 2006 年重点技改项目的机卡分离数字电视机顶盒及一体机生产线技术改造项目，总投资 2200 万元，当年完成投资额 432 万元，计划 2007 年 7 月完成；总投资 2770 万元的扩大基板生产能力技术改造项目，当年完成投资额 97 万元，计划 2007 年底完成。

深化营销体制改革，狠抓市场建设。全年新增超市、商场的门店 61 个。充分利用元旦、国庆、春节等节日和长假，组织以旧换新、高端产品送货下乡巡回演示等活动开展促销。保持企业售后服务的优势，规范企业售后维修服务网点。“数源科技”连续 5 年被中国质量协会授予全国优质服务月先进单位称号。

以产品创新为目标，努力提高自主创新能力，重点选择液晶彩电和数字电视为主攻方向。完成具有自主知识产权的 PW106 液晶彩电机芯的开发，研制成功采用该机芯技术的 66 厘米（26 英寸）、81 厘米（32 英寸）、94 厘米（37 英寸）、102 厘米（40 英寸）、107 厘米（42 英寸）、119 厘米（47 英寸）等产品。加强引进消化再创新，重点对引进机芯液晶彩电进行差异化、可靠性设计，开发成功 LCDTV/DVB（液晶彩电/机顶盒二合一机）、LCDTV/DVD（液晶彩电/影碟机二合一机）、LCDTV/ DMP（液晶彩电/流媒体播放器二合一机）、LCDTV/DVD/DMP（三合一机）等多功能彩电新产品，建立起欧洲、澳洲、亚洲三大新产品系列。通过技术协作和联合开发，完成 STB12G 有线数字电视机顶盒、STB12P 机卡分离有线数字电视机顶盒的研制和试生产。新研制的 40LW26、42LW26 型高清晰数字液晶彩电和 STB12P 型机卡分离数字电视机顶盒产品，通过国家数字电视产品认证机构——中国电子技术标准化研究所产品认证中心的认证，列入国内首批通过数字电视产品认证名单，获得国家电器产品 3C 认证证书。

彩电主业围绕着市场销售，做好适应性调整，努力增产。加强物资配套，及时调整生产计划，积极开展班组劳动竞赛，加强设备的维护和保养。努力降低采购成本，通过引进新的配套厂家，采取竞价配套的竞争、激励机制，全年 CRT 彩电平均降价达到 10 元/台，LCD 液晶彩电平均降幅 1%左右，机顶盒平均降幅 5%左右。

认真开展“安康杯”竞赛和“安全月”主题活动，进行“安全知识竞赛”和“全员安全教育工程”考试等活动。积极落实“安全生产综合目标管理责任书”，层层分解，责任到人。全年企业未发生安全、消防等重大责任事故。数源科技公司被评为杭州市“安康杯”竞赛活动优胜企业。

加强理论学习，更新思想观念。举办《ISO 14001 环境管理体系知识》、新合同法等培训班共 18 期，企业生产、管理骨干 1000 余人次参加。围绕企业经营管理，提高员工素质，增强企业凝聚力，组织开展企业文化建设宣传教育、文明礼仪主题教育、“开源节流、提高效益”合理化建议等活动。

【西湖电子集团被认定为全国创新能力10强】 11月，国家统计局公布首届全国大中型工业企业“自主创新能力行业10强”名单，西湖电子集团有限公司被认定为“影视设备制造行业自主创新能力10强”企业之一。

2006年，西湖电子集团加强科研开发和技术创新，完成新产品、新技术27项；组织申报专利技术7项，已授权4项；申报的浙江省科技计划项目“多媒体彩色液晶电视技术研发及产业化”，获得省科技厅批准，拨款20万元资助；与浙大信息科技与工程学院合作的杭州市产学研项目“高清数字电视几何误差自动调整系统”获得2006年杭州市新产品新技术二等奖；与浙江大学合作的“平板电视光色自动测量技术及系统”项目被列入杭州市科技创新重点项目。

【三菱数源公司成为电子产品加工基地】 4月起，三菱数源移动通信设备有限公司由西湖电子集团负责经营管理。为改变外方经营时手机产品亏损的局面，该集团及时调整生产经营方向，利用原有资源，发挥三菱数源移动公司生产、技术、质量控制等优势，积极承接手机等电子产品的OEM加工业务。引进2条最新技术的SMT(自动贴片)生产线，增添X-射线和CM 200等检测设备，对生产场地进行适应性改造，使SMT加工能力大幅度提高，形成年产400万台手机产品的能力。强化生产现场管理，积极推行6S管理；完善质量、环境管理体系，通过ISO 9001:2000质量体系认证和ISO 14001:2004环境体系复审。三菱数源移动通信公司发展成为电子产品加工基地，为转型发展成为手机等电子产品的EMS(电子制造服务)公司打下了基础。

【信息化建设项目通过市验收】 4月，“西湖电子集团企业信息化建设项目”和“数源科技企业信息化建设项目”两个项目，通过杭州市工业企业信息化推进工作领导小组办公室组织的竣工验收。该项目总投资额1295万元，其中市、区财政资助资金106.5万元，主要用于该企业URP(联盟体资源计划)项目的开发费用及相关设备的添置。项目完成后，为西湖电子集团和数源科技公司建立起企业门户网站、URP管理系统、OA系统和电子商务平台，实现产品销售、生产管理、物流配送、财务管理、采购供应的信息化管理与资源优化调配。项目通过验收后，该集团获得杭州市工业企业信息化应用示范企业称号。

【数源贸易公司成立】 9月，数源科技公司改革营销体制，创建适应市场运作的销售体系。撤销原数源科技公司营销部与销售一公司建制，成立独立核算、自主经营的浙江数源贸易有限公司。该贸易公司由数源科技公司及其子公司杭州中兴房地产开发有限公司共同投资，注册资本5000万元，其中数源科技公司占90%的股权。

数源贸易公司成立后，对原有的机构和部门进行调整，管理部门设立办公室、财务部、市场部、物流部、技术服务部，销售部门在保留原省内大区建制的基础上，将原销售一公司改为省外营销大区。加强内部管理，强化考核制度，实施量化考核、绩效挂钩。

【数字彩电中标省农村远程教育工程】 年初起，中共浙江省委组织部在全省范围内进行农村党员干部现代远程教育终端设备采购的招投标，数源科技公司积极参加竞标。通过充分调研，了解市场信息，精心设计制造符合标准的专用数字彩电。认真准备标书，在全省各市、县组织的招投标中屡屡胜出。全年数源品牌彩电中标率75%以上，共销售86厘米（34英寸）、74厘米（29英寸）高清晰数字彩电1.1万台，实现销售回笼1770万元。

【数源科技公司通过ISO 14001认证】 数源科技公司有计划、有步骤地开展贯彻ISO 14001标准工作。主管部门认真组织实施质量体系、进行环境体系文件的修订和编写，举办ISO 14001标准培训、ISO 14001体系内审员资质培训。组织开展企业质量、环境管理体系的内审，对不符合项进行纠正。至年末，数源科技公司将贯彻标准工作，在通过质量管理体系认证的基础上扩大至环境管理体系，通过浙江公信认证有限公司对企业进行的ISO 9001和ISO 14001双体系的现场认证审核。

通过产品实施各项国内、国际认证，提高产品市场竞争力。彩电等30余种产品分别获得3C、CB、CE等认证，D15RGB53DS、D17RGB57D、D465RG16203种型号的出口液晶彩电符合欧洲环保标准，首次获得ROHS认证，取得进入欧盟市场的通行证。

【软件园获市特色产业园一等奖】 西湖电子集团在西湖数源软件园区建设中，积极参与市场竞争，不断提高经营管理水平和经济效益。对11

2006年，数源科技信息产业园大屏幕数字彩电生产线投产后正常运转。
（西湖电子集团 供稿）

号主楼按科研办公大楼要求，进行整体装修改造，完成大楼外立面装修，东大厅、西大厅的修建以及内部装修，对大楼周围的环境、绿地进行整治。改善物业管理水平，提供延伸服务，组织入住企业参加产业发展政策培训，免费为入驻企业办理工商注册登记手续，提供上门收取水电费服务等。组织以“热爱春天、热爱生活、热爱大自然”为主题的摄影大奖赛活动，节假日对环境精心布置，营造喜庆氛围。通过加强招商，提高用房出租率。全年引进杭迅信息技术有限公司、巴贝(中国)服饰有限公司、浙江电信鸿程计算机有限公司等一批发展势头好、实力强的企业入驻，新增招商面积1.2万平方米，收入2500多万元。西湖数源软件园在杭州市高新技术开发区的考核中成绩优秀，获得杭州市高新区特色产业园一等奖。

【推出“金苹果”激励办法】 西湖电子集团为激发部门(员工)勇于创新的精神，激励依靠集体智慧和力量创造出显著的成绩，推出“金苹果”奖激励办法。根据实施细则，凡符合获奖条件的团队和个人，集团公司给予奖励。集团公司经济适用住房投标小组成功中标杨家村经济适用房建设大项目，该项目总用地面积6.48万平方米，规划建筑面积13.80万平方米，总户数1419户。投标小组被授予“金苹果”奖，投标小组从奖励中提取部分奖金向每个员工分发奖品。 (方泽民)

·汽轮集团·

【汽轮集团概况】 杭州汽轮动力集团有限公司(以下简称汽轮集团)的前身为杭州汽轮机厂，成立于1958年。1995年6月，作为国务院建立现代企业制度试点，首批改制为市政府授权经营的国有独资企业。汽轮集团列入中国最大企业500强、中国制造业500强、中国竞争力100强，是中国机械100强企业、全国创和谐劳动关系模范企业。

2006年，汽轮集团有成员企业16个，其中全资企业2个、绝对控股公司5个、相对控股公司4个、参股公司5个。产业涉及工业制造业、进出口贸易业、服务业、房地产业等领域。其中，工业制造业有杭州汽轮机股份有限公司、杭州杭发集团公司、杭州东风船舶制造有限公司、杭州万东电子有限公司、杭州汽轮科技有限公司、杭州南方通达齿轮有限公司、杭州南华木业包装箱有限公司，进出口贸易业有杭州热联进出口有限公司，服务业有杭州汽轮物业分公司、杭州汽轮汽车销售有限公司，房地产业有杭州汽轮诸暨中德置业有限公司。

截至2006年末，拥有总资产68亿元，营业收入80.7亿元，实现利税总额8.92亿元，其中利润7.04亿元。员工总数4300余人，其中各类专业技术人员1550余人。关键企业、关键岗位的员工人均收入6万元/年以上。职工福利通过目标管理获得保障，年初确定的为员工办“八件实事”实施完毕，落实该集团行政部门与工会“集体协商”达成的员工福利事项，员工的生活质量得到明显提高。

汽轮集团各企业齐心协力，努力完成考核指标。经营考核指标完成较好的公司有汽轮机股份有限公司、热联进出口有限公司、汽轮科技有限公司、东风船舶制造有限公司、杭州万东电子有限公司、南方通达齿轮有限公司、汽轮汽车销售有限公司等。有的公司虽然实现销售与利润的同步增长，但没有完成汽轮集团下达的指标。

2006年初，汽轮集团《“打造百亿企业，创建知名品牌”暨“十一五”发展纲要》正式出台，该纲要确立了发展的十大战略，即大集团、人才、自主创新、品牌、国际化、可控多元化、产业链延伸、服务化制造业、并购扩张以及资本运作战略。至年末，十大战略相继启动，获得一批初步成果。推进“大集团战略”，该集团经营班子将工作重心转移到战略研究、战略决策和战略发展上，各职能部门加强为基层服务的意识。各公司加强资质认证，如汽轮机股份有限公司取得ISO 14001环境管理认证，完成了军工装备制造资质认证；东风船舶制造有限公司通过二级钢质船舶制造和军用船舶建造的资质认证；万东电子有限公司完成CE认证，取得产品出口欧洲的通行证。

推进“产业链延伸战略”，汽轮机股份有限公司的燃气轮机顺利出厂。辅机公司积极介入市场前景看好的“空气冷却装置”产品领域，获得4套空冷机的订单。科技公司承接的安吉兆山水泥厂余热发电项目获得成功，并可以复制推广，探索出一条从销售上游产品，到投资下游用户的产业链延伸新路子。

汽轮集团确定的“十一五”期间科技创新重大项目进展顺利，拥有国家级技术中心、博士后工作站和工业汽轮机研究所各1个，数十项科研成果获省部级以上科技进步奖。2006年工字牌工业汽轮机获得中国名牌产品称号。汽轮机股份有限公司的100万等级乙烯装置用汽轮机、100万千瓦锅炉给水泵汽轮机、60万/100万等级PTA装置用汽轮机、5万千瓦以下工业燃机的制造、军工装备研制及相关领域产品的开发，杭发集团2.5万千瓦汽轮发电机的研制，东风船舶制造有限公司建造集装箱、滚装船等高附加值船舶，万东电子有限公司医用高频旋转阳极X射线管及组件的研制，南方通达齿轮有限公司低速重载齿轮硬齿面糖厂压榨机齿轮箱的开发等，取得阶段性成果。有的产品已经成功推向市场，有的产品完成设计进入制造阶段，有的产品通过技术论证。推进资本运作战略，实施对外投资。通过汽轮机股份有限公司出资2.4亿元，收购杭州商业银行1亿元股权。

推进多元化战略，首个房地产项目“诸暨滨江华都”7幢主体建筑全面结顶，全年销售商品房238套，占可销总量的40%，回收资金1.9亿元。“滨江博世一期”项目完成竣工验收，最终造价6700万元，比预期节省300万元。“滨江博世二期”项目的2座厂房和1座办公楼交付用户使用。庆春东路“汽轮国际大厦”完成竣工验收，部分楼层已经出租入住。房产物业公司适应永安路改造，推出部分沿街店面房招租。杭发集团利用该单位土地与外商合作开发第三产业的契机，启动“退二进三”和整体搬迁、整体改制工作。

加大企业形象建设力度，完成汽轮集团VI视觉形象识别系统的设计，统一了企业新的标志，建立新的网站，编制新的宣传样本。建成庆春东路汽轮国际大厦“亮灯工程”，对文二路汽轮大厦进行立面改造。

汽轮机股份有限公司完成厂区环境整治,中能公司、东风船舶制造有限公司、铸造公司、汽车运输公司等企业通过搬迁改造,或原地改造,面貌焕然一新。全年捐助扶贫帮困资金35万元,赞助支出政府部门组织的大型公益活动如西博会、休博会等300万元。年初与各公司主要负责人签订《安全责任书》,采用定期例行检查与不定期抽查相结合的方式严格管理,2006年未发生重大安全责任事故。

【加快国际化步伐】 杭州汽轮机股份有限公司面对国内订单下滑情况,加大海外促销的力度,巩固印度市场,积极开发新兴市场。全年海外订单首次突破新接订单总额的30%,达到8500万美元。

汽轮机股份有限公司加快国际化步伐,带动了其他相关企业的产品出口。如中能公司的冲动式汽轮机、辅机公司的冷凝器、杭发集团的火力发电机、南方齿轮公司的工业齿轮箱、汽轮机械公司的备品配件、汽轮成套公司的仪控装置等产品出口额相应增加。

热联进出口公司审时度势,进军国际市场,及时调整内部组织体系、管理方式和运行机制,成功地实现经营模式从“进口”为主向“出口、内贸”为主的转型。

东风船舶公司抓住国际上船舶需求火爆的良机,大力承接建造国外高附加值船舶,2006年海外订单及交付船舶均超过总量的80%。万东电子公司的出口额保持在年销售总额的30%。汽车运输公司扩大了国际货运代理业务量。

【取得技术创新成果】 2006年,汽轮集团逐步健全技术创新平台,中能公司和万东电子公司取得杭州市企业技术中心资格,累计达到3个。博士后工作站的冀春俊博士的研究课题《电站锅炉给水泵汽轮机内效率提高》获得专家好评,并有博士申请入站研究。一批创新项目获得政府支持,与浙江大学合作的《离散制造业生产过程信息智能监控系统》被列入省科技厅重大科技攻关项目。汽轮机股份有限公司的百万等级乙烯装置驱动用汽轮机、杭州杭发集团的大型异步电动/发电机被省发改委列入全省技术创新重点项目。与西安交通大学合作完成的“2.8平方米扭叶片(三级)性能分析”在生产中得到应用。汽轮机股份有限公司的糖厂用高温高压大容量抽气汽轮机获得浙江省首届工业设计大奖赛金奖,中能公司的水泥余热发电汽轮机获得杭州市优秀新产品奖,汽轮机股份有限公司的60万千瓦锅炉给水泵汽轮机获得省科技进步二等奖。

【推进人才战略】 汽轮集团加大人力资源开发力度,制订《专业职务资格等级公司内部聘任管理办法》、《2006年度员工培训计划》、《选拔享受企业特殊津贴实施办法》等文件。全年招聘各类人才、大中专毕业生和技能型人才223名,其中博士1人、硕士5人;招聘浙江省技术比武前10名中的4人进入该集团。解决104名获得高技能职称的外来务工人员落户杭州的问题,其中技师72人、高级工32人。举办各类培训班45个,受训人数4600多人次。在各类专业技术人员中,有25人新获高级职称,45人新获中级职称;1人获得杭州市杰出人才奖,2人获得市政府的特殊津贴,20人被列入杭州市“131”优秀中青年人才工程候选人。

【开展讲创新比贡献活动】 汽轮集团开展“讲创新,比贡献”活动,一批自主创新成果取得专利。汽轮机股份有限公司的汽轮机流量调节旋转隔板阀、三合一整体静叶片两项成果获得实用型专利,高速半自动铣带床、汽轮机转子叶根销加工专用钻床两项成果获得专利授权。

科技人员积极响应“讲创新,比贡献”活动,全年收到学术论文42篇,其中被评为市级以上优秀论文10篇。组织专家项目评审、课题论证及技术攻关300多项,有效地推动企业技术创新。在汽轮集团第三次科技大会上,有6个项目获得汽轮集团2006年度科技进步奖,7个项目获得技术创新奖,10位科技带头人获得优秀科技贡献者奖,10位科技新秀获得优秀青年科技工作者奖。汽轮集团拨款200余万元奖励科技创新项目及创新能手,项目最高奖金20万元,个人最高奖金5万元。

【注重科学管理】 年初,汽轮集团根据整体发展战略的要求,确定全年奋斗目标,并将目标分解到各公司。每季度举行经济目标分析会,检查各公司目标执行情况。年终进行考核,使各项经济目标能够实现。

汽轮机股份有限公司在“整肃劳动纪律、统一着装、挂牌上岗”3项管理的基础上,顺势推行6S管理。通过专家指导、全员参与,企业的现场管理成绩斐然,促进了质量、安全、班组建设、劳动纪律、成本等基础性管理。该集团推广汽轮机股份有限公司6S成果,机械设备公司、辅机公司、汽车运输公司取得初步成效。

【清理不良资产】 由于历史的原因,汽轮集团账面上挂有不良资产500多万元。这些不良资产,有些是汽轮机股份有限公司上市时,遗留的不良债权债务,有些是各企业在对外投资过程中累积的死账、坏账。2006年,汽轮集团开展对不良资产的清理,坚持逐项、逐笔明确处置原则,至年末完成清理411万元,占不良资产总额的80%。

汽轮集团强化资金运筹,保证下属各公司生产经营所需资金。全年现金流入30.06亿元,流出29.37亿元。严明财务纪律,积极完成国资委布置的财务审核任务,在市国资委组织的财务监管中,有两个项目获得企业一等奖。 (罗尉民)

【低温燃气轮机研制成功】 国内燃气轮机市场主要依靠进口。2004年,汽轮集团决定与三菱公司合作,通过引进燃气轮机生产技术,扩大产品的覆盖领域,调整产品结构,提升产业档次。2005年,汽轮集团拿到第1个燃气轮机项目——3台50兆瓦等级的BFG联合循环装置,用户是河北邯郸钢铁集团有限公司和涟源钢铁集团有限公司。

2006年4月,邯郸钢铁集团燃气轮机项目中的1台50兆瓦等级的BFG联合循环装置在杭州汽轮集团公司诞生。生产首台可在低温条件下燃烧的燃气轮机,这标志着杭州传统装备制造业向更高更新的制造业领域发展。 (平永星)

·青春宝集团·

【青春宝集团概况】 中国杭州青春宝集团有限公司（以下简称青春宝集团）前身是1972年建厂的杭州第二中药厂。1992年5月组建集团，1992年11月集团的核心企业杭州第二中药厂与泰国正大集团合资成立正大青春宝药业有限公司。2006年，下属正大青春宝药业有限公司、胡庆余堂药业有限公司、四川青春宝九龙制药有限公司等7个中药制药企业、7个医药商业公司、30多家国药连锁店及10余个参股企业，有员工4000余人。全年完成销售收入18.3亿元，实现利润总额2.75亿元。

加强对国有资产保值增值的管理力度，着重做好安全生产、股权监管、财务审计、商标保护、存量资产盘活、增收节支等工作。对所属资产逐项清查核实，对历史原因造成的应收账款、其他应收款、库存商品、固定资产、长期投资等项目，经上报市国资委批复予以核销，一些不实及不良资产得到处理，做到账实相符。加强内部财务审计，基本解除对下属单位的担保问题。全年集团公司本级国有资产总额比上年增长4%，净资产增长4.4%；房产租赁净收入大幅增加，管理费用下降29%。

加强知识产权保护，对“青春宝”等商标进行全方位注册。3月，“青春宝”商标再次被国家工商行政管理局商标评审委员会认定为驰名商标，浙江省副省长金德水出席授牌仪式。

发掘企业文化，提升品牌美誉度。6月，国务院公布第1批国家级非物质文化遗产目录。“胡庆余堂中药文化”经过省市推荐，国家评审、筛选和公示后，正式进入国家级非物质文化遗产名单。7月，由商务部组织实施的“品牌万里行”活动大型车队至杭，与胡庆余堂等中华老字号的负责人进行“品牌对话”，并参观胡庆余堂中药博物馆。8月，中国品牌研究院从资本市场的角度评估全国的老字号企业，首次评出“2006中华老字号品牌百强榜”，胡庆余堂列第24位，品牌价值4.5亿元。胡庆余堂还被评为浙江省十大标志性品牌之一。

【杭州胡庆余堂集团有限公司成立】 1874年，杭州阜康钱庄的老板胡雪岩在大井巷开出药号——胡庆余堂。1972年，胡庆余堂变更为杭州第一中药厂，其坐落于城郊的制胶车间成立为杭州第二中药厂。改革开放后，两厂先后改制为胡庆余堂药业有限公司和青春宝集团。1996年，杭州市政府决定胡庆余堂加入青春宝集团。2006年，胡庆余堂药业有限公司的销售额、出口额、上缴利税都有突破，其中销售额比10年前增长10多倍。10月，杭州胡庆余堂集团有限公司成立，成为有20多个子公司和30多家商业连锁店的大型中药企业，完成了从药材种植、饮片加工、成药生产、商业零售、医疗门诊、科研开发及工业旅游等为主业的产业链。

12月19日，胡庆余堂代表在首都北京饭店作“弘扬国药文化，打造民族品牌”的演讲。 （青春宝集团 供稿）

【胡庆余堂泗水分公司开业】 2003年6月，胡庆余堂在印度尼西亚雅加达开创胡庆余堂医馆。2006年9月9日，成立胡庆余堂（印尼）泗水（医馆）分公司。泗水是东爪哇省省会、印尼第二大城市，面积326平方千米，常住人口270万人，在该地设立医馆，为中印两国之间医药文化的交流提供了平台。胡庆余堂董事长冯根生等赴印尼泗水参加开馆典礼。出席剪彩仪式的贵宾有中国驻泗水总领事馆总领事傅水根、领事许七一，印尼卫生部前部长舒游迪，印尼中医协会会长曾大勇等。印尼《世界日报》等媒体对此进行了详细报道。

【中药固体制剂车间投入运营】 2005年6月，正大青春宝药业有限公司中药固体制剂车间建成，2006年正式投入运营。该车间建筑面积1.05万平方米，主要生产青春宝抗衰老片。大楼共4层，1层为制粒工序车间，2层为压片填充工序车间，3层为灌装流水线，4层为辅助综合用房。车间配备了一步制粒机，高速压片填充机，二维、三维混合机等现代化设备，有2条全自动灌装流水线。建有中控室，对生产流水线进行全面监控。各生产工序采取严格的质量保证措施，各项管理制度按GMP要求进行制定和执行。楼层内部是环形设计，并设计了参观走廊，参观者能清楚地看到青春宝抗衰老片从浸膏成为药片的生产过程。青春宝抗衰老片是中国中药名牌产品、浙江省名牌产品，“青春宝”商标是中国驰名商标。

【开发天然降糖药物】 青春宝集团加强自主产品的开发和研究，发掘新的经济增长点，开发天然降糖药物——巴拿巴。

巴拿巴的植物名为“大叶紫薇”，又名满堂红、海棠树等，为落叶灌木，主要生长在澳洲和热带地区。在菲律宾、新加坡等东南亚国家，大叶紫薇被称为“巴拿巴（Banaba）”，其叶、花和果实都被用于糖尿病的防治。国外研究巴拿巴的化学成分，发现其具有降血糖的作用，还有减脂、抗氧化、抗菌和抗肿瘤等功能。

2006年3月开始，杭州青春宝健康产品有限公司和浙江省天然药用植物研究中心合作进行巴拿巴项目的研究。从菲律宾进口巴拿巴叶子，成功提取得到含有10%的高纯度巴拿巴生物活性物质——克罗科酸(Corosolicacid)，而国际市场上应用在功能食品上的巴拿巴提取物纯度一般为3%左右。

2006年12月，杭州胡庆余堂集团公司注册成立了一个专门从事巴拿巴产品生产和经营的杭州巴拿巴健康科技有限公司。计划在2007年将巴拿巴产品投放市场。

【胡庆余堂列入中华老字号】 年初，商务部开展"振兴中华老字号工程"。12月19日，商务部在北京饭店金色大厅举行"中华老字号"授牌仪式暨老字号创新与发展研讨会。经过重新认定，产生全国第1批"中华老字号"共430个。继1996年被国内贸易部颁布为"中华老字号"后，胡庆余堂药业有限公司再获殊荣。在授牌仪式上，商务部部长薄熙来讲话，并向胡庆余堂等企业授予"中华老字号"金字招牌。浙江省老字号企业协会会长、胡庆余堂公司董事长冯根生代表老字号企业发言。

（王敏华）

·信息科技公司·

【信息科技公司概况】 杭州信息科技有限公司（以下简称信息科技公司）围绕国有资产保值增值的主要职责和"资产质量好、产业结构优、人才素质高、发展后劲足"的发展目标，按照"规划先导、产业提升、体制创新、稳健经营、规范管理、持续发展"方针，按照"两轮驱动"的步骤，实现稳健发展。

截至年末，实现营业总收入14亿多元，比上年增长19.6%；工业总产值9.68亿元，增长17.1%。出口交货值4.37亿元，增长27.6%。实现利润总额5534.6万元，增长76.3%；上缴税金4389.5万元，增长20.6%。技术改造投入1129万元，新产品开发投入1283万元；新产品产值2.30亿元，增长14.8%。综合能耗0.08吨标煤/万元，下降9.1%。

信息科技公司从落实"十一五"规划入手，以"产业规划线、财务资金线、思想政治线"为工作主线，加强资产经营和管理，加快企业内部改革，认真扎实地做好信息、财务、产业、党建和法律5个方面基础性管理。

【承办科技企业孵化器座谈会】 3月29日，杭州市东部软件园有限公司承办的2006年杭州市科技企业孵化器座谈会在东部软件园科技大厦举行。东部软件园、浙大科技园、国家IC孵化器等8家杭州市科技企业孵化器介绍交流了情况。副市长沈坚和市科技局等10余个政府部门的负责人参加座谈，并参观天夏集团、华为研究所、中正科技公司等园区企业。

【企业信息化应用项目通过验收】 4月7日，由杭州市工业企业信息化推进工作领导小组办公室组织的专家组，对杭州大自然光电科技股份有限公司和东部软件园公司承担的"企业信息化应用"项目进行验收。专家组认真听取两个公司对信息化应用项目建设情况的介绍，审查和观看相关的资料和演示，认为该项目已完成备案要求的各项性能指标，符合验收条件，一致同意项目通过验收。

【LG电子株式会社代表团到杭考察】 4月，韩国LG电子株式会社长、中国区总裁禹南均一行到浙江省访问。20日，省委副书记、省长吕祖善在市委副书记、市长孙忠焕，信息科技公司董事长宋小春等陪同下会见禹南均先生。代表团到浙江主要是对LG电子在杭州的合资公司如何明确主导产业发展方向，进一步扩大合作等内容进行考察。2003年9月，LG电子与信息科技公司合资成立了乐金大自然(杭州)记录媒体有限公司，总投资2500万美元。禹南均一行对浙江省的投资环境和合资公司的发展前景非常看好。省委常委、杭州市委书记王国平，省政府秘书长冯顺桥，杭州市常务副市长盛继芳，省信息产业厅副厅长曾浩明等参加会见。

【东部科技投资公司成立】 6月16日，杭州东部科技投资有限公司创立大会暨首次股东大会在浙江西子宾馆举行。该公司由东部软件园、胜达集团、现代联合控股集团、浙江华昌担保投资有限公司、杭州元通实业有限公司、杭州大自然光电科技股份有限公司等共同投资组建，是按照《创业投资企业管理办法》和《中华人民共和国公司法》创建的科技创新投资公司。作为资本平台，为引进风险投资和科技创业投资，打通国际资本渠道打下基础。

【大华工控技术公司列入合格软件企业】 4月30日，根据信息产业部等4部委联合印发的《软件企业认定标准及管理办法》和《浙江省软件企业认定中软件收入界定暂行办法》精神，省信息产业厅对一批认定的软件企业进行年审。经审核，杭州大华工控技术有限公司等231个企业符合各项要求，成为浙江省2006年度第1批年审合格软件企业。杭州大华工控技术有限公司生产的系列分切机技术含量领先国内水平，产品性能达到国际先进水平，得到行业用户和业界专家的认可和赞同。该产品被中国包装联合会评为"中国包装名牌产品"。

【高纯磷酸项目通过省级鉴定】 5月29日，由信息科技公司下属企业杭州诚泰化工机械有限公司和浙江大学化工机械研究所合作研发的"节能型低成本高纯磷酸生产工艺与设备"项目，顺利通过省科技厅、市科技局主持的专家鉴定。该项目系自主研发，具有膜式水冷壁结构的燃烧室与余热回收装置合二为一的节能型燃磷塔，开发了节能型低成本高纯磷酸的生产新工艺，开发出适用于磷酸及其聚合物高温防腐的特种复合涂层，解决了燃磷塔内壁的腐蚀问题。鉴定委员会认为该项目创新点突出，技术达到国内领先水平，应用前景广阔，一致同意通过省级鉴定。该项目获得科技部2006年第2批"科技型中小企业创新基金"无偿资助。

【新加坡杭州解决方案中心成立】 11月18日，新加坡杭州解决方案中心（简称HSSC，又称新加坡高科之春）成立仪式在东部软件园科技广场隆重举行。新加坡交通部部长兼外交部第二部长林双吉、新加坡驻上海总领事馆总领事陈庆荣、新加坡资讯通信发展管理局(IDA)主席蓝传亮、新加坡信息通信协会(SITF)主席白耀材，杭州市政府副市长金胜山、省信息产业厅副厅长曾浩明、省外经贸厅副厅长傅杜尔等出席仪式，并为新加坡高科之春成立剪彩。新加坡高科之春由新加坡信息通讯协会和杭州东部软件园公司共同组建。旨在为两地企业提供"一站式"咨询、服务和解决方案，能更方便地寻找合作机会，拓展业务领域，携手开发创新的 IT 解决方案。（赵 静）

·杭氧集团·

【杭氧集团概况】 杭州制氧机集团有限公司(以下简称杭氧集团)作为国家重大装备制造企业，为中国的冶金、石化、航空航天、煤化工提供成套空气分离设备，是国内空分设备行业的龙头企业。杭氧集团是市政府批准设立并授权经营国有资产的国有独资企业。所属企业主要有杭州杭氧股份有限公司、杭州杭氧透平机械有限公司、杭州杭氧环保成套设备有限公司、杭州杭氧物资有限公司、杭州市政环保工程有限公司等 5 个国有控股企业，杭州杭氧压缩机有限公司等 10 个国有参股企业。杭氧集团职工人数 3498 人，总资产 38 亿元、净资产 17.7 亿元。

杭氧集团加强管理，克服困难，保证企业迁建的顺利进行，保持企业持续稳定发展。全年实现工业产品销售收入 30.7 亿元，利润总额 3.7 亿元。主要经济指标连续 3 年名列中国通用机械行业第 1 名，被列入中国制造企业 500 强和中国机械工业 100 强。2006 年，连续第 3 年获得杭州市"工业兴市十佳企业"称号，被市政府表彰为 2006 年度杭州市"工业兴市"功勋企业。

【杭氧迁扩建工程开工】 12 月 28 日，杭氧迁扩建工程开工典礼在浙江省临安经济开发区隆重举行。省委常委、市委书记王国平宣布工程开工。副省长金德水、副市长沈坚分别致辞。开工典礼由市政府副秘书长赵立康主持。市委副书记、市长孙忠焕为工程开工发来贺信。在开工典礼上致辞的还有某部参谋长吴年生少将、中国机械工业联合会专务委员隋永滨、临安市委书记邵毅等。市人大常委会副主任丁德明等领导出席。杭氧集团总经理蒋明讲话。老红军、原杭州制氧机厂厂长黄知机等 600 余名宾客参加典礼。

杭氧迁扩建工程位于临安市东部，地处浙江省"三小时交通、经济、生活圈"的核心地带，总投资 20.4 亿元，用地 61.47 公顷。计划 2008 年建成投产。

【合同订货额 36.15 亿元】 通过自主创新，杭氧集团空分技术取得重大进展，为发展赢得了更大的市场空间。2006 年，该集团累计合同订货额(不含税，下同)61.15 亿元，当年订货合同额达到 36.15 亿元，创造了最高纪录。其中，杭氧集团成功承接宝钢集团 6 万立方米/小时空分设备，这是中国首套采用自主技术、自主集成的特大型成套空分设备。

12 月 28 日，杭氧迁扩建工程在临安经济开发区开工。（杭氧集团 供稿）

【推动空分技术创新】 杭氧集团始终把推动技术创新作为重中之重，在空分设备大型化和空分设备成套技术方面，紧紧跟踪国际当代技术发展，认真做好自主开发，在新产品开发和新技术应用方面取得重大进展，推动了中国空分设备制造技术的发展。其中，为伊朗提供的两套 6.3 万立方米/小时空分设备，其装置采用全低压分子筛净化吸附、中压空气增压透平膨胀机、规整填料和全精流制氩技术的氧气内压缩工艺流程，填补了中国自主研制 6 万等级空分设备的空白。

【江西制氧机厂产权转让】 12 月 30 日，杭氧股份有限公司与江西省九江市国有资产监督管理委员会正式签订江西制氧机厂整体生产性资产及流动负债产权转让合同。九江市市长王萍，副市长熊永强，杭氧集团总经理蒋明，常务副总经理、杭氧股份公司董事长毛绍融，杭氧股份公司总经理赵大为等参加合同签字仪式。杭氧集团通过资金注入和技术、管理、机制等方面重组，使改制后的新江西制氧机厂迅速提高市场能力，拓展国内、国际市场，做强做大企业。成功收购江西制氧机厂，是空分行业适应市场发展的必然结果，在中国空分行业发展史上具有重大而深远的意义。

【杭氧集团列入大企业集团竞争力 500 强】 国家统计局在人民大会堂举行第六届中国大企业集团暨首届企业集团竞争力 500 强发布会，公布中国最大 1000 个企业集团和中国大企业集团竞争力 500 强入选名单。杭氧集团列 2006 年度中国最大 1000 个企业集团的第 740 位，列 2006 年度中国大企业集团竞争力 500 强第 280 位。（高菊宁）

·华东医药集团·

【华东医药集团概况】 杭州华东医

药集团有限公司（以下简称华东医药集团）前身是创建于1952年的浙江制药厂，后更名为杭州制药二厂、杭州华东制药厂。1992年12月16日，经杭州市经委和市体改委批准，在华东制药厂的基础上组建华东医药集团。该集团是浙江省政府重点培育的首批18个大企业集团之一，列入全国520个重点工业企业，也是杭州市科技示范企业、浙江省科技进步优秀企业、杭州市高新技术开发区区外高新技术企业，被杭州市政府表彰为2006年度杭州市“工业兴市”功勋企业。

华东医药集团下属成员企业20余个，主要有杭州中美华东制药有限公司、杭州九源基因工程有限公司、杭州默沙东制药有限公司、浙江华义医药有限公司、埃斯特维华义制药有限公司。有员工4300多人，其中30%以上为技术人员。资产总值38.98亿元，净资产12.67亿元。1999年，该集团的核心企业——华东医药股份有限公司在深圳证券交易所上市。2006年10月，华东医药股份有限公司完成股权分置改革。

华东医药集团主要经济指标名列全省医药行业的前茅，全年实现销售收入56.46亿元，上缴税金总额2.49亿元，其中上缴地方财政1.096亿元。拥有专利31项，其中发明专利30项。

以“服务大众健康”为己任，致力于药品的开发、生产和贸易，不断推出疗效显著的药品。杭州中美华东制药有限公司生产的百令胶囊能有效提高人体免疫机能，是国家中药一类新药，拥有自主知识产权；赛斯平属国内第1个研制成功生产，是器官移植领域抗排异反应首选用药；赛可平是国内第1个投放市场的抗排异升级用药；卡博平是国内第1个投放市场的治疗糖尿病用药；泮立苏是国内第1个投放市场的治疗消化道出血用药。杭州九源基因工程有限公司生产的G-CSF（重组人粒细胞集落刺激因子注射液）是国内第1个生产的白细胞生长因子，能有效提高白细胞数量。杭州默沙东制药有限公司生产的泰能是临床急救领域抗感染用药，舒降之是降低血脂用药，科素亚是临床平抑血压用药，保列治是治疗前列腺疾病用药，保发止是治疗脱发用药。以上药品全年大多有1亿元以上的销售产值。

注重生产、营销、科研与管理全面发展，国际与国内市场互动，管理与技术创新并重，人与企业和谐相处。经营发展坚持原料药与制剂并重，国际市场与国内市场并重，技术与管理并重的3个原则，坚持一业为主，不断开发新产品，坚持临床终端销售，巩固和扩大国内市场，开拓和接轨国际市场。

根据市场要求，进行产品结构调整，在人、财、物等方面进行改革。以内部改革为主，进行管理创新。以人力资源变革为主线，规范以绩效考核为中心的薪酬体系与适合企业需要的人才流动体系。以财务变革为中心，完善预算管理体系与资金管理体系，建立起有效的财务风险防范措施。以物流变革为主线，建立起完善高效的物流管理体系。

【华东医药集团被表彰为功勋企业】华东医药集团在获得杭州市2002年度十大突出贡献工业企业、杭州市2004年度十大突出贡献工业企业、杭州市2005年度十大突出贡献工业企业荣誉之后，在省人民大会堂召开“工业兴市”大会上，被杭州市委、市政府授予杭州市2006年度“工业兴市”功勋企业称号，该集团公司董事长李邦良获得杭州市2006年度“工业兴市”功勋企业优秀经营者称号。2006年，该集团实现销售收入56.46亿元。

【埃斯特维华义制药公司主体工程结顶】6月25日，华东医药集团下属的埃斯特维华义制药有限公司（EHP）在绍兴袍江工业园区工地举行主体工程结顶庆典仪式。该公司一期注册资本1500万美元，一期总投资4000万美元。合资项目在袍江工业区总征地13.23公顷，所有车间达到FDA（美国食品药物管理局）的要求。该项目计划2008年建成投产，产品销往美国市场。

（周永亮）

【华东制药公司注重新产品开发】杭州中美华东制药有限公司十分重视新产品开发和国际市场拓展。2006年11月，新产品环孢素原料药顺利通过欧盟药品质量管理委员会COS认证。这是该公司通过欧盟COS认证的首种产品，也是杭州成为国家医药出口基地以来医药产品参与国际分工的一个重大突破。环孢素上市以后保持快速增长势头，2006年销售额超过2亿元。

华东制药有限公司的阿卡波糖原料生产工艺改进项目，实现发酵单位5000ug/ml（微克/毫升），质量符合欧洲药典的标准，产品陆续获得澳大利亚TGA审核证书和美国FDA认证，标志着产品质量已达到国际先进水平，实现了批量出口。2006年原料药产量达到8.9吨，制剂销售额超过1.5亿元，利税超过4000万元。新开发的两种产品——西罗莫司和霉酚酸吗啉乙酯，产业化成果显著，当年累计销售额分别达到2000万元和2650万元，利税超过1000万元。（王明兴 林 昀）

【环孢菌素制造项目获国家科技进步二等奖】2006年1月，在全国科学技术大会上公布的2005年国家科学技术奖励名单中，环孢菌素A制造新工艺关键技术及其应用项目获得国家科技进步二等奖。

环孢菌素A制造新工艺关键技术及其应用由杭州中美华东制药有限公司与上海医药工业研究院共同完成。该项目属生物医药领域的微生物药物技术。环孢菌素A是器官移植抗排斥反应的首选药物，该项目主要技术内容为环孢菌素A生产新工艺关键技术及应用，独创了一种新的培养基组分及其关键成分的加工方法，创新了发酵中间补料工艺，形成了完整配套的环孢菌素A发酵新工艺，使产品得率提高1.5倍以上，成品质量达到和超过国际先进水平。新工艺申请国内外发明专利8项，其中2项已获授权。至2006年，3年累计新增销售1.95亿元、利润3587万元、税收2640万元，企业直接出口创汇192万美元，节约生产成本9400万元。（胡传明）

个体民营经济

Individual & Private Economy

·个体民营经济综述·

【个体民营经济发展规模持续扩张】 2006年，杭州市个体民营经济产业结构合理，运行健康有序，发展势头强劲。民营企业大力推进观念创新、体制创新、管理创新、技术创新，不断做大做强，成为全市发展速度快、发展后劲足、发展活力充沛的重要增长极。至年末，全市有个体工商户28.42万户，从业人员57.6万人，注册资金97.02亿元，分别比上年（指2005年，下同）增长6%、11.1%、14.7%。有民营企业10.06万个，投资人数22.83万人，雇工108.7万人，注册资金1870.4亿元，分别增长13.5%、11.9%、15.8%、20.8%。

民营经济对经济社会发展的贡献进一步加大，以民营经济为主体的各种非公有制经济在全市生产总值中所占的比重达66.72%，比上年提高3.82个百分点。在财政收入中，来自民营经济的收入达218.99亿元，增长18.5%。民营商贸企业实现销售额4317.8亿元，增长17.7%；占全市商贸企业销售额的69.2%，比重提高3.4个百分点。规模以上民营工业企业实现销售产值3453.26亿元，占规模以上工业企业销售产值的50.4%，增长27.4%，比规模以上工业企业平均增幅高出1.5个百分点。民营企业固定资产投资842.51亿元，增长15.1%。

【召开全市民营经济大会】 3月16日，市委、市政府召开全市民营经济大会，总结"十五"期间杭州民营经济的发展成就，表彰先进，推动民营经济新一轮的发展。"十五"期间，杭州通过企业的内动力和政府的外驱力结合，积极实施两轮"三年倍增"计划，实现从国有经济大市向民营经济大市的历史性跨越，杭州成为名副其实的浙江民营经济第一大市。全市非公有制经济实力位居全省第一，500强民营企业数量位居全国第一，非公有制经济的规模和对杭州经济社会发展的贡献在各种经济成分中位居第一。会议向全市民营企业发出在实现浙江民营经济第一大市的基础上，打造民营经济第一强市的号召。要求民营企业加快发展、科学发展、率先发展，实施好第二轮"三年倍增"目标。强调政府各部门从规划、政策、服务、维权、监管等方面进一步做好工作，为民营经济发展创造更好的环境。

会上，市委、市政府隆重表彰50名第二届杭州市非公有制经济人士"优秀社会主义事业建设者"、10名首届民营科技新星和53个入选2004年度全国500强民营企业。与会的113位民营企业家向全市民营企业家发出大力弘扬创业、创新、和谐精神，为实现杭州由浙江民营经济第一大市向民营经济第一强市跨越多做贡献的倡议。（严　建）

4月25日，市个体民营企业协会为民营企业举办品牌策划与营销创新培训班。（李红来 摄）

【优化民营经济发展环境】 杭州市政府部门围绕为民营企业"多服务、少干预，多帮忙、不添乱，只设'路标'、不设'路障'"的宗旨，着重在制定规划、完善政策、提供报务、维护权益、改进监管等方面做好工作，为民营企业发展创造良好环境。开通杭州民营经济网，发布杭州市促进民营经济发展的政策和产业导向、市场供求等信息。组织300多个民营企业参加主题为"自主创新——引领民营经济新飞跃"的第四届浙江中国民营企业峰会，引导和鼓励民营企业加强自主创新。实施“5111”培训工程，加强民营企业人才培训。全年举办各类培训815期，参加人员3.17万人。组织140余个民营企业参与陕西、青海、黑龙江等地的招商引资和经贸洽谈，为民营企业谋求新的合作和发展创造机遇。组织57个民营企业赴辽宁沈阳、丹东和安徽芜湖等地考察，通过观摩学习，开阔发展思路。市个体民营企业协会与《每日商报》、中国服装宝库网等媒体联合，举办两期“为企业清库、助企业减负”的大型特卖活动，为100余个(户)服装企业和服装经营户处理积压服装。

·民营经济·

【民营经济经营规模全省领先】 杭州民营经济从民营企业数量、总资产、年营业收入均处于全省领先地位，是各种所有制经济中最有发展活力的经济板块。全年新注册民营企业1.8万个，比上年增长11.8%。民营企业户均注册资金186万元，增长6.3%。民营企业中注册资金100万元~500万元的1.83万个，500万元~1000万元的4639个，1000万元~1亿元的4114个，1亿元以上的120个，分别增长19.4%、26.3%、20.3%、22.4%。民营企业为实现规模效益，积极组建企业集团。全市有民营企业集团267个，增长13.6%。有限责任公司继续扩张，全市有限责任公司总数增至8.1万个，占全市民营企业总数的80.5%，增长16%。个人独资企业1.07万个，占独资企业总数的58.7%，增长10.2%。

【民营企业创新意识增强】 杭州民营企业发扬敢于创新的精神，大力推进品牌战略，积极开发新产品。全年实现新产品产值287.19亿元，比上年增长33.8%。民营企业获省级及以上著名商标106种、名牌产品105种，占全市获得省级及以上著名商标、名牌产品的40%和44.9%，分别提高2.2个和1.6个百分点。

【萧山推进民营块状经济发展】 萧山区积极营造良好的政策和服务环境，促进民营块状经济又好又快发展。该区传化集团的物流、新街镇的

表21　**2006年杭州市个体工商业登记注册情况**

项　目	全　市		市　区	
	合　计	城　镇	合　计	城　镇
户数(户)	284 173	156 047	210 054	131 818
农、林、牧、渔业	2 971	734	2 135	598
采矿业	254	54	49	7
制造业	20 676	4 473	12 099	2 756
电力、燃气及水的生产和供应业	103	7	81	7
建筑业	585	212	391	153
交通运输、仓储和邮政业	13 110	2 330	9 697	1 640
信息传输、计算机服务和软件业	456	308	331	253
批发和零售业	184 951	108 896	141 244	94 803
住宿和餐饮业	21 702	12 906	14 985	10 212
房地产业	40	25	25	14
租赁和商务服务业	1 691	916	1 379	745
居民服务和其他服务业	33 472	22 577	26 440	19 723
卫生、社会保障和社会福利业	155	97	86	63
文化、体育和娱乐业	1 327	844	926	677
其他行业	2 680	1 668	186	162
从业人员(人)	575 691	277 204	427 816	230 860
农、林、牧、渔业	7 863	1 710	5 233	1 396
采矿业	1 242	228	117	25
制造业	70 456	12 130	34 641	7 158
电力、燃气及水的生产和供应业	364	24	317	24
建筑业	2 019	663	1 300	486
交通运输、仓储和邮政业	21 402	3 209	16 510	2 339
信息传输、计算机服务和软件业	875	589	571	422
批发和零售业	323 982	165 984	260 380	144 730
住宿和餐饮业	55 973	31 334	38 302	23 342
房地产业	90	60	60	39
租赁和商务服务业	2 602	1 624	1 975	1 262
居民服务和其他服务业	81 103	54 882	65 582	47 685
卫生、社会保障和社会福利业	340	228	186	136
文化、体育和娱乐业	3 285	2 022	2 270	1 522
其他行业	4 095	2 517	372	294
注册资金(万元)	970 214	600 149	670 122	497 384
农、林、牧、渔业	26 784	3 881	14 472	1 812
采矿业	8 543	1 643	574	33
制造业	99 082	20 332	45 461	10 859
电力、燃气及水的生产和供应业	297	10	71	10
建筑业	8 335	1 039	3 379	488
交通运输、仓储和邮政业	94 369	25 679	58 206	17 682
信息传输、计算机服务和软件业	2 641	1 868	985	782
批发和零售业	524 156	397 067	411 381	352 922
住宿和餐饮业	83 628	56 343	47 878	39 281
房地产业	114	93	69	52
租赁和商务服务业	5 503	3 224	3 486	2 273
居民服务和其他服务业	98 463	76 318	74 965	64 095
卫生、社会保障和社会福利业	1 314	981	813	679
文化、体育和娱乐业	11 697	8 357	7 794	5 920
其他行业	5 288	3 314	588	497

花木产业、瓜沥镇的纺织印染业、闻堰镇的五金工具业等产业都形成了规模经营。南阳镇的制伞业经历了从家庭手工业到产供销一条龙专业化生产的跨越，成为该镇吸纳劳动力最多、经济效益最好的产业，每天销往全国各地的伞达 30 万把，被中国轻工业联合会授予“中国伞乡”的荣誉称号。

【民营动漫产业发展迅速】 市政府、市高新开发区(滨江)采取一系列扶持和鼓励政策，着力打造杭州“动漫之都”核心区。通过自主投入和政策扶持，民营动漫产业发展迅速，全年新增民营动漫企业 39 个。至年末，该区有 211 个民营企业从事动画制作、教育课件、数字影视和网络游戏产业。

【中介服务业快速发展】 杭州市提出“建设服务业大市”目标，出台加快现代服务业发展规划和扶持政策。至年末，全市有各类中介服务机构 17515 个，其中中介服务业发展中心 6 个。中介服务机构注册资金 340 亿元。中介服务主要涉及文化艺术经纪代理、贸易经纪代理、职业介绍、房产代理、家政服务、工程管理、物业管理、保险代理、咨询与调查等行业。绝大部分中介服务机构为民营性质。

·个体经济·

【个体工商户发展趋缓】 2006 年，全市个体工商户新增 1.78 万户，总户数扩大到 28.42 万户，增幅比上年有所减缓，发展呈现趋缓态势。在个体工商户产业结构中，第三产业仍占主体，人员和资金进一步向第三产业集聚。

·协会活动·

【评选诚信民营企业和个体工商户】 6 月，为打造“守信企业”，推进“信用杭州”建设，市个体民营企业协会会同市委宣传部、市工商局联合开展“诚信民营企业、诚信个体工商户”评选认定活动。经过各区、县(市)个体民营企业协会审核推荐，市评选认定活动领导小组审查认定，评出诚信民营企业 101 个、诚信个体工商户 202 户，并颁发证书。其中 13 个民营企业、25 户个体工商户被省个体民营企业协会认定为省级诚信民营企业和省级诚信个体工商户。

2 月 22 日，市工商局和市个体民营企业协会联合举办就业再就业招聘会。（李红来 摄）

【举办再就业招聘活动】 为发挥民营企业在安置就业、稳定社会方面的重要作用，各级个体民营企业协会深入民营企业调查研究，了解掌握用工信息。通过举办招聘会，既解决城市下岗失业人员再就业问题，又解决民营企业人员短缺问题。3 月，在全市“再就业服务周”活动期间，市、区(县、市)两级个体民营企业协会举办再就业现场招聘会 28 场，参加招聘企业 524 个，提供再就业岗位 1.04 万个，参加竞聘 1.91 万人，达成再就业意向 5771 人，其中当场签订劳动合同 1451 人。

【组织民营企业结对助学】 杭州市民营企业以关爱儿童、奉献爱心为荣，踊跃参与个体民营企业协会组织的“结对助学工程”，帮助农村生活困难的学生上好学、读好书。“六一”前夕，市个体民营企业协会组织上城、下城、西湖、江干等 7 个区的民营企业与淳安县 100 余名中小学生结成助学对子，并前往该县光昌乡中心小学看望学生，送去民营企业捐赠的学费、食品和童装。余杭、临安、建德等区(市)个体民营企业协会在当地为民营企业与特困生助学结对举行签字仪式。全市有 400 个民营企业与 400 余名特困生结对，助学捐款 75.15 万元。

【开展第五次“维权服务宣传月”活动】 10 月，市个体民营企业协会开展第五次“维权服务宣传月”活动。市、区两级个体民营企业协会在城区主要街道、专业市场和辖区内张贴标语，布置专栏，印发资料，进行维权宣传。淳安县个体民营企业协会向会员发出“文明经营、诚实劳动、为秀水节添彩”的倡议。之江度假区个体民营企业协会指导民营企业做好商标保护，走品牌发展之路。宣传月期间，全市各级个体民营企业协会发放宣传资料 3.44 万份，组织法律培训 95 次，受训人员 7096 人，接受咨询服务 3239 人次，受理侵权投诉 224 件，为会员挽回经济损失 260.6 万元。

【组织职业技能大赛】 8 月，为提高美容美发行业从业人员的审美素质和技能水平，市个体民营企业协会与市总工会、市劳动保障局、市工商局联合举行杭州市美容美发职业技能大赛。全市有 12 支代表队近百名选手参加美发师、美容师两大类 6 个项目的比赛。经过多轮角逐，48 位选手胜出。其中，18 位选手分别获冠、亚、季军，30 位选手获优秀奖。西湖区、余杭区代表队获组织奖。

（李红来）

科学技术

Scientific Technology

·自然科学·

【建设科技强市】杭州市坚持“自主创新、重点跨越、支撑发展、引领未来”的方针,围绕建设“天堂硅谷”为重点的“一号工程”,着力实施“科教兴市”战略,创新创业环境不断优化,高新技术产业持续发展,社会科技创新取得进展,创新型城市建设稳步推进,为“一名城、四强市”(文化名城和教育强市、科技强市、卫生强市、体育强市)建设提供强大科技支撑。

6月29日,市委、市政府召开全市科技创新大会暨九届十一次全体(扩大)会议,出台《关于进一步打造“天堂硅谷”、推进创新型城市建设的决定》、《杭州市建设创新型城市规划纲要》、《关于提升企业自主创新能力的意见》及10个配套政策。9月初,市委、市政府分别召开全市“一名城、四强市”和“科技强市”建设工作会议。制定《杭州建设科技强市规划纲要(2006年~2010年)》,明确发展思路与目标,提出科技创新十大工程。

按照研发技术中心“三年翻番”的要求,加强企业高新技术研发中心和行业研发中心的建设和管理。征集企业研发中心申报77项,立项40项,其中农业企业研发中心申报10项。加强重点培育,促进科技型初创企业快速成长。新确定100个初创企业,扶持中小企业发展。

全市投入运行的单规模1000平方米以上的孵化器30个,经市级认定的孵化器24个,其中当年新认定6个市级孵化器。上城区科技创业中心、浙江大学科技园发展有限公司被认定为国家高新技术创业服务中心。

建设科技创新平台,新投入6000余万元,其中财政资金投入启动资金600万元、各单位自筹资金5400余万元;新增仪器设备3525万元。拥有450名的科研和专业技术服务队伍,承接各类科研项目116个,为800余个企业的5132人次提供培训和技术服务。

开展“走进中科——科技之旅”等活动,会同省科技厅协助中国工程院到杭召开化工、冶金与材料学部2006年第二次常务会议,组织院士考察杭州企业,促进科技合作洽谈。杭州市承办“2006中国网上技术市场活动周暨杭州高新技术展示交易会”,省内外90余个高等院校、科研院所、科技中介机构和70余个投资融资机构参与,1000余个企业参加各类科技交流与合作,活动周总人数6.5万人次,签约项目369项,合作协议金额总计20多亿元。

新认定省级高新技术企业79个(其中区外高新技术企业43个),组织杭州企业申报国家和省火炬计划项目91项,国家重点新产品计划项目42项,推荐省高新技术产品150项,列入2006年省级新产品试制计划90项,推动全市以医药、通信设备、计算机及其他电子设备制造业为主的高技术产业的发展。

全年农业科技经费2120万元,比2005年增长49.2%。安排农业科技示范园区和龙头企业项目23项,经费335万元;市重点农业科技成果推广专项9项,经费135万元;农业成果转化专项13项,经费125万元;列入国家级农业科技成果转化资金项目2项、省级15项,争取上级科技经费350万元。开展科技特派员和农村指导员工作,帮助乡镇完善发展规划,解决难题,传授知识,提高农民科技文化素质。6月,杭州市被省委、省政府评为科技特派员工作先进。修订《杭州市地震应急预案》,推进了“城市活断层”项目。

出台《杭州市鼓励专利技术实施试行办法》,起草关于促进知识产权创造管理保护运用的有关政策,与中国计量学院联合成立了专利人才培训基地,开展“正版正货”承诺单位创建活动,提高市商贸流通领域知识产权保护意识。12月,杭州市全年受理专利案件19件、结案13件、终止3件,查处冒充专利案2件。

按照理念、体制、科技、服务四大创新要求,完善和优化市科技计划管理体制与运作机制,发挥区、县(市)科技局和社会科技中介组织在市科技计划管理中的作用,提高科技资金使用绩效和科技计划管理的效率,出台《关于进一步加强科技计划管理工作的若干意见(试行)》。坚持依法行政,加强科技经费管理,建立科技项目审计制度。　(高马良)

【加强科技政策法规建设】杭州市贯彻全国科学技术大会和全省自主创新大会精神,开展提高企业自主创新能力、建设创新型城市的调研。在国家和省有关部门明确企业技术创新有关企业所得税优惠政策后,出台《杭州市企业技术开发费加计扣除政策的实施办法》(试行),开通了网上项目申报、审核确认系统,方便企业和基层管理部门申报和确

认。（徐长明）

【落实科技进步和人才目标责任制】杭州市做好市、县科技进步和人才目标责任制考核和市、区科技进步统计监测复核，确保科技综合实力全省第1位、科技进步水平领先全省各地市。制定市本级和区、县(市)党政领导科技进步和人才目标责任制考核方案,指标直观明了、便于采集比较。市"科教兴市"领导小组、市委人才工作领导小组成员科学、准确地评判了各区、县(市)科技进步与人才工作情况。6月上旬,接受省委人才办、省科技厅等组织的实地核查。考核组肯定了杭州市科技和人才工作，市本级和江干区、余杭区、临安市被评为省级优秀单位,上城区、西湖区、高新区(滨江)、桐庐县、建德市为市级优秀单位。

【创建科技强区县（市)】以建设创新型城市和科技强市为目标，积极创建省科技强区、县(市),对已计划创建省科技强区、县(市)的江干区、萧山区、余杭区、富阳市分别进行实地检查、指导,改进薄弱环节。11月下旬，全部通过省科技强市创建领导小组评审,被授予"第二批省科技强县(市)"。至此,全市累计有9个区、县(市)为省科技强县(市),为市本级创建省科技强市奠定了基础。

【举办科技活动周】5月20日,活动周以"携手建设创新型国家"为主题,采取省、市、区联动方式,组织开展30余项活动。全市受众人数77.21万人次。市科技局宣传全国科技大会精神、市科技强市规划、市先进科技企业和优秀科技工作者及"十五"期间科技工作成果,设计制作200余块展板巡;展组织市区100所中小学的7000名学生参加西溪湿地科普游园实践活动,编写了《市青少年西溪湿地科技实践作文》,受到市委书记王国平的批示肯定;与市青少年活动中心联合组织省内30余名中小学生,开展"我爱家乡的土壤"科考活动;与江干区科技局在采荷街道科普公园开展食品、药品、公共安全进社区进万家活动；与淳安县科技局、市九三学社联合组织"送医、送药、送科技"三下乡活动。与团市委组织"青工五小"创新竞赛等活动,受到各界好评。（姚寿坤）

【实行科技特派员制度】按照"扶农为本,项目带动"原则,西湖区、淳安县等10个区、县(市)科技局签订了2005~2006年度科技特派员科技专项项目合同。在251万元科技项目专项经费基础上，争取各种经费支持。全市投入科技特派员项目经费近1000万元。桐庐县、建德市、淳安县、江干区等政府分别从当地财政中划拨经费，作为科技特派员科技项目的配套专项资金。临安市选派15名科技特派员中的12名,分别申报和承担各级科技项目21项,获得科技经费365万元。

【重视科技人才】杭州市在科技计划和项目实施、科技平台载体建设中,重视集聚科技资源,加快科技人才的引进、培育和造就,加大科技创新、人才队伍建设的力度,出台《关于提升企业自主创新能力的意见》。加强企业研发中心、特色城镇功能区行业研发中心、科技创新公共服务平台建设，为人才成长提供平台和载体。450名科研和专业技术人员组成的服务队伍，承接各类科研项目116项，为800余个企业5132人次提供培训和技术服务。孵化器企业在孵1397个,重点扶持科技型初创企业100个，累计毕业孵化企业247个，在孵高新技术项目1748项,为2.07万人创造直接就业岗位。其中,大专以上学历1.85万人,吸纳归国留学人员225人。60个共建载体(含企业研发中心、实验室、基地)集聚1347人,其中引进外地科研机构科技开发人才391人，具有博士和副高级以上职称的176人。（郑云良）

5月20日,浙江省暨杭州市科技(科普)活动周开幕式在杭州武林广场举行。（市科技局 供稿）

【举办科技合作周】10月27日~11月11日,由科技部、国家知识产权局、浙江省人民政府、中国科学院、中国工程院联合主办的2006中国浙江网上技术市场活动周暨杭州高新技术展示交易会（杭州市冠名"2006杭州科技合作周"）在杭州举行。省内外90余个高等院校、科研院所、科技中介机构,70余个投资融资机构参与活动,1000余个企业参加科技交流与合作。参加活动6.5万人次,签约400余个项目,合作协议金额总计20余亿元。期间,举办杭州高新技术展示交易会、2006年大院名校浙江行科技合作项目洽谈会、国家"863"计划成果与浙江民营企业对接会等活动。

推出网上虚拟展会，提前将展会内容（包括来自省内外151个参展机构的单位信息）及837项技术供需信息和杭州高新技术展示交易会各展馆介绍在网上发布，供专家和企业提前对接。10月19日虚拟展会开通，平均日访问量2000余人次,至10月末,网上访客近3万人次。

【加强国内外科技合作】市科技局组织全市企事业单位参加全国科技合作会展，宣传推广杭州市的高新技术和产品，学习交流国内外先进科技成果。组织开展“大院名校浙江行”等30余项较大规模的科技合作洽谈活动，引进共建科技创新载体19个，引进转化科技成果200余项；推进产学研结合，杭州市与省内外60余所重点高校、科研院所建立合作关系。

全年接待来自芬兰驻沪总领事馆、中国—欧洲企业联盟、芬兰环境科技中国项目委员会等多个到杭州考察合作的团队。组织企业参加国际科技合作，加强与科研院所、科技中介机构的交流与合作，联合举办国际学术会议和有关活动。实施国际科技合作项目。浙江蓝天环保高科技股份有限公司、杭州佳惠农业开发有限公司、杭州民生药业集团有限公司、聚光科技（杭州）有限公司为主承担的国际科技合作项目被列入2006年浙江省科技厅国际科技合作重点项目。浙江富春江水电设备有限公司、浙江万向精工有限公司、浙江佳力科技股份有限公司、东南网架股份有限公司、杭州新世纪能源环保工程公司为主承担的项目，被列入省科技厅2006年引进消化吸收再创新重点项目。加强科技外事管理，通过组织国际培训及出访考察推动对外科技交流。全年组织出访团组3个，7人参加科技部2007年度JICA渠道赴日集体进修项目考试。（胡小庭 刘海琳）

【实施科技计划】2006年，杭州市突出“重点扶持、企业主体、公共财政、统筹协调、依法行政”的原则，优化市科技计划管理体制与运作机机制。下达各类科技计划项目30个专项、47批（次）。确定项目619项下达资金1.06亿元，重点支持以“两港五区”为重点的一号工程。从市科技发展计划项目执行反馈情况看，反馈项目687个，政府总投入8636万元，总产值45.83亿元，销售收入56.85亿元，利润7.9亿元，缴税4.39亿元，创汇1975万美元。其中65个项目当年产值超过1000万元、43个项目当年利润超过100万元。从311个反馈的结转项目统计，政府投入5053万元，带动企业自筹15.2亿元，产值92.53亿元，销售收入87.78亿元，利润17.57亿元，缴税4.55亿元，创汇4853万美元。（王 瑛）

【申报科技创新基金】市科技创新基金在科技部门、孵化器、服务机构三条线展开工作，强化对企业的培训和分类指导，提高项目的命中率，这成为贯彻全市科技创新大会工作中的新亮点和新起点。全年市国家科技型中小企业技术创新基金项目获得国家资助47项，其中市本级26项、高新区21项（国家创新基金官方网站公布36项），占全省45%。（潘学冬）

【下达种子资金】2006年，杭州市有68个企业申报种子资金，申报企业涉及信息、通讯、机电、环保、医药、农业等行业。通过形式审查、专家评审、联审等，分两批下达种子资金资助项目52项，资助资金957.5万元。其中市科技资金拨款482.5万元、区科技资金配套475万元、带动企业投资5338万元。（章正平）

【认定农业科技示范园区和龙头企业】全年新认定浙江跃腾水产食品有限公司等15个农业龙头企业为第2批杭州市现代农业科技型龙头企业，发挥其先导性、带动性、聚合性、示范性和综合性的作用。项目安排以农业科技示范园区和龙头企业为依托，加快种子种苗种畜种禽、适用优质高产高效技术、产后处理加工先进技术的试验、示范和应用。9个园区带动农户6万余户，示范基地1.05万公顷，产值9.3亿元，利税3.53亿元，创汇2182万美元；25个农业龙头企业产值18.43亿元，利税2.44亿元，创汇3412万美元；联结36.9万个农户示范基地3.7万公顷，实现增产增收。

【科技推动城市建设发展】杭州市围绕节约能源、保护环境，开展“太阳能纵向聚光集热式屋面构件和热水空调联合系统成套技术开发与示范”、“内置式智能自动单梁双层幕墙”研究；推进全市防灾减灾监测能力，开展“基于MODIS卫星资料的杭州市干旱监测评估系统”、“自主版权建设项目地质灾害危险性查询系统”等研究；开展“杭州市居住区噪声污染、声环境质量控制技术及管理规范研究”，制定基于城市居住区声环境质量控制的项目审批和管理规范，针对居住区典型噪声源研究开发噪声（包括空气声和结构声）控制的实用技术。

【卫生科技创新】加强重大疾病与慢性疾病诊疗手段的研究和重点专科专病科研创新能力建设，加快医卫科技的创新步伐。抓高新技术的开发应用，提高诊断水平，加强重大疾病诊疗手段的研究，如“促泌素单克隆抗体的制备及临床应用开发”。抓新技术、新材料的临床应用研究，如“空腔脏器吻合支架的研制及其实验研究”。修订《杭州市医学重点专科专病科研项目经费资助管理办法》，明确支持重点、资助方式及绩效管理。下达市医学重点专科专病科研20项，资助经费150万元。抓好科技创新的载体建设，市级医院

10月27日，2006年国家“863”计划成果与浙江民营企业对接会在杭州召开。（市科技局 供稿）

科研创新能力提高，市中医院肾脏病专科获科技部"十一五"国家科技支撑计划和省重大科技计划项目各1项，市一医院眼科"青光眼系列治疗"项目获2006年市科技进步奖一等奖。

【开展城市公共安全试点】杭州市作为全国第2批"城市公共安全综合试点"城市之一，相继出台涉及公共安全领域的政策和各类应急预案。建立119、110、120电话三台合一应急联动管理系统，开辟杭州首个可一次性容纳1.1万人的应急避难所。"数字杭州"建设初具规模，完成"杭州市基础空间数据库的设计与开发"项目。其中"城市灭火救援快速反应能力建设研究"等研究成果，达到国际先进水平，为大中型城市处置火灾事故提供了技术示范。

【加大环保科技创新力度】杭州市开展水资源保护与污染防治技术开发与应用，固体废弃物无害化、减量化、资源化综合利用技术的开发与应用等领域的科研开发，全年累计完成生态省建设重大科技项目推广应用11项。通过省科技厅认定的省级可持续发展实验区4个，下城区可持续发展实验区成为省首个创建可持续发展实验区的中心城区。启动生态省建设项目《京杭运河(杭州市)出境水质改善对策研究》，开展国内首个针对危险废物重点产生行业的《危险废物产污系数研究》，建立市危险废物管理数据库，编制《杭州市危险废物产污系数手册》。

【发展循环经济】为促进区县（市）经济发展，提高区域创新能力和科技进步，桐庐县、淳安县、建德市、富阳市、临安市5个县(市)企业，以及下城区、余杭区黄湖镇、桐庐县、临安市太湖源镇等省级可持续发展实验区重点发展循环经济，全年确定项目14个，落实经费150万元。

【实施科技扶贫计划】实施科技帮扶项目，并进行现代农业实用技术的培训。下达科技扶贫项目11项，落实扶贫款71万元；其中帮扶挂钩乡落实科技扶贫项目6项，经费41万元。市科技局联合市卫生局、九三学社、市农科院组织45名医务人员赴淳安县左口乡开展科技卫生下乡活动，为2000余位村民免费咨询、检查身体和治疗，送科普资料2000余份，发放价值1万余元药品及5000余元的种子。（林　霄）

【加强高新技术企业培育】全年组织4批89个企业申报省高新技术企业，杭州盘古自动化系统有限公司等80个单位通过认定。全市区外省级高新技术企业总计316个，居全省首位。区外省级高新技术企业规模壮大，总销售收入585.4亿元，出口创汇8.5亿美元，利税103.6亿元。销售收入1亿元以上企业131个。加强高新技术企业的考核，严把5%研究开发费、50%高新技术产品比例等考核指标，77个省级高新技术企业通过两年一度的高新技术企业考核。杭萧钢构股份有限公司等74个单位合格，杭州皇冠特种水产饲料有限公司等3个单位因未办高新企业更名手续，企业主体变更未通过考核。

根据《浙江省两个密集型企业认定办法》，杭州中亚机械有限公司等4个企业通过认定，省级高新技术企业累计达到7个。加强市级高新技术企业的培育认定，组织企业申报市级高新技术企业45个，经评审认定37个，累计139个。（蔡　康）

【改革软科学研究管理】杭州市改革软科学研究管理。组织专家梳理、论证，编制项目指南，经公开征集和专家组评审确定研究项目承担单位。杭州市软科学项目立项程序改革，在全国软科学研究管理工作会议上得到肯定。全年征集软科学研究建议120项，确定研究课题33项，重点实施18项，一般实施11项，招标项目2个。完成成果评审14项，"杭州市财政科技支出模式和效益问题研究"等成果被评为市科技进步奖二等奖。（边　界）

【实施火炬计划】杭州市全年组织申报国家火炬项目112项，华立仪表集团股份有限公司的"基于GPRS/GSM的嵌入式远程抄表系统及终端"等83个项目通过通过立项，立项率74.1%。浙江传化股份有限公司承担的"聚烯烃型抗飞溅涤纶成品油剂"等4项被列为国家重点火炬计划项目，浙江金大科技有限公司承担的"金大金融客户营销支持平台"等50项被列为省级火炬计划项目。

杭州中亚机械有限公司承担的"DASB型全自动无菌软包装机"等2项国家火炬计划通过验收。全年实施的火炬计划项目实现销售额102.7亿元，利税16.3亿元，创汇1.98亿美元，成为杭州发展高新技术产业的新经济增长点，对全市经济增长和产业结构调整起到辐射和带动效应。（蔡　康）

【星火科技培训】杭州市通过开展星火培训内容和师资征集，开展农民就业实用技能和知识的培训。培训方式注重以星火密集区、区域支柱产业和特色农业产业带、园区和龙头企业为依托，发挥农村科技带头人作用，确定63个单位实施20项星火农村先进适用技术培训。全年培训经费100万元，举办200余个星火科技培训班，累计培训1万人次。举办杭州市退化笋用竹林复壮技术大型培训班，来自各区、县（市）笋用竹主产区的乡镇林技员、种植大户以及余杭区、富阳市、临安市食用笋竹重点乡镇和专业合作社的种植户700余人参加，培训反映良好。（林　霄）

【科技成果奖励】杭州市的科技成果奖励围绕"两港五区"建设，严格按评审标准进行。重视促进成果转化、产生经济效益的项目，修订《杭州市科学技术进步奖励办法》，明确奖项设置与授奖对象，规定奖励项目的申报推荐、评审程序及监督与违纪处理，体现科技进步和技术创新的导向。全年完成鉴定(评审)项目328项，其中省级鉴定206项，市级鉴定(评审)122项。征集2006年杭州市科技进步申报项目198项，评出一等奖5项、二等奖23项、三等奖42项。参加浙江省科学技术奖评选，获二等奖14项、三等奖23项。

▶▶**资料：卫星/有线数字电视信道接收集成电路** 该集成电路项目由杭州国芯科技有限公司等完成。项目研制成功数字电视信道接受芯片，包括卫星数字电视信道接收芯片(GX1101)和有线数字电视信道接收芯片(GX1001),形成8项专利,其中已授权3项。突破了卫星和有线广播接收解调关键芯片设计生产的国产化技术瓶颈,实现产业化生产和销售,累计销售收入3394万元(税后)。打破了依靠进口关键芯片的局面,促进了中国在电视及消费电子行业从生产制造大国向技术强国的转变,提高了中国数字电视行业的核心竞争力,推进了中国数字电视产业进程。

山核桃新品种选育及高效培育技术研究 浙江林学院等围绕山核桃良种、矮化、早实、高产、稳产,开展山核桃新品种选育及高效培育技术研究,主要包括山核桃遗传多样性研究;复选取优树60株,认定品种3个;通过树体控制技术实现了树体矮化和早实;克隆到与成花相关基因CCLYF,建立了肥水需求理论和病虫害预测预报体系;集成了山核桃生态高效培育技术,形成了5个生产技术规程。项目培训1.2万人次,发放资料2.5万份,辐射8万人次;累计推广3万余公顷,增收2.4亿元。

青光眼治疗的系列研究 该项目由杭州市第一人民医院完成,主要有3项内容。毛果芸香碱脂质体滴眼剂:通过逆相蒸法将毛果芸香碱包封于双分子层薄膜间,制成毛果芸香碱脂质体滴眼剂。在临床上对原发性闭角型青光眼进行治疗研究,显示此滴眼剂可以减少滴眼次数,依从性好,无显著的局部或全身副作用。

激光治疗:周过虹膜成形术应用倍频ND:YAG激光,设定光斑、时间和个性化的能量对异常的周边虹膜进行成形,达到开放房角引流房水的目的,具有安全、可靠、微创的特点。睫状体光凝术利用波长为810NM的半导体激光距角巩膜缘后1MM,通过接触的方式,经巩膜选择性地作用于睫状体色素上皮,以闻及微爆炸的劈啪声作为判断治疗能量的标准,达到有效控制难治性青光眼的眼压。

瘢痕化滤过泡的微创手术:临床上应用筛选出的最佳丝裂霉素C剂量,进行滤过泡注射联合巩膜瓣微创挑刺,恢复瘢痕化滤过泡的功能,避免再次滤过手术,降低并发症发生率。 (王 瑛)

【建设高新技术研发中心】全市有248个企业建立研发中心,其中80个企业研发中心、12个农业研发中心获省级认定。企业通过组建研发中心,建立以企业为主体,高等院校、科研院所为依托,自主创新与引进创新相结合的科技创新体系。认定19个省级高新技术研究开发中心,30个市级高新技术研究开发中心,10个市级农业科技企业研究开发中心。全年下达企业研发中心专项经费1060万元。

根据《杭州市企业高新技术研究开发中心管理办法》和《杭州市企业高新技术研究开发中心考核细则》,通过招标,引入中介机构,对市科技局认定的131个市级企业高新技术研究开发中心,从依托单位情况、研发中心状况、建设、成果转化和产业化能力4个方面进行考核。14个研发中心成绩优秀,9个合格,警告和责令整改5个研发投入不符合管理办法要求而未通过考核的企业。

【科技企业孵化器建设】2006年,完成市政府提出的累计建成60万平方米科技企业孵化器目标。全市投入运行的单体规模1000平方米以上的孵化器30个,认定市级孵化器6个、累计24个。孵化场地总面积66.5万平方米,在孵企业1397个,累计毕业孵化企业247个,在孵高新技术项目1748项。孵化企业总收入35.19亿元、利润1.28亿元、税收1.32亿元,为2.07万人创造了直接就业岗位。上城区科技创业中心、浙江大学科技园发展有限公司被认定为国家高新技术创业服务中心。

宣传《进一步促进科技企业孵化器建设和发展的实施意见》,市科技局与孵化器协会共同举办"科技企业孵化器与区域创新"——第二届紫金创新论坛。组织市科技企业孵化器相关负责人赴成都、武汉科技企业孵化器考察。组团赴合肥参加"华东科技企业孵化器网络第五届年会"。

全市有省级科技企业孵化器8个、市级24个,安排孵化器发展专项资金200万元。重点支持浙江大学科技园发展有限公司生物医药分析测试中心、浙江省国家大学科技园电子信息公共实验室等9项公共服务技术平台建设。种子资金对100个初创型企业进行重点扶持。市孵化创业种子资金征集68项,分2批下达52项,资金955.5万元;其中市级经费481.5万元。 (章正平)

【科技公共创新服务平台建设】杭州市启动12个市科技创新服务平台建设。新增仪器设备3525万元,拥有450名科研和专业技术服务队伍,申请和授权发明专利授权8项,软件著作权13项,发表论文196篇。承接各类科研项目116项,为800余个企业的5132人次提供培训和技术服务。市软件产业科技创新服务平台、机械装备制造技术创新服务平台、服装科技创新服务平台都被列入省级行业创新平台,得到1000万元~1800万元省财政补助。部分企业科研院所直接参与省实验动物服务平台和茶叶科技创新服务平台的建设。

9月,出台《杭州市关于推进科技创新服务平台建设的实施办法》,鼓励全市企事业单位向社会提供公共科技服务。出台《杭州市科技创新服务平台管理办法》、《杭州市科技创新服务平台考核办法》,规范平台管理。 (刘海琳)

【引进大院名校共建科技创新载体】杭州市全年引进共建科技创新载体19个。陈蕴博、刘新垣等院士科研团队成立浙江应用工程材料研究所和杭州希元医药生物技术研究所。全市累计引进国内外科研机构、知名企业共建科技创新载体90余个,参与合作的省外大院名校和大企业集团近80个。至年末,各类共建载体人员1900余人,其中科技人员1650人,包括博士及副高级职称以上高级科技人员750人。

共建载体计划总投资4.88亿元,实际投入2.95亿元,场地面积5万平方米。共建载体引进省外共建单位总投资1.12亿元,无形资产投入近3000万元,仪器设备投入2500余万元。人才引进1360人,科技人员1250人,其中省外共建单位科技人员1180人,引进回国留学人员35人、国外专家16人、博士及副高级职称以上高级科技人员640人。引进高级科技人员年平均工作时间60天以上。引进项目280项，科技成果96项，专利总数47件，其中发明专利31件。当年引进项目65项，科技成果32项目，专利数为12件，其中发明专利9件。 （胡小庭）

【科技投资融资与担保】 杭州市成立各类创业投资机构，解决科技型中小企业融资难问题。全市有担保机构70个，注册资本11.48亿元，担保机构从业人员400余人。全年为3588个中小企业提供贷款担保，保额70.27亿元。市政府专门设立1000万元杭州民营科技企业和中小企业担保代偿损失补偿资金，鼓励各类担保公司进行担保。 （王 瑛）

【加强防震减灾建设】 杭州市修订和颁布《杭州市地震应急预案》，各区、县（市）新一轮地震应急预案制订完成。落实行政许可职责，将“重大建设工程和可能发生严重次生灾害的建设工程项目地震安全性评价工作和抗震设防标准许可管理”，纳入全市固定资产投资管理程序。年末，该行政许可项目进入市行政服务中心综合窗口。

加强地震测报站点建设，提升市地震监测预报能力。桐庐三合村测震台建成运行，樟坞前兆水井测报点基本建成，完成萧山、瓶窑前兆测报点的电磁波数字化改造。投入850万元，以“活断层平台、小区划平台和震害预测平台”为重点，开展市“活断层”探测，加强城市地震安全基础性构建。“活断层”项目完成数字化，方便在Arc/Gis数据库中展示、查询、调用，得到国家地震局领导与专家好评。

普及和宣传防震减灾知识，结合国际减灾日、“唐山地震30周年纪念日、科技合作周等活动，向市民发放地震科普知识手册5000份、地震宣传画100余套。组织中小学生100余人进行防震减灾科普知识夏令营，开展了科普知识抢答，科普小游戏等活动。 （陆鹏垠）

【发展科技情报信息业】 2006年，杭州市科技情报研究、信息咨询、信息服务业发展态势良好。据统计，全市从事科技情报、信息咨询服务、科技推广、科技交流和综合技术服务，软件开发、数据处理、数据库服务、广告信息服务等单位6100余个，从业者5万余人。

市科技情报调研计划30项，按计划完成和通过专家评审30项，下拨计划补助经费34.9万元。课题涉及杭州市科技、经济、社会发展等领域。其中杭州市科技竞争力评价研究、杭州市医药产业发展研究报告、杭州市农业龙头企业发展对区域经济的影响研究、食品安全技术标准的实施现状调研等，具有较高学术水平和决策参考价值。各区、县(市)科技局制订了相应的科技情报调研计划97项。

11月，2004~2005年度杭州市科技情报成果奖评审完毕。收到申奖项目107项，评出获奖成果22项，其中一等奖2项、二等奖6项、三等奖14项。市发展和改革委员会、市经济建设规划院的《杭州数字电视产业发展规划》，市科技信息研究院的《杭州市2005年科技竞争力评价研究》获研究成果一等奖。

【建立科技信息咨询与服务平台】 2006年，杭州市科技创新信息资源导航服务平台、杭州市大型科学实验仪器设备共用协作平台、杭州医药产业信息资源导航服务平台和杭州市农业信息平台4个市级大型科技信息服务平台项目进展顺利。建设4个行业专利数据库系统。其中，新建新能源和节能新技术和医药制造业专利专题数据库2个，数字电视专利专题数据库在建，桐庐分水制笔专利数据库升级改造。

（陈志良）

·知识产权与专利发明·

【知识产权与专利发明概况】 杭州市专利申请量1.07万件，比2005年增长13%，居省会城市第2位和副省级城市第3位。专利授权量5742件，增长41.0%，居省会城市第2位和副省级城市第4位。杭州市发明专利申请量和授权量均居全省首位，分别占全省51.6%和58.5%。

制定《关于提高知识产权创造管理保护运用能力的实施意见》、《杭州市鼓励专利技术实施试行办法》、《杭州市专利管理专业工程技术人员任职资格实施办法》。宣传《杭州市专利管理条例》，设计制作“正版正货”宣传海报和企业专利工作指南光盘，普及知识产权的有关法律法规和相关政策。召开技术创新与知识产权保护研讨会，举办400余个企业、专利代理机构负责人参加的，国家专利复审委员会在杭州8个区、县（市）进行的专利无效案件的口头审理，提高企业应对专利纠纷的能力。加强师资和知识产权培训基地建设。组织省市有关知识产权职能部门、海关、司法机关、高等院校及专利代理机构人员，组成杭州市知识产权讲师团，到区、县（市）巡回宣讲。3月，市知识产权局、市人事局与中国计量学院联合共建杭州知识产权人才教育培训基地，举办专利工作者和专利实务培训班。

【推进知识产权试点】 杭州市完成国家知识产权工作试点城市任务并通过验收。年末，启动国家知识产权试点园区申报，向国家知识产权局提交将杭州高新技术开发区列入国家知识产权试点园区的申请报告。

拱墅区、西湖区、桐庐县被列为市第1批专利工作试点。在试点期间，知识产权的创造、管理、保护和运用能力明显提高，区域核心竞争力明显提升。3个区县（市）专利试点通过市知识产权局考核验收。

全市有1个国家级、46个省级和76个市级专利试点示范企业。76个企业被评为市级专利试点，11个被评为省级专利示范企业，推荐2个企业申报国家级专利试点，形成国家、省、市、区县（市）四级专利示范和试点企业的梯队。

【加强知识产权管理】 加强专利统计，每月公布数据，改变专利申请和授权数据次年初才能显示等情况。委托国家知识产权局杭州代办处和市科技信息研究院每月检索提供专利申请数和授权数，数据细分到各区、县(市)。

根据《杭州市鼓励专利技术实施试行办法》，对符合产业导向、市场前景好、产生一定经济效益的专利技术产业化项目给予补助。5月，征集到申报项目51项，杭州耀运布业等7个企业获得首批鼓励专利技术实施补助资金。

【强化知识产权服务平台功能】 杭州纺织服装专利数据库进行软件升级,加快了二次开发进程。纺织服装专利数据库收集整理相关的中国专利4.6万条、国外专利24万余条。中国专利全文数据库收集专利212万余条,“七国两组织”的专利文献1786万条。数据库月平均点击量4万余次。

【加强知识产权保护】 年初,杭州市在全国范围内开展“正版正货”徽标的公开征集和评选活动。“4·26”知识产权日期间,举行市第1批“正版正货”承诺单位授牌仪式。12月,召开第2批商贸流通领域“正版正货”承诺单位创建活动动员大会,并举办知识产权法律、法规及相关知识培训。2006年,全市受理专利违法行为和侵权纠纷案件19件,结案13件,中止3件,查处假冒专利案2件。

发挥行业协会作用,通过行业自律,达到尊重、保护知识产权的目的。桐庐县制笔协会制定《桐庐县制笔产品与技术维权公约》、《桐庐县制笔协会知识产权保护倡议书》等,开展区域内知识产权纠纷的调查与调解,建立起一套符合专利法及相关法律,见效快、成本低、以行业自律为主的联合维权办法。至年末,制笔协会协调处理专利纠纷113件,处理率83.7%。 (王晓燕)

·科技团体·

【开展科普法实施情况检查】 杭州市科学技术协会(以下简称市科协)配合市人大常委会开展《中华人民共和国科学技术普及法》实施4周年大检查,起草《关于全市科普工作情况的报告》,由市人大常委会第31次会议审议通过,并作出《关于全市科普工作情况报告的审议意见》。做好科普法执法检查的各项基础工作,市人大常委会专题听取了汇报,作出《进一步贯彻实施〈科普法〉,促进杭州市科普事业发展的决议》。在上城区彩霞岭社区、江干区万家花园、下城区三里家苑、拱墅区米市巷社区建设了太阳能科普画亭、画廊,加强了科普阵地建设,为社区群众传播太阳能科普知识;对经认定的传化大地、动漫基地等科普基地给予经费补助,为提高市科普能力提供了保障。组织区、县(市)、街道(社区)科技干部赴上海、南京等地考察学习创新型城市(区)建设经验和科普宣传经验做法,扩大了科技行政部门抓科普工作的社会影响。

【制订科普规划】 市科协协助政府有关部门制定科普工作规划,为政府决策提出合理化建议。按照《杭州市国民经济和社会发展第十一个五年规划纲要》要求,起草《杭州市科学技术普及“十一五”规划(草案)》。6月28日,杭州市颁发《科学技术普及“十一五”规划》,明确全市“十一五”时期科普事业发展的指导思想、总体目标、主要任务和保障措施。

【实施《全民科学素质行动计划纲要》】 12月,杭州市全民科学素质工作领导小组制定了《杭州市全民科学素质工作领导小组工作规则》和《杭州市〈全民科学素质行动计划纲要〉实施工作方案》。12月19日,召开领导小组第一次会议,该计划纲要实施工作正式启动。

【举办高科技产业合作交流会】 由市科协主办,市科技咨询中心承办,邀请北京30余名知名专家直接与杭州市150余个企业近300名企业家和科技人员进行面对面洽谈。浙江节能实业发展公司、浙江杭州鑫富药业有限公司、桐庐中洲石材装饰工程有限公司、杭州绿盛集团有限公司等6个企业与中科院相关科研院所签订了节能汽车空调、PBS全生物可降解塑料、石材粉尘综合利用技术、食品防腐技术开发等项目的合作协议,市科技咨询中心与中科院理化所、微生物所签订了战略合作协议,达成意向30余项。

【开展科技咨询服务】 市科技咨询中心发展中介服务业,以杭州市科技咨询中心和杭州市科技咨询网为平台,促进技术成果转化,塑造科技中介品牌。开展交流合作,开拓新业务。与宁波市科技咨询中心共同筹建保险公估公司,组织筹备浙江技术经纪人培训。以科技咨询业协会为依托,加强科技咨询行业管理。市科技咨询中心被市政府评为“杭州市中介服务示范企业”。

【实施“金桥工程”】 全年“金桥工程”立项72个,其中市级重点项目10个。完成59项,年增利税5594万元,增收2317万元,节资1063万元。开展2004~2005年度“金桥工程”优秀项目、优秀组织单位评选与表彰,评出PG9171E燃机余热锅炉烟气旁通系统等18个优秀项目,杭州前进齿轮箱集团有限公司科协等7个优秀组织单位。开展市第十一届“讲创新、比敬业”评比表彰。杭州市获省第十一届“讲、比”活动先进集体4个、先进个人8个、优秀组织者2人。

【为区域经济和产业发展服务】 全年市科协举办学术交流活动500余次,确定实施市科协年度重点学术活动项目94个,开展了14个软课题调研。市林业学会承担实施“欧盟亚洲保护生态环境国际合作交流活动”,市机械工程学会承办中国机械工程协会70周年年会暨院士报告会,市医学会举办“医疗卫生改革与创新金点子活动暨破解群众‘看病难’论坛”。各学会利用自身优势拓展服务领域,争取政府转移的部分职能,开展继续教育、资格证书、学历教育等培训。

【加快科普设施建设】 9月,杭州市高度重视杭州科技馆建设,成立市科技馆建设领导小组。市科协成立专门的领导小组,抽调人员组建办公室。邀请市政协科教文委委员、市教育界和科技界专家40余人,先后召开3个座谈会,广泛听取建议;组织开展杭州科技馆建设主题思想、展区规划和展项设置方案公开征集活动。在全市中小学生中,开展杭州科技馆建设的问卷调查;召开杭州科技馆建设领导小组第一次会议,研究和提出科技馆的主题思想、展区规划方案。

【举办科普宣传周和“全国科普日”活动】 5月,市科协牵头组织开展以“携手建设创新型城市”为主题的第二十届科普宣传周,开展科普活动2300余项,其中重点活动项目273个,市级重点活动项目32个。科普周期间,表彰奖励了杭州市2004~2005年度科普工作先进集体和先进工作者。市科协与市气象台在杭州数字电视63频道开辟“科普新天地”电视科普栏目。市科技咨询中心与下城区科协承办“休闲动感体育——科学运动健身展”。市科协编印《健康心理,健康人生》(第四辑),免费向公众发放。

9月17日~25日,全市科协和基层单位围绕“创新、科普、发展”主题开展“全国科普日”活动。开展活动项目150余个。由杭州市科协、市文明办、市文广新闻出版局共同主办的杭州市群众科普文艺创作表演大赛,以群众喜闻乐见的文艺形式开展科普教育。市科协、市建委、金都房产公司联合举办“金都人居科技馆——金都·节能住宅宣传教育活动”,宣传普及环保观念和知识。

【举办科普讲座】 市科协针对市民普遍关注的健康、能源、教育等社会问题,组织部分市级学会举办科技开发与中介服务基本知识、转基因食品与人类健康等12期共43场讲座。杭州结构与地基处理研究会发起和组织杭州全民科学素质建设志愿者服务队,创办“民工学校”,开设院士讲坛和大师讲坛,邀请董石麟、益德清等院士到“民工学校”授课。

【鼓励青少年科技创新】 命名市级9所科技特色学校和10个青少年科普教育基地,把青少年科普教育基地覆盖到各区、县(市),从传统产业延伸到新兴产业,涉及环保、旅游等领域。市科协会同有关部门联合举办第二十一届杭州市青少年科技创新大赛,评选出一批青少年科技优秀创新作品。组队参加省第二十届青少年科技创新大赛,杭州市获一等奖17项、二等奖15项、三等奖8项。其中9项选送全国创新大赛。市科技交流馆被中国科协确定为“科技馆进校园”实施单位。

【推进基层科普能力建设】 全市农函大分校开办一年制班198个,招收学员1.59万人;举办各类实用技术短期培训1360期,培训学员9.45万人次。市科协送科技下乡,实施“科普惠农”行动。市科协会同市农业局、市农科院等赴临安市、富阳市开展3次“三下乡”活动,引导农民崇尚科学、破除迷信、抵制伪科学。高新区(滨江)、富阳市、临安市开展全国科普示范县(市)的创建活动,新创省、市两级科普示范乡镇9个,科普示范村16个。富阳市开展农村科普“一站、一栏、一员”试点。创建省科普示范乡镇3个、省科普示范村3个、省科普示范街道5个、省科普示范社区17个。

【评选自然科学优秀论文】 年初,修改《杭州市自然科学优秀论文评审暂行办法》,控制奖项数量,确保获奖论文高质量,新增加了优秀组织奖。杭州市第12次自然科学论文评选有60余个单位参与,共征集论文2371篇,评出203篇获奖论文和12个优秀组织单位。

【培育科技人才】 杭州成人科技大学为经济社会发展培育人才。筹建杭州科技职业技术学院。成人教育坚持做大、做活、做强,在全省范围内重新确认37个教学点及分校。继复旦大学网络学院杭州教学点、浙江科技院专升本教学点,先后引进江南大学、合肥工业大学等6所高校的工程硕士培训项目;加强招生管理,高标准、高质量地完成招生2708人。

9月25日,举办杭州市群众科普文艺创作表演大赛。图为“环保时装秀”表演。

(市科协 供稿)

【开展国际民间科技交流与合作】 2006年,市科协组团8批65人分赴美国、加拿大等国家进行科技交流和考察。市科协、市经济科技国际交流研究会、市侨联联合举办第一届杭州海外留学人才创新发展高层论坛,以“建设创新型杭州,打造杭州特色自主创新道路”为主题,邀请“海外知名人士故乡行支援团”、海内外知名企业负责人近200人参加论坛,并携150余项科技成果与杭州市科技界、企业界开展洽谈交流。

【为科技人员的培训和调研服务】 组织市中医学会等部分市级学会和各区、县(市)科协举办19场科技工作者法律知识讲座。开展“杭州市归国科技人员科技创业情况调研”等课题调研。全面、客观、准确地了解杭州市海外留学归国科技人员科技创业的基本情况,为引进高端优秀人才、发挥归国科技人员作用、建设创新型城市献计献策。整修科技工作者协会老办公场所的危旧房,改善办公条件。

【发展学会和企业科协】 全市各级科技学会加强组织基础建设和规范化管理,实施重点学术活动申报立项和资助制度,规范学术专项经费的管理使用。成立了杭州经济科技国际交流研究会。开展“杭州市科协系统学会组织、学会干部队伍现状与发展对策调研”活动,掌握学会组织和干部队伍情况,为改革与发展提供科学依据。市土木建筑学会等14个学会顺利换届,招聘学会专职秘书长3人。针对社团年检审计发现的问题,举办学会业务培训。全市新建民营企业科协11个,壮大了企业科协力量。

(杨晓云)

·社会科学·

【社会科学概况】杭州市社会科学界联合会和市社会科学院开展形式多样的各类学术活动，市社科联所属各学会召开年会80次，举办"科学发展观在杭州的实践"等专题研讨会200余场(次)、纪念建党85周年等学术报告（讲座)200余场、"普及社科知识、促进科学发展"等咨询服务150余场(次)，举办财会、劳动保障、外语补习等各类培训班300余期。

市社科联和社科院及所属79个学会，撰写出版专著20余部，发表有关杭州经济社会发展的论文和调研报告上万篇，审定立项年度重大招标课题10项，哲学社会科学规划课题50项，学科共建和立项资助60项。开展由市政府颁奖的全市第十三届社会科学优秀成果评选，评出一等奖、二等奖、三等奖共60项。新开展社科联课题立项30项，评出社科联优秀成果奖30项。评选出市外文学会等22个先进集体，杭州岳飞研究会等33个社科普及先进集体以及朱晓鹏等74名先进工作者。市宗教研究会、市律师协会、市财政会计学会和市女知识分子联谊会等4个学会被评为全国先进学会。

【加强社会科学理论研究】市社科联和社科院组织编撰《杭州蓝皮书——2006年杭州发展报告》(社会卷、经济卷、文化卷、职业教育卷）等专著10余部，承担省政府主持的"浙江省农村文化建设现状及发展对策研究"课题并被《浙江省人民政府关于进一步加强我省农村文化建设的实施意见》等相关文件所采纳。完成市委书记王国平主持的《以提升人民群众生活品质为主导，全面提升城市品味与综合竞争力的思路和对策研究》课题子报告；市委下达的重点课题《农村和城市社区党员分类教育管理的实践与思考》获得"杭州市先进性教育与先进性建设"理论文章特等奖，成为省有关部门报送中央立项的优秀成果之一。发表《南宋：走向开放型市场的重大转折》、《不可分割的南宋史》、《论"文山精神"——纪念文天祥诞辰770周年》、《辛弃疾研究的重要现实意义》、《杭州市哲学社会科学"十一五"规划》、《城市管理与执政能力——杭州背街小巷改善工程思考》、《西湖山水美学研究》等50余篇调研报告和论文。

报送研究成果《良渚遗址保护与申报〈世界遗产名录〉的若干建议》、《吴越整治"五水"的历史贡献》等被有关部门采纳。完成并出版了《2005年度哲学社会科学规划课题论文集》，2006年度立项各类课题共140项，编发反映社科理论前沿的《社科新视野》6期、《成果要报》8期、《南宋史研究》4期供领导参阅。

【开展社会科学优秀成果评选】市属高校、市委党校和有关单位200余项成果参加评选。经专家初评、复评，评委会无记名投票终评，王斐波等合作《农产品出口退税政策调整的效应分析》等5项成果获市政府颁发的一等奖，马丁《瑞士现代化进程研究》等25项获二等奖，马伟娜等合作《大学生心理应激模型的初步构建》等50项获三等奖。市社科联首次开展优秀成果评奖活动，有30项成果分别获得市社科联颁发的一等奖、二等奖、三等奖。

【南宋史研究】《南宋历史文化研究丛书》(50卷）被省社科规划办列为重点课题，并纳入"浙江文化研究工程"。8月，在杭州召开第二次全国性的南宋史研究编纂工作会议，全国50余名南宋史专家(作者)进行了研究成果的交流，先后完成了《南宋：走向开放型市场的重大转折》等10项研究成果并在《杭州日报》"南宋史研究"专栏刊登发表。

【"钱塘论坛"加强理论宣传】做好"钱塘论坛"电视理论宣传栏目的选题、策划、参与单位组织协调、嘉宾选择和邀请、节目录制监审等，确保节目的前期质量。从5月开始，栏目由每月1期增加到2期，全年共录制播放《评说休博会》、《生活品质与城市心理调适机制健全》等节目21期。9月在"杭州文明在线"网站开设了"钱塘论坛"理论宣传网页，形成了集电视、报刊和网络三位一体的理论宣传工作平台。

【开展社会科学知识普及活动】9月23日~27日，杭州市社科普及活动以"普及社科知识，促进科学发展"为主题，以开幕式和专场文艺演出、广场咨询、专题讲座、主题报告等为主要形式，以省、市、区县(市)三级联动为组织形式。市委党校、市属高校、各民主党派，各区、县(市)宣传部和所属学会共80余个单位参与武林广场咨询服务活动，设展位114个，展板103块，接受市民咨询的7353人次，发放各类社会知识宣传资料4.53万份。科普周期间举办各类专题报告会、讲座、研讨会60余场，受众市民10余万人次。

【市委政研室调研成果】开展重大课题调研和起草部分重要文稿。拟定市委市政府2006年重点调研课题，起草《关于进一步鼓励支持和引导个体私营等非公有制经济发展的实施意见》、《关于促进杭州会展业发展的若干意见》、《杭州市与浙江大学战略合作"十一五"规划》、《关于进一步加快钱江新城建设和发展的若干意见》、《关于加快推进地铁建设的若干意见》、《关于加快"一名城四强市"建设的若干政策意见》、《关于打造"建筑业强市"、推进杭州市建筑业发展的实施意见》、《关于进一步加强和改进征地拆迁工作的意见》、《关于完善杭州市区留用地管理的补充意见》、《关于进一步打造"天堂硅谷"、推进创新型城市建设的决定》、《关于加强"生活品质之城"城市品牌研究推广和管理工作的若干意见》、《杭州打造"生活品质之城"城市品牌2007行动计划》、《尽快实现全市政府服务热线呼叫联动——关于组建杭州服务信息化统一平台的情况调研》、《杭州服务信息化统一平台建设实施办法》、起草市委、市政府《关于建立杭州市决策咨询委员会的决定和通知》、《关于实施中小学名校集团化战略的若干意见》、《关于进一步促进和规范民办与国有民办中小学发展的若干意见》，《关于进一步破解"好上学"问题的若干意见》。

起草《以"三个代表"总揽全局，推进科学发展，建设和谐杭州——中共杭州九届市委常委会工作总结》、《关于坚持科学发展，构建和谐社会，建设生活品质之城的决定》、《科学发展观在杭州的实践》。参与起草市委九届十三次全会、市第十次党代会报告，市委主要领导在“提高生活品质、推进和谐发展”全国研讨会、杭州城市品牌征集评审座谈会、杭州城市品牌表彰发布会、全市适度发展重化工业研讨会、市丝绸与女装战略合作委员会会议上的讲话稿，以及《关于生活品质评的导向性建议》(杭州导向)、《主动接轨，真诚合作，实现共赢》等。

完成市委主要领导《以提高人民群众生活品质为主导，全面提升城市品位与竞争力的思路和对策研究》、《创新治水理念，理顺治水体制，把杭州打造成亲水型宜居城市》课题报告、《关于京杭运河(杭州段)综合整治与保护开发的思考》和《推进和谐创业、提高生活品质》专稿。完成市领导重点课题《提高市民生活品质，构建人间幸福天堂》。牵头开展了市第十次党代会前期调研，组织了城市化课题调研。完成《关于构建‘重大工程’建设民主参与机制的调研》，《推进副城、组团、中心镇建设，拓展以钱塘江为轴线的城市发展新空间》，《以‘和谐创业’为理念 推进‘三副六组团’和县域中心镇建设思路研究》，《培育强镇经济、促进市域网络化大都市建设的思路研究》等课题报告。开展创新型城市、适度发展重化工业、地铁建设、建筑业、加快钱江新城建设和发展调研，起草了《上海、南京、郑州等地新城建设情况的考察报告》、《杭州市适度发展重化工业思路和对策研究报告》、《构建新型经济社会运作平台，推进和谐创业，建设和谐杭州——关于我市混合型社会主体的调研报告》、《构建企业综合服务平台，营造良好投资创业环境》、《加强社会公益服务，打造天堂服务品牌——关于杭州志愿者服务组织的调研》、《克服四轻四重现象，发展社区公益事业——关于社区公益组织的调研》、《从“西博会”到“休博会”——关于推进杭州会展业发展的思考》、《推进杭州市建筑业发展，打造“建筑业强市”的研究报告》、《对外开放和内生创新互动的模式研究》、《杭州创新型城市建设评估报告》、《农民工问题调研报告》、《杭州旅游发展的文化环境研究》、《杭州市行业公共研发平台运作模式》、《杭州发展生产者服务业的思路和对策研究》。

开展建设“生活品质之城”系列研究，组织“提高生活品质、推进和谐发展”全国研讨会和城市品牌征集、生活品质系列论坛、生活品质点评等活动。编辑《建设现代服务业大市》、《推进科技创新，建设“天堂硅谷”》、《杭州市适度发展重化工业研讨会资料汇编》、《谋划新思路 实现新跨越——杭州“十一五”发展研究成果》。出版《杭州通讯》12 期，增刊 1 期。建设运行“生活品质之城”网。编辑印发《领导参阅》24 期，《决策咨询》16 期。

【市政府政研室调研成果】 2006 年是市政府政研室升格后的开局之年。共编发《调查研究》88 期，起草政府工作报告、党组务虚会、政情通报会、经济形势分析会和市政府全体会议等重要讲话材料 80 余篇，完成《杭州市人民政府 2002 年~2006 年工作总结》、《杭州市城市发展中的问题和对策研究》等重要报告 16 篇。组织起草《杭州市人民政府关于提升企业自主创新能力的意见》，开展了提升杭州城市国际化水平研究、提高杭州自主创新能力的研究、“建设服务型政府，强化社会管理和公共服务职能的对策研究”等市长重大课题调研。完成《杭州市大学毕业生就业的现状及对策研究》、《杭州市社会主义新农村建设模式研究等政府重点调研课题研究》；开展了发展高速公路经济、杭州市固定资产投资项目资金筹措思路、杭州产业结构调整、“发挥杭州优势，大力发展‘零资源’经济”、解决杭州外来务工人员子女入学问题的对策、杭州总部经济等 6 个专项课题研究。市政府政研室全年立项课题 47 项，其中重点课题 20 项、一般课题 27 项，做到领导人人有重点课题，每个处室有参与课题。

【市委党校调研成果】 市委党校出版《新经济社会组织党建研究》和《竞争力经济学概论》2 部著作。发表论文 107 篇，其中在全国中文核心和中国人文核心期刊发表 21 篇，省级以上刊物发表 56 篇，被人大报刊复印资料全文转载 4 篇。完成各类课题 34 项，其中中央党校调研课题 3 项、国家行政学院院级招标课题 1 项、全国社会主义学院课题 1 项、省规划课题 3 项、省社科联课题 3 项、省社会主义学院课题 1 项、省委党校邓小平理论研究中心课题 7 项、市科技情报调研计划项目 1 项、市委市政府主要领导及部门委托课题 9 项、校级课题 5 项。承担新立项课题 42 项。

国家社科基金项目是《地方政府与非营利组织作用互动机制研究》、《党政干部问责制研究》、《新型工业化进程中产业融合及其动力机制研究》等 3 项；省哲学社会科学规划课题是《新型农村合作医疗供给模式研究：以浙江为例》、《自主创新的人文支持研究》、《法治政府建设中规范性文件与法律接轨研究》、《浙江省建立农民工合作医疗制度的研究》、《城郊失地农民的社会认同与社会政策支持——基于城郊失地农民市民化状况的跟踪调查》、《浙江省城镇居民文化消费现状与对策研究》等 6 项；市哲学社会科学规划课题是《杭州社会主义新农村建设的内涵及操作思路研究》、《以“四改联动”为载体解决群众看病难研究》、《先富群体参政背景下的村庄选举与治理分析》、《“十一五”时期杭州民营制造业产业结构优化升级的理论与政策研究》、《党政干部问责制研究》、《沿海富村“村官”腐败治理研究》、《法治政府建设中规范性文件与法律接轨研究》、《杭州市行业协会的改革和发展研究》、《基层党代表直接选举问题研究》、《杭州市村级组织换届后的新问题研究》、《钱江流域跨行政区保护制度研究——莱茵河流域保护制度启示与借鉴》、《都市产业融合及其动力机制研究》等 12 项；市发改委招标课题是《杭州市行业协会改革发展规划》；市软科学重点课题是《杭州市农业科技创新评价与提升研究》。

科研成果获奖 45 项，其中部省级 21 项、副省级 24 项。《民办非企业单位党建工作研究》获浙江省第 13 届哲学社会科学优秀成果（马克思主义基本理论研究类）三等奖。《新形势下加强新经济和社会组织党建工作的实践与思考》、《流动党员教育管理面临的难题及解决思路》获省委“先进性教育与先进性建设”理论研讨会优秀论文一等奖。在全国党校系统第六届优秀科研成果奖评奖中，《关于公共产品短缺的政府经济学分析》获二等奖,《党政干部淘汰机制研究》和《乡村秩序的基本逻辑》获三等奖。在浙江省社会科学界联合会首届社会科学研究优秀成果评选中,《浙江失地农民利益保障现状调查及对策》获理论研究类二等奖,《城市化进程中失地农民利益受损的制度分析与对策》、《加强对社区弱势群体的人文关怀》和《城市化进程中城郊农民融入城市社会问题研究》获对策研究类三等奖。在2006年省委党校系统“科学发展观与社会主义新农村建设”理论研讨会上,《杭州市民办非企业单位调研分析》和《富村派系演变与村庄权力结构稳定性——对浙江富村派系的调查与理论分析》获一等奖,《农民阶层人权实现的宪政逻辑》和《从公共需求变化看政府经济职能转变的逻辑与现实》获二等奖和三等奖。市委党校获2006年全国党校系统优秀科研工作组织奖,郭禾阳、李一平被评为全国党校优秀科研管理工作者。

【杭州师范学院调研成果】 全校人文社科类科研新立316项。其中,国家哲学社会科学基金项目是《古代民间故事的文本考察及其类型研究》、《从白马湖派到开明派》、《中国现代人生艺术化理论及其当代意义研究》、《十国诗文集版本考述和十国文学研究》、《社区体育在构建和谐社会中的作用研究》等5项;教育部项目是《专业主义视野下的教师观察行为理论研究》等3项;省级项目是《中国日语学习者常见误用体系研究》等38项。全校共发表人文社科类论文500余篇,出版著作、教材140部。25项成果获地市级以上政府颁发的科研成果奖,其中《汉画像的音乐学研究》获教育部第四届中国高校人文社科研究优秀成果三等奖。浙江省民国浙江史研究中心、浙江省汉画研究中心(筹)、浙江省非物质文化遗产研究基地挂牌。学校基础教育实验基地又有7所在中小学校挂牌,进行一系列的教学、科研活动,得到各中小学校领导和教师的欢迎和好评。设立浙江人文大讲堂——下沙讲堂,邀请专家学者、社会名流、商界精英为大学生讲学、中国社会科学院法学研究所所长、博士生导师李林,清华大学博士生导师、著名经济学家胡鞍钢,复旦大学世界经济研究所所长华民,“阿里巴巴”董事会主席兼CEO马云等应邀发表演讲。全年开设人文大讲堂6次,其他各类讲座30余场(次)。

【浙江大学城市学院调研成果】 全年发表论文228篇,其中在一级刊物发表论文59篇,另有10篇论文被SCI收录,17篇被EI收录,2篇论文被ISTP收录。出版各类著作38部。承担各类科研项目242项,科研经费1330万元。其中有《浙江省流浪乞讨人员救助制度实证研究》等省级科研项目7项、《消费者食品安全风险认知研究》等市(厅)级纵向科研项目30余项、各类政府委托课题、社会企事业单位合作课题200余项。张梦新教授被评为省哲学社会科学“十一五”学科组专家;侯作前教授参与《中华人民共和国税收通则法》的起草与《旅行社管理条例》的修订论证。成立浙江大学城市学院城市发展研究中心,《现代城市》期刊出版发行。全年新立“大学生科研计划”课题204项。大学生科研成果在2006年国际和浙江省大学生数学建模、挑战杯、电子设计、机械设计、多媒体作品设计和财会信息化、电子商务和电子设计竞赛中获奖43项。102名师生参加市属高校大学生创新成果评比,获奖44项,其中《杭州都市类报纸的差异化生存》等获一等奖。城市学院有“企业管理”等4个杭州市重点学科和3个市属高校科技创新重点实验室,另建有3个学院重点扶持学科和2个院级重点实验室。“城市发展研究学科”被列入省社科规划共建学科和市社科规划共建学科。依托科研基地和平台建设,学院建有会展研究与服务、创业与家族企业、城市规划与建筑设计等30个研究中心(所)。

【开展远程教育科研】 杭州广播电视大学组织开展以现代远程教育为主的科研课题的研究,申报、完成和正在进行研究的各类课题有《邓小平党内民主思想研究》等113项。组织开展以现代远程教育为主的科研论文的评审,在全国各类学术期刊上共发表论文766篇(国家级137篇、省级529篇),其中11篇被SCI、CA收录,5篇被中国人民大学书报资料中心全文收录,18篇被中国人民大学书报资料中心目录收录。全年评出优秀论文215篇,汇总《现代远程教育存在的问题及对策研究》等成人教育论文11篇,报送杭州市成人教育学会,获三等奖2篇。组织多媒体课件申报中央广播电视大学“清华紫光杯”和“第六届多媒体课件大赛”,1人获得佳作奖。组织参加市社科联首届哲学社会科学优秀成果评选,申报论文《当前国内期货市场系统性风险及对策研究》等10篇,获一等奖1项、三等奖2项,组织参加市第13届社会科学优秀成果评奖,申报论文《韦伯的企业家理论及其现实意义》等10篇,获三等奖3项。组织参加2006年度浙江省现代远程教育学会优秀成果评奖,上报的“积极探索、大胆实践、构建人才培养新模式”等34项成果中,获一等奖1项、二等奖2项、三等奖3项、优秀奖9项。

【加大科研力度】 杭州市职业技术学院申报浙江省哲学社会科学规划课题等纵向项目120项,厅级及以上课题33项。其中省哲学社会科学规划课题《海宁查氏家族研究》、《人类有声语言的最早形态及发展研究》、《基于资源观的产业集群政策研究》;省教育规划课题《高职教育成本核算和成本分担的研究:理论与实证》、《以“生产力促进中心”为平台,构建高职产学研新模式》、《校企合作共建园艺实训基地的探索与实践》、《高职“2+1”模式培养高级工的研究和实践》;省劳动厅项目《企业工资合理增长机制的探索》。另有省教育厅高校科研项目12项,省社科联项目4项,市社科项目8项。横向课题经费增加33万元。全年完成院级以上科研项目35项,出版《海宁查氏家族文化研究》、《学校竞争力——学校走向卓越的力量源泉》、《冲突与融合——学校文化建设新视角》等专著。公开发表论文248篇,其中82篇在全国中文核心期刊、浙江大学一级或二级期刊上发表。两篇论文被《人大报刊资料复印》全文收录,《产业集群理论综述及其路径研究》和《绿色制造工程与先进制造业基地发展战略选择》,两篇论文被SCI收录。《民营科技企业家特质与企业绩效相关性研究》获得省社科联成果三等奖,《基于资源整合理论的制造业集群竞争力研究》获省高校科研成果三等奖和市第13届哲学社会科学优秀成果奖,《绿色制造工程于先进制造基地发展战略选择》、《查慎行和他的〈敬业堂诗集〉》、《论汉语的偏旁和部首》获市第13届哲学社会科学优秀成果奖三等奖。

【探索青少年研究课题】杭州市青少年研究所结合杭州的社会发展创新青少年研究。《城市社区志愿服务工作的实践与研究》获市十三届社科优秀成果三等奖。《青运春秋·杭州专辑》对杭州青年运动的发生、发展作了整理,对团组织在杭州的历史沿革作了史实研究,于9月由中国青年出版社出版。《大运河——当代运河杭州文化艺术之旅》被确定为省社会科学普及重点课题。《互联网时代运用Browse/Server手段对青少年动态监测的回顾》获共青团中央2006~2007年度青少年和青少年工作研究课题立项。《在和谐社会构建过程中构建未成年人思想道德建设家庭支持系统的探讨》获首届中国青少年发展论坛(2005)暨中国青少年研究会2005年度优秀论文一等奖。《享受并创造着,幸福并烦恼着——2005年与杭州青年生活品质有关的调查》获2006年度省共青团调研奖二等奖。《"新农村"和"城市化"中的郊区青年职业引导》获2006年度省共青团调研奖三等奖。

【加强教育科学研究】市教育科学研究所组织2006年度市教育科研规划课题和新课程专项课题的申报、论证,确立94项市级立项课题、67项新课程专项课题;组织省教育科学2007年度规划课题初评推荐,选送140项课题参加省规划课题评审,其中17项被批准为重点研究课题,80项为年度研究课题。组织市第二十一届教育科研优秀成果评审活动,评出获奖成果125项,其中一等奖13项、二等奖34项、三等奖78项。组织市第三届新课程研究优秀成果评审,评出获奖成果80项,其中一等奖5项、二等奖25项、三等奖50项。完成省2006年度基础教育优秀科研成果评审的初评,22项参评,14项获奖,其中一等奖1项、二等奖7项、三等奖6项。组织省第五届教育科研优秀成果评审的初评、推荐,送审30项,获奖21项。其中一等奖2项、二等奖7项、三等奖12项。组织市第五届教育科研先进集体和个人的初评推荐,评出32个先进集体,64名先进教师。举办杭州市城乡学校发展共同体、德育创新与和谐校园建设、20个城市班集体建设研讨会等10场学术研讨活动,累计1800余人参加。举办青少年廉洁教育和社会廉政文化建设、新农村教育与教师专业化、智慧家长、教育名家讲坛等8场学术报告会,邀请华东师范大学、北京师范大学等专家讲学,听众近2000人。完成《打造教育公平,推进教育均衡——提升杭州城市教育竞争力的理论与实践研究》等12项调研报告。编印《新课程与教学管理》、《新课程与教师学习共同体建设》、《新课程与课堂文化》、《新课程与自主创新》、《新课程与有效教学》、《普通高中课程改革》等资料。举办心理辅导高级讲习班等8期培训,近1000名教师参加,并对学生进行心理辅导。《杭州市"教育集团化办学战略"解析》出版,《提升杭州教育竞争力的研究》获省第五届教育科学优秀成果一等奖,《基于创建教育强市的杭州教育发展分析报告》获省2006年基础教育优秀科研成果一等奖。承担"杭州家庭教育网"的家长沙龙、四方论坛、视频课堂、热线实录、韩老师信箱5个栏目。与上城区教育局合作,成立了市教育科学研究所附属小学。

【提高社会科学刊物质量】《杭州师范学院学报》(社会科学版)全年出版6期、增刊2期。新辟生态哲学、杭州研究专栏,加强大众传播与媒介文化、中国休闲论坛、艺术人类学与民间文学论坛、浙江学术文化研究等专栏。5月,《杭州师范学院学报》被评为第三届全国"百强"社科学报,严军被评为全国人文社科学报优秀主编,朱晓江被评为全国人文社科学报优秀编辑、崔宁获全国人文社科学报优秀编辑学论文一等奖。《杭州师范学院学报》(社会科学版)入选为美国剑桥科学文摘的来源期刊。

《中共杭州市委党校学报》全年出刊6期,共100余万字。围绕杭州市委、市政府中心工作,推出一系列具有理论深度和学术含量的论文和研究报告,如登载"杭州市发展模式特别是生活与创业的结合"和"深化杭州提升生活品质研究"等方面的栏目文章,受到各方面关注和好评。围绕中国当前在经济社会发展中出现的重点、热点和难点问题,登载多篇具有理论含量和学术深度的文章和调研报告,受到读者欢迎。

《语文新圃》全年出版12期。以大语文教育思想为鲜明办刊方针,摒弃原有的词汇语段分析之类应试技巧类文章,杂志进行全面改版。定位"中学语文类刊物的读者",提倡语文创新,提供轻松学语文的途径。"思想驿站"和"美文意采"为重点特色栏目,每期编发1篇国内名家的思想力作,经常发表国内知名作家和学者既富深意又见才情的美文力作。多篇文章被《人大报刊复印资料》、《杂文月刊》、《中国杂文年选》转载。5月20日的《联谊报》与6月16日的香港《大公报》发表署名文章,向读者推荐介绍《语文新圃》。

《杭州研究》全年出刊4期,共45万字。坚持地方特色,围绕杭州实际,开展理论研究和管理,推进"三农"与创建"和谐杭州"研究。《杭州研究(2006)》汇编成册,共67万字,由中央文献出版社公开出版。6月,在由全国高校社科信息资料研究会发起,经评选,《杭州研究》被列入第1批"全国百强学术内刊"。

《英语画刊》全年出刊72期。作为以初中、高中学生为对象的旬刊,分初中、高中两刊,在全国同类刊物中保持质量,成为国家新闻出版总署、教育部、中宣部联合测评的优秀期刊,被列入国家免检期刊。

《杭州职业技术学院学报》全年出刊4期。完善学报工作程序。聘请《浙江社会科学》和《浙江树人大学学报》主编做顾问,提高学报编辑质量,获得全国高职高专"三优"奖2项。学报发表的论文获省教育厅项目支持论文2篇,获省自然基金项目支持论文1篇,获教育部博士点基金资助论文1篇,获院级项目支持的论文14篇。校外教授在学报发表论文8篇。（周建富）

商 业

Commerce

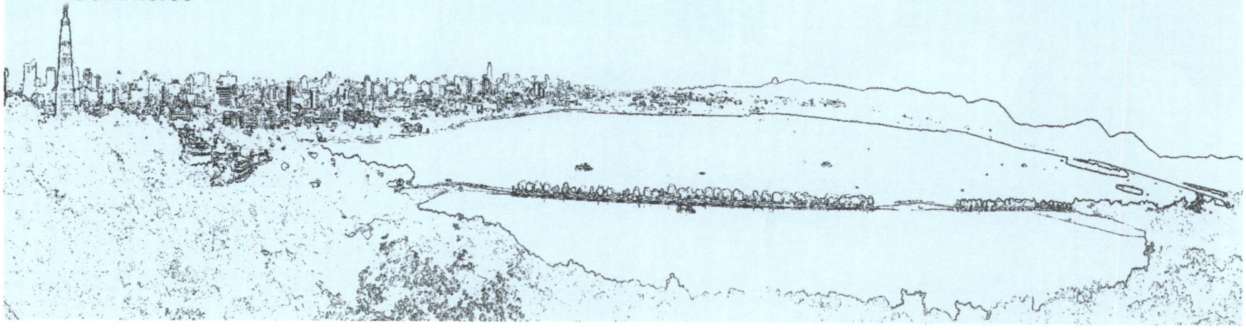

·商业综述·

【城乡市场繁荣活跃】2006年,杭州市实现社会消费品零售总额1112.37亿元,比上年(指2005年,下同)增长14.0%,成为浙江省第一个社会消费品零售总额突破1000亿元的城市。在行业零售构成中,批发零售贸易业零售额988.66亿元,增长13.6%;餐饮业零售额119.75亿元,增长17.9%。在区域构成中,市区实现社会消费品零售额956.14亿元,增长13.6%;县(市)及县(市)以下实现社会消费品零售额156.22亿元,增长16.6%。

【特色街区建设成效显著】2006年,《杭州市商业特色街区建设与管理办法》得到有效实施。湖滨旅游商贸特色街区二期吴山路、清河坊历史文化街区安荣巷等一批重点项目建设取得重大进展,培育特色和创塑品牌力度加大。武林路时尚女装街获全国"百城万店无假货"活动示范街称号,清河坊历史文化街区和南山路艺术休闲特色街区分别被命名为省级和市级"百城万店无假货"活动示范街,丝绸特色街区(杭州中国丝绸城)建立了研发中心图形库和设计师库,四季青服装特色街区获中国服装第一街称号,文三路电子信息街区杭州数字娱乐产业园被文化部定为全国首个国家数字娱乐产业示范基地。清河坊、南山路、丝绸城、武林路、文三路等商业街区被列为杭州市第二批对外传播采访基地。商业特色街区的建设和发展已成为杭州城市的一张金名片。

【农贸市场改造提升工程启动】2006年,市贸易局起草了《杭州市农贸市场管理年活动实施方案》和《杭州市农贸市场改造提升实施方案》,并经市政府批转实施。一手抓农贸市场整治,一手抓14家农贸市场改造提升试点。制定市场硬件、管理、秩序、环境卫生、食品安全等5个方面44条考核检查内容;建立由人大代表、政协委员、民主党派人士、青年志愿者组成的义务监督员队伍;形成各职能部门,市、区两级和社会监督等3个层面的监督网络。经考核验收,3家农贸市场被评为全市管理示范农贸市场,27家被评为优秀,61家达标,实现了农贸市场改造提升工程的年度目标。东山、古荡农贸市场被商务部命名为国家级绿色市场。组织编写《农贸市场经营管理与实践》读本,对全市农贸市场经理和区商贸局管理人员实施轮训。开展《杭州市农副产品集贸市场条例》修订调研,推进长效管理。

在杭州市创建国家卫生城市迎检复评中,全市农贸市场制定迎检实施方案和分阶段工作计划,半数以上农贸市场进一步完善规章制度。通过多种方式加强宣传,提高经营户的知晓率、认同率、参与率,做好卫生先进城区的评估工作。市贸易局获杭州市迎接国家卫生城市复评工作一等奖。

【"放心肉"工程进一步深化】继续贯彻实施《杭州市家畜屠宰管理条例》,强化依法行政,加大执法检查力度。全市生猪定点屠宰量323.75万头,比上年增长17.7%;其中市区152.14万头,增长12.7%。市区和县(市)城关镇"放心肉"上市率在99%以上,乡镇"放心肉"上市率也在85%以上。市贸易局会同有关部门做好高致病性禽流感预防工作。顺利完成杭州市肉类行业食品安全信用体系建设试点,10个试点企业全部通过A级(信用优秀)认证。市区家畜定点屠宰厂(场)布局调整稳步实施,灯塔和祥符屠宰场关停,彭埠屠宰场筹备搬迁,滨江屠宰场按调整方案进行提升改造。

【"三绿工程"稳步推进】杭州市全面推进以"开辟绿色通道、培育绿色市场、提倡绿色消费"为主要内容的"三绿工程",成绩显著。2006年,全市评审认定"绿色市场"24个,其中农贸市场15个、超市9个。年末,全市累计创建绿色市场104个,超额完成创建100个绿色市场的目标任务。加强市区蔬菜批发市场、大型超市、200个摊位以上农贸市场的蔬菜农药残留检测工作。市贸易局制定下发《关于落实市政府为民办实事切实抓好蔬菜农药残留检测工作的通知》,流通领域151个单位、171家门点全面实施了规范化操作,流通领域蔬菜农药残留检测网络体系已经形成。

【乡镇连锁超市延伸发展】2006年,杭州市努力推进"千镇连锁超市、万村放心店"发展工作,乡镇连锁超市覆盖率达95%,村级放心(便利)店覆盖率为16.9%,分别比省考核指标高出8.1个和10.9个百分点。重点推进龙头企业培育和配送中心建设,8个区、县(市)和11个企业列入商务部试点,11个企业列入

2 月 16 日，浙江省委书记习近平考察杭州好又多超市黄龙店。

（市贸易局 供稿）

省级龙头企业，建立 9 个配送中心。临安市贸易局、余杭禹昌商厦有限公司分别被商务部授予“千万市场工程”先进集体和优秀试点企业称号，杭州市被商务部评为全国“千万市场工程”工作先进单位。已经实现乡镇全覆盖的区、县（市）向纵深发展。余杭区在上年实现全覆盖的基础上，2006 年新增村级放心（便利）店 145 家，累计 233 家，超额完成区政府提出的 180 家和市贸易局提出的 100 家的目标任务；淳安县、建德市积极培育本地龙头企业；桐庐县在完成全年覆盖的目标后，积极引进龙头连锁超市，建立配送中心；富阳市制定并颁布了《富阳市乡镇街道连锁超市经营管理制度》，在提高管理水平上下功夫。

【鼓励新兴商贸服务业发展】 4 月，市政府召开全市商贸服务业和中介服务业发展会议，表彰 15 个示范企业和 15 名优秀经营者。6 月，召开全市电子商务发展工作会议，通报表彰 10 个电子商务应用示范企业。全年限额以上电子商务连锁企业 101 个，比上年增加 17 个；门店总数 3586 家，新增 628 家。销售总额 361.65 亿元，增长 18%；其中零售额 263.03 亿元，增长 22.7%。

【招商引资有成果】 市贸易局按商业网点规划认真做好外商投资零售企业和直销服务网点方案的布局论证，并跟踪其经营状况。2006 年，受理商业外资申报项目 27 个，注册资金 3100 万美元，协议利用外资 2380 万美元。其中审批项目 8 个，注册资金 1466 万美元，协议利用外资 899.88 万美元。累计批准引进项目 51 个，注册资金 2.54 亿美元，协议利用外资 1.31 亿美元。

【实施酒类流通管理】 2006 年，是杭州市贯彻执行商务部《酒类流通管理办法》的第一年。市贸易局制定下发《关于贯彻商务部〈酒类流通管理办法〉的实施办法》，明确了全市酒类流通管理工作的指导思想和目标要求。全年备案登记酒类经营企业 9085 个，占全省备案登记数的 43.4%。率先在全省实行表明酒类销售去向的《随附单》制度，至年末，已有 156 个酒类批发企业开始使用《随附单》。各区、县（市）都按照部署认真落实。

【21 个企业被认定为中华老字号】 2006 年，商务部启动“振兴老字号工程”。按照商务部要求，市贸易局组织老字号协会对全市老字号企业进行全面调查。通过企业申报、协会推荐、市贸易局审核等逐级筛选程序，杭州胡庆余堂、解百集团、知味观、楼外楼等 21 个企业被商务部认定为首批中华老字号。全省被认定为首批中华老字号的企业有 38 个。杭州中华老字号的数量和知名度处于全国领先水平。

【四大商场销售额居全国城市商场前列】 在 2006 年全国网络城市单体商场销售额排行榜上，杭州市四大商场名列前 20 位。杭州大厦购物中心居于榜首，浙江银泰百货商场、杭州百货大楼、杭州解放路百货商店分别列第 4、第 11、第 18 位。全国网络城市由上海、北京、广州、深圳等 33 个直辖市、省会城市、计划单列市组成。从 2006 年经营情况看，随着经营模式和业态理念的不断创新，这些城市的百货商场继续保持良好发展势头，销售稳步上升。杭州市四大商场之所以能位居前列，主要是不断趋好的商业大环境推动了消费品市场的持续繁荣，商场内部的小环境建设呈现良性发展，四大商场错位经营实现了互利共赢。

【举办中国（杭州）第四届商铺展览会】 6 月 15 日~18 日，2006 年中国（杭州）第四届商铺展览会在浙江世贸中心举行，成交额 5.11 亿元。预约登记的投资者有 7000 多人次，近 3 万人次观摩了展览会。作为 2006 年世界休闲博览会（中国杭州西湖博览会）的正式项目，组委会以“构筑平台、服务企业、促进发展”为宗旨，以打造专业展会品牌为目标，突出规划导向作用，引导企业合理开发和投资经营商业网点；突出信息沟通，注重有效对接；突出小商铺信息服务，满足市场需求；突出新区、社区网点展示，完善居民生活配套服务。经过精心策划和组织，商铺展览会吸引了来自浙江省内及上海、江苏、山东、湖北、海南等地的 78 个企业参展，推出商业地产项目面积 1290 余万平方米。

【开展商业特色街风采展示活动】 由市贸易局和各区政府（景区管委会）共同主办，各特色街区管委会（指挥部）承办的 2006 年中国杭州商业特色街风采展示活动，从 4 月初开始到 10 月底结束。8 条商业特色街月月有活动，共组织开展各类休闲、旅游、文化、商贸活动 45 项，市民和游客充分体验和享受了在杭州游憩、购物的乐趣。客流量达 528.27 万人次，成交（营业）额 23.25 亿元。

湖滨国际名品街开展“情动湖滨岸，缤纷名品街”主题活动，开启了一个传达高端时尚生活理念、沟通中西方文化的平台。街区举办了法国艺术家摄影展、湖滨激情爵士秀、华伦天奴女装中国首家专卖店开业庆典暨新品发布秀以及2006杭州国际名车跑车展等活动。“湖滨音乐小驻”以公益演出的形式，邀请艺术院校的学生定期在名品街演绎音乐艺术。在一年一度的“武林衣秀”上，来自北京、上海、加拿大等地的60名超模展示潮流服饰，演绎时尚。

为期5天的丝绸时尚节，在活动方式和内容上都有新突破，25万人光顾杭州中国丝绸城，成交额3.1亿元。带着浓烈异国风情的西湖啤酒节为期12天，成为休闲和娱乐的盛宴。吴山庙会为期15天，参与人数达250万人次。第二届四季青服装热卖节暨18创富服装特卖会以“品牌多、款式新、质量好、价格廉”吸引消费者，10天销售额900多万元。梅家坞农家菜烹饪大赛历时2个多月，前后举办5期农家菜培训班和4场选拔赛，150名村民参加。电脑节和电子竞技节吸引了英特尔、三星、海尔、明基等1000余家IT厂商，30余位知名企业总裁到展示活动现场参观洽谈。

【举办2006年中国(杭州)美食节】 这届美食节设有6项活动。杭州知味观国际美食展于10月26日~11月1日在黄龙体育中心北大道举行，展棚面积2800平方米，餐位800个，来自美国、英国、法国、巴西、南非等23个国家的36名厨师和中国厨师一同献技，4000多名市民和游客品尝了异国风味美食。

“联合康康”中华名小吃展销于11月8日~14日在黄龙体育中心北大道举行，展位253个，参展城市60余个，参展品种500余个。台湾首次组团参加这次小吃展，阿里山烤肉等30多个台湾小吃与杭州市民见面。展期内客流量36万人次，营业额1620万元。

“2006吴山酩楼大酒店中国(杭州)国际美食周”于10月23日~29日举行，20余家具有一定知名度和代表性的经营各国风味的餐馆（宾馆餐厅)、经营杭帮菜为主的杭州餐饮名店、经营国内其他菜系为主的餐馆，推出具有各国各派各店特色的菜点、宴席和服务，开展形式多样的宣传促销活动，展示各国美食和各店风采。

“2006江南红中国(杭州)国际啤酒节暨第二届杭州酒吧文化节”于9月13日~25日在吴山广场举行，汇集了中国和德国、巴西、俄罗斯、英国等国家的15个知名品牌的啤酒，以文艺演出和小吃展为烘托吸引40多万人次。

“豪尚豪杯”江南创新菜大赛于9月23日~24日在杭州中策职业学校分校(杭州市莫干山路142号)举行，江苏、安徽、江西、浙江近20个餐饮名店的160余名选手参赛。这次江南名厨大赛以“新”为特色，新原料、新调料、新口味，展示的菜肴典雅精致，香醇可口，具有浓郁的江南风味，体现了江南浓厚的历史文化积淀。大赛评出10名江南烹饪大师、20名江南烹饪名师，60人获金奖，23个单位获团体金奖，9个单位获组织奖。

“2006杭州渔老大杯百家食谱评选”从1月初开始到10月底结束，89个餐饮企业(门店)参加评选，经过企业报名、组委会初审、评委组评选和审核，90道菜肴获金勺奖。

美食节的各项展销和比赛活动实施市场化运作，6个项目均有企业冠名赞助，赞助金额100余万元；活动中的展位、门票收入200余万元，为各项活动的顺利进行提供了资金保障。

【举办国际旅游休闲商品博览会】 9月27日~30日，第四届中国杭州国际旅游休闲商品博览会在杭州和平国际会展中心举行。这届博览会以“打造旅游购物天堂”为主题，荟萃国内外品类繁多的特色旅游商品以及科学先进的休闲方式，是一次融会展、旅游、休闲、商品四位一体的大型旅游休闲商品专业盛会。展会历时4天，设展览面积8000平方米，先后接待专业客商3000人次、市民和游客8万人次，总交易额达1359万元，吸引了日本、印度、尼泊尔、肯尼亚等国家的友好城市以及中国香港、台湾、广东、广西、新疆、江苏、安徽、上海、北京、深圳、福州等地200多个企业的近万种旅游休闲商品参展。

【评选十大推荐茶楼】 2006年休博会十大推荐茶楼评选活动由市旅委和市贸易局主办、市茶楼业协会和每日商报社承办。4月1日~21日，经过企业报名、社会各界信息投票、专家评审、公示等程序，浙江西湖老龙井御茶园茶室、杭州广兴堂中医文化保健有限公司、杭州梅家坞炒茶王茶庄、杭州青藤茶馆、杭州云松书舍茶社、杭州雷峰阁茶楼、杭州龙井茶室、杭州太极茶道苑、杭州湖畔居茶楼、杭州临安润古轩茶艺馆被评为十大推荐茶楼。4月21日，十大茶楼受到表彰与奖励。

【制定实施商贸规划】《杭州市商贸服务业“十一五”发展规划》、《杭州市家畜屠宰管理条例》、《杭州市再生资源管理办法》颁布实施，各区、县(市)商业网点规划编制工作基本

9月27日，第四届中国杭州国际旅游休闲商品博览会开幕式在和平国际会展中心举行。　（市贸易局 供稿）

完成,部分区、县开展了规划延伸及有关政策措施制定工作。萧山区重点抓好规划向组团延伸及有关政策措施的制定工作,杭州市"六组团"之一的义蓬镇年内展开镇级商业网点规划编制。上城区出台了街巷经济指导性规划、湖滨二期业态规划和延安路时尚购物街业态调整指导性规划。

【提高商贸行业服务水平】市贸易局在全市商贸服务业开展"迎休博盛会,展商贸风采,打造游憩购物天堂"主题活动,改善消费环境,推进服务水平提高,促进商贸与旅游、会展的互动发展。组织商业服务人员开展学习英语300句活动;结合文明行业、文明单位创建,全面开展"百城万店无假货"活动和商贸职业文明礼仪宣传教育活动。湖畔居茶楼、红泥花园、浙江东南粮食市场获省级"百城万店无假货"活动示范单位称号。年末,杭州市有国家级示范街2条、示范商店4家,省级示范街6条、示范商店10家、示范市场4个。

【规范再生资源回收行业管理】6月,杭州市设立废旧物资回收管理工作领导小组及其办公室,明确再生资源回收行业管理相关部门的职责,加强与各区主管部门的工作联系,初步建立起再生资源回收行业的管理机制。开展业务培训,提高企业守法经营意识;加强日常监管,促进规范经营;抓实专项整治,圆满完成了国家卫生城市迎检复评任务。《杭州市再生资源回收管理办法》于12月1日起施行。年末,基本完成废旧物资流动收购人员报名登记、人员确定、上岗前培训、标识设计和上岗服务证制作等工作。报废汽车回收拆解进一步规范,全年回收拆解汽车4646辆。

【二手车交易活跃】市贸易局组织二手车交易市场经营者进行工作交流,探讨存在问题,统一对有关事项的认识;指导建立市场管理制度,规范交易流程;完成二手车鉴定评估机构资质的重新认定及发证工作。二手车交易活跃,交易数量迅速增加。全年二手车交易量7.43万辆,比上年增长38.8%;成交金额41.25亿元,增长74.2%。

【典当业绩效增长】2006年是典当业规模扩张较快的一年。市贸易局严把企业申报设立关,切实加强引导和服务,积极实施专项检查。典当业规模和效益同步增长,实现了规范协调发展。全年22家典当行和5家分支机构实现典当金额70.4亿元、利润总额8270万元,分别比上年增长19.6%和78.5%。

【加强民用爆炸物品经销安全监管】1月,市贸易局向各县(市)民用爆炸物品经销行业主管部门和有关企业发出通知,落实属地管理制度,建立民用爆炸物品经营安全监管责任体系。6月,会同公安、安监、土地管理等部门开展枪支弹药、管制刀具、爆炸物品的专项整治行动,重点做好爆炸物品在经销、储存、配送环节的安全整治工作。10月,对全市11个民用爆炸物品销售企业的经营安全情况进行拉网式大检查,督促有关企业认真整改检查中发现的问题。

【拍卖业稳健发展】2006年是拍卖业开拓创新、调整提高、稳健发展的一年。市贸易局实施年检年审制度,依法做好企业设立、变更的受理及审核上报工作,并对拍卖企业进行了全面调查。全市有10个拍卖企业被评为浙江省规范诚信与业绩优秀拍卖企业。农副产品和无形资产拍卖有新突破,农副产品拍卖成交额2亿元,无形资产拍卖成交额2.84亿元,分别比上年增长65%和6.28倍。文化艺术品的拍卖场次和成交额稳步增长,成交额6.6亿元。

【评选十佳汽车销售明星】为促进杭州市汽车市场健康有序发展,进一步规范销售行为,树立先进典型,倡导诚信经营、热情服务,更好地贯彻为消费者服务的宗旨,市贸易局会同浙江省汽车流通协会联合开展2006年杭州市十佳汽车销售明星评选活动,评出十佳汽车销售明星10名,入围优胜奖10名。由政府主管部门倡导汽车销售明星评选活动在国内尚属首次,这对规范汽车销售行为,提高汽车销售员队伍素质具有积极作用。

(茅易居)

·商业资产经营·

【商业资产经营概况】2006年,杭州商业资产经营公司继续推进传统商业向现代商业转型,不断增强创新能力,转变增长方式,取得令人鼓舞的经营业绩。全年实现销售(营业)额219.73亿元,比上年增长13.4%。实现利税12.58亿元,增长23.3%;其中利润8亿元,增长17.7%。

转变增长方式,经济运行质量不断提高。各企业努力拓展市场空间,主动参与市场竞争,转变增长方式。杭州解百集团股份有限公司加快向现代百货转型步伐,做精做细,提升品质。2006年上半年开办的蕴含解百历史文化的"1918街区"(解放路百货商店于1918年创立),以全国首创"店中街"的经营特色引起社会各界关注。新世纪商厦改造后引入精致、休闲、时尚元素,增强了对消费者的吸引力,销售业绩日益增长。杭州蔬菜有限公司认真分析、准确把握全国农副产品市场运行状况,密切关注农副产品购销走势,不断调整经营策略,完善经营设施,提高服务质量,市场集聚力、辐射力和占有率稳步提高,利润增长40%,显示了强劲的盈利能力。

立足持续发展,品牌建设取得新成效。各企业在实施品牌战略过程中措施扎实,增强了市场的竞争能力。杭州饮食服务有限公司知味观在发展连锁经营中大胆尝试,迎合消费需求,将经营触角伸向社区,取得良好的经营业绩,2006年获得商务部授予的中国十大餐饮品牌企业称号。杭州联华华商集团、杭州粮油市场、杭州解百集团等一批企业分别获得全国绿色市场样板单位、中华老字号和商业服务品牌等荣誉。杭州豆制食品有限公司抓住健康消费观念逐渐增强的有利时机,采用新工艺、新技术,提高技术含量和附加值,推出安全健康型豆制品,使"鸿光浪花"品牌在杭州及周边区域的知名度日趋提升。邵芝岩笔庄坚持品牌经营,开发了曹素功书画墨汁杭州总代理业务,销售额猛增3倍多。

确立以市场为导向的经营理念,应变能力明显增强。系统各企业

表 22　　2006 年杭州市销售额超亿元定点商场经营情况　　单位:万元

商场名称	销售总额(含税)	利润总额
杭州大厦购物中心	253 245.4	31 025.0
浙江银泰百货	209 510.1	15 214.4
杭州百货大楼	150 896.9	8 988.1
杭州解放路百货商店	124 091.7	10 217.4
杭州元华商场百货有限公司	25 436.5	-1 715.0
富阳百货大楼	24 050.0	5 359.0

表 23　　2006 年杭州市区定点连锁经营企业销售情况　　单位:万元

企业名称	零售额
杭州联华华商集团有限公司(世纪联华)	283 983.3
麦德龙杭州江干商场	40 189.3
杭州顶仁乐购超市德胜店	29 395.3
杭州物美大卖场(文一店)	30 357.2
杭州好又多超市黄龙店	18 108.8
可的便利店	13 400.8
北京华联超市杭州有限公司	11 607.1
上海华联超市杭州公司	3 907.8
杭州华东大药房	6 745.7

在激烈的市场竞争中把市场营销作为企业经营运作的中心环节，准确把握消费趋势和市场变化规律，不断创新营销方式，努力捕捉市场热点，市场空间得到进一步拓展。杭州联华华商集团有限公司主动参与国际化竞争，敢于超越，致力于开发具有市场潜力的网点。杭州联合肉类集团有限公司等一大批企业都重视市场调研，根据市场变化情况灵活、快速地调整经营策略，努力抢占市场的制高点。

加强科学管理，企业素质进一步改善。系统各企业转变管理理念，规范和提升管理方法，在管理思想科学化、管理方式现代化等方面进行大胆探索，企业素质进一步改善。杭州五丰冷食有限公司开发企业管理软件，覆盖力不断增强，管理水平进一步提升。杭州蔬菜有限公司新开发的客户管理系统，对购销网络的拓展起到很大的推动作用。杭州粮油批发交易市场有限公司作为浙江省首批放心食品安全准入的试点企业，创新管理手段，运用计算机对不同厂家、不同品名、不同规格的数万个粮油、食品品类实施有效管理，在食品安全、索证、经营台账等方面走在前列，得到了市食品安全办公室等有关部门肯定。为更好地规范企业管理行为，杭州商业资产经营公司还先后对一些企业开展审计调查，及时发现并帮助被审计企业纠正在经营管理、资产处置等方面的不规范行为。

开展文化建设活动，构建和谐企业。杭州商业资产经营公司首次开展以一线员工为对象的十佳员工、优秀员工评选活动，努力营造奋发进取、和谐创业的良好氛围。杭州蔬菜有限公司把社会主义荣辱观教育融入企业发展大讨论和“创争”活动中，提高了员工的荣誉感和责任感。杭州国大房产开发公司把企业文化建设融入经营管理和服务的全过程，增强了企业的凝聚力和向心力。

以企业领导班子建设为重点，抓好党建工作。杭州商业资产经营公司党委认真总结近几年来各企业特别是改制企业领导班子和干部队伍建设的成绩和经验，查找问题，在新形势下采取有效措施，加强领导班子建设，提高领导者综合素质，促进企业加快从传统商业向现代商业转型，实现持续稳定协调发展。商业贿赂专项治理、制度建设、惩治和预防腐败体系构建等工作取得了显著成效。

杭州商业资产经营公司所属各企业努力拓展新的经济增长点，整体经营水平进一步提升，2006 年正常经营的所有企业全面实现盈利，不少优势企业保持利润持续增长的良好态势。利润在 1 亿元以上的有 2 个，利润在5000 万元以上的有 3 个。全年实现经营性利润比上年增长 20%，国有净资产收益率提高 1 个百分点。　　(徐建中)

【联合肉类集团搬迁工程启动】 根据市政府“十一五”期间发展规划，杭州老城区的农副产品类市场将迁往郊区。2006 年，杭州联合肉类集团有限公司配合钱江新城望江 C 地块的拆迁，与钱江新城建设指挥部签订了企业整体搬迁协议，开始有计划、有步骤地实施搬迁工作。经过充分调研、论证，联合肉类集团选择余杭区勾庄和崇贤镇、滨江区西兴镇以及萧山区河上镇 4 个新址进行规划重建。冷冻食品市场、冷库、鲜肉交易市场搬入余杭区勾庄镇的杭州农副产品物流中心；生猪屠宰、分割、加工和配送搬入集团控股的西兴屠宰场现址；杭州知味食品有限公司搬入位于崇贤镇的余杭高新农业示范中心；集团控股的肉制品公司计划搬入萧山区河上镇的开发区内。12 月 28 日，由杭州联合肉类集团有限公司独家投资的库容量达 8 万吨的冷库、拥有 400 余间营业房的冷冻食品交易市场、4 层的肉类交易市场、9 层的配套综合楼在余杭勾庄杭州农副产品物流中心同时开工建设。　　(徐社华)

【解百获全国商业服务名牌称号】 杭州解百集团股份有限公司全年实现销售额 13.78 亿元、利润 6230 万元，其中解放路百货商店销售额 12.41 亿元。品牌引进的突破，使解百的品牌经营能力进一步增强。全年引进品牌 526 个，设置新专柜 171 个，“兰蔻”、“雅顿”、“碧欧泉”、“倩碧”等国际化妆品名牌相继落户，取得化妆品引进的重要突破。优化经营布局，引进与经营定位相吻合的时尚化、休闲化品牌，使现代百货主力品牌的阵容更为强大。解百注重把挖掘企业的历史文化底蕴与满足年轻时尚消费群的需求结合起来，创新营销手段，不断提升市场吸引力。“36 小时不打烊”营销活动创下杭城商场连续营业时间的新纪录，并入选2006年杭州十大营销事件。2006年，解百被商务部授予首批中华老字号企业并入选全国中华老字号品牌价值百强榜，获全国商业服务名牌、全国信息化500强、消费者信得过单位、杭州市和谐劳动关系先进企业等荣誉称号。（陶晓方）

【蔬菜批发交易市场日均成交2000吨】杭州蔬菜批发交易市场是杭州市最大的蔬菜批发交易市场，蔬菜交易量占全市批发总量的70%以上。该市场以经营适销、质高、价稳的品种为重点，加强与客商的信息沟通，密切关注商品购销走势，加快重点货源交易周转速度，广泛吸纳各地蔬菜进杭。除周边县(市)及省内高山菜区的货源外，外地特别是广东、福建、海南、云南、山东、河北、内蒙古、西北、东北等蔬菜主产区和季节性产区的产品长年不断进场交易，平均每天成交量达2000吨，四季蔬菜近百种。在满足杭州市区750吨日需求量的基础上，利用规模经营优势，将占市场成交量2/3的地产货源及外地品种向省内各地及苏南、皖南、福建、上海等毗邻地区辐射，充分发挥了市场的吸纳、辐射功能，成为蔬菜交易的重要集散地。2006年成交量72万余吨，成交额16.72亿元，其中1月份成交额1.94亿元。（李斌武）

【木材公司在德清建设生产基地】杭州木材有限公司地处钱江新城规划开发区内，企业搬迁势在必行。该公司依据市政府“沿江开发、跨江发展”的城市发展战略，对企业搬迁工作早谋划、早安排、早起步，于2003年在德清县城关镇购地12公顷，投资近亿元，建设杭州木材工业园区。至2006年末，4.29万平方米厂房和1万平方米办公楼、员工宿舍楼等附属用房基本建成，计划于2007年下半年将在现厂房生产的门窗、地板、活性炭等生产线搬迁至德清工业基地。

杭州木材有限公司在德清县注册设立了全资子公司——浙江杭木工业有限公司，负责工业基地的运作。该公司将搬迁作为企业产品升级、技术工艺提升和设备更新的契机，新建一条地板生产线，生产实木复合地板，对现有防火门、活性炭产品的生产工艺流程重新布局，对部分设备进行改造、更新，为提高产品质量、扩大生产规模打好基础。（戚国良）

【粮油食品公司探索网络购物新模式】杭州粮油食品有限公司为推进传统商业向现代商业转型，探索新的经营方式发展粮油主业。2006年下半年，推出集电话、手机、互联网三位一体的网络购物平台——杭州粮油网。这一网络平台的开通，使顾客购买该公司的粮油产品更方便、更快捷。只要打个电话、发条短信或者通过计算机确立订单，就可享受按超市价格购买并送货上门的服务。公司专门成立网络部负责接单，并落实各个配送点就近送货。公司还通过这一平台加大粮油文化的宣传力度，使更多的人了解粮油文化，也使更多顾客了解适合自己的粮油产品。（张鑫浩）

【西湖之春假日酒店开业】杭州金龙集团有限公司抓住杭州建设“东方休闲之都”的机遇，改造装修自有楼房，创办了经济型的西湖之春假日酒店，于4月和7月先后开出中山中路店和庆春路店。两店共有客房153间、床位268张，当年就实现盈利，营业收入373万元，发展前景看好。杭州大都市的建设发展，吸引了庞大的商务客源和旅游者。西湖之春假日酒店平均入住率81%，客源结构中旅游团占31.2%，商务客占42.5%，休闲散客占26.3%。在杭州星级宾馆林立的环境中，该酒店围绕打造“休闲之家”的目标，坚持硬件“经济型”、软件上“星级”，突出温馨、实惠、干净和贴心的服务优势。（楼明明）

【采芝斋开发自有品牌产品】采芝斋食品有限公司是杭州著名的食品商店，几十年来保持着前店后场的传统特色，生产并销售小批量、高质量的糕饼，成为老字号的招牌商品。2004年，杭州采芝斋食品有限公司为了适应杭州旅游业的发展，开发糕点、糖果、藕粉三大系列产品，质量、产量逐年提高。榨菜鲜肉月饼是“采芝斋”的拳头产品之一，原先加班加点每天只能生产1万多只，中秋节前顾客经常排着长队。改为机械化生产后，产量提高，质量稳定，满足了顾客需求，减轻了工人的劳动强度。2006年，自有品牌产品的销售额占公司销售额的1/3以上。产品除自销外，还进入上海沃尔玛、家乐福等跨国超市。采芝斋藕粉质量达到了杭州藕粉制造业的最高水平，获得国家出口商品许可，远销美国、加拿大等国家；糕点、小核桃糖被评为杭州优秀旅游产品。（陈蔚民）

【世纪联华庆春店全新亮相】经过近9年市场风雨的世纪联华庆春店，硬件与软件已明显不适应日益激烈的市场竞争需要。杭州联华华商集团有限公司投入巨资对该店进

杭州解放路百货商店夜景　　（杭州商业资产经营公司 供稿）

行全面改造。经过100多天的停业装修,9月6日,世纪联华庆春店以创新的经营理念、新颖的商品组合、舒适的购物环境、温馨的顾客服务,重新亮相在消费者面前。改造一新的世纪联华庆春店,突出以人为本的经营理念,卖场宽敞明亮,购物方便,收银快捷,增设了顾客休息处、免费饮水处、洗手处和价格查询系统。在经营模式和商品结构上也进行了重大调整,把"品种多"演绎为"品类丰富",满足顾客的不同选择和需求。人性化的服务与管理赢得了消费者的认可,重新开业后至年末的117天实现销售额2.12亿元,其中零售1.96亿元。日均零售167.52万元,比装修改造前增加28万元。 (杨 政)

世纪联华庆春店新貌 (杭州商业资产经营公司 供稿)

【控股印象西湖文化发展有限公司】"印象西湖"山水实景演出是杭州市公益性事业市场化运作的特殊项目,场景恢宏大气,令人耳目一新,其艺术形式体现出全新的创意。7月19日,杭州商业资产经营公司参与该项目的投资和建设,出资2660万元,占总股本的26.6%,成为杭州印象西湖文化发展有限公司第二大股东。11月23日,公司再次受让杭州凯恩集团有限公司持有的1780万元股份(占17.8%的股权),使公司持有股份达4440万元,占总股本的44.4%,成为控股股东。至年末,该项目的硬件设施已按设计要求基本到位,并进行了合成彩排和节目内容调整,各项工作进展顺利。 (张鑫浩)

【物业管理向物业经营转型】2006年,杭州商业资产经营公司根据近年来房产不断扩大的情况,设立物业经营分公司,提出促进物业管理向物业经营转变的思路,规范运作,确保国有资产保值增值。物业经营分公司积极探索物业管理和房产租赁的市场化运作,加强管理,消除安全隐患,取得较好的经营业绩。全年租金收入近3600万元,比上年增长26%。 (朱一民)

·饮食服务业·

【餐饮业实现零售额119.75亿元】全市餐饮业全年零售额达到119.75亿元,比上年增长17.9%。近五年来,杭州市餐饮业零售额平均增幅在20%以上,主要原因是杭州经济建设快速发展,城乡居民收入逐年增长,消费水平不断提高。作为中国最佳旅游城市、东方休闲之都,"人间天堂"杭州吸引了四面八方的来客,到杭旅游、休闲、创业、求学的人与日俱增。

大型餐馆档次不断提升。楼外楼、花中城、五朵金花、山外山、名人名家等酒店都投入巨资进行装修,努力提高管理质量和服务水平。张生记酒店在和平广场开出6000平方米的新店;新开元酒店在东方豪生宾馆开出新店,计划在莫干山路上香园宾馆开第三家店;红泥、西湖春天、万家灯火等酒店在外地发展,成为杭帮菜的窗口。

中小型餐馆快速扩展。杭州中餐馆中连锁店最多的知味观2006年开出4家门店,总数从44家扩展到48家。伊家鲜酒店从宏丽店、天杭店、保俶店3家扩展到7家,新增伊家小鲜、西湖云水、友好店、古杭薰风阁。外婆家酒店从位于马塍路的1家小店扩展到10余家中型店。名家厨房酒店从莫干山路的1家扩展到2家。海鲜餐馆哨兵海鲜在吴山脚下新开设1家会所式酒楼。严州府、川浙会、刘家香、川味观等酒店快速发展,成为连锁经营的大型公司。

特色菜肴日趋丰富。丽府酒楼曾经是杭城唯一的粤菜馆,2006年在庆春路开出第二家门店。花中城清泰街店以经营杭帮菜为主,积极引入粤菜,现代潮粤、港丽、东鸿等粤菜馆也接踵而至。西餐馆、自助餐馆越来越受欢迎。天度印度餐馆等异国风味成为南山路上的一个亮点,五洋宾馆把内部的西餐和咖啡馆调整到一楼对外开放。除了川菜、湘菜等大菜系的餐馆,形形色色的地方特色餐馆越来越多,如以苏浙小菜为旗帜的玉麒麟,以农家菜为主的宝善村、严州府、戴记农庄,以广东地方菜为主的广合缘,还有专门的鱼庄、龙虾馆,并出现性保健餐馆。迷宗菜馆、无国界餐馆、新潮餐馆丰富了天堂的美食品种,使"吃在杭州"令人信服。

文化休闲比重增加。随着竞争的加剧,错位经营的餐馆文化休闲色彩增浓。景区餐馆越来越多,生意越来越好。杭州古都风格的古杭薰风阁在满觉陇初展风姿,这个由著名作家金庸提议开设的代表杭州历史文化的餐馆吸引了众多游客和外宾。山外山餐馆在植物园大门口开出1家小型的休闲林语茶庄,顾客在山外山可以品尝千岛湖鱼头等菜肴,还可以品茶聊天。梅家坞不少农家餐馆的休闲项目增多,如乐尔茶庄安放了乒乓球桌,设置了金鱼池,还向梅家坞其他的茶馆提供绿色粮油,提高休闲服务的档次。

【知味观被评为中国十大餐饮品牌企业】11月,由商务部首次评选的2006年度中国十大餐饮品牌企业揭晓,杭州知味观榜上有名。

中国十大餐饮品牌企业是杭州饮食服务集团有限公司知味观（浙江）、中国全聚德（集团）公司（北京）、广州酒家企业集团有限公司（广东）、上海杏花楼（集团）有限公司（上海）、西安饮食服务（集团）公司（陕西）、天津狗不理集团有限公司（天津）、成都谭鱼头投资股份有限公司（四川）、重庆陶然居饮食文化集团（重庆）、山西太原江南餐饮集团公司（山西）、南京大惠企业发展有限公司（江苏）。

【老字号餐馆推出春季创新菜】4月18日，杭州饮食服务集团有限公司举办杭州市首届厨艺大赛，评委经过认真地品尝、观察、评议，最终评出129款春季好口味创新菜，包括热菜89款、冷菜12款、点心28款，其中有知味观的茶酥、蟹黄虾粉果、绿茶鸡扒、德国咸猪手鹅肝酱，知味观·味庄的鲜卤法国鹅肝，天香楼的香草三眼鹅肝卷，杭州酒家的红扒猪头、辽参扒鱼头、黄蘑狮子头，奎元馆的锦绣鱼球、乾坤肚，太子楼的太子逍遥虾、碧绿海鲜盒等。这些创新菜的特点是原料绿色，荤素搭配，烹法各异，营养全面。

【烹饪协会更名烹饪餐饮业协会】4月，经市民政局批准，杭州烹饪协会更名为杭州烹饪餐饮业协会。有美食天堂之誉的杭州过去与餐饮业有关的协会有烹饪协会、杭菜研究会和饮食旅店业同业公会。烹饪协会更名为烹饪餐饮业协会后，其职能从单纯的为烹饪技术人才服务扩展到为餐饮业经营和管理服务，有利于杭州餐饮业的进一步发展。

杭州市首届厨艺大赛的评委们评议春季创新菜

（杭州饮食服务集团有限公司 供稿）

【杭帮名菜进入千家万户】杭州市区居民的年夜饭，选择在餐馆就餐或购买半成品套餐在家里自己烹饪的逐年增多。知味观、杭州酒家、太子楼、红泥、花中城等著名餐馆都推出了价廉物美、方便易携的年夜饭半成品套餐，杭帮名菜走进千家万户，深受市民欢迎。

杭州的餐馆有销售半成品菜肴的传统，早些年的半成品菜点，局限于八宝饭、鱼圆、熏鱼、酱鸭、春卷等，比较零散，只能作为家宴菜肴的补充。2006年，杭帮名菜的半成品套餐从冷菜到热菜、点心一应俱全，加工精细，是已经成形的菜肴。著名的龙井虾仁、叫化童鸡等也进入套餐中。（王有发）

【吴仪考察味庄】4月21日，中共中央政治局委员、国务院副总理吴仪在省委副书记乔传秀等陪同下，沿杨公堤到知味观·味庄考察。吴仪高兴地说，山水浙江，诗画江南，杭州是一个发展中的休闲城市，每一个身在杭州的人都应该为她的进步做出贡献。（邓　燕）

【董建华考察奎元馆】4月25日，全国政协副主席董建华及夫人一行到百年老店奎元馆参观考察。董建华详细了解奎元馆的历史和经营情况，祝奎元馆生意兴隆，并与员工合影。（徐荣祥）

【“亚洲的城市”摄制组拍摄杭帮菜】11月4日，由中央电视台和韩国KDMC媒体制作公司联合组成的“亚洲的城市”摄制组专程到杭州，对杭帮菜的制作过程进行拍摄，对国际烹饪艺术大师、杭州酒家总经理胡忠英作了专题采访，把中国的饮食文化和杭帮菜介绍给韩国的观众。

胡忠英介绍了杭帮菜的起源、历史和做工精细、口感细腻、形美色雅的特色，讲述杭州酒家保持传统特色、大胆创新经营理念。胡忠英结合古人诗句和典故，生动地讲述杭帮菜的发展演变过程，赢得摄制组一行称赞。拍摄中，胡忠英还精心制作几道杭州名菜，给韩国客人留下了美好印象。（林素琴）

【杭州选手获省美发美容大赛冠军】7月4日~5日，2006年浙江省美发美容职业技能大赛在杭州工人文化宫举行。经过两天角逐，杭州市参赛选手成绩突出，惠民美发厅的步斌获男士剪吹冠军，花都美容美发培训学校的楼似燕、张芳芳、毛友仙分别获日妆、梦幻妆、晚宴妆冠军。（魏靖芳）

【开展放心消费店评比活动】5月，经市民政局批准，杭州市照相行业协会更名为杭州市摄影行业协会。为弘扬“诚信、公平、情意、服务”的道德规范，市摄影行业协会开展放心消费店（影楼）评比活动。活动与创建文明城市、文明行业、文明单位结合起来，旨在营造良好的服务环境，提高企业的知名度。经企业自荐、协会审议，杭州照相馆、杭州长江摄影中心等12个企业被评为放心消费店（影楼）。

【培训足部按摩师和修脚师】10月16日~22日，为提高足部按摩培训的质量和足部按摩师教师队伍的素质，受劳动和社会保障部中国就业培训技术指导中心委托，市足浴行业协会举办足部按摩师师资培训班。培训班由著名医学专家讲课，参加学习的40名学员都是来自全国各地的高级按摩师。

11月20日~23日，市足浴行业

协会举办修脚师职业资格证考核培训班,参加培训的37名学员有从事修脚行业20多年的老员工,也有刚从事修脚行业的新员工,分初级、中级班进行学习和考核鉴定。（王苏根）

·粮油商业·

【粮油商业概况】 2006年,杭州市继续贯彻国务院颁布的《粮食流通管理条例》,进一步强化粮食工作职能,加强粮食市场的培育和管理,取得了显著成绩。

粮食安全应急举措落实到位。各区、县(市)认真修订完善《粮食安全应急预案》,并以政府文件形式印发。全市落实粮食应急加工点24个,挂牌应急供应网点245个;落实粮食信息监测点120个,坚持日报、周报制度;落实应急成品粮库存7504吨、第一轮最低周转粮库存1.08万吨,有效地增强了抵抗风险的能力。

粮食行政执法稳步推进。2006年,经市编委批准,市粮食局在行业发展处增挂执法检查处牌子,根据《粮食流通管理条例》等法律法规,制定粮食行政执法工作职责、执法程序、行为规范等5个配套制度,全市组织开展粮食流通监督检查98次,较好地维护了粮食流通秩序。

订单收购任务履行良好。全市继续实行稻谷最低收购价和价外补贴政策。推行粮食预购定金政策,按要求发放预购定金133.2万元,年内已全部收回。全市签订粮食订单3.66万吨,其中市本级1321吨。国有粮食购销企业全年收购粮食5.53万吨,其中订单粮食3.43万吨,完成订单合同的94%。

粮食储备管理不断完善。按照《粮食流通管理条例》的要求,全市储备粮严格执行粮食入库和出库检验制度。粮食收储基地按期完成配套项目建设,安装"数字粮库"软件,布设监控装置,完成了铁路月台等设施的建设。区、县(市)粮食仓储设施大为改观。全市中心粮库的集并量达21.23万吨,超额完成省粮食局下达的目标任务。南星桥中心粮库、富阳中心粮库被省粮食局评为三星级粮库。

粮食园区建设进展加快。位于余杭区良渚镇勾庄的杭州粮食物流园区建设进展顺利,铁路专用线、运河码头等建设方案已通过审批,粮食区块布局设计方案确定,粮油综合区块内加工、仓储、市场用地的受让手续完成,工业区块与市场区块的房屋拆迁基本到位。

3月19日,杭州市粮食局代表在北京参加全国粮食系统先进集体表彰时的合影。（市粮食局 供稿）

粮食产销合作不断拓展。杭州市与粮食主产区的合作途径不断拓展,在原来为产区代储、代销、引进经营户和加工企业的基础上,2006年开始把订单向产区延伸。民营企业向在产区承租粮田、收购加工企业、收购粮库等方向发展。萧山恒天面粉集团组织40个省内外小麦主产区购销、储备企业,建立浙江省首家小麦专业合作社,还在江苏盐城收购1个面粉加工厂和1家粮库。富阳袁老太米业在江苏常州收购了1家粮库,并投资200多万元建立1条粮食加工线。

粮油专业市场经营有序。全市粮油专业市场依据《粮食流通管理条例》,严格把好粮食的市场准入和检测关,保证广大消费者的食品安全,全年未发现销售劣质粮油、欺行霸市等情况。在各粮食批发市场推荐的基础上,市粮食局评选出12个2005年度粮食交易量在2万吨以上的优秀粮食经营大户,并颁发荣誉证书和奖金。2006年粮油专业市场成交量和交易额均比上年有较大增长。11月,受国际市场等因素的影响,全国粮油市场食用油、小麦等商品出现价格波动。市粮食局组织专人赴小麦、晚粳谷等主产区考察,向市政府专题报告粮食市场情况,为市领导科学决策提供依据。

"放心粮油"活动走向农村。市粮食局与市粮食行业协会多次组织优秀经营大户将"放心粮油"送进社区和农村。年初,在采荷小区启动2006年杭州市"放心粮油"进社区便民活动;5月,与省粮食局联合举办2006年浙江省暨杭州市粮食科技宣传周活动;12月,在临平举办杭州市暨余杭区"放心粮油"进农村活动启动仪式,向居民讲解如何识别优劣粮油知识,发放由市粮食局编印的1万册粮油科普知识宣传资料。

【市粮食局被评为全国先进】 3月19日,人事部、国家粮食局在北京召开全国粮食局长会议暨全国粮食系统先进集体和先进工作者（劳动模范）表彰大会,对90个集体和126名个人分别授予全国粮食系统先进集体和全国粮食系统先进工作者(劳动模范)荣誉称号。杭州市粮食局被授予全国粮食系统先进集体称号,市粮食局购销调控处谢寿铭被授予全国粮食系统先进工作者称号。这是国家粮食局自2000年成立以来首次组织的评选表彰活动,也是建国以来第一次由人事部与国家粮食行政管理部门联合进行的表彰活动。市粮食局局长梁群受邀参加国家粮食局组织的部分省、市全国粮食系统先进集体、先进个人代表座谈会,并介绍杭州粮食工作情况。

【举行江浙沪毗邻地区粮食工作交流会】 4月28日,江、浙、沪毗邻地区粮食工作交流座谈会在杭举行，杭州、嘉兴、湖州、衢州、上海、苏州、无锡、常州、镇江9个城市的粮食局领导参加。

江、浙、沪毗邻地区粮食工作交流会是地区间主动对接、加强交流、推进合作、共同发展的一个平台。这次会议在牵头单位杭州市粮食局建议和成员单位共同商讨下，签署了加强江浙沪毗邻地区粮食工作交流备忘录，建立定期信息交流制度，促进粮食行业协会的交流，促进粮食企业合作，确定了增加成员单位的办法。

【10个粮食企业被评为食品安全信用A级】 6月1日，市政府召开食品安全信用体系建设试点工作总结会议，并根据对试点企业的评价结果授牌发证。市粮食局确定的杭州市粮食收储有限公司、杭州东南面粉有限责任公司、杭州江南米业有限公司、杭州冰灯米业有限公司、杭州中粮米业有限公司、杭州市粮油食品有限公司、杭州市油脂有限公司、杭州市粮油批发交易市场、杭州江南粮油批发交易市场和杭州市军粮供应中心10个试点企业，在市食品安全办公室的统一安排下，由浙江安博尔信用评估有限公司派专业信用评估师进行评估，10个企业均被评定为食品安全信用A级单位。

【调研军粮供应工作】 6月，为进一步做好军粮供应工作，市粮食局组织市军粮供应中心有关人员，会同部分驻杭部队后勤部门首长和助理员，联合对全市军粮供应质量和军供服务工作开展调研，并对建德市的军粮供应工作进行检查。通过军、地双方的沟通交流以及对连队伙房、仓库的深入调研，工作组充分肯定了杭州市的军粮供应质量和军供服务工作，对调研中发现的问题提出了进一步改进的措施。

【启动"放心粮油"进农村活动】 12月5日，为落实市委、市政府有关新农村建设的工作部署，市粮食局、余杭区粮食局和市粮食行业协会等部门联合在临平举办杭州市暨余杭区"放心粮油"进农村活动启动仪式。市粮油中心检验监测站的专业人员在现场进行粮油质量咨询服务，向群众免费发放粮油知识宣传手册2000多份。杭州市江南粮油市场、杭州粮油批发市场等20多个品牌粮油经营单位优惠展销优质粮油，销售各类品牌大米2.84吨、食用油1780千克，销售额14万余元。

【强化粮食流通行政执法】 为维护粮食流通秩序，市粮食局制定杭州市粮食流通行政执法责任制实施方案、粮食行政执法评议考核及粮食行政执法责任追究等5个相关配套制度。利用《杭州粮食简讯》和杭州粮网加强政策法规宣传，并编印1500册《粮食行政执法文件汇编》，发至全市粮食加工、储存、经营企业和批发市场经营户。全年开展粮食流通监督检查98次，检查粮食经营单位341个，维护了粮食流通秩序，确保了粮食有效供给。市粮食局和萧山区粮食局分别被国家粮食局授予全国粮食流通监督检查先进单位荣誉称号。

12月5日，在临平启动"放心粮油"进农村活动。（市粮食局 供稿）

【粮油市场交易量突破160万吨】 杭州市各粮油批发专业市场年交易总量实现历史性的突破，全年成交粮油161.2万吨，比上年增长12.1%；成交额46.9亿元，增长13.7%。其中市本级6家粮油批发交易市场成交量152万吨，占全市成交总量的94.3%；成交额45.2亿元，占96.4%。省外粮食进入杭州市各粮食专业市场的总量近141万吨，全市约95%的晚粳米、96%的面粉从省外购进，大豆、豆饼和玉米全部为外省粮源，杭州市粮食依赖外地的趋势越来越明显。

（李星星 余 锦）

·烟草专卖·

【烟草专卖概况】 杭州市烟草专卖局（公司）加强管理，努力创新，顺利完成业务经营、网络建设、专卖管理等各项任务，保持稳定的发展态势。全年批发销售卷烟35.28万箱，比上年增长12%；卷烟销售收入74.71亿元，增长23.3%；实现税利16.95亿元，增长23.1%；实现利润13.78亿元，增长27.9%；国有资产保值增值率148%，继续保持全省领先。全年销售品牌卷烟47种，规格101个（不含外烟），其中排名前20位的品牌卷烟占总销量的83%。省外烟销售比重由上年的35%增加到42%。

【专卖管理成效显著】 3月17日，为有力打击制售假冒卷烟的违法活动，切实维护消费者权益，配合"3·15"维权活动，杭州市和临安市、余杭区烟草专卖局在富阳春江环保热电厂公开销毁假冒利群系列、雄狮系列、大红鹰系列、五一系列、中华系列等品种共5.9万条卷烟，标值500余万元。全市烟草专卖部门联合公安、工商、质监等有关部门，2006年查处一批在全省乃至全国都有重大影响的卷烟售假网络大案。全年查处假烟案件2257起，查扣假烟40余万条，案值4200余万元。其中案值100万以上的销假网络大要案11起，案值超1000万元的网络案件2起。余杭区烟草专卖局蒋水荣获全国卷烟打假工作先进个人称号，杭州市烟草专卖局专卖处、余杭区烟草专卖局专卖科被评为全省卷烟打假工作先进集体，杭州市烟草专卖局徐建群、余杭区烟草专卖局姚妙兴被评为全省卷烟打假工作先进个人。

加强烟草专卖内部管理。市烟草专卖局(公司)在全省率先成立内管办，积极推进县级局行政执法主体建设，增加人员和装备配置，加大培训教育力度，提高了系统专卖管理队伍的整体素质。在全省烟草部门岗位练兵比武中，杭州市烟草专卖系统荣获专卖管理行政执法人员体能、智能竞赛团体第一名，并获组织奖，在全省十佳专卖岗位技术全能奖中占有4个名额。

开展真假卷烟识别咨询活动 (市烟草专卖局 供稿)

【卷烟销售网络运行良好】4月，全国卷烟销售网络建设现场会在浙江召开。杭州市烟草专卖局(公司)作为分会场协办单位，精心布置会场，做好台账资料准备，网络建设的整体水平、工作亮点和会议服务得到国家烟草专卖局、省烟草专卖局(公司)及与会人员的高度评价，被省烟草专卖局(公司)授予全国卷烟销售网络建设现场会特别贡献奖。

全年网络运行指标完成情况良好，订单供货、物流一体化和营销服务管理等各项工作不断完善。电话订货率达到100%，电子结算率90%，卷烟分拣配送到户率接近100%，入网销售率达到100%。投诉中心受理客户意见1252件，客户满意度96.7%。杭州烟草物流配送中心首次对全市240余名送货员进行业务培训，呼叫系统按照国家烟草专卖局要求完成改造切换并对工作人员进行了补充调整。

【贯彻“两项检查”规范经营】杭州市烟草专卖部门认真贯彻落实国家烟草专卖局关于开展“两项检查”工作的要求，认真落实内部专卖管理监督检查和同级审计检查。

在内部专卖管理监督检查方面，市烟草专卖部门于4月、5月和6月连续开展3次自查和复查，280余人次参与检查，发现问题20类65个，落实整改措施50条，处理违规人员20人。7月，杭州市烟草专卖部门在接受省烟草专卖局复查之后，整改检查中发现的问题，并着手构建内管长效机制，完善专卖内管的流程和标准，制定或修订内控制度21项、内管制度16项，编制了《烟草专卖内部监督管理员工须知》。在全国烟草行业率先制定《杭州市烟草专卖商业系统内部卷烟经营违规行为责任追究规定》，强化责任追究，提高自律能力，预防违规行为。

市烟草专卖部门于2月组织实施同级审计检查，3月开展全面自查，7月接受省烟草专卖局的复查，12月顺利通过国家烟草专卖局检查组的全面检查。全年同级审计查出3大类9个问题，落实7条整改措施。在开展“两项检查”的同时，全市烟草专卖系统实施了多元化投资清理登记和清产核资工作。

【加强技术和管理创新】杭州市烟草专卖局(公司)技术和管理创新不断深化，管理效能进一步提高。经过近半年的前期研发准备，软件营销工具箱在4月全面推广。7月，市烟草专卖局启动贯彻质量管理体系标准和职业安全健康管理体系标准的各项工作，以物流配送一体化为试点，市烟草专卖局制定了《卷烟物流配送标准化管理手册》和《标准化执行手册》，其他部门也基本完成了业务流程手册的编写。以建设“五个集中”指挥中心(呼叫集中、营销集中、财务集中、物流集中、管理集中)为契机，整合全市烟草信息资源，全面提升营销、专卖、物流三个管理平台，应用新财务软件，建成视频会议系统。 (徐文栋)

知味观 ZHIWEIGUAN

味庄

知味观·味庄坐落于西湖风景区杨公堤畔红栎山庄内，位于花港公园和西湖国宾馆之间，经营面积3200平方米，另有室外休闲场地1300平方米，共有6座建筑，分布于湖畔，前含山色，后挹湖光，店外遍植花草，树木成荫，堪称杭州园林式湖景餐厅的典范。别具一格的湖上豪华餐厅，非常适合高档商务聚餐。

知味观·味庄由多名曾荣膺世界、全国烹饪大赛团体、个人冠军的中国烹饪大师、名师主厨料理，技术力量雄厚，可为您提供经典杭州名菜和精美创新佳肴。一楼设多功能时尚餐厅，为您提供知味观精美点心和特色茶饮。

“十二桥头日半曛，酒垆花岸共氤氲。”知味观·味庄绝佳的就餐环境、可口的菜肴点心、超值的贴心服务期待您的光临。

龙虾芙蓉蛋

虫草炖乳鸽

马赛式鹅肝

金牌扣肉

梅笛轩大厅

室外休闲区

杨公木瓜酥

龙井虾仁

花木兰

金牌蟹酿橙

特色蒸双鲜

西式风情

南非干鲍

流霞包厢

红栎山庄大厅

红栎山庄包厢

知味观·味庄外景

拱墅区商贸旅游局

拱墅汽车特色街区

省委常委、市委书记、市人大常委会主任王国平（中）出席第七届中国杭州国际汽车工业展览会开幕式

2002年，拱墅区委、区政府率先提出了打造汽车特色街区的概念，明确树立“汽车拱墅”品牌的目标。2004年10月31日，全长10.5千米的汽车特色街区正式开街。街区集聚了240多家汽车销售企业，其中4S店近60家。街区配备二手车交易、用品、配件、装潢美容、汽车俱乐部等汽车后服务；上牌点、汽车检测点、车辆购置税申报纳税受理点、养路费征收大厅等职能部门一应俱全。中国杭州国际汽车工业展览会（西湖博览会车展）连续几届在街区内的杭州国际会议展览中心举办，充分显现了街区的实力和魅力。

2006年，街区销售汽车12.5万辆，占全国乘用车销量2.42%，实现销售收入155亿元。为使“汽车拱墅”品牌更具影响力，拱墅区商贸旅游局与街区内企业多次联手举办各类活动。4月20日~24日，举办“拱墅（杭州）第二届汽车消费节”，销售新车3000多辆，实现销售额近3亿，印制发放3万余份《拱墅区石祥路、沈半路汽车特色街区导购图》。8月5日，联合浙江金恒德汽车工贸有限公司举办“碧园消夏自驾车绿色之旅”，组织赴上虞盖北镇汽车拉风活动，60余辆车参加。12月底，又与杭州日报报业集团、海外海集团联手举办“第三届新车、旧车、汽配用品大联展暨华东首届汽车嘉年华”，新车成交1835辆，二手车成交1576辆，累计交易额达3.56亿元。

“碧园消夏自驾车绿色之旅”出发仪式

拱墅区第五次党代会提出“推进汽车博览、销售、维修、装潢、配件、展示一体化，努力打造‘中国汽车贸易特色街’”的奋斗目标。在区委、区政府的领导下，拱墅区商贸旅游局将继续做大、做强、做优、做精“汽车拱墅”这一品牌，让“看车到拱墅、买车到拱墅、修车到拱墅、换车到拱墅”成为时尚趋势。

拱墅区委书记俞东来在第七届中国杭州国际汽车工业展览会开幕式上讲话

拱墅区委副书记、区长许明陪同中国汽车流通协会副会长沈进军等参观汽车街区企业

杭州大众汽车租赁有限公司由上海大众交通集团股份有限公司和杭州大众出租汽车股份有限公司共同投资组建，拥有奔驰、奥迪、皇冠、考斯特、别克商务车等中高档车200辆。

作为外地来杭企业，公司坚持“员工为本、品牌为魂、顾客为尊、社会为根”的经营宗旨，在全体大众人的努力下，以规范的服务赢得了政府和社会的认可。公司为英国石油公司(BP)、美国通用公司、日本航空公司、香港汇丰银行杭州分行、新加坡星展银行、爱立信(中国)有限公司、联邦快递等部分世界500强企业及其他国内外企业提供长期租车服务；为杭州世界休闲博览会、世界佛教论坛、西湖博览会、中国国际动漫节、国际水环境卫生论坛、长江三角洲16城市市长论坛、阿里巴巴网商大会、第15届中国电影金鸡百花奖等国家、省、市级大型会议提供会务用车；为凯悦大酒店、雷迪森大酒店、索菲特世外桃园等高星级酒店宾馆提供配车服务。

杭州大众汽车租赁有限公司

选择大众，是您的眼光；

为您服务，是我的追求。

大众租车中山北路门店

市 场

Markets

·人才市场·

【人才市场概况】 杭州人才市场拓展人才服务内容，创新人才服务方式，构筑杭州人才高地，人才招聘、人才引进、人事代理和人才派遣等工作取得可喜成绩。全年举办人才交流集市和人才招聘会161场，进场企事业单位1.7万个，求职者61.2万人次，其中17.3万人次达成择业意向。

该市场加强服务能力建设，推行一站式跟踪服务，试行工作人员对用户首问负责制。加强流动人员党员管理，组织6000多名党员开展培训、结对助学等活动，组建6个行业党支部和2个驻上海流动党员党支部，办好流动党员网上家园。杭州人才市场被市委组织部评为"模范流动党员之家"，连续第三年被浙江省工商行政管理局评为省"三星级文明规范市场"，并获得杭州市"十佳经纪企业"、"中介服务业示范企业(机构)"称号。

【举办高校毕业生招聘活动】 该市场积极构建高校毕业生就业信息共享平台，通过毕业生就业网发布市区(不含萧山、余杭区)8860个用人单位、3.76万个需求岗位的招聘信息。利用人才网、政府门户网站和新闻媒体，宣传毕业生就业政策、择业技巧和办事程序，解答毕业生和用人单位的咨询。派员到高校开展毕业生职业规划与就业指导活动52次，参加学生1.7万人次。下沙人才中心利用贴近高教园区的优势，建立有180多名辅导员参加的信息互通网络。全年人才市场举办公益性高校毕业生招聘会10场，与高校联合举办专业性校园招聘会7场，参会单位共2000多个，参会学生7万人次，达成就业意向2万人次。全市接收非师范类毕业生46952名，比上年(指2005年，下同)增长19.8%，其中博士生127名、硕士生2896名、本科生22243名、大专生19892名、中专生1794名。

【建立大中专毕业生实习基地】 为帮助市区户籍未就业的大中专毕业生，通过实践性岗位训练，积累工作经验，促成其尽快实现就业，杭州人才市场建立50个大中专毕业生实习基地，实习领域涉及通讯、电子、医药、交通、食品等20多个行业。全市有5000余名高校毕业生参加实习训练，80%参加过实习的毕业生被单位留用。杭州士兰微电子股份有限公司接纳高校实习生41人，经实习留用38人。全市通过职业实习推荐就业2043人次。

【引进高级人才】 该市场为杭州发

表24　2006年杭州市人才市场专业需求前20位排行榜　单位：名

序号	专业类	总需求数	学历分类		
			研究生	本科生	大专生
1	市场营销类	76 241	0	3 013	73 228
2	后勤服务类	15 828	0	108	15 720
3	高级管理类	14 613	17	1 502	13 094
4	技工类	9 560	0	57	9 503
5	机械类汇总	9 424	19	2 174	7 231
6	房地产/建筑类	8 363	2	1 305	7 056
7	计算机类	7 004	108	2 394	4 502
8	财务/审计/税务类	6 559	0	853	5 706
9	电子/电器	5 519	88	1 206	4 225
10	工厂/生产类	5 223	7	604	4 609
11	文秘类	4 050	0	284	3 766
12	广告/美术类	3 241	0	366	2 875
13	其他类	2 835	1	55	2 779
14	贸易类	2 781	0	791	1 990
15	金融/投资类	2 428	7	387	2 034
16	教师类	2 359	50	200	2 109
17	人力资源类	2 066	17	322	1 727
18	行政服务类	1 964	0	143	1 821
19	品质管理类	1 890	1	167	1 722
20	新闻/艺术类	1 736	0	119	1 617

展积极引进高层次紧缺人才，先后6次组织190个知名企事业单位赴上海、西安、无锡和宁波等地招聘高级专业技术人才、高级经营管理人才和硕博士毕业生，推出紧缺专业岗位4780个，接待登记各类人才1.3万人次，达成到杭创业与发展意向1730人次。建立高级人才测评顾问团，开展高级人才评价推荐。通过举办杭州知名企业高级经营管理人才招聘会、世纪精英高级人才招聘会、英才天地中高级人才招聘会和“长三角”高级人才招聘会，为900余个用人单位和3.9万人次的应聘者提供双向选择平台。根据猎头市场的发展趋势，把猎头服务拓展到房地产、机械制造等行业，与杭州传化集团等大型知名企业建立人才招聘战略合作伙伴关系，进一步发展与上海等地及浙江大学等高校的合作，拓宽各类人才招聘的渠道。全年为不同需求的企业推荐成功52名高级人才，策划举办不同层次和类型的培训、研讨和专题讲座11次，培训各类高级专业技术人才和经营管理人才600余人次。

11月12日，在杭州和平国际会展中心举办第八届(2006)杭州西湖博览会人才交流大会。 (张一持 摄)

【人才网站访问量超过1亿人次】 该市场网上招聘业绩显著，全年网上招聘单位11284个，比上年增长28%。有15.7万人通过杭州人才网向用人单位应聘。日访问量基本稳定在10万人次以上，年访问量达3900万人次，增长43%。网站累计访问量超过1亿人次。网上人才库总量达到41万人，其中新增16.1万人，增长15%。7月20日~8月20日、11月18日~24日，该网站先后举办第二届“长三角”地区大中城市网上人才招聘会和第四届杭州网上高校毕业生招聘会，应聘人数达57.2万人次。杭州人才网排名列全省地市级人才网站之首。在中国国家人才网和互联网观察中心2006年最佳人才招聘网站评选中，列“最佳招聘行业网站”前7名，在全国政府人事主管部门所属的人才类网站中列第2位。

【人事代理业务发展迅速】 该市场以人事代理为主要内容的各项人才公共服务业务发展迅速。6月，开通流动人员人事档案远程信息查询系统，方便用人单位及时查询信息。组织人事代理单位和人才工作站人事干部开展业务培训。派员上门与东亚银行等10多个单位洽谈，拓展人事代理业务。新建树人大学、浙江商业职业技术学院人才工作站，全市人才工作站增至12个。全年有人事代管单位1778个，其中新增247个。委托代管流动人员人事档案7万余份，比上年增长23%。户籍挂靠总数1.64万份，增长21%。下沙人才中心积极拓展人事代理业务，全年新增代理单位6个，办理个人人事代理832人，代管人事档案2840份。

【人才派遣业务稳步增长】 该人才市场努力推进人才管理模式的改革，人才派遣业务稳步增长。全年新增派遣委托单位26个，新增派遣人员1300人。至年末，全市有委托单位120个，外派人员4000人。其中上海、广州等异地委托单位24个，外派人员179人。为委托单位和外派人员提供各方面服务2万人次。

(程宏全 张一持)

·劳动力市场·

【劳动力市场概况】 杭州市劳动力市场建设和管理取得新的进展，市场建设进一步制度化、规范化、专业化。组织两期民营职介机构法人代表及从业人员岗位培训，参加培训148人。加强民营职介机构的日常监管，取缔非法职介机构95个，处罚非法介绍活动29起，罚款1.99万元，退还求职者求职费用3.2万元。

加快就业服务信息化建设，推出网上虚拟劳动力市场，完善信息发布、网上招聘、网上办理录用备案等服务功能。至年末，全市有各级各类职业介绍机构396个，比上年增加11个；从业人员1175人，增加94人。其中公共职业介绍机构248个，从业人员841人。全年举办就业招聘会359场，参会用人单位8874个次，提供就业岗位18.99万个，达成就业意向5.32万人。各级劳动力市场提供空缺岗位110.2万个次，进场进行求职登记55.02万人次，介绍成功22.95万人次。

【实施农村劳动者就业介绍补贴办法】 为调动职业介绍机构介绍农村劳动者就业的积极性，市劳动保障局、市财政局发布《杭州市农村劳动者职业介绍补贴办法》。该办法规定，从2006年1月1日起，凡是杭州市区经劳动保障部门核准、具有职业介绍资质的各类职业介绍机构，免费介绍在法定劳动年龄段内的农村劳动者成功就业、且用人单位与农村劳动者依法签订劳动合同、办理录用备案手续、并按规定缴纳各项社会保险费的，按实际成功就业人数给予每人50元标准的一次性补贴。民营职业介绍机构的职业介绍补贴按“先收后退再补”的原则执行，即民营职业介绍机构先收取职业介绍费，所介绍的农村劳动者成功就业后，在统一规定时间内

11月14日，浙江省农贸市场改造提升现场会推广杭州农贸市场改造提升的经验。（市工商局 供稿）

退还职业介绍费，最后由市人力资源开发中心将职业介绍补贴划拨民营职业介绍机构。

【开展外来务工人员“春风行动”】2月，市劳动保障部门为进城务工人员开展以“进城求职，帮你解难”为主题的“春风行动”。向进城务工人员免费发放印有放心职介服务单位、求职指南、维权注意事项等内容的“春风卡”10.64万份；为农村劳动者免费举办专场招聘洽谈会40场，进场公共职业介绍机构72个，提供就业岗位信息2.4万条，介绍成功就业1.07万人次。开展以“与文明同行，迎休博盛会”为主题的文明礼仪宣传教育活动，引导进城务工人员自觉遵守“杭州市民守则”。与四川、山西、安徽等地组织劳务协作，建立劳务基地30个。在网上发布当地用工信息，积极为劳务输出牵线搭桥。

【加强外国人和港澳台人员在杭就业管理】市劳动保障部门对在杭就业的外国人、中国港澳台人员认真行使管理职能，进一步规范审批程序和工作流程。开展打击境外就业中介领域商业欺诈行为的专项行动，保护在杭就业的外国人、中国港澳台人员的合法权益。加大对中小企业聘用外国人的管理力度，开展外国人在杭就业的专项清理，严格把好进杭就业审核关。全年受理外国人、中国港澳台人员办证2805人。年末在杭就业的外国人、中国港澳台人员2385人。（陈碧波）

·技术市场·

【技术市场概况】杭州市按照“合作、共建、双赢”的方针，通过网上与网下结合，市与区、县（市）联动，网上技术市场取得长足的发展。全市与省内外60多所重点高校、科研院所建立良好的合作关系，为促进企业自主创新提供了有力支撑。全年达成经认定登记的技术合同4783项，合同成交额17.78亿元。网上发布企业技术难题1071项，达成签约319项，合同成交额5.79亿元。组织企业参加“大院名校浙江行”等产学研对接活动30余次。征集企业技术需求项目近300项，筛选出其中的190项在浙江网上技术市场发布，占全省网上发布项目的1/3。

【举办技术市场活动周】10月27日~11月11日，省、市科技主管部门联合在杭举行2006年中国浙江网上技术市场活动周暨杭州高新技术展示交易会。该次活动周与以往不同，由科技中介机构唱主角，进行具体运作，政府部门负责指导协调。首次推出虚拟展会，将全国151个参展单位情况和837项技术供需信息提前公布到网上，供专家与企业对接。参加活动周企业1000余个，平均日访问量2000余人次，总数近3万人次，参与总人数6.5万人次。达成签约400多项，合作协议金额20多亿元。该项活动被西博会组委会评为第八届（2006）杭州西湖博览会的优秀项目。（胡小庭）

·商品市场·

【商品市场概况】全市工商行政管理部门积极参与商品市场规划，加强登记管理，通过对商品市场设施的改善和制度的完善，商品市场面貌发生新的变化。全市有各类商品市场743个，其中消费品市场601个、生产资料市场119个、生产要素市场23个。全市有星级文明市场224个，占市场总数的30.1%。全年市场成交总额1720亿元，比上年增长64%。各商品市场积极推进检测体系建设，努力完善商品准入制度，加强以食品质量安全为重点的监管，构筑更加安全、放心、和谐的消费环境。全年举办各类培训班20期，培训市场从业人员和管理人员2650人次。各大市场坚持走入市商品品牌化、市场交易多样化的发展新路，通过引进国内外知名品牌入市，实施总经销、总代理和专卖等方式，提升市场人气和竞争力。

【推广龙翔服饰城监管模式】11月，市工商局在杭州龙翔服饰城召开全市商品交易市场专项整治动员大会，推广龙翔服饰城实施“二卡”品牌监管、“三色”品牌公示、“四级”信用激励的新型监管模式。龙翔服饰城为维护消费者的利益，对市场经营户统一发放“品牌准入备案卡”和“商品标识卡”，严格把好商品入市关。对经营户经销的商品分A、B、C 3个档次，设置绿、蓝、橙3种不同颜色的标志，方便了消费者购买，利于社会化监管。根据经营户的守信度和经销商品品牌的不同，分4个等级激励加分，引导经营户重品牌、守信用。

【加强农资市场监管】为扶持农村经济的发展，市工商局强化源头监管，积极推广“订单农业”，推出“两账两票一卡一书”、信用分类监管、农资经营者“经济户口”管理、农资商品质量监测等制度。对农资经营主体资格进行专项清理，重点检查审批许可、执照办理等情况，全年查处超范围经营和无证照农资经营户46户。加强对种子、农药、化肥、农机具等重点商品的质量监测，抽查种子28批次、农药45批次、化肥49批次，平均合格率86.9%。捣毁制假窝点14个，收缴伪劣种子、化肥450吨；立案97起，案值95万元，罚款18.66万元。

【发展农村经纪人】9月1日，市工商局会同市农业局出台《关于发展农村经纪人服务新农村建设的若干意见》。市工商局重点做好组织培训和日常监管，全年举办农村经纪人资格培训班15期。培训班聘请省农业厅及浙江工业大学的专家讲授经济概论、相关法律法规、经纪人理财常识和农产品营销等方面的知识。通过培训，有1410人领取执业资格证书。至年末，全市农村经纪人5000余人。为加快农资现代服务业的发展，该局与市供销社、市农业局、市财政局共同制订《杭州市关于鼓励农资现代流通网络发展的实施意见》，由市政府转发。

【开展市场专项整治】市工商局对全市粮油市场、二手机动车交易市场和汽车配件市场开展专项整治。组织专业人员检查粮油批发市场7个，农贸市场、副食品市场和超市242个，粮油经营户1379户，陈化粮经销商5个。抽检粮食110个批次、小麦粉52个批次、食用植物油40个批次，共计202个批次。其中，合格190个批次，不合格12个批次，总合格率94.1%。查处无照经营的粮油经营户16个，罚款3000元。开展为期2个月的二手车交易市场和汽车配件市场整治，检查市场9个，抽检汽车制动器衬片和汽车大灯38个批次，其中10个批次不合格。对经销不合格产品的经营户立案查处。

结合市场整治，对市场名称进行登记清理。有29个市场超过登记期限，其中3个市场违反市场登记制度被立案查处，各罚款1万元。针对市场存在的商标、商号侵权行为和傍名牌等不正当竞争行为，开展以专业商品交易市场为主的专项整治。全市检查服饰市场298个、服饰经营户1800户，查扣各类物品3.07万件，没收侵权商标标志9.64万件；捣毁制假售假窝点1个，查封仓库2个；立案135起，罚款141.02万元。

【"四位一体"检测食品】6月30日，市工商局出台《食品安全警示信息快速处置办法》，对食品安全信息的收集、传递、分析、发布和处置进行规范。健全"四位一体"(即检测点、检测中心、流动检测车、检测箱"四位一体")的商品检测体系，强化食品安全监管。该局组织检测岗位资格认证培训，有300名检测员通过理论考试和实践考核，取得省工商局颁发的商品质量快速定性检测员资格证书。全年通过"四位一体"的检测体系检测农贸市场、批发市场、超市、商场等经营场所6180个次，检测食品42.16万批次，其中合格41.57万批次，合格率98.6%；销毁或作无害化处理不合格食品20.27吨。

【加强禽流感防控】市工商局加强市场高致病性禽流感的防控，制订《市场高致病性禽流感防控工作应急预案》。根据预案要求，该局加大对全市家禽生产领域的免疫和流通领域的检疫监管力度，重点检查批发市场、农贸市场、冷冻食品市场和花鸟市场的进货渠道、检疫证明、购销台账，防止输入性疫情的发生。全年检查市场9000余个次，市场内未发现高致病性禽流感疫情。

(张顺正 陈 杭)

·文化市场·

【文化市场概况】杭州市有文化经营单位9608个。其中，各类印刷企业3738个，书报刊音像制品零售单位3356个，互联网上网服务营业场所1125个，娱乐场所751个，演出场所105个，表演团体52个，演出经纪机构17个，电影放映单位140个，广播电视节目制作、视频点播、卫星电视广播地面接收单位295个，文化市场行业协会4个。

市文化广电新闻出版局设立"行政许可办事窗口"，统一受理行政审批事项，严格把好文化市场准入关。市和区、县(市)两级建立行政执法责任制考评体系，进一步规范行政执法行为。加强农村文化市场管理，全市初步形成文化部门牵头、相关单位协作、街道(乡镇)支持、社区(村)参与、社会监督的"五位一体"管理体系。建立健全联席会议、信息通报、责任倒查追究等制度，积极探索文化市场长效管理机制。加大对音像市场、娱乐演出市场、网络市场、地面卫星接收设施安装市场整治力度。全年受理群众举报1068件，出动检查2.43万人次，检查经营单位3.44万个次；依法立案448起，罚款175.9万元；收缴非法音像制品25.4万张、非法书刊8.94万册。全市文化市场投诉率、违规率明显减少，群众满意度明显提高。

【成立行政执法联络室】7月20日，市公安局、市工商局驻市文广新局行政执法联络室挂牌成立。

执法联络室由市文广新局、市公安局、市工商局各派2人组成，主要负责3个局有关文化市场行政执法事项的联络、协调，相关职能涉案案件的查处、移送，行政执法相关信息的沟通和资源共享。派驻人员的职责各有侧重。执法联络室的成立，加大了对文化市场违法经营行为的打击力度，提升了执法部门在处置文化市场突发事件上的应急能力。3月29日，河南宝丰县一个81名假和尚组成的所谓"少林武僧"杂技表演团在萧山城区强行占道搭棚，准备进行非法演出，引发围观观众近2万人。萧山区执法大队立即通过行政执法联络室，迅速调集文化、公安、城管等部门执法人员150余人，动用执法车辆30辆，及时赶到现场，制止了非法演出。

【互联网服务市场管理】杭州市成立网吧行业协会，加强网吧行业自律工作。5月~6月，市文化市场管理工作领导小组办公室牵头开展取缔无证网吧、无证电子游戏机房专项行动。市、区两级文化、工商、公安等相关职能部门组织联合检查63次，出动执法人员1694人次。取缔无证网吧49个、无证游戏机房251个，查扣无证游戏机1408台、游戏机电路板343块、电脑417台；取缔无证影吧34个，查扣影碟机、电视机等播放设备324台。立案112起，罚款12.95万元。从严查处网吧接纳未成年人进入、网上传播不健康信息等违规经营行为。对互联网上网服务营业场所禁烟标志设置、安全通道开放等安全管理节点进行重点检查。加强对"净网先锋——网吧管理软件”使用的督查，提高该系统查处违规违法行为的效率。

【演出娱乐市场管理】 市文广新局组织全市娱乐协会会员认真学习《娱乐场所管理条例》，发出《进一步加强对营业性演出活动的监管通知》。3月1日是该条例正式实施的第一天，市文化行政执法总队组织50余名执法人员，对城区56个较大规模的娱乐场所执行条例关于限时营业的情况进行检查，良好率达91%。结合迎接全国卫生城市复评以及中、高考期间娱乐场所噪音整治，对各娱乐和演出场所开展以消防安全及环境卫生为重点的专项检查，对黄龙体育中心、南山路等演艺酒吧集中区域加强巡查。在强化管理的同时，积极引导社区、农村依法开展演出活动，活跃群众业余文化生活。

【出版物市场管理】 杭州市出版物市场建立出版前审读制度，凡公开出版的书刊、电子出版物，需经有关部门审读通过后方可出版发行。全年审读各类出版物2655种、18136（套）册，审读未通过的有524种、1351（套）册，占审读种类总数的19.7%。开展净化出版物市场的专项行动，对西溪数码港、颐高数码广场、百脑汇电子市场、高新电脑城等电子市场内无证照经营音像制品的违法行为进行严肃处理，取缔无证照经营摊位44个，收缴非法光碟10.8万张。结合宣传《中华人民共和国著作权法》，与市教育局、团市委、市学联等部门联合举办版权知识图片展览和以“拒绝盗版、从我做起”为主题的中学生版权保护教育活动。全市有400余名中学生撰写了有关版权保护的论文，60所中学、近2万名师生参观图片展，15所中学被确定为版权保护示范基地。

【卫星电视传播秩序整治】 11月23日，市文广新局、市公安局、市国家安全局、市工商局等10个部门联合开展境外卫星电视传播秩序专项整治活动。全市印发和张贴专项整治通告1.83万份。组织市、县两级文化行政执法部门进行调查摸底，通过对965个乡镇（村）、街道（社区）的调查，摸清全市有接收境内外电视节目的卫星电视广播地面接收设施12963座，逐一进行了登记备案。对3个非法销售、安装地面接收设施窝点当即予以取缔。完成全市307个宾馆、饭店、娱乐场所安装使用卫星电视地面接收设施的普查整治。全市创建“无小耳朵社区”(即没有非法安装卫星电视广播地面接收设施的社区)84个。

【举行违法音像制品集中销毁活动】 1月12日和9月16日，省、市“扫黄打非”工作领导小组办公室两次联合在杭州黄龙体育中心西广场举行浙江省暨杭州市违法音像制品集中销毁活动，共销毁非法音像制品78万张、非法书刊6.1万册、电子游戏机333台、游戏机电路板1156块。杭州各县（市）也在同一时间举行违法音像制品集中销毁活动。

【开展反盗版百日行动】 7月18日，省、市“扫黄打非”工作领导小组办公室在杭州文化商城广场联合举行为期100天的“浙江省暨杭州市2006年反盗版百日行动”启动仪式。为集中打击盗版音像和计算机软件制品的违法行为，杭州市组织出版物市场“扫黄打非”专项行动，出动检查6516人次，受理群众举报269件，检查音像制品经营单位8660个次，取缔无证照经营单位284个，扣缴非法音像制品5.2万张、非法计算机软件1.9万张、非法书刊3.8万册、其他违法物品1000余件。杭州日日快客广告有限公司非法刻录发行影视碟片案被查处。全市立案138起，罚款75.9万元，移送公安部门处理23人。 （许 英）

7月18日，省、市联合举行“反盗版百日行动”启动仪式。

（市文化广电新闻出版局 供稿）

·资本市场·

【资本市场概况】 2006年，杭州市把完善金融市场体系、推进金融服务业发展列为发展现代服务业的目标之一，加大对上市企业的指导和服务力度，积极扶持符合条件的企业到境内外上市融资。先后召开全市企业改制上市培训会、拟上市企业情况交流会、房地产企业上市融资专题研讨会、建德市企业上市融资座谈会等，推动拟上市企业通过上市进入资本市场。组织浙江新湖集团股份有限公司、浙江圣奥家具制造有限公司等3个企业参加纽约交易所市场推介会，鼓励企业参与境外资本市场运作。

推进股权分置改革。召开全市上市公司股权分置改革座谈会，对上市公司股改工作分类提出要求。市有关部门会同浙江省证监局逐家走访上市公司，研究确定股改进度。认真组织股改方案评审，把好上市公司质量关。至年末，杭州解百集团等12个上市公司完成股权分置改革。

加强证券机构的风险处置和重组并购。杭州市政府与浙江省证监局共同参与天和证券原市属股东公司资产退出的协调；与17个机构债权人通过谈判，达成相关协议；敦促财通证券完成资产并购，化解了地

表 25　　2006 年杭州市证券业发展情况

项目		浙江省	其中:杭州市
投资者开户数(万户)		195	93
交易额(亿元)	股票	11 096	5 817
	基金、国债、权证	4 499.7	2 792.8
市场规模(亿元)	保证金	239.6	138.6
	托管市值	972.9	522.8
机构数量(个)		162	92
利润额(万元)		92 148	20 506

表 26　　2006 年杭州市新增上市企业基本情况

序号	企业名称	上市时间	股票代码	上市地点	备注
1	杭州友佳精密机械有限公司	1 月 11 日	2398	香港	红筹
2	浙江绿城房地产集团有限公司	7 月 13 日	3900	香港	红筹
3	杭州奥普电器有限公司	12 月 8 日	0477	香港	红筹
4	浙江网盛科技股份有限公司	12 月 15 日	002095	深圳	
5	中燕纺织股份有限公司		600763	上海	迁址到杭

方金融风险。

【证券业务交易大幅增长】 杭州市有证券营业部 92 个,证券经营机构占全省总数的 56.7%。全年实现证券业务交易总额 8609.8 亿元，比上年增长 3.5 倍。其中,股票交易总额 5817 亿元,增长 2.4 倍;基金、国债、权证交易总额 2792.8 亿元，增长 14.7 倍。证券经营机构效益状况大为改善，全年实现利润 2.05 亿元。全市投资者开户数 93 万户，增长 10.7%；证券交易保证金 138.6 亿元,增长 2.2 倍;托管市值总额 522.8 亿元,增长 1.2 倍。

【期货代理交易突破 3 万亿元】 杭州市有期货经纪公司 11 个,期货营业部 4 个,从业人员 743 人。期货经营机构注册资本总额 4.6 亿元,年末资产总额 28.62 亿元，净资产总额 5.69 亿元。全年期货代理交易总额突破 3 万亿元,达 30214 亿元,比上年增长 51.75%。其中浙江永安期货经纪公司交易额最大，为 5675 亿元,列全省第一位、全国第六位。年末期货投资者交易保证金余额 21.61 亿元,增长 73.57%。全年实现利润总额 4233 万元。

【新增上市公司 5 个】 杭州市抓住国内重启新股发行的契机，推进资本市场的融资，全年新增上市公司 5 个。其中,“网盛科技”在深圳中小板上市,“友佳机械”、“绿城中国”、“奥普电器”在香港上市,中燕纺织股份有限公司迁址杭州。新增加募集资金 38.4 亿元。至年末,全市注册地在杭上市公司 32 个,境外上市公司 11 个，异地控股上市公司 7 个，累计募集资金 246.65 亿元。上市公司总市值 960.83 亿元，占杭州市 GDP 的 28%,比上年提高 15.5 个百分点。

【产权交易活跃】 全市产权交易机构实现产权交易额 6.16 亿元，营业收入 1066.68 万元，利润 840 万元，利润增长近 1 倍。产权交易市场以改制企业股权转让为主导，全年完成多项企业股权的拍卖和挂牌转让。其中，杭州华水市政有限公司 100%产权拍卖以 3170 万元起价，经过 41 轮报价,以 4308 万元成交，高出评估价格 38.17%。杭州口腔医院 100%产权转让以 1 亿元起价,成交 1.0211 亿元，成交价高出评估值 76.05%。国有改制产权的转让进一步向区、县(市)延伸,完成杭州高新国际货运有限公司 50%股权、杭州滨江房产集团有限公司 8%股权等多个股权转让项目。拆房和清土工程承包权、公务用车、罚没资产等拍卖活动有序展开。全年拍卖拆房、清土工程承包权 5 起,成交额 1053 万元;拍卖道路灯箱广告设置权 1 起,成交额 342 万元；拍卖公务用车 4 辆,成交额 163 万元。

【天目药业公司解决大股东占款问题】 年初，杭州天目药业股份有限公司原第一大股东杭州天目山药厂及其附属企业占用上市公司资金余额达 11807.76 万元。在省、市有关部门的协调下，天目山药厂同意对外出让其持有的上市公司控股权,以解决上市公司占款问题。1 月 17 日，天目山药厂与杭州现代联合投资有限公司签署股权转让协议，该厂将其持有的 3672.8911 万股国有法人股(其中 790 万股为优先股),转让给现代联合投资公司,转让款 11329 万元。7 月,天目山药厂将股权转让所得的款项及部分现金归还上市公司,较好地解决了历史遗留问题。

(王小慈)

【解百集团完成股权分置改革】 根据国家有关部门关于上市公司进行股权分置改革的部署，杭州商业资产经营有限公司和杭州解百集团按照规范要求，积极做好股权分置方案的制定、审批和调整 。加强与投资者、证券交易所和政府有关部门的沟通，使股权分置方案最终获得股东大会通过。杭州解百集团股改方案为：该集团利用资本公积金向流通股东转增股本,折合每 10 股送 3.154 股的对价。股权分置改革的顺利完成,对解百集团完善治理结构、优化资本设置、提高核心竞争具有重要的推动作用。

(陶晓方)

会 展 业

Conference & Exhibition Business

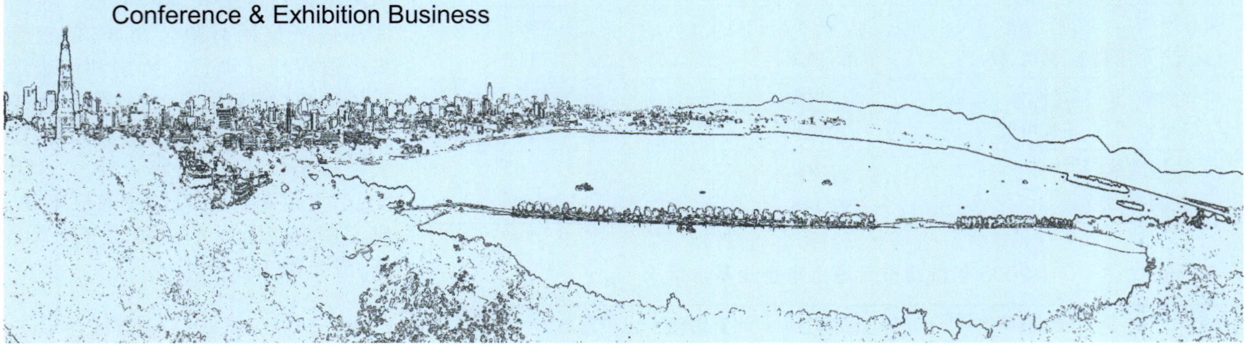

·会展业综述·

【会展业发展势头良好】 2006年，杭州市会展业坚持政府主导、企业主体、社会化运作的原则，加强软硬件设施建设，积极营造会展经济快速发展的良好环境。举办“2006杭州世界休闲博览会”、第八届(2006)杭州西湖博览会、第二届中国国际动漫节、首届世界佛教论坛等重大会展项目，较好地发挥大项目对服务业的带动效应。依托行业协会、商会等中介组织的影响力和号召力，展会的专业化程度明显提高。通过举办重大国际性和全国性会展活动，提高了杭州市会展业的知名度。

全年举办各类展会238个，其中国际性展会30个，占展会总数的12.6%。加工制造、建筑、书画艺术、教育科技等专业性展会增长明显，一般消费品展会有所减少。展出总面积首次突破100万平方米，达到100.28万平方米，比上年（指2005年，下同）增长19.8%；规模总量在“长三角”地区仅次于上海，在省内保持领先地位。单个展览面积、大型展览数量大幅度上升，规模在1万平方米以上的展览21个，增长23.7%；5000平方米以上的展览38个，增长9%；单个展览平均面积由上年的4166平方米增加到4213平方米。市会议展览业协会所属31个单位会员直接办展收入1.19亿元，增长8.2%；直接办会收入1.33亿元，增长50.1%。

【杭州被评为十佳会展城市】 杭州发展会展业软硬件优势明显，已建成会展场馆10万平方米，有专业会展公司50余个，从事会展相关配套服务的企业200余个，从业人员1万余人。会展专业人才培养速度加快，全市有浙江大学城市学院等5所高校开设会展专业，在籍学生700余人。会展业产业化发展初具规模，全年平均三天办两个会展。除了国际动漫节、世界佛教论坛等国际性大会展，杭州引进举办了中国国际衡器展览会、中国国际丝绸博览会、浙江国际汽车工业展览会等国际性专业会展活动。

11月，中国会展节事财富论坛

表27　2006年杭州市展览规模分类情况

展览规模	展览数(个)	占展览总数的比例(%)
1万平方米以上展览	21	8.8
8000平方米至1万平方米展览	18	7.6
5000平方米至8000平方米展览	20	8.4
5000平方米以下展览	179	75.2

表28　2006年杭州市展览类别构成情况

展览类别	展览数(个)	占展览总数的比例(%)
农林业	4	1.7
加工制造业	19	8.0
建筑业	24	10.1
交通运输业	3	1.3
服务业	12	5.0
消费品	25	10.5
书画艺术	67	28.2
教育科技	37	15.5
其他	47	19.7

表29　2006年杭州市会议展览业协会所属宾馆饭店承办会议情况

项目	单位	数量
举办会议总数	个	4 027
国际性会议	个	109
全国性会议	个	882
地方性会议	个	3 036
会议营业收入	亿元	1.33
接待会议代表	万人	21.76
接待境外代表	人	5 076

启动中国会展产业年度评选。评选活动得到成都、大连、青岛、宁波、"长三角"城市会展联盟、上海会展行业协会等城市和组织的支持。评选组织向全国近2000个单位发出调查函，通过网上投票、机构推荐、专家评议，杭州市获得2006年度中国会展业"十佳会展城市"称号，"2006杭州世界休闲博览会"入选2006年度中国会展业"最具影响力会展25强"，杭州市政府副秘书长、西博会组委会办公室主任冯俊被列入2006年度中国会展业"十大新闻人物"。

·西湖博览会·

【西湖博览会概况】 4月22日~10月22日，由国家广电总局、国家旅游局、浙江省政府、中国工程院、中国贸促会、中华全国工商业联合会、中国轻工业联合会、中国纺织工业协会、中国商业联合会主办，商务部、科技部、中国科学院、香港贸发局支持，杭州市政府承办的第八届(2006)中国杭州西湖博览会(以下简称西博会)与"2006杭州世界休闲博览会"(以下简称休博会)在杭州同时举行。

该届西博会与休博会实行联动，西博会以"和谐生活、和谐创业"为主题，休博会以"休闲——改变人类生活"为主题，两个主题互相衔接。休博会与西博会组委会合署办公，统筹"两会"筹备与实施。"两会"宣传推广和项目安排整体包装、有机结合，共享会展资源。

西博会期间，举办科技、经贸、文化等展览26个，展览总面积34.92万平方米，专业化水平高，规模和影响大。召开国际基因组学大会、国际教育创新大会等大型会议17个，参会代表3.86万人；休闲高层论坛、名师名校长论坛、警察与科学讲坛等论坛发表重要论文1467篇，在专业领域产生重大影响。湘湖旅游度假区、休博园、风情园、东方文化园及各景区和休博会分会场活动项目精彩纷呈，高潮不断。"两会"成为老百姓和中外游客的盛大节日，推动杭州休闲、旅游、会展等产业快速发展，取得良好经济和社会效益。

【举行西湖国际烟花大会】 10月14日晚，"天堂硅谷·滨江之夜——2006杭州西湖国际烟花大会"在钱塘江畔隆重举行。历时40分钟。10万发烟花绽放夜空，在江面上编织了一幅幅五彩缤纷的烟花胜景。燃放编排紧扣"人间天堂"、"五水共导"、"休闲之都"、"和谐杭州"四大主题，创意新颖，气势磅礴。该届烟花大会组织管理到位，安全有序，观众评价为历年最好。

【130对新人参加玫瑰婚典】 10月7日，浙江省青年联合会、共青团杭州市委、浙江中烟工业公司、杭州青少年活动中心、杭州青年文化传播有限公司等单位在杭州共同举办2006年中国国际西湖情大红鹰玫瑰婚典。婚典主婚场设在世界休闲博览园，新人们坐上休博园内威尼斯贡多拉船，受到百城馆身穿民族服装的外国嘉宾欢迎。杭州市市长孙忠焕为新人们证婚。举办单位为新人们送上有省委常委、市委书记王国平"和谐之城、爱情之都"题词的心心相印水晶对印。婚典活动由玫瑰婚典婚纱秀、玫瑰仙子选拔赛、新人爱情格言评选、婚典摄影征集大赛、情系港澳玫瑰婚典5个子活动组成。玫瑰婚典吸引从市区延安路到休闲博览园沿途30万人驻足观看。参加玫瑰婚典的新人130对，是近几年最多的一次。新人中30%来自省外，职业涵盖教师、军人、工人、科研人员、医护人员、企业家、建筑师、销售员、公务员等。

·会展活动·

【贾庆林会见参加首届世界佛教论坛代表】 4月12日，中共中央政治局常委、全国政协主席贾庆林在杭州会见参加首届世界佛教论坛的部分代表。贾庆林指出，建设和谐世界需要各国人民的共国努力，需要各种文明、各种宗教都来发挥积极作用。中国政府将一如既往地支持中国佛教与世界佛教及其他宗教一起，为建设一个持久和平、共同繁荣的和谐世界，发挥应有的作用。来自世界各地三大语系佛教的领袖，主要国际佛教组织负责人，以及老挝建国战线主席沙瓦·乔本潘、柬埔寨高级大臣兼宗教事务大臣坤杭等政要近100人参加会见。全国政协副主席、中央统战部部长刘延东和全国政协副主席董建华等陪同会见。

首届世界佛教论坛由中国佛教协会、中华宗教文化交流协会主办，于4月13日~16日在杭州和舟山举行。这是首次国际性宗教多边会议。 (严　建)

【第二届中国国际动漫节在杭举行】 4月28日~5月3日，由国家广电总局、浙江省政府主办，杭州市政府、浙江省广播电视局、浙江广播电视集团承办的第二届中国国际动漫节在杭州举行。动漫节坚持"国家级、国际性、专业化"的目标，把专业性的展览、论坛、赛事和群众性的参与活动有机结合。期间，举办了迄今为

10月14日晚，钱塘江畔举行西湖国际烟花大会。 (市西博办 供稿)

表 30　　第八届(2006)中国杭州西湖博览会活动项目

序号	名　称	主办、承办单位	举办时间
1	2006 年浙江(中国)家用纺织品展览会	杭州市余杭区家用纺织品行业协会、海宁市家纺布艺协会、绍兴县家纺协会、杭州余海家纺展览有限公司	2006-03-21~23
2	中国(杭州)第六届最佳人居环境展览会	杭州市政府、浙江省建设厅、杭州市房产管理局、杭州房地产学会、杭州房地产中介协会	2006-03-31~04-03
3	2006 年中国(杭州)国际妇幼婴童产业博览会	杭州婴童行业协会、台湾妇幼多媒体事业集团、中国贸促会杭州分会	2006-04-06~09
4	第九届浙江国际建筑装饰材料及装备展览会	佳德国际展览有限公司、杭州佳德展览服务有限公司	2006-04-13~16
5	2006 年休博会开幕式典礼和“利群之夜”人间天堂文艺晚会	杭州市休博会组委会、杭州市西博会组委会、杭州市委宣传部、杭州市文化广电新闻出版局、杭州市文化广播电视集团	2006-04-22
6	2006 年浙江省博物馆文物·艺术精品系列特展	浙江省博物馆	2006-04-22~10-31
7	2006 年中国杭州商业特色街风采展示活动	杭州市贸易局	2006-04~10
8	2006 年第五届浙江国际工业博览会	浙江省经济贸易委员会、浙江省机械工业联合会、上海申仕展览服务有限公司、杭州中仕展览服务有限公司	2006-05-11~13
9	清代杭州·宫廷档案展览	中国第一历史档案馆、杭州市档案局(馆)	2006-05-16~06-30
10	2006 年中国国际衡器展览会	中国衡器协会、浙江省技术监督局	2006-05-17~19
11	第七届中国杭州国际汽车工业展览会	中国机械装备(集团)公司、浙江中汽会展有限公司、中国汽车工业国际合作总公司、浙江海外海集团	2006-05-18~23
12	第六届(2006)中国杭州民间手工艺品展览	中国民间文艺家协会、浙江省文联、浙江省文化厅、浙江国际文化交流协会、浙江展览馆	2006-05-28~06-03
13	2006 年中国(杭州)第四届商铺展览会	杭州市贸易局、浙江中浙国际展览商务有限公司	2006-06-16~18
14	2006 年国际旅游小姐冠军总决赛	中华全国工商业联合会旅游业商会、浙江唐风汉格形象设计有限公司	2006-07-08
15	横渡钱塘江游泳比赛	杭州市体育总会、杭州市救生打捞协会	2006-07-22
16	杭州市职工技能大赛	杭州市总工会	2006-07-10
17	2006 年第四届浙江国际传统武术比赛	浙江省体育局、浙江省人民对外友好协会、正大青春宝药业有限公司、浙江省武术协会、浙江省对外体育交流中心	2006-08-03~06
18	首届中国网商节暨第三届中国网商大会	杭州市政府、中国电子商务协会、阿里巴巴(中国)网络科技有限公司	2006-09-10~11
19	第十五届中国真维斯杯休闲装设计大赛(东部赛区)	杭州上城区政府、浙江真维斯服饰有限公司	2006-09-16
20	浙江省第十三届房地产博览会	浙江省建设厅、浙江省房地产业协会、浙江省房地产估价师与经纪人协会、杭州市建委、杭州市房管局、浙江精诚广告有限公司	2006-09-22~25
21	第四届中国杭州国际旅游休闲商品博览会	杭州市贸易局	2006-09-27~30
22	2006 年中国(杭州)西湖书市暨动漫出版·电子竞技展	中国书刊发行业协会、中国音像协会、杭州市文化广电新闻出版社	2006-10-01~05
23	2006 年中国(杭州)国际家居品牌发展高峰论坛暨知名家居品牌发布会	浙江省建筑装饰行业协会、著名家居代理商(中国)联盟、第六空间生活广场	2006-10-01~07

续表 30

序号	名　　称	主办、承办单位	举办时间
24	第八届中国(浙江)家具展览会	中国室内装饰协会、下城区政府、浙江和平工贸集团公司、杭州和平广告展览有限公司、杭州和平家私博览中心	2006-10-07~10
25	2006 年中国西湖情玫瑰婚典	浙江省青年联合会、共青团杭州市委、浙江中烟工业公司、杭州青少年活动中心、杭州青年文化传播有限公司	2006-10-07
26	西泠印社第二届国际艺术节	西泠印社、杭州西泠印社有限公司、杭州西泠印社展览有限公司、杭州西泠印社拍卖有限公司	2006-10-12~10-22
27	2006 年中国病媒生物防制(PCO)西湖论坛	中国鼠害与卫生虫害防制协会、杭州鼠害与卫生虫害防制协会、上海特灵卫生除害服务有限公司	2006-10-13~14
28	第四届西湖合唱节	中国合唱协会、浙江省合唱协会、杭州市委宣传部、杭州市文学艺术界联合会、杭州市音乐家协会	2006-10-14~15
29	第二十七届(2006)中国浙江国际自行车、电动车展览会	浙江省自行车行业协会、浙江华达展览有限公司	2006-10-14~16
30	天堂硅谷·滨江之夜——2006 年西湖国际烟花大会	杭州市西博会组委会	2006-10-14
31	第八届西湖国际中小企业研讨会	杭州市政府、浙江工业大学、浙江省工商联合会	2006-10-15~17
32	国际营养科学联盟第八届临床营养学大会暨第五届亚太临床营养学会大会	国际营养科学联盟、亚太临床营养学会、杭州市政府、浙江大学	2006-10-15~18
33	第四届中国(杭州)WTO 与金融工程风险投资国际会议	国家自然科学基金会、浙江省科技厅、浙江工业大学、杭州市政府、浙江省金融工程学会、浙江省民营企业国际合作促进会、浙江省风险创业投资协会	2006-10-15~16
34	2006 年吴山庙会	杭州市文广新局、杭州市贸易局、杭州西湖风景名胜区管委会、上城区文广新局、杭州市清河坊历史街区管委会、杭州市群艺馆、杭州吴山风景管理处	2006-10-17~23
35	第四届中国杭州国际教育创新大会	联合国教科文组织亚太地区教育局、中国联合国教科文组织全国委员会、浙江省教育厅、杭州市教育局、下城区政府	2006-10-18~21
36	2006 年中国(杭州)国际电脑节	浙江颐高数码科技集团	2006-10-13~16
37	2006 年国际基因组学大会	中国科学院生物局、杭州市政府、杭州华大基因研究中心	2006-10-22~27
38	第七届中国美食节	中国饭店协会、国际饭店与餐馆业协会、杭州市政府、杭州市贸易局、西湖区政府、上城区政府、杭州商业资产经营公司、杭州饮食旅店业同业公会、杭州杭菜研究会、杭州烹饪餐饮业协会、杭州饭店协会、杭州市酒吧协会、杭州市咖啡西餐协会	2006-10-23~29
39	2006 年杭州国际城市围棋赛	中国棋院、杭州市人民对外友好协会、杭州商业资产经营公司、杭州棋院、杭州市围棋协会、杭州市国际交流服务中心	2006-10-27~31
40	2006 年杭州投资合作周	杭州市政府、杭州市对外贸易经济合作局、杭州市政府国内经济合作办公室、杭州市经济委员会、杭州市信息化办公室、杭州市政府侨务办公室、杭州市政府台湾事务办公室	2006-10-12~18
41	第七届中国工艺美术大师作品暨工艺美术精品博览会	中国工艺美术协会、杭州市政府、中国工艺美术学会、中国工艺美术馆、中国工艺美术协会秘书处、杭州市经委	2006-10-19~23
42	第九届(2006)西湖艺术博览会	浙江省文学艺术界联合会、中国文联艺术指导委员会、浙江省文化艺术发展有限公司	2006-10-26~31

续表 30

序号	名　　称	主办、承办单位	举办时间
43	2006 年(第十四届)国际有线电视技术研讨会	中国广播电视协会、国家广电总局广播影视信息网络中心、《世界宽带网络》杂志、浙江省广播电视局	2006-10-20~22
44	2006 年中国杭州名师名校长论坛	杭州市政府、浙江省教育厅、全国教师教育学会、上城区政府	2006-10-16
45	2006 年中国国际丝绸博览会	国家商务部、杭州市政府、国家茧丝绸协调办公室、中国丝绸协会、杭州市经委、杭州市贸易局、杭州喜得宝展览服务有限公司	2006-10-26~30
46	2006 年杭州人才交流大会	杭州市人事局	2006-11-11~12

止国内规模最大的动漫产业博览会，展览内容涵盖动漫产业链的全部环节，展区面积达 4.6 万平方米，设展位 2500 个，其中境外展位占 24%。博览会接待观众 28 万人次，现场签约和销售额近 16 亿元。

动漫节组织中国国际动漫产业高峰论坛、中外动漫节组委会峰会、中国动漫产业信息发布会暨项目签约仪式等活动。200 多名国内外专家学者出席产业高峰论坛，形成具有历史性意义的《中外动漫节组委会峰会备忘录》。产业信息发布会暨项目签约仪式发布项目 60 个，签约项目 48 个，总金额 21.6 亿元。赛事活动包括中国国际动画影视片“美猴奖”大赛和中国国际动漫节学生原创动漫大赛等。动漫节推出卡通狂欢大巡游、卡通灯会、“美猴奖”大赛及学生原创大赛暨颁奖晚会、中国 COSPLAY(角色扮演)超级盛典、中日韩三国 COSPLAY (角色扮演)交流会等大型活动，其中“美猴奖”大赛收到中外影视作品 400 余件。

【举办第四届中国投资环境论坛】 11 月 11 日~12 日，杭州市政府、世界银行、国家信息中心、国家发改委国际合作中心和国土资源部宣教中心联合在杭州举办“2006(第四届)中国投资环境论坛”。国家发改委、财政部、建设部等 15 个国家机关单位的领导、有关国际机构代表以及专家、学者，100 多位国内外投融资机构和企业的代表，国内 28 个兄弟城市的市长和代表参加论坛。论坛以“区域协调与城市群的整体竞争力”为主题，分 1 个主论坛和 4 个分论坛，组织 9 场专题报告会。杭州市市长孙忠焕发表题为“投资环境改善与创新型城市的发展”的演讲。世界银行中国局局长杜大伟发布《政府治理、投资环境与和谐社会——中国 120 个城市竞争力的提升》的研究报告，报告公布了中国 120 个城市投资环境的调查情况。杭州等 6 个城市被世界银行评为中国投资环境金牌城市。

【第七届国际汽车工业展成交 13.2 亿元】 5 月 18 日~23 日，由中国机械装备(集团)公司主办，浙江中汽会展有限公司、中国汽车工业国际合作总公司、浙江海外海集团承办的第七届中国杭州国际汽车工业展览会在杭州国际会展中心举行。该届汽车展云集国内外主要汽车生产厂家，法拉利、劳斯莱斯、奔驰、宝马、玛萨拉蒂、迈巴赫等国际知名品牌亮相展会。展会展出面积 8 万平方米，实现贸易成交额 13.2 亿元，接待观众 18.3 万人次，其中专业客商 7.14 万人次。展览会期间，举办首届十大年度车型评比、十大汽车品牌经销商评比、十大展商和展台评比等系列评比活动。6 月 9 日~11 日，汽车展移师浙江省义乌市，输出西博会汽车展的品牌，这在历届汽车展中尚属首次。

【首届中国网商节暨第三届中国网商大会在杭举行】 9 月 10 日~11 日，首届中国网商节暨第三届中国网商大会在杭州举行。国务院信息化办公室、中国电子商务协会和杭州市的领导及雅虎创始人杨致远、阿里巴巴总裁马云等嘉宾与国内外 3000 余名网商共聚杭城，共谋电子商务产业的发展。首届中国网商节在白堤和孤山公园举办专场交流会、多媒体演示等活动，展示中国电子商务的新产品和新技术。第三届中国网商大会回顾中国网商应用电子商务的最新成果，集中探讨电子

11 月 11 日~12 日，第四届中国投资环境论坛在杭举行。　(市西博办 供稿)

商务发展的相关议题，并举行第三届十大网商颁奖仪式。

【第七届工艺美术精品博览会在杭举行】10月19日~23日，在杭州举行第七届中国工艺美术大师作品暨工艺美术精品博览会，主要展示国家级、省(市)级工艺美术大师作品及工艺美术精品。博览会展出面积1.2万平方米，接待观众11.6万人次，直接零售额1.6亿元。全国31个省(区、市)、350多个企业、13类展品参加展会。100多位国家级工艺美术大师、200多位省(市)级工艺美术大师和高级工艺美术师携最新力作参展，是历届国家级大师参展人数最多的一届。

参见工业类目举办工美大师作品展条目。

【西博会投资合作周首次实现两个超百亿元】10月12日~18日，杭州市举行西博会投资合作周国内交流合作活动。期间，举办第九届国内经济合作洽谈会、第三届全国重点城市国内合作交流工作研讨会、杭州商务环境说明会和投资峰会等活动。共签订外资合作项目49个，协议总投资21.51亿美元，协议(合同)引进外资10.17亿美元。签订内资合作项目45个，协议总投资110.21亿元，其中协议引进外地资金108.34亿元。这是历届西博会杭州市国内招商引资首次实现协议总投资和协议引进外地资金两个超百亿元。合作项目中，大项目占绝对优势。投资1亿元以上的项目36个，占总数80%。签约项目主要集中在二、三产业，包括商贸旅游、宾馆服务、物流产业及电器制造、建筑材料等杭州市重点鼓励行业领域。投资来源地域广泛，签约项目投资方涉及美国、英国、法国、德国、日本等11个国家和国内“长三角”、“珠三角”、“环渤海”等地区。

【举行浙江省第十三届房地产博览会】9月22日~25日，由浙江省建设厅主办，浙江省房地产业协会、浙江省房地产估价师与经纪人协会、杭州市建委、杭州市房管局协办的浙江省第十三届房地产博览会在浙江世界贸易中心和杭州和平国际会展中心举行。房博会主题为“和谐、稳定、理性、发展”。展出面积2.2万平方米，设展位1650个，接待观众4.5万人次，实现贸易成交额10.95亿元。有118个房地产企业和中介企业参展，参展楼盘154个。除杭州当地楼盘外，包括富阳、临安、淳安、安吉、德清等杭州周边县(市)区域的楼盘参展。期间，举行浙江省房地产发展高峰论坛暨浙江房地产开发企业50强、浙江房地产中介先进企业表彰会。 (申 俭)

3月31日~4月3日，中国(杭州)第六届最佳人居环境展在和平国际会展中心举行。

(杭州和平国际会展中心 供稿)

·会展场馆·

【和平国际会展中心承接大型展览60个】 杭州和平国际会展中心(浙江农业展览馆)配套设施齐全，物流通道快捷，设施设备现代化、智能化。会展中心建筑面积6.1万平方米，其中展览面积1.68万平方米。拥有国际标准展位930个，可提供地面及地下停车位600余个。全年承接大型展览60个，其中展览面积在8000平方米以上的29个，展出总面积42万平方米，占全市展出总面积的42%。3月和9月，杭州市房交会和浙江省房交会分别落户该会展中心，填补了该中心历史上未承办房交会的空白。 (陈 润)

【世贸中心区位优势明显】 浙江世界贸易中心地处杭州西湖风景区与杭州市金融、商业和文化中心的接合区，毗邻浙江大学、黄龙饭店、浙江图书馆和黄龙体育中心，地理位置优越，交通便捷流畅，人流、物流、车流能快速集散。室内展馆使用面积1.44万平方米，室外展览场地面积3000平方米。全年承接展览项目43个，展出面积24.55万平方米。

【国际会议展览中心占地14公顷】杭州国际会议展览中心位于杭州城北，毗邻长途汽车北站，与沪杭、杭甬、杭昱高速公路及104国道线连接，交通便利。会展中心占地面积近14公顷，建筑面积12.7万平方米，室内展览面积4.6万平方米，能容纳3000个国际标准展位，室外广场面积3万平方米。4月28日~5月3日，该中心承接第二届中国国际动漫产业博览会，接待参展观众28万人次，现场签约和销售额近16亿元，其中现场销售额比首届动漫产业博览会增长30%。 (杨 骏)

【浙江展览馆承办展览64个】 浙江展览馆位于交通便利、人气旺盛的杭州市中心——武林广场，是浙江省办展最早、办展频率最高的展览场馆之一。该馆总建筑面积1.3万平方米，使用展览面积近5000平方米，可容纳200个国际标准展位。展馆外广场面积近1万平方米，绿带地550平方米。全年承办各类展览64个，展出面积12.42万平方米，参观人数180万人次。 (陈方贤)

世界休闲博览会

World Leisure Exposition

·休闲博览会综述·

【休博会成果显著】4月22日~10月22日，由世界休闲组织、国家旅游局、国家体育总局、浙江省政府、中华全国工商业联合会、中国商业联合会、中国轻工业联合会、中国纺织工业协会主办，商务部、科技部、中国科学院、香港贸发局、世界旅游组织、世界旅游和旅行协会、亚洲太平洋旅游协会、国际旅游合作伙伴协会支持，杭州市政府、萧山区政府、杭州宋城集团承办的“2006杭州世界休闲博览会”(以下简称休博会)与第八届(2006)杭州西湖博览会(以下简称西博会)在杭州同时举行。中共中央政治局委员、国务院副总理吴仪出席开幕式并宣布休博会暨西博会开幕。

休博会以杭州为主会场，以“一湖三园”(湘湖、世界休闲博览园、世界休闲风情园、东方文化园)为主园区。有26个国家和地区的88个休闲特色城市、组织机构和27个企业在休博园内设立展馆。举办了233个会议、展览、文化和商旅活动，其中国际性会议、展览25个。中央和国家有关部门领导、国内外友好城市代表、港澳台地区和侨界知名人士、中外来宾和市民3422万人直接参加了休博会(含分会场)的项目活动。杭州有3.98万人次志愿者为休博会、西博会提供志愿服务。休博会历时184天，接待游客2040.55万人次，其中境外游客102.55万人次。实现贸易成交额137.38亿元，协议利用外资10.17亿美元，引进内资108.34亿元。

休博会期间，省、市新闻媒体推出报道1万余篇，中央媒体组成强大的阵容聚焦休博盛会，省外、境外上百家主流媒体记者到杭采访。休博会是杭州历史上规模最大、时间最长、影响最广、参与人数最多、办会水平最高的盛会。

4月22日，休博会形象大使杨澜和中央电视台节目主持人白岩松主持休博会开幕式文艺晚会。 (市休博办 供稿)

【市民参与休博盛会】该届休博会、西博会坚持“办会为人民、办会靠人民、办会成果由人民共享”的办会理念。休博会开幕式、西博会烟花大会等重大活动共向困难群众、弱势群众和外来务工创业人员赠票1.2万张，“一湖三园”免费接待游客140万人次。休博会给广大市民、外来务工创业人员和国内外企业提供了大量就业岗位、创业机会和市场商机，推动了杭州旅游、服务、经贸等行业的共同发展，打响了杭州“东方休闲之都”的“金名片”。业内权威人士认为，2006年以休博会作为重要事件，开启了中国的“休闲元年”。

【休博会设立10个分会场】休博会坚持“开放办会”，创新办会模式，除了杭州主会场外，在周边有关市、县设立10个分会场，办了一个没有围墙的休博会。分会场利用各自的休闲旅游特色资源，共举办文化、旅游和商贸活动151个，观众657.12万人次。

休博会推动各分会场所在地方旅游业的快速发展，并连带其他经济的齐步前行。1月~9月，安吉县接待游客305万人次，实现门票收入3595万元，实现旅游收入9.89亿元，分别比上年(指2005年，下同)同期增长35.2%、35%、31%；旅游业对财政的贡献率上升6个百分点。富阳市接待国内外游客268.27万人次，比上年增长22.6%；实现旅游收入15.35亿元，增长31.1 %，均创下历史新高。

10月15日~20日，在杭州休博园第一世界大剧院举行第九届世界休闲大会。（市休博办 供稿）

【形象大使杨澜推介休博会】2004年6月5日，全国政协委员、著名节目主持人杨澜受邀担任休博会形象大使后，积极参加推介休博会活动。9月，杨澜随杭州代表团赴澳大利亚布里斯班，参加第八届世界休闲大会并在大会闭幕式上作专题演讲 。2005年8月2日，北京举行以“打造东方休闲之都、构建和谐创业之城”为主题的系列推广会，杨澜到会发表“东方休闲之都——杭州”的演讲。11月9日，杨澜到杭参加由世界休闲组织、浙江大学和杭州市政府共同举办的“2005文化多样性与休闲发展国际论坛”，并作主题发言。2006年1月11日，杨澜赴香港参加“浙港旅游业合作大会”，代表休博会组委会和杭州人民邀请香港的朋友参加休博会。4月22日，杨澜到杭参加休博会开幕式和世界休闲高层论坛，并和央视主持人白岩松一起主持休博会开幕式文艺晚会。

【杭州被授予“东方休闲之都”称号】10月22日，休博会暨西博会圆满闭幕，世界休闲组织在闭幕仪式上授予杭州“东方休闲之都”称号。杭州市市长孙忠焕从世界休闲组织秘书长杰拉德·凯尼恩博士手中接过“杭州——东方休闲之都”牌匾，并代表杭州市向世界休闲组织回赠了“休闲：社会、文化和经济发展不可分割的组成部分”牌匾。休博会和西博会的成功举办，进一步确立了杭州“东方休闲之都”的地位。

【休博会形成系列遗产】杭州成功举办首届休博会，积累了宝贵经验和一系列遗产。休博会向中国和世界传播休闲理念，倡导休闲生活，发布《世界休闲杭州共识》，形成了社会文化遗产。休博会和西博会的举办，推动杭州市一系列城市工程项目的建设，提升了城市的整体环境质量，形成了设施与环境遗产。利用休博会与国外政府机构和省外兄弟城市建立良好的合作关系，形成了政治环境遗产。休博会带动了杭州市会展产业、休闲产业的提升和发展，“东方休闲之都”成为杭州城市的“金名片”，形成了旅游和经济发展遗产。杭州市政府与浙江大学及世界休闲组织发起成立的浙江大学亚太休闲教育研究中心，既是世界休闲组织在亚太地区的学术代表机构，又是杭州市与浙江大学战略合作的学术平台之一，形成了学术研究机构遗产。休博会坚持“开放办会”，创新政府主导力、企业主体力、市场配置力“三力合一”的办会模式，形成了办会模式遗产。为全面总结休博会的成功经验，休博会闭幕后，组委会办公室邀请浙江大学亚太休闲教育研究中心对首届休博会进行了评估研究。

【第二届休博会落户杭州】10月20日，世界休闲组织理事会主席德雷克·卡塞与杭州市市长孙忠焕正式签订备忘录，第二届休博会仍然在杭州举办。举办时间初步定于2011

表31　**2006年杭州世界休闲博览会分会场活动情况**

序号	分会场名称	举办活动个数	观众人数(万人次)	游客人数（万人次）
1	绍兴	18	198.10	1 063.00
2	黄山	13	23.25	978.60
3	安吉	29	20.45	305.00
4	诸暨	17	57.63	162.00
5	周庄	11	124.00	165.40
6	富阳	10	40.50	268.27
7	建德	18	34.34	151.60
8	桐庐	11	39.35	250.00
9	临安	16	102.50	314.00
10	淳安	8	17.00	100.00
	合计	151	657.12	3 757.87

表 32

2006 年杭州世界休闲博览会会议项目

序号	名　称	主办、承办单位	举办时间
1	2006 年世界休闲高层论坛	杭州市政府、杭州市休博会组委会	2006-04-22
2	第九届世界休闲大会	世界休闲组织、杭州市休博会组委会、联合国教科文组织、世界旅游组织、世界旅游和旅行协会、亚洲太平洋旅游协会、国际旅游合作伙伴协会	2006-10-15~20
3	世界休闲创新奖评选	世界休闲组织	2006-04-22
4	世界休闲共识研讨会	世界休闲组织	2006-04-19~22

表 33

2006 年杭州世界休闲博览会展览项目

序号	名　称	主办、承办单位	举办时间
1	2006 年中国国际休闲产业博览会	中国商业联合会、杭州市政府、中国贸促会杭州分会、杭州市国际会议展览公司	2006-04-20~23
2	2006 年中国(杭州)国际名茶博览会	杭州市政府、浙江省农业厅、杭州西湖国际博览有限公司、浙江旅游集团企划展览有限公司	2006-04-21~23
3	中国(杭州)国际户外家具及休闲用品展览会	中国轻工工艺品进出口商会、杭州市政府	2006-05-31~06-03
4	第六届中国国际女装展	杭州市政府、中国贸促会杭州分会、下城区政府、杭州杭派女装商会、杭州市国际会议展览公司	2006-06-29~07-02
5	2006 年中国·杭州国际观赏鱼精品展	中国水产学会观赏鱼分会、杭州市农业局、浙江海皇星生态乐园有限公司、广东顺德海皇锦鲤养殖有限公司	2006-10-04~06

表 34

2006 年杭州世界休闲博览会文体项目

序号	名　称	主办、承办单位	举办时间
1	2006 年世界青年举重锦标赛	中国举重协会、浙江省体育局、杭州市体育局	2006-05-24~06-03
2	第三届杭州·北京世界华人篮球赛	北京市体育总会、北京市人民对外友好协会、北京海外交流协会、杭州市体育总会、萧山区体育总会、萧山区义桥镇政府、杭州市篮球协会	2006-05-25~30
3	2006 年杭州湖滨国际名品管乐节	上城区政府、浙江省音乐家协会、杭州湖滨国际名品街、杭州洛思福经济信息咨询公司	2006-06-16~19
4	全国马拉松游泳优秀运动员选拔赛	国家体育总局游泳管理中心、浙江省体育局	2006-07-11
5	全国游泳锦标赛暨第十五届亚运会选拔赛	国家体育总局、浙江省体育局、杭州市体育局	2006-09-01~06
6	2006 年西湖国际公园定向节	浙江省教育厅、浙江省体育局、浙江省测绘局、中国学生定向协会、浙江省国防教育办公室、浙江省大学生体育协会、浙江省中学生体育协会、浙江省测绘学会、通和置业投资有限公司	2006-10-19~22
7	2006 年休博会闭幕式	杭州市休博会组委会、萧山区政府、杭州宋城集团	2006-10-22

表 35　　**2006 年杭州世界休闲博览会观光项目**

序号	名　称	主办、承办单位	举办时间
1	天都城景区系列活动	浙江天都实业有限公司、浙江轩宇酒店管理有限公司	2006-04-22~05-10
2	龙井山园"茶乡风情"系列活动	杭州龙井山园茶文化村旅游开发有限公司	2006-04-22~10-22
3	未来世界——"世界休闲不夜城"	杭州未来世界游乐有限公司	2006-04-22~10-22
4	大清谷野外拓展运动	西湖区政府、杭州市登山协会、杭州大清谷旅游开发有限公司、西湖区文化体育局	2006-04-22~10-22
5	"休博之旅"系列旅游观光活动	杭州市旅游委员会	2006-04-22~10-22
6	中外学生修学旅行交流活动	杭州市教育局、杭州市青少年活动中心、杭州市学生假日活动中心、德国联邦德中协会	2006-04~10
7	世界休闲聚杭州——第三届"休闲在杭州"即时摄影大奖赛	杭州市旅委、杭州市休博会组委会办公室、杭州市文联、杭州市摄影家协会	2006-04~10
8	宋城景区系列活动	杭州宋城集团、杭州宋城旅游管理分公司	2006-04~10
9	杭州·拱墅第四届运河文化艺术节	拱墅区政府、杭州市运河指挥部、杭州市文广新局、杭州市政协文史和教文卫体委员会、拱墅区文广新局、拱墅区商贸旅游局、拱墅区运河分指挥部	2006-05-23~10-1
10	第二十届全国荷花展	中国花卉协会荷花分会、杭州西湖风景名胜区管委会、杭州市园文局灵隐管理处	2006-06-18~07-15
11	第二届中国海洋文化节	中国海洋学会、中国海洋报社、浙江海洋学院、岱山县政府	2006-06-16~09-23
12	第八届杜家杨梅节	萧山区所前镇政府、萧山区旅游局、萧山区农业局、浙江登峰交通集团	2006-06-18~24
13	中国浙江杭州休闲啤酒节	中国食品工业协会啤酒专业委员会、浙江省经济贸易委员会、杭州休闲博览会有限公司、浙江目恩文化艺术策划有限公司	2006-06-30~07-09
14	国际(杭州)美容美发美丽节	杭州市总工会、杭州市美容美发业联合工会委员会	2006-09-13~17
15	2006 年杭州(国际)丝绸时尚节	下城区委、下城区政府、杭州市贸易局、杭州市旅委、浙江理工大学、HAGIHARA(马来西亚)、杭州中国丝绸城	2006-09-19~23
16	2006 年双溪水上漂流欢乐节	余杭区政府、余杭区风景旅游局、杭州双溪旅游开发有限公司	2006-07-07~09-28
17	2006 年中国国际(萧山)钱江观潮节	萧山区政府、萧山区旅游局	2006-10-08~10
18	高新区(滨江)2006 年民间艺术展示暨大型踩街活动	杭州高新技术开发区管理委员会、杭州高新区社会发展局	2006-10-22

年下半年。世界休闲组织和杭州市将共同致力于发展世界休闲产业、壮大世界休闲组织、打造杭州"东方休闲之都"品牌三大目标，携手办好第二届休博会。

·休博会大型活动·

【吴仪出席世界休闲高层论坛】 4 月 22 日，中共中央政治局委员、国务院副总理吴仪在杭州参加休博会暨西博会开幕式后，出席在浙江人民大会堂国际会议厅举行的 2006 年世界休闲高层论坛，并发表主旨演讲。吴仪指出，"山水浙江，诗画江南"，世界休闲组织选择杭州作为休博会的主办地，是非常有眼力、非常明智的。休博会以"休闲——改变人类生活"为主题，体现了人类全面发展的客观需求。她强调，让中国人民过上好日子，不断满足人民群众的物质文化生活需要，始终是中国政府工作的基本出发点。随着中国与休闲相关产业的快速发展，中国人民的生活水平和质量将稳步提高。世界休闲组织理事会主席德雷克·卡塞博士、省市领导、国家有关部门和有关地方领导及近 300 名中外嘉宾、专家、学者出席论坛，共同探讨"休闲共识和中国发展"的命题。

【举行第九届世界休闲大会】 10 月 15 日~20 日，由世界休闲组织和杭州休博会组委会共同举办的第九届世界休闲大会在杭州休博园第一世界大剧院举行。这是全球休闲业最高水平的国际性会议首次登陆中国。大会以"休闲，社会、文化和经济发展不可分割的组成部分"为主题，举行 97 场不同形式的会议，收到论文 370 多篇，300 余人发表演讲，发布了《世界休闲杭州共识》。有 403

世界休闲博览园游乐区 (市休博办 供稿)

位注册代表、2700位听众代表参加会议。期间，代表们参加茶文化体验、观摩大型艺术表演、自费旅游等多场活动。10月20日，杭州市副市长项勤将休闲大会会旗移交至第十届世界休闲大会举办城市代表手中。

【颁发世界休闲创新奖】为促进休闲事业与社会、文化和经济相辅相成发展而设立的世界休闲创新奖，由5位国际评委、2位中国评委组成首届创新奖评审委员会。2月24日~25日，在杭州富春山居度假村召开评审会。由国内评委和世界休闲组织代表对中国申报的14个项目进行预审，确定9个项目入围。此前，经国际评委预审，有15个国际项目入围。通过对24个入围项目的评审和表决，浙江省旅游科学研究所的“杭州西溪湿地综合保护地的旅游策划”等4个项目最终获奖。其他3个获奖项目国家为新西兰、加拿大、澳大利亚。4月22日，世界休闲组织向4个获奖项目颁发“首届世界休闲创新奖”奖杯和奖状。

【国际休闲产业博览会在杭开幕】4月20日~23日，由中国商业联合会与杭州市政府共同主办的2006年中国国际休闲产业博览会在杭州和平国际会展中心开幕。博览会有309个国内外参展机构和企业参展，分旅游度假、运动健康、网络数字、饮食文化、居家生活五大板块展示休闲产业的发展面貌。博览会展出面积2万平方米，接待观众5.5万人次，实现贸易成交额9100万元人民币和365万美元。展览期间，举办民间艺人节、时尚健身秀等丰富多彩的休闲活动。

【世界百座城市休闲风情展示】在世界休闲博览园设立世界百座城市休闲风情展示馆（以下简称百城馆），展示和交流各城市独特的休闲风情与历史文化，是休博会的一项重要活动安排。休博会筹备阶段，有115个休闲特色城市、组织机构和企业在休博园威尼斯水城区设立展馆，其中境外馆49个。展馆总面积2.2万平方米，设展位2440个，其中境外展位1220个。休博会期间，各参展城市开展城市形象和旅游资源的推介、特色工艺品的制作演示和销售、风味美食经营、地域风情歌舞及其他体现参展城市休闲旅游特色的活动。休博会组委会组织15场大型旅游推介会、投资环境说明会和经贸洽谈会，举办81次城市日主题活动，接待观众166.6万人次。

·休博会场馆·

【湘湖旅游度假区】该区位于杭州市萧山区城西，与西湖隔钱塘江相望。区内集湖光山色于一体，自然景色优美。有河姆渡文化、良渚文化并驾齐驱的考古文化和列为中国十大考古发现、距今有8000年历史的跨湖桥遗址，历史文化底蕴深厚。该区规划面积52平方千米。景区一期工程占地4.64平方千米，投资10亿元。初步建成湘堤、越堤两条绿色长廊和湘浦、湖上、城山、越楼、跨湖桥五大景区，以及“下孙涵远”、“湘堤卧波”、“湘浦观鱼”等16个景点。世界休闲博览园、世界休闲风情园、东方文化园3个休博会主园区均在湘湖度假区。休博会推动了以湘湖为核心的休闲产业的快速发展，优化了萧山区的产业结构。

【世界休闲博览园】该园坐落于湘湖旅游度假区，由杭州宋城集团投资建设。园区占地3平方千米，分水城区、海滩区、湖畔区、游乐区、第一世界大酒店区和生态园区等区域。作为休博会的主场馆，休博会开幕式、第九届世界休闲大会、世界百座城市休闲风情展示、环球嘉年华、德国啤酒狂欢节、“山海之恋”汽车越野赛休博互动萧山发车仪式、西湖情玫瑰婚典、泰国泼水狂欢节等大型活动在休博园举行。

【世界休闲风情园】该园又称世外桃源风情园，位于萧山湘湖旅游度假区，占地1.3平方千米，投资6.8亿元。风情园由世外桃源索菲特度假酒店和风情生态园构成。休博会期间，举办书法绘画笔会、垂钓划船比赛、观赏植物盆景等具有东方风格的文化娱乐活动，是休博会的主要接待场所。

【东方文化园】该园位于钱塘江、富春江、浦阳江三江汇合处的萧山义桥杨歧山南麓。景区占地1.8平方千米，总投资近12亿元，是杭州市的重点旅游公园。该园距杭州市中心、萧山城区各为15千米，左邻湘湖，右连渔浦，区域位置优越。园内以周易八卦布局，儒、释、道三家同构建筑，2728米彩绘艺术长廊贯穿全园世纪广场、佛家区、道家区、儒家区、东方度假区、“千亩大草原”、山瑞揽胜景区、世界珍奇瓜果园8个景区，展示了东方传统文化的丰富内涵和深厚底蕴。休博会期间，举办第二届中国老年嘉乐华暨老年旅游文化交流展示大赛、第三届中国中华老字号精品博览会（街展）、第一届中国中华老字号休闲文化节、“夕阳有情天，相聚在休博·2006年老年婚庆”等活动。 （申 俭）

经济合作交流

Domestic Economic Cooperation

·经济合作交流综述·

【招商引资“六年翻两番”】 2006年，杭州市引进内资项目4780个；协议资金763.89亿元，完成全年任务的107.7%，比上年(指2005年，下同)增长37.3%；到位资金324.89亿元，完成全年任务的108.0%，增长21%，全面实现2001年提出招商引资“六年翻两番”的目标。

引进项目的产业结构：一产项目16个，协议资金0.84亿元，到位资金0.59亿元，分别占资金总额的0.1%和0.2%；二产项目763个，协议资金201.3亿元，到位资金99.21亿元，分别占26.4%和30.5%；三产项目4001个，协议资金561.75亿元，到位资金225.09亿元，分别占73.5%和69.3%。

引进资金的所有制结构：非国有资本协议资金581.7亿元，到位资金215.53亿元，分别占资金总额的76.2%和66.3%；国有资本协议资金182.19亿元，到位资金109.36亿元，分别占23.9%和33.7%。

引进资金的地域结构：引进的省内资金主要来源于温州、台州、宁波、绍兴等地，协议资金419.78亿元，到位资金144.79亿元，分别占资金总额的55.0%和44.6%；引进的省外资金主要来源于上海、北京、广州、福建等地，协议资金211.87亿元，到位资金97.53亿元，分别占27.7%和30.0%；来源于省、部属企业的协议资金132.24亿元，到位资金82.57亿元，分别占17.3%和25.4%。

表36　　2006年杭州市国内招商引资情况　　单位：亿元

单　位	协议资金	到位资金	项目个数	完成率(%)	
				协议资金	到位资金
上城区	92.15	40.72	398	108.16	110.65
下城区	91.39	41.11	766	100.76	102.52
江干区	89.69	36.69	618	137.14	125.65
拱墅区	94.22	41.89	1 501	102.97	102.42
西湖区	84.05	37.56	549	128.52	128.63
高新(滨江)区	72.03	34.53	275	105.77	103.07
萧山区	45.80	22.65	206	100.00	119.21
余杭区	41.75	15.12	79	107.88	113.68
桐庐县	21.11	8.02	57	101.00	106.93
淳安县	20.95	8.86	75	100.24	118.13
建德市	21.52	8.52	94	102.97	113.60
富阳市	25.57	9.26	89	113.64	110.24
临安市	30.03	11.64	15	103.91	101.22
杭州经济技术开发区	21.60	8.32	55	100.00	104.00
钱江新城	12.03		3	53.00	
合　计	763.89	324.89	4 780	107.71	108.01

【建立全市国内合作交流工作联席会议制度】 为贯彻中央提出的促进区域协调发展要求，落实省委提出的“跳出浙江、发展浙江”战略思想，整合全市资源，协调各方力量，深入推进“开放带动”战略，形成全社会广泛参与、共同推进的新局面，开创全方位、宽领域、多层次的杭州市国内合作交流新格局，3月20日，市政府发文建立杭州市国内合作交流工作联席会议制度。联席会议召集人由分管副市长担任，成员为各区、县(市)分管领导和34个市级部门分管领导。联席会议办公室设在市经合办，市政府分管副秘书长任办公室主任，市经合办负责人任办公室副主任。

【与浙江大学城市学院共建招商研究与培训中心】 4月27日，浙江省人民政府经济技术协作办公室、杭州市人民政府国内经济合作办公室与浙江大学城市学院战略合作签约仪式暨浙江大学城市学院招商研究与培训中心揭牌仪式在浙大城市学院举行。3方签署战略合作协议，就共建招商研究与培训中心、加强合作机制建设、建立决策咨询论证制度、建立招商项目信息发布制度、加强重大课题合作研究等方面达成意向。该中心依托省经协办、市经合办的资源优势，结合高校的科技力量，在研究实施招商引资战略、拓展招商引资领域、构筑招商引资平台、创新招商引资方法和加强国内合作交流等方面，做积极探索。

【举办全国重点城市国内合作交流工作研讨会】 10月17日，第三届全国部分重点城市国内合作交流工作研讨会在杭州召开。包括京、津、沪、渝4个直辖市在内的全国58个城市国内经济合作交流部门领导参加会议。研讨会围绕在国内合作交流中如何正确处理政府、企业、市场三者关系，在区域合作中如何充分发挥政府的组织、引导和推动作用，如何建立起有效的区域合作组织等问题展开讨论。会议期间，长江三角洲城市经济协调会、泛珠江三角洲区域合作行政首长联席会议、环渤海地区经济联合市长联席会3个区域协调组织的常设机构共同签署《关于区域合作组织间开展工作交流与合作的协议》，在开展互访和交流、参与区域组织重大活动、开展信息资料交流和合作开展调查研究等4个方面达成共识，标志着三大区域在联动互动和合作交流上迈出重要一步。

【与开封市结为友好城市】 11月1日，杭州市与开封市缔结友好城市签约仪式在杭州举行。杭州市市长孙忠焕和开封市市长刘长春分别代表两市政府在缔结友好城市协议书上签字。历史上北宋和南宋的京城——汴梁、临安自此成为兄弟城市。

杭州市、开封市缔结友好城市协议书约定：在工业、农业、科技、商贸、旅游、文化等领域加强交流与合作，有效实现资源、资金、技术、人才、管理、市场等方面的互补，促进两市经济和社会的发展；充分发挥两市各自的区位优势，积极开展经济合作交流；为双方企业投资置业、开发利用资源、开拓市场提供良好的服务；鼓励和支持两地企事业单位在对方设立办事机构。协议还就加强两市在现代化农业建设、商贸、旅游、社会事业以及人才、科技等领域的交流与合作进行约定。

【加大对外地驻杭机构服务管理力度】 2006年，杭州市外地驻杭办事机构累计达到2362个。通过落实到杭投资优惠政策，为172个到杭投资企业核准720人迁杭入户。市经合办还积极引导到杭投资企业加强商会建设，全年新增安徽、湖南、湖北等5个商会组织，累计在杭的异地商会达15个。

为更好地发挥外地驻杭办事机构和来杭投资企业的作用，市政府先后在1月18日和7月21日召开会议，向他们通报杭州市的经济运行情况、国内合作交流成果和下一步的工作安排，表彰业绩突出的驻杭办事机构和来杭投资企业。

10月10日，各地政府驻杭州办事处信息协会、各地企事业单位驻杭州办事(联络)处联谊会第四届会员代表大会召开，200多个会员单位代表参加大会。大会审议并通过第三届理事会工作报告和财务报告，选举产生第四届理事会。

4月11日，杭州市和上海市在上海签署《深化沪杭经济合作与交流框架协议》。
(市经合办 供稿)

·招商引资活动·

【赴珠江三角洲招商】 3月16日，杭州(广州)经济合作洽谈会在广州中国大酒店举行，来自广州、深圳、佛山、东莞的企业负责人及在穗新闻媒体400余人与会。会上，副市长沈坚介绍杭州市的经济社会发展情况和投资创业环境，钱江经济开发区和建德市作投资环境推介，13个区、县(市)和经济开发区、市城建资产经营公司及市有关部门设展并与广东客商洽谈。洽谈会推出招商项目520多个，主要涉及先进制造业、城市基础设施、高新科技、现代服务业等多个领域。会议期间达成合作意向15个，总投资27.2亿元。

【赴上海举办合作项目推介会】 4月11日，市主要领导王国平、孙忠焕率市有关部门、各区、县(市)、开发区及有关企业赴沪开展系列推介和招商活动，并在上海国际新闻中心召开2006年杭州—上海经济合作项目和杭州世界休闲博览会推介会。会上，孙忠焕作杭州市投资环境演讲，《福布斯》杂志社上海分社社长范鲁贤推介杭州商务环境，市发改委介绍杭州市"十一五"期间重大建设项目，钱江新城管委会推介杭州钱江新城。会上签约经济合作项目48个，其中内资项目33个，总投资97.77亿元。

【赴北京举办招商活动】 8月7日~9日，市委副书记、市长孙忠焕率市有关部门及各区、县(市)、开发区赴京开展系列招商活动。8月8日，2006年杭州(北京)经济合作洽谈会在北京国际饭店举行。孙忠焕介绍杭州市发展成就、投资环境和发展战略，市发改委推介杭州市"十一五"期间重大投资项目，市西(休)博办介绍2006年杭州世界休闲博览会和西湖博览会的情况，钱江新城管委会推介未来杭州中央商务区——钱江新城的整体环境和建设情况。会上签署21个经济合作项目，总投资49.7亿元，协议引进资金39.33亿元。

在北京期间，市长孙忠焕、副市长金胜山分别带队考察世贸集团和同方股份有限公司等大企业。

【第九届国内经济合作洽谈会引资超百亿元】 10月12日，第九届杭州国内经济合作洽谈会在黄龙饭店开幕。市发改委发布杭州市“十一五”期间重点项目，13个区、县（市）和国家级开发区设展并与外地客商洽谈。在当天下午的项目签约仪式上，45个内资项目签署合作协议，总投资110.21亿元，引进资金108.34亿元，比上届分别增长15.7%和24.1%。签约的项目投资金额大、来源广，主要集中在商贸旅游、宾馆服务、物流产业、电气制造、建筑材料等多个杭州市重点鼓励行业。

【在浙商大会上引进资金19.46亿元】 6月2日~4日，2006年浙商大会暨浙商论坛在杭州举行，来自全国各地3000多名浙商代表、省外城市代表及专家学者参加会议。会议期间，杭州市与外地签署9个项目合作协议，引进资金19.46亿元。

·接轨上海融入“长三角”

【签订新一轮沪杭合作协议】 4月11日，市主要领导王国平、孙忠焕率杭州市党政代表团赴沪与上海市党政领导共商沪杭合作大计，共同签署《深化沪杭经济合作与交流框架协议》。这是杭州市抓住国务院批准建设沪杭磁悬浮交通项目的契机，加大接轨上海工作力度，进一步提高杭州国际知名度和影响力的重要举措。

【发展世博经济全面启动】 6月，《杭州市对接上海世博会，发展世博经济规划》通过专家评审并正式发布。市旅委、市农办、市建委、市信息办、市西博办（会展办）、市金融办等部门根据该规划分别制订杭州市旅游业、现代农业、建筑建材业、现代信息服务业、会展业、金融业等行业对接世博会、发展世博经济的具体实施方案，并开始组织实施。

【杭湖嘉绍都市经济圈建设启动】 根据省委、省政府关于发展都市经济圈的战略部署，2006年，杭州市两次牵头组织召开杭州市、湖州市、嘉兴市、绍兴市经合（协）部门负责人工作座谈会，就加强杭、湖、嘉、绍4城市合作交流，做好联动发展基础工作深入研讨，形成共同打造杭州都市经济圈的共识，并拟定《杭州都市经济圈合作发展协调会章程》，讨论通过杭州都市经济圈市长联席会议第一次会议方案。

【人才一体化深入推进】 2006年，杭州市编制“长三角”人才发展规划，启动“‘十一五’万千百‘长三角’紧缺人才培训工程”。规划在“十一五”期间为杭州市培养10000名紧缺人才、1000名紧缺高级人才，100名国际化人才。市人事局主持开发“现代会展”岗位能力证书培训考核项目并组织专家编写教材。该项目和培训教材得到“长三角”地区其他成员单位的认可并在整个“长三角”地区推广，证书在“长三角”地区通用。全年培训“长三角”紧缺人才1800名。

【“长三角”城市合作专题圆满完成】 杭州市参与的长江三角洲城市经济协调会第六次会议确定的“区域通关改革试点合作”等3个专题和“‘一卡通’系统互通合作”等3个课题，经过各城市的共同努力，年末圆满完成。区域通关改革试点合作专题在海关总署的统一部署下，试点口岸稳步扩大改革范围，推进通关信息和物流信息一体化，深化“大通关”工程。海关总署决定9月1日起在“长三角”地区全面展开此项改革，由试点阶段指定的口岸扩大至区域内所有口岸和业务现场，运输方式范围由海运货物扩大至海运和空运货物。9月24日，在江苏省南通市召开的“长三角”港口管理联系会议上，来自16个城市的港口管理部门负责人交流港口“十一五”发展规划，签署“长三角”港口管理部门合作联席会议协议，加快推进港口合作的进程。在江、浙、沪三省市人事部门的统一组织下，16个城市人事部门联合开展“长三角”人才发展规划的编制工作，并互认专业技术任职资格。“‘一卡通’系统互通合作”、“加强区域教育合作”两课题的调研工作，在上海市相关部门的牵头下顺利开展，市交通局、市教育局等部门积极参与，主动配合开展问卷调查，并及时提供调研所需素材；对“进一步完善‘长三角’协调会功能，提升协调服务能力”课题，参与调研的16个城市经合部门借鉴国内外区域协调及其组织的做法，分析“长三角”区域协调功能的现状，对“长三角”协调会的目标与理想模式、组织保障与政策提出建议。

【交通接轨上海步伐加快】 2006年，杭州市继续推进以“东网加密”和“交通西进”工程为重点的交通基础设施建设，交通接轨上海、融入“长三角”步伐进一步加快。杭州至上海浦东高速公路建设完成投资计划的71%，预计于2007年底建成通车。申嘉杭高速公路完成施工图审查及招投标等工作，力争2007年开工建设。连接杭州经济开发区与萧山江东工业园区的钱江九桥项目完成总投资计划的26.6%，预计于2008年建成通车。由沪杭共投合建的杭千高速公路于10月28日正式通车。连接“名山、名湖、名城”黄金旅游线的杭徽高速公路于12月25日正式通车。

2006年，杭州市进一步开通与“长三角”城市之间的客运班线，加强车辆组织等工作。其中，杭州至上海对营班线开行58辆车、104个班次，上海、杭州两地旅游集散中心之间开通7个班次的旅游专线班车。9月，与绍兴交通部门联合对杭绍间普通客运班线进行公交化改造。

【实施太湖（运河）流域水污染防治工作】 2006年，市环保部门以《杭州市环境保护“十一五”规划》、《杭州市环境共保规划》和《太湖流域杭州市水污染防治“十一五”规划》为指导，全面实施太湖（运河）流域水污染防治工作。通过整治，减少了向太湖流域排放的水污染物总量，降低了污染负荷，太湖流域和运河水系水质明显改善。运河（杭州段）干流主要污染指标浓度平均值均大幅下降，高锰酸盐指数等多项指标达到地表水环境质量的Ⅲ类标准，氮磷等指标也有明显下降。

·参与西部大开发、东北振兴和中部崛起·

【赴江西开展经济合作活动】 3月29日~31日，市委副书记、市长孙忠焕率杭州市经贸代表团随浙江省党政代表团赴江西学习考察，并参加浙赣两省经济技术合作项目签约仪式。杭州市签约项目14个，投资总额20.65亿元，涵盖农业、工业、房地产、基础设施等领域。在江西期间，孙忠焕考察江西钱江电气有限责任公司、南昌海洋公园等在江西投资的杭州企业，并听取投资情况汇报。

【参加第十七届"哈洽会"】 6月15日，副市长沈坚率杭州市政府代表团和经贸代表团123人参加第十七届哈尔滨国际经济贸易洽谈会。杭州天堂伞业集团、杭州奥普浴霸电器有限公司、杭州中策橡胶有限公司、杭州金利普电器有限公司等39个杭州企业在会上设展。杭州企业签约的合作项目总金额约3.8亿元，资源利用项目是最大的亮点。

【访问青、甘、新三省(区)重点城市】 7月8日，副市长金胜山率杭州市政府代表团赴西宁参加2006年中国青海结构调整及投资贸易洽谈会。7月11日~12日，市政府代表团对兰州市、乌鲁木齐市进行友好访问。7月13日，市政府代表团赴新疆和田地区考察，并慰问杭州市第五批援疆干部。考察访问期间，市政府代表团分别与青海、甘肃、新疆三省(区)浙江企业联合会进行座谈。此次访问考察，对杭州市认识西部，把握机遇，进一步参与西部大开发，将产生重大影响。

【组团参加拉萨雪顿节经贸洽谈会】 8月25日，市经合办组织杭州伟星实业发展有限公司、杭州新龙华通信器材有限公司等13个企业赴西藏参加2006年拉萨雪顿节经贸洽谈会。市经合办与拉萨市招商局签订《关于进一步推进两市经济合作与交流的协议》，参加洽谈会的杭州民营企业还与拉萨方面达成资源利用项目合作意向。

·"山海协作工程"·

【新增"山海协作工程"项目244个】 2006年，杭州市新增"山海协作工程"合作项目244个，协议总投资55.68亿元，新增到位资金25.46亿元。其中，与衢州合作项目148个，协议总投资38.66亿元，到位资金20.16亿元；对淳安项目96个，协议总投资17.02亿元，到位资金5.30亿元。

【与衢州开展资源与产业合作】 7月27日，按照"依法自愿、公平互利、有偿长期、政府运作"的原则，杭州市政府与衢州市政府签订《关于加强资源与产业合作协议书》和《共建杭州—衢州"山海协作"示范项目协议书》。协议明确：衢州市在"十一五"期间为杭州代造、代建、代保一批(农田)耕地，在衢州高新技术开发区内划出3平方千米土地作为杭衢两市"山海协作"示范项目用地；杭州市出资3亿元用于"山海协作"示范项目用地的基础设施建设，"十一五"期间杭州企业到衢州投资总额争取达到100亿元。

为有力推进两市资源与产业合作，市政府出台激励政策与措施，对杭州到衢州投资的企业在财政贴息、城市规划区内老企业"退二进三"等方面给予优惠政策，促进企业转移落户衢州发展。8月10日，市政府与西湖区、江干区、萧山区、余杭区、富阳市政府及杭州经济开发区管委会、杭州钱江经济开发区管委会签订《农田外移指标资金和项目投资额落实协议书》。

【举行萧山—淳安"山海协作"项目推介会暨千岛湖投资环境说明会】 12月15日，市经合办与萧山区政府、淳安县政府在萧山共同举办萧山—淳安"山海协作"项目推介会暨千岛湖投资环境说明会。会上，市经合办、萧山区政府分别就如何推进萧山和淳安的"山海协作"发言，淳安县政府介绍投资环境和重点招商项目。

【参加全省"山海协作工程"系列活动】 12月27日，副市长金胜山率杭州市政府代表团参加由省政府在台州市举办的全省"山海协作工程"系列活动，并在大会上代表杭州市委、市政府作题为《真诚合作、务实创新，深入实施"山海协作工程"》的交流发言。会上，杭州市淳安经济开发区被授予"浙江省山海协作示范区"称号。大会还启动全省"山海协作工程·百村经济发展促进计划"和"省外浙商回归工程·参与新农村建设计划"，举行"山海协作"百村结对仪式和省外浙商参与新农村建设项目捐建仪式。

活动期间，杭州市与对口协作地区签订合作项目20个，总投资23亿元。

·对口帮扶和支援·

【"双对口"资金到位770万元】 2006年，杭州市落实到位"双对口"帮扶资金770万元，组织实施项目38个。其中，对口帮扶四川省南充市630万元，实施项目32个；对口支援重庆市涪陵区140万元，实施项目6个。

【积极参与新农村建设】 2006年，杭州市在南充实施的32个对口帮扶项目中，除援建南充市劳动力转移培训中心外，其余31个均为"整村推进"项目。其中，种植、养殖等农业产业项目13个，公路、沼气池等公益项目18个。通过"整村推进"项目的实施，受援村在村容整洁、卫生改善、生活方便、增产增收等方面取得明显成效，有力地推动当地社会主义新农村建设。

【加大劳务合作和培训工作力度】 7月4日，市经合办组织市劳动局就业培训中心和市轻工技工学校教师，赴南充举办劳动力转移培训班。培训班结合杭州劳务需求紧缺的3个工种进行订单式培训。来自阆中、嘉陵和西充3个区、县(市)的120名学员参加缝纫、客房和餐饮3个工种的培训。通过培训，学员们掌握一定专业技能，其中52人当年实现新就业。全年，杭州市帮助南充市转移劳动力150名。 (陈晓斌)

对外经济贸易

Foreign Trade

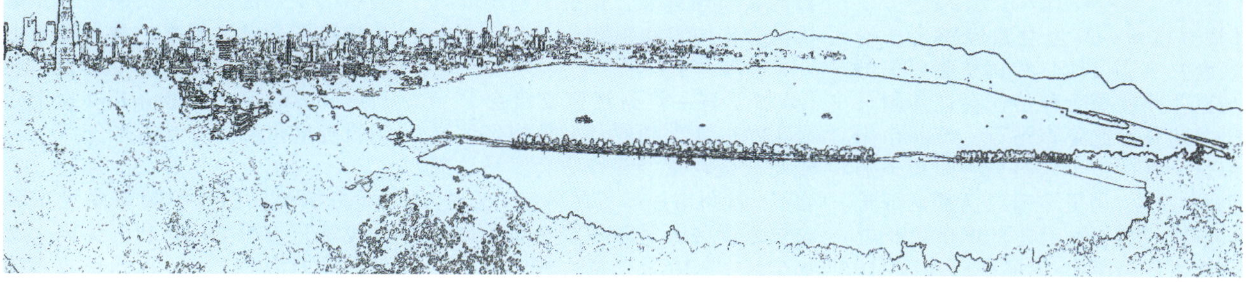

·对外经济贸易综述·

【对外经贸快速发展】 杭州市对外经济贸易部门转变外贸增长方式，优化外贸结构，实施大项目带动战略，拓展招商领域，对外经济贸易保持良好发展态势。

全市外贸出口应对人民币升值和出口退税率降低、贸易摩擦逐渐增多等因素影响，呈现又好又快的发展势头。全年实现进出口总额389.09亿美元，比上年（指2005年，下同）增长30.3%；其中出口262.28亿美元，增长32.4%。自营进出口总额309.9亿美元，增长42.3%；其中出口199.9亿美元，增长43.4%，增幅高于全国16.2个百分点，高于全省22个百分点。全市外贸出口的国家和地区达到199个，其中自营出口超过500万美元的国家和地区达到97个。至年末，全市自营进出口企业5707个，有出口实绩的3814个。杭州市被商务部授予国家软件出口创新基地称号，获商务部、信息产业部、科技部联合授予的第2批中国服务外包基地城市称号。

全市招商引资根据国家宏观调控形势，以“两项制度、两项活动”为抓手，落实“一把手”工程，拓展招商引资新领域。全年新批外商投资项目747个，总投资108.06亿美元，比上年增长40.2%；协议利用外资53.8亿美元，增长34.3%，增速排名全省第一；实际利用外资22.55亿美元，增长31.7%，增速位居全省第二；超额完成市委、市政府提出的利用外资第2轮翻番目标。至年末，杭州市累计批准外商投资项目8425个，总投资446.47亿美元，注册资本270.54亿美元，协议利用外资232.63亿美元，实际利用外资109.74亿美元。

对外经济呈现快速发展趋势，境外投资规模不断扩大。全年新批境外投资项目61个，比上年增长19.6%；实现国际经济合作营业额3.32亿美元，增长28.2%。外派劳务411人。至年末，累计批准境外投资企业（机构）333个，其中非贸易性企业（机构）98个，总投资2.22亿美元，中方协议出资1.33亿美元。

【赴新加坡等地举办招商会】 3月8日~16日，由杭州市市长孙忠焕、副市长金胜山带队，市级相关部门和区、县（市）及开发区有关人员60余人参加，在新加坡及中国香港举办4场大型招商说明会和拜访活动。3月8日，在香港举办2006年杭州商务环境暨五年规划重点项目推介会；3月9日，在香港举办2006年杭州市咨询、金融服务业专题对接会；3月13日，在新加坡举办2006年中国杭州—新加坡资讯通讯产业合作交流会；3月14日，在新加坡举办2006年中国杭州现代服务业项目推介会。4场会议以基础设施、房地产业、现代服务业、IT产业为重点，推出一批针对性强的招商项目。高新（滨江）开发区、钱江新城在香港举办现代服务业专场招商会以及钱江新城投资与发展研讨会。此次活动，有10个项目签约，总投资5.87亿美元。

【参加美国—浙江周活动】 5月9日，根据浙江省委、省政府的统一部署，杭州市42人组团参加浙江省政府在美国纽约举办的2006年美国—中国浙江周开幕式。浙江省省

10月，丹佛斯钦宝（杭州）热交换器有限公司成立。（顾一进 摄）

委书记习近平作演讲，杭州市副市长金胜山出席会议。杭州市有4个外商投资项目参加中美合作项目签约仪式，合计总投资3.3亿美元，协议利用外资2亿美元。

【举办杭州—马里兰州经贸合作洽谈会】 5月11日，中国杭州—美国马里兰州经贸合作洽谈会在美国马里兰州哥伦比亚市举行。杭州市副市长金胜山，美国马里兰州州务卿玛丽·凯恩，马里兰州经济部副部长科瑞斯·福斯特，巴尔的摩市市长办公厅主任惠博伦·伊丽莎白等约110名代表出席。会议由美国马里兰州中国中心主任邵宁主持。玛丽·凯恩致欢迎词。金胜山专题介绍了杭州的经济概况、产业发展基础、优越投资环境等情况。

【赴日本韩国开展经贸活动】 5月16日~26日，由副市长金胜山带队，组织国家级开发区，市级相关部门及区、县(市)招商人员20余人赴日本、韩国开展对外经贸交流活动。在日本东京举办杭州先进制造业推介会，在日本大阪举办食品行业交流会，在韩国庆山举办杭州商务环境恳谈会。代表团一行拜访日本旭化成株式会社、泰尔茂株式会社、欧姆龙株式会社等20余个企业及东海日中贸易中心、大邱商工会所等10余个知名中介机构，推动了一批项目的实质性进展，拓展了与中介机构的合作内容和领域。

【参加罗马—杭州经贸交流会】 9月13日，意大利罗马—杭州经贸交流座谈会在意中友好协会罗马总部召开。杭州市外经贸局局长王忠德、余杭区副区长屠冬冬及有关人员参加会议，与10余个意大利企业代表进行座谈。意大利外交部亚洲局负责人、参议员 Folloni 先生主持会议。王忠德介绍杭州经济发展概况和良好的环境，屠冬冬介绍杭州—意大利工业园的具体开发进度以及未来发展规划。来自意大利的物流、金融、保险、食品加工等企业以及知名中介机构负责人与杭州与会人士进行了交流沟通。

【召开米兰—杭州工业投资说明会】 9月15日，米兰—杭州工业投资说明会在意大利 Mantova 工业联合会总部召开。会议由 Mantova 工业联合会主席 Maria Cristina Bertellini 女士主持，30个意大利企业代表出席。杭州市外经贸局局长王忠德介绍杭州市的商务环境及加快先进制造业和城市基础设施建设利用外资的举措。余杭区副区长屠冬冬介绍余杭经济开发区情况，重点推介中国(杭州)—意大利经济发展合作项目。Maria Cristina Bertellini 女士介绍投资杭州经济发展的体会。

【举办杭州—巴登符腾堡州经贸合作论坛】 9月20日，作为德国—浙江周系列活动之一，杭州市政府在德国巴登符腾堡州国际经济与科技合作协会总部举办2006年杭州—德国巴登符腾堡州经济合作论坛。该州经济部负责人 Dalia Marthaler 女士、巴登符腾堡州国际经济与科技合作协会国际业务部主任 Yurgen Fechter 博士及德意志银行、博世电动工具公司、德国 aba z&b 磨床有限公司等30余个企业、5个中介公司代表出席会议。Yurgen Fechter 博士致欢迎辞，简要介绍巴登符腾堡州的经济概况。杭州市副市长金胜山介绍杭州总体投资环境，市外经贸局局长王忠德着重在IT、生物医

表37　**2006年杭州市外商投资企业分布情况**　单位:万美元

单位	批准项目个数		协议利用外资		实际利用外资	
	累计	2006年	累计	2006年	累计	2006年
合计	8 425	747	2 326 251	537 986	1 097 438	225 536
上城区	398	48	102 073	39 015	44 370	9 355
下城区	504	42	92 072	30 737	31 630	9 689
江干区	451	37	111 583	44 508	37 107	10 576
拱墅区	611	38	114 219	31 125	42 948	10 606
西湖区(不包括之江度假区)	546	58	122 470	29 064	62 032	28 960
萧山区(不包括萧山开发区)	960	118	201 792	74 167	77 142	27 462
余杭区	930	88	182 440	43 763	81 612	14 364
桐庐县	360	29	49 922	11 783	21 829	4 740
淳安县	113	11	50 119	12 134	20 125	5 313
建德市	149	23	45 433	12 830	16 491	834
富阳市	541	45	111 466	21 185	50 563	9 007
临安市	345	15	60 427	7 694	27 984	1 187
杭州经济技术开发区	518	76	455 742	81 360	221 871	38 012
高新(滨江)技术产业开发区	655	67	210 888	52 146	131 268	30 297
萧山经济技术开发区	415	42	226 052	36 194	117 539	19 502
之江国家旅游度假区	53	7	41 499	10 363	24 695	4 946
其他局(公司)	876	3	148 054	-82	88 232	686

注:其他局(公司)协议利用外资项目,当年有增有减,总体下降82万美元。

药、机械制造等方面展望了双方合作前景。通过交流，双方在机械制造、生物医药、金融以及教育培训等项目上达成初步合作意向。

【参加德国—浙江周开幕式】 9月22日，杭州市副市长金胜山及杭州代表团一行在德国汉堡参加2006年德国—浙江周开幕式暨签约仪式。浙江省省长吕祖善在向德国客人推介浙江省投资环境时，着重强调杭州市作为省会城市的中心作用；德国汉堡商会会长对杭州市投资环境给予高度评价。杭州市有INGLASS模具项目等5个外商投资项目签约，总投资1.29亿美元，协议利用外资6770万美元。

【举办杭州—伊斯坦布尔经贸合作交流会】 9月26日，2006年中国杭州—伊斯坦布尔经贸合作交流会在土耳其举行。65个土耳其知名企业的70多名高层代表参加会议。中国驻伊斯坦布尔总领事馆商务领事臧云岩出席会议并发言。土耳其运萨集团总裁Selim Akdogan结合中国经济发展状况，重点介绍运萨集团选择投资杭州的决策经历。杭州市外经贸局局长王忠德代表市政府发言并推介杭州市的商务环境。

【参加浙洽会和消博会】 6月8日~12日，第八届浙江省投资贸易洽谈会、第五届中国国际日用消费品博览会在宁波举办。杭州市组成以副市长金胜山为团长，区、县(市)、开发区、相关部门和企业代表150余人参加的代表团。市长孙忠焕出席投资贸易洽谈会。杭州市有17个外商投资项目签约，总投资5.62亿美元，协议利用外资3.05亿美元。组织30个企业参加消博会，累计出口成交162万美元。

【举办杭州商务环境推介会】 10月14日，杭州商务环境说明会暨外商投资项目签约仪式在杭州世贸中心举行。省委常委、市委书记、市人大常委会主任王国平致辞，市委副书记、市长孙忠焕，市人大常委会副主任丁德明，副市长金胜山，市政协副主席蒋福弟等参加。市政府副秘书长谢国建主持会议。金胜山介绍杭州市的商务环境。国际著名会计师事务所毕马威企业咨询(中国)有限公司合伙人徐敏进行杭州市投资环境分析。世界500强企业和知名跨国公司、商会、中介机构的代表，欧洲、美国、日本、东南亚等国家和地区的企业界代表，中国香港、澳门地区、台湾省的企业界人士和侨商代表，杭州市有关部门领导、国家级开发区及区、县(市)相关人员共计500余人出席大会。有30个外商投资项目签约，总投资16.24亿美元，协议利用外资7.35亿美元。

【举办国际户外家具及休闲用品展览会】 5月31日~6月3日，首届中国(杭州)国际户外家具及休闲用品展览会在杭州和平国际会展中心举行。省委常委、市委书记、市人大常委会主任王国平，市人大常委会副主任安志云，副市长金胜山，市政协副主席蒋福弟，中国轻工工艺品进出口商会会长霍晓红等出席开幕式。展览会由杭州市政府和中国轻工工艺品进出口商会共同主办。有80余个省内外企业参展，展品包括露营、沙滩、庭院用家具以及野外照明器材、炊具、帐篷、睡袋等，吸引来自俄罗斯、瑞典、荷兰、葡萄牙、瑞士、巴基斯坦、印度、苏丹、伊朗等国家和地区的专业买家以及沃尔玛、易初莲花、家乐福、大润发等大型超市集团到会洽谈。接待专业采购商300余人，出口成交约1100万美元，观众8000人次。

【开发区招商发挥重要作用】 2006年，杭州市4个国家级开发区和原6个省级开发区为完成招商任务发挥重要作用。4个国家级开发区全年批准外商投资项目192个，协议利用外资18.01亿美元，占全市的33.5%；实际利用外资9.28亿美元，占全市的41.1%。原6个省级开发区全年批准外商投资项目60个，协议利用外资4.53亿美元，占全市的8.4%；实际利用外资1.8亿美元，占全市的8%。

·外贸·

【外商投资企业出口121.75亿美元】 杭州市各类企业外贸出口保持较好发展势头。外商投资企业出口121.75亿美元，比上年增长50%，占全市出口总额的60.9%；国有企业出口19.2亿美元，增长15.9%，占出口总额的9.6%；集体企业出口10.6亿美元，下降2.1%，占出口总额的5.3%；私营企业出口48.3亿美元，增长57.0%，占出口总额的24.2%。

全市外贸企业出口1亿美元以上的有15个，出口5000万美元至1亿美元(不含)的有33个，出口1000万美元至5000万美元(不含)的有258个。杭州摩托罗拉移动通信设备有限公司以38.27亿美元的出口额排名全市第一，占全市自营出口总额的19.2%。

【机电产品出口比重超过50%】 杭州市全年初级产品出口4.8亿美元，比上年增长6.3%，占出口总额的2.4%。工业制成品出口195.1亿美元，增长44.7%，占出口总额的97.6%。其中：机电产品出口106.8亿美元，增长60.3%，占出口总额的53.4%；高科技产品出口64.9亿美元，增长87.9%，占出口总额的32.5%。

全年加工贸易增长较快，比重呈上升趋势。全市一般贸易出口110.7亿美元，比上年增长31.6%，占出口总额的55.4%；加工贸易出口89亿美元，增长61.3%，占出口总额的44.5%。一般贸易与加工贸易之比接近5:5。

【出口主体市场平稳发展】 2006年，美国、欧盟、日本、东盟是杭州市主要的出口市场。全年向四大主体市场出口总量占全市自营出口总额的71.8%。其中：对美国出口72.05亿美元，比上年增长65.1%，占出口总额的36%；对欧盟出口39.65亿美元，增长32.2%，占出口总额的19.8%；对日本出口20.41亿美元，下降3.1%，占出口总额的10.2%；对东盟出口11.33亿美元，增长47.6%，占出口总额的5.7%。拓展新兴市场成效明显，其中对南美、非洲、韩国等地的出口增长都在50%以上。

【进口呈高速上升趋势】 杭州全年进口109.9亿美元，比上年增长40.4%，高出上年增幅29个百分点。其中：设备、仪器及零配件进口68.8

表 38　2006 年杭州市自营出口额居前 20 位的企业

序号	名　称	出口(万美元)	比上年(%)
1	杭州摩托罗拉移动通信设备有限公司	382 734	191.92
2	东芝信息机器(杭州)有限公司	131 986	2.20
3	杭州中策橡胶有限公司	32 537	28.30
4	UT 斯达康通讯有限公司	28 504	32.79
5	杭州市轻工工艺纺织品进出口有限公司	26 358	9.14
6	杭州热联进出口有限公司	21 812	143.20
7	杭州矢崎配件有限公司	18 093	158.07
8	杭州华为三康技术有限公司	13 605	51.80
9	杭州市粮油食品土畜产进出口有限公司	13 171	-22.86
10	杭州余杭国际贸易有限公司	13 054	30.05
11	博世电动工具(中国)有限公司	11 985	37.38
12	杭州市对外经济贸易服务有限公司	11 776	29.29
13	浙江庆丰纺织印染有限公司	10 826	56.95
14	汉帛(中国)有限公司	10 558	23.20
15	杭州东信移动电话有限公司	10 176	124.52
16	浙江华立国际发展有限公司	9 765	26.36
17	杭州市五矿机械化工进出口有限公司	9 643	-9.73
18	万向进出口有限公司	9 593	10.65
19	杭州菱庆高新材料有限公司	9 573	36.65
20	杭州松下马达有限公司	9 228	119.35

亿美元,增长 64.2%,高出全市进口增幅 23.8 个百分点;原材料、辅料进口 32.8 亿美元,增长 11.6%;最终消费品进口 0.9 亿美元,增长 5.9%。

【遭遇 14 起贸易摩擦】 杭州市全年有 220 个企业涉及 14 起贸易案例,涉案金额 3198 万美元。其中,反倾销案件 12 起,保障措施 2 起。由欧盟、美国等发达国家和地区发起的占 5 起,由土耳其、巴西等发展中国家发起的占 7 起。涉及机电产品 5 起、纺织服装 4 起,对杭州市出口传统优势产品造成较大影响。

【10 个企业品牌成为出口名牌】在 2005~2006 年度商务部重点培育和发展的出口名牌评选中,杭州万向集团公司、中服浙江北天鹅服饰股份有限公司、浙江富可达皮业集团股份有限公司、浙江兽王进出口有限公司的 4 个出口品牌榜上有名。在 2005~2006 年度浙江省重点培育和发展的出口名牌评选中,杭州市轻工工艺纺织品进出口有限公司、杭州东华链条集团有限公司、万事利集团有限公司、华立控股股份有限公司、浙江柳桥羽毛有限公司、浙江杭州鑫富药业股份有限公司的 6 个品牌入选。

【华交会出口 1.21 亿美元】 3 月 1 日~6 日,杭州交易团参加在上海新国际博览中心举办的第十六届中国华东进出口商品交易会。杭州交易团拥有展位 166 个,比上届增长 54%。其中,装饰礼品区展位 37 个,日用消费品区展位 43 个,服装区展位 50 个,家纺区展位 36 个。参展企业 128 个,增长 49%。展会期间,累计出口成交 1.21 亿美元,增长 27.5%。其中,外贸公司出口成交 7153 万美元,自营生产企业出口成交 2807 万美元,外商投资企业出口成交 2113 万美元。

杭州市对欧盟、美国、日本三大主体市场的出口额占全部出口额的 80%。按出口成交的主要国家和地区分:欧盟 3917 万美元,日本 3623 万美元,美国 2119 万美元,韩国 533 万美元,澳大利亚 353 万美元,加拿大 332 万美元,中东 312 万美元,俄罗斯 163 万美元,海湾六国 150 万美元。出口成交的主要商品有梭织服装、针织服装、工艺品、纺织品、皮服装、日用杂品、文教用品、毯子。

【春季广交会出口 7.56 亿美元】 4 月 15 日~30 日,第九十九届中国出口商品交易会在广州举行。杭州交易团共有保证性、招展性及分配性等展位 597 个,组织 220 个企业参加。按企业类型划分:外贸流通公司 50 个,工贸企业 27 个,生产企业 143 个;按企业属性划分:国有企业 16 个,三资企业 60 个,集体企业 4 个,私营企业 110 个,其他企业 30 个。参展代表约 1600 人。

累计出口成交 7.56 亿美元,比上届增长 7%。按出口成交商品大类分:机电产品类成交 2.18 亿美元,服装及衣着附件类成交 1.81 亿美元,家居用品、礼品、装饰、箱包类成交 1.88 亿美元。按出口成交国别地区分:排名前 8 位的国家和地区依次是欧盟 3.43 亿美元,美国 1.35 亿美元,中东 6516 万美元,澳大利亚 2464 万美元,俄罗斯 2351 万美元,东盟 2036 万美元,日本 1967 万美元,加拿大 1566 万美元。

【秋季广交会出口 8.14 亿美元】 10 月 15 日~30 日,在广州举行第一百届中国出口商品交易会。杭州交易团共有保证性、招展性及分配性等展位 637 个,参展企业 224 个。按企业类型划分:外贸流通公司 57 个,工贸企业 27 个,生产企业 140 个;按企业属性划分:国有企业 18 个,三资企业 58 个,集体企业 5 个,私营企业 118 个,其他企业 25 个。参展代表约 1700 人。

累计出口成交 8.14 亿美元,比第九十九届广交会增长 7.8%。开局之年,为"十一五"期间的杭州商品出口打下了良好基础。按出口成交商品大类分:机电产品类成交 2.31 亿美元,服装及衣着附件类成交 1.26 亿美元,家居用品、礼品、装饰、箱包类成交 7611 万美元。成交前 8 位的国家和地区是:欧盟 3.61 亿美元,美国 1.31 亿美元,中东 6070 万美元,澳大利亚 4049 万美元,加拿大 2953 万美元,俄罗斯 2497 万美元,日本 2106 万美元,东盟 1724 万美元。

【50 个出口创汇企业获"金龙奖"】 经杭州市有关部门考核、评审并报市政府同意,决定授予杭州摩托罗拉移动通信设备有限公司等 50 个企业 2006 年度杭州市外贸出口先进企业"金龙奖",并予以通报表彰。

·外资·

【召开全市招商引资大会】 1月14日，市委、市政府召开全市招商引资大会，总结2005年工作，部署2006年任务。省委常委、市委书记王国平讲话。市委副书记、市长孙忠焕主持会议，并代表市政府与招商引资责任单位签订2006年招商引资责任状。市委副书记朱报春宣读市委、市政府表彰决定。副市长金胜山作工作报告。市领导虞荣仁、盛继芳、王金财、丁德明出席，各区、县(市)和市级有关部门负责人及部分企业代表参加会议。

【外资项目平均规模大幅增长】 杭州利用外资总体质量进一步提高，项目平均规模大。全年新批外资项目747个，平均每个新批项目的协议利用外资552万美元，比上年增长42.3%。全年批准总投资1000万美元以上的项目327个，其中增资项目61个；协议利用外资45.35亿美元，增长46.8%，占全市总额的84.3%。其中新批总投资3000万美元以上的项目28个，增长40%。新批项目中，投资金额最大的是总投资15.5亿美元的杭州萧山国际机场有限公司。

【拓展三产投资项目领域】 全市第三产业协议利用外资25.84亿美元，占协议利用外资总数的48%；实际利用外资9.96亿美元，占实际利用外资总数的44.2%。服务业利用外资领域不断拓展，金融、保险、中介等行业利用外资进入新的发展阶段。全年新成立16个外商投资商业企业，香港上海汇丰银行杭州分行和中德安联人寿保险有限公司浙江分公司、信诚人寿保险有限公司浙江省分公司、国泰人寿保险有限责任公司浙江分公司以及招商信诺人寿保险有限公司浙江分公司正式运营。世界四大会计师事务所之一的德勤公司在西湖区设立德勤商务咨询(杭州)有限公司。房地产、基础设施项目招商引资取得较大进展。全年批准29个外资房地产项目，协议利用外资6.38亿美元，实际利用外资2.58亿美元。

【IT和先进制造业项目质量提高】 2006年，仅高新(滨江)开发区新成立的通信技术开发、软件研发、光电技术等高科技项目就有40个，其中总投资在1000万美元以上的项目19个，进一步加快了高科技产业的集聚。杭州经济技术开发区新批总投资1000万美元以上的项目有46个，总投资3000万美元以上的项目有8个。如总投资4000万美元的泰瑞机器制造(中国)有限公司项目和总投资3550万美元的浙江润丰冷食有限公司。萧山经济技术开发区引进总投资9900万美元的奥伯尼工程纺织品(杭州)有限公司。

【开展民营企业与外资合作】 全市“以民引外”项目规模提高，合作领域日益扩大，成为杭州市利用外资的重要形式之一。全年引进总投资在3000万美元以上的项目10个，如总投资7243万美元的杭州吴泰印刷包装机械有限公司项目和总投资4500万美元的杭州港佳纺织仪器有限公司项目。合作范围从传统的纺织服装、电子设备等行业扩展到石英产品、药品、精密机械等先进制造业。

【加快引进外资步伐】 市级企业加快引进外资步伐，外资并购项目在规模和质量上有所提高。如杭叉集团公司与法国MANITOU BF合资设立总投资600万美元的杭州曼尼通机械设备有限公司，杭州公共交通集团有限公司和香港白马巴士(集团)有限公司成立经营城市公共交通客运服务的巴士服务公司。全年批准并购项目21个，其中总投资在1000万美元以上的6个，协议利用外资2.76亿美元，占所有并购项目协议利用外资总额的86.9%。

【发达国家投资增加】 2006年，世界500强企业之一的日本旭化成株式会社在杭州经济技术开发区成立旭化成医疗器械(杭州)贸易有限公司。该公司是旭化成株式会社在杭州市继杭州旭化成纺织有限公司、杭州旭化成氨纶有限公司等之后投资的第5个公司。法国迪卡侬公司是一个跨国体育用品专营企业，在同行业中居欧洲首位和全球第2位。在拱墅区投资设立迪卡侬（杭州)体育用品有限公司，主要经营体育用品的批发和零售等。专业生产热交换器的法国诺顿低温公司在富阳市设立中外合资企业诺顿换热器(杭州)有限公司。至年末，有53个世界500强企业在杭州市投资设立87个企业。

【外资企业经济效益明显提高】 至年末，杭州市有2841个外商投资企业投产，全年销售收入超1亿元的有268个，实现销售收入1901亿元；利润总额超1000万元的168个，实现利润总额107.72亿元。

【表彰经营业绩优秀外资企业】 市政府对列入杭州市2006年度外商投资企业销售（营业）收入前30位的杭州摩托罗拉移动通信设备有限公司等企业、自营出口前30位的杭州摩托罗拉移动通信设备有限公司等企业、利润总额前30位的杭州华为三康技术有限公司等企业，税金总额前30位的杭州华为三康技术有限公司等企业予以通报表彰。

·外经·

【境外投资方式取得突破】 杭州市新批总投资超过100万美元境外投资项目8个，总投资3888万美元，其中中方协议出资3200万美元。当年项目数仅占全市累计数的14.8%，但总投资和中方协议出资分别占累计数的79.6%和77.2%。华立集团在泰国设立的泰国罗勇中国工业园被商务部列入首批境外经济贸易合作区。杭州机床集团收购德国aba z&b磨床有限公司股权，从事磨床研发、制造、销售及相关业务。这两个项目在全国有重大影响。

【境外投资领域不断扩大】 全年新批境外投资项目主要分布在世界25个国家和地区，其中智利和开曼群岛为杭州市首次批准境外投资项目分布地。全市境外投资项目分布在欧美33个、亚洲19个，两者合计占总数的85.3%。全市新批境外投资项目的档次较高，涉及计算机软件、电子、机械、通讯设备、环保、资源开发、建筑设计等行业。

【投资主体以民营企业为主】 全年

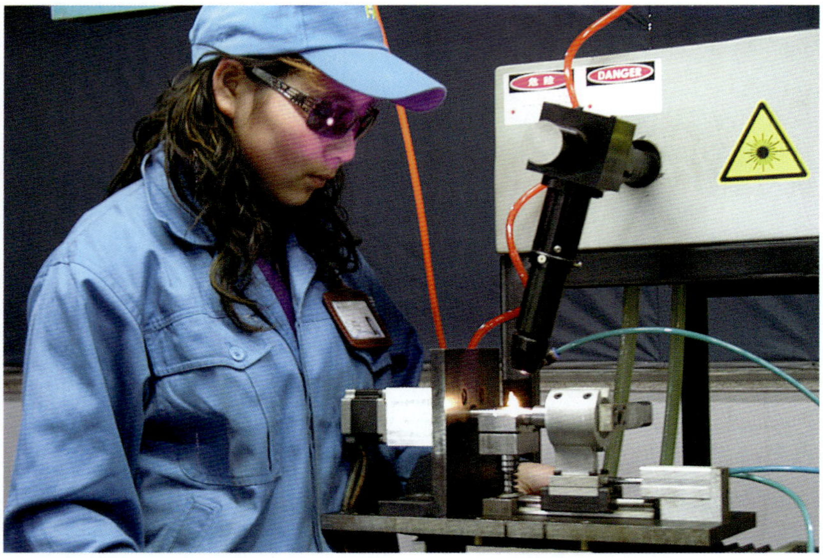

浙江飞亚电子公司员工生产发电机电子燃油系统产品 （顾一进 摄）

开展境外投资的企业主体中，有 54 个为民（私）营企业，占项目总数 93.1%。投资主体分布在萧山、余杭 13 个，占总数的 21.3%；其他城区 29 个，占总数的 47.5 %；县（市）16 个，占总数的 26.2%。全年新批境外投资项目中，中方独资项目 51 个，占总数的 83.6%；中方协议出资 4063 万美元，占投资总数的 83.1%。

（成 刚）

·杭州海关·

【杭州海关概况】 杭州海关全面树立和实践科学治关理念，以法制宣传为重点，加强法制建设；以完善综合治税大格局，加强业务建设；以准军事化海关纪律，加强队伍建设；以“快乐工作、健康生活”为重要内容，加快和谐海关建设；关区改革和建设呈现良好发展态势。

全年征收税金首次超过 200 亿元，达到 201.5 亿元，比上年增长 42.3%。审核报关单 44.6 万份，增长 25.8%；监管货运量 4613 万吨，货值 259.2 亿美元，分别增长 26.7%和 51.4%；监管进出境旅客 140 多万人次，增长 20.9%；加工贸易进出口 229.2 亿美元(不含保税仓库)，备案金额 113.1 亿美元，分别增长 38.7%和 37.9%。

通过科技等手段，大幅提高通关速度。关区无查验报关单进口平均通关时间由 2005 年的 91.76 小时缩短为 2006 年的 60.35 小时。全年实现税费网上支付 21.16 亿元，增长 2.9 倍，占全部税费的 10.5%。

加强海关后续管理与企业管理，组织开展棉花、进口废金属、减免税设备、加工贸易关联企业等 5 项稽查行动。全年稽查企业 234 个，发现违法行为 51 起，案值 5.1 亿元，补税入库 712.5 万元。健全武警部队参与海关监管和缉私任务长效机制，发挥协勤武警一线协助监管的重要作用。

有效发挥统计监测预警和监督作用，为地方政策决策提供参考。以纺织品等 5 类商品为重点，加强统计监测预警。全年撰写统计分析 112 篇，其中省领导批示 9 篇，中央领导批示 3 篇。

加强队伍建设，规范着装仪表、办公场所、礼节礼貌、会议秩序。在关区范围内实现实时预警、日常督察和绩效评估三位一体的管理，控制执法风险和廉政风险。倡仪开展以“树新风、促和谐”为主题的口岸单位廉政共建活动，与 31 个相关单位签订廉洁共建协议，与近百个企业签订《共建廉洁海关备忘录》。

【保持打私高压态势】 杭州海关以打击行业性走私为重点，全年开展打击走私大圆机、二手钢琴、棉花和羽绒等专项行动。全年立案 1173 起，案值 10.2 亿元，涉税 1.3 亿元，分别比上年增长 89.8%、9%和 24%；罚没入库 7724 万元。其中，立案侦查走私犯罪案件 33 起，案值 1.55 亿元，抓获犯罪嫌疑人 108 人，移送起诉 54 人。

针对杭州萧山国际机场旅检的特点，开展打击走私违规行为的行动。全年在杭州空港旅检渠道查获违规印刷品和音像制品 4114 件、象牙制品 818 件、卫星电视接收器 2 套、文物 134 件；查获货币案件 77 起，案值 1859 万元。10 月 8 日，查获某日本籍男子携带 0.3 克冰毒入境，此为海关在空港旅检渠道查获的首起毒品案。顺利移交“十一·一”案件缉获的 2555 件古生物化石，得到浙江省政府通报表彰。

【大力服务地方经济】 杭州海关较好地完成浙江电子口岸承建任务，初步建成集政务、商务于一体的平台。加快企业联网监管进程，各类联网合同覆盖率 76.3%，应用率 67.8%。大力推广包括提前报关、联网报关、快速转关、上门验收、加急通关、担保验收等便捷通关措施，全年关区便捷通关企业进出口总值 69.8 亿美元，比上年增长 2.9 倍。支持地方招商选资、企业技术改造和重大项目建设，全年审批减免税设备进口货值 23.6 亿美元，减免税金 47.8 亿元。

【推广实施通关一体化】 为适应“长三角”区域经济一体化的发展要求，杭州海关推出“属地申报、口岸验放”新模式。杭州部分守法水平较高的企业，在货物进出口时，自主选择向其属地海关申报纳税，而在货物实际进出境地海关办理货物验放手续。2006 年，杭州海关累计验放在新模式下货运量 32.3 万吨，监管集装箱 1.25 万标箱。参与试点企业的平均通关效率提高 40%，物流成本下降 20%。

【提升空港通关速度】 从 5 月 15 日起，杭州海关在杭州萧山国际机场货运渠道实行“5+2”工作制，为进出口企业提供全天候通关服务。截至 12 月末，共审核报关单证 772 票，货值 4346 万美元，货运量 875 吨。

开发完成浙江电子口岸杭州空港大通关信息系统，推出空港进口货物“空中申报、落地验放”的新型通关作业模式。该模式启动后，装载进口货物的飞机在境外机场一起飞，便通过 SITA 网将舱单电子数据传输到杭州海关，舱单申报、电子报检、电子报关、电子审单等10项手续都可以提前进行，平均通关时间由原先的84小时缩短至7小时以内，绝大部分进口货物在飞机落地后3小时内即完成通关手续。

【支持出口加工区提升功能】杭州出口加工区自2001年建区以来，累计引进外资近4亿美元，形成笔记本电脑、汽车零配件和家用电器三大主导产业。2006年，为了提升杭州出口加工区功能，杭州海关构建出口加工区快速通关体系，开通与上海、宁波口岸的"批量直转"业务，实现卡口管理的"进出分离、人车分流"，使该区进口货物平均通关时间由2004年的7.33小时缩短到2006年的1.9小时，出口货物平均通关时间由2.2小时缩短到1小时以内。引入VMI的物流配送体系，推进出口加工区物流平台建设。与邮政部门组建快件中心，确立以快件中心为中介的邮递物品统一接收、投递的便利运作机制。

【推进高新技术产品出口】杭州海关大力推进杭州经济技术开发区的高新技术产品出口，全年出口额55亿美元，比上年增长95%。采取推广加工贸易联网监管措施，使以摩托罗拉公司为代表的加工贸易联网企业，拉动开发区加工贸易进出口快速增长，入网企业数迅速增加。全年杭州经济技术开发区加工贸易进出口86.87亿美元，增长64.9%，占全省进出口总值的26.4%，成为浙江省加工贸易的最集聚的地区之一。

推进保税业务加快发展。4月，对保税仓库出库货物采取"分批出库，集中报关"模式，有效减少报关环节。7月，开通香港—深圳机场—杭州机场—杭州开发区保税仓库转关运输渠道，为企业节省通关时间12小时以上，节省运输成本30%。全年杭州经济技术开发区进出保税仓库的货值36.7亿美元，比上年增长220倍，成为浙江地区最为活跃的公共保税仓库。

【巡回宣讲政策法规】2006年，杭州海关组织巡回宣讲活动，内容涉及海关关税、加工贸易、监管通关、知识产权保护、打击走私等方面。从5月到8月，宣讲团行程覆盖浙江省（宁波市除外）的10个市78个县（市），吸引包括摩托罗拉公司、松下住宅电器公司、东芝家电公司等7015个企业的1.14万人次听讲。宣讲活动针对辖区企业的不同特点展开，如针对富阳地区企业的需求，就减免税、废纸监管等业务政策法规作重点讲解。

【保护知识产权】杭州海关与上海、宁波、南京等周边海关初步建立"长三角"地区海关的保护知识产权协调配合机制。全年立案查处知识产权案件123起，案值1300多万元，没收侵权货物316.5万件，分别是上年的4倍、10倍和3.4倍；维护了耐克、阿迪达斯、飞利浦、索尼、FIFA等国际知名品牌以及虎头、永久等国内驰名商标的权益。（俞　晶）

·出口加工区·

【出口加工区概况】浙江杭州出口加工区（以下简称出口加工区）深入实施"工业兴区"发展战略，打造先进制造业基地和外贸出口基地，促进经济快速健康发展。

出口加工区全年完成进出口总值29.06亿美元，比上年增长5.1%；其中出口16.94亿美元，增长11.3%。完成工业总产值142.67亿元，增长8.8%；工业销售产值138.7亿元，增长4.9%。区内投产企业23个，其中8个企业年产值超1亿元。

全年新落户项目8个，外资项目总投资额9975万美元，比上年增长4.01倍；注册资本4665万美元，增长2.82倍。其中：新引进项目4个，投资总额3976万美元，注册资本2525万美元；增资项目4个，投资总额5999万美元，注册资本2140万美元。实际利用外资3231万美元，增长45.9%。

加工区内的原进区企业基本完成设备、厂房等固定资产的投入。加工区内企业全年完成固定资产投资3.33亿元，比上年下降43.1%。全年累计缴纳国家税金7546万元，海关税收及代征税3553万元。

7月，为了解决出口加工区功能单一，造成对区域加工贸易转型升级和产业链延伸的制约，出口加工区通过杭州市政府转报《关于在浙江杭州出口加工区进行功能拓展试点的请示》。

【生产HD-DVD笔记本电脑】2006年，东芝信息机器（杭州）有限公司搭载HD-DVD技术的笔记本电脑进入实质性的生产阶段，这款高清技术电脑主要销往欧美和日本市场。该公司全年生产笔记本电脑151.66万台，比上年增加13.5万台；产值105.75亿元，出口13.2亿美元。该公司第三次获得杭州市外贸出口企业"金龙奖"。

【矢崎配件公司产值15.84亿元】杭州矢崎配件有限公司为日本独资企业，注册资本4500万美元，总投资1.2亿美元，主要从事汽车配件及模具的开发、设计、生产、销售及售后服务。2006年产值首次突破10亿元，达到15.84亿元，比上年增长87.9%。

【永正称重科技公司搬迁】4月29日，永正称重科技（杭州）有限公司从区外搬迁至杭州出口加工区，成为区内企业。5月18日，举行新厂房开工奠基典礼。该公司为加拿大及香港合资企业，注册资本200万美元，投资总额400万美元。主要研发和生产负荷传感器、称重产品、电子仪器、配套仪器仪表和集成系统。

【莱蒙斯密封件公司成立】8月18日，莱蒙斯密封件（杭州）有限公司领取营业执照，正式成为出口加工区内的企业。该公司为澳大利亚独资企业，注册资本105万美元，主要从事金属和非金属工业密封件以及工业用途的紧固件及相关产品的设计、制造、装配、开发、应用、销售及售后服务。

【运萨包装制品公司开工】12月15日，运萨（杭州）包装制品有限公司举行开工典礼。该公司总投资750万美元，注册资本375万美元。专业生产、销售及出口柔性集装袋，投产后年生产能力计划达到100万只。该公司是土耳其在杭州市投资的第1个项目，投资者运萨安巴拉公司是欧洲最大的包装制品生产企业，在全球同类企业中排名第2位，拥有数百项专利，产品主要销往欧洲、美国及太平洋地区。（虞付月　陶　青）

·出入境检验检疫·

【检验检疫概况】 浙江出入境检验检疫局(以下简称检验检疫局)根据国家质量监督检验检疫总局（以下简称国家质检总局)党组决定,检验检疫局主要领导进行调整。检验检疫局制定《浙江出入境检验检疫局职能配置、机构设置和人员编制的调整方案》和《杭州出入境检验检疫局职能配置、机构设置和人员编制方案》上报国家质检总局。7月,国务院办公厅批准杭州出入境检验检疫局升格为副厅级机构。浙江检验检疫局部分检验检疫执法职能划入杭州检验检疫局。

全年检验检疫杭州地区出入境货物28.46万批、金额120.4亿美元,比上年增长10.7%和27.3%。其中:出境26.97万批、金额110.19亿美元，增长14.7%和46.2%；入境1.49万批、金额10.21亿美元,下降32.7%和46.9%。经检验检疫不合格的货物735批、金额9069万美元,下降28.4%和27.4%。检疫运输工具飞机6291架次，检疫集装箱91931标箱。受理杭州地区进口旧机电产品备案215批、货值7527万美元。签发进口旧机电产品装运前预检验备案书9批，委托境外检验机构实施预检验,货值4700万美元。

依法开展邮寄物检验，前往杭州邮政枢纽中心开展抽检。全年对入境邮寄物不定期现场抽检31次,检验普包2100余件、软件(EMS)2.2万件。对出入境人员开展健康检查12678人次，预防接种17005人次,发现病例11042人次。全年杭州地区截获各类有害生物155批次,涉及种类53种。其中,国家一类危险性有害生物1批次，二类危险性有害生物27批次,其他禁止入境有害生物127批次。

签发普惠制证17.71万份、金额51.17亿美元，比上年增长7.4%和17.5%;一般产地证5.18万份、金额19.57亿美元,增长68.3%和53.6%。10月,检验检疫局制定详细的信息化建设实施方案，开发应用浙江检验检疫电子缴费系统。企业在银行开户后，检验检疫费用通过网络直接缴纳,整个过程只需几秒钟。通过浙江检验检疫申报卡管理系统与浙江检验检疫电子缴费系统的对接，由企业产地证申领员持出入境检验检疫申报卡刷卡，自动完成产地证签证的计费和缴费处理。

检验检疫局制定《省局机关党建工作长效机制的实施意见》、《加强机关统战工作的意见》。开展“时代先锋”典型宣传活动,广泛开展向邱良炳、郑九万等优秀共产党员学习活动。印发《2006年党风廉政建设和反腐败工作组织领导和责任分工》。4月,成立治理商业贿赂专项工作领导小组和办公室。年初,制定《浙江检验检疫系统惩治和预防腐败体系实施办法,2006年~2007年工作要点和责任分解》,修订和完善政府采购、公务接待、车辆管理等规章制度,规范经费审批、办公设备采购程序。12月25日,浙江检验检疫局系统被省委、省政府授予浙江省文明行业称号。

【加快大通关建设】 全年对杭州市362个出口生产企业实施电子监管,监管企业数量居浙江检验检疫系统第3位。实施“全球眼”视频监控,对机场、危险品包装企业等重点部位实施24小时监控。对原材料管理、产品生产、成品检测、仓储运输等主要环节的数据进行电子实时监控,通过监控完成对出口产品的合格评定,并实现自动放行。

全年为2763个企业安装电子报检和产地证电子签证企业端软件,比上年增加905个。杭州地区企业全部实现电子报检和产地证电子签证。全年上报实施“绿色通道制度”的出口企业74个，累计有116个经国家质检总局批准实施“绿色通道制度”的出口企业。

【推动进出口商品免验】 检验检疫局推动进出口商品的免验。12月,汉帛(中国)有限公司通过国家质检总局组织的免验审查组的现场审查,获准出口免验。12月,杭州江宁丝绸制衣有限公司申请扩大免验范围，通过国家质检总局组织的免验审查组的现场审查。

10月9日起，国家质检总局决定对优质出口食品、农产品试行免验制度。10月27日,经国家质检总局审查，杭州桦桐家私集团有限公司和浙江柳桥羽毛有限公司（出口木制品）成为首批出口食品农产品免验企业，获得国家质检总局颁发的出口免验证书。至年末,杭州地区获证免验的企业有3个。

【签发原产地证书19.53万份】 2006年，杭州地区签发各类原产地证书19.53万份,货值61亿美元。其中,对36个给惠国签发普惠制原产地证书15.95万份,货值45.60亿美元，分别比上年增长9.4%和19%；按平均减免关税4%计算,为浙江省出口产品减免1.82亿美元的进口关税。为浙江省销往世界各地的产品提供原产地官方证明，使企业享受最惠国待遇，对200多个国家签发一般原产地证书3.33万份、货值14.64亿美元，分别增长37%和44.2%;签发各类区域性优惠原产地证书2447份、货值7479万美元,分别增长2.4倍和1.45倍；按平均减免关税6%计算，为出口产品减免448.7万美元的进口关税。

【开展进口商品执法检查】 春节前,检验检疫部门组织对杭州市的大型购物商厦杭州欧尚、杭州顶仁乐购、好又多、浙江世纪联华4家大型超市和元华商城、解放路百货商场、银泰百货公司、杭州百货大楼4家大型商场进行进口食品安全卫生情况大检查。五一节和国庆节前,两次组织对杭州地区的进境肉类存放冷库的专项检查，查获非法入境或销售肉类11批、计27.6吨,按照有关规定对这些肉类进行无害化处理。

【应对“肯定列表制度”】 年初,检验检疫局成立以分管局领导任组长,食检处、动检处、植检处、技术中心和有关分支局等单位负责人和专家组成的应对《食品农业化学品肯定列表制度》工作小组。受国家质检总局委托，浙江检验检疫局担任出口虾仁、甲壳类、茶叶、食用菌4类产品的全国协作组组长。

通过及时跟踪日本“肯定列表制度”的相关信息和对浙江省与日贸易情况分析,确定水产品、茶叶、鲜菜、速冻菜、干食用菌、腌渍菜、水煮茶、活动物、熟肉制品、蜂产品、橘子罐头11类产品为风险评估对象。深入调研,公布《进出口食品检测监控项目一览表》,编制《出口蔬菜农药残留控制实用手册》。配合商务、农业、渔业、协会等部门,组织举办4期培训班,参加人数1200余人。

通过各方通力协作,联动采取措施,保证食品安全,应对日本"肯定列表制度"取得成效。6月~12月,浙江检验检疫局辖区内对日本出口食品6.9万吨、货值2.17亿美元,重量比上年下降3.7%,但货值增长4.1%,并没有发生一起被通报、退货事件。全年对日本出口肉制口增长22%,出口肠衣增长59.6%。

【欧盟专家考察团到浙考察】 3月27日,欧盟FVO专家考察团对浙江及相关管理部门的动物源性食品残留监控进行考察。浙江检验检疫局负责人介绍了浙江省出口动物源性食品安全控制措施和动物源性食品残留监控实施体系。该团成员对杭州市场的兽药销售及浙江检验检疫技术中心食品实验室进行实地现场考察,详细了解实验室有关人员、设备、认可资质、实验室内部审核机制和质量管理体系运行的情况,特别对实验室2004年~2005年间参加的6次兽药残留检测能力、验证能力、验证情况进行了认真核实,对实验室进行的测试方法、验证方法、验证结果记录和SOP报告进行了逐份检查。

【监管进口印刷机】 2005年10月,检验检疫局获悉浙江广育爱多印务有限公司从日本进口的一台货值380多万美元的西研65型轮转印刷机,在调试及试生产过程中存在安全等问题,发生操作人员受伤事故。立即组织浙江工业大学等单位的相关专家、教授,对该印刷机存在的问题进行鉴定。2005年,两次致函国家质检总局上报有关情况。2006年6月,国家质检总局与西研株式会社会谈,责成其承认存在机械安全、卫生缺陷和机械、电气安全隐患,并进行整改。日方在两个月内,对中国在用的20多台同类设备进行了整改。

【加快实验室建设】 浙江检验检疫局加快实验室建设,全年完成电工产品、农药兽药残留、纺织品、蚕病等4个检疫重点实验室,浙江动物检验检疫、浙江植物检验检疫等2个中心实验室和位于杭州萧山的羽绒羽毛检测重点实验室等7个国家级重点实验室的现场验收。9月,在杭州的浙江检验检疫局技术中心纺织品实验室正式挂牌运作。

【召开关检合作联席会议】 7月13日~14日,杭州海关、浙江检验检疫局在浙江义乌市共同召开第一次关检合作联席会议。杭州海关、浙江检验检疫局的领导班子成员和各相关职能部门负责人,金华海关及义乌办事处、金华检验检疫局、义乌检验检疫局的负责人参加会议。关检双方交流了完善关检协调机制、开展合作交流、共同推进口岸执法把关等方面的情况,共同签署《树新风,促和谐,廉政共建合作备忘录》。

(沈永平)

·打击走私与口岸管理·

【打私与口岸概况】 杭州市扎实推进大通关建设,努力构建和谐口岸。深化打击走私综合治理,努力创建开放型经济发展的良好环境。

全年出入境人员123.8万人次,比上年增长20%;出入境飞机1.2万架次,增长15.9%;进出境快件74.56万件,增长29.7%。进出境货运量3.53万吨(含转关数),下降11.6%;其中进口5942吨、出口2.93万吨。进出境货值22.67亿美元,增长28.9%。开通国际(地区)新航线3条:3月,澳门航空公司加盟杭州机场,开通杭州—澳门客运航线;9月,国航浙江分公司开通杭州—釜山客运航线;12月,厦门航空公司杭州办事处开通杭州—大阪客运航线。至年末,开通国际(地区)航线23条。

口岸通关速度提高,杭州航空口岸直接进口货物平均"大通关"时间4.47天,出口0.82天,分别比上年减少0.22天和0.14天。其中,海关作业时间进口2.51小时,出口0.98小时,分别减少1.78小时和0.44小时。检验检疫验放速度显著提高,出境货物平均通关时间在4分钟内,入境时间在17分30秒内。边防检查站对一般旅客检查不超过45秒。

按照完善机制、创新模式、整合资源、共同促进的方针,扎实推进反走私综合治理。年初,制定《杭州市打击走私综合治理领导小组及其办公室工作职责、议事规则》。11月,编辑印发12万份《打击走私综合治理知识法规宣传专刊》。全年杭州地区(杭州海关)立案查处各类刑事、行政案件207起,案值3.95亿元,涉税4340万元。全市(不含海关)查获贩私案件512起,案值138.66万元。杭州市人民政府打击走私与口岸管理办公室(以下简称市打私与口岸办)被浙江省打击走私与海防口岸管理办公室评为2006年度反走私综合治理工作优秀单位。

【实行"5+2"制度】 2006年初起,杭州航空口岸对入出境旅客正式实行"5+2"天、24小时通关服务;进出口空运货物从5月15日起,实行"5+2"天和晚上预约通关制度,基本实现货物24小时无障碍通关。东芝信息(机器)有限公司、杭州华为三康技术有限公司、UT斯达康通讯有限公司、摩托罗拉公司、东方通信公司、松下家电公司等企业享受到"5+2"工作制的便利,提高了进出口货物通关效率,降低了企业成本。此项措施扩大了口岸辐射范围,吸引了"长三角"的货源,DHL和FEDEX2两个跨国物流企业经考察后,决定在杭州空港落户。

【创新通关作业模式】 5月,杭州航空口岸货运渠道开通香港—深圳机场—杭州萧山国际机场—杭州经济技术开发区保税仓库空运直转线路。用国内航空运输段替代国际航空运输的转关运输模式,比从香港直接空运至杭州经济技术开发区保税仓库在通关时间上节省12小时,运输成本减少30%。全年开通杭州—无锡、杭州—武汉、杭州—长沙、杭州—大连等运输业务。至年末,杭州航空口岸开通的转关业务路线有63条。

实施旅游团网上预报、预检制度,设立旅游团队专用通道,提高口岸查验速度,确保每位旅游团成员检查时间不超过10秒。

【实施区域通关改革】 根据杭州市"接轨上海,参与长江三角洲合作与交流"的战略部署,积极支持和发挥查验单位在"大通关"整体格局中的作用。3月7日,杭州萧山机场海关开发完成浙江电子口岸杭州空港大

海关人员进行货物集中查验 (闻 晓 摄)

通关信息系统，并与境内外6个航空公司签署数据传输协议，实现“空中申报”、跨关区数据传输和汇总。

【开展口岸共建活动】杭州航空口岸开展优质服务共建活动，各共建单位认真履行《共建责任书》。3月24日，省、市打私与口岸办共同组织召开杭州航空口岸优质服务共建活动表彰会。省政府副秘书长、省口岸办主任楼小东和杭州市副市长金胜山到会讲话。会议总结2005年度共建活动情况，分别授予浙江出入境检验检疫局杭州机场办事处“文明把关奖”、杭州边防检查站“文明执勤奖”、杭州萧山国际机场海关“快速通关奖”。省、市政府与杭州边防检查站、杭州萧山国际机场海关、浙江出入境检验检疫局杭州机场办事处的领导签订了2006~2007年度《杭州航空口岸共建责任书》。

【为涉外活动提供服务】4月~10月，市打私与口岸办组织航空口岸查验单位为首届世界佛教论坛、第二届中国国际动漫节、首届中国网商节暨第三届中国网商大会、世界休闲博览会等国际性活动提供优质服务。积极采取措施，主动接轨有关部门，推出多项服务措施，给予世界佛教论坛近300位与会人员入境通关贵宾礼遇。休博会期间，接待并礼遇贵宾447人次，为入境演出用乐器、展品等物品209件，境外媒体专用摄影器材7个批次提供快速通关。市打私与口岸办被2006年杭州世界休闲博览会、第八届中国杭州西湖博览会授予优秀组织奖。

【提供“创佳”资料】根据市创建中国最佳旅游城市办公室关于提供“创佳”资料的要求，市打私与口岸办协调各有关单位，认真组织实施相关资料的收集报送。多次走访机场公司及机场有关单位，提供杭州、上海、宁波的航班航线情况、航线图、文字宣传材料以及杭州萧山国际机场的二期发展规划和机场各单位支持旅游发展的相关文件资料。主动与市创佳办联系，做好资料的筛选、整理归类，确保准确性、完整性、及时性。市打私与口岸办被授予杭州市创建中国最佳旅游城市工作先进集体优秀奖。

【开展反走私专项整治】杭州市统一部署，加大对市场的监管力度和对走私贩私行为的打击力度，有针对性、有重点地组织开展专项整治行动。年初，在杭州萧山国际机场组织开展公开查毒专项行动，重点对某地抵达杭州每天4个航班的人员实施公开查毒，现场抓获1名贩毒嫌疑人，查获海洛因约430克。全年公安机关查获走私贩私假币25.2万元，缴获各类毒品6526克。

机场海关开展打击侵犯知识产权和走私货币专项行动，查扣走私违规物品5653件，查获违规货币2425万元。首次查获境外游客携带冰毒入境案。工商、烟草部门查获从巴西走私进口的偶蹄动物产品40吨、走私旧服装1100余件、涉嫌冒用标志的走私移动电话机700余部、走私卷烟7900条。

【杭州口岸协会成立】10月31日，举行杭州口岸协会成立大会。从事口岸综合管理、检查检验、口岸服务等单位和企业会员代表70人出席大会，市打私与口岸办主任杨志毅当选首届杭州口岸协会会长。中国口岸协会副会长祁康杰到会指导，副市长金胜山向大会致贺信，中国口岸协会、省口岸协会、兄弟城市口岸协会向大会致贺电。

【推荐守法诚信进出口企业】省打私与海防口岸办与有关职能部门联合开展守法诚信进出口企业推荐活动。4月，全市守法诚信进出口企业推荐工作正式启动。由市打私与口岸办牵头，会同市工商局、市国税局、市外经贸局联合印发《关于开展守法诚信进出口企业推荐活动的通知》，由市政府副秘书长谢国建主持召开有杭州海关、浙江检验检疫局、省外汇管理局、市工商局、市国税局、市外经贸局等部门参加的协调会。经各地打私办与有关职能部门共同推荐，省、市级有关部门共同审核，全市有15个进出口企业被省授予全省首批守法诚信进出口企业。

【开展为企业送法活动】4月~5月，为杜绝走私违规给企业带来的风险，帮助进出口企业更好地了解、掌握法律知识，杭州海关与杭州开发区管委会、萧山开发区管委会联合举办进出口企业海关政策暨法律法规宣讲会。6月，市打私与口岸办与省口岸办联合组成法律法规宣讲团，组织杭州地区近100个进出口企业的法人代表和业务部门的负责人进行培训。宣讲团邀请杭州海关、浙江检验检疫局、省国税局、省外汇管理局等部门的专业人员，就与进出口企业紧密关联的最新的政策法规与执行进行宣讲。

（丁 佐 宋迎新）

国家级开发区

National Development Zones

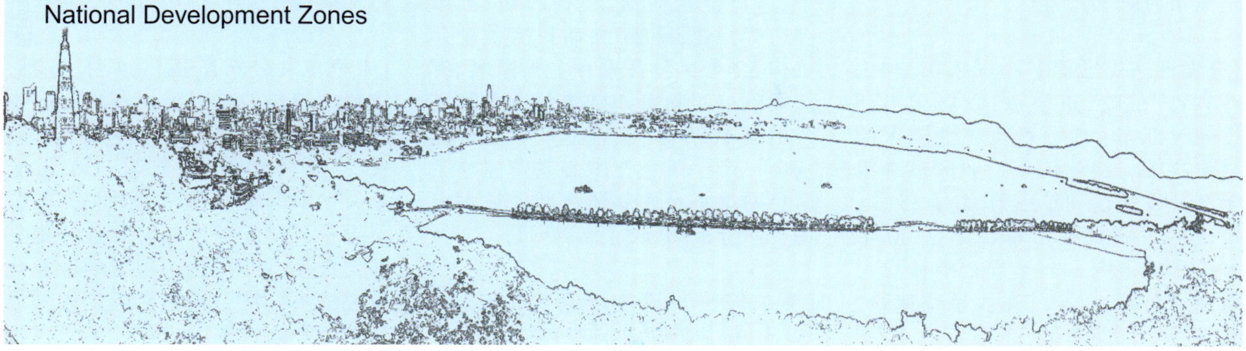

·杭州经济技术开发区·

【杭州开发区概况】 2006年，杭州经济技术开发区（以下简称杭州开发区）按照“十一五”规划确定的发展任务，紧紧围绕建设国际先进制造业基地、新世纪大学城和花园式生态型城市副中心三大目标，坚持工业化和城市化“两轮驱动”，大力实施“工业兴区、科教强区、环境立区”三大战略，促进开发区又好又快发展。

主要经济发展指标跃上新台阶，全年完成生产总值212.01亿元，比上年（指2005年，下同）增长24.1%；工业总产值1113.4亿元，增长53.3%。财政收入43.8亿元，增长20.5%；其中地方财政收入12.1亿元，增长34.4%。外贸出口71.11亿美元，增长80.9%。

三次产业增加值结构由2005年的1.00:87.25:11.75，调整为2006年的0.80:85.74:13.46，第三产业增加值的比重比上年提高1.71个百分点。优化工业结构，高新技术产业产值占全区工业总产值的比重达到61%，提高10个百分点。产业集聚效应明显，电子通信、机械制造、生物医药、食品饮料四大主导产业产值占工业总产值比重达到85.2%。

树立“零地招商”理念，实施“大项目带动”战略。全年新批外商投资项目76个，协议利用外资8.14亿美元，实际利用外资3.80亿美元。累计协议利用外资50.22亿美元，实际利用外资23.07亿美元。其中，世界500强的31个跨国公司在杭州开发区投资创办49个企业。全年加工贸易出口总额62.7亿美元，比上年增长85%，占全区出口总额的88.2%。大力推进“选商引资”，严把引进项目质量关，落户项目平均投资额度达到900万美元/公顷，提高187.5万美元/公顷。

按照建设“国际化、现代化、人文化”城市副中心的要求，加快推进城市化进程。深化完善城市规划，调整优化杭州市城市总体规划下沙分区规划，完成下沙新城中心区控制性详规、地铁中心站和上盖物业城市设计。大力推进城市基础设施建设，建成220千伏白杨变电所、110千伏高教变电所扩容工程，完成南部自来水加压泵站一期建设，全年新增供水能力5万立方米/日，供电能力4万千瓦。完成德胜快速路下沙段工程建设，全年新增道路30千米。加强城市配套功能建设，保税物流中心（B型）一期、职工廉租公寓、文体中心、白杨街道市民中心基本竣工。推进农居公寓和大型居住区首期20万平方米安居房建设，市政道路、学林街配套小学等工程按计划推进。全年拆除违法建筑633处，面积11.1万平方米。加强环境综合整治与建设，沿钱塘江大道景观带、生态公园（除养生区）、高教园区中央景观带、锦鳞公园等工程全面竣工。

加强社会治安综合治理，加强外来人口管理，积极探索流动人口出租房管理模式。全面建成校园、企业、社区“110”联动机制。全年推出就业岗位2.9万个，新增就业2.3万人。深入实施“蓝领成才”职工素质教育工程，在学职工超过8000人。“农转非”人员参加城镇职工基本医疗保障6243人，参保率92.2%。编修社会事业发展规划，建成文海中学并开学招生。举办首届职工文化

4月26日，举行杭州中粮包装有限公司奠基仪式。（顾一进 摄）

艺术节、元宵灯会、"千场"文艺演出和电影进社区巡回演出、职工业余足球联赛等活动。3个社区被评为杭州市首批和谐社区。

【开发江东工业区】为深入实施"工业兴市"战略,市委、市政府作出开发建设江东、临平两大工业园区的战略决策,组建江东工业区市本级园区开发建设领导小组。4月25日,市政府正式批准市本级园区40平方千米的范围,西至规划中钱江十桥高速公路,南至江东大桥快速路,北至钱塘江南岸线,东至满足40平方千米为止;确定5.35平方千米的启动区块选址,纳入杭州市城市总体规划和土地利用规划。

杭州开发区承担江东市本级园区的开发建设任务,设立江东开发建设办公室。江东工业区市本级园区的启动建设取得实质性进展。至年末,基本完成40平方千米区块的总体规划和5.35平方千米启动区块的控制性详细规划,通过产业规划评审。区域环境评价规划编制正在实施中。

【签订基本农田易地代保协议】据初步摸底调查,江东工业区市本级园区开发地块土地权分属萧山区20个乡镇及围垦指挥部,有工业企业26个,涉及拆迁农户4000余户,人口1万多人。在规划范围4000公顷土地中,90%以上为基本农田和标准农田。年内,为解决基本农田易地代保问题,与安吉县签订666.67公顷基本农田易地代保协议,签订市政府分配的衢州市基本农田333.34公顷和标准农田666.67公顷代保代建协议。

【沿江大道通车】11月11日,杭州开发区沿江景观大道竣工通车。沿江大道于2004年12月动工建设,是开发区一项建设规模最大、投资力度最强、提升城市品位的为民工程。沿江大道西起1号大街,东至江东大桥连接线,全长约12千米,集交通、休闲、运动和景观等功能于一体。全线景观设计分为历史堤坝区、湿地公园区、钱江观潮区、人文居住区、假日休闲区。

【产学研合作中心成立】 11月25日,杭州开发区产学研合作中心成立。首批加入产学研合作中心的单位有77个。其中,开发区内企业55个,涉及电子通信、生物医药、机械制造等行业;高校、科研机构及中介机构22个,包含近百个国家级、省部级重点实验室。杭州开发区管委会出资1000万元,设立产学研合作基金。产学研合作中心投资建立了信息网络平台——浙江网上技术市场下沙分市场。

【新加坡杭州科技园奠基】 11月19日,新加坡杭州科技园在杭州开发区隆重举行奠基仪式。该科技园是浙江省政府与新加坡政府成立浙江—新加坡经贸理事会以来,在浙江省双方合作诞生的首个项目。在杭州市政府与新加坡国际企业发展局的具体指导下,由杭州开发区、杭州杭新投资管理有限公司及新加坡裕廊腾飞项目管理咨询(上海)有限公司共同推进项目实施。

科技园南邻开发区6号大街,西侧为绕城高速公路及绿化带,与大学城相邻,规划用地面积42.9公顷,建筑面积68.64万平方米,分为三大区块。其中,产业发展区具有软件研发、工业设计、生物制药、研发中心、孵化创业、咨询服务等功能;综合服务区提供商贸娱乐、公寓住宅、会议会展、配套服务;生态景观区有中心水景、生态湿地等景观。

至年末,首期建设项目——软件工厂开工建设,建筑面积9万平方米,主要承接服务外包业务。

【丹佛斯钦宝热交换器公司成立】民营企业与国际资本合作,成为杭州开发区本地民营企业二次创业的一条捷径,也是传统产业结构调整升级的重要举措。10月,丹麦最大的工业集团之一的丹佛斯公司,与杭州开发区的民营企业——杭州钦宝制冷设备有限公司签订并购协议。丹佛斯公司出资购买钦宝用于空调配件生产的设备资产以及相关业务,成立丹佛斯钦宝(杭州)热交换器有限公司。

新公司成为丹佛斯公司制冷和空调部的一部分,为全球制冷和空调市场生产、销售控制元件和压缩机,拥有国际销售网络,在多个工业领域为客户提供服务。该公司一期计划投资1亿元,注册资金4500万元,计划成为第一个在中国有能力为客户提供从压缩机、控制设备到热交换机全套产品系列的公司。

【中粮包装公司奠基】 4月26日,杭州中粮包装有限公司在杭州开发区举行公司总部及生产基地奠基仪式。该公司是由全球500强企业——中国粮油食品(集团)有限公司投资兴建的综合包装企业,提供各类食品、饮料、化工领域的专业化包装解决方案,是众多国内外知名品牌客户的首选供应商。项目占地10.67公顷,总投资8000多万美元,注册资金3000万美元。中粮包装公司的整体业务管理、技术与研发管理、行政管理、信息管理中枢都将集中在该项目的行政大楼和研发大楼内,主题工厂将成为中粮包装华东地区的制造中心。

【艾博生物医药公司投产】 7月,美国上市公司Inverness Medical Innovation独资的艾博生物医药(杭州)有限公司在杭州开发区的工厂正式投入运营。该公司是一个高科技生物技术企业,注册资金1200万美元,投资总额2998万美元,主要从事单/多克隆抗体-胶体金技术、快速免疫学诊断技术、基因工程等生物领域的研究、开发和生产,并建立技术平台,被国家发改委认定为国家高技术产业化示范工程项目。主导产品为体外诊断试剂,包括妊娠、传染病、毒品、肿瘤标志物和心脏病标志物五大检测系列。至年末,主营业务收入超过1亿元。

【凯恩戴斯大酒店开业】 9月27日,下沙新城首家按五星级标准建造的国际连锁酒店——凯恩戴斯大酒店开业。该酒店由凯恩集团控股子公司上海凯通酒店投资管理有限公司作为酒店专业公司,与世界级酒店管理专家美国戴斯酒店集团共同运作。酒店位于开发区9号大街与4号大街的交叉处,项目总投资1.6亿元,建筑总面积3.37万平方米,其中地上22层、地下1层。设有客房254间,配置有商务服务、商务行政、国际会议、文化娱乐、现代健身等中心和餐厅、茶吧等。

(虞付月 曾唯潇)

·萧山经济技术开发区·

【萧山开发区概况】 萧山经济技术开发区(以下简称萧山开发区)坚持以招商引资为中心,以发展为第一要务,加大开发建设力度,优化综合投资环境,全年实现工业总产值288.7亿元,比上年增长40.1%;工业销售产值281.9亿元,增长42.1%。财政收入12.5亿元,增长43%。实现利润17.2亿元,增长48.3%。自营出口12.5亿美元,增长37.4%。

萧山开发区新批外资项目42个,内资项目6个,增资项目22个。协议利用外资3.62亿美元,比上年增长39%;实际利用外资1.95亿美元,增长32%。协议利用市外内资14.2亿元,实际利用市外内资4.05亿元。至年末,累计批准进区企业697个。其中,外资企业410个,总投资41.17亿美元,协议利用外资22.89亿美元,实际利用外资11.53亿美元。

开发区品牌建设取得实绩,科技创新后劲加强。德意控股集团公司的“德意”商标和杭州诺斯旺服饰有限公司的“北天鹅”商标双双荣获中国驰名商标,恒星牌减速机等10种产品分获省、市级著名商标、名牌产品和免检产品称号。杭州大地网架有限公司获国家级高新技术企业称号,使开发区国家级高新技术企业累计达到13个。开发区企业全年成功申报国家级火炬项目3个、省级技术中心和研发中心4个、省级外商投资先进技术企业和高新技术企业7个、省重点技术改造项目和专利示范企业4个、省级博士后工作站1个。创业中心等5个企业列入杭州市初创型科技企业。

杭州市机构编制委员会发文,将杭州钱江外商台商投资区江南管理委员会更名为萧山经济技术开发区管理委员会。作为杭州市政府派出机构,管理体制维持不变。5月8日,杭州市委、市政府和萧山区委、区政府召开加快江东开发建设誓师大会暨授牌仪式,并举行启动区块二期基础设施建设工程开工典礼。开发区管委会围绕建设“环杭州湾产业带先进制造业基地”的目标,成立江东开发建设领导小组和办公室,分4个工作组现场办公。全年引进项目5个,总投资1.3亿美元;二期道路、桥梁、给排水、电力、通信、燃气等市政基础设施建设和征迁前期准备工作全面展开。为了推进开发建设和二期征迁工程,成功取得规划范围内733.3公顷和安置小区66.67公顷基本农田保护地的外移。

为拓展萧山开发区发展空间,开展桥南区块226.7公顷和市北西部区块2.7平方千米范围内的征迁。年初开始,新街镇和北干街道以及征迁所在村、有关部门集中精力,抽调人员共同参与,取得阶段性成果。全年完成房屋拆迁签约1725户,拆迁面积66.3万平方米。其中,桥南区块签订房屋拆迁协议765户,占总数的98.6%,60%以上已经腾房;市北西部区块签订房屋拆迁协议960户,占总数的99.5%。

把创建省级示范文明城区和迎接杭州市国家卫生城市复评作为提升投资环境的契机,切实抓好计划生育、市容环境、市政维护、交通管理、绿化保洁、学校教育、文化体育、卫生防疫、城管督查等工作。建立开发区项目建设推进领导小组,加强对在建项目的协调服务。在亿元企业中开展“三赛三比”(赛工业发展、运行质量、工业投入,比增长速度、经济效益、发展后劲)活动。加强与海关联系,建立企业进、出关“绿色通道”。强化安全生产管理,制订应急预案,对规模以上企业全面实施安全生产标准化管理。顺利通过ISO 14001环境管理体系复审认证。新建中共党组织8个、基层工会16个、团组织4个。制订《管委会系统领导干部述职述廉规定》,积极开展廉政文化进家庭、企业活动。建立萧山慈善总会开发区分会,做好困难职工、群众的帮扶工作。钱江、红垦农场分别成立社区,并启动经济适用房建设。积极开展创建“劳动管理诚信企业”活动,评选产生开发区首批10个“劳动管理诚信企业”。组建开发区劳动管理协会,规范企业劳动管理。全年净增参保人员4123人,实现参保人员累计3万余人。

【江东工业园区成为省级开发区】 4月17日,国家发改委审核通过江东工业园区为省级开发区。杭州江东工业园区位于钱塘江南岸、萧山区东北部,是杭州市“十一五”期间重点建设的省级开发区之一。总规划面积105平方千米,启动区块11.29平方千米,于2002年9月开园建设。至2006年末,累计批准进区项目22个,总投资5.25亿美元,其中建成投产企业13个,2006年实现工业总产值22.71亿元,比上年增长58.3%。

【引进外资大项目21个】 萧山开发区注重引进大项目,全年引进单个项目外资总投资1000万美元以上的项目21个,其中15个单个项目的总投资均超过2000万美元。投资密度平均每公顷741万美元,比上年每公顷621万美元提高19.3%。总投资9900万美元的美国奥伯尼工程纺织品项目和总投资20亿元的中国重汽集团发动机项目,开创了萧山区引进外资、内资单体工业项目规模新纪录。

【提升引资质量】 萧山开发区外资

表39　2006年萧山开发区引进外资前10位项目　单位:万美元

序号	名　称	总投资	协议利用外资
1	奥伯尼工程纺织品(杭州)有限公司	9 900	7 800
2	杭州港佳纺织仪器有限公司	4 500	1 900
3	浙江中正通信技术有限公司	3 800	1 100
4	杭州友达机械科技有限公司	2 980	1 500
5	杭州娃哈哈恒枫饮料有限公司	2 980	1 176
6	杭州新南锅炉制造有限公司	2 800	828
7	杭州鹰氏装饰材料有限公司	2 500	1 800
8	博雷(中国)控制系统有限公司	2 500	1 200
9	杭州志晟精密塑胶工业有限公司	2 500	1 200
10	浙江天溢实业有限公司	2 500	840

国际化程度明显提高，投资多元化格局日益形成。全年协议利用欧美投资2.28亿美元，占开发区协议利用外资的63%；日本、韩国投资占协议利用外资的4.9%，优化了开发区外资来源结构。引进项目中，技术含量和产品档次得到提升。其中，整机产品项目9个，涵盖园林机械、电动机车、电动工具、汽车制动器总成、医疗保健器械、环保节能设备、机电控制系统以及汽车发动机等；生物科技及医药项目2个、电子元器件项目7个。

【三产项目招商取得进展】 萧山开发区拓宽引资渠道，积极探索三产项目招商。全年成功引进厦门航空杭州分公司、韩国独资育光教育咨询服务公司、意大利独资布莱克技术服务有限公司以及香港独资波特菲诺酒店管理有限公司等6个现代服务业项目。其中，厦门航空杭州分公司的投资方——厦门航空有限公司，是1984年成立的全国首个企业化航空公司，股东为中国南方航空股份有限公司和厦门建发集团。

【优化产业结构】 萧山开发区优化产业结构，强化开发区产业特色，有力提升区域竞争力。机械制造、电子电器、精细化工、医药食品4大行业增幅强劲。其中：机械行业2006年工业总产值74.7亿元，比上年增长66.5%；精细化工行业产值17.3亿元，增长45.9%；电子电器行业产值18.8亿元，增长44.4%；医药食品行业产值19.3亿元，增长39.9%。同时，轻纺服装、建材家具两大传统行业稳步发展。

【发挥骨干企业支柱作用】 萧山开发区211个规模以上企业快速成长，支柱作用日益突出。全年工业总产值275.6亿元，比上年增长39.6%，占开发区工业总量的95.5%；工业销售产值268.6亿元，增长40.8%，占总量的95.3%；利润占95.3%，自营出口占97.6%。其中73个产值1亿元以上重点企业，占全部企业数的23%，但工业总产值占总量的78.5%，利润占89.4%。汉帛（中国）有限公司、达利（中国）有限公司、庆丰纺织印染有限公司3个企业，工业销售收入均超过10亿元，实现了开发区10亿元企业"零"的突破。

【工业投入19.5亿元】 全年开工和在建项目35个，计划总投资38亿元。新增工业投入19.5亿元，其中竣工项目30个。世界500强企业——德国ZF集团投资的采埃孚传动技术（杭州）有限公司、中国重汽集团杭州发动机有限公司、爱克斯精密钢球有限公司、明电舍（杭州）电气系统有限公司、普利适优迪车桥有限公司、露丝贝儿美容用品（杭州）有限公司、杭州保利佳有限公司等一批重点企业相继投产或开工。

【中国羽绒制品研发中心入驻女装园区】 6月28日，由中国羽绒工业协会、浙江理工大学、浙江天翔集团合作创建的中国羽绒制品研发中心正式签约入驻桥南区块女装园区。中国羽绒工业协会常务副理事长、秘书长姚小蔓及杭州市、萧山区有关领导出席签约仪式。

【全面推进安置小区建设】 萧山开发区抓紧建设桥南区块和市北西部区块两大安置小区。6月10日，桥南区块安置小区正式开工建设，占地11.33公顷，建筑面积12万平方米。至年末，一期12幢房屋全部结顶，二期6幢结顶，8幢完成基础；三期工程和配套用房正在加紧建设，预计2007年底全部竣工。

8月28日，市北西部区块明怡花苑安置小区正式开工建设，规划用地27.33公顷，建筑面积35万平方米。至年末，一期17幢房屋结顶，其余房屋在建造之中；二期、三期建设抓紧跟进，预计2008年7月全部竣工。（董蔚飞）

·高新技术产业开发区·

【高新开发区概况】 杭州高新技术产业开发区（以下简称高新开发区）实施"产业强区、科技兴区、环境立区、开放活区、和谐建区"战略，打造"平安滨江"，构建"天堂硅谷"，加快科技城建设步伐。

全区实现生产总值170.5亿元，比上年增长13.2%；技工贸总收入1130亿元，增长23.9%。财政收入42.8亿元，增长15.6%；其中地方财政收入20.5亿元，增长13.9%。全社会固定资产投资101.5亿元，增长13.4%。

高新技术产业实现技工贸收入885亿元，比上年增长26.1%；占全区技工贸总收入的比重达到78.3%。其中通讯设备制造业实现技工贸收入580亿元，增长30%。动漫和网络游戏产业逐步壮大，集聚相关企业40余个，全年制作完成21部585集动画片。集成电路设计、数字电视、生物医药、新型材料和光机电一体化等产业较快发展。新认定国家火炬计划高新技术企业2个、浙江省高新技术企业72个。国家软件产业基地被中宣部确定为宣传"建设创新型国家"首批报道的4个重大典型之一，国家集成电路设计产业化基地具有自主知识产权的32位CPU（中央处理器）实现产业化应用，提升了中国集成电路设计水平。国家动画产业基地原创产品总量超过1万分钟，并获得全省影视动漫类评比所有奖项。全区国家级产业园区及基地增加到8个。

制订《关于进一步提升企业自主创新能力的若干政策规定》，促进企业加快科技创新的积极性。2006年全区投入科研经费28亿元，占全区生产总值的16.5%，投入比例位居全省第1位。全区新列入国家火炬计划项目18项，新批国家重点新产品14种、国家高技术产业发展项目3项、国家创新基金项目32项、国家电子信息产业发展基金项目7项，获得信息产业部重大技术发明奖2项。新增国家级企业技术中心1个，省、市级企业技术中心和研发中心26个。2个企业列入全国首批创新型企业试点，10个企业进入全国民营企业500强，11个软件企业进入国家规划布局内重点软件企业。15个企业参与国际、国家、行业标准的研制。新获浙江名牌3种、杭州名牌14种。分别被国家有关部门批准成为国家软件出口创新基地、中国服务外包基地城市示范区、国家高新技术产业标准化示范区创建试点单位，被推荐申报国家知识产权试点园区。新引进科技型企业355个。

全区新批外商投资企业67个，协议利用外资5.21亿美元，实际利用外资3.03亿美元；协议引进内资

83.95 亿元，实际引进内资 43.25 亿元。新批注册资本 1000 万美元以上项目 28 个，华为杭州研发中心、网易软件生产基地等项目落户开发区。鼓励企业实施"走出去"战略，新批境外企业 7 个。完成出口总额 30 亿美元，比上年增长 44.1%；其中自营出口 13.19 亿美元，增长 29%。组织开展两次"产业项目开工月"活动。中兴通讯全球手机生产基地等 56 个产业项目相继开工，总投资 61.64 亿元。6 个总部大楼投入使用，16 个总部项目正在建设中。

完善知识产权培训体系，组织专利复审和无效程序、司法程序等业务培训。全年列入市级产学研合作项目 33 项，占全市的 49.3%。列入省、市专利示范试点企业 20 个，培育区专利试点企业 10 个，165 项专利、208 项软件著作获得市专项资金资助。引进院士（长江学者）创业项目 2 个，共建浙江大学—杭州高新区全球创业研究中心。

编制完成"十一五"人才规划，全年引进中专以上各类人才 1.54 万名，其中博士 41 名、硕士 2038 名、高级人才 2110 名。加强留学人员创业园和博士后工作站建设，全年引进留学人员 60 名，新办企业 44 个。批准设立 2 个企业博士后工作分站，2 个企业被评为杭州市优秀博士后科研工作站，1 名博士后获得杭州市优秀博士后称号。积极开展与清华大学合作，设立清华大学博士后实习基地。

【认定国家软件出口创新基地】 12 月 2 日，商务部在杭州举行授牌仪式，认定以杭州软件产业基地为核心的杭州市为国家软件出口创新基地。这为杭州及浙江省软件产业带来新的发展契机。

2006 年，杭州国家软件基地总收入首次超过 200 亿元，达到 235 亿元，其中软件及相关服务收入（不含通讯和家电等信息产品中的软件成分）168 亿元，比上年增长 23.9%。软件及相关服务上缴税金 9.6 亿元，利润总额 11 亿元。出口总额 2.4 亿美元，其中软件产品和技术服务 8300 万美元。软件出口、外包服务涉足金融服务、纺织印染、多媒体图像、电信、软件本地化、IC 设计服务等领域。至年末，基地企业总数超过

表 40　高新开发区列入 2006 年度中国软件 100 强企业

序号	排　名	名　称	营业收入(万元)
1	4	UT 斯达康通讯有限公司	598 554
2	6	浙江浙大网新科技股份有限公司	420 029
3	38	杭州恒生电子集团有限公司	59 286
4	55	中控科技集团有限公司	44 810
5	58	华立集团有限公司	40 392
6	72	浙江大华技术股份有限公司	34 923
7	75	杭州士兰微电子股份有限公司	33 429

1000 个，总收入上 1 亿元的企业 25 个。12 个企业被国家 4 部委列入规划布局内重点软件企业名单，总数列北京、上海之后居全国第 3 位。中控科技集团有限公司的"SUPCON"和杭州恒生电子股份有限公司的"HANDSOME"入选浙江省著名商标，5 个企业获杭州市自主创新优秀企业称号，12 个软件企业被浙江省版权局列为版权保护示范企业。

【网盛科技公司成为上市企业】 12 月 15 日，浙江网盛科技股份有限公司在深圳证券交易所上市，公开发行 A 股 1500 万股，每股发行价 14.09 元。该公司成立于 2000 年 8 月 7 日，专业从事互联网信息服务、行业电子商务和应用软件开发，逐步发展成为国内最大的垂直专业网站开发商，拥有并经营中国化工网、全球化工网、中国纺织网、医药网等行业类专业网站。有员工 300 余人，98% 为大学本科以上学历，技术人员 100 多名。"网盛科技"在深交所中小板挂牌交易，标志着杭州信息产业有了新的提高和发展。

【《秦时明月》制作成功】 2006 年，由杭州玄机科技信息技术有限公司耗资 1000 多万元、费时 3 年多的武侠动画片《秦时明月》制作成功。《秦时明月》中的第一部"百步飞剑"与全国近十家电视台签约，计划于 2007 年春节期间在各电视台同步播放。该动画片集武侠、奇幻、爱情等元素为一体，讲述少年荆天明在结束秦帝国中发挥重要作用，最终成长为盖世英雄的故事。这部大型 3D 动画剧《秦时明月》除了制作时间长、耗资多、制作精良、场面宏大、技术先进等特点外，还创下了诸多"第一"：是国内第一部贺岁动画片，国内第一部以动作捕捉技术制作的全三维武侠动画片，国内第一部同步推出创作教材的高技术动画片，国内第一部反映中国古文化的长篇动画片连续剧。

【7 个企业入选中国软件 100 强】 5 月 26 日，信息产业部公布 2006 年度中国软件收入规模前 100 个企业名单。这 100 个企业是中国软件产业在软件产品、系统集成、软件服务 3 个方面的优势企业，其销售收入占中国软件产业总量的 28.9%，是中国软件产业自主研发、市场销售和出口的主力军。入围企业呈现以下主要特点：企业规模不断扩大，入围门槛继续提高；竞争激烈，入围企业更新较快；嵌入式软件企业占据前列；产业集聚效应明显，地区分布更加集中。在"百强"榜上，杭州有 8 个企业入选，数量在全国居第 4 位，其中高新开发区企业占 7 个。

【动漫人才培训认证中心授牌】 12 月 14 日，信息产业部为杭州国家动画产业基地 CEAC 培训认证中心授牌。这是浙江省内首个具有国家资质的计算机动画培训认证中心。该中心负责浙江区域内计算机动画及多媒体职业教育项目的培训、考试、教学管理及技术支持，包括影视动画、游戏动画、虚拟现实、手机动画以及数字艺术动画等专业。通过理论学习、实践课程和实训课程相结合，把制作公司的实际开发项目经过分解、设定引入课堂，使学员掌握专业技术技能，给从事影视动漫行业的人员以实践性的专业培训，为影视动漫企业输送具有高职业素质、高创新能力、高合作精神的复合型动漫人才。

【德信软件公司落址高新区】 7 月 7 日，德信软件（中国）有限公司正式落址高新开发区。德信公司是由国际著名的手机设计公司——德信无

线通讯科技有限公司和国际领先的无线通信企业——美国高通公司合资的外商独资企业。该公司总投资3500万美元，主要从事无线通讯设备应用软件开发及提供配套服务，开发先进的应用软件，打造专注于无线终端应用软件开发、设计以及测试的公司。德信公司入驻高新开发区,是对杭州打造“天堂硅谷”的有力支持。

▶▶资料:德信无线通讯科技有限公司

该公司是中国著名的手机软件和整机方案设计供应商之一。客户包括NEC、阿尔卡特等公司,是唯一拥有完整的从2吉到3.5吉全部手机主流技术平台和设计能力的专业无线通讯终端研发中心。美国高通公司是世界500强企业之一,率先开发CDMA(码分多址)无线技术并促使其商用的公司,拥有3000多项CDMA及其他技术的专利及专利申请,已经向全球120多个电信设备制造商发放了CDMA的专利许可。

【摩托罗拉杭州研发中心投入运行】 11月9日，摩托罗拉杭州研发中心正式投入运行。该研发中心位于高新开发区东方通信城内，总面积7800平方米。该中心支持摩托罗拉网络技术和产品的研发、测试、软硬件发布等工作，是网络及企业通讯事业部的重要研发中心之一，研发的领域覆盖软件、固件及硬件的开发和测试，并进行第4代网络通讯技术的研发。该研发中心让中国的电信运营商能够最直接接触到摩托罗拉全面的网络技术，促进本地人才的培养和网络技术的创新。

(李海松 陈 悦)

·之江国家旅游度假区·

【之江度假区概况】 杭州之江国家旅游度假区(以下简称之江度假区)深化管理体制调整,发挥西湖区、之江度假区两区互补优势，以打造旅游休闲度假之地、生态市建设示范区、城乡一体化发展示范区的“一地两区”为目标,塑造“休闲之江”、“品质之江”新形象,初步形成集观光旅游、休闲度假、商务会议为一体的新兴产业格局。

加强专项规划研究,出台《杭州之江国家旅游度假区（含转塘)“十一五”发展规划》,完成《杭州市上泗地区污水规划研究》、《杭州市上泗地区交通分析研究》和《杭州市上泗地区绿地调整规划研究》,编制《转塘中村区块概念性规划方案》等。路网结构更加合理，土地利用率得到提高，为上泗地区保护与发展提供了必要的依据。

坚持基础设施建设先行，优化投资环境。之江度假区全年投入资金近10亿元,重点推进道路、农居等基础设施建设。重点开展珊瑚沙、午山、村口、凌家桥、方家畈等村的农居建设，全年在建农居28.5万平方米,竣工农居25万平方米。加快基础设施建设步伐，初步形成骨干路网,之浦路、杭富路一期、科海路一期等13条主干、次干道路基本建成，为之江度假区及转塘周边地区的项目落地、地块出让提供基础条件。南片1号污水泵站基本完工,转塘科技经济区块、转塘集镇污水泵站和市自来水公司转塘泵站开工建设,6条110千伏高压线进行“上改下”，完成杭千高速公路防护林、双流公园等绿化建设。

创新招商投资模式，加大招商引资力度。全年引进中外企业56个,协议利用外资1.04亿美元,实际利用外资4946万美元,区外到位内资11.56亿元,被评为市利用外资二等奖。“烟厂异地技改”、“德力西”、“普民服饰”等项目开工建设,喜来登度假村、商务中心等项目完成开工前期准备,绿城玫瑰园、国盛阳明谷等项目进一步增资扩股。初步构建国际招商平台,全年接待50多批客商,与新加坡圣淘沙集团、新加坡星狮集团、香港和记黄埔地产有限公司、中原物业中国区总部及香港天爱国际投资有限公司等较具影响力的企业展开合作交流。通过与世界著名地产中介机构——第一太平戴维斯亚太区总部的合作，完成赴香港地区、新加坡和马来西亚的招商推介。开展项目招商,扩大意向项目的客商储备,就白金五星酒店、国际航空俱乐部和转塘A地块等项目进行海内外招商推介，储备了几家较有实力的开发商。

旅游休闲经济持续增长，呈现良好发展态势。全年接待中外游客276.95万人次，比上年增长7.1%;门票收入1.79亿元,增长12.4%。宋城、高尔夫球场等景区不断创新提升，华庭云栖度假酒店业务正常开展;阳明谷度假村、玫瑰园健康休闲世界等项目基本建成。加强旅游安全管理，旅游企业安全生产做到连续4年无事故，之江度假区连续3年被评为杭州市商贸旅游系统安全生产优秀达标单位。

【构建平安和谐转塘】 转塘镇围绕发展壮大旅游休闲经济、“美院经济”和工业经济的目标,推进城乡一体化建设，致力于构建平安和谐的旅游休闲城镇和服务基地，提高群众生活品质。全年财政收入9706万元,比上年增长83%;其中地方税收5241万元,增长1.2倍。引进区外到位资金6.2亿元，市外协议资金4.8亿元,市外到位资金2.9亿元;协议利用外资500万美元，实际利用外资300万美元。

不断提高城镇管理水平，完善村级保洁员队伍建设,实现村、社垃圾统一无害化处置,重视水质检测,确保群众用水安全。完善社会保障体系，做好就业岗位开发和劳动技能培训工作，提高就业困难人员和“农转非”人员的就业率。推进农民、外来务工人员的社会保险，完善以“春风行动”为主要载体的社会帮扶救助机制。加强“平安转塘”建设,开展普法活动,加强外来人口管理。在之江度假区的辐射带动以及中国美术学院象山中心校区建设的影响下，转塘镇抓住创建最佳旅游城市等活动的契机,加快城乡建设。

【宋城景区营业收入1.6亿元】 宋城景区经营业绩实现新的跨越,全年接待游客达到240万人次，比上年增长10%；景区营业收入达到1.6亿元,增长16%。

该景区不断完善旅游休闲功能,成功推出新春大庙会、第六届火把节、首届宋城歌会、第五届天灯节等大型品牌主题活动以及“燕青打擂”、“南宋船拳”等大型民俗表演项目。2006年投入1000万元,对大型歌舞《宋城千古情》进行改版，突出地方特色和杭州地域文化，将旅游与文化紧密结合，全年演出近900

场，成为杭州旅游文化市场标志性演出和夜游市场品牌与经典之作。12月13日，中央电视台新闻联播节目报道《宋城千古情》演出的成功经验，《人民日报》、《解放日报》、《光明日报》、《经济日报》等报刊多次刊登有关《宋城千古情》的文章。2006年，宋城景区获得浙江省百佳诚信旅游企业景区、杭州市平安示范景区、杭州市旅游系统先进集体等称号，获得2006年杭州世界休闲博览会暨第八届中国杭州西湖博览会项目组织奖。

【未来世界公园接待游客32.53万人次】 未来世界公园积极开拓客源，重视学生游、婚庆游、一日游、社会团队和老年市场，尝试推广网络销售。全年推出新年游园会、新春第二届洋庙会、"三八丽人节"、"五一动漫秀"、"十一欢乐总动员"等主题活动。该公园经济效益和社会效益良好，全年接待游客32.53万人次，门票收入1416万元。

【创新旅游业态】 华庭云栖度假酒店创新和丰富旅游业态，带动之江度假区人气聚升。该酒店是度假区内第一个按五星级标准建造的旅游度假型酒店，背倚五云山，面临钱塘江，毗邻梅家坞茶乡，集宾馆、宾馆式公寓、私人会所和写字楼服务为一体。优美的风景，优质的服务，吸引宾客3万人次，全年实现营业收入2608万元，比上年增长30.4%。

【科研产业化基地健康发展】 之江度假区在规划调整的基础上，修改完善区块产业发展规划。加快发展隶属度假区管理的、总用地227.7公顷的转塘科技经济园区。着力发展外向型经济，对接国外资本、技术、品牌，重点发展生物医药、电子信息、机电一体化等为主导的高科技产业和以旅游产品(品牌服饰)为主导的都市型产业、动漫文化产业，积极引入科研型、总部型企业。累计引进市外协议资金20.34亿元、协议利用外资1825万美元。由于紧邻320国道、绕城高速公路和杭千高速公路，注重进行经济园区入口段环境整治，实施绿化建设，营造成为花园式科研产业化基地。

2006年，宋城景区举行开城仪式表演。（之江度假区 供稿）

【德力西高科技产业基地项目投产】 2005年10月，德力西高科技产业基地项目经之江度假区审定入园，11月与经济园区签约，注册成立了德力西变频器(杭州)有限公司、德力西实业有限公司。德力西集团计划在园区发展电子仪表类高新项目，建设高科技核心部件制造中心，主导产品为变频器、电子智能化系统、太阳能设备、仪器仪表等。该项目位于经济园区B-5地块，净用地面积5.13公顷，建筑面积9万平方米，总投资2.5亿元。2006年，该企业投产，实现产值2520万元。

【中烟工业公司易地技改项目奠基】 12月23日，举行浙江省中烟工业公司杭州制造部"十一五"期间易地技术改造项目奠基仪式。该项目原为杭州卷烟厂迁扩建项目，于2006年7月10日签约。该项目位于经济园区C-15地块，用地面积69.28公顷，净用地60公顷，分二期建设。计划新建联合工房、仓储物流及各类配套设施，共计建筑面积约60万平方米，其中一期工程投资18.8亿元。

【美吉空气净化设备项目签约】 2005年12月，美吉空气净化设备项目经之江度假区审定入园。2006年1月，杭州美吉科技有限公司与经济园区签约。该公司是专业从事空气净化领域新科技与新产品研发和生产的高新技术企业，主要为各类医疗机构、公共场所、家居环境及各类特种用途环境提供专业的空气净化处理产品。该项目位于区块B-15地块，净用地面积1公顷，总建筑面积1.8万平方米，总投资3000万元，计划投产后年产值1.3亿元。

【高尔夫俱乐部接待宾客超过4万人次】 2006年，杭州西湖国际高尔夫乡村俱乐部快速稳定发展，会员发展到近700人。俱乐部重新装修了会馆，启用MIS计算机管理系统和预约管理系统，修建了具有乡村休闲特色的"西湖小栈"和"85度C"休闲广场，推广微笑礼仪和用心服务活动。举办第九届"宝马杯"中国分区赛、"VOLVO精英杯"赛、中华名人高尔夫邀请赛等重要赛事8场，日本、韩国、欧美等地的国际球友以及香港地区、台湾省的爱好者远道赶来。全年接待各地会员、嘉宾超过4万人次，营业收入比上年增长56%。

【果岭改造工程完工开放】 7月20日，西湖高尔夫球场果岭改造工程开工。经过挖掘原根层、整修排水系统、回填新根系层、沉降、造型、播种、覆盖无纺布、出苗后滚压、修剪等9个步骤，改善了果岭的排水系统。种上新的冷季型草种A-4本特草，使球友冬天来打球也可以看到绿色。11月25日，有高品质草坪的18个果岭改造工程完工，正式开放推杆，受到高尔夫球友的欢迎和好评。（李　霞）

城市建设管理

Urban Construction & Management

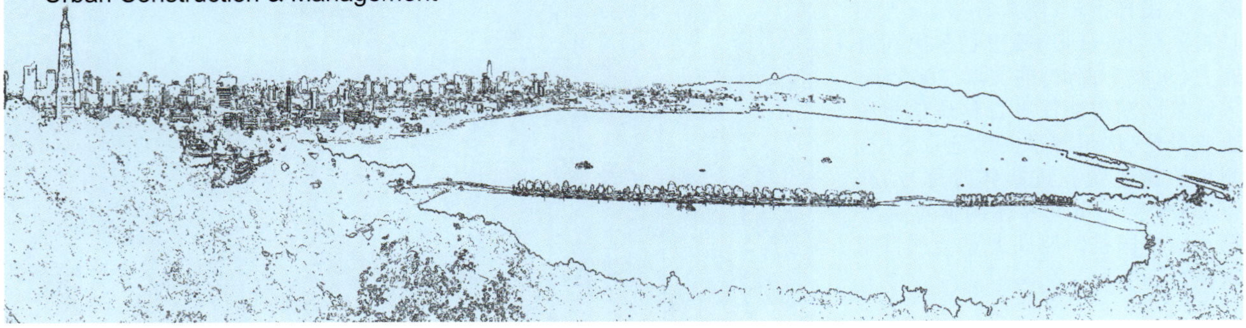

·城市建设管理综述·

【城市化步伐明显加快】 2006年，杭州市根据城市建设“十一五”规划和全市城市工作会议精神，以城市交通建设为重点，积极实施城市化战略，加快构筑市域网络化大都市，中心城市的集聚力、辐射力、带动力进一步增强。全年开工建设重点项目171个，开工率85%。市本级完成建设投资53亿元。主城区实施“一纵三横”、“五纵六路”、“两口两线”道路整治工程和涉及市民直接利益的背街小巷改善工程，建成一批重大基础设施项目，城市水环境、人居环境显著改善。撤村建居和“城中村”改造初见成效，取得阶段性成果。坚持建设与管理并重，城市管理基本形成“两级政府、三级管理、四级服务”的新格局。

2006年建成的涌金门过街人行通道　　（市建委 供稿）

【综合整治道路】 4月底，受市民广泛关注的“一纵三横”道路二期整治工程圆满完成。整治后的体育场路(环城西路以东段)、保俶路和凤起路交通功能明显改善，道路景观焕然一新。5月7日，“五纵六路”道路一期整治工程开工。9月底，完成环城东路、东新路整治。10月底，完成新塘路整治。绍兴路、古墩路和湖墅南路整治按计划推进，年内完成绍兴路、湖墅南路主体工程。10月28日，连接杭(州)千(岛湖)高速公路的之浦路建成，与杭千高速公路洋溪至千岛湖全线同时通车。新建成为西溪湿地国家公园配套的文一西路、文二西路。德胜快速路中、东段建设克服征地拆迁等困难有序推进，12月28日，东段建成通车。秋石、留石快速路开工建设，杭州市区将形成“井”字形快速路网。大运量快速公交1号线于4月26日开通运行，智能交通设施、人行诱导系统等新技术、新设施得以充分运用。重点地段过街人行通道设施建设进度加快，年内建成5座过街人行通道 。

【推进“城中村”改造】 杭州市把“城中村”改造作为推进城市化的突破口来抓，撤村建居和“城中村”改造在实践中探索出不同模式，并取得初步成效。各城区按年度分解撤村建居和“城中村”改造目标，坚持“一区一统筹、一村(片)一方案”的改造模式，抓好规划编制和实施方案的制订。城建部门把“城中村”改造的配套工程作为重点，加快道路、管道和网点建设。结合“两口两线”建设和撤村建居区域支小路整治，推进沿线“城中村”改造。全年完成“城中村”改造13个，正在改造70个，新启动改造试点5个。纳入支小路整治计划122条，先行整治江干区严家路、三新一支弄和西湖区方家北路3条。开工建设“农转居”多层公寓138.75万平方米，竣工112.26万平方米(不含滨江、余杭区)。出台“农转居”多层公寓上市交易规定，位于拱墅区拱苑小区的首套农转居多层公寓住宅上市交易成功，领取了房屋所有权证。　(鲍世明)

【杭州人居环境走在全国前列】 杭州市按照建设“生态亲水宜居城市”的奋斗目标，积极推进环境立市战略，以大项目推进战略为载体，实施水环境治理和水景观建设的大型、特大型项目。建立科学、完善的城市排水系统，城市污水处理率达65%。精心实施西湖和西溪湿地综合保护，形成较好的园林景观效应和自然群落生态效应。杭州成为水清流畅、岸绿景美、江南风貌明显的亲水城市，人居环境明显改善。8月28日，建设部公布“中国人居环境奖（水环境治理优秀范例城市）”获奖城市名单，杭州、绍兴等35个城市榜上有名。这是杭州市继2001年获得“中国人居环境奖”后，再次获此殊荣。（严 建）

【市建委被评为全国建筑节能先进集体】 年初，市建委组织编制建筑节能“十一五”发展规划，制订建筑节能工作目标。出台《杭州市建筑节能管理办法》，推行“建筑施工图节能设计篇（章）评估制度”及“建筑物能效认定和标识制度”。开展以贯彻《公共建筑节能设计标准》、《绿色建筑评价标准》等标准规范为主要内容的培训。组织节能示范项目和节能产品展示，向社会宣传普及建筑节能知识，促进全市建筑节能工作深入开展。9月，市建委被建设部评为全国建筑节能先进集体。

【依法“拆违”133.9万平方米】 杭州市以防违控违为重点，以遏制新的违建产生为目标，以拆除法人集体违建为突破口，进一步加大“拆违”力度。各城区通过组织专项整治，依法开展一定规模的强势拆违，形成了“拆违”的高压态势。全年拆除各类违法建筑133.9万平方米，其中国有土地违法建筑29.5万平方米、集体土地违法建筑104.4万平方米。（鲍世明）

·城市规划·

【城市规划概况】 杭州市规划部门创新规划管理机制，科学编制城市规划，全力服务城乡建设和经济社会发展大局。全年投入经费4291万元，组织编制各类规划设计项目179项，其中新增88项，结转91项。批复规划80项。根据城乡统筹、区域协调的发展要求，开展杭州市市域总体规划的编制。年内，新一轮《杭州城市总体规划（2001年~2020年）》按建设部要求修改文本和说明上报国务院。加强对城市建设重点项目的跟踪和城市发展重大问题的研究，为市委、市政府科学决策和重点项目实施提供参考依据。加强住房建设规划和危旧房改造规划管理，对危旧房改造的原则和标准作出规定。根据“名城强市”建设目标，研究编制和谐杭州示范区实施方案和医疗、体育、文化等公共服务设施专项规划。组织市奥体中心选址专项研究和论证。开展杭州自然资源（湿地）开发保护与城市空间规划关系的研究和城市环境景观规划的研究。

充分履行规划管理职能，依法办理建设项目“一书两证”，规范建设工程审批流程。全年办理各类建设项目3865件。其中，办理选址意见书1021件；建设用地规划许可证548件，用地面积2483万平方米；建设工程规划许可证622件，建筑面积1089万平方米；审批设计方案214件，修改969件；竣工验收397件，验收面积806.6万平方米。项目审批全部按时办结，提前3天办结率占46%。全年处理违法建设项目39件，办理违章确认项目181件。配合地铁一期工程、沪杭磁悬浮工程、杭宁杭甬城际铁路等重点工程建设，完成拆迁安置房、专项用房、政府土地储备、地铁筹资地块的规划审批。深化阳光规划，建设项目规划审批全部实行网上监察。全年分批公示单元控规17项、历史保护规划3项、专项规划6项。重要建设项目集中展示28个，批前公示125批次。根据群众意见，对部分建设项目作了调整。

推进基础测绘和信息化建设，全年投入基础测绘经费960万元，更新城市1:500、1:1000地形图面积206.8平方千米，更新西湖区城市范围地下管线498千米，完成市区二等水准（包括萧山、余杭两区）测量。启动GPS连续运行参考站网建设，完成临安站、萧山站观测墩建造，实现全市260平方千米区域内地形图动态更新。制订杭州市基础测绘“十一五”规划，经市政府审定下发。积极开发信息资源，及时完成基础地形资源新测数据在各系统间的处理、转换和更新。完成规划成果管理系统的开发、用地审批平台的建设和建设项目总图管理系统的集成。设计开发“地名信息服务”系统，增强地图为社会公众服务的功能。提高规划档案利用和服务水平，全年接待档案利用者1191人次，调阅案卷3672次，复印工程图纸3.14万张。完成《城市公共安全综合试点（杭州）》、“数字城管”城市部件建库等国家有关部委交办的课题。

市规划局被评为浙江省“十五”期间测绘科技工作先进集体，4人分别获得全国测绘系统“测绘奖章”和省级测绘系统先进个人荣誉。市规划部门网站连续3年被评为市政府优秀门户子网站。（王 宁）

【编制经济社会和生态环境协调发展规划】 按照统筹城乡区域规划和开展社会主义新农村建设的要求，市规划局编制完成一批经济社会和生态环境协调发展规划。为调整住房供应结构、稳定住房价格，编制市住房建设规划（2006年6月~2007年12月）。根据“优势互补”的原则，对杭州城市西部地区上泗片4个乡镇和之江度假区的发展进行统一规划。编制市第3批撤村建居布点规划和“城中村”改造规划，为“农转居”和“城中村”改造提供可行的规划意见。市环境卫生专业规划（2005年~2020年）以构建生态城市为目标，对城区生活垃圾、医疗废物和固体危险废物的处置及公厕布点作出具体规划。市污水工程专业规划（调整）在原规划的基础上，对江北东、西片污水系统作了调整，对新建区域和新建道路按照分流制实施污水排放。市区关停矿山土地利用规划确定了关停矿山土地利用的原则和步骤。市生态带概念规划和市西北生态带控制规划为保护和合理利用城市的自然资源、构建区域生态安全格局保障体系提供了规划思路。西溪湿地综合保护二期工程详细规划以生态为基础、旅游为载体、科普研究为亮点进行规划。钱塘江两岸景观规划对沿江两岸建筑高度及簇群进行了控制，把沿江空间分为3个区作出规划。市区工业企业搬迁规划和杭州第一棉纺厂、杭州汽车发动机厂修建性详细规划及杭州东南面粉厂地块可行性规划，为工业企业搬迁和市区地块合理使用提供了规划方案。

【编制历史文化保护规划】 杭州是一座有着8000年文明史、2200多年建城史的历史文化名城。按照市委、市政府提出的“保护第一、应保尽

7 月 28 日~8 月 11 日，杭州市第二批重要规划项目公示。（市规划局 供稿）

保”的方针，市规划局组织有关单位完成杭州市中山南路—十五奎巷、清河坊、中山中路等历史街区保护规划和《杭州老字号保护规划》、《杭州市第二批历史建筑保护图则》等历史文化保护规划的编制。规划提出无形文化遗产与有形建筑载体保护相结合、分类保护、在发展中保护、有关部门协同保护等原则。根据各个文保点、文保单位和历史建筑的现状，规划确定了不同的保护方案。

【开展铁路及东站地区综合交通枢纽规划研究】 7 月 24 日~28 日，市规划局会同市地铁集团、市规划编制中心、市规划院和市交通研究中心等单位赴上海、南京、广州、深圳等城市考察大型综合交通枢纽的规划情况。根据兄弟城市交通枢纽规划的组织经验，研究确定了杭州铁路及东站地区大型综合交通枢纽的发展与定位、规划原则和规划编制程式、项目经费和项目周期等问题。9 月 11 日，市规划局向国内外 4 个知名的规划设计单位(联合体)征集规划设计方案，并邀请铁道部专家参与规划设计招标。9 月 29 日，经专家对规划设计征集方案的评选，市政府专题会议确定由法国 AREP 公司与浙江省规划设计研究院联合体为中标单位。

【组织城市色彩规划研究】 为寻找具有杭州特色的城市色彩，改变部分城区城市色彩杂乱的状况，市规划局委托中国美术学院编制《杭州市城市色彩规划研究》。该院成立色彩规划研究课题组，拍摄了 2.4 万张杭州城市照片。提出杭州的城市色彩应以丰富的灰色调为主，老城区特别是环西湖区块以灰、冷色调为主，新城区应偏暖、偏艳和明亮。从老城区到新城区，城市色彩深浅宜有序递增。8 月 22 日，市规划局对中国美术学院提交的《杭州市城市色彩规划研究》(初稿）进行评审和公示。9 月 23 日，市规划局在《杭州日报》以“杭州该是什么颜色”为题发布消息，征求市民意见，并邀请 10 名专家和市民代表参加城市色彩规划座谈会。年内，形成《杭州市城市色彩规划研究》。

【开展城乡规划效能监察】 4 月 11 日，市政府召开全市城乡规划效能监察会议，部署开展城乡规划效能监察工作。随后，市城乡规划效能监察领导小组制订《杭州市城乡规划效能监察工作实施意见》、《2006 年杭州市城乡规划效能监察工作计划要点》。城乡规划效能监察将历时两年，重点监察《中华人民共和国行政许可法》颁布实施以来城乡规划管理的执行情况。全市围绕城乡规划依法依规编制和审批、城乡规划行政许可、实施“阳光规划”、城乡规划批后管理、城乡规划廉政勤政建设 5 个方面的情况开展效能监察。年内，完成自 2004 年 1 月~2006 年 11 月期间各类规划建设项目的自查，自查项目计 2.13 万件，查出并纠正各类问题 451 个。调查核实群众投诉 82 件次，办结率 100%。

【批复城北体育公园方案设计】 9 月 28 日，市建委和市规划局联合批复由浙江省城乡规划设计研究院编制的《杭州市城北体育公园方案设计》。城北体育公园位于下城区，设计用地面积 44.78 万平方米，其中建设用地面积 41.72 万平方米。公园建设集体育健身、地下人防、商业服务等功能于一体。规划建设生态绿地 32 万平方米，体育馆、游泳馆、门球馆等地面建筑面积 2.43 万平方米，商场、停车场等地下建筑面积 3.03 万平方米。公园建筑密度 3.36%，容积率 0.058，绿地率 70%。

【《杭州市汽车生活地图册》发行】 7 月，市规划局和市公安局交警支队共同编制完成《杭州市汽车生活地图册》。图册由 5 个部分组成，着重标明杭州市区单行道和通行方向、禁止转弯入口、拥堵和事故多发地段、摄像头与电子警察设置和高架桥、加油站、停车场、医院、厕所、金融机构位置及景点等相关信息，为广大市民和外来游客提供了一份权威、规范、实用、可读性强的交通服务信息资料。该图册由中国地图出版社出版，第一次印刷 1 万册。

（顾志法）

【完成地铁站点周边地区城市设计】 12 月 22 日，《杭州市主城区地铁 1 号线沿线站点周边地区城市设计》获市政府批复。设计方案确定 1 号线沿线 20 个站点周边 500 米为用地和交通研究范围，200 米为城市设计研究范围。设计采取“地铁+物业”综合开发、城市设计与地铁互动、地下空间综合利用的理念，开发采用中心城区“线跟人”+新区“人跟线”相结合的模式。规划要求利用设计，整合沿线历史文化资源，展示历史文化名城风采。通过对站点周边用地进行空间布局研究、交通分析和景观规划后，提出新的规划控制指标。

（曹 勤）

·勘测设计·

【建筑设计研究院实力增强】 杭州市建筑设计研究院有限公司以设计工作为中心，努力拓展设计市场，依靠自身实力，积极参与上海、深圳、江苏、安徽、山西、四川、辽宁、内蒙古和省内杭州、温州、宁波、绍兴、嘉兴、丽水、湖州、台州、舟山、金华等地项目投标。全年中标项目21项，签订设计合同58项，其中10万平方米以上工程17项。完成施工图设计项目46项，施工图设计面积352.3万平方米，施工图设计投资46.24亿元。

该公司重视技术创新与设计质量，建立和完善ISO 9001质量保证体系，改进技术质量管理制度。公司内部开展设计创优和质量创优活动，严格把好设计产品质量关，全年设计产品合格率保持100%。公司设计的宁波高教园区图书信息中心工程获建设部优秀设计二等奖，绍兴鲁迅纪念馆、义乌国际商贸城二期工程获省优秀设计一等奖，上海松江檀香花苑工程获省优秀设计二等奖，杭州职业技术学院新校区一期工程、衢州市人民医院门诊综合楼工程获省优秀设计三等奖，五洋千岛碧水花园被评为中国健康生态示范居住区。

【杭州大剧院入选全国十大建设科技成就】 杭州大剧院坐落在建设中的杭州城市新中心和中央商务区——钱江新城，占地面积10万平方米，建筑面积5.5万平方米，建筑高度46.4米，地下最深达20.3米。大剧院的主体建筑背向东，面朝西，用进口钛板铺设的银色金属屋面象征着明珠，大斜面双曲玻璃幕墙像一弯月亮，建筑物前面6000多平方米的广场浅水域象征着杭州美丽的西湖，一弯新月倒映在水面，大剧院犹如杭州一尊城市雕塑。由杭州市建筑设计研究院有限公司参加设计的大剧院以其独特的建筑造型、完善的演出功能、先进的舞台工艺，成为全省乃至全国最具现代化的标志性文化设施之一。

2月，杭州大剧院工程入选全国十大建设科技成就。8月，荣获由中国钢结构协会评选的国家级优秀工程金奖。

【市一医院医疗综合大楼获全国医院优秀设计十佳奖】 由杭州市建筑设计研究院有限公司设计的市第一人民医院医疗综合大楼，规划用地2.03万平方米，建筑面积4.2万平方米，建筑物高度64米，共15层。大楼设计以飘弧墙面临街，流畅飘逸的水平曲线、高层竖向挺拔的线条，使该建筑地处西湖边因高度受限而不显臃肿，地域狭促却轻巧俊秀，充分彰显医疗建筑独特的韵味，成为西湖边一道清新靓丽的风景线。2006年，该建筑物分别获省优秀设计一等奖、建设部优秀设计二等奖、全国现代医疗建筑设计一等奖、全国医院建筑优秀设计十佳奖。（卢福荣）

【城建设计研究院业务稳定发展】 杭州市城建设计研究院有限公司业务保持良好的发展态势，全年签订建筑工程设计合同50项，市政工程设计合同66项，完成设计产值7525万元，实现利润279万元。该公司加强设计质量管理，健全质量年度中间审查、内审和管理评审等各项制度，质量管理体系通过中设认证有限公司的换证审核。公司组织编写的钻孔咬合桩设计规范通过有关部门的审定。产品创优成绩显著，获奖数量为近几年之最。上德立交桥工程获国家优质工程银奖。在省建设工程"钱江杯"优秀设计奖、省优质工程奖和市建设工程"西湖杯"优秀设计奖评比中，获得14个奖项。其中，"钱江杯"和"西湖杯"一等奖4项、二等奖3项、三等奖4项，省优质工程奖3项。

该公司积极参与杭州市地铁1号线和2号线的设计投标，其中地铁1号线汽车城站的初步设计通过专家会审，获得一致好评。

【复兴大桥工程获詹天佑奖】 复兴大桥（钱江四桥）位于钱塘江下游4.3千米处，北端与复兴立交桥、中河高架路连接，南端与滨江区中兴立交相连。桥长1376米，宽26.4米，是一座11跨连拱、大小拱结合的双层钢管混凝土拱桥。大桥由杭州市城建设计研究院有限公司设计。总投资7.3亿元。于2002年3月28日开工建设，2004年10月16日建成通车。大桥设计新颖独特，上层桥面设双向6条机动车快速行车道，下层为公交专用道、非机动车道、人行道以及远期的轻轨交通。它的跨径组合属国内首创，主跨采用的抗震球型钢支座为同类型桥梁中最大。施工采用国内最先进的缆索吊装、斜拉扣挂系统，技术含量高。11月，复兴大桥工程获2006年度建设设计领域最高奖——詹天佑奖。

（陈 易）

【勘测设计研究院发展势头良好】 杭州市勘测设计研究院围绕城市规划建设需要，高标准完成杭州城北测区77.6平方千米1/500地形图修测、全市二等水准网测量和城市连续运行参考站网络服务系统测量3项指令性任务。完成"五纵六路"工程测量、轨道交通一期工程2号线和4号线GPS控制网及水准控制网测绘、德胜快速路（东段）和留石快速路一期（上石立交段）等较大型岩土工程勘察。

开拓数字化合作和服务领域，完成全市地下管线数据变更调控探测、评查和普查。开展建设项目竣工测量和绿化测量，为实施规划监督创造条件。发挥专业技术优势，完成主城区及杭州经济技术开发区"数字城管"城市部件普查建库，编绘出版《杭州市汽车生活地图册》，参与主编《浙江省岩土工程勘察规范》，承办全市土工试验员等工种技术培训。

该院质量管理体系通过省级监督检查认证，产品合格率保持100%。《"春江花月"一期工程岩土工程勘察》、《地铁一号线施工控制测量》分别获全国城市勘测优秀工程项目二等、三等奖，《白马公寓、白马大厦岩土工程勘察》、《杭州市九堡测区1:500数字测图》获浙江省建设工程优秀勘察设计二等奖。该院被评为浙江省勘察设计行业首批诚信单位。全年完成测绘、岩土工程勘察、设计、施工和桩基检测项目1610项，工程到账款4000万元，比上年（指2005年，下同）增长8.1%。

（王 宁）

·建筑业·

【建筑业概况】 杭州市建筑业保持稳定、协调的发展态势，建筑企业生产规模继续增长，但增速明显回落，房地产市场投资增幅明显下降。全年建筑业企业完成总产值1268.96亿元，比上年增长16.1%；其中在外省完成产值268.9亿元，增长20%。

实现利润26.9亿元,增长11.8%。全市计算建筑业劳动生产率的平均人数69.65万人,人均劳动生产率18.21万元,增长0.72%。全市(不包括省重点工程项目)交易工程项目5153个,净增396个;交易总额445.58亿元,净增26.03亿元。建筑业增加值170.5亿元,占全市GDP的5%。

以规范建筑市场秩序为主线,加强市场准入管理。完成全市建筑企业资质升级初审,全年参加资质申报及升级、定级的建筑企业318个,城市园林绿化企业192个,工程监理、造价咨询、招标代理等中介机构157个。加强对工程项目管理人员、注册执业人员管理,全年办理建筑企业三级项目经理聘用备案手续1603人,完成598名全国监理工程师和造价工程师初始注册初审。

加强制度建设,出台《杭州市建筑业市场与现场联动的考核实施办法》,定期召开市场与现场联动管理会议,建立规范的企业检查考评机制。完成杭州建设信用网二期建设,信用网成为市场与现场联动执法的有效载体。制订《杭州市建设工程劳务管理办法实施细则》,修订工程招投标制度和评标办法,依法规范建设市场各方主体行为。加大清理拖欠工程款和民工工资工作力度,重在从源头上防范,全市提前全面完成省政府下达的清欠目标。按照"市场运作、商业担保、行业管理、政府监督"的原则,积极推行工程担保运行机制并取得明显成效。

【召开建筑市场及安全生产管理会议】 4月14日,市政府召开全市建筑市场及安全生产管理工作会议。会议要求围绕实施大建筑业、大企业、大市场三大战略,抓住转变建筑业增长方式、加快环保节能建设、加强建筑业务工人员素质培养、建立建设市场信用体系四大关键,落实建设市场监管和安全生产各项任务,推进杭州市建筑业全面、协调、可持续发展,为实现"十一五"时期建筑业发展开好局起好步。浙江省建筑业管理局和杭州市纪委领导到会就进一步加强建设市场管理、构筑惩防体系等问题讲话。（杨 洁）

【规范建筑业市场行为】 市建委从建章立制入手,对建筑市场各方主体进行全面规范。为加强个人注册执业资格管理和工程项目监管,制订《杭州市建筑业施工企业项目经理管理办法》、《杭州市建设项目总监理工程师管理办法》和《关于规范杭州市建设工程项目监管活动的若干规定》等规章。为防范工程风险,制订《杭州市工程建设担保管理试行办法》、《杭州市建设工程投标保证金代收代退管理办法(试行)》。为规范招标代理机构的市场行为,出台《杭州市招标代理市场管理办法》和《造价咨询机构信用考评管理办法》。根据浙江省新颁布的《招投标管理条例》,再次修订《杭州市建设工程施工招标投标管理办法》,上报有关部门审核。针对建设单位随意转包分项工程、随意采购工程大宗材料的情况,下发《杭州市建设项目专业工程招标投标管理暂行办法》和《杭州市建设工程材料设备招标投标管理暂行规定》。为规范建设工程施工招标资格预审,制订《杭州市建设工程施工招标资格预审暂行办法》。（陈 莹 杨 洁）

【推行工程担保制度】 年初,根据建设部召开的全国工程担保试点城市经验交流会议的要求,市建委从调研入手,编印"工程担保调查问卷",召开工程担保分析研讨会,在摸清全市工程担保现状和存在问题的基础上,制订《杭州市工程建设担保管理试行办法》。联合市担保协会,加强对工程担保公司的市场准入管理。重点完善投标担保体系、业主工程款支付担保体系和承包商履约担保体系3个担保体系。对工程担保实行网络监管,形成监管合力。统一保管工程担保证明原件,防止中途退保。适当延长担保有效期,预防拖欠工程款的产生。通过努力,工程担保制度在全市全面推开。全年332个新建工程项目全部实行担保制度,工程造价121.38亿元。工程项目涵盖房地产、市政基础设施、工业厂房等工程类别。12月31日,建设部办公厅编印的"建设情况通报"对杭州市推行工程担保中的创新举措作专题介绍。（杨 洁）

【加强工程招投标监管】 为完善全市工程招投标监控系统,市招标办通过统一编码、统一数据报送要求、统一数据接口标准,与5个城区、3个开发区和各专业工程招标管理部门之间实行联网。建立健全招投标业务管理系统及数据库,开发完成网上招标申请功能,开通项目总监查询系统和招投标报表网上报送系统。编制完成围标、串标的计算机分析软件,并投入试运行。新开通的电子评标系统采用原盘回递的方法,避免投标书与招标文件不一致。启用评标专家语音通知系统和评标专家指纹签到系统,实行评标专家计算机随机抽取、自动语音联系及短信通知,减少评标过程中的人为因素。（陈 莹 杨 洁）

【提前完成清欠目标】 杭州市清理建设领域工程拖欠款工作责任明确,措施有力。市政府与各主管部门及各区、县(市)政府签订清欠目标责任书,把清欠工作纳入年终考核。以清理政府投资工程款拖欠为突破口,带动其他社会项目的清欠。在杭州建设网上开设"清欠工作专栏",每月召开清欠例会,定期印发清欠情况专报,组织开展"拖欠百万元以上项目集中清欠月活动",主动协调、解决各种拖欠纠纷。加强预防,健全建设项目资金审批、履约评议和业主支付担保等制度。至6月14日,杭州市建设领域工程款清欠率达到100%,分别提前半年和半个月完成国务院和省政府下达的清欠目标。全市清理614个工程项目的拖欠款14.51亿元。（王瑞理）

【强化建设市场监管】 为规范建设市场秩序,市建委通过发行建设信用网IC卡,对市场主体实施动态监管。修订有关建设市场主体信用管理的具体规定,增强信用管理的操作性。至年末,在杭州建设信用网上登记的各类企业1445个,从业人数3.86万人。网站累计访问量18万人次。各动态栏目表扬嘉奖企业243个,曝光企业197个。分别对109个企业、154人次进行网上信用扣分。加强市场与现场的联动管理,定期召开联动管理例会,完善企业检查考评机制。全年检查考核建设工地577个,发出整改通知单407份。完成承发包双方诚信评议卡备案项目439件,对承发包双方信用互评情

况，特别是发包方工程款、民工工资支付情况在建设信用网上进行公示，促进了合同履约情况的好转。（杨　洁）

【杭州建设信用网二期建成】杭州建设信用网一期于2005年7月建成开通。二期建设主要通过对建筑业企业和从业人员发放IC卡，进行行业动态监管，实现市场与现场的联动管理。二期建设从2006年6月进入系统软件设计开发，7月底完成《杭州市建筑施工企业项目经理管理办法》和《杭州市建设工程项目总监理工程师管理办法》修订。9月，信用网二期建设进入系统切换阶段，对信用网页面、企业维护平台、监督管理平台和相关数据库进行更新和升级，着重提升信用网的实用性和展示效果。11月，将市招标办、市建设工程交易中心和市建管站等单位业务系统与信用网系统进行互联，完成建筑企业和从业人员IC卡发放。12月4日，信用网IC卡投入试运行。（蒋　力）

【建设项目电子地图管理系统建成】12月，市建委建成开通建设项目电子地图管理系统。通过该系统的一张电子地图即可查看全市各类建设项目的相关信息。查询直观，能直接显示项目各阶段的实地照片。查询信息详尽，能查阅从建设项目立项到竣工验收备案及审批结果等信息。用户通过输入项目编号、项目名称、项目建设状态、所在道路、地址、区域、建设单位、施工单位等搜索条件，查询结果便在地图上直接显示。针对不同性质、不同状态的建设项目，能用不同的颜色、不同的图形进行显示。建设项目电子地图管理系统的建成，强化了对建设项目的联动监管。（黄　巍）

·城市管理·

【城市管理概况】2006年是杭州城市管理品质增长年。市城管部门深入贯彻省、市城市工作会议精神，以迎接国家卫生城市复检、创建国家最佳旅游城市为契机，加强城市管理体制和机制建设，全面推进“四化”（洁化、绿化、亮化、序化）长效管理，较好完成各项任务。杭州市城市管理办公室（以下简称市城管办）被建设部评为全国城市管理工作先进集体。

推进为民办实事工程，全年完成77个生活小区、174个公建单位、127个城市河道污染源的截污纳管，铺设管道11.5万米，砌筑窨井1.55万只，新建和修复路面12.6万平方米，新增纳管污水4万立方米/日，受益人口13万余人，主城区污水处理率达73%。完成中河、沿山河、余杭塘河、贴沙河疏浚清淤，全年河道引配水1.22亿立方米。完成53条道路无障碍设施改造、28个公共交通改造项目和61处低洼积水整治。新改建垃圾中转站10座、公厕56座，其中一类公厕27座、生态公厕8座。新增果壳箱、垃圾桶7000余只。增开老城区与萧山休博园临时公交线路3条，新开通杭州至余杭公交线路2条，新辟老城区公交线路23条。

完善“洁化、绿化、亮化、序化”长效管理机制，制订《背街小巷长效管理实施意见》、《运河长效管理实施意见》。推行背街小巷管理公示牌制度，公开作业单位、管理标准、保洁时间、举报电话和责任人，加强社会监督。开展市容市貌、店容店貌和城郊接合部环境专项整治。全年排查“四化”管理问题15740个，整改15639个，整改率99.4%。开展城郊接合部、撤村建居地区管理调研。在362个社区建立城管联系站，建站社区占建制社区的94.8%。推进“四化”管理向新建工程和整治工程延伸，主城区长效管理覆盖率达90%。以目标管理为抓手，明晰各城区与市直各部门的管理职责、管理边界，“块抓条保、公众参与”的城管工作机制日趋完善，有钱办事、有人管事、有章理事的“三有”保障机制得到加强。

推进依法行政，制订《杭州市城市节约用水管理办法》、《杭州市市区生活垃圾处置计量监督暂行办法》等规范性文件。修订《杭州市城市公共客运管理条例》、《杭州市市政公用事业特许经营条例》等规章。编制《杭州市市政公用行业发展“十一五”规划》、《杭州市城市节约用水规划》，组织开展城市燃气、地下水源保护和综合利用、污水处理等专项规划的调研和编制。出台《杭州市城市隧道养护技术规范》、《杭州市城市道路挖掘及修复技术标准》、《杭州市城市环境卫生作业规范》，初步形成市政公用环卫行业标准。组织对《杭州市市容环境卫生管理条例》、《杭州市市政设施管理条例》实施情况的检查。全年办理行政许可687项，没有发生有责投诉和行政诉讼案件。市城管部门行政执法持证上岗率达100%。全年办理各类建议提案93件，全部及时办结和反馈。

全市城管执法部门按照“依法、理性、亲民、科学、创新”的执法理念，以执法保障为重点，加大对占道经营、无证设摊、人行道停车、城市“牛皮癣”、施工噪声等热点难点问题的整治力度。全年查处违法案件16.65万起，罚款3015万元，教育劝导19.53万人次。以推进数字化执法为起点，推出亲民执法、级差管理、面上控管等创新的管理措施。深化城管执法志愿者工程，成立市民检查团，充分发挥公众参与执法的特殊作用。健全96310信访举报电话联动机制，完善“接、处、查、督、反”等环节。全年受理群众来电6729件，来信、来访375件，受理量比上年有较大幅度下降，处理率和反馈率均100%，满意率99.7%。（季明然　戴志刚）

【改善背街小巷1053条】杭州市连续3年实施背街小巷改善工程，全年完成背街小巷改善1053条，其中达标类419条、提高类573条、特色类61条。累计改善背街小巷1511条，总长度360千米。新增停车泊位9000多个、临时停车场76个。拓宽道路253条，整治街巷立面468条，绿化街巷753条，安装路灯4120余盏，基本实现“路平、水畅、灯明、街巷整洁”的目标。该工程惠及31个街道、12个乡镇、216个社区、38个“城中村”，受益单位1.12万个，受益居民135万人。

背街小巷改善受到社会各界的高度关注，有86个市直机关与95条街巷结对，2.9万名市民直接参与改善工程，744名志愿者、1244名义务监督员参与工程服务，收到建议、意见4492条，被采纳3420条，成为全市协作参与部门最多、工程涉及面最广、市民反响最好的实事工程之一。市民对背街小巷改善工程的满意度达98.3%。12月12日,《人民日报》对杭州背街小巷改善作专题报道。新华社、中央电视台和中国新闻社对该项工程进行多次报道。全国20多个省会城市和副省级城市组团到杭考察背街小巷改善工作。联合国世界旅游组织专家到杭考察时,对背街小巷改善给予高度评价。 (季明然)

【推进市政设施长效管理】 杭州市城管部门依法加强市政设施管理,完善市政设施危机管理办法和预案,提高基础设施应急标准。运用数字城管技术对城市桥梁隧道、道路等敏感部位进行在线监测。加强市政桥隧、道路、公用环卫设施的检查维护。对8座城市桥隧和4座地下通道实施防雷击改造。加强道路窨井盖盗损巡查和恢复修补。依法办理挖占道路审批,防止市政道路乱开乱挖。 全年开展专项整治活动16次,出动4101人次,监管市政道路5万多千米。发现问题5280个,整改率99.9% 。通过市级督查监管、区级自查自改、市区联动监管,市政设施完好率达90%,长效管理覆盖率达98%。

【自动测报系统完成升级改造】 7月,杭州市市政河道、排水水位自动测报系统完成升级改造。该系统由2个测报中心、21个水位遥测站、15个河道水位遥测点、6个泵站污水位遥测点组成。采用公用电话网,通过中心站计算机自动采集各遥测点的水位,及时显示各遥测点的水位信息,实时监控河道汛期汛情和非汛期景观水位。 (王 晶)

【数字城管一期工程被誉为"杭州模式"】 杭州市从2005年下半年开始,在上城等5个老城区推行数字化管理新模式。2006年8月,经过城市部件普查建库,城管信息中心和协同平台搭建等数字城管流程的建设,试点区域的试运行,杭州数字城管系统一期工程正式建成。该系统把5个老城区划分成10074个万米单元网格,有城市部件97类、事件62种,城市部件和事件的内容比建设部要求增加37类、29种。城市的"家当"达202万个。全市170多个市级行政部门和333个社区纳入数字城管系统信息平台,推进了管理"无缝链接"。随着《杭州市数字化城市管理实施办法》、《杭州市城市事件、部件处置标准和时限》和《杭州市数字化城市管理处置流程》等规定的出台,杭州基本形成第一时间发现问题、第一时间处置问题、第一时间解决问题的机制,提高了管理效率。8月28日,杭州数字城管系统在全国试点城市中率先通过建设部专家组验收,被誉为"杭州模式"。

参见邮电通信类目数字城管项目通过部级评审条目。

(易 星 季明然)

【七格污水处理场特许经营】 2月11日,七格污水处理场通过市场招标并经市政府批复,确定天津创业环保股份有限公司为特许经营单位。4月5日,该公司与杭州市城建资产经营有限公司合资成立杭州天创水务有限公司。11月20日,杭州市城管办、杭州市城建资产经营有限公司、杭州市排水有限公司分别与杭州天创水务有限公司签订《特许经营协议》、《资产转让协议》、《污水处理服务协议》。11月25日,七格污水处理厂5.16亿元资产完成转让交割,标志着该厂污水处理场商业运营正式启动。 (何兴斓)

【推进节约用水】 杭州市围绕创建国家节水型城市,大力推进节水工作。9月21日,市政府颁布《杭州市城市节约用水管理办法》。办法提出"统一规划、定额管理、计划用水、综合利用"的节水原则,规定单位用户实行定额管理和计划用水相结合,超计划用水实行累进加价收费制度。市城管办依据该办法制订《杭州市市区超计划超定额用水加价费征收管理办法(试行)》。加强地下用水管理,通过远程抄表系统对地下水开采进行监管,全年开采地下水109万立方米。开展节水宣传和节水型企业(单位)创建活动,组织单位用户推广节水器具和节约用水办法,实施节水技术改造。全市工业用水重复利用率达80%。 (胡茂华)

【市政公用行业开展行风评议】 4月~10月,杭州市根据省纠风办、省建设厅《关于对全省市政公用行业开展民主评议行风活动的意见》,采取条块结合、以块为主的方式,在市政公用行业中开展民主评议行风活动,重点评议市公交集团、市水业集团和市燃气集团3个公用服务企业。市城管办成立民主评议活动领导小组,制订行风评议实施方案和计划,召开全行业动员大会进行宣传发动。编发《市政公用行业行风建设简报》和行风评议工作手册,指导市本级三大行业和区、县(市)相关行业开展行风评议。加强行业监管和巡查督办,聘请行风监督员明查暗访,组织行业协会参与行风评议。根据评议意见,制订 行风建设规章制度,加强内部管理。

(田慧芳 胡茂华)

【推进亮灯工程建设 】 市城管办组

改善后的背街小巷——小营巷 (季明然 摄)

织有关单位编制《杭州市“十一五”城市绿色照明工程规划纲要》，年内完成送审稿。全年安排5000万元专项资金，实施吴山伍公山景区、“龙井八景”、西湖景区三期、西溪湿地和“五纵六路”道路等亮灯配套工程。年末，全市有38栋标志性建筑、180栋单体大楼、111个公共空间节点实现亮化，景观照明总功率达2万千瓦。杭州市以西湖为核心、以城市主要干道为骨架的城市夜间景观框架基本形成；完成城市照明监控系统智能化升级改造，为城市照明实现节能化、防盗化、信息化管理奠定基础。推行照明设施养护市场化，对市区6万盏景观灯向社会进行养护招标，全年养护费用降低30%，设施偷盗损失费下降80%。全年亮灯天数240天。 （韩明清）

【最佳管理公厕和垃圾中转站评选】 11月，市城管办在主城区开展最佳管理公厕和最佳管理垃圾中转站评选活动。综合日常检查考核、专家组评审和社会公众评议等方面的意见，评出上城区小营公园公厕、下城区坝子桥公厕、江干区站前路公厕等10座最佳管理公厕和拱墅区三宝中转站、西湖区古墩路中转站、滨江区高新中转站等10座最佳管理垃圾中转站。 （陈 星）

【巩固城市“牛皮癣”整治成果】 为加大非法涂写招贴广告即城市“牛皮癣”的整治力度，市城管办、市公安局、市城管执法局等单位按照各自职责，加强配合，形成齐抓共管的合力。通过抓现行、堵源头、端窝点，提高“牛皮癣”专项整治效果。采取堵疏结合的方法，在全市300多个社区设置小广告张贴栏，提供市民张贴各种信息。开展“牛皮癣”清除作业市场化试点，提高“牛皮癣”清除质量。发动市民志愿者参与清除“牛皮癣”队伍。联合市残联开展公益助残墙体美化竞赛活动。全年清除“牛皮癣”1972万张。受理“牛皮癣”案件138起，罚款5.19万元。现场抓获“制癣者”65人次，公安机关查获制癣窝点9个。

（王丽萍 方继明）

【加强养犬管理】 随着市区养犬数量的日益增多，市城管办通过张贴

10月21日，杭州市举行首届环卫系统健身运动会。 （市城管办 供稿）

布告、发放资料、接待咨询等途径，加强依法养犬和文明养犬的宣传。会同市城管执法局、市农业局等部门开展创建规范化养犬社区活动。根据第1批试点社区经验，将东新园、新金都、桂花园、华家池等11个社区列为第2批试点社区。把下城区文新街道列为规范化养犬试点街道，制订创建规范化养犬社区（街道）的实施意见和评定标准。市有关部门进社区开展办证、建档、免疫等“一条龙”服务和查处违章养犬、捕捉流浪无主犬、受理养犬投诉等工作。在东新园区设立全市首个溜犬区和犬类公厕。年内社区养犬办证量增长80.6%，犬只防疫率达100%，养犬投诉率比上年下降7.8%。11个试点社区均达到创建目标。 （田慧芳 吴宏杰）

【庆祝环卫工人节】 10月26日是浙江省第十个环卫工人节。省、市政府联合在省人民大会堂召开庆祝大会，对省、市环卫行业的先进集体和先进个人进行表彰。杭州市40名环卫先进工作者、10佳城市美容师和17个环卫工作先进集体受到表彰。节庆期间，市城管办会同市总工会组织环卫行业劳动模范和优秀城市美容师先进事迹报告团，在全市巡回演讲18场，听众3000多人；举办杭州市环卫事业10年成果图片展和首届环卫系统健身运动会；召开环卫系统劳模、优秀城市美容师和离退休老干部代表座谈会。对劳模和生活困难的环卫职工进行慰问；为基层站、所1752名外来务工人员缴纳社会保险。 （吴文良）

【开展专项整治】 市城管执法局以“清洁杭州”为主题，围绕“洁化、绿化、亮化、序化”目标，加大执法力度。重点查处乱吐、乱扔等违法行为，全年教育纠正乱吐、乱扔行为10.34万起，处罚1.43万起，罚款18万元。会同市绿化办等部门开展绿化专项整治，全年教育劝导“毁绿、损绿”行为3771起，处罚8403起，罚款64.4万元。各城区执法中队对店招店牌、广告霓虹灯的断字缺亮问题坚持每天巡查，全年查处并督促整改断字缺亮、有灯不亮等问题491个。完善日常巡查监管机制，合理安排执法力量，加强双休日、早晚间等时段街面的管控。对倚门设摊、占道经营和占道停车等违法行为严管重罚。开展无证设摊和人行道停车执法专项整治，全年查处人行道违章停车9.16万起。其中，实施处罚5.06万人次，罚款619万元；现场教育纠正4.1万人次，违章停车当事人接受处理率达80%。

【依法实行强迁】 根据市政府办公厅《关于相应下放城市房屋拆迁纠纷处理权限有关事项的通知》精神，市城管执法局认真履行行政强迁职责。为提高现场执法能力和协调谈判技巧，该局组织规模较大的模拟行政强迁现场演练。制订案卷制作的具体规定，规范行政强制拆迁案件的案卷制作。市城管执法局全年

对153处需拆除建筑实施强制拆迁,其中96处建筑经现场劝说当场自行拆除,57处建筑依法实行强迁。

【完成休博会(西博会)执法保障】按照市委、市政府提出的保障工作要求,市城管执法局全力以赴确保休博会(西博会)各会展场馆、重大活动现场的良好秩序。在世界休闲大会、西湖艺术博览会、观潮节、美食节、大运河文化艺术节等重大活动期间,出动执法人员8000余人次、志愿者4000余人次,积极履行执法保障任务。其中国际烟花大会当晚,市城管执法局协调各区执法局、执法大队实施跨区支援,组织850人在钱塘江两岸设立72个设卡点、32条警戒巡查路段,现场查处、收缴和取缔无证设摊、流动兜售等违法行为500余起,教育劝导2300余人次,管理、疏导、引领非机动车有序停放5万余辆(次)。

【配合实施食品放心工程】实施"食品放心工程"以来,市城管执法局与有关部门积极配合,加强对无证早点摊、违规经营早点摊、流动食品售贩及摊点的查处和取缔。上半年,结合休博会重大活动和迎接国家卫生城市复评,在城郊接合部开展以食品安全为主题的专项整治。6月,开展以夜间无证小吃摊点、无证大排档、店外设摊为重点的夏季专项整治。其中,组织夜间大排档专项整治47次,校院周边和城郊接合部无证食品摊点整治43次,取缔无证大排档173处,查处无证食品摊贩517人次。下半年,以创建最佳旅游城市为契机,加大对无证食品摊点、大排档及占道经营等违法行为的查处力度。配合有关职能部门,对全市食品加工企业和流通环节进行联合检查。在风景区部分社区,开展对无证蔬菜和食品摊点划片经营、规范管理的试点。

【"数字执法"项目获奖】"数字执法"项目涵盖执法数据交换平台、执法资源库建设、"执法通"系统、"文明卡"系统等内容,是城管执法部门用现代化技术推进公开、公正、透明、高效执法的有益尝试。"数字执法"启动以来,通过与"数字城管"的对接,实现了城市管理、监控、服务的数字化、智能化、网络化。3月,该项目被建设部列入2006年科学技术项目计划。8月,"数字执法"移动定位系统获2006年度中国地理信息系统优秀工程银奖。11月,"数字执法"项目被评为杭州市科技进步奖三等奖。

【推出文明工地数字评测系统】针对城市建筑工地中存在的不文明行为,市城管执法局推出"文明工地数字评测系统",依托现代科技手段对建筑工地进行远程监控,及时制止和查处不文明施工行为。评测系统兼顾视频和噪声双重监测功能,后方管理平台和联勤保障机制完善,在全国处于领先水平。该系统在拱墅区6个工地试点,使案发量、投诉量大幅度减少。中央电视台等媒体对该项目作了报道。

【发挥城管执法志愿者作用】为充分发挥城管执法志愿者在城管执法宣传劝导方面的作用,市城管执法局组织100名市民督查员和50名网络志愿者进行业务培训。在市、区两级组建网络宣传小分队、贴沙河管理小分队和督查小分队等特色小分队,充实基层队伍力量。年内,志愿者队伍扩大至1万余人。志愿者根据城管执法部门设置的活动载体,积极开展宣传劝导活动。全年有6000余名志愿者参加各项执法实践,计2万余人次。发放宣传资料2.05万份,劝导不文明行为3600余起。

【完成相对集中行政处罚权实施办法讨论稿】3月,受省法制办委托,市城管执法局组织有关人员到综合执法工作实施较早、收效较好的兄弟城市调研取经,并通过网络、报刊等渠道搜集相关资料。在调研的基础上,结合省内各城市的实际,撰写《浙江省相对集中行政处罚权实施办法(草案)》初稿。经征求全省地市级以上城市意见和科学论证,形成《浙江省相对集中行政处罚权实施办法(草案)》(讨论稿),圆满完成省法制办委托的调研起草任务。办法(草案)共9章66条,分"机构、人员和职责"、"管理体制和机制"、"协助与配合"、"执法保障"、"执法监督"、"法律责任"6个方面。

【创建人民满意中队】为推进基层执法队伍建设和办事窗口效能建设,市城管执法局在全局开展创建人民满意基层站(所)活动。创建活动以执法中队为主体,制订《创建"人民满意执法中队"考核评价细则》。以基层队伍建设为主线,把创建活动与"满意单位"评比、惩防体系建设、商业贿赂治理、系统行风建设等结合起来。年末,市城管执法局直属大队二中队、上城区局湖滨中队、下城区局长庆中队和拱墅区局指挥中心4个单位被评为"人民满意执法中队"。(方继明 戴志刚)

城管执法队员整装待发　　（市城管执法局 供稿）

·房产管理·

【房产管理概况】市房产管理部门

从破解“住房难”入手，加强住房保障体系建设，规范房产市场交易秩序，强化住宅小区物业管理，全市房产市场保持平稳发展的态势。

市房产管理部门建立房屋权属登记质量管理体系，全年完成各类房产登记受理15.67万件，发放房屋权证15.48万本。房屋交易成交量9.67万件，成交面积2198万平方米，金额1460亿元。为63处社区配套服务用房核发房屋所有权证，共计确权1.28万平方米。出台《杭州市城市房屋使用安全管理条例》、《杭州市市区公有住房售后维修基金管理使用实施意见》、《杭州市区危旧房改造规划编制和管理暂行办法》等规定，规范房屋使用管理。根据突出重点、先易后难、分年实施、达标考核的原则，组织各城区编制危旧房改善5年规划。实施9个危旧房改善试点项目，涉及住户近1300户，面积8.4万平方米。完成200幢房屋“平改坡”和10个小区房屋整治。完成各类房屋安全鉴定820处，面积73万平方米。受理新建白蚁预防申报项目620个，新建白蚁预防施工面积1139万平方米，新建白蚁预防覆盖率100%。全年归集物业维修基金3.1亿元，拨付维修基金693万元。推行多元产权房屋维修基金“一体化”审核模式，较好解决了多元产权房屋共用部位、共用设施设备的维修问题。

加大房产市场监管力度，成立市房产交易市场整顿领导小组，制订房产交易秩序整顿方案，开展房产交易秩序整顿、房地产开发企业和中介企业交易秩序的自查自纠及综合执法检查等活动。通过核查诚信档案、启用新版商品房诚信档案栏目等手段，深化诚信档案建设，市场主体逐步走上诚信的轨道。

严格拆迁审批程序，按年度计划落实拆迁。增加拆迁房产测绘工作的透明度，全市所有拆迁房产的测绘结果实行现场公示，减少了各类纠纷。全年办理房屋拆迁许可证39件，拆迁总户数2373户，拆迁总面积32.6万平方米。认真做好拆迁户安置，全年安置在外过渡3年以上拆迁户3620户，安置率80.8%。

【房产中介管理走在全国前列】 6月，市房管局在没有现成经验可借鉴的情况下，在全国率先启动“以信息化网络创新管理促进房产中介行业健康发展”项目。该局成立项目领导小组，制订详细周密的工作方案，组织有关人员对程序反复测试和技术攻关。11月底，包括“开户注册”、“房源挂牌”、“受理发证”等八大功能模块和网络技术支持、产权核查等四大类工作内容在内的房产中介管理创新项目正式投入试运行。该项目通过信息技术的利用，实现对房产中介行业和中介经纪人的动态管理，对交易行为的实时监管和交易数据的实时统计，使买房、卖房更加安全、快捷、方便。建设部对该项目成果予以充分肯定，认为杭州的房产中介管理走在了全国的前列，创新了房产中介服务模式和管理方式，值得全国推广。

建设部推广杭州房产中介管理经验 （市房管局 供稿）

【完善住房保障体系】 杭州市围绕实现“房等人”的目标，调整商品房结构，加快经济适用房建设，增加廉租房房源，基本形成经济适用房、低价位商品房、经济租赁房和廉租房“四位一体”的中低收入家庭住房保障体系。全年组织4次经济适用住房公开销售，推出房源7351套，建筑面积66万平方米，超额完成公开销售50万平方米的年度目标。在对原经济适用房准购证清理的基础上，重新制订经济适用房持证轮候人员申购选房方案。完善住房配租办法，全年筹集经济租居房房源2万平方米，为830户处于最低生活保障线以下住户及特困职工实行配租，配租户比上年增长40%。其中，租金配租655户，实物配租175户。稳步推进住房分配货币化和公房出售，全年审批一次性住房补贴职工13854人，发放补贴5.4亿元。审批出售公有住房4188套，建筑面积19.01万平方米。

【完成市区住房普查】 为全面摸清杭州住房家底，为政府解决“住房难”问题提供依据，市房管局会同市建委、市民政局和各区建设局开展为期3个月的市区住房普查。普查采取整理原有房屋数据、专项调查尚未登记的房产、抽样调查居民住房和定向调查直管公房承租户及持有困难救助证的困难家庭相结合的办法。其中抽样调查老城区社区264个、萧山和余杭两区居民6.35万户。8月底全部完成普查。调查结果显示，通过近几年的努力，杭州住宅建设成效明显，居民住房条件明显改善。市区住房总量106.99万套（不包括集体土地上的农居房），总建筑面积9049.73万平方米，套均面积84.58平方米。其中，老城区（不含萧山、余杭，下同）住房总量80.2万套，总建筑面积6526.08万平方米；余杭区住房总量14.5万套，总建筑面积1268.9万平方米；萧山区住宅房屋产权登记发证12.29万套，总建筑面积1254.7万平方米。老城区户均有房1.11套，人均居住面积23.4平方米，比2000年增加近20%；余杭区户籍居民人均居住面积27.9平方米，萧山区户籍居民人均居住面积 26.8 平方米。

【保护历史建筑】为加强历史建筑保护，市房管局制订《历史文化街区和历史建筑保护专项资金拨付管理规定》、《历史建筑修缮工程招投标制度》、《历史建筑保护设计方案专家评审制度》等规章，组织力量全面开展历史建筑保护。至年末，基本完成第 1 批、第 2 批共 122 处历史建筑的建档、标志牌挂牌和保护管理责任书的签订；完成 6 个城区 50 年以上老房子的普查，收集近 700 处老房子的信息；完成锅子弄 34 号、延安路 226 号、省庐等 30 处历史建筑的建筑测绘 。根据产权性质不同，确定近 20 处历史建筑的保护主体及保护整治计划。指导和监督有关单位或住户自主出资对历史建筑的整治。实施各城区保护项目的应急维修，全面启动修缮工程。邮电路 16 号、九芝斋等 10 处历史建筑涉及的用户陆续搬迁，电子科技大学西教学楼、银枪班巷 3 号、南山路 178—1 号等 10 多处历史建筑完成修缮。

【依法推进物业管理】全市新增物业管理面积 340 万平方米，物业管理总面积 3620 余万平方米。市房管部门以贯彻《浙江省物业管理条例》为契机，依法推进物业规范化管理。制订有关业主大会运作的指导意见和示范文本 20 个，规范业主委员会的选举、换届。会同行业协会每季度对物业管理进行抽查、考核，开展以落实物业管理处主任负责制为重点的专项执法检查，促进物业公司提高管理与服务水平。开展创建物业管理优秀小区活动，新增市物业管理优秀小区(大厦)29 个、全国物业管理示范小区（大厦)3 个。全市物业管理规范服务达标率和 2 万平方米以上住宅小区物业管理覆盖面均在 85%以上。

【房产信息化水平提高】市房产信息系统建设起步较早，多项技术成果达到国内领先水平，曾获得全国 GIS 优秀工程金奖。2006 年，市房管局进一步优化透明售房系统，启动二手房按揭合同网上签订，开发专项经济适用房管理程序，调整网站繁体版，开设“建言献策”、“特殊群体”等服务栏目。完成商品房预售证办理、商品房预测绘备案审核和拆迁许可申领等 12 个业务收件资料共享工作流程，基本形成房产管理网络化和服务体系自动化。在实现商品房买卖办证立等可取的基础上，推出个人存量房抵押登记即时即办项目，办证时间从原来 5 个工作日缩短为 40 分钟 。出台《杭州市房产管理诚信档案实施办法》等规定，透明售房网诚信档案建设和产权档案数字化建设等工作开局良好。（张小莉）

·国土资源管理·

【国土资源管理概况】全市国土资源部门认真贯彻国家关于耕地保护的重要部署，加大土地市场的监管力度。积极开展土地整理，全市完成土地整理项目 74 个，建成标准农田 8446.7 公顷，累计建成标准农田 11.07 万公顷，超额完成省政府下达的标准农田建设任务。全年完成宅基地整理项目 186 个，复垦面积 366.6 公顷，全市连续第十年实现耕地占补平衡。出台《关于进一步加强政府储备土地开发整理的实施意见》、《杭州市土地开发整理项目管理办法》等规章，促进土地开发整理工作有序开展。制订老城区闲置土地动态监管制度，建立城区上下联动的闲置土地动态监管网络。老城区处理闲置土地 60 宗，土地面积 408.5 公顷。

积极争取用地指标，江东、临江和钱江 3 个开发区列为省级开发区。通过“山海协作”与衢州市达成开发协议，衢州为杭州有偿代保基本农田 3333 公顷，代建标准农田 6666.7 公顷，代造耕地 666.7 公顷，缓解了杭州用地紧张的局面。做好征地拆迁协调，修订完善征地区片价，开展征收征用土地中损害农民利益问题的专项检查。老城区完成建设用地项目草签协议 263 个，其中省、市重点项目 78 个，总征地面积 3896 公顷。

全面推行国土资源有偿使用制度，全年老城区公开出让经营性用地 39 宗，土地面积 179.5 公顷，总成交额 165.16 亿元。全市收缴土地出让金 144.26 亿元，其中老城区收缴 92.33 亿元。收购储备土地 835.4 公顷，其中老城区 279.5 公顷。完成经营性用地做地 239.7 公顷，年末土地储备库中具备出让条件的净地 233.3 公顷。

严肃查处土地违法案件，全年立案 1048 起，土地面积 864.7 公顷，收缴罚没款 8441 万元。开展卫星遥感土地执法检查和土地违法案件集中查处等专项执法活动。向有关部门提出党纪政纪处分建议 89 人，受到处分 62 人；移送刑事处理 7 起、14 人。全年受理来信、来访、来电 6398 件，比上年增长 14.9%。承办省国土资源厅、市信访局转办的重要信访件 458 件，反馈率和按时报结率均达 100%。

加快废弃矿山生态环境治理步伐，年末治理率达 58%。全市关停布

桐庐县富春江镇金家村、芝厦村通过开展土地整理，将 600 余公顷荒废、零散的土地整理成基本农田。（市国土资源局 供稿）

局不合理、安全隐患突出的矿山49个，超额完成省国土资源厅下达的关闭指标。加强采矿权市场建设，采矿权全部实行招标拍卖挂牌出让。全年出让采矿权506宗，有偿率达100%，收取出让金7242万元。全市地质灾害群测群防网络覆盖地质灾害易发区2362个村庄和社区。全年投入1500多万元，完成66处灾害点的治理和搬迁，使2000余人摆脱地质灾害的威胁。全市累计完成45处重点地质灾害点的治理。

▶▶资料:宅基地整理

宅基地整理是指通过撤并、整合农村居民点，盘活存量土地，将原有多余的宅基地(包括废弃工矿等其他建设用地)进行复垦，以增加有效耕地面积的行为。开展农村宅基地整理，有利于节约集约用地，缓解新增建设用地和耕地占补平衡的压力；有利于改善农民生产、生活条件，促进社会主义新农村建设；有利于积极引导农村人口向城镇、中心村集聚，加快城市化和工业化进程。

至2006年末，全市共投入资金2亿元，拆除房屋1.5万余间，搬迁农户5800户，完成宅基地整理项目246个，复垦耕地532公顷。

【开展已批未供、已供未用土地清理】5月，市国土资源局对全市已批未供、已供未用土地进行全面清查。10月，对清查情况组织复查。经过两次检查，5月~9月全市已批未供用地减少1566.7公顷，已供未用土地减少580公顷，供地率明显提高。滨江区采取限期办理供地手续、调整项目落点和督促企业按约开工等举措，供地率由年初的60%上升到清查后的80%。

【市国土资源局被评为全国地籍管理先进单位】12月8日，杭州市国土资源局被国土资源部授予“十五”期间全国地籍管理先进单位称号。“十五”期间，市国土资源局认真实施地籍管理“十五”计划纲要，严格土地管理，深化土地使用制度改革，积极推进节约集约用地，充分发挥地籍管理在经济社会可持续发展中的基础性作用。全市共颁发国有土地使用证38万本，集体土地使用证5万本；全市土地使用权登记覆盖率由2001年的86%提高到2005年的92%；集体土地所有权登记从“零”起步，至“十五”期末，全市行政村所有权登记覆盖率达83%。

【集中整治“两违”】从3月中旬开始，市国土资源局开展以城区“违法用地、违法建筑”为重点的“两违”集中整治。通过全面排查，发现各类违法建筑17259宗，建筑面积314.1万平方米。对违法建筑逐一提出处理意见。重点做好新增违法建筑的防范和查处，对集中整治期间发生的1791宗违法建筑进行严肃处理，其中即查即拆和自查自纠的违法建筑218宗，拆除违建面积2.16万平方米。

【出让经营性用地167.89公顷】杭州市将政府储备的经营性用地纳入市场运作，全部实行招标挂牌出让。全年在一级市场组织挂牌交易会22场，出让土地38宗，总面积162.5公顷，成交总额126.9亿元。其中，商品住宅用地18宗，总面积78.7公顷，成交额92.64亿元；商品公建用地20宗，总面积83.8公顷，成交额34.24亿元。二级市场组织2场土地使用权连同在建工程挂牌交易会，出让土地面积5.39公顷，成交额7.61亿元。其中，处于市区黄金地段的杭州汽车发动机厂地块，占地面积10.4公顷，吸引多个知名房地产开发商参与竞标，拍得36.3亿元。

【矿产资源开发秩序整顿】3月，市政府下发《关于全面整顿和规范矿产资源开发秩序的实施意见》，重点对煤炭、砖瓦、选矿、石料等企业进行清理整顿。全市依法查处无证开采点38个、越界开采22处、违规开采矿山58个。下令整改矿山24个，关闭矿山4个，没收矿产品2600吨，罚没款23.1万元。

【开展争做地球小卫士活动】4月22日是第37个世界“地球日”。“地球日”前夕，杭州市在中小学生中开展“节约资源、保护环境——争做地球小卫士”活动。市少年儿童工作委员会组织全市少先队员制作派发万张节约文化卡，向社区的左邻右舍、周围的亲戚朋友、街面的路人和校园内的小朋友散发。各中小学在争创“李四光中队”、争做“地球小卫士”活动中，积极引导少先队员探求节约的小窍门、好主意、新方法。市国土资源局会同省国土资源厅、省环保局、团省委等单位在杭州市崇文实验学校联合举行纪念第37个世界“地球日”暨“李四光中队”、“地球小卫士”表彰命名大会，杭州市55个“李四光中队”、55名“地球小卫士”受到命名表彰。

【加快丁桥大型居住区建设】杭州市土地发展有限公司(丁桥大型居住区指挥部)围绕“三年基本建成丁桥一期”目标，奋战5个月，基本完成征地拆迁，全面铺开道路、学校、公园等居住区配套设施建设。至年末，居住区完成基础设施建设总量50%以上，全线贯通配套道路8条。丁兰公园开工建设，杭师院丁兰实验学校基本完工。启动经济适用房建设60万平方米，占老城区经济适用房总开工面积60%，成为全市大型居住区中起步最晚、拆迁最快、交地最多的居住区。丁桥大型居住区“安置房先建设、10%留用地先定位、配套设施先实施、社会保障先落实”的“四先”做法得到上级有关部门的肯定。

【开展土地执法专项行动】11月，根据省监察厅、省国土资源厅的统一部署，全市开展土地执法专项行动，对2005年1月1日~2006年9月30日期间新增的4222宗建设用地进行全面清理。市政府成立专项行动领导小组，制订下发专项行动方案。各区、县(市)政府(管委会)成立相应的领导班子和工作班子。全市通过逐宗排查登记，排查出土地违法案件1015起，涉及土地面积843.4公顷。对排查出的土地违法案件依法进行分类处理，其中30起重大典型案件，至年末，除市本级立案查处的4起案件在按程序处理中，其余均已查结。

【开展损害农民利益问题检查】6月，市国土资源局会同市监察局、市法制办等10个部门，开展在征收征用土地中损害农民利益问题的专项检查。该项检查主要对2005年10月省国土资源厅、省监察厅、省法制办等6厅(办)对杭州市土地出让金收缴使用情况和在征收征用土地中损害农民利益问题督查后的整改情况进行跟踪,同时检查各区、县(市)推进征地制度改革和促进耕地保护的情况。专项检查组在各区、县(市)自查的基础上,重点抽查杭州经济技术开发区、萧山区、建德市和桐庐县。检查结果表明,各地在土地征收征用工作中执行政策到位,切实维护了失地农民的合法权益。

(陈张宇)

·城建资产经营·

【城建资产经营概况】 2006年是杭州城市建设实施新五年发展规划的起步之年,市城建资产经营公司按照发展规划确定的目标,以改革改制为动力,全面加快公用事业建设。

深化改革,积极探索公用服务企业市场化运作机制。市公交集团公司与香港白马巴士(集团)公司合资的杭州白马安达客运服务有限公司成立,注册资金1000万元,按现代企业制度要求经营城市公共交通客运业务。市路桥公司与市沥青拌和厂资产重组、联动改制方案经市政府批准,进入实施阶段。完成天子岭垃圾填埋场与环卫科研所场所分立和固废公司资产重组。市城建开发集团公司完成二次产权制度改革,25%国有股权挂牌转让成功。市燃气(集团)公司实施瓶装液化气股权转让,与受让方百江投资有限公司合资成立杭州百江液化气有限公司,注册资金5000万元。原液化气公司376名职工全部转换身份。市房产实业公司实现股权调整 。市水业集团公司华水公司、热电集团公司重庆杭热实业公司等附属企业国有股权共转让1.15亿元。为做大做强排水行业,推进管线建设向强弱电一体化方向发展,成立杭州市排水有限公司和杭州市地下管道开发有限公司。

创新服务,"两保一优"(保安全、保供应、优服务)水平有新的提升。市城建资产经营行业全年投入29.15亿元,保障市政公用产品的供应。年内,各项公用事业重点项目和为民办实事项目均如期完成。全年新增和更新公交车500辆,新辟、优化线路40条;完成客运量7.83亿人次,总驶里程3.63亿千米,票款收入10.1亿元,分别比上年增长10.6%、8.7%和13.9%。"一户一表、计量出户"预置改造3.56万户,接水入户8.5万户;实现售水量3.5亿立方米,增长2.1%。处理城市污水3.13亿立方米,增长64.3%,污水处理率99.7%;完成河道引配水1.25亿立方米。热电完成发电量3.9亿千瓦小时,供热量355万吉焦。处理和填埋生活垃圾82.26万吨,增长27%。城市"四自"道路收费7.38亿元,增长27.2%。房地产企业投资7.97亿元,新开工面积44.3万平方米,竣工68.45万平方米。其中经济适用房、拆迁安置房新开工16万平方米。加强安全生产,全年开展各类安全检查2231次,排查事故隐患1878个,整改率达98.8%。对15.7万户燃气用户进行入户安检。市城建资产经营公司连续3年实现"七无"目标。杭州设备安装有限公司被评为全国用户满意安装企业。全年受理来信、来电、来访67万多件,按时反馈率、办结率均100%,满意率99.9%。及时办理人大议案、政协提案,满意率100%。

市城建资产经营公司围绕国有资产保值增值目标,加强制度建设。新出台《国有资产重大损失问责及领导责任追究试行办法》、《国有资产收益管理暂行办法》、《董事会报告制度》、《国有产权代表报告制度》、《监事会管理办法》和《资产评估管理办法》等制度。公开选聘资产评估机构,初步形成规范化的产权流动机制。完善财务总监委派制度,对国有独资企业、国有控股企业均委派财务总监 。完成改制剥离资产和债权、债务的移交,以及中北二期项目公司的组建 、江南豪园和中北二期的土地权证变更,确保国有资产安全完整。全年划转城建国有资产20项,计18.23亿元。土地确权5宗,土地面积7.99万平方米;房产确权45宗,建筑面积2.44万平方米。年末,公司合并总资产和净资产分别达443.8亿元和199.4亿元,比上年增长18.3%和22.7%;经营性净资产增值7% 。

(林 燕)

【启动南星水厂扩建二期工程 】 6月28日,为满足复兴、下沙地区和钱江新城日益增长的用水需求,南星水厂饮用净水扩建二期工程开工建设。工程规模为40万立方米/日,在一期建成10万立方米/日深度处理系统的基础上,新建20万立方米/日深度处理综合池及活性炭滤池、36万立方米/日机械混合折板絮凝平流沉淀池和均质滤料滤池等设施。该工程科技含量高,净水系统增设预臭氧氧化和后臭氧氧化结合活性炭吸附的深度水处理工艺,出厂水可达到直接饮用的标准。至年末,该工程完成反冲洗泵房等处理系统30%的土建工程量。

【钱塘江引水工程隧洞试验段开工】 8月11日,钱塘江引水入城隧道试验段工程3号支洞开工建设。工程

8月11日,钱塘江引水入城隧洞试验段工程开工。

(市城建资产经营公司 供稿)

从钱塘江引水至杭州城西，以改善城西水环境，并为西溪国家湿地公园提供优良水源。引水规模为25立方米/秒,年引水总量3.9亿立方米，总投资9.2亿元,总工期29个月。为积累施工经验和技术数据，建设单位把关键控制性工程——隧道3号支洞作为工程试验段。至年末,试验段工程完成之浦路段引水渠道预埋和3号支洞240米洞身施工。

【统一水费收费平台】 2月,杭州市水费收费系统升级，实行统一的水费收费平台，杭城所有供水用户均可跨区域缴费。此前,杭州主城区、三墩、闲林和下沙4个区域的用户只能在各自所属区域内指定银行的网点缴费或办理相关业务。收费系统升级后,用户凭借水费通知单,就可在4个区域内任何一家指定银行的网点缴纳现金或办理水费代扣业务。除工商银行、商业银行、联合银行(农信社)、交通银行外,建设银行、中信实业、招商银行、农业银行和邮政局的网点均可办理水费代扣业务。对公托收业务集中到中国人民银行"一户通"业务序列中,水费账目结算更加迅捷。（周张海）

【天然气利用工程初步设计获批复】 10月25日,省发改委召开杭州市天然气利用工程初步设计调整部分内容评审会，组织有关专家对设计调整方案进行评审。12月31日,省发改委《关于同意调整杭州市天然气利用工程部分初步设计内容的批复》下发,批复同意杭州市在江南、江北建5座门站，新建18座高中压调压计量站，沿杭州市绕城高速公路两侧埋设环状高压管线181.42千米。批复表明杭州市沿绕城高速公路建设天然气高压环网已具备条件。

【天然气用户快速发展】 随着天然气成为城市供气的主要气源，杭州市结合道路综合整治，加快燃气管网建设。全年改造和新建中低压管网120千米,改造旧管网19.5千米,对城东38.42千米中压管网实施提压。着力培育工业、公建大用户,努力发展周边市场。年内,实现向余杭区勾庄局部区域供气,完成上泗、转塘地区供气方案设计和滨江区CNG站项目建议书，与富阳市煤气公司签订转塘、金家岭地区供气意向书。克服困难，让多年来无法安装管道的45个小区、近9000户居民用上天然气。全年新增管道燃气用户3.97万户、工业和公建用户116个,分别比上年增长28.2%、7.5%;销售管道燃气（折天然气)1.15亿立方米,增长63.9%。天然气最大日供量56.31万立方米，为上年的1.35倍。（沈淑敏）

【快速公交1号线开通】 4月26日,杭州首条、全国第二条快速公交线路——杭州快速公交1号线开通试运营。1号线起于下沙高教园东区,终至蒋村公交中心站,沿途设13对双向停靠站。线路长度28千米,配备客车48辆，设计运送速度30千米/小时，班次间隔高峰时间为2分~4分钟/班。线路票价实行站内售票,全程一票制,各类IC卡通用。采取同台换乘的线路运营方式。开通7个月来，已有40余万人次免费同台换乘。（郑增强）

►►资料:快速公交

城市快速公交系统（简称为BRT),是一种介于轻轨交通与常规交通之间的新型交通运营系统,它采用新型大容量的公交车辆,在公交专用道路上行驶,既体现轨道交通运营管理特性,又具有普通公交灵活性强、投资低、建设周期短、污染小、耗能低等特点。

【70周岁以上老年人乘坐公交车免费】 为改善社会公共福利，市政府颁布实施《杭州市优待老年人规定》。根据该规定,从9月10日起,市区70周岁以上老年人凭"老年免费乘车卡"可免费乘坐1路~399路公交车，包括连接主城区与萧山区的315路。

【智能公交电子站牌联网运行】 智能公交电子站牌是杭州公交智能化系统工程的一个重要研发成果,由市公交集团和市电信公司合作研发。于2004年11月立项建设,2006年5月11日正式启用。智能电子站牌采用先进的互联网技术和GPS卫星定位技术，将计算得出公交车到达某站的距离和时间，通过移动网络实时地传输到站牌上，误差一般不超过1分钟,还能显示视频节目、生活常识和天气预报等各种实用信息，以方便乘客了解掌握。至2006年12月,杭州在中心城区架设完成426块智能公交电子站牌并联网运行。杭州成为在全市范围内大规模建设智能公交电子站牌的省会城市。（薛林 杨建幸）

【中东河日引配水32万立方米】 中河、东河是杭州城区东部重要的景观河道,也是运河的补充水源之一。近年来,中河、东河局部地段严重淤积,河床抬高;水澄桥等多处地段存在阻水物,影响水流的通过。为保持中河、东河引配水量,市排水有限公司经过调研，编制《关于加大中东河引配水带来的相关问题及其解决方案》。在有关部门的协调配合下,9月，完成中河凤山门拦污栅改造工程和拆除水澄桥南废弃老桥工程,该河段河宽从4.5米增加到12米以上,过水流量大幅增加。11月底,完成双向泵站配电扩容工程，较好地满足加大引水量后3台水泵同时连续运行的用电需求。至年末,中河、东河日引配水能力达到32万立方米。

[污泥处置项目招商启动] 为解决主城区城市污水处理厂的污泥出路问题，市排水有限公司采取应急措施与长效手段同步实施的办法，对四堡厂东侧污泥堆场进行扩容、加固和优化，启动七格厂污泥处置项目招商。本着"工艺技术可靠、运行安全稳定、处置过程环保、建设投资合理"的原则,于11月25日编制完成招商文件并发售。至年末,有17个潜在投资人购买招商文件。（袁潮波）

【污泥处置课题通过评审】 12月,《七格污水厂污泥处置可行性分析与实施研究》课题通过省建设厅组织的评审。该课题由《七格污水厂污泥处置可行性分析与实施研究》、《城市污泥综合利用可行性试验研究》、《"三段法" 污泥处理工艺的关键性技术研究》3项课题组成，分别由市建委、市财政局、市科技局立项,由市城建科研所承担研究。针对七格污水厂污泥高含水率的特性,课题组提出以污泥干化和焚烧一体化技术为核心的“三段法”污泥处置工艺。经实施，达到提高热能利用率、降低投资和运行成本的效果。评审组认为该课题在关键性技术研究上取得突破，是目前国内污泥处置的最新技术工艺路线之一。

（卢映君）

【道路停车收费完成交接】 1月1日，市区道路停车收费工作由市交警支队移交到市城建发展公司统一经营管理。按照“平稳交接、平稳过渡”的要求，交接工作顺利完成 。市城建发展公司共接收道路停车泊位2444个。加强开发管理，全年新增道路停车泊位4188个，泊位总数达6632个，比移交时增长1.7倍。新开工建设清泰立交(东侧)、中河立交(西北侧)、风起立交(西侧)、凤起立交(南侧)、凤起立交(北侧)和庆春立交(西侧)6个社会公共停车场，年内建成5个，其中投入运营3个，新增泊位323个。此举缓解了“停车难”的问题，开创了在城市立交桥、高架桥下建设停车场库的先河。

【户外广告实行打捆招标】 为解决地下通道广告资源分布散、广告发布效果差的难题，市城建发展公司经过对目标客户及其市场需求的摸底分析，一改常规，采取地下通道广告整体打捆招标的做法。10月24日，首次将庆春路、北山路、天目山路、益乐路、紫金港路、西湖小学6处地下通道广告打捆，向社会发布打捆招标书。浙江兆和广告有限公司、上海峰华平面广告有限公司等4个广告公司报名参与竞标，最终确定浙江兆和广告有限公司为中标单位。

【开发立杆式行人步行指示牌】 11月，市城建发展公司在开发集成智能式行人步行指示牌的基础上，根据市区支路和小巷路窄、街狭的现状，研制安装了立杆式行人步行指示牌。作为集成智能式行人步行指示系统的衍生产品，立杆式指示牌所占空间小，在多处成网后，能提供良好的行人诱导效果。年内，在东新路、新塘路和环城东路等路段安装了30块立杆式行人步行指示牌。

（徐　亮）

·轨道交通·

【轨道交通概况】 2006年是杭州轨道交通建设取得实质性进展的一年。地铁1号线工程可行性研究报告获国家发改委批复，杭州地铁领到“出生证”。钱江新城地下空间连接工程批准立项，初步设计通过有关部门审查。地铁2号线工程可行性研究报告通过技术咨询、工程环境影响技术评估和地震安全性评价，编制完成客流预测报告、国产化专题研究等主要支持性文件，于12月上报省发改委。编制完成地铁4号线工程可行性研究报告初稿。完成设计招标和地铁1号线工程初步设计，开工建设前期准备有序展开。各投资主体资金筹措和物业开发研究等工作不断深化。

为确保地铁工程质量，市地铁集团成立地铁细节设计工作研究小组，到国内已建地铁的城市考察，借鉴地铁建设的经验和教训。研究小组结合考察，梳理了1号线设计方案各类细节问题500多个，进行深入研究，多数研究成果被各系统、工点、总体设计单位吸收和消化，为高质量建设1号线工程奠定了基础。

【地铁1号线工程可行性研究报告获批复】 为早日获得地铁1号线工程可行性研究报告的国家级审批，市地铁集团根据报批要求，编制完成《地铁1号线分期建设方案》和《可行性研究分期建设的补充报告》。4月19日，国家发改委正式批复杭州市地铁1号线工程可行性研究报告。批准的地铁1号线全长53.47千米，是全国首条城市轨道交通最长的线路。地铁1号线作为连接中心城核心区与江南、临平、下沙3个副城中心区的骨干线，南起萧山湘湖，穿过钱塘江，终于下沙文泽路、临平世纪大道，由主城区段、江南段、下沙段、临平段组成。该线位于城市最主要的客流走廊上，线路途经武林广场、湖滨旅游商贸区、火车东站、城站火车站、九堡客运中心、汽车南站等大型客流集散点。

【完成设计招标】 7月，市地铁集团委托中招国际招标公司为工程设计招标代理机构，按招标程序开展设计招标。设计招标范围为地铁1号线、钱江新城试验段和地铁2号线东南段，均通过市建设工程交易中心面向社会招标。其中地铁1号线推出系统设计、工点设计和设计咨询标38个，集中开标数量之多、准备时间之短、招标要求之高在国内地铁建设史上所少见。9月15日，完成地铁1号线设计招标。12月20日，完成全长18.6千米、有9个系统标和9个工点标的地铁2号线一期工程东南段设计招标。全年完成61个标段的设计招标。

【完成地铁1号线工程初步设计】 9月15日，地铁1号线各设计中标单位全部进驻杭州，开始进行地铁1号线工程初步设计。经过线位站位稳定、设计方案比选和中间成果审查等环节，于12月完成全部初步设计文件，并上报省发改委审批。省发改委原则通过地铁1号线工程初步设计。批复的初步设计线路长度47.97千米，其中地下线41.36千米、高架线6.14千米、地上地下过渡段(U形槽)0.47千米。沿线设置地铁车站30座，其中地下站27座、高架站3座。设置车场2座、地铁控制中心1座、主变电站4座。为提高土地资源利用率，对九堡区段约8.5千米线路、下沙经济开发区约5千米线路和滨江区段线路的铺设全部实行“上改下”。

【加快开工前期准备】 市地铁集团倒排时间表，加快做好地铁1号线开工建设的各项准备。对线位站位总平面图、部分站点开工方案多方征求意见。完成1号线30个车站及部分区间、车场共45个工点的建设用地规划红线手续办理。组织土地测绘单位提前进场，展开1号线45个工点征用土地的测绘确权，年内土地确权基本完成。做好首批开工工点施工招标和监理招标。完成首批工点施工接水、接电和施工场地准备。拟定、完善局部交通疏解方案和首批开工工点交通组织方案。各项前期准备工作陆续到位。

【物业开发研究取得阶段性成果】 市地铁集团按照“地铁+物业”的开发理念，编制完成1号线主城区段和其他区段站点周边城市设计。主城区段站点周边城市设计经香港咨询公司咨询评审，于12月22日获市政府批复。会同有关部门对上盖物业综合开发进行专题研究，初步完成主城区段站点周边物业开发的“一站一方案”编制。开展主城区段规划筹资地块的调查，摸清1类用地175公顷，规划开发建筑面积505万平方米。市政府常务会议原则同意主城区段地铁筹资地块控制规划。完成武林广场站（包括控制中心）、湖滨站两处上盖物业开发的咨询研究。

【试验段秋涛路站土建工程完工】2003年底，杭州地铁建设“试验田”——试验段秋涛路站开工。经过3年建设，于2006年12月25日全部完成土建主体工程。秋涛路站主体结构为地下2层，地下第1层为站厅层，第2层为站台层。车站长259.6米，宽18.9米，埋置深度18米。车站设置6个出入口，两端各有1座风道。（杨春芳）

·钱江新城·

【钱江新城概况】2006年是钱江新城全面实施“十一五”建设规划的开局之年。钱江新城管委会认真贯彻落实市委、市政府《关于进一步加快钱江新城建设和发展的若干意见》，积极实施重大项目带动战略，集中力量建设核心区块，大力推进上城望江区块建设，有序启动二期扩容区块开发，新城建设步伐进一步加快。全年完成建设投资19.5亿元，累计完成投资77亿元。

由钱江新城管委会牵头，市规划局等单位承担，编制完成《钱江新城扩容区块控规》、《钱江新城“十一五”期间核心城市公共空间发展规划》、《核心区步行系统设计》、《核心区直升机停机坪定点规划》等20项规划报批。完成风起东路配套设施设计、之江路下穿段装修施工图设计等40余项基础工程设计；完成核心区A-03等5宗出让地块的概念性设计方案；配合有关部门完成核心区地铁站点地下空间沟通工程初步设计，对波浪文化城二期初步设计进行调整 。

新一轮基础设施项目相继建成，基本完成风起东路(秋涛路—新塘路)、甬江路、婺江路、望江区块4-9号路、候潮路、姚江路（钱江路—秋涛路)等新建道路工程，完成钱江路隧道主体工程；建成1500个车位的地下车库和之江路下穿段及共同沟工程，开工之江路整治工程。加强核心区、上城区支路以及区内公园绿化养护和管理，全年完成74.36万平方米绿化面积的养护。完成地块平整20.8公顷，修筑和整治围墙3000米。完成核心区10千伏电力杆“上改下”。移交上城区块道路、河道等绿地32.55万平方米 。

重点项目建设进展顺利，国际会议中心工程取得阶段性成果，5万多平方米的地下室工程于12月全部完成；波浪文化城(一期)完成桩基和围护桩工程，土建工程基本结顶；城市主阳台基本完成主体结构工程；庆春路过江隧道实施盾构工作井工程，基本确定BOT项目法人候选单位；钱江苑安置小区新开工15万平方米，累计交付使用30万平方米；钱江苑配套小学开工建设，钱江国际实验学校进入主体工程施工阶段，配套幼儿园和配套服务大楼完成前期准备；妇女活动中心联建项目完成初步设计和桩基工程试桩，正式开工建设。

招商引资工作力度加大，在香港、新加坡召开“钱江新城投资与发展研讨会”和“2006中国杭州服务业项目推介会”，赴德国和北京、上海等地参加招商会。与香港和记黄埔、香港恒隆地产、香港新鸿基、新加坡太平星投资基金、台湾长荣集团等企业、财团高管进行项目洽谈。与台湾两岸共同市场基金董事长萧万长、欧盟前主席雅克·桑特、美国金融专家蒙代尔等进行商务交流。通过努力，吸引一批社会投资项目落户新城。全年新开工建设蓝鲸国际、浙江财富·金融中心、日出钱塘、迪凯国际中心、中天大厦、东杭大厦、光彩国际中心、钱江商务广场、华润万象城、UDC时代等15幢商务大楼和大型商业综合体。出让1.73公顷住宅用地1宗，总价款3.2亿元，楼面价达7161元/平方米。至年末，钱江新城累计在建企业总部大楼和商务大楼23幢，总建筑面积190万平方米，总投资39亿元。

征地拆迁和回迁安置有序推进，基本完成钱江路定海村和三叉、五福社区农(居)民拆迁，三堡社区农(居)民拆迁启动。与杭州联合肉类集团签订拆迁货币安置补偿协议。完成市民公园前期征迁调查，制订了拆迁方案。沿江二期拆迁及安置房调查摸底等前期工作基本完成。累计拆迁农(居)民428户，搬迁区内企业30个，回迁农(居)民1400多户。

钱江新城管委会实行领导干部交叉兼职制度，建立钱江新城与江干、上城两区工作例会制度和江干、上城两区地方留成部分税收分成返还机制。坚持办事不出新城，资金自求平衡的管理运营机制。为实施“决战东部”战略，钱江新城管委会增挂“杭州市铁路及东部枢纽建设指挥部”牌子，组建杭州市铁路投资有限

建设中的杭州国际会议中心　　（钱江新城 供稿）

6月28日，杭州市庆春路过江隧道工程开工。（钱江新城 供稿）

公司。

【二期扩容区块控规获批复】6月9日，钱江新城二期扩容区块控规历经单元控规整合、概念规划国际咨询、规划中期评估、规划部门审查、规划方案公示和规划专家评审后获市政府批复。新城二期扩容区块地处主城区和下沙城之间，作为两大城市组团间的连接处，既是区域交通走廊，承担着较大的过境交通压力；又受到两大城市组团的辐射，发展机会丰富；还承担着保证城市生态系统整体连续的重任及塑造沿江整体天际线的使命，规划难度大且要求高。市政府批复原则同意规划用地布局结构，即以居住用地为主，配以各项公共服务设施。通过梳理整合城市路网和河道绿化带景观，形成“两心两带四轴三片”的用地布局。

【建设发展规划纲要批复实施】7月28日，钱江新城管委会和市发改委联合编制的《杭州市钱江新城2006年~2010年（“十一五”期间）建设发展规划纲要》经市政府批复实施。 规划确定钱江新城的实施范围 由秋涛路、艮山西路、钱江二桥、之江路、姚江路围合而成约15.8平方千米的区块以及由钱江二桥、和睦港、钱塘江、钱江东路和九田路围合而成约2.86平方千米的二期扩容区块。规划要求到2010年末，钱江新城建设实现核心区基本成形、两翼全面展开、二期开始启动的格局；构筑起现代、大气、富有韵律感的江滨城市新景观，初步形成中央商务区功能。规划安排“十一五”期间，钱江新城建设总投资500亿元，建设规模800万平方米，新增居住人口5万人，就业人口10万人。2010年末产生GDP效应360亿元。

【核心区地下空间规划研究成果获奖】9月13日，由中国岩石力学与工程学会、中国土木工程学会、中国城市规划学会等主办，以节约型城市与地下空间开发利用为主题的地下空间国际学术大会在北京召开。钱江新城建设指挥部在会上作《杭州中央商务区（钱江新城核心区）地下空间规划与建设》报告。该项成果在2003年举行的地下空间概念性规划国际竞赛基础上，根据德国欧博迈亚方案设计概念，由解放军理工大学深化完成。地下空间规划结构为：以波浪文化城和地铁市民中心站为主中心，地铁江锦路站和城星路站附近地块为副中心，富春路地下购物走廊为连接纽带，街区下沉广场为节点，形成核心区以商业、文化、停车为主要功能的地下空间系统。远景开发总量250余万平方米。经与会专家评审，该规划研究成果获中国岩石力学与工程学会科学技术二等奖。

【实施江水综合利用工程】钱江新城毗邻钱塘江，水资源丰富。经过可行性研究分析，钱江新城建设指挥部把实施江水综合利用工程作为开展循环经济研究的切入点。计划通过对新塘河取水泵站及水处理厂工程的调整，加大现有泵站的取水能力。铺设专用管网，引钱塘江水用于钱江新城区域道路冲洗、空调冷却和绿化景观浇灌。年内，综合利用江水工程完成初步设计和施工图设计。工程包括加压泵站建设和供水管网建设两大部分。泵站设计流量为300升/秒，用地紧靠新塘取水泵站及水处理场，泵房的结构形式采用地埋式，无地上建筑。供水管网靠近绿化用水地带，选择管线较少的地带铺设，各支管分别沿望江路、城星路、清江路、江锦路、庆春东路、钱江路和之江路铺设，管网覆盖整个核心区地块。

【首条过钱塘江隧道开工】6月28日，庆春路过钱塘江隧道工程开工。作为杭城首条横贯钱塘江的过江隧道，位于钱江三桥下游2.3千米处，全长5352米，向北连接庆春东路，南面与萧山区钱江世纪城的市心路相通。该工程是杭州市除地铁外，城建史上投资最大的单个工程项目，预计总投资超过19亿元，由钱江新城建设指挥部和萧山区共同出资建设。整个工程将在2010年完成。届时，从庆春路隧道过钱塘江只需5分钟时间。

【开发公司推进市场化运作】钱江新城建设开发公司围绕新城建设开展经营活动，组织实施钱江苑安置小区建设，完成小区征地拆迁、绿化养护、水电安装、管道迁移、商铺出租、地下车库招商。积极参与市场竞争，努力拓展对外业务，承接了新绿园住宅项目、钱江国际实验学校和新城综合配套服务大楼等工程。园林、拆迁、广告等子公司取得较好的经营业绩。该公司总资产6.6亿元，净资产2.2亿元，全年总收入2967万元，实现利润1142万元，比上年增长21%。

【万象城和华联发展中心项目开工】12月23日，钱江新城核心区内两大社会投资项目——杭州万象城、华联发展中心分别举行开工奠基仪式。王国平、孙忠焕、虞荣仁、丁德明、金胜山、杨戌标等市领导及中国纺织工业协会会长杜钰洲，香港华润集团董事长陈新华，香港新鸿基地产集团副主席、总经理郭炳联，华联发展集团党委书记、董事长、总裁董炳根等参加开工仪式。

杭州万象城项目由特大型国有企业——华润集团和香港最大地产开发商之一的新鸿基地产发展有限公司联合开发。建筑面积55万平方米,总投资50亿港元,以商业为核心。

华联发展中心项目由杭州华联置业有限公司投资建设。建筑面积21万平方米,总投资20亿元,集五星级酒店、金融办公、酒店式公寓于一体。 (宓 挺 蒋建新)

·运河保护·

【运河保护概况】 杭州是京杭大运河的最南端,在杭州境内39千米的河道,由北向南贯穿余杭、拱墅、下城、江干4个区。随着工业化进程的推进和现代化交通工具的崛起,大运河的水逐渐变质,不少人文景观日趋消亡,航堵现象时有发生。

杭州市重视运河的保护开发。改革开放以来,以改善运河水质为重点,多次对运河(杭州段)的生态环境进行了综合治理。1983年~1988年,完成京杭大运河与钱塘江沟通工程。1993年~2001年,完成运河(杭州段)截污处理基础工程,总投资9.63亿元。特别是"十五"期间,市委、市政府把运河(杭州段)综合整治与保护开发列为杭州城市建设"十大工程"之一,成立杭州市京杭运河(杭州段)综合整治与保护开发指挥部(以下简称市运河指挥部)、杭州市运河综合保护开发建设集团有限公司(以下简称市运河集团),并在运河沿线的下城、拱墅、江干3个区及市交通局建立分指挥部。按照"统一领导、市区联动,政府主导、市场运作,坚持标准、自求平衡"的体制和"还河于民、申报'世遗'、打造世界级旅游产品"的总体目标,加快运河(杭州段)综合整治与保护开发的步伐。整治坚持"截污、驳坎、清淤、绿化、配水、保护、造景、管理"的方针,着力推进"水体治理、路网建设、景观整治、文化旅游、民居建设"五大工程。各参建单位协同作战,精心组织施工,确保了工程质量和进度。

2006年,运河(杭州段)一期工程整治取得阶段性成果。国庆节前,全部建成一馆(运河博物馆)、二场(西湖文化广场、运河文化广场)、两带(运河左右两岸绿化带)、三园(艮山、青莎、北星公园),完成6个水上码头和15座桥梁的整治。完成运河(杭州段)长20多千米、方圆数十平方千米的历史文化遗存的普查,形成了《运河遗韵——运河(杭州段)历史文化遗存实录》课题成果。运河"申遗"有了良好开端,京杭大运河被列入第6批全国文物保护单位和重新设定的《中国世界文化遗产预备名单》。

表41 世界各地运河情况

名 称	建设时间	长 度
希腊科林斯运河	1892年~1893年	6.3千米
加拿大韦兰运河	1829年~1932年	44.4千米
巴拿马运河	1881年~1914年	81.3千米
德国基尔运河	1887年~1895年	98.7千米
俄罗斯顿河—列宁运河	1941年~1952年	101千米
埃及苏伊士运河	1859年~1869年	173千米
俄罗斯白海—波罗的海运河	1930年~1933年	222千米
法国南运河	1667年~1681年	240千米
德国埃姆斯运河	1892年~1899年	266千米
美国伊利运河	1817年~1825年	581千米
中国京杭大运河	公元前486年~1293年	1 794千米

【杭汽发地块以36.3亿元成交】 9月29日,浙江绿城集团联合杭州滨江房产集团有限公司各出资50%,以总价36.3亿元拍得运河边杭州汽车发动机厂原厂址地块。这是杭州实行土地招拍挂以来,成交价最高的住宅地块。"杭汽发"位于市中心,东临京杭运河,总占地面积10.4公顷,是一个占据运河边和市中心大块区域、对环境影响较大的大型制造企业。根据城市发展规划,该厂实行整体搬迁。土地由市运河集团、市土地储备中心收购。该地块的出让,标志着京杭运河(杭州段)保护开发工程通过市场化运作的融资方式成功启动。

【发行大运河建设信托投资资金2亿元】 6月,杭州为运河周边出让地块整理和运河一期景观工程建设筹措资金,发行运河综合整治与保护开发建设工程集合资金信托计划。该信托计划发行规模2亿元,期限2年,预期年收益率5%。资金以贷款形式,发放给市运河集团,主要用于京杭运河杭州下城段综合整治与保护开发建设工程。半个月内,2亿元信托投资被180余位市民认购

运河整治后,水清岸绿。 (任 鲸 摄)

一空，每位市民平均出资 110 万元。

【征集运河整治工程建议】4 月 3 日~18 日，市人民建议征集办与市运河指挥部联合向社会公开征集“运河主城区一期整治景观工程”建议。期间，分别在运河文化广场、武林广场和庆春广场举行“运河一期整治工程项目公示”活动，以展板形式展出有关工程规划和建设情况，征求市民意见。参观项目公示市民 1000 余人，收到市民邮件、来电和现场留言建议 1000 余条。建议涉及运河两岸保护、开发、景观建设、桥梁结构、配套设施、拆迁安置、违章建筑拆除、游览观光等方面。市运河指挥部对建议进行归类整理，有的提请专家论证，有的在整治中被直接采纳。

【联合打造运河旅游平台】4 月 24 日，市港航管理局、市运河集团和市旅游集团举行合资经营杭州市水上公共观光巴士有限公司签约仪式。三方以资金为纽带，联手打造运河旅游平台。水上巴士作为城市公交的一种形式，杭州在全国首次推出。合资后，水上巴士公司优化整合运河旅游资源，配合运河一期景观整治工程进行运河旅游产品开发，推出婚庆(会议)游、运河钱塘江夜游和塘栖枇杷节等旅游产品。

【《杭州运河丛书》发行】5 月 20 日，市政协、市运河指挥部联合召开《杭州运河丛书》首发式。由王国平任总主编、陈述任主编的《杭州运河丛书》分《杭州运河历史研究》、《杭州运河文献》上下册、《杭州运河风俗》、《京杭大运河图说》、《杭州运河古诗词选评》、《杭州运河桥船码头》、《杭州运河遗韵》8 册。丛书梳理了运河的历史变迁和文化传承，提炼了运河保护与整治的科学理念，具有丰富的历史文化内涵。该丛书由杭州出版社出版，为研究、保护、治理、开发运河(杭州段)及京杭大运河申报世界遗产提供了一份可供参考、借鉴的珍贵资料。

【运河 21 千米游步道贯通】9 月 30 日，运河(杭州段)游步道全线贯通。游步道南起江干区京江桥，北至拱墅区北星桥，两岸总长约 21 千米。整治前运河两岸卫生死角多、空间散乱、景观支离破碎。通过整治，拆除两岸违章建筑，打通桥下空间，贯通沿线 30 米范围内公共绿地，增设景观小品，新添建筑亮灯和景观亮灯，使运河两岸成为市民休闲、健身、赏景的大公园。

【市民对运河整治满意度 99.9%】10 月 21 日~31 日，市城调队对部分市民进行抽样调查，了解市民对运河综合整治与保护开发一期工程的反映，为运河二期工程建设提供可借鉴的意见。市城调队随机对运河沿线 500 位市民及游客进行现场调查，并随机抽取运河沿线及市区其他住地各 500 户居民家庭进行入户调查。调查结果显示，被调查者对运河整治的总体评价满意度为 99.9%，比整治前提高 49.6 个百分点。市民和游客普遍认为：运河整治工程亮点纷呈，历史文化得到充分挖掘，整体功能明显加强。（王英翔）

表 42　　受访者对运河整治后功能增强的认同情况

项　目	增强(%)	有所增强(%)	没有增强(%)	说不清(%)
生态功能	46.8	47.5	1.1	4.6
文化功能	50.9	44.6	1.4	3.1
旅游功能	44.6	48.2	4.0	3.2
休闲功能	50.1	44.4	2.1	3.4
商贸功能	29.6	49.3	11.3	9.8
居住功能	41.9	47.5	4.7	5.9

表 43　　受访者对运河整治三大目标实现的信心调查情况

目　标	很有信心(%)	比较有信心(%)	一般(%)	不太有信心(%)	没有信心(%)
还河于民	51.5	38.3	8.6	1.6	0
申报“世遗”	44.2	39.6	13.9	2.0	0.3
打造世界级旅游产品	37.0	38.0	21.0	3.5	0.5

·城区绿化·

【城区绿化概况】杭州市城区绿化建设以大项目带动，大力推进绿化景观建设。全年新增绿地面积 534.6 万平方米，建成 4000 平方米以上的公共绿地 26 处，改造绿地面积 58 万平方米。实施旧居住区绿化改造 37 处，面积 17 余万平方米。至年末，城区拥有绿地面积 11309 公顷，公共绿地面积 2926 公顷，城区绿地率达 34.54%，绿化覆盖率 37.86%，人均公共绿地面积 10.84 平方米。

城区绿化在工程设计、施工工艺、管理水平上继续创新和提高。高标准完成沿钱塘江景观大道、兴旺大道、火炬大道、中兴路、之浦路、文一西路、回龙港河、姚家坝河等 30 余条道路、河道绿化配套项目。建成湘湖景区(一期)、运河景观带、高教生态公园、双流公园、冠山公园(二期)、青莎公园、火车东站绿岛、潮鸣休闲广场等一批公共绿地。涌现出余杭水景公园(一期)、滨江公园、市心路南段、文二西路等优秀绿化工程。由市、区共同筹资，完成朝晖六区、红梅小区、翠月小区、庆丰小区等旧居住区绿化，对西溪公园、翠苑四区公园、东河(下城段)、中河(上城段)、风情大道、石祥路、机场路、中河高架桥等 20 余个(条)公园、河道、道路实施绿化改造。

城区绿化养护管理以提高规范化、科学化、精细化水平为中心，理顺养管关系，完善考核制度。结合国家卫生城市复评、创建中国最佳旅游城市等工作，加大巡查指导和督促整改力度。加强园林绿化工程质量安全管理，出台《杭州市园林绿化工程质量安全监督管理暂行办法》、《杭州市园林绿化工程验收备案移交暂行规定》、《杭州市园林绿化工程质量验评标准》、《杭州市园林绿化工程栽植土使用要求》等规范性文件和标准。发挥园林绿化养护在线信息系统网络平台作用，全年市绿化部门巡查发现绿地养护质量问题3068个，各区自查问题9405个，实现抄告率100%，平均整改率98%以上，养护质量日常检查扣分平均值明显低于上年。

开展群众性绿化活动，拓展义务植树尽责渠道。全年开发商投入资金491.4万元，代征代建绿地9.1万平方米，建成西文公园、运河三华苑段绿地、汽轮西路道侧绿化带等城市公共绿地。全市城区收缴义务植树费25.8万元，义务植树尽责率达85.2%。

通过绿化，杭州的地更绿、花更艳。　（市园文局　供稿）

【杭州成为全国绿化模范城市】 3月31日，全国绿化模范城市评选结果揭晓，杭州荣获全国绿化模范城市称号，受到国务院表彰。全国绿化模范城市评比每两年举行一次。2005年全国有150多个城市提出申报，所有参评城市要求抽样调查公民绿化意识在85%以上，全民义务植树建卡率和尽责率均在90%以上；建成区绿化覆盖率在35%以上，绿地率在33%以上，人均公共绿地面积在9平方米以上。杭州市通过多年见缝插绿、拆违建绿、破墙透绿、废硬更绿、合理播绿、全民植绿，至2005年末，城区拥有绿地面积10774公顷，绿化覆盖率37.07%，绿地率33.75%，人均公共绿地面积10.44平方米，均超过全国绿化模范城市考核标准。

【完善绿化考核制度】 为完善市、区两级绿化监管互动机制，市绿化办开通各城区自查记录管理系统，将城区自查及整改落实情况纳入年度养护综合考评。开展“最佳、最差”公园、道路(河道)绿化评比，2006年参评公园扩大到67个。把连续3年获得“最佳”称号的公园(景区)列为“示范窗口”，激发其他公园争创“最佳”的积极性。针对无物业管理小区绿地养护薄弱的问题，组织力量对全市196个无物业管理小区的313万平方米绿地进行全面核查，并督促有关部门落实养护补助经费。各城区加大自查自纠和对养护企业的考核力度。江干区坚持每月一评比、一小结、一例会、一通报、年终一考核的“五个一”制度。拱墅区制订道路(河道)绿地养护管理考核评分细则及奖惩办法，将考核结果及抄告单数量与养护经费直接挂钩。西湖区为巩固借地绿化的成果，聘请绿化专管员定期对借地绿化进行巡查看管。

【加强绿化工程招投标管理】 为规范园林绿化工程招投标工作，市园文局在市公共资源交易中心设立园林绿化招投标窗口，统一受理招投标项目。启动“杭州市园林绿化招投标管理系统”，加强对投标人的资格审查和对招投标全过程的监管，防止围标、串标等违规操作行为的发生。全年发现和制止围标、抬标行为4起，重新组织招标项目8个，为国家挽回经济损失1400万元。全年办理招投标项目172个，涉及绿地面积744.4万平方米，中标总价3.29亿元，实际节省投资1.47亿元。

【开展绿化专项整治】 3月中旬~4月下旬，市绿化办会同市城管办、市城管执法局联合开展迎休博城区绿化专项整治。期间，排查并整改绿化问题2191个，补种乔木4217棵、灌木20余万株，更换时花8.3万平方米，铺设植被5.5万平方米。对人为踩踏严重的地段，采取增设景观栏杆和园林化处理等办法，确保绿化成效。休博会主园区所在地的萧山区对城区11个入城口及主要道路交叉口进行绿化改造。在风情大道道侧及分车带增植乔木2.64万株，回填土1971立方米，树池铺鹅卵石1340平方米，维修侧石6306米；在道侧及中央转盘处设置四季草花花境和立体花坛，使整条道路景观错落有致，线型流畅，富有韵律变化。

【开展绿化宣传】 2006年是开展全民义务植树运动25周年。市绿化办制作绿化宣传片在杭州电视台播出，组织春季绿化宣传咨询活动，举办绿化板报展评和纪念全民义务植树运动25周年文艺演出，与新闻媒体合作开展“春天来了，让我们交换绿意”、“看看访访有故事的老爷爷树”等绿化宣传活动。6月~10月，与各区联合组织“携手1+6　绿色文明进万家”巡演活动。活动历时5个月，在全市8个城区进行以爱绿护绿为主题的巡回演出，近万名群众观看了文艺表演。为扩大宣传面与宣传效果，对“杭州绿化网”进行全新改版，使网站的服务功能更多样、覆盖更广泛。全年网站点击率22.4万人次。

【规范绿化审批】 市绿化部门制订《城区绿化审批（查）工作考核标准》，将绿化审批纳入对各城区年度考核的内容。举办绿化项目审批知识讲座，规范绿化审批程序。坚持依法行政，做好指导服务。下城区绿化办派出专业技术人员参与该区朝晖街道背街小巷绿化设计的会审，为改善背街小巷的绿化布局献计献策。市绿化办会同有关城区把好“五纵六路”、“两口两线”行道树迁移审批关，通过方案审查，将“五纵六路”、“两口两线”道路建设需迁移树木从5000株调整到1600余株，最大限度地保留了原有绿化。全年完

成城区绿化审批1063件，其中杂项审批370件，总平会签96件，绿化方案会审597件。（闵庆耀）

【评出绿化优秀工程18个】为提升城区绿化工程的品位，全市对新建绿化工程进行评比。根据市民推荐、专家评定，分别评出公共绿地绿化优秀工程12个，道路绿地绿化优秀工程6个。其中公共绿地绿化优秀工程中，余杭水景公园被评为一等奖，春江花月绿地、湘湖景区（一期）绿化、机场路（城东桥处）道侧绿化被评为二等奖，滨江公园、潮鸣休闲广场绿化、上塘路(欧尚超市处)道侧绿化、姚家坝河南岸绿化、运河广场西区块绿化被评为三等奖，运河北岸(城东桥—铁路桥)绿化、双流公园、张家埭河岸绿化被评为鼓励奖。道路绿地优秀工程中，市心路南段绿化被评为一等奖，文一西路绿化、火炬大道(一期)绿化被评为二等奖，之浦路绿化、下沙沿江大道绿化、兴旺大道绿化被评为三等奖。（冯　红）

·城镇建设·

【城镇建设概况】2006年，杭州市加快构筑以市区为中心、县城为依托、中心镇为基础的市域网络化大都市，城镇建设取得新的进展。各城区完成一批背街小巷改善和危旧房改善工程及扩绿工程。做好历史街区和历史建筑保护。推进撤村建居和“城中村”改造。完成运河综合整治与保护开发及西溪湿地二期工程。

萧山区完成冠山隧道及北接线等道路建设工程，新增城市道路6.5千米。加快实施供水和污水处理工程，新增污水处理能力30万立方米/日。余杭区以“一副三组团”为核心，加大新区基础设施建设投入，城镇面貌发生显著变化。临安市完成东入城口城标、北入城口道路、城中街改造、玲珑街续建等道路、绿化工程。富阳市根据《居住区发展规划》，完成秋月、鹿山等社区控规和详规编制。制订《富阳市农村住宅公寓化建设实施细则》、《富阳市城区农户私人建房管理办法》，确定富春街道东山村等10个村进行公寓化建设试点。桐庐县围绕“1623”工程，积极推进8条市政道路建设。完成供水一期和垃圾渗滤液处理工程。全年新增城镇绿地10万平方米。建德市编制完成白沙镇沿江生态景观、东入城口、环卫和交通等一批专项规划，并制订了37个生态人居点和新农村村庄布局规划。淳安县加强环卫基础设施建设，新建垃圾房3983个、垃圾焚烧炉309个，实现农村垃圾收集、处置设施全覆盖。在全县23个乡镇开展河道、村道集中整治。（鲍世明）

【完成村庄规划2200多个】杭州市各区、县（市）按照城乡区域协调发展的要求，注重村庄布局规划与土地利用总体规划和道路、水利、电力等专项规划的相互协调，提高规划的编制水平。桐庐县、临安市村庄布局规划分别获2006年浙江省“千百工程”村庄布局类规划评比一等、二等奖。根据村庄布局规划，加快编制村庄建设规划。建设窗口开辟行政许可“绿色通道”，提高工作效率。实施“阳光规划”，村庄建设规划需经过公示和召开村民代表大会审议同意后才能审批。对批后项目进行监督和跟踪。全年办理建设项目审批3000多件，农房建设“一书两证”发放备案率80%以上。编制完成村庄建设规划2200多个，占建立村委会行政村总数的60%。

【推进“千百工程”整治】2006年是杭州市实施“千村环境整治工程”和“百村环境整治示范工程”的第三年。各区、县（市）充分调动乡（镇）和辖区内企业的积极性，全力推进“千百工程”整治。重点抓好各类示范村、整治村的方案编制、资金筹措、项目实施等工作，协调解决整治中遇到的实际问题。以公共交通、垃圾处理、供水排水设施建设为突破口，加快村镇基础设施配套建设。全市共投入村镇建设资金近1亿元，完成道路、供水、排水、绿化、环卫、河道等整治项目1000余个。年内完成1008个村的环境整治，建成省、市级环境整治示范村137个，提前一年完成省委、省政府下达的“千百工程”目标。

【坚持依法行政】杭州各区、县（市）建设局以开展城乡规划效能监察为契机，以村镇规划放样验线、中间跟踪管理和规划竣工验收等工作为平台，依法实施村镇建设项目监督管理。加强城区私人建房审批管理，严肃查处违章违法建设。以减轻农民负担为出发点，大力推广农房设计通用图集，供农民选用。免费为农民建房提供咨询、放线等服务。全年向农民发放各类设计图集5000余套，发放有关规划、建房技术、施工基础知识等读本3000余册。

（陆　革　朱　浩）

【53个镇入围全国千强镇】10月14日，2006年全国强镇发展论坛在杭州萧山举行，400余位全国千强镇代表参加该次论坛。国家统计局在论坛上公布了2006年全国千强镇名单，浙江省有266个镇入围，入围的强镇在全省农村经济社会发展中占有举足轻重的地位。全省入围的千强镇，占全国1/4强，其中杭州有53个镇入围。

在杭州千强镇分布中，萧山区22个镇全部入围，其中宁围镇综合发展水平进入千强镇前20位。该区连续5年位列全国县（市、区）经济社会综合发展指数第七名，离不开萧山强镇经济的雄厚基础。除萧山区外，余杭区入围千强镇11个、富阳市5个、桐庐县4个、江干和拱墅区各3个、西湖区2个，淳安县、建德和临安市各1个。

千强镇评比始于2003年，每两年评比一次。国家统计局数据显示，千强镇的综合实力越来越强。至2005年，千强镇行政区域面积仅占全国小城镇面积的2.3%、人口占全国小城镇总人口的10%，所创造的财政收入却占到全国小城镇总财政收入的54%；平均每个镇的财政总收入2.41亿元，是全国平均水平的近11倍。不仅是综合实力，在发展速度、基础设施、生活水平和示范效应等方面，千强镇的发展也明显优于全国平均水平。（严　建）

开展城管执法志愿者活动

杭州市城市管理行政执法局

亲民爱民

守护美丽的天堂

2001年9月9日，市城市管理行政执法局成立，依法行使市容环卫、市政公用、城市规划、城市绿化、环境保护、工商管理和公安交通等7个方面法律、法规、规章规定的全部或部分行政处罚权。

在市委、市政府的正确领导下，该局紧紧围绕“构筑大都市，建设新天堂”的战略目标，坚持“依法、理性、亲民、科学、创新”的工作思路，逐步探索科学规范的执法体制，不断创新务实有效的运行机制，努力建立相互配套的法律体系，着力打造坚韧有为的执法队伍，全面履行7项职能，积极开展群众关心的难点热点问题整治，切实提高执法效率和依法行政水平，先后获得全国城建监察先进集体、全国相对集中行政处罚权试点最规范城市等多项荣誉称号。5年多来，共查处案件68.89万件、罚款1.44亿元，教育劝导219.85万件、248.74万人次，城市市容环境和生活秩序不断优化，城市动态性违法行为得到控制，城市管理整体水平进一步提升。

在贯彻实施“十一五”规划的宏伟蓝图中，面对新的征程、新的任务，市城市管理行政执法局将解放思想、开拓创新、同心同德、奋发有为，为促进杭州市经济社会持续协调发展作出新的更大的贡献！

威严文明的城管执法队伍

杭州市环境保护局

HANGZHOUSHI HUANJING BAOHUJU

市长孙忠焕(左一)与各区、县(市)有关部门主要负责人签订年度生态建设与环境保护目标责任书

杭州市环境保护局成立于1984年。局机关设9个职能处室：人事处(组织处、机关党委、纪检组、监察室)、办公室(宣传教育处)、计划财务处、建设项目管理处、污染控制处、政策法规处、科技监测处、自然生态处、辐射管理处。下辖12个单位，有上城、下城、西湖、江干、拱墅5个城区环保分局以及市环境监察支队、市有害固体废物管理中心、市环境监测中心站、市环境保护科学院、市机动车排气污染管理处、市环境信息中心、市环保宣教中心7个事业单位，分别从事城区环境管理、环境监查、有害固体废物管理、环境监测、环保科学研究、机动车排气污染管理、环境信息、环保宣传教育培训、环保咨询等工作。

杭州市不断加大对环境保护和生态建设的力度，深入开展“蓝天、碧水、绿色、清静”工程，先后实施市区河道综合整治、大气环境综合整治、“禁燃区工程”、“禁养区工程”、“1278” 环境污染整治、创建合格饮用水源保护区等工程，强化城乡环境综合整治，进一步改善环境质量。

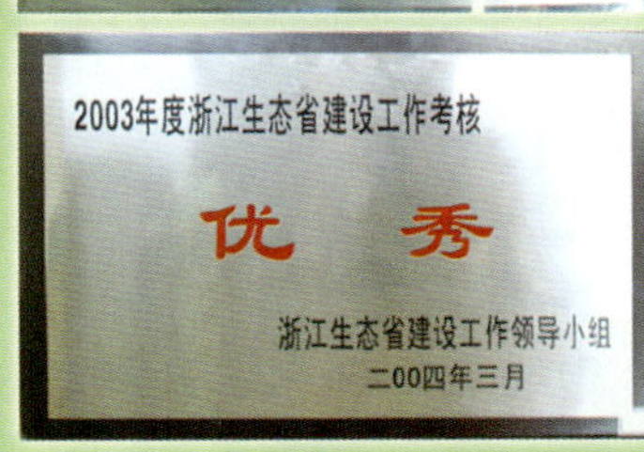

环境保护

Environmental Protection

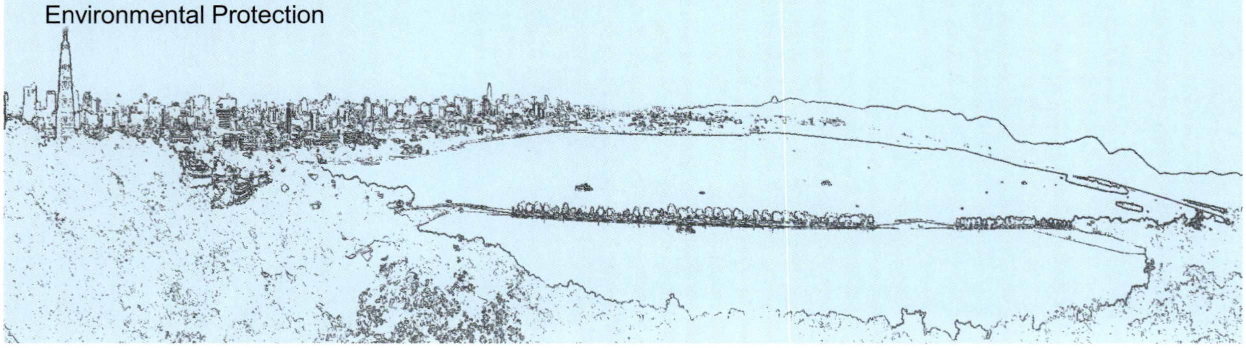

·环境保护综述·

【环境质量总体稳定】 2006年，杭州市围绕建设生态市目标，重点抓好环境污染整治，严格控制污染物排放总量，环境质量总体保持稳定。地表水环境质量较好，湖泊水库水质有所提高，富营养化程度减轻；市区饮用水源水质达标率84.1%。全市空气质量优良天数占全年天数82%，可吸入颗粒物为主要污染物。市区声环境质量与上年(指2005年，下同)持平，生活、交通和建筑施工噪声依然是环境噪声的主要来源。

杭州市对生态建设与环境保护工作实行目标管理。年初，市政府与14个区、县(市)政府和32个相关部门签订目标责任书；各区、县(市)政府向辖区乡镇(街道)和相关部门下达考核指标，全市形成环环相扣的生态建设和环境保护考核体系。8月22日，市委、市政府召开全市第五次环境保护大会，全面总结"十五"时期杭州市环保工作，部署"十一五"时期环保任务，动员全市以生态市建设为抓手，进一步开创环保工作新局面。会后出台《中共杭州市委、杭州市人民政府关于落实科学发展观加强环境保护的若干意见》。

8月22日，市委、市政府召开全市第五次环境保护大会。（市环保局 供稿）

【水环境质量较好】 全市地表水环境有所改善。钱塘江干支流44.4%市控以上断面达到或优于Ⅲ类水质，监测断面功能区类别达标率37%，比上年上升10%。钱塘江上游氮磷污染仍然较重，但水质有所好转，下游耗氧物质和氮污染较重。苕溪流域水体符合或优于Ⅲ类水质的比例由上年33.3%上升到42.9%，功能区达标率由上年50%下降到42.9%。生活、工业、养殖业和运输业是主要污染来源。运河(杭州段)水质类别未见明显变化，全项评价为劣Ⅴ类，但下降趋势得到控制。溶解氧、氨氮指标略有好转，总磷指标稍有下降，高锰酸盐指标基本不变。生活污水、农业面源以及配水水质不佳对运河水质影响较大。西湖水质总体提高，总磷、生化需氧量、高锰酸盐指数和透明度等指标有明显改善，西湖引水和西湖综合保护工程起到了很大作用，但仍为劣Ⅴ类水质，主要超标项目为总氮。千岛湖水质继续保持稳定，入湖污染物主要来自新安江上游安徽省黄山地区，湖区自净能力较强，营养状态指数下降0.8。青山水库水质呈轻度富营养水平，与上年相比，营养状态指数上升3.6。城市内河水质有所改善，但总体水质仍然较差，按全项评价，各监测断面均超过相应水功能区目标，且为劣Ⅴ类水质，主要污染指标为溶解氧、氨氮、总磷、石油类和粪大肠菌群类。

全市集中式饮用水源地部分水质指标下降，各饮用水源地实际水质项目达标率在76%~88%之间。市区7个主要饮用水源地水质按项目(27项)评价的水质达标率84.1%，比上年下降5.6个百分点。

【市区环境空气质量优良天数299天】 杭州市区全年环境空气质量达到一级(优)、二级(良)的天数299天，比上年减少2天。影响空气质量的三项指标中，二氧化硫和二氧化氮均达国家空气质量二级标准。可

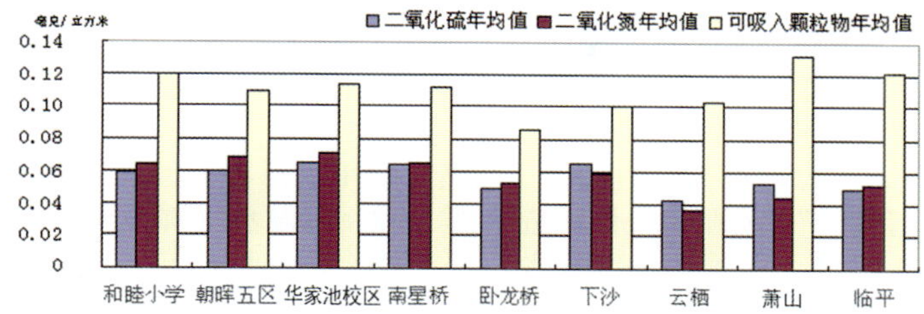

图 2　2006 年杭州市区各监测点污染物年均值比较图

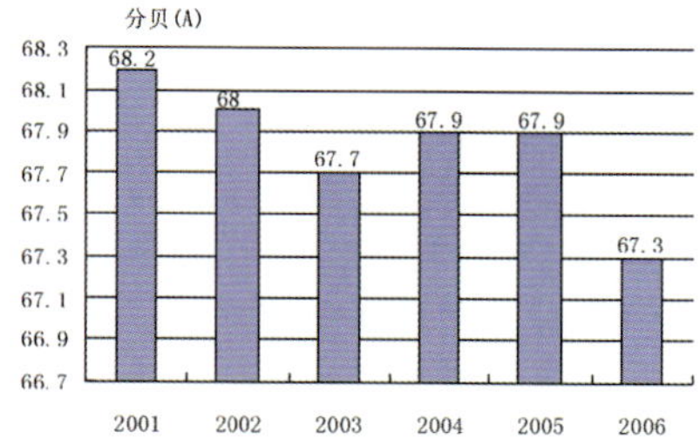

图 3　2001 年~2006 年杭州市区道路交通噪声等效声级图

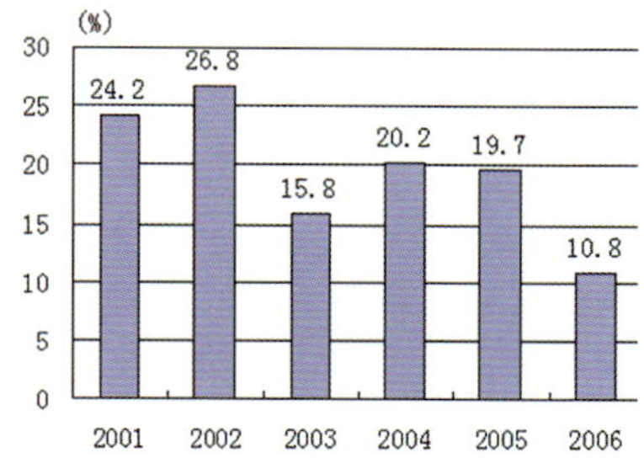

图 4　2001 年~2006 年杭州市区道路交通噪声超标路段比例图

吸入颗粒物浓度总体呈下降趋势，但仍超过二级标准。各县(市)环境空气二氧化硫、二氧化氮、可吸入颗粒物年均浓度均达国家空气质量二级标准，各类污染物浓度比上年有所上升。

全市酸雨污染较为严重，大部分地区处在重酸雨区，但酸雨发生频率有所下降，酸碱度(pH)值最低出现在富阳。市区酸雨频率 79.8%，比上年下降 2.2%。

主城区及萧山、余杭区降尘浓度呈波动状态。其中，主城区降尘比上年略有上升，萧山、余杭区有所下降；主城区、萧山、余杭区降尘均值分别为 9.43、8.14、6.97 千克/平方千米·月。

【声环境质量改善】 市区声环境质量总体与上年基本持平。市区区域环境噪声平均等效声级 55.9 分贝，质量评价为轻度污染。城市道路交通噪声 67.3 分贝，比上年下降 0.6 分贝，低于国家 70 分贝的考核标准值。主城区各类功能区噪声变化不尽相同，住宅区、居住文教区、工商混合区、交通干线两侧昼夜等效声级分别为 63.3 分贝、54.0 分贝、67.3 分贝、75.0 分贝，分别上升 0.2 分贝、1.2 分贝、1.1 分贝、0.3 分贝。工业区昼夜等效声级从上年 70.7 分贝下降到 69.2 分贝，其他功能区仍超过相应标准，处于轻度污染水平。各区、县（市）区域道路交通噪声各有升降，市主城区和余杭区略有下降，富阳市、萧山区持平，其余均有所上升。

【环境保护“十一五”规划获批复】 6 月 12 日，市政府批复同意《杭州市环境保护“十一五”规划》。该规划是杭州市“十一五”规划编制体系中 17 个重点专项规划之一。规划提出：到 2010 年，钱塘江、苕溪、运河和千岛湖、青山湖等主要湖库的地表水环境质量功能区水质达标率 65%以上；地表水交接断面水质达标率达到 65%，其中钱塘江流域交接断面水质达标率达到 75%；城乡集中式饮用水源地水质达标率达到 90%以上。杭州市区和各县(市)城区环境空气质量达到二级标准的天数比例达到 82%。酸雨的强度和发生频率有所控制。杭州市区和各县(市)城区区域环境噪声平均等效声级不大于 55 分贝，城市道路交通噪声小于 70 分贝。环境及核设施周围的辐射水平在天然本底涨落范围内。电磁辐射环境总体水平良好。废放射源送贮率达到 100%。

·生态市建设·

【杭州各县(市)均获国家级环保荣誉称号】 杭州市围绕“环境立市”战略，以改善环境质量为目标，全面推进生态市建设。随着桐庐县继淳安县、临安市、建德市之后第 4 个获得“国家级生态示范区”命名，杭州市区及 5 个县(市)均获得国家级环保荣誉称号。此前，杭州市区(含萧山、余杭区)和富阳市已通过创建“国家级环境保护模范城市”验收。

【深化生态市建设工程】 为夯实生态市建设基础，杭州市深入开展以“1250”工程为抓手的生态市建设工程。设立 5000 万元的生态补偿资金，对欠发达地区和重要生态功能区以及生态环境保护项目予以重点扶持，并将污水处理和垃圾无害化处置等环境基础设施建设作为生态补偿资金投向的重点领域。在农村生活污水处理、农村生活垃圾处理、养殖业污染物处理、废弃矿山生态环境综合治理及“青山白化”治理、企业清洁生产及 ISO 14000 认证、绿色有机农林产品及食品基地建设、新能源利用、工农业废弃物综合利用、生态村镇创建、河道综合整治和水生态系统恢复、“多绿” 系列创建等 12 个领域新启动 781 个建设项目，以加快建设生态工程，打造生态天堂。全年完成“1250”项目 683 个，超额完成 600 个的建设任务。

【推进生态乡镇和生态村建设】 杭州市建设全国环境优美乡镇及生态乡镇(街道)、村的工作有序推进。各区、县(市)在编制完成生态保护规划的基础上，明确目标，落实责任，创建生态乡镇、村取得明显成效。全市 142 个乡镇、56 个街道中，有 139 个乡镇、51 个街道开展了生态乡镇创建。年内有 12 个乡镇被国家环保总局授予 “全国环境优美乡镇”称号，8 个乡镇通过省级生态乡镇验收，19 个乡镇通过市级生态乡镇验收，19 个村通过市级生态村验收。至年末，全市建成县(市)级生态村 358 个、市级生态村 40 个、市级生态乡镇 （街道)28 个、省级生态乡镇 15

个、全国环境优美乡镇 14 个。

【开展生态市建设绩效评估】为全面总结生态市建设经验，研究解决存在的突出问题，明确下一步工作重点，杭州市对 2003 年~2005 年生态市建设工作开展绩效评估。评估主要围绕市和县(市)两级关于推进生态市建设决议的实施情况、生态市建设的主要工作、生态市规划和指标以及生态省建设对杭州考核目标的完成情况等方面展开。历经 5 个月，完成各区、县(市)及全市的绩效评估，编制了杭州生态市建设绩效评估工作报告和技术报告，制作了《生态杭州绿色天堂》专题片和《生态杭州》宣传画册。

【创建“多绿工程”】杭州市创建“多绿工程”注重创建内涵的延伸和精品工程的培育，“多绿”创建的数量和质量明显提高。全年建成省级“绿色学校”46 所以、省级环境教育基地 4 个；市级“绿色社区”45 个、市级“绿色工地”103 个、市级环境教育基地 5 个、市级“绿色家庭”50 户、市级“绿色家庭”创建活动示范点 24 个；区级“绿色学校”81 所、区级“绿色社区”47 个、区级“绿色工地”151 个、区级“绿色医院”12 个。评出省级“绿色公益使者”12 名、省级“绿色小卫士”45 名、市级环保小卫士 139 名。

·环境综合整治·

【推进环境污染整治】杭州市加大环境保护宣传和环境污染整治力度，着力解决重点区域、重点行业、重点企业环境污染的突出问题，局部地区环境质量得到明显改善。萧山南阳化工区、桐庐钟山石材加工区 2 个市级重点监管区通过验收，摘掉“监管帽子”。富阳市关停小造纸生产线 97 条，年削减造纸废水 3240 万立方米。建德市化工行业投入 8000 余万元，新增污水治理设施 17 套，减少废水排放 757 万立方米、化学需氧量 880 吨、氨氮 52 吨、磷 123 吨。全市对电镀行业实施分类整治，鼓励电镀企业采用先进生产工艺，推动电镀企业进园区发展，对位于环境敏感区域或规模小、工艺落后的电镀企业实施关停并转。全年关停水泥机立窑生产线 5 条、粘土砖瓦窑企业 86 个。全市 154 条水泥机立窑生产线全部关停。主城区和萧山、余杭区 125 个单位完成炉窑灶改造，累计向“禁燃区”发放专项补助资金近 500 万元。当年列入大气污染第四阶段整治的各项任务基本完成。

9 月 25 日，市政府出台大气污染第五阶段整治方案。该方案以防治颗粒物和二氧化硫污染为重点，控制和削减大气污染物排放总量。根据方案要求，市环保部门联合交通、交警等部门，加大机动车污染监测、控制力度，对冒黑烟汽车在《杭州日报》设置曝光台曝光。编制《两控区“十一五”规划》，继续加强“烟尘控制区”和“一部三沿”等区域的烟尘控制。余杭区、富阳市和桐庐县扩大烟尘控制区范围，当年通过市政府的验收。

杭州市饮用水源地之一的贴沙河沿岸风光　　（市环保局 供稿）

【保障饮用水源安全】为加强饮用水源保护，市环保局对饮用水源保护区划定红线，编制控制性详规和突发饮用水源污染事故应急预案，建立饮用水源水质预测预警应急体系。编制完成《杭州市生活饮用水源保护区划方案》和《杭州市生活饮用水源保护规划》，明确全市 73 个水源地的保护区范围，督促有关单位实施保护规定，依法管理饮用水源。协调市规划、交通、林水等部门做好红线的划定、道路桥梁和船舶运输的管理、采沙的控制、危险物品的运输等工作。新建淳安县中洲、富阳市新登等生活饮用水源达标区 15 个。在饮用水源一级保护区内拆除工业企业排污口 22 个，搬迁一批影响饮用水水质的沙场、码头和水上加油站。完成钱塘江边龙化、油化、电化 3 个化工企业的截污纳管。加强重点饮用水源地水质监测和有机污染物监测，及时编制杭州市饮用水水质监测报告。

【开展运河污染综合整治】为改善运河水环境质量，市政府出台《太湖流域水质明显改善三年实施方案》和《运河(杭州段)污染综合整治方案》。全年完成运河沿线 75 个生活小区、149 个公建单位、100 个污染源的截污纳管，新增截污量 4 万立方米/日。调整市区河道配水运行方案，加大三堡船闸、中河双向泵站、西湖引水泵站和苕溪余杭闸、上牵埠船闸的配水力度。开工建设三堡船闸专用输水通道，建成清水河道 169.4 千米，完成综合整治河道 51 条，完成水生态系统恢复示范河段 13 条。对运河流经区域交接断面水质实施自动监测。

【加快环境基础设施建设】杭州市通过签订目标责任书，增加资金投入，加快环境基础设施项目建设进度。年内七格污水处理厂二期工程建成投入运行，污水处理能力达 55 万立方米/日。萧山东污水处理厂一期工程、富阳市春江污水回用工程和八一城市综合污水处理厂均建成投入使用。淳安县千岛湖镇污水处理工程和余杭区塘栖、良渚、余杭 3 个污水处理厂基本建成。建德市梅城镇污水处理厂开工建设，临安锦城污水处理厂脱氮除磷设施建设进度较快。全市建成和在建污水处理厂19个，污水处理能力达275.5万立方米/日。杭州第一工业固体废物处置中心完成投资65%，第二固体废物处置中心征地8公顷。

【举行突发环境污染事故应急演习】 10月12日，省、市有关部门在建德新安化工集团联合举行化工企业突发环境污染事故应急演习。演习模拟建德某化工厂丙烯腈反应釜和甲苯贮罐发生爆炸，导致一定数量的丙烯腈及甲苯流入新安江，造成梅城水厂停水，并严重威胁新安江下游数百万人的饮用水安全。该厂立即启动应急预案并上报。在省、市政府的组织指挥下，省、市和建德市三级环保部门紧急联动，采取有力措施，最终在污染带前锋即将到达桐庐县境内富春江水厂取水口时，基本消除污染。演习共出动应急处置和监测人员200余人、车辆34辆。省、市有关领导、全省11个地级市分管市长和国家环保总局、国家安监总局领导及58个省、市重点化工企业负责人观摩了应急演习。

【防治农业面源污染】 杭州市积极开展绿色、有机无公害农产品基地建设和绿色、有机食品认证工作，全年完成10个农业生态示范园区主体工程的建设，85个农产品基地通过省级无公害农产品产地的认定，95个农产品通过省级绿色食品、有机食品的认证。推进“肥药双控”示范区及“沃土工程”建设。全市建立“肥药双控”省、市级示范工程37个，示范面积2215公顷。推广应用秸秆还田面积3.29万公顷，秸秆综合利用率91%。全市投入治理资金7000万元，完成119个规模化畜禽养殖场排泄物治理和2个粪便收集处理中心建设任务。全市有219个(户)规模化生猪、奶牛和禽类养殖场(户)实施粪尿综合治理。

【加强声环境整治】 全市以夜间建筑施工噪声防治为重点，加强声环境综合治理。加大中考、高考期间噪声污染的控制与查处力度，专门下发《关于加强中、高考期间环境噪声污染管理的通告》，市环保局会同市城管执法局联合开展专项执法检查。中考、高考期间，出动环境监察人员120人次，检查施工工地325个(次)，查处违法施工单位15个(次)。

七格污水处理厂二期工程污水处理能力达55万立方米/日

（市环保局 供稿）

·环境管理执法·

【强化建设项目环境管理】 杭州市严格环保执法，按照有关法律和规定，加强建设项目审批管理。全年审批建设项目511项，其中报告书79项、报告表213项、登记表219项。完成建设项目竣工验收418项，其中预验收142项，正式验收276项。对24个申请验收项目提出环保整改意见。完成钱江经济开发区、乔司镇西南区块、下沙城元成东单元、西湖上泗区块4个区域规划环境评价的审批。完成2001年~2005年由省环保局审批的176个建设项目的跟踪检查。

【加强危险废物监管】 市环保局依照国家对危险废物管理的规定，加大监管力度。全年办理危险废物交换、转移计划报批表1061份。收集工业危险废物2917.5吨。其中，进行无害化安全处置1798吨，储存待处置386吨，跨地区安全处置733.5吨。收集包括各县(市)医疗机构在内的医疗废物8714吨，全部进行无害化安全处置。对封存多年的原红星化工厂1万吨铬渣，采用炼铁高炉高温熔融工艺进行无害化处置，年内已处置7000余吨。

【加强辐射环境管理】 市环保局把辐射环境管理职能从有关部门分离出来，单独设立辐射管理机构，并在全市建立辐射环境管理网络。为应对突发辐射环境污染事件的发生，编制完成《杭州市突发辐射环境污染事件应急预案》。对全市放射源开展全面核查，会同市公安局、市卫生局对16个省级重点涉源企业进行跟踪检查，开展辐射环境安全专项整治和放射源在线监控试点。全年审批建设项目辐射环境影响评价文件184份，完成116个涉源企业辐射安全许可证的换发，收贮27个企业废弃放射源46枚、放射性废物24桶。

【推行清洁生产】 7月，杭州市编制完成发展循环经济“十一五”规划，全市工业企业全面推行清洁生产。杭州经济技术开发区、富阳高桥工业区和余杭百丈工业区的循环经济试点规划通过评审，杭州高新开发区(滨江)、建德大洋工业区编制完成循环经济试点规划，杭州高新(滨江)水务有限公司等11个企业通过循环经济试点审核。全市对造纸、热电、食品、化工、印染等重点污染行业强制实行清洁生产审核。全年完成234个企业的清洁生产审核验收，其中列为省级环境管理重点企业的占50%。

▶▶资料：清洁生产

清洁生产是指将综合预防的环境保护策略持续应用于生产过程

和产品中，以期减少对人类和环境的风险。它的定义包含了生产和产品整个生命周期两个全过程的控制。对生产过程而言，清洁生产包括节约原材料和能源，淘汰有毒有害的原材料，尽最大可能减少有害物质的排放量和毒性。对产品而言，清洁生产旨在减少产品整个生命周期过程中从原料的提取到产品的最终处置对人类和环境的影响。清洁生产的思考方法与以前不同之处在于：过去考虑对环境的影响时，把注意力集中在污染物产生之后如何处理，以减少对环境的危害。而清洁生产则是要求把污染物消除在产生之前。

【查处环保违法行为】 全市环保部门依法查处环保违法行为，全年办理环保行政处罚案件1374起，其中责令停产594起、罚款1351起，罚款金额4144万元，个案平均罚款3万元，案件数和罚款金额比上年有较大幅度提高。在行政处罚案件中，申请人民法院强制执行的197起。加大环保违法行为信息公开力度，市环保局列出18个违法典型案例，通过召开新闻发布会向全市进行通报。全年有209个违法企业分别被《杭州日报》和杭州市环保局网站公开曝光。

【畅通环境信访投诉渠道】 杭州市通过建立12345市长专线、12369环保投诉专线、局长信访接待日制度、信访处理网络和环保执法人员24小时值班制度等举措，畅通环境信访投诉渠道，及时受理群众环境信访投诉。全年受理投诉10816件。市环保部门对群众投诉及时查处反馈，办结率100%，群众满意率98%。全年办理人大代表议案30件、政协委员提案32件。

【规范排污申报与收费】 年初，市环保局对排污申报的范围、时段和内容作出明确规定，把提升申报的覆盖面和数据的准确性、完整性作为年度申报工作的重点。收费使用统一的软件、标准和票据，收费核定、开单、送达按《排污费征收使用管理条例》的要求实施。全年有19073个单位实施排污申报，依法收缴排污费1.39亿元。9月1日，市政府办公厅出台《杭州市主要污染物排放权交易管理办法》。

·环保产业与科研监测·

【注重环保科研】 市环保局加强环保科研，年初下达《运河出境断面水质改善对策措施研究》、《杭州主要风险源调查及对策措施研究》等7个科研课题和《二氧化硫排污权交易机制研究》、《杭州市强制性清洁生产管理现状及立法调研》等6个调研课题，其中2个科研课题被市科技局列为重点课题。全年投入环保科研经费219万元。年内《钱塘江(杭州市)水域生态调查与蓝藻“水华”控制对策研究》等重点课题完成基础调查和系统监测，取得阶段性成果。市环境科学学会13篇论文获市自然科学优秀论文奖，其中一等奖1篇、二等奖2篇、三等奖10篇。《杭州市(水污染物)容量总量分配技术研究》、《钱塘江和苕溪流域污染因子源解析及防治对策研究》等3个科研课题获市科技进步三等奖。

【建成8个自动监测站】 杭州市环境自动监控系统建设成效明显，年内建成西溪湿地、运河义桥、上塘河三义村、中苕溪径山4个地表水环境自动监测站和西溪湿地、桐庐、建德、余杭4个空气自动检测站。环境自动监控系统平台改造全面启动，完成渔山、东梓、印渚、江家埠4个地表水检测站和桐庐、建德、余杭3个空气检测站及32个污染点源与省环境自动监控系统的并网。有关单位以制度为抓手，加强自控监控系统的管理，确保自控监控设施的正常运行。

【推进环境管理体系标准认证】 为促进全市环保产业健康有序发展，市环保局加大对环保产业的扶持力度。年内杭州浙商大环境工程有限公司、杭州博士华环境技术工程有限公司等6个企业获国家环境保护设施运营资质。市环境科学学会开展污泥综合掺烧试验，在污泥资源化综合利用领域取得新的研究成果。完成西湖文化广场白油渣土处置工艺的制订，配合杭州大地有限公司完成白油渣土处置设施的建设。以桐庐县钟山乡石材加工区为试点，开展石材加工企业废矿石渣的综合利用。加强对环境管理体系标准论证的指导，全市有402个企业通过新版ISO 14000环境管理体系标准认证。

【加强环保宣传】 市环保局围绕“1278”环境污染整治和“1250”生态建设工程，采取多种形式加大环保宣传力度，营造良好的舆论氛围。全年在报纸、电视台、电台等媒体发表环保新闻稿件400余篇(条)，其中《人民日报》5篇、《中国环境报》22篇、《杭州日报》81篇。刊登5个专版文章，摄制35个电视专题片，编发《杭州环境》12期、“环保之窗”栏目42期。“六五”世界环境日期间，市环保局召开“六五”世界环境日新闻发布会，通报2005年杭州市环境质量状况、生态市建设与环境保护工作进展情况。会同省、市有关单位举办“杭甬生态环保行”大型新闻采访、“浙江省暨杭州市‘六五’世界环境日纪念大会”、“传播绿色生态文明、构建资源节约型社会”环保科普周、杭州生态市建设三年成果图板展和第五届“杭州生态纪行”采访和“社区环境对话”等活动。

【加快环境信息化建设】 10月，市环保局完成《杭州市环境信息化建设“十一五”规划》的编写和申报。年内完成全市污染源总量控制综合管理系统(三期)——饮用水源保护管理系统和重点污染源及主要监测断面在线监测监控系统的开发，并完成文档影像管理系统和现场监理人员执法情况网上录入系统等项目。完成重点污染源在线监测监控信息系统平台的调整和环保系统综合信息平台的升级。完善环评专家库管理系统，新建无线环保政务专网。

(方　全)

西湖风景名胜

The West Lake Historic & Scenic Area

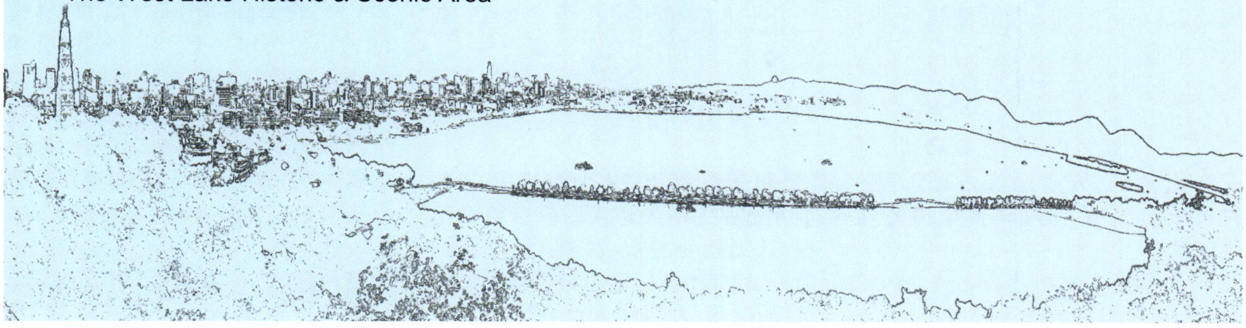

·西湖风景名胜综述·

【创建世界一流风景名胜区】 2006年，西湖风景名胜区管委会以杭州建设“名城强市”和西湖争创“国内领先、世界一流”风景名胜区为目标，全面启动和落实“十一五”发展规划，在西湖的保护发展、城市园林和文物保护及各项社会事业等方面继续取得新的业绩。全年财政收入2.46亿元，比2005年增长14.4%；其中地方财政收入1.6亿元，增长15.2%。全年景区接待游客2518万人次，增长9.3%；门票收入2.45亿元。

继续实施西湖综合保护工程。完成灵隐景区综合整治一期工程、吴山景区环境整治一期工程、龙井八景修复工程、“印象西湖”等项目的预定任务。完成杭州植物园、少儿公园等景点局部维修整治。提升了西湖景区的品位，凝聚了人气，赢得社会各界好评。“西湖·龙井茶园”再次被国家列入申报世界文化遗产预备名单，西湖综合保护工程项目被建设部评为“中国人居环境范例奖”。随着西湖综合保护工程的深入，西湖“东热南旺西幽北雅中靓”的新格局已形成，以更加秀丽迷人的景色引起国内外人士关注，迎来了各地宾朋。到杭考察的各级领导、代表团及园林部门同行络绎不绝。全年接待党和国家领导人及中外嘉宾283批、1.18万人次。

以各类创建为载体，西湖风景名胜区管理工作实现新跨跃。景区日常管理创新务实。编制完成《杭州西湖风景名胜区管理规划》(2006年~2020年)。按照国家重点风景名胜区综合整治工作要求，开展专项整治，成绩显著，获得建设部嘉奖。推进数字景区建设和数字城管建设，开展联动执法，规范旅游秩序。评比最佳(最差)公园，完善景区巡查考核机制，整改薄弱环节。景区监管信息系统全面投入使用，522个监控探头覆盖景区主要位置。景区生态环境保护成效显著。全年向西湖引水1.27亿立方米，入湖水质平均透明度120厘米以上。西湖风景区连续19年无森林火灾，遏制了景区植树病虫害，森林和动植物资源得到有效保护。编制完成名胜区2006年~2008年截污纳管3年计划。依法行政工作全面推进。先后出台《关于鼓励灵隐景区农户外迁安置的实施意见》、《杭州西湖风景名胜区住宅用房收购安置办法》。全年拆除各类违法建设914处、3.78万平方米。展开社会治安综合治理，构建巡防格局，案件发生量保持全市最低水平，破案、打击、处罚力度加强，社会治安秩序和景区游览秩序良好，巩固和打响了杭州“首善之区”品牌。

社会事业全面发展，新农村建设迈开新的步伐。全年西湖风景名胜区茶叶总产量223.6吨，产值5616万元，农民人均收入1.15万元，比2005年增长8%。编制完成名胜区新农村建设规划。龙井村、梅家坞村的新农村规划成为杭州村级新农村规划的样板。建成3个省级“全面小康建设示范村”，梅家坞、龙井、双峰、茅家埠等村获得“全国农业旅游示范点”、省“农家乐特色示范村”、市文明村、市园林绿化村、市首批休闲观光农业旅游示范单位等荣誉。组织茶叶企业参加全国性博览会和展销会，获得6个金奖，贡牌西湖龙井获“中国名牌农产品”称号和浙江省十大群众喜爱的品牌农产品。新型农村合作医疗参合率95%，农民受益率42.7%。风景名胜区慈善总会扩大捐赠和救助面，在构建和谐社会中发挥作用。

文化活动精彩纷呈，群众文化生活丰富。承办西湖龙井开茶节活动并获2006年中国(杭州)西湖国际茶博会最高奖——项目创新奖，“杭州园”获中国(沈阳)世界园艺博览会最高荣誉奖——“综合类金奖”。成功举办“相约西子湖”活动，推出“画说西湖”书画展和西湖雅集等系列活动，弘扬西湖文化。发挥社区文化阵地作用，丰富群众文化生活，举办首届全民健身运动会、纳凉晚会等活动；组织社区参加杭州市“和谐社区”建设文艺会演和演讲比赛活动。 (倪志华)

【喜摘全国文明风景旅游区桂冠】 1月19日，全国创建文明风景旅游区工作表彰大会在北京举行，杭州西湖风景名胜区被中央文明办、建设部、国家旅游局联合授予全国文明风景旅游区称号。创建全国文明风景旅游区活动，是由中央文明办、建设部和国家旅游局首次联合主办，考核期为一年，评选要求严格、全面，涉及基础设施、服务、管理、安全保障等8个大类26个项目105个要点。全国有170个国家级风景名胜区报名参评，通过首轮筛选、现场考评、全国公示等环节，11个景区胜出，杭州西湖是唯一的湖泊类风景名胜区。一年来，西湖风景名胜区按照“环境整洁优美、基础设施齐全、服务热情周到、经营文明守法、安全保障有力、治安秩序优良、资源保护完好、管理严格规范”的创建标准，开展创建活动，取得的显著成效，最终让每位专家首肯。同时被授予桂冠的还有四川峨眉山、福建武夷山、山东泰山、江西庐山、安徽黄山、北京颐和园、河南洛阳龙门、云南丽江古城、辽宁鞍山千山、广东深圳华侨城旅游度假区等。

【出台新农村建设规划】 2006年，杭州西湖风景名胜区多次征求各村、西湖街道、机关各部门、市委驻名胜区先进性教育指导组、市农科院和浙江大学等有关专家、领导的意见和建议，通过多方论证，集思广益，七易其稿，出台《杭州西湖风景名胜区社会主义新农村建设规划》。其间，又结合中共中央政治局常委、国家副主席曾庆红视察景区和新农村建设时所作的重要指示，市委书记王国平多次调研名胜区和西湖街道的重要讲话精神，对规划进行调整和补充。该规划明确了“十一五”期间新农村建设的指导思想、基本原则和主要目标和工作举措。根据规划要求，“十一五”期间，西湖风景胜区要坚持“生态优先、协调发展，以人为本、发展为民，因地制宜、分类指导，量力而行、务求实效，群从主体、政府引导”的基本原则，以改善村容村貌、加强景中村管理为着力点，以做强西湖龙井茶品牌、发展休闲观光旅游业为重点，以培育新型农民、加强农村基层党组织建设为保证，注重统筹兼顾，发展农村社会事业，维护社会安定团结，促进社会公平和农村进步，建设秀美、富裕、文明和谐的社会主义新农村。

·风景名胜·

【灵隐景区推出12个景点】 2006年开始实施的灵隐景区综合整治工程，计划两年完成，按照“坚持保护第一，生态优先，浓抹花草，淡妆建筑”的原则，在维护和改善生态环境的基础上，合理规划，整治农居，拓展活动空间，增加旅游休憩内容，完善基础设施，整治后的灵隐景区既保持佛教圣地的传统风格，又符合现代旅游文化的需要。凸现灵隐景区的历史文化和佛教文化主题，以自然景观为依托，成为集历史文化、石刻艺术、佛教文化、民俗风情、观光休闲为一体的生态型宗教文化旅游景区。整治范围东起一一七医院西围墙，南起普福岭至上天竺，西起天喜山脚，北过枫树岭、石人岭等至韬光，沿“五代坟”、灵隐寺后山墙至一一七医院西围墙，总面积257.7公顷。国庆节前推出北峰茶韵、合涧沉钟、玉液重泉、灵鹫飞来、冷泉猿啸、御碑亭、灵隐寺、法喜寺、法净寺、法镜寺、永福寺、中印寺等12个景点。实施景区的基础设施建设，完善道路系统，整治灵隐景区主入口，复建灵竺山门和佛国山门，新建御碑亭，拆除天外天菜馆、灵隐老公交车站等，新建售票山房、导游服务中心等，建设生景广场，形成了特有的自然生态景观与宗教气息完美融合的氛围。整治白乐桥、天竺区块农居188户，农居翻(复)建170户，整修11幢单位公房立面，完善各类公建配套设施和基础设施。保护法云弄建筑。对景区内山涧溪流进行综合整治和疏浚，保护林地、茶园。拆除各类建筑3.7万平方米，充实和调整绿化面积6万平方米。（金霄航）

西湖夜景（黄乐康 摄）

【“茶为国饮、杭为茶都”碑石落成】 杭州市于2005年举办首届中国(杭州)西湖国际茶文化博览会，获得“杭为茶都”称号。原全国人大常委会委员长乔石为杭州题写“茶为国饮、杭为茶都”，对杭州茶都地位作出肯定与支持，对于倡导“茶为国饮”、打响“杭为茶都”品牌，对于中国茶叶界都具有深远意义的影响。在征得乔石同意后，杭州市在中国茶叶博物馆入口处竖立题词纪念碑石，于2006年4月20日举行了揭碑仪式。该碑石与古朴秀雅的中国茶叶博物馆以及周围茶园的自然风光融为一体，成为又一处体验茶文化和观光休闲的新景点。

【林徽因纪念碑落成】 设立中国著名建筑师、诗人林徽因纪念碑是2006年西湖综合保护工程的重要项目之一。纪念碑坐落在花港公园西里湖南岸，呈一座高1.82米、宽1.25米线切割工艺的铜碑，由清华大学建筑学院设计方案，以青铜作诗笺，透出林徽因的剪影，将文字用线切割技术透雕于青铜诗笺上，形成一座空灵的诗碑，透过湖光水色，映出林徽因的倩影和美妙文字。周围铺设仿真青砖，并进行了绿化调整等环境整治。（何东玲）

【重现“西湖船娘”】 为推进西湖游船休闲化，名胜区采纳市社科院“西湖游船休闲化11条建议”，与省游船协会共同邀请有关专家学者研讨后，以重新恢复“西湖船娘”为切入点，逐步采纳、落实11条建议，加速了西湖游船休闲化地全面发展。名胜区通过新闻媒体宣传招聘船娘的设想和具体活动方案，广泛征求市民和各界人士意见，得到广大市民和新闻媒体的热情关注。5月15

日~17日，共有135名来自全国各地的女性报名应聘。首轮面试主要考察应聘者的水性、形象、言语、才艺等综合素质，择优选出50名进入第二轮。第二轮测试进行应会测试，包括游泳、划船和笔试3项考核，主要考察应聘者的体能和综合素质。最终入选的20名船娘，经过为期1个月的专门培训，于7月初正式上岗为游客服务，使“西湖船儿轻轻划，西湖船娘娓娓讲，满湖游船满湖歌”的场景得以再现。

·保护管理·

【西湖水质保护】 西湖风景名胜区通过对西湖水环境的综合保护和管理，使西湖主要湖区的水质继续改善，透明度上升，营养程度下降，总体水质已达地表水Ⅳ类水质标准(不计总氮)。外湖水平透明度66.04厘米，比2005年增加1.51厘米；总磷平均浓度为0.07毫克/升，下降15%；氨氮浓度0.18毫克/升，略有下降，为地表水Ⅳ类水质标准。西里湖、茅家埠的平均透明度分别为110.45厘米、106.33厘米，比2005年增加14.08厘米和22.23厘米，水质达到地表水Ⅲ类水质标准（不计总氮）。西湖引水工程的投入使用对改善西湖水质功不可没，在全年避潮停止引水30余天的情况下，西湖引水1.27亿立方米，完成年引水目标任务的106%；经沉淀池处理后出水标准透明度持续保持在120厘米以上。长桥溪水生态修复公园作为城市污染河道改造的一个成功创新，水净化处理系统出水指标达到国家地表水Ⅲ类标准，入湖水质达到国家地表水Ⅳ类标准（除总氮）。该工程于9月被中国环境保护产业协会确认为2006国家重点环境保护实用技术示范工程。

【景中村农居整治】 西湖风景名胜区以“控制总量、生态优先”为前提，坚持“以民为本、民办公助”原则，集中开展灵隐景区、净寺社区莲花峰区块农居的综合整治。在原农居风格基础上，拆除违法建设，进行农居立面整治建设，完善基础设施，充实绿化调整，改善生态环境。灵隐景区209户农居立面整修户竣工198户，农居翻(复)建171户。灵隐农居整治建设拆除各类建筑共计2.37万平方米(其中违法建筑物9000余平方米)，简易棚2743平方米，围墙1850米。对灵隐村白乐桥至天曹桥小广场、新索道路围墙边小广场进行整治改造，完成了白乐桥、碧溪桥、东新桥、为民桥等8座桥梁的修复与新建。莲花峰区块拆除违章建筑1446平方米及围墙165米，22户农居和长桥小学完成立面整治，区块内电力、有线电视、电信、部队通信电缆等管线进行了“上改下”。

(应满红)

【整治吴山景区环境】 市政府计划用两年时间对吴山景区进行全面整治。按照“整治为人民、整治靠人民、整治成果由人民共享”的原则，保留大碗茶，创造好环境，修复文化链，使之成为一处反映杭州吴越文化和民俗文化的人文历史景区，成为贴近市民、贴近生活、雅俗共赏的山林休闲旅游之地。

吴山景区整治工程包括伍公山景区、阮公祠景区、三茅观景区。2006年主要完成伍公山景区环境、吴山景区基础设施的整治。伍公山景区整治区域4万平方米，拆迁安置居民71户、单位2个，拆除搭建建筑2665平方米。发掘历史文化，保护历史文物遗迹，恢复伍公庙，充实东岳庙内文化陈设，设立《有美堂记》碑、春神和十二星宿碑。发掘、延续和保护吴山景区浓郁的民俗文化活动，建设杭州州治纪念地，恢复吴山庙会，开辟民俗休闲活动区，供市民进行晨练、喝茶、遛鸟等民俗娱乐活动。整修具有50年以上历史的民居。保护古树名木，恢复台地山林景观，绿化调整面积1.2万平方米，新增绿地2.5万平方米。完善基础设施及旅游配套服务设施，完善给水排水系统，实施“上改下”，设计、制作、安装导游牌和说明牌109块，增设路灯、公用电话亭和垃圾箱。改善景区道路及旅游线路，形成河坊街—城隍阁—伍公山—鼓楼—大井巷—胡庆余堂—河坊街的游览环线。

整治后的伍公山主要是伍公庙区、民俗休闲区、州治纪念地区、引导区和停车场区等五大区域，还老百姓以优雅、清闲的环境。

【改善岳湖区块环境】 2006年，借“印象西湖”项目在岳湖区块实施之际，名胜区坚持“保护第一、生态优先”的原则，通过完善排污设施、疏浚岳湖底泥、配套服务设施、整治建筑立面、调整充实植物等措施，对岳湖区块的环境进行综合整治，确保原有自然特色和风貌，达到“整治优化环境，提升景观质量”的目标。其间，对岳湖口商家店面进行墙面粉饰5000余平方米，拆除有碍观瞻的空调设备和室外管线，对部分空调室外机进行装饰和隐藏，合理布置电力、电线等设施，完善基础设施；清理屋顶瓦草和杂物，整修小青瓦屋面，统一建筑风格。跨虹桥边的常宅外墙面的颜色经过调整，与区块环境更加协调。经过整治，岳湖区块环境面貌得到改善。外运岳湖底泥4万余立方米，岳湖区域水体透明度从疏浚前的70厘米提高到88厘米。新种乔灌木30余个品种、2000余株，新增灌木地被植物10余万株，增加水生植物2000余平方米，还增加了绿地面积。

【西湖龙井茶品牌保护】 12月，在国家文物局公布的最新确定的《中国世界文化遗产预备名单》中，“西湖·龙井茶园”榜上有名。龙井茶园与西湖一并申遗，为西湖申报世界文化遗产增加了砝码。全年，西湖风景名胜区茶叶生产面积318.7公顷，其中无公害茶园228.4公顷；总产量223.6吨，产值5616万元，比2005年增加518.6万元、增长10.2%，平均每公顷产值17.6万元，特级茶产量增加7吨。为提高西湖龙井茶质量，名胜区出台《关于加强西湖龙井春茶质量管理工作的通知》，加强茶地管理、提高茶叶加工质量、品牌保护和宣传等，提出了进一步要求和部署。保质保量地完成475千克礼品茶的收购任务。持续打响西湖龙井茶品牌，全年名胜区组织景区产茶企业参加全国各种茶博会、农博会和农产品展销会，共获得6个金奖，贡牌西湖龙井获中国名牌推进委员会授予的“中国名牌农产品”称号和“浙江省十大群众喜爱的品牌农产品”。同时，引导企业实施“QS”认证，已通过认证的茶业企业有18个，列全省通过“QS”认证的区、县(市)茶叶企业首位。

(金霄航)

【注重风景区森林防火】西湖风景区森林防火工作按照“谁主管，谁负责”的原则，预防在先，增加投入，严防死守，落实责任，确保西湖风景名胜区平稳度过第19个森林防火期。全年新添置搪瓷防火宣传牌1650块，新建、修缮蓄水池22个，新增对讲机24台、二号防火工具1150把，清理山体垃圾46吨。抓好队伍技能和体能训练，有计划、有重点地训练森林消防队伍，开展熟悉掌握风景区山林地形、道路、蓄水池及茔葬点等业务，提高灭火突击队的战斗力，做到组织、任务、训练、机具四落实。（应满红）

·展览活动·

【举办西湖龙井开茶节】4月1日，由西湖风景名胜区主办、西湖街道承办的“相约龙井——2006年中国杭州西湖龙井开茶节”在茶乡龙井村举行。作为2006年中国(杭州)西湖国际茶博会的启动项目，旨在以“相约龙井”为主题，以西湖龙井新茶开采为契机，推出西湖龙井茶与特色景观融合渗透的名茶、名村、名景，请更多嘉宾走进茶乡品茶、会友、交流，共同让西湖龙井茶文化和茶文化村焕发生机和魅力。

开茶节开幕后，安排了多姿多彩、具有民俗风情的“茶乡踏歌”活动，由闻名全国的沧州狮子队、开山茶鼓队、目莲号队、采茶舞队、嵩山少林武术队等民俗演艺队伍逐个经过观礼台，他们载歌载舞，演艺献技，与观众交流互动，赢得掌声阵阵。同时，举行历届西湖龙井炒茶王风采展示和6个农家茶楼示范户授牌仪式，为邀请嘉宾首发《西湖与龙井茶》一书，湖畔居和西湖小学少年茶艺队进行品位高雅的茶艺表演，安排演唱具有地方传统特色的折子戏曲等等，烘托出开茶节喜庆吉祥的热烈气氛，达到了隆重、喜庆、新颖、安全的目的，为弘扬“茶为国饮”、打响“杭为茶都”提供了鲜活和有影响力的实证。（何东玲）

【举办全国荷花展】6月，第二十届全国荷花展在杭州花圃开展。展览主题为“荷香酒溢、醉爱西湖”。主展区设在杭州花圃、曲院风荷、郭庄，共分为“清香溢远、荷香新韵、红绡翠盖、水墨江南、茅乡水情”5个分区。参展城市80余个，其中有来自日本、泰国、澳大利亚、俄罗斯等国家，中国香港、澳门、台湾也有代表参加，汇集和展示优良荷花品种200余个，展出荷花1万余缸。花展期间，举办了荷花摄影作品展、荷展20年回顾、插花展、学术研讨和交流等活动。（金霄航）

【开展杭州西湖志愿者活动】3月初，西湖志愿者服务总队工作部成立，坐落于天竺路195号。以志愿者“自我管理，自我发展”为先导，开展富有实效的志愿者活动，提高志愿服务工作在景区管理保护中的作用，在活动中深入宣传志愿服务理念，传播志愿精神。4月23日，服务总队配合世界休闲博览会开幕和西湖争创全国首批5A级风景旅游区工作，与区文明办共同举行文明游园大型签名活动，志愿者上街分发文明游园倡议书并进行文明劝导。5月份，开通双休日、假日旅游服务。9月28日，60余名志愿者参与吴山景区整治开放前的扫尾工作。10月2日，国家旅游局出台《中国公民国内旅游文明行为公约》和《中国公民出境旅游文明行为指南》，服务总队联合浙江工商大学金融学院和名胜区团工委开展宣传活动，维护杭州文明旅游的氛围。“五一”和“十一”黄金周期间，组织4154名志愿者参与岗位志愿者服务、旅游志愿服务、文明行路宣传、防火宣传、文明劝导等活动，得到市委书记王国平的慰问与肯定。志愿者们为国内外游客提供了温馨优质的服务，让游客留下美好回忆，得到市民游客的高度赞扬，成为景区软环境提升的重要力量。西湖志愿者服务总队被团省委、省青年志愿者协会授予2006年度浙江省青年志愿服务杰出集体称号。

【全国茶艺职业技能大赛总决赛在杭举行】11月，全国茶艺职业技能大赛总决赛在中国茶都杭州举行。由中国茶叶学会、劳动和社会保障部中国就业培训技术指导中心、中华全国供销合作总社职业技能鉴定指导中心联合主办，来自全国19个省、直辖市、自治区的200余名茶艺选手汇聚杭州，切磋茶艺。中共浙江省委副书记周国富，省委常委、杭州市委书记王国平，浙江省副省长茅临生，杭州市副市长孙景淼，中国工程院院士宗懋，以及劳动和社会保障部、中国就业培训技术指导中心等部门的20余位领导出席开展幕式和闭幕式。

首次由政府主管部门和茶业社团联手组织的全国茶艺职业技能大赛，是国家级二类竞赛活动，权威性强、含金量高，受到全国茶业界的高度关注。参加总决赛的选手是经过各省(市、区)分赛区选拔出来的。来自广东、广西、福建、湖北、湖南、浙江、江苏、北京、天津、河南、宁夏等分赛区。北京老舍茶馆、张一元茶叶有限责任公司、吴裕泰茶业股份有限公司、更香茶叶公司，上海湖心亭茶楼，杭州湖畔居茶楼、太极茶馆、你我茶燕等单位均派出选手相聚杭州“比武论剑，切磋茶艺”。经过紧张比赛，选手们以娴熟的操作技能，沉着、机敏地应对各种难题，展现出较高的专业水准和精神面貌。高水平的专家和裁判员公正公平，严格评判。评出个人金奖3名、银奖7名、铜奖10名、优胜奖10名，团体金奖1个、银奖2个、铜奖4个、优胜奖5个。获得全国个人赛前3名选手，由劳动和社会保障部授予全国技术能手荣誉称号，颁发荣誉证书、奖章和奖牌，并由劳动和社会保障部鉴定中心核准后晋升国家级职业资格。随着人们生活水平的提高和茶业经济的发展，中国茶馆业处于快速发展中，需要大批优秀茶艺人才。全国茶艺职业技能大赛经过分赛区的选拔和这次总决赛，在茶界造就了首批“全国技术能手”和“高级茶艺技师”。不仅锻炼了参赛选手，还激发了茶艺工作者学习和提高茶艺技能的积极性。通过举办茶艺大赛，推进了中国茶产业，特别是茶馆业和茶文化事业的发展。

（何东玲）

文 物

Relics

·文物综述·

【提升文物保护水平】 2006 年，杭州市园林文物局贯彻落实国务院关于《加强文化遗产保护的通知》精神，强化文物基础工作，加大文物保护修缮和考古发掘力度，提升文物保护整体水平。挖掘杭州历史文化名城内涵，提高历史文化资源的合理利用水平。经专家评估和研究，国家文物局公布重设“中国世界文化遗产预备名单”，杭州西湖·龙井茶园、良渚遗址及与大运河(杭州段)名列其中。

杭州市有 13 处入选 2006 年第 6 批全国重点文保单位，国保单位达到 24 处(群)，在国内城市中都位居前列。国保和省保单位“四有”建档工作取得阶段性成果，完成时间和质量省内领先。

完成西湖博物馆安防系统工程，中国茶叶博物馆库房、展厅及杭州历史博物馆监控设施改造工程；对张苍水先生祠和于谦祠进行陈设改造。对西湖博物馆西湖泛舟环幕电影、西湖地质等陈设项目进行了整改完善。良渚文化博物馆新馆土建工程基本完成。着手编制南宋官窑博物馆二期扩建工程规划方案。此外，利用西湖景区创建国家 5A 级景区的契机，对景区内博物馆的信息标志牌、无障碍设施等基础设施进行了改造完善。

市属博物馆(纪念馆)提高展品陈列质量，陆续推出近 70 个临时展览或流动展览，全年接待 280 万人次。其中西湖博物馆接待 90 万人次。

完成吴山伍公庙、东岳庙、药王庙，龙井“乾隆与茶文化”陈列室、乾隆《龙井八咏》诗碑廊，灵隐康熙御碑亭等文化陈设。做好原韩国临时政府旧址(湖边村)、浙江高等法院旧址（红楼）和求是书院等修缮陈设。参与市政协组织的“五纵六路”、地铁沿线历史文化内涵挖掘和京杭大运河博物馆等陈设。

6 月 10 日是中国首个文化遗产日。市园文局在西湖博物馆广场举办了集文艺演出、图版展示、收藏咨询、鉴宝等于一体的大型文博宣传活动。举办“相约西子湖·文化西湖”文学艺术家聚会活动，邀请两岸三地知名艺术家，提升活动的水平和影响，成为杭州知名文化品牌。举办“浙江省考古学会成立 20 周年暨杭州市历史街区、村镇保护利用学术研讨会”和“中国古陶瓷研究会学术讨论会”。编辑《唐云艺术馆藏品精粹》、《南宋御街》、《西湖学论丛》、《西湖文献集成（西湖博览会专辑)》、《杭州文博(第 3 辑、第 4 辑)》等。市属文博单位人员在各类专业刊物发表论文 80 余篇。

【修缮维护文保单位 20 余处】 对 20 多处文物保护单位进行修缮和保养性维护。如完成浙江高等法院旧址、求是书院、西湖博览会工业馆(二期)、小米园、过溪亭等文保单位(文保点)的修缮并对外开放；对六和塔、吴宅、明宅、胡雪岩故居、陈三立墓、龙兴寺经幢、通济桥等进行了保养性维护；实施西泠印社防白蚁与设置避雷针、汉三老石室抢修工程和凤凰寺壁画保护工程。启动孔庙、王文韶大学士府、小米园、祥符桥等文物保护维修工程。省级文保单位南山造像保护一期工程启动；飞来峰造像保护规划进入正式编制阶段。在实施保护工程的同时，注重保护的科学性。如邀请有关专家对飞来峰造像、凤凰寺壁画、孔庙彩绘、紫薇园原点等重要文物保护进行了专门研究。

【3 处遗址列入国家文保重点遗址】 良渚遗址、跨湖桥遗址、南宋临安城遗址被国家文物局列入“十一五”文物保护专项规划 100 处重点大遗址。完成良渚遗址保护规划上报审查前的协调沟通，相关保护项目立项；良渚管委会会同有关部门举办了“纪念良渚遗址发现 70 周年学术研讨会”，对良渚遗址保护水平起到提升作用。跨湖桥独木舟遗址实施疏干排水加固工程，保护规划和遗址博物馆方案通过专家论证。

【加强园林文物监察】 杭州市园林文物监察支队全年立案查处文物违法案件 5 起。其中查处麦当劳公司违法装修市级文保单位张允升百货店旧址一案获国家文物局 2006 年文物行政处罚案卷评比二等奖。杭州市园林文物监察支队、桐庐县文化执法大队被评为 2006 年度省级文物行政执法先进单位。在各区、县(市)建立专业文物执法队伍，落实执法责职。开展博物馆达标竞赛，完善考评方法，做到科学、公正、权威，促进博物馆管理和服务水平等方面的提高。作为国内唯一的博物馆业务管理考评体系，引起国家文物局关注，其方法和思路被借鉴并全国推广。全市业余文保通讯员队伍进行了全员培训；组织博物馆藏品管理和讲解员培训班，市属各博物馆专业人员参加。市文物部门会同房管、规划等部门，做好历史建筑和历史街区保护工作。如合作开展资源调查，对历史街区保护条例、保护规划和图则，历史建筑推荐名单，以及有关历史建筑保护维修问题，进行了讨论协商。

·文物保护·

【制订历史文化遗产保护实施办法】 市园文局贯彻《国务院关于加强文化遗产保护的通知》精神，结合杭州实际，编制《杭州市加强历史文化遗产保护的实施办法》。明确杭州历史文化遗产保护的指导思想、基本方针和总体目标，从明确职责，落实责任，切实加强对历史文化遗产保护工作的领导，推进历史文化遗产保护。（余洪峰）

【新增13处全国重点文物保护单位】 6月，国务院公布第6批全国重点文物保护单位，杭州市13处不可移动文物名列其中，即西湖南山造像、胡雪岩旧居、于谦墓、章太炎故居、马寅初旧居、郊坛下与老虎洞窑遗址、之江大学旧址、钱塘江大桥、笕桥中央航校旧址、跨湖桥遗址、茅湾里窑址、京杭大运河、吴汉月墓。杭州市全国重点文保单位的数量增加1倍多，杭州历史文化名城的内涵更加丰富。（郎旭峰）

【编制南宋皇城遗址保护规划】 全国重点文物保护单位南宋临安城遗址——皇城遗址保护规划，由中国文物研究所、东南大学等相关编制单位近两年的调研、修改和完善，经国内文物保护、城市规划、园林景观等各方面专家论证和补充后编制完成，获得法律保障，遗址的保护、管理和利用等各项工作更加明确，更具规范性和可操作性。

【跨湖桥遗址保护】 2006年，制订《跨湖桥遗址保护规划》与《跨湖桥遗址博物馆设计方案》。跨湖桥遗址保护规划是第6批国保单位中最先制订完成的。完成跨湖桥遗址独木舟遗迹疏干排水保护工程的施工，彻底阻断了地下水对遗址的浸入，确保独木舟遗迹的安全。拟成立"浙江国际跨湖桥文化研究中心"，完成了前期筹备。4月20日，跨湖桥遗址陈列馆建成开放，占地760平方米，展出文物92件。全国政协副主席董建华，文化部副部长常克仁，文化部副部长、故宫博物院院长郑欣淼，国家文物局局长单霁翔，以及省市有关部门领导先后到陈列馆参观。

【《余杭区文物古迹保护利用总体规划》编制完成】 2006年，杭州余杭文物管理委员会办公室编制完成《余杭区文物古迹保护利用总体规划》。由总则、指导思想与保护原则、遗存评估与保护措施、文物保护单位、文物保护点、规划实施与分期、附则等7项组成，规定余杭区文物保护单位的保护范围和建设控制地带，明确该区"十一五"期间文物工作的重点内容。

【修订《桐庐县加强古建筑保护的实施意见》】 3月~5月，桐庐文管办参与桐庐县政府组织制定的桐庐县古建筑保护管理办法，由县文管办起草修订，经县政府常务会议讨论通过。9月11日，印发《桐庐县加强古建筑保护的实施意见》，为该县古建筑保护提供了保障。

【临安划定文物保护范围】 临安市对该市28处文物保护单位进行测绘，加强科学规范管理。4月，临安市政府公布28处市保单位的保护范围，临安市文化广电新闻出版局审核公布各类型、各历史时期的文物保护点73处，其中古遗址4处、古建筑43处、石刻造像和摩崖题记4处、近现代重要史迹及代表性建筑13处。临安文物馆对新公布的文保点设立了标志牌。

【完善萧山文物管理机构】 成立萧山区文物行政执法大队，负责全区文物行政执法。在区文广新局设立文物科，负责文物行政管理工作。成立区文物保护管理所，负责文物业务管理，区文管所与区博物馆合署办公。

【六和塔保养性维护及景区白蚁防治】 8月下旬至年底，杭州市园文局对全国重点文物保护单位六和塔进行保养性维护。实施底层内外檐柱的修补及油漆、砖墙粉刷。5月，邀请白蚁防治专家对建筑内白蚁进行察看分析，制定为期3年的六和塔景区白蚁综合防治方案。在绝对保护区内，设置引诱装置和埋放诱杀包，对六和塔主体木构建筑进行药物喷洒，年内完成排查。

【凤凰寺穹顶壁画修复完成】 全国重点文物保护单位凤凰寺位于中山中路325号。因大殿穹顶壁画存在较严重的起甲、空鼓、酥碱现象，专家们多次论证修复方案，由市伊斯兰教协会委托敦煌研究院编制《浙江省杭州市凤凰寺壁画修复实施方案》，经国家文物局批准，实施壁画修复工程。10月27日，国家文物局专家组会同省文物局对凤凰寺的壁画维修工程进行验收，提出了改进意见和建议。（王公明）

【修缮求是书院】 求是书院是清光绪二十三年(1897年)杭州知府林启创办，为浙江大学前身，省级文保单位。院址原为普慈寺，寺内大殿为书院办公室，殿后东西两斋为教室和宿舍。现仅存原普慈寺大殿及偏殿。大殿坐北朝南、用材讲究、雕饰精美，是晚清较有代表性的古建筑。求是书院作为市政府"一纵三横"沿线历史文化碎片挖掘与保护工程之一，分成两期进行。2006年1月20日，一期主殿修缮并通过竣工验收。3月21日，二期侧殿修缮和环境整治开工，4月28日完工。5月，作为杭州近代教育史陈列馆对外开放。

【"红楼"修缮竣工】 "红楼"为浙江省高等法院及杭县地方法院旧址，省级文保单位，总建筑面积881.4平方米，砖木结构。修缮工程作为市政府"一纵三横"沿线历史文化碎片的保护工程之一，于12月2日开工，4月25日竣工。修缮后的"红楼"作为杭州城建发展史陈列馆，于5月1日对外开放。

【余杭南山造像保护维修一期工程开工】 南山造像位于余杭区瓶窑镇南山石壁上，系元代僧徒利用前期采石壁面浮雕的造像，1997年成为省重点文物保护单位。由于长年风雨侵蚀和人为因素影响，致使造像风化受损严重。南山造像维修保护方案的论证，经上级文物部门审批，完成工程立项。本体造像保护由南京博物院负责实施，10月5日开工。 （郎旭峰）

【重修吴山伍公庙和东岳庙】 6月，市政府决定实施吴山整治工程，重修伍公庙，维持晚清时格局和江南民居式风格。修缮山门（神马门）及两厢；落架大修大殿，复建后殿（潮神殿）。重修东岳庙，充实了文化陈设，增加市民喜闻乐见的“吴山民俗大观”、“吴山庙会大观”、“吴山戏曲文化荟萃”等内容，重现东岳庙历史上的庙会盛况。两项工程国庆节前竣工并对外开放。

【维修过溪亭归隐桥】 过溪亭作为市级文保单位，位于龙井东侧凤凰岭麓，始建于宋元丰年间，又名“二老亭”，历史上多次重建，现建筑为1916年重修。木构歇山顶，四石柱建于单孔石拱的归隐桥上，桥梁跨玉沟涧。市园文局组织力量对桥体进行修缮，加固与修复松动鼓出的金刚墙、下垂和破损的栏板、条石，保证了桥体建筑安全。

【李氏宗祠维修竣工】 李氏宗祠为清代建筑，是富阳市级文物保护单位，位于富阳市常安镇小剡村，前后三进建筑，占地面积1017平方米。因年久失修，部分屋面渗漏严重，椽、檩、枋等出现霉烂和虫蛀现象，危及建筑整体安全。富阳文物馆与富阳中学共同出资维修李氏宗祠。工程于5月开工，主要对基础台基和木作（木柱、梁、枋、檩条）进行修缮，11月底完工。修复后的李氏宗祠保持原有建筑风貌。

【调整郁达夫故居陈列】 为确保著名作家郁达夫烈士诞辰110周年纪念大会和国际学术研讨会于12月6日~8日在富阳顺利召开，富阳文物馆从10月初开始对郁达夫故居进行整体修缮和陈列调整，11月15日结束。12月7日，来自全国、浙江省、杭州市有关部门的领导，郁达夫亲属代表，著名作家、国内外研究学者，浙大、华师大、浙师大等院校学生代表，文艺界代表，媒体记者及有关人员共300余人参观了郁达夫故居。

6月10日，南宋遗址陈列馆对外开放。 （市园林文物局 供稿）

【瞿鸿禨墓、呼猿洞造像区环境整治】 2006年，市园文局在灵隐景区整治工程中对瞿鸿禨墓进行环境整治。瞿鸿禨（1850–1918），字子玖，湖南善化（今长沙）人，官至协办大学士、军机大臣。为官清正廉洁，支持变法改革，曾举荐康有为、梁启超、谭嗣同等变法。死后葬于杭州灵隐山石笋峰麓永福寺侧。对飞来峰呼猿洞造像区环境进行整治，包括六龛造像立面清洁，清除危及造像本体的植物，以及平整坡面、铺设道路等。

【举办“文化遗产日”宣传活动】 6月，为迎接首个“文化遗产日”，市园林文物局围绕“保护文化遗产，守护精神家园”主题，举办了各类宣传活动，组织全市博物馆推出系列展览，通过内容丰富、形式多样、雅俗共赏的载体，展示杭州市物质文化遗产的保护成果，促进文保事业可持续发展，激发大众对文物保护的热情。主要有召开“文化遗产日”纪念座谈会，严官巷“南宋遗址陈列馆”正式对外开放，组织广场主题宣传等活动。市属文博单位和景区管理处开展系列宣传活动和特别展览。 （潘沧桑）

【进行富阳古民居调查】 4月~8月，为摸清富阳市的古民居分布现状，作为文化遗产得到保护，富阳文物馆进行了古民居调查。调查范围是富阳市各乡镇、街道辖区内1911年以前的古建筑（个别放宽至1949年前）。调查对象是民居，包括厅堂、古桥、牌坊、古墓等。调查内容包括历史沿革、情况描述、环境描述、相关史料收集、摄影等。最终确定134处调查点，对每处调查点的情况作了记录、整理和汇总，计划由富阳市政协编辑出版《富阳市古民居》。

·博物馆·

【举办讲解培训班和藏品管理培训班】 5月11日~12日，市园文局举办全市文博部门暨西湖风景名胜区讲解培训班。特邀美国国家讲解协会执行理事长蒂姆·麦瑞曼先生、助理丽莎·布罗楚女士及浙江传媒学院教授张群妹女士主讲。杭州各文博单位、西湖风景名胜区各相关单位负责人及讲解员160人参加培训。为加强藏品规范化管理，提高市属各博物馆库房保管人员的业务素质和技能。5月10日~11日，市园文局在中国茶叶博物馆举办藏品管理培训班，邀请省文物局和省博物馆专家授课，各区、县（市）文管会（文物馆）及有关部门共21个单位40人参加。 （潘沧桑 朱珠珍）

【鉴定博物馆入藏的出土及征集文物】 10月，市园文局联合省文物局组织省文物鉴定委员会专家，对市属部分博物馆近几年入藏的出土以及向社会征集、接受捐赠的文物进行鉴定，总计2200余件。通过鉴定，明确和充实了博物馆陈列内容。同时，随着考古工作的不断推进，较快

地确定文物的时代、级别和价值等基本要素，促进了各文物收藏单位的清库工作，为建立详细藏品档案打下了基础。（朱珠珍）

【杭州历史博物馆被评为省级先进单位】 杭州历史博物馆是反映杭州历史的城市综合性博物馆。自2001年开馆以来，以其丰富的馆藏、先进的设施、新颖灵活的宣教活动，为人们提供了全面了解杭州历史文化的窗口。杭州历史博物馆爱国主义教育扎实有效，不断丰富载体，以加强未成年人思想道德教育为重点，社会效益良好，得到省、市有关部门肯定。7月和12月，该馆分别被评为市级爱国教育基地先进单位和2006年度全省爱国主义教育先进基地。

【举办西湖国际茶会】 4月15日~22日，为进一步打响"茶为国饮、杭为茶都"品牌，以"茶与休闲、以茶会友、茶与和谐社会"为主题，由杭州市"茶为国饮，杭为茶都"战略合作促进委员会办公室、杭州西湖风景名胜区管委会（市园文局）、杭州市旅游委员会联合主办，中国茶叶博物馆承办的"第九届西湖国际茶会暨中国茶叶博物馆建馆15周年系列活动"举行。举办中国茶叶博物馆15周年建设发展研讨会、中日韩三国茶艺交流及全民"知茶、爱茶、饮茶"系列活动、"翰墨茗香竞风流"——老中青少茶文化书法、茶艺表演、"五色土的世界"——李长平收藏紫砂茶具精品展等活动。

【征集司徒雷登遗物】 2006年夏，杭州名人纪念馆与美籍华人傅铎若女士、傅海澜女士、傅履仁先生友好协商，征集到一批司徒雷登的珍贵遗物。包括1946年南京国民政府对司徒雷登的褒奖令，1946年杭州市市长周象贤赠给司徒雷登的杭州市金钥匙，以及与司徒雷登有交往的军政要人阎锡山、孙立人、张之江、陈立夫、朱家骅、徐永昌、周至柔等为其贺寿的书法作品，艺术大师王一亭、张书旗等书画作品，司徒雷登的博士袍、博士帽及中英文藏书和著作，极具收藏和研究价值。

【于谦祠和张苍水先生祠陈列调整】 2006年，杭州名人纪念馆对位于三台山的于谦祠进行陈列调整。对三殿的部分版面进行调整或重新制作。调整二殿的灯光布置，使墙面浮雕展现得更加清晰。对于谦祠祈梦殿进行设计布展，这是民国初年浙江督军朱瑞修复祈梦殿后的重新布展，从而使三台山于谦祠内增加了既可了解祈梦历史又可实际参与祈求幸福之所。10月，对张苍水先生祠进行内部整理。修复整理壁画、牌匾、雕塑、书法作品等。全面展示民族英雄张苍水生平事迹，增设10只展柜陈列有关张苍水的各种书籍、画像、书法、历史图片等。

【水乡文化博物馆被列为全国青少年教育基地】 中国江南水乡文化博物馆自开馆以来接待观众60万人次，其中未成年人17万人次，成为青少年认识和了解江南水乡文化的重要场所。博物馆宣教部注重"青年文明号"创建工作，积累完善创建理念，并与本职工作有机结合。5月，该馆被共青团中央列为第4批全国青少年教育基地，被共青团浙江省委评为2005年度"省级青年文明号"。

【举办相约西子湖·文化西湖——西湖讲堂】 10月10日~11日，西湖博物馆与唐云艺术馆联合举办2006年相约西子湖·文化西湖——西湖讲堂。国学大师文怀沙，当代著名书画家张立辰，著名文艺理论家霍松林应邀参加，分别作了题为《传统文化与人文西湖》、《中国写意画意境与人文西湖》、《诗词与人文西湖》的演讲。3人在演讲中展现出深厚的学识与修养，使听众在思想和文化等方面受益良多。

【萧山博物馆丰富馆藏】 2006年，萧山博物馆新馆土建及二次装修施工结束。完成陈列解读及陈列内容设计文本。征集古陶瓷文物300余件。6月，省文物鉴定中心为萧山博物馆待征集的110件文物进行鉴定，其中一级品5件、二级品15件、三级品48件。7月，省文物鉴定中心对该馆征集的664件文物进行鉴定，其中一级文物11件、二级文物75件、三级品229件。由于无征集赝品，丰富了馆藏数量与质量，得到鉴定专家的赞赏。

【良渚文化博物馆评为全国青年文明号】 6月，良渚文化博物馆被团中央评为2005年度"全国青年文明号"，被团省委评为"省级杰出青年文明号"。6月19日，余杭区风景旅游局和团区委联合举行授牌仪式，省、市旅游局及余杭区政府、良渚遗址管委会等单位领导及区有关部门和团组织负责人出席授牌仪式。

【出土文物入藏良渚文化博物馆】 11月7日，良渚文化反山遗址、瑶山遗址出土的650件文物入藏良渚文化博物馆。反山遗址和瑶山遗址分别于1986年、1987年发掘，是良渚文化重要遗址，也是迄今出土良渚文化玉器数量最多、制作最为精美的遗址。近年来，良渚遗址管委会积极争取，省文物部门加快移交，组织制订良渚遗址出土文物指定收藏方案，明确由良渚文化博物馆收藏反山遗址和瑶山遗址12座墓葬出土的2500余件文物，宣布卞家山、文家山、庙前等遗址的出土文物按计划入藏良渚文化博物馆，使良渚遗址出土文物指定收藏得到解决，丰富了良渚文化博物馆新馆馆藏。

·考古·

【严官巷南宋遗址陈列馆建成开放】 6月10日，严官巷南宋遗址陈列馆对外开放。从2003年底开始，配合万松岭隧道东接线（严官巷段）的道路建设，市文物考古所对严官巷的南北两侧进行抢救性考古发掘，发掘总面积1200余平方米。考古发现南宋时期的御街、御街桥堍和桥墩基础、道路、殿址、围墙、河道、石砌水闸设施以及元代石板道路等重要遗迹，种类多、保存较好，在临安城考古中极其罕见。特别是发现了保存完好的南宋御街遗迹，确定了南宋临安城的中轴线，为研究中国古代城市布局提供了珍贵的资料。该项考古发掘被评为2004年度全国十大考古新发现。严官巷考古发掘得到市委、市政府高度重视，要求协调处理好遗址保护展示、道路畅通与周边环境整治的关系。展示工程于2005年9月29日开工。展示厅分为南北两个展示厅，北展厅建筑面积657平方米，南展厅建筑面积271平方米。北展厅与南展厅之间设地下通道相通。严官巷南宋遗址展示厅工程遗址保护和内部展陈,较好地利用了多媒体等先进的展陈手法和通俗易懂的陈列语言,将严官巷遗址与整个临安城遗址联系起来。

【发现南宋德寿宫遗址】配合杭州望江地区改造工程建设,市文物考古所于2005年11月开始至2006年6月对位于望江路北侧的中河中路18号(南宋德寿宫遗址)进行抢救性考古发掘。发现西宫墙与便门、水渠、水闸与水池、水井、墙基、砖铺路面、柱础基础、大型夯土台基等重要遗迹。此次出土大量瓷片,器形多样,并出土筒瓦、板瓦、瓦当等建筑构件。时代上迄五代、两宋,下至元明清。南宋德寿宫是高宗赵构传帝位于孝宗以后,颐养天年的地方。内建有小西湖、飞来峰等湖山石泉、亭台楼榭等建筑。此次发现的大型水渠、水闸、水池等园林设施遗迹以及西宫墙遗迹,为研究南宋时期的皇家园林风貌与造园技术,确定德寿宫遗址西界提供了宝贵的实物资料。

【桐庐县出土一批东汉时期文物】5月10日,桐庐县江南镇横山埠杨家门口官山村村民在取土时发现一处古墓葬。桐庐县文管办当即派人赶赴现场进行清理,同时发现另一座墓葬。根据墓葬形制和出土文物初步推断,属东汉时期。发掘出土铜镜、铁剑、原始瓷盘口壶、红陶弦纹双系罐等器物。其中八鸟博局铜镜镜面光亮,质地上乘,做工精细。该东汉古墓葬的发现,是桐庐县发掘出土器物最多的汉墓,为研究汉代史提供了实物资料。

【召开良渚遗址学术研讨会】11月9日~11日,省文物考古研究所主办的"纪念良渚遗址发现70周年学术研讨会"在杭州召开。同时,纪念1936年国立西湖博物馆施昕更先生良渚遗址考古发现70周年。国内知名考古专家张忠培、严文明、毛昭晰、赵辉及来自国内外近60位专家出席会议。与会专家对各地近年来良渚文化考古新发现开展研讨,对良渚文化聚落形态、社会组织、与周边文化交流以及玉石陶器等方面进行了深入和多角度地分析。

【整治莫角山遗址环境】2006年,良渚遗址管委会加大良渚核心遗址莫角山遗址的环境整治力度,对莫角山遗址老104国道两侧沿线的煤堆场、石灰销售点、轮胎废品收购站等7个小型加工企业进行停产、搬迁和复绿整治。投入100余万元收购或拆除莫角山遗址上的房屋、水塔、水池等建筑物、构筑物及大观山果园外场的地下自来水管,动迁农户19个,拆除建筑1600平方米。管委会在推进遗址核心区环境整治的举措,加上此前拆除的原杭州徐氏有限公司生产管理用房等建筑,莫角山遗址内外迁和拆除建筑超过1万平方米,为"申遗"工作创造了条件。

【后杨村遗址抢救性发掘】4月19日,余杭区良渚镇港南村村民康宏果在新住宅建设施工中发现良渚文化玉器,随即向所在村和杭州良渚遗址管理所汇报。杭州良渚遗址管理所连夜派人收缴施工中出土的4件良渚文化玉璧(2件完整、2件残器)和2件石钺(1件完整、1件残器)。次日,管委会组织专业人员对已暴露墓葬进行抢救性清理,并部署现场安全工作。由于现场暴露良渚文化大墓迹象,良渚遗址管委会遂向省文物局汇报。随后省考古所与良渚遗址管理所共同开展抢救性考古发掘。整个发抢救性发掘历时1个多月,清理良渚文化墓葬4座,出土玉琮、玉璧、石钺及陶器等文物200余件。 (园 文)

·收藏·

【举办全国民间收藏文化研讨会】6月10日~16日,第六届全国民间收藏文化研讨会暨中国浙江古玩艺术品收藏博览会在杭州举行。中国收藏家协会、浙江省收藏协会、浙江电视台、浙江省社会科学届联合会、杭州市上城区政府共同主办。杭州市清河坊历史街区管委会、杭州钱皇民间收藏品有限公司、杭州日报报业集团承办。中国收藏家协会会长阎振堂致开幕词,杭州市上城区副区长李雪平致欢迎词,浙江省收藏协会会长林华东主持。大会主要项目有第六届全国民间收藏文化研讨会、浙江百件古玩精品展、全国古玩艺术品展示交流会等9项。《中国文物报》、《收藏界》、《收藏拍卖导报》、《大众收藏》、《艺术市场》、《中国收藏》、《收藏》、《鉴宝》、《中国集邮报》、《收藏快报》、《神州收藏》等对大会进行了报道。

【举办浙江古玩精品展】6月10日~7月10日,"浙江百件古玩精品展"在清河坊钱皇收藏楼举办。该展览由省收藏协会副会长胡龙官等人精心策划组织,展厅以苏州园林式布景,摆放获全国大奖的树桩盆景。陈列展示上自跨湖桥和良渚文化时期作品,下至近代书斋文化器物,彰显浙江8000年历史文化与传承。展出陶瓷、紫砂、家具、铜器、石器、造像、竹木牙雕、宝石、水晶和料器等门类的100余件古代精品,全部出自浙江省个人珍藏。其中有千峰翠色的秘色越瓷、精美绝伦的青铜器、端庄静穆的鎏金佛像、雅致古朴的紫砂器皿、南宋的金银锭、历代名人的文房用砚等。展览期间共接待参观者1万余人次。阎振堂等领导与来自全国20余个收藏组织负责人及收藏爱好者参观后,赞叹浙江的收藏名不虚传。

【举行浙江投资收藏赛宝大会】2006年浙江投资赛宝大会由杭州日报报业集团和浙江省收藏协会主办;杭州日报社、浙江电视台经济生活频道"宝藏天下"栏目、中国宝藏网和钱皇民间收藏品有限公司等协办。6月10日起,历时3个多月,利用中国宝藏网(www.chinabaozang.com)等平台,聘请国家文物鉴定委员会委员张浦生、国家文物局玉器鉴定专家朱戢、浙江省文物鉴定中心主任柴眩华、浙江省文物考古研究所所长曹锦炎、浙江省博物馆常务副馆长陈浩、书画鉴定专家汪济英、浙江省收藏协会会长林华东组成专家团,对宝物进行终审鉴定。经过读者和网民评选、专家鉴定点评、拍卖师估价,最终选取800件不同等级的珍品宝物向社会公示,并出版《2006年浙江投资收藏赛宝大会珍宝图录》。 (浙 藏)

旅 游

Tourism

·旅游综述·

【旅游接待量稳步增长】 2006年，杭州市接待境内外游客3864.16万人次,比上年(指2005年,下同)增长13.1%;旅游总收入543.69亿元,增长16.9%; 旅游业增加值203.88亿元, 占全市地区生产总值5.9%,按现价计算比2000年增长139.9%,年均增长16.9%。

【入境游客超过180万人次】杭州市接待入境游客182.02万人次,比上年增长20.3%; 在全国居深圳、广州、上海、北京、珠海之后,列第6位。旅游外汇收入9.09亿美元,增长19.9%;在全国居北京、上海、广州、深圳之后,列第5位。

入境游客在杭平均逗留时间为2.6天,与上年基本持平。人均消费194.76美元,增长2.2%。

【十大客源国较2005年略有变化】2006年, 杭州十大外国客源市场是韩国、日本、美国、马来西亚、泰国、新加坡、德国、印度尼西亚、加拿大、西班牙。主要客源国中亚洲占6席,北美洲和欧洲各占2席。以上客源国入境游客数占全年入境游客总数的52.9%。

【境内旅游收入逾470亿元】杭州市全年接待内地游客3682.14万人次, 比上年增长12.7%; 旅游收入471.24亿元,增长16.8%。到杭的内地游客以观光、度假、商务、探亲访友、会议、健康/疗养、宗教/朝拜、文体/科技为主要目的的, 分别占46.8%、32.5%、16.0%、13.4%、7.5%、3.5%、1.9%、4.1%。与上年相比,观光游客比例下降3.6%,度假游客比例上升2.5%, 会议客人比例上升0.3%。(注:此列数据来自内地旅游抽样调查,其选项为多选。)

2006年, 到杭的内地游客仍以省内及周边和近距离市场为主。其中省内占30.8%, 江苏占16.1%,上海占15.2%, 江浙沪三地客源总计占62.1%。其他主要客源地有安徽、山东、北京、广东、江西、福建、河南、湖南、湖北等。

【出境游人数有所增加】 2006年,对杭州市开放的出境游目的地达86个国家和地区。全市旅行社组织出境游人数为22.48万人次,比上年增长27.1%。按出境游客多少排列,出境游目的地依次为:泰国、新加坡、马来西亚、韩国、日本、澳大利亚、新西兰、菲律宾。

【黄金周旅游市场火暴】 2006年三大黄金周期间,杭州市接待游客911万人次, 旅游收入61.1亿元, 实现“安全、秩序、质量、效益”四统一的目标, 取得较好的经济效益和社会效益。其中:春节黄金周接待207万人次,比上年增长33.4%,旅游收入18.10亿元,增长17.2%;“五一”黄金周接待270万人次,增长25.9%,旅游收入20.10亿元,增长28.3%;“十一”黄金周接待434万人次, 增长23.3%, 旅游收入22.90亿元, 增长27.9%。

【有序编制旅游规划】 2006年,杭州市出台《旅游业“十一五”发展规划(2006年~2010年)》,《杭州市旅

表44 2006年杭州市旅游指标一览表

项目 地区	入境旅游者(人次)	比上年(%)	旅游外汇收入(万美元)	比上年(%)	国内旅游者(万人次)	比上年(%)	国内旅游收入(亿元)	比上年(%)	旅游总收入(亿元)
全 市	1 820 171	20.3	90 889.78	19.9	3 682.14	12.7	471.24	16.8	543.69
市 区	1 716 412	16.2	88 237.99	18.5	2 685.98	10.7	384.93	14.2	455.26
其中:萧山区	96 803	23.1	3 208.2	17.7	286.50	32.6	38.97	29.9	41.53
余杭区	60 698	48.8	1 710.4	54.9	187.98	17.5	17.95	20.5	19.31
富阳市	44 825	61.4	981.1	46.7	234.98	14.1	20.47	20.6	21.25
建德市	1 564	-36.9	45.16	-25.9	131.27	5.0	14.27	18.9	14.31
临安市	6 077	39.1	216.43	49.5	177.53	13.5	15.24	22.9	15.41
桐庐县	16 680	65.1	410.5	108.4	200.90	10.3	15.52	17.6	15.85
淳安县	34 613	22.8	998.6	5.6	251.48	12.9	20.81	21.8	21.61

游业发展总体规划》和《“两江一湖”风景名胜区总体规划》在进一步修改完善中,《景点道路交通指引标志规划》于5月通过专家评审,上报杭州市政府待批复,《2006杭州世界休闲博览会旅游景点道路交通指引标志初步设计》已实施到位。

·旅游资源开发·

【西湖综合保护工程推出新景点】“十一”黄金周期间,灵隐、吴山和龙井景区均有新景亮相。灵隐景区通过综合整治,新推出集历史文化、石刻文化、佛教文化、民俗风情、观光休闲于一体的32处新景点;吴山景区新推出伍公山、阮公祠、三茅观三大景区,恢复了大碗茶和吴山庙会;龙井景区推出一片云、神运石、翠峰阁、过溪亭、风篁岭、涤心沼、方圆庵、龙泓涧等“龙井八景”。

【郊区休闲类旅游项目迅速发展】2006年,杭州市推出的滨水型、高山型、森林型、乡村型、湿地型、避暑型、温泉型、高端型等17个休闲基地备选项目进展迅速。6月,市旅游西进办公室制定《关于加快推进杭州市十大休闲基地建设的若干意见》;12月,市政府办公厅发布《杭州市休闲基地评定办法》。西湖、富春山居度假村被市政府命名为首批“杭州市休闲基地”;位于萧山区的湘湖、休闲博览园、休闲风情园、东方文化园建成开放;在建的杭州生态园、传化生态旅游城、云森生态园、建德绿荷塘古楠木生态园、世外桃园度假村等休闲项目投资均在5000万元以上。

表45　2006年前10位客源国情况

排 位	国 别	游客人数(万人次)	比上年(%)	与上年排位比较
1	韩 国	35.34	5.4	相同
2	日 本	23.43	32.5	相同
3	美 国	10.10	14.4	相同
4	马来西亚	7.49	3.7	相同
5	泰 国	5.36	15.5	相同
6	新加坡	3.84	4.1	相同
7	德 国	3.55	45.6	相同
8	印度尼西亚	2.49	7.8	相同
9	加拿大	2.35	38.3	上年为西班牙
10	西班牙	2.32	31.5	上年为澳大利亚

【推进乡村旅游】为配合浙江省旅游局开展乡村旅游点星级评定工作,4月,市旅委在余杭区召开全市第二次乡村旅游推进工作会议,发布《关于促进乡村休闲观光旅游业发展的若干政策意见》。至年末,全市建有乡村旅游休闲接待点202个,农家乐休闲旅游村77个,直接参与农家乐经营的农户2500余户,从业人员1.17万人,投资规模超过2亿元,接待游客800余万人次。其中,全国农业旅游示范点4个,浙江省休闲渔业示范基地13个,浙江省农家乐示范村5个,杭州市乡村旅游示范点9个,杭州市休闲观光农业旅游示范单位27个。

【改造旅游商贸特色街区】杭州市对武林路时尚女装街和中国丝绸城特色街区进行全面改造。武林路时尚女装街抓住杭州市举办世界休闲博览会的机遇,推出武林路推荐品牌特卖会,投资1300万元,重点推进“西湖国际商务中心”、“日月光华商厦”、“女人天地”等项目,成为杭州市2006年度唯一的国家级“百城万店无假货”示范单位。中国丝绸城特色街区对电力杆线和雨、污水管道等基础性市政设施进行改造,对沿街店铺立面和涉及整体景观的设施进行更新改善。改造后的丝绸特色街凸显了江南水乡古色古香的独特景观,粉墙黛瓦、富有层次的“马头墙”,园林式的小区墙门,在满足商业服务功能的同时,突出了观光性、景点化的特色。

【完善旅游集散中心和咨询中心建设】杭州市旅游集散中心与长江三角洲城市、景点之间开通40余条旅游线路,开辟3条市内观光巴士线路(黄金周期间增至9条)。富阳、建德、临安、桐庐、淳安5县(市)旅游集散中心全面筹建。紫金港旅游换乘中心从2006年“五一”起投入使用。至年末,建成9个旅游咨询点,分别设在黄龙体育中心、城站火车站、吴山广场、雷峰塔景区、西湖博物馆、休闲博览园、灵隐景区、杭州萧山国际机场国内出口处、杭州萧山国际机场国际出口处。

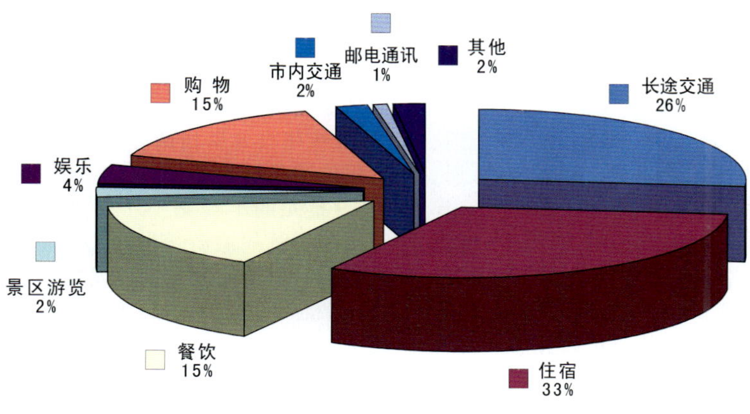

图5　2006年杭州市入境旅游人均消费构成

·旅游促销·

【旅游促销概况】2006年,以举办世界休闲博览会为契机,杭州市组织促销团或派员参加国家旅游局或浙江省旅游局组织的国外促销团8次,接待国外交流团体60余批,推广杭州观光、休闲和会展旅游资源,全力打响“东方休闲之都”的品牌。在促销中,着力振兴日本市场,发展韩国和东南亚市场,拓展欧美市场,培育新兴市场。

国内旅游促销和交流活动也积

极开展。全年组织或参加重大活动9次，接待兄弟城市代表团80余批。

【举办浙台旅游业高峰论坛杭州旅游推介会】8月6日，由杭州市人民政府和浙江省旅游局共同主办的“2006心手相连——浙台旅游业高峰论坛杭州旅游推介会”在杭州举行，来自台湾省旅游界、新闻界、航空界的200多名代表和来自浙江省、杭州市旅游界和新闻界的80余名代表出席。杭州市推出全新包装的“休闲之都——杭州新概念之旅”旅游产品，由传统观光景点、休闲活动、社会资源访问点等构成，以杭州为中心辐射周边城市，团队在杭逗留时间3晚以上。与会的16家台湾旅行社、航空业代表与杭州签订了《联合推广“杭州新概念之旅”框架协议》。

表46　2006年杭州市国外旅游促销活动

内容	时间
组团参加德国柏林旅游展、英国伦敦旅游展，举行杭州城市和旅游推介会，推出“东方休闲之都”的品牌形象。	3月6日~20日
组团参加新加坡、马来西亚国际旅游展，与当地旅行社合作，进行杭州旅游产品现场销售。	3月15日~27日
组团参加澳大利亚国际旅游展，首次与中国旅行社总社联手进行宣传推广，充分利用中国旅行社总社的资源，为杭州招徕客源。	3月16日~27日
派员参加在美国举行的“浙江周”旅游推广活动，与有关旅游机构和旅行社进行业务洽谈。	5月7日~20日
组团在法国、德国和西班牙进行宣传推广，在推介会上展示杭州丰富的旅游资源图片，安排富有杭州地方特色的民乐、舞蹈和越剧表演。	6月3日~15日
组团赴日本、菲律宾进行促销，巩固传统市场，开拓新市场。	11月27日~12月7日
在日本、韩国、泰国、马来西亚、新加坡和欧洲市场推出“休闲之都——杭州新概念之旅”旅游产品。	下半年
接待来自日本、韩国、马尔代夫、英国、比利时、意大利、马来西亚、德国、西班牙、美国等国的旅游界、媒体、民间文化交流团体60余批。	全年

【TPO论坛在杭举办】10月30日~11月2日，由亚太城市观光振兴机构事务局(TPO)和杭州市旅游委员会共同主办的“2006 TPO论坛”在杭州举行，来自亚太地区11个国家30个城市的旅游界高层人士、媒体代表150余人参加。TPO是促进亚太地区城市旅游宣传和产业发展合作的组织，分布在12个国家，有50个城市会员和17个民间会员。论坛围绕“亚太地区的旅游目的地营销战略”这一主题，举行了旅游目的地营销案例发布会、TPO可持续发展运营战略讨论会和战略开发圆桌会议等。

表47　2006年杭州市主要国内旅游促销与交流活动

内容	时间
组织参加浙江省政府组织的香港周活动，联合香港旅行社进行休闲博览会和“休闲之都——杭州新概念之旅”产品的现场展卖活动。	1月9日~16日
组团赴北京、天津、上海和南京四地召开“2006杭州世界休闲博览会旅行商合作大会”，与北京市旅游局和上海市旅游委员会签订旅游合作协议。	2月
组团参加南京旅游交易会，重点宣传休闲博览会。	2月
组团参加2006中国国内旅游交易会，召开杭州休闲博览会全国旅行商大会，向与会的300余名国内旅行商宣传和推介休闲博览会。	4月
组团参加北京旅游资源展。	6月
派员参加浙江省旅游局赴西北、甘肃、陕西、青海等地的促销活动，重点推介休闲博览会和休闲博览会之旅。	8月
首次派员参加台湾海峡两岸台北旅游展。	11月1日~18日
组团参加中国国际旅游交易会。	11月
联合上海市、黄山市举办“名城·名湖·名山”黄金旅游线启动仪式。	12月
接待到杭州开展旅游推广活动的兄弟城市代表团80余批。	全年

【推出杭州形象推广活动】2006年，杭州市开展系列形象推广活动。在中央电视台中文国际频道和英文国际频道投放15秒杭州形象广告；在2006年《中国经济信息》第24期上刊登“名城·名湖·名山”黄金旅游线宣传文章；12月15日，与中国日报社签订《关于旅游宣传的战略合作协议》，双方结成战略合作伙伴关系，开展“奥运杭州之旅”宣传；与新华网继续合作建设杭州旅游品牌形象推广网站——新华网杭州旅游频道，宣传杭州的城市品牌形象和旅游节庆活动等。

【编印发放宣传品】2006年，杭州市旅游部门重视旅游宣传品的制作和发放。主要有：

《杭州旅游指南》150万册，有中文简体和繁体、英文、日文、韩文等语种。旅游指南分册9种114万册，其中拱墅区2万册，西湖区2万册，滨江区5万册，萧山区10万册，淳安县30万册，富阳市30万册，西湖风景区20万册，西溪湿地10万册，西湖之夜5万册。在杭州旅游集散中心和三星级以上宾馆饭店、青年旅社、咨询中心、车站码头、航空公司办事处、浙江大学、国际水电中心等83处旅游宣传品派送网点免费发放，备受旅游者青睐。

《杭州休闲导图》40万册，分英文和日文2种。在部分杭州旅游宣传品派发网点发放。

《杭州自驾游指南》2.5万册。在杭州旅游集散中心发放。

《杭州的小巷》6.5万册，中英文对照。在杭州旅游集散中心和部分杭州旅游宣传品派发网点发放。

《杭州新概念之旅》6000册，中英文对照。主要供杭州及海内外业内人士参考。

《杭州》英文丛书5000册。主要赠送给各国驻中国大使馆、领事馆，世界知名企业驻中国机构，在新华书店、外文书店、机场商场、酒店、景点商场等有售。

《体验杭州 感受中国》5000册，中英文对照。全面介绍杭州100个国际旅游社会资源访问点，主要赠送给本地及海内外业内人士和旅行社。

《MICE》手册中文4000册、英文4000册。主要赠送给杭州及海内外业内人士。

MOOK《杭州》繁体中文14万册。利用台湾墨刻集团的发行网络，在台湾主要书店、咖啡店等休闲场所随MOOK杂志赠送。此书在2006年台湾旅游展中备受当地市民好评。

【加大媒体宣传力度】 2006年，杭州市旅游部门加强与媒体合作，加大宣传杭州的力度。与中央人民广播电台合作开设《东方休闲之都——杭州》专栏，各波段共播出视频5次、广播专题15个、新闻30余篇；与杭州电视台合办《游在杭州》栏目，全年播出节目52期；组织新加坡亚洲新闻台、凤凰卫视、台湾《联合早报》、香港新闻中心、英国TBP杂志等记者到杭采访，在相关报纸杂志电台上免费刊播杭州旅游宣传内容。根据市委外宣办(市政府新闻办)的要求，市旅委确定宋城、雷峰塔、休闲博览园、杭州大厦为杭州市2006年对外宣传采访基地。

·旅游节庆·

【旅游节庆概况】 杭州市全年举办世界休闲博览会百城馆——杭州馆主题活动、西湖狂欢节、运河艺术节、富阳市龙门古镇民俗风情节、第十二届新安江旅游节、临安市天目山国际山地户外运动挑战赛、桐庐县严子陵钓台中韩国际文化交流节等旅游节庆会展活动，全面展示杭州的魅力，促进杭州旅游品牌的发展。 (张文照)

【举办2006年茶博会】 4月1日~21日，杭州市人民政府、浙江省农业厅、中国国际茶文化研究会、中国茶叶学会共同主办2006年中国（杭州）西湖国际茶文化博览会暨首届杭州国际茶文化旅游节。该届茶博会以“茶文化提升人类休闲品质：中国茶都迎来休博盛会”和“茶为国饮、杭为茶都”为主题，先后举办2006年“相约龙井”西湖龙井开茶节、2006年中国茶都茶文化嘉年华——清河坊民间茶会、2006年(杭州)中华名茶文化博览会、2006年中国茶馆馆主年会、龙井茶最佳解说员大赛、“品龙井茶、吃农家菜、住农家院”系列活动、最佳茶文化旅游线路设计大赛、最具人气的茶文化旅游景区评选、杭州最佳茶村落评选、2006年世界休闲博览会推荐茶楼评选、中日韩三国茶艺交流、爱茶日纪念活动和第五届中国茶圣节暨西湖国际茶文化博览会闭幕式等13个活动，邀请全国100多个茶叶、茶具、茶衍生产品企业参加，来自韩国、日本的客商参加了展会，汇集绿茶、红茶、乌龙茶、白茶、黄茶、紧压茶6大茶品，充分展示杭州得天独厚的茶文化资源和“茶为国饮”的魅力，提升“杭为茶都”的城市品牌。 (张文照 娄火明)

【举办百城馆——杭州馆主题活动】 在世界休闲博览会期间，设在休闲博览园内的“百城馆”——杭州馆接待海内外参观者80余万人次，举办主题活动12场，成为“百城馆”中最具新意、最有吸引力的场馆之一。在百城展馆评选中，杭州馆与世界休闲馆、上海世博会馆、澳门馆等8个展馆获得特别荣誉奖。上城区的怀古休闲文化，下城区的时尚购物，江干区的钱江时代新姿，拱墅区的运河风情，西湖区的特色乡村旅游，滨江区的动漫产业，余杭区的深厚人文，桐庐县的富春山水，淳安县的秀水风景，建德市的民俗风情，富阳市的山水形胜，临安市的山地休闲带给中外游客别样的参观体验。杭州馆成为展现大杭州民俗风情特色、宣传大杭州休闲旅游资源、展示演绎休闲文化魅力、突出表现“东方休闲之都”休闲主题的平台和载体，受到游客的欢迎。

【杭州诸暨两地同办荷花会】 由杭州市旅游委员会、诸暨市人民政府共同主办的2006年杭州西湖·西施故里荷花会于6月~8月在杭州和西施故里诸暨两地同时举办。该荷花会是2006年杭州世界休闲博览会的重要项目，也是杭州和诸暨两地首次联手推出的以荷文化为主题的休闲旅游产品，围绕“识荷”、“赏荷”、“品荷”、“祭荷”设计了一系列清新雅致、趣味高雅的主题活动，让游客有机会以不同的方式深度体验荷花“迎骄阳而不惧，出淤泥而不染”的气质，以荷花为媒介了解杭州、诸暨两地别具一格的夏季旅游特色。

·旅游业管理·

【星级饭店新增12家】 截至2006年末，杭州市星级饭店总数达241家，比上年净增12家。其中，五星级10家、四星级30家、三星级85家、二星级111家、一星级5家。拥有客房30755间，床位58096张。全年营

10月22日，世界休闲组织授予杭州“东方休闲之都”称号。 (吴 璜 摄)

业收入 64.92 亿元，利润总额 3.82 亿元，客房出租率 65.6%，平均房价 329.3 元/间·天。

星级饭店分布情况为：市区 154 家，桐庐县 12 家，淳安县 32 家，建德市 11 家，富阳市 13 家，临安市 19 家。

全年新增绿色饭店 7 家。至年末，全市绿色饭店达 60 家。

数字电视进宾馆工作继续推进。至年末，249 家旅游饭店完成模拟电视转数字电视工作。

▶▶资料：2006 年度杭州市十佳星级饭店（排名不分先后）

浙江世贸中心大饭店
杭州索菲特西湖大酒店
杭州开元名都大酒店
杭州大厦宾馆
杭州马可·波罗假日酒店
杭州华辰国际饭店
杭州大华饭店
杭州大酒店
杭州天鸿饭店
杭州友好饭店

【旅行社新增 33 家】2006 年，杭州市新增国内旅行社 33 家。至年末，全市旅行社总数 371 家，其中国际旅行社 34 家、国内旅行社 337 家。浙江省中国旅行社等 7 家国际旅行社进入全国国际旅行社 100 强，杭州大厦旅行社等 10 家旅行社进入全国国内旅行社 100 强。

▶▶资料：2006 年度进入全国旅行社双百强的在杭旅行社名单（排名不分先后）

国际旅行社：浙江省中国旅行社 浙江国际旅游集团有限公司 浙江省中青国际旅游有限公司 杭州海外旅游有限公司 杭州市中国旅行社有限公司 浙江海内外商务旅游有限公司 浙江中山国际旅行社有限责任公司

国内旅行社：杭州园林旅游贸易有限公司 杭州大厦旅行社 杭州新世界旅游有限公司 浙江天堂旅行社有限公司 杭州假日旅行社有限公司 杭州长运旅游有限公司 杭州西湖旅行社 杭州开元旅游有限公司 杭州天缘旅行社有限公司 浙江银桥旅业有限公司

表 48 2006 年杭州市旅游饭店客房出租率及房价

星 级	客房出租率（%）	平均房价（元/间·天）
五星	67.7	576.8
四星	71.0	370.3
三星	68.3	259.6
二星	55.5	140.6
一星	46.8	71.4
其他	64.6	505.3
平均	65.6	329.3

表 49 2006 年杭州市收费景区（点）游客及收入情况

景区（点）名称	游客人数（万人次）	比上年（%）	门票收入（万元）	比上年（%）
全市合计	3 826.30	21.2	114 682.7	31.2
市区小计	2 225.84	−7.1	57 842.0	−0.5
灵隐景区	430.68	−3.8	12 231.8	−4.6
灵隐寺	260.10	1.5	7 801.5	9.0
岳 庙	124.49	4.1	2 617.0	−1.5
六和塔	62.14	−15.9	1 042.9	−17.4
虎 跑	65.61	4.2	723.7	2.7
三潭印月	231.33	2.8	3 572.4	4.5
龙井山园	15.14	−59.7	247.9	−67.4
动物园	98.37	10.0	1 237.2	9.9
植物园	118.97	−7.5	531.2	95.9
黄龙洞	62.40	13.5	569.7	11.9
太子湾	36.43	14.0	188.9	41.5
玉皇山	59.74	4.1	342.6	7.7
城隍阁	16.73	−13.5	308.0	−15.1
胡雪岩故居	17.25	0.4	241.9	11.9
少儿公园	36.44	5.8	227.3	23.9
万松书院	24.65	12.4	116.7	137.3
钱王祠	41.50	67.6	105.2	186.4
宋城	244.42	12.1	16 502.8	19.1
未来世界	32.53	−19.6	1 416.1	−31.9
雷锋塔	154.71	47.2	5 616.1	47.2
西溪湿地	72.05	60.7	1 885.4	26.9
西湖区	20.16	−13.2	315.7	−17.5
萧山区	452.59	758.2	17 820.8	1 221.5
余杭区	233.93	23.9	3 837.3	31.7
县（市）小计	913.94	20.0	35 182.6	20.1
富阳市	187.87	34.3	9 104.1	36.3
建德市	70.93	15.7	1 393.9	26.1
临安市	217.28	10.6	5 715.5	8.9
桐庐县	255.76	16.8	5 838.1	17.8
淳安县	182.10	21.4	13 131.0	18.0

注：市区不含萧山区、余杭区。

【加强旅游从业人员培训】杭州市旅游部门高度重视旅游从业人员培训工作，坚持把人员的培养、使用、管理、服务结合起来，以提升服务质量。至 2006 年末，全市共有导游 8962 名。2006 年，完成导游年审培训 5365 人，导游资格考试及培训 1775 人，导游中级考试及培训 147 人，异地导游培训 136 人，旅行社总经理（部门经理）岗位职务培训 264 人，饭店员工培训 285 人，园林园艺培训 62 人，景区（点）讲解员培训 63 人，营养师培训 22 人，计算机能力培训 226 人。

2006 年，依托杭州旅游培训学校和市团校，对全市 200 多家星级酒店、招待所、餐馆的外省务工人员提供免费培训，累计培训 8000 余人。

在坚持政府主导的基础上，注

重与社会办学力量的合作，形成国内与国外，高等院校与中、初等院校，市本级与区、县(市)相结合的教育培训力量的梯次配置。2006年，市旅委与美国普渡大学合作开展旅游目的地高级管理师培训，50名旅游行政主管部门人员获得旅游目的地高级管理师证书。

【举办青年导游大赛】3月18日，"迎休博——杭州市青年导游大赛"开幕，36个代表队、129名导游报名参加大赛。整个大赛分为初赛、复赛、决赛三个阶段，通过笔试、景点模拟讲解面试、才艺表演、现场模拟情况处置、现场带团等形式展示本土导游的服务技能。通过评选，前3名选手被评为"金牌"青年导游，前10名导游被评为"十佳"青年导游。

▶▶资料：杭州市"金牌"青年导游和"十佳"青年导游名单

"金牌"青年导游：朱青青 金 军 余云建

"十佳"青年导游：朱青青 金 军 余云建 王 珂 陈燕华 徐雪皎 梅益铭 黄瑶琳 何胤昉 诸 鸣

【宣传贯彻《杭州市旅游条例》】《杭州市旅游条例》于2006年1月1日正式施行。市旅委先后印制《杭州市旅游条例》读本1.1万册，邀请市人大常委会有关人员就该条例的立法背景、特色、亮点及主要内容等进行宣讲；组织人员分赴萧山区、余杭区、富阳市、建德市、桐庐县、临安市、淳安县进行宣传，培训旅游从业人员近万人次；该条例被列入2006年度导游年审培训课程，7000余名导游接受培训。

【开展诚信旅游建设活动】市旅游质监所会同市旅行社协会开展旅游质监网络建设，建成由12个片组、17个小组、236家旅行社组成的质监网络。市旅游质监所印制"诚信旅游，优质服务"有奖监督反馈卡2万张，分期分批发放给游客，积极引导和发动游客参与诚信旅游建设活动。自2006年1月起，市旅游质监所定期编发《杭州旅游质监工作简报》，及时向社会和企业公布旅游质量及投诉情况。

西溪游船 (胡 鉴 摄)

【规范与整治市场秩序】杭州市创建中国最佳旅游城市工作领导小组办公室出台《杭州市旅游目的地环境整治工作方案》和《杭州市旅游目的地管理考核办法》，结合创建国家卫生城市、创建中国最佳旅游城市以及争创省级文明示范区等活动，抓住黄金周、休闲博览会、西湖博览会等重点时段，统一部署，整合资源，明确责任，实施旅游目的地属地管理，开展以整治"野导"、"黑车"为主要内容的旅游市场秩序规范和整治活动。全年处理各类咨询、求助、投诉1282件，为游客及旅游企业挽回经济损失5万余元。建立旅游环境督查小组，共发出46份抄告单，对发现的问题及时整改。市旅游质监所全年开展各类市场检查120余次，检查导游842人次，IC卡扣点214分，查获无证带团和未年检导游14人。行政处罚5起，其中立案处罚导游3起，处罚2人，罚款6000元；处罚旅行社1家，没收非法所得5200元；通报批评旅行社4家；下达《责令限期(或立即)改正通知书》11份，有效地维护了旅游市场秩序。

【深化行政执法责任制建设】市旅委对行政执法依据、职权进行梳理，确认具有行政执法资格的单位2个，其中法定行政机关1个，依法受委托行使行政执法权的组织1个；规范共同行政行为的法律、法规、规章31部，以市旅委为主实施的法规5部、规章10部；具体行政执法职权104项，其中行政监管23项，行政处罚70项，行政强制5项，行政确认(登记)1项，行政征收1项，其他具体行政行为4项。

【搭建旅游法制研究平台】12月22日，市旅委与市法学会联合举办杭州旅游业发展法制保障论坛。该论坛分旅游业立法及旅游合同研究、地方政府依法保护和促进旅游业发展、旅游从业者和旅游消费者的权利与义务、旅游景区(点)规划保护开发和利用四个板块，共收到论文31篇。杭州旅游商贸系统有关单位，各区、县(市)旅游(商贸)局，市法学会各团体会员、专业研究会的有关人员，论文作者以及新闻媒体记者等约90人参加。论坛的举办，搭建起一个探索旅游业发展法律问题的研究平台，为杭州加强旅游法制建设作好储备。 (张文照)

杭州市西湖游船有限公司
HANGZHOU WESTLAKE PLEASURE BOAT CO.,LTD.

杭州市西湖游船有限公司拥有南宋风情的画舫彩船、清代款式的手划船、风格各异的休闲船、豪华舒适的大型游艇、任君“徜徉”的自划船以及适宜举家出游、情侣嬉游的自开船等各类船只400余艘(条)。气宇轩昂的“荃桡号”御舟、富丽华贵的“兰枻号”画舫、宽敞舒适的“宝石号”游艇,标志着西湖游船服务功能的根本性转变和提高。各项经营指标处在全国同行前列。

公司始终坚持“安全是企业的生命线”的宗旨和“游客第一、服务第一、信誉第一”的经营理念,推行服务的人性化、人情化、人文化。公司先后被杭州市政府授予杭州市和谐劳动关系先进企业、杭州市社会治安综合治理先进企业、杭州市安全生产先进企业等荣誉称号。

为满足不同层次游客的需要,公司以市场为导向,不断创新,除继续承办上岛游、环湖游外,还开发了杨公堤景区游、自驾游、西湖夜游等旅游项目,推出了包船自主游、“夜西湖休闲之旅”大型景观演出夜游、“荃桡号”御舟演艺夜游、“兰枻号”画舫演艺夜游等特色服务项目。为方便游客游览西湖,公司在沿湖一公园、二公园、五公园、六公园、少年宫、断桥、中山公园、杭州饭店、岳庙、花港公园、钱王祠等处设立游船码头和售票亭,配备各类游船,为游客提供多种选择和优质服务。

夜西湖休闲之旅

西湖船娘

水上特色婚庆

交通运输

Transportation

·交通运输综述·

【**提高服务经济和社会发展的能力**】2006年是实施国民经济和社会发展“十一五”规划的开局之年。市交通局围绕市委、市政府“构筑大都市，建设新天堂”的战略要求，大规模抓建设，高标准抓管理，交通建设实现了由相对滞后向基本适应的跨越，客运服务实现了由“走得了”向“走得好”的跨越，行业管理实现了由粗放式向法制化的跨越，信息化建设实现了由单项应用向全方位服务的跨越，交通人才队伍实现了由单一苦干型向复合创新型的跨越，形成协调发展的良好局面。

“交通西进”、“乡村通达”工程确定的目标顺利实现。覆盖全市、辐射周边的高速公路网络基本形成，公路通乡进村，农村客运站场建设稳步推进，全市等级公路通村率、通村公路硬化率、行政村客运通达率分别达到99.5%、99.1%、94%。建设绿色通道394千米。

货运物流业日趋规范，水陆运输市场管理和港区建设不断加强，行业文明建设不断深入，交通服务国民经济和社会发展的能力不断提高。全年完成货物运输量2.09亿吨，比上年(指2005年，下同)增长5.1%；其中公路、水路货物运输量2.08亿吨，增长7.8%。旅客运输量2.58亿人次，增长7.0%；其中公路、水路客运量2.32亿人次，增长6.9%。

【**编制公路水路交通“十一五”规划**】6月，市政府批准《杭州市公路水路交通“十一五”发展规划》。规划指出，“十一五”期间打造高速公路骨架网、国省道区域干线网、农村公路网、“黄金水道”网交织密布的“网络交通”，建设以人为本、能力充分、运行高效、规范有序、安全可靠、环境优美的和谐交通；2010年，交通总体水平省内领先，公路、水路交通运输基本实现现代化，全面适应小康社会的发展需要。（葛丽峰）

【**建设平安交通**】市交通局按照“安全第一、预防为主、综合治理”的指导方针，努力建设平安交通。投入资金220余万元，对21艘渡船、12个渡口的渡埠进行改造更新，全航区撤销渡口7处，建桥撤渡3处，改建达标渡口14处；投入资金900多万元，完成省级公路交通隐患点(段)和临水临崖危险路段的整治工作；加强对在建交通工程的安全检查，督促有关单位及时对各种安全隐患进行整改，整改率达100%；开展全员安全培训，实施安全应急演练，不断完善安全应急工作机制，制定《杭州市道路水路运输应急保障行动方案》、《杭州市内河水上交通事故处理应急预案》、《港口危险货物运输方案》和《杭州市交通系统“三防”应急预案》，应急救援能力不断提升；完善客货运输GPS使用管理，推广应用杭州长运运输集团有限公司和杭州萧山长途汽车运输有限公司两个专业运输企业的GPS使用管理先进经验；圆满完成钱塘江烟花大会、“万人手拉手，走近大运河”、横渡钱塘江、千岛湖游艇展等大型活动和江东大桥(钱江九桥)、运河杭州段综合整治等工程的安全保障任务。（刘春文）

【**推进依法行政**】市交通局认真贯彻实施《中华人民共和国行政复议法》，以开展文明规范执法单位和优秀执法单位考评为载体，组织执法检查、考核、评比与经验交流，实行末位淘汰制，推进交通执法规范化。深化行政许可改革，简化行政许可程序，配合市人大常委会等有关部门对全市地方性法规规定的行政许可进行全面评估，提出改革建议。根据《中华人民共和国行政许可法》的要求，积极推进交通管理信息公开，全年受理行政许可申请14128件，准予许可14032件，不予许可30件，无一起行政许可投诉、复议、诉讼发生。交通部门全年办理行政处罚案件4.84万件，罚款9600余万元；受理行政复议案3件，公正审理，依法履行职责。

9月30日，市人大常委会公布《杭州市机动车驾驶员培训管理条例》，于2007年1月1日实施，填补了杭州机动车驾驶员培训管理规范的空白。注重计划性和超前性，开展《杭州市机动车维修管理条例》和《杭州市游艇管理办法》的前期调研。建立并实施了规范性文件备案审查制度，依照规定要求和期限报送备案审查，定期评估、适时修改和定期清理报告，全年审查各类法规、规章草案5件。（罗　燕）

【**交通信息网改版升级**】4月1日，杭州交通信息网全面改版升级并投入运行。新版交通信息网按照“突出服务、方便出行”的原则，突破一般政府网站风格，采用分类服务的理念，设置公众服务、从业指南、电子政务3个频道，拥有大量的实用信息。新版网站投入运行后，当年访问量达到50万人次，被评为“中国杭州”政府门户网站十佳子网站，被省交通厅评为浙江省交通系统优秀网站。

【市民卡在市区出租车上推广应用】 根据市政府《2006年杭州市市民卡项目实施计划》的要求，结合2005年市民卡出租车应用项目所取得的经验和成果，市民卡交通应用联合工作小组起草了《2006年市民卡出租车应用项目的实施方案》以及《市民卡交通应用领导小组成员职责分工》，成立技术攻关小组，重点研究、解决市民卡在出租车上应用的技术问题。经过改进的计价器、GPS终端硬件设备在121辆出租汽车上进行测试，技术问题基本得到解决。至2006年末，989辆出租车的市民卡应用改造完成，占市区出租车总数的13.4%。（虞伟达）

【创建文明行业】 杭州交通部门各单位紧扣“创优质服务，树文明品牌”的主题，抓住休闲博览会、创全国最佳旅游城市和全国卫生城市复评等契机，以服务窗口、运输企业、干线公路、车站港口等为重点，深入开展创建文明单位工作。至年末，市交通局直属单位全部成为市级文明单位，市公路管理局、市道路运输管理局、市港航管理局、市高速公路管理局和杭州技师学院被评为省级文明单位，市公路管理局、市港航管理局分别被交通部、省交通厅评为全国和浙江省创建文明行业先进单位。在市政府颁布的100个文明示范点中，杭州交通部门占25个。全行业文明服务蔚然成风，出租车、驾培、汽车维修等行业开展的文明服务活动和专项治理工作获广泛好评，交通服务相关的投诉率明显下降，公众对交通行业文明服务的满意度不断提升，出租车行业文明服务水平被媒体誉为全国领先。行业文化建设健康发展，成功举办2006年“的士节”、“港航文化节”等活动。（葛丽峰）

·重点工程建设·

【重点工程建设概况】 杭州交通建设取得令人瞩目的成就。高速公路、国道省道、农村公路和航道建设全面推进，全年完成投资86.67亿元。建成高速公路148千米，“交通西进”取得决定性胜利，“乡村通达”建设目标提前一年完成，“黄金水道”建设进度加快。杭千、杭徽高速公路全线贯通，市域“一小时半交通圈”基本形成，“县县通高速”目标顺利实现。

【市交通局获“交通西进”特别贡献奖】 12月26日，市委、市政府在临安召开杭州市“交通西进”总结表彰大会。市领导王国平、虞荣仁、叶明等出席会议。会议指出，市第九次党代会以来的5年，是杭州交通发展史上投资规模最大、建设任务最重、推进速度最快、改革力度最强、综合效果最好的5年，“交通西进”、“东网加密”、“黄金水道”、“乡村通达”等交通建设工程全面推进，累计完成全社会交通建设投资360亿元，新增高速公路483千米、国道省道309千米，新建改建县乡道路、通村公路8500千米，高速公路网和便捷畅通的快速运输网雏形初现，杭州交通实现了从相对滞后到基本适应的历史性跨越。杭新景高速公路杭州境内段和杭徽高速公路的顺利通车，标志着“交通西进”取得了决定性胜利。会议表彰“交通西进”建设中涌现出来的54个先进集体和85名先进个人，授予市交通局等单位“交通西进”特别贡献奖，授予市交通局局长王水法、市公路管理局局长曹国银、市工程建设管理处处长忻剑明等人“交通西进”十大建设功臣称号。

【德胜路沪杭甬高速公路立交完工】 杭州德胜路沪杭甬高速公路立交是杭州德胜路城市快速通道与沪杭甬高速公路对接的交通枢纽，是解决杭州市区“行路难”问题、实现多点入城的一项重大交通基础设施项目，也是省重点工程项目。工程位于杭州市江干区笕桥镇东侧、九堡镇西侧农田与村落之间，采用四层全定向涡轮互通立交形式，设8条转向匝道，匝道桥总长4.42千米，辅道总长4.44千米。立交两侧分设收费站，西侧收费站为4进12出，东侧收费站为3进6出。工程总投资7.5亿元，于2005年5月28日开工，2006年12月28日竣工并投入使用。

【石大线改造工程开工】 石大快速路是市区“三纵五横”快速路网中留石快速路的组成部分，是留石快速路、秋石快速路连接沪杭高速、杭浦高速、绕城高速的便捷通道，起点位于建设中的石桥立交，终点位于建设中的杭浦高速公路大井立交，全长5.23千米，按6车道城市快速路标准建设，设计时速80千米。全线设同协路、笕丁路、世纪大道3座简易互通立交和沪杭公路铁路分离立交，高架桥长2195米，上、下匝道桥长2710米。工程概算总投资5.84亿元，于12月28日开工建设，计划于2007年末建成。（葛丽峰）

12月26日，召开杭州市“交通西进”总结表彰大会。（市交通局 供稿）

12 月 25 日,杭徽高速公路杭州段通车。（市交通局 供稿）

【杭千高速公路全线通车】 杭千高速公路是杭新景高速公路在杭州境内段的项目名称，起于杭州绕城高速南线的袁浦，终于淳安县坪山工业园区,全长 191.65 千米,总投资约 121 亿元,是杭州市迄今高速公路里程最长、投资最大的交通基础设施重点项目。12 月 25 日,杭千高速公路建德段即洋溪至寿昌段通车典礼举行，标志着杭千高速公路全线通车。该项目一期工程袁浦至建德洋溪段于 2003 年 3 月 28 日开工，2005 年 12 月 26 日建成；二期工程千岛湖支线于 2004 年 5 月 5 日开工,2006 年 10 月 28 日建成;三期工程建德段中的龙游支线于 2006 年 11 月 28 日建成。（马亚华）

【杭徽高速公路杭州段通车】 12 月 25 日举行的杭徽高速公路杭州段通车典礼，标志着杭徽高速公路全线贯通，杭州至黄山的行车时间缩短为两个半小时。杭徽高速公路东接杭州绕城高速公路、西连安徽徽杭高速公路，杭州境内全长 123 千米,总投资 43.6 亿元。其中,昌化至昱岭关段于 2004 年 12 月 25 日建成。这次开通的留下至昌化段长 85.62 千米,投资 33 亿元,是杭徽高速公路中投资比重最高、建设任务最重、征迁难度最大的路段。

（葛丽峰）

【杭甬运河新坝船闸建成】 1 月 8 日，杭甬运河杭州段的标志性节点工程——新坝船闸建成。该船闸是沟通浦阳江与京杭运河的第一道船闸，也是杭州市通航能力最大的船闸,闸室长 200 米,宽 12 米,设计通航能力 500 吨级。

杭甬运河是全国内河及长江三角洲航道网改造的重要组成部分，被列入省重点工程。该项目西起钱塘江三堡,东至宁波甬江,全长 238 千米,其中杭州境内段长 56.5 千米。全线按四级航道标准建设，投资概算约 16.4 亿元，总用地面积约 157.53 公顷。工程于 2003 年开工建设,计划于 2007 年末基本建成。

（潘 菲）

【江东大桥建设进展顺利】 2006 年,江东大桥建设围绕创建“优质、安全、高效、廉洁、文明”工程五大目标积极推进，完成投资 5.6 亿元,为年计划的 143.6%。水下桩基全部完成,陆上桩基完成 443 根,占总量的 80%，全面进入水中承台、墩身施工,整体形象进度达到 33%。经质量检测，所有已完成的桩基全部达到Ⅰ类桩标准。工程还实现了安全责任事故为零的目标。（马亚华）

·铁路·

【铁路概况】 2006 年，杭州市境内营运铁路有沪杭、浙赣、宣杭、萧甬 4 条干线和金千 1 条支线，正线延长 347.5 千米。沪杭线 49.9 千米,浙赣线 132 千米,宣杭线 93.2 千米,萧甬线 33.2 千米,金千线 39.2 千米。沪杭、浙赣、宣杭、萧甬 4 条干线均为铺设 60 千克无缝钢轨、信号自动闭塞的双线铁路,站内计算机联网。沪杭、浙赣、宣杭线均为全立交,最高行车时速 160 千米。萧甬线最高时速 120 千米。金千线为铺设 50 千克普通钢轨、信号半自动闭塞的单线铁路,站内继电集中,最高行车时速 80 千米。

杭州市境内车站 30 个,主要有杭州站、杭州东站、乔司站、艮山门站、南星桥站和杭州北站。杭州站和杭州东站都是一等站,以客运为主,是杭州旅客进出的门户。2006 年,杭州站发送旅客 1453 万人次，到达 1281 万人次；杭州东站发送旅客 490.8 万人次,到达 788.1 万人次。乔司站是初步实现综合自动化的现代化编组站,为二级四场配置,承担杭州地区列车编解的主要任务，为一等车站;艮山门站是机械化驼峰,采用全减速顶连续调速系统辅助编组站,为二级三场配置,除承担部分列车编解任务外，还是杭州地区的主要货场站,也是一等车站;杭州北站和南星桥站均为二等站，杭州北站主要承担易燃、易爆等危险货物的运输组织工作，南星桥站承担零担货物运输和客车的整备工作。除车站以外，杭州地区的主要铁路运营单位还有杭州列车段（负责客货列车乘务，直接在列车上为旅客服务)、杭州机务段(负责机车乘务、整备和检修)、杭州北车辆段(负责货车的整备和检修)、杭州工务段(负责铁路线路和桥隧的维修养护)、杭州电务段（负责铁路信号的维修养护)及杭州供电段(负责铁路电力及供电网的维修养护)。2006 年,杭州地区发送旅客 2121 万人次，到达 2233 万人次，发送货物 569.21 万吨,到达 2448 万吨,实现运输收入 1.92 亿元。

【深化铁路企业改革】 铁路部门企业在撤销铁路分局,实行铁道部、路局、基层站段三级管理的基础上，2006 年大力压缩基层单位，将工作性质相同的基层单位合并。3 月 21 日起,嘉兴车务段、长兴车务段合并成立嘉兴车务段;衢州车务段、金华站、金千经营中心合并成立金华车务段;乔司站、艮山门站合并成立乔司站;杭州工务段、金华工务段合并成立杭州工务段；杭州车辆段并入上海车辆段；上海东车辆段并入杭州北车辆段；上海供电段并入杭州供电段。

9月，铁道部决定修改全国路网几条主要铁路线名称，将上海—昆明统称沪昆线。自此，沪杭线改称沪昆线沪杭段，浙赣线改称沪昆线浙赣段，线路里程自上海算起，直至昆明。浙赣段的走向也改用浙赣绕行线，即浙赣段起点改为沪杭段笕桥站，沿杭州东站、钱江二桥走向计算。

【倡导文明服务】 杭州铁路有关单位坚持文明服务、以人为本、旅客至上的服务理念，积极开展作业标准、服务礼仪、文明用语、形体规范等培训活动，大力改进和提高客运服务质量，不断改善站房、候车室和列车硬件设施，开展人性化、个性化服务。由杭州列车段担当乘务任务的T31/32次、K209/210次列车继续保持铁道部“红旗列车”称号，其中T31/32次被授予全路客运窗口用户满意单位称号；N503/504、T755/756列车获得上海铁路局“十大优良服务品牌”。杭州站被评为2006年浙江省文明示范窗，并继续保持浙江省文明单位、铁道部文明车站、全国文明建设工作先进单位称号。

【实现行车安全年】 杭州铁路的有关单位全力推进安全标准线建设，以确保提速安全和客车安全为重点，深入开展安全生产大检查和专项整治，认真落实季节性安全防范措施，确保现场作业安全有序。全年没有发生行车重大、大事故，杜绝了责任职工因公死亡事故、责任旅客死亡事故、责任货运大事故和责任火灾爆炸大事故，实现行车安全全年。

表50　　2006年杭州市铁路客、货运量

单位	站名	旅客发送量（万人）	旅客到达量（万人）	货物发送量（万吨）	货物到达量（万吨）	运输收入（万元）
杭州直属站	杭州	1 453.30	1 281.10			126 324.90
	杭州东	490.80	788.10			
乔司直属站	乔司					
	艮山门			73.34	180.59	22 365.85
	南星桥			65.03	132.67	10 315.30
	杭州北			89.45	917.14	7 868.91
	临平	21.40	17.60	24.81	66.53	4 935.65
	笕桥			0.31	3.89	24.45
	勾庄				19.94	
	行宫塘					
	沈家塘					
	星桥					
金华车务段	盈宁					
	钱塘江			3.59	11.32	147.25
	长河					
	萧山西			43.87	173.11	3 928.92
	萧山	148.00	136.41	14.68	686.50	7 333.89
	白鹿塘			63.01	0.90	717.92
	唐村乘降所					
	排塘				0.29	
	寿昌	3.14	3.14	56.24	96.03	1 658.46
	更楼			43.64	47.55	723.70
	新安江	3.49	3.84	18.67	49.96	1 364.21
	朱家埠			47.79	10.04	2 787.80
	千岛湖	1.02	2.08	12.88	2.69	669.90
萧甬公司	夏家桥					
嘉兴车务段	三墩					
	仓前			11.90	48.40	943.91
	洪洞					
	石濑					
合计		2 121.15	2 232.27	569.21	2 447.55	192 111.02

【沪杭线电气化工程投产】 沪杭线电气化改造工程从上海站至杭州站，全长201.6千米，总投资13亿元。工程内容主要是安装接触电网，增设牵引变电所及其他配套设施，线路平面、纵断面和车站布局基本不动。工程自2004年12月25日开工，2006年6月底全部完工，7月通过验收并正式开通电力机车牵引。最高行车时速160千米。

【萧甬铁路电气化工程动工】 萧甬铁路电气化工程自萧山站至宁波站，全长147千米，总投资7.2亿元（其中2.2亿元购置电力机车），由上海城市铁路设计院设计，上海华东铁路监理站监理，中铁十二局、十四局联合施工。6月1日，萧甬铁路电气化工程建设指挥部成立。工程于11月28日开工，计划2007年12月完工，2008年上半年开通使用。萧甬铁路最高速度仍为120千米/小时，但牵引吨数大为提高。

【浙赣铁路电气化改造完成】 浙赣铁路电气化改造工程东起杭州，西至湖南株州。浙江省境内自白鹿塘至江山，全长278千米，工程总投资91亿元。工程内容包括提速改造、水害整治、线路取直、信号改造、电气化工程等。该线路为Ⅰ级铁路，设计最高行车时速200千米。

浙赣铁路电气化工程浙江段于2003年12月5日开工，由铁道部第二勘察设计院设计，中铁二局、十六局、二十四局、大桥局、电化局等施工，华东铁路监理公司、铁道部第二勘察设计院咨询监理公司等监理。全线征地828.47公顷，拆迁房屋87万平方米，完成路基土石方3174万立方米，建成特大桥9座、大桥24座、中桥39座、涵洞1068个、隧道16个，正线铺轨442千米，站线铺轨92千米，新建和改建车站15个，建成6个牵引变电所、8个分区所。2006年9月7日，工程全部完工并通过验收，9月14日正式开通使用。

浙赣铁路电气化工程浙江段体现了以下特点：将既有线改造成时速200千米的客货共线在世界上尚属首次；湄池及黄陈四线桥简支梁

浙赣铁路电气化工程开通使用 （上海铁路局杭州铁路办事处 供稿）

铺设无缝线路道岔为全国首创；大圆里特大桥112米跨度曲线连续梁是全国铁路桥梁中最大的；全长4452米的上金隧道是国内已建成的符合电气化、双线、双层集装箱通行条件的最长隧道。

（单泳能 何华人 单樟银 王如浩）

·公路·

【公路概况】2006年末，杭州市公路总里程14181千米（不含市区的市政养护道路），其中国道392.26千米、省道1099千米、县道3454千米、乡道2239千米、村道6922千米、专用道75.03千米。

全市从事公路运输的经营单位（含个体联户）1.83万户，有营运客货汽车76376辆，其中营运货车61060辆、营运客车15316辆。全市开行道路客运线路1379条，市区（不含萧山、余杭区）开行道路客运线路487条，四大客运站每天发送班次2898个。全市有等级客运站73个，全年完成公路旅客运输量2.3亿人次、旅客周转量113.9亿人千米，分别增长7.1%和7.7%。全市有货运交易市场及大型物流企业34个，年吞吐货物4000多万吨。全年完成货物运输量1.5亿吨、货物周转量61.1亿吨千米，分别增长7.7%和11.2%。全年征收养路费16.9亿元，比上年增长19.3%；征收公路建设基金1.92亿元，增长0.2%。

全市有客运出租汽车经营户1758户、经营车辆9121辆。杭州市区（不含萧山、余杭区）有客运出租汽车经营户1404户、经营车辆7366辆。全市机动车驾驶培训机构103个，从业人员4456人。公路运输驾驶员从业资格培训机构17个，公路客货运输驾驶员从业资格培训机构17个，危险货物运输驾驶员从业资格培训机构6个。全市各类教练车3321辆，教练员4448人，全年培训驾驶员14.99万人，培训考试营运驾驶员16732人。

全市各类机动车维修企业5310个，从业人员2.85万人。一类机动车维修企业188个，二类机动车维修企业662个，三类机动车维修企业2671个，摩托车维修企业1789个。全年维修各类车辆426.57万辆次。市区有机动车维修企业1156个，全年维修车辆100.20万辆次。全市有汽车综合性能检测站15个，2006年检测车辆13.09万辆次。

（胡晓丹 倪国定 程静 王剑）

【改善公路环境】市公路管理局以争创“畅洁绿美安优”的公路环境为目标，全面提升养护管理水平。对全市10个拌和中心实施标准化工程，新增养护机械设备91台（套），全市养护机械设备共1453台（套），机械化程度和生产效率进一步提高。以05省道桐庐段为试点路段，分水公路站为典型道班，加强规范化养护，发挥以点带面的作用。

全市投资4.5亿元，完成国、省道路面整治工程228.5千米，工程合格率100%，优良率87.5%。投资1399万元，再造景观带394千米。国、省道平均好路率79.15%，县、乡道平均好路率67.8%，分别比上年提高1.7%和7.7%。

【加强路政管理】市公路管理局依法治路，强化管理职能，做好路政日常管理。全年拆除非公路标牌1411块，拆除违章建筑4.33万平方米，清理堆积物12.30万立方米，整顿路边市场183个，维护了公路路产、路权。加强公路铁路平交道口安全设施建设，对12处省级道路交通安全隐患点（段）、9处省级临水临崖路段以及4处高边坡路段进行全面整治，提高了公路安全保障水平。全市公路标志标线得到进一步完善：完成104国道标志标线示范路段建设；增设三级以下公路客车夜间禁行标志227块；更新国、省道标志1033块，漆划标线5.25万平方米。当年建成的杭千高速二期、三期工程及杭徽高速公路二期工程共148.67千米公路全面纳入路政管理。

公路业务信息系统中的路政管理子系统、超限运输联网查询子系统和路政车辆GPS查询子系统在全市治理超限超载车辆、路政执法、行政许可工作中得到应用，为提高基础管理工作信息化水平打下了坚实基础。

【治理超限超载】7月1日起，浙江省统一启动高速公路超限超载现象集中整治，杭州市公路管理部门依托高速公路3个固定检测站和1个流动检测站，会同普通公路“治超”检测站，推进高速公路“治超”与普通公路“治超”工作稳步开展。各路政管理大队紧密配合，规范执法，文明服务。全年查处超限超载车辆1.71万辆次；卸载货物18.63万吨，除不可解体的货物外，卸载率为100%。超限超载势头得到有效遏制，公路通行能力有所提高，公路设施得到有效保护。 （胡晓丹）

【杭州交通GPS平台推广迅速】杭州交通GPS平台于2003年建立，至2006年末已在全市近6000辆车上安装使用。该平台可兼容各种电信、计算机终端，是目前全国同行业中规模最大、技术最先进、开放程度最高的平台。

【提前完成"乡村通达"工程目标】"乡村通达"工程是杭州市新一轮农村公路大规模改造建设工程，于2003年启动，计划2007年完成。工程建设坚持政府推动、项目带动、典型发动、村民主动，加强施工监管，保障质量和进度。规范资金账户管理，创新形式，聘请专业审计单位对实施情况进行内部审计。临安、淳安、桐庐等县(市)实行乡村公路安保工程试点，发挥当地材料资源优势，使公路建设与环境相协调，为工程全面实施打下基础。2006年"乡村通达"工程投资5.5亿元，建成乡村公路2958千米。4年累计投资20.5亿元，建成7142千米，等级公路通村率从2002年的62%提高到99.5%，通村公路硬化率从2002年的53%提高到99.1%，提前一年实现"村村通公路"目标，惠及全市2040个行政村、400多万农民。

全市在2005年完成县道沙石路面改造之后，2006年努力抓好乡道砂石路面改造工程，全年投资2.07亿元，完成125个工程项目计510.57千米，改造危桥16座。工程合格率100%，优良率77.2%，结束了全市乡道砂石路面的历史。

【厂校接送车纳入行业管理】根据《浙江省道路运输管理条例》等有关规定，厂矿企事业单位、大专院校上下班接送客车12座(含)以上的必须纳入旅游客运企业管理，实行规模化、集约化、公司化经营。市道路运输管理局按照先试点后推广的原则，于7月19日开始在规模较大、经营规范的旅游客运企业进行试点，试点期限定为6个月，至2007年1月18日结束。接送车上牌年限8年内且达到一级技术状况的，按营运车辆新增行政许可程序提出申请，经许可同意后核发接送车客运标志牌和道路运输证。至年末，有370辆厂校接送包车客运车辆纳入行业管理，其中杭州新晨客运有限公司202辆、杭州中宇旅游客运有限公司118辆、杭州外事旅游汽车公司34辆、浙江外事旅游汽车有限公司16辆。

【出租车交接班时段同向载客】市道路运输管理局于年初在313辆星级出租汽车上实施交接班时段同向载客制度，经市政府同意，于6月15日起在全行业推广。交接班时段同向载客是指市区（不含萧山、余杭区）出租汽车经营者，除晚高峰时段(17时~19时)外，自行确定固定的交接班方向、地点、时间，向出租汽车管理部门备案后，允许在交接班时段内使用交接班指示牌，选择与交接班方向、地点同向顺路载客，并接受乘客监督的营运方式。该项制度为全省首创，实现了司机、乘客的双赢，缓解了傍晚六点"打的难"的状况，并在油价上涨的情况下降低了运营成本。

【调整市区出租车运价】经市政府同意，杭州市区(不含萧山、余杭区)自2月22日起调整出租汽车运价。普通出租车起步里程由4千米调整为3千米，起步费仍为10元；超过起步里程后每千米运价仍为2元；回空补贴费由超过8千米以上部分加收20%调整为超过10千米以上部分加收50%。豪华出租车(以奔驰车为代表的车型）起步里程由4千米调整为2.5千米，起步价由12元调整为10元，超起步里程后8千米内每千米收费3元，超过8千米以上部分每千米收费5元。3月3日，7320辆出租车计价器全部调整到位，保证了运价的平稳过渡。

为应对油价持续上涨对出租车行业带来的冲击，杭州市建立出租车油、运价格联动机制。8月1日起，实施出租车燃油附加费，具体标准为每车次1元。由于宣传工作到位，市民对开征燃油附加费表示理解。

【推出养路费网上银行缴费业务】10月31日，杭州市道路运输管理局和中国建设银行浙江省分行推出全省首创的网上银行缴纳养路费业务。车籍地在杭州市区(不含萧山、余杭区)且只需缴纳养路费(无需缴纳其他交通规费)车辆的车主，可通过登陆杭州市道路运输管理局网站www.hzyg.gov.cn 或中国建设银行网站 www.ccb.com 办理养路费缴纳业务。车主在国内任一家建设银行网点开通网上银行服务即可办理养路费缴纳，这给长期在外的杭州车籍车主带来了方便。

【整合运输资源】杭州—南京等4条省际长途线路班车整合为浙江杭宁快速客运有限公司，杭州—衢州高速快客班线的营业企业统一成立浙江衢州通杭直达客运有限公司；杭州至绍兴普通车公交化改造完成；新增和加密省际客运班线5条、市际5条、县际4条；开通杭州至沈家门旅游客运专线，全年新投放省内外客运班线的旅游车辆161辆。

货运运力结构根据市场需求实施了调整。重型货车从3597辆增加到4152辆，厢式货车从2402辆增加到3531辆，专用货车从1534辆增加到1805辆，分别比上年增长15.4%、47%和17.7%。（程 静）

【整治驾培维修汽配行业市场】市机动车服务管理局联合有关职能部

公路通到小山村，畲族村民第一次喜乘班车上县城。（市交通局 供稿）

京杭大运河游艇专用码头 （市交通局 供稿）

门，加大驾培、维修及汽配行业市场专项整治力度。全年检查场点单位1053个、教练车206辆，发出整改通知书63份，行政处罚36起，未出现行政复议和行政诉讼案件。实施规范驾培行业市场执法检查活动，检查103个培训机构的经营资质和从业人员资格，实地勘查教学训练硬化场地108万平方米，核查教练车辆档案3589份（辆）、教练员档案3978份（人）。首次在驾培行业中实行市场退出机制，不符合要求的32个驾培机构收到《责令限期改正通知书》，其中25个经整改符合验收要求，7个被撤销行政许可。

下发《关于开展杭州市汽车维修市场和汽车配件市场整治工作的通知》，检查市区五大汽配经销市场和170个维修经营业户，对涉嫌假冒的2100多个汽车配件进行封存抽检，责令46个维修经营业户停止营业，对20余个无证照维修摊点作出强制暂扣物品、责令停止经营的处理。

年末，经市交通局、工商局、物价局、公安局、质监局商议和市政府批准，杭州市汽车维修市场和汽车配件市场联合管理长效机制建立。

【完善驾培维修行业信用考核机制】 市机动车服务管理局进一步完善驾培维修行业信用质量考核机制：修订《杭州市机动车维修企业信用考核评分标准》，侧重对企业在社会服务信用度、企业资质真实性、企业信用社会认知度、企业技术人员素质配置等方面的考核；制定《杭州市机动车维修质量检验经营机构统一服务公约和公开承诺制度》、《杭州市机动车维修质量检验经营行业信用考核标准》；完成《杭州市机动车维修企业信用考核档案》的设计，建立一企一档制度，实行日常考核、阶段性抽查与年度考核相结合的长效动态管理机制，避免一年一考核信息失衡的弊端；修订《杭州市机动车驾培机构信用质量考核办法》，采取积分制，实行一年两次信用质量考核排行，考核合格率比上年提高23%。

（王　剑）

【公路养护建设科技成果获奖】 针对公路养护和工程建设的难点、重点问题，市公路管理局开展多项应用性公路科研项目研究。《泡沫沥青冷再生技术的应用研究》适应现代化养护需要，实现了低成本、高效益，已在04省道路面整治工程中得到应用。《杭州市公路管理信息化应用研究》经浙江省交通厅科技成果鉴定，达到国内领先水平。《公路路面隆声带的应用研究》项目获中国公路学会科学技术二等奖、杭州市科技进步三等奖。《现浇砼薄壁筒桩处理桥头软基工程实践和研究》项目获浙江省科学技术进步三等奖。

（胡晓丹）

·水运·

【水运概况】 全市有水路运输企业63个，其中货运企业25个、客运企业38个，另有水运服务企业15个。全航区有运输船舶4623艘、渡口46处、渡船59艘。全年旅客运输量267万人次，旅客周转量6360万人千米，分别比上年下降12.3%和19.2%。货物运输量5754万吨，下降1.4%；货物周转量101亿吨千米，增长30.7%。三堡船闸全年通过船舶6.18万艘，千岛湖新投放游艇11艘。

全市通航里程2005千米，其中等级航道1157千米。全年疏浚土方34.2万立方米，打捞沉船13艘，维护航标2831次（座）。全年完成船舶检验4456艘，其中制造检验262艘。审批新建船舶设计图纸88套。

全年征收航道养护费7458万元，比上年增长8.1%；货物港务费1956万元，增长36.5%；船舶港务费1413万元，增长7.7%；水路运输管理费1827万元，增长19.8%；船舶检验费467.22万元，增长12.4%。

杭州港完成货物吞吐量7837万吨，比上年增长3.6%，其中进口5562万吨、出口2275万吨。危险货物吞吐量436.8万吨，增长15%。公用码头完成吞吐量345万吨，下降50.8%。全年征收各类港政规费4744万元，增长31.3%。

杭州市籍运输船舶全年水上交通事故死亡1人，沉船3艘，直接经济损失47.55万元。

【整治“船证不符”】 3月，市港航管理局开展钱江水系黄沙运输船舶“船证不符”专项整治。此次活动以“堵疏结合、标本兼治，政令统一、步调一致，精心组织、确保稳定”为方针，遏制“船证不符”现象的蔓延，打击船舶擅自改扩建违规行为；进一步规范内部管理，维护船舶法定证书的严肃性；保障船舶安全适航，促进钱江水系水运事业健康有序发展。至10月底，共排查复丈黄沙运输船舶1400余艘，对其中“船证不符”的246艘船舶根据违规性质、违规程度责成船户整改。在整治过程中，相应出台完善粘贴船检标志牌、与船户签订“船证相符承诺书”等配套管理举措。经专项整治，“船证不符”违规现象逐渐减少。

【运河杭州段游艇专用码头启用】 1月25日，运河杭州段首个游艇专用码头正式投入使用。该码头位于拱墅区霞湾漾胜利河汊口，设计美观简洁，有专用泊位6个，浮动平台泊位能随着水位的高低自动升降。自2005年9月18日杭州首家游艇俱乐部成立以来，内河港区已有游艇3艘，预计3年后内河港区游艇可增加到10艘左右。

【三堡船闸输水通道改建工程动工】10月18日，三堡船闸输水通道改建工程动工。该工程位于杭州市三堡船闸管理处范围内的一线船闸东侧，输水通道全长969米，设计引水流量25立方米/秒，最大引水流量35立方米/秒，年设计引水量5亿立方米，工程概算2451万元，设计工期5个月。根据市政府运河环境污染综合整治专题会议精神，该项目由市财政出资，市林水局立项，市交通局代建，市港航管理局具体实施。至年末，进口段箱涵及顶管工程基本完成，出口段进度过半，工程进展顺利。

【湘湖港航管理所成立】2月22日，萧山港航管理处湘湖管理所(湘湖海事所)挂牌成立，湘湖水域游船纳入行业管理。湘湖港航管理所加强对浙江湘湖旅游度假区经营管理有限公司和杭州世界休闲博览园有限公司两家游船公司的前期服务、引导与管理，强化船员培训考试，完善救生、消防应急预案。合理确定湘湖航线，对机动船与摇橹船（手划船）的航行区域区分隔离，对船舶的检验、许可、办证实行一条龙服务。加强日常现场监管，确保“黄金周”和休博会期间湘湖水域的交通安全。（潘　菲）

·民用航空·

【民用航空概况】杭州萧山国际机场全年保障各类航班安全起降10万架次，比上年增长27.2%；10月29日高峰日起降331架次，9月27日16时高峰小时起降28架次。完成旅客吞吐量992万人次，增长22.6%；出入境旅客120.8万人次，增长25.4%；10月20日高峰日旅客吞吐量为3.53万人次。完成货邮吞吐量18.6万吨，增长11.8%。全年平均客座率70.2%，载运率58.3%。28家中外航空公司在杭运营177条国内外航线，通航城市86个。12月8日，东方航空公司使用MD90机型新开通杭州至韩国清州的国际定期客运航线，每周3班。该航线是杭州机场继开通首尔、釜山航线之后第三条至韩国的国际客运航线。

【杭州萧山国际机场合资公司成立】杭州萧山国际机场有限公司（以下简称机场公司）扎实推进机场合资项目和二期建设工程的报批。4月11日，民航总局批复同意杭州萧山国际机场的总体规划。5月8日，民航总局向国家发改委出具《关于杭州萧山机场合资项目和二期建设工程的意见》。7月20日，国土资源部批复原则同意杭州萧山国际机场二期工程建设用地预审。8月28日，国家发改委批复同意杭州萧山国际机场合资和二期扩建项目。9月16日，机场公司股东与香港机场管理局在杭州签订合资经营合同、合资公司章程等文件。10月24日，商务部批复同意机场公司增资并购变更，并于10月25日颁发台港澳侨投资企业批准证书。11月10日，机场公司在省工商局完成合资经营企业的工商变更登记，杭州萧山国际机场合资公司正式成立（以下简称机场合资公司），公司性质由国有有限责任公司变更为合资经营的有限责任公司，公司名称没有改变。

机场合资公司投资总额为124.94亿元，注册资本56.86亿元。其中机场公司股东出资36.959亿元，以原股投入，占机场合资公司注册资本的65%；香港机场管理局以等值19.901亿元人民币的现汇认购增资额，占机场合资公司注册资本的35%。机场合资公司经营期限30年，承继机场公司的全部债权债务，负责建设杭州萧山国际机场二期扩建工程。11月29日，香港机场管理局的出资及时到位。12月8日，机场合资公司第一届董事会第一次会议召开，确定董事会的主要领导和董事会成员，聘任合资公司高级管理人员。

12月18日，机场合资公司成立仪式在省人民大会堂举行，由常务副省长章猛进主持，省委书记习近平和民航总局局长杨元元为机场合资公司揭牌，省长吕祖善和杨元元发表了讲话，省委常委、市委书记王国平和市长孙忠焕等出席成立仪式。杭州萧山国际机场合资项目是近年来浙江省属国有企业引进外资数额最大的单体项目，也是全国第一家增资并购的民用机场。

【联邦快递中国区转运中心落户杭州】美国联邦快递公司是全球著名的快递运输公司，看好中国巨大的航空物流市场，计划在经济发达的长江三角洲地区建立中国国内航空转运中心。经过激烈角逐，杭州萧山国际机场凭借完善的机场设施、优良的服务和快捷的地面交通等优势成为联邦快递公司的合作伙伴。

2005年8月以来，机场公司与联邦快递公司进行了十几轮谈判磋

12月18日，中共浙江省委书记习近平(左)和民航总局局长杨元元为杭州萧山国际机场有限公司揭牌。（杭州萧山国际机场有限公司 供稿）

表 51　2006 年杭州萧山国际机场部分国际航线及杭港、杭澳航线旅客流量

目的地	旅客出港量（人）	增长率（%）	平均客座率（%）
首尔	89 433	17.5	65.2
东京	56 530	16.0	53.5
大阪	33 213	25.6	56.7
釜山	12 273	15.5	63.9
新加坡	8 096	−30.4	63.8
曼谷	9 752	−0.2	60.4
中国香港	278 371	31.6	66.5
中国澳门	80 802	17.2	67.8

商，最终就联邦快递中国区转运中心项目的建设及租用等事项达成一致意见。该转运中心包括办公楼、转运仓库、地面停车区域和专用货机坪，用地约 66.67 公顷，预计 2011 年建成使用。在转运中心建成前的过渡期间（2006 年~2010 年），杭州萧山国际机场有限公司负责提供临时转运中心设施。双方确定该转运中心为联邦快递在中国国内的转运中心。2006 年 4 月 7 日，机场公司董事长陈海玫与联邦快递公司亚太区总裁简力行在杭州草签《联邦快递中国区转运中心租赁运营协议》。5 月 9 日，陈海玫与联邦快递公司副总裁邓博华在纽约"2006 美国·中国浙江周"上签署合作框架协议。

年末，联邦快递公司董事会审议通过《联邦快递中国区转运中心租赁运营协议》，省国有资产监督管理委员会对该项目进行了评审，并授权杭州萧山国际机场有限公司董事会与联邦快递公司签署有关合同协议。杭州萧山国际机场有限公司建设的联邦快递临时转运中心工程投资 2616 万元，于 2006 年 4 月底动工，8 月 15 日移交联邦快递公司入场安装设备，11 月 30 日建成通过竣工验收。

该项目落户杭州，对机场的长远发展和繁荣，对浙江省、杭州市现代物流业的发展和经济建设将产生积极的作用。

【实现第 6 个航空安全年】 杭州萧山国际机场有限公司坚持"安全第一，预防为主，综合治理"的方针，切实加强机场安全工作管理，严格落实安全生产责任制，实现第 6 个航空安全年。

宣传贯彻《浙江省安全生产条例》，开展全员安全培训和"安全生产月"、"安康杯"竞赛等活动；开展机场控制区运行秩序专项整治，加强控制区通行证件管理；加强机坪运行管理，对内场司机实行违章扣分管理，违章率比上年下降 43%；投入 24.6 万元，严格落实消防安全责任制；做好新货站及货机坪启用前的各项准备，制订《货机坪运行管理暂行规定》、《航空货站封闭式管理规定》；举行"一一·八"应急救援综合演练，民航总局、民航华东管理局首次通过电视电话系统同步启动应急机制实时指导机场应急救援演练。

全年查获各类违禁物品 9861 件，查获伪造、冒用证件 893 起，发现并排除各类飞机故障 130 多起。圆满完成重要客人警卫和 2006 年春运、"五一"黄金周、"十一"黄金周、世界休闲博览会、首届世界佛教论坛等重大活动的保障任务。

【完善机场设施】 杭州萧山国际机场有限公司加大固定资产投入，投资 3200 多万元，对机场设施进行更新和维修，改善安全生产条件，提高综合保障能力。

组织国际航站楼站坪和停车场工程完成初步设计，并分别通过民航总局和浙江省发改委组织的审查。国际航站楼设计方案得到优化完善，并借鉴广州新机场半开放通关模式，优化联检工作流程；投资 916 万元、建筑面积 8346 平方米的国际航站楼配套项目集体宿舍及食堂迁建工程于 4 月动工，11 月 30 日建成并通过初验；建筑面积 2.34 万平方米的国际货运监管仓库工程于 6 月 13 日通过民航行业验收；建筑面积 1.07 万平方米的机场地面设备维修中心、汽车库及辅助用房工程于 4 月动工，11 月 30 日建成通过竣工验收；12 月 1 日，建筑面积 5.96 万平方米、可停放 4 架 B747-400 飞机的货机坪正式投入使用。加大机场网络建设投入，完成机场部分网络交换机更新改造、网络改造和机场备份宽带链路的接入工作，提高了机场信息处理能力。（蒋德高）

▶▶资料：2006 年杭州萧山国际机场通航航线

国际航线

定期航班：首尔、釜山、清州、曼谷、新加坡、东京、大阪、吉隆坡、迪拜、马斯特里赫

不定期包机：克拉克、哥达基纳巴卢、熊本、大分、宇部、福岛、普吉、鹿儿岛、万象、伯力、安克雷齐、圣保罗、基辅、冈山、新西伯利亚、槟城、莫斯科、马尼拉、古晋

国内航线

香港、澳门、北京、广州、海口、武汉、张家界、贵阳、厦门、济南、桂林、三亚、合肥、天津、银川、南宁、太原、昆明、大连、温州、长沙、哈尔滨、南昌、青岛、郑州、长春、成都、兰州、珠海、重庆、晋江、沈阳、西安、上海浦东、上海虹桥、深圳、福州、乌鲁木齐、南京、西宁、汕头、石家庄、敦煌、黄山、呼和浩特、宁波、舟山、徐州、烟台、义乌、常州、庆阳、洛阳、丹东、景德镇、井冈山、无锡

·邮政·

【邮政概况】2006年，杭州市邮电行业快速稳定发展，全市(含其他邮电业务部门）邮电业务收入103.53亿元，比上年(指2005年，下同)增长11.9%。

杭州邮政部门有邮政局（所）346处，其中杭州市邮政局(以下简称市邮政局)有116处。1月20日，杭州市邮政局科技发展部与运行维护部合并，成立网络运行维护部。从业人员5652人，其中市邮政局3368人。固定资产原值10.71亿元，其中市邮政局7.03亿元。邮路290多条，总包邮件交换量日均5万余袋，日处理总包邮件2万余件。全年完成业务收入7.09亿元，比上年增长13.5%；其中市邮政局完成4.52亿元，增长11.4%；收支差总额完成全年计划。全市邮政部门全员劳动生产率12.56万元/人，增长11.6%；其中市邮政局12.80万元/人，增长10.3%。全面完成国家邮政局、省邮政局的通信质量考核指标，职工收入明显增长。保持杭州市市级文明行业、浙江省省级文明单位称号。

邮政业务稳步发展，特别是函件、速递、储蓄3项重点业务快速发展，成为推动业务发展的主要动力。函件业务收入完成1.15亿元，比上年增长15.5%。新业务one to one(点对点）和数据库商函迅猛发展，分别完成610万元和1700万元。休闲博览会邮资封业务收入306.6万元、邮政贺卡业务收入1100万元，均超额完成计划目标。完成速递业务收入1.67亿元，增长19.1%。国际速递业务增长35.6%，同城速递业务增长80%。身份证、出国护照、法律文书、银企对账单等速递业务快速发展，“次晨达”、“思乡月”业务超额完成计划指标。完成储蓄业务收入1.92亿元，增长17.1%。至11月30日，杭州市年末邮政储蓄余额首次突破100亿元，达到104.75亿元，比年初净增24.23亿元。年末杭州市区邮政储蓄余额1亿元以上的骨干网点15个，5000万元以上的骨干网点40个。市邮政局代理保险费3765万元，实现手续费73.10万元。开办基金业务，销售股票型基金5112万元。

抓好规范经营管理，完善市、县二级监督检查体系。加强11185客户服务中心对业务经营的支撑服务，11185全年话务量超过200万次。积极推进邮政量收系统的运行和应用管理，开展劳动竞赛活动。制定《杭州地区邮政设备管理办法》，修订《杭州市邮政局设备管理办法》及实施细则，制定《邮政网点设备标准配置和网络布线规范》，对主要网点的设备运行进行检查和集中维护。市邮政局被浙江省设备管理协会评为第十五届浙江省设备管理优秀单位。9月，经北京兴原认证中心审核组的现场审核，淳安县、建德市、富阳市邮政局通过ISO 9000质量管理体系认证。

对省邮政局重点要求的非生产性支出和市邮政局重点控制的可控成本进行分析，落实控制措施，实现全年预算目标。完善储蓄专业模拟核算，初步推行零售专业模拟核算。完成全市邮政部门的清产核资，稳步推进市县财务管理一体化。加强欠费管理，对各经营单位定期进行欠费考核。

认真配合市审计局完成对市邮

3月12日，《孑遗植物》特种邮票在临安首发。 （市邮政局 供稿）

政局的驻点检查，对全市邮政的储蓄业务资金、报刊资金、集邮业务资金进行审计检查。完成工程决算审计项目31个，送审决算金额485.17万元；经审计后核减89.97万元，审减率18.55%。完成5个单位的领导经济责任审计。制定《自主分配资金管理办法》，对4个单位的自主分配资金进行审计调查。

加强干部队伍建设，制定《杭州市邮政局干部选拔、管理、培训和激励的实施办法》。实行经营单位负责人定期向市邮政局汇报工作制度。制订并实行《杭州市邮政局构建人才培养基地，加快后备干部培养的实施意见》和《杭州市邮政局支局长绩效管理办法》，对5个支局的副支局长进行绩效考评。对专业技术人员尝试新的考核方式，在工程类专业试点推行专业笔试和论文答辩。全年续聘、新聘353名专业技术人员，解聘1人，缓聘2人。加强人力资源盘活、规范用工和教育培训，从严控制用工总量。全年有35名优秀劳务工被选拔招聘为在岗职工。组织职工教育培训2600多人次，组织职业技能鉴定1350人。

表52　　2006年杭州市邮政局(含区县市)情况

项　目	单　位	实　绩	比上年(%)
邮政业务总量	亿元	7.95	18.83
固定资产原值	亿元	11.71	0.37
在岗职工人数	人	5652	0.43
全员劳动生产率	元/人	12.56	11.55
邮政局所	处	346	1.76
自有房屋建筑面积	万平方米	35.50	-1.11
邮路单程长度	万千米	8.90	71.48
邮运汽车	辆	186	3.91
总包邮件损失数	件	0	0
函件	亿件	1.45	2.11
包件	万件	160	9.74
汇票	万张	233	18.88
报刊累计份数	亿份	2.42	8.52
特快专递	万件	463.50	10.75
集邮业务	万枚	947	-17.08
邮政储蓄余额	亿元	104.75	30.09

【加快网点建设和改造】 滨江邮政大楼工程进展顺利，至年末，完成中间结构验收，进入装修阶段。配合市政道路改造，完成保俶路支局整体改建装修工程。增设公元大厦代办所和望江门、三里亭、闸弄口、滨江高教园区、九堡、近江、三墩等邮政储蓄所，对观音桥、长河邮政所进行装修改造。按建设标准完成第一邮政枢纽地下金库改造，完成省邮政医药物流仓储改造。加强邮政公用设施管理，新增储蓄ATM（自动取款机）7台，更新书报亭40只。全年为4.5万户家庭安装信报箱，并推出高档次的智能型信报箱。市邮政局对邮筒(箱)的良好管理，获市政府颁发的城市家具最佳管理单位奖。

【加强邮政信息化管理】 2006年，顺利完成国家邮政局统一版本的商函投递信息系统、邮政金融电子稽查系统、指纹认证系统、客户管理系统、报刊发行业务信息系统、集邮业务管理系统、速递综合信息处理平台等工程建设，为业务发展提供有力支撑。9月30日和12月30日，全国报刊发行信息系统在杭州市邮政局分阶段成功上线。11月17日，全国集邮业务管理系统在杭州市邮政局正式上线运行。

顺利完成邮区中心局生产作业系统V3.2、V3.3版本的升级以及机构代码的校对更换、包裹分拣机信息化改造等工程。邮区中心局生产作业子系统全部上线运行，总包信息实现网上传递，邮件的交接基本实现无纸化，初步实现对生产和质量控制的信息化管理。开发报刊零售管理系统和报刊超市卡管理系统并投入使用，完成储汇移动归集项目和杭州邮政基础地址管理系统的开发。建成电化培训教室。

【加强邮政行业管理】 市邮政部门加大对邮政通信市场违法经营活动的查处力度，加强与工商部门的协调和沟通，保障邮政执法的顺利开展。全年查处违法侵犯邮政专营权的快递企业11个，查处的信件和被监管单位的信件转到市邮政局交寄4.27万件，邮费近90万元。检查邮票销售市场58家，摊位1544个，查处违规销售邮票的摊位43个。

【邮区中心局获省企业管理奖】 10月8日，经浙江省企业联合会管理创新评审委员会鉴定、评审，杭州邮区中心局获2006年浙江省企业管理现代化创新成果二等奖。10月26日，经全国通信行业企业管理现代化创新成果评审委员会审议，该中心局获第三届全国通信行业企业管理现代化创新成果二等奖。

【为邮政业务发展做好支撑服务】 市邮政局充分发挥省会城市二级邮区中心局的集散功能，为浙江省邮政业务发展做好支撑服务工作。根据省邮政局要求，3月1日起，全省航空邮件集中杭州直接出港。根据国家邮政局部署，7月17日起，组织开通杭州至常州快速邮路，保证长江三角洲“次晨达”运递时限。为支持浙江省及华东网物流业务的快速发展，缓解物流处理场地紧张，全省进口物流邮件自9月起集中杭州市邮政局交接、处理、发运，至年末疏运物流邮件15.4万袋。11月上旬，根据国家邮政局的要求，市邮政局及时编制详细的发运计划，完成出口畅销报刊的提速任务。

【直发美韩国际航空邮路开通】 7月28日，市邮政局与杭州海关签署《杭州直封韩国、美国国际邮件(EMS)联合配合协议》。8月1日，从杭州直发美国、韩国的EMS航空邮路正式开通。这是继2005年开通杭州直发日本航空邮路后，浙江省新增的两条EMS航空直发通道。此次杭州到美国、杭州到韩国直达航空邮路开通后，浙江寄往美国与韩国邮件的在途时间比以往缩短12小时~24小时。

【余杭推进村级邮政服务站和信报箱建设】 余杭区邮政局积极与区有关部门协调，推动村级邮政服务站和信报箱建设。10月17日，余杭区政府下发《关于进一步完善邮政通信设施提高服务水平的通知》。要求切实做好农村邮件的投递，在全区范围内，以行政村为单位，建立262个村级邮政服务站，落实新农村建设中邮件到户问题。落实城区住宅楼信报箱配套建设，各房地产开发企业必须在项目立项时，将信报箱作为配套设施之一纳入设计和建设；妥善解决老住宅区楼群信报箱安装问题。

【《孑遗植物》邮票在临安首发】 3月12日，《孑遗植物》特种邮票首发仪式在临安市举行。国家邮政局代表宣读《关于发行〈孑遗植物〉特种邮票的通知》。

该邮票一套4枚，分别为银杏、水松、珙桐、鹅掌楸，面值均为80分。临安市的森林覆盖率达到76.5%，被誉为"森林中的城市"，全市自然保护面积占总面积的26.1%。其中天目山国家级自然保护区被称为"物种基因宝库"，有40多种孑遗物种和稀有物种。《孑遗植物》特种邮票中，除水松主要分布在福建地区外，其余3种孑遗植物的主要生长地就在临安。 （邵大丁）

·电信通信·

【电信通信概况】 浙江省电信有限公司杭州市分公司（以下简称杭州电信公司）设综合支撑部门6个，前后端单位18个，分局7个，所辖区（县、市）分公司7个。有员工3185人，其中市本级1856人。

坚持以转型统领基本面，注重经营的针对性和有效性，坚持以人为本，深化精确管理。全年杭州本地网实现主营业务收入33.1亿元，比上年增长4.4%。

各项电信业务快速增长，发展的有效性得到提升。宽带业务成为增收的核心产品，3兆、4兆高速宽带推向市场，宽带业务收入比上年增长36.1%，占总收入的比重为16.1%。培育2项1000万元级和4项100万元级产品，业务收入增长19%，占总收入的7%。借助举办杭州世界休闲博览会的契机，以旅游休闲服务指南为切入点，迅速扩大"号码百事通"的品牌知名度，114综合信息查询量快速增长。在商务领航品牌的统领下，"数码e房"、"宝宝在线"、行业信息化解决方案等取得一定成效。全年新增宽带用户15万户、本地电话用户11.64万户。全市（含其他电信业务部门）固定电话用户数433.53万户，增长5.5%。

一批自主创新的IT支撑项目投入应用，提升了对信息流、资金流和物流的精确管理能力。综合营账系统平稳上线，综合日报系统、线路资源管理系统等项目实现应用，物资管理、小灵通故障自动派修、电子运行维护、财务管理和计划建设等信息系统相继投入使用。推进内控体系建设，提升收入、成本和资产的规范管理水平，狠抓内控缺陷的发现和整改，防范和降低经营风险。

网络运行质量稳定，固定电话网智能化改造完成以后，依托软交换技术，实现固定电话业务的再开发和服务的再延伸。启用2个互联网数据中心(IDC)机房，IP城域网出口带宽提升到60吉。实施"光进铜退"工程和宽带提质工程，接入层支撑高带宽业务的能力有了较大提升。参与建设的市政府光纤到户(FTTH)试点通过信息产业部的验收。完成杭州本地网近300幢大楼的小灵通室分信号覆盖。网络维护的市场响应能力和支撑能力显著提升，实施维护前移，后端部门靠前支撑。强化属地维护，推动转型业务维护支撑模式，面向客户持续推进差异化维护服务。

坚持不懈地开展党风廉政建设和效能监察，安全生产和社会治安综合治理保持良好局面。坚持"人才兴企"战略，以高绩效团队建设推动企业运营。组建125人的专业骨干团队，引进部分社会成熟人才，逐步建立面向转型的新型人才队伍。深化企业文化，扎实推进和谐企业建设，在内部，员工对企业的归属感和认同感日益增强；对外部，树立负责任、讲诚信、有实力的企业形象。2006年，市电信公司被杭州市政府授予"和谐劳动关系先进企业"称号。

3月1日~2日，由中央电视台、新华社、中国新闻社、《工人日报》、《人民邮电报》等媒体组成的媒体采访团，对杭州电信公司开展优质服务情况进行专题采访。采访团参观了庆春路电信营业厅、10000号客户服务中心和新业务体验区，了解在114查号服务基础上开展的延伸服务模式和实际运用情况。记者们还深入社区，采访市电信公司参与建设的信息化社区情况。 （张向东）

表53　2006年杭州市电信分公司新增营业网点

名　称	地　址	电　话
江城路电信营业厅	上城区江城路96号	86811572
水漾桥电信营业厅	上城区中河中路151号	87823001
元华VIP客户会所	上城区将军路32-40号	87856996
建国路电信营业厅	下城区建国北路326号	85184147
艮山门电信营业厅	下城区环城北路72号	85196710
东新电信营业厅	下城区东新路631号	85058160
景芳电信营业厅	江干区秋涛北路88号	86090089
笕桥电信营业厅	江干区机场路66-6号	85144136
三里亭营业厅	江干区三里亭路2-26号	86944215
拱宸桥电信营业厅	拱墅区舟山东路97号	88022697
文三高新电信营业厅	西湖区文三路259号昌地火炬大厦	88994110
文一路电信营业厅	西湖区文一路58号	88845965
体育场路电信营业厅	西湖区体育场路624号	85212628
滨江家园电信营业厅	滨江区近江东路16号	86055504
钱江电信营业厅	滨江区浦沿镇联庄村2区27号	86608532

7月,举办"号码百事通杯"江南名镇姑娘评选活动。 (市电信公司 供稿)

【开办固定电话随身行业务】 5月17日,市电信公司开办固定电话随身行业务,又称"一号双机"业务。该业务让固定电话与小灵通共同使用一个电话号码,来电时同时振铃,哪个先接听都可以;打出时可以同时使用,互不影响;两者之间可以互通电话。由于具有双机同号、记忆方便、使用上互不干扰等特点,使固定电话具有了"移动"的功能。该业务的开办,使子女可随时找到外出的老人;孩子只需记忆一个电话号码,就可联系到大人;商界人士通过对外统一商业号码,办公时间和地点更为灵活机动。

【推出综合性电子商务网】 5月25日,市电信公司与浙江汽配城正式推出合作开发的综合性电子商务网——汽配城电子商务平台,网址是www.auto518.com。该平台集信息搜集、信息发布、产品订购、后台管理等功能为一体,依托电信公司的技术支撑和汽配城提供的专业产品支撑,为用户提供高效、低成本的商业渠道,实现网上"一条龙"服务。市电信公司在平台系统中,融入企信通、网络传真和商务管家等电信业务,使用户可以了解最新的行业信息;可以借助企信通,将产品订购的信息直接发送给卖家;可以免费自助建站,通过成交量排行,考察企业的知名度。

【开通自助服务热线】 随着杭州电信10000号客户服务热线被越来越多的用户认可,呼入量与日俱增,有时比较难以接通。8月,市电信公司加紧系统改造,推出10001号自助服务热线。具体内容包括:费用查询,故障申告,国内长途和程控业务的办理,彩铃和来电显示业务的办理,卡类、固定电话、宽带、小灵通业务的介绍以及星级客户的积分查询等。客户拨通号码后,根据语音提示,就能轻松快捷地办理和查询各项电信业务。

【灵通特区服务高校园区】 9月1日,为提升杭州电信在高校园区的服务,首个灵通特区门店在浙江大学紫金港校区开业。该特区的开设是市电信公司服务校园的创新模式,以量身定做的套餐、低廉的通话资费、优质的通话信号以及会员卡的超值体验等内容,满足大学生对通信实惠与时尚的需求。

由于灵通特区是设立在校园内的电信场所,为学生们提供了勤工俭学和实习的机会,形成一种电信员工管理、在校学生参与的营销服务模式。9月起,灵通特区相继在浙江大学玉泉校区、杭州电子科技大学、滨江立业园等高校园区开业。至年末,有灵通特区校园门店15家,营业面积1500余平方米,发展用户8776户。

【本地网综合营账系统运行】 为解决原有计费账务系统与"以客户为中心"的运营模式之间的矛盾,满足企业转型向客户提供综合信息服务的需求,提升企业的市场营销能力、运营效率和客户感知,省电信公司决定启动本地网综合营账系统(BSS)项目。市电信公司成立领导小组和项目小组,确保上线的顺利进行。11月14日,杭州本地网综合营账系统正式上线运行,已运行近7年的杭州电信计费账务系统(九七系统)停止营业受理。这标志着杭州电信公司的信息支撑系统迈入全国领先行列。

【杭州电信大厦正式落成】 12月28日,矗立在钱塘江边、高232米、43层的杭州电信大厦通过室内装修工程验收,正式落成。该大厦始建于1998年5月29日,原称杭州第二长途通信枢纽楼,是钱江新城中央商务区落成的第一栋大楼,也是截至2006年末的浙江第一高楼。该大厦作为浙江省电信行业建设规模最大、技术要求最高、通信功能最齐全的工程,建有全省规模最大、网络条件最好的互联网数据中心和全省第一个多网合一的无线室内分布系统等设施,还计划安装具有国际先进水平的软交换、数据通信、光通信等通信设备和信息支撑中心设备。

(江　瀛)

【举办江南名镇姑娘评选活动】 7月26日,以杭州电信公司号码百事通冠名的"号码百事通杯"首届江南名镇姑娘评选活动正式拉开帷幕。此次活动由杭州文化广播电视集团、杭州电视台综合频道、杭州文广集团公众资讯中心和杭州电信公司联合举办,以历史文化名城——杭州的深厚底蕴为依托,辐射所辖区、县(市),全面展现江南名镇的休闲之美、旅游之美和文化之美,满足群众求知、求乐、求美的愿望,展示当代青年的文化素质。9月9日,通过媒体的全程追踪以及短信、互通热线和声讯投票方式的评选,萧山的施景、富阳的申屠佳惠、建德的吕韵分获冠、亚、季军,并成为号码百事通的形象代言人。

【推广数码e房业务】 4月18日,浙江电信公司召开新业务发布会,正式推出数码e房业务。该业务指设在旅店客房中的电脑上网设备,入住客人只需按动电钮,就能接通网络，享受影视点播、娱乐游戏、收发邮件、查看旅游和商务信息等信息化服务。人们出差在外或出门旅游时，不必携带电脑，数码e房就能满足多种信息化需求。市电信公司从2005年开始，在香溢大酒店、清水湾假日酒店等处进行数码e房试点，并开展涵盖长途电话、一号双机、小灵通虚拟网和号码百事通等一站式综合信息服务，提升旅店的综合价值，受到客人的欢迎。至年末，数码e房覆盖了杭州69个酒店的1200余间客房。

【开通114号码百事通】 2月，市电信公司对原114查号平台进行升级改造，通过对114平台40个分类82万条企业号码信息、160平台1200余条企业服务信息、96345平台400余条政府与企业服务类信息进行梳理、补充和完善，正式向社会推出114号码百事通业务。7月18日，号码百事通又启动新的44大类行业信息库。至年末，原来只有单一查号功能的114平台转变为综合信息查询平台，号码百事通业务内容涉及实名查询、品牌查询、代理转接、签约转接、优惠查询、语音名片、虚拟总机和语音号簿等方面，受到市民的欢迎。

【推出网络版号码百事通】 5月17日，市电信公司创新号码百事通业务模式，提高双向客户的价值，推出号码百事通网络版“搜杭州”，网址为www.sohz.cn。该网以号码百事通平台为依托，聚集企业、衣、食、住、行、购、娱、游、服务等内容，为市民提供各类生活信息查询服务。客户也可以在上面进行信息自助发布与修改，实现号码百事通平台与企业、个人客户之间的信息互动。9月，对该网进行升级改版，增加了业务模块功能，使其成为兼备同城商讯、本地订单服务和频道新闻发布等功能的综合型网站。

【实施小灵通信号畅通工程】 2006年，市电信公司为提供顺畅的通信服务，进一步优化小灵通网络，实施信号畅通工程。至5月30日，杭城的西湖、吉庆山、五老峰、九曜山、梅灵、灵溪、万松岭、玉皇山和新城等9条隧道全部实现小灵通信号覆盖。7月底，完成元宝心、玉皇山路等防空洞的小灵通信号覆盖。至年末，省妇保医院门诊新大楼、市一医院和天目山医院等36家医院实现小灵通信号覆盖。

【优化营业网点服务】 市电信公司大力拓展营业网点，方便客户缴费和申办电信业务，全年增设江城、艮山门等15个电信营业厅。为提高服务质量，积极探索新的服务途径与举措，努力打造精品营业厅。在庆春路和武林门电信营业厅增设营业员座席，缩短客户等候时间；设立自助服务区域，提供预付费小灵通话单、通信费用账单和固定电话长话的自助查询打印服务；引入厂家终端直销模式，在营业厅内开设“灵通超市”。至年末，杭州地区有电信营业网点200余个，市区有电信营业网点33个。（杨建幸）

【余杭小区信息网开通】 8月5日，余杭区庙东社区碧天小区信息网正式开通，网址为vpn.miaodong.cn。该网是余杭电信公司与东湖街道及有关部门根据小区的特点，结合庙东社区碧天小区信息化的需求建成的，是余杭区开通的首家小区信息网。该网具有信息发布、网络办公、在线服务三大功能，链接政府各部门的业务网，下延各社区居民的电子站点群，横连各服务单位的资源网，设置网上办事大厅、服务商品信息、居民论坛等栏目，让小区居民可以方便地浏览信息和办事。

【临安旅游号码百事通开通】 5月22日，临安电信公司与“农家乐”旅游服务中心合作，开通114旅游号码百事通热线。游客只要拨打114，就能方便地获得在临安市旅游吃、住、行、玩、购等方面的服务。该热线的开通，满足了农民搭建旅游信息服务平台的需求，使临安市丰富的旅游资源和先进的通信技术、品牌资源得到有效结合。（黄建平）

·移动通信·

【移动通信概况】 中国移动通信集团浙江有限公司杭州分公司（以下简称杭州移动公司）是杭州市规模最大的移动通信运营企业，设7个区、县（市）分公司。杭州移动公司坚持率先和平衡发展，努力提升服务品质，持续打造卓越网络，不断推出业务创新，圆满完成全年各项生产任务。

综合运营能力进一步加强，全年运营收入42亿元，比上年增长18%。用户规模不断扩大，累计用户数接近450万户。新增交换机容量70万户，总容量570万户；新建基站600个，累计2400个；新建直放站229个，分布系统400套。网络覆盖杭州市所有乡镇，实现与全国31个省、市、自治区，308个地（市）和1856个县（市）联网和自动漫游，并与129个国家和地区、224个运营商开通国际自动漫游。至年末，全市（含其他移动通信业务部门）移动电话用户数680.25万户，增长18%。

电信员工进行优质服务培训（市电信公司 供稿）

倾力打造卓越网络，网络优势进一步巩固和发挥。不断扩大网络容量，通过实施话务网、传输网工程，提升网络质量和网络覆盖水平。全年网络建设投资3亿元，新建基站近600个，新增交换容量70万门。采用多种手段，解决掉话、单通、话音质量不佳等问题，弥补因基站选址困难带来的覆盖不完善问题。成立专门队伍集中力量解决网络质量方面的投诉。为配合杭州市的大型活动，全年完成127次网络保障，出动应急通信车41车次，烟花节等超大型集会保障质量超过历年水平。

开拓创新，不断开发符合大众需求的新业务。积极发展彩信、彩铃、气象短信、手机上网等业务，推出"全球通优势体验包"、"动感地带超值包"、彩信大擂台、"彩信吉尼斯"、彩铃创作大赛、无线音乐俱乐部、彩信博客动感高校篮球赛、校园歌手大赛等活动，促进新业务的应用普及。加强移动通信信息化建设，重点在政府、公安、电力和教育行业实现全地区覆盖，发展在金融保险和交通物流行业的业务。

优化运营机制，深化管理，建立完善的科学管理体系。以SOX项目审计为契机，有重点地完善内控管理模版，提高账务管理水平。全面梳理基础制度流程，完善管理体系。通过岗位调整、职级调整、辞退等形式对人员进行优化。以知识水平、技能水平和绩效水平为主要衡量标准，修订职位职级管理办法。针对安全管理薄弱环节进行重点改进和防范，完善营业厅过夜资金监控机制，落实营业厅环境集中监控。以建立惩防体系为载体，干部和关键岗位员工签订《党风廉政建设责任书》，全年未发现违规违纪现象。

加强企业文化建设。杭州移动公司积极实践社会责任，全年上缴税金超过1亿元；以"办实事、促共建"为宗旨，出资近1万元，资助3名家庭困难学生和2家贫困户；完成桐庐县大浪、合村2个村的路灯安装工程和浇道工程；参与49100工程结对扶贫，在建德石屏全球通中心学校投资30万元，兴建、修缮校舍和活动场所。2006年，杭州移动公司被评为全国通信行业质量管理小组活动先进单位，延安路营业中心被评为全国用户满意电信服务明星班组、全国用户满意电信服务明星班组标兵，运建部网管中心被评为中央企业学习型红旗班组标杆；原总经理杨剑宇被评为中央企业优秀共产党员，员工黄春波获全国用户满意电信服务明星称号。

4月3日，全国人大常委、教科文卫委员会副主任委员、原信息产业部部长吴基传，中国移动集团公司副总裁张晨霜一行到杭州移动公司元通大厦旗舰营业厅视察。

【元通大厦营业厅开业】3月18日，位于延安路511号的杭州移动公司元通大厦旗舰营业厅开业。该营业厅是杭州移动公司建设100个营业厅的重头戏。营业厅分3层，总面积5600平方米，集形象展示、客户服务、业务受理、新业务体验等功能于一体，有12个移动综合服务情景展示区域。

市长孙忠焕、市政协主席虞荣仁、市人大常委会副主任丁德明、副市长沈坚以及省移动公司副总经理钟天华、于建初等领导到场祝贺。各界人士和客户代表参加开业仪式，来自各营业厅的100名营业员代表参加宣誓活动，由杭州日报报业集团、团市委、市消费者协会、杭州移动公司共同主办的"微笑之星"评选活动正式启动。

5月17日，在元通大厦旗舰营业厅举行浙江省移动通信客户数突破2500万名的庆典活动。

【以满意服务提升企业品质】杭州移动公司为让服务"走的更近、做的更好"，大力完善营业网点覆盖，全年建成自办营业厅58个，累计自办营业厅168个。大力破解客户感知不佳的难题，采取分流业务、推广分层服务等措施，疏导营业厅业务流量，较好解决客户等待时间长的问题；调整账单格式，梳理简化资费体系，改善账单难懂、查费不便的状况；增设自助缴费机，实现缴费充值业务分流，改善付款不便的状况；建立前台投诉处理授权和快速升级机制，成立远端投诉处理专家组和社会监督员队伍，改善投诉解决不力的状况。大力改进营业窗口的基础服务，有效改善营业厅环境。大力开展创优评优活动，全年评选出标杆营业厅10个、服务明星5名、"微笑之星"79名。大力简化和优化业务流程，通过流程穿越、有奖征集等手段，了解客户业务办理的不便，从用户感知出发，全年整合3项复杂业务，改进5项不合理流程。

【参展国际休闲产业博览会】4月20日~24日，2006年杭州世界休闲博览会的重点展会——中国国际休闲产业博览会在杭州和平会展中心开幕。杭州移动公司开展以"畅享移动新生活"为主题的宣传活动，分别展示彩铃坊、无线上网、西湖水域管理系统、移动新业务展示平台、个性化缴费卡等特色业务。

【协办省残疾人运动会】10月27日~30日，由杭州移动公司冠名协办的"全球通杯"浙江省第七届残疾人运动会在杭举行。运动会设田径、游泳等9大项152小项，来自11个市代表团的733名残疾运动员参加比赛。省委副书记、省长吕祖善在杭州体育馆宣布运动会开幕，省委副书记乔传秀致辞，副省长陈加元主持开幕式，省政协副主席吴国华颁发了由省残联授予杭州移动公司的"爱心企业"牌匾。

【数字城管项目通过部级评审】8月1日，杭州市政府组织省建设厅、市城管办、市信息办、浙大快威公司等部门及开发厂家联合向建设部作数字城管项目建设以及运行汇报。杭州移动公司作为无线工作系统的承建商和"城信通"终端提供商随同汇报团参加会议。

8月7日，建设部数字化城市管理推广领导小组一行5人在建设部信息中心副主任郝力院士率领下，到杭州进行杭州数字化城市管理项目评审。省建设厅厅长张根苗、杭州市政府副秘书长何荣坤、市城管办主任陈红英等出席并作汇报。专家组认为杭州数字城管项目完全符合建设部数字化城市管理要求，正式通过技术评审。

参见城市建设管理类目数字城管一期工程被誉为杭州模式条目。

【淳安"村通"工程启动】2006年，萧山、余杭、桐庐、富阳、临安5个区、县(市)移动信号在行政村的覆盖率达到100%,建德还有1个行政村需要覆盖。淳安部分地区自然条件较差,交通不便,居住人口较少,有158个行政村移动信号未覆盖或弱覆盖,阻碍了当地经济的发展,无法满足群众日益提高的现代生活需要。杭州移动公司继2004年实施网络扶贫工程后,2006年11月重点在淳安地区启动移动信号"村通"工程。该公司成立以分管网络建设副总经理为项目组长,相关部门、中心领导为成员的项目组,负责工程的顺利实施。投入专项资金4300余万元,计划在2007年9月前解决淳安120个行政村的覆盖,在2007年12月前完成剩余38个行政村的覆盖。

【社会监督顾问委员会成立】12月12日,为进一步加强社会各界对网络质量、服务水平、经营管理的监督,切实提高整体经营管理水平和满足客户不断增长的需求,杭州移动公司邀请26名各界人士组成社会监督顾问委员会。（黄午燕）

·联通通信·

【联通通信概况】中国联通有限公司杭州分公司（以下简称为杭州联通公司）是杭州的综合电信运营企业,下设10个部门、6个经营部、7个区(县、市)分公司。有员工1260人,56.2%具有大专以上学历。坚持观念领先和意识创新,以市场为导向,以客户为中心,全年实现业务收入14.42亿元,居全省联通公司第一。

综合业务优势进一步显现,主营业务保持稳健增长,主要经营指标列全省联通公司前茅。移动业务平稳增长,长途、数据、互联网业务收入和利润占整个公司收入和利润的比重与上年相比有提高。增值业务占总收入比重大幅提高,业务创新能力得到提升。区、县(市)分公司业务收入增长明显,成为业绩增长的主要力量。

秉承"稳定可靠的网络是我们生存的命脉,优质满意的服务是我们永恒的追求"的服务方针,全年完成GSM网13期和CDMA网3期2阶段工程的建设,使C/G两网信号在杭州地区全面覆盖。坚持以社会需求为己任,为完成首届世界休闲博览会、首届世界佛教论坛、第二届中国国际动漫节、"天堂硅谷·滨江之夜——2006杭州西湖国际烟花大会"等重要活动的通信保障任务,制定周密的保障方案,采取有效措施,调集全省应急保障通信车予以增援。

网络运行质量稳步上升,网络优化指标位居全省联通公司的前列。2006年实现移动网络无线系统忙时呼通率≥98.76%,掉话率<0.34%,网间忙时来话接通率≥96.8%,国内长途忙时来话接通率≥65.05%,IP电话忙时接入成功率≥99.1%。网络的故障次数和时长均控制在全省规定的考核指标内,有效保障通信的畅通。

坚持以"服务"作为树立良好公众形象的基础,以"诚信"作为实现可持续发展的保证,改造和提升服务设施,开展服务创优、服务技能大赛等活动。全年10010服务热线人工座席平均接通率达到86.5%,10010服务热线的客户满意率达到85.8%,顾客投诉答复反馈率达到100%。

加强内控建设,持续改进基础管理。2006年,是资本市场要求联通公司通过内控审计的第一年。把内控建设作为提升公司管理、改善公司效益的契机,立足建立长效机制,通过全面梳理业务流程,查找风险点,制定控制措施,形成一套基本完善的内控制度规范。组织《员工职业道德守则》、《反舞弊暂行规定》、《不相容职务相互分离暂行规定》等制度的培训和考试。12月,顺利通过中国联通有限公司和第三方的内控检查。

通过"用人、用工、分配"三项制度改革,实行"干部能上能下、员工能进能出、岗位能高能低"的动态管理机制,在全省联通公司率先完成"按编定岗",减员增效,开始推行员工分类管理办法。组织开展消防演习、安全生产知识培训、安全保卫检查、网络安全隐患排查、行车安全技术比武等活动,切实落实安全生产。对原有的安全制度和应急预案进行梳理,制定处置突发性事件的总体决策指挥体系办法,全年未发生重大伤亡和通信责任事故。

【中国联通推出全新品牌标志】3月28日,全新的以红色为基调的中国联通品牌标志正式亮相。新品牌标志以中国红与水墨黑搭配,给人以强烈的视觉冲击感,形成稳定、和谐与张力的视觉美感。红色英文字母双"i"彰显中国联通"让一切自由连通"的品牌精神,沿用"中国结——同心结"形象和"中国联通China Unicom"的中英文字,保持了与原有标志的一致性和承接性。体现出中国联通的深厚基础和发展潜力以及主动应变、积极求变的企业精神,突出了活力、创新、时尚的品牌形象。杭州联通公司在形象宣传及营业厅中,同步启用全新的品牌标志。

▶▶资料:联通品牌

2006年,中国联通有限公司通过整体品牌架构的全面整合,推出4个品牌:"世界风"、"新势力"、"如意通"、"新时空"。

"世界风"面向的是中高端客户,品牌定位是尊贵、品位、自信。为客户提供非标准化的后付费产品,通过特色化的业务以及俱乐部会员优质的"一对一"服务等内容,充分体现品牌价值。

"新势力"面向广大青少年群体,品牌定位是阳光、新锐、创新。通过增值业务与语音业务的捆绑,为青少年客户提供最具吸引力的、差异化的业务。

"如意通"面向大众市场,定位是方便、实惠、亲切。通过方便购买、方便使用以及实惠的资费标准和简单清晰的计费,让用户感到方便、实用。

"新时空"主要面向集团用户与行业用户,定位是专业、高效、方便。通过专业的技术,整合通信和信息资源,为集团、行业提供专业信息服务,通过个性化信息解决方案,极大地提升工作效率,帮助客户能够随时随地、随心所欲地进行信息化办公。

【划小联通业务经营单元】年初,杭州联通公司为进一步适应市场发展的需要,积极探索划小经营单元的试点。将负责市区经营业务的钱江分公司划分成武林经营部、江干经营部、西湖经营部及拱墅经营部4个经营单元,使销售端进一步下沉,更贴近一线渠道和目标用户，加快对市场需求的响应速度。至年末,4个经营部在用户发展、通话收入、有效发展率等方面都比上年提高。

【推出商旅卡】1月18日，杭州联通公司推出商旅卡。该公司的手机用户如果在上海、江苏、浙江区域内漫游,使用该卡时,手机收费统一享受漫游加长途费用只要0.4元/分钟的优惠资费。三地之间的联通移动通信业务由原来行政区域划分的条块分割，变成了一个有机联动的区域网,使经常往来于江、浙、沪三省(市)的商务人士、游客,不用每到一地就换手机号码，一个号码就可以畅行无阻。

【启动"三送一建"服务活动】5月7日,由团市委、市文明办、市文广新局、市建委、市志愿者工作指导中心等单位主办，杭州联通公司协办的为外来务工青年送文体设施、送文明知识、送医疗服务和建蒲公英文化家园("三送一建")活动启动仪式在西城广场隆重举行。该活动是贯彻落实杭州市委《关于做好外来务工人员就业生活工作的若干意见》的具体举措,是构建"和谐杭州"的有效载体。中国联通蒲公英文化家园服务亭承载着图书阅览、长途公用电话、放电影电视等功能,丰富外来务工青年的业余文化生活。在启动仪式上，杭州联通公司向外来务工青年代表赠送了书籍及文体用品，青年文明号志愿服务队与文化家园签订了共建协议。

【交换机获市科技成果奖】7月4日，杭州市召开第十一届青工"五小"科技成果表彰大会暨青工创新创效工作交流推进会。由联通公司主创的《中兴拨号接入服务器改造为电路型交换机》项目获得杭州市青工"五小"科技成果二等奖。该项目通过研究窄带拨号接入服务器，实施技术攻关，将拨号接入服务器改造为标准电信级的IP前置交换机,优化了网络结构,直接节约成本60余万元,并在浙江联通公司内推广。

【联通公司成为省市消费者信得过单位】2006年,杭州联通公司开展"满意在联通"等活动,坚持文明经营、诚实守信、规范有序,紧紧围绕维护消费者利益主题，加强技术支撑,完善营销渠道,公开资费标准,接受社会监督，营造了放心的消费环境。12月，该公司分别在杭州市第六届、浙江省第七届消费者信得过单位评比活动中,受到省、市消费者协会的表彰，再次被命名为省级和市级消费者信得过单位。

表54　2006年中国联通有限公司杭州分公司营业厅情况

名　称	地　址	咨询电话
延安路营业厅	杭州延安路501号	10010
体育场路营业厅	杭州体育场路235号	10010
文三路(五星)营业厅	杭州文三路90号	10010
文晖路营业厅	杭州湖墅南路118号	13082814145
江城路营业厅	杭州江城路599号	13082814104
文二路营业厅	杭州文二路203号	13082810175
金华路营业厅	杭州金华路37-39号	13388613538
太平门直街营业厅	杭州太平门直街82号	13376811273
萧山营业厅	萧山市心中路645号	82656126
余杭营业厅	余杭临平史家埭路11号	13003601468
富阳营业厅	富阳春秋北路226号	13010366507
临安营业厅	临安新民街281号	13003601611
桐庐营业厅	桐庐迎春南路421号	13003601492
分水营业厅	桐庐分水镇	13362105935
建德营业厅	建德新安东路326号	13003601665
淳安营业厅	淳安千岛湖镇新安大街120号	13010365541
滨江营业厅	滨江高教园区立业园	13010366350
下沙营业厅	杭州经济开发区6号大街666号	13010365281

【开展放心示范店工程】临安联通公司与临安市工商局合作，共同推进"百县万村放心示范店"工程建设。临安联通公司结合农村放心店建设,将通信产品引入乡、镇、村,服务覆盖到该市的26个乡镇,在临安的365个放心示范店都有联通公司的号码入网、话费充值、公用电话等业务服务。推出标准化产品——"吉祥临安卡",以一号一卡一套形式进入便利连锁销售点，简化了入网手续,节约了营销成本。　　(张荣洁)

·网通通信·

【网通通信概况】中国网络通信集团公司杭州市分公司（以下简称杭州网通公司）紧紧围绕"效益质量年"的要求,实施专注、创新和价值链三大策略,发扬艰苦创业、创新发展、团结协作、务实高效的企业精神,坚持以效益为中心,业务快速发展。全年增加固定电话用户5.3万户,增加宽带用户1.2万户,实现主营业务收入2.04亿元。

随着企业规模扩大，市场拓展实现从粗放的"点面式"、"散打式"到相对精细的"网格化"、"指向型"的转变。通过市场的细分、客户的细分,集中优势因素,有取有舍,深度挖掘,推出企业悦铃业务、虚拟呼叫中心业务、大带宽业务、集成业务,启动"EPower"产品的试用及推广活动。3月，与杭州市邮政局签订17968 IP长途电话卡铺卡合作协议，约定在杭州各邮政网点销售网通17968 IP卡。

网络运行质量稳步上升，建成杭州网通本地网。建设开通第二关口局和第二零母局。8月,位于萧山开发区的网通公司标准IDC机房建成投产，极大提高了开放IDC业务的能力。启动传输第二平面建设,为网络转型做好准备。注重网络区块建设，将本地网几十个重点区块演化成上百个网格，对重点网格实施深度覆盖。从3月起,启动楼宇接入业务;至年末,完成楼宇接入、覆盖"双200幢"。

扎实推进团队建设，实现精细化管理。完成2003年~2005年工程档案、文书档案的整理,通过市档案局一级达标验收。完成接入机房

36.08万对线的机线资源清理，取得准确率全省第1名的成绩。完成代理协议的改签，降低业务代理中存在的风险，为欠费买断、代理佣金调整创造条件。完成对既往合同的审查，实施合同电子审签流程，消除运作中存在的法律风险隐患。

积极开展一线团队运作试点，抓好队伍建设。杭州网通公司努力拓展市场，积极探索加强领导班子和团队建设的有效途径。开展批评与自我批评，定期召开民主生活会，及时解决问题。落实党风廉政建设责任制，完善管理层深入基层工作制度，加快决策贯彻进程。班子成员与一线部门之间建立联络和绩效捆绑制度，有效解决实际困难，指导、帮助和发展生产。通过开展一系列活动，为建设政治素质好、经营业绩好、团结协作好、作风形象好的“四好班子”打下基础。2006年，中共杭州网通公司党委被中国网络通信集团公司党组授予先进基层党组织称号。

12月14日，杭州网通公司领导班子进行调整，浙江网通公司副总经理邹伟平兼任杭州网通公司总经理，虞允纲、徐剑炯、郑建炎任杭州网通公司副总经理，吴红伟任杭州网通公司总经理助理。

【杭州网通本地网建成】 网通公司杭州本地网(C3)原来覆盖杭州市本级及萧山、余杭、富阳、临安、桐庐、建德等区、县(市)，淳安县的电信业务需要和第三方进行合作。2006年，加大网络覆盖力度，将C3网延伸至淳安。至年末，实现C3网对杭州本地网各区、县(市)主城区的全覆盖，建成了真正意义上的杭州网通本地网。

【改造数据IP城域网】 3月起，杭州网通公司为了解决环网光纤资源紧张、数据IP网多重级联等问题，利用EPON技术进行数据IP城域网改造，缓解了南北区域部分点光纤资源紧张的问题。由于用EPON的树型结构取代了数据交换机的级联，上网速度和稳定性得到较大的提高。

为了保证服务质量，电信工人进行通信线路测试。 （市电信公司 供稿）

【设立公用电话吧】 9月，杭州网通公司在下城区杨家里设立首个公用电话吧。该种类话吧价格较为优惠，方便群众，并且与区域内的其他形式公用电话互为补充，有利于提高网通品牌的影响力。至年末，在城区设立话吧4个。

【推出虚拟呼叫中心业务】 12月，杭州网通公司推出虚拟呼叫中心业务。该呼叫中心依托浙江网通公司的公共呼叫中心平台，主要应用于政府、企事业单位、社会组织对公众和客户提供热线电话服务及进行电话营销等活动。他与传统的呼叫中心模式不同，解决了中小企业系统建设及维护成本压力等难题，提供灵活的、可按需定制的信息化服务，为客户提供呼叫中心资源租用服务。

【完成动漫节通信保障任务】 4月28日~5月3日，第二届中国国际动漫节在杭州举办，杭州网通公司承担通信服务保障任务。作为动漫节的唯一通信服务运营商，杭州网通公司制定整套服务方案及通信保障方案，安装固定电话、公用电话40余部，派人现场蹲点，全程提供各类现代化、高水准的通信服务，全面处理通信畅通、信息处理和网络安全等事务。杭州网通公司快速响应的专业优质服务，受到组委会及参展单位的好评。

【西班牙电信商务代表团访问网通公司】 1月19日，排名世界500强的西班牙电信(Telefonica)商务代表团一行9人在中国网通集团公司领导陪同下，到中国网通浙江省分公司考察访问。该团在友好、和谐的气氛中，与杭州网通公司进行交流与探讨，参观了机房、办公场所、营业厅。

【加强企业文化建设】 杭州网通公司注重企业文化建设，加深员工间的相互了解与沟通。4月，举办首届书画摄影大赛、首届十佳歌手大奖赛。7月18日，员工以编组步行15千米山路的特殊方式，庆祝公司挂牌运营3周年；该项活动受到市总工会的好评，被授予2006年职工体育工作创新奖。10月，举办第二届职工运动会。12月，踊跃参与杭州市第七次“春风行动”，向社会贫困弱势群体捐款1.27万元。

2006年，杭州网通公司工会被中国国防邮电工会授予“全国国防邮电系统工会模范职工小家”称号，萧山经营部网络运维班组被中国网通集团公司授予“学习型班组”称号。该公司在市“三级联创”先进表彰大会上被市委组织部、市总工会表彰为“先进职工之家”。

（傅金萍 杜 宁）

中国移动通信集团浙江有限公司杭州分公司(简称中国移动杭州分公司)是中国移动通信集团浙江有限公司的一个地级分公司，负责杭州地区移动通信市场营销、客户服务、工程建设、运行维护等工作。

自1992年率先在杭州开通第一部移动电话以来，中国移动杭州分公司一直以优异的业绩在全国同行业中名列前茅，保持了持续、快速、稳步的发展势头。

中国移动杭州分公司不断提升网络能力，经过10多年的建设和发展，网络容量已超过600万门，基站总数超过2000个，移动网络覆盖率达到99.9%。创造性地在全市范围内建成了包括双频网、微蜂窝、室内分布系统、街道站在内的全方位、立体化、智能化、多层次的移动通信网络，实现了主要乡镇的全覆盖，并进一步向农村、水域、隧道等延伸，基本实现全方位立体化覆盖及主要通信干道的无缝覆盖。

中国移动杭州分公司以客户服务为中心开展一切工作，注重服务创新，推行服务的人性化、人情化和人文化，努力为客户提供一体化的优质服务，包括良好的语音质量、多样化的品牌、丰富的业务种类和完善的客户服务等方面。

为满足不同层次客户的多样化需求，中国移动杭州分公司以客户为导向，不断创新，推出了彩信、彩铃、手机银行、手机炒股、集团虚拟网、亲情号码、秘书服务、飞信等增值业务，为客户提供多种选择和有价值服务。

中国移动杭州分公司秉承“正德厚生、臻于至善”的核心价值观，以“创无限通信世界、做信息社会栋梁”为企业使命，不断为广大客户提供优质的服务，努力成为“卓越品质的创造者”。

诚信服务 满意100

延安路营业厅被评为全国巾帼文明岗

省委常委、市委书记、市人大常委会主任王国平（左二）视察中国移动杭州分公司信息化建设合作单位东新园社区

沟通从心开始
Reaching Out From The Heart

中国移动集团总裁王建宙(右一)在杭州元通营业厅考察新业务

移动信息化已深入到农村乡间

建设部专家莅临指导"数字城管"工作

中国移动通信集团浙江有限公司杭州分公司

中国移动杭州元通大厦旗舰营业厅

财政 税务

Finance & Taxation

·财政·

【财政概况】 2006年，全市财政系统紧紧围绕打造“和谐财税”主题，全面落实“三个三”(即在支持国民经济持续协调较快发展中，强调支持第三产业特别是现代服务业的发展;在依法治税理财的前提下,优化税收收入结构、政府财力结构和财政支出结构等三个结构；财政支出做到“控、压、保”三个字)理财治税理念,财政收入持续快速增长,重点支出得到有力保障，财税改革又有新突破,实现了“十一五”时期良好开局,为“和谐杭州”建设提供了强有力的财力支撑。全市财政总收入624.49亿元,比上年(指2005年,下同)增长19.9%;其中地方财政收入301.39亿元,增长20.3%。市本级财政总收入179.83亿元,增长15.9%;市本级地方财政收入75.67亿元,增长19.9%。全市地方财政支出275.48亿元,增长15.6%;市本级地方财政支出76.66亿元,增长12.7%。全市各级财政均实现收支平衡。

【财政用于新农村建设资金4.2亿元】 全年市财政用于新农村建设资金达4.2亿元，比上年增长35.4%；包括支持各区、县(市)新农村建设资金2.86亿元。其中,投入1.15亿元，用于完善农村基础设施和改善农村生态环境;投入1.5亿元水利建设基金，用于清水河道、备塘河整治、百库达标等水利设施建设和农民饮用水工程;投入0.87亿元,用于推进都市农业建设;投入0.45亿元，用于促进农村工业和现代服务业发展,加快农村劳动力转移;投入0.23亿元，用于支持发展农村社会事业和“49100”帮扶项目。市财政还投入0.31亿元,用于健全农村社会保障，完善新型农村合作医疗制度。

【支持社会事业发展】 市财政加大对社会事业的投入，支持“名城强市”建设。全年文化事业费和文化事业建设费支出分别为1.22亿元与0.32亿元，重点用于大文化领域优势产业扶持、动漫产业发展、数字电视建设等；历史文化名城建设专项支出1.18亿元，主要用于灵隐法云弄传统民居保护、伍公山景区整治等。整合财政科技资金,设立市科技创新发展资金4亿元，建立科技创新资金统筹机制，提升企业自主创新能力。积极筹措资金促进教育事业发展的均衡化、优质化,缓解“上学难”，市级教育经费投入7.69亿元,比上年增长16.9%。加大对医疗卫生事业的投入,努力解决群众“看病难”、“看病贵”问题,市级卫生经费投入3.23亿元,增长63.1%。市级投入体育事业费4910万元,完善全民健身服务体系，提高竞技体育综合竞争力，促进体育事业与体育产业、城市体育与农村体育、群众体育与竞技体育的协调发展。

【加大社会保障支出】 2006年,市财政预算内安排社会保障支出预算15.02亿元，比上年增长14.2%;市级社会保障经费支出占地方财政支出的比例近20%。做好就业再就业工作，落实再就业优惠政策专项资金1.1亿元。加大对困难群众的帮扶力度,全年投入0.46亿元。深化养老保险制度改革,妥善解决“农转非”人员的“双低”养老保险补贴。继续做好下岗失业人员小额担保贷款工作，市区累计发放下岗失业人员小额担保贷款694笔,计0.18亿元。完善社区企业退休人员社会化管理服务工作，落实企业退休人员社会化管理服务工作经费3.77亿元。

【推进“城市化”战略】 2006年,杭州市努力发挥财政主渠道作用,不断改善全市基础设施状况。市财政投入21.27亿元用于支持“五纵六路”道路整治和德胜快速路、石桥立交、重工路等重大项目建设。进一步健全城市管理投入体系，市财政投入城建城管经费8.91亿元，支持背街小巷改善工程、市政设施改善工程、“数字城管”和城市亮灯工程等建设。支持撤村建居和“城中村”改造,启动危旧房改善工程。完善公交网络布局,市级财政投入2.24亿元，确保公交优先实施。

【支持“平安杭州”建设】 为全力打造“平安杭州”,维护社会安定团结，全年市财政用于公检法司支出7.62亿元。完善以电子监控和区域报警为核心的技防运作体系，有力支持“科技强警”,落实“从优待警”政策，不断加大对公安科技的投入，确保各级公安机关在建设“平安杭州”中的经费需要。加大应急管理体制机制建设投入，健全公共安全管理服务体系。切实做好检察院、法院、司法局等机关的经费保障工作。

【参与创建环境友好型社会】 市财政积极参与实施“环境立市”战略，

创建环境友好型社会，全年投入资金1.84亿元。加大区域性环境污染监控和事故预警系统建设的资金投入，支持污染源防治、区域及流域生态环境项目。支持农业农村污染综合防治示范工程实施。围绕公众食品和药品安全，保障监管执法资金需求，大力支持食品药品市场专项整治工作。加大生态补偿资金投入，根据区、县（市）生态保护的贡献程度，落实生态补偿项目资金。

【强化财政管理监督】 市财政部门按照打造节约型政府要求，在市级行政事业单位开展创建节约型机关活动，在部门预算编制中采取压缩行政经费、严格车辆购置等措施。扩大国库集中支付范围，建设性专项经费基本实现国库集中支付。分别对上塘高架延伸段、西湖隧道、畜禽养殖业污染综合整治工程等政府投资项目及2003~2005年度全市促进再就业专项政策资金实施绩效评价，逐步建立财政支出绩效评价体系。加大项目投资管理与控制力度，对项目进行动态管理，减少项目资金的不合理支出。拓展财政审价范围，全年完成财政性投资工程审价项目187个，审定造价16.64亿元，核减不合理资金2.65亿元，核减率为13.7%。全年政府采购预算规模52.05亿元（包含政府投资建设工程），实施政府采购合同金额46.34亿元，采购规模比上年扩大50%，预算资金节约率达11%。初步建立起实时监控、综合核查、整改反馈、跟踪问效的全方位财政监督长效机制，全年查处问题资金2.21亿元，征收监缴各项收入0.35亿元。

【深化财政改革】 组建集财政、国税、地税于一体的12366财税咨询服务和投诉中心，主要职能是提供财政、税收政策咨询，受理涉税违法和工作人员违反纪律的举报，收集社会各界对财税工作的意见、建议等。实施政府收支分类改革。初步建立行政事业单位固定资产动态长效管理机制。开展资产清查工作，拟定管理办法，制定资产配置定额与标准。强化行政事业单位房产出租（租入）管理，实行统一招租办法，严格执行“收支两条线”管理。加强政府债务管理，努力规避财政风险，市本

9月19日，市财税系统第三届运动会开幕式在杭州举行。（市财政局 供稿）

级建立偿债准备金14.74亿元。规范市级部门预算管理，出台《杭州市级部门预算编制业务规范》、《杭州市级部门预算调整操作规程》等规范性文件。（黄海君）

·国家税务·

【国家税务概况】 2006年，市国税局坚持“依法征税，应收尽收，坚决不收过头税，坚决防止和制止越权减免税”的组织收入原则，建立健全收入分析和预测机制，加强税收与经济的联动分析，加大征收管理力度，确保国税收入持续稳定增长。全年组织国税收入390.87亿元，比上年增收70.66亿元，增长22.1%。其中增值税、消费税入库274.60亿元，增长19.85%。全市国税收入总量继续稳居全国省会城市第二，副省级城市第三。在全市财政总收入624.49亿元中，由国税部门直接组织的收入338.83亿元，占54.3%，比上年提高1.1个百分点。

【为杭州经济社会发展提供财力支持】 市国税局自觉服从和服务于杭州经济社会发展大局，充分发挥税收职能作用，全面落实外资企业、高新技术产业发展、资源综合利用、就业再就业等各项税收优惠政策。全年办理各类减免税51.65亿元，比上年增长27.7%；办理出口退税109.20亿元，增长31.6%，推动了杭州经济社会的和谐发展。

【扎实推进依法治税】 市国税局以开展“五五”普法教育为契机，深入开展依法行政、依法治税教育，干部队伍的法制意识和依法行政水平进一步提高。全面开展执法检查和执法监察，强化税收执法权的监督制约。加强与公安、地税等部门协作，联合开展打击制售假发票、虚开增值税专用发票等涉税违法活动。大力整顿和规范税收秩序，严厉打击涉税违法行为，开展税收专项检查。全年查处涉税案件3762件，其中100万元以上大要案25件、移送公安机关248件，查补税款2.95亿元。

【创新国税基础管理】 市国税局开展“管理创新年”活动。实施库存商品存货核查、零负申报率分类管理、存根联滞留增值税发票核查等措施，促进科学化、精细化管理，全市通过管理创新增加国税收入3.24亿元。强化各税种管理，健全纳税评估组织协调机制，全市通过纳税评估补缴税款2.81亿元。加强发票管理，推行防伪税控“一机多票”系统，一般纳税人普通发票全部纳入系统管理。加强国地税征管协作，联合做好纳税信誉等级评定和税务登记换证工作，办理换证19.44万户。

【优化纳税服务体系】 全市国税系统以打造“服务型国税”为目标，强化服务意识，提升服务理念，优化服务措施，完善和健全纳税服务体系。就国家消费税政策和出口退税政策调整、省属下划企业税收情况等开展调查研究，及时报送税收收入分析、专题调研报告，为政府部门当好参谋，得到市领导的充分肯定。

结合第15个税收宣传月和市

政府开展的“两项制度，两项活动”，举办税收政策辅导培训班和涉外税务沙龙，参与杭州电台“民情热线”栏目直播，开展“送税进万家”活动，加强税收宣传，不断增强纳税人依法诚信纳税意识。优化杭州国税“全程服务”品牌，改善服务态度，提高办事效率，努力构建和谐的征纳关系。

【国税干部队伍建设】市国税局以国税党建、国税人才、国税文化、平安国税“四项工程”建设为抓手，加强国税干部队伍建设。开展“创建先进党支部、争当优秀党员”活动，创新党建工作模式，强化对基层党组织的指导。局机关党委被评为杭州市先进基层党组织。加大人才培养力度，全年举办骨干培训14期，参加培训550人。鼓励干部参加学历教育，干部职工中具有大专以上学历的达92%。健全人才激励机制，修订完善竞争上岗、民主推荐等干部管理制度。推进国税文化工程建设，开展社会主义荣辱观教育、廉政文化书法摄影绘画征文、纪念建党85周年歌咏比赛等活动，不断提高干部职工的思想道德品质素养。组织干部职工踊跃参加希望工程、“春风行动”、“49100”帮扶工程和“双千结对，共创文明”扶贫工程等社会公益活动。扎实推进文明创建工作，系统各单位全部跨入区、县(市)一级文明单位行列。推进“平安国税”工程建设，认真落实党风廉政建设责任制，建立健全教育、制度、监督并重的惩治和预防腐败体系，健全完善反腐倡廉“大宣教”格局。积极开展“规范税收执法，预防职务犯罪”主题教育活动，认真实施治理商业贿赂专项工作。建立健全税检联席会议制度，与市检察院共同做好预防职务犯罪工作。 (周凌明　邹卫刚)

·地方税务·

【地方税务概况】2006年，杭州市地税部门牢固树立税收经济观、税收财政观，以实施科学化、精细化管理为主线，保持地税收入的可持续增长。全市地税系统组织各项收入392.75亿元，比上年增长20.9%。其中税收收入252.67亿元，增长16.19%，完成省地税局下达年度计划的104.3%；社会保险基金收入76.29亿元，增长25%，收入保持持续增长的良好势头。

【发挥税收政策调节作用】市地税局认真贯彻落实省地税局关于促进第三产业发展的实施意见，支持第三产业发展。在政策允许的范围内，出台了鼓励民营经济发展和企业科技创新的税收优惠政策。落实二手房营业税政策，积极推进房地产一体化管理。完善车船使用税委托代征管理办法，加强与公安交警的密切配合，通过新软件开发加强源头控管，切实提高征管质量。组织开展外国企业常驻代表机构税收政策执行情况及新办常驻代表机构纳税方法核准工作的检查，规范外国企业常驻代表机构税收征管。加强土地增值税管理，做好土地增值税预征工作。

【全面梳理行政执法职能】2006年，市地税局对行政执法职能进行全面梳理，最终确定地税行政职能201项。完善执法责任制考核评议机制，形成行政执法责任制“一方案三办法”，即《杭州市财政局 杭州市地方税务局行政执法责任制实施方案(试行)》、《杭州市财政局行政执法过错责任追究实施办法(试行)》、《杭州市地方税务局税收执法过错责任追究实施办法(试行)》和《杭州市财政局 杭州市地方税务局行政执法责任制考核评议办法(试行)》)。强化财税执法检查监督，在全市范围内组织开展行政许可法贯彻实施情况检查、税收执法自查和稽查案件复查、财政违法行为处罚处分条例执法检查、企业所得税计税工资扣除标准和政策执行情况专项检查、新再就业税收优惠政策执行情况检查等各项执法检查。

【加大税收宣传力度】全市地税部门充分利用电视、广播、报纸、杂志、网络等新闻媒体及12366纳税服务热线、税务网站等内部资源，解读税收政策、法律，开展多种形式的税收宣传，营造诚信纳税光荣的良好舆论氛围。4月，在全市范围内组织开展以“依法诚信纳税，共建小康社会”为主题的第15个税收宣传月活动。组织26位选手参加全省地税系统“星、税、缘”寻找地税形象使者活动，上城分局和拱墅分局推荐的2位形象使者入选，后期参加省地税局组织的电视访谈录播活动。继续开展“财税情、社区行”宣传进社区活动。与省地税局联合在杭州楼宇电视媒体上播放税收公益广告1个月，并通过公交车载电视等媒体持续播放公益广告。与《都市快报》合作，开展“地税宣传口号”短信征集大赛。

【税收征管改革】市地税局积极实施税源监控间接管理，做到“人对事、事对户”，形成具有杭州地税征管特色的“数据监控，管理精细，责任到岗，考核到人”的税源管理方式。全面应用税源间接监控平台，及时准确掌握纳税人的动态情况。完善房地产税源监控软件，加强与市建委、国土资源局、房管局的信息共享，建立起房地产行业专项分析预测新机制，国家税务总局领导视察后给予高度评价。坚持“抓大、控中、定小”的分类管理，采用重点税源网络管理、零星税源源头管理、特殊税源跟踪管理，强化重点行业和重点税源的监管。结合税务TF2006系统升级开发与税务登记证年检、换证，及时更新纳税企业基础信息。开展纳税信用等级评定等工作，加大欠税公告力度，实施欠税阻止出境管理办法。拟定和参与拟定了《杭州市房屋出租管理条例》、《杭州市地方税务局关于加强私房出租税收征收管理办法》、《私房出租管理服务中心工作职责、业务流程及协税护税管理办法》和《杭州市私房出租综合管理系统的业务需求方案》等4个制度性文件。

【征收管理与发票管理】2006年，全市各级地税部门树立持续改进的理念，不断完善ISO 9000质量管理体系。对发票定点印刷企业开展年检年审，全年鉴定假发票15.07万份，开具鉴定报告689份。加强对协税护税工作站的管理，积极建立协税护税网络。进一步加强与公、检、法、司、纪检等部门的协作和沟通，完善协作治税和信息交流的工作机制。强化税务登记管理，重视源头控制。全年受理各类企业开业税务登记3万余户，变更税务登记3.15万户，注销税务登记1.58万户（不含个体工商户），注销环节补缴税款3684万元。在上年创新国地税联合办证的基础上，确立"网上信息采集，大厅实地换证"的国地税联合换证模式。贯彻国家税务总局14号令，认真履行对注册税务师行业的监管职能。完成税务师事务所、执业税务师的年检和入会登记及执业、非执业注册税务师的备案管理等工作。

【纳税服务向深度推进】2006年，全市地税部门坚持政务公开，推进"阳光办税"。统一规范各分局的管理服务行为，统一设置各分局办税服务厅标识，统一地方税收政策公告制度。继续实行"一次性告知制"、"AB角补位制"和"首问责任制"，服务大厅为纳税人提供"一窗式"服务，免费向纳税人提供税务登记证件、纳税申报表、发票领购簿等表单。9月，国家税务总局在杭州市地税局江干税务分局召开全国税务系统"政务公开、文明办税"现场会。全面推行礼仪规范，礼仪服务由前台窗口向后台管理部门延伸，拍摄制作礼仪服务规范流程教学示范片，并在全市各分局组织观摩。积极探索纳税个性服务。推出预约服务、承诺服务、延时服务、手机短信温馨提醒服务等措施，编印《新办企业涉税指南》；提供多元化的申报和缴税方式；为纳税人提供快捷、简便、安全的网上服务系统，建立税企电子信箱，开展电子涉税服务。

【完善社会保障基金征收办法】市地税局坚持"税费并重"的原则，完善社会保障征费流程。加强调研和部门协调，完善各项规费政策和征收管理工作；加强与劳动保障部门的联系、协调、配合，做好"五险"（基本养老保险、基本医疗保险、工伤保险、生育保险、失业保险）合征以来有关问题的处理工作；按照税收征管的要求完善征管考核办法，促进了社会保险费的及时足额征缴；建立和完善社会保险费征收举报、投诉工作处理办法。

【落实税收优惠政策】市地税局积极落实各项优惠政策，努力促进第三产业特别是服务业发展。贯彻落实促进下岗失业人员再就业和军转干部、随军家属等从事服务业的营业税优惠政策。落实国家支持中小企业担保、试点物流企业营业税政策，召开试点企业座谈会，在调查和听取意见的基础上商量解决政策执行中的难点问题，提出建议，支持现代物流与中小服务企业发展。

【税务稽查】2006年，全市地税部门对4120户纳税人开展税收检查（其中市本级检查1586户），查补额达5.8亿元（其中市本级查补额为4.1亿元），比上年增收3.4亿元；入库率为97%，结案率为100%。组织开展调研式检查，结合税收收入形式和稽查工作实际，制订调研方案，明确调研检查具体步骤、对象与范围，确定参数，汇总分析检查中发现的问题。发挥公安联络室作用，加大打击涉税违法犯罪行为力度。

（黄海君）

表55 **2006年杭州市区财政收支情况**

收入			支出		
项目	金额（万元）	为上年（%）	项目	金额（万元）	为上年（%）
地方财政收入小计	2 616 084	120.4	一般预算支出	2 254 347	115.2
一、分税制财政体制收入	2 544 952	120.3	一、基本建设	177 334	111.3
1.增值税25%部分	466 978	120.8	二、企业挖潜改造	130 347	91.3
2.营业税	877 212	117.1	三、科技投入	86 223	132.9
3.企业所得税40%部分	488 917	117.2	1.科学支出	9 778	121.8
其中：内资企业所得税40%部分	396 213	116.0	2.科学三项费用	76 445	134.5
外资企业所得税40%部分	92 704	123.0	四、农业、林业、水利和气象支出	81 110	116.8
4.企业所得税退税	−166	97.6	五、工交流通部门事业费	44 874	151.3
5.个人所得税40%部分	152 231	124.2	六、文体广播事业费	58 935	139.2
6.城市维护建设税	170 677	119.7	其中：文化事业费	22 004	152.1
7.其他税收	186 807	144.1	七、教育支出	294 100	118.1
8.国有企业计划亏损补贴	−103 059	115.3	八、医疗卫生支出	116 377	127.3
9.农业四税	205 246	111.9	其中：卫生	65 474	146.2
其中：契税	192 233	113.3	中医	4 012	120.3
10.罚没收入	63 241	114.2	九、抚恤社会救济事业费	43 002	119.3
11.行政事业性收费收入	32 123	199.9	十、行政事业单位离退休支出	74 579	104.6
12.其他收入	4 745	148.0	十一、社会保障补助支出	68 692	140.1
二、专项收入	71 132	126.3	十二、行政管理费	249 640	112.5
其中：教育费附加	64 182	129.0	十三、公检法司支出	177 378	111.0
排污费	6 950	105.9	十四、城市维护费	260 998	101.7
			十五、专项支出	67 053	93.7
			其中：教育费附加	52 871	95.1
			排污费支出	6 803	72.5
			十六、其他事业费及其他支出	323 705	133.4

市财政（地税）局党委书记、局长陈锦梅在杭州财税12366试运行开通仪式上讲话

市财政(地税)局党委书记、局长陈锦梅(中)和市国税局党委书记、局长方慧光(右)启动12366热线

年轻、充满朝气的咨询专员

咨询专员耐心服务

杭州市财政局

CAIZHENG

财税12366咨询服务和投诉中心

财税 12366 咨询服务和投诉中心(以下简称财税 12366)是由杭州市财政局、杭州市国家税务局、杭州市地方税务局合作共建,以 12366 特服号码为载体,按照现代呼叫中心专业构建,运用现代信息技术,依靠专业的财税咨询专员,采用"集中接听、统一回复、部门协作"方式,为社会公众、纳税人、投资者提供便捷的财税咨询、投诉等综合服务的平台。财税 12366 集财政、国税、地税三位一体,信息互通、资源共享、相互支持、紧密配合,是全国财税系统第一家由 3 个部门合作共建的政府服务平台,开创了政府部门整合资源、紧密协作,共同为纳税人服务的先河。

中心有工作人员 50 名,其中咨询专员 35 名。咨询专员全部面向社会公开招聘,经过专业培训后走上工作岗位,向社会各界提供财税咨询服务。

科学的岗位设置,严格的服务规范,严密的工作流程,以及与各部门紧密的协作配合,财税 12366 以全新的面貌为社会各界提供方便、快捷、全天候的综合财税服务。

财税 12366,用心聆听您的声音,热心解除您的困扰。

宽敞、整洁的财税 12366 中心大厅

金 融

Banking & Affiance & Insurance

·银行·

【银行业概况】2006年,杭州市银行业金融机构认真贯彻国家宏观调控政策,有效落实杭州市委、市政府的重大决策部署,加强和改进金融服务,加快银行业自身改革发展,坚持突出投向重点,积极增加信贷投入,促进地方经济结构、产业结构调整和优化,有力地支持了全市经济又好又快发展。

全市金融机构本外币各项存款余额比上年(指2005年,下同)增加1159.6亿元,增长16.3%。其中,企事业单位存款、储蓄存款和其他存款分别增加527.7亿元、364.0亿元和249.3亿元,增长19.1%、16.6%和14.9%。本外币各项贷款余额增加1107.3亿元,增长19.6%。全市累计现金收入13580.6亿元,累计现金支出13362.3亿元,均增长15.6%。年末,全市金融机构本外币不良贷款余额84.97亿元,比上年减少9.40亿元;不良贷款率1.31%,下降0.44个百分点。全年金融机构实现本外币利润179.9亿元,增加43.64亿元,增长32.0%。

【促进经济金融协调发展】中国人民银行杭州中心支行(以下简称人行杭州中心支行)加大"窗口指导"力度,引导金融机构认真落实"有保有压"的信贷政策,保持合理的信贷规模增长速度。加大对先进制造业、重大建设项目等传统信贷领域的资金投入,全年制造业贷款增加418.5亿元,基本建设贷款增加194.1亿元。

拓展信贷支持新领域,全年批发零售贸易、餐饮业和租赁商务等服务业贷款增加258.2亿元,比上年多增133.0亿元,上升6.5个百分点。联合有关部门积极开展中小企业融资金融生态建设工程,全市有6个县参加小企业贷款风险补偿,16个银行机构开展中小企业信贷制度改革,全市中小企业增加贷款483.9亿元,余额达3345.5亿元。

【有序推进外汇管理改革】国家外汇管理局浙江省分局积极推进对外贸易投资,全方位服务社会企业和金融机构。全年举办14期汇率风险讲座和外汇业务培训班,批准36个银行机构开办结售汇业务,批准18个银行机构开办远期结售汇、人民币与外币掉期等外汇金融衍生业务,支持并指导企业防范汇率风险。全市新开立经常项目外汇账户2958个,办理出口收汇核销68万笔,贸易进口付汇135亿美元。5月起,办理境内居民个人购汇1.03亿美元,为上年同期的2.9倍。推进境外投资外汇管理改革试点,畅通民营企业境外上市渠道,促进资本跨境均衡流动。全市境外投资外汇登记29笔,中方投资总额4947.39万美元;2个民营企业实现海外上市融资,募集资金5.38亿美元。

表56　　2006年末在杭金融机构本外币存贷款情况　　单位:亿元

类　别	存款余额	贷款余额
在杭金融机构	7 855.55	6 603.86
政策性银行	2.89	108.57
商业银行	6 688.15	5 743.91
其中:国有商业银行	3 382.48	3 043.29
股份制商业银行	2 796.45	2 358.68
城市商业银行	509.22	341.93
农村合作机构	788.27	567.06
非银行金融机构	263.47	184.32

注:在杭金融机构存款余额含人民银行财政性存款。政策性银行包括进出口银行和农业发展银行,其中进出口银行从6月起计入统计数据。

▶▶资料:小额支付系统

2006年5月29日,由中国人民银行建设,为银行机构和社会公众提供跨行支付清算服务的小额支付系统在浙江省成功上线运行。该系统业务功能强大,既可以办理小额贷记业务,又可以办理同城跨行、异地纸质凭证截留的借记支付业务;系统服务高效,实行7×24小时连续运行,资金及时入账,批量发送支付指令,交易成本低。至年末,该系统处理异地业务240万笔,金额389亿元;处理同城业务116万笔,金额938亿元。日均处理业务1.72万笔,金额6.4亿元。

【支持社会主义新农村建设】人行杭州中心支行通过出台金融支持新农村建设的专项指导意见、召开金融支持新农村建设推进会、支持农信社兑付央行票据等措施，积极引导金融机构明确市场定位，发挥金融支持新农村建设的优势，鼓励金融机构加大金融产品创新，切实增加信贷支农投入。年末，全市新农村建设贷款余额（农业贷款与乡镇企业贷款之和）达518.5亿元，全年农、林、牧、渔业贷款增加51.3亿元，是上年增量的2.6倍。全市8个农信社的7.12亿元央行票据全部获得兑付，为全省唯一全部按期兑付的地区。积极探索解决林权抵押贷款难点问题的有效途径，会同有关部门努力破解农村贷款抵押、担保难题，在建德开展林权抵押贷款试点工作，全年累计发放贷款150万元。

【优化金融生态环境】人行杭州中心支行依法履行监督管理职能，全面整合人民银行9项业务监管职能。7月1日起，对农业银行杭州市辖内支行以上分支机构开展为期1个月的综合业务检查，对发现的问题进行及时查处和纠正。积极履行金融稳定职能，在加强杭州市系统性金融风险监测、评估的基础上，妥善处置好金信信托风险，保持金融和社会稳定。至年末，全市完成3批共271户、3556万元个人债权的收购工作。稳步推进企业征信系统建设，加快中小企业信用体系建设，拓展个人征信系统功能。全市企业征信系统月均查询5万次，个人征信系统月均查询5.5万次；全市金融机构通过查询征信系统，对资信不良的企业拒放贷款金额超过50亿元。

【提升金融服务水平】人行杭州中心支行加大金融基础设施建设力度，初步建立现代化支付清算体系，大大加快社会资金周转速度。顺利完成小额支付系统在杭州上线运行，大额支付系统实现异地跨行资金清算1分钟内到账，跨行资金清算实现“零”在途。建立相对独立的国库清算体系，提高国库资金的清算效率。至年末，国库部门杭州市本级直接收纳预算收入291亿元，办理预算拨款186亿元。杭州市通过“一户通”系统缴纳的税款资金达735亿元，60.3%的个人纳税人和93.2%的企业纳税人实现“足不出户，轻松完税”。改善银行卡受理环境，大力推进银行卡产业健康发展。至年末，全市受理银行卡的特约商户为6799个，POS机1.34万台，ATM机2678台，分别比上年增长59.6%、45%、20%；ATM/POS清算资金4644万余笔、金额438亿元，分别增长47%和62%。（吴宗润）

▶▶资料：林权抵押贷款

林权抵押贷款业务是指合法持有中华人民共和国林权证（简称林权证）的自然人，以其林权证所拥有的林业（含林地）资源资产作为抵押，向金融部门提出借款并获得贷款的行为。基本贷款程序为：林权证持有人（借款申请人）向当地金融机构（信用社）提出申请，金融机构对借款申请人及抵押林业资源资产进行审查，评估机构对林权证所属的林业资源资产进行价值评估，借款人与金融机构签订相关合同，到林业部门办理林权抵押登记手续，发放贷款。

【工行发展势头良好】中国工商银行浙江省分行营业部（以下简称工行省分行营业部）各项业务保持较快发展的良好势头。全年拨备前利润完成计划的100.1%，剔除资金价格调整等减利因素，比上年增长13%；实现拨备后利润30.97亿元，创造经济增加值18.18亿元，分别完成计划的100.2%和102.4%。增加人民币各项存款103.4亿元，增加人民币各项贷款87.9亿元，增加票据贴现8.35亿元。增加外币贷款8183万美元。

业务经营结构得到有效改善。流动资金贷款新增超过项目贷款，流动资金贷款余额占比比上年提高3.9个百分点。全年累计签发银行承兑汇票、信用证和保函业务200.98亿元，增加50.46亿元。改善客户结构，金融资产在5万元以上的个人优质客户数占比7.6%，AA级及以上法人优质客户数占比25.2%。累计办理国际结算业务157.8亿美元，增长90.1%；银行卡直接刷卡消费居杭州市18个发卡机构第一，获总行2006年度牡丹信用卡综合经营一等奖等4项大奖；电子银行在总行专项绩效考核中排名第三。累计销售保险、国债、基金、本外币理财产品等负债替代型产品74亿元；个人中间业务收入1.17亿元，超额完成省行下达任务。现金管理客户增加202户，实现结算业务收入3138万元，增加464万元；年金业务增加签约客户9户。全年实现中间业务收入4.3亿元，增长49%。

推出改革新举措。对营业部本部公司信贷部、国际业务部、个人金融业务部实施经营与管理职能分离，并完成内设机构改革。合理保持网点总量，优化网点结构，完善网点功能，全年有17个网点升格。深化业务流程再造，进行守押社会化改革；投产代收代付业务处理系统，建立起各支行签约，营业部集中审批、建档的业务管理格局。

该营业部荣获中国金融工会颁发的全国金融五一劳动奖状，并被授予第二届全国金融系统职工职业道德建设十佳单位称号。在全省第十届业务技术比赛中荣获团体第二。

【加强风险管理】工行省分行营业部落实总行13个信贷政策和6个指导意见，建立新的法人客户信贷风险预警体系，加大亿元贷款大户和集团关联客户监测力度，及时消除存量贷款风险隐患。全年累计清理不良贷款户47户、清收转化不良贷款7.3亿元，其中现金清收3.2亿元。出台《关于当前进一步加强内控管理的若干意见》等办法，安排9位支行分管行长进行内控述职，组织开展内控综合评价、操作风险监测、支行操作风险自查以及个金业务等专项检查。开展“抓认识、抓制度、抓落实、保平安”等主题教育活动，深化员工行为动态管理。加强对网点负责人轮岗、营业经理履职和客户经理的管理。内控台账、柜员身份指纹认证、综合监督和客户经理特殊服务管理台账等系统投入运行，强化计算机控制。（邵庆义）

【农行业务增效明显】中国农业银行浙江省分行营业部（以下简称农行省分行营业部）认真贯彻落实国家宏观调控政策，严格风险控制，强化业务综合营销，各项业务保持良好的发展态势。年末,本外币各项存款余额716.7亿元，比上年增加109.9亿元。本外币各项贷款余额602.1亿元,增加80.6亿元;其中人民币贷款余额594.6亿元，增加82.94亿元。新增贷款集中投向城市基础设施、基础产业及个人优质资产业务等，投放重点突出，信贷结构进一步改善。优良客户新增贷款92.8亿元,优质客户群体扩大。

优化资产质量,发展中间业务。全行不良贷款继续保持余额和占比双下降的良好势头。年末,五级不良贷款余额为13.42亿元，下降7.21亿元;不良占比2.2%,下降1.73个百分点。针对杭州市民日益丰富的金融需求,不断强化金融服务功能,网上银行、电话银行等电子银行业务加快发展,意向类、综合服务方案等产品不断完善，理财业务快速增长。

提升网点服务品质。积极推进柜面改造,陆续推出财富专家、客户关系管理等业务系统，加快网点转型,强化功能分区、业务分流,努力提供多元化、高层次的金融服务,网点规模效益继续提高。

2006年，该营业部荣获全国金融五一劳动奖状，并获全国金融系统思想政治工作优秀单位、杭州市劳模集体等荣誉称号。

【风险防控能力增强】 农行省分行营业部把风险控制作为业务经营工作的重中之重，认真贯彻落实上级行的各项方针政策,主动调整结构、强化风险控制，进一步增强全行风险管理和内部控制能力，资产利润率等主要经营指标均达到银监会对商业银行风险监管核心指标的监管要求。建立和完善各项内部控制制度,突出对基层网点的内部控制,加大执纪执法和案件查防工作力度,各类案件得到有效控制。 (徐　行)

【中行各项业务快速发展】 2006年,中国银行股份有限公司成功实现股改上市,改革纵深推进,各项业务快速发展。中国银行浙江省分行(以下简称中行省分行）认真贯彻监管部门和总行股改上市的工作部署,围绕“加快发展、提高水平”和“强化管理、从严治行”两大重点,进一步转变理念、优化机制,注重质效、拓展业务,实现了以质量为前提、以效益为中心的健康协调发展。该行杭州地区本外币存款余额比上年增长11.5%，本外币贷款余额增长25.24%，资产不良率下降0.18个百分点。

【做优做强资产业务】 中行省分行调整优化授信的行业结构、客户结构和产品结构，把握投放的速度与节奏,实现资产业务的平稳增长。对重大项目、优质客户加强营销,发展了秦山核电公司、中国移动浙江公司、浙江电信公司等一批优质客户;开展总行小企业授信业务试点工作,有效拓展了优质中小客户群;制定实施《存量客户授信退出标准》,清理清退劣质客户。完善出台了零售贷款区域性产品目录、零售贷款客户分类管理办法等基础性产品政策,加强零售贷款规范化、标准化建设，各分支行均已开办直客式零售贷款业务。稳健发展票据业务,拓展贸易融资等经济资本占用低的产品。开发和推广贷款定价系统。

【大力拓展中间业务】 中行省分行修订完善《中间业务发展指引》,出台《中间业务发展后评价办法》,构建跨部门、跨业务的中间业务管理协调机制，促进中间业务的快速发展和效益增长。积极推广“全益达”等国际结算业务产品,以比较优势、反应迅速的产品与服务争取客户和市场。资金业务坚持对公对私并举、本外币并重、突出重点地区及重点客户的发展策略，加大产品创新和营销力度。电子银行业务重点抓好企业网银“赢春行动”的开展和个人网银功能的完善。银行卡业务狠抓卡户与商户两大市场、中银卡与长城卡两大产品、产品与服务两个创新。丰富国内支付结算业务种类,加强收费管理。

大力推进创新发展。出台新产品拓展扶植费用分配办法，拟订新产品研发管理办法。注重营销手段的创新,加强与总行、海外行、“长三角”区域兄弟行等的联动营销;抓好奥运卡等奥运主题新产品营销推广工作,举办“中国银行携手杭州市民奥运行”活动。

【完善授信风险管理】 中行省分行完善授信决策机制，强调主动风险管理，促进优质资产业务的快速发展和授信资产质量的改善。出台行业授信政策指引和授信产品政策，推行授信审批流程时效承诺制,推广零售贷款在线审批系统，对长城卡户实施信用控制风险管理。完善监控体系,强化过程化重点监控。开发应用在线发放审核系统，集中对公授信发放审核权限，加强对新发生逾期贷款、关注类高风险贷款的重点监督,加大清收处置工作力度,改善资产质量。

健全内控长效机制。搭建起职能管理、合规控制、内部稽核三道内控防线,初步形成条块结合、分级负责、全员参与的内控组织体系。全年基层经营性分支机构检查覆盖面达100%,对风险隐患及时整改,各项内部管理工作得到加强。 (陈舟祥)

【建行提升综合竞争力】 中国建设银行浙江省分行（以下简称建行省分行）杭州辖区明确定位、完善管理、提升服务、控制风险,各项业务发展良好。年末,各项存款余额766亿元,比上年增加128亿元;各项贷款余额730亿元,增加86亿元。综合竞争力在全国系统内中心城市行排名第三。

制定杭州辖区支行差别化发展政策和差异化考核办法，各支行结合区域优势、客户结构和产品特色,明确发展重点。综合性特色支行依托源头性、系统性、集团性优质客户,开展延伸营销;区域性特色支行把握所处区域经济发展带来的新机遇,夯实客户基础;产品特色支行正确处理量的增长和质的优化关系，发挥品牌优势,提升服务质量,品牌影响力不断提升；郊县支行依托当地良好的经济环境,优化客户结构,不断提升市场份额，综合实力明显增强。

【加快业务转型步伐】 建行省分行加快经营结构的战略调整和经营模式的转变。开展“接轨‘长三角’、加快杭州发展”全员营销活动,成功营销了57个省市“十一五”重点建设项目。加大省级财政国库集中支付基层预算单位营销活动力度,140个预算单位落户该行,取得1/3的市场份额。中小(民营)企业业务发展态势良好，分别与省科技厅和阿里巴巴公司签订发展合作协议。组建杭州辖区各级个贷中心，新个人贷款系统成功上线。拓展个人中高端客户，杭州辖区中高端客户存款占个人存款余额的63%;2006年发行理财卡3万张,累计发行5.77万张,其中中高端客户的占比为31%。依托名企卡、名店卡等新产品,实行信用卡业务经营批量化。累计成功营销23个浙江省进出口200强企业。

【强化风险监控】 建行省分行杭州辖区加强风险管理,确保资产质量。配置贷前平行作业人员，建立客户经理、风险经理和信贷审批人合作机制。突出监管重点,将杭州辖区关注类贷款细分为三个级别,有差别、有重点地做好风险监测工作。稳步推进各项管理体制改革，设计差别化的风险经理配置模式，初步建立起支行的风险管理框架；集中财务管理,成立经费共享中心,所属支行集中在共享中心进行核算和支付；实行营运管理体制集约化，完成39项前后台分离、集中上收项目。全年组织举办各类培训班，参加培训9604人次,支行行级领导、网点型支行负责人和个人客户经理培训覆盖面均达到100%。 （蒋 中）

【交行综合实力快速提升】2006年,交通银行杭州分行（以下简称交行杭州分行）圆满地完成年初确定的各项目标任务，经营业务呈现出速度快、结构优、效益好的良好局面。年末，人民币各项存款余额333.85亿元,比上年增加74.44亿元,增长28.7%;贷款余额252.14亿元,增加16.2亿元。经营效益稳步增长,全年实现账面利润增加2.3亿元。

实现以个金业务、中间业务为主的战略转型。年末,人民币对私存款余额66.27亿元，比上年增加12.98亿元,增长24.36%;个人贷款新增8.01亿元,增长37.69%,完成总行下达计划的133.5%。

【积极发展多种业务】 交行杭州分行品牌建设和中间业务取得新进展。开设杭州市沃德财富服务中心,开辟萧山国际机场、邵逸夫医院等贵宾厅,开通贵宾服务。至年末,全行沃德客户比上年增加1673户。全年发行双币卡16805张。实现中间业务收入比上年增加1811万元,占总收入的5.2%。大力发展国际业务,全年完成国际结算量18.76亿美元,比上年增长72.14%。

调整信贷结构,推进授信业务。至年末，全行支持类行业贷款余额占比比上年上升3.84个百分点,控制类行业贷款余额占比下降22.46个百分点。在流程优化、风险控制和考核激励等方面对小企业信贷业务进行探索,全年通过“展业通”流程授信的客户194户,授信总额12.17亿元，分别完成计划的108%和135%。《金融时报》等媒体报道了该行的经验和做法。年末,全行企业年金托管规模达1200万元,账户7563个,被总行评为“企业年金业务突出贡献奖”。与浙江交通投资集团签订ABCP业务承销合作和短期融资券承销协议。发挥现金管理产品优势,成功营销15个企业集团。全年网上银行交易量达1106亿元。

【加强基础管理】 交行杭州分行加强管理、深化改革,业务稳健运行。根据防范操作风险要求，组织开展会计操作风险控制、财务规范管理、银行承兑、网络安全与保密、“三防一保”等全面风险排查,切实抓好整改落实工作。修订实施重要岗位轮岗轮调办法，全行会计主管全部实行委派制。扎实开展信贷风险揭示、风险监察、风险加固与风险责任认定等工作，建立专兼职风险经理队伍。认真贯彻执行《信贷标准化手册》,组织开展双人核保和信贷档案真实性排查。顺利完成银企对账工作,分行档案中心正式运作,实现授信档案规范化管理。开展商业贿赂专项治理工作。加强内部督查和员工行为规范管理。提升信息化管理水平，全部业务集中处理的数据大集中二期工程在全行顺利上线,企业征信、小额支付、管理会计等多个系统按期上线，为实施精细化管理打下了坚实基础。

建立起顺畅高效的信息交流平台,按季召开业务形势分析会,定期通报全行经营管理形势，把握业务发展节奏。加大对省级优质源头性、集团性客户的营销力度，形成客户资源的共享机制。与一批重点企业建立稳定合作关系。组建紧密型新兴业务核心营销团队，拓展新兴业务市场。加强与国家开发银行等金融同业合作。该行相继制订出台《集团客户管理办法》、《紧密型一体化风险管理实施细则》、《集中采购工作实施细则》等规章制度,基础管理日趋规范。

加大培训工作力度,有49名中高层干部取得全国职业经理人资格证书。开展面向客户和基层经营单位的公开征求意见活动，举办职工业务技能比赛和大堂经理、一线柜员职业能力提升培训，取得明显成效。杭州分行客户服务中心被评为“交通银行十佳客户服务中心”。完善全行经营绩效一体化考核机制，重新修订本级客户经理和柜员考核办法。 （林 宁）

【商行推进业务结构转型】2006年,杭州市商业银行积极推进业务结构转型,经营业务持续增长。年末,资产总额568.46亿元，比上年增长22.9%。各项存款余额511.82亿元,增长19.6%；其中储蓄存款103.47亿元,增长18%。各项贷款余额(不含贴现)341.85亿元,增长30.2%;其中个人贷款83.74亿元，增长68.5%。贴现(含外汇贴现)余额10.4亿元。全年银行卡新发卡12.26万张,累计134.49万张,卡均存款余额1851元，西湖卡刷卡消费金额达8.60亿元；新增代理公用事业费客户(含代扣水费、管煤费、电费)1.96万户,累计9.94万户;新增社会保险客户5.77万户,累计32.41万户。全年国际结算量达11.62亿美元,增长24%；投资收益3.39亿元，增长53%。年末，表外业务余额合计162.47亿元，其中承兑汇票余额149.31亿元。全年实现营业收入(含投资收益)26.32亿元，增长26.7%;实现税前利润8.65亿元,税后净利润5.95亿元,分别增长25%和32%。年末,按五级分类口径,不良贷款率1.4%,下降0.63个百分点,实现不良贷款余额、不良贷款率“双降”。

增强资本实力,优化业务结构。年末,资本净额达到37.5亿元,核心资本29.5亿元，核心资本充足率7.5%,资本充足率9.54%。通过加大资产负债管理力度、动态监控经营指标、合理配置信贷资源、加大财务资源对中小企业与零售业务的倾斜

8 月 24 日，杭州市商业银行与亚洲开发银行签署《战略合作协议》。

（市商业银行 供稿）

力度等措施，调整业务结构，取得良好成效。公司业务总部积极支持中小企业发展，零售业务总部推出积数信用贷款等个性化金融产品，推动了资产业务的快速发展。

2006 年，杭州市商业银行跻身“全球银行 1000 强”之列，并入选 2006 年度中国十佳城市商业银行。

【提高风险管理水平】杭州市商业银行建立风险管理框架，形成以风险管理部、授信审批部、稽核检查部、合规部为主体的风险管理责任部门。完善信贷专职审批人制度，修订贷审会议事规则，加强行业风险管理。成立业务处理、放款与授权、财务核算等中心，集中处理业务，有效防范操作风险。开展会计、信贷、外汇、科技等专项业务大检查，其中个人经营贷款、公司大额授信业务和房地产抵押评估专项检查的网点覆盖面达到 100%。建立首席风险官和首席信贷官制度，构建风险管理垂直汇报和横向协调机制。执行全面尽职和问责制度。认真落实监管部门现场检查的整改意见，开展案件专项治理和操作风险排查。开展全面排查操作风险隐患专项活动，操作风险点排查面、网点清查覆盖面、内控制度检查面和关键岗位、关键人员检查面均达 100%。根据监管要求，制订、修订各类制度 130 项。

该行与战略投资者澳洲联邦银行合作开展“支行试点”技能转移项目、IT 诊断项目和风险管理诊断项目，为深入推进技能转移积累了经验、打下了基础。启动关键人员互派项目，借调澳洲联邦银行风险管理专家在该行开展工作。

12 月 18 日，杭州市商业银行在全国银行间市场发行总规模为 8 亿元的次级债券。根据监管当局有关规定，此次发行的次级债券可全部(到期前五年内按比例折算)计入该行附属资本，这对增强该行的营运实力和抗风险能力及支持该行业务持续发展有着积极意义。

【加强与亚洲开发银行合作】8 月 24 日，杭州市商业银行与亚洲开发银行在杭州签署《股份认购协议》和《战略合作协议》，该行向亚洲开发银行出售 5%的股权。合计上年向澳洲联邦银行出售的 19.92%的股权，该行为国内外资股份比例最高的商业银行之一。11 月 20 日，中国银监会批复同意该行向亚洲开发银行定向增发新股。12 月，该行向亚洲开发银行增发 6600 万新股、募集资金 2.16 亿元。

【资助“宏志班”】在市教育局、市慈善总会的支持下，杭州市商业银行与杭州市长河高级中学约定，从 2006 年下半年起，每年由该行通过市慈善总会捐款 100 万元左右，资助就读长河高级中学“宏志班”学生的生活费用。7 月 1 日，双方举行签约仪式，长河高级中学“宏志班”命名为“杭州市商业银行宏志班”。

（程淑蓉）

【杭州联合银行获全省农村合作金融系统“特级”机构称号】2006 年，杭州联合银行积极深化各项改革，加速推进经营机制转型，各项工作取得明显成效。年末，各项存款余额 257.39 亿元，比上年增加 48.53 亿元；各项贷款余额 186.37 亿元，增加 38.28 亿元。不良资产余额 1.71 亿元，下降 1.82 亿元。全年实现各项业务收入 14.80 亿元，增加 3.28 亿元；税前利润 5.82 亿元，增加 2.38 亿元；资本利润率达到 21.9%，资本充足率 15.5%。

在全省农村合作金融机构 2006 年等级评定中，杭州联合银行获“特级”机构称号。

11 月 14 日，该行首次在全市农村金融系统业务技能大比武中获团体第一名。

【实施四大战略】杭州联合银行稳步实施四大战略，努力扩大同业市场份额。实施市场细分战略。加快实施“三个一批”工程建设，全年初步评定基本客户 518 家，成长型客户 127 家，优质黄金客户 128 家；发挥政策导向作用，提高个人业务、小企业贷款业务在计算贷款模拟利润时的分配权数及小额贷款在计算贷款责任制奖励时的比重，引导一线市场人员逐步向着“做小、做散、做精”方向拓展。加大对村级经济 10%留用地开发项目的扶持力度，全年新增小农业贷款 14.87 亿元，新增农村工商业贷款 22.74 亿元。全年调整网点 14 个，增设 24 小时自助银行 2 个。实施产品及服务研发“三步走”战略。组建以分管副行长为主任的业务拓展委员会，拟定产品包装整合的具体实施方案及相关制度流程。优先保障农贷资金需求，推出“厂商·一票通”、仓储质押等业务新品种。个人理财产品实现“零”的突破，至年末市民卡发卡总量 13.53 万张。探索推进“一行两制”战略。拓展经营模式和管理思路，筹建二级支行和城区支行。实施提升“小法人优势”战略。组建贷款评审中心，优化信贷审批流程；积极推进农村信用工程建设，全年新增信用村(社区) 13 个，首次评选出信用镇 1 个。

【强化内部管理】杭州联合银行强化内部管理，以案件专项治理、防范操作性风险和治理商业贿赂为切入点，以完善制度建设和强化检查督促为主要抓手，切实提升内控综合管理水平。加大对风险管理系统、财务管理系统和个人信用风险评价系统的开发力度，努力减少人力因素所带来的操作性风险。完善内控评价制度，适度扩大评价范围，将信贷业务、票据与函证类业务及临柜业务操作定位为评价重点，并将评价结果与绩效考评紧密结合。开展会计基础等级评定，实现一级行1个、二级行4个的创建目标。开展新一轮营业机构安全防护级别的判定和验收，投入改造资金180万元，网点达标合格率92%。强化激励约束机制，健全内部控制，加强不良资产清收，票据兑付各项指标顺利通过人民银行和银监会的审核。9月7日，实现6006万元央行专项票据的足额兑付，资金全部到账。

【成功引进境外战略投资者】 7月11日，经过近两年的谈判，杭州联合银行与荷兰合作银行、国际金融公司最终就战略合作达成共识，签署了股份认购协议和技术合作协议。基于该协议，荷兰合作银行和国际金融公司分别拥有该行10%与5%的股份，杭州联合银行因此成为全国首家引进外资的农村合作金融机构。（徐美敏）

·信托·

【努力开拓信托市场】 2006年，杭州工商信托投资股份有限公司（以下简称杭州工商信托公司）努力开拓市场，业务持续健康发展。年末，公司总资产56.04亿元，其中信托资产余额43.22亿元。全年实现营业收入7357万元，其中信托业务收入占83.01%。实现净利润5297万元，比上年增长16.1%；人均净利润110.35万元，资本利润率12.9%。

主抓重点项目，合理调整、优化业务结构，着力拓展投资型产品，包括以资本市场为主的理财产品和以实业市场为主的股权投资类购并产品。与银行、证券、基金管理公司等其他金融机构开展战略性合作，拓宽业务领域，丰富产品类型，积极开展规范意义上的信托资产管理业务。年内，该公司分别与招商银行杭州分行、杭州联合银行合作，发行信贷资产受让项目集合资金信托计划与债券回购项目集合资金信托计划。

探索标准化信托业务。对以组合投资为特征的资产管理业务进行标准化和流动性安排，开发“开放式基金精选受益”系列和“杭信鸿利——公用事业组合投资”系列资金信托计划。通过发行运河项目集合资金信托计划，积极运用信托工具参与城市建设。探索标准化基础设施投资信托计划，开拓资产证券化、基金化的房地产信托、财产权信托等信托业务。

【注重信托业务创新】 杭州工商信托公司以业务创新和产品创新带动市场开发，以优质服务推动客户开发。通过推进以组合投资为特征的资产管理业务，开发具有一定科技含量与吸引力的产品，并辅以优良的服务吸引客户，满足客户的需求，全面带动整个市场开发。强化信托产品的营销服务和客户投资咨询业务，在市场开发上逐步建立品牌、信用和渠道，积累优质的客户资源，巩固和发展客户网络体系。全年新增信托业务27.94亿元，累计清算兑付信托资金23.37亿元，支付信托收益2.87亿元。

加大力度清理、消化不良资产，规范原有业务。将存量不良资产分类打包并运用专业化、市场化方式处置，资产质量显著提高。加强内控体系建设，坚持合规高效运作。对重新登记开业以来的业务内控制度进行系统性梳理，修订或新建47个相关制度与流程；统一各大类业务合同文本格式和信托业务操作流程。

12月，该公司自主开发的信托业务信息管理平台一期开发完成并投入使用。（任力文）

·保险·

【人保财险保持较快发展速度】 中国人民财产保险股份有限公司杭州市分公司坚持业务发展和清收工作“两轮驱动”，改进服务品质，提升管理水平，保持较快的发展速度。全年实现保费收入12亿元，比上年增长13.9%；支付各类赔款6.76亿元。

抢抓机遇，加快业务发展。该公司根据交强险（机动车交通事故强制责任保险）实施后车险价格、条款、折扣基本统一的市场局面，加强营销，举行PICC浙江省交强险第一单签发仪式；与各区、县（市）交警队联手组织“交通法规、保险知识”下乡宣传，通过杭州人民广播电台91.8交通之声与95518服务专线提醒客户，车险年保费突破8亿元。争取政府项目，推动非车险业务发展。为2006年杭州世界休闲博览会提供保险金额近100亿元的独家保险服务，包括公众责任保险、雇主责任保险、意外伤害保险等。独家承保全市政策性农村住房保险，提供优惠的费率和优质的保险服务，为广大农户提供保险保障。

严格控制成本，提高赢利能力。加强业务经营各环节的成本管理，重点抓好手续费、赔款和营业费用3项支出。统一内部手续费水平，减少内耗，降低展业成本。加强承保和理赔环节的风险管理与控制，实施承保环节风险评估和审核，确保业务质量，降低经营风险；提高理赔环节现场查勘率，加大医疗跟踪审核、单证调查、案件追偿等制度的实施力度，压缩理赔水分，降低赔付率。强化预算管理，严格费用支出，动态监测各项营业费用指标，引导经营单位开源节流，提高赢利。

规范客户服务，体现品牌优势。以客户服务质量为重点，规范服务行为，提高服务效率，创新服务举措，将公司品牌优势体现在保险服务中。规范服务礼仪和“窗口”形象，“窗口”员工统一着装，挂牌上岗，礼貌用语，并通过明察暗访等形式予以强化。加快理赔速度，将“三日付款”服务承诺对象扩展至5000元以下所有赔案和1万元以下出险原因清楚、责任明确、不涉及第三方的车损案件。推行单证收集前置的“快速理赔”流程，对5000元以下简单车损案件，由定损员在查勘现场提前收集索赔单证，加快小额赔案结案速度。在2006年中国“质量万里行”活动中，该公司服务“窗口”被评定为优级。

落实整改措施，提升管理水平。加强承保管理，对薄弱环节进行整改，规范保单录入，严格条款使用和折扣标准，组织现场核保。加强未决赔案管理，通过电话催赔、媒体提醒和业务员上门收集单证等形式，加快未决赔案的清理工作，提高结案率。将应收保费管理成效与各经营单位的经济利益直接挂钩，加大奖罚力度，提高应收保费管理效率，减少坏账损失。（周辉华）

【中国人寿业务稳步增长】2006年，中国人寿保险股份有限公司杭州市分公司以深化改革为动力，以二次创业为抓手，求真务实，固本强基，业务稳步增长。全年实现总保费20.61亿元，比上年增长6.98%；市场份额48.1%。处理各类赔案4.42万件，赔款支出7920.68万元（不含给付）。

该公司被杭州市委、市政府授予"现代服务业先进单位"称号，被总公司评为全国系统大中城市分公司"保费收入十强"单位，获全省系统2006年上半年"卓越计划"团队绩效奖和2006年度客户服务质量考核第一名。

调整业务结构，发展格局更趋合理。加大结构调整力度，以个人期缴型业务为突破口，大力发展长期性、分散性、期缴型业务，重点发展风险型业务和期缴业务，促进个险、团险、中介三大渠道业务协调发展。其中，风险型保费及投资型管理费收入10.23亿元，增长13.9%；寿险首年标准保费6.13亿元，增长2.9%；首年期交保费2.42亿元，增长13.2%；短险保费1.21亿元，增长10.9%。推进区域服务营销体系（区域收展制）建设，以高素质、高起点、高绩效标准建立收展队伍，向客户提供标准化、高品质的综合金融保险服务。开展"保险进社区"活动和社区周日公益活动，现场提供保险咨询服务，通过讲述保险案例增强市民保险意识。

加大农村网点建设力度，健全考核激励机制。至年末，全市系统有近40个农村营销（营业）服务部。配合社会主义新农村建设，建立农村保险示范村，从普及保险知识入手，重点推出农民急需的、交费低廉的意外险、建房险、学平险以及各类大病保障型险种，以保险特有功能服务"三农"。

提升管理品质，促进优化服务。加强内控制度建设，依法合规经营，防范经营风险。成立内控与风险管理委员会，落实责任制；加强审计监督和效能监察；扎实开展"内控合规月"活动，严密制度，规范流程。认真做好业务档案的收集、整理、保管和利用，被杭州市档案学会评为2005~2006年度档案工作先进集体。创新服务手段、服务方法，提高服务效率、服务质量，在做好基础服务的同时，经常性地举办客户答谢会、产品说明会等活动，推介保险产品，宣传保险理念；适时举办"子女教育"、"考前心理辅导"等讲座，延伸服务内涵，丰富服务举措；向450余位金卡客户赠送"安通卡"意外险，为钻石卡客户提供疾病预警及健康管理服务，提升国寿服务品质。

保险咨询服务　　（中国人寿杭州市分公司 供稿）

开展"争做知识型员工，创建学习型企业"活动，注重员工职业素质培训，开展财务、业务集中管理及新人岗前、初级主管、主管提高等培训。全年举办各类培训班100余期，参加培训3000余人次。（李绚丽）

【太保产险推进业务健康发展】2006年，中国太平洋财产保险股份有限公司浙江分公司认真贯彻国务院《关于保险业改革发展的若干意见》精神，以推进核保管理、理赔管理和财务管理专业化建设为抓手，以强化对基层单位的业务推动和风险管控为重点，全面推进管理体制的完善和执行力的强化。全年实现保费收入9.8亿元，综合赔付率47.4%。

抢抓发展机遇，推进业务健康发展。借助交强险和7折令实施的有利时机，该公司积极开拓渠道、提升服务，推进车险业务的健康发展，实现车险保费收入6.4亿元，比上年增长4.2%；加强车险的核保和理赔管理，确保车险经营品质的提升和赢利能力的增强，车险业务实现承保赢利。优化非车险业务结构，承保了中国移动浙江公司、浙江电信公司、中国工商银行股份有限公司浙江省分行、舟山连岛工程等知名企业和项目。

调整业务结构，规范操作流程。在巩固原有业务的同时，通过开展业务竞赛、强化业务培训、加强现场指导等方式推动人意险（人身意外伤害保险）、责任险等新兴业务的发展，其中人意险保费增长89.6%。对公司系统内的车险理赔实施垂直集中管理，规范工作流程，强化过程管理，加快理赔速度。全部商业车险实收保费满期赔付率52%。

加强防灾防损，防范经营风险。该公司将防灾防损工作贯穿于承保管理、日常客户走访等业务管理的全过程和业务经营的各个环节，完善防灾机制，修订《防灾防损工作预案》，开展多种形式的防灾防损技能训练和实战演练。2006年虽遭受强台风的袭击，因各项防灾防损措施及时到位，确保了经营效益。强化、细化财务管理，有效管控经营成本和风险。强化预算管理、资产管理，试行财务集中管理，用财务政策杠杆支持效益险种发展。加强业务检查和纪律监察，提高对风险隐患的自我查验和纠正能力，规范经营行为。

改进、完善业务一线和内勤岗位的薪酬考核办法，制订《标准化销售团队建设管理实施细则》和《薪酬管理办法》。新的薪酬考核机制强化了内外勤工作业绩与收入的挂钩，调动了全体员工的工作积极性。调整中心支公司领导班子。（赖小科）

【太保寿险取得良好业绩】 2006年，中国太平洋人寿保险股份有限公司浙江分公司（以下简称太保寿险浙江分公司）实现保费收入18.72亿元，比上年增长20.1%。其中，个人营销渠道新保保费收入1.95亿元，增长15%；续期保费收入8.07亿元，增长9.3%；银行保险渠道新保保费收入2.48亿元，增长142%；团体直销渠道新保保费收入6.22亿元，增长13.6%。营销员总人力4199人。

个险业务实施"二次创业，回归基础"转型战略，月新保业务稳步上升，业务品质显著改善。团险业务以短养长，实现业务渠道、产品、客户与服务多元化。9月，公司重新组建银行保险部。

推进人力资源改革，建立以岗位、能力为主的薪酬评价体系，全公司实现人力成本集中统一发放和管理。推进财务委派制，深入实施财务集中化管理。初步建立费用动态监控体系，集中会计核算，提高管控能力。改革内控运行体系，个险集中出单、团险集中核保、增量业务档案三大电子项目上线运行。对风险和业务品质进行不定期的监测和监控，加强对销售品质的监控与反馈。实施理赔组织架构建设。对重大案件及时派员介入，每天公布案件日结情况，建立理赔诉讼案件服务工作小组。全年理赔案件4.77万件，赔款总金额1.71亿元。实施综合柜员制，成立高端客户服务专项小组，提升服务层次。分公司本级在柜面服务中心推出免填单服务，简化部分保全业务办理流程。全年为社会各界人员提供总保额达1812亿元的保险，累计为90.7万人次客户提供各类保险服务。

【热心公益事业】 2006年，太保寿险浙江分公司为浙江省第六届残疾人运动会全体运动员、裁判员及工作人员赠送意外伤害保险，总保额超过1亿元；为杭州市十届人大六次会议代表800多人赠送意外保险及附加医疗保险，总保额1600万元。强台风"桑美"在温州登陆后，分公司积极响应当地"结对助学"活动倡议，发动员工捐款7000元，资助部分受灾地区学生。12月8日，由该公司捐助翻新建造的希望小学——温州市苍南县莒溪镇小学命名为太平洋保险小学。该公司积极参与当地的扶贫、保险捐助等活动，回馈社会，得到社会各界赞扬。（陆文雯）

【平保产险加速发展业务】 2006年，中国平安财产保险股份有限公司浙江分公司杭州地区实现保费收入3.67亿元，比上年增长34.5%；实现利润3571万元。至年末，该公司杭州地区市场占有率为10.9%，市场排名第三。

全面加强四大平台建设。该公司致力于队伍平台、组织平台、渠道平台和项目平台的建设，通过持续有效的增员和全面专业的培训，狠抓内部凝聚力建设，努力打造高技能、高绩效、高凝聚的"三高"团队。进一步明确公司定位与发展方向，实现销售管理模式标准化。结合区域特色，健全各类网点，全年新增营销服务部6个、升格支公司6个。在巩固传统销售渠道的同时，积极开拓4S车行等新渠道业务，整体业务发展势头良好。发展大项目承保业务，成功续保杭州娃哈哈集团股份有限公司等一批大项目。

整合服务网络，全面提升服务品质。创新车险理赔服务模式，建立车险直赔中心，构建起以客户为中心、独具特色的平安3A服务体系。至年末，该公司在全省系统建立查勘救援服务中心21个，直赔中心4个；与协作单位联合共建道路救援协作单位24个，定点协作医院18个。推出车险小额赔款立等可取服务等理赔提速措施，落实全年无休服务制度，组织开展客户服务节活动；推行客户服务工作月度评估制度，加强员工培训，提高队伍素质，强化业绩考核。采用"明察暗访"等形式开展客户服务检查，推行标准化续保和日常服务运行制度，明确集中模式下的前端作业标准。

规范基础管理，开展行政达标升级工作，建立健全各项规章制度。推行服务承诺制，全面提升公司整体的工作效率和工作质量；开展诚信教育主题活动和治理商业贿赂等专项活动，规范公司内部基础管理，防范经营风险；开展"平安礼仪之星"评选活动，增强员工的规范化意识。（金敏晓）

【平保寿险业务呈现良好发展态势】 2006年，中国平安人寿保险股份有限公司浙江分公司杭州本部业务呈现良好的发展态势。全年实现总保费收入12.44亿元，比上年增长20.6%；个险业务保费收入10.38亿元，增长17.5%；团险业务保费收入1.7亿元，增长42.8%。支付各项赔款和给付金1.64亿元，增长15.4%。

夯实基础管理，加速业务发展。强化"两核"（核保、核赔）集中管理，优化承保、理赔流程，提高服务品质，承保率得到大幅提升。加强基础管理和过程管理，强化续期目标的预测和监控能力，续期收费提前完成计划目标。完善星级柜面管理方案，建立柜员月度考核、季度评优方案，全面实施柜员分层级管理办法。明确后援岗位工作职责，补充完善后援岗位说明书，优化后援人力配置。强化计划管理，切实落实规章制度，推广总公司二级、三级机构管理指导手册，规范各项工作流程，做实做细基础管理工作。以客户需求为导向，拓展"平安世纪天使"、"平安财富一生"等主力产品的销售，提升经营业务绩效。

树立全员服务理念，不断提升服务质量。全面推广核保业务前置服务，有效开展"两核"异地服务。在全系统推广《分类客户服务手册》，推行标准化服务。加强营销员展业行为管理，强化各层级人员的培训，努力提升内外勤员工的专业化技能。完善VIP客户服务体系，促进公司品牌建设。举办客户服务节活动，参与客户5万余人；VIP客户俱乐部举办健康讲座16场，参与客户3000余人，客户满意度不断提升。

积极推进技术改革及重点项目。保全集中运行项目一期顺利上线，新旧系统平稳过渡，作业时效和品质得到稳步提升，核单通过率达95%。全面实施续收自动化项目，建立以电子化平台为基础的保全员队伍管理系统，初步实现收费队伍电子化管理。（柳慧美）

杭州联合银行

United Rural Cooperative Bank Of Hangzhou

全国率先引进外资的农村合作银行

图为杭州联合银行、荷兰合作银行、国际金融公司签署战略合作协议现场

杭州联合银行全称为杭州联合农村合作银行，成立于2005年6月8日，是一家资产质量良好、内控管理严密、赢利能力较强的金融机构。拥有员工1200余人，下辖营业网点118个，单位客户近2万户，个人客户逾83万户。至2006年末，全行资产298亿元，各项存款余额257.39亿元，各项贷款余额186.37亿元，不良资产率为0.94%，资本充足率为15.50%，资本利润率达到21.86%，资产质量达到历史最好水平。

杭州联合银行秉承农村信用社的优良传统，以支持“三农”和地方经济发展为己任，立足当地，服务社区，突出个人业务、零售业务，全面服务百姓生活，积极向产权清晰、经营情况良好的中小企业、微小企业倾斜，获得了良好的社会效益和经济效益。

杭州联合银行始终坚持客户至上、诚信为本的服务宗旨，以满足客户的需求为自己事业的最终目标。通过不断改进自身的服务功能和服务品质，为客户提供全面、专业、贴心的金融服务。

URCB
United Rural
Cooperative Bank

富市裕民 发展一方

2006年，该行按照“以市场为导向，以客户为中心”的要求，推进前中后台分设，优化经营管理流程，改善产品和服务，提高市场竞争力，个人理财业务实现“零”的突破，公司业务产品取得新的进展，外汇业务顺利开办，在浙江省县级农村合作金融机构2006年等级评定中荣获“特级”机构称号。7月，该行与荷兰合作银行、国际金融公司正式签署战略合作协议，成功引进国外战略投资者，成为国内率先引进外资股东的农村合作银行。在引进资本的基础上，杭州联合银行将与荷兰合作银行、国际金融公司进行技术合作，完善法人治理结构和运行机制，学习国际银行先进的管理技术。

该行的近期奋斗目标是，到2010年发展成为一家功能齐全、业绩优良、资本充足、内控严密、运营安全、个性鲜明的农村合作银行。在此基础上，本着做“小”、做“散”、做“精”的原则，通过细分市场，力争打造成为一家真正意义上的“精品零售银行”、“专业个人银行”，向全国最好的农村合作银行目标大步迈进。

情系联合 畅想未来

图为杭州联合银行周年庆文艺晚会现场

Beijing 2008
中国银行
BANK OF CHINA
北京2008银行合作伙伴
BEIJING 2008 BANKING PARTNER
中国银
A L W A Y S
www.boc.cn
客户服务电话（Call Cente

全球服务
WITH YOU
95566

庆祝中信银
上海·香港
中
CHI

份有限公司
功同步上市
银行
CITIC BANK

INDUST

坚持科学发展 实现和谐兴业

兴业银行杭州分行

兴业银行杭州分行系经银行监管部门批准成立的省级分行，自 2000 年 5 月 28 日正式开业以来，在总行的正确领导下，在浙江省各级党委、政府、各监管部门的大力支持下，科学制订并严格遵循“高起点、高标准、市场化、规范化、科学化”的办行方针和“以人为本，同心兴业”的管理理念，坚持以资产质量为前提，以经济效益为中心，结合浙江地方经济金融特点和自身实际，创造性地开展工作，实现了规模、质量、效益全面健康协调可持续发展，内控管理持续强化并日趋健全，走出了一条“低风险、严管理、快发展、可持续”的符合科学发展观的经营管理之路，已迅速成长为全行 6 家一类区分行之一和在浙江省内具有一定规模、影响力的现代商业银行，打造了一支与兴业银行共命运、同发展、能征善战的优秀团队，炼就了“团队、敬业、奉献、拼搏”的兴业精神，该行在浙江的知名度、美誉度和影响力与日俱增。

兴业银行大厦签约仪式

兴业银行杭州分行自成立以来，始终把发展作为第一要务，立足杭州、面向浙江全省，实施积极的经营策略，大力发展批发业务和公司业务，坚持实施“大同业”发展战略，专业化宽领域发展同业特色业务，搭建零售业务发展平台，积极发展零售业务，推动本外币业务的联动与互动，着力推进业务创新和产品创新，全面超额完成年度发展目标任务。至 2006 年末，总资产达 436.76 亿元；本外币各项存款余额 398.93 亿元，其中，人民币一般性存款余额 320.57 亿元，人民币同业存款余额 72.18 亿元，外汇存款余额 1.44 亿美元；本外币各项贷款余额（含票据贴现）271.08 亿元；资产质量持续保持优良，不良资产率仅为0.12%，在系统内和当地同类行中处于先进行列；经济效益持续快速增长，累计实现考核利润 15.4 亿元。各项主要业务指标均居系统内外同类行前列，连续多年在全行综合考评中位居前列，受到总行的表彰，并获浙江省和杭州市政府嘉奖。

2004 年 4 月 16 日，中共浙江省委书记习近平（左二）会见总行董事长高建平（左三）一行。

兴业银行杭州分行在总行统一管理框架和授权范围内，结合和借鉴国内外其他商业银行的先进经验和做法，围绕实现“内控管理前移、业务管理集中、内部管理公开”的管理战略目标，健全并完善内控管理，坚持

INDUSTRIAL BANK

内控优先、制度先行，先后制订和出台了100多项规章制度，涵盖了党务、财务、会计结算、信贷、计划资金、人事劳资、纪检监察、风险管理、安全保卫、计算机管理、行政后勤等方面。率先对异地机构信用业务审查管理实行垂直委派制，成立分行放款中心及异地支行放款分中心，全面实行同城信用业务集中统一放款，实现项目调查、贷款审查、贷款审批、放款操作、贷后管理的专业化五分离；聘请中介机构专家担任分行信用审查委员会独立委员，探索建立全新有效的信用业务风险控制机制；实行信用业务回避制度；率先实施会计结算业务与柜员集中管理，建立统一的公共会计结算服务平台，有效防范会计结算和前台业务风险；率先实行分行对支行财务会计主管垂直委派制，强化和规范财务会计核算管理；率先实行同城财务核算集中管理。实现发展与管理的同步前进，确保分行各项业务发展和内部管理有章可循，实行分支行业务发展模式和管理体制再造，为本行乃至金融同业改革与创新做出了有益的探索。

兴业银行杭州分行于2001年4月以市场化方式收购义乌市商城城市信用社，改制设立本行首家异地机构——义乌分行；成功收购温州市永嘉瓯北城市信用社和台州市迅达城市信用社，并改制设立本行温州分行和

浙江省省长吕祖善(中)听取分行行长杨华辉(右)工作汇报

台州支行，开创了中国股份制商业银行以市场化手段收购城市信用社的先河，成为首家进驻浙江中西部地区的股份制商业银行。目前杭州分行已从最初的分行1家营业网点扩展到浙江省内主要经济发达城市的25家分支机构，形成了以杭州为基地，面向浙江省中部、南部、东部集群式发展的业务网络与机构分布格局，全面贯通了沪浙闽二省一市业务发展的大通道，极大增强了业务辐射功能和市场竞争能力，为充分运用浙江省良好的经济金融资源，向长江三角洲地区纵深发展，以及实现可持续快速发展创造了十分有利的条件。同时，杭州分行深入推进经营管理体制改革与创新，打造“流程银行”，全面实施公司业务行业事业部制、同业业务事业部制经营与管理，推进业务发展模式和赢利模式战略性转变，着力提升专业服务水平和创新能力，实现质量、效益、规模的全面协调可持续发展。

兴业银行杭州分行坚持实施“从严治行”方略，坚持发展与管理“两手抓，两手都要硬”，致力于建设风险管理文化，严格落实问责制。积极建设“兴业阳光工

兴业银行杭州分行成立5周年庆祝文艺晚会

程”，全面推行管理干部任前公示制、中层管理干部与基层管理干部公开竞聘制度、信用业务项目事前公告制度与审批结果通报制度、中层干部收入申报制度，全面推进在人事管理、经营决策、信贷管理、效益工资分配等重大或敏感事项上的管理决策和操作实施全过程的公开化，塑造具有鲜明特色的管理文化。

兴业银行杭州分行将在总行公开市场运作和“建设一流银行、打造百年兴业”总体目标指引下，继续坚持“两高三化”的办行方针以及“以人为本、同心兴业”的管理理念，深入落实科学发展观，通过改革、调整和完善经营管理体制，加大创新力度和改进资源配置，深入推进经营管理体制改革与创新，全面推进业务发展模式和赢利模式的战略性转变，切实提高集约化、专业化经营与管理水平，积极推进服务能力和水平再上新台阶，实现质量、效益、规模的可持续快速健康协调发展，向着建设“管理规范、成长快速、质量优先、价值贡献领先、服务特色鲜明、具有可持续发展能力”的商业银行分行迈进！

经济管理

Economic Management

·综合经济管理·

【综合经济管理概况】 2006年，杭州市经济、社会发展势头良好。全市生产总值3441.51亿元，比上年（指2005年，下同）增长14.3%，连续16年增幅保持两位数。全市财政总收入达到624.49亿元，增长19.9%；其中地方财政收入达到301.39亿元，增长20.3%。全社会固定资产投资完成1460.74亿元，增长10.1%。市区城镇居民人均可支配收入19027元，增长13.2%。全市农民人均纯收入8515元，增长9.9%。

市十届人大六次会议通过《杭州市国民经济和社会发展第十一个五年规划纲要》。杭州市发展和改革委员会（以下简称市发改委）起草《关于落实〈杭州市国民经济和社会发展第十一个五年规划纲要〉主要目标和任务的实施意见》，以市政府文件正式下发。研究编制《杭州市"十一五"期间新一轮"十大工程"建设项目规划》、《杭州市"十一五"循环经济发展规划》等专项规划30余项，上报市政府审批发布专项规划15项。研究编制《杭州市2007年国民经济和社会发展计划》。

7月，全市45个部委办局的54个新建和续建信息化项目全部完成立项，34个100万元以上的新建和续建项目均已完成可行性研究报告评审。

【重大项目立项报批】 杭州市全年重大项目立项报批成果显著。3月，沪杭磁悬浮交通项目建议书经国务院批准。地铁一号线工程可行性研究报告在获得国家发改委批准后，初步设计于12月上报省发改委；编制完成地铁二号线工程可行性研究报告，并上报省发改委。留石、秋石快速路一期工程初步设计获得省发改委批复；钱塘江引水入城工程可行性研究报告，由省发改委组织评审；杭州铁路枢纽项目完成规划论证，杭州铁路新桥、杭州东站以及相关工程的项目建议书获得铁道部及省政府批复；七格污水处理厂三期工程完成项目建议书批复；西溪湿地综合保护工程二期完成立项。

【加大重大项目调研力度】 进一步加大政府投资项目和对全市经济社会发展有较大影响的重大项目的前期研究力度。市发改委编制《政府投资储备项目第三批前期研究计划》，下达前期研究项目18个，组织开展前期研究工作，安排资金约450万元。完成的杭州铁路枢纽规划意见，计划将杭州东站打造成为集铁路、磁浮、地铁、公交、客运等多种交通形式于一体的大型综合交通枢纽建议被市委、市政府采纳，并获得浙江省、铁道部领导的肯定。配合省发改委积极做好杭宁城际专线、沪杭甬客运专线、沪杭磁浮、杭州东站综合枢纽等重大项目的线位比选、投资测算、资金筹措等前期工作，为省政府、铁道部联合批复杭州铁路大桥、杭州东站以及相关工程项目建议书提供了重要依据。

【积极推进重点项目实施】 2006年，市发改委组织编制的《杭州市"十一五"期间新一轮十大工程建设项目规划》，共排出项目561个，总投资5217亿元。起草出台《关于推进杭州市新一轮"十大工程"建设的实施意见》。杭州大剧院建成使用；杭州国家高新软件园一、二、三期建成使用，四期开工建设。全年杭州市有57个项目列入省A类重点建设项目形象进度计划，年度计划投资63亿元。萧山红十五线建成通车，杭州桐庐尖端医光器械总厂年产6000套多功能吸引切割器项目、浙江富春江水电设备有限公司大中型水轮发电机组生产线项目、杭州科利化工有限公司年产5万吨氯化聚乙烯橡胶生产建设项目建成投产，世界休闲博览会风情园建设项目如期建成开园，富阳市八一污水处理厂工程建成投运。

新一轮"十大工程"建设取得突破：淳安严家水库建成蓄水，国际香料香精（浙江）有限公司和金鱼电器集团生产线建成投产，中国杭州四季青服装交易中心一期和浙江金恒德国际汽车物流中心项目顺利开工，杭新景高速公路、杭徽高速公路、德胜快速路东段建成通车，"一纵三横"和"五纵六路"道路整治工程顺利推进，第二垃圾填埋场和萧山东片污水处理厂建成。新"十大工程"建设全年完成投资303.4亿元，超额完成年初制定的280亿元年度计划，比上年增长3.4%。

全市201个重点项目，建成23个，在建145个。

【调查研究卓有成效】 2006年，市发改委以"十一五"规划为龙头，领导带头深入开展调查研究。一批优秀调研成果进入市委、市政府决策程序，较好发挥了参谋助手作用。如对今后五年及2007年杭州市发展空间、要素制约、主要体制障碍等问题的调研材料，为市委全委会报告、市政府工作报告提供了重要依据；《钱塘江岸线分析与出海通道研究》、《新一轮十大工程推进机制研究》、《杭州市产业发展导向与空间开发相结合研究》、《加快我市基础设施建设研究》、《杭州市海上休闲类制造业发展的战略研究》调研课题，对杭州经济社会长远发展作了基础性研究；《促进我市公用行业市场化改革研究》、《杭州市公立医院机构改革研究》、《工业用地市场化配置研究》调研课题，为相关政策出台及解决经济运行中的困难和问题提供了依据。

【高技术产业化进程加快】 2006年，杭州市在软件、电子商务、汽车、电子等行业有4个项目列入国家发改委高技术产业化项目，共申请国家资金1500万元，占全省的40%。有21个项目列入浙江省高技术产业化项目，保持全省第一。全年组织实施市高技术产业化项目171项，财政资助2678万元。这些项目拉动企业投资54.5亿元，加快了杭州市高技术产业化进程，有力地推动了全市高技术产业的发展。

市发改委编制的《建设创新型城市规划纲要》，结合杭州实际，围绕创新发展，对建设创新型城市提出较为系统的意见和要求，为全国首创，市政府于9月发文实施。

【海洋经济发展获政策资金扶持】 2006年，杭州市确定"十一五"期间重点扶持的涉海产业，并在《杭州市产业导向目录》中增加涉海产业的内容，正式对外公布。出台《杭州市海洋经济发展引导资金项目奖励办法》，为海洋经济发展构筑起完整的政策保障体系。以杭州市海洋经济发展引导资金资助(奖励)项目为抓手，细化产业扶持政策，扶持临港工业及配套产业和海水淡化、海洋生物医药与保健品、远洋捕捞、海洋信息等优势产业发展，促进海洋经济加快发展。全年扶持项目36个，资助资金1000万元，带动企业投资9.3亿元，有效发挥了政府引导资金"四两拨千斤"的作用，推动了杭州市海洋经济发展从务虚走向务实。

【大力发展现代服务业】 8月，召开全市现代服务业大会，首次明确将服务业发展目标列入各级党政主要领导年终考核的重要内容，与各区、县(市)政府签订《杭州市2006年服务业目标工作责任书》和《杭州市2006年服务业项目目标工作责任书》。完善现代服务业的若干政策和资金管理办法，对市现代服务业八大重点发展领域100余项扶持政策及5.4亿元扶持专项资金使用情况进行梳理、完善、督查，提出了对策建议，积极推进全市现代服务业的发展。全年实现服务业增加值1500亿元，比上年增长15.6%。

【保障生产要素有效供给】 2006年，市发改委全力争取国家和省的土地指标，做好项目报批工作。全市实际完成"农转用"组件报批3871公顷，超额完成年度用地计划，有效缓解杭州市阶段性建设用地的矛盾。市发改委引进国债和各类资金4365万元；编制《杭州市2006年度主要项目(企业)商请银行贷款的建议》，为全市重点项目提供资金支持，落实新增贷款116.1亿元。协助市城建发展公司公开发行30亿元公司债券。推动市政府与国家开发银行签署"十一五"期间重大建设项目战略合作协议，双方合作金额达600亿元。积极参加市外商投资企业服务月活动，努力做好协调、服务工作，全年核准外资项目30个，项目总投资约13亿元。强化能源保障。及时协调、组织成品油，确保市场供应；全年审批电网建设项目20余项；做好天然气用气计划的衔接，开展"川气入浙"市场用户预测调研，天然气利用工程实施进展顺利，全年开通天然气用户约30万户。

2006年，杭州市江东、临江、钱江3个工业园区获国家发改委审核批准。

【推进体制机制创新】 市委、市政府出台《关于进一步统筹协调全市经济体制改革工作的意见》。完成《杭州市深化经济体制改革"十一五"规划》，提出"十一五"时期全市经济体制改革的目标和主要任务。制定《杭州市人民政府关于2006年深化经济体制改革实施意见》和《杭州市2006年经济体制改革任务分解》，对责任落实与进度，开展考核检查。市政府下达的33项年度重大改革攻坚任务全部完成。出台《杭州市企业投资项目备案管理暂行办法》、《杭州市企业投资项目核准管理暂行办法》。

【深化经济领域改革】 2006年，制定《杭州市市政公用行业特许经营条例》和《关于加快市政公用行业市场化进程的实施意见》，明确市政公用行业改革总体目标、政策法规体系和操作规程。按照"主辅分离"的原则，完成市政公用行业20多个辅业单位的改制。进一步完善国有企业改革，逐步理顺国有资产管理体系，出台一系列加强国资监管的政策法规，切实解决国企改革遗留问题，维护职工切身利益。基本完成杭州市上市公司股权分置改革。推动民营经济转型发展。根据市委要求，市发改委承担了市发展民营经济协调小组办公室日常工作。3月16日召开全市民营经济大会。

【推进社会事业体制改革】 推进医疗体制改革。创新社区卫生服务运行机制，确定下城区长庆潮鸣社区卫生服务中心实施"收支两条线"综合改革，该中心被列为全国五个试点之一；出台《关于杭州市社区卫生服务机构"收支两条线"综合改革试点工作的指导意见》，推进全市社区卫生服务机构"收支两条线"改革；制定《杭州市企业在职人员门诊医疗费社会统筹暂行办法》等医疗保障相关政策，实现了市区户籍人口医疗保险全覆盖。起草《杭州市进一步完善新型农村合作医疗工作意见》，对农民合作医疗筹资额度和各级政府增加投入提出了要求。深化文化体制改革，提出卫生、体育、教育管办分离方案。逐步理顺文化国有资产管理体制，完成杭州滑稽艺术团、杭州杂技总团"事生企"改革。杭州市参加全国首批文化体制改革典型经验报告团赴各地巡回演讲。

【重视社会事业发展】 2006年，编制《杭州市"十一五"社会事业发展重大建设项目规划》，建议列入项目316个，总投资1016.2亿元。市发改委牵头进行杭州市奥林匹克体育中心的预可行性分析调研，向市委、市政府提交《关于文艺院团整体迁入党校的情况汇报》、《关于在现休博园威尼斯水城区块创建文化创意产业实验区的情况汇报》。加强对政府投资的社会事业项目的预可行性研究分析、项目管理及协调，推进各类社会事业项目建设。积极协调推动杭州城北体育公园、杭州市图书馆、市妇女活动中心、市公共卫生服务中心等重大项目建设。通过8大领域52项指标的测算评价，加强对全市社会事业发展的监测，研究经济与社会统筹发展程度，编制《杭州市社会发展形势分析报告》(白皮书)。

【杭州市被列为全省个人信用建设试点城市】为全面推进"信用杭州"建设，市政府制定下发《杭州市社会信用体系建设"十一五"专项规划》；市发改委(市信用办)编制完成《杭州市政府联合征信系统建设项目规划》；制订下发《2006年"信用杭州"建设工作要点》和《创建"信用杭州"部门考核办法》。12月，杭州市被列为浙江省个人信用建设试点城市。

(徐东敏)

·公共资源交易·

【公共资源交易（行政服务）概况】2006年，市公共资源交易管委会办公室、市行政服务中心（以下简称"中心"）坚持"一切为了群众，一切方便群众"的方针，全力打造行政审批、资源配置、公共服务、效能监察四位一体的综合性政府服务平台，各方面工作有了新的突破。

全年受理审批事项17107项，办结事项17102项，办结率99.97%；平均办理天数为4.91天。公共资源进场交易额919.71亿元，其中建设工程进场项目1341个、建筑面积2669.27万平方米、交易总额717.43亿元，土地使用权公开交易30场、交易面积369.93万平方米、成交金额191.07亿元，举行产权交易拍卖会56场、成交金额5.98亿元，政府采购项目1575个、采购金额5.23亿元。

全年新增65项集中和授权到位的审批服务事项，新增10类政府集中采购项目，市本级小型建设工程、物业管理、部分交通和水利工程等项目的交易已逐步纳入统一平台。

办事群众对"中心"窗口一事一反馈满意率达99.8%；年终，社会各界对"中心"窗口工作评议满意率达98.90%，比上年提高6.15个百分点。

全市13个区、县(市)建立行政服务中心（公共资源交易中心)，20多个市级部门设有专业办证大厅，206个乡镇(街道)建立便民服务窗口，3367个行政村(社区)设立便民服务室，有5947名为民服务代理员。

8月30日，召开杭州市公共资源交易管理委员会全体（扩大)会议。市领导和30多个市级有关部门负责人参加。

【有效推进重点项目审批和交易】为健全重点项目协调服务机制，"中心"通过座谈、培训、咨询、协调会等形式，了解项目单位的协调需求。对多个重点单位进行上门服务，加快项目推进，得到市主要领导多次批示肯定。全年编制《市重点项目、省属项目审批情况专报》25期。加快重大项目、重点项目、省属重点项目的审批进度，在开通审批"直通车"、审批时间减半的基础上，39项市领导联系重大项目的审批时间再提前4.39天，平均提前率50.7%；180项重点工程项目再提前3.03天，平均提前率39.6%。197项省属项目的审批时间提前3.49天，平均提前率39.1%。

【做好投资项目审批】根据《杭州市基本建设项目并联审批办法》的要求，"中心" 全面推进并联审批试行工作，加强立项、设计、工程规划许可证3个阶段的并联审批。制定出台《杭州市基本建设项目并联审批办法操作细则》，全年发起并联审批491次。

完成投资项目网上审批平台(二期)建设任务，全年有236个项目通过网上审批，设计审批阶段实行网上联审的项目占项目总数的72%。

【评标专家库实现统一管理】2006年，"中心" 对建设工程评标和政府采购专家库进行整合，通过公开征聘、严格审查专家资格、上岗培训、年检年审等程序，对近6000名评标专家实行统一管理，有效解决了评标专家人员分散、资源浪费、专业不全等方面的问题，进一步规范评标活动，提高评标质量，确保评标活动的公平、公正性。

【电子评标系统投入试运行】12月18日，电子评标系统在"中心"正式启用。该系统主要包括电子标书系统和计算机辅助评标系统，采用国际通行的原标回递原理，设有统一开放的XML数据接口，有效提高评标工作的效率和质量，解决低价抢标、恶意串标、招标文件出现计算错误等方面的问题，确保评标结果的客观性和公正性。

【加强创新服务和标准化管理】"中心"全年推出创新项目60项，其中信息化项目创新26项，管理和服务创新项目34项。主要包括："IC卡远程自助报名系统"延伸至江干、滨江等城区，新建政府采购管理、工程招投标网络监管、总监招投标信息查询、"数字质安监"网上受理、地质灾害危险性查询、外资企业进口设备免税网上申报等系统，实现方案设计和初步设计网上联审、建设项目环保管理系统和户外广告审批基础档案全市联网。推出全国首创的区域停机坪规范，区域总体一次性环境影响评价和规划红线信息资源共享等管理与服务创新。

对投资项目审批事项实施流程管理，把立项、设计、工程规划许可3个阶段的事项纳入审批平台统一管理。对在"中心"受理的195个审批和交易事项，实行"一事一表"和一次性告知制。

【构建全市统一的行政服务体系】11月28日，市工商、国土资源、劳动保障、财政、房管等5个专业办证中心作为市行政服务中心的分中心，正式对外挂牌。"中心"与各分中心和区、县(市)中心建立起业务统计月报制度，信息网络对接，并逐步整合资源，实现统一信息平台、统一品牌标识、统一服务标准。

政府采购、产权交易、土地交易、药品采购子系统于11月1日投入试运行。年末，政务实时监督系统已全面覆盖"中心"。 (胡 彪)

·审计·

【审计概况】全市审计机关全年完成审计和调查项目887个。通过审计,查出违规金额9.41亿元、管理不规范金额6.24亿元、损失浪费金额3053万元。审计决定处理处罚情况为:应上缴财政3.89亿元,应减少财政拨款或补贴9622万元,应归还原渠道资金7295万元,应调账处理2.87亿元。提出审计建议585条,帮助被审计单位制定整改措施和健全规章制度140项;向司法机关、纪检监察部门移送案件12件。提交审计专题和综合性报告、编报各类审计信息简报1059篇次,得到上级批示和被新闻媒体采用566篇次。市审计局在全省审计机关年度考核中名列第一。

【开展预算执行审计监督】全市审计机关认真履行法定职责,积极开展对本级预算执行和其他财政收支情况的审计监督。按照全部政府性资金审计要求,推进财政审计一体化,努力为政府掌握审计工作情况和人大监督预算提供依据。市本级继续将审计情况向社会公布。

市审计局按照上级审计机关要求并结合杭州实际,组织全市审计机关开展水利建设资金、最低生活保障资金、旅游发展资金、基础教育经费、部分医院药品和服务价格等专项审计调查,开展民政系统、城市污水处理工程预(决)算等审计。按照上级审计机关的统一同步方案要求,全市审计机关认真组织实施同步指令性审计项目,取得较好成效。

【实施绩效审计】2006年,全市审计机关结合杭州市经济社会发展水平和审计工作实际,注重对领导关心、社会关注问题开展绩效审计,积极向党政领导提出解决问题的办法,得到各级领导的充分肯定。

市审计局对环西湖景点免费开放的绩效开展专题审计调查。调查表明:17个环西湖景点免费开放以来,每年直接减收门票收入2530万元,但给景区管理部门带来的间接经济收益逾亿元,带动杭州旅游产业新增经济效益上百亿元,产生了巨大的环境效益和社会效益。对市区范围2003~2005年度税源结构情况进行专题调查,反映的审计情况,引起市领导的高度重视。

开展教育收费专项调查,着重分析名校办民校模式发展中存在的一些问题。医疗收费审计调查反映了部分医院药品、医用耗材及医疗服务收费方面的问题,引起有关部门和领导的重视,副省长盛昌黎专门批示给省卫生厅,要求采取更加有力措施。

【国家建设项目审计】全市审计机关对1197个政府投资项目实施竣工决算和工程造价审计,涉及项目投资总额71.51亿元。通过审计,核减工程款7.44亿元,上缴财政2181万元。对大量建设项目开展跟踪审计。

在对杭州下沙高教园(西区)景观工程项目审计中,反映该项目在建设过程中,管理比较混乱,建设、施工、设计、监理等环节不同程度出现违规问题。市长孙忠焕在市政府全体会议上就此作了点评,提出要求;并在市人大政情通报会上,向人大代表通报该项目的有关情况。市政府专门发文通报该项目审计情况,要求引以为戒,切实加强对政府投资项目建设管理。

【增强经济责任审计效用】全市审计机关对182个单位的183名领导干部进行经济责任审计,查出违规金额1.11亿元、管理不规范金额10.67亿元、损失浪费金额2258万元,领导干部个人涉及经济问题3人、涉及金额973万元。深化经济责任审计,改进经济责任审计工作方法。进一步拓宽经济责任审计领域,加大任中审计比重;完善审计制度,全市各地普遍实行领导干部离任经济事项交接制度;加强审计成果运用和审计整改督查工作,被审计的单位及其领导普遍重视对审计反映问题的整改。

【大力推进审计信息化】2006年,全市审计机关以应用促发展,强力推进审计信息化工作。完成审计管理系统(一拖N版)的部署,建成上下联通、结构合理、功能完备、安全可靠的全市审计机关管理应用平台;扩大计算机审计项目覆盖面,全市安排计算机审计试点项目83个,其中11个项目参加审计署的AO项目应用实例评选;开展以会计结算中心、财政联网审计为重点的联网审计系统一、二期建设,初步建立"预算跟踪+联网核查"的审计模式,实现审计监督的"三个转变"(即审计重点、审计时限和审计监督范围)。市审计局根据国家审计署及省审计厅要求,开展信息系统审计试点;开发"县(市)长经济责任审计指标分析"软件,并在全国经济责任审计会议上进行交流。

【完成内部审计项目3648个】至2006年末,全市有内审机构527个,其中专职机构111个;内审人员1847人,其中专职474人。全年各内审机构完成审计项目3648个,查出损失浪费金额4915万元,提出建议意见被采纳3100条,促进增收节支1.21亿元。2006年,杭州市内部审计协会连续第四次被评为年度全省内部审计指导工作先进单位一等奖和杭州市社科联系统先进集体。

(陈响荣)

·工商行政管理·

【工商行政管理概况】2006年,全市工商行政管理部门坚持积极推进依法行政,深入构建服务型、规则型、效能型工商行政管理,为营造安全消费环境,维护公平竞争秩序,促进经济社会和谐发展作出新贡献。

全市新登记注册企业20707个,其中外商投资企业563个、私营企业18071个、其他内资企业2073个;新登记个体工商户63370户。年末,全市有各类企业129592个,其中外商投资企业4463个、私营企业100590个、其他内资企业24539个;个体工商户284173户。

开展公务礼仪培训和大讨论活动,加强机关文化建设。开展"阳光工商"主题活动。经省工商局认定数字化工商所17个,累计认定数字化工商所30个。首批4个分局通过省工商局考核验收,被评为省级财务管理规范化单位。

【创新监管工作方式】2006年,杭州市在内资企业中开展年检申报备案制和"电子签名"试点,全市有32228

个企业参加年检申报备案制，有3005个企业以“电子签名”方式参检。新华社《经济参考报》等国家级新闻媒体对此创新做法给予关注，《中国工商报》头版加编者按刊登长篇报道予以充分肯定。结合参与背街小巷改善、国家卫生城市复评，深入开展无照经营整治。全市查获无照经营2.31万户，疏导办照1.58万户，取缔7284户。加强中介机构监管，清理补录电子数据，推进信用监管与业务监管相结合，提高企业信用评价质量。开展格式合同备案专项检查，试点格式合同点评工作。认定“守合同重信用单位”AA级79个、AAA级74个(其中续展27个)，认定“广告信用单位”A级3个、AA级8个、AAA级4个，认定诚信民营企业101个、诚信工商户202户。抓好星级文明规范市场创建活动，全市743个市场中星级市场达224个。

【积极助推中介服务业发展】9月，市工商局增设中介服务业促进处，政府助推力得到增强。项目发展成效明显。下城区宏都商务楼分中心企业入驻率100%，注册资本1.17亿元；杭州市中央商务区(江干)中介服务业发展中心成立，入驻企业35个、注册资本3.5亿元，首家民营资本投资的浙江赛博科技成果转化交易中心挂牌运行；成立杭州高新区科技成果(产权)交易中心，推介和服务项目9个；余杭区中都中介服务业发展中心成立，入驻企业10余个；临安市成立服务业发展中心。首次评选表彰行业标兵和示范企业。世界著名会计师事务所德勤公司在杭设立分支机构。市区14个农贸市场改造提升取得试点成功，全省农贸市场改造提升工作现场会在杭州市召开。

【顺利实施新公司法】全市工商部门认真做好法律法规的学习、宣传和培训，及时调整和修订操作指南，确保新公司法和《公司登记管理条例》的顺利实施，进一步降低和规范公司准入门槛。举办企业注册登记知识竞赛，强化企业登记统计工作考核，补录外资登记管理数据，进一步完善登记档案质量检查。各分局推出创新服务举措，提高企业注册窗口服务质量。

【深入推进执法监督】5月，市工商局就细化行政处罚规定，召开专家论证会，广泛听取意见。修订《不按规定接受企业年检行为处罚规定》，出台《商业贿赂行为处罚规定》等6个细化规定。在7月召开的全市工商局长读书会上提出落实依法行政与积极行政、合法性与合理性、规范服务与优质服务相统一的要求，深入推进依法行政工作。围绕行政复议和诉讼、行政处罚案件集体讨论和案件移送等，加强制度建设，强化监督力度。总结“四五”普法经验，规划“五五”普法计划。开展分局局长应诉培训，部分分局局长先后作为法定代表人出庭应诉。认真做好人大代表建议和政协委员提案办理工作，人大代表定向视察活动向常规化发展。

【开展专项治理】全市工商行政管理部门实施各类专项治理。全年查结商业贿赂案件156件，涉案金额1181.13万元，罚没款715.48万元；查处商标违法案件1233件，罚没款826万元，没收侵权商品3.4万吨；查处非法传销案件9件，罚没款190.17万元，移送司法机关案件4件。对粮油等十大类食品开展专项整治，全年检查食品经营户13.10万户次，查处食品案件571件，罚没款364.49万元，查获涉及粮食的劣质或假冒食品1710.58吨、酒5.78万瓶、饮料5.41万瓶。查处虚假违法广告案件404件。

开展节日市场执法、打假保春耕、扫黄打非、手机市场和二手车汽配市场等专项整治，有力地维护了市场秩序的稳定。全年查处经济违法案件11464件，罚没款8721.77万元，其中大要案件2170件、移送司法机关27件。

【完善商标管理】市工商局开通网上商标管理平台，提升商标管理服务功能。制定出台《杭州市“十一五”商标发展规划》，修订《杭州市著名商标认定具体标准》和《杭州市著名商标认定工作程序》，规范著名商标认定工作。制定《杭州市奖励著(驰)名商标企业实施办法》，完善激励机制。全年新增中国驰名商标8件(其中司法认定6件)，培育市著名商标90件。至年末，全市有中国驰名商标21件(其中司法认定7件)，省著名商标217件，省专业商标品牌基地4个，市著名商标505件，省知名商号107个。开展老字号清理和保护工作。围绕农村主导产业和特色产品，指导和扶持注册名、特、优、新农副产品商标。培育农产品集体商标、证明商标各1件。

【整治农资市场经营秩序】市工商局对农资经营主体资格进行规范和清理，开展农资监测、打假行动，遏制损农、坑农、害农违法行为，加强农资源头监管。全年立案查处涉及农资案件97件，案值95万元，罚没款18.66万元，捣毁制假窝点14个，收缴伪劣种子、化肥45万余千克。开展订单农业和涉农合同帮扶工作，全市签约农户4.85万户，订单签约4.9万份，总金额7.56亿元。联合农业部门出台《关于发展农村经纪人服务新农村建设的若干意见》，推进“经纪活农”活动深入开展。全年举办农村经纪人培训班15期，培训1427人，颁发农村经纪执业人员资格证书1410本。引导发展农民专业合作社，全年新登记农民专业合作社214个；至年末，全市有农民专业合作社333个。

【成立举报申诉指挥中心】1月，改建扩容后的12315举报申诉指挥中心成立。年内接听电话11.27万个，其中举报电话9661个、申诉电话2.05万个、咨询电话8.25万个，调解处理申诉2.45万件，为消费者挽回经济损失886万元。出台食品安全警示信息处置办法，强化信息预警。

深化农村消费维权网络建设，加强培训指导，提高监督员维权能力和水平。各级消费者协会，积极开展消费教育、比较实验、消费警示、主题研讨会和消费维权活动，进一步提高消费者维权意识。全年接待咨询3万余人次，受理投诉8705件，解决率98.8%，为消费者挽回经济损失586.35万元。

【加强食品分类监管】全年工商部门检测农贸市场、批发市场、超市等经营场所6180个次，检测食品42.16万批次，合格率98.6%；检测流通领域商品6057批次。开展工商所食品安全监督管理规范化建设，实行食品安全分类监管。全年清理食品经营主体资格5.28万个。加大农村放心店建设力度，全市创建放心店3620个，提前完成创建任务。

【深化廉政建设】市工商局贯彻执行党风廉政建设责任制，推进廉政建设。完善党风廉政建设"三书两报告"(即《报告书》、《函告书》、《建议书》,班子成员向党委汇报、主要负责人向上级党委、纪委汇报)工作制度,落实惩防体系建设分解任务。萧山分局开展基层工商廉政文化建设试点取得成效，在国家工商总局研讨会上作了经验交流。市工商局12315举报申诉指挥中心、江干分局新塘工商所、临安分局锦城工商所被省工商局评为人民满意基层站所(办事窗口)。市局监察室被评为杭州市纪检监察系统先进集体。加强效能监察，强化96666投诉电话、12345市长公开电话和信访投诉处置工作的考核。（张顺正 陈 杭）

·物价管理·

【物价管理概况】2006年,杭州市物价部门深化价格改革，加强和改进价格监测与调控，保持了价格总水平的基本稳定。居民消费价格总水平比上年上涨1.2%，涨幅低0.5个百分点。其中食品类价格上涨1.3%，烟酒及用品价格上涨1.2%，家庭设备用品及维修服务价格上涨2.8%，医疗保健和个人用品价格上涨3.3%，居住类价格上涨4.5%,衣着类价格下降0.3%,娱乐教育文化用品及服务价格下降1.4%,交通和通讯价格与上年持平。原材料、燃料购进价格上涨6.1%,工业品出厂价格上涨3.1%，房屋销售价格上涨2.7%。

市物价局先后被国家发改委、省物价局评为全国或全省价格系统"四五"普法工作、政策法规工作、农产品成本调查工作、价格监测工作、价格认证工作、政务信息工作优秀(先进)单位。

【及时提出价格调控政策建议】全市物价部门增加价格监测点，扩大监测覆盖面,及时掌握成品油、液化气、粮油副食品、农资等400多种事关民生和经济发展的重要基础性商品价格和服务价格变动情况，深入分析价格走势,及时向市委、市政府提出价格调控的对策与建议。市物价局上报的上半年价格形势分析和调控建议报告被市政府批转到各区、县(市)政府参阅。年初,粮油价格出现一定程度的上涨，引起社会和新闻媒体的广泛关注。市物价局及时向市委、市政府报告全市粮油价格上涨的情况,提出稳定市场、保障供应的政策建议,受到市委、市政府主要领导的高度重视。市政府常务会议专题研究市物价局的政策建议，市有关部门为稳定杭州市粮油市场采取了积极的措施。制定《杭州市价格异常上涨事件应急预案》和《杭州市自然灾害灾后应急价格监测预警工作预案》,进一步健全预警体系和预警网络，增强应对突发性价格事件的处理能力。

【稳步推进资源性产品价格改革】2006年,国家两次上调成品油价格,为化解油价上涨对出租车行业的影响，杭州市出台出租车运价调整方案。在全国首创出租车、道路客运班车油运价格联动机制。配合环卫体制改革，完善垃圾处置的有偿服务收费机制，明确居民生活垃圾收费构成，适当提高单位垃圾清运处置费，对垃圾收费方式与支付管理予以规范。针对公交企业持续亏损影响杭州市公交优先战略的实施,会同有关部门在摸清公交运营基本状况的基础上，对合理界定政策性亏损、推进公交票价改革、建立科学合理的补偿机制提出了对策建议,受到市委、市政府主要领导的重视。开展有线数字电视成本调查和监审，为出台数字电视收费政策作准备。市物价局研究借鉴外地经验，对杭州市地铁运营成本、居民承受能力等相关因素进行综合分析，提出适合市情的地铁票价初步方案，并通过专家评审。

【加强涉农价格管理】2006年,在全市范围内开展"价格部门如何为建设社会主义新农村服务"的调研活动，市物价局实地走访部分区、县(市)后,研究制定了发挥价格职能促进全市社会主义新农村建设的28条意见,受到市委、市政府主要领导的充分肯定。落实农业生产用电优惠政策；采取有效措施稳定化肥等农资价格,降低农民种粮成本,调动农民种粮积极性；贯彻国家粮食最低收购价政策,促使粮价合理回升,增加农民收入。密切关注粮食、农资等商品价格变动情况，加强价格监测和分析，防范粮价过度下跌和农资价格的过高上涨。规范涉农价格收费秩序,全市物价部门上下联动、协同配合，对涉农价费政策执行情况进行专项检查，纠正价格违法行为,并对违法单位进行处罚和通报。全市查处涉农价格违法案件20件，违法金额110多万元。

【解决群众关切的价格问题】全市物价部门把解决群众关切的价格问题作为工作重点。全面实施义务教

11月30日，市物价局和余杭区物价局联合开展领导下访接待群众活动。（市物价局 供稿）

育免收杂费政策，每年减轻学生家长负担约1.5亿元；严格执行择校生“三限”(限人数、限分数、限钱数)政策，清理整顿学校的服务性收费和代收费行为。加强液化气价格监管，向市政府提出建议，同时做好燃气公司工作，使节日期间液化气价格稳定在每瓶78元。认真贯彻执行国家药品降价政策，及时降低460多种药品价格，平均降幅达30%；规范医疗服务项目收费标准，适度调整医疗机构床位费标准，同步提高床位费报销金额。出台《杭州市经济适用房价格管理办法》，严格经济适用房的成本构成。重新修订《杭州市物业管理服务收费管理办法》，实行物业管理菜单式收费管理，切实规范物业管理服务收费行为。出台并实施下岗失业人员和普通高校毕业生从事个体经营的优惠措施。

【规范市场价格秩序】全市物价部门积极整治和规范价格秩序，依法查处各类价格违法案件，确保国家各项价格政策的贯彻落实。全年查处价格违法案件750件、价格违法所得1176万元，实现经济制裁1257万元。开展成品油价格专项检查，从严查处价格违法行为，有效地维护了成品油市场的正常价格秩序，确保国家成品油价格综合配套改革措施顺利实施。开展春节、“五一”、国庆和休博会期间市场检查，规范“年夜饭”价格、短途客运票价、停车场和西湖游船收费等旅游市场价格行为，严肃查处价格违法案件。9月，对医疗机构、药品流通企业的药品和医疗服务价格开展专项检查，查出价格违法金额340万元，实施经济制裁176.7万元。加强教育收费监管，建立教育收费轮查制度，巩固中小学教育收费公示制和联系卡制。开展电力、自来水、有线电视、管道燃气等公用事业和垄断性行业收费检查，查出价格违法金额300多万元，责令退还用户130万元。将价格欺诈专项整治向电信、医疗服务、餐饮、娱乐、房地产等行业延伸，对涉嫌价格欺诈的部分商场及企业进行严肃处理，处罚40多万元。

组建价格投诉举报中心，实现12358价格投诉举报电话省市“合署办公”，做到“有报必接，有报必查，有报必复”。全市受理各类价格举报(咨询)3931件，按时反馈率100%，办结率100%，群众满意率98%。2006年，市物价局分别被国家发改委、省物价局评为全国价格监督检查工作先进集体、全省贯彻落实价格举报工作目标管理责任制优秀单位。连续7年被评为全市信访工作先进单位，连续3年被评为全市12345市长公开电话工作先进单位。

【开展“价格服务进万家”活动】根据国家发改委的统一部署，全市物价部门按照“突出重点、分项推进”的原则，开展各具特色的“价格服务进万家”活动。6月，市物价局召开全市会议进行动员和部署，以“价格服务进社区”为活动重点，工作方案得到市政府批转。各地“价格服务进万家”活动得到当地政府大力支持，余杭、西湖区财政安排了专项经费；下城、拱墅区等地行动迅速，为全市提供了典型经验。活动期间，全市设立社区价格服务站243个，聘请监督员(联络员)346名，开展社区价格服务130余次，发放公示册等资料10万余份。

【健全价格法制监督机制】2006年，按照依法行政要求，杭州市制定《价格行政执法过错责任追究制度》、《行政执法责任制评议考核办法》、《行政处罚自由裁量权规定》等行政执法相关配套制度，价格法制监督机制进一步健全。各地创新宣传方式，丰富活动载体，开展以“树价格诚信、反价格欺诈”为主题的纪念《中华人民共和国价格法》实施8周年的宣传周活动。市物价局制定《杭州市价格系统法制宣传教育第五个五年规划(2006~2010年)》，各地也制定了具体的规划方案。

【开展价格信用认证活动】全市物价部门结合“价格服务进万家”活动，广泛开展价格信用认证活动，促进价格诚信建设。各地积极推进价

表57　2006年杭州市区主要主副食品零售价格

品名	规格	2006年12月价格(元/千克)	上年同期价格(元/千克)	比上年同期增长(%)
猪肉	去骨夹心新鲜肉	16.28	14.80	10.0
	无骨新鲜腿肉	17.50	16.00	9.4
	新鲜条肉	17.16	15.40	11.4
鲜蛋	新鲜完整鸡蛋	7.38	6.06	21.8
	新鲜完整鸭蛋	8.62	8.26	4.4
水产品	500克~1000克鲢鱼	8.42	8.90	-5.4
	500克~1000克鳙鱼	9.80	10.50	-6.7
	1000克以上草鱼	10.62	10.30	3.1
	250克以上鳊鱼	9.50	10.40	-8.7
家禽	1000克以上食用鸡	10.76	7.70	39.7
	1000克以上麻鸭	20.84	14.50	43.7
蔬菜	青菜	2.28	2.80	-18.6
	包心菜	2.82	2.60	8.5
	芹菜	3.76	3.00	25.3
	花菜	3.98	3.00	32.7
	菠菜	5.52	3.40	62.4
	番茄	5.30	2.90	82.8
	萝卜	2.34	2.70	-13.3
	马铃薯	3.44	2.60	32.3
大米	标一晚籼米	3.14	3.10	1.3
	标一晚粳米	3.20	3.10	3.2
	标二晚粳米	3.32	3.20	3.8
面粉	特一粉	3.10	3.00	3.3
食油	二级菜油	8.36	6.60	26.7
	色拉油	8.34	6.60	26.4
苹果	红富士	4.00	5.00	-20.0
芦柑	一级	2.00	3.40	-41.2

格认证规范化建设，进一步健全各项规章制度。市物价局价格认证中心被评为2006年度全国价格鉴证信息直报工作先进单位。富阳、临安、西湖等地创新工作思路，拓展价格认证业务领域，推动价格认证工作的不断发展。（赵全新）

·统计·

【统计概况】2006年，杭州市统计部门以提高统计数据质量为目标，努力提升统计服务和管理水平，全力搞好重大国情国力调查和统计制度方法、统计管理体制改革，不断深化统计基础、统计法制、统计信息化和统计队伍建设，各项工作取得新的成绩。

密切关注宏观调控时期经济运行中的新情况，把握经济社会发展过程中的热点、难点问题，加强经济形势分析、统计监测和重点课题研究等，及时为市委、市政府进行宏观调控和制定规划、计划提供基础资料。根据国务院和省政府关于开展第二次全国农业普查的通知要求，切实抓好组织发动、机构组建、前期调研、综合试点、业务培训、划区绘图、清查摸底、宣传月活动等各项前期准备工作以及现场入户登记等工作，农业普查进展顺利。大力推进统计管理体制创新、制度方法创新，并取得实质性进展。加大统计法制建设力度，在全社会营造依法统计的良好社会环境。

【提升统计服务水平】市统计局坚持"用数据说话、为发展服务"，准确诠释全市经济社会发展轨迹，撰写《迈向新世纪，实现新跨越，"十五"时期杭州市经济社会发展数据终结报告》、《"十五"期间工业竞争力》；发布《2005统计公报》、《2005年杭州市人口抽样调查主要数据公报》，编辑出版中英文版的《杭州概览》等。全年撰写各类经济运行统计监测分析200余篇。开展杭州市房地产企业和市民对"九部委意见"的反响调查，每月撰写投资和房地产分析；加强节能降耗的统计监测，撰写《全年实现节能降耗考核目标所面临的形势》；在对杭州市"十五"妇女和儿童发展规划进行统计监测的基础上，完成杭州市妇女、儿童发展规划终期监测统计报告。开展区、县（市）党政领导干部换届考察实绩分析与杭州市县域社会发展综合评价工作。完成《构建"和谐杭州"的基本现状、制约因素及对策分析》、《"十五"杭州科技进步情况及发展趋势预测》、《杭州城乡一体化进程评价和研究》、《提升杭州城市国际化水平研究》、《关于杭州市社会发展情况分析报告》等统计分析材料。先后开展2006年杭州国际休闲博览会、未成年人思想道德建设、居民法制意识和维权情况、巩固创建国家卫生城市成果、平安杭州、争创中国最佳旅游城市和人民生活品质、城市管理、运河综合整治工程等社情民意调查。采用CATI（计算机辅助电话调查系统），建立网上调查互动机制，增强与市民的沟通，提高了调查效率。积极配合国家"创建全国最佳旅游城市"统计组对杭州的测评。

【规范数据质量管理】制定和完善《关于进一步加强统计单位名录库管理的意见》、《杭州市建设领域数据质量控制办法》、《关于地区生产总值核算下管一级方案》、《社会消费品零售额数据下管一级的有关规定》、《杭州市统计依法行政工作考核办法》、《杭州市统计系统服务业统计工作考核办法》和《能源统计工作考核办法》等统计制度。加强对基层统计单位网上直报数据质量监控的研究，制定《杭州市统计综合数据库系统网上直报质量控制工作流程》，完善网上直报环节数据质量审核程序，有效控制基层单位统计数据汇总上报中的各种干扰，提高基层单位上报数据的准确率。

【开展第二次全国农业普查】全市选配农业普查指导员4496人、普查员16844人。配合国务院农业普查办公室和省农普办，做好余杭区开展第二次农业普查国家级方案试点和国家级农业用地调查方案试点工作，对试点方案提出修改建议60余条，得到国务院农普办的充分肯定。在国家试点的基础上，组织开展杭州市级农业普查综合试点，出台近60个文件；规范和指导各区、县(市)认真开展各项前期业务准备工作，组织全市169个涉农乡镇（街道)近400名农普业务骨干进行培训。组建全市农业普查宣传网络，开通市、县（区、市）两级农业普查工作网站，建立农业普查工作简报制度。市农普办与市委宣传部、市文广新闻出版局联合下发《关于认真做好我市第二次农业普查宣传工作的通知》，于12月开展农业普查宣传月活动，为农业普查的顺利实施营造良好的舆论氛围。

【推进统计改革】2006年，市统计局按照国家、省的要求，努力推进统计改革。做好老城区政府统计机构单独设置工作；加强与编制部门和区、县（市）的沟通，确保乡镇机构改革中基层统计机构不受削弱。市对区、县（市）实施GDP等主要经济指标"下管一级"和"下算一级"，完成2005年度及2006年季度GDP分区、县（市）的"下算一级"工作。整合专业统计制度和字典库，对长期以来按统计专业组织统计调查的方式实施改革，制定基层统计单位"一套表"实施方案，为积极稳妥地启动基层统计单位"一套表"工作做好准备工作。

【完善服务业统计调查制度】2006年，在加强对区、县（市）服务业统计人员的业务培训和工作指导的基础上，对发生变动的1.07万个服务业单位和个体户进行实地核对，针对不同特点，分别采取不同的统计质量控制方法。修改、完善杭州市服务业统计调查制度，调整服务业单位划分标准，从服务业发展、服务业发展效益和服务业从业人员等3个方面对各区、县（市）服务业发展情况进行考核。完善服务业统计工作考核制度，把服务业统计基层建设、限额以上服务业单位数据质量、限额以下服务业单位和个体户抽样调查、服务业统计分析等作为考核的主要内容。

【加强能源统计】在调查研究的基础上，提出萧山、余杭区及市其他5县（市）采用全社会单位GDP能耗和规模以上单位工业增加值能耗两个指标考核与市6个老城区采用规模以上单位工业增加值能耗指标考核的意见，得到市政府及有关部门的认可。制定《杭州市市区第三产业能源专项调查实施方案》，基本摸清市区第三产业重点耗能行业情况，为市经委与第三产业重点耗能单位签订责任状和测算整个老城区全社会综合能耗提供了基础数据。制定杭州市全社会综合能耗测算方法并开展测算工作。制定《统计系统能源统计工作考核办法》，分别对能源统计基础建设、调查单位数据质量、能源统计分析和全社会综合能耗测算工作开展情况等4个方面10项内容进行考核。

【强化统计法制建设】制定《杭州市统计局关于开展进一步深化完善和全面推行行政执法责任制的工作方案》。在老城区200个社区设立宣传牌，介绍统计法律知识。全市103个市级有关部门（单位）、167个乡镇（街道）、7359个规模以上工业企业、5836个工业企业、1312个批发零售企业、5802个服务业单位开展统计自查工作。2006年，全市查处统计违法案件251件。采取巡查、抽查、稽查等3种方式，对市级部门和区（县、市）、乡镇(街道)、企事业单位的统计工作进行监督，进一步规范区、县(市)和市级部门的统计工作。

【深化统计基础建设】市统计局制定《关于进一步巩固和深化统计基础建设工作的意见》，并将统计基础建设列入区、县（市）统计局目标管理考核内容。大力推动经济社会统计地理信息系统(GIS)建设，提升统计信息化水平。该系统在第八届全国统计科学研究优秀成果评比中，获信息技术类二等奖第一名（一等奖空缺）。优化统计综合数据库网络版程序，将企业版程序改离线为在线，增加企业报表上报提示功能；新增指标解释、报表状态、审核分类及验收、催报、漏报查询、保留修改痕迹等功能；对ORACLE数据库进行性能调优，为基层统计单位网上直报提供有力的技术支撑。（颜　滨）

·质量技术监督·

【质量技术监督概况】2006年，杭州市质量技术监督部门干部职工创新实干，为维护杭州经济秩序和经济发展作出了新的贡献。

全面推进行政执法责任制。对77部质量技术监督法律法规规定的266项行政执法职能和法律条文进行梳理，形成《行政执法责任制实施方案》及10项配套制度。深入贯彻行政许可法，清理许可项目，完善许可配套制度，实现“审查、批准、监督”三分离。整合执法资源，改进执法方式，突出打假重点和执法的针对性，严厉打击假冒伪劣等违法行为。全市出动执法人员2.21万人次，检查企业1.07万个，查处违法产（商）品97.9万件，查处假冒伪劣产（商）品货值3512.7万元，查处各类违法案件3191件。其中，立案查处1207件，罚没款上缴国库1315.54万元，向司法机关移送案件6件。全年受理投诉举报16086件，处理16076件，办结率99.9%，反馈率、满意率均为100%，为消费者、企业挽回直接经济损失435.22万元。西湖、拱墅分局各有1个案件被省质监局列入“十大案件”；江干分局查处、移交的假冒运动鞋案，列为2006年全国十大打假案件之一。

【实施名牌工程】杭州市出台《关于加快培育企业自主品牌的实施意见》，明确由质监部门组织实施品牌培育、奖励工作。制定《名牌培育质量提升工程实施方案》和“十一五”名牌培育发展规划，各区、县（市）质监局结合当地实际制定实施意见，并以政府名义正式发文。各地对辖区内的浙江名牌企业、杭州名牌企业、千家名牌培育企业以及当地支柱产业和区域集聚产业、实施强制性管理产品生产企业进行普查，调查企业3266个，全部录入金质工程信息系统，基本掌握名牌培育质量提升对象的总体情况。启动“千家企业名牌培育工程”，强化名牌培育质量提升基础性工作，指导企业引入ISO 9000、ISO 14000、HACCP（食品中危害成分）等先进的管理体系。全年通过ISO 9000认证企业新增582个，累计4055个；通过ISO 14000认证企业新增95个，累计402个；通过计量检测体系认证企业新增65个。

广泛开展质量兴市（区、县）活动。各区、县（市）相继出台文件，明确质量兴市（区、县）的目标任务和激励政策。《杭州政务》、《浙江政务》和《中国质量报》相继介绍萧山区实施“质量兴区”的工作经验。萧山区、余杭区被国家质检总局授予“全国质量兴市先进县市”称号。

全年新增中国名牌产品7个、浙江名牌产品38个、杭州名牌产品98个，国家免检产品18个。

【开展产品质量整治】全市质监部门受理企业许可证申请、委托加工备案申请等339件，代发各类证书518份。组织开展许可证普查整顿专项活动，强化许可证证后监督。全面开展区域性产品质量整治和提升工作，专项整治节能灯、胶合板、弹子锁、瓦楞纸箱、电动车等11个产品。全年监督抽查5223个企业的282种5987批次产品，合格5014批次，合格率83.7%。落实622个不合格产品生产企业的后处理工作，后处理完成率100%，对其中142个不合格产品生产企业进行整改复查。举办不合格产品生产企业质量学习班2期，229个企业参加。完成全市1.32万个企业信息的调查，初步建立起质量监督检查基础信息库。

市质监局与杭州电视台联合举办“马大嫂访名牌”系列活动；编辑出版《名牌荟萃》宣传画册。

【加强食品生产加工环节质量监管】5月，召开全市食品生产加工环节质量安全监管工作会议；出台《2006年杭州市食品生产加工环节质量安全监管工作实施意见》，将食品生产加工环节的监管工作列入各级政府年度考核目标。建立了市、区（县、市）、乡镇（街道）三级监管网络，对全市2348个食品生产加工企业加强了日常监管，巡查企业7211次，回访企业1733次，发出责令整改通知书3768份。

全市28类470个食品企业取得生产许可证216张，食品添加剂备案率在90%以上。实施中小企业质量提升工程，创新食品小企业整治工作。全年市本级抽检食品1294批次，合格1119批次，合格率86.5%，比上年提高4个百分点；食用植物油、食醋、味精、碳酸饮料、含乳饮料等产品抽检合格率100%。

【特种设备安全监察】在杭州世界休闲博览会筹备期间，市质监局派专人进驻休博会各场馆，对嘉年华游乐设施等特种设备进行全方位监察和全过程服务，逐台落实大型游乐设施、锅炉、压力管道和压力容器的许可工作和安全工作，确保安全运行。全面开展烘缸、搪玻璃反应釜、冷库压力容器等5类特种设备专项整治。市质监局会同萧山分局和富阳市局对两地700余个企业的9200余台烘缸、染缸开展“拉网式”普查，完成4280台印染烘缸和2450台造纸烘缸检验（注册），强制报废存在严重安全隐患烘缸12台，副市长沈坚两次批示予以表扬。

对428个重点监控单位开展注册登记、人员上岗、安全隐患整改、安全制度落实等检查和巡查。全年完成锅炉定检3058台，定检率98%；容器定检5179台，定检率95%；电梯定检10121台，定检率98%；起重机械定检5317台，定检率95%；厂内机动车辆定检2803台，定检率98%；压力管道监检43.53万米，水质（含导油品）监测2927台次，安全阀校验5351只。市质监局举办各类特种设备上岗培训和职业技能培训与鉴定班251期，参加培训1.12万人。

【实施技术标准工程】2006年，市质监局在全省质监系统率先出台《鼓励研制与实施先进技术标准的实施办法》，萧山、余杭、下城、滨江、富阳、桐庐等7个区、县（市）局（分局）也以政府名义发文，出台推进技术标准实施的激励政策。组织指导42个企业申报国家标准化专业技术委员会（分会）落户杭州，在国家标委会批准的第一批名单中，国家食品检测标准分技术委员会、国家民用装饰镜标准技术委员会正式落户杭州。滨江（高新）区被批准为国家高新技术产业标准化示范区。浙大中控等10个单位列入省级以上技术标准战略试点企业，8个企业列入市级试点。开展标准化良好行为评价，确认AA级企业36个。

研究制订“反式脂肪酸检测”、“食品中水活度测定”两项国家标准。组织企业参与起草国家标准和行业标准23项，79个省“五个一批”和重点骨干企业采用国际标准和国外先进标准。完成杭州市电子政务标准规范一期、二期及45项重要技术标准规范的制定。制定《“杭州市投资项目网上审批平台”建设规范》和《杭州市政府市民个人基础数据及交换技术规范》。

市质监局执法人员现场抽取蜜饯样品　（市质监局 供稿）

【实施民生工程】全年质监部门对乡镇以上医院的1.02万台（件）医疗计量设备实施强制检定；对45个民营医院、社区医疗点和个体诊所进行计量执法检查，对医疗设备实施计量检定，建立监管台账。做好医疗机构之间检验检查数据报告互认工作，在杭州市第一医院、第二医院和市中医院、红十字会医院进行计量认证试点。

加强加油站、农贸市场、瓶装液化气的计量监管。开展道路执法用计量器具强制检定工作，对杭州市15个交警大队在用的116台雷达测速仪、酒精测试仪、轴重仪等仪器进行检定；对19个机动车安全性能和综合性能检验机构和7个超载超限检测站进行计量专项检查和执法检查。对市电力局电力计量中心开展单项电度表、三线电度表等4个项目强制检定授权考核。对全市环境监测用计量器具开展专项监督检查。与市发改委和市经委联合下发《杭州市企业能源计量工作实施意见》，与市统计局联合印发《关于加强能源统计计量工作的通知》，实现部门之间数据与信息互通。

【实施技术保障工程】2006年，全市质监部门积极构建适应杭州经济社会发展的公共检测平台。获国家质监总局批准，国家建筑五金材料检验中心、国家羽绒制品检验中心落户杭州，并着手筹建。新增建筑门窗、防水卷材、眼镜等生产许可证的发证检验资质。全市质监部门检测设备投入2500万元，为历年之最。承担国家总局下达的粽子中绿色素、含乳饮料中甘氨酸、酱腌菜中柠檬黄、中华绒螯蟹中硝基呋喃、红心鸭蛋中苏丹红和日本寿司中致病菌等应急检测任务。

完成国家科技部“十一五”期间重点项目“食品中掺杂掺假检测方法”课题中3个子课题研究的论证上报工作。市质检院被国家质检总局评为全国质检系统科技兴检先进集体。市特检院研究的“PE管热熔焊接接头超声波无损检测新技术”课题通过省科技厅组织的技术成果鉴定，填补该研究领域国内空白。特种设备检验科研项目“压力管道定期检验技术和烘缸检测技术”，已进入运作阶段。“金质工程”二期部分系统进入试运行阶段，三期项目建设通过市发改委、财政局和信息办的评审。（秦展扬）

·食品药品监督管理·

【食品药品监督管理概况】2006年，杭州市食品药品监管部门认真履行职责，加强监管。把食品安全工作列入政府、部门重点目标考核，突出食品安全地方政府总负责、各部门齐抓共管的要求，强化食品安全综合评价责任考核机制。全年组织对各区、县（市）10大类1244批次食品的检测评价。出台《杭州市食品安全监管信息暂行办法》和《杭州市食品安全事故应急预案》等制度，组织开展应急管理培训。

实行"宽进严管"市场准入制度，全市新批零售药店542个，注销108个，累计总数1874个，全市连锁率46%，市区连锁率62%。新批医疗器械生产企业39个、经营企业323个，累计总数分别为304个和1032个；注册审批一类医疗器械产品143个。

12月28日，杭州市药品医疗器械企业权益保护协会成立。

【巩固食品安全"三网"建设】全市各级政府和相关部门落实责任、完善机制，大力推进食品安全"三网"(食品安全监管责任网、食品安全现代流通网和食品安全监督网)建设。在市食品药品监管局的协调下，农村现代流通网建设稳步推进，食品安全群众监督网基本覆盖。建成连锁超市173个，覆盖面96.5%；创建农村放心店3620个，覆盖面100%；分别完成省政府下达任务的103.8%和109.6%。

【加强保健品综合监管】市食品药品监管局会同有关部门开展铁皮石斛保健产品整治，对8个生产企业、15个产品进行监督抽样和送检，对其中检测不合格的3个产品进行行政处罚。成立杭州市铁皮石斛行业协会专业委员会，促进行业管理规范。组织保健产品检测评价，每季确定专题，全年监测评价保健产品69个，检出不合格产品17个，不合格率24.6%。全年监测保健食品广告1863条，发现涉嫌违法违规广告52条。

【深化药品医疗器械监管】全市食品药品监管部门按照药品GMP认证要求，开展药品生产企业监管等级评定。全年对药品生产企业开展全面检查74个次、突击检查9个次，完成29个企业156个品种的注册抽样和现场考核，检查面达100%；立案查处药品生产企业5个，限期整改38个。对特殊药品生产企业开展月度检查，定点验收特殊药品生产企业2个、重新认定区域性特殊药品批发企业9个、重新验收二类精神药品经营企业22个。认真履行口岸局职责，完成进口药品通关单220份、314批次，货值1.16亿美元。监督实施药品零售企业GSP认证，全年现场检查企业177个次、发证175份。对药品批发企业、零售连锁企业开展跟踪检查、专项检查及日常监督检查133个次，对医保定点药店开展处方药销售、驻店药师在岗情况检查140个次；与各分局联动对1023个药品零售企业进行监督检查，立案查处企业13个、处罚40个、责令限期整改158个。对医疗器械生产企业组织检查和跟踪检查236个次，对重点经营企业开展专项检查101个次，二类、三类生产企业检查面达100%。开展免费体验类产品及相关企业专项检查，对隐形眼镜及护理液经营企业实行许可证制度，全市有123个企业取得许可证。

【整治药品医疗器械市场】按照国务院的统一部署，市食品药品监管局深入开展整顿和规范药械市场秩序专项行动。全年全系统组织口腔义齿、贵重中药材、药品包装标签说明书、打击药品非法交易等专项检查17次，取缔无证经营企业104个，责令整改企业390个，立案300件，没收物品货值247.3万元，罚没款640.5万元，捣毁制假窝点5个，向公安部门移送案件5件。依法查处假冒产品案件13件。控制药品医疗器械突发事件，启动快速反应机制，采取有力措施，落实责任，严格督查，对问题药品检查到位、控制到位、处置到位，督促医疗机构及时上报监控情况，确保全市不发生药害事件。出台《药品医疗器械重大安全事件应急预案操作手册》。

【30个食品生产企业获A级信用等级】为保障食品安全，省政府把杭州确定为全省食品安全信用建设的试点城市，杭州市把食品安全信用体系建设列入市政府为民办实事项目之一。4月，杭州市选择肉类行业、粮食行业、儿童食品行业的30个食品生产经营企业开展试点，建立《企业生产经营档案》和《食品安全监管信用档案》，实施《杭州市食品安全信用管理规范》，由社会中介信用评估公司进行食品安全信用等级试评价。食品安全信用等级共分A(信用优秀)、B(信用良好)、C(信用警示)、D(信用缺失)四级。6月1日，祐康食品集团有限公司等30个企业被评定为杭州市食品安全信用等级A级企业。 (柳静波)

·发展规划·

【发展规划概况】2006年12月，根据市编办《关于清理规范杭州市发展和改革委员会所属事业单位机构编制的批复》文件精神，杭州市经济建设规划院更名为杭州市发展规划研究院。该院积极参与杭州市经济建设规划，被市委、市政府确定为杭州地铁招商顾问总牵头单位、杭州市决策咨询委员会经济组牵头单位、杭州市政府与浙江大学城市学院产学研合作委员会成员单位。

参与地铁建设项目和重大规划编制。在市政府的部署下，开展专题调研，提出地铁1号线投资方案设想和投资运营资金平衡研究、客流预测招标等方案，先后起草地铁建设相关材料80件。与到杭的国内外投资者洽谈地铁建设合作事宜，完成杭州市与香港地铁公司、法国威立雅交通公司合作意向书的签订。全年完成重大规划13项，《杭州市促进个体、私营等非公有制经济规划》提出的意见、建议被市委、市政府采纳，并形成政策下发。《杭州市建设创新型城市规划》得到上级部门好评。《杭州市政府投资项目近期建设规划》提出了杭州市"十一五"期间实施的重大项目。

开展重大课题研究。主要课题有杭州市近年来固定资产投资情况分析、"十一五"时期杭州市区都市型工业发展研究、杭州市振兴装备制造业思路研究、杭州市新型农村金融体系思路研究、杭州市发展创意产业思路研究、杭州市涉海产业发展课题研究、杭州市"十一五"时期重大建设项目资金保障研究和京杭运河(杭州段)综合整治与保护开发资金平衡研究等。

抓紧重大项目前期工作。完成一大批重大建设项目预可研、可研报告和项目建议书的编制以及建设项目概预算审查和后评价工作，包括西溪湿地二期、杭州丝绸博览展示中心、绍兴小舜江水库后评价等。

(市发展规划院)

信息化建设

Information Construction

·信息化建设综述·

【农村基础通讯网络全国领先】2006年,杭州市实施"千条光缆进农村"、"村村通宽带"工程和"新农村综合服务平台"建设试点,至年末,已实现村村通宽带目标,农村基础通讯网络建设居全国领先水平。建成现代远程教育终端接收站点7014个,市、区县(市)、乡(镇)和村四级信息服务体系基本形成,各县(市)建立信息服务分中心,主要乡镇建立农业信息服务站,78.2%的行政村建立信息服务点,其中通过农业部认证的631个,农村信息员534人,农村供求信息全国联播系统"一站通"用户935个,网络信息直接到达广大农户,农技、工商、税务、金融、计划生育、教育、村级财务管理等网络化管理手段向农村延伸。市电信公司对农技110、96160等平台进行整合,依托114号码百事通平台,为广大农民提供免费转接,加快建设农村公众信息服务网络。

【电子政务典型应用取得成效】2006年,杭州市重点抓好市民卡、企业基础信息交换、数字城管、空间地理信息系统等跨部门、跨系统的电子政务重点工程建设,初步形成人口、法人单位、空间地理等基础数据库以及以市民卡信息系统为核心的适应各业务部门需要、全市统一的信息资源交换共享平台。

市公安局、市国安局、市房管局、市建委、市规划局、市国税局、市工商局、市统计局等部门有效整合内部的业务和数据,电子政务应用成效显著。市公安局"科技强警"被公安部、科技部评为全国示范城市第一名;市国安局在满足自身业务需求的同时,主动提供卫星遥感影像数据的免费共享,有效推动政府信息的互联互通、资源共享和协同服务,6个应用项目通过部级鉴定,其中2个在全国推广、1个被安全部评为科技进步二等奖;市工商部门实现企业网上年检,企业参加年检除最后一道复核手续外,其余环节均实行在线办理;市房管局对13个业务系统进行整合,实现业务、数据、技术、管理、服务"五个一体化"和办公自动化系统、管理信息系统、地理信息系统的无缝连接,获2005年国家地理信息系统优秀工程金奖,基于该系统建成的网上透明售房系统通过建设部考核验收,与南京市并列全国第一。

【电子商务持续发展】为促进电子商务发展,市信息办、市贸易局等部门制定出台《关于促进杭州市电子商务发展的若干意见》,从重点行业应用、发展重点、发展环境、政府扶持力度和信息技术应用培训等方面,提出21条意见,指导电子商务发展。

B2B(企业对企业)电子商务的著名品牌——阿里巴巴(Alibaba)被国内外媒体和国外风险投资家誉为与Yahoo、Amazon、eBay、AOL比肩的五大互联网商务流派代表之一;浙江网盛科技股份有限公司专业从事互联网业务,拥有并经营中国化工网、全球化工网、中国纺织网、医药网等行业类专业网站,是国内A股证券市场唯一的纯网络股;杭州中香化学有限公司作为一个采用纯电子模式经营中药提取物、香料、食品添加剂等香料类产品的电子商务公司,真正实现"信息流、资金流、商品流、物流"四流合一,成为第二代电子商务发展模式的佼佼者;以祐康电子商务网、杭州网上商城、杭州粮网、三替购物网等为代表的一批B2C(企业对消费者)电子商务企业以销售居民日常消费品为主,也取得长足发展。

【企业信息化试点示范取得新进展】至2006年末,杭州市拥有浙江省级信息化应用示范、试点工业企业17个,市级信息化应用示范企业63个、试点企业105个。市本级财政每年用于鼓励推进企业信息化扶持资金约2000万元。杭州市获得的国家电子商务专项数居全国前列。在2006年公布的"中国企业信息化500强"名单中,杭州UT斯达康通讯有限公司、杭州卷烟厂、浙江恒逸集团有限公司、杭州杭氧股份有限公司等企业榜上有名,其中杭州卷烟厂获最佳技术战略奖、杭州UT斯达康通讯有限公司获最佳IT治理奖、阿里巴巴(中国)网络技术有限公司获特别成长奖。

(陈丽华 鲍正敏)

【社区信息化建设顺利推进】2006年,市信息办依据《杭州市社区信息化建设实施纲要(2004年~2006年)》,以《杭州市社区信息化管理服务软件基本功能规范》为指导,整体推进社区信息化建设。上城、下城、江干、拱墅、西湖、滨江6个区的全部社区均依托杭州市社区门户网站建立社区子网站，采用单点式登录，实现就业、民政业务网上联动和统计报表的网上查看；在数字电视"社区是我家"频道上线，利用96345便民服务热线实现信息公开，打造阳光政府，提供便民服务。拱墅区、滨江区所有街道、社区光纤铺装到位，社区内部局域网改造基本完成，社区管理服务软件已经在7个街道、3个镇、68个社区安装；办公自动化系统实现网上公文传递、材料报送等应用。

5月29日，民政部、国务院信息化工作办公室联合调研组到杭州市调研社区信息化工作，对上城区的社区信息化工作、96345便民服务热线信息中心的信息资源整合及西湖区德加社区利用社区网络推进民主建设的做法给予充分肯定。

（陈丽华 杨婷婷）

·信息基础设施·

【电信信息化服务能力增强】2006年，杭州市电信业发展迅速。长途自动交换机容量27.54万路端，比上年(指2005年，下同)增长1%；本地电话交换机容量576.35万门，增长18%；移动电话交换机容量786万户，增长17%；固定电话用户433.18万户，增长5.4%；移动电话用户680.2万户，增长12%；城域网出口带宽75.73吉，增长113%；全市互联网注册用户数124.90万户，增长15.3%，其中宽带用户98.55万户，增长21%。

【数字电视整体转换突破百万户】杭州市坚持应用和产业互动发展，以"政府主导、企业主体、市场化运作"为宗旨，开创数字电视发展的"杭州模式"。至2006年末，累计完成数字电视整体转换目标户101.8万户，其中交互式高端用户近20万户，成为全国数字电视整体转换率先突破百万用户大关的城市。

（陈丽华 鲍正敏）

【调整和完善电子政务网络】根据省政府有关规定和《中共杭州市委关于加快推进党务信息化建设的若干意见》，2006年，市委、市政府办公信息处理中心按照"一个中心、两张网络"("一个中心"是指市委、市政府办公信息处理中心，"两张网络"是指市电子党务内网和市电子政务外网)的建设与管理模式，对全市电子政务网络按照浙江省电子政务网络技术规范的要求进行调整，建成了较为完善的市电子政务内网和市电子政务外网平台。该电子政务网络平台联结市级各部门180多家单位，同时上联省电子政务网络平台，下联各区、县(市)电子政务网络平台，实现了省、市、区县(市)三级电子政务网络协同运行，能够充分满足全市各级各部门的电子政务业务应用需求。

（王美群）

【数据容灾集中备份中心建成】杭州市数据容灾集中备份中心经过一年的建设，至2006年末完成包括中心机房、交换网络、存储环境、主机系统、安全系统等在内的基础平台搭建。作为试点的市劳动保障局"五险合征"应用级灾备系统和市建委数据级灾备系统上线运行，并成功实施容灾演练。通过灾备中心综合管理平台的开发应用，实现灾备信息资源与灾备业务的信息化管理。

【公安警用地理信息平台基本建成】杭州市是公安部确定的全国警用地理信息系统建设三个试点城市之一。在2005年完成警用地理信息平台一期建设的基础上，2006年2月，平台二期建设工作全面启动，先后完成实有人口管理、监控系统多路视频、案件统计分析、指挥中心报警电话定位、GPS定位、拦截圈分析、高危管控信息统计等功能的开发。该平台拥有120多个图层，数据总量近20吉。

·信息技术推广应用·

【市民卡发放近100万张】至2006年末，市民卡申领数突破140万人，发放数近100万张。通过市民卡项目建设，汇集户籍信息660.13万条、第二代身份证照片数据325.20万条，包含姓名、身份证号、户籍地址等27项内容；汇集社保参保信息138.81万条，包含医保卡号、医保账户、参保单位等24项内容；汇集公积金缴费信息49.79万条(次)，包含公积金余额、每月缴纳额度等12项内容。在2005年成功开通公交、公园、水上巴士等应用的基础上，2006年9月12日，市民卡替代医保卡在49家医院、药店开通应用。

（陈丽华 鲍正敏）

社区信息亭 （晓 霞 摄）

【社区信息亭开通】2006年，杭州市在上城区开通100余个社区信息亭。该信息亭是集信息与咨询、电子支付和增值服务于一体的综合性数字化平台，主要包括查询和支付两大功能。通过信息亭可查到与市民生活、工作相关的政策、规章、办事程序，衣、食、住、行等各类居家生活服务信息与商业资讯，住房公积金、社会保险个人账户金额等。社区居民只要在家门口操作鼠标，就能完成水电费、电话费、煤气费和有线电视费等日常生活费用的缴付。

（江 瀛）

【推行无纸化传输】2006年，杭州市对原党政机关办公业务资源系统进行升级改版，并在全市市级机关和区县(市)分别推广使用部门版和区县版，构建了全市统一的比较完善的办公平台。同时，设计并推行统一的电子版式文件和CA证书，实现网上拟文、发文、收文、办文(会办会签)、传阅和归档，推行全市政府系统信息交换的无纸化传输。从5月1日起，取消纸质公文。凡市政府下发文件和市级机关及区、县(市)上报文件都通过市党政机关办公业务资源系统以"红头红章"的电子公文进行传输，市政府办公厅内部全面实行无纸化办公。

【杭州政府网站全新改版】6月28

日，“中国杭州”政府门户网站新版上线运行。新版网站对总体框架进行了扩充、调整和完善，对原有信息实施整合和综合利用，精心打造政府信息公开、互动交流、政府服务和资料查询四大板块，总体架构规模是旧版网站的3倍以上。门户网站设置主频道和生活、教育、创业、旅游4个用户频道，取消了原来的企业频道和投资者频道；市政府各部门、各直属单位全面推行网上政务公开和网上审批工作，能够公开的信息都公开上网；“政务论坛”为全国政府门户网站首家开放性论坛，对网民发帖实行后置管理；对网上办事信息进行分类梳理，根据办事事项组织相应的静态类办事信息和网上办事系统。

12月19日，北京大学网络经济研究中心和北京时代计世资讯有限公司联合发布《2006中国政府门户网站发展研究报告》，“中国杭州”政府门户网站在省会城市及计划单列市政府门户网站中位列第一。

（王美群）

【推进城市管理信息化建设】3月28日，杭州市数字化城市管理信息系统试运行，这是应用多种现代信息技术手段，实现数字化、网络化城市管理的新模式。该系统覆盖市、区、街道、社区四个层面，涉及排水、路桥、公交、工商、交通、房管、环境监控等业务部门，连接170多个市区城市管理相关单位和350多个社区。11月，市电信公司在小营街道所属的小营社区、紫金观社区和大王庙社区等17个点进行“全球眼”监控设备的安装调试，利用电信高科技加强社区警务工作，打破了以往只能靠加强治安值班和夜间巡逻强化社区巡防工作的局限性，为平安社区的建设提供了更有效、更周密的支撑手段，增强了居民的安全感。

（江　瀛）

【96345便民服务热线试运行】由杭州市委、市政府主办，杭州数字电视公司承办的杭州服务信息化统一平台和重新整合的96345便民服务热线，于11月1日试运行并向市民提供服务。

96345便民服务热线是杭州市委、市政府坚持“以人为本、以民为先”宗旨，落实构建“和谐社会”要求，解决群众“办事难”问题的一项切实举措。杭州市区原有92个各类服务热线号码，由于热线号码太多，老百姓无法一一记住，限制了呼叫热线功效的发挥。通过整合现有便民服务热线，形成12345政务类服务热线、110治安和突发事件类服务热线、96345便民类服务热线，建设杭州服务信息化统一平台，从而打响“12345 有事找政府，96345 我为你服务”的品牌。

8月14日，市领导调研指导数字城管工作。　（市信息办 供稿）

96345是一个以公益性服务为主导的便民服务热线，同时开设96345便民服务网站和数字电视96345服务专区，为杭州市民提供政府便民服务、公共便民服务、公共信息查询、社区信息服务、商务信息服务等五大类便民服务内容。

（陈丽华　杨婷婷）

【编制应急联动指挥系统规划】2006年，杭州市根据应急工作的新要求，编制完成应急联动指挥系统总体规划和应急联动指挥系统实施规划，其中包括安全生产事故应急指挥中心系统、城市应急救援指挥中心系统、公共卫生应急指挥中心系统、社会安全应急指挥中心系统、自然灾害(林水部分)应急指挥中心系统等5个子规划。9月，该规划通过专家组验收，为完善应急联动指挥系统建设提供科学依据。

【投资项目网上审批平台实现互动】2006年，杭州市投资项目网上审批平台二期工程开发完成并投入使用。平台在跨部门交流、联合审批、审批管理信息化、查询分析、与投资者互动5个方面取得突破，具备项目审批管理、项目进程查询、网上联合审批、并联审批管理、网上阅图、信息查询、部门间信息交换、外网受理和信息发布、审批效能监督、统计分析、内部管理等功能，实现投资者与政府审批部门的网上互动。

【公安信息化跨跃式发展】2006年，杭州市建成以千兆信息网络和350兆无线通信网络为依托，以“金盾工程”一期为主体，以亮点工程、重点项目为突破口的公安信息化应用体系。具体包括以物证鉴定、现场勘察、刑侦基础数据库和技术点建设为主体的刑事技术体系；以情报信息收集、汇总、发布、应用为依托，集接警、指挥、调度、研判为一体的指挥技术体系；以治安、交通、消防等为重点内容的网络化管理服务技术支撑体系。市公安局在“十五”期间科技攻关计划重大项目“智能交通系统关键技术开发和示范工程”、“重大工业事故与大城市火灾防范及应急技术”课题研究工作中取得重大成果，被公安部评为全国公安机关“金盾工程”一期建设先进集体。

【建成网络经营行为监管系统】2006年，杭州市建成网络经营行为监管系统，尝试应用网络技术管理网络经营业务，初步形成安全可靠

10 月 13 日~15 日，中国城市·农村信息化论坛在浙江世贸中心举行。

（市信息办 供稿）

的网络市场信用平台。工商部门应用此系统对网络经营单位进行备案和资格认证，把好网络市场主体准入关，对网络经营单位主体及其在网上所发生的网络经营行为进行采集、分类、识别和分析，建立为电子商务市场服务的电子身份认证系统。该系统对全市 1.5 万多个网站进行实时监控，监控重点是：虚假广告、传销、不正当竞争、合同欺诈和无证经营等违法行为。该系统具备实时搜索、识别、跟踪经营性网站的能力，形成“网站定位—线索发现—主体确认”一体化的监管体系，对提升网络经营信用度、促进网络经济健康稳定发展具有积极作用。全年查处案件 69 件，对违规网络经营主体罚款 210 万元。

·信息化环境建设·

【编制“十一五”信息化规划】2006 年，杭州市编制完成《杭州市信息产业“十一五”发展规划》，发布导向目录，明确信息产业发展重点和发展思路。杭州市应急联动指挥系统总体规划、动漫游戏产业发展研究报告、区县（市）与市级部门各类信息化发展规划也相继制定。

【区县（市）信息化建设成绩喜人】2006 年，杭州市各区、县（市）制定并实施扶持信息产业发展、促进经济结构调整的政策措施，在信息产业发展和信息资源开发利用等方面取得新进展。

上城区抓住软件、互联网服务业和信息资源综合利用等重点领域，以点带面，实施政策聚焦、集中突破，信息服务业快速发展。下城区把信息服务与软件业作为现代服务业的重中之重，初步形成以电子商务、游戏制作等应用软件为代表的优势产业。西湖区巩固发展“中国商业特色街”和“国家信息服务示范园”品牌，打造技术创新基地、高新技术企业孵化基地、创新创业人才聚集和培养基地、产学研结合示范基地，不断优化产业结构，促进信息产业快速发展。萧山区启动汽车电子、数控设备、信息软件、生物工程、精密模具等五大基地建设，积极引导信息产业集聚发展；强化政府投资项目管理，全面推进电子政务建设；启动“信福工程”，以农村信息服务网络体系和农民信箱为抓手，推动新农村信息化建设。余杭区统筹协调，有效组织实施政府投资信息化项目，面向行业改造，全面推进企业信息化。富阳市抓制度、重实施、严把关、慎审批、催验收，确保政府投资信息化项目的顺利实施；以产业园研发平台和信息平台建设为重点，大力促进信息产业快速发展。桐庐县努力理顺信息化工作管理体制，深入实施企业信息化建设，大力推动信息服务业发展。临安市虚实结合，创新管理手段，完善信息化政策法规体系，强化项目管理，有效推进信息产业发展。

【加强政府投资信息化项目管理】2006 年，市信息办和市审计局多次研究，组织相关部门的专业技术人员，联合对全市 18 个部门政府投资信息化项目进行第三方绩效审计，涵盖了合规性和绩效性检查。通过审计，进一步加强和完善对政府投资信息化项目的全过程管理，为打造“节约型政府”进行有益探索。

【规范信息产业扶持资金管理】2006 年，杭州市采用网上直报、专家评审、相关部门并联审批的方式，规范“信息港”产业发展资金和信息服务与软件业专项资金的使用和管理。全市安排“信息港”产业发展资金 1192 万元，信息服务与软件业专项资金 1195 万元，有效带动企业加大对技术研发、市场拓展、国内外交流合作方面的资金投入，使杭州“两大两优两新”（“两大”指通信、软件两大规模产业 ，“两优”指集成电路设计、数字电视两个优势产业，“两新”指动漫、游戏两个新兴产业）的信息产业格局进一步明晰。

【举办中国城市·农村信息化论坛】10 月 13 日~15 日，中国城市·农村信息化论坛在浙江世贸中心召开，来自日本、新加坡、韩国的业界人士及国内各界代表计 400 余人参加会议。作为 2006 年中国投资合作周主要活动之一，论坛就城市与农村信息化特别是信息技术与智能城市建设、农民工信息化等课题进行深入探讨。论坛有效推动了杭州市与国内外企业的交流和合作：韩国浦项数据有限公司计划入户杭州，浙大网新科技股份有限公司与美国道夫公司正式签约成立合资企业，日本 OKI 公司和杭州数字电视公司等企业、新加坡 NCS 集团和浙江中控科技集团有限公司、日本横须贺研究园区和浙大科技园建立了正常交流渠道，新农门信息技术有限公司成功引入 100 万美元风险投资。

（陈丽华 鲍正敏）

党 政

The Party & Government

·中共杭州市委·

【市委工作概况】 2006年，中共杭州市委认真贯彻中央和省委重大决策部署，坚持以科学发展观统领经济社会发展全局，以提高人民群众生活品质为重点，解放思想、干在实处、走在前列，坚持“发展、创新、节约、稳定、为民”，推进“五大战略”，破解“七大问题”，引领“和谐创业”，建设“名城强市”和创新型城市，打造“和谐杭州”、“平安杭州”、“法治杭州”，全市经济、政治、文化、社会建设和党的建设取得新进展。

量的增长与质的提高统筹推进，经济发展又好又快。加快经济结构优化升级，提升发展传统优势工业，适度发展新型重化工业，大力发展高新技术产业，加快建设“天堂硅谷”，努力形成先进制造业和现代服务业“两轮驱动”。工业经济实现“六年翻两番”，保持“一高一领先”。加快发展现代服务业，建设国际风景旅游城市和服务业大市，成功举办首届世界休闲博览会和第八届西博会，杭州被授予“中国最佳旅游城市”和“东方休闲之都”称号。全市生产总值3441.51亿元，比上年（指2005年，下同）增长14.3%；财政总收入624亿元，增长19.9%；经济总量继续位居全国省会城市第二、副省级城市第三、全国大中城市第八。

城市化与社会主义新农村建设统筹推进，城乡区域协调发展。继续开展西湖、西溪湿地、运河三大综合保护工程，推进“和谐杭州示范区”建设，开展“五纵六路”、“两口两线”道路综合整治和背街小巷改善工程。钱江新城加快建设，下沙、滨江、小和山、浙大新校区4个高教园区形成规模，杭州经济开发区、杭州高新开发区（滨江）、杭州之江国家旅游度假区、萧山经济开发区4个国家级开发区，江东、临江、钱江、余杭4个省级开发区和各县(市)省级开发区加快发展，“一湖三园”建成开放。“东网加密”、“黄金水道”工程加快推进，“交通西进”、“乡村通达”工程全面完成，绕城高速和杭千、杭徽高速公路全线贯通，形成市域1小时半交通圈，实现“县县通高速”。坚持以工促农、以城带乡，着力解决“四农一村”问题，扎实推进社会主义新农村建设。为农民办的“九件实事”全面完成，“49100”帮扶工程成效显著，提前一年完成“百千”工程。就业服务网络和社会保障体系逐步健全，农村社会事业加快发展。

社会进步与经济发展统筹推进，“名城强市”夯实基础。历史文化名城保护全面加强，京杭大运河、杭州西湖·龙井茶园、良渚遗址列入中国世界文化遗产预备名单，哲学社会科学、文学艺术、广播电视、新闻出版、史志档案事业加快发展，数字电视、动漫游戏、文化创意产业蓬勃发展。第二届中国国际动漫节、中国金鸡百花电影节圆满成功，群众文化生活丰富多彩。“精致和谐、大气开放”的城市人文精神深入人心，社会主义荣辱观教育不断深化，精神文明建设扎实推进。医疗卫生事业长足发展。综合科技实力保持全省第一，创新环境排名全国大中城市第二。

改革创新与对外开放统筹推进，发展动力不断增强。坚持以理念创新带动体制创新，多种所有制经济共同发展，国有资产监管体系健全，国有经济控制力增强；非公经济主要指标居全省第一，59个企业跻身中国民营企业500强，从民营经济大市向民营经济强市迈进。文化体制改革全面推进，行政管理体制改革不断深化。全面完成新一轮招商引资“三年倍增”计划，“省会经济”、“总部经济”加快发展；国际合作交流扩大，城市国际化程度提高。

环境优化与民生保障统筹推进，人民生活持续改善。建立生态补偿机制，开展循环经济示范试点，先后获得全国绿化模范城市、中国城市投资环境“金牌城市”、“中国大陆最佳商业城市”等一系列荣誉，“破七难”取得阶段性成果。建立健全帮扶救助困难群众长效机制，“春风行动”不断深化。社会保障体系健全，企业退休人员社会化管理服务加强，社区卫生服务中心(站)建设取得重大突破。加强城市管理，推进“数字城管”，实施综合执法，老城区“四化”长效管理覆盖率达90%，顺利通过国家卫生城市复评。

“法治杭州”与“平安杭州”统筹推进，社会政治保持稳定。坚持人民代表大会制度，坚持中国共产党领导的多党合作和政治协商制度，完善“一个核心、三个党组”的领导体制。爱国统一战线发展壮大，民族、宗教、侨务、对台、地方外事等工作不断加强，工青妇等群团组织作用有效发挥。基层民主建设加强，公民有序政治参与扩大。圆满完成“二五”依法治市和“四五”普法教育任务。落实社会治安综合治理、信访和12345、安全生产、食品安全责任制，深化平安创建。加强流动人口和“城中村”管理，严厉打击各种犯罪活动，及时调处矛盾纠纷，有效化解群体性事件，连续2年实现安全生产事故“四个零增长”，被新浪网和《小康》杂志评为全国治安最好城市。

先进性建设与执政能力建设统筹推进，党的建设全面加强。健全理论学习中心组学习制度，加强领导干部理论培训，深入开展“强素质、保先进、促发展”主题教育实践活动，积极配合省委干部考察组做好市级领导班子换届考察，精心搞好区、县(市)和乡镇领导班子换届工作。开展生活品质、杭州发展特色和发展思路的研究工作。贯彻干部任用条例，加强党外干部、女干部、少数民族干部、后备干部培养选拔，开展大规模培训干部工作，选派中青年干部到重点工程挂职锻炼和赴国外学习培训。不断深化“先锋工程”和农村、社区“领头雁”工程，提高国有、非公、改制企业和机关、学校、新社团组织党建工作水平，党员队伍建设全面加强，流动党员“安家工程”扎实有效。落实“三真”，关爱基层，村级活动场所建设、党员干部远程教育工作成效显著。落实党风廉政建设责任制，加强从政道德教育和廉政文化建设，纠正不正之风，查处违纪违法案件，构建惩防体系。

【市委全委会】 6月29日，市委召开全市科技创新大会暨市委九届十一次全体(扩大)会议。会议贯彻落实全国科技大会和全省科技自主创新大会精神，总结经验，分析形势，动员全市各级党组织和广大干部群众为率先建成创新型城市努力奋斗。市委书记王国平代表市委常委会作题为《以科学发展观为统领，推进四大创新，为率先建成创新型城市而努力奋斗》的报告。全会审议通过《关于进一步打造“天堂硅谷”，推进创新型城市建设的决定》，出台《杭州市建设创新型城市规划纲要》和关于提高企业自主创新能力的若干配套政策。

11月1日，市委召开九届十二次全体会议，王国平代表市委常委会作题为《精心筹备、扎实工作，以优异成绩迎接市第十次党代会》的报告。会议审议通过《关于召开中国共产党杭州市第十次代表大会的决议》。

12月7日，市委召开九届十三次全体(扩大)会议，贯彻中共十六届六中全会和省委十一届十一次全会精神，总结部署工作，动员全市各级党组织和广大干部群众为构建“和谐杭州”而努力奋斗。王国平代表市委常委会作题为《全面贯彻六中全会精神，阔步迈上构建和谐杭州新征程》的报告。

【市委常委会议】 2006年，召开市委常委会会议34次。市委常委会坚持以科学发展观统领经济社会发展全局，认真贯彻中央和省委重大决策部署，重点对全市经济、政治、文化、社会和党的建设中的重大问题和杭州城市品牌工作、创新型城市建设、运河(杭州段)综合整治与保护开发工程、西溪湿地综合保护工程、轨道交通建设等进行专题研究。会议坚持民主集中制，严格执行集体领导制度，自觉遵守各项议事制度和工作规则，重大问题民主讨论、集体决定。

【市委财经工作领导小组会议】 全年召开会议5次，重点研究制定科学发展观调控指标体系的情况、2005年杭州市全面小康社会建设过程中未达标项目的对策、《杭州市及市本级2005年财政预算执行情况和2006年财政预算草案的报告》、撤村建居村10%留用地指标落实情况、杭州市区有突出贡献的各类人才专项用房销售和管理暂行规定等问题。

【继续实施三大综合保护工程】 2006年，市委围绕做好“水”的文章，继续实施西湖、西溪湿地、运河三大综合保护工程，打造“五水共导”的亲水型城市。

运河综合整治与保护开发工程是杭州市“十五”和“十一五”期间“十大工程”之一。在深入调查并多次召开专题会议研究的基础上，市委坚持以科学发展观为指导，围绕还河于民、申报世界文化遗产、打造世界级旅游产品三大目标，提出“截污、驳坎、清淤、绿化、配水、保护、造景、管理”十六字方针，以“路网工程、绿化景观工程、文化旅游工程、灯光夜景工程、安居工程”五大工程为支撑，全面提升运河生态功能、文化功能、旅游功能、休闲功能、商贸功能和居住功能，将运河(杭州段)打造成为具有时代特征、杭州特点、运河特色的景观河、文化河、生态河，成为传统文化与现代文化融合的杭州“塞纳河”。10月1日，运河综合整治与保护开发一期工程竣工，“一馆两场三园两带六埠十五桥”等运河主城区景观全面亮相。

西溪湿地综合保护二期工程是杭州市“十一五”期间“十大工程”之一。2006年，市委对西溪湿地综合保护二期工程规划和实施前期工作开展调研，并召开专题会议进行研究，提出西溪湿地综合保护二期工程要集科普研究、休闲观光、自然生态、人文资源保护与展示于一体，坚持

6月29日，中共杭州市委召开全市科技创新大会暨市委九届十一次全体(扩大)会议。(市委办公厅 供稿)

表 58　　2006 年中共杭州市委重点调研课题

重点调研课题	课题主持人
以提升人民群众生活品质为主导，全面提升城市品位与竞争力的思路和对策	王国平
创新治水理念，理顺治水体制，把杭州打造成为亲水型宜居城市	王国平
完善公共政策体系，构筑内生动力机制	孙忠焕
完善社会管理体制，提高公共服务水平	孙忠焕
关于建设"法治杭州"的思路及对策	于辉达
加快"城中村"改造，建设和谐新社区	于辉达
深化"春风行动"，构建和谐社会	朱报春
实施开放带动战略，提升杭州市开放型经济发展水平	朱报春
深入推进反腐倡廉工作，为建设"生活品质之城"提供坚强保证	叶　明
推进农村合作医疗，提高农民生活品质	叶　明
以缓解社区居民"看病难"为核心，全面推进社区卫生服务"收支两条线"改革	叶　明
提升市民生活品质，构建人间幸福天堂	顾树森
加强实务研究，破解操作难题，以城市更新的理念振兴历史文化街区	顾树森
杭州市实施"十一五"规划的若干问题	盛继芳
杭州市健全公共财政制度，实现基本公共服务均等化	盛继芳
加快富裕和谐社会主义新农村建设的思路和对策	王金财
加快江南副城和临浦、瓜沥、义蓬三大组团建设的思路和对策	王金财
杭州市保持共产党员先进性教育活动的成功实践和宝贵启示	于跃敏
切实加强基层党组织建设，为构建"和谐杭州"提供坚强的组织保证	于跃敏
杭州深化文化体制改革研究	张鸿建
建设和谐文化，夯实社会和谐的思想道德基础	张鸿建
牢固树立科学发展观的重要指导地位，又好又快地推进我市基层后备力量建设	齐毓春
深入开展双拥工作和军民共建活动，努力巩固和发展军政军民团结	齐毓春
以科学发展观为统领，全面加强新时期公安基层基础建设	吴鹏飞
大力实施情报信息主导警务战略，深入推进打防控一体化建设	吴鹏飞

"生态优先、最小干预、修旧如旧、注重文化、以民为本、可持续发展"六项原则，实现西溪湿地的生态、社会和经济效益最大化。二期工程于 2007 年 3 月开工建设。

10 月 1 日，西湖综合保护工程中的吴山景区综合整治一期、灵隐景区综合整治一期、"龙井八景"恢复三大项目如期竣工。至此，历时 5 年的西湖综合保护工程基本完工，西湖的自然生态得到恢复，湖面扩容，生态环境改善，城市文脉得以延续，品位得以提升，实现了"还湖于民、还山于民、还景于民"的目标，使"一湖两塔三岛三堤"的西湖全景重返人间，"东热南旺西幽北雅中靓"的西湖新格局初步形成。

【打造"生活品质之城"城市品牌】 为更好地把落实科学发展观、构建和谐社会的重大方略与杭州发展实际相结合，谋划今后五年乃至更长时间杭州发展战略，2006 年，市委下大力气打造"生活品质之城"城市品牌。

年初，围绕"让我们生活得更好"主题在全市开展系列研讨活动，有 120 余位来自大专院校、机关部门、企业、新闻媒体的专家学者、各界人士参与，形成近 100 篇研讨成果，有近 50 家中央、省、市新闻媒体刊发报道 463 篇。与此同时，开展休闲生活、舒适生活、美丽生活、健康生活、平安生活、便利生活、数字生活、文娱生活等"九大生活"系列点评活动，并在此基础上，召开杭州生活品质主题点评交流发布会，通过群众投票、专家点评，推出体现杭州"休闲、文化、创业"三位一体的"十大主题现象"及其相关年度人物、年度区块、年度活动。9 月 24 日，杭州市和国家发改委社会发展司共同召开"提高生活品质、推进和谐发展"全国研讨会，中央政研室、中央党校、国务院研究室、国务院发展研究中心、中国社科院的领导以及知名专家、学者应邀到杭参与研讨。研讨会发表了《生活品质评价的导向性建议》即《杭州建议》。为使城市品牌能准确地体现杭州的整体特色和综合优势，10 月，在全国开展杭州城市品牌征集活动，先后收到北京、天津、上海、重庆等 20 多个省市近 2000 人的应征稿，推荐城市品牌 4620 个。根据群众投票与专家评审意见，市委、市政府通过深入论证研究，把"生活品质之城"确定为杭州城市品牌。生活品质包括经济生活品质、文化生活品质、政治生活品质、社会生活品质、环境生活品质五大品质，"生活品质之城"体现了杭州城市整体特色和综合优势，是城市发展的总体目标和总体品牌，也是杭州"人间天堂"美誉在新时期的延伸、充实和发展。

【建设创新型城市】 为推进创新型城市建设，市委、市政府组织力量开展近半年的调查研究，明确了建设创新型城市的指导思想、战略定位和奋斗目标，确定建设创新型城市的核心是提高自主创新能力，着力点是推进科技进步和产业提升。创新型城市同时涵盖经济、政治、文化、社会建设的方方面面，要围绕提高自主创新能力这条主线，突出打造"天堂硅谷"这个重点，以理念创新为先导、体制创新为动力、科技创新为核心、服务创新为保障，着力构建城市创新体系，全面推进创新型城市建设，使创新成为经济社会发展的内在动力，实现经济社会发展从资源依赖型、投资拉动型向人才支撑型、创新驱动型转变，使杭州成为创新氛围浓、创新环境优、创新实力强的创新型城市。在 6 月 29 日召开的全市科技创新大会暨市委九届十一次全体(扩大)会议上，审议通过《关于进一步打造"天堂硅谷"，推进创新型城市建设的决定》、《杭州市建设创新型城市规划纲要》、《关于提升企业自主创新能力的意见》及 10 个配套政策文件。

在实施过程中，市财政 2006 年安排科技三项经费 3.27 亿元，全市新认定企业高新技术研发中心 54 个，新增国家级企业技术中心 4 个、省级 22 个、市级 52 个；与名校大院

表 59　　2006 年中共杭州市委重要文件索引

文件号	发文日期	标题
市委〔2006〕2 号	2006-03-10	中共杭州市委、杭州市人民政府关于“以工促农、以城带乡”推进社会主义新农村建设的若干意见
市委〔2006〕3 号	2006-03-15	中共杭州市委、杭州市人民政府关于进一步鼓励支持和引导个体私营等非公有制经济发展的实施意见
市委〔2006〕4 号	2006-04-03	中共杭州市委、杭州市人民政府关于推进新一轮“十大工程”建设的实施意见
市委〔2006〕5 号	2006-04-07	中共杭州市委关于广泛深入开展社会主义荣辱观宣传教育活动的通知
市委〔2006〕6 号	2006-05-01	中共杭州市委、杭州市人民政府关于进一步加快钱江新城建设和发展的若干意见
市委〔2006〕7 号	2006-04-28	中共杭州市委、杭州市人民政府关于印发《杭州市“十一五”人才规划》的通知
市委〔2006〕8 号	2006-05-18	中共杭州市委关于建设“法治杭州”的决定
市委〔2006〕9 号	2006-05-24	中共杭州市委、杭州市人民政府关于进一步统筹协调全市经济体制改革工作的意见
市委〔2006〕10 号	2006-06-10	中共杭州市委、杭州市人民政府关于进一步加强老龄工作的意见
市委〔2006〕11 号	2006-07-03	中共杭州市委、杭州市人民政府关于进一步打造“天堂硅谷”,推进创新型城市建设的决定
市委〔2006〕12 号	2006-08-01	中共杭州市委关于贯彻《中共中央关于加强人民政协工作的意见》的实施意见
市委〔2006〕13 号	2006-08-01	中共杭州市委转发《中共杭州市人大常委会党组关于做好全市县、乡两级人民代表大会换届选举工作的意见》的通知
市委〔2006〕14 号	2006-08-03	中共杭州市委、杭州市人民政府关于落实科学发展观加强环境保护的若干意见
市委〔2006〕15 号	2006-08-09	中共杭州市委、杭州市人民政府关于印发《杭州市社会主义新农村建设规划》的通知
市委〔2006〕16 号	2006-08-21	中共杭州市委关于认真组织学习《江泽民文选》的通知
市委〔2006〕17 号	2006-08-31	中共杭州市委、杭州市人民政府关于加快“一名城、四强市”建设的意见
市委〔2006〕18 号	2006-11-06	中共杭州市委关于中国共产党杭州市第十次代表大会代表选举工作的通知

表 60　　2006 年中共杭州市委办公厅重要文件索引

文件号	发文日期	标题
市委办〔2006〕1 号	2006-02-17	中共杭州市委办公厅、政研室 2005 年工作总结和 2006 年工作要点
市委办〔2006〕2 号	2006-03-15	市委办公厅、市政府办公厅关于促进杭州会展业发展的若干意见
市委办〔2006〕3 号	2006-03-31	市委办公厅、市政府办公厅关于进一步加强红十字会工作的意见
市委办〔2006〕4 号	2006-04-10	市委办公厅、市政府办公厅关于切实做好延长山林承包期工作的通知
市委办〔2006〕5 号	2006-04-17	市委办公厅、市政府办公厅关于进一步加强和改进征地拆迁工作的意见
市委办〔2006〕6 号	2006-04-17	市委办公厅、市政府办公厅关于印发《杭州市促进个体私营等非公有制经济发展规划(2006~2010 年)》的通知
市委办〔2006〕7 号	2006-04-24	市委办公厅、市政府办公厅关于印发《杭州市社区建设发展规划(2006~2010 年)》的通知
市委办〔2006〕8 号	2006-04-24	市委办公厅、市政府办公厅关于开展创建“杭州市和谐社区”活动的意见
市委办〔2006〕9 号	2006-04-29	市委办公厅、市政府办公厅关于印发《杭州市违法建筑责任追究办法(试行)》的通知
市委办〔2006〕10 号	2006-06-30	市委办公厅、市政府办公厅关于进一步加强和改进律师工作的意见
市委办〔2006〕11 号	2006-07-10	中共杭州市委办公厅关于印发王国平同志在全市科技创新大会暨市委九届十一次全体(扩大)会议上的报告的通知
市委办〔2006〕12 号	2006-07-31	市委办公厅、市政府办公厅关于全面推进文化体制改革的实施意见
市委办〔2006〕13 号	2006-08-31	市委办公厅、市政府办公厅关于加快“一名城、四强市”建设的若干政策意见
市委办〔2006〕14 号	2006-10-27	市委办公厅、市政府办公厅关于进一步做好城区部分工业企业搬迁工作的若干意见
市委办〔2006〕15 号	2006-11-08	中共杭州市委办公厅关于印发王国平同志在市委九届十二次全体会议上的讲话的通知
市委办〔2006〕16 号	2006-11-09	市委办公厅、市政府办公厅印发《关于引导和鼓励高校毕业生到农村和社区工作的实施意见》的通知
市委办〔2006〕17 号	2006-12-22	中共杭州市委办公厅关于印发王国平同志在市委九届十三次全体(扩大)会议上的报告和《2006 年市委常委会主要工作》的通知
市委办〔2006〕18 号	2006-12-29	市委办公厅、市政府办公厅关于进一步做好企业退休人员服务工作的若干意见

战略合作进一步深化,引进"名校大院"、跨国公司到杭共建创新载体7个,新增孵化器面积13万平方米。

【启动轨道交通建设】 轨道交通建设项目是市第九次党代会确定的全市首轮"十大工程"之一,是杭州市投资规模最大、建设周期最长、涉及面最广的综合性城市基础设施工程。4月19日,国家发改委正式批复杭州市地铁1号线工程可行性研究报告。7月5日,市委常委会专题研究地铁建设工作,认为建设杭州地铁,有利于构建功能完备、符合城市未来发展需要的现代公共交通体系,从根本上缓解"行路难、停车难"等城市交通难题,是体现公交优先、改善城市公共交通条件、提高人民群众生活品质的实事工程;有利于优化杭州城市空间和形态布局、加快形成"一主三副六组团"新格局,推动"城市东扩、旅游西进,沿江开发、跨江发展",是构筑网络化大都市、促进市域协调发展的先导工程;有利于提升杭州市经济社会发展水平和综合竞争力,巩固杭州作为浙江省省会和经济、文化、科教中心,长江三角洲中心城市之一,国家历史文化名城和重要风景旅游城市的地位,是强化区域中心城市综合功能、增创发展新优势的基础工程。

【市委召开的重要会议】 2006年,市委召开的重要会议有:全市党建工作会议、全市宣传思想工作会议、全市招商引资大会、杭州市社区工作者新春慰问暨社区建设先进表彰大会、全市农村工作会议、全市领导干部学习《中华人民共和国公务员法》辅导报告会、全市计划生育国土资源环境保护工作会议、2005年百名干部到重点工程挂职锻炼总结表彰暨2006年选派工作动员大会、杭州市工会维权工作会议、"为省直单位服务、发展省会经济"动员大会、"当好东道主、办好休博会"动员大会暨2005年杭州市精神文明建设表彰会、全市关心下一代工作暨表彰会议、全市社会保障和社会救助工作会议、全市民营经济大会、全市禁毒工作会议、杭州市城区绿化工作会议、杭州市领导干部学习贯彻党章理论辅导报告会、杭州市2005年度市直单位综合考评总结大会、全市信访和12345市长公开电话工作会议、全市档案工作会议、杭州市城市工作会议、杭州"十一五"期间发展专题报告会、全市工业兴市大会、杭州市纪念胡锦涛同志视察社区建设工作5周年大会、杭州市创建全国绿化模范城市表彰大会、市委建设"法治杭州"工作会议、创建中国最佳旅游城市动员大会、杭州市庆祝中国共产党成立85周年暨先进性教育活动总结表彰大会、全市反腐倡廉警示教育大会、全市人口形势分析会、杭州市社会主义劳动竞赛动员大会、全市文化体制改革工作会议、杭州市普法教育依法治市工作会议、杭州市现代服务业大会、杭州市环境保护大会、杭州市"一名城、四强市"建设工作会议、全市建设"卫生强市"工作会议、全市建设"科技强市"工作会议、全市建设"体育强市"工作会议、全市建设"教育强市"工作会议、杭州市妇女儿童工作会议、全市工业企业奋战百日暨节能工作电视电话会议、杭州市第七次"春风行动"动员大会、中国国际动漫节表彰动员大会、杭州市大力发展高新技术产业工作会议、全市工业功能区工作会议、杭州市适度发展重化工业研讨会、杭州市"交通西进"总结表彰大会。

【市委调整和新设立的非常设机构】 2006年,市委调整的非常设机构有:杭州市精神文明建设委员会、杭州市和浙江大学战略合作促进委员会、杭州市反腐败查案协调小组、杭州市发展民营经济协调小组、杭州市文化体制改革工作领导小组、杭州市综合考评委员会、市机关效能建设工作办公室、杭州西溪湿地公园领导小组、杭州西溪湿地公园管理委员会。

市委新设立的非常设机构有:杭州市农村党员干部现代远程教育工作领导小组、市委建设"法治杭州"工作领导小组、中共杭州市委港澳统战工作领导小组、杭州市党务公开试点工作指导小组、杭州市党报党刊征订发行工作领导小组、市党务信息化建设领导小组、《浙江文献集成》杭州编纂工作领导小组、杭州市决策咨询委员会、杭州市职工维权工作领导小组、杭州市"十大工程"建设领导小组、市治理商业贿赂领导小组、杭州市社会主义新农村建设领导小组、推进杭州市域网络化大都市建设领导小组、杭州市社会主义劳动竞赛委员会、市打黑除恶专项斗争领导小组、杭州市延长山林承包期工作领导小组、杭州体育冠军塑像刻名评审委员会、杭州市改革公务员工资制度和规范公务员收入分配秩序工作领导小组、杭州市农村综合改革工作领导小组、杭州市农村集体建设用地使用权流转试点工作领导小组、杭州市科技馆建设领导小组、杭州服务信息化统一平台工作领导小组、杭州市新一轮广播电视"村村通"工作领导小组、杭州市企业退休人员稳定工作协调小组、市党政办公信息化建设协调小组、杭州市城市品牌工作指导委员会。 (张晓军)

【保密工作】 2006年,市委保密办(市保密局)认真履行依法行政职能,狠抓保密工作的落实。代拟《中共杭州市委办公厅、杭州市人民政府办公厅关于切实加强手机使用保密管理工作的通知》,制订下发《关于进一步加强保密要害部门部位保密管理的通知》、《关于进一步加强信息公开、上网信息和新闻报道保密管理的通知》等文件。与相关职能部门沟通协调,对招商引资活动中的出境资料进行保密审查;做好运河综合整治工程等项目资料的保密审批;与世界佛教论坛执委会和杭州世界休闲博览会组委会联合下发《关于切实做好首届世界佛教论坛期间保密工作的通知》和《关于切实做好2006杭州世界休闲博览会期间保密工作的通知》。做好在杭军工企业保密资格审核工作,对军工企业保密资格认证进行实地指导。为杭州市重要涉密项目提供保密保障服务。对2个秘密载体复制、复印企业进行年审换证工作。对市国安局、市公安局报送的有关材料进行密级鉴定。全年查处涉嫌泄密事件6件,查结秘密级国家秘密泄露事件1件。

【开展保密法制宣传教育】 根据上级"五五"普法规划,结合杭州实际,市委保密办(市保密局)在调研的基础上,制定《杭州市"五五"保密法制宣传教育规划》。在领导干部和机关工作人员、涉密人员中，开展保密法制宣传教育。邀请国家保密局保密技术检查中心主任虞金龙作如何做好保密技术防范工作专题讲座，市管领导干部和保密办负责人等 300 余人参加。在全市各地各单位组织播放保密纪实教育片《刘兵、龙向京窃密案》，近万人观看。编写印发《保密常识》3000 余册。抓好出国出境人员的保密教育，发放《出国(境)人员保密知识读本》。全年征订《保密工作》杂志近 1600 份；编发《杭州保密工作情况》6 期，每期印发 300 份。

【举办保密法制宣传漫画展】 10 月~11 月，市委保密办(市保密局)举办“以热爱祖国为荣，以危害祖国为耻”为主题的杭州市保密法制宣传漫画展。甄选 91 幅(件)贴近机关、贴近工作、贴近公务员的保密宣传教育原创漫画作品，分保密意识、保密基本知识和保密技能 3 个方面进行展评。市四套班子主要领导和省保密局领导莅临现场指导，对漫画展给予充分肯定。漫画展还相继在各区县(市)巡回展评。全市领导干部及机关工作人员近 2 万人参观参评，取得较好的宣传教育效果。

【开展保密检查】 市委保密办(市保密局)根据国家保密局规定的保密检查 5 个方面 35 项工作内容，将其细化为 87 项具体检查内容，与市公安局、市国安局、市信息办联合组成 4 个检查组，对 12 个市直单位和 4 个区、县(市)进行抽查。抽查保密要害部门、部位 54 个，抽查计算机 121 台，翻阅各类保密工作台账 100 多本(册)，问询工作人员 90 余人，并将检查情况在全市通报。先后开展节前保密教育、计算机网络安全、具有无线通讯功能的办公设备等专项检查或督查，与规划部门联合开展测绘成果保密专项检查。严格按照市级机关目标考核“平安杭州”的考核标准，对发生失泄密事件的单位给予扣分。

【强化保密技术防护工作】 2006 年，市委保密办(市保密局)在加强保密技术防护工作中，将计算机信息系统保密管理作为重点。大力推进保密技术管理规范化、标准化。制定下发《杭州市保密科学技术工作“十一五”发展规划》。组织区、县(市)和市直属单位统一购置计算机信息保密专用检查工具，规范全市计算机信息系统保密技术检查的操作程序和检查标准。加大远程保密技术检查力度，市委保密办(市保密局)装备了国家保密局指定的网络涉密信息监控管理系统。指导各地各单位计算机信息系统加强安全保密软、硬件的配备，使各类各型符合国家保密标准的网闸、防火墙、计算机网络隔离卡、网络审计、入侵检测等安全保密技术软、硬件在全市普遍应用，保密技术防护能力得到加强。

(孙玉卿)

【巩固和扩大保持共产党员先进性教育活动成果】 2006 年，市委在组织第三批保持共产党员先进性教育活动的同时，认真总结第一、第二批教育的经验，形成一批理论成果。4 月 7 日，召开全市先进性教育理论成果交流会，《流动党员教育管理面临的难题及解决思路》、《新形势下加强新经济和社会组织党建工作的实践与思考》等 43 项理论成果获得省、市表彰，理论文章《保持共产党员先进性教育活动的成功实践对党的先进性建设的有益启示》在《光明日报》上刊登，电教片《追求》被中组部评为一等奖并入选全国先进性教育活动优秀教材。结合贯彻落实中央有关建设党建工作长效机制的精神，市委出台《关于进一步加强和改进社区党的建设工作的意见》、《关于加强和改进机关党的建设工作的意见》、《关于认真做好落实“三真”、关爱基层工作的意见》、《关于实施流动党员“安家工程”的意见》等文件，将理论成果转化为制度成果，初步形成了党员经常性教育培训、关心关爱基层和党员、流动党员教育管理、党员发挥作用、各级党组织和党员服务群众、扩大党内民主等 6 个方面的长效机制。

【完成区、县(市)领导班子换届】 12 月 11 日~31 日，全市 13 个区、县(市)先后召开党代会，选举产生新一届区、县(市)党委领导班子和纪委领导班子。全市各级党委严格执行中组部《综合考核评价试行办法》和杭州市《区、县(市)领导班子换届考察工作实施细则》要求，严格考核，严肃纪律，加强指导，注重扩大民主，保证了换届工作顺利完成。

【深化依托重点工程挂职锻炼干部工作】 2006 年，杭州市继续选派干部到重点工程挂职锻炼，并首次将 150 名挂职干部编入市委党校中青二班，力求实践锻炼和理论培训紧密结合；制定重点工程挂职干部管理专项制度，探索实施“支部建在项目上”。这些措施对提高挂职干部的思想政治素质，规范日常管理，都起到较好的作用。省委常委、组织部长斯鑫良专门批示，要求全省各地学习借鉴。中央组织部干部一局、省委组织部专程到杭州调研总结，并进行宣传推广。《人民日报》、《新华社内参》等报刊对此作了报道。

【首次评选杭州市杰出人才】 在 2006 年开展的杭州市首届杰出人才评选中，打破学历、职称、年龄、身份的限制，将高技能人才和农村实用人才纳入评选范围，鼓舞和激发各类人才的积极性，进一步营造了“四个尊重”的良好氛围。全市共评选出 19 名杰出人才。新华社、《人民日报》、《光明日报》等新闻媒体报道了这次评选活动。杰出人才奖获得者、建德市草莓种植户吴东良作为浙江省农村实用人才的代表，受党中央、国务院邀请赴北戴河疗养。

【推进党员干部现代远程教育】 从 3 月起，市委组织部克服范围广、要求高等困难，着力推进党员干部现代远程教育工作，在全市所有基层单位建成 7014 个终端接收站点，提前 3 个月完成省委组织部下达全年计划任务数的 202.3%。中央组织部在《全国农村党员干部现代远程教育工作简报》上介绍杭州经验，中央电视台制作并播放反映杭州市远程教育工作的专题片《远程不远》。11 月 9 日，省委组织部在杭州召开现场会，对杭州远程教育工作给予高度评价。

【完成第一轮“356”工程和与香港互派公务员实习交流工作】 至年末，杭州市第一轮“356”培训工程圆满完成。3 年举办企业总裁研修班 11 期，培训 549 个企业的 623 名经营者。2006 年首次采用分商贸旅游、工业经济、城建交通3个行业研修班的教学方式，提高了培训效果。第一轮“356”工程从2004年启动以来，全市共培训企业经营管理者22863名。

从2004年开始，杭州市3年共选派15名公务员到香港政府对口部门进行实习交流。至2006年末，完成第一轮互派公务员交流工作。

【落实大规模培训干部任务】市委组织部认真贯彻《干部教育条例》和中央关于大规模培训干部的要求，2006年组织社会主义和谐社会建设、社会主义新农村建设等主题培训班23期，培训市管领导干部1100余人次、乡镇党政正职271人、中青年干部109人。

牵头、协调全市各级组织部门举办各类干部培训班345个，培训干部32751人次。第3批MPA班学员结业回国，选送第4批学员出国培训，全市参加境外MPA培训的中青年干部累计达到135人。至年末，全市完成自2002年开始的5年大规模培训干部计划总量的85%。

【加强对干部经常性管理和监督】2006年，市委组织部对市属部分单位贯彻《党政领导干部选拔任用工作条例》整改情况进行“回头看”；与市纪委联合发文，要求有关单位党政“一把手”按照党内监督制度有关要求，进行公开述职述廉，全市113个市直单位的135名党政“一把手”作了年度总结报告，104个市直单位领导干部作了届末述职述廉报告；对18名市直单位主要领导进行经济责任审计。完善干部监督工作联席会议、干部选拔任用、巡视等制度，对拱墅区、建德市进行巡视“回头看”，对市农业局、质监局进行巡视。

【加强基层党组织和党员队伍建设】2006年，杭州市加强“先锋工程”建设，树立了100个农村党建工作示范村；加强农村基层干部队伍建设，县、乡两级党委共集训村“两委”干部20894人。村级组织活动场所建设工作扎实开展，新建、改建、扩建村级活动场所1994个，率先全面实现了省委提出的村村都有100平方米以上活动场所的目标。改善社区工作环境，进一步解决社区工作者工资、福利、津贴和社会保险等问题。年内组织12期737名社区党组织书记、主任和2期101名村党组织书记示范培训班。依托社区，探索建立社企共建共管机制，加强企业退休职工党员形势教育、政策教育和各项服务工作，中组部专门介绍杭州大力加强企业退休职工党员教育管理的做法。召开全市非公有制企业党建工作会议，开展非公企业党建工作情况全面调查，扩大非公企业党建工作“两个覆盖”，选派6069名党建指导（联络）员指导联系11543个非公有制企业，3427个非公有制企业建立了党组织。确定280余个区、县(市)级非公企业党建示范点。

杭州市基层干部培训中心于7月投入使用。（张义久）

【全市宣传思想工作会议】1月11日召开。会议学习贯彻全国宣传部长会议、全省宣传思想工作会议和市委九届十次全会精神，总结2005年宣传思想工作，部署2006年宣传思想工作任务。市委副书记叶明出席会议并讲话，市委常委、宣传部长张鸿建总结部署工作，市人大常委会副主任安志云出席会议并为先进颁奖，副市长陈重华主持。会议表彰获2005年度全市宣传思想工作“创新奖”、社会舆情工作先进单位和优秀信息员、宣传思想工作优秀调研报告、领导干部优秀理论文章、优秀宣传思想工作者、宣传文化系统“五个一批”人才等称号的单位和个人。

【评选宣传文化工作十大亮点】2006年，全市宣传系统涌现出一批全国、全省有影响力的工作亮点，有力地推动了文化名城建设。通过《杭州日报》、《都市快报》等媒体对经初评推出的20个候选亮点进行读者公开评选，按得票数，评出2006年度杭州市宣传文化工作十大亮点：十万人激情相拥“手拉手，走近大运河”活动；被誉为“江南第一拍”的西泠印社艺术品拍卖；中国国际动漫节固定落户杭州；举办2006年杭州世界休闲博览会开幕式文艺晚会；承办第十五届中国金鸡百花电影节；“一名城、四强市”大会绘就杭州文化建设蓝图；IP电视获得运营许可证，发展全国领先；数字电视用户覆盖百万户，全国率先；《都市快报》蝉联世界报业百强，跃居71位；十大“平民英雄”评选感动杭州。

（史鬈娟）

【杭州文化体制改革引起媒体关注】为激励文艺创作，市委、市政府出台设立文艺突出贡献奖、建立杭州文艺人才库和政府采购公益文化产品3项政策，率先在全国试点城市推行文化体制改革。10月，李长春、刘云山等中央领导在《〈宋城千古情〉长盛不衰》的有关报道上批示，肯定文化与旅游结合的经验，中宣部、文化部派调研组到杭州调研，新华社等中央媒体对此作了宣传。由中央文化体制改革办公室牵头拍摄的系列政论片《改革的大潮》，重点介绍杭州文化体制改革经验，于7月在央视一套黄金时段播出。

【建设“一名城、四强市”工作会议】9月1日召开，有2000多人参加。会后，分别召开教育、科技、卫生、体育4个强市建设系列工作会议。市委、市政府出台《关于加快“一名城、四强市”建设的意见》和《关于加快“一名城、四强市”建设的若干政策意见》，对“十一五”期间名城强市建设的目标、思路、举措及“三有一平衡”（有钱办事、有房办事、有人办事和城乡、区域、群体平衡）政策作了进一步明确；拟订《“十一五”期间教育、科技、卫生、体育四强市和公共文化服务体系建设规划纲要》。

【文化体制改革工作会议】7月24日召开。会议总结文化体制改革试点经验，对全面推进文化体制改革的总体要求、目标任务、保障措施等作了部署。会后，市委、市政府出台《关于全面推进文化体制改革的实施意见》。根据实施意见和会议精神，杭州市将通过稳妥推进宏观管理体制改革、加快构建公共文化服务体系、继续推进文化产业结构调整、积极培育现代文化市场体系和扎实推进区、县(市)文化体制改革等方面重点任务的实施来全面深化文化体制改革工作。

【开展市属文艺院团改革试点】2006年，以杭州杂技总团、杭州滑稽艺术剧院为试点，破解文艺院团改革难题。制订《关于推进杭州杂技总团、杭州滑稽艺术剧院改革的若干意见》,明确杭州杂技总团和杭州滑稽艺术剧院暂时保持独立建制不变、人员身份性质不变,在现有院团事业体制基础上组建股份制演艺公司进行市场化运作。10月,杭州杂技总团演艺有限公司、杭州滑稽艺术剧院演艺有限公司挂牌成立。

【完善文化产业发展相关政策】 为推动社会力量投资大文化产业,5月出台《杭州市文化产业发展专项资金管理办法(试行)》和《杭州市文化产业扶持项目立项管理暂行办法》,面向社会公开申报文化产业专项资金扶持项目,实行专家评审和行政决策相结合的方式,加强专项资金管理,提高资金使用效率。开展2006年发展文化产业先进单位评选,西泠印社拍卖有限公司、浙江风行传媒有限公司、杭州广电公交移动多媒体有限公司、杭州金星铜工程有限总公司、杭州金海岸娱乐有限公司、浙江三联专修学院、杭州小奇兵卡通影视有限公司、杭州市中医院广兴堂国医馆、杭州飞鹰船艇有限公司、杭州高新区动画产业基地(杭州高新区动画产业基地办公室)、杭州数字娱乐产业园(西湖区文三路电子信息街区管委会)11个单位入选。 (林建国)

【评选宣传文化系统"五个一批"人才】 2006年,市委宣传部对理论、新闻、出版、文艺和文化经营管理等方面作出重要贡献的"五个一批"人才组织开展评选工作。经各单位民主推荐、党委(党组)研究上报,市"五个一批"人才评选领导小组审核,并经市委宣传部研究,杨星、谢群英、徐吉军、陈星、余华、胡序杭等6人被评为杭州市宣传文化系统第二批"五个一批"人才。其中杨星、徐吉军、陈星、余华等4人被评为浙江省宣传文化系统第二批"五个一批"人才。

【做好政工职称评审工作】 5月13日,市政工职称评审办公室举办全市企事业单位政工人员专业培训班,参加培训450人,经考试全部合格。经市政工专业评审委员会评审,有108人取得政工师资格,通过率89%;经省政工专业评审委员会评审,51人取得高级政工师资格,通过率90%。 (徐建钢)

【"国庆——让五星红旗飘起来"活动引起关注】 2006年国庆节前后,杭州市举办第三届"国庆——让五星红旗飘起来"活动。其间,在杭城的主要道路、街巷、社区、西湖游船、楼堂会所等挂满五星红旗,形成氛围浓厚的"国旗路"、"国旗街"、"国旗社区"。由于活动开展时间早、创意好、效果好,引起社会各界的广泛关注。《人民日报》、新华社、中央电视台及省、市媒体均作了报道。

(陈明春)

【举办首届"西湖之春"艺术节】 3月20日在杭州开幕,历时63天,8区、5县(市)同时举办,是杭州市全面整合文学艺术资源,参与文化单位最多,涉及艺术门类最全的一次艺术盛会。艺术节主要有新剧目汇演、舞台精品展演、文学艺术系列活动等三大板块、25个子项目,演出样式包括越剧、绍剧、杭剧、睦剧、婺剧、滑稽戏和歌舞,演出140余场,观众7万余人。越剧《少年天子》、《心比天高》,杭剧《苏小小》,睦剧《雪兰花》等14台新创作剧目集中亮相。"西湖之春"艺术节的举办,对丰富市民精神文化生活,锻炼文艺人才队伍,提升文化名城品位起到了积极的促进作用。

【创办"西湖之夏"音乐节】 8月22日~26日,杭州市举办首届"西湖之夏"音乐节。来自10余个国家和地区的音乐家奉献上8场高水平的音乐会,1万余名音乐爱好者观看演出。音乐节坚持"政府主导、市场运作、社会参与"的模式,整合各方资源,调动民营文化企业的积极性,为音乐家提供展示才华的舞台,为业内人士搭建交流合作的平台,为市民奉献高雅的文化大餐。音乐产业高峰论坛、DJ电音派对、尚·马龙钢琴独奏音乐会、中国音乐国际比赛等活动给观众留下了深刻的印象,体现了国际性、原创性、艺术性、时尚性和群众参与性兼备的品牌特色。

【中国国际动漫节固定落户杭州】 4月28日~5月4日,第二届中国国际动漫节在杭州举行。4月27日晚,充满动漫梦幻色彩的开幕式文艺晚会"动漫天堂"在杭州黄龙体育馆上演,现场观看的国务委员陈至立赞誉该晚会为"最有创意、最富有特色的文艺晚会"。动漫节期间举办了动漫产业博览会,先后推出卡通狂欢大巡游、卡通灯会、"美猴奖"大赛、学生原创大赛暨颁奖盛典、中国动漫产业高峰论坛、中国COSPLAY超级盛典、中日韩三国COSPLAY交流会等大型活动。2006年度,杭州的4部动画作品《小红军长征记》、《魔幻仙踪》、《环保剑》和"小奇兵"系列动画片被列入省文化精品工程扶持项目。杭州高新区国家动画产业基地全年的创作总量超过1万分钟,占全省动漫创作总数的90%。

8月3日,国家广电总局宣布,中国国际动漫节今后固定在杭州举办,这对杭州市打造"动漫之都",发展文化产业,建设文化名城具有重要意义。

【"人间天堂"晚会靓丽展现】 4月22日晚,杭州世界休闲博览会暨第八届西湖博览会开幕式"人间天堂"晚会在休闲博览园中心湖区举行,一批观众喜爱的著名歌手联袂出场,为现场1万多名观众献上了精彩纷呈的表演。晚会分"水月花雨"、"春夏秋冬"、"古今中外"3个篇章,展现了杭州"东方休闲之都"的魅力。该台晚会被休博会组委会评为金奖项目,中央电视台先后9次播出演出实况。据市统计局调查,64%的市民家庭收看了晚会的电视直播,99.6%的观众对晚会表示满意。

【成功承办第十五届金鸡百花电影节】 10月25日~28日,由中国文联、中国电影家协会、杭州市人民政府联合主办的第十五届中国金鸡百花电影节在杭州隆重举行。电影节期间,举办各类活动近20项;接待来自中外电影界的嘉宾和文艺工作者近2000人次;放映电影176场,观摩影片2.5万人次。中央电视台多套频道直播或录播电影节开幕式晚会、星光大道命名、电影明星走百花大道、闭幕式颁奖晚会等活动,数百万群众直接或间接参与电影节。电影节以崭新的办节思路载入中国电影史册,中国电影家协会专门致函对杭州市成功举办电影节表示感谢。

【“越剧大舞台”纪念越剧百年华诞】 2006年，是中国越剧百年华诞。红星剧院联手江浙沪越剧院团，以“名团、名剧、名角、平价”的形式推出“越剧大舞台”，所有演出均以资源共享、分成合作的新形式进行操作，演出票价在20元~120元之间。“越剧大舞台”全年上演85场，观众超过8万人次，上座率均在8成以上。其中3场“纪念越剧百年演唱会”及“王文娟艺术回顾”演出引起强烈反响，售票开始一周内全部出票。

【特色文化广场活动惠及大众】 7月始，每逢周末，杭州市区的五大广场同时开展“越剧大舞台”、“广场音乐会”、“欢乐大舞台”、“曲艺新天地”和“戏剧大舞台”等特色文化活动。至年末，共举办演出活动70余场，观众超过15万人次。特色文化广场活动实行政府采购的方式，由市委宣传部牵头，市属文艺院团和相关城区共同实施，受到市民群众的广泛好评。在2006年举行的全国特色文化广场评比活动中，杭州市五大广场榜上有名。在杭州生活品质之城文娱活动点评中，特色文化广场活动以高票当选为最受群众欢迎的文娱活动之一。

【万千场文化活动下基层】 7月12日，由市委宣传部、市文明办和市文广新局共同主办的“‘知荣辱 树新风’万千场文化活动下基层”活动在杭州启动。该活动以文艺大篷车、文艺演出、电影放映小分队等形式，推动文化活动赴社区、进村镇。主要包括：千场文艺演出下基层、千场电影放映下基层、万册图书资料送基层、有线电视村村通工程、文化工作者下基层等活动。各区、县（市）结合自身特点，整合各自文化资源和力量，组织开展形式多样的文化活动赴社区、进村镇。 （金杭婷）

【加强多党合作和政治协商制度建设】 2006年，市委统战部在认真组织学习《中共中央关于加强中国共产党领导的多党合作和政治协商制度建设的意见》、《中共中央关于人民政协工作的意见》及省、市委实施意见的同时，努力加强多党合作的制度化、规范化、程序化建设。

开展多种形式的学习教育活动。在市社会主义学院先后举办乡镇（街道）统战委员培训班、党外中青年后备干部培训班和民主党派骨干培训班，协助市各民主党派、工商联举办爱国主义讲座4期，进一步加深统战干部和民主党派、工商联成员对统一战线和多党合作的认识。

健全多党合作相关制度。完善市委领导与市各民主党派和工商联、市委统战部领导与党外领导干部的分工联系制度；多次召开谈心会、通报会、恳谈会和联席会；深入走访市各民主党派、工商联，协助市委解决他们在干部交流、活动调研经费等方面的问题；协助市政府召开有关部门与市各民主党派、工商联对口联系会议，总结交流对口联系工作情况和主要经验；多次召开统战部长工作例会，加强对各区、县（市）贯彻落实文件精神的指导力度。

【协助市各民主党派和工商联完成换届】 2005年7月起，市委统战部协助市各民主党派、工商联开展换届的各项准备工作。2006年，市委统战部领导和有关工作人员走访省委统战部、各民主党派省委会和省工商联，与市各民主党派、工商联反复协商、研究，并与有关部门进行协商、沟通，取得共识。对市工商联会长人选，首次采用在全市范围内民主推荐、公开选拔的做法。8月~9月，市各民主党派、工商联顺利召开换届大会。

【举办新一届民主党派工商联负责人培训班】 10月30日~11月3日，市委统战部协助市委在上海市社会主义学院举办为期一周的新一届杭州市各民主党派、工商联秘书长以上领导干部专题培训班。其间，学员们听取了上海市委统战部秘书长徐海鹰和上海市社会主义学院副院长、民建上海市委会副主委彭镇秋分别作的题为《新世纪新阶段统一战线工作形势与任务》与《加强参政党建设，提高参政议政能力与水平》的报告，以及民进上海市委会专职副主委王惠敏、民盟上海市委会兼职副主委郑惠强的工作体会。学员们还与上海市委统战部、各民主党派、工商联、无党派人士进行对口座谈交流。

【加强统战领域代表人士的培养选拔】 2006年，市委统战部采取有效措施，加强统战领域代表人士队伍建设。走访担任政府实职和挂职锻炼的党外干部，召开民主党派挂职锻炼干部座谈会，进一步规范党外干部选拔任用的程序，对全市党外干部培养选拔工作进行督查。召开无党派代表人士工作研讨会，提出加强无党派人士工作的建议，推荐无党派代表人士联系名单，建立联系无党派人士制度。按照中央统战

“知荣辱 树新风”杭州市万千场文化活动下基层文艺演出

（市文广新闻出版局 供稿）

部的要求，积极做好宗教界中青年骨干的推荐工作。配合组织部门做好西部地区和少数民族地区到杭州市挂职锻炼干部的有关工作。市委统战部与市工商联共同组织第二届优秀社会主义事业建设者评选活动，联合举办两场优秀社会主义事业建设者巡回宣讲会，编印出版《建设者之歌》一书，大力宣传优秀社会主义事业建设者的先进事迹。与有关部门联合开展关于非公经济人士人才培养工作的课题调研，参与起草《关于进一步加强非公有制经济人才队伍建设的意见》等有关文件。以杭州海外联谊会、旅港杭州同乡会、欧洲杭州联谊总会为载体，做好新一代爱国爱港爱澳代表人士的工作。进一步扩大与海外社团组织的联系，接待了包括美洲中华会馆、欧洲杭州联谊总会等侨(社)团 42 批、395 人次。组织欧洲杭州联谊总会的部分侨领到中西部地区考察。

【做好统战调研信息工作】 年初，市委统战部确定全市统战系统重点调研课题 28 个，年内全部完成。部领导牵头调研并完成其中 5 个重点课题，《关于组织引导民营企业参与社会主义新农村建设的背景、路径、模式、困惑与对策研究》获中国统一战线理论学会非公有制经济统战工作理论浙江研究基地优秀成果奖，《新世纪新阶段杭州市归国留学人员统战工作的调查思考》、《关于统战部门协助民主党派开展工作的几点思考》被省委统战部评为调研优秀成果二等奖。5 月，开展第三次全市统战理论调研成果评选活动，评出 2004~2005 年度优秀调研成果 18 篇。

完善信息工作考核目标责任制，加强信息员队伍建设，在统战系统和有关单位聘请了信息直报员。市委统战部连续第三年获中央统战部信息工作二等奖。完成《杭州统一战线五十年》编纂工作。（盛丹群）

【党校教学综合质量提高】 3 月，中央颁布《干部教育培训工作条例(试行)》。中共杭州市委党校抓住这一契机，切实加强对干部培训规律的研究，持续加大培训内容、培训方式等方面的改革力度，创新现场教学、案例教学、选课制等教学方式，学员满意度不断上升，并将探索教学规律作为重要工作列入年度工作目标。2006 年，市委党校教学综合质量达 93.75 分，比上年提高 1.05 分。

全年举办中青班、进修班、任职班、党外中青班等各类干部培训班次 65 期，培训学员 5215 人次。其中，“建设社会主义新农村”领导干部专题研讨班，学制从原 20 天延长至 30 天，增加了现场教学内容，取得良好效果；新增中青二班，除集中培训外，还进行实践锻炼，使理论与实践有机结合，得到市委领导的充分肯定。举办 2 期乡镇党政正职新农村建设培训班。工商联百名企业家培训班实行异地培训。全年承接异地办班 43 期，培训学员 2110 人。印发《干训研究》4 期。

党校函授学区录取新生 2589 人（其中大专 1663 人、本科 899 人），学区直属班录取新生 583 人(其中研究生 27 人)。至年末，学区有在读学员 7663 人。

实现校内视频点播和校园网 A 级站直播。建成全市党员干部远程教育中心课堂，已投入运行。

【充实党校教学内容】 2006 年，围绕重大理论创新和中心工作，市委党校推出新专题 33 个，占主体班专题总数 30%以上。及时安排《中国共产党章程》、胡锦涛“七一”讲话和《江泽民文选》等的学习辅导，推出中共十六届五中、六中全会精神学习系列专题课；将“贯彻落实科学发展观”、“构建社会主义和谐社会”等内容作为教学的重中之重，集中校内外师资力量，努力提升教学水平。继续优化市情研究单元，将杭州市实施“五大战略”、构建“和谐杭州”、提升生活品质等重大理论和现实问题引入课堂，增强了教学的针对性和有效性。

【推进党校教学方式改革】 市委党校进一步加大以案例教学为重点的各类互动式、研究式教学，全年推出案例教学课 14 课，在主体班次安排案例教学课 22 课。尝试开展以农民工子女教育与农民工犯罪问题为主题的现场教学，取得较好效果。继续推行选修课制度，全年推出 42 个选修课专题，受到学员欢迎。在进修班、中青班、公务员任职班等班次普遍开展“2+x”教学(互动式教学)，学员的参与度和互动性明显提高。

加强讲师团网络建设，积极选派教师外出宣讲，全年外派宣讲 322 人次、966 课时，受众 1.94 万人次，取得良好的社会效益。

【课题立项取得重大突破】 市委党校加大课题组织申报力度，全年申报国家社科基金项目 25 项，申报省社科规划课题 23 项，省社科联课题 9 项。积极参与国家自然科学基金项目、省自然科学基金项目等课题的申报，涉及党史党建、社会学、政治学、理论经济学和应用经济学等多个学科。全年立项课题 42 项，其中国家社科基金项目 3 项，省规划课题 6 项，省社科联课题 3 项，全国党校系统重点调研课题 2 项，省社会主义学院课题 1 项，省委党校邓小平理论研究中心课题 5 项。

【党校理论科研成果丰硕】 2006 年，市委党校有 45 项科研成果获奖。其中全国党校系统第六届优秀科研成果二等奖 1 项、三等奖 2 项，全国党校系统理论研讨会优秀论文 1 项；浙江省第十三届社科优秀成果三等奖 1 项，浙江省“先进性教育与先进性建设”理论研讨会一等奖 2 项，首届浙江省社科联优秀成果二等奖 1 项、三等奖 3 项，浙江省党校邓小平理论研究中心优秀课题 4 项，全省党校系统理论研讨会一等奖 2 项、二等奖 1 项、三等奖 1 项，全省党校系统首届青年学者学术研讨会优秀论文二等奖 1 项、三等奖 2 项；市科技进步奖二等奖 1 项，市第十三届社会科学优秀成果二等奖 6 项、三等奖 6 项，市党政系统调研成果一等奖 1 项。在全国党校系统纪念建党 85 周年理论研讨会暨颁奖大会上，杭州市委党校荣获全国党校系统优秀科研工作组织奖，有 2 人被评为优秀科研管理工作者。

全年出版专著(教材)2 部，在副省级以上刊物上发表论文 106 篇，其中发表在核心刊物 21 篇、被《中国人民大学复印报刊资料》全文转载 4 篇。

【科研资政取得新进展】 市委党校受市委领导委托，开展了杭州城市建设中的民主参与机制、生活品质主导与杭州创业文化关系、杭州人文精神历史传承和现代特征等重大课题研究。全年中标市规划课题12项，市发改委公开招标课题1项，市软科学重点课题1项，市科技情报调研课题3项。完成市委、市政府主要领导及部门委托课题9项，编发《领导参阅》7期。《学报》市情研究专栏刊载省情、市情研究文章41篇；新设"杭州和谐创业"和"杭州生活品质研究"专栏。围绕"科学发展观与社会主义新农村建设"课题，召开全市党校系统理论研讨会，收到论文98篇。

全年安排"领导干部讲坛"15人次。汇总近年领导干部到党校开设"讲坛"文稿，编印《杭州领导干部讲坛文集》。组织讲座28次，安排客座教授讲课27人次。（衣文东）

【社会主义时期党史专题征编工作进展顺利】 10月，《探索之路——杭州市社会主义时期党史专题集》第三辑、第四辑由中共党史出版社出版，书中收录1949~1978年间杭州地方党史重要研究专题54篇。建德、临安、桐庐等县（市）先后编印出版社会主义时期党史专题集12册，收录党史研究专题300余篇，为总结、研究中国社会主义建设道路的探索历程和这一时期党的执政规律提供了借鉴。改革开放新时期的党史专题征编工作顺利推进。市委党史研究室先后3次召开全市各部门党史专题编写人员座谈会，交流研讨专题征编工作，开展面对面的业务指导。对各单位送交的专题初稿，进行审核修改和意见反馈。至年底，改革开放新时期党史专题85篇已有70%完成专题研究综述的初稿。

【市委党史研究室获全国先进集体称号】 9月8日，在北京召开的全国党史工作会议上，杭州市委党史研究室获由中共中央党史研究室和人事部联合颁发的全国党史系统先进集体荣誉称号。省委常委、市委书记王国平批示"难能可贵，可喜可贺，再接再厉！"市委副书记、市长孙忠焕，市委副书记朱报春，市委常委、常务副市长盛继芳等也先后批示，予以鼓励。同时，富阳市史志办公室获中共中央党史研究室颁发的全国党史系统先进集体称号。

【调研抗日战争时期人口伤亡及财产损失】 根据中央和省委党史部门的统一部署，4月起，杭州在全省率先开展"抗日战争时期中国人口伤亡及财产损失（杭州部分）"课题调研工作。该课题调研主要搞清楚四方面的问题：重大惨案、重大战役伤亡情况；城市和乡村重大损失情况；劳工、慰安妇情况；日军使用细菌武器、化学武器残害中国军民情况等。课题调研期间，市委党史研究室从省、市档案部门和南京等地收集资料，先后调阅档案1150卷、征集资料5390份；向西湖区、江干区的5个乡镇和1个街道等当年重灾区发放社会调查表，取得重要线索和证人证言。5月下旬起，市属各区、县（市）相继成立调研工作领导小组，抽调在职干部，聘请当地热心抗战史研究的老同志，开展广泛的资料征集和社会调查。至年底，全市已征集复印各类原始材料3万余份，社会调查涵盖全市各区、县（市）近50%的乡镇。

【党史宣传教育】 结合中国共产党成立85周年和中国工农红军长征胜利70周年纪念活动，在《杭州日报》、《征途》等报刊推出纪念专刊，举办知识竞赛活动。向全市学校、机关、社区和农村基层单位赠送各类党史书籍1.2万册。出版发行《西湖全书》之一的《周恩来与西湖》。为配合中国共产党杭州市第十次代表大会召开，编辑出版《中国共产党杭州市历次代表大会重要文献选编》，收录自1956年6月中国共产党杭州市第一次代表大会至2002年2月中国共产党杭州市第九次代表大会历次会议期间市委、市纪委工作报告等重要文献45篇，计32万字。

【《新世纪杭州纪事》出版】 6月，由市委党史研究室、当代杭州研究所组织编写的《新世纪杭州纪事》第一至第六册，由中央文献出版社出版，省委常委、市委书记王国平为该书作序。该书从2000年开始，以年为序，一年一册，约156万字。全书以大事记的形式，详实记录了杭州在新世纪初全面实施第十个五年计划，为提前实现现代化目标而奋斗的历程，其内容不仅记载市委、市政府的决策与实施过程，也反映这一时期关乎基层、关乎民生的重大事件。（曹正法）

【老干部工作】 至2006年末，全市有离休干部5113人（比2005年减少196人）。其中，红军时期12人，抗日战争时期1139人，解放战争时期3962人；属党政机关1460人，事业单位1370人，企业单位2283人；享受县（处）级以上待遇2896人；70岁以上5108人（其中80岁以上1714人）。

各级党委从讲政治、讲大局的高度，进一步把中央关于老干部工作的各项政策落到实处。市委两次听取老干部工作情况汇报，省委常委、市委书记王国平和市委副书记朱报春分别作出重要批示。各区、县（市）委和市直属大部分单位的党委（党组），通过党委会等形式，听取老干部工作专题汇报，掌握老干部工作情况。加强与老干部的联系与沟通，全市有1100余名领导干部和老干部工作人员走访慰问离退休干部7500余人次，其中市委、市政府领导探望慰问老干部及遗孀约630人次。

2006年，杭州市委老干部局获由中组部和人事部联合颁发的全国老干部工作先进集体称号，被评为市直机关学习型先进机关。杭州市老干部活动中心被评为浙江省老干部先进活动中心。下城区委老干部局等4个单位和陈杭泉等17名老干部工作者被分别评为浙江省老干部工作先进集体与浙江省先进老干部工作者。

【落实老干部政治待遇】 2006年，全市举办老干部政治理论读书会、报告会66场次，专题讨论会132场次，有老同志2万余人次参加；给老同志发放各类学习资料1万余册。临安、建德、桐庐、淳安、富阳等县（市）委老干部局，针对老干部居住乡镇较为分散的情况，定期到设定的地点传达文件，使老干部及时了解国内外大事和当地三个文明建设情况。巩固先进性教育成果，加强新形势下老干部党支部建设。市委组织部与市委老干部局根据中组部《关于进一步加强和改进离退休干部党支部建设工作的意见》精神，研究制定下发《关于在全市离退休干部党支部中开展创建"示范性老干部党支部”活动的通知》，全市有300多个老干部党支部参与创建活动。在各单位申报的基础上，经市委组织部、市委老干部局验收，市建委机关老干部党支部等19个离退休干部党支部获首批杭州市示范性老干部党支部称号。

【保障离休干部生活待遇】2006年，全市各级财政安排离休干部的生活、医疗、福利等经费4.8亿元，确保了离休干部“三个机制”的有效运转。建立、完善老干部困难补助金制度，全市向856名有困难的老干部及遗孀发放困难补助金92万元。全年组织93位享受地专级以上待遇的离休干部在杭州市五云山疗养院避暑疗养，老干部整体满意度达95.8%；组织1062位市本级离休干部分17批参加休养体检；组织660位市本级离休干部在市属医院作单项体检。离休干部疗养、休养、单项体检及休养补贴费发放改由市委老干部局统一核拨。5月，市委老干部局与市委组织部联合转发省委办公厅《关于进一步加强我省国有改制和破产企业离休干部管理服务工作的意见》，各区、县(市)和市直有关单位对照文件要求，检查了改制企业离休干部管理服务工作的落实情况，解决了一些改制单位离休干部管理服务中任务不够明确、经费不到位等问题。

市委老干部局组织老干部参与2006年杭州世界休闲博览会等大型活动13次，组织市级老领导赴桂林、遵义参观考察。全市各单位组织老干部外出参观、考察110余批次，参加活动的老干部1万余人次。

市委老干部局在全国率先推出免费为市区离休干部安装“援通呼叫器”的举措，全年接受老干部有效求助呼叫509次，并成功地急救了11位遇到突发情况的老干部。各区、县(市)也充分利用社区资源，为老干部提供就近、就便服务。

全年受理老干部来信113件次，来电来访近300人次。其中22件市委领导批示件和12345重要信访件，做到件件有回音，事事有落实。坚持老干部来信来访每季度分析报告制度和重要信访局领导亲自上门办理制度，较好地解决了老干部反映的各种问题，老干部满意率98%，有4件重要信访件的办理，得到市委领导的批示表扬。

【丰富老同志精神文化生活】为更好地贯彻全国老干部活动中心老年大学座谈会精神，发挥“两个阵地”作用，市委老干部局重点抓好“坚持阵地政治化和规范化建设、实施人性化管理和服务”的目标工程。

2006年，杭州老年大学开设课程35门、班级91个，累计招收学员3500人。年内，有学员42人次在各级书画、摄影、工艺、文艺比赛和展览中获各类奖项或荣誉称号；举行教学成果展136批次，组织3万余人次参观学习。

制定《杭州市老年大学规范化建设示范校评估标准》，全市老年大学(校)共投入300余万元用于添置教学设备、改善教学条件。成立市老年大学信息工作小组，全年收到稿件123篇，录用66篇，其中被中央、省、市有关刊物录用6篇；完成工作调研文章3篇，其中被中组部老干部局《情况通报》采用1篇、被《老年教育》采用1篇。5月，召开市老年大学规范化建设现场会，交流老年大学政治化建校、规范化管理、人性化服务的经验；与杭师院钱江学院签约，杭州老年大学成为该院青年志愿者实践基地。作为“杭州国际旅游访问点”，杭州老年大学全年接待到访的国内外老年朋友29批次、250余人。

2006年，全市各级老干部活动中心结合纪念中国共产党建党85周年、中国工农红军长征胜利70周年，开展“重走长征路”、“话说长征”座谈会、“弘扬长征精神共创和谐社会”歌咏比赛等系列活动，参加活动的老同志近100万人次。（余 辉）

【关心下一代工作】2006年，全市各级关工委组织遵照中央和省、市委的部署，把加强青少年思想道德教育的重心放在树立社会主义荣辱观教育上。市关工委多次召开各区、县(市)关工委和市直机关关工委主任会议，座谈交流社会主义荣辱观教育经验。组织调查组15个，深入到农村、学校，撰写调研报告16篇。市关工委和市教育局联合举办社会主义荣辱观教育征文、演讲比赛，参赛人员中年龄最大的87岁，最小的12岁。充分发挥“五老”(老干部、老战士、老专家、老教师、老模范)的特殊作用，组织老年志愿者出任“八大员”(即理论教育报告员、科技文化辅导员、传统教育宣传员、法制教育宣讲员、家庭教育指导员、绿化环境养护员、不良网吧监督员、问题青少年帮教员)。邀请省委党校教授作《建设社会主义先进文化，树立正确的荣辱观》专题辅导报告。在广大老同志中发出倡议，要求积极参加“八荣八耻”宣传教育实践活动，做好七件实事（为所在社区办一期宣传专栏，编写一则有关“八荣八耻”的故事，为社区青少年作一次“八荣八耻”报告会，组织参与一次道德评议活动，给自己的第三代讲有关“八荣八耻”的故事，传授一项科技或人文知识，和一位青少年开展一次谈心活动）。向全市青少年发出“知荣明耻，践行立德”的“五个一”倡议书，提出：人人阅读一本荣辱明、是非清、爱憎分的好书，让正直、正义、正气从小立根；人人学唱一首知荣明耻的歌曲，让歌声引领我们行动、伴随我们健康成长；人人选择一个学习的榜样，让英雄模范人物成为我们前进动力、指路明灯；人人改掉自己身上的一个陋习，让健康生活成就童年梦想、放飞成功的希望；人人参与一个知荣明耻的社会行动，让社会主义荣辱观传播到每一个社区，深入到每一个人心。通过老少互学、互动、互进的作用，在全市青少年中逐步形成“知荣辱，树新风，讲文明，促和谐”的良好社会氛围。在荣辱观教育中，“五老”宣讲3000多场，受教育90余万人次；开办暑期“假日学校”172所。把纪念红军长征胜利70周年与社会主义荣辱观教育结合起来，开展“学传统、知荣辱，树理想、做新人”系列活动，进一步弘扬长征精神，使社会主义荣辱观教育更加形象化、具体化。

【做好新形势下帮困助学工作】2006年，在省、市对九年制义务教育阶段中经济困难家庭子女实行教育资助券制度和国家免收杂费的新形势下，帮困助学工作取得很大成绩。据统计，至9月末，全市关工委筹措帮困助学资金2410.54万元，资助大、中、小学生23492人，帮助1114所学校改善办学条件。加大帮困助学力度，做到四个延伸（向学龄前儿童延伸，向农民工子女延伸，向特殊教育学生延伸，向大学生延伸），使帮困助学工作更加普及，更加全面。全年为贫困大学生筹措助学基金600余万元，资助大学生2061人。举办外来务工青年培训班29期，培训务工青年6500余人。

【重视失足青少年帮教工作】 根据中央综治委要求和中国关工委通知精神，由全市各级关工委牵头，在"五老"中建立"关爱工作团"，积极开展做好预防未成年人违法犯罪工作。至年末，全市已建法制学校917所；举办各类报告、讲座和咨询活动1310次，受教育90余万人次；建帮教小组2497个，参与帮教8516人，帮教失足青少年2449人，其中有明显进步1924人。

【承办全国部分城市关心下一代工作研讨会】 10月9日~13日，由杭州市关工委承办的第十四次全国部分城市关心下一代工作研讨会在杭召开，来自31个城市关工委的136名代表参加。会议主题是研讨如何进一步发挥关工委组织和"五老"队伍的作用，在新形势下加强和改进未成年人思想道德建设、加强社会主义荣辱观教育，为构建社会主义和谐社会作出新贡献。与会代表参观考察了杭州市下城区浙大御跸社区、西湖区东山弄社区的关心下一代工作。（俞春忠）

【加强市直机关理论学习】 2006年，市直机关工委继续深化学习贯彻落实中共十六届四中、五中、六中全会精神，下发《2006年度市直机关理论学习意见》，确定落实科学发展观、建设社会主义和谐社会等5个学习重点，搞好专题教育。全市配发学习读本和学习资料近5万本；全年召开党建工作片组专题交流会4次；组织理论骨干培训班、处级干部理论培训班和区、县（市）机关党组织书记研讨班等专题培训6批次，培训干部500余人次。制定深化创建学习型机关活动积分制意见。10月，召开创建学习型机关活动总结表彰大会，总结三年来开展创建活动经验，表彰先进。年末，结合年度机关党建目标考核，对创建活动和积分制落实情况进行督查和总结。积极做好机关宣传教育工作。在市直机关建立机关舆情直报点9个，及时收集反映机关党员干部的思想动态。开展形势任务教育，组织大型报告会6场。

【推进市直机关党建工作】 7月，市直机关工委组成3个督查组，对13个区、县（市）及20个市直单位推进机关党建工作制度化、规范化等方面的主要情况开展专项督查，了解机关党建面临的新情况、新问题，征求进一步加强机关党建工作的意见和建议。加强机关党组织班子和机关党支部建设。指导22个单位的机关党组织完成换届选举工作，调整9名机关党委专职副书记，落实市直单位机关党委专职副书记的部门中层领导干部正职待遇。举办直属机关党组织书记读书班1期，培训机关党组织负责人140余人。规范党员发展和党籍管理工作。在发展党员工作中，实行公示制、推行票决制、试行"群众推优"制。全年举办入党积极分子培训班3期，培训入党积极分子320人；接收预备党员221人，预备党员转正453人。

【深化党风廉政建设】 市直机关工委制定《构建惩治和预防腐败体系工作计划》和《关于加强机关廉政文化建设的实施意见》，大力加强党风廉政教育，扎实推进机关廉政文化建设。市直机关各单位普遍开展"细算人生七笔账，走好人生每一步"等主题教育和先进典型示范教育活动。组织市直机关党员干部参观杭州市反腐倡廉成果展，组织近千名党员领导干部听取反腐倡廉形势报告，举办市直机关反腐倡廉征文和演讲比赛，编印反腐倡廉征文选辑《廉文谐音》。通过信访谈话、信访调查、与归口单位纪检监察组织加强沟通等方式，对存在的突出问题进行查处。

【积极开展文明机关建设】 市直机关工委在学习外地经验和广泛征求市直各单位意见建议的基础上，代拟了《创建市级文明机关的实施意见》，由市文明委印发到市直各单位。下发《关于市级机关创建文明机关活动有关工作的补充说明》和《关于建立市级机关创建文明机关活动暗访员制度的通知》，指导市直各单位扎实开展文明机关创建活动。首批聘请暗访员30名。7月，与市财政局、市机关事务局联合发文，在市直机关开展建设节约型机关活动。以"机关文化体育年"活动为载体，广泛开展积极健康的文化体育活动。举办庆祝建党85周年文艺汇演和迎国庆57周年摄影比赛以及书法、绘画作品展评等活动；组织"趣味运动比赛"4次，有4000余名机关干部参加；各单位自行组织的机关全民健身项目6个。2006年，市直机关工委被国家体育总局评为全国群众性体育先进单位。

【第六次"为省直部门服务月"活动】 活动自3月开始，以"服务省直单位、发展省会经济"为主题。通过向省直单位发放意见征求表、召开座谈会和上门走访，征求到各类意见、建议303条，基本得到落实和解决。活动中，省市洽谈意向性项目48个，投资额80.2亿元；拟投资建设项目52个，计划投资额143.67亿元。

【组织开展扶贫帮困活动】 1月，市直各单位组织机关党员开展第二次"万名党员访万家困难户"活动，有95个直属机关党组织、8600余名在职机关党员干部，走访困难家庭10710户，发放救助金2686.21万元。部分单位还自筹资金，为困难群众送去慰问品（折合人民币10.86万元）。7月~8月，组织市直机关党员干部开展"机关党员干部访困难户送清凉"活动，市直94个单位的5614名在职机关党员干部，分组分批深入市区8553户持证低保、困难家庭走访慰问。做好第七次"春风行动"捐款有关工作，至年末，市直单位集体捐款1421.3万元，干部职工个人捐款628.2万元。

【深入开展机关党建调研】 市直机关工委深入调查研究，不断探索机关党建工作规律，推进工作创新。编印《杭州市机关党的建设研究与实践》（第五期）、《2006年度机关党建优秀论文集》。全年收到各团体会员单位党建理论研究论文120余篇，选送《建设学习型机关的实践与思考》等3篇论文参加全国和全省机关党建理论研讨会，受到好评。《发挥凝聚人心推动发展促进和谐作用》等文在《中直党建》等刊物上发表。11月，在富阳市召开全市机关党建理论研讨会。市直机关工委结合重点工作开展调研，其中廉政文化进机关、机关党的先进性建设、党支部规范化建设、党员发展工作等调研成果，在省、市党建理论研究优秀论文评比中获奖。课题调研方案《服务省直单位、发展省会经济》被确定为杭州市2006年度软科学研究重点项目。（郭利平）

·市人大·

【市十届人大六次会议】 2月16日~20日举行。市十届人大代表名额489名，实有代表487名，出席会议代表484名。

会议全面落实中央9号文件和市委人大工作会议要求，充分发扬民主，严格依法办事，认真履行宪法和法律赋予的各项职权。会议听取和审查市政府工作报告；听取市政府关于杭州市国民经济和社会发展第十一个五年规划纲要的说明，审查和批准杭州市国民经济和社会发展第十一个五年规划纲要；审查杭州市2005年国民经济和社会发展计划执行情况与2006年国民经济发展计划草案的报告，审查和批准杭州市2005年国民经济和社会发展计划执行情况与2006年国民经济发展计划；审查、批准杭州市及市本级2005年财政预算执行情况的报告和2006年财政预算；听取和审查市十届人大常委会工作报告；听取和审查市中级人民法院工作报告、市人民检察院工作报告。

2月15日下午召开预备会议，选举产生由68人组成的大会主席团，选举丁德明兼任大会秘书长，通过会议议程。

会议期间，举行3次全体会议、4次主席团会议和旅游发展专题审议会、卫生工作专题审议会、财经委员会会议各1次。

会议收到代表10人以上联名提出的议案335件。大会主席团决定，将7件议案交由市十届人大常委会有关专门委员会审议，提出审议结果的报告，经市人大常委会审议批准后，在下次市人民代表大会时印发全体代表；其他328件议案交由市人大常委会办公厅、市政府办公厅及有关机关和部门研究处理，并负责答复代表。会议还收到代表提出的建议、批评和意见222件。

【市十届人大常委会第二十九次会议】 1月11日举行。主要议题：审议并通过市十届人大常委会代表资格审查委员会关于接受徐松林辞去代表职务的报告。

【市十届人大常委会第三十次会议】 1月23日举行。主要议题：审议并通过《杭州市家畜屠宰管理条例（草案）》，报省人大常委会批准后颁布施行。审议并原则通过市人大常委会工作报告（草案），决定委托市人大常委会副主任吴键向市十届人大六次会议报告；征求对杭州市国民经济和社会发展第十一个五年规划纲要（草案）、市政府工作报告（草案）、市中级人民法院工作报告（草案）、市人民检察院工作报告（草案）的意见。审议并通过市人大常委会2006年工作要点（草案）。听取并审议关于杭州市第十届人民代表大会第六次会议筹备工作情况的汇报。审议并通过市十届人大六次会议议程、日程和有关名单（草案）。听取并审议市人大常委会视察组关于推进杭州生态市建设的决议2005年度执行情况的视察报告，审议市政府关于推进杭州生态市建设的决议2005年度实施情况的报告（书面）。

【市十届人大常委会第三十一次会议】 4月20日~21日举行。主要议题：审议并通过《杭州市城市房屋使用安全管理条例（草案）》，报省人大常委会批准后颁布施行。审议《杭州市机动车驾驶员培训管理条例（草案）》。听取并审议市人大常委会检查组关于开展《杭州市生活饮用水源保护条例》执行情况跟踪检查的报告，审议市政府关于《杭州市生活饮用水源保护条例》贯彻执行及整改情况的报告（书面）。听取并审议市政府关于全市科普工作情况的报告，审议市人大教科文卫委关于全市科普工作情况的调查报告（书面）。审议并通过《关于提请补选应勇为浙江省第十届人民代表大会代表的议案》。审议市人大代表团赴巴西阿根廷访问报告（书面）。审议并通过市政府、市中级人民法院、市人民检察院人事任免事项。

【市十届人大常委会第三十二次会议】 6月26日~28日举行。主要议题：审议并通过《杭州市机动车驾驶员培训管理条例（草案）》，报省人大常委会批准后颁布施行。审议《杭州市精神卫生条例（草案）》。审议并通过《杭州市人大常委会关于推进“法治杭州”建设的决议（草案）》。审议并通过市人大常委会第一批制定、修订的工作制度。听取并审议市人大常委会执法检查组关于全市安全生产法律法规执法检查情况的报告，审议市政府关于杭州市贯彻实施安全生产法律法规情况汇报。听取并审议市中级人民法院、市人民检察院开展“规范执法行为、促进执法公正”专项整改活动情况报告，审议市人大内司委关于市中级人民法院、市人民检察院开展“规范执法行为、促进执法公正”专项整改活动情况调查报告（书面）。审议市城管执法局局长关于对市人大常委会述职评议意见整改落实情况的报告（书面）、市人大城建环保委关于市城管执法局局长赵荣福述职评议整改情况的调查报告（书面）。听取并审议市劳动保障局关于对市人大常委会行政执法评议意见整改落实情况的报告，审议市人大内司委关于对市劳动保障局行政执法评议整改落实情况报告的审议报告（书面）。评议市公安局、市财政局、市外经贸局、市质监局、市园文局、市外办、市侨办等7位局长（主任）和市中级人民法院副院长沈建光、汤海庆、林沛的书面述职报告。评议市安全生产监督管理局行政执法工作。

【市十届人大常委会第三十三次会议】 8月22日~24日举行。主要议题：审议并通过《杭州市精神卫生条例（草案）》，报省人大常委会批准后颁布施行。审议《杭州市大型活动安全管理条例（草案）》。审议《杭州市居住区配套设施建设管理条例（草案）》。听取并审议市政府关于杭州市为农民办实事项目的情况报告，审议市人大财经委关于杭州市为农民办九件实事进展情况的调查报告（书面）。听取并审议市人大常委会检查组关于对《杭州高新技术产业开发区条例》贯彻执行情况执法检查的报告，审议市政府关于贯彻实施《杭州高新技术产业开发区条例》情况汇报(书面)。听取并审议关于市本级2005年财政决算草案和2006年上半年财政预算执行情况的报告,关于2005年度市本级预算执行和其他财政收支的审计工作报告;审议杭州市2005年度预算外资金收支执行情况的报告(书面)。评议市政府秘书长,市规划局、市监察局、市城管办局长(主任)和市人民检察院副检察长魏民、冯仁强书面述职报告。审议市人大代表团赴南非埃及访问报告(书面)。审议市人大代表团赴韩国日本访问报告（书面);审议并通过关于成立杭州市选举工作委员会的决定。审议并通过关于提请补选钟天华为省十届人大代表的议案。审议并通过市政府、市中级人民法院、市人民检察院人事任免事项。

【市十届人大常委会第三十四次会议】 9月21日举行。主要议题:审议并通过《杭州市大型活动安全管理条例(草案)》,报省人大常委会批准后颁布施行。听取并审议市政府关于全市食品安全工作情况的报告，审议市人大常委会教科文卫工委关于全市食品安全工作情况的调查报告(书面)。

【市十届人大常委会第三十五次会议】 10月25日~27日举行。主要议题:审议并通过《杭州市居住区配套设施建设管理条例(草案)》,报省人大常委会批准后颁布施行。审议《杭州市工会劳动法律监督条例（草案)》。审议《杭州市客运出租汽车管理条例(修改草案)》。审议《杭州市市政公用事业特许经营条例（草案)》。听取并审议市人大常委会检查组关于《中华人民共和国职业教育法》执法检查情况的报告,审议市政府关于贯彻落实《中华人民共和国职业教育法》情况的报告(书面)。听取并审议市人大常委会视察组关于对市人代会“三项决议”实施情况的评估报告,审议市政府关于“三项决议”执行情况的报告(书面)。听取并审议市人大常委会视察组关于加强杭州市区西部旅游资源保护开发的决定执行情况的视察报告，审议市政府关于加强杭州市区西部旅游资源保护开发的决定实施情况的报告(书面)。听取并审议市人大常委会检查组关于《杭州市志愿服务条例》执法检查情况的报告,审议市志愿者服务工作委员会关于《杭州市志愿服务条例》贯彻执行情况的报告(书面)。听取并审议市政府关于全市社会救助工作情况的报告。审议并通过市人大常委会第二批制定、修订的工作制度。审议并通过市十届人大六次会议主席团交付市人大各专门委员会审议的代表议案审议结果的报告。

【市十届人大常委会第三十六次会议】 11月15日举行。主要议题:听取并审议市人大常委会主任会议关于2007年市人大换届选举工作的报告，作出关于市十一届人大代表名额分配的决定。审议并通过《杭州市工会劳动法律监督条例(草案)》,报省人大常委会批准后颁布施行。审议并通过市人大常委会关于接受李晓晋辞去省十届人大代表职务的决定(草案)。

【市十届人大常委会第三十七次会议】 12月25日举行。主要议题:审议并通过关于修改《杭州市客运出租汽车管理条例(草案)》的决定,报省人大常委会批准后颁布施行。审议并通过《杭州市市政公用事业特许经营条例(草案)》,报省人大常委会批准后颁布施行。听取并审议市人大法制委员会关于《杭州市中小学校学生伤害事故处理条例》及其执行情况的评估报告。审议市人大法制委员会关于杭州市地方性法规设定的交通行政许可及其实施情况的评估报告(书面)。听取并审议市人大常委会关于市十届人大六次会议代表建议办理情况的报告，市政府关于市十届人大六次会议代表议案、建议、批评和意见办理情况的报告。审议并通过《关于提请补选钟小毛为浙江省第十届人民代表大会代表的议案》。审议并通过市政府人事任免议案。

【地方立法工作】 2006年，市人大常委会按照年度立法计划和实际需要,审议通过了《杭州市家畜屠宰管理条例》、《杭州市城市房屋使用安全管理条例》、《杭州市机动车驾驶员培训管理条例》、《杭州市工会劳动法律监督条例》、《杭州市精神卫生条例》、《杭州市大型活动安全管理条例》、《杭州市居住区配套设施建设管理条例》、《杭州市市政公用事业特许经营条例》、《杭州市客运出租汽车管理条例(修改)》等9件地方性法规。其中前7件法规已经省人大常委会批准。

市人大常委会按照“少而精、不抵触、有特色、可操作”的原则,着眼于解决全市经济社会发展中的实际问题,加强和改进立法工作,立法水平和立法质量显著提高，为促进杭州市经济社会又好又快发展，提供了有力的法制保障。加强立法工作制度建设,注重总结立法工作经验,起草和修订了杭州市人大立法技术规范、杭州市政府规章备案审查办法等工作制度。积极探索立法评估,对杭州市中小学校学生伤害事故处理条例进行评估，通过评估总结立法工作经验，有针对性地改进立法工作存在的共性问题。

【监督工作】 市人大常委会认真贯彻依法治国方略，切实履行宪法和法律赋予的监督职权，不断提高监督实效，为促进依法行政和公正司法作出了积极的贡献。

根据省人大常委会统一部署,对安全生产法律法规贯彻执行情况进行执法检查，保证安全生产法律法规在杭州市的正确实施。对职业教育法、中等职业技术教育条例贯彻执行情况进行执法检查，推进了全市职业教育的发展。对杭州市生活饮用水源保护条例、高新技术产业开发区条例、志愿服务条例、中小学校学生伤害事故处理条例和人代会作出的关于推进杭州生态市建设的决议等“三项大会决议”、常委会作出的加强杭州市区西部旅游资源保护开发决定的贯彻执行情况进行执法检查。

市人大常委会听取和审议了市政府关于市本级2005年财政决算草案和2006年上半年财政预算执行情况的报告、关于2005年度市本级预算执行和其他财政收支的审计工作报告，并作出有关决议。开展“两项评议”，依法加强对政府工作

表 61　　2006 年杭州市人大常委会重要文件索引

文件号	发文日期	标　　题
杭人大常〔2006〕1 号	2006-01-13	关于表彰 2005 年度先进代表小组、先进"人大代表之家"、代表工作积极分子、代表进社区积极分子的通报
杭人大常〔2006〕2 号	2006-01-23	杭州市人大常委会 2006 年工作要点
杭人大常〔2006〕3 号	2006-01-23	关于召开杭州市第十届人民代表大会第六次会议有关事项的通知
杭人大常〔2006〕4 号	2006-01-23	关于出席杭州市第十届人民代表大会第六次会议的通知
杭人大常〔2006〕5 号	2006-01-23	关于列席杭州市第十届人民代表大会第六次会议的通知
杭人大常〔2006〕6 号	2006-01-23	关于邀请旁听杭州市第十届人民代表大会第六次会议的通知
杭人大常〔2006〕7 号	2006-02-09	关于提请批准《杭州市家畜屠宰管理条例》的报告
杭人大常〔2006〕8 号	2006-04-26	关于补选应勇同志为浙江省第十届人民代表大会代表的报告
杭人大常〔2006〕9 号	2006-04-29	关于提请批准《杭州市城市房屋使用安全管理条例》的报告
杭人大常〔2006〕10 号	2006-07-05	关于提请批准《杭州市机动车驾驶员培训管理条例》的报告
杭人大常〔2006〕11 号	2006-07-11	杭州市人民代表大会常务委员会关于推进"法治杭州"建设的决议
杭人大常〔2006〕12 号	2006-08-07	关于杭州市第十一届人民代表大会代表名额和人大常委会组成人员名额的请示
杭人大常〔2006〕13 号	2006-08-25	关于补选钟天华同志为浙江省第十届人民代表大会代表的报告
杭人大常〔2006〕14 号	2006-08-25	杭州市人民代表大会常务委员会关于成立杭州市选举工作委员会的决定
杭人大常〔2006〕15 号	2006-08-31	关于提请批准《杭州市精神卫生条例》的报告
杭人大常〔2006〕16 号	2006-09-12	关于表彰全市人大信访工作先进集体和先进个人的通报
杭人大常〔2006〕17 号	2006-09-26	关于提请批准《杭州市大型活动安全管理条例》的报告
杭人大常〔2006〕18 号	2006-10-30	关于提请批准《杭州市居住区配套设施建设管理条例》的报告
杭人大常〔2006〕19 号	2006-11-16	关于上报李晓晋辞去浙江省十届人大代表职务表决结果的报告
杭人大常〔2006〕20 号	2006-11-16	杭州市人民代表大会常务委员会关于杭州市第十一届人民代表大会代表名额分配的决定
杭人大常〔2006〕21 号	2006-11-21	关于提请批准《杭州市工会劳动法律监督条例》的报告
杭人大常〔2006〕22 号	2006-11-22	杭州市人大常委会关于接受李晓晋辞去浙江省第十届人民代表大会代表职务的决定
杭人大常〔2006〕23 号	2006-11-28	关于补选钟小毛为浙江省第十届人民代表大会代表的报告
杭人大常〔2006〕24 号	2006-12-31	关于提请批准《杭州市市政公用事业特许经营条例》的报告
杭人大常〔2006〕25 号	2006-12-31	关于提请批准《杭州市人民代表大会常务委员会关于修改〈杭州市客运出租汽车管理条例〉的决定》的报告

的监督。先后听取杭州市科普工作开展情况、两院"规范司法行为、促进司法公正"专项整改活动和社会救助工作情况的报告，督促专项工作的正确实施。对吴山景区和灵隐景区整治工作情况、钱江新城建设情况、公安机关监管工作情况等 15 项工作进行视察，对全市普法教育和依法治市情况、固体废弃物处理情况、社区卫生服务工作情况、国有企业改制和发展情况等 22 项工作进行调研，提出针对性的意见、建议，推进政府相关工作。

【代表工作】2006 年，市人大常委会认真贯彻中共全国人大常委会党组《关于进一步发挥全国人大代表作用，加强全国人大常委会制度建设的若干意见》的精神，进一步加强和改进代表工作，积极支持、规范和保证代表依法履行职责。常委会坚持和完善主任会议成员和专职委员分工联系代表、主任会议成员接待代表日等制度，常委会领导深入基层走访代表，通报上情，了解下情。定期为代表寄送有关资料，让代表及时了解人大工作以及全市经济社会发展情况。改进政情通报制度，保障代表知情知政，邀请代表列席常委会会议，组织代表参加执法检查和专题调研。规范闭会期间活动，建立以区、县(市)为单位的代表小组，健全代表活动网络，并以此为依托组织代表开展闭会期间的各项活动。加强"代表之家"建设，开展"创业在杭州，代表作表率"、"代表进社区(村)"等活动，深化人大代表小组定向视察，丰富代表闭会期间活动内容。对代表议案、建议，坚持热点、难点问题重点督办、领导接待日现场督办、不满意件重新督办；通过评比代表建议办理最满意件、约见建议承办单位负责人、走访建议办理重点单位等方式，认真做好代表议案、建议的办理和督办工作，提高办理质量。(郑　梁)

·市政府·

【市政府常务会议】2006 年，市政府举行常务会议 35 次。会议研究的主要工作和重大问题有：西湖文化广场建设工地废酸渣污泥处置方案及经费、2006 年部门预算与 11 类建设专项资金计划、杭州市及市本级 2005 年财政预算执行情况和 2006 年财政预算草案、国务院成品油价格形成机制改革座谈会精神贯彻落实意见、2006 年市"两会"建议和提案办理工作意见、促进个体私营等非公有制经济(民营经济)发展、进一步落实农村婚嫁妇女土地承包权及相关经济权益、华成国际发展大厦等5个项目土地评估价格优惠、妥善解决杭州经济开发区区域内客运车辆、金马房地产有限公司债务及梦湖山庄地块处置、首届世界佛教论坛筹备工作、2005年度工业经济考核和工业兴市大会奖励表彰、杭州市工业固体废物处置中心建设及周边环境综合整治相关资金和土地、浙东引水工程、杭州市抗咸二期及钱塘江引水工程项目、钱塘江流域重点水污染物排放总量控制、淳安县部分乡镇行政区划调整、建立出租汽车和道路班车客运油运价格联动机制、实施杭州市区客运出租汽车燃油费政府临时补贴、杭州市“十一五”妇女儿童事业发展规划及工作、杭州新华集团调整企业迁建地、调整高校本科毕业生“先落户、后就业”政策、移交地方管理的军队离退休干部要求享受地方同职级离退休干部福利待遇、深化杭州市农村综合改革工作、市区国有企业改制后企业负担部分津贴补贴项目确保发放、杭州西湖风景名胜区建设项目审批、2005年度市本级预算执行和其他财政收支的审计情况、2006年市政府为民办实事项目情况、杭州市城市总体规划与土地利用规划衔接、杭州市2006年企业退休人员基本养老金调整方案、杭州东站综合交通枢纽规划设计、钱江三桥港方股权回购、杭州市新一轮广播电视“村村通”工程建设、完善住房公积金制度促进房地产市场持续健康发展的政策、降低房地产交易成本的财税措施、杭州市搬迁企业调整财政体制基数测算、监察部和国土资源部督查杭州市查处土地违法违规案件专项行动反馈意见整改工作、地铁1号线主城区段地铁筹资地块控制规划、老城区垃圾处置体制改革方案、钱江新城医院建设资金投入、杭一棉有限公司搬迁谈判、加强犬类综合治理、解决西溪湿地综合保护工程涉及蒋村地区撤村建居剩余土地转为国有历史遗留问题、2007年杭州市主要经济社会预期目标安排情况、组建杭州市铁路投资有限公司、杭州萧山国际机场区域内企业财政税收体制调整、杭州市粮油副食品市场价格、提请市人大常委会审议授予麦予甫等7人为杭州市荣誉市民、浙江大学城市学院教学项目贷款利息专项补助和创新项目专项补助以及制定《“以工促农、以城带乡”加快社会主义新农村建设的若干意见》、《杭州市国民经济和社会发展第十一个五年规划纲要》及说明(讨论稿)、《促进杭州房地产业平稳发展的金融支持意见》、《外地人在杭购房入户暂行办法》、《杭州市停车产业发展的若干意见》、《杭州市精神卫生条例》、《杭州市机动车驾驶员培训管理条例》、《进一步加强就业和再就业工作的实施意见》、《进一步加快钱江新城建设和发展若干意见》、《进一步加强和改进征地拆迁工作的意见及完善杭州市区留用地管理的补充意见》、《扶优扶强促进企业发展意见》、《杭州市居住区配套设施建设管理条例》、《杭州市贯彻国务院〈通知〉精神,加强历史文化遗产保护的实施办法》、《杭州市大型活动安全管理条例》、《杭州市畜禽养殖污染防治管理办法》、《增强自主创新能力、建设创新型城市的决定》和《杭州市建设创新型城市规划纲要》及提高企业自主创新能力若干配套政策、《关于推进法治政府建设的意见》、《杭州市行政首长出庭应诉工作暂行办法》、《杭州西湖风景名胜区住宅用房收购安置办法》、《杭州市居住区配套设施建设管理条例》、《杭州市优待老年人规定》、《落实科学发展观,加强环境保护若干意见》、《杭州市社会主义新农村建设规划》、《杭州城市地名总体规划》、《杭州市房屋拆除施工安全管理办法》、《杭州市建筑节能管理办法》、《杭州市人民政府法律顾问室工作规则》、《杭州市行业协会管理办法》、《杭州市城市节约用水管理办法》、《杭州市经济适用住房价格管理办法》、《杭州市再生资源回收管理办法》、《杭州市行政执法责任制规定》、《杭州市市政公用事业特许经营管理条例》、《杭州西溪国家湿地公园管理办法》、《杭州市职工生育保险办法》、《杭州市房屋租赁管理规定》、《杭州市农民工基本养老保险“低标准缴费、低标准享受”试行办法》、《杭州市企业在职人员门诊医疗费社会统筹暂行办法》、《杭州市城镇老年居民大病住院基本医疗保险试行办法》、《杭州市少年儿童大病住院基本医疗保险试行办法》、《推进杭州衢州两市资源与产业合作有关政策》、《进一步推进我市水价改革促进节约用水保护水资源意见》、《杭州市个人信用信息征集和使用管理办法》、《杭州市市级行政单位国有资产管理暂行办法》、《杭州市城镇无保障老年居民生活保障办法》。会议听取杭州市重大项目推进工作情况和《杭州市客运出租汽车管理条例》、《杭州市科学技术进步奖励办法》、《杭州市城乡居民最低生活保障实施办法》修订以及《加快文化名城建设的意见》、《加快文化名城建设的若干政策意见》、《杭州教育强市建设规划纲要(2006~2010年)》、《杭州科技强市建设规划纲要(2006~2010年)》、《杭州卫生强市建设规划纲要(2006~2010年)》、《杭州体育强市建设规划纲要(2006~2010年)》、《杭州公共文化服务体系建设规划纲要(2006~2010年)》等文件的起草情况,专题研究分析全市经济运行情况、经济形势和2007年杭州市财政收支形势,讨论《政府工作报告》(征求意见稿)。

【市长办公会议】 2006年,市政府举行市长办公会议6次。会议对浙江环球中心建筑高度、解决杭州西泠集团九堡地块用地、扩大和谐杭州示范区核心区域、妥善解决市属高校新校区建设资金、制定《钱江新城鼓励社会投资项目加快建设实施办法(试行)》和《杭州市住房建设规划(2006.6~2007.12)》、在杭设立日本人学校、杭州电大参与举办杭州科技职业技术学院等重要工作和重大问题进行了研究。

【表彰和奖励】 1月,市政府决定,对何钧潮等5名2001~2005年度杭州市有突出贡献的农业优秀科技工作者、孔樟良等10名农业优秀科技工作者和刘文等10名农业先进科技工作者进行表彰;对下城区政府办公室等42个2005年度政务信息工作先进单位予以通报表彰;对《杭州统筹城乡经济社会发展政策效应分析》等100篇2005年度农业农村工作优秀调研成果予以通报表彰;对江西省人民政府驻浙江办事处等49个驻杭办事机构和浙江银泰百货有限公司等80个在杭投资企业予以通报表彰;命名滨江区西兴街道,萧山区闻堰镇、新湾镇、宁围镇、义桥镇、衙前镇,余杭区崇贤镇、中泰乡、星桥街道,临安市锦城街道,建德市新安江街道等11个乡镇(街道)为杭州市现代化标志性教育强镇(乡、街道);对在2005年度杭州市国土资源目标考核中获优秀奖、良好奖和达标奖的萧山区等14个单位予以通报表彰;对获得2005年度杭州市农村经济发展奖的萧山区等13个区县(市)政府(管委会)、西湖区三墩镇等十佳乡镇、西湖福海堂生态茶示范园区等十佳农业示范园区、杭州冰灯米业有限公司等十佳农产品加工企业、杭州西湖区周浦水产专业合作社等十佳农民专业合作组织以及单季晚稻稻飞虱等重大病虫无害化治理技术推广应用等57个农业丰收项目予以表彰和奖励;对在2005年度杭州市区河道长效管理工作考核中获奖的市林水局等12个单位予以表彰。

2月,市政府决定,对在2005年度人口和计划生育目标管理责任制考核中获优胜奖的江干区等4个单位、获单项工作先进集体的桐庐县等4个单位、获达标奖的市农办等13个单位和王健等50名先进工作者予以通报表彰;对获杭州市"十五"期间人口和计划生育工作先进集体称号的上城区等23个区县(市)和部门、上城区南星街道等37个乡镇(街道)和单位、上城区望江街道在水一方社区等52个村(社区),获先进个人称号的余勇等80人予以通报表彰;命名桐庐县、淳安县为杭州市计划生育优质服务县;对周正达等51名2005年度杭州市国土资源工作先进个人予以通报表彰;对列入全市2005年度外商投资企业销售(营业)收入前30位的杭州摩托罗拉移动通信设备有限公司等30个企业、自营出口前30位的杭州摩托罗拉移动通信设备有限公司等30个企业、利润总额前30位的杭州华为三康技术有限公司等30个企业、税金总额前30位的玫琳凯(中国)化妆品有限公司等30个企业予以通报表彰;授予杭州摩托罗拉移动通信设备有限公司等50个企业2005年度杭州市外贸出口"金龙奖",并予以通报表彰;对余杭区政府等26个2005年度杭州市农村乡镇连锁超市发展工作先进单位、吴敏锋等30名先进个人,萧山区政府等37个"百县万村放心示范店"工程建设先进单位进行通报表彰;对在2005年杭州市电网建设项目前期工作中作出突出成绩的上城区政府等21个单位予以奖励;授予杭州前进齿轮箱集团有限公司等99个单位为杭州市和谐劳动关系先进企业;对萧山区等5个2005年食品安全优秀区县(市)、下城区等10个先进区县(市)、陈勇军等16名先进工作者予以通报表彰;对在2005年市政府为民办实事工程考核中评为一等、二等、三等奖的市建委等34个先进单位予以表彰;对连续50年无森林火灾、火警的天目山国家级自然保护区予以通报表彰;对富阳市政府等12个"双对口"工作先进集体和孙荣华等12名"双对口"工作先进个人予以通报表彰。

3月,市政府决定,对在2005年全市重点项目建设中作出突出贡献的拱墅区政府等8个建设管理优胜部门、市发改委等4个优质服务单位、浙江华光潭水利发电有限公司(华光潭梯级电站工程)等12个先进集体和王紫升等87名先进个人予以通报表彰;对在2005年度杭州市城区绿化养护管理综合考核中获奖的下城区政府等11个单位予以通报表彰;授予百大集团股份有限公司等24个商贸企业第三轮杭州商贸特色企业品牌称号;对市建委等16个2005年度杭州市区经济适用住房和拆迁安置房"双百工程"建设和管理先进单位及茅佩华等27名先进个人予以通报表彰;对桐庐县人民政府等11个2004~2005年度杭州市水上交通安全管理先进集体、董卫军等20名先进个人予以通报表彰;对建德市政府等7个2003~2005年度杭州市标准农田建设先进单位和李吉海等89名先进个人予以通报表彰;对杭州八方物流有限公司等15个新兴商贸(餐饮)服务业示范企业和马云等15名优秀经营者予以通报表彰;对浙江天册律师事务所等39个中介服务业示范企业和章靖忠等30名行业标兵予以通报表彰;对在2005年度"洁美杯"和"洁美窗口"竞赛活动中被评为"洁美杯"的湖滨街道等19个优胜街道(乡镇)和沈建国等100名先进个人、被评为"洁美窗口"的武林路时尚女装街区等12个单位(地区)和杨卫国等50名先进个人、获"洁美窗口"进步奖的湖滨旅游商贸特色街区等5个单位(地区)予以通报表彰。

4月,市政府决定,对获2005年度城市管理最佳保障单位的市民政局等6个单位和最佳配合单位的市公安局等10个单位予以通报表彰;对上城区紫花埠社区等70个第一批清理和完善城市社区配套服务用房"硬件设施创精品"社区予以通报表彰和奖励;对杭州卷烟厂等9个上规模大企业大集团进行通报表彰;授予连续三年被评为"突出贡献工业企业"的杭州卷烟厂等4个企业"杭州市2005年度工业兴市功勋企业"称号并颁发奖牌,授予孟伟刚等4人"杭州市2005年度工业兴市功勋企业优秀经营者"称号并颁发金牌和证书,授予万向集团等10个企业"杭州市2005年度十大突出贡献工业企业"称号并颁发奖牌,授予鲁冠球等10人"杭州市2005年度十大突出贡献工业企业优秀经营者"称号并颁发金牌及证书;公布万向集团等35个市重点培育发展的大企业大集团;对萧山区等5个2005年度全市工业经济增长目标考核先进区、县(市),临安市锦城街道办事处等10个综合经济效益考核前10名的工业强镇(乡、街道),桐庐经济开发区等24个特色城镇工业功能区(省级经济开发区)考核示范单位、先进单位、达标单位予以通报表彰和奖励;对正大青春宝药业有限公司等10个2005年度技术改造先进企业、杭州中策橡胶有限公司年产20万条轿车子午胎技改等19项技术改造优秀项目、拱墅区政府等5个技术改造管理工作成绩显著单位和张思云等47名先进个人予以通报表彰;对2005年获中国名牌产品称号的中控科技集团有限公司等13个生产企业、获浙江名牌产品称号的浙江金固汽车部件制造有限公司等56个生产企业和获杭州名牌产品称号的杭州东南面粉有限公司等66个生产企业予以通报表彰和奖励;对2005年获中国驰名商标的杭州万向钱潮股份有限公司等2个企业,新认定为浙江省著名商标的西湖电子集团有限公司等43个企业和延续确认为浙江省著名商标的杭州卷烟厂等35个企业，新认定为杭州市著名商标的阿里巴巴（中国)网络技术有限公司等63个企业和延续确认为杭州市著名商标的浙江万马集团有限公司等40个企业予以通报表彰。

5月，市政府决定，对萧山区等15个无偿献血先进区、县(市)、开发区，市委组织部等27个无偿献血促进奖单位，浙江大学医学院附属第二医院等125个无偿献血先进单位，唐文胜等33名无偿献血促进奖个人予以通报表彰；对荣获杭州市2004~2005年度科普工作先进集体的中共杭州市委宣传部宣传处等30个单位和韩卫等120名先进工作者予以通报表彰；批准王世恒等50人享受2006年度市政府特殊津贴。

6月，市政府决定，对杭州汽轮机股份有限公司等20个杭州市自主创新优秀企业予以通报表彰。

9月，市政府决定，授予浙江省中国旅行社等10个国际旅行社“杭州市2005年度十佳国际旅行社”称号、授予杭州园林旅游贸易有限公司等10个国内旅行社“杭州市2005年度十佳国内旅行社”称号、授予陈岩等10人“杭州市2005年度十佳国际旅行社优秀经营者”称号、授予白家桢等10人“杭州市2005年度十佳国内旅行社优秀经营者”称号；对在全市农村贫困家庭危房改造工作中取得显著成效的余杭区政府等13个先进集体和胡妙夫等37名先进个人予以通报表彰；对在水泥机立窑生产线关停工作中取得显著成绩的余杭区政府等6个成绩显著单位和萧山区政府等17个先进集体予以通报表彰。

10月，市政府决定，对上城区小营市容环卫管理所解放路清扫班等17个市容环卫工作先进集体和陈伟华等10个十佳城市美容师及邬春凤等40个优秀城市美容师予以通报表彰。

11月，市政府决定，命名浙江舒适堡健身美容有限公司等5个企业为第一批杭州市全民健身服务业和体育用品制造业示范企业。

12月，市政府决定，授予杭州市国土资源局办事窗口等50个单位“人民满意基层站所(办事窗口)”荣誉称号、授予市交通局等5个单位“优秀组织奖”。

【市政府新设立非常设机构】 2006年，根据需要，市政府新设立下列非常设机构：杭州市908专项工作领导小组、首届世界佛教论坛杭州市组委会、钱江新城与钱江世纪城联席协调会领导小组、杭州市丝绸与女装产业发展领导小组、杭州港建设领导小组、运河二通道建设领导小组、杭州市空港经济发展领导小组、沪杭磁浮及杭州铁路枢纽项目建设领导小组、杭州市人民政府信访事项复查(复核)工作小组、杭州市交通发展白皮书编制领导小组、杭一棉杭汽发搬迁工作协调小组、杭州东南面粉厂搬迁工作领导小组、市道路交通安全工作领导小组、杭州市国内合作交流工作联席会议制度、杭州市城市雕塑建设指导委员会、杭州市推进工业循环经济工作领导小组、城镇与湖泊风景区水环境治理国际研讨会筹备办公室、杭州市区“四纵五路”道路综合整治工程建设指挥部、杭州市享受政府特殊津贴人员评审工作领导小组、江东市本级园区建设领导小组、杭州客运南站新站建设领导小组、杭州市轨道交通制造业促进办公室、杭州重机厂地块拆迁工作领导小组、杭州市城北体育公园建设项目领导小组、杭州市公共卫生委员会、杭州市房地产市场监测分析工作领导小组、杭州市废旧物资回收管理工作领导小组、杭州市开发性金融合作领导小组、杭州市运河配水应急工程建设协调小组、杭州市市民中心专项设计专家顾问组、杭州市休闲观光农业旅游工作协调小组、杭州市大中型水库移民工作领导小组、杭州市企业工资集体协商工作指导委员会、杭州市人民政府金融工作领导小组、杭州市矿产资源总体规划工作领导小组、杭州市轨道交通建设资金筹措办公室、杭州市区非法涂写招贴广告集中整治领导小组、杭州市区出租房屋管理领导小组、杭州市地理空间信息协调委员会、杭州市天然气管道安全保护工作联席会议制度、杭州市半导体照明产业基地建设领导小组、杭州市节能工作领导小组、杭州市就业再就业信息交换和协查工作领导小组、杭州市职工教育联席会议制度、杭州市“两口两线”及周边城中村改造工程建设指挥部、杭州铁路及东站枢纽建设指挥部、杭州市区企业退休人员实施健康体检工作领导小组、杭州市全民科学素质工作领导小组、杭州市创建劳动关系和谐企业活动领导小组、杭州市查处土地违法违规案件专项行动领导小组、杭州市农村住房保险工作领导小组、市农民工工作联席会议制度、杭州市犬类综合治理领导小组、半山镇综合整治改造工作协调小组、浙江大学城市学院产学研合作委员会。

【市政府调整非常设机构】 2006年，市政府调整的非常设机构有：杭州市世界银行项目领导小组、杭州市治理车辆超限超载工作领导小组、杭州市丝绸与女装产业发展领导小组、杭州市征兵工作领导小组、杭州市重大农业植物疫情防控指挥部；杭州市生活污水截污纳管工作协调小组更名为杭州市运河截污纳管工作领导小组，市级三堡解决历史遗留问题专项用房建设领导小组更名为市级解决历史遗留问题专项用房建设领导小组，杭州市历史文化街区和历史建筑保护领导小组更名为杭州市历史文化街区、历史建筑保护和危旧房改善领导小组，杭州市知识产权保护工作领导小组更名为杭州市知识产权工作领导小组。 （何卫军）

【加大政务督查力度】 2006年，杭州市继续加大政务督查力度，促进各项工作落实到位。按照职责分工，认真分解《政府工作报告》和市政府为民办实事项目，以市政府文件形式下发，明确责任单位和配合单位，提出工作进度要求。采取网上检查、现场督查和督办通报等方式，加大对《政府工作报告》和市政府为民办实事工作完成情况的督查力度，收到较好效果。认真梳理督查事项，重点督查市区河道整治、食品安全监管、在外过渡3年以上被拆迁户安置工作、市区工业企业搬迁等事项。市政府督查处与市监察局联合组成4个检查组，深入现场实地督查，进一步推动该项工作的落实。全年编发《督办反馈专刊》6期，办理省领导

表 62　　2006 年杭州市人民政府重要文件索引

文件号	发文日期	标　　题
杭政〔2006〕1 号	2006-01-16	杭州市人民政府关于进一步贯彻落实《住房公积金管理条例》全面推进我市住房保障体系建设的通知
杭政〔2006〕2 号	2006-05-19	杭州市人民政府关于进一步加强就业再就业工作的实施意见
杭政〔2006〕3 号	2006-07-26	杭州市人民政府关于推进法治政府建设的意见
杭政〔2006〕4 号	2006-09-01	杭州市人民政府关于印发杭州市优待老年人规定的通知
杭政〔2006〕5 号	2006-08-25	杭州市人民政府关于提升企业自主创新能力的意见
杭政〔2006〕6 号	2006-09-14	杭州市人民政府关于印发杭州市实施《地方志工作条例》办法的通知
杭政〔2006〕7 号	2006-11-17	杭州市人民政府关于扶持发展社区服务业的若干意见
杭政〔2006〕8 号	2006-11-17	杭州市人民政府关于支持金融服务业发展的若干意见
杭政〔2006〕9 号	2006-11-17	杭州市人民政府关于加快信息服务与软件业发展的若干意见
杭政〔2006〕10 号	2006-11-20	杭州市人民政府关于加快杭州旅游业发展的若干意见
杭政〔2006〕11 号	2006-11-20	杭州市人民政府关于杭州市现代物流发展规划的实施意见
杭政〔2006〕12 号	2006-11-27	杭州市人民政府关于印发杭州市职工生育保险办法的通知
杭政〔2006〕13 号	2006-12-15	杭州市人民政府关于印发杭州市城乡居民最低生活保障实施办法的通知

批示 92 件，做到重要批示件件有着落，领导批示事事有回音。

（韩东晓）

【深入推进综合考评】 市委、市政府整合市级机关目标管理、市直单位满意单位不满意单位评选和机关效能建设等职能，创新综合考评的领导体制、工作机制，于 8 月成立杭州市综合考评委员会办公室。市考评办机构级别为正局级，主要职责为负责市直单位综合考评、效能建设，协调、管理市直单位各类工作检查、评比及考核，指导区、县（市）综合考评和效能建设。

2006 年，全市参加综合考评单位 71 个、参加非综合考评单位 34 个。在综合考评的社会评价活动中，发出社会评价表 14447 份，回收 14386 份，回收率 99.58%；收集到社会各界对参评单位的意见、建议 4698 条，比上年增加 181 条；市直单位满意度 96.073%，提高 0.929 个百分点，其中满意率增加 3.086 个百分点。创新目标考核形式，由专家组采取当场打分、当场公布结果的方式，对 40 个市直单位创新目标首次进行绩效评估。

在综合考评中，被评为 2006 年度优胜单位（满意单位）的有市信访局（12345 市长公开电话受理中心）、市公安局、市民政局（市老龄工办）、杭州西湖风景名胜区管委会（市园文局）、市劳动保障局、市财政局（市地税局）、市纪委（监察局）、市建委、市旅委、市委组织部（市人才办）、市人事局（市编委办）等 11 个市直单位；没有出现低于 82 分达标线的单位、不产生未达标末位单位（不满意单位）。在非综合考评中，被评为 2006 年度成绩显著单位的有市委办公厅（市委政研室）、市政府办公厅（市政府政研室、市金融办）、市人大常委会机关、市政协机关、市直机关工委等 5 个市直单位；没有出现低于 85 分达标线的单位，不产生不合格单位。

（夏善美）

【重视办理建议提案】 2006 年，省、市“两会”期间，省人大代表提出建议和省政协委员提出提案 50 件，市人大代表提出建议和市政协委员提出提案 1186 件。市政府高度重视建议提案办理工作，专题召开交办会，逐个进行分解落实。深化办理工作考核制度，通过明确考核目标、划分考核项目、设定考核分值、严格考核标准，缩减办理中的弹性，提高办理工作流程的规范化程度。向各承办单位提出争创优秀办理件的要求，组织办理人员学习优秀办理件的评比标准，对照办理工作中存在的不足，制定改进的措施，明确争创的方向。继续坚持和完善市长办公会议研究制度、重点建议提案督办制度和办理工作培训制度等规章制度，进一步提高了建议提案的办理质量。经过市政府各承办单位认真办理，建议提案办结率达 100%，办理质量进一步提高。

（韩东晓）

【加强无线电管理】 市无线电管理处全年受理无线电台设置申请 131 个单位，指配频率 24 个，其中转信双工频率 5 对；新增各类无线电台 544 台；换（核）发各类无线电台执照 1541 本。强化无线电波秩序的监测，加大执法力度。全年固定监测站开机 184 次，累计监测（听）1797 小时；移动监测车出车 26 次，累计行程 2520 千米。对擅自设置使用无线电对讲机和擅自使用未经批准频率的单位与个人实施行政处罚。根据国家无线电办公室及省信息产业厅的通知精神，市无线电管理处分别对广播电台、电视台、移动通信基站、微波站、对讲机等进行清理登记，核实台站资料及有关数据。全市清理登记各类无线电设备 2.56 万台。

建立和完善快速反应机制及无线电干扰应急工作预案，防范敌对势力的破坏，维护社会安定和国家安全。

（郑福洪）

【陈奎元听取杭州市志办工作汇报】 5 月 24 日，在杭州考察工作的全国政协副主席、中国地方志指导小组组长陈奎元，在西湖国宾馆听取市志办副主任贾大清的工作汇报。陈奎元对杭州市志办取得的成绩表示祝贺，对方志工作者表示慰问，要求借助国务院《地方志工作条例》出台的契机，依法修志，进一步抓紧对市情、地情的研究，为资政、为社会做好服务工作，把杭州的地方志工作做得更好。

【市志办代表赴京领奖】 4 月 1 日，

表 63　　2006年杭州市人民政府办公厅重要文件索引

文件号	发文日期	标　　题
杭政办〔2006〕1号	2006-01-09	杭州市人民政府办公厅关于转发市发改委关于贯彻《外商投资项目核准暂行管理办法》实施意见的通知
杭政办〔2006〕2号	2006-01-20	杭州市人民政府办公厅关于促进民营医疗机构健康发展的实施意见
杭政办〔2006〕3号	2006-03-08	杭州市人民政府办公厅转发市城管办关于杭州市快速公交线路运行及设施管理暂行规定的通知
杭政办〔2006〕4号	2006-03-22	杭州市人民政府办公厅转发市房管局关于杭州市市区公有住房售后维修基金管理使用规定的通知
杭政办〔2006〕5号	2006-03-22	杭州市人民政府办公厅关于进一步做好婚前保健服务工作的指导意见
杭政办〔2006〕6号	2006-03-23	杭州市人民政府办公厅转发市房管局等部门关于外地人在杭购房入户试点办法的通知
杭政办〔2006〕7号	2006-03-28	杭州市人民政府办公厅关于进一步加强政府储备土地开发整理的实施意见
杭政办〔2006〕8号	2006-04-03	杭州市人民政府办公厅关于印发杭州市数字化城市管理实施办法的通知
杭政办〔2006〕9号	2006-04-13	杭州市人民政府办公厅转发市发改委关于杭州市企业投资项目备案管理暂行办法的通知
杭政办〔2006〕10号	2006-04-14	杭州市人民政府办公厅关于完善杭州市区留用地管理的补充意见
杭政办〔2006〕11号	2006-05-12	杭州市人民政府办公厅转发市发改委关于杭州市企业投资项目核准管理暂行办法的通知
杭政办〔2006〕12号	2006-05-29	杭州市人民政府办公厅转发市农业产业化领导小组办公室等部门关于杭州市农产品加工企业技术改造财政资助管理办法的通知
杭政办〔2006〕13号	2006-05-29	杭州市人民政府办公厅转发市财政局关于落实石油价格改革财政补贴政策实施意见的通知
杭政办〔2006〕14号	2006-05-30	杭州市人民政府办公厅转发市物价局市交通局关于建立出租汽车和道路班车客运油运价格联运机制实施意见的通知
杭政办〔2006〕15号	2006-05-31	杭州市人民政府办公厅关于印发杭州市道路交通安全告诫与问责暂行办法的通知
杭政办〔2006〕16号	2006-07-20	杭州市人民政府办公厅转发市财政局市经委关于杭州市丝绸与女装产业发展资金管理办法的通知
杭政办〔2006〕17号	2006-07-24	杭州市人民政府办公厅转发市经委关于杭州市企业技术改造投资项目备案管理暂行办法的通知
杭政办〔2006〕18号	2006-07-31	杭州市人民政府办公厅转发市建委关于推进杭州市区住宅产业现代化工作实施意见的通知
杭政办〔2006〕19号	2006-08-14	杭州市人民政府办公厅转发市经委市财政局关于杭州市工业企业技术改造财政资助管理办法的通知
杭政办〔2006〕20号	2006-08-14	杭州市人民政府办公厅转发市财政局市经委关于杭州市工业循环经济发展专项资金管理办法的通知
杭政办〔2006〕21号	2006-08-15	杭州市人民政府办公厅关于印发杭州市行政首长出庭应诉工作暂行办法的通知
杭政办〔2006〕22号	2006-08-07	杭州市人民政府办公厅转发市农办关于进一步加快发展外向型农业若干意见的通知
杭政办〔2006〕23号	2006-08-25	杭州市人民政府办公厅关于统筹财政科技资金落实科技创新财税政策的意见
杭政办〔2006〕24号	2006-08-24	杭州市人民政府办公厅关于印发推进科技创新服务平台建设实施办法的通知
杭政办〔2006〕25号	2006-08-25	杭州市人民政府办公厅关于印发鼓励企业建立和引进研发机构实施办法的通知
杭政办〔2006〕26号	2006-08-25	杭州市人民政府办公厅关于印发进一步加快科技企业孵化器发展实施办法的通知
杭政办〔2006〕27号	2006-08-28	杭州市人民政府办公厅关于印发促进创新型企业融资担保试行办法的通知
杭政办〔2006〕28号	2006-08-24	杭州市人民政府办公厅关于提高知识产权创造管理保护运用能力的实施意见
杭政办〔2006〕29号	2006-08-25	杭州市人民政府办公厅关于印发鼓励研制与采用先进技术标准实施办法的通知
杭政办〔2006〕30号	2006-08-24	杭州市人民政府办公厅关于加快培育企业自主品牌的实施意见
杭政办〔2006〕31号	2006-08-24	杭州市人民政府办公厅关于印发自主创新产品政府采购试行办法的通知
杭政办〔2006〕32号	2006-08-25	杭州市人民政府办公厅关于建设创新型人才队伍的若干意见
杭政办〔2006〕33号	2006-08-25	杭州市人民政府办公厅关于印发杭州西湖风景名胜区住宅用房收购安置办法的通知
杭政办〔2006〕34号	2006-09-01	杭州市人民政府办公厅关于印发杭州市主要污染物排放权交易管理办法的通知
杭政办〔2006〕35号	2006-09-07	杭州市人民政府办公厅关于印发杭州市人民政府法律顾问室工作规划的通知
杭政办〔2006〕36号	2006-09-11	杭州市人民政府办公厅关于进一步改进和加强市政府新闻发布工作的意见
杭政办〔2006〕37号	2006-11-09	杭州市人民政府办公厅关于印发杭州市城市房屋白蚁防治管理实施办法的通知
杭政办〔2006〕38号	2006-10-17	杭州市人民政府办公厅转发市财政局等部门关于加强市本级行政和财政补助事业单位房产出租(租入)管理(暂行)的通知
杭政办〔2006〕39号	2006-11-13	杭州市人民政府办公厅关于印发杭州市城市房屋安全鉴定管理办法的通知
杭政办〔2006〕40号	2006-11-17	杭州市人民政府办公厅转发市财政局关于杭州市现代服务业发展专项资金管理办法的通知
杭政办〔2006〕41号	2006-11-20	杭州市人民政府办公厅关于加快杭州市中介服务业发展的若干意见

续表 63

文件号	发文日期	标　题
杭政办〔2006〕42 号	2006-11-20	杭州市人民政府办公厅转发市农业局等部门关于杭州市优势特色农业产业带建设项目和资金管理办法的通知
杭政办〔2006〕43 号	2006-11-24	杭州市人民政府办公厅关于印发杭州市企业在职人员门诊医疗费社会统筹暂行办法的通知
杭政办〔2006〕44 号	2006-11-27	杭州市人民政府办公厅转发市农办市旅委关于促进乡村休闲观光旅游业发展若干意见的通知
杭政办〔2006〕45 号	2006-11-29	杭州市人民政府办公厅转发市建委关于杭州市建设工程担保管理试行办法的通知
杭政办〔2006〕46 号	2006-11-30	杭州市人民政府办公厅关于印发杭州市农民工基本养老保险低标准缴费低标准享受试行办法的通知
杭政办〔2006〕47 号	2006-12-01	杭州市人民政府办公厅转发市体育局关于杭州市全民健身设施建设和管理办法的通知
杭政办〔2006〕48 号	2006-12-04	杭州市人民政府办公厅转发市建委关于杭州市工程建设项目招标代理市场管理办法的通知
杭政办〔2006〕49 号	2006-12-04	杭州市人民政府办公厅关于印发杭州市少年儿童大病住院基本医疗保险试行办法的通知
杭政办〔2006〕50 号	2006-12-04	杭州市人民政府办公厅关于印发杭州市城镇老年居民大病住院基本医疗保险试行办法的通知
杭政办〔2006〕51 号	2006-12-08	杭州市人民政府办公厅转发市建委关于杭州市建筑业市场与现场联动考核试行办法的通知
杭政办〔2006〕52 号	2006-12-15	杭州市人民政府办公厅转发市民政局等部门关于杭州市区优抚对象基本医疗保障暂行办法的通知
杭政办〔2006〕53 号	2006-12-20	杭州市人民政府办公厅转发市建委关于杭州市建筑工程施工许可管理实施细则的通知
杭政办〔2006〕54 号	2006-12-21	杭州市人民政府办公厅转发市经合办等部门关于杭州市山海协作工程和参与西部大开发财政贴息资金管理暂行办法的通知
杭政办〔2006〕55 号	2006-12-22	杭州市人民政府办公厅关于进一步加强见义勇为人员奖励和保障工作的若干意见
杭政办〔2006〕56 号	2006-12-22	杭州市人民政府办公厅转发市财政局关于杭州市市级行政单位国有资产管理暂行办法的通知
杭政办〔2006〕57 号	2006-12-31	杭州市人民政府办公厅关于印发杭州市城镇老年居民生活保障办法的通知

全国地方志系统表彰先进会议在北京人民大会堂举行。人事部和中国地方志指导小组作出《关于表彰全国地方志系统先进集体、先进工作者的决定》。全国有 31 个单位被人事部和中指组授予“全国地方志系统先进集体”荣誉称号,杭州市志办是浙江省唯一获此称号的单位。杭州市志办、萧山区志办等 244 个集体被中国地方志指导小组授予“全国方志先进集体”荣誉称号,杭州市地方志办公室贾大清等 484 人获中国地方志指导小组授予的“全国方志先进工作者”荣誉称号。

表彰会议上,贾大清等作为“全国地方志系统先进集体”代表上台领奖,并接受中央电视台新闻频道的现场采访。杭州市志办制作“热烈祝贺全国地方志系统表彰先进会议隆重召开”的彩色折页,赠送与会人员。

【市领导为市志办荣获全国先进揭牌】 5 月 10 日,市委常委、常务副市长盛继芳,市政府秘书长娄延安等参加在市志办举行的荣获两个全国先进集体奖牌揭牌仪式。揭牌仪式由市政府副秘书长、办公厅主任、市志办主任许小富主持,市志办副主任贾大清汇报了参加全国地方志系统表彰先进会议的情况。盛继芳代表市政府对市志办荣获两项全国先进表示热烈的祝贺,对付出辛勤劳动的工作人员表示衷心的感谢,勉励大家要以新的起点要求自己,为杭州地方志事业作出新贡献。

【《杭州年鉴(2006)》出版发行】 10 月,连续正式出版的第 20 卷《杭州年鉴(2006)》由方志出版社出版发行。该书以科学发展观为统领,坚持“发展、创新、节约、稳定、为民”的总要求,实事求是、全面准确地记载 2005 年杭州市人民全面建设小康社会所取得的新成就、新经验。全书总篇幅量 164 万字,设类目 45 个、分目 250 个、条目 2184 个,附表 112 张、内文插图 186 幅,有彩色图版 79 版,封面选用杭州世界休闲博览会主场馆——世界休闲博览园照片。12 月,集文字、图片、表格、视频为一体的《杭州年鉴(2006)》多媒体光盘经省新闻出版局批准出版。

【《杭州年鉴(2005)》获全国年鉴编校质量特等奖】 5 月,在第二届全国年鉴编校质量检查评比活动中,《杭州年鉴(2005)》荣获特等奖,成为浙江省唯一获此荣誉称号的地(市)级以上城市年鉴。

全国年鉴编校质量检查评比活动由中国出版工作者协会年鉴研究会主办,由年鉴研究会学术委员会和《年鉴信息与研究》杂志社共同承办。杭州年鉴编辑部上报《杭州年鉴(2005)》作为参评年鉴。检查评比活动自 2005 年 11 月开始,经过参评单位自查、评委小组初查、征求参评单位意见、评委会集体评审 4 个阶段,至 2006 年 5 月结束。（黄建设）

【聘请专家学者修志】 《杭州市志(1986~2005)》新设政治综述、经济综述、文化综述篇,以统领政治、经济、文化部类,并在社会生活篇中增设居民生活章,以详细反映小康社会建设成果,反映社会民生。根据《地方志工作条例》的要求,经市领导批准,该 4 篇(章)列为 2007 年市政府重点调研课题。市志办专门聘请 4 位省内著名专家、学者承担编撰任务。12 月 8 日,杭州市政府举行《杭州市志(1986~2005)》课题承包签约仪式,签订承包合同。（冯跃民）

【举办杭州历史文化讲座】 9 月的每个周六,杭州市地方志办公室和杭州图书馆合作举办“文澜讲坛·杭州历史文化”系列讲座。讲座由多年从事地方志编纂的人员主讲。内容由"中华文明的曙光 吴越文化的前奏——吴越前的杭州文化"、"吴越国与杭州"、"两宋时期杭州的文化"、"从华贵天城到文化名邦——元明清杭州文化简述"等4部分组成,通过生动的演讲和精美的图片,从地理环境、人口、气候,到城市建设、文学艺术、宗教民俗、茶叶丝绸、饮食服饰等方面,展示"精致和谐、大气开放"的杭州历史文化。

（王　苗）

【参加省、市社会科学普及周活动】 9月,杭州市地方志学会组织参加由浙江省暨杭州市社会科学联合会举办的"浙江省暨杭州市2006哲学社会科学普及周"活动。活动期间,学会制作介绍地方志基本知识和杭州地方志事业发展的宣传图板,分别在市政府大楼、咨询现场和科普讲座时展出,并印发《地方志工作条例》单行本和宣传折页等资料,得到省、市领导的肯定和群众的好评。学会举办"南宋古都杭州与临安三志"科普讲座,由学会副会长林正秋教授主讲。讲座从南宋为什么定都杭州、南宋都城临安的盛况以及杭州现有南宋的遗存等3个方面,揭示了七大古都之一——杭州的丰富历史文化内涵,受到听讲者的好评。

据统计,科普周期间发放宣传材料1858份,参观图板、接受咨询、参加讲座500多人次。（金利权）

【接待工作】 市委、市政府全年接待到杭视察考察、参观访问、洽谈投资和交流合作的中央和全国各地党政领导及港澳台同胞、华侨知名人士2.6万人次。

到杭视察的党和国家领导人及老同志有中共中央政治局常委、全国政协主席贾庆林,中共中央政治局常委、国家副主席曾庆红等36人。到杭考察和检查工作的中央国家机关副部(省、军)级以上领导274人,各省(自治区、直辖市)和副省级市副省级以上领导66人,全国各城市主要领导90人。新加坡前总理吴作栋、世界休闲组织理事会主席德雷克·卡塞等国外政要、国际组织领导人和知名外商,中国国民党荣誉主席连战以及来自港、澳、台地区的企业家和知名人士到杭考察、洽谈投资合作。（市接待办）

·市政协·

【市政协八届五次会议】 2月15日~19日举行。会议听取并审议市政协主席虞荣仁代表市政协常委会作的工作报告和市政协副主席郁嘉玲作的提案工作情况报告,表彰市政协2004~2005年度优秀提案和先进界别小组。会议同意常委会提出的2006年工作指导思想和主要任务,要求常委会精心组织实施,认真搞好政治协商,积极推进民主监督,深入开展参政议政,切实抓好自身建设,圆满完成本届政协任期最后一年的各项任务。

与会人员列席杭州市第十届人民代表大会第六次会议,听取并讨论市长孙忠焕作的《政府工作报告》及其他报告。

会议期间,收到大会发言材料35份,12位委员作大会发言;收到以提案形式提出的意见建议602件(团体66件,联名24件,个人512件),其中经济、科技等方面114件,城市建设和管理等方面203件,教育、文化、卫生、体育等方面105件,政法、劳动、人事、统战等方面147件,其他方面33件。编印会议简报21期。

会议期间,市委、市政府领导参加小组讨论,听取大会发言。省委常委、市委书记王国平,省政协副主席张蔚文、王玉娣,市长孙忠焕和担任过市政协领导的老同志周峰、陆祖德等应邀出席开幕式和闭幕式。

【市政协八届常委会第二十次至第二十三次会议】 市政协八届常委会第二十次会议于5月26日举行。会议围绕杭州市"发展循环经济、建设节约型社会"这一主题,协商通过《市政协常委会关于杭州市发展循环经济、促进节约型社会建设的若干建议》。

第二十一次会议于9月8日举行。会议围绕杭州市"一名城、四强市"建设进行专题协商讨论。

第二十二次会议于11月9日举行。会议审议通过九届市政协界别设置、委员和常委规模及名额分配方案。

第二十三次会议于11月30日举行。会议协商通过马时雍因工作调动而提出的辞去市政协副主席职务的请求。

【市政协召开专题会议】 6月20日,召开加快自主创新配套政策专题协商会议,听取市政府就杭州市建设创新型城市和提升企业自主创新能力的有关情况与《杭州市加快创新型城市建设的若干意见》及提升企业自主创新能力配套政策草案主要内容的介绍。委员们围绕《意见》和政策草案进行讨论,提出不少意见建议。

7月13日,召开"建设社会主义新农村"专题议政会议,听取市政府关于杭州市社会主义新农村建设的情况通报。委员们围绕如何以城乡统筹发展的理念谋划新农村建设等问题提出意见建议。会后,市政协办公厅将委员的意见建议整理后报送市委、市政府,市委书记王国平批示:"市政协委员的意见建议值得高度重视,我市在今后的新农村建设中应积极采纳"。

7月26日,召开新型农村合作医疗工作专题协商会,听取市政府关于杭州市新型农村合作医疗工作情况的通报。与会的委员和专家在充分肯定成绩的同时,对新型农村合作医疗工作提出许多意见和建议。会后,市政协办公厅将委员的意见建议报送市委、市政府,受到市领导的重视。

【重视政治学习】 市政协加强对政治学习的组织领导,努力提高成员的政治素质和参政议政能力。3月16日,市政协召开大会,及时向全体委员传达全国人大和全国政协会议精神。市政协党组理论中心组先后集中学习中共中央政治局关于加强政协工作的会议精神、《中共中央关于加强人民政协工作的意见》和市委的实施意见,专题学习中国共产党十六届六中全会精神。5月27日,市政协举行常委学习会,专题学习中共中央《关于加强人民政协工作的意见》,主席虞荣仁作辅导报告。6月26日,市政协举行培训会,全体委员学习《中共中央关于加强人民政协工作的意见》,全国政协研究室副主任原冬平应邀到会辅导。

【推进杭州发展循环经济】 市政协

组织由市各民主党派和有关专委会参加的多个调研组，从多个角度对"发展循环经济、建设节约型社会"这一课题进行调研。5月26日，召开常委会议专题讨论，协商通过《市政协常委会关于杭州市发展循环经济、促进节约型社会建设的若干建议》，提出了加强对领导、企业、公众等的宣传教育，提高全社会的参与意识；完善组织、责任、考核体系，健全循环经济发展的推进机制；制定和落实行业节约标准，提高准入门槛；尽快出台促进资源节约和循环利用的配套政策，发挥政策的导向作用；强化循环经济发展的科技支撑平台等7条建议。建议案引起市委、市政府领导高度重视，市委书记王国平、市长孙忠焕、副市长盛继芳分别作了批示。市政协提出的意见建议被市发改委在编制杭州市循环经济发展规划时采纳。

【为"一名城、四强市"建设献计献策】 市政协在与市委宣传部、市文广新局、市教育局、市卫生局、市体育局等有关部委办局沟通交流，了解相关政策，征求有关方面意见建议的基础上，邀请部分市政协委员和专家就杭州市"一名城、四强市"建设问题共同研究，确定调研课题，并由市各民主党派和工商联、市文联、市社科联、体育界等政协组成单位分头实施调研。9月8日，常委会举行专题会议，委员们就文化创作和文化人才的培养、社区卫生服务、发展动漫产业、培育全民健身服务业和体育场馆建设等方面提出意见和建议。

【为全国政协视察杭州休闲产业服务】 4月21日~24日，市政协承办全国政协视察团对杭州休闲产业进行视察调研的服务工作。全国政协副主席张怀西、郝建秀和全国15个副省级城市领导参加这次视察活动。视察团对杭州休闲产业的发展提出许多宝贵的意见和建议。视察报告得到国务院总理温家宝批示。市政协参与视察报告的起草工作，并向市委、市政府专题报送《关于全国政协视察杭州休闲产业情况的汇报》和张怀西在视察调研中的讲话。

【为京杭大运河保护与申报世界文化遗产出力】 5月22日~24日，全国政协京杭大运河保护与申报世界文化遗产研讨会在杭州举行。年初，市政协领导与全国政协文史和学习委员会领导就召开京杭大运河保护与申报世界文化遗产研讨会的时间、地点和对运河实地视察方案等进行商讨，做了大量的前期筹备工作。会议期间，成立由市政协主席虞荣仁为组长的会务接待领导小组，统筹会议的会务工作，确保会议各项任务的圆满完成。市政协还专门组织一些委员和专家、学者对运河景观建设方案进行论证，并创作一批景观的楹联匾额。

【广泛深入开展视察活动】 2006年，市政协视察活动广泛深入，先后组织委员对"五纵六路"建设中文化内涵的挖掘整理、灵隐景区综合整治工程、龙井景区整治、吴山景区整治、京杭大运河(杭州段)综合整治与保护开发一期工程、市区西部(上泗区块)保护与发展工作、"城中村"改造、"110千伏拱南变"和电力局总调度所建设、钱江新城建设、杭州市科技馆建设等进行视察，积极向市委、市政府提出意见建议，为城市建设献计出力。

【对建议落实情况开展民主监督】 7月开始，对2005年市政协提出的杭州构建和谐社会8点建议的采纳落实情况进行民主监督。由市政协两位副主席牵头，分5个小组，采取实地视察、上门走访、听有关部门汇报、召开各种座谈会、举行民主监督通报会等方法，分别对8点建议的采纳落实情况进行民主监督，并进行材料整理。9月27日，市政协召开民主监督议政会，就市政协八届十七次常委会通过的杭州构建和谐社会的8条建议落实情况，进行民主监督。

【委员提案全部办理完毕】 市政协重视委员提案的办理工作。2006年，有计划地选择部分办理提案较多、办理难度较大的"承办大户"上门走访，促进提案办理。对于涉及面广、办理难度较大的提案，特别是民主党派的重点提案，通过召开座谈会、组织委员视察、邀请提案者参与等多种有效形式，推动提案的落实。至年末，市政协八届五次会议以来立案的585件提案全部办理完毕，办复率达到100%。提案中所提问题已解决或基本解决146件，占提案总数的25%；列入计划解决397件，占67.9%；因条件限制暂时难以解决和留作参考的42件，占7.2%。99%以上提案者对提案的办复表示满意或基本满意。

【开展联谊工作】 2006年，市政协接待港澳台同胞、海外人士共计9批、190余人次。市政协会议期间，做好港澳委员的接待服务。在联谊工作中，主动征集海外华侨社团的有关情况，建立资料库。至年末，已与15个国家(地区)的侨团、同乡会建立联系。

【信息工作获"五连冠"】 市政协进一步加大信息工作力度。全年编辑《社情民意》26期，得到市领导批示37人次；向全国政协报送《政协信息》162期，被采用单篇8篇、综合13篇，转送3期。其中《非禽流感疫区养禽业也需要政策扶持》、《解决农民工问题重在贯彻落实》等信息分别得到国务院副总理回良玉、国务院秘书长华建敏等领导的批示。

2006年，杭州市政协的信息工作再次在全国政协系统荣获一等奖，实现了"五连冠"。 (朱 国)

·市纪委(市监察局)·

【市纪委第七次全体(扩大)会议】 1月23日召开。会上，省委常委、市委书记王国平作题为《学习遵守贯彻维护党章，深入推进党风廉政建设和反腐败工作》的讲话。市委副书记、市纪委书记叶明作题为《履行党章赋予职责加大防治腐败力度，为"十一五"发展开好局起好步提供有力保证》的工作报告。会议总结回顾2005年党风廉政建设和反腐败工作，对2006年反腐倡廉工作提出要求。市级领导、全体市管干部及各区县(市)纪委、监察局和市直机关纪检监察负责人等800余人参加会议。

【全市廉政工作会议】 3月6日召开。市委副书记、市长孙忠焕指出，政府廉政工作要突出三大重点：集中力量，开展治理商业贿赂专项工作；开展专项治理，切实解决侵害群众利益的突出问题；加大惩治力度，进一步完善廉政建设机制。他要求，各级政府、政府各部门要落实廉政建设责任制，把廉政建设与经济工作、业务工作放在同等重要的位置。市纪委副书记、监察局长徐苏宾作题为《全面履行行政监察职能，推进政府廉政勤政建设，为全面完成“十一五”规划提供有力保证》的报告。

【领导干部廉洁自律工作】 2006年，杭州市切实抓好领导干部廉洁自律规定的落实。各级纪委在元旦、春节等节日期间，通过发文件、送贺卡和媒体打招呼等形式，重申廉洁自律规定，提醒领导干部要廉洁过节，强化广大党员干部的廉洁自律意识。严肃换届工作中的纪律。5月，市纪委与市委组织部联合转发省纪委、省委组织部《关于在市县乡领导班子换届工作中严肃组织人事纪律的通知》，进一步明确选拔任用干部的原则、条件、程序、纪律和选举工作规定，要求加强对换届工作全过程监督，为换届工作顺利进行提供有力保证。

做好全市党政机关公款购买个人商业保险、党政干部拖欠公款的专项清理工作，年内全部清退完毕，未发现党政干部有新增拖欠公款情况。转发省纪委等部门《关于严禁党政干部购置农村宅基地以及非法占地建造私房的通知》，认真贯彻国务院《关于深化改革严格土地管理的决定》以及国家和省有关土地管理的法律法规与政策规定，严格审批管理，杜绝党政干部违法购置宅基地以及非法占地建造私房行为。探索对“行为不廉洁、作风不检点”问题源头治理的长效机制。

加强廉政档案管理，全年对248名拟提拔任用干部、183名拟评为优秀党员、先进个人、党代表，1025个拟评为先进、文明、示范单位，45名因私出国的领导干部进行廉政鉴定。市本级廉政账户收到领导干部上缴的礼金、礼卡、礼券计118.28万元。

【落实党风廉政建设责任制】 年初，下发《2006年杭州市党风廉政建设和反腐败工作及构建惩治和预防腐败体系工作的组织领导和责任分工》，对全年反腐倡廉工作任务进行分解，明确牵头部门及配合单位、责任人。于7月和11月分别召开区、县(市)和牵头部门的工作汇报会，提出责任制落实的具体措施。下半年由市纪委常委带队组成8个组对区、县(市)和市直部门等41个单位的落实党风廉政建设责任制、贯彻执行党内监督制度、落实惩防体系构建计划等工作进行调研和督查。为促进党风廉政建设责任制各项工作的落实，制定下发《杭州市落实党风廉政建设责任制考核办法(试行)》和《区、县(市)党风廉政建设责任制考核实施细则》。年末，对杭州经济开发区管委会等10个单位进行党风廉政建设责任制落实情况的重点检查，督促被检查单位对存在问题和不足进行整改。

【加强党内监督】 年初，市纪委、市委组织部联合发文，要求有关单位的党政“一把手”按照党内监督制度中述职述廉制度的有关要求，进行公开述职述廉。全市113个市直单位的135名党政“一把手”作了年度总结报告。认真落实市纪委常委同下级党政负责人谈话制度，全年安排市纪委常委与31名县(市)党政主要负责人、市直单位党政主要负责人进行谈话。建立贯彻执行党内监督相关制度工作联系点制度，确定重点，扎实有效地推进党内监督各项制度的贯彻落实。组织实施届末述职述廉工作，市纪委会同市委组织部联合下发《关于做好市直单位领导干部届末述职述廉工作的通知》，由市纪委与市委组织部组成8个工作小组，在全市105个市直单位的400余名领导干部中开展届末述职述廉。

【积极稳妥推进公务用车制度改革】 2006年，继续贯彻杭州市《区、县(市)公务用车制度改革指导性意见(试行)》，平稳推进公务用车制度改革。指导萧山区制定和修改车改方案，对已实行公车改革的城区检查公车改革的政策、纪律落实情况。在积极稳妥地推进区、县(市)公务用车改革的同时，在调查研究的基础上，着手起草《市级机关试点单位车改方案》及相关配套制度。

【进行党务公开试点】 上半年，根据市委和市纪委常委会的决定，成立杭州市党务公开试点工作指导小组，确定下城区、余杭区为试点单位。下城、余杭两区相继下发《党务公开试点工作实施意见》。下城区于9月召开全区党务公开试点工作动员大会，部署党务公开试点工作，下发党务公开试点工作有关制度，并于10月下旬分别在天水街道、下城区行政执法局召开党务公开现场会，总结交流经验，推进党务公开试点工作的开展。

【查处违纪违法案件】全市纪检监察机关全年受理群众信访举报4839件(次)，立案941件，处分党员干部926人。其中，开除党籍238人，追究刑事责任191人。通过查办案件，为国家和集体挽回直接经济损失4189.9万元。为1019名党员干部澄清问题。制定完善查办案件协调和案件公开审理等10多项制度。落实重大典型案件“两报告”(案件小结报告、案件剖析报告)制度，市纪委监察局向20多个单位提出整改建议。

【纠正损害群众利益的不正之风】 全市纪检监察机关加大工作力度，切实纠正损害群众利益的不正之风。全年清欠工程款14.5亿元，清欠农民工工资1.3亿元，催缴土地出让金7.9亿元，查处土地违法违规案件56件。落实教育收费公示制度，对541所学校的收费情况进行专项检查，开展创建规范教育收费示范区县(市)活动，市纠风办收到的教育乱收费有效投诉比上年下降60%。对市属各医院药品的招标采购、使用、收费情况进行实时监控，认真纠正医药购销和医疗服务中的不正之风，查处医务人员收受“红包”、“开单提成”41.8万元。在全市22个系统2000多个基层站所和窗口单位中，广泛开展创建“人民满意基层站所(办事窗口)”活动。组织进行市政公用行业的行风建设民主评议。深入开展“提高工作效率，提高服务质量，降低行政成本”效能建设主题实践活动，加强对全市县乡村三级服务体系建设和机关效能建设“八项制度”、“四条禁令”落实情况的专项督查。市96666投诉中心受理群众投诉6398件，处理党政机关工作人员165人。扎实开展治理商业贿赂专项工作，全市通过自查自纠上缴各类款项929.3万元，查处商业贿赂案件352件。修订完善各类规章制度516项，对医药购销领域的折让、返利问题和商业零售企业进场收费等问题，提出规范性意见。

【开展执法监察】认真贯彻市政府《关于进一步加强和改进行政监察工作的意见》，围绕市委、市政府的重点工作和重点项目，开展廉政监察、效能监察、执法监察，为创新型城市、平安杭州、名城强市建设提供保障。市纪委监察局组织力量对市委、市政府确定的19项重大实事工程的完成情况进行效能督查，对市领导联系的42个重点项目推进情况实施跟踪督查。建立市与城区、部门联动机制，对"五纵六路"、"背街小巷"整治等工程开展效能监察，对国家卫生城市复评工作进行专项督查。全市纪检监察机关对106个建设工程开展效能监察，为国家节约建设资金4.8亿元。立项开展执法监察项目256项，挽回直接经济损失8333.9万元。

【切实加强纪检监察队伍建设】按照中央和省、市委的统一部署，全市纪检监察机关深入开展保持共产党员先进性教育活动，进一步解决在思想、组织、作风以及工作方面存在的突出问题。进一步深化创建"学习型、创新型、务实型"机关和"做党的忠诚卫士，当群众的贴心人"主题实践活动，着力解决不适应和不符合方面的问题。教育全市纪检监察干部争做践行良好风气的模范，自觉接受党组织和人民群众的监督。

【反腐倡廉教育和廉政文化建设】组织开展"学习党章强素质、从严治党保先进、同心同德促发展"主题教育活动，强化内部管理，健全规章制度，严格执行纪律。9月，由市委、市政府主办，市纪委监察局承办的杭州市反腐倡廉成果展览在浙江展览馆展出。展览全面回顾总结近五年来全市党风廉政建设和反腐败工作情况，充分展示全市反腐倡廉取得的成果。组织党章和党纪政纪知识竞赛，利用杭州市党员干部法纪教育基地开展警示教育。全市有40万名党员干部接受了廉政教育。深入推进廉政文化"六进"（进机关、进社区、进家庭、进学校、进企业、进农村）工作。开展学校廉洁教育教学质量评估，促进教育的科学化、规范化；探索和建立廉政文化进社区工作长效机制，广泛开展形式多样的家庭助廉活动，农村和企业廉政文化建设取得新的进展。中纪委、省纪委分别在杭州市召开全国廉政文化建设现场会暨理论研讨会和廉政文化进企业现场会，总结推广杭州经验。

9月8日，由市委、市政府主办，市纪委监察局承办的杭州市反腐倡廉成果展览在浙江展览馆展出。（市纪委办公厅 供稿）

【派驻机构统一管理】根据省纪委的统一部署，市委、市政府决定，市纪委、监察局在29个市直重要经济部门、意识形态部门、执纪执法部门和行政执法监督部门派驻（出）纪检组（纪工委）、监察室（局），实行统一管理。对各派驻（出）纪检监察机构的专项行政编制作出相应调整与重新核定，统一管理后派驻（出）机构合计编制数为115名。专门制定出台实施意见，明确派驻（出）机构实行统一管理工作的总体要求，派驻（出）机构的设置范围及编制，派驻（出）纪检监察机构的工作职责，派驻（出）机构与市纪委、市监察局和驻在部门以及其他有关机构的工作关系等。

【巡视工作】为增强干部群众对巡视工作的认知度，在《杭州廉政》网站上开辟巡视工作专栏，公布联系电话和电子邮箱。1月，市委巡视组对两个区、县（市）进行巡视"回头看"，督促两地落实整改意见。6月起，巡视机构派出两个巡视组，分别对两个市直机关开展巡视。巡视期间，开展问卷调查，进行个别谈话200余人次，召开座谈会6个，实地走访基层单位12个。巡视机构到8个区、县（市）进行专题调研，积极探索定时定点巡视与日常巡察有机结合的新途径。

【议案提案办结率达100%】2006年，市纪委监察局收到市十届人大六次会议人大代表提出的议案2件、市政协八届五次会议政协委员提出的提案4件。收到交办单后，委局领导即在议案、提案办理处理单上作出批示，及时进行专题研究。市纪委常委会专门听取议案、提案办理工作情况汇报，对答复材料进行审议，提出修改意见和工作要求。市纪委常委、监察局副局长分别带队到人大代表、政协委员的工作单位，与人大代表、协政委员见面，进行沟通，征求意见。6件议案、提案的按时办结率、满意率、面商率全部达到100%的目标。其中1件被市人大办公厅评为2006年度市人大代表建议最满意承办件。按照市人大、市政协议案、提案的复文格式和复文质量要求按时报结，并在市政府门户网站将答复情况向社会公开。

（唐贻甫）

民主党派和工商联

Democratic Parties & Association of Industry & Commerce

·民主党派和工商联综述·

【顺利完成换届】 2006年8月~9月，市各民主党派和市工商联陆续召开代表大会，产生新一届领导班子。为进一步提高新一届领导班子成员对中国共产党领导的多党合作和政治协商制度的深刻理解，加强领导班子建设，全体秘书长以上领导干部赴上海市社会主义学院参加培训。

2006年，市各民主党派和市工商联有128名干部参加市社会主义学院的培训，750名民主党派成员参加4期爱国主义系列讲座；选派13名民主党派、工商联成员到市重点工程、乡镇街道等部门挂职锻炼，选送5名成员到美国参加MPA培训。

【参政议政成效显著】 2006年，市各民主党派和市工商联深入学习贯彻中共十六届五中、六中全会和第二十次全国统战工作会议精神，围绕中共杭州市委“十一五”规划纲要，认真履行参政议政、民主监督职能，充分调动广大成员的智慧和领导集体的力量，对杭州市政治、经济和科技、教育、文化、卫生、体育等各项社会事业的发展进行深入调研，成果丰硕。全年共开展调研活动172次，撰写调研报告90份，其中有56份得到市委、市政府领导批示。在市人大、政协会议期间，各民主党派、工商联中的人大代表提交议案130件，立案122件；政协委员提交提案288件，有272件被采纳。

【开展海外联谊活动】 2006年，各民主党派市委会、市工商联反对“台独”、维护祖国统一立场坚定，旗帜鲜明，充分发挥与“三胞”、海外人士联系广泛的优势，通过“走出去、请进来”等方式，与海外和台湾各界知名人士开展交流联谊活动53次，进行祖统宣传和台情研究，为促进祖国和平统一做了大量工作。

【深化社会服务工作】 2006年，各民主党派市委会、市工商联充分发挥人才荟萃、智力密集、联系广泛的优势和各自的特点，开展各项社会服务工作，为构建和谐社会作出新贡献。全年共引进内资4.2亿元，外资4200万美元；为社会捐款5105.05万元，赠送药品和各类物品折合人民币3.20亿元；开展义诊活动，1.96万人次受益；培训技术人员4372名，为下岗人员免费技能培训257人次；为805名下岗职工安排再就业；支边扶贫项目19个。

（徐辛沛）

表64　2006年杭州市各民主党派、工商联新一届领导班子名单一览

党派名称	主委(会长)	副主委(副会长)	秘书长
民革杭州市委会	陈重华	卢华英　吴锡根　俞小安　王慧中	方　方
民盟杭州市委会	陈振濂	周红英　姚雅仙　任旭荣　张永谊　朱启鸿　宦金元	王　英
民建杭州市委会	陈小平	郭清晔　薛滔菁　徐土松　吴忠泉	吴　彦
民进杭州市委会	赵光育	翁启蕴　钱杭根　王　鸣　鲁　奋　张爱莲　肖锋	毛海涛
农工党杭州市委会	吴正虎	方治平　周智林　朱彩凤　章鹏飞	方治平(兼)
致公党杭州市委会	郁嘉玲	胡小平　胡泽之	胡泽之(兼)
九三学社杭州市委会	朱祖德	沈样熙　刘秋敏　杨金南　崔新民　楼玉宇	罗　苑
杭州市工商联	张必来	赵天行　庄哲卿　王　坚　张德生　黄大成　沈国民　黄　靖　徐国良　陆文龙　王建沂　吴秋明　郑晓峰　宗庆后　高德康　马　云　王水福　魏志清　许荣根　徐国耀　陶晓莺　陈妙林　郑玉英	王　杰

·民革市委会·

【为构建和谐社会献良策】 2006年，民革市委会发挥群体智慧，为构建和谐社会建言献策。在市政协八届五次会议上，民革界别委员向大会提交提案63件，其中集体提案16件；在先进界别小组的评选中，民革界别以总分第一的成绩被评为先进界别小组。市委会换届后，又完成了关于历史建筑保护、建立旅游诚信经营体系、加强城市管理等调研报告，做好在新一届政协大会上建言献策的准备。市委会提供的政务信息《关于提高快速公交专用道利用率的建议》，得到多位市领导批示，受到有关部门重视。

【尝试长效服务】 2006年，市委会尝试将短期社会服务与参政议政的调研工作相结合，以求发挥更大作用。12月，市委会组织党员中的医疗专家赴建德李家镇送医送药，为当地村民提供医疗服务300余人次，并送去常用药品，受到热烈欢迎。与此同时，通过了解当地农村公共卫生服务的现状，提出进一步提升合作医疗水平的建议，力求扩大受益面，提高受益程度。

【被评为民革全国参政议政工作先进集体】 2006年，在民革全国参政议政工作经验交流暨表彰会议上，民革杭州市委会被民革中央评为全国参政议政工作先进集体，并在会上介绍经验。市委会还获得杭州市人民建议先进集体、市政协信息工作先进单位二等奖、中共杭州市委统战部信息工作二等奖等荣誉。

【组团赴台湾考察】 12月，市委会先后两次组团赴台考察，与台湾"中华海峡两岸文化资产交流促进会"、台湾"中华花艺文教基金会"、中台禅寺、台湾"中华税务师协会"、"中华财税基金会"和台湾中钢集团等团体和人士就中华传统文化的传承、两岸经济发展和财税专题等进行探讨和交流，加强友谊，增进共识。

表65　2006年杭州市各民主党派组织成员情况一览　单位：个、人

党派名称	组织情况					成员情况		
	市委会	县委会	总支部	支部	小组	总数	女成员	新成员
民革杭州市委会	1	1	3	38		661	260	24
民盟杭州市委会	1	2	5	67		1 125	558	23
民建杭州市委会	1	1	5	54	2	1 345	434	53
民进杭州市委会	1	3	5	81		1 449	800	45
农工党杭州市委会	1	1	7	55		1 065	523	37
致公党杭州市委会	1			9		279	147	13
九三学社杭州市委会	1			52		1 203	476	22
合　计	7	8	25	356	2	7 127	3 198	217

表66　2006年杭州市各民主党派、工商联参政议政情况一览

党派名称	市人大议案（件）	市政协提案（件）	开展调研活动		
			次　数	撰写报告（份）	领导批示（份）
民革杭州市委会	10	63	20	18	9
民盟杭州市委会	54	45	20	9	5
民建杭州市委会	32	52	18	4	5
民进杭州市委会	3	8	40	11	16
农工党杭州市委会	3	58	20	4	7
致公党杭州市委会	5	7	6	13	5
九三学社杭州市委会	20	6	12	8	5
杭州市工商联	3	49	36	23	4
合　计	130	288	172	90	56

【纪念民革杭州地方组织成立50周年】 2006年11月，市委会举行纪念杭州民革成立50周年系列活动。3日，"相聚西湖"——纪念杭州民革成立50周年暨杭州、上海、苏州三地民革书画联展在杭州唐云艺术馆开幕。10日，举行纪念孙中山诞辰140周年暨杭州民革成立50周年座谈会。22日，杭州民革成立50周年纪念大会在浙江省音乐厅举行，大会号召全市民革党员继承孙中山爱国革命和不断进步的精神，发扬民革的优良传统，同心同德，扎实工作，锐意进取，开拓创新，为构建和谐社会作出应有的贡献。（张晓怡）

·民盟市委会·

【迎"两会"新闻通报会反响良好】 2月9日，在市人大、政协会议召开前夕，民盟市委会召开迎"两会"新闻通报会。《浙江日报》、《杭州日报》、《钱江晚报》、杭州电视台等省、市12家主流媒体记者到会采访。陈振濂

表67　2006年杭州市各民主党派、工商联社会服务情况一览

党派名称	引资		培训技术人员（名）	免费培训下岗人员（人次）	安排再就业岗位（个）	义诊人次	捐款（万元）	捐物折价（万元）
	内资（万元）	外资（万美元）						
民革杭州市委会	32 000	200	300	160	44	500	0.48	9.70
民盟杭州市委会	5 000	4 000	3 860	20	15	300	1.80	0.30
民建杭州市委会			2		43	8 950	3.77	10.00
民进杭州市委会				77			32.00	
农工党杭州市委会			210			6 000		2.03
致公党杭州市委会						500		
九三学社杭州市委会	5 000				2	3 300	67.00	4.00
杭州市工商联					701		5 000.00	32 000.00
共　计	42 000	4 200	4372	257	805	19 550	5 105.05	32 026.03

主委向社会各界通报市委会及盟员中的人大代表、政协委员认真履行职责,深入调查研究,围绕杭州市的中心工作和百姓普遍关心的热点、难点问题,积极筹备议案、提案的情况,盟内有关专家学者与记者们进行面对面交流。

【为外来务工人员提供法律咨询】 4月26日,由市委会牵头、市委会法制工作委员会承办的免费法律咨询活动,在望江地区外来人员公寓举行。为方便外来务工人员,特地将咨询活动安排在晚上。10余位职业律师和法学工作者接待了数十位来访者,咨询涉及职业病、劳资纠纷、养老保险、婚姻,以及著作权保护等问题。

【20多个省市民盟组织汇聚杭州交流经验】 为了适应新形势、新任务的要求,切实提升地方民盟组织的参政能力和信息工作水平,12月18日~21日,市委会和民盟中央参政议政部在杭州联合举办参政议政和信息工作经验交流培训会。全国政协副秘书长、民盟中央副主席索丽生出席开幕式并讲话。北京、上海、福建、辽宁、成都、深圳、宁波等20多个省市民盟组织的代表,就参政议政的前瞻性、战略性、综合性、时代性、针对性等方面进行研讨和交流。民盟中央参政议政部领导就如何加强信息工作进行培训指导。

【一次充满爱国主义激情的专题报告会】 5月15日下午,市委会举办专题报告会,邀请盟员许涛和汪积功作报告。许涛讲述了女儿——新任国际象棋女子世界锦标赛冠军许昱华的成长历程;汪积功回顾了自己邀请外甥女和外甥女婿——中国国民党荣誉主席连战夫妇访问杭州所做的工作以及连战夫妇成功访问的详细过程。他们的报告生动精彩,充满爱国主义激情,赢得与会者的阵阵掌声。(潘崇辉)

·民建市委会·

【提高参政议政能力】 2006年,民建市委会从3个方面着手提高参政议政能力:一、调整和组建参政议政委员会等5个专门工作委员会,明确各专委会的工作职责和任务,进一步发挥政党的群体优势和整体功能;二、指导各基层组织开展"议政日"活动,要求会员们"参政要参在点子上、议政要议在要害处",鼓励会员积极反映社情民意;三、进一步加强与市经委、市贸易局、市外经贸局等对口联系单位及其他政府部门的沟通和联系,合作开展重大课题的调查研究。经过全体会员努力,涌现出不少建言献策精品。在年初召开的全国人大十届四次会议上,全国人大代表蒋福弟提交的《关于调整新安江水库功能的建议》,引起全国人大常委会高度重视,被列为重点建议,由国家发改委会同财政部、水利部、环保总局等有关部门办理。在市人大十届六次会议上,会员中的人大代表提出《关于尽快制定杭州市"老字号"保护和发展条例》、《关于要求尽快制订杭州市精神卫生条例》、《关于制定杭州市家庭服务条例》等3件议案被大会正式立案。在市政协八届五次会议上,民建界别委员提出的《保护和发展"老字号"的若干建议》被列为重点提案,《进一步加强我市食品安全工作的若干建议》被评为优秀提案。《对〈杭州市科技强市建设规划纲要〉的几点建议》、《进一步加强我市企业技术中心、研发中心建设的若干建议》、《发展高速公路经济,接轨杭州都市农业》等4份调研报告,市领导王国平、孙忠焕等作了重要批示,市科技局、市经委、市农办等部门采纳了这些建议。

【饮水思源回报社会】 2006年,市委会发动会员中的企业家参与民建中央组织的"思源工程",为民建浙江省委会建立的扶贫点——丽水市云和县云坛乡筹集资金12万元,以实际行动回报社会,获省委会授予的"思源工程"组织奖。企业家情系贫困学子。9月,市委会组织会员捐资20万元帮助富阳、临安、桐庐、建德、淳安5县(市)40名品学兼优的贫困学子圆了大学梦,并承诺将继续捐助这些学生直至大学毕业。

【组织民营企业家赴台考察交流】 4月15日,市民建会员企业家联谊会组织民营企业家一行15人赴台湾考察交流。考察团先后访问台北、高雄、台东、花莲等地,了解当地的风土人情和经济特点,接触当地企业,积极开展台资引进工作,进一步挖掘商机。

【庆祝民建杭州市委会成立55周年】 6月2日,民建杭州市委会成立55周年前夕,市委会举行庆祝杭州民建成立55周年招待会,汇集5年来优秀成果的十届市委会《参政议政文集选编》在会上首发,全书约40万字。同日,在武林广场和吴山广场防空洞分别举行大型法律咨询活动,设立保健、物业、税务、家装、食品、工商及计算机等多个便民咨询台,会员中的20多位律师、法律工作者参与服务,深受广大市民欢迎。(蒋歆歆)

5月12日,民盟市委会组织盟员中的部分省、市、区人大代表和政协委员对灵隐景区整治工程情况进行视察。(民盟市委会 供稿)

·民进市委会·

【一则建议催生一项政府规章】 近年来,"农家乐" 休闲旅游在临安农村迅猛发展。民进市委会经过深入调研,针对存在的问题,向临安市政府提出《规范"农家乐"发展,保护里畈水库饮用水源》的建议,受到高度重视。临安市政府迅速出台《"农家乐"管理暂行办法》,对"农家乐"的经营准入、卫生监督、环境保护等作出具体规定,并抽调人员进村入户,指导农户规范经营。

【民进市委会获"为全面建设小康社会作贡献"先进集体称号】 民进杭州市委会被中共中央统战部、各民主党派中央、全国工商联评为"为全面建设小康社会作贡献"先进集体,9月20日,在北京召开的各民主党派、工商联、无党派人士为全面建设小康社会作贡献经验交流表彰大会上受到表彰。

【拓宽信息收集与报送渠道】 2006年,市委会发动会员关注社情民意,不断拓宽信息的收集与报送渠道。全年收集信息400余条,编报《杭州民进信息》173期(条),得到省、市领导批示20条,中共中央统战部采用3条,中共中央宣传部采用1条,省、市有关部门采用117条, 新闻媒体采访和宣传17篇(次)。市委会分别被中共杭州市委、市政府、民进浙江省委会、中共杭州市委宣传部评为目标管理考核信息工作先进单位、反映社情民意信息工作先进单位、社会舆情信息工作先进单位,还被推荐为中共浙江省委宣传部在杭的6个信息直报单位之一。

【编辑出版《五年回眸》画册】 为回顾和总结第十届委员会的工作,市委会编辑出版《五年回眸》画册。150余幅配上文字说明的照片,图文并茂地介绍了市委会2001年~2006年的主要工作和所取得的成绩。

【参与 "山海协作工程"】 12月,市委会首次参加由省政府主办的2006年"山海协作工程"系列活动,组织资深高级教师前往台州市三门县支教。教师们全新的教学理念和高超的教学水平,使三门中学4500名学生和来观摩的当地教师受益匪浅。

(陈云祥)

·农工党市委会·

【认真学习《江泽民文选》】 8月,《江泽民文选》出版发行后,农工党市委会立即组织多种形式的报告会、座谈会,学习《江泽民文选》,并向基层组织发出《关于认真学习〈江泽民文选〉的决定》,要求各基层组织和全体党员认真学习、深刻领会"三个代表"重要思想,并在实际工作中努力践行。新一届市委会产生后,把学习《江泽民文选》作为第一次常委会的主要内容。

一年来,市委会还组织理论学习会和辅导报告会10次,中心学习组学习3次,400余人参加学习社会主义荣辱观、第二十次全国统战工作会议精神、中共中央十六届六中全会精神等。

5月21日,在西兴街道"科普宣传周"活动中,民进市委会10余位专家为市民服务。 (民进市委会 供稿)

【深入调研医药卫生工作】 一年来,市委会以医药卫生工作为重点召开调研工作专题会议2次,组织调研和考察活动20余次,走访社区、乡镇、企业及市政府有关部门10多个,完成调研报告10份,其中3份得到市主要领导批示。在市政协会议上,农工党界别提出的6件有关医药卫生工作的集体提案,受到中共杭州市委、市政府和有关部门的高度重视。其中,《我市社区为老服务工作的现状、存在问题和建议》、《推进健康教育与健康促进工程,进一步减轻医疗负担》得到市委书记王国平的批示,《进一步加强艾滋病防治工作的建议》被列为重点提案,得到市长孙忠焕、副市长陈重华的批示,并在市政府办公厅的《杭州政务》上全文刊登。

【重视后备干部培养】 为加强后备干部培养,一年来,市委会先后推荐11名青年党员参加省、市社会主义学院学习。换届后,市委会及时调整各工作委员会及其组成人员,并推荐8名市委委员参加中共杭州市委统战部组织的新任领导干部培训;组织1期党员培训班,32名党员参加学习。

【深化"爱心工程"内涵】 2006年,市委会继续关注服刑人员教育改造问题,关心服刑人员子女,帮助服刑人员加快改造步伐和解除后顾之忧,为建设"平安杭州"作出努力。市委会组织的"爱心工程"与浙江花都美容美发学校在浙江省女子监狱联合举办2期美容美发培训班,100余名即将出狱的女性服刑人员参加培训,并全部获得省劳动和社会保障厅颁发的结业证书和美容师初、中级操作技能证书。在省劳教所也开办了110余人参加的美容美发职业技能培训班。6月3日,市委会在浙江省女子监狱举办的"同在蓝天下"服刑人员母子团聚活动中,向10名服刑人员未满14周岁的子女捐赠助学金1万元。

【社会服务工作受表彰】2006年，农工党各基层组织和广大党员充分发挥自身智力优势，深入山区、农村、厂矿、部队、社区、学校、福利院、重点工程工地，举办为民服务活动8次，3000余人受益。市委会被农工党中央评为2005~2006年度全国社会服务工作先进集体，市二医院支部被评为全国社会服务工作先进支部，党员王建沂、罗红英被评为全国社会服务工作先进个人。市委会的志愿服务总队被杭州市志愿者服务指导中心评为先进集体。

【到部队接受传统教育】10月18日，市委会组织志愿服务总队部分成员、医疗专家和农工党现代艺术团的演员到军民共建单位——空军驻杭某部营地，参观部队荣誉室，与官兵们共同纪念红军长征胜利70周年，缅怀革命先辈的不朽功勋，接受革命传统教育，并为官兵开展健康咨询、医疗诊治、法律咨询等服务，赠送价值2000余元的常用药品，现代艺术团的演员表演了精彩的文艺节目。（王会荣）

·致公党市委会·

【深入开展侨情调研】3月30日~4月2日，致公党市委会组织机关干部到丽水市青田县开展侨务工作调研，了解新形势下侨乡出现的新变化、新情况和涉侨工作面临的新问题。调研后撰写的题为《爱护华人华侨捐赠积极性》的社情民意信息，被中共中央统战部采用。市委会全年向各级报送社情民意信息106条，其中全国政协采用1条，中共中央统战部采用3条，致公党中央采用14条，中共杭州市委、市政府采用9条；有5份调研报告获市领导批示。

【承办"五侨"联席工作会议】3月28日，市委会承办"五侨"联席工作会议。会上，市人大民宗侨委、市政协港澳台侨委、市侨办、致公党市委会、市侨联5个涉侨单位交流2006年侨务工作思路，并对涉侨单位如何做到资源共享、任务共担、队伍共建进行深入讨论。会议还具体研究了发挥侨务资源优势、接待海外侨领和社团到杭参加休博会（西博会）活动、加强侨务工作建设、推动招商引资、促进对外交流等工作。

5月21日，九三学社杭州市委会组织成员赴高新区（滨江）长河街道开展"三下乡"活动。（九三学社市委会 供稿）

【接待海外侨团和香港同胞】5月11日~14日，市委会接待美洲各地中华会馆中华公所华侨总会联谊会代表团一行17人，陪同他们游览千岛湖、西湖、河坊街、灵隐寺等地。代表团成员对杭州的美景赞不绝口，并对投资环境表示了浓厚兴趣。6月24日~27日，市委会接待多米尼加洪门致公总堂代表团一行14人，陪同他们游览西湖、灵隐寺、萧山东方文化园、胡雪岩故居、河坊街等地。代表团成员盛赞杭州景色，并希望加强中医、中药和轻工产品方面的交流与合作。12月21日，香港宝血会伍季明小学师生一行39人到杭州参观学习。市委会安排他们参观杭州现代实验小学，组织学生进课堂听课并参加包饺子活动，促进了香港师生和内地师生的友情。

【送书画进军营】6月10日，市委会组织7名书画家到驻杭某部红军团挥毫泼墨，纪念红军长征胜利70周年。书画家们热情饱满，精心创作出一批题材多样、寓意深刻的书画作品，既是对红军精神的缅怀，也上了一堂生动的革命传统教育课。（钟玉腾）

·九三学社市委会·

【围绕创建和谐社会深入调研】2006年，九三学社市委会以创建和谐社会为中心，确定科技自主创新、新农村建设等重点调研课题，全年组织调研活动12次，完成调研报告8份。其中，市委书记王国平对《当前新农村建设存在的六大问题值得重视》作出批示并要求市有关部门研究采纳，《建议我市尽快在各社区推行"居家养老"工作》得到市委副书记于辉达批示，《建议为具有高级职业技能资格的农民合同工解决户口迁杭问题》、《建议新农村建设要高度重视农业科技应用问题》得到副市长孙景淼批示。在市政协八届五次会议上，《要着力为企业自主创新创造良好的外部环境》的大会发言得到副市长沈坚批示，集体提案《关于深入实施"百村示范，千村整治"工程的若干建议》和个人提案《呼吁对我市儿童实行大病保险及建立儿童大病救助基金》被列为重点提案。

【九三学社市委会获"为全面建设小康社会作贡献"先进集体称号】九三学社杭州市委会被中共中央统战部、各民主党派中央、全国工商联评为"为全面建设小康社会作贡献"先进集体，9月20日，在北京召开的各民主党派、工商联、无党派人士为全面建设小康社会作贡献经验交流表彰大会上受到表彰。

【拓展"议政日"内涵】2006年，市委会加强信息工作机制建设，通过"议政日"这个平台，把参政议政工作延伸到基层组织和社员。全年围绕"社员思想建设"、"法治杭州"、"建设节约型机关"、"建设和谐社

12 月 16 日，民建杭州市委会主委陈小平带队赴常州东风农机集团调研。

（民建市委会 供稿）

会”、“农村合作医疗制度”、“基础教育体制改革”等主题开展 6 次活动，广泛吸纳社员建议，及时转化为有效信息上报。全年向省、市有关部门报送信息 80 余条。

【贯彻落实“人才强社”战略】 2006 年，市委会重视社员素质建设，取得较好成效。举办新一届委员和骨干社员培训班，邀请中共浙江省委党校教授和中共杭州市委统战部领导就“构建和谐社会”和“新时期统一战线工作”进行辅导；完善骨干成员和后备干部队伍动态管理，及时将新情况录入档案；严格组织发展程序，全年发展新社员 25 名，平均年龄 38 岁，其中有高级职称的占 56%；许多基层组织建立起分工、奖励、台账等规范化制度。一年来，社员获得市级以上各类奖项 50 项(次)，技术创新和专利 20 多项，在各级各类刊物发表论文 300 余篇；3 名社员入选杭州市“131”人才计划第一层次，4 名社员享受市政府特殊津贴；社员完成的科技项目获得 2006 年杭州市科技进步一等奖 1 项、二等奖 3 项、三等奖 6 项，社员指导的运动员获得世界锦标赛金牌 1 枚、全国锦标赛金牌 8 枚、省运会金牌 24 枚。

【培育社会服务精品工程】 2006 年，市委会提出“发挥人才优势、扩大服务对象、培育精品工程、提升服务层次”的目标，联合科技、卫生等政府部门，坚持不懈开展“三百工程”和“握手”活动。“三百工程”于 5 月启动，市委会组织各城区支社向城区的困难家庭学生、结对帮扶社区的贫困户和智障学校捐赠价值 3 万余元的文化用品、药品、食品等，受益群众 100 多户；为 100 多名企业退休知识分子免费体检，并建立健康档案；组织医疗专家为江干区滨江老人公寓 100 多名孤寡老人义诊，并开展“送温暖”活动。第五届“专家与中小企业家握手”活动在 10 月 30 日举办，105 对企业家与专家结成合作伙伴关系，其中 20 对在现场签约。 （古 涛）

·市工商联·

【加强对发展民营经济的调研】 2006 年，市工商联下大力气加强对发展民营经济的调查研究，全年完成或者协助完成调研文章 20 多篇，其中 5 篇在《杭州通讯》、《杭州信息·决策参考》、《杭州日报》、《改革与发展》上发表，4 篇得到市委、市政府主要领导的批示。市工商联撰写的《关于组织引导民营企业参与社会主义新农村建设的路径、模式、问题与对策研究兼对参与杭州市“百团联百乡，千企结千村”工程的研究》，获得中共中央统战部、中国统一战线理论学会非公经济统战工作理论浙江研究基地优秀成果奖。认真做好 2005 年度杭州市上规模民营企业的调研工作，对 225 个营业收入总额超 2 亿元及进入全国 500 强的企业总体状况进行分析，提出意见和建议，上报市委、市政府。市委办的《决策参考》上全文刊载了市工商联的报告。

【促进民营经济健康发展】 市工商联围绕发展民营经济这个中心，发挥市委、市政府的助手作用。3 月 16 日，市委、市政府召开全市民营经济大会，市工商联参与大会报告和《中共杭州市委、杭州市人民政府关于进一步鼓励支持和引导个体私营等非公有制经济发展的实施意见》、《杭州市促进个体私营等非公有制经济发展规划(2006 年~2010 年)》两个文件的起草工作。4 月，组织杭州民营企业家赴沪参加沪杭浙商企业家座谈会，并为成立驻沪杭州企业家联合会提供支持和帮助。

【营造有利于民营经济发展的氛围】 2006 年，市工商联积极开展对民营企业先进典型的宣传表彰活动，为民营经济发展营造良好舆论环境。市工商联通过《中华工商时报》、《杭州日报》、《每日商报》、杭州电视台、杭州商会网、《杭州商会》等，大力宣传杭州民营经济和企业家的创业事迹。配合市委统战部开展第二届非公经济人士优秀社会主义事业建设者评选表彰活动。在全市民营经济大会前后，大力宣传杭州市 53 个入选 2004 年全国民营企业 500 强的企业、50 名优秀社会主义事业建设者和 10 名杭州市民营科技新星，并与市委统战部联合在江干区和桐庐县举办两场杭州市优秀社会主义事业建设者事迹宣讲会。继续与市总工会联合开展杭州市第二届“企业家关爱员工、员工热爱企业”的“双爱双评”活动。 （陆 吉）

▶▶资料：市工商联组织情况

至 2006 年末，杭州市工商联下辖区、县(市)工商联 13 个，基层商会 203 个(其中，乡镇、街道、市场商会 152 个，同业公会、行业商会 36 个，异地商会 15 个)；有会员 14209 个。

职工 青少年 妇女组织

Organizations of Workers & Youth & Women

·职工组织·

【职工组织概况】 2006年，全市有工会会员164.5万人，比2005年增加33.1万人；有基层工会1.38万个，增加2413个。市总工会下属13个区县（市）总工会、1个开发区总工会、11个产业（公司）工会和8个直属事（企）业单位。全市工会以科学发展观为指导，贯彻“组织起来、切实维权”的工作方针，按照“扩大覆盖面、增强凝聚力”的要求，优化工作环境，提高工作成效，加大创新力度，各项工作保持健康发展良好态势。

【政府支持工会工作力度加大】 6月，市政府办公厅下发《关于贯彻落实〈工会法〉支持工会工作的通知》。区县（市）、产业工会有21个与政府（行政）召开了联席会议，14个区县（市）、开发区党委、政府制定18个支持工会工作的文件，10个区县（市）工会的人员经费和工作经费由地方财政解决，122个乡镇（街道）配备195名工会专职干部，形成“党委重视、政府支持、工会运作、各方配合”的局面。

【召开市政府与总工会第九次联席会议】 12月28日，市长孙忠焕，副市长陈重华、孙景森及市经委、财政局、地税局、人事局（编委办）、劳动保障局、安全监管局、文广新闻出版局、法制办、妇联等部门负责人与市总工会常委和各部门、各产业工会及部分基层工会负责人举行第九次联席会议。市政府秘书长娄延安主持会议。会议听取市总工会全年主要工作情况汇报，审议第八次联席会议确定事项的落实情况，就市总工会提请市政府帮助解决的3个问题进行了研究。会议决定由市劳动保障局会同市法制办、卫生局、总工会等部门，对全市贯彻国家《女职工劳动保护规定》和浙江省《女职工劳动保护办法》情况进行调查，提出加强全市女职工劳动保护工作的意见，制订政府规章，规范企业女职工劳动保护。由市劳动保障局会同法制办、总工会对《杭州市企业工资集体协商试行办法》落实情况组织一次专项检查。检查对象主要是中小非公企业，检查重点是工资集体协商工作开展情况、最低工资标准落实情况、工资协议履行和职工工资分配情况。要求市、县（市）政府把工人文化宫建设纳入当地经济社会“十一五”发展规划中，因城市建设需要拆迁工人文化宫，应按照“同类地段、拆一还一”原则予以补偿。工人文化宫在改造、维修过程中资金有困难的，地方财政要给予支持。

【庆祝杭州总工会成立80周年】 10月18日，市总工会召开大会庆祝杭州总工会成立80周年，中共杭州市委、市人大常委会、市政府、市政协和省总工会主要领导出席。市总工会主席陈永良回顾了80年发展历程，总结了在党领导下工会工作取得的成绩，展望了美好的发展前景。省委常委、市委书记王国平作重要讲话。大会表彰了杭州市工会第二届“为职工服务、让职工满意”活动“双十佳”，举办了大型文艺演出。市总工会编辑出版《杭州工会八十年》，制作了庆祝杭州总工会成立80周年专题纪念邮册。

【实施劳模（先进）低收入补助】 6月，市政府批转市总工会、市财政局、市劳动保障局联合制定的《杭州市区劳模（先进）低收入补助实施办法》，决定对低收入劳模（先进）实行经济补助。补助标准为：月收入低于1200元的省劳模补足到1200元、低于1100元的省先进补足到1100元、低于1000元的市劳模补足到1000元、低于900元的市先进补足到900元。农业劳模年龄偏大且无固定收入的给予一定补贴。补助资金由市财政统一安排。至年末，全市有640名劳模（先进）申请补助，经过各区总工会、产业工会初审，市总工会复审，有490名劳模（先进）享受低收入补助，补助金额83.96万元，年人均补助1713.5元，最高达6360元。受补助劳模（先进）中，退休人员占75.5%，在职职工占4.7%，失业人员占5.1%，精简人员、农业人员等占14.7%。

【颁布《杭州市工会劳动法律监督条例》】 2006年，《杭州市工会劳动法律监督条例》经市十届人大常委会第三十六次会议审议通过，省十届人大常委会第二十九次会议批准，于2007年1月1日起实施。该条例共23条，是杭州市第一部工会地方性法规，为工会行使劳动法律监督提供了法律保障。

【开展第七次“春风行动”】 11月16日启动。主要任务是发动社会各界捐款捐物，深化和完善帮扶救助机制，加大帮扶救助力度，建立统一管理工作制度。到年末,共收到各类社会捐款2053万元。对不同困难的群众实行分类救助。低保人员实行基本生活补差,享受30项优惠待遇;"4050"就业困难人员给予社会保险费补贴;残疾困难人员除经济援助外,加强心理辅导、文艺交流等精神帮扶;对因病致贫人员,加大医疗救助力度,应救尽救,患大病重症、无力承担较高医疗费用的,实行"零起点、不封顶"救助;对因学致困人员,发放"春风行动"助学援助证,每户每年给予5500元助学救助。

扩大和深化帮扶救助优惠政策:持证困难家庭燃气初装费实行半价收取;市区生活不能自理且常年卧床不起的困难残疾人每人每月发放200元生活补助费;持证困难家庭免费赠送数字电视机顶盒。惠民医院就诊或经惠民医院同意,可转入指导医院、协作医院就诊,在市医保定点医疗机构急诊的,享受"十免交十减半五减免"优惠待遇;患有慢性肾功能衰竭的困难家庭人员接受血透等治疗时,医疗救助提前介入。持证家庭危旧房改造自负费用适当减免;在城市规划范围内拆迁并选择房屋产权调换的困难家庭,原则上安置建筑面积不低于48平方米的用房;持证困难家庭办理民办非企业单位法人登记,免收手续费100元。12月,"春风行动"被省政府授予"浙江慈善奖"。

【第二届"双十佳"评选】 5月,市总工会部署在"为职工服务、让职工满意"活动中涌现出来的"职工欢迎的好事实事"和"职工满意的工会干部"推荐工作。全市基层工会和区县(市)、产业工会推荐好事实事60件,候选工会干部52名。市总工会对推荐人员和事迹进行评议筛选,确定候选好事实事20件和工会干部20名,在《杭州日报》上公示,由全市职工投票评选。10月18日,市总工会根据得票多少,评选市公安局工会"成立全国首家协警工会"等10件为杭州市工会第二届"十佳职工欢迎的好事实事",高新技术开发区(滨江)长河街道工会主任冯茶英等10人为杭州市工会第二届"十佳职工满意的工会干部",并进行表彰。

【举办国际(杭州)美容美发美丽节】 9月13日~16日,举行国际(杭州)美容美发美丽节。由市总工会主办、市美容美发业联合工会承办。分美容美发论坛、"彩虹时代"海峡两岸美容美发技艺交流赛、休闲时尚之夜和美发技能展示四大板块,来自英国、澳大利亚、新西兰、泰国以及中国内地和港澳台的美容美发界人士300余人参加活动。展示中国秦、汉、唐、宋、元、明、清、民国和现代9个不同时期的发型发饰,研讨了美容美发与时尚潮流的关系,交流了美容美发的技术技艺,举办了美容美发美丽产品展。评选出"彩虹奖"5名、金奖16名、银奖24名。

【设立"五一新闻奖"】 4月,中共杭州市委宣传部、市总工会联合发出通知,决定设立"五一新闻奖",对在宣传工人阶级、劳模先进、工会工作等方面作出突出贡献的新闻单位和新闻工作者进行表彰。"五一新闻奖"得到新闻单位的支持和参与,省市11个新闻单位共推荐37件作品参评。经评选,浙江日报社洪加祥、胡大淼《让一线工人"荷包"鼓起来》等6件作品获一等奖、杭州电视台综合频道张平《清洁工缪文根》等11件作品获二等奖、浙江工人日报社史隽《天目山麓的"文艺轻骑兵"》等20件作品获三等奖。

9月13日~16日,举行国际(杭州)美容美发美丽节。图为展示不同时期发型发饰的表演。(市总工会 供稿)

【开展工资集体协商"要约行动"】 2006年,市总工会为加强企业工资集体协商工作,保障职工的劳动分配权利,开展工资集体协商"要约行动"。至年末,全市企业签订工资协议8318份,覆盖企业1.4万个,其中开展"要约行动"后新签订工资协议1667份,覆盖企业2622个。

▶▶**资料:"要约行动"**是市场经济体制下企业工资分配决定机制的一种新的形式,由企业工会根据职工意见主动要约企业行政开展工资协商。企业工会以建立职工正常的增资机制为重点开展工资协商,以确保加班加点工资为要求与行政谈判,以提高计件工资单价为内容开展"要约行动"。"要约行动"激发了企业工会积极性,促进了企业工资集体协商工作。

【开展多形式多层次劳动竞赛】 7月,市政府召开杭州市社会主义劳动竞赛动员大会,决定在全市生产经营性企业、重点工程项目、商贸服务行业和教育卫生系统开展多形式多层次的劳动竞赛。5257个企事业单位、92.5万名职工参加各类竞赛活动,实现增效降耗3.46亿元。在生产经营性企业中,开展职工"为创新献一计、为安全查隐患、为增效作贡献"的"三为"竞赛。在重点工程项目中,开展"比质量赛工程创优、比安全赛文明施工、比技术赛科技创新、比高效赛工程进度、比廉洁赛作风建设"的"五比五赛"活动。在商贸服务行业,开展"讲诚信、比敬业、重礼仪"竞赛。在教育卫生系统,开展了"比职业道德、比岗位技能、比社会影响"的"三比"竞赛。通过各种劳动竞赛、技术比武、岗位练兵和提合理化建议活动，各级工会选出企业级职业技能带头人5624名，2064人晋升为高级工、359人晋升为技师、41人晋升为高级技师；有2人获得"全国技术能手"称号，18人获得"浙江省技术能手"称号，5人被授予全省职业技能带头人。（竺锡雄）

·青少年组织·

【青少年组织概况】2006年，杭州市有14周岁~35周岁青年175.05万人，其中，中国共产主义青年团团员37.63万人，专职团干部629人；基层团(工)委905个，基层团总支(支部)1.41万个。

各级团组织坚持以科学发展观为统领，参与"和谐杭州"建设，增强服务能力，实施品牌项目，团的工作取得新发展。团市委获得全国警地"四联"活动先进单位、全国"培养计划"先进单位、2006年度全国保护母亲河先进集体、"魅力少先队"评选活动优秀组织奖、中国十大杰出青年志愿服务集体、浙江省共青团和青少年工作创新奖、浙江省共青团调研工作组织奖、浙江省共青团信息工作先进单位、第九届浙江省少先队争章技能展示活动优秀组织奖、浙江省先进少工委、浙江省志愿服务杰出集体等荣誉。

【加强青少年思想道德建设】团市委以构筑当代青少年强大的精神支柱为目标，以纪念五四运动87周年、中共建党85周年、中国工农红军长征胜利70周年等为契机，开展"我与祖国共奋进、我与杭州同发展"主题系列活动、社会主义荣辱观实践教育活动，加强和改进青少年思想道德教育工作。6月9日~10日，承办全国少工委在杭召开的牢固树立社会主义荣辱观，全面贯彻落实《少先队辅导员工作纲要（试行）》，深化"雏鹰争章"活动现场会，介绍了杭州经验。开展暑期社会实践活动，8万余名中学生到社区报到。开展"三下乡"系列活动，3.2万名大学生组成496支暑期实践小分队，赴全省各地开展活动。

【启动"新农村·新青年"发展计划】8月11日，团市委启动"新农村·新青年"发展计划，团结带领全市广大团员青年参与社会主义新农村建设。以乡镇为单位，成立150支新农村志愿服务队，参与"百村示范，千村整治"工程和生态乡镇(村)创建工作；开展以"新农村·新青年·新风尚"为主题的"乡村青年文化节"活动，在农村青年中弘扬积极、健康、向上的文明新风。为农村青年学习、就业、创业服务，举办素质培训260场，培训7300人次，帮助1572名农村青年实现转移就业。"农民信箱"推广普及，建立101支农业信息化志愿服务队伍，协助完成农民信箱注册用户12.03万户。深化"蒲公英行动"，暑期，举办"百场公益夏令营"，1.56万名外来务工家庭子女免费参加176场夏令营活动。4月28日，针对到杭务工困难家庭子女举行"手拉手·共享阳光"免费专场活动，启动新一轮"双千结对"。5月21日，举办第二届外来务工青年公益集体婚礼，近百对在杭务工青年免费参加婚礼。

【推进"青春·创业·杭州"行动】2004年启动"青春·创业·杭州"行动以来，团市委创新载体，拓展领域，强化措施，不断深化"青春·创业·杭州"行动。服务大学生就业实践，实施"大学生就业创业服务计划"。2006年，市属高校组织就业创业报告会、座谈会及交流会96场，参加学生3万余人；举办2场大学生实习岗位推介会，参加学生3.5万人，有2900余名大学生通过推介会找到实习岗位。服务职业青年岗位成才，实施"职业青年导航计划"。举办大型公益导航课和百堂基层职业生涯导航课，开展各类技能培训460场(次)、培训青工1.89万人，举办技能比武169项、参赛青工6001人，开展师徒结对998对。服务有志青年创新创业，着力搭建平台和进行指导。3月末，组织发起"赢在中国"千万创业比赛活动，5人入选决赛，分别获得授信额度为100万元的风险创业基金。12月30日，启动1000万元"星巢"青年创业基金，建立"星巢"青年创业网。

【创新志愿服务工作】2006年，团市委组织志愿者真情服务大型展会。在休博会和西博会期间，动员组织志愿者3.98万人次，为52个展览(活动)、会议、项目，提供多岗位、多领域志愿服务。在第十五届中国金鸡百花电影节期间，开展"阳光志愿者行动"，招募组织300名"阳光志愿使者"为电影节提供礼仪、接待、引导、会务等服务。

推出全国首个十佳大学生志愿者评选活动，表彰杭州市首批功勋志愿者和志愿服务先进集体。以《杭州市志愿服务条例》实施两周年执法检查为契机，加大对各区、县(市)和有关部门工作情况的督查指导。开展杭州志愿者授"星"行动，规范注册志愿者动员招募、培训注册、活动登记和年度考评；成立志愿者培训基地，推出全国首个《志愿者培训菜单》。

【深入探讨志愿服务事业】12月3日，团市委承办第三届全国副省级城市团委工作年会暨城市社区志愿服务事业发展论坛。全国副省级城市团委负责人、北京志愿服务工作指导中心和香港女童军等志愿服务组织负责人、从事志愿服务研究的专家学者、志愿者代表约300余人参加会议，对深入推进社区志愿服务工作进行探讨。

【组织援外志愿服务】9月，受共青团中央、国家商务部和中国青年志愿者协会委托，团市委承办"2006年中国青年志愿者海外服务计划·埃塞俄比亚项目"，招募选拔计算机与网络、农牧业、医疗卫生、工业技术以及汉语教学等专业的14名援外志愿者。10月24日，中共杭州市委、市政府在市府大楼举行志愿者出征欢送仪式，市四套班子领导参加欢送。团中央书记处常务书记杨岳评价杭州援外志愿服务工作"为全国共青团和援外志愿者工作创造、提供了政府支持、共青团组织操作的'杭州模式'经验"。

【扩大社区青少年事务管理试点】在总结上城区小营街道社区青少年事务管理试点工作经验的基础上，在下城区东新街道、西湖区北山街道、余杭区黄湖镇等8个单位扩大试点，推进工作的开展。扩大试点期间，招募培训阳光使者200余人，建立青少年事务管理工作站7个，举办各类帮扶活动70余场(次),受理青少年个案80余起,开展家长青少年专业辅导培训1万余人次,募集经费10万元,完成青少年预防犯罪调查报告7篇,《人民日报》要闻版、中央电视台《新闻会客厅》等各类媒体报道50余篇(次)。

【深化爱心助学活动】 开展大学生助学计划和“手拉手爱心助学”公益活动,收到捐款20余万元,资助100名大学贫困入学新生就学。推进希望工程助学进城计划,筹集资金资助1000名贫困外来民工子女。筹资25万元,建立淳安安阳乡希望小学。开展红领巾“献爱心,送温暖”活动。

【加强青少年文化阵地建设】 杭州青少年活动中心二期改扩建工程进展顺利,临安青少年活动中心落成启用。探索校外教育发展新途径,发展网上少年宫,精心组织“流动少年宫”。全年举办大型活动6场,青少年2.8万人次参与。市团校探索团干部、青少年教育新形式。9月4日,建立杭州青少年素质拓展基地,全年培训学员700余人。

【加强共青团组织建设】 开展新经济组织和新社会组织(“两新”组织)建团试点。筹建钱江开发区团委。成立市律师协会团委;探索楼宇楼道、专业市场及外来青年集聚地等领域的团建工作。10月12日,下城区文晖街道和平大厦开展试点,直选产生团委班子。开展村级团组织海选试点。以13个区县(市)的镇、村两级团组织统一换届为契机,在富阳市富春街道秋丰村开展试点。全年经海选产生团支部(总支)496个。

扩大团委班子直选试点,召开杭州市共青团组织换届与直选推进会,在百江镇、莪山乡等地开展乡镇团委直选试点。有35个机关企事业单位团委开展直选工作。(金丽杭)

·妇女组织·

【妇女组织概况】 全市有街道、乡(镇)妇联组织218个,社区妇联组织582个,农村妇代会3732个,机关、事业单位妇委会(妇工委)293个,非公有制经济单位妇女组织466个。市妇联下属13个区、县(市)妇联,4个妇女工作委员会,3个直属事业单位。

市妇联与市委组织部联合进行培养选拔女干部工作情况调研,起草《2006年~2010年杭州市培养选拔女干部队伍工作规划》,举办女干部培训班和妇联专、兼职干部培训班,配合做好培养选拔女干部、发展女党员工作。开展女村干部现状调查和妇女工作先进集体、优秀妇女干部评选,举办农村妇代会主任培训班。会同市委组织部、市民政局等单位联合下发《关于进一步加强妇联基层组织建设的意见》,在全市妇联基层组织中开展“好班子、好队伍、好阵地、好活动、好制度”创建活动。临安市锦城街道横街村被列入首批全国“巾帼示范村”。健全党员干部思想教育长效机制,建立基层联系点、每月重大工作通报反馈制度。创建学习型机关、建立干部积分制,通过学习提高干部素质。加强机关资产动态管理,压缩公务经费支出,降低行政成本。开展征集合理化建议活动,争创节约型机关。

10月20日,杭州市妇女活动中心动工建设。规划占地面积1.64万平方米、建筑面积6.03万平方米、总投资2.38亿元。“三八”妇女节期间,开通杭州妇女网,提供有关杭州妇女、儿童的信息服务,接受群众监督,实现网上宣传、网上办事、网上咨询,提高了市妇联信息化水平和办事效率,妇联倾听民意、妇女了解妇联的信息双向交流渠道畅通。

2006年,杭州市荣获全国学习型家庭创建示范市称号,市妇联获得全国妇联系统“四五”普法先进集体、全国“平安家庭”创建活动先进集体、全国家庭助廉教育工作市级先进妇联组织、浙江省社会治安综合治理先进单位、省妇联系统信息工作先进集体、杭州市“十五”期间人口计生工作先进集体、2001年~2005年度依法治市普法教育先进单位、市直机关创建学习型机关先进单位等荣誉。

【实施姐妹帮扶工程】 “姐妹帮扶工程”以“送培训、送岗位、送政策、送信息、送法律、送医疗”活动和“机关女干部、女党员与困难妇女结对帮扶活动”为载体,协同社会各方力量,帮扶失业(失土)妇女、低保特困家庭、单亲家庭的妇女及就业困难或需要创业扶持的妇女。全市13个区、县(市)和市级机关女干部与1266名下岗失业妇女结对,走访困难妇女4601人次,送慰问款物(折价)140.2万元。其中,市本级80个机关妇委会与160名低保、特困家庭妇女结对,帮助39个家庭实现脱贫。市妇联联合杭州广仁医院举办“关爱困难妇女医疗救助活动”,为3000名城市困难低保女性和外来务工妇女免费提供价值119.4万元的医疗救助卡和健康体检卡。成立全国首个创业妇女组织——杭州“巾帼创业俱乐部”,促进创业女性信息互通、资源共享、资金互助,树立失业(失土)妇女创业典型25名,教育引导更多妇女走创业之路。举办SYB创业培训班和公共区域保洁员、营业员、家政服务员、绿化工、插花员等培训班计60余期,参加培训2578人。全市举办各类失业(失土)妇女培训班354期,培训1.59万人。命名市级“巾帼再就业基地”23个,为失业(失土)妇女腾岗、献岗。举办各种就业招聘、咨询活动,帮助5781名失业(失土)妇女实现就业或再就业。

【妇女参与新农村建设】 制定《杭州市妇联关于动员组织广大妇女积极参与社会主义新农村建设的工作意见》,提出“十一五”期间全市妇联组织参与社会主义新农村建设的目标任务。开展农村妇女实用技术、“农家乐”旅游服务项目、来料加工等内容的培训,全年培训农村妇女2.17万人,就业推荐率72.55%,转移农村妇女富余劳动力1.57万人。市妇联与市总工会举行手工编织大赛暨产品展示会,组织各区、县(市)的编织能手参加技术比武。组织20余个来料加工企业参加旅博会,把经纪人和产品推向市场。全市建立妇女为主的来料加工点600个,培育来料加工经纪人1000余人,农村从业人员达11万人,月平均收入600元,实现加工费收入4亿元。鼓励走专业化、合作化的路子,重点扶持“妇字号”专业经济合作社。妇女创办的专业经济合作组织12个。建立“三八”绿色工程基地95个,占地面积796.1公顷。争取“良种茶园改造”农发基金8万元,扶贫资金6万元,扶持淳安县浪川乡沈家村。

【开展“巾帼建功”活动】 市妇联加强对创建岗位规范化和社会化建设，提升“巾帼建功”活动的引领示范作用。对部分省、市级“巾帼文明岗”以上门授牌、组织外出学习等形式，加强对重点行业、岗位创岗工作的指导，推动创建工作逐步向新经济组织、新社会组织和工业企业拓展。发动巾帼文明岗和农村“五好”妇代会分批开展牵手对接活动，以“送信息、送科技、送培训、送法律、送医疗、送温暖”的形式，帮助农村妇女解决问题。举行全市“巾帼文明岗”演讲大赛，展示近年来创建活动的成果。全年涌现出全国“巾帼文明岗”7个、省“巾帼文明岗”22个、市“巾帼文明岗”150个，评选全国“巾帼建功”标兵3名、省“巾帼建功”标兵7名、市“巾帼建功”标兵10名。

【举办妇女创业论坛】 12月9日~11日，杭州市举办“长三角”地区妇联主席联席会议暨“长三角”、港澳台地区妇女创业论坛。全国人大常委会副委员长、全国妇联主席顾秀莲，浙江省委书记习近平，全国妇联副主席洪天慧，省委常委、杭州市委书记王国平，省委常委、省委秘书长李强，省妇联主席厉月姿，杭州市委副书记朱报春等出席开幕式，顾秀莲、习近平作重要讲话。来自江、浙、沪各城市妇联主席、女企业家代表及港澳台女企业家代表150人参加会议。会议通过《杭州宣言》。

【实施妇女儿童发展规划】 完成市和区、县(市)妇女和儿童两个发展规划的终期监测评估报告。拍摄“和谐发展共享文明——杭州市‘十五’妇女儿童事业发展巡礼”电视专题片，征集汇编“十五”两个发展规划的调研文章。评选杭州市实施妇女儿童规划先进区、县(市)8个、达标区、县(市)3个。“十五”期间杭州市妇女和儿童两个发展规划的终期监测评估报告分获省一等、二等奖。市妇女儿童工作委员会办公室被评为省“十五”时期实施妇女儿童发展规划先进集体。7月，市政府颁布《杭州市妇女发展规划（2006年~2010年)》和《杭州市儿童发展规划(2006年~2010年)》，各区、县(市)编制相应发展规划由当地政府颁布实施。制定市妇女儿童发展规划目标和实事项目责任分解书，形成重点指标统计监测体系。9月，召开妇女儿童工作会议，市长孙忠焕作重要讲话，市委副书记朱报春主持会议，副市长、市妇儿工委主任陈重华作工作报告。至年末，90%的区、县(市)实现妇女儿童工作委员会办公室编制、人员、经费和场地四到位。

【加强妇女与维权工作】 10月，出台《杭州市妇联关于贯彻杭州市普法教育依法治市规划的实施意见(2006年~2010年)》。开展大型广场宣传咨询、“三八”妇女维权服务周、万名市民学习妇女法知识竞赛等活动，拍摄“妇女与维权”宣传片，制作发放5万余份《中华人民共和国妇女权益保障法》宣传书签，向市管领导干部赠阅有关宣传资料1300余份，组织妇联干部下基层讲法，实施在杭流动妇女禁毒防艾宣传培训项目，配合市人大开展执法视察。市妇联全年处理来信（来电）来访781件，办结率99.87%；调查处理典型个案49起，全部结案。市、区两级妇联联合开展下基层维权接待访问，变坐等上访为主动下访。全市社区、村妇女维权站覆盖率分别为100%和99.7%。

【创建平安家庭和文明家庭】 2006年，杭州市将“平安家庭”创建活动列入“平安区县（市)”、“平安乡镇(街道)”考核和综合治理考核目标，启动创建市级“平安家庭”示范社区(村)和模范家庭活动，上城区湖滨街道开展创建“平安家庭”示范社区试点。至年末，全市社区、村“平安家庭”创建面分别为98.4%和92.1%，“平安家庭”创建示范社区(村)186个。将“平安家庭”创建活动与“无毒家庭”创建活动和反家庭暴力相结合，出台《关于在全市开展“无毒家庭”创建活动的意见》，开展禁毒防艾宣传1469次，帮教志愿者5323人，帮教1918人，成功帮教417人。全市家庭暴力投诉87件，投诉率下降到4/10万。

制定《2006年~2010年杭州市特色家庭创建活动五年规划》，开展首届杭城十佳和谐家庭评选、“寻找身边的和谐家庭”等活动。开展“绿色家庭”和“绿色家庭”创建活动示范点评选，评选市级“绿色家庭”115个、市级“绿色家庭”创建活动示范点37个、“美德在农家”示范户10户。创建全国“美德在农家”示范村1个。“五好文明家庭”开展奉献社会活动，组建由5个城区、878名家庭志愿者组成的新一轮城市管理义务监督员队伍，参与背街小巷改善工程。义务监督员参与监督2.41万次，提出意见建议2080条，被采纳955条，涌现出各类先进110人。

【推进家庭助廉活动】 市妇联联合市纪委开展“向领导干部家庭发出一封倡议书，向领导干部赠阅一份《纪检监察报》，为领导干部家庭订阅一本《家庭助廉教育读本》，动员1800个领导干部家庭参加一次“家庭助廉知识竞赛”活动。制定每月更新一次家庭助廉宣传栏内容，每季观看一部警示教育片，每半年召开一次家庭助廉学习座谈会，每年读一本廉政书籍，每逢节假日发一个廉政温馨提醒短信，推进教育活动的经常化。10月27日，杭州市开展家庭廉政文化建设的经验在全国会议上进行了交流。

【加强家庭教育指导】 全市中小学、幼儿园、社区中建立市级家庭教育实验基地5个，省级家庭教育实验基地3个。确定市“十一五”家庭教育立项规划课题62个，省“十一五”家庭教育立项规划课题10个。8月，举办社区家长学校指导模式论坛与“为了孩子健康成长我们应该做什么”——小学生家庭教育论坛。全市乡镇建立家庭教育指导中心(站)60个。编制《杭州市家庭教育工作“十一五”规划》，制定《杭州市家长学校规程》、《杭州市家长学校教学指导纲要》，各区、县(市)制定了家庭教育“十一五”规划。利用社会资源，开通杭州市家庭教育网，已有固定受众8万余人，点击41万次；组建家庭教育指导顾问、辅导员、家长志愿者3支队伍，支撑网站运作。开展“百场家庭教育科学知识进社区(村)”活动，接受家教知识培训10万余人。杭州市6所学校被评为全国流动人口子女、农村留守儿童示范家长学校。六一儿童节期间，市四套班子领导到西湖区文苑幼儿园、紫荆花学校看望和慰问儿童及智障少年。 （叶 琦）

杭州青少年活动中心

杭州青少年活动中心积极开创丰富多彩的品牌活动，提升青少年的文化生活品质，为促进杭州青少年教育文化事业的健康发展作出了积极贡献。

中小学生艺术节（科技节）

是面向杭州地区2300多所中小学校、100多万名中小学生的盛会。自1997年起每年交替举办一次，各项活动几乎贯穿整年，为全市的中小学生搭建了巨大的展示舞台，已成为全市中小学生参加人数最多、最权威、最有影响力的综合性的文化活动。

中小学生科技节工艺比赛现场

流动少年宫——家门口的少年宫

流动少年宫

自2005年首创以来，已经流动了20站，累计吸引7.5万名青少年参加。受到全国文明办表扬，新华社等各类新闻媒体多次进行报道，并成为浙江省委、省政府为孩子们办的十件实事之一，在全省范围内推广。

青少年科学考察

是少年科学院开展校外科技教育的传统项目，从2000年起每年暑期举办以探究性、体验性为特点的青少年科学考察活动。已组织天目山、舟山近海、西溪湿地和亚太地区“水、城市、青少年”科考，引起中央电视台和众多媒体关注。与市科技部门形成良好合作关系，是社会化教育合作机制的体现。

青少年科学考察

唐龙华裔夏令营

自1998年创办以来，已举办过8届，先后有来自意、奥、美、法、英、加等欧美国家，南美洲、非洲地区的圭亚那、留尼旺的700多名华裔青少年在这里学习汉语，体验生活。活动让营员们领略到汉语言文化的博大精深，感受家乡杭州日新月异的变化，成为中华文化的传播使者。

唐龙华裔夏令营

百场经典音乐会

百场系列经典音乐会

自开办以来已举办69场，观众达1.8万人次。音乐会以中心联欢厅为主场地，并利用郊县、学校等地，开设企业专场、校园专场、福利院专场、拥军专场。高雅音乐用最质朴的方式得以传播，在音乐与观众、舞台与观众之间搭建艺术和心灵的桥梁。

劳动保障 人事

Labor & Social Security & Personnel

·劳动保障·

【劳动保障概况】 2006年，全市劳动保障工作按照“发展、创新、节约、稳定、为民”的总要求，创新工作思路，各项工作取得显著成效。出台新一轮就业再就业政策，全市社会保险基金累计积累突破100亿元，企业在职人员门诊医疗费实行社会统筹，实施农民工基本养老保险“低标准缴费、低标准享受”办法，出台城镇老年居民生活保障和大病住院医疗保险办法、少年儿童大病住院医疗保险办法。市劳动保障局被劳动保障部记全国劳动保障系统集体一等功。

【实施新一轮就业再就业政策】 在确保国家、省就业再就业政策全面落实到位的前提下，杭州市结合实际，对原就业再就业政策进行调整和充实，于5月出台《关于进一步加强就业和再就业工作的实施意见》和涉及就业援助证发放、公益性岗位管理、税费减免、社保补贴、专项资金管理等15个配套文件。新一轮就业再就业政策将城镇就业困难人员、大中专毕业生和农村转移劳动力3类人员列为重点帮扶对象，增加灵活就业社会保险补贴和社区助老(残)公益性岗位与机关事业单位协管岗位等扶持项目，提高补贴标准。全市使用再就业专项资金1.82亿元；新增就业岗位17.53万个，失业人员实现再就业12.08万人，其中就业困难人员4.19万人。年末，失业人数6.3万人，其中老城区(指上城、下城、江干、拱墅、西湖、滨江区，下同)登记失业人数3.52万人；城镇登记失业率3.46%，比上年(指2005年，下同)下降0.25个百分点。

【开展困难人员就业援助】 2006年，各级劳动保障部门切实开展再就业援助工作。老城区为3252名持就业援助证人员发放一次性就业援助补助费975.6万元；为安置5002名持就业援助证人员的用工单位发放用工补助费2022万元；发放小额担保贷款1373笔，金额3706万元。年内，举办杭州市创业项目展示会2次；组织开展就业困难人员再就业援助月活动、技能岗位对接专项服务活动、全市民营企业招聘周活动和全市公共职业介绍机构招聘周活动。全市举办各类招聘会359场，组织用人单位8874个次，推出就业岗位18.99万个，有5.32万人达成就业意向。加大公益性岗位开发力度，全市社区公益性岗位安置就业2199人。年末，全市社区公益性岗位实有从业人员1万余人。

【拓宽大中专毕业生就业服务渠道】 各级劳动保障部门创新就业服务方式，拓宽就业服务渠道。加快见习训练基地建设，已建见习训练基地51个，完成见习训练1216人，其中90%以上被单位留用。实施“2006年大学生就业创业服务计划”，召开大学生暑期实习岗位推荐会和机关事业单位实习岗位专场招聘会，全市269个企事业单位推出实习岗位2998个，达成意向2994人。开展“大中专院校、技校毕业生就业服务月”活动，为应届、历届的大中专院校、技校毕业生提供失业登记、政策咨询、职业指导、职业介绍等“一站式”服务。全年发布岗位招聘信息15.03万个，举办各类洽谈会19场。

5月20日，举办杭州市2006年大学生就业创业服务计划启动仪式暨大学生暑期实习岗位推荐会。

(市劳动保障局 供稿)

12 月 3 日,"2007 高校毕业生招聘校园行"首场招聘会会场。

(市劳动保障局 供稿)

【稳步推进城乡统筹就业】 各级劳动保障部门开展并完成农村劳动力资源调查工作,初步建立起农村劳动力资源库。深入开展企业用工需求调查和外来人员流动就业抽样调查,加强劳务基地建设,与山西、四川、河南、甘肃等劳动力富余地区建立劳务协作关系,共建立劳务基地 32 个。建立农村劳动力促进就业政策体系,拟定《杭州市农村劳动力转移就业暂行办法》,对农村劳动力的失业登记、转移就业进行规范管理。

【社会保障支撑能力明显增强】 至 2006 年末,全市基本养老保险参保 253.35 万人,其中企业参保 231.81 万人、机关事业单位参保 21.54 万人;收缴企业基本养老保险基金 80.93 亿元,支付能力达 18.4 个月,比上年提高 4.47 个月。基本医疗保险参保 208.5 万人,比上年增加 20.79 万人;收缴基本医疗保险基金 23.63 亿元,支出 21.53 亿元。失业保险参保 145.77 万人(老城区 90.77 万人),增加 27.41 万人;收缴失业保险基金 7.15 亿元(老城区 5.34 亿元),支出 1.36 亿元。全市工伤保险参保 132.09 万人(老城区 74.24 万人),增加 21.06 万人;支付工伤保险基金 7503 万元(老城区 2580 万元)。全市生育保险参保 128.89 万人(老城区 78.35 万人),增加 32.48 万人;收缴生育保险基金 1.16 亿元(老城区 8689 万元),支付生育保险基金 9320 万元(老城区 7695 万元)。

【社会保障政策体系不断健全】 2006 年,杭州市围绕"让更多的人享有社会保障"的目标,制定出台企业在职人员门诊医疗费社会统筹暂行办法、农民工基本养老保险"低标准缴费、低标准享受"试行办法、城镇老年居民生活保障办法、城镇老年居民大病住院基本医疗保险试行办法、少年儿童大病住院基本医疗保险试行办法和职工生育保险办法。拟定杭州市农民养老保险实施办法和杭州市农民工大病住院基本医疗保险暂行办法。随着这些政策的出台实施,杭州市将实现基本养老保险、基本医疗保险政策的全覆盖。健全征地农转非人员社会保障制度,基本做到即征即保、应保尽保。至年末,全市有征地农转非人员 31.29 万人参加养老保险及享受各类生活补贴。萧山、余杭区的工伤保险、生育保险、失业保险和企业退休人员门诊医疗待遇与市本级基本接轨。

【减轻参保人员医疗负担】 2006 年,杭州市对企业退休人员的门诊起付标准和在社区及其他医疗机构的住院起付标准从 400 元降至 300 元。基本医疗保险住院统筹基金最高支付限额由 8 万元调整为 10 万元。认真做好参保人员医疗困难互助救济工作,全年救济 6436 人次,发放医疗困难互助救济资金 1822.3 万元,分别比上年增长 28%和 24%。医疗保险稽核工作取得新成效,全年累计剔除定点医疗机构、定点药店违规医疗费 3281.31 万元,处理各类违规案件 107 件,累计追回参保人员违规医疗费 231.07 万元;移交行政处罚 13 人,移交司法机关处理 1 人。至年末,市区有定点医疗机构 373 个,增加 98 个;定点药店 144 个,增加 10 个。与杭州市以外省内其他市、县(市)的 29 个医疗机构签订医疗服务协议,实现医疗费用结算的有效管理。

【优化企业退休人员社会化管理服务】 4 月,建立杭州市企业退休人员管理服务中心和杭州市企业退休人员医疗服务中心。劳动保障部门对市区近 30 万名企业退休人员进行上门入户问卷调查,全面掌握企业退休人员基本信息和需求。认真做好企业退休人员节日慰问、大病探望、困难救助等各项社会化管理服务工作,组织开展各类符合老年人特点的文化体育健身活动。建立企业退休人员街道社区联络员制度,在老城区各街道(乡镇)、社区(村)设立企业退休人员联络员 485 人。对老城区 24 万名企业退休人员进行免费健康体检。在老城区和萧山、余杭区试行异地居住退休人员委托管理办法。至年末,全市实行社会化管理的企业退休人员 32.83 万人,社会化管理率 99.4%;其中移交社区管理 31.7 万人,社区管理率 96%。

【推进高技能人才培训鉴定工作】 2006 年,杭州市组织实施"815"高级蓝领培训工程(每年培养 8000 名高级工、1000 名技师、50 名高级技师)。对高级技师实行社会化考评,基本实现技师考评工作制度化、规范化。市劳动保障局先后与市总工会、市教育局、市残联、市建委、市农业局、市林水局系统联合组织开展 46 个工种技能竞赛。积极推行职业资格证书制度和职业院校毕业证书"双证制",全面开展职业技能鉴定所(站)质量普查工作。全年培养高技能人才 11822 人,其中高级工 9523 人、技师 2235 人、高级技师 124 人;经培训鉴定发放职业资格证书 9.88 万人。市劳动保障局被省政府表彰为全省职业教育工作先进单位。

【深入开展就业再就业培训】 2006 年,杭州市出台外来农村劳动力培训补贴政策，初步建立了覆盖城乡劳动者的培训政策体系。认定和公布杭州市区首批34个定点培训机构，形成劳动保障部门、群众团体和社会教育培训机构共同参与的培训格局。全市再就业培训5.89万人，其中技能培训3.56万人，适应性培训2.13万人，创业培训2030人，技能培训所占比例和培训后就业率均在60%以上。大力推行SIYB(创办和改善你的企业)创业培训，培训对象由失业人员拓展到被征地农民、残疾人和大中专毕业生，全市培训1650人，培训后成功创业率为59%。开展农村劳动力转移就业培训，全市劳动保障部门培训农村劳动力8.77万人，其中培训失地农民2.72万人，培训已就业农村劳动力6.05万人。

【加强劳动关系调整】2006年，杭州市出台《关于进一步加强劳动合同管理的通知》。各级劳动保障部门对各区、县(市)企业劳动合同签订情况开展专项检查，全市企业职工劳动合同签订率91.7%。调整企业最低工资标准，发布318个工种、14个国民经济行业、11种登记注册类型企业、11种专业技术等级及不同学历的2006年度企业劳动力市场工资指导价位。召开杭州市企业工资集体协商工作会议，建立工资集体协商指导员队伍。在全市企业开展创建和谐劳动关系企业活动，表彰杭州市和谐劳动关系先进企业99个。

【加大劳动保障监察力度】2006年，全市劳动保障部门监察检查用人单位4.2万个次，比上年增长34.7%；涉及劳动者212.1万人次。通过监察，督促补签、续签劳动合同11.43万份；为4.5万名劳动者追回工资等待遇6904.1万元；清退风险抵押金46.8万元；查处清退童工92人；行政处罚281件，处罚金额211.41万元。开展打击非法职业中介、查禁违法使用童工、劳动用工、工伤保险和劳动合同情况、清欠农民工工资等专项行动，加强对农民工使用比较集中且拖欠工资问题比较突出的建筑企业的监控，工资被拖欠人数、清欠工资额、投诉举报案件均大幅度下降。市劳动保障监察支队被劳动保障部、公安部、人事部、工商行政管理总局表彰为全国清理整顿劳动力市场秩序专项行动先进单位。

【加强劳动争议处理工作】至2006年末，全市有11个区、县(市)建立劳动仲裁院。全年各级劳动争议仲裁机构受理劳动争议案件2354件，涉及劳动者5284人，通过裁决和调解等方式为双方当事人追回经济损失5776万元，其中为劳动者追回经济损失5257万元、为用人单位追回经济损失519万元。全市已组建企业劳动关系调解组织6228个、行业劳动关系调解组织263个，全年调解处理劳动争议案件2056件；建立乡镇(街道)劳动关系协调组织206个、行政村(社区)劳动关系协调组织1565个，全年调解处理劳动争议案件9019件，调解涉及经济标的8984万元。萧山、余杭、上城、拱墅、西湖区基本实现乡镇(街道)、行政村（社区）劳动关系协调组织全覆盖。

【推进劳动保障基层服务平台建设】至年末，全市街道(乡镇)、社区均已建立劳动保障管理站（服务室)；有492个行政村建立劳动保障服务室，1770个行政村配备劳动保障管理员；其中老城区行政村全部建立劳动保障服务室。为更好地发挥劳动保障基层服务平台作用，劳动保障部门对老城区50个街道（乡镇)劳动保障管理站、435个社区(村)劳动保障服务室的近千名工作人员，分5期开展业务培训。（陈碧波）

·人事·

【人事概况】2006年,全市各级人事部门围绕中心，服务大局，积极推进人才强市战略，认真贯彻实施公务员法，进一步深化行政机构和事业单位改革，强化人才人事公共服务，以打造“满意人事”、“阳光人事”、“和谐人事”、“法治人事”为主题加强自身建设，人才人事和机构编制工作取得明显成效。首次开展享受市政府特殊津贴人员选拔工作，受到国家人事部的充分肯定；建立首个杭州海外人才联络处；会同市科技局创建全省首个知识产权人才培训基地；引进各类人才数量再创历史新高。市人事局政策法规处被中宣部、司法部评为全国法制宣传教育先进单位，被人事部评为全国人事系统“四五”普法先进集体。

【引进各类人才4.8万余人】市人事局充分发挥人才市场配置人才资源的主渠道作用，通过大型人才交流会、人才集市、网上招聘、组团赴外地招聘等多种形式，积极引进杭州市紧缺急需的各类人才。杭州人才市场全年举办各类招聘活动161场，参加招聘单位1.7万个。全市引进各类人才4.8万人，其中高层次人才3000余人，分别比上年增长23%和37%。

【引进国外智力成效显著】11月，杭州市承办了商务部和国家外国专家局在杭举办的发展中国家引智官员培训班，有38个国家的52位政府官员到杭州市部分区、县(市)实地考察民营企业发展情况。全年聘请127位国外高级技术和管理专家到杭指导工作。其中，万向集团聘请的俄罗斯专家谢尔盖·伊万诺夫获国家外专局授予的“国家友谊奖”，为浙江省唯一获此荣誉者；万向集团聘请的英国专家巴里·拉姆斯登、杭州英之辅语言培训中心聘请的爱尔兰专家麦柯·加维、杭州日月电器股份有限公司聘请的日本专家东信行、杭州杭曼香精有限公司聘请的日本专家森本直树获省政府授予的“西湖友谊奖”。杭州飞鹰船艇有限公司被国家外专局认定为国家引进国外智力示范单位。派出中高级技术和管理人员260余人赴发达国家培训。

【优化人才创业环境】2006年，市人事局拟制并经市委、市政府批准出台《杭州市“十一五”人才规划》，制定并实施《杭州市专业技术人员继续教育“十一五”规划》。根据建设创新型城市的要求，制定《关于建设创新型人才队伍的若干意见》，作为全市推进创新型城市建设的10个配套文件之一下发。出台突出贡献人才专项住房政策，首批推出400套专项住房。

【出台享受市政府特殊津贴人员选拔制度】2006年，杭州市研究制定

《杭州市享受政府特殊津贴人员选拔管理办法》,首次开展享受市政府特殊津贴人员选拔工作。选拔以业绩和贡献为主要依据,不唯学历、职称、资历、身份,包括农民、技工在内的50位优秀人才脱颖而出,每人获一次性津贴2万元。同时,对已享受国务院特殊津贴的人员也给予每人2万元的配套津贴。这项工作受到人事部的充分肯定,也赢得社会广泛赞誉。《光明日报》、《中国人事报》、中央电视台、新华网等各大媒体都予以报道。

【启动新一轮"131"中青年人才培养计划】 7月,市政府召开实施新一轮"131"优秀中青年人才培养计划工作会议。会议全面总结"十五"时期杭州市"131"优秀中青年人才培养计划实施情况,表彰了先进集体和个人,部署新一轮"131"计划实施工作。会后,启动实施新一轮"131"优秀中青年人才培养计划:在全市选拔培养人选1259人;组织"131"培养人选20人赴德国进行为期21天的"现代农业产业化与科技创新"主题培训;举办两期培养人选92人参加的出国培训备选人员外语水平(BFT)考试培训班。

【对留学人员管理服务】 加强留学人员创业园建设,市经济技术开发区和上城区分别建立留学人员创业园。经人事部批准,由市政府与人事部共建的高新(滨江)区留学人员创业园于1月举行揭牌仪式。市人事局会同市委组织部组团赴欧洲招聘留学人员并取得成效,首次在德国建立杭州海外人才联络处,为今后开展日常性的留学人员和项目引进工作打下基础。

【加快博士后科研工作站建设】 2006年,杭州市新增国家级博士后科研工作站2个,省级博士后科研工作站4个,新招博士后研究人员16人,新立项博士后课题14项。年内,市人事局组织部分博士后科研工作站赴西安招聘博士后研究人员,对杭州市10个建站满两年的博士后科研工作站开展评估工作,组织6个博士后科研工作站负责人赴大连、沈阳等地学习、考察。至年末,全市有国家级博士后科研工作站23个、省级博士后科研工作站8个。

【专业技术资格考评工作】 2006年,杭州市以专业技术人员的业绩、能力和水平为评价标准,对建筑施工、档案、图书、消防等专业开展专业技术资格以考代评和考评结合工作。制定出台工艺美术系列中初级专业技术资格的评价办法和专利管理专业中初级专业技术资格考试办法。会同有关部门组织专业技术人员职称外语、专业技术资格及执业资格考试44类,全年通过各类考试取得专(职、执)业资格19491人。全市申报评审中级专业技术职务5939人,评审通过5063人;申报评审高级专业技术职务2394人,评审通过1748人,其中40岁以下晋升高级专业技术职务的有1363人。全年毕业硕士、博士研究生直接初定中级专业技术职务505人。

【专业技术人员继续教育】 大力推进"名校名师名专业"战略。至年末,已有北京大学等10余所名校在杭设立教学基地,开办30余个专业的学历教育,在读生近2000人,其中研究生500余人。实施"万千百"(1万名长江三角洲紧缺人才,1000名长江三角洲紧缺高级人才,100名长江三角洲紧缺国际化人才)长江三角洲紧缺人才培训工程初见成效,由市人事局开发的现代会展紧缺人才培训项目在长江三角洲地区得到推广,标志着杭州市紧缺人才培训工作已从项目引进迈向自主开发的新阶段。全年参加长江三角洲紧缺人才培训近1万人。市人事局会同市科技局在中国计量学院创建全省首个知识产权人才培训基地。全年参加继续教育的专业技术人员38万余人次,继续教育覆盖面在45%以上。

【实施公务员法】 2006年是实施公务员法的第一年。组织、人事部门认真履行公务员主管部门的职责,稳慎推进公务员法实施工作。及时召开全市公务员法实施工作会议,举办领导干部公务员法专题辅导报告会。认真开展调研,摸清人员结构情况,制定公务员法实施工作方案,明确操作办法。精心组织公务员登记工作,规范登记操作,加强监督指导,建立公务员登记管理信息系统,基本完成7类机关的登记工作。根据上级部署,认真开展机关事业单位工资制度改革的调研、数据采集和大规模的业务骨干培训等工作。市人大常委会主任会议对杭州市实施公务员法的情况给予充分肯定。

【公务员管理工作】 2006年,按照公开、平等、竞争和择优的原则,杭州市组织开展面向社会和普通高校毕业生招考录用公务员工作。全市录用1060人,其中具有2年以上基层工作经历的占33%。创新公务员招考面试方法:首次实行考官持证上岗;将报考市级机关和5个城区

表68 **2006年杭州市专业技术人员(含管理人员)继续教育情况**

项目		总计	高研班	进修班	业务培训	外语培训	计算机培训	专业技术职务资格培训	学术讲座	业务考察	成人学历教育	出国进修培训	其他形式
办班(期)		6 940	76	100	4 394	129	206	574	603	213	321	40	284
参加人数	合计	386 116	3 361	4 073	244 025	4 771	19 957	34 384	41 986	3 473	10 731	622	18 733
	高级职务	22 674	825	442	11 761	422	534	569	5 201	1 125	854	230	711
	中级职务	122 874	1 543	2 154	73 361	1 841	7 756	11 440	18 009	1 299	3 475	132	1 864
	初级职务	164 677	313	867	113 462	2 260	9 929	13 535	16 094	571	4 386	73	3 187
	其他	75 891	680	610	45 441	248	1 738	8 840	2 682	478	2 016	187	12 971

2006年杭州市春季人才交流大会会场 （市人事局 供稿）

机关的考生安排在同一场地集中面试；邀请市人大代表、政协委员和媒体记者到面试现场进行监督，受到广大考生、社会各界的赞誉。组织全市公务员年度考核，强化考核结果的使用。开办年度考核基本称职、不称职人员基本素质培训班，49人参加。评选表彰市直单位“十佳”公务员（工作者）。组织开展公务员初任、任职、技能和知识更新等各类培训，全市参加培训6万余人次。办理公务员调任48人，转任297人。

【工资福利工作】 2006年，杭州市人事部门依据2004年、2005年连续两年的年度考核结果，给全市机关事业单位在职人员3.21万人晋升工资档次；为国家公务员5922人正常晋升级别工资，其中为连续3年考核优秀的公务员352人提前晋升级别工资。为机关事业单位职务变动人员9376人调整工资，为机关事业单位交流换岗人员2974人重新确定工资，为企事业单位的高级专家、劳动模范18人提高退休费计发比例。组织优秀公务员235人健康休养。

【对退休干部服务管理】 各级人事部门严格执行退休制度，全年给全市机关事业单位职工2958人办理退休手续。其中为特殊工种人员35人办理提前退休手续，审核报送机关事业单位因病丧失劳动能力鉴定职工24人，为改制事业单位37人办理提前退休审批手续。落实退休干部“两项待遇”，组织退休干部5000余人参加“喜看杭州新面貌”活动；办好杭州退休干部大学，开设书法、保健等29个班级，有1580余人次参加学习。给全市机关事业单位精简退职人员、工作人员死亡后遗属和计划外长期临时工等3类特殊人员5800余人提高生活困难补助标准。

【接收安置军队转业干部704人】 2006年，杭州市接收安置军队转业干部704人，其中计划分配692人、自主择业12人。在接收安置的计划分配军队转业干部中，有团职135人、营职206人、连排职173人、专业技术人员178人。修改完善营职以下军转干部考核考试安置办法，并圆满完成安置任务。安置随调家属89人。组织军转干部388人参加上岗前培训。出台自主择业军转干部退役金补差政策。落实90套军转干部专项经济适用住房。

【强化人事公共服务】 各级人事部门加强高校毕业生就业服务工作，采取摸清用人单位毕业生需求、举办公益性招聘会、加强实习基地建设、深入高校开展就业指导、完善毕业生就业网功能等举措，促进大中专毕业生充分就业。促进人才中介机构的发展，规范管理，切实维护用人单位和人才的合法权益，杭州人才市场被市政府授予杭州市中介服务示范企业称号。推进人事政务公开和信息化建设，杭州人才网访问量突破1亿人次，并被国家人才网、互联网观察中心评定为全国最佳招聘网站第七名，在全国政府人才市场网站中排名第二。注重人事普法和依法行政工作，进一步完善依法行政配套制度，建立杭州市人事争议仲裁院。

【推进行政机构改革】 2006年，杭州市深化和完善行政管理体制改革。研究提出市公共突发事件应急管理办公室及有关分中心、市金融服务领导小组办公室、市综合考评办公室机构设置和调整方案，经批准下发“三定”规定。继续做好市级机关职能交叉问题的协调处理工作，理顺相关部门的行政职能，并指导区、县（市）开展理顺行政职能工作。认真做好乡镇机构改革实施的指导、协调和监督检查工作。

【事业单位清理规范工作】 根据国家分类推进事业单位改革的要求，杭州市进一步规范事业单位机构编制管理。年内，完成市属67个部门439个事业单位清理规范工作，市属事业单位由439个减少至380个，编制总数由30578人减少至25533人，分别减少13.4%和16.5%。事业单位机构编制总量得到有效控制，精简幅度为历年之最。对事业单位在机构名称、人员编制、机构规格、经费形式等8个方面作进一步明确规定，使管理更加到位。

【深化事业单位改革】 2006年，市人事局制定《关于贯彻落实国家人事部〈事业单位公开招聘人员暂行规定〉的实施办法》并组织实施。全年有155个市属事业单位面向社会招聘工作人员802人，并公开发布信息、公开招聘过程、公开招聘结果。公开招聘已成为杭州市事业单位进人的主要渠道，《中国人事报》、《杭州日报》等媒体先后作了报道。加强对事业单位人员实行聘用制度、搞活内部分配以及文化、卫生等系统事业单位转企改制的政策指导。出台《关于进一步加强机关事业单位技师聘任管理的实施办法》，采用“总量控制、核定职数”的办法对聘任职数实行动态管理，确保机关事业单位技师岗位结构合理、评聘公开公平。

（张 锦）

外事 侨务 台务

Foreign Affairs & Overseas Chinese Affairs & Taiwan Affairs

·外事·

【外事概况】 2006年，杭州市外事工作围绕深化改革扩大开放，进一步强化地方外事服务总体外交和经济建设的观念，为杭州市全面建成小康社会、加快率先基本实现现代化步伐做出了新的贡献。

全年邀请接待境外来宾229批、3580人次。其中，副部级以上团组11批、162人次，国际友好城市、友好交流及友好往来城市代表团59批、959人次，世界500强企业为主的国外著名企业高层代表团53批、338人次，重大国际会议会展活动代表团6批、711人次，各国驻沪领事馆官员18批、46人次。

全年审批因公出国（境）团组1656批、6268人次。其中，经贸团组801批、2749人次，市管副局级以上领导干部382批、663人次。办理外国人来华邀请函电2611批、3693人次。代办护照1577批、6197人次，代办签证882批、4634人次。

表69　　2006年杭州市其他重要出访团组

出访时间	代表团团长及职务	出访国家
2006-05-15	副市长杨戌标	希腊、葡萄牙、埃及
2006-05-17	市委副书记叶明	德国、匈牙利、波兰
2006-05-20	市委常委、市委秘书长顾树森	加拿大、墨西哥
2006-05-28	市委副书记于辉达	南非、英国
2006-05-30	市人大常委会副主任吴键	南非、埃及
2006-06-06	副市长盛继芳	俄罗斯、德国
2006-08-08	市委常委、宣传部部长张鸿建	美国、加拿大
2006-09-18	副市长金胜山	德国、南非、埃及
2006-12-19	市委副书记朱报春	越南、柬埔寨、新西兰

【主要出访活动】 金胜山率团访问加拿大、美国和日本　5月5日~20日，副市长金胜山率杭州市政府代表团访问加拿大、美国和日本。在加拿大，代表团与温哥华市政厅就加强两市经贸往来进行交流。在美国，代表团出席在纽约举行的美国·浙江周开幕式和杭州—马里兰州经贸合作论坛；拜访道富银行波士顿总部；与波士顿市市长马尼洛进行会晤，就两市进一步加强友好城市间的交流往来进行磋商。在日本，代表团出席杭州东京先进制造业推介会，考察日本松下电器公司、泰尔茂医疗产品公司等知名企业。

孙忠焕率团访问俄罗斯、匈牙利和捷克　5月20日~6月2日，市长孙忠焕率杭州市政府代表团赴俄罗斯、匈牙利和捷克考察访问。在俄罗斯圣彼得堡市，举行杭州—圣彼得堡企业合作论坛，为深化两地在医药、机械制造、纺织、食品等领域的合作搭建平台。在捷克布拉格市，代表团考察捷克交通集团、布拉格地铁建设集团和西门子捷克公司，拜访华人侨商会。在匈牙利，孙忠焕与杭州友好城市布达佩斯市长德姆斯基签署两地友好合作备忘录，共同出席杭州—布达佩斯企业合作论坛。出访期间，中国驻俄罗斯公使程国平和中国驻匈利大使朱祖寿分别会见代表团一行。

虞荣仁率团访问瑞士、瑞典、挪威　9月11日~23日，以市政协主席虞荣仁为团长的杭州市友好代表团一行7人赴瑞士、瑞典、挪威访问。在瑞士、挪威，代表团与卢加诺市、奥斯陆市商谈友好交流事项。在瑞典，代表团拜访中国友好协会，看望了当地的华侨。

【主要到访活动】 日本神钢建机社长岛山博夫访杭　1月19日，市长孙忠焕会见岛山博夫一行6人。

世界休闲组织理事会主席德雷克·卡塞访杭　2月23日，中共浙江省委常委、杭州市委书记王国平和市长孙忠焕会见德雷克·卡塞博士一行3人。

日本泰尔茂医疗产品公司董事长和地孝访杭　4月4日，市委书记王国平、副市长金胜山会见和地孝一行6人。

俄罗斯圣彼得堡市议长久利潘诺夫访杭　4月19日~20日，久利潘诺夫率彼得堡市议会、政府及企业家代表团一行88人到杭访问。19日晚，市长孙忠焕、市人大常委会副主任丁德明会见代表团一行。19日上午，杭州—圣彼得堡经济合作洽谈会在雷迪森酒店举行，圣彼得堡市涉及机械、电子、纺织、化工等行业的60余个企业与杭州市80多个企业进行对口交流洽谈。

2 月 25 日，市委书记王国平、市长孙忠焕出席定期举办世界休闲博览会谅解备忘录签字仪式。（市外办 供稿）

韩国 LG 电子公司(中国)总裁禹南均访杭 4 月 20 日，市委书记王国平、副市长盛继芳会见宴请禹南均一行 10 人。

意大利比萨市和圣米亚托市政府代表团访杭 4 月 21 日~24 日，意大利比萨市市长冯塔那利和圣米亚托市市长弗罗西尼一行 25 人应邀到杭州访问，参加休博会开幕式和“百城馆”比萨馆开馆仪式等活动。21 日晚，副市长项勤会见宴请客人。22 日上午，项勤出席比萨馆开馆仪式。

英国利兹市市长威廉·海德访杭 4 月 21 日~25 日，威廉·海德一行 5 人应邀到杭州访问，参加休博会开幕式和“百城馆”利兹馆开馆仪式等活动。24 日中午，市委副书记于辉达会见宴请威廉·海德一行；下午，副市长金胜山出席利兹馆开馆仪式。

日本岐阜市市长细江茂光访杭 4 月 21 日~25 日，细江茂光一行 8 人应邀到杭州访问，参加休博会开幕式和“百城馆”岐阜馆开馆仪式等活动。21 日晚，市委书记王国平会见并宴请代表团一行。22 日，副市长沈坚出席岐阜馆开馆仪式。

苏里南帕拉马里博市市长鲁迪·威恩访杭 4 月 21 日~25 日，鲁迪·威恩一行 12 人应邀到杭州访问，参加休博会开幕式等活动。24 日晚，副市长盛继芳会见宴请客人。苏里南驻中国大使王伦兴专程到杭州陪同参加 21 日~22 日的主要活动。

日本全日空航空公司社长山元峰生访杭 4 月 24 日，市委书记王国平、副市长金胜山会见山元峰生一行 13 人。

加拿大驻华大使罗岚访杭 5 月 12 日，市长孙忠焕会见罗岚一行 5 人。

英国利兹市议长马克·哈里斯访杭 6 月 5 日，马克·哈里斯率利兹市政府代表团 4 人、企业家代表团 16 人和教育代表团 7 人到杭州访问，参加休博会“利兹日”活动。5 日晚，副市长项勤会见宴请代表团。6 日，代表团在“百城馆”利兹馆举行招待会，庆祝“利兹日”活动；英国驻沪总领事毕肖普专程到杭出席活动。利兹市企业家代表团与杭州市对口中小企业进行洽谈交流。利兹市教育代表团 7 人分别前往与利兹市学校有姐妹学校关系的杭州市 7 所中小学校进行交流活动。

匈牙利工商会主席拉斯洛·帕拉格访杭 6 月 19 日，拉斯洛·帕拉格率匈牙利工商会代表团一行 50 人到杭州访问。中午，市长孙忠焕、副市长金胜山、市政协副主席鲍世甲会见代表团主要成员。

英国利兹市地产代表团访杭 6 月 25 日，英国利兹市地产代表团一行 8 人到杭州考察访问。26 日晚，副市长杨戌标会见代表团。

国际湿地公约组织秘书长皮特·布里奇华特访杭 7 月 5 日，市委书记王国平、副市长孙景淼会见皮特·布里奇华特一行 4 人。

美国奥的斯电梯公司全球总裁博安睿访杭 7 月 17 日，市长孙忠焕会见博安睿一行 8 人。会见后，孙忠焕出席西子奥的斯电梯有限公司新厂区落成典礼，为新厂区揭牌并致辞。

以色列贝特谢梅什市市长丹尼尔·范克宁访杭 7 月 28 日~8 月 2 日，丹尼尔·范克宁一行 6 人到杭州访问，参加休博会“贝特谢梅什日”活动。8 月 1 日，市长孙忠焕会见代表团一行。

国际青少年夏令营代表团访杭 8 月 13 日~16 日，上海市友协组织的国际青少年夏令营 40 人到杭访问。8 月 15 日晚，市对外友协会长虞荣仁会见宴请该团全体成员。

美国联合技术公司总裁兼首席执行官路易·谢纳沃访杭 8 月 17 日，市委书记王国平、副市长沈坚会见路易·谢纳沃一行 7 人。

澳大利亚凯恩斯市市长凯文·布恩访杭 8 月 28 日，副市长金胜山会见凯文·布恩率领的凯恩斯市政府和企业高管一行 11 人。

新西兰新任驻沪总领事陈雯访杭 8 月 29 日，副市长金胜山会见陈雯女士一行 4 人。

日本旭化成化学公司总裁蛭田史郎访杭 8 月 30 日，市委书记王国平、副市长金胜山会见蛭田史郎一行 10 人。

日本爱华经济文化友好考察团访杭 9 月 2 日，以日本国前内阁首相特命顾问荒木浩为团长、日本出版协会会长石原萌记为顾问的日本爱华经济文化友好考察团一行 18 人到杭州访问。中午，市委书记王国平会见代表团全体成员。

日本狭山市政府代表团访杭 9 月 23 日~27 日，以日本狭山市长仲川康成为团长的狭山市政府代表团一行 24 人为庆祝杭州市与狭山市建立友好交流关系 10 周年专程到杭州访问。24 日晚，市长孙忠焕会见代表团一行。

意大利图斯卡纳大区主席马蒂尼及比萨市政府、企业代表团访杭 9 月 23 日~28 日，马蒂尼一行 4 人和比萨市政府、企业代表团一行 30 人到杭州访问。9 月 27 日，市长孙忠焕会见代表团一行。同日下午，杭州—比萨经济合作论坛在雷迪森大酒店举行，副市长沈坚出席论坛，杭州市有关部门及企业界 100 多人参

表 70　　2006 年杭州市领导会见其他重要到访团组

到访时间	会见领导	到访贵宾及代表团
2006-01-06	副市长金胜山	日本驻上海副总领事片江学巳
2006-01-11	副市长杨戌标	美国纽约州前州务卿兰迪·丹尼斯
2006-01-11	副市长杨戌标	新加坡海峡时报记者温佳缘
2006-01-13	副市长金胜山	德国博世(中国)公司总裁彼得·彭
2006-01-25	市委书记王国平	德国西门子(中国)有限公司副总裁、浙江省总经理王伟国
2006-01-26	副市长金胜山	荷兰驻沪总领事夏旭衡
2006-02-11	副市长项勤	德国驻沪总领事芮司峰
2006-02-14	副市长金胜山	芬兰诺基亚(杭州)研发中心总经理盖托韦
2006-02-14	副市长金胜山	美国百事可乐(中国)公司总经理李春佳
2006-02-14	副市长金胜山	法国曼尼通公司总裁布劳德
2006-02-15	副市长沈坚	美国 NEA 风险投资公司合伙人斯哥特
2006-02-21	市委副书记叶明	日本武藏野学院大学校长高桥畅雄
2006-02-23	市长孙忠焕	法国驻沪总领事薛辞
2006-02-24	副市长金胜山	印度驻沪总领事白加尉
2006-03-02	副市长金胜山	瑞典伊莱克斯公司亚太区总裁白桦志
2006-03-05	市委副书记于辉达	西班牙国贸城集团董事长高平
2006-03-08	副市长项勤	澳大利亚联邦银行副行长麦克龙
2006-03-10	副市长沈坚	美国玫琳凯公司首席执行官霍大卫
2006-03-13	副市长孙景淼	韩国晴山奖学会会长李年洙
2006-03-15	市委副书记于辉达	南非驻沪总领事库玛乐
2006-03-16	副市长金胜山	美国 Microstrategy 公司副总裁本杰明
2006-03-17	副市长陈重华	国际营养学会前主席马克
2006-03-17	副市长金胜山	美国联邦快递公司亚太区总裁简力行
2006-03-21	副市长金胜山	美国甲骨文公司资深副总裁严旋
2006-03-24	副市长金胜山	美国福布斯网站首席执行官吉米·斯潘菲勒
2006-03-24	市委书记王国平 副市长金胜山	美国摩托罗拉公司亚太区总裁梁念坚
2006-03-24	市长孙忠焕	日本上尾市市长新井弘治
2006-03-30	副市长金胜山	日本旭化成化学公司总裁藤原健嗣
2006-03-30	副市长金胜山	美国恒信公司亚洲集团董事长林有信
2006-04-04	副市长金胜山	法国圣戈班集团高功能材料事业部总裁加利阿里
2006-04-05	省长吕祖善 市长孙忠焕	泰王国公主诗琳通
2006-04-10	副市长金胜山	意大利驻沪总领事罗西诺
2006-04-18	副市长金胜山	日本杭芝公司董事长石田修一
2006-04-20	副市长金胜山	普华永道国际会计公司中国主管合伙人林怡仲
2006-04-21	市委书记王国平	日本知名茶文化学者仓泽行洋
2006-04-23	副市长盛继芳	俄罗斯喀山市第一副市长布尔加诺夫·接菲斯
2006-04-23	副市长金胜山	尼泊尔勒利德布尔市市长普勒姆·拉哈
2006-04-23	市委副书记于辉达	西班牙马德里市中心区区长布伦特
2006-04-24	副市长金胜山	日本四国中央市市长井原巧
2006-04-27	副市长金胜山	法国达梭飞机公司代表
2006-05-11	副市长沈坚	美西医药协会会长项俊博士
2006-05-16	市委常委、宣传部部长张鸿建	马来西亚环亚集团首席执行官马歇尔
2006-05-18	省政协副主席梁平波 市政协主席虞荣仁	英国王室迈克尔亲王
2006-05-19	副市长盛继芳	土耳其工商业企业家协会主席卡斯洛夫斯基

续表 70

到访时间	会见领导	到访贵宾及代表团
2006-05-24	副市长金胜山	奥地利联邦总理特使沃尔夫冈·艾瑟尔
2006-05-24	副市长沈坚	美国国家安全委员会副总裁里奥·凯利
2006-05-29	副市长陈重华	国际举重联合会秘书、希腊雅典省省长雅尼斯
2006-05-30	副市长金胜山	澳大利亚凯恩斯市市长波恩
2006-05-30	副市长金胜山	美国堪萨斯州副州长约翰·艾迪摩尔
2006-06-03	副市长陈重华	中日友好文体交流代表团
2006-06-06	市人大常委会副主任林振国	牙买加蒙特哥贝市市长
2006-06-08	副市长项勤	澳大利亚驻沪总领事狄淑贤
2006-06-09	副市长沈坚	亚洲开发银行副行长金立群
2006-06-16	副市长金胜山	美国花旗银行总行公关部部长章晟曼
2006-06-21	副市长项勤	瑞士驻沪总领事洪含雅
2006-06-21	副市长金胜山	美国抗衰老医学研究会董事长高德曼博士
2006-06-22	副市长金胜山	美国联邦保险股份有限公司高级副总裁达莱尔
2006-06-22	市委副书记叶明 市委常委、宣传部部长张鸿建 副市长沈坚	俄罗斯科学院副院长德米特里耶维奇
2006-06-23	副市长沈坚	罗马尼亚政府总秘书处代表奥瑞廉
2006-06-28	副市长沈坚	日本朝日啤酒株式会社取缔役池田弘一
2006-07-11	市委副书记叶明 市人大常委会副主任安志云 副市长陈重华	韩国国立国乐团团长金铁浩
2006-07-19	副市长金胜山	澳大利亚昆士兰州中国理事会主席汤姆·伯恩斯
2006-07-20	副市长金胜山	越南工商会副主席陈氏水女士
2006-07-25	市委常委、宣传部部长张鸿建	澳大利亚影视和动漫产业代表团
2006-07-26	副市长金胜山	英国利兹市议长马克·哈里斯
2006-07-27	副市长金胜山	新加坡驻沪总领事陈庆荣
2006-08-01	副市长沈坚	英国沃特曼公司董事会主席田永柏
2006-08-03	副市长金胜山	美国普洛斯公司全球总裁杰福雷
2006-08-03	副市长金胜山	日本松下公司劳动组合电子照明部执行委员长薄木专助
2006-08-16	副市长金胜山	美国著名牧师帕斯夸博士
2006-08-22	副市长沈坚	美国知名学者、费城 DREXEL 大学弗兰克教授
2006-08-24	副市长盛继芳	亚洲开发银行中国代表处首席代表涩市彻
2006-08-26	副市长金胜山	日本松江市市长松浦正敬
2006-09-02	副市长金胜山	中国驻苏里南大使苏格
2006-09-10	副市长金胜山	尼泊尔勒利德布尔市代市长普莱姆·拉吉·尤喜
2006-09-17	副市长沈坚	乌克兰经济部副局长别克尔斯卡娅
2006-09-25	副市长沈坚	法国 PLD 服装设计集团 CEO 让·弗兰西斯
2006-09-26	市友协副会长华丽珍	俄中友协第一副主席库里科娃
2006-10-08	副市长沈坚	日本岐阜市副市长成原嘉彦、议长藤泽昭男
2006-10-09	副市长陈重华	德国克雷菲尔德市德中友协主席尼特夫人
2006-10-09	副市长金胜山	日本福井市前副市长奈良一机夫妇
2006-10-09	市政协主席虞荣仁	日本福井市市民友好访问团
2006-10-12	副市长金胜山	匈牙利核工业集团首席执行官伊斯特万·柯克西斯
2006-10-16	市长孙忠焕	韩国春川市市长李光濬
2006-10-19	副市长杨戌标	韩国骊州郡议长李明焕
2006-10-19	副市长金胜山	日本松下住宅电器株式会社副社长松春二郎
2006-10-22	市委书记王国平	西班牙奥维耶多市议员哈维尔·毕达尔

续表 70

到访时间	会见领导	到访贵宾及代表团
2006-10-23	副市长项勤	加拿大驻沪总领事葛淑珊
2006-10-24	副市长金胜山	美国 MAI global 不动产亚太区总裁斯蒂夫
2006-10-24	市委副书记于辉达	英国利兹市大法官杰勒米·贝纳特
2006-10-26	副市长金胜山	以色列依赛通电信公司董事局主席斯洛莫·多夫拉特
2006-10-27	副市长金胜山	法国法液空公司副总裁达西
2006-10-27	副市长沈坚	美国 MTD 公司高级执行副总裁莫泰德
2006-10-29	副市长项勤	西班牙安达卢西亚自治区政府旅游、贸易和体育部长保利诺·普拉达
2006-10-31	市人大常委会副主任李松春	英国利兹市议长马克·凯瑞斯
2006-11-10	副市长金胜山	荷兰驻沪总领事丰德浩
2006-11-15	市人大常委会副主任林振国	日本福井市议长山口清盛
2006-11-16	副市长金胜山	日本雅马哈株式会社社长伊藤修二
2006-12-03	副市长金胜山	美国雅培公司副总裁沙拉·卡特森
2006-12-12	副市长金胜山	日本松下电器产业株式会社 HA 社长夏坂
2006-12-15	副市长项勤	法国里昂证券公司全球副总裁菲利浦·克罗蒂
2006-12-21	副市长金胜山	日本东芝(中国)总公司副总裁谷口铁太郎

加论坛。

欧盟前主席、欧中商会主席雅克·桑特访杭　10 月 14 日~15 日，雅克·桑特一行 19 人到杭州访问。14 日晚，市长孙忠焕、副市长金胜山会见雅克·桑特一行。

2006 年国际基因组学大会代表访杭　10 月 23 日，市委书记王国平、市人大常委会副主任安志云、副市长金胜山、市政协副主席马时雍会见以诺贝尔奖获得者詹姆斯·华生为首的 2006 年国际基因组学大会代表一行 20 人。

美国达信保险公司大中华区总裁韦朴访杭　10 月 26 日，市长孙忠焕、副市长盛继芳会见韦朴一行 6 人。

日本马拉松代表团访杭　11 月 3 日~6 日，应市外办邀请参加 2006 年杭州国际马拉松比赛的日本狭山市、向日市、松江市、岩国市参赛团队 50 余人到杭。5 日上午，马拉松比赛在黄龙体育中心举行。当日晚，省友协会长梁平波会见并宴请参赛的外国友人和获奖运动员。

美国摩托罗拉(中国)公司总裁高瑞彬访杭　11 月 9 日，市委书记王国平、副市长金胜山会见高瑞彬一行 6 人。会见后，王国平、金胜山出席摩托罗拉杭州研发中心揭幕典礼。

西班牙奥维耶多市风笛演出团在雷峰塔下为市民表演　(市外办 供稿)

美国商务部部长助理以色列·赫尔南德兹访杭　11 月 16 日，市委副书记朱报春会见以色列·赫尔南德兹一行 4 人。

美国甲骨文公司高级副总裁布赖恩·米歇尔访杭　11 月 16 日，市委书记王国平、副市长金胜山会见布赖恩·米歇尔一行 10 人。

欧盟驻华大使赛日·安博访杭　11 月 17 日，市长孙忠焕会见赛日·安博一行 6 人。

德国克雷菲尔德市市长卡斯特访杭　11 月 17 日，市长孙忠焕、副市长陈重华会见卡斯特一行 9 人。

新加坡交通部部长、外交部第二部长林双吉访杭　11 月 19 日，市长孙忠焕、副市长金胜山会见林双吉一行 50 人。

英国驻沪总领事毕晓普访杭　11 月 24 日，市长孙忠焕会见毕晓普一行 6 人。

美国派蒙集团首席执行官丹尼·潘访杭　12 月 7 日，市长孙忠焕会见丹尼·潘一行 8 人。

【主要交流活动】 举办境外友人新春团拜会　1 月 18 日，市政府在凯悦酒店举行 2006 年境外友人新春团拜会。市长孙忠焕、市人大常委会副主任安志云、副市长金胜山、市政协副主席曾东元、省外办副主任王晓峰、市政府秘书长娄延安等出席团拜会。在杭外资企业代表及外国专家、留学生等400余人欢聚一堂，共庆新春佳节。

“走进俄罗斯”美术摄影展在杭举行　1月21日开幕。省政协副主席、省友协会长梁平波，市政协主席、市友协会长虞荣仁，俄罗斯驻沪领事馆副总领事福缅科等出席开幕式。该展览展出浙江省著名画家、摄影家赴俄罗斯艺术创作的作品200余件。

杭州市代表团赴荷兰海牙参加中国新年庆祝活动　1月28日，杭州市代表团一行39人(含文艺演出团)赴荷兰海牙访问，参加该市中国新年庆祝活动。

首届世界佛教论坛在杭州举行　4月12日~16日举行。市外办与市委统战部、市侨办、市台办一起，圆满完成接待来自世界36个国家和地区近600位高僧大德、国外政要的任务。

各国友城踊跃参与2006年世界休闲博览会　4月22日~10月22日，世界休闲博览会在杭州举行，世界百座城市休闲风情馆是其重要展示项目。为充分展示休博会“百城馆”的国际化色彩，市外办积极联络国外友好城市和友好交流往来城市，大力宣传招展，促成英国利兹，意大利比萨、圣米尼亚托，西班牙奥维耶多，日本岐阜、福井，韩国丽水、庆山、春川，以色列贝特谢梅什，尼泊尔勒利德布尔市等19个国外城市展馆落户“百城馆”。参与“百城馆”的城市派出代表团19批、313人次抵达杭州，参加休博会开幕式、城市馆开馆仪式等各项活动，并在政府、文化、教育、企业等领域与杭州市相关部门进行交流。

杭州与西班牙奥维耶多市缔结为友好城市　5月10日~14日，奥维耶多市第一副市长阿尔方索·罗曼·冈萨雷斯率政府代表团10人、风笛演出团32人和企业家代表团57人访问杭州，出席杭州—奥维耶多友好城市关系协议书签字仪式和休博会“奥维耶多日”庆祝活动。12日晚，市委书记王国平会见政府代表团一行。会见后，两市建立友好城市关系协议书签字仪式在新侨饭店举行。常务副市长盛继芳和阿尔方索·罗曼·冈萨雷斯分别代表两市政府在友好城市协议书上签字。

杭州与瑞士卢加诺市签署友好合作备忘录　6月6日，卢加诺市副市长埃拉斯莫·佩里一行10人应邀到杭州访问。6日晚，副市长沈坚在黄龙饭店会见宴请客人，两市副市长分别代表两市政府签署两市友好合作备忘录。

“杭州·狭山友好交流关系十周年”纪念活动在杭举行　为庆祝杭州市与狭山市建立友好交流关系10周年，以日本狭山市市长仲川康成为团长的狭山市友好访华团一行24人于9月23日~27日专程到杭州访问。24日晚，市长孙忠焕在世贸中心大饭店会见访华团一行。市人大常委会副主任林振国、市友协副会长华丽珍、市政府秘书长娄延安等出席活动。

2006年国际花园城市决赛在杭举行　11月7日~14日举行。11月9日，杭州市政府设招待晚宴，副市长杨戌标出席。11月13日，市长孙忠焕出席决赛颁奖晚会并会见国际花园城市组织秘书长阿兰·史密斯、联合国环境署高级官员和来自世界16个国家的31位参赛城市代表。孙忠焕说，此次国际花园城市决赛选择在杭州举办，是对杭州过去在生态环境、居民生活品质等各方面取得成果的肯定。承办这样全球性的赛事，让杭州再次接受了国际组织的检验并获得向世界各国兄弟城市学习交流的机会。今后杭州将继续加强城市基础设施和生态环境等方面的建设。阿兰·史密斯表示，杭州的美丽给所有参赛城市的代表留下深刻印象。杭州在创造宜居性城市上做出很大的努力，在环境保护上为其他城市起到很好的示范作用。前来参赛的城市代表将会成为友谊的使者，在世界各地宣传杭州。

(邬莲平)

▶▶资料:西班牙奥维耶多市

2006年5月12日，杭州市与西班牙奥维耶多市缔结为友好城市。

奥维耶多市建立于8世纪下半叶，位于西班牙北部阿斯图里亚斯自治区内，在坎塔布连山和坎塔布里海(或称比斯开湾)之间。历史上曾是阿斯图里亚斯王国首都，现为西班牙阿斯图里亚斯自治区首府。

该市历史文化悠久，市内建筑大部分建于16世纪或17世纪，13世纪修建的围墙也依然完整。曾见证奥维耶多11世纪繁荣的圣萨尔瓦多圣殿和圣朱利安教堂等宗教建筑的历史可追溯到中世纪早期。考古挖掘还发现同时期利用古老技术建造的水力系统杰作——拉芳卡拉达(La Fancalada)。

奥维耶多的另两座建于842年~850年的建筑圣玛丽教堂和圣米盖尔教堂已列入世界文化遗产名录，是中世纪初期前罗马阿速图里亚斯建筑风格的杰出范例。

·侨务·

【侨务概况】 2006年，杭州市侨务部门充分发挥侨资源优势，调动侨界积极因素，坚持为侨服务和为国家大局服务的统一，全力维护侨界的稳定和谐，努力开创侨务工作新局面，为推进杭州经济社会发展作出新的贡献，取得新的成效。

全市侨务部门接待海外侨胞1240人次。市侨办组织侨务考察团出访南美、欧洲6个国家，与海外侨团开展联谊交流；举办海外侨领研习班1期，海外杭州籍侨团负责人24人参加。经各级侨务部门牵线搭桥，引进招商项目和达成引资合作意向项目64个。全年组织经贸活动8次，促成合同利用外资4100万美元，实际利用外资800万美元;为侨商投资者排忧解难30件次。开展“为侨资企业服务月”活动，组织法律顾问为侨资企业提供无偿法律咨询服务；举办侨资企业法律知识讲座，50余名侨资企业负责人参加。市侨商协会于9月召开第二次会员大会，完成换届工作。各级侨务部门全年受理侨务信访391件次，办结391件次。接受华侨捐赠151万元人民币，捐建学校1所。下城区侨办、西湖区文新街道分别被评为全国社区侨务工作示范单位和全国社区侨务工作先进单位。

各级侨联围绕全市中心工作，开展“侨联能力建设年”活动，调查侨情，加强海外联谊，扩大交流，坚持为侨服务。全年新建街道侨联组织13个，社区侨联组织17个。市侨联与市人大民宗侨委、市侨办、致公党杭州市委会等部门联合举行侨法宣传周活动和杭州市侨界春节团拜会；与市侨办联合举行杭州市侨界中秋国庆联欢会。组织老归侨联谊、参观和旅游等活动5次。走访慰问归侨侨眷98人次。各级侨联受理群众来信98件次，接待来访289人次，协助处理涉侨侵权案件16件；举办侨联干部培训班26期，参训2127人次。市侨联走访调研留学生企业21个。召开市出国留学人员家属联谊会第二次会员代表大会，选举产生新一届理事会。召开市侨联福利基金会第十七次暨石华玉医学专项奖第十六次颁奖大会，表彰医学院校优秀学生和有关医院青年医生15人。市侨联组织侨务考察团出访荷兰、挪威等国，走访侨团，看望侨胞，考察挪威中文学校，促进交流。全市各级侨联接待华侨华人889人次，参与引进外资870万美元，协助接受捐赠人民币40万余元。全年出刊《侨联工作简报》43期、《杭州侨联》6期。（郑　军　李孟波）

【举办海外杭州人联谊大会】 4月22日，由市侨办、市海外交流协会、市侨商协会等单位和欧洲杭州联谊总会等18个海外杭州籍社团共同发起的2006年海外杭州人联谊大会在杭举办。来自20个国家和地区的140多位海外侨胞参加，通过联谊交流形成共识，向广大“海外杭州人”发出了《倡议书》。倡议发扬爱国精神，增进亲情乡谊；关心杭州发展，支持杭州建设；秉承民族大义，推进祖国统一；弘扬中华文化，传承民族精神；增强交流联谊，促进侨界团结。

【举办海外华商杭州投资洽谈会】 10月14日~16日举行。来自25个国家和地区的有实力和希望在杭州投资创业的海外华商和专业人士107人参加洽谈会。会议期间，代表们参加了西博会投资合作周的相关活动，听取杭州市情介绍及杭州钱江经济开发区和钱江新城情况介绍、项目推荐，还参加建德市、萧山区等两个分会场活动，考察了两地的商务、投资环境。应邀参加投资洽谈会的海外华商，与杭州市80多个企业和部门进行项目对接洽谈，有40个项目达成合作意向。

【评选表彰优秀侨资企业】 7月~9月，市侨办开展优秀侨资企业评选表彰活动，以调动侨商在杭投资创业的积极性和褒扬侨资企业对杭州经济社会发展所作出的贡献。经各区、县(市)推荐和市有关部门审核，评选出汉帛（中国）有限公司等36个企业为2003~2005年度杭州市优秀侨资企业，予以表彰。并从中推荐3个全国明星侨资企业和17个全省优秀侨资企业，分别受到国侨办和省侨办表彰。

【举办侨法宣传周活动】 6月3日~9日，市侨办会同市人大民宗侨委、市司法局、市致公党和市侨联等单位，在全市举办侨法宣传周活动。6月3日，在吴山广场举行启动仪式，组织侨法宣传专场文艺演出和侨法释义图板展示。各区、县(市)开展了丰富多彩的侨法宣传和为侨服务活动。侨法宣传周期间，全市开展侨法宣传49场次，发放侨法宣传资料2800余份，组织2425人次参加侨法培训，营造“护侨、爱侨、为侨”的良好社会氛围。

【举办海外华文媒体杭州行活动】 4月，市侨办与余杭区政府联合举办2006年海外华文媒体杭州行活动，邀请《中文导报》、《东方时报》、《美中晚报》、《美华商报》、《欧华报》等9个海外知名华文媒体的社长、记者12人到杭州采访。活动以宣传“休闲文化”和“茶文化”为主题，组织记者们考察、采访杭州世界休闲博览会、茶叶博物馆、梅家坞茶文化村、余杭区的江南水乡博物馆及径山禅茶等。记者们在海外华文媒体发表文章和图片49篇(幅)，宣传杭州。

【海外华裔青少年杭州寻根之旅夏令营活动】 7月10日~8月8日，市侨办举办为期1个月的2006年海外华裔青少年杭州寻根之旅夏令营活动。来自6个国家的71名华裔青少年在参加杭州寻根之旅的同时，赴北京参加国务院侨务办公室统一组织的中国寻根之旅夏令营活动。夏令营期间，营员们学习中文、中国历史、中国地理、陶艺、书法、篆刻、绘画、音乐等知识，游览杭州的风景名胜，走进社区、走进中国家庭，体验中国家庭的生活，结交中国朋友。通过寻根之旅，增强了华侨华人新生代对祖(籍)国和家乡的感情。

（郑　军）

【第一届杭州海外英才创新发展论坛】 10月26日举行。该论坛由市侨联、市科协和杭州经济科技国际交流研究会等单位主办，以“建设创新型杭州，打造杭州特色自主创新道路”为主题。100余名海外留学人员、60余个杭州市企事业单位和市人事局、市科技局、市人才办等单位负责人参加论坛。副市长金胜山在会上介绍杭州市经济社会发展情况和投资政策。2名回国创业留学人员和4名在海外工作的留学人员作主题发言。海外留学人员还带来生物医药、农业、交通运输、化工材料、冶金机械、电子通信等方面项目122个，寻找合作伙伴。会上，海外留学人员向有关部门咨询在杭创业将涉及的子女入学、住房购买等问题，与会的杭州市企业负责人与海外英才就合作项目进行洽谈。

【推进基层侨联规范化建设】 2006年，市侨联制订下发《杭州市基层侨联组织规范化建设标准》和《规范化基层侨联组织申报审批程序》。10月，召开全市基层侨联工作经验交流会，部署基层侨联组织规范化建设工作。会上授予余杭区侨联、下城区天水街道侨联、江干区采荷街道侨联、西湖区文新街道侨联、下城区朝晖街道侨联施家花园社区分会、西湖区文新街道德加社区侨联等6个单位为杭州市首批规范化基层侨联组织称号并授牌。至年末，全市有基层侨联组织91个，其中区（县、市）侨联组织12个、街道(乡镇)侨联组织40个、社区侨联组织39个。

【加强与台湾省籍侨团的联系】 市侨联以侨为“桥”，加强与海外台湾省籍侨团、侨胞的联系和交往，开展侨联对台促进统一工作。

4月11日，美西华人学会浙江访问团一行9人应省、市侨联的邀请首次到杭访问。副市长沈坚会见并宴请访问团一行。成立于1979年的美西华人学会是美国西部重要的台湾省籍华人学术性社团，由来自台湾、在美留学并得到硕士以上学位的专业人员组成。

6月11日，“台湾侨联总会”内地参访团一行30多人到杭参观访问。副市长金胜山会见并宴请参访团。应中国侨联邀请，“台湾侨联总会”内地参访团一行于6月5日~15日访问祖国内地，这是海峡两岸侨联的首次正式接触。

【积极参政议政】 1月，就建立企业在职人员门诊医疗费社会统筹制度，市侨联与市劳动保障局一起组织侨界人大代表、政协委员开展调研，形成调研报告，并作为团体提案在市政协全会上作大会发言。2006年，全市侨界各级人大代表、政协委员提交提案、议案117件，其中涉侨6件。在市、区政协换届中，市、区政协侨联界别委员名额有增加；新建侨联的区、县（市）政协增设了侨（台）界别。

【庆祝中国侨联成立50周年、市侨联成立45周年】 为庆祝中国侨联成立50周年、杭州市侨联成立45周年，杭州市侨联举行系列庆祝活动。9月30日下午，省、市侨联联合举行浙江省“庆祝中国侨联成立50周年暨庆国庆、迎中秋大会”。省委副书记乔传秀应邀出席并作重要讲话。省人大常委会副主任徐宏俊，省政协副主席、省委统战部部长王培民，杭州市委副书记朱报春，省、市有关部门负责人，归侨侨眷、海外侨胞代表和侨联工作者代表200余人参加会议。杭州市归侨代表、全国劳模刘绶石在会上发言。侨界文艺团体献上一台精彩纷呈的文艺演出。11月10日，市侨联在浙江音乐厅举行“侨乡百灵徐薇演唱音乐会”，省侨联和市政协、市人大民宗侨委、市侨办、市侨联等单位负责人和归侨侨眷600余人出席音乐会。《杭州侨联》出纪念专刊，杭州市归侨、侨眷和侨务工作者撰写纪念文章14篇，回顾杭州市侨联45年的发展历程。

【留学人员获浙江省为国服务杰出海外留学人士奖项】 8月，由省侨联开展评选的浙江省为国服务杰出海外留学人士各奖项揭晓。由市侨联推荐的17名杭州籍或在杭州创业的留学人员获浙江省为国服务杰出海外留学人士“为国服务贡献奖”、“为国服务创业奖”、“为国服务创新奖”和“为国服务英才奖”等奖项。此次评选主要面向改革开放以来，在外留学1年以上（包括1年），具有硕士以上（含硕士）学位或中级以上（含中级）专业技术职称，并有志于为祖国和家乡的发展作出贡献的浙江籍（包括籍贯在浙江或出国前户籍在浙江）海外留学人员。

【240名归国华侨获“报效桑梓奖”】 9月，浙江省侨联发文决定为归国40年以上的归国华侨颁发“报效桑梓奖”，以弘扬他们热爱祖国、报效桑梓的可贵精神，最广泛地团结和凝聚广大归侨侨眷和海外侨胞，充分调动他们的积极性和创造性，为浙江省实现经济社会又好又快发展贡献更大的力量。杭州市有240名归侨荣获“报效桑梓奖”。为弘扬广大侨联工作者爱岗敬业、任劳任怨、无私奉献的精神，进一步增强侨联组织的凝聚力和向心力，促进侨联事业的蓬勃发展，省侨联为从事侨联工作10年以上的侨联工作者颁发“为侨奉献奖”。杭州市有28名侨联工作者获“为侨奉献奖”。

【天水街道建立独居、空巢归侨侨眷服务保障机制】 至2006年末，杭州市下城区天水街道独居、空巢归侨侨眷有127人。为加大对老年独居、空巢归侨侨眷的关怀和帮扶力度，街道提出在社区建立独居、空巢归侨侨眷“八个一”（一份档案表、一张监护网、一条求助线、一名调处员、一支服务队、一间聊天室、一处活动室、一台呼叫器）服务保障机制的实施意见。其内容主要包含对服务对象家居设施的安全检查、给予日常生活的帮助料理、提供精神抚慰、了解健康状况、代为联系咨询以及其他可行的定期常规服务；在服务对象身体、生活出现危险或紧急情况，需要帮助时提供不定期应急服务，如生病急救、急事求助等。12月6日，中国侨联副主席林淑娘到杭州视察基层侨联工作时，充分肯定天水街道服务独居、空巢归侨侨眷的保障机制，并表示中国侨联将予以推广。

【推进华文教育】 市侨联积极推进华文教育，弘扬中华文化。在省市侨办、侨联及江干区有关单位的推动下，杭州国泰教育集团与美国奥利弗大学于6月10日举行签订合作协议仪式暨新闻发布会。协议商定双方成为合作院校，杭州国泰教育集团将陆续推荐中国内地学生去美国奥利弗大学学习，加强教师专业培训，双方互派学生夏令营；杭州国泰教育集团还将选派汉语老师到美国开展中文教育等。4月，市侨联和到杭访问的挪威浙江联谊会、挪威中文学校等海外社团负责人交流华文教育工作，挪威中文学校和杭州采荷二小就如何加强两校间的合作与交流达成共识。在各区、县（市）侨联和教育部门的共同努力下，组织杭州市40余所小学的学生参加世界华人小学生作文大赛，选送优秀作文258篇。（李孟波）

·台务·

【台务概况】 2006年，市台办认真贯彻“和平统一、一国两制”的基本方针和胡锦涛关于新形势下发展两岸关系的四点意见，以反“独”遏“独”为首要任务，以争取台湾民心为根本出发点，以构建“和谐杭州”为着力点，积极推进杭台两地经贸交流与合作，努力拓展各领域的交流和人员往来，深入开展对台宣传和涉台教育，各项对台工作取得新的成效。

全年到杭探亲、旅游和经贸考察的台胞32.5万人次，其中市台办接待台湾各界到杭考察团组76批、1503人次；杭州市组织赴台考察团组100批、297人次。

市台办两次获中台办通报表扬，荣获2006年度浙江省对台工作综合先进奖，并获市政府2006年度招商引资特别贡献奖和休博会优秀组织奖。

【圆满完成重大涉台任务】 年内，中国国民党荣誉主席连战及夫人一行两次到杭参访，市台办圆满完成接待工作。连战在杭参访期间，杭州风景名胜区管委会和台湾“国政研究基金会”在玛瑙寺签订《两岸文化交流合作项目备忘录》，达成以玛瑙寺为载体，搭建两岸文化交流平台的协议。

5月14日，市长孙忠焕与南投县“县长”李朝卿签署《杭州西湖与南投日月潭建立交流合作关系协议(草案)》和备忘录,杭州市与南投县全方位交流正式启动。西博会期间,中国国民党南投县党部主委吴灯波一行应邀到杭开展政党交流,并就开展政党交流等工作进行会谈。南投县观光协会、南投县"文化局局长"陈振盛率领的台湾日月潭原住民文化艺术访问团和南投县"副县长"陈志清为团长的农业考察团应邀相继到杭,就两地开展文化、旅游、农业等多层次的合作进行交流,取得良好的效果。这些工作构筑起面向未来、全面、多层次的交流平台,得到中台办和市领导的充分肯定。

【切实推进"东引台资"战略】 2006年,全市各级台办以活动为平台,以服务为载体,做好对台招商引资工作。从邀请台商到杭考察、举办各类经贸活动、组织赴台经贸交流、服务台商和"以台引台"等方面着手,努力提高引资质量,确保对台经贸工作平稳发展。全年新批台资企业63个,增资企业31个;总投资5.96亿美元,注册台资3.59亿美元,比上年分别增长6.9%和16.6%。

在首届世界休闲博览会和西博会投资合作周期间,市台办邀请台湾从事精密机械、电子信息、文化创意产业、生物医药、现代服务业和现代农业等产业的100余名台商和来自全国各地的100余名台商会长,到杭参加IT产业经贸合作洽谈会、杭台农业合作交流会、城区服务业投资环境推介会等,展示杭州良好的经济基础、产业特色及不断完善的投资环境,切实推进"东引台资"工作。下城区、萧山区台办分别召开区域投资环境推介会,开展招商引资工作,拓展两地经济合作,取得良好效果。全年到杭考察台商805人。加强杭台经贸交流互动。全年市台办组织赴台经贸考察团组11批、72人次;非公职人员赴台65批、154人次。

【做好在杭台胞台商服务工作】 2006年,全市各级台办在传统节日和"台商服务月"活动期间,主动做好台胞台商服务工作。利用台商座谈会等形式,倾听台商意见,解答台商普遍关心的热点问题,全年召开台商座谈会14次。为做好台资企业融资的推荐工作,市台办与国家开发银行浙江省分行联系,邀请该行领导考察相关台资企业,召开台资企业贷款座谈会进行业务指导。积极与华夏银行、广发银行联系,拓宽贷款渠道。年内,经市台办推荐,鸿源科技、富春山居、杏辉药业等台资企业与有关银行达成计2.5亿元的贷款意向。

认真贯彻落实《中华人民共和国台湾同胞投资保护法》,及时处理台商在生产经营中引发的各种纠纷,指导台商守法经营,依法维权,规范台资企业的经营活动。市台办在受理、呈转及督办涉台投诉中,做到"投诉有门"、"办案有人"、"反馈有音",形成规范化和制度化的工作流程,受到台商好评。

全市各级台办受理涉台投诉信访143件,其中台商投诉34件、台胞及台属信访109件,反馈率100%。市台办会同市有关部门妥善处理台胞猝死、证件被窃、精神失常、保外就医等涉台突发事件和求助要求10余件。

【推动杭台交流全方位发展】 全市各级台办努力拓展交流渠道,搭建交流平台,推动杭台交流和人员往来。市台办充分发挥杭州历史文化名城的优势,重点推动杭台两地青年学生的交流。由市台办承办的海峡两岸大学生"吴越文脉探寻之旅"和"京杭运河牵手行"两项交流活动受到国台办高度重视,被列为2006年全国重点对台交流项目。6月与11月,来自台湾"中国文化大学"等10余所大学的近200名学生先后与在杭高校学生,以参观、教育、专题讲座、互动交流为主要活动方式,一起品味吴越大地博大精深的历史文化和极具特色的山水风光,考察京杭大运河的巨大作用,引发两地大学生对国家和民族未来的思考,增进两岸青年学子间的友谊。10月,举办"相约西子湖"活动,10余位海峡两岸文化大师相聚西湖阮公墩,就西湖的文化性建设发表颇有见地的论述,受到广泛关注。

4月15日,杭州灵隐寺与台湾中台禅寺签订缔结"同源禅寺"协议。

【积极开展涉台教育】 2006年,市台办以争取台湾民心为重点,因地制宜,积极开展对台宣传和涉台教育,努力做好对台信息调研工作,营造对台宣传工作的良好氛围。

全市各级台办举行各种形式的台海形势报告会90余场,听众7000余人次。萧山区台办联合区教育局、区团委在该区中小学开展"宝岛"知识竞赛活动,加强对中小学生的涉台教育;西湖区推出百余期以宣传窗、黑板报、宣传简报等为主要形式的涉台宣传,张贴标语和宣传横幅500余幅;上城、下城、西湖、富阳、桐庐、临安等地台办通过举办各类宣传演出活动加强涉台教育,取得良好效果。

市台办利用休博会、西博会、动漫展、农博会、佛教论坛等大型活动平台,积极做好对台宣传工作。全年接待台湾东森电视台、《中国时报》等岛内14个媒体的记者70余人,通过媒体记者的采访报道,推进入岛宣传,全面展示杭州市建设成就、经济资源、投资环境、开发前景、文化优势、旅游资源、风俗民情以及杭台交流等多方面情况,增进岛内受众对杭州的了解。

市台办依托各种工作载体和各类新闻媒体,做好信息报送工作。全年编写《台情参考》8期、《杭州对台工作》13期和《涉台工作情况反映》36期,其中省、市领导批示49篇次。在《人民日报》、《浙江日报》、《两岸关系》、《台湾工作通讯》和中国台湾网等主流媒体上发表涉台信息96篇次。7月27日,《人民日报》刊登市台办撰写的信息《杭州台资企业达1275家》。市台办调研论文《杭州市开展入岛宣传工作已呈现蓬勃的发展态势》被中央统战部采用并发表。《台湾大学生来杭参加探寻之旅》和《海峡两岸大学生京杭运河牵手行》等报道先后被人民网、中国台湾网、新华网、华夏经纬网、中国网等7个知名网站转载,取得了较好的宣传效果。

加强对台情和杭台经贸文化交流的基础性研究。调研论文《杭州市引进台资的现状分析与思考》获浙江省台研会调研课题二等奖,《关于杭州市对台工作机构情况的调查与思考》获2006年度浙江省台办系统涉台调研成果三等奖。 (徐 兵)

政 法

Political and Legislative Affairs

·政法综述·

【创建“平安杭州”】 2006年,全市政法工作围绕市委的决策部署，全力推进“平安杭州”创建工作,确保了社会政治稳定和治安秩序良好,呈现出“三降三升四个零增长”的良好局面。即:群体性事件、刑事立案以及恶性案件下降（群体性事件比2005年下降66.2%、刑事立案下降1.4%、杀人案件及五类案件分别下降10.5%和13.7%),破案率、破案总数及打击处理人数上升（破案率上升6.1%、破案总数上升19.4%、打击处理人数上升4.4%)，各类事故起数、死亡人数、受伤人数和直接经济损失数保持“零增长”(分别下降26%、10.1%、26%和24%)。7月,杭州市以49.88%选票被新浪网和《小康》杂志联合评为“全国治安最好城市”。年底,市统计局民意测评显示,人民群众安全感达96.2%。

全市政法各部门密切配合,严密防范和严厉打击敌对势力、敌对分子的渗透破坏活动，成功侦破多起境内外敌对势力活动案件，受到中央有关部门的高度评价。

规范全市乡、镇(街道)综治工作中心建设,加强矛盾纠纷排查、预防和调处工作,着力编织纵向到底、横向到边的排查调处网络，形成信息灵敏、覆盖全面、运作顺畅、反应快捷的工作机制。全年排查各类矛盾纠纷29990件，比上年（指2005年,下同)上升39.4%,调处31273件(含上年度遗留问题)，调处成功30218件,成功率96.6%。全年有52件因历史遗留问题、环境污染、金融风险以及合同纠纷而引发的群体性事件得到及时有效处置和成功化解。

坚持不懈地开展严打整治斗争，加大对各类刑事犯罪的打击力度。公安机关破获刑事案件25940件,比上年上升19.4%。检察机关经审查批准逮捕刑事案件6777件、10641人，提起公诉7662件、12570人,人数分别上升1.4%和4.9%。审判机关审结一审刑事案件7854件;判处被告人12852人,上升6.6%。

社会治安防控体系建设更加完善,电子监控系统稳步向社区延伸,群防群治力量得到有效整合，建立起比较规范的市、区(县、市)、街道(乡镇)、社区(村)四级群防群治队伍管理网络，进一步提升了治安防控体系的整体水平。

【平安市、县(市、区)考核实现“满堂红”】 全市各级党委、政府深入开展平安创建活动，党政主要领导亲自抓,负总责。各地各部门在平安创建过程中重视抓基层、强基础,积极开展“平安乡镇”、“平安家庭”、“平安校园”等系列活动。经省委建设“平安浙江”领导小组考核审定,杭州市及8个区、5个县(市)全部被命名为平安市、县(市、区),继2005年后再次实现“满堂红”。

【建立社会稳定工作机制】 全市各级党委、政府重视和加强维护社会稳定机构建设，初步建立起维护社会稳定工作机制。6月,市委维护稳定工作领导小组办公室及时制定并由市委办公厅、市政府办公厅下发《杭州市预防处置群体性事件若干规定》,再次对维稳工作责任主体和排查化解、情报信息、现场处置、责任查究等作了进一步明确，对各级维稳机构、专职人员和经费保障也作出相应规定。

【落实综治目标管理责任制】 1月4日,在全市政法工作会议上,市委书记王国平、市长孙忠焕分别与13个区、县(市)和18个市级有关部门负责人签订2006年度社会治安综合治理目标管理责任书。经年终考核,31个签约单位、部门全部达标,其中上城区、下城区、余杭区、临安市、市建委、市妇联等6个单位被评为优秀达标单位。

【推进综治工作“三个延伸”】 全市各级政法委、综治办重视抓好综治基层基础建设，扎实推进综治工作向社区、村、民营企业三个延伸。至年末,全市71.5%以上社区、村建成综治工作站（室);2991个规模民营企业（50名职工或500万元产值以上)建成综治工作站(室),建成率为50.7%。在综治工作向基层稳步推进的同时，综治工作机制已全面延伸到社区、村、民营企业,有效地筑起社会治安的第一道防线。

【完善执法监督工作机制】 年初,市委政法委出台《杭州市党委政法委员会案件督办制度》,明确了案件督办的范围、原则、方式和程序,规范了案件督查的工作方式和要求。该制度规定对中央、省、市领导督(交)办的重点信访案件，要组织力量直接参与调查，改变以往对上级督（交）办案件一般往下转的做法,进一步加大执法监督的工作力度。

【开展社会主义法治理念教育】根据中央政法委的统一部署,2006年在全市政法系统广泛开展以“依法治国、执法为民、公平正义、服务大局、党的领导”为基本内容的社会主义法治理念教育,将“规范执法行为、促进执法公正”活动引向深入。经过广泛而深入的教育大讨论,加强了全市政法队伍的思想政治建设,提高了政法队伍的政治素质和业务能力。广大法官、检察官、警官和司法行政人员的执法理念进一步端正,政治责任感进一步增强,执法能力和执法水平进一步提高。

(钱荣心)

·公安·

【公安概况】2006年,全市公安机关按照“解放思想、干在实处、走在前列”的要求,以“打造平安杭州、构建治安首善之区”为目标,以“基层基础建设年”和队伍正规化建设为主线,全面推进公安业务工作和公安队伍建设,全市公安工作呈现“破案上升、发案下降、基础搞实、治安稳定、群众满意”的良好局面,为打造“平安杭州”、构建“和谐杭州”作出了积极贡献。

全力维护社会政治稳定。严密防范和严厉打击各类敌对势力、敌对分子的渗透破坏活动。加强互联网公开管理和网络监察,掌握网上斗争主动权。切实加强反恐防暴工作,开展市级卡口紧急设卡堵截演练。圆满完成首届世界佛教论坛、休博会、西湖国际烟花大会等重大节庆活动的安全保卫任务及到访重要内外宾的警卫任务,确保万无一失。

社会治安持续平稳。全市公安机关坚持“严打”方针,深入推进打防控一体化建设,社会治安呈现刑事发案下降、案件恶性程度下降和破案总量上升、打击处理数量上升的良好态势。全年破获刑事案件25940件,比上年上升19.4%,破案率上升6.1个百分点;打击处理(移送起诉、劳动教养)犯罪嫌疑人和行政违法人员上升4.4%。7月,在《小康》杂志与新浪网联合开展对全国37个城市“平安指数”的网上调查中,杭州被评为全国治安最好的城市。年底,市城市调查队开展民意调查,96.2%的市民认为生活在杭州有安全感。

坚持“四禁(禁吸、禁种、禁贩、禁制)并举,预防为主,严格执法,综合治理”的方针,深入开展禁毒工作和第三轮“无毒害”地区创建活动。全年查获各类涉毒案件1584件,抓获涉毒人员2281人,分别比上年上升13%和14.2%。严厉打击经济犯罪,全年破获经济犯罪案件555件,抓获犯罪嫌疑人640人,挽回经济损失2.2亿元。

加强公安行政管理。增强防范交通事故和火灾事故的能力,交通事故起数、死亡人数、经济损失分别比上年下降24%、10.4%和37.4%;火灾事故起数、死亡人数、经济损失分别下降34.2%、9.1%和45.1%。认真做好第二代居民身份证换发工作。做好杭州市引进人才落户、外地人在杭购房落户制度调整工作;反映并解决外来农民合同工中高技能人才进杭问题,全年办理落实杭州户口300余人。

巩固科技强警示范城市创建成果,市公安局被公安部评为全国公安机关“金盾工程”一期建设先进集体。深入抓好队伍正规化建设,对263个基层科所队正规化建设情况进行督查,全市公安机关正规化建设各项目标如期完成,有16个基层所队进入全省正规化建设示范基层所队行列。成功举行全市公安特警队伍建设成果汇报演练、“万警大走访”、警营开放和“携手平安”文艺晚会等活动。大力开展立功创模活动,全年有71个集体和250人立功。召开全市公安法制大会。全年发布公安新闻20次。

【反盗抢大会战成效显著】5月~9月,市公安局组织开展以打击入室盗窃、扒窃、抢劫、抢夺等为主要内容的反盗抢大会战,有力打击了盗抢类违法犯罪活动。其间,全市破获盗窃、扒窃、抢劫、抢夺等案件5975件,抓获并处理违法犯罪人员8538人。通过开展大会战专项斗争,市民的安全感普遍增强,据市城调队的民意调查显示,92.1%的市民认为反盗抢大会战增强了群众安全感,希望公安机关深入持久地抓好反盗抢工作。

【整合社会群防群治力量】2006年,市公安局顺利完成全市各区、县(市)群防群治力量的整合、编队工作。整合力量8万余人,其中专职社会群防群治力量较整合前增加40.5%。建立起市、区(县、市)、街道(乡镇)、社区(村)四级群防队伍管理网络,并将巡访工作制和弹性工作制向群防群治队伍延伸,切实提高群防群治力量专业化水平和组织化程度。全年通过群防群治力量抓获违法犯罪嫌疑人、破获刑事案件数分别比上年上升30.4%和31.8%。

【依法公开管理互联网安全】6月28日起,市公安局对全市互联网安

12月2日,市公安局举办“携手平安”文艺晚会。 (市公安局 供稿)

表 71　　2006 年杭州市火灾、交通事故统计

月份	火灾事故				交通事故			
	次数（起）	死亡（人）	受伤（人）	经济损失（万元）	次数（起）	死亡（人）	受伤（人）	经济损失（万元）
1	115			24.20	472	71	508	85.29
2	299		2	81.19	366	79	400	53.47
3	228	2		52.88	384	63	403	48.48
4	234			27.03	474	85	544	96.01
5	222	1	1	36.89	436	80	489	110.36
6	184			35.01	469	62	554	101.23
7	141	4		81.80	507	70	565	68.89
8	134			40.21	531	73	608	95.88
9	29			24.07	526	59	601	57.15
10	22			15.80	512	88	555	108.35
11	12			12.31	558	109	606	116.07
12	88	3	3	120.24	717	90	926	642.36
合计	1 708	10	6	551.63	5 952	929	6 759	1 583.54

全实行依法公开管理。先后在全市600个大型网站上设置网络虚拟警察“平平”、“安安”和“治安岗亭”，在近2000个网站上设置“治安岗亭”，全天候开展网上公开巡查。至年末，通过网站接警6378条。并在网上设置“杭州网络警察咨询室”与网民实时互动，咨询室被访问40余万次，接受网民咨询2580条。杭州市设置“双岗”的数目和网络警察咨询室访问量、人气数，位于全国公安同类网站之首。

【城市交通管理水平跻身全国前列】 2006年，市公安局交通管理部门坚持以缓解交通“两难”和实现交通事故三项指标“零增长”为重点，实施精细化、社会化、人性化、智能化、规范化管理，努力打造和谐安全的畅通工程。“压事故、减伤亡”工作取得突破性进展，交通死亡人数连续3年呈下降态势。8月1日，杭州市城市交通畅通工程被公安部、建设部授予“城市交通畅通工程模范管理（一等）水平”称号，城市道路交通管理水平跻身全国一流行列。

【做好流动人口管理工作】 2006年，全市公安机关依靠各级政府和社会力量，做大做强流动人口管理服务平台，坚持“管理、服务、维权”三位一体，收到良好的社会效应。至年末，全市有街道（乡镇）直属的流动人口管理服务中心51个，社区（村）办证点220个，初步搭建起派出所、街道（乡镇）管理服务中心和社区（村）办证点三级管理服务网点。研制开发杭州市暂住人口信息管理系统，按照“以房管人”、“人户一致”的要求，强化管控工作，切实提高精确防控和打击高危流动人口犯罪的能力。全年通过暂住人口信息管理系统抓获在互联网上通缉的逃犯334人，比上年增长75.8%。

【“三基”工程建设走在前列】 2006年，市公安局大力加强“三基”（抓基层、打基础、苦练基本功）工程建设。狠抓基层基础工作，困扰基层基础建设的警力、经费、装备等问题得到初步解决。市、区（县、市）两级公安机关下派到派出所警力315人，全市公安基层所队警力均已达到所在公安机关总警力的85%以上；一线实战单位民警个人防护装备配备率达100%。基层所队勤务机制改革和流动人口管理、阵地控制、社区警务建设、群防群治力量整合工作在全省起到示范效应。在省公安厅组织的年度警种大比武中，杭州市总成绩名列全省第一。市公安局被公安部确定为全国公安机关“三基”工程建设先进典型。

【表彰见义勇为勇士】 12月22日，市政府召开全市见义勇为表彰大会，授予10名见义勇为先进人物“杭州市见义勇为勇士”荣誉称号；分别授予大力支持、热心参与、慷慨赞助见义勇为事业和大力宣传见义勇为事迹、积极维护见义勇为人员权益的18个单位和6人“杭州市见义勇为工作先进单位”与“杭州市见义勇为先进工作者”荣誉称号。会议由省公安厅副厅长、市委常委、市公安局局长吴鹏飞主持。市委常委、常务副市长盛继芳出席会议。同日，市政府出台《关于进一步解决见义勇为人员奖励和保障问题的意见》，对见义勇为工作中迫切需要解决的重点问题作了明确的要求和规定。

【杭州市警察协会成立】 4月28日，经市公安局、市民政局同意，杭州市警察协会成立。该协会为具有独立法人地位的非营利性社会团体，主要职能是维护人民警察的合法权益，开展公安理论研究和学术交流，协调警察公共关系。

公安民警演练　　（市公安局 供稿）

【萧山区看守所荣立集体一等功】 12月，中共中央政治局委员、书记处书记、国务委员、公安部部长周永康签署命令，给杭州市萧山区看守所记集体一等功。萧山区看守所在上级公安机关的领导下，坚持一手抓业务工作，一手抓队伍建设的方针，大力加强监所管理，不断提高队伍的整体素质和战斗力，创造了连续15年安全无事故，连续5年被公安部评为全国一级看守所的优异成绩。 （虞伟楠）

·检察·

【检察概况】 2006年，全市检察机关坚持以执法办案为中心，全面履行法律监督职能，努力服务“平安杭州”、“法治杭州”、“和谐杭州”建设和杭州经济社会发展大局。

深入开展社会主义法治理念教育，通过先进和典型引路、专家授课、网上讲课等方式，使广大检察人员不断增强大局意识，牢固树立执法为民的执法观。加大制度规范与监督制约力度。对2005年7月底前已办结的268件案件进行扣押冻结款物专项清理，年内全部清理完毕。

加大业务教育培训力度，全年组织各类专业培训班5期，受训干警380人次。在浙江省首届公诉人与律师辩论对抗赛中，杭州市3名选手均获“十佳辩手”称号；在全省检察机关开展的规范制作讯（询）问电子笔录岗位技能竞赛活动中，杭州市取得团体总分第一名。

全年受理案件3.8万件，比上年上升0.22万件；办结3.6万件，上升0.15万件。有3个基层检察院跨入省、市先进检察院行列，12个单位和部门、44人受到记功表彰。萧山区检察院和江干区检察院分别被最高检察院评为全国先进基层检察院和荣记集体一等功；萧山区检察院赵桔水被最高检察院授予全国模范检察官荣誉称号。下城区检察院鲍键荣获第三届“全国十佳公诉人”称号和优秀论辩奖；余杭区检察院沈亚平获第三届全国优秀公诉人称号，并与萧山区检察院方新建共同被评为全省首届“十佳检察官”。

【批捕起诉】 2006年，全市检察机关受理公安、安全等侦查机关移送审查批准逮捕的刑事案件7113件、11237人，经审查批准逮捕6777件、10641人；受理移送审查起诉8551件、14408人，经审查提起公诉7837件、12778人。

突出打击有组织犯罪、黑恶势力犯罪、严重暴力犯罪和抢劫、盗窃等影响群众安全感的多发性犯罪。全年批准逮捕重特大刑事犯罪案件1222件、1927人，提起公诉1447件、2499人；提前介入重特大案件367件、841人。

加大对破坏社会主义市场经济秩序犯罪的打击力度，重点打击侵犯知识产权、偷税骗税、制假售假、集资诈骗等破坏市场经济秩序犯罪。全年批准逮捕破坏市场经济秩序犯罪案件197件、266人，起诉285件、520人；其中起诉危害税收征管案件75件，金融诈骗案件33件，生产销售伪劣商品案件10件。

【开展社会治安综合治理】 2006年，全市检察机关认真落实检察环节社会治安综合治理各项措施。参加打击“两抢一盗”（抢劫、抢夺、盗窃）犯罪整治行动，配合有关部门开展“打黑除恶”、禁毒、禁赌专项斗争。深入乡镇、社区、学校开展多种形式的法制宣传和法律服务，逐步规范社区矫正工作中的检察监督措施。继续深化“青少年维权岗”活动；推行未成年人犯罪案件专人负责制；探索适合未成年人特点的出庭支持公诉方式，寓教育挽救于办案中。加强调查研究，为党委、政府提供有关创建“平安杭州”、“法治杭州”的信息，采取多种形式，开展检察法制宣传。

【依法查办职务犯罪大要案】 2006年，全市检察机关立案侦查贪污、贿赂等职务犯罪案件166件、219人，案件数比上年下降2.4%、人数上升1.8%。立案查处的案件中犯罪金额在100万元以上9件，涉及国有公司、企业和国家工作人员的商业贿赂犯罪案件119件、150人。查办的职务犯罪案件中贪污贿赂大案要案比上年上升3%，科局级以上干部犯罪案件上升25%，行政、司法人员职务犯罪案件上升2%，行贿犯罪案件上升128%。结合办案，为国家挽回直接经济损失2985万余元。

【受理群众举报】 2006年，全市检察机关受理各类群众举报1610件（包括网上举报167件），其中属检察机关管辖的案件线索866件，占总数的53.8%；审查处理1610件，成案88件，占全年立案总数的50%。在全市开展举报宣传周活动，举办各类宣传活动18次，接受群众咨询261人次，检察长现场受理群众控告、举报27批次。全年检察长接待来访群众136批次、184人，接受控告举报案件136件。全年奖励举报人10人。继续深入开展文明接待室争创活动，萧山、江干区检察院被省检察院授予2003年~2005年省级文明接待示范窗口称号，有5个区、县（市）检察院被评为省级文明接待室动态考核先进单位，市举报中心工作人员6人被评为市级优秀接待员。杭州市检察院被评为2006年全国检察机关集中整治涉检信访专项行动先进集体。

【依法查办渎职侵权犯罪】 2006年，全市检察机关受理渎职侵权犯罪案件线索94件，初查办结88件。其中立案侦查国家机关工作人员滥用职权、玩忽职守等渎职犯罪案件9件、9人。涉案人员中科级以上干部4人，司法人员3人。办结并提起公诉10件、10人（含上年积存）；法院审结8人，均作有罪判决。经提出检察建议，有渎职违法者3人受到党纪、政纪处罚，1人因涉嫌刑事犯罪被追究法律责任。

【积极开展职务犯罪预防】 全市检察机关针对办案中发现的管理和制度上的漏洞，及时与案发单位及主管部门沟通，结合行业、系统发案特点和规律，提出加强预防职务犯罪工作意见。全年发出书面预防检察建议52件，召开全市重点行业、重点工程预防联席会议。在电力、教育、交通、药监等66个行业有关单位建立预防机制，由检察机关牵头建立的预防职务犯罪网络有500余个成员单位。全年完成各类预防项目94项，发出检察建议41份，开展预防警示教育活动261次。全市检察系统安装检察机关行贿犯罪档案查询系统，为有关部门提供服务。

【侦查和诉讼监督】 2006年，全市

检察机关强化诉讼监督，努力维护司法公正与法律权威。向公安机关发出要求说明不立案理由通知158件，公安机关已立案156件；通知公安机关立案1件。经检察机关监督的案件，已有83人办结并被追究刑事责任，其中判处5年以上有期徒刑18人。依法决定增捕犯罪嫌疑人13人，追诉65人；不批准逮捕574人，其中无罪不捕104人、决定不起诉124人；加强对侦查活动的法律监督，提出纠正违法意见20件。

对确有错误的刑事判决、裁定，依法提出抗诉13件，比上年上升44.4%，法院审理后改判7件。对审判活动中的违法情况提出纠正意见16件次。受理民事行政申诉案件466件，立案审查248件，提请抗诉78件，其中再审改判18件，调解结案12件。抗诉前当事人自行和解14件。有176件民事申诉案件经劝导说理而息诉。对170件涉及国家和集体利益的案件，检察机关依法支持和督促有关部门提起民事诉讼。

【监所检察】 全市检察机关加强驻监狱、看守所检察工作。全年对监狱、看守所呈报减刑、假释12275人及暂予监外执行87人的情况进行审查，对103件(人)不符合减刑、假释条件的依法提出纠正建议，对5件(人)不符合暂予监外执行法定条件的提出不予呈报意见；对全市监外执行的五种罪犯3568人进行检察，向监外执行机关提出整改意见32次，监外执行条件消失建议收监执行5人(已全部收监执行)。在全市各看守所实行检察官约见制度，在监狱亲属会见日实行检察官接待日制度，全年发放约见卡8500余张，对要求约见的在押人员650人逐个谈话。审查起诉被监管人员再犯罪1人，查办发生在监管场所的监管人员职务犯罪案件3件、3人。

【控告申诉复查】 2006年，全市检察机关受理申诉案件1050件，比上年上升5.7%；其中不服逮捕16件，不服不立案63件，不服刑事拘留7件，不服刑事判决71件，不服民事行政裁判378件。审查处理1050件，其中检察机关决定立案复查15件。经立案复查，维持原决定8件，不予抗诉2件，纠正原判决裁定5件。受理刑事赔偿申请6件，其中不予确认3件、申请人撤回1件、立案审查2件；决定赔偿2件。

【运用检察技术为办案服务】 全年检察机关受理法医和文件检验鉴定、现场勘验、文证审查以及提供技术协助等鉴定152件，办结152件；出具证据材料167件(份)，其中鉴定书10份，文证审查意见书76件，物证照像录像16份，提供视听证资料62份。检验鉴定的准确率达100%，无复议，无重新鉴定。运用检察专线网、局域网和检察网站，为检察业务提供技术服务。

【自觉接受人大监督】 6月1日，市人大内务司法委员会组成人员，到市检察院就检察机关开展“规范执法行为，促进执法公正”专项整改活动等情况进行调研，听取市检察院专题汇报。市检察院部分人民监督员应邀参加座谈会。

11月14日，市人大西湖区代表团第三小组9名代表在市检察院领导的陪同下，定向视察淳安县检察院。市人大代表听取汇报后对该院的工作给予充分肯定，认为淳安县检察院地处欠发达地区，但工作发展变化很快，班子团结坚强有力，办事办案规范有序，制度和队伍建设扎实有效，各项检察工作全面发展，取得了较好成绩。

全市检察机关配合人民监督员对拟撤销、拟不诉和犯罪嫌疑人不服逮捕的27件职务犯罪案件，严格按照有关程序接受监督，无一件进入上级院复核程序。

【加强检察理论研究】 3月7日~9日，市检察院召开检察理论研究工作会议。全市13个基层检察院分管调研工作的副检察长参加。《中国检察官》杂志副主编、中国人民大学刑法学博士周洪波和浙江工业大学法学院副院长、教授于世忠应邀到会作《法学论文的写作方法和投稿技巧》与《商业贿赂犯罪研究》等专题讲座。最高检察院研究室副主任宋英辉、《国家检察官学院学报》编辑郭云忠就刑事和解问题到市检察院调研。

2006年，全市检察机关在省级以上刊物发表调研文章80余篇，获省级以上奖励15项。

【市检察院与浙大法学院签署合作协议】 10月18日，举行合作协议签字仪式，市检察院检察长刘晓刚和浙江大学法学院副院长孙笑侠代表各自单位签署合作协议。双方将本着资源共享、互利双赢的原则，共同开展重点课题研究。市检察院将定期邀请浙江大学法学院专家学者到院授课，并有计划地选派干警到浙江大学法学院培训，组织参加法学院开展的各类讲座和研讨会，以提升干警的法学理论研究水平和法律应用能力。市检察院将在接收实习生、提供典型案例、开展调查研究等方面，为浙江大学法学院的教学科研提供便利。 (沈福泉)

·法院·

【法院概况】 2006年，杭州市两级法院全面加强审判执行工作，努力为全面建设小康社会、构建社会主义和谐社会发挥审判职能作用。全年新受理各类案件9.57万件，比上年上升4.1%；审结9.52万件，上升4.2%；结案率94.8%。其中，市法院新受理各类案件1.84万件，上升4.7%；审结1.83万件，上升4.3%；结案率94.2%。

按照上级法院的要求和部署，组织全市法院开展“规范司法行为、促进司法公正”专项整改活动，并通过多种形式开展社会主义法治理念教育和社会主义荣辱观教育，引导全体工作人员准确理解和把握“依法治国、执法为民、公平正义、服务大局、党的领导”的具体要求，提高职业道德水平。部署实施《法官违纪惩戒程序规则》。

全市法院按照最高法院《关于增强司法能力、提高司法水平的若干意见》的要求，积极开展岗位培训、续职资格培训、短期业务培训等职业教育培训。举办刑事、民商事和执行业务培训班各1期，有693名法官参加培训。开展“双向挂职锻炼”，市法院和基层法院有12名年轻干部和业务骨干互派到审判一线挂职锻炼。落实《关于完善人民陪审员制度的决定》，市法院组织250多名人民陪审员进行培训。

【严厉打击刑事犯罪】全市法院审结一审刑事案件7854件，判处罪犯1.29万人。突出打击重点，坚决依法严惩分裂国家、破坏国家统一、颠覆国家政权等各类危害国家安全的犯罪。依法开展打黑除恶专项斗争，严厉打击故意杀人、伤害、抢劫、绑架等严重暴力犯罪，审结此类案件1390件，判处罪犯2312人。严惩盗窃、抢夺等多发性侵财犯罪，审结上述案件3517件，判处罪犯5489人。

【依法惩治破坏市场经济秩序犯罪】全市法院审结虚开增值税专用发票、生产销售伪劣商品和金融诈骗等破坏社会主义市场经济秩序犯罪案件268件，判处被告人502人，挽回经济损失4829万元。审结侵犯知识产权犯罪案件11件，判处被告人21人。加大对毒品犯罪、赌博犯罪以及网络犯罪的惩处力度。积极参与治理商业贿赂专项行动，审结贪污、受贿、挪用公款和渎职等案件159件，判处被告人193人，其中涉及县处级以上国家工作人员47人。

【加强刑事司法领域的人权保障】全市法院坚持惩罚犯罪与保障人权并重，严格规范审判程序。全年对不构成犯罪的刑事被告人3人依法宣告无罪，有17件案件由公诉机关撤回起诉。为符合法律援助条件的被告人590人指定辩护人，对罪行较轻、确实不致再危害社会的被告人2568人依法判处缓刑。对认罪服法、改造表现良好的罪犯1.22万人依法予以减刑、假释。

【有效化解各种社会矛盾】全市法院加强民商事审判，服务经济社会发展。审结各类一审民商事案件4.59万件，比上年上升4.8%，解决诉讼标的84亿元。审理涉及婚姻、家庭、邻里纠纷等事关群众切身利益的民事案件7326件，上升0.8%。审理涉农案件16059件。依法保护不同所有制经济主体的合法权益，促进社会诚信体系建设，维护正常的市场竞争秩序。正确处理判决与调解的关系，贯彻“能调则调、当判则判、调判结合、案结事了”的原则，全年审结的一审民事案件中，调解和撤诉结案的占56.4%。全年审结侵犯专利、商标、技术合同、著作权等纠纷案件372件。平等保护中外当事人的合法权益，依法审结各类涉外、涉港澳台民商事案件105件。

【依法审理行政案件和国家赔偿案件】全市法院审结涉及土地、城建、劳动和社会保障等各类行政诉讼案件和国家赔偿一审案件682件，比上年上升17%。积极探索行政诉讼和解方式，通过协调促使双方和解。配合市政府出台行政机关首长出庭应诉制度，促进法治政府建设和法院行政审判。

【构建综合治理执行难机制】市委高度重视执行工作，于5月组织召开切实解决人民法院执行难问题专题会议。年内，市委、市政府落实司法救助基金150万元，13个区、县(市)均已落实执行。市法院与市房管局等5个单位联合发文，明确执行工作程序和责任分工，在全市范围内形成党委领导、人大监督、政府参与、政协支持、各界配合、法院主办执行工作的良好工作局面。2006年，全市法院受理执行案件2.47万件，比上年上升5%；执结2.45万件，上升5.1%；执结率为92.2%，标的到位率63.2%，执结标的总金额38.4亿元，有效执结率达71.2%。

【完善立案接待方式】全市法院积极推进立案接待大厅规范化建设，实行集立案、接访、导诉、传递诉讼材料、收结诉讼费用等功能于一体的“一站式”服务。全市有9个基层法院建成符合规范化标准的立案接待大厅。普遍推行人民法庭直接受理案件和人民法院受理案件相结合的“双轨制”立案方式，有效节约诉讼成本，方便群众诉讼。坚持巡回办案，全市基层法院设立巡回审判站(点)48个，全年巡回审判案件1022件。各基层法院普遍建立案件繁简分流制度，设立审理简易案件速裁机构20个，全年速裁机构审结案件5705件。

【开展司法救助】市法院加大司法救助工作力度，对全市法院简化救助程序、细化救助标准、扩大救助对象等方面提出明确要求。2006年，全市法院对1385件案件当事人提供司法救助，救助案件比上年上升179%；减免缓交金额703万元(其中免交诉讼费276万元)，救助金额增长3.3倍。全市法院均已建立司法救助基金，到位资金542万元，年内发放救助款108万元。

【规范司法行为】2006年，市法院以公正效率为主线，以审判工作为中心，积极稳妥地推进各项改革。继续完善审级监督、案件流程管理、案件质量评查、违法办案追究机制和案件质量与效率评价体系，重点查摆司法行为不规范、不公正、不严格等问题，注重建章立制，研究制定或完善院庭长查案听案制度、办案责任制、错案通报制度等规章制度。全市法院积极创新工作方式，组织开展案件质量评查、法律文书评选、争当优秀法官等活动，进一步提高审判质量效率。

组织开展以规范司法礼仪为重点的专项整改活动。市法院组织学习最高人民法院下发的《法官行为规范(试行)》，制定《关于开展规范司法礼仪活动的实施意见》。全市两级法院加大对失范司法行为的监督和责任追究力度，对专项整改活动进行明察暗访，促进整改。

【做好涉诉信访工作】全市法院高度重视涉诉信访工作，促进司法和谐。采取法院与党委政府部门联合接访、法院内部门之间联合接访、上下级法院联合接访等多种接访形式，妥善处理群体性纠纷和舆论关注的纠纷案件。注重排查信访隐患，健全重点信访档案，抓好对缠访、闹访等老案、难案的处理，切实解决群众的合法合理要求。构建涉诉信访长效机制，制定《关于实行法官判后答疑释理制度的意见》，全面推行判后答疑释理制度。建立上访老户档案，实现信息共享，夯实信访工作基础。年内，已全部处理完毕94件上访老户案件。

【加强人民法庭建设】全市法院以实现“审判工作规范化、司法为民制度化、内部管理科学化、物质装备现代化”为目标，以创建省级“模范五好法庭”为载体，全面加强对人民法庭工作的指导。积极争取当地党委、人大和政府的重视支持，充分发挥人民法庭在建设社会主义新农村中的作用。进一步规范诉讼调解，加强对人民调解工作的指导，发挥人民调解组织第一道防线的作用，形成司法调解与人民调解良性互动的格局。按照《2004年~2008年全省法院"两庭"建设规划》的要求，年内对5个人民法庭实施改扩重建。

（陈 群）

·司法行政·

【司法行政概况】 2006年，全市司法行政工作围绕市委建设"一名城、四强市"和打造"和谐杭州"、"平安杭州"、"法治杭州"的总要求，充分发挥职能作用，监狱劳教管理、基层司法行政、依法治市普法教育、法律服务等各项工作取得新进展。

认真开展社会主义法治理念教育、监所民警岗位练兵、社会主义荣辱观教育等各项主题教育活动。开展"律师文化建设年"和公证员岗位训练活动。以分级分层培训的方式对全市司法所工作人员及2万余名调解人员进行业务培训。通过一系列教育活动，司法行政干警和法律服务工作者的执法思想、执业理念进一步端正，队伍素质有新的提高。2006年，市司法局被评为全国"四五"普法先进集体和全省司法行政系统先进集体。市律师协会会长章靖忠被评为全国司法行政系统劳动模范。

【监狱劳教工作稳定有序】 全市3个监狱、2个劳教所保持场所安全稳定，全年实现"五无"（无罪犯、劳教人员脱逃，无罪犯、劳教人员非正常死亡，无传染病流行，无狱、所内重大事件和无重大事故）。监狱劳教工作注重个案教育，提高教育改造的针对性。加强心理矫治工作，监狱全部落实心理测试制度，劳教所建立所队两级心理咨询制度。各监所结合就业岗位需求，加强职业技术教育。东郊监狱通过省级现代化文明监狱验收。

【人民调解工作成效显著】 2006年末，全市有人民调解委员会6304个、人民调解员2.29万人。全年调解处理民间纠纷3.9万余件，调解成功率达97%；排查出各类疑难重大纠纷和社会不安定因素1.21万件，防止群体性上访600余件，制止群体性械斗200余件。广泛宣传贯彻《杭州市人民调解条例》，在巩固村、社区调委会的基础上，推进"人民调解进民企"工作。在全市推广建德市人民调解工作"以奖代补"做法。继续开展人民调解"百佳"案例、优秀调委会和优秀调解员等评选活动。

社区矫正的社会认同和接纳能力有较大提高。至年末，市区累计衔接登记矫正对象2828人。司法部部长吴爱英和副省长章猛进以及中央有关部委先后到上城、江干、滨江区视察，对杭州市的社区矫正工作给予充分肯定。

6月，开展归正人员定向监测调查和重新违法犯罪情况专项调查。调查显示，下城区近五年刑满释放人员354人中无重新犯罪记录。全市所有区、县（市）均建立安置基地，淳安县克服困难建立2个归正人员过渡性安置基地，帮教效果明显。

公证员为当事人提供服务 （市司法局 供稿）

【新一轮依法治市普法教育启动】 8月，市委、市政府召开全市依法治市普法教育工作会议，下发《杭州市2006年~2010年普法教育依法治理规划》，将法制宣传教育工作列入市级机关目标考核内容。结合全国"一二·四"法制宣传日活动，开展法制宣传月活动，与市建委、团市委联合在外来民工相对集中的行业，利用民工学校开展法制宣传教育；制作农村远程法制教育多媒体光盘，积极开展面向农民、村干部的法制宣传教育。全年各律师事务所、公证处、基层法律服务所提供义务法律咨询近8万人次；组织律师、公证等法律服务工作者开展广场咨询服务10余场次，接待群众近1万人次。市司法局编印《司法行政便民手册》1万册。深化民主法治社区、村建设活动，全市"三星级"以上民主法治社区、村达标率分别为85.9%、80.5%。市法学会承担建设"法治杭州"调研报告的起草工作，举办杭州旅游业发展法制保障论坛。

【法律服务工作】 4月，市委常委会专门听取法律服务工作的汇报，就公证机构设置、律师管理、法律援助及基层司法所建设提出了明确要求。市委办公厅、市政府办公厅下发《关于进一步加强和改进律师工作的意见》，市司法局和市发改委联合下发《杭州市律师业发展规划（2006年~2010年）》、《杭州市法律援助发展规划（2006年~2010年）》，为促进杭州市法律服务的健康有序发展提供有力保障。

至2006年末，全市有律师事务所124个，比上年增加27个；有执业律师1309人。全年律师办理各类案件3.59万件，其中非诉讼案件1.13万件。积极引导律师参与政府信访接待工作，全市律师2912人次参与信访接待，其中10余名市信访顾问团律师分别随省、市领导下访接待群众。成立打黑除恶律师辩护指导小组，下发《关于在打黑除恶专项斗争中进一步加强律师辩护和代理工作的指导意见》。选拔律师参加反倾销、WTO等有关法规的培训。进一步完善律师“两结合”(司法行政机关管理与律师协会行业管理相结合)管理体制。

公证事业持续发展。在市区顺利进行公证机构设置调整工作,促进了公证业务的平稳发展。2006年,全市公证处办理公证13.46万件。

全市有基层法律服务所96个,基层法律工作者489人,全年办理各类案件7645件;有司法鉴定机构11个,全年受理司法鉴定案件1378件。圆满完成第四次国家司法考试杭州考区的组织工作,杭州考区报名4033人,参加考试3272人,合格率14.9%。

【加大法律援助力度】2006年,全市办理法律援助案件4128件,比上年增长34%。对农民工申请支付劳动报酬和工伤赔偿案件实行免予经济困难条件审查;在全市所有乡镇(街道)和工、青、妇、残、老等维权社团设立法律援助工作站,有225个法律服务机构参与法律援助工作。市法律援助中心继续推行律师值班接询制度。加强法律援助规范化建设,市司法局与市公安局、检察院、法院联合出台《杭州市刑事诉讼法律援助工作实施办法》,制定《杭州市法律援助人员管理办法》。12348法律咨询专线电话和法律援助窗口全年接电话4万余个,接待来访2.4万人次。 (葛 琳)

·案例·

【侦破“一·二八”特大抢劫杀人案】1月28日,市公安局110指挥中心接到报警,称:拱墅区康桥镇杨家门村64号台州浴室发生一起杀死2人的特大杀人案。接警后,拱墅区公安分局和市公安局相关部门迅速赶赴现场开展专案侦查。经初步勘查和调查走访,确认死者为浴室承包老板徐义亮(男,1979年10月1日生,安徽省宁国县竹峰乡万福村人)及其女友张莉(女,1982年3月18日生,安徽省泗县山头镇山尖村人),系被犯罪分子用利刃割颈、刺胸杀死,现场丢失少量现金和迪比特手机1只。根据现场勘查情况,初步判定案发时间为1月26日晚24时左右,案犯应为案发地附近对该浴室较为熟悉的人员,杀人抢劫的目的明确,手段残忍。据此,专案组在强化对案发地周边公共场所排查和失少赃物布控的同时,重点围绕死者关系人,以案发地为中心对康桥村周边出租房进行逐户逐人的排查访问。

现场丢失的迪比特手机于2月8日在安徽宣城市广德县出现,专案组民警立即赶往广德县。经查,该手机系当地三轮车工赵某所捡。据其反映,该手机为1月27日下午一位身材较胖、随身携带一只红色拉杆箱的中年男乘客所丢。根据该男子口音及前往的方向分析,认定该男子应为广德县人。专案组决定将暂住拱墅区康桥地区的广德籍外来人员作为排摸重点。2月10日,排查人员发现暂住康桥村马家桥45号的吴相龙平时经济较为拮据,1月27日携带一只红色拉杆箱回老家后一直未回杭州,且其年龄、体貌特征与在安徽广德遗失手机男子相符。专案组民警经对吴相龙暂住地内提取到的指纹与案发现场的可疑血指纹进行比对,认定同一。2月11日,专案组在安徽广德吴相龙家中将其抓获。经审讯,吴相龙交代了抢劫杀害台州浴室老板徐义亮及其女友张莉的犯罪事实。

【侦破“四一〇”跨省系列出租车抢劫案】4月10日凌晨,出租车司机赵某载送3名男乘客至光复路158号吴山烤鸡店门口下车时,坐在副驾驶室内的嫌疑人突然掏出一把约20厘米长的尖刀绕过护栏威逼赵某拿出钱物,另两名嫌疑人下车用匕首将赵某胁持至后排座位中间,将其手机、现金等财物洗劫一空。案发后,市公安局交通治安分局立即组成专案组,在市公安局有关单位的支持和协助下,仅36个小时,便一举抓获犯罪嫌疑人岳磊(男,37岁,陕西省宝鸡市人)、贾希望(男,28岁,河南省平舆县人)、贾海涛(男,23岁,陕西省麟游县人),缴获作案工具匕首4把,赃物摩托罗拉T191手机1部和被害人的身份证1张及其他手机、手机卡和银行卡等物品。3名犯罪嫌疑人很快交代了作案经过。针对该案作案手段老练和缴获赃物中尚有2部手机等与本案无关物品的疑点,专案组加大审讯力度,迫使3名犯罪嫌疑人又交代了在西安、武汉、九江、南昌等地14次持刀抢劫出租车司机的犯罪事实。 (虞伟楠)

【朱史伟受贿案】朱史伟,男,1958年6月出生,汉族,浙江省平阳县人,大专文化程度,原系杭州经济技术开发区国土资源与房产管理局局长。曾任该开发区规划建设局副局长和规划建设环保局局长。朱因涉嫌犯受贿罪于2004年12月25日被刑事拘留,2005年1月7日被依法逮捕。

经检察机关查证,朱史伟利用职务之便,为他人在工程承揽等方面谋取利益,非法收受他人钱财共计折合人民币124.9万元。案发前,朱史伟自行退还他人钱财人民币70万元、美金19743元。案发后,依法追回赃款赃物。

此案由杭州市江干区检察院立案侦查,侦查终结后,依法报送市检察院提起公诉。

市法院审理后,依法以受贿罪一审判处朱史伟无期徒刑,剥夺政治权利终身,并处没收其个人全部财产。

朱史伟不服一审判决,提出上诉。经浙江省高级人民法院审理,于2006年3月作出裁定,驳回上诉,维持原判。 (沈福泉)

【江南布衣商标、专利侵权系列案】杭州江南布衣服饰有限公司是杭州市著名女装服装品牌,拥有“JNBY”、“江南布衣”等注册商标专用权。“JNBY”商标从2002年起多次被市工商局认定为杭州市著名商标。江南布衣公司设计总监李琳独立或与他人合作完成众多服装设计,并向国家知识产权局申请了外观设计专利。杭州山水人家服装有限公司未经江南布衣公司许可,制造并销售江南布衣品牌的多个专利产品,还将江南布衣注册商标产品更换成自己的商标后销售。江南布衣公司因而状告山水人家公司侵犯其商标权及8件衣服的外观设计专利。市法院判决侵犯商标权及其中4件衣服专利成立,责令杭州山水人家服装有限公司停止侵权,并赔偿杭州江南布衣服饰有限公司8.2万元。 (陈 群)

军 事

Military

·军事综述·

【全面推进部队各项建设】 2006年，杭州警备区坚持科学发展观，以抓好军事斗争准备工作为龙头，加强部队教育管理，部队和后备力量建设呈现全面发展的良好势头。

思想政治建设坚强有力。组织团以上领导干部理论集训3次，深化“身在好环境、更要干事业”专题教育，组织机关和团以上干部到淳安县贫困山区慰问交流，进一步增强广大官兵的事业心和责任感。严格遵守政治纪律，全区官兵职工经受住复杂环境和斗争的考验，部队和后备力量建设保持正确方向。

军事斗争准备工作扎实推进。紧密结合作战任务，组织作战理论研讨和重、难点问题攻关，取得新成果。多次组织两级首长机关同步训练，进行室内战术作业推演，选拔和培养了一批参谋尖子，在浙江省军区组织的考核和比武中取得好成绩。狠抓民兵军事训练，完成民兵应急分队、高炮分队及专业技术分队的训练任务，总评成绩良好。

国防动员工作成效明显。深入贯彻浙江省国防动员委员会第七次会议精神，结合实际，制定下发《杭州市2006年国防动员工作要点》。落实通用物资储备。大力开展民兵组织整顿，增强民兵力量。对基层武装部进行调研，全面分析掌握基层武装工作的形势和存在问题。以“强化业务素质、提高履职能力、促进工作落实”为主题，组织全市基层专职武装干部集训，增强武装工作能力。

党委班子建设得到加强。突出抓好以“人品、官德、党性”为核心的思想作风建设，运用学习成果解决部队建设和军事斗争准备面临的重大现实问题。坚持把人武部党委作为后备力量建设的“一线指挥部”来抓，加强对新调整班子的帮带，努力解决思想作风、领导能力等方面存在的问题，进一步提高党委班子的工作水平。

部队教育管理日趋正规。扎实开展“条令学习月”活动，深入学习法规知识和条令条例，组织机关、城区人武部、干休所进行集中会操，严格落实出操、值班和交班等制度。组织保密骨干集训，深入开展保密教育，邀请有关专家做隐蔽斗争形势报告，进一步增强干群的保密意识。认真开展军车专项整治活动，做好车辆清理、定编和封存工作，修订车辆管理规定，规范车辆派遣程序。

后勤装备保障能力增强。深入开展发票专项整治和财经管理专项整顿，组织机关干部和人武部主官进行财经法规集训，对各团级单位的经费使用情况进行审计。严格落实物资集中采购规定，制定下发《杭州警备区物资服务采购管理实施细则》。组织召开民兵武器装备仓库规范化建设现场会，对全区仓库保管员进行培训。组织装备支前保障分队骨干进行集训，提高装备管理人员和装备支前保障队伍的整体素质。

党管武装工作不断加强，军政军民关系进一步发展。坚持和完善党管武装工作的各项制度，召开党委议军会议和市委武装工作会议，会同市委组织部对4个区、县(市)第一书记进行考核。深入开展全民国防教育，干部群众的国防观念进一步增强，全社会关心武装工作、支

民兵参加抗洪抢险　　(张永松 张 奎 摄)

4月6日，杭州警备区在余杭区人武部召开战备规范化建设观摩会。
（杨允平 摄）

持武装工作的氛围浓厚。

【南京军区工作组到杭调研】4月4日，南京军区副司令员王洪光率工作组到杭州警备区检查指导，听取警备区关于安全管理和装备管理情况的汇报后，王洪光对警备区的工作给予充分肯定，对下一步打好安全管理"第二场战役"和加强装备管理提出要求。王洪光还检查了警备区车辆管理和公勤队管理情况。

6月16日，南京军区政委雷鸣球率机关工作组到杭州警备区检查调研。雷鸣球对杭州警备区的工作给予肯定，提出民兵预备役建设应着重抓好专职武装干部队伍、应急分队、县级国防动员机构和专业技术分队4个重点，要少而精，根据实际需要，把资源、经费投入到重点方向、对象和目标上。

【参加保密知识竞赛获奖】8月，解放军保密委员会在全军组织开展保密知识竞赛，杭州警备区在活动中荣获优秀组织奖。警备区党委对保密知识竞赛高度重视，先后召开常委会、保密委员会会议对竞赛工作进行筹划和部署。警备区领导和各团级单位主官亲自参与、亲自做题，起到良好的带头作用。活动中，警备区采取组织观看录像、邀请专家授课、张贴宣传图等多种形式进行学习，并在个人与个人、科与科、团级单位与团级单位之间开展看谁正确率高、看谁参赛率高、看谁格言优秀等比赛，参赛率达100%。

·国防动员 军事战备·

【开展战备规范化建设】为贯彻落实省军区关于规范"战备、训练、工作、生活"四个秩序的指示精神，进一步提高杭州警备区战备正规化建设水平，4月6日，警备区在余杭区组织召开战备正规化建设观摩会。警备区、各人武部有关负责人和余杭区委、区政府领导、区国防动员委员会成员以及余杭区全体基层专职武装干部参加观摩会。会议期间，组织观看余杭区战备规范化建设录像，听取余杭区人武部试点经验介绍，现场观摩余杭区人武部、运河镇人武部、南苑街道保障桥社区民兵连连部等单位的试点成果。会议对抓好警备区战备正规化建设工作作再动员，明确当前战备工作的重点、标准和要求，对下一步推广战备试点成果作出具体部署。

【下城区人武部被评为维护国防利益先进单位】10月，下城区人武部被浙江省军区评为维护国防利益先进单位。下城区作为维护国防利益法律保障机制试点单位，近几年来，举办国防法规宣传、咨询活动30余次，分发法律宣传资料2000余份，组织执法检查7次，受理军人军属投诉21件，审判2件，结案2件。

·民兵 预备役 兵役·

【聘用民兵教练员】为贯彻落实浙江省政府、浙江省军区《关于加强民兵预备役部队教练员队伍建设的通知》精神，进一步提高全市民兵训练质量，11月8日，杭州市政府与杭州警备区联合下发《关于组织开展民兵预备役部队教练员聘用工作的通知》，市、区县（市）两级民兵教练员聘用工作于12月底完成。警备区于12月20日组织待聘用教练员"四会"（会讲、会做、会教、会做思想工作）教学考核，初步建立了10个专业类别的民兵教练员队伍。

【进行民兵武器装备仓库规范化试点】年初，按照"设施设备完善、保管条件良好、规章制度落实、日常管理规范、登记统计齐全、人员素质过硬、安全措施有力"的建设标准，杭州警备区在临安市开展民兵武器装备仓库规范化建设试点。3月，警备区在临安市召开民兵武器装备仓库规范化建设现场会，推广临安的试点经验，统一仓库规范化建设的标准和要求，部署仓库规范化建设的任务，明确仓库整治、改建、新建规划及完成时限。

【组建企业人武部与社区武装工作指导站】随着城市改革不断推进，城市郊区撤村建立社区，原有的武装工作组织已不适应形势的发展变化。江干区在摸清企业和社区民兵组织建设情况的基础上，7月下旬，在组织健全、发展较好、人员稳定（500人以上）的9个企业建立人武部和民兵组织，在21个社区建立武装工作指导站。

【开展主题教育学习活动】6月9日~16日，杭州预备役团开展以"知荣辱、明使命、强素质、正风气"为主题的学习教育活动。这次教育着力解决全团官兵在理想信念、是非标准、进步观念、履职意识等方面存在的问题，收到较好效果。破除"理想信念问题太空太大，不如个人讲点实惠"的模糊认识，进一步强化信念是支柱、奉献是责任的观念；破除"追求享乐、讲究个性是当今时代潮流，只要不犯大错，偶尔有些小毛病没关系"的模糊认识，进一步强化明辨是非、遵规守纪的观念；破除"只有职务提升才是进步"、"提升使用光靠工作不行、关系也很重要"等模糊认识，进一步强化凭素质立身、靠实绩进步的观念；破除"进了高炮团就是进了天堂，安家是大事，工作上过得去就行了"等模糊认识，进一步强化开拓进取、立足本职岗位履行职责使命的观念。

【加强预备役军官队伍建设】 8月10日，市委组织部、市人事局、市财政局、杭州警备区政治部联合出台《关于贯彻市委18号文件，进一步加强预备役军官队伍建设的实施办法》，对预备役军官的日常管理教育、考核培养等内容作出具体规定。杭州预备役团依据实施办法对预备役军官队伍进行系统调整，从地方高技术企业中选调技术型人才充实预备役军官队伍，安排干部进行机关与基层双向交流任职，走出了轮岗交流培养复合型人才的路子。杭州预备役团与桂林空军学院、郑州防空兵学院等单位建立预备役军官培训协作关系，拓宽依托院校培养干部的渠道。圆满组织第10期预备役军官党校培训。

【余杭区召开民兵预备役代表大会】 9月18日~19日，余杭区第七次民兵预备役代表大会在临平召开。298名代表参加会议。会议听取了题为"牢固树立科学发展观，切实加强党管武装工作，努力开创我区国防后备力量建设新局面"和"放眼省内外，瞄准最前沿，在新的起点和层次上加速推进国防后备力量建设全面协调和可持续发展"的工作报告。这次会议在余杭国防后备力量建设史上具有重要意义。

【总参工作组到杭州调研征兵工作】 11月27日，总参动员部征集局局长张汝涛一行在浙江省军区副参谋长徐德坤等陪同下，到杭州警备区调研征兵工作。张汝涛听取了警备区征兵工作情况汇报，对杭州市征兵工作总体情况给予充分肯定，并简要通报了国家兵役制度改革有关情况，对征兵相关政策法规作了说明，要求各级不断完善征兵工作机制。

【开展征兵工作规范化试点】 2006年，根据浙江省征兵办公室决定，杭州市承担征兵工作规范化试点工作。9月底，市征兵办公室确定西湖区、萧山区为先行试点单位，围绕征兵工作的组织实施、基本程序、标准要求等进行深入研究，组织编写《征兵工作指导手册》，规范兵役登记、体格检查、政治审查、审定新兵和新兵运输等工作，对征兵规范化工作进行积极探索。

·国防教育与军民共建·

【加强全民国防教育】 2006年，杭州市坚持全民参与、长期坚持、讲求实效的工作方针，深入开展全民国防教育，军地齐抓共管的良好局面不断巩固。各级领导积极参加国防教育的重要活动，亲自研究国防教育的有关问题，国防教育相关部门、群众团体和驻杭部队认真履行职责，积极协调配合，形成领导重视、社会支持、军地一体、全民参与的良好态势。

非公企业国防教育成绩喜人。全市非公企业普遍建立国防教育领导小组、办公室和联络员，建有固定的办公场所，所需经费纳入企业年度财务预算。坚持把国防教育与企业自身发展有机融为一体，广泛开展国防知识和形势任务等具有时代特色的国防教育，非公企业履行国防义务的责任感进一步增强。杭州远欣有限公司出资30万元，为驻杭空军某部研制开发工程车设备，解决了训练中的科技难题。杭州富通集团在驻杭某部设立共建基金，奖励该部每年评出的先进连队和优秀士兵。杭州富通集团、浙江永翔集团受到浙江省国防教育委员会的通报表彰。

政治动员基础性建设取得新进展。建立和完善与人民武装、交通战备、科技信息、人民防空等工作相配套的政治动员预案，对不同作战阶段政治动员工作进行明确和细化。采取军地结合、条块结合的办法，对全市拥军支前保障、宣传等20个类别、467个项目进行调查统计，摸清国防精神力量、宣传力量、人才技术等社会资源底数，为战时实施快速动员奠定基础。

【市党政军代表团赴藏慰问杭州籍战士】 8月12日~19日，以中共杭州市委副书记、市长孙忠焕为团长，副市长孙景淼、警备区司令员李大清为副团长的杭州市党政军代表团赴藏慰问2005年冬入藏的杭州籍战士。8月14日，代表团在拉萨市召开慰问座谈会，会议由孙景淼主持，孙忠焕、李大清讲话，新战士代表、西藏军区某部战士沈建盛作发言，西藏军区政治部副主任张庆秋致欢迎词。代表团领导向杭州籍士兵赠送慰问金。

【密切军政军民关系】 驻杭部队和民兵预备役部队充分发挥人员集中、战斗力强的优势，集中力量援建地方重点工程，主动承担急难险重任务，高标准完成第八届西湖博览会、第二届中国国际动漫节、西湖综合保护工程等重大活动的安全保

11月21日，杭州警备区到淳安县梓桐镇扶贫帮困。 （张永松 张 奎 摄）

10 月 29 日，杭州举行《中华人民共和国人民防空法》颁布 10 周年纪念活动。（市人防办 供稿）

卫、环境整治、会展布置等任务，积极为杭州的社会经济发展再立新功。建立健全民兵群防群治网络，积极配合地方政府开展“打击犯罪”、“打黄打非”、“禁毒禁赌” 等专项斗争，切实担负起护厂、护校、护村、护路、护桥等任务，全力维护杭州的社会稳定和公共秩序。

【协调驻军参加休博园建设】 4 月 7 日，杭州警备区和市双拥办在休闲博览园圣马可广场举办驻杭部队支持世界休闲博览会义务劳动启动仪式。4 月 10 日~22 日，警备区遵照浙江省军区和中共杭州市委的要求，组织协调驻军单位，1.2 万人次官兵参加休闲博览园工程建设义务劳动。驻杭各部队和广大官兵充分发挥人员集中、战斗力强的优势，坚持高标准、严要求，清理建筑和装修垃圾 500 余吨，圆满完成环境整治、疏通河道等突击性任务，为办好“世界水平、中国一流”的休博盛会作出积极贡献。

【警备区机关到淳安扶贫帮困】 结合保持共产党员先进性教育活动，杭州警备区党委与淳安县梓桐镇结成扶贫帮困对子。11 月，警备区组织全市人武部主官赴该镇慰问，送去 12 万元扶贫款。至 2006 年，警备区累计向该镇捐款 35 万余元，有力地支持了梓桐镇的经济发展和教育事业，营造了和谐的军民关系。

（张建恩）

·人民防空·

【人民防空概况】 2006 年，杭州市认真贯彻第五次全国人民防空会议精神，按照“干在实处、走在前列”的要求，扎实推进人防各项工作。

加快各项军事斗争的应急准备。人防指挥体系不断完善，应急预案建设扎实有效，市、区县（市）、街道（乡镇）三级人民防空预案体系基本构成。人防信息化网络建设不断健全，建立七大信息系统，编制完成警报建设“十一五”规划。完成新装警报器和控制终端的改造任务，统一警报编号。

加快推进人防工程建设。完成萧山区指挥工程主体，贯通临安市指挥工程主通道。各区、县（市）结合民用建筑修建的人防工程面积增长迅速，桐庐、淳安、建德、富阳、临安 5 个县（市）均出台人防结建工程政策，在 13 个重点镇开展人防工程结建工作。南宋御道展示厅、西湖大道—南山路过街地道、庆春路—新华路过街地道、同协路等工程按计划建成。承建上塘路延伸段、长青路、秋石高架等工程，为城市基础设施建设贡献力量。完成地铁 1 号线和钱塘江过江隧道的人防专项会审，明确地铁 2 号线的设防标准，潮鸣休闲广场人防专项工程竣工验收，认真落实市政府对城北体育公园地下工程兼顾人防的要求。

认真贯彻行政执法责任制。加强人防执法监督检查，加大违法案件的查处力度，全年查处违法案件 6 起，罚款 9 万元，落实补建人防工程 1.1 万平方米，获赔偿费 3 万元，补缴易地建设费 20 万元。着力推进人防工程管理，全面推进人防工程平战转换工作。

民防事业健康发展。加强应急疏散避难基地（场所）建设和规划的研究，积极参与应急管理，承担和参与多项重大民防调研任务。继续发挥应急救援指挥中心（96110）作用，全年受理各类电话 10341 件，其中投诉 7296 件，咨询 3045 件。

开展人防知识宣传教育。《中华人民共和国人民防空法》颁布 10 周年系列活动丰富多彩。市人防办与杭州警备区司令部联合下发《关于加强市区街道（乡镇）开展人民防空工作的实施意见》，对街道（乡镇）人民防空工作提出具体要求。

【人民防空应急行动方案通过评审】 6 月 1 日，杭州市政府、杭州警备区联合召开区、县（市）人民防空应急行动方案评审会，浙江省人防办、浙江省军区、杭州警备区专家参加会审。评审专家总体认为各单位的人民防空应急行动方案内容翔实、主题突出、定位准确、部署合理、保障到位，原则同意该方案。

【组织人口临战疏散演习】 10 月 25 日，上城区与桐庐县组织南星街道 150 名居民群众进行了一次城市人口临战疏散演习。演习以区对县、街道对乡（镇）、社区对村、户对户的对口接收安置方式进行，由两地政府、人武部和人民防空指挥部统一领导和指挥，公安、卫生等人防专业队根据预案要求，为演习做好保障工作。该次演习主要内容为人员集结、人员输送、疏散安置以及运输保障、医疗保障、治安保障、交通保障、物资保障等。

【西湖大道—南山路过街地道竣工】 6 月 30 日，西湖景区旁第三条地下过街地道西湖大道—南山路地下过街地道投入试通行。该工程于 2005 年 9 月 8 日正式动工，2006 年 2 月贯通，6 月开始全面装修。横穿西湖大道及南山路的过街地道全长 164 米。过街地道内安装有监控设施及 3 台自动扶梯。通过监控设施，可以了解行人通行状况及地道内的照明、广播、电梯、水泵等系统的运行情况。

【庆春路—新华路过街地道建成使用】 10月1日，庆春路—新华路过街地道建成投入使用。该过街地道于2005年9月正式开工建设，2006年9月初工程进入内部装饰阶段，9月30日全面建成。设有3个出入口，安装自动扶梯2台。

【防空洞接待纳凉市民16.7万人】 7月4日~9月8日，杭州市开展第四次"让洞于民，避暑纳凉"活动，历时66天，共向市民免费开放11处纳凉点，接待市民16.7万人。市人防办(民防局)投入资金10余万元，为纳凉点提供饮水机14台、纯净水2324桶、椅子1989张、桌子212张、应急灯30只、电视机3台、急救药品9种。杭州市志愿者协会组织志愿者为纳凉市民义务开展"休闲之夏"巡回演出，杭州市天堂滑稽剧团为纳凉市民送上以"知荣辱，树新风"为主题的专场演出19场，观众8000余人次；民建杭州市委会组织4次法律咨询活动，近20名律师为纳凉点的市民提供法律服务。

【防空防灾知识进市场】 1月21日，由市人防办(民防局)组织开展的杭州市"珍爱生命"防空防灾知识进市场宣传咨询活动，在上城区的天阳明珠小百货市场和下城区的环北小商品市场同时启动。市人防办(民防局)和所在城区人防办的工作人员向市场管理人员及经营户宣传防空防灾知识，接受各类咨询，展出防灾救灾图片，开展防空防灾知识讲座、救灾逃生技能教育和知识竞答，赠送《公民防灾手册》等资料。

【推进全市应急疏散体系建设】 2006年，为有序推进全市疏散体系建设，杭州市按照"以人为本、因地制宜、均衡布局、交通便利、综合利用、平战结合"的原则，拟制《杭州市疏散体系建设方案》、《杭州市应急疏散避难基地(场所)建设规划》，编制13个区、县(市)的《应急疏散避难基地(场所)规划》，对全市可用于应急疏散基地(场所)建设的公园、绿地、广场、场馆和学校进行梳理。

【开展人防工程普查】 2006年，市人防办在全市范围内组织开展人防工程普查。普查工作涉及全市各区、县(市)100个街道(镇)929个社区(村)。成立15个普查工作小组，统计上报工程1000多个，采集工程GPS定位点1000多个，拍摄工程现场照片2000余张，涉及工程具体信息8万多条。这次普查涉及地域广、工程数量多、耗时久、内容全、参与人员多，是杭州市有史以来规模最大、历时最长、要求最严、信息最全、利用高科技和信息技术最多的一次系统性人防工程普查。 (王 敏)

·武警·

【武警概况】 2006年，是武警杭州市支队合并升格后的第一个完整建设年。思想政治建设扎实有效，支队严格按照《军队基层建设纲要》加强部队全面建设，坚持以科学发展观为统揽，始终把思想政治建设摆在首位，注重在党委班子的先进性建设和能力建设、从严治警从严治勤、抓基层打基础上下功夫，抓住升格机遇，谋求科学发展，认真研究合编支队建设特点规律，积极应对各种新情况新问题，支队党委议勤成果先后4次被武警浙江省总队转发，支队建设呈现稳步推进的良好态势，被武警浙江省总队评为先进支队。

圆满完成中心任务。协助公安机关抓获犯罪嫌疑人139名，担负押解、押运等勤务693起，看押、看守工作没有发生犯人脱逃事故，承担西湖博览会等重大活动安全保卫和临时警卫勤务28次，参与抢险救灾6次。

有效实现内部安全稳定。支队连续20年执勤无事故，连续12年被武警总部评为预防事故案件工作先进单位。

党委核心作用发挥明显。在党委机关开展"提高贯彻科学发展观能力、忠实履行新世纪新阶段历史使命"教育活动，以规范从政行为为重点，提高廉洁自律标准。支队处理基层敏感事务的工作经验被武警浙江省总队纪委和政治部转发推广。

【加强电气化铁路通车安全防范】 9月11日18时起，沪杭、浙赣铁路线电气化铁路开通，每天有130余趟大功率电力机车通过钱塘江大桥，列车时速进一步提升。为确保执勤目标万无一失、执勤哨兵自身安全和电气化铁路运行顺畅，武警杭州市支队从宣传教育、加强防范、应急处置等方面作了充分准备。担负钱塘江大桥守护任务和大桥水域巡逻任务的部队及时组织了专题教育，邀请专家介绍电气化铁路基本知识和安全防范常识，组织应急避险和应急处置训练，提升安全执勤能力。

【完成大型活动安全保卫任务】 4月27日，在第二届中国国际动漫节动漫狂欢大巡游活动中，武警杭州市支队圆满完成将军路与南山路交叉口至柳浪闻莺1号门(终点)一线

苦练精兵 (陈瑞东 摄)

道路两侧的安全警戒任务。

10月，武警杭州市支队担负杭州西湖国际烟花大会主席台、钱江南岸贵宾区以及钱塘江大桥、钱塘江水面的安全保卫任务。支队专题召开部署动员会，组织地形勘察，利用演讲、板报宣传等形式大力营造执勤氛围。执勤中，官兵们始终保持警容严整、动作规范和依法文明执勤，圆满完成执勤任务。

【完成长途押解任务】 5月13日~27日，根据武警浙江省总队的要求，武警杭州市支队协同浙江省监狱管理局把2000余名重刑犯人从杭州押解至外地服刑改造。长途押解时间长，跨度大，犯情杂，任务十分艰巨，参勤官兵发扬连续作战精神，高度警觉，精心组织，严密执勤，严守纪律，密切协同，圆满完成长途押解任务。

【开设“知心兵姐”信箱】 7月，武警杭州市支队开设“知心兵姐”信箱。女干部发挥做思想工作的优势，利用姐弟间真诚、真心、真情、真意的互动方式，倾听战士心声，掌握思想动态，使战士们感受到警营如家的温暖。支队政治部具体负责信箱的日常处理，信箱工作人员在回信时，亲切的称战士为弟弟，以缩短与战士的心理距离，对兵弟弟提出的问题，及时给予答复，使信箱成为战士们的益友。

【支队党委被评为武警部队先进党委】 7月，武警杭州市支队党委被武警总部评为先进党委。支队党委以建设“学习型党委”为目标，按《军队党委工作条例》抓好自身建设，规范议事程序，制定《支队党委议事规则》，形成“抓住大事定议题、调查论证做准备、提出原则拿预案、个别酝酿求共识、集体讨论作决断、分工负责抓落实”的“六步议事法”，实现部队合编、人员合心、力量合成、工作合拍的目标。

【支队被评为全国警地“四联”活动先进单位】 10月，武警杭州市支队被共青团中央和武警总部联合授予全国警地“四联”活动先进单位称号。2004年以来，根据团中央和武警总部要求，支队与共青团杭州市委携手开展以“思想工作联抓、公益事业联做、人才培养联手、文体活动联谊”为主要内容的“四联”活动。

3月30日，蔡永祥烈士生前所在部队的老连长廉沛兆回到连队讲述光荣传统。（陈瑞东 摄）

活动期间，支队坚持“资源共享、优势互补、区域联动、共同进步”的基本原则，拓宽青年工作思路，积极构建青年工作新格局，推动警地建设共同发展。支队积极整合部队和地方教育资源，在团员青年中广泛开展“我与小康社会共发展、我与地方建设共进步”大讨论，邀请杭州十大杰出青年为支队官兵作先进事迹报告，支队团委经常组织官兵走上街头、深入社区开展法律宣传、公益劳动、便民服务、助残帮困、无偿献血等活动，增强军民鱼水情谊。组织“军地两用人才”培训，支队800余名官兵获得计算机、烹饪等各类技能等级证书。支队团委定期组织地方团员青年体验军营生活，观看升国旗仪式，参观部队荣誉室，参加国防知识讲座，为大中院校学生军训。通过国防教育和军事技能培训，增强地方青年的国防意识。

【三中队团支部被武警总部评为先进团支部】 4月，武警杭州市支队三中队团支部被武警总部评为先进团支部。三中队团支部组织和带领团员青年争做党和人民的忠诚卫士，在中队建设中较好地发挥了助手作用、突击队作用和生力军作用，培育出一批优秀军地两用人才。三中队邀请雷锋生前所在连连长虞仁昌、原铁道游击队政委赵明伟等到三中队介绍光荣传统，每年组织新兵参观蔡永祥烈士纪念馆，在英雄塑像前宣誓，到英雄牺牲的地方缅怀烈士的业绩，使团员青年懂得为谁当兵、为谁扛枪的道理。在地方政府的支持下，建成可同时进行15项活动的俱乐部。中队藏书3500多册，杂志100余种。该中队1998年被定为“省级爱国主义教育基地”，每年接待参观群众2万~3万人，作报告70余场次，军训7000余人。

【举行“钱塘江守桥模范中队”命名纪念大会】 12月14日，武警杭州市支队隆重集会，纪念国务院、中央军委授予某部“钱塘江守桥模范中队”荣誉称号10周年，200余人参加大会。1996年12月，国务院、中央军委授予武警杭州市支队某部“钱塘江守桥模范中队”称号。该部是蔡永祥烈士生前所在的部队，自1950年7月起担负守护钱塘江大桥的任务。1983年改建武警部队以来，该部官兵冒着生命危险，从江中救出遇险群众及轻生者300余人，抓获不法分子298人。他们以桥为家，以岗为业，守桥50多年安全无事故。积极参与城市文明建设，得到社会各界的好评。（周瑞峰）

杭州市人民防空办公室
HANGZHOUSHI RENMING FANGKONG BANGONGSHI

杭州市民防局
HANGZHOUSHI MINGFANGJU

市人防办(民防局)以科学发展观为统领,紧紧围绕“发展、创新、节约、稳定、为民、和谐”的要求和“长期准备、重点建设、平战结合”的方针,动员人防系统广大党员、干部、职工团结一致,振奋精神,围绕目标,克难攻坚,实现杭州人防的跨越式发展。

加快人防工程设施建设步伐。《杭州市人民防空及城市地下空间开发利用规划》由市政府批准实施;警报建设实现量的扩张与质的提高并举;完成《城市人民防空预案》的修订工作,组建了7支人防专业队;组织参加杭州市城市人民防空演习,受到上级表彰。

市人防办(民防局)着力打造五张“民牌”。建立统一高效的组织指挥体系、布局合理的防护工程体系、灵敏可靠的通信报警体系、精干过硬的专业队伍体系、保障得力的人口疏散体系,打造“保民牌”。积极在抗缺电、抗高温中开放人防工程供市民避暑纳凉,4年来,共接待市民56.7万人次,打造“亲民牌”。积极发挥杭州市城市应急救援指挥中心(96110)的作用,2006年受理各类电话9204件,打造“为民牌”。积极推进民防事业的发展,推广防空防灾知识教育进学校面向学生,进党校面向干部,进企业面向职工,进社区面向市民,进网络面向网民的活动;完成杭州市首部《公民防灾手册》读本汇编,免费发放给市民,打造“爱民牌”。积极参与城市道路交通建设,为解决“停车难、行路难”问题作出贡献,先后承担或参与灵溪隧道、九曜山隧道、吉庆山隧道、五老峰隧道、万松岭隧道、引水隧道、南山路过街地道、庆春路过街地道、南宋御道展示厅、秋石快速路、文一路、古墩路、玉皇山路、同协路、华丰路和文二路延伸改造等工程的建设任务,打造“利民牌”。

2003年市人防办(民防局)荣获全国准军事化建设先进单位称号。2005年在全国第五次人民防空会议上,杭州市被国家国防动员委员会评为全国人民防空先进城市。

省委常委、市委书记、市人大常委会主任王国平宣布灵溪隧道建成通车

市人防办组织干部职工分批到驻杭某部进行集中封闭训练,开展机关“准军事化”建设。

市人防办大院一角

2003年,为抵御50年一遇的持续高温,杭州市率先在全国创造性地推出“开放人防工程,供市民避暑纳凉”的举措。这是防空防灾一体化的又一创新。

省委常委、市委书记、市人大常委会主任王国平为杭州人防工作题词

教　育

Education

·教育综述·

【教育事业快速协调健康发展】 杭州市率先在全省普及十五年基础教育。全市适龄儿童学前三年入园率96.6%，高标准、高质量普及九年义务教育，初中毕业生升入各类高中比例占96.6%，其中主城区为98.8%；职业教育持续健康发展，普通高中与中等职业教育招生比例为49∶51。高等教育快速发展，在杭普通高校在校生37.36万人，其中市属普通高校在校生4.44万人；全市高等教育毛入学率48.6%。社区教育和成人教育全面推进，终身教育体系逐步完善，学习型城市建设步伐加快。

破解“上学难”问题。春季开始在全省率先实施义务教育阶段免收杂费。全年新增外来务工人员子女学校4所，总数38所。妥善解决外来务工人员子女就学12万人。筹集专项教育帮扶经费700万元，扶助桐庐、建德、淳安3个县(市)校舍危旧房改造、布局调整、改水改厕等。落实农村中小学“四项工程”。全市成立教育集团51个，188所中小学实行名校集团化办学；探索名校集团化办学在农村的实现形式，创新城乡一体、均衡发展的教育发展的杭州模式——城乡学校互助共同体。

深化教育教学改革，推进素质教育。中小学生思想道德建设和大学生思想政治教育加强，基础教育新课程改革全面推进。高中招生考试、初中学生综合素质评价、高中招生录取等方面改革取得新的进展，市区各类高中学校提前自主招收学生6500人，其中8所省一级重点普通高中提前自主招收保送生1128人。加强学校体育、卫生、艺术、科技和劳技教育。在全国率先实施中小学春秋假制度。有国家级示范专业3个，国家级技能型紧缺人才培养培训基地4个，中央财政职业教育实训基地建设专项资金支持项目2个，成立4个专业指导委员会。职业学校毕业生就业率保持95%以上，为社会培养和输送了大批高素质技能型应用人才。

深化教育人事制度改革，加强干部和教师队伍建设。38位在职教师被授予省第九届特级教师荣誉称号，全市在职省特级教师增至178人，占全省总数1/3。教师高学历比例小学达83.3%，初中达76%，居全省前列。出台《杭州市区民办学校教师参加机关事业单位职工基本养老保险的实施办法》，保障教师权益，促进民办学校健康成长。

加大教育投入，改善办学条件。全市教育经费总投入92.22亿元，比2005年增长9.3%。小学、初中学生人均预算内教育事业费分别为3665元和4788元，各增长15.7%和19%。协助市有关部门推进4个高教园区和2个高教功能区建设。

杭州市参加省第三届基础教育教学成果奖评选，获一等奖4项、二等奖13项。参加省2006年度基础教育优秀科研成果评审，获一等奖1项、二等奖7项、三等奖6项。参加省第五届教育科研优秀成果评审，获一等奖2项、二等奖7项、三等奖12项。

加强行风建设，在部分直属学校开展行风评议，促进依法治教和规范办学。开展人民满意学校的评选，专项治理教育系统商业贿赂，加强内部审计和监督。实行收费公示制和联系卡制度，市与各区、县(市)教育局和直属学校签订规范收费责任书。创建规范收费示范县(市)、区，推进教育收费规范化、制度化、法制化管理。做好计划生育、档案管理、12345市长公开电话办理和信访接待等。

杭州市编制《杭州教育强市建设规划纲要(2006年~2010年)》，明确了“十一五”期间教育发展的总体目标。

【创建教育强市】 9月15日，召开全市建设“教育强市”会议，明确目标、任务与措施，下发《关于实施中小学名校集团化战略的若干意见》、《关于进一步促进和规范民办与国有民办中小学发展的若干意见》、《关于进一步破解“好上学”问题的若干意见》等文件。教育投入大幅增长，市本级及各区、县(市)财政性教育经费明显增加。

全市有12个区、县(市)跻身于省教育强区、县(市)行列，92%的镇(乡、街道)成为市教育强镇(乡、街道)，84.8%的镇(乡、街道)成为省教育强镇(乡、街道)。17个镇(乡、街道)成为市现代化标志性教育强镇(乡、街道)。全市17.2%的镇(乡、街道)成为杭州市学前教育达标镇(乡、街道)。

【全面实施“名校集团化战略”】 全市成立教育集团51个，有188所中小学实行名校集团化办学。实施名校集团化战略，扩大优质教育资源，推进高水平的教育均衡，全市优质义务教育覆盖率 60.2%（老城区 85%）；实施小班化教育的学校占各阶段学校总数的比例，小学 32%（老城区 71.1%）、初中 23.1%（老城区 66%）。“名校集团化”办学在全国产生较大影响，在 2006 年教育部推进义务教育均衡发展会议上作为“杭州经验”介绍，新华社《新华每日电讯》、《中国教育报》、《人民日报》相继发表题为《杭州经验：名校集团化，扩张优质教育》、《杭州有效破解困难群体“上学难”》、《杭州实施“名校集团化”战略 实现公共政策的公平性》、《“名校集团化”试解“择校之痛”》的专题报道。

【建立城乡学校互助共同体】 探索名校集团化办学在农村的实现形式，建立城乡一体、均衡发展的教育发展新模式。创新结对互助的内容与机制，在教育教学管理、教育资源共享、农村小班化教育研究等方面进行互助。全市有 557 所城乡中小学校结对，占全市义务教育段学校的 64%，其中城区优质学校结对率 75%；城乡结对互助学生覆盖面 70%。城乡学校结对互助得到了教育专家的肯定，领先于全国水平。

【评选人民满意学校】 深入实践教育改革，规范办学行为，争创“人民满意学校”。全市有 829 所中小学参加评选，发放选票 38.19 万张，回收选票 37.25 万张，综合满意率 93.2%。以市直属、各区、县（市）为单位，评出综合得分较高学校 259 所。

【加强未成年人思想道德建设】 制订《杭州市中小学“十一五”德育工作指导意见》，坚持德育为首、育人为本、注重实效的原则，加强和改进学校德育基础工作。学校体育、卫生、艺术、科技和劳技教育进一步加强，市区高中学生田径运动会、中小学生艺术节、中等职业学校技能竞赛和科技活动、社会实践、社区服务、研究性学习、社团活动、中外师生交流和修学旅行等项目缤纷多彩。全市评出文明学校 113 所。

【促进教育交流】 2006 年，全市教育部门接待日本岐阜青少年代表团、英国利兹国家博物馆负责人、德国教育部教育培训中心主任、美国 30 名中小学校长等代表团。市教育局及直属学校派出 200 余人赴美国、澳大利亚等国考察和学习。组织数十批学生团赴境外开展冬（夏）令营。举办 2006 年世界休闲博览会中外学生修学旅行交流活动，来自日本、德国、法国等国的 1000 余名学生到杭交流。9 月，市教育局选送 40 幅杭州中小学生书画作品参加在日本福井举办的中小学生国际交流作品展。

杭州市通过美国西雅斯集团商谈引进美国名校到杭州与杭师院合作举办杭师院国际学院事宜。美方负责引进加州大学等名校与杭师院开办国际学院。西雅斯集团联系美国哥伦比亚大学，探寻与杭师院合作举办独立学校。杭州职业技术学院与澳大利亚北墨尔本职业技术及继续教育学院合作举办计算机应用技术的高等专科学历教育，报送国家教育部备案。

【完善教育资助券和人民助学金制度】 杭州市加大教育资助力度，落实专项资金，扩大教育资助覆盖面。全年资助困难家庭学生 5.1 万人，资助金额 2412 万元，履行了“不让一个孩子因家境贫困而失学”的承诺。

【加强“长三角”教育合作】 杭州市沟通沪、杭两地教育管理部门的联系，建立“沪杭两地学校家庭教育指导工作合作平台”，合作开发“家长教育课程”，开展课题研究和交流活动。举办了杭州名师名校长论坛、“长三角”社区教育发展论坛、“长三角”地区 20 个城市青少年生命教育研讨会。建立了“20 城市现代班集体建设研究共同体”，并举办了首届全国班主任工作研讨会。

【规范教育收费】 加强教育行风监督，部分直属学校率先开展行风评议，促进依法治教和规范办学。市教育局出台治理商业贿赂专项工作实施方案，开展专项治理。强化学校财务预算管理，严格实行“收支两条线”，进行内部审计和监督，专项资金使用情况和财产物资管理实行专项检查。完善收费公示制和联系卡制度，与各区、县（市）教育局和直属学校签订年度规范收费责任书。参加创建规范收费示范县（市）、区活动，教育收费工作规范化、制度化、法制化管理。实行收费“阳光工程”，实施教育收费轮查制和教育乱收费责任追究制，全年直属学校教育乱收费有效投诉为零。

【举办教育创新大会】 第四届中国杭州国际教育创新大会被列入西博会项目。由联合国教科文组织亚太教育局、中国联合国教科文组织全国委员会、浙江省教育厅主办，杭州市教育局、下城区人民政府、联合国教科文组织浙江大学 APEID 中心、联合国教科文组织浙江·下城 APEID 中心承办。10 月 21 日~11 月 10 日，来自澳大利亚、加拿大、爱尔

杭州市向外国学生颁发修学旅行艺术交流纪念牌　　（市教育局 供稿）

兰、挪威、日本、韩国等20多个国家的80多位国际代表,中国内地1200多位代表和港澳台地区30位代表参加了会议。

【宣传推广普通话】9月,组织市第九届全国推广普通话宣传周活动,主题为“普通话——五十年推广,新世纪普及”。在杭大、中小学和幼儿园组成21支推广普通话小分队分赴全市各地开展推普宣传活动。期间,全市学校的推广普通话活动走向市民、走进农村。

·高等教育·

【高等教育概况】杭州市高等教育加快发展,办学水平得到提升。在杭普通高校招收全日制本科生10.4万人,其中市属普通高校招收1.38万人;在杭普通高校在校学生(含研究生)37.36万人,其中市属普通高校4.44万人;报考高等教育自学考试有15万余人次,参加成人高考5.5万人次。远程高等教育健康发展,参加国家统一考试近1万人次。全市高等教育毛入学率48.6%。杭师院下沙新校区基本建成并通过综合验收,杭州电大翠苑校区改扩建工程二期远程教育大楼竣工验收并交付使用。

首次设立30万元市民办高等教育发展专项奖励资金。安排市属高校市级重点学科和市级重点扶植学科建设经费200万元,市属高校的市级重点实验室建设经费100万元,杭师院新增硕士学位授权学科16个、省级重点学科6个、省级重点专业7个、省级精品课程9门。

【加强大学生思想政治教育】2006年,贯彻中共杭州市委《关于进一步加强和改进大学生思想政治教育的实施意见》,为大学生健康成长办实事,落实大学生思想政治工作6件实事,坚持市委、市政府主要领导为大学生作形势政策报告制度,加强思想政治理论课教师师资培训。支持各市属高校建设大学生心理健康辅导中心;扶持学生社团,评选大学生“十佳”社团,推进校园文化建设;团市委、市劳动局、市工商联、市教育局联合举办大学生就业创业服务计划和暑期实习岗位推荐活动,指导大学生就业、社会实践。市综治办、市公安局、市教育局等联合开展“平安校园”创建活动。开展大学生思想政治教育主题网站(网页)建设,基本建成杭师院“红土地”、浙大城市学院“城市理想”网站、杭职院“思政在线”网站、杭州电大“思政教育”网站、万向职业学院“思政园地”网站、科技职业学院(筹)“校园网”,成为大学生思想政治教育的重要阵地。

【市属高校科研项目立项】杭州师范学院获得5项国家社会科学基金立项、9项国家自然科学基金立项、1项国家863计划立项。其中郭清教授主持的《社区卫生服务可持续发展相关政策研究》首次作为国家自然科学基金会管理科学部项目。浙大城市学院在浙江大学认定的一级期刊上发表论文59篇,被国际著名检索系统收录29篇,出版各类著作38部。杭州职业技术学院在全国中文核心期刊及浙江大学一、二级期刊上发表文章82篇。

【杭州研究院成立】10月,杭州师范学院为适应和满足杭州经济、政治、文化社会发展的要求,走“教学、科研、开发一体化”的发展道路,成立杭州研究院。该机构隶属市政府,挂靠杭师院。杭州研究院荟萃国内外研究“杭州学”的著名社会学家、人文及社会科学其他学科学者,内设行政办公室、历史研究所、文化研究所、杭州旅游休闲研究所、情报文献研究室等部门。

·浙江大学·

【教学和师资力量雄厚】2006年,浙江大学的学科涵盖哲学、经济学、法学、教育学、文学、历史学、理学、共学、农学、医学、管理学等十一大门类。有115个本科专业,39个博士后流动站,具有一级学科博士学位授权点41个,二级学科博士学位授权点237个,二级学科硕士学位授权点312个,另有临床医学专业博士学位授权点以及法律硕士(JM)、工商管理硕士(MBA)、公共管理硕士(MPA)、教育硕士、体育硕士、农业推广硕士、风景园林硕士、兽医硕士、公共卫生硕士、工程硕士、建筑学、临床医学、口腔医学13个专业硕士学位授权点。学校现有国家重点学科24个,国家重点(专业)实验室13个,国家工程(技术)研究中心5个,国家人文社科重点研究基地3个,国家基础科学研究和教学人才培养基地7个,国家工科基础课程教学基地4个,国家战略产业人才培养基地3个,国家大学生文化素质教育基地1个。

学校师资力量雄厚,现有教职工8500余人。其中,中国科学院院士14人,中国工程院院士9人;教授及其他高职人员1200余人,副教授及其他副高职人员2400余人。全校有全日制在校学生4万余人。其中,硕士研究生9300余人、博士研究生6200余人、本科生2.36万人、外国留学生1400余人。另有攻读专业研究生学位4500余人。

【完善办学条件】学校综合办学条件优良,基本设施齐备。校舍总建筑面积200余万平方米。拥有计算中心、分析测试中心、现代教育技术中心等先进的教学科研机构。科学馆(楼)、体育馆(场)、活动中心、游泳池等各类公共服务设施齐全,为全校师生员工的学习、生活、开展中外学术和文化交流活动提供了条件。学校图书馆总建筑面积8.3万平方米,总藏书量639万余册,是全国规模最大、分布面最广、学科覆盖最全的综合性大学图书馆之一。学校有1个出版社,6个附属医院(总床位5459张)。创办了浙江大学国家大学科技园,并在南昌、宁波等地设立分园。总长达120千米的告诉计算机骨干网络以及特设的公交线路将各校区和附属医院联为一体。

【浙大城市学院创特色办学】2006年,城市学院有计算机与计算科学学院、信息与电气工程学院、医学与生命科学学院、工程学院、外国语学院、商学院、传媒与人文艺术学院和法学院等8个分院,35个本科专业,70余个专业方向。有全日制本科生1.15万人,与浙江大学联合培养研究生46人。招收第一志愿新生的录取率100%,“二本生”达到85%。应届毕业生就业率94.3%。有专职教职工802人。其中,46%的专任教师具有高级技术职务,73%的

表 72

2006年在杭高等院校基本情况(不含研究生)

单位:人

学校名称	在校学生数		2006年招生数	2006年毕业生数	教职员工数	
	2006年	为2005年(%)			合计	其中:专职教师
浙江大学	23 668	94.74	5 348	6 115	8 504	3 531
杭州电子科技大学	15 560	108.76	4 878	4 288	1 348	851
浙江工业大学	20 839	104.55	5 394	4 282	2 363	1 383
浙江理工大学	11 499	115.50	3 466	2 122	1 179	742
浙江林学院	11 250	113.95	3 114	1 680	1 141	808
浙江中医药大学	4 716	102.21	992	866	583	399
浙江工商大学	13 479	108.47	3 715	2 752	1 541	860
中国美术学院	8 515	98.12	2 042	2 179	988	584
中国计量学院	8 898	107.80	2 418	1 734	969	580
浙江科技学院	12 597	109.49	3 361	1 990	1 110	675
浙江广播电视大学	8 159	67.63	–	3 982	–	–
浙江水利水电专科学校	6 743	111.58	2 246	1 423	507	348
浙江财经学院	8 108	117.05	2 492	1 217	973	542
浙江公安高等专科学校	2 841	112.03	1 126	820	394	282
浙江传媒学院	8 242	107.94	2 460	1 715	678	462
民办浙江树人学院	10 988	108.90	3 734	2 551	675	419
浙江教育学院	4 477	115.51	1 213	603	–	–
浙江交通职业技术学院	6 075	106.71	2 116	1 696	517	284
浙江机电职业技术学院	6 186	101.64	2 023	1 805	476	300
浙江建设职业技术学院	5 942	105.99	2 146	1 771	349	297
浙江艺术职业学院	1 434	100.28	543	530	313	176
浙江医学高等专科学校	4 960	104.33	1 752	1 509	354	240
浙江经贸职业技术学院	7 303	113.81	2 822	1 883	547	383
浙江商业职业技术学院	7 303	111.19	2 565	1 793	537	365
浙江电力职业技术学院(筹)	1 804	97.04	492	552	595	241
浙江经济职业技术学院	7 117	109.59	2 595	1 933	545	398
浙江旅游职业学院	5 280	111.25	2 190	1 528	306	224
浙江育英职业技术学院	5 099	125.41	2 181	1 088	352	226
浙江警官职业学院	3 772	97.17	1 133	1 238	460	222
浙江金融职业学院	5 556	110.28	2 186	1 625	396	310
浙江长征职业技术学院	4 891	151.85	2 546	837	311	237
浙江财经学院东方学院	6 293	114.19	1 757	882	398	269
杭州电子科技大学信息工程学院	5 883	113.27	1 797	1 048	277	264
浙江工业大学之江学院	7 424	106.13	2 131	1 543	598	302
浙江理工大学科技与艺术学院	8 653	116.76	2 705	1 443	402	384
浙江林学院天目学院	5 384	116.23	1 565	729	338	246
浙江工商大学杭州商学院	7 299	112.55	2 202	1 292	297	255

续表 72

学校名称	在校学生数		2006年招生数	2006年毕业生数	教职员工数	
	2006年	为2005年(%)			合计	其中:专职教师
中国计量学院现代科技学院	5 961	105.73	1 573	1 227	379	287
浙江科技学院理工学院	2 476	71.44	–	986	128	128
浙江中医药大学滨江学院	5 060	102.87	1 164	974	342	296
浙江同济科技职业学院(筹)	874	150.00	410	192	276	154
浙江体育职业技术学院(筹)	474	150.00	160	–	615	97
杭州师范学院	10 863	98.78	2 852	2 964	1 765	890
杭州职业技术学院	8 043	113.67	3 193	2 113	627	373
浙江大学城市学院	1 1495	102.44	3 103	2 529	802	595
杭州科技职业技术学院(筹)	516	158.77	177	159	117	87
杭州万向职业技术学院	3 371	115.72	1 353	872	228	143
杭州师范学院钱江学院	6 606	127.21	2 454	1 009	329	236

教师具有硕士以上学历。兼职教师中具有高级职称人员69人。建成了支德才兼备、生师比匹配、专兼比合理、学缘结构优化的师资队伍。

浙江大学城市学院是中国独立学院协作会理事长单位。依托杭州市的资源优势，设立城市发展研究中心、会展研究与服务中心、工业中心等23个科学研究与开发机构。成立有杭州市40个部、委、办、局及企事业单位参加的“产学研合作委员会”。在全省建立了近200个产学研合作基地，规划建设校内综合性创新实践基地20个，为培养“应用型、复合型、创新型”人才打下了坚实的基础。

10月22日，2006年杭州市中小学生艺术节开幕式表演。（市教育局 供稿）

·普通高中教育·

【普及优质高中教育水平】 全市有普通高中(含完全中学)82所，学生12.4万人，专任教师8421人。

从春季开始，全市普通高中学校实施省高中新课程实验，到秋季全面进入新课程教育改革。成立市基础教育课程改革工作领导小组，统一指导、组织与协调全市普通高中新课程实施。建立由高等院校、教研部门、师训机构和高中学校共同参与的高中新课程培训体系，开展普通高中新课程培训。同时，杭州师范学院通过多种形式对在校师范生进行普通高中新课程专题教育，学生接受不少于40个学时的培训。

【实行提前自主招生】 杭州市推进素质教育，实现“减少考试人数、降低考试难度、减轻学生过重负担”的改革目标，按照“公开、公平、公正”原则，市教育局批准8所省一级重点普通高中提前自主招收保送生1128人，比上年增加500人。主管教育行政部门同意中等职业学校提前自主招生5130人。杭七中和保俶塔实验学校美术班、夏衍中学广电艺术特色班首次提前自主招生350人。其他学校在不超过当年招生计划3%的前提下，首次自主招收具有体育、艺术、科技等方面特长的优秀初中毕业生81人。

▶▶资料：新增重点高级中学

2006年，杭州市新增省级重点普通高中9所。杭州市长河高级中学、临安市於潜中学成为省一级重点普通高中。杭州第二中学分校、杭州第四中学分校成为省二级重点普通高中。杭州夏衍中学、萧山区第十高级中学、萧山区第十一高级中学、富阳市场口中学、桐庐县第三高级中学成为省三级重点普通高中。

·中等职业技术教育·

【中等职业技术教育概况】 全市中

表 73　　2006 年杭州市中小学、幼儿园教职工情况

学校类别		教职工总数（人）	其中：专任教师（人）		达到规定学历的专任教师比例（%）		平均每名教职工负担学生（人）
			初中	高中	初中	高中	
普通中学	全市	29 144	16 374	8 421	99.24	97.24	12.34
	市区	9 305	4 748	2 760	99.58	97.07	10.67
	市属	2 936	248	1 951	100	97.03	9.53
职业中学	全市	5 172	3 959	–	–	89.29	–
	市区	1 672	1 254	–	–	91.29	–
	市属	1 252	894	–	–	92.06	–
中等专业学校		–	–		–		–
技工学校		–	–		–		–
小学	全市	26 040	23 848		99.89		17.65
	市区	8 438	7 603		99.97		15.36
幼儿园	全市	17 550	11 053		96.69		11.14
	市区	7 792	4 647		98.69		8.90
盲聋哑学校		244	197		–		–
弱智学校		115	97		–		–
工读学校		45	37		–		–

表 74　　2006 年杭州市小学、幼儿园、特殊学校情况

类别		学校数（所）	毕业生数（人）	招生数（人）	在校生及在园幼儿数	
					2006 年	为 2005 年（%）
小学	全市	–	79 070	70 108	459 529	100.13
	市区	–	46 652	46 166	289 085	102.45
幼儿园	全市	1 188	64 166	60 818	195 552	103.47
	市区	666	42 277	41 075	135 238	106.22
盲聋哑学校		8	104	112	817	101.36
弱智学校		5	47	69	461	109.24
工读学校		1	50	40	101	90.99

等职业技术学校招收新生 4.21 万人，全市普通高中和中等职业技术学校招生比 49∶51。中等职业学校(含职高、中专、技校)70 所，学生 12.52 万人。全市被列入中央财政职业教育技能型紧缺人才培养培训基地建设专项资金支持项目 2 个，获得中央财政经费补助 300 万元。全市新增省级职业教育实训基地 7 个，获得省财政专项补助经费 1200 万元。新增省级示范专业 4 个，新认定市级职业教育实训基地 11 个。杭州市电子信息职业学校、萧山区第三中等职业学校被认定为国家级重点中等职业学校。

【参加技能竞赛】 12 月 14 日~17 日，由浙江省教育厅、省劳动和社会保障厅主办的省首届中等职业学校专业课教师职业技能大赛在杭州举行。大赛设电子设备装接工、维修电工、车工、工具钳工 4 个工种竞赛，全省有 11 支代表队参加，每个工种每市选派 5 人参赛。浙江工业大学承办电子设备装接工、浙江机电职业技术学院承办其余 3 个工种竞赛。

杭州市代表队在竞赛中取得了较好成绩，杭州电子信息职校宣琪、萧山区第一中等职校朱红霞、杭州市中等职校鲁晓阳分别获电子仪器仪表装配工比赛第 1 名、第 4 名、第 6 名；萧山区第一中等职校金凌芳、杭州市中等职校吴国良和沈柏民分别获得维修电工组比赛第 1 名、第 2 名、第 6 名；淳安县千岛湖职业高中王辉获工具钳工比赛第 2 名。宣琪、金凌芳、吴国良、王辉被授予“浙江省技术能手”称号。

【评选职校优秀“双师型”教师】 2006 年，举行杭州市中等职业学校十大优秀“双师型”教师评选，杭州市中策职业学校周文涌、杭州市旅游职业学校舒冰、浙江省艺术学校沈勇、杭州市交通职业学校章国火、杭州市中策职业学校沈柏民、杭州市电子信息职业学校严加强、杭州市美术职业学校楼勇、萧山区第三中等职业学校胡国寅、余杭区临平职高冯国民、淳安县千岛湖职高王建生等 10 名教师被授予市中等职业学校十大优秀“双师型”教师称号。

【开展杭州市示范专业评估】 根据经济建设和职业教育发展的实际，修订了《杭州市中等职业学校示范专业评估标准》和《杭州市中等职业学校主干专业教学指导方案》，完成市第五届示范专业评估，认定新一轮市级师范专业 43 个，提升了市中等职业学校骨干专业的建设水平和教学质量。

▶▶资料：实习训练基地

2006 年，新增省级实训基地 9 个。富阳市职业高级中学机电实训基地，萧山第一、第二、第三、第四中等职业学校机电实训基地，杭州市交通高级技工学校汽车运用与维修实训基地，杭州市商贸职业高

表 75　　2006 年杭州市普通高中学校情况

学校类别		学校数（所）	毕业生数（人）	招生数（人）	在校生数（人）	
					2006 年	为 2005 年（%）
普通高中	全　市	82	32 035	33 401	96 813	80.09
	市　区	55	18 339	18 429	53 510	72.35
	市　属	17	6 593	6 672	19 668	81.43

级中学商贸实训基地，杭州市服装职业高级中学服装实训基地，杭州市人民职业学校会展实训基地被确认为省级实训基地。

·义务教育·

【义务教育向均衡优质发展】 义务教育高标准、高质量普及，向均衡化、优质化发展。全市有小学605所，学生45.95万人，专任教师2.39万人；初中(含九年一贯制)263所，学生23.55万人，专任教师1.64万人。全市小学入学率、巩固率均为100%，初中入学率和巩固率均为99.99%。

实施全市城乡义务教育免杂费全面落实政府对义务教育的保障责任，全市小学和初中共免杂费1.5亿元，其中外来务工人员子女免费义务教育补助经费2200余万元(市本级和8个区为1900余万元)。

全市妥善解决符合条件的外来务工人员子女入学统筹规划，坚持以公办学校为主，外来务工人员子女学校为辅，妥善解决符合条件的外来务工人员子女入学问题。全市解决外来务工人员子女入学12万余人。新增外来务工人员子女学校4所，累计38所。市本级财政拨款390万元补助老城区招收外来务工人员子女的学校。

【举办中小学生艺术节】 10月22日~11月26日，举办杭州市中小学生艺术节。艺术节内容丰富、参与面广，分11个大类16场(次)比赛，6000余人参加市级声乐、器乐、舞蹈、戏剧曲艺、绘画、书法、篆刻、工艺、摄影现场比赛。互联网上有2.6万人参加文化艺术知识竞赛。经组委会评选，西湖区教育局等9个单位获市中小学生艺术节区、县(市)优胜奖；江干区、临安市、淳安县、滨江区4个教育局获组织奖；杭州高级中学等11所学校获直属学校优胜奖。

【发展特殊教育】 全市有特殊教育学校13所，实行分级管理、分类办学。盲童统一到省盲童学校就读，聋哑儿童统一到杭州聋人学校就读，中度和轻度智力残疾儿童以随班就读为主，重度智力残疾儿童由各区、县(市)办1所智力残疾学校集中就读。全市“三残”(视力、听力、智力残疾)适龄儿童九年义务教育入学率99.7%。杭州聋人学校新校区完成主体工程，总投资1亿元。2007年秋季正式投入使用，为全国最大、设施最先进的特殊教育学校之一。

·幼儿教育·

【幼儿教育概况】 全市幼儿园1188所，其中教育部门办学120所，占10%；集体办学312所，占26.3%；社会力量办学688所，占57.9%；其他部门办学68所，占5.7%。在园儿童19.55万人，其中社会力量办园在园儿童9.1万人。学前三年幼儿入学率96.6%，2岁前婴幼儿家长受训率59.1%。农村乡镇中心幼儿园建园率95.1%。新增3名幼儿园特级教师，评出省级示范性幼儿园2所，市级农村示范性幼儿园11所。

【举办幼儿教师免费培训和才艺展示】 全年举办农村幼儿园园长和骨干教师免费培训3期，300人受训。为提升边远山区幼儿教育水平，幼教专家和教师到淳安等偏远地区举办讲座，使学员们能在家门口免费接受培训，并免费获得培训资料。举办教师个人才艺展示，开设声乐、键盘和绘画3个专场，35名教师参加。举办幼儿教师综合才艺展示，布置各具特色的幼儿园教育展板。

·成人教育·

【成人教育概况】 全市民办学校994所，其中市管103所。招收各类专业学生53万人，毕业(结业)50万人，就读66.8万人。农村参加各类培训班65余万人次。农民和职工“双证制”教育取得毕业证书1323人。各类成人中等学历教育招生8000人，在校生1.9万人，毕业1.6万人。50所乡镇成人文化技术学校达到省、市示范成人学校标准。

农民素质培训全年完成培训21.6万人，通过培训，转移农村富余劳动力4.2万人，后备劳动力培训2.3万余人。乡镇成人学校招收成人中等学历教育学生4408人、在读1.2万人、毕业4956人。招收成人大专学生4766人、在读1.06万人、毕业2749人。在乡镇就读的成人高中(职高)毕业生参加高考，被各类高校录取1903人。

【社区教育确立3个“延伸”】 全市社区教育从城区向农村延伸，为新农村建设服务；从成人教育向终身教育延伸，为提高市民生活品质服务；从建设实验区向建设示范区延伸，为创建学习型社会服务。全年新增国家级社区教育实验区1个，社区学院2所，市级社区教育实验单位13个。全市拥有社区大学1所，区县(市)社区学院11所，社区学院分院(社区教育中心)58所，市民学校558所；有国家级社区教育实验区3个(下城区、萧山区、上城区)，省级社区教育实验区5个，市级社区教育实验单位27个，72个有条件的乡镇成人学校增挂社区教育中心牌子。

【举行“全民终身教育活动周”】 10月15日~21日，在全国20个城市同时开展第二届“全民终身教育活动周”。杭州市教育活动周由市委宣传部、市教育局等5个部门主办。在活动周期间，萧山区举办第四届“长三角”论坛，下城区举办“中国杭州国

表76　2006年在杭中等职业学校情况

学校类别			学校数(所)	毕业生数(人)	招生数(人)	在校生数(人) 2006年	在校生数(人) 为2005年(%)
中等专业学校			8	5 830	2 743	12 540	61.64
技工学校			20	5 713	7 773	22 620	104
职业中学	全市	高中	42	27 069	27 038	78 682	95.55
职业中学	市区	高中	22	16 445	15 044	45 763	93.38
职业中学	市属	高中	9	6 301	5 422	16 779	90.87

际教育创新大会”,其他区、县(市)均安排内容丰富、形式多样的活动。

·师资队伍建设·

【签署人事聘用合同】 全市教育部门推行事业单位人员聘用制度,直属学校教职工3466人和学校签署人事聘用合同。实施对申报中高级教师职称的中学教师进行书面理论考试、讲课和论文答辩。经教师职称评审组确认,市区683人获中高级教师专业技术职称。为扩大和激活教师资源、促进人才流动,开展面向社会人员教师资格认定,有5277人申请。组织省特级教师68人赴淳安、建德、桐庐、临安开展支教及学术交流。优秀高校毕业生1408人到各级各类学校任教,其中硕士研究生67人、本科生1042人。市区引进优秀教师209人(具有高级职称资格50人)。全市幼儿园、小学、初中、普高、职校教师的学历合格率,分别为96.7%、99.9%、99.2%、97.2%、89.3%。初中小学教师高学历比例大幅度提高,小学教师大专以上学历比例83.3%,初中教师本科以上学历比例76%,分别提高4.1%和5%。至年末,全市在职特级教师178名,占全省29.2%。

▶▶资料:新增省级特级教师

2006年,杭州市新增省级特级教师38名。他们是金永生、张慧慧、王发高、童洪星、陈利颖、杜持红、周文涌、于明远、倪爱勤、黄志伟、朱可、韩似萍、虞大明、郑方明、尹丹红、赵婷婷、俞春晓、费蔚、严国忠、周建仁、徐青青、王亚权、汪建红、王耀君、章献明、马冬娟、周爱芬、汪培新、钱金林、汤关木、楼红、洪春幸、姚向凡、钱锋、董君、唐少华、盛志军、余胜兰。

【实施农村教师素质提升工程】 开展“新理念、新课程、新技术和师德”为主要内容的全员培训,全市近2万名农村教师参加。聘请加拿大列治文市教育局7名加拿大籍教师,对80名农村中学教师开展双语教学培训、30名农村英语骨干教师接受英语培训。委托浙江大学、华东师范大学、杭州师范学院等高校和教师培训机构对450名农村骨干教师进修培训。

杭州第四中学下沙新校区 (市教育局 供稿)

·改善办学条件·

【改善办学条件概况】 全市教育经费总投入92.22亿元,比2005年增长9.3%,其中财政预算内教育经费投入51.7亿元,增长18.7%。征收教育附加11.83亿元,下降14%。加强中小学布局调整,撤并中小学209所,校均学生分别为小学706人、普通中学1043人、职业中学1873人。启动九年义务教育标准化学校建设,新增中小学校舍面积34.67万平方米,中小学校舍累计面积1001万平方米,学生人均面积分别为小学7.21平方米、普通中学15.69平方米、职业学校13.40平方米。落实教育帮扶经费700万元,完成22个项目。

市属高校投资6600万元,竣工校舍面积3.26万平方米,在建3.41万平方米。杭师院新校区建设通过综合验收。直属学校投资9300万元,竣工校舍面积2.06万平方米,在建5.73万平方米。市聋哑学校迁建项目完成主体验收,杭州高级中学建成校史陈列馆,杭二中建成室内游泳馆。

【落实教育帮扶经费】 淳安县、建德市和桐庐县中小学危房改造、改水改厕、布局调整等项目共落实帮扶经费700万元,帮扶项目22个;计划改造各类校舍6.84万平方米,计划累计总投资9644万元。杭州市中小学基本消除已鉴定的各等级危房。除淳安县外,各区、县(市)初步完成农村中小学的改水改厕。

【加快教育信息化】 全市投入1.8亿元用于计算机、多媒体教室建设,其中市直属学校投入经费3842万元、上城区908万元、下城区1301万元、江干区784万元、拱墅区783万元、西湖区764万元、高新区(滨江)353万元、萧山区2754万元、余杭区1323万元、桐庐县1232万元、淳安县512万元、建德市933万元、富阳市2029万元、临安市578万元。全市平均6名中学生和9名小学生就拥有1台电脑。800余所中小学(幼儿园)接入杭州教育城域网。杭州教育电子图书馆建成并试运行,可提供20万册电子图书和上百种电子期刊,供3000人同时浏览、借阅和下载。建成市直属普通高中数字化实验室,25所市直属学校安装校园安全视频监控系统。

(郑利敏 俞晓东 徐婕妤 黄海燕)

风帆中学

FENGFAN ZHONGXUE

风帆中学校长 徐萍萍

文学社 20 周年庆典

风帆中学校园一角

杭州风帆中学依托百年名校杭州第十四中学而建，创办于 1994 年 5 月，2002 年 9 月起划归下城区教育局管辖。

学校位于环境优雅、交通便利的杭州市下城区朝晖六区。校园面积 1.73 万平方米，建筑面积 8672 平方米。校园内绿树环绕，花木葱郁，各种教育设施一应俱全。有教学班 25 个。全校教职工 108 人，其中特级教师 1 名、外籍教师 1 名、高级教师 24 名、一级教师 43 名，师资力量雄厚。

昆曲进校园

开展中德文化交流

学校在狠抓教学质量的同时，也关注学生的全面发展，风帆中学毕业生以全面的素质深受高一级学校的欢迎。风帆中学毕业生孟琳燕、林济民分别获得国际生物奥林匹克竞赛金牌。

和联合国专家对弈

教师和德国小朋友在一起

风帆中学

FENGFANZHONGXUE

校长：夏国良

学校历史：萧山中学创建于1938年，经过近70载的峥嵘岁月，积淀了深厚的文化底蕴，培养了大批合格人才，形成了优良的育人传统。现任校长、党委书记为省特级教师夏国良教授。

学校规模：学校占地面积近13.33公顷，建筑面积6.8万平方米，有教学班54个，学生2858人。

学校设施：校园布局合理，环境优美。教学楼各教室均配备多媒体设备和空调，保证教学高效有序；学生宿舍楼各寝室均安装电话、空调，创造良好生活空间；学生食堂宽敞整洁，就餐快捷方便；体育活动设施配置先进，功能齐全。

学校师资：学校致力于打造一支高素质的教师队伍。219名教职工中，有教授1人、特级教师2人、高级教师74人、区级以上优秀教师61人、优秀班主任26人、名师名校长13人、杭州市人大代表1人、萧山区政协委员5人。

学校理念：学校遵照“凝聚爱心、科学育人、追求卓越”的办学理念，坚持德育为先，以理想信念教育为核心，以爱国主义教育为重点，以基本道德规范教育为基础，倡导全员育人，努力把学生培养成善于观察、勤于思考、主动学习、情趣高尚的人。为开阔学生视野，与国际教育接轨，学校与德国、加拿大、美国等发达国家的学校开展了交流。

快乐成长：学校致力于构建“平等、和谐”的现代师生关系，搭建发挥学生特长、培养学生能力的舞台。在丰富多彩的校园社团活动中，学生整体素质得到提高，个性得以彰显。学生毕业后，或不断深造，勇攀科学高峰；或学有所长，独担一方重任；或锐意进取，终成栋梁之材。近几年，许多萧山中学的毕业生活跃在全国著名大学的校园里，担任学生会干部、班长、团支书等职务，成为同龄人中的佼佼者。

高考成绩是学校教育的亮点之一。2003年，文科学生方丹以660分的高分名列杭州市第1名，省第2名；理科学生谢剑波名列省第15名，张磊保送清华大学。2004年，文科学生曹暑以672分的高分名列杭州市第1名，省第5名；理科学生马海军以694+20分名列省第7名。2005年，文科学生周劼人以659分名列省第4名，文、理科各有3人进入全省前100名。2006年，文科有10人进入全省前100名，理科有5人进入全省前100名，有11人被北大、清华录取。

学校荣誉：学校先后被评为浙江省首批一级重点中学、教育部首批全国现代教育技术实验学校、全国培养体育后备人才试点中学先进学校、全国学校体育卫生工作先进单位、全国现代教育技术实验学校评估成果突出学校、全国外语实验学校、省文明学校、省文明单位、省级治安安全示范单位、省卫生先进单位、省一级档案管理达标单位、杭州市模范集体、杭州市先进基层党校。

活跃的学生会干部

文 化

Culture

·文化综述·

【建设文化名城】 2006年，全市文化广电新闻出版部门贯彻中央和省委、市委关于改革文化体制、加快文化发展的一系列决策部署，以“树新形象、创新业绩”为总目标、总要求，在杭州市两级文化广电新闻出版局组建运行的第一年里，以围绕“转变政府职能，服务广大群众”为主线，着力做好“造势、创新、管理、服务”4篇文章，繁荣文化事业，发展文化产业，完成各项目标任务。

2月22日~23日，召开市文化广电新闻出版工作会议，提出“十一五”期间要围绕建设文化名城的目标，抓住难得的发展机遇，强化文化服务功能，加强文化基本建设，注重文化的改革与创新，统筹文化的协调发展，繁荣文化事业和文化产业。制定市文化、广电、新闻出版事业“十一五”期间发展的3个规划及《杭州市公共文化服务体系建设规划》、《杭州非物质文化遗产保护发展规划》。

推进体制改革和文化创新，完善宏观文化管理体制。以规范执法为重点，深化文化市场综合执法改革，组建下沙文化市场执法大队。以转变职能为重点，搭建管理平台，建立健全各项管理制度，明确艺术创作生产、广播电视、出版印刷的行业管理关系。公益性文化单位内部机制创新，市图书馆、群艺馆等单位创新用人机制，改革分配机制，深化职称制度改革，内部制度改革趋于完善。推进区、县(市)文化机构改革，机构活力、服务水平提高。通过“文企联姻”、“项目共建”等形式，吸纳社会资金参与文化活动和服务。培育骨干文化企业，促进文化创意、数字传媒、动漫游戏等新兴文化产业发展。办好《杭州群众文化》、《文澜信息》等文化刊物，挖掘地域文化内涵。

至年末，全市有各类专业艺术表演团体19个，有公共图书馆13个、总藏书量903万册，文化馆13个，博物馆(纪念馆)51个，剧场(影剧院)16个，群艺馆3个，音乐厅2个，增加国家级文化产业基地2个。实施文化、广播电视等交流项目88项、1552人次。其中，出访交流和招商引资等20项、220人次，到访交流68项、1332人次。杭州歌舞团和杭州杂技总团带自创节目赴美国、西班牙、荷兰等地演出。儿童音乐剧《寒号鸟》首次赴韩国进行商业演出。

【创作文艺精品】 杭州市制定文艺“桂花奖”评奖办法，建立政府评奖机制，推进精品创作。组织新农村题材文艺作品创作，编辑出版《杭州市新农村戏剧作品选》。举办新剧(节)目汇演，全市专业和民间剧团推出新创剧(节)目13台。创作影视动画精品，7部作品获省级以上政府奖。举行“西湖之春艺术节”、“西湖之夏国际音乐节”等，举办纪念建党85周年大型广场文艺晚会及纪念长征胜利70周年大型音乐会，承办“金鸡百花电影进社区”等活动。话剧《爱的心碎》入选全国话剧优秀剧目调演。市专业及群众文化作品获国际级奖项3个、国家级奖项54个、省级奖项100个、市级奖项371个；广播影视作品获国家级奖项1个、省级奖项40个。

【构建公共文化服务体系】 杭州市提出5年构建公共文化服务体系的目标、原则、主要任务和工作举措。加快推进公共文化服务设施建设。杭州图书馆新馆建设加快，杭州市群众艺术馆新馆、杭州艺术学校新址立项申报得到进展。萧山文化中心等一批区、县(市)重点文化设施建成开放。杭州西城广场、余杭人民广场、临安文化广场、萧山文化剧院广场、萧山临浦镇文化广场获“全国特色文化广场”称号。

完成省、市级农村“东海明珠”工程18个，覆盖率70%；建立30个农村科技文化信息点和33个社区文化信息资源共享工程点，村级文化设施覆盖率39%。萧山区、余杭区、富阳市乡镇及村级文化设施建设全省领先。组织实施百姓文化系列服务工程，开展“双千场文化活动进社区”、元宵灯会、“文化下乡”等文化活动6020场(次)。探索公共图书馆“通借通还”服务，在“九馆一证通”基础上，发展社区和基层服务点89个，发挥公共图书馆服务群众的职能。

【发展重点文化产业】 杭州市鼓励扶持重点文化产业门类。筹办第二届中国国际动漫节，取得该国家级重大节展的永久落户权。履行市动漫办工作职能，落实发展动漫产业15项举措，研究鼓励产业发展的实施办法，重奖原创和获奖作品。全年动画片制作超过1万分钟，兑现奖励费和扶持资金2000余万元。推进“卡通城”及动漫技术公共服务、人才教育培训平台等“五大平台”建设。杭州金海岸娱乐有限公司、杭州数字娱乐产业园被命名为国家级文化产业示范基地,5个画廊被命名为“中国诚信画廊”。杭州天畅科技网络有限公司、LOFT49等10余个文化企业创建省级文化产业示范基地,发展了影视制作企业36个。争取成为全国电子游戏经营场所管理试点城市。休博会重点文化产业项目“西湖书市”吸引读者10余万人次,成交金额3000余万元。各区、县(市)探索发展文化产业新途径、新载体。上城区推进书画业发展,拱墅区发展创意产业,高新区(滨江)、西湖区等办好动漫游戏产业基地。

(许 英)

【举办欧洲“杭州文化周”】 9月8日~15日,受挪威政府的邀请,杭州越剧团根据易卜生《海达·高布乐》改编的越剧《心比天高》参演挪威易卜生国际艺术节,在挪威奥斯陆连演两场,在19个国家参赛剧团中脱颖而出,被艺术节组委会评为第1名。演出后杭州市政府举行招待酒会,招待16个国家大使及夫人、挪威艺术界人士和30余家各国媒体记者共100余人。

《西湖表情——德国摄影家眼中的杭州》画册首发式暨招待酒会在德国慕尼黑举行,德国各界人士和《南德日报》等6家主流媒体记者近100人参加。在欧洲“杭州文化周”活动现场,举办反映杭州美丽风光和人民生活的图片展览,让欧洲民众更直观地认识杭州、了解杭州。该文化周系列活动是杭州市对外文化交流协会成立后组织的第一次活动,中国驻挪威大使和驻慕尼黑领事馆总领事给予高度评价。(王坚勇)

·专业文艺·

【繁荣文艺院团创作】 杭州市文艺院团艺术生产最为集中的时段之一,推出越剧《心比天高》、《少年天子》、《剪花情》,话剧《天堂往左爱情向右》、新版滑稽戏《妈妈你不要哭》、杭剧现代戏专场、舞蹈《让梦飞翔》、歌舞诗剧《和平颂》等8部原创剧目。《寒号鸟》、《单身公寓》等经典剧目得到精加工和复排。

杭州文广集团全年实施舞台类创作项目18项,75项文艺项目获国际、国内大奖。其中国际性奖项3个、国家级奖项8个、省级奖项11个、市级奖项53个。包括获得韩国首尔国际舞蹈比赛金奖、法国第二十七届明日国际杂技比赛银奖和特别奖、第四届中国曲艺牡丹奖表演奖。周好俊、谢莉莉在中国越剧节上获全国“十佳演员”、“十佳新秀”称号。年初,举办杭州市新剧(节)目汇演,杭州文广集团创作的文艺作品囊括全部奖项。在省第三届“笑星大赛”中有3人获十大笑星称号、2人获滑稽新秀奖。在“良渚文化杯”第三届全国越剧演唱大赛上,2人分别获得金奖和新星奖。

【拓展演艺市场】 全年进行周末越剧大舞台、周末广场音乐会、滑稽戏进社区百场演出、文化旅游资源整合项目公益场、杭剧现代戏专场进农村、话剧都市情感剧系列进大学校园、越剧百场进社区等演出,红星剧院推出的“越剧大舞台”系列演出、文化中心的“西湖之夜”、杭州大剧院和杭州演出公司组织演艺活动,这些演出丰富市民群众的文化生活,增添了杭州历史文化名城的魅力。市属各文艺院团全年演出1598场(次),激发了院团自身的发展和活力。

【主办或参与大型文化活动】 2006年,杭州文广集团牵头组织和参与或指导的国内外大型文化活动20余项。其中,第二届中国国际动漫节、“休闲杭州”全国书画邀请展、金鸡百花电影节系列活动、首届中国剧院(团)论坛、首届世界佛教论坛开幕式晚会、纪念中国工农红军长征胜利70周年专场晚会、欧洲“杭州文化周”活动、杭越建院50周年系列活动、新年音乐会、文化与旅游资源整合项目等都顺利完成。

【杭州歌舞团创演《和平颂》】 原创大型歌舞诗剧《和平颂》是为首届世界佛教论坛大会在杭召开的献演节目,也是继《阿姐鼓》、《雷峰塔音乐大典》、《玉鸟》后推出的又一力作。该剧由崔巍、肖加执导,著名美术家韩美林任艺术总监,著名导演张继刚任艺术指导,张千一配曲。全剧以佛教诞生和传入中国的历史为线索,表现手法打破传统舞台剧的空间概念,发挥多媒体艺术效果,运用音乐、舞蹈、声乐、器乐、戏曲、武术、书法等多种艺术元素,表现出敦煌艺术、西藏夏鲁寺艺术、少林武术禅等优秀传统文化,阐述了佛教文化与儒道文化的相互渗透、共生共荣的历程。

【国际舞蹈比赛获得金奖】 8月21日~29日,杭州歌舞团舞蹈演员边巍巍赴韩国参加第三届首尔国际舞蹈比赛。比赛分芭蕾舞、民族舞、现代舞3类。边巍巍凭借《吉祥》、《奋飞》2个民族舞蹈,夺得该项赛事民族舞蹈比赛金奖,为杭州乃至中国争得了荣誉。

杭州歌舞团创演《和平颂》剧照　　(杭州文广集团 供稿)

表 77

2006 年杭州市文化广电新闻出版部门获奖情况

获奖单位、个人或作品	获奖情况
杭州滑稽艺术剧院 周志华	第四届中国曲艺牡丹表演奖
杭州滑稽艺术剧院 董其峰	第二届浙江省绍兴莲花落“金莲花奖”演唱大赛银奖
杭州滑稽艺术剧院 董其峰、方菁萍、罗翰	第三届浙江省笑星大赛十大笑星称号
杭州滑稽艺术剧院 独脚戏《阿毛乘火车》	浙江省第二届曲杂节节目类银奖
杭州滑稽艺术剧院 小品《修车》	浙江省第二届曲杂节节目类铜奖
杭州滑稽艺术剧院 董其峰	浙江省第二届曲杂节表演金奖
杭州滑稽艺术剧院 沈益民	浙江省第二届曲杂节表演银奖
杭州滑稽艺术剧院 方菁萍	浙江省第二届曲杂节表演银奖
杭州滑稽艺术剧院 汤君儿	浙江省第二届曲杂节表演铜奖
杭州滑稽艺术剧院 沈庭芳	浙江省第二届曲杂节表演铜奖
杭州杂技总团 杂技《皮条》	第二十七届法国明日国际杂技比赛特别奖 第十八届未来国际杂技比赛银奖
杭州杂技总团 阮新民	浙江省第二届曲杂节表演金奖
杭州杂技总团《脖支高椅》	浙江省第二届曲杂节节目类金奖
杭州杂技总团《头顶圈》	浙江省第二届曲杂节节目类银奖
杭州杂技总团《双爬杆》	浙江省第二届曲杂节节目类铜奖
杭州杂技总团 廉蕊	浙江省第二届曲杂节表演金奖
杭州杂技总团 陈高磊	浙江省第二届曲杂节表演金奖
杭州杂技总团 沈颖吟	浙江省第二届曲杂节表演银奖
杭州杂技总团 卢颖	浙江省第二届曲杂节表演银奖
杭州杂技总团 张屿辉	浙江省第二届曲杂节表演银奖
杭州杂技总团 赵中举	浙江省第二届曲杂节表演银奖
杭州杂技总团 李二兵	浙江省第二届曲杂节表演铜奖
杭州杂技总团 周信群	浙江省第二届曲杂节创意奖
杭州歌舞团 边巍巍	第三届韩国首尔国际舞蹈大赛民族舞金奖
杭州越剧院 越剧《心比天高》	中国越剧节艺术节剧目银奖
杭州越剧院 周好俊	中国越剧节艺术节十佳演员奖
杭州越剧院 谢莉莉	中国越剧节艺术节折子戏专场十佳新秀演员奖
杭州艺术学校	第四届西湖合唱节少年组银奖
杭州艺术学校 吴良松	第一届中国音乐国际比赛成人专业组特别奖
杭州艺术学校 林若岚	第一届中国音乐国际比赛成人专业组二等奖
杭州艺术学校 江莉红	第一届中国音乐国际比赛成人专业组三等奖
建德婺剧团 婺剧《酒乡明月》	浙江省第三届婺剧节新剧目奖
建德婺剧团 郑祖平	浙江省第三届婺剧节编剧奖
建德婺剧团 盖利民、汪光明、朱元昊	浙江省第三届婺剧节导演奖
建德婺剧团 王加南	浙江省第三届婺剧节音乐创作奖
建德婺剧团 张丽娟	浙江省第三届婺剧节演员金奖
建德婺剧团 汤盛存、方芳	浙江省第三届婺剧节演员铜奖
临安市文化馆 舞蹈《龙腾狮跃》	浙江省“群星奖”广场舞蹈大赛金奖
桐庐县文化馆 舞蹈《阆里棕龙》	浙江省“群星奖”广场舞蹈大赛银奖
西湖区文化馆 舞蹈《蒋村龙舟》	浙江省“群星奖”广场舞蹈大赛银奖
淳安县文化馆 舞蹈《汾口草龙》	浙江省“群星奖”广场舞蹈大赛银奖
余杭区文化馆 罗倩萍、孙天强	浙江省“群星奖”少儿舞蹈大赛创作金奖
富阳市文化馆 倪琼华、何立	浙江省“群星奖”少儿舞蹈大赛创作银奖
余杭区文化馆 舞蹈《数蛤蟆》	浙江省“群星奖”少儿舞蹈大赛表演金奖
富阳市文化馆 舞蹈《春江面人》	浙江省“群星奖”少儿舞蹈大赛表演银奖
杭州歌舞团 林尚专	浙江省“群星奖”少儿舞蹈大赛舞蹈音乐创作奖
下城区文化馆 赵伊岚、王永林、姜一民《更夫》	浙江省“群星奖”舞蹈(舞台)大赛创作金奖(成人组)
余杭区文化馆 罗倩萍、孙天强	浙江省“群星奖”舞蹈(舞台)大赛创作银奖(成人组)
下城区文化馆 舞蹈《更夫》	浙江省“群星奖”舞蹈(舞台)大赛表演金奖(成人组)
余杭区文化馆 舞蹈《运河渔歌》	浙江省“群星奖”舞蹈(舞台)大赛表演银奖(成人组)
西湖区文化馆 周建红、梅玉萍、齐志刚	浙江省“群星奖”舞蹈(舞台)大赛创作金奖(老年组)
余杭区文化馆 罗倩萍、孙天强 舞蹈《打茶会》	浙江省“群星奖”舞蹈(舞台)大赛创作金奖(老年组)
江干区文化馆 朱亚莲、平原、宋可夫	浙江省“群星奖”舞蹈(舞台)大赛创作金奖(老年组)
杭州市群艺馆 赵莲、姜一民	浙江省“群星奖”舞蹈(舞台)大赛创作银奖(老年组)
西湖区文化馆《西湖晨曲》	浙江省“群星奖”舞蹈(舞台)大赛表演金奖(老年组)
余杭区文化馆 舞蹈《打茶会》	浙江省“群星奖”舞蹈(舞台)大赛表演金奖(老年组)
江干区文化馆 舞蹈《心花怒放》	浙江省“群星奖”舞蹈(舞台)大赛表演金奖(老年组)

续表 77

获奖单位、个人或作品	获奖情况
杭州市群艺馆 舞蹈《煽动激情》	浙江省"群星奖"舞蹈(舞台)大赛表演银奖(老年组)
杭州市群艺馆 姜一民	浙江省"群星奖"舞蹈(舞台)大赛舞蹈音乐优秀奖
江干区文化馆 宋可夫	浙江省"群星奖"舞蹈(舞台)大赛舞蹈音乐优秀奖
西湖区文化馆 杨敏	浙江省"群星奖"少儿音乐大赛创作银奖(乐器)
西湖区文化馆《韵之唤》	浙江省"群星奖"少儿音乐大赛表演金奖(乐器)
富阳市文化馆 王强、宝林、葛伟	浙江省"群星奖"少儿音乐大赛创作金奖(声乐)
余杭区文化馆 朱妮娅	浙江省"群星奖"少儿音乐大赛创作金奖(声乐)
西湖区文化馆 施望伟、钱建隆	浙江省"群星奖"少儿音乐大赛创作铜奖(声乐)
富阳市文化馆 歌曲《春江放灯》	浙江省"群星奖"少儿音乐大赛表演金奖(声乐)
余杭区文化馆《闹端阳》	浙江省"群星奖"少儿音乐大赛表演银奖(声乐)
西湖区文化馆《长征长不长》	浙江省"群星奖"少儿音乐大赛表演银奖(声乐)
萧山区文化馆 小品《毛病》	浙江省"群星奖"第十七届戏剧邀请赛创作金奖
桐庐县文化馆 小品《错位》	浙江省"群星奖"第十七届戏剧邀请赛创作银奖
临安市文化馆 小品《王老伯的故事》	浙江省"群星奖"第十七届戏剧邀请赛创作银奖
萧山区文化馆 小品《毛病》	浙江省"群星奖"第十七届戏剧邀请赛表演金奖
桐庐县文化馆 小品《错位》	浙江省"群星奖"第十七届戏剧邀请赛表演银奖
临安市文化馆 小品《王老伯的故事》	浙江省"群星奖"第十七届戏剧邀请赛表演银奖
淳安文化馆 方有禄	浙江省"群星奖"地方戏小剧种会演创作金奖
淳安文化馆 方有禄	浙江省"群星奖"地方戏小剧种会演表演银奖
拱墅区文化馆 方群菁	浙江省"群星奖"音乐新作演唱演奏大赛创作金奖
杭州市群艺馆 钱建隆、姜一民	浙江省"群星奖"音乐新作演唱演奏大赛创作金奖
江干区文化馆 张志建	浙江省"群星奖"音乐新作演唱演奏大赛创作银奖
拱墅区文化馆《快乐的蚂蚁》	浙江省"群星奖"音乐新作演唱演奏大赛表演金奖
杭州市群艺馆 柯妮赛	浙江省"群星奖"音乐新作演唱演奏大赛表演金奖
下城区文化馆 女组合《心中的水乡》	浙江省"群星奖"音乐新作演唱演奏大赛表演金奖
杭州市群艺馆 魏小燕	浙江省"群星奖"音乐新作演唱演奏大赛表演金奖
江干区文化馆 器乐合奏《展望》	浙江省"群星奖"音乐新作演唱演奏大赛表演金奖
拱墅区文化馆《快乐的蚂蚁》	浙江省"群星奖"音乐新作演唱演奏大赛辅导金奖
下城区文化馆 郑雪锋	浙江省"群星奖"音乐新作演唱演奏大赛辅导金奖
杭州市群艺馆 鲁辉	浙江省"群星奖"音乐新作演唱演奏大赛辅导金奖
江干区文化馆 朱得胜	浙江省"群星奖"音乐新作演唱演奏大赛辅导金奖
杭州市群艺馆 赵莲	浙江省第十四届"群星奖"创作银奖
杭州市群艺馆 舞蹈《搏》	浙江省第十四届"群星奖"表演银奖
杭州市群艺馆 舞蹈《临安响竹》	全国"华夏一绝"民族民间广场鼓乐舞蹈大赛金奖
杭州数字电视公司 郑家松、郑蓉《杭州有线电视网宽带双向全覆盖的设计、建设与运行》	2006 年度浙江省广播电视优秀技术论文奖一等奖
杭州广播电视台黄德才、林葆青《兼顾安全与实用的非线性制作网》	2006 年度浙江省广播电视优秀技术论文奖二等奖
杭州数字电视公司 杜申利、张卫《有线数字化网络改造初探》	2006 年度浙江省广播电视优秀技术论文奖二等奖
杭州广播电视台技术管理中心 林华明《杭州移动数字电视单频网的构建》	2006 年度浙江省广播电视优秀技术论文奖二等奖
淳安县广播电视台王文林《农村广播电视数字流媒体播出前端建设》	2006 年度浙江省广播电视优秀技术论文奖二等奖
萧山广播电视台 周豪建《萧山电视台数字电视转播车系统设计》	2006 年度浙江省广播电视优秀技术论文奖三等奖
萧山广播电视台 陆均、龚晓鸣《萧山广播电视发射中心远程监控系统应用》	2006 年度浙江省广播电视优秀技术论文奖三等奖

【3 个舞蹈参加央视录播】 8 月，杭州歌舞团优秀演员左旭东、华茜、张莹参加中央电视台文艺频道"舞蹈世界"栏目的录制。通过剧目、技术技巧、才艺 3 个部分展现"舞林"英雄本色。左旭东表演的《墨》获最佳风采奖，华茜的《追忆》获最佳表现奖，张莹的《彩云之南》获最佳人气奖。9 月，录播节目在中央电视台文艺频道播出。

【红星剧院推出越剧大舞台】 红星剧院在越剧百年华诞之际推出"越剧大舞台"，通过市场化运作模式、剧院与院团合作方式、坚持自主售票等做法，全年实现票房收入 200 余万元，受到全国同业关注。《文汇报》撰文介绍"越剧大舞台"创新模式，中央电视台戏曲频道“戏苑百家”播出“越剧大舞台”专题节目——红星璀璨。

【文艺院团体制改革】10月30日，试行市属国有文艺院团“事生企”的改革模式，杭州杂技总团演艺有限公司、杭州滑稽艺术剧院演艺有限公司挂牌成立。作为浙江省第2批文化体制改革试点单位，杭州文广集团所属杭州广播影视周报社，经过两年酝酿与实践，改制完成。剥离经营性资产，改制组建了多元投资的新型文化企业——杭州实力文化传播有限公司。（江政卿）

《红军不怕远征难》音乐会剧照 （市文广新闻出版局 供稿）

·社会文化·

【公布首批市级非物质文化遗产项目】12月15日，杭州市公布首批市级非物质文化遗产99项。全市有16个单位和个人被评为浙江省民族民间艺术保护工作先进集体和个人，5个乡(镇)被命名为浙江省民间艺术之乡。以非物质文化遗产保护为主题，出版《浙派古琴》、《杭州小热昏》和《杭剧研究》在内的《杭州文化》丛书(第二辑)。支持杭剧、睦剧等传统剧种的传承和演出。

【实施东海明珠工程】2006年，余杭区东湖街道、鸬鸟街道，萧山区新湾镇，临安镇新桥乡，建德市大同镇，淳安县临岐镇、文昌镇，上城区湖滨街道等8个乡镇(街道)获市级“东海明珠”称号。余杭区运河镇、良渚镇、瓶窑镇、黄湖镇、百丈镇、东湖街道，临安市清凉峰镇、乐平乡，上城区湖滨街道等10个乡镇（街道）申报省级“东海明珠”称号。市东海明珠工程覆盖率70%。

【实施文化信息资源共享工程】2006年，经市文化信息资源共享工程领导小组考核验收，上城区小营街道姚园寺巷社区、金钱巷社区、清波街道定安路社区，下城区武林街道仙林社区、天水街道延安新村社区、潮鸣街道艮园社区、石桥街道石桥社区、文晖街道流水东苑社区，西湖区北山街道友谊社区、古荡街道古墩社区、灵隐街道曙光社区，江干区凯旋街道文化站、采荷街道江汀社区、丁桥镇丁桥社区、四季青街道三叉社区、九堡镇三卫村，拱墅区米市巷街道红石板社区，高新区（滨江)长河街道天官社区、浦沿街道杨家墩社区，余杭区黄湖镇文化中心，西湖风景名胜区西湖街道金沙港社区，杭州经济技术开发区白杨街道邻里社区、大北社区等23个单位被命名为文化信息资源共享工程二级中心(精品型)。

下城区长庆街道新华坊社区、朝晖街道黎园社区、东新街道三塘园社区，江干区彭埠镇七堡村，拱墅区米市巷街道夹城巷社区，高新区(滨江)长河街道江二社区，余杭区瓶窑镇华兴社区、中泰乡石鸽社区、仓前镇葛巷村、闲林镇孙家坞村等10个单位被命名为杭州市文化信息资源共享工程基层二级中心（普通型)。

【实施公共图书服务“一证通”工程】“一证通”工程是杭州图书馆牵头，融合杭州市9个公共图书馆及一批具有专业特色图书馆，利用互联网与街道、乡镇、社区、乡村基层服务点连接的图书馆服务网络。服务网内实行一张借书证通借通还的借阅制度，可在1个图书馆或服务网点上借阅文献资源，阅后归还到其他任何1个图书馆或服务网点的。全年发展“一证通”工程基层服务点89个。公共图书服务“一证通”工程被评为杭州市宣传文化工作“创新奖”。

12月23日~24日，来自文化部、北京大学、南开大学、浙江大学、华东师范大学、上海图书馆、浙江图书馆、中山图书馆等10余位图书馆界专家和学者齐聚杭城，对杭州市图书服务“一证通”工程进行实地考察和理论研讨，肯定该项工程在全国图书馆界具有创新意义。

【举办《红军不怕远征难》音乐会】10月19日，由市委宣传部主办，市文化广电新闻出版局、杭州文广集团、市文联承办的《红军不怕远征难》——杭州市纪念红军长征胜利70周年大型音乐会在武林广场隆重举行。音乐会分五大篇章，激昂演绎长征壮丽画卷，交响乐、合唱等艺术形式唱响“红色经典”，300余名专业、群众演员参加演出，多层次、立体式布局。注重参与性、互动性，近万名市民观看演出。

【举办元宵灯会】2月11日~13日，2006年元宵灯会在8个城区和杭州经济技术开发区、市工人文化宫、青少年活动中心举行。灯会以“灯点小型分散、疏密结合、节俭节能、形式多样”的原则，设立89个灯会点，展出彩灯、宫灯46.8万盏，座灯(组灯)1260座，灯牌楼42个。灯会期间，组织文艺演出和文化活动100余场次，参与灯会活动200余万人次。

【举办新剧（节）目汇演】3月20日，杭州市新剧节目汇演开幕，5月23日落幕，历时2个多月。全市专业和民间剧团新编、创排的13台剧(节)目先后登台亮相，演出30余场次，吸引观众2万余人次，满足了公众日益增长的精神文化需求。

【举办"余杭论坛"】 5月31日~6月2日，由中国艺术研究院、中国文化报社、浙江省文化厅主办，杭州市文化广电新闻出版局、余杭区人民政府承办，以"国家文化安全"为主题，围绕中国非物质文化遗产保护的"余杭论坛"在余杭区举行。文化部副部长周和平、中国艺术研究院院长王文章、中国文化报社社长郭沫勤、浙江省副省长盛昌黎、浙江省文化厅厅长杨建新、杭州市副市长陈重华等出席开幕式。人民日报社、中国文化报社等40余个全国媒体进行了报道。为迎接6月10日中国首个"文化遗产日"，举办了2006年杭州海内外江南丝竹邀请赛、杭州市非物质文化遗产保护讲座、杭州市非物质文化遗产精品图片展等活动。

【文化活动进社区】 为构筑和谐社会，加快新农村文化建设步伐，扎实推进全市精神文明建设，满足人民群众精神文化生活需求，"知荣辱、树新风"双千场文化下基层活动于7月12日在西湖区龙坞镇启动，至12月1日在红星剧院结束，历时5个月，其中文艺演出逾5000场，电影放映逾5000场，遍及13个区、县(市)及西湖风景名胜区、杭州经济技术开发区，观众达数百万人次。

【举办"西湖书市"】 10月1日~5日，2006年中国(杭州)西湖书市暨首届杭州动漫出版·电子竞技展在浙江世贸中心举办。书市设5个展馆、315个展位，省外参展商占43%。书展前后两个月内共举办"超级书虫"评选、"千里叙书缘"、名家签售、萝莉塔公主选拔、铁网金牌篮球争霸赛、趣味涂鸦等文化活动10余项，共吸引观众、读者10余万人次。现场成交额3000余万元，意向成交额200余万元。50余家媒体进行全过程、全方位、多角度的宣传报道300余次。

·动漫产业·

【举办动画基地协作体年会】 10月20日，全国动画基地协作体年会在杭州举行。来自全国15个动画产业基地和4个动画教研基地的负责人和专家参加。省广电局局长林吕建，市委副书记、市动漫游戏产业发展领导小组组长叶明，市委常委、宣传部部长张鸿建，副市长陈重华及市有关部门、单位负责人出席会议。年会探讨了中国国际动漫节的总体框架思路，交流、基地建设和产业发展的情况。

【举办全国动漫专家恳谈会】 10月30日，中国国际动漫节"全国动漫专家恳谈会"在杭召开。会议按照国家广电总局提出的把中国国际动漫节办成"国家级、国际性"和"在海内外享有知名度和美誉度的重要节展"的要求，总结前两届动漫节的主要经验及需要改进的方面，探讨了办好中国国际动漫节的定位、思路及内容。来自全国的动漫专家对如何办好中国国际动漫节畅所欲言、献计献策。叶明、吴天行、张鸿建、姚民声、胡瑞庭、程蔚东、许江等出席，省、市有关部门负责人参加会议。

4月27日，第二届中国国际动漫节在杭州举办。(市文广新闻出版局 供稿)

【组团赴港参加动漫节】 7月26日~8月1日，由市文化广电新闻出版局局长、动漫办主任陈建一带队，组织全市动漫企业参加香港第八届动漫节暨第三届电玩展，杭州市精心设计布展的"动漫之都"展区得到香港动漫迷的热情关注。香港各大媒体对"动漫之都"杭州馆作了大量报道。该次参展活动宣传了杭州市推动动漫产业发展的举措和政策，推介了两届中国国际动漫节、三大国家级基地成果，展示了杭州动漫游戏企业的优势和实力。（许　英）

·西泠印社·

【西泠印社概况】 西泠印社按照市委、市政府"光大品牌、发展产业"的要求，创新社团活动形式，增强社团活力，扩大对外交流，抢抓市场机遇，深化内部管理，推动文化事业产业联动发展。

举办西泠印社丙戌春季雅集、第二届西泠印社国际艺术节、第六届篆刻艺术评展、首届印文化博览会等活动，综合性社团活动规模宏大，内容丰富。对外文化交流揭开新篇章，先后组团赴马来西亚、美国、加拿大、韩国等国家，以及国内其他城市进行文化交流访问。

稳步推进文物保护，完善文物基础档案，加强孤山社址保护与修复，不断丰富印学图书馆馆藏，实现面向社会服务。深化文化体制改革，创新企业经营机制，强化内部管理，产业经营再创新高。西泠印社拍卖有限公司优化拍品结构，完善品种。西泠印社出版社保持专业特色，拓展领域，优化选题，集聚资源，着手开展《吴昌硕全集》、《中华大典》等重大编辑出版项目。

【举办第二届国际艺术节】 10月中旬，西泠印社第二届国际艺术节先后在浙江世贸中心、杭州三台山庄、浙江展览馆、桐乡市君匋艺术院和梧桐大酒店陆续举行。艺术节以“传承金石文化，光大中华文明”为主题，组织和策划了社员书画篆刻提名展、社员艺术学术成果展、早期社员社史学术研讨会、百年社史图片展、大型艺术品拍卖会、印文化博览会、首届手卷·楹联·扇面书法展、丙戌秋季雅集系列活动等，共计五展六会，规模宏大，内容丰富。艺术节注重亲民性、开放性、普及性，参与活动的海内外社员、展览和论文作者、相关艺术院校师生、各地篆刻书画爱好者、市民群众达10万人次。日本篆刻界名家梅舒适特派弟子山下方亭组团到杭州参加开幕式，中国香港特别行政区、台湾以及韩国艺术界人士参加艺术节活动。原中共中央政治局常委、国务院副总理李岚清在市委副书记叶明、西泠印社副社长韩天衡等陪同下观摩了艺术节，对该艺术节给予高度评价。

该届艺术节的主体活动中，提名展展出西泠印社当代社员创作的书法、绘画、篆刻(原石及印屏)作品约150件，全面反映了西泠印社的整体创作实力和较高艺术水准；首届手卷·楹联·扇面书法展和印文化产品(礼品)创意设计大赛暨展会收到作品1.3万件，其中印文化产品(礼品)创意大赛涵盖印材、印泥、印章、印刀、印谱、艺术品、工艺品、纪念品、日用品、笔墨纸砚等10余个门类，5天展期展品成交额50余万元。首届印文化博览会汇集国内最著名的四大名石精品和印文化产品厂商，销售成交额600余万元。

【举办第六届篆刻艺术评展】 10月12日，在杭州举办西泠印社第六届篆刻艺术评展。评展从年初开始筹备，共收到海内外参赛作品1.2万件，其中篆刻作品约8000方。全国32个省区（包括港澳台地区）和日本、韩国、新加坡、美国5个国家选送作品，国内作品投稿量比上届增长20%，国外增长60%。其中日本篆刻界参加评展作品数量比上届增加7倍。该次评展设篆刻创作和边款创作两大门类，除命题创作外，在自选印项目中对印面大小和形式风格作出规定，并要求作者在规定创作外提交自撰论印诗文或论文供评委参考。

经过初评、复评和现场综合测试3次遴选，共有527件作品于第六届篆刻艺术评展中展出，其中包括优秀奖81名以及获等级奖的10名佼佼者。在9月22日举行的终评测试中，汪黎特等4名青年篆刻家脱颖而出，当场被吸收为西泠印社社员。

【编撰《西泠印社志》和《中国印学》】 西泠印社围绕两大课题，多次组织召开编撰工作会议，向社内外有关专家征求意见和建议，确定写作大纲、篇目设置及进程规划，组织人员撰写《西泠印社志》和《中国印学》。

【召开早期社员、社史学术研讨会】 与《西泠印社志》修撰工程相配套，由印学理论与社史研究室具体负责，召开了西泠印社早期社员、社史学术研讨会。研讨会收到论文稿近40篇，论述方向为西泠印社早期社史研究、早期社员研究、史料介绍与人物回忆3个大类。内容为对早期史实与人物生平的翔实记述，对文献与史料的爬梳考订，并发掘整理了一批新的史料。

10月14日~15日，西泠印社早期社员社史学术研讨会在桐乡召开，来自浙江、上海、北京、江苏、陕西、安徽、福建、台湾以及日本的近30位论文作者进行研讨交流，100余人参加会议。由西泠印社出版社编印出版了《西泠印社早期社员社史研究汇录》，除收录参与研讨交流的30余篇专题论文外，还汇集整理了近20年来，社内外专业报刊杂志发表的相关史料和论文，作为社史研究的资料附编。

【赴马来西亚举办作品展】 7月14日~21日，应马来西亚创价学会(Soka Gakkai Malaysia)和文荟堂(Art de Gallery)邀请，西泠印社首次组团赴马来西亚举办西泠印社社员作品展，同时举行书画篆刻专题讲座。展览汇聚了中国内地和香港特别行政区、澳门特别行政区、台湾，以及日本、韩国、新加坡、马来西亚等国的西泠印社当代社员作品100余件，参展作品涵盖篆刻、书法、国画等艺术门类，呈现了西泠印社艺术创作领域的整体面貌。为期1周的文化交流与访问，吸引了马来西亚文化界、华人知识界和官方文化机构的关注，数十个马来西亚民间文化组织、艺术社团组织参观作品展。

【加强印文化交流】 8月25日~9月10日，西泠印社组团赴美国和加拿大，围绕艺术展览、艺术品鉴定与交易等，对境外艺术产业机构进行考察、访问和交流，并与有关艺术团体达成举办艺术展览的意向。

西泠印社两次赴深圳举办西泠印社社员作品展和篆刻作品展，展出社员创作书、画、印精品，举办专家学术讲座、交流切磋等活动，提供不同地域文化和艺术风格借鉴、学习交流的机会。西泠印社借助多种渠道与海内外多个相关艺术团体建立了稳定的信息交流机制，进一步

10月13日，西泠印社第二届国际艺术节开幕。（西泠印社社委会 供稿）

提升了西泠印社的文化影响力。

【加强文物管理与维护】 2006年，西泠印社完成7000余件社藏三级以上文物的建档，编制档案7000余份，制卡4000余份，拍摄照片1.5万张。落实32件亟待抢救的古旧字画的维修和300余套贵重古器物木质保护盒制作。印学图书馆对外接待读者和借阅图书，接受捐赠、移交图书418册(套)，新购图书238册，完成955册图书的整理编码。孤山社址白蚁防治工程完成，防雷设施投入使用。实施文物“四有”档案的后续整理，新增了部分资料。编辑出版“品味西泠丛书”第二辑《西泠印社1963》，该书获市哲学社会科学优秀成果(著作类)二等奖。在6月10日“中国首个文化遗产日”纪念活动中，西泠印社展示了文物保护成果，并现场办理图书借阅证、“中国首个文化遗产日纪念”印章制作等项目，展台浏览人数1000余人次。

【产业经营再创新高】 西泠印社社委会严格按照《关于对社委会所属产业单位实施审计的意见》，加强对各产业主体的监督、管理，通过建立健全下属企业法人治理结构和现代企业制度，充分发挥各产业主体董事会、监事会和股东会的作用，年初制订经营管理目标，年终接受会计事务所审计，加强对经营者考核和监督。西泠印社社委会下属各产业主体克服市场、人才等不利因素的制约，依托百年品牌，强化内部管理，产业经营连创新高。西泠印社拍卖公司优化拍品结构，完善品种，引进了油画和雕塑专场，取得8485万元的总成交额和77.9%的成交率。西泠印社社委会全年完成销售收入5608万元，实现利润2256万元，分别比2005年增长31.6%和37.9%；资产盈利率58.4%。

【提升出版社形象】 西泠印社出版社推进机制创新，试行全新的经济责任制考核制度。保持“金石篆刻、书法碑帖”原有特色，提出“篆刻、书画、常备工具书、文化综合教育”四大板块的选题结构，优化出书结构。8月，与国家《中华大典》工作委员会办公室正式签订《中华大典·历史地理典》出版项目协议，开展编辑出版工作。通过《吴昌硕全集》、《中华大典》等重大项目，锻炼队伍，集聚资源，强化素质，夯实基础，实现快速发展，双效建设成果显著。

（张钰霖）

·文联与协会·

【文联与协会概况】 杭州市文学艺术界联合会(以下简称市文联)坚持围绕中心、服务大局，用文艺形式助推杭州经济社会发展。开展“走近大运河”大型采风创作展示活动。为在杭务工人员“送文化套餐”，开展为民工家庭送春联、为民工子弟学校送文具送演出、为外来务工人员免费交谊舞培训，组织“民工文化日”“民工创业史征文”等系列活动。为青少年送文艺套餐，开展第三届新世纪全国青少年文学征文大赛、“天堂的儿歌”演唱比赛、“西湖之春”全国少儿书法大赛、第三届杭州少儿电影节、“金鸡百花杯”全市中小学生影评大赛等7项活动。为灵隐景区重点整治工程建设者举行慰问演出，组织书画家和文艺工作者慰问驻杭部队官兵、下城区公安分局和驻乔司的公安干警等。

抓好重点创作，通过召开文学题材交流会及各文艺门类的笔会、创作会、作品研讨会，签约重点创作；启动杭州文艺创作纵横工程，组织选编《杭州文艺创作100题》，发掘杭州古今重大文化名人及事件等选题；创作演出睦剧《雪兰花》，扶持地方艺术剧种，保护非物质文化遗产；举办首届杭州国际剪纸艺术节、第二届杭州市民间工艺大师评选暨精品展，弘扬和保护中华民族艺术传统，促进民间交流。全年市文联所属各协会会员在市级以上报刊发表各类文学作品1870余万字，出版文学专著117部；表演或作品获国际级奖励6件(次)，国家级奖励47件(次)，省级奖励89件(次)。

召开市第六次文代会，回顾总结杭州文艺界过去5年的工作历程，修改《杭州市文学艺术界联合会章程》，选出新一届文联领导班子，制定发展目标。成立协会工作部，创新协会工作机制，发挥协会的专业综合优势，改善了协会工作开展不平衡的状态。西湖杂志社和杭州画院内部改革力度加大，杂志社调整领导班子、引进年青编辑人才；画院面向社会择优聘任画师，为打造品牌阵地创造条件。收回原杭州文艺之家并更名为杭州国际文化会馆，引入民营资本委托经营管理，完成了资产交接、清理债权债务、公开招投标，以及与中标接受委托经营单位的资产设备交接、装修、办理“三证”等方面工作。确定向社会公开招聘选拔会馆主任人选，为管理和使用文联产业奠定基础。

【召开市第六次文代会】 3月26日~29日，市文联第六次代表大会在杭召开，大会正式代表329人，特邀代表80人。市领导王国平、孙忠焕、虞荣仁、叶明、张鸿建、吴键、陈重华等出席开幕式，省文联党组书记高而颐，省作协党组书记、主席黄亚洲到会祝贺。王国平代表市委、市政府致辞。代表们审议通过市文联主席陈一辉作的工作报告及《杭州市文学艺术界联合会章程（修正草案）》。大会选举产生由55名委员组成的市文联第六届委员会和9人组成的第六届主席团，陈一辉任市文联主席。

【召开创作题材交流会】 3月15日，市文联在杭州翁家山召开年度创作题材交流会。10余位作家交流创作题材构思和计划。经过论证，确定影视、小说、报告文学等体裁的部分重点选题。廉声、薛家柱、楚良等策划电视剧本《钱王传奇》，计划将钱镠等在杭州建城史上有重大功绩的历史人物搬上荧屏舞台。虹子完成电视剧《东吴公主》大纲，陈华胜围绕史量才与沈秋水的故事创作电视剧本《血痕秋水》(暂名)。周珺从一个记者深入重症病房的切身体验出发，用长篇小说《怎么让我原谅我自己》表达对“死亡”的深度思考；赵建华的《失落的钥匙》完成部分初稿，主要描写城市化进程中一个家住城乡接合部少年的真实生活。

【举办摄影大赛】 4月20日，市摄影家协会承办的“百年经典杭州‘市长奖’摄影珍品大征集暨第二届‘休闲在杭州’摄影大奖赛”，在杭州市档案馆举办颁奖仪式，市长孙忠焕、市委宣传部部长张鸿建、市政协副主席施锦祥等出席。孙忠焕为10名荣获“市长奖”的摄影家和收藏家亲笔签署获奖证书。摄影珍品大征集从8000余幅来稿中评出“百年经典杭州‘市长奖’”10名(捐赠类)、“百年经典杭州白金奖”5名(稿酬类),金奖10名、银奖20名、优秀奖100名。大赛收到全国和日本、美国等国家及地区的摄影家拍摄杭州的作品,获奖作品拍摄时间跨度126年,最早1幅照片摄于1880年,还有民国、新中国成立后等历史时期的照片,具有鲜明的时代特征。同日,获奖作品展在市档案馆开幕,共展出获奖作品200余幅。《中国摄影报》、《中国摄影》杂志、《人民摄影报》、《杭州日报》、中国摄影网、杭州旅游网、杭州摄影网等作了宣传报道。

【启动画杭州活动】 3月31日,“钱塘自古繁华——全国著名画家画杭州”活动在杭州美术展示中心启动。该活动由市委宣传部、中国画研究院、市文联、杭州画院联合举办。邀请中国文联、中国画研究院、中国艺术研究院、中国美术学院、中央美术学院、天津美术学院、南京艺术学院等单位的著名书画家80余人参加,其中有冯远、刘大为、龙瑞、张立辰、何家英、江宏伟、陈家冷、孔仲起、吴山明、卓鹤君等书画家和薛永年、郎绍君、刘曦林等著名美术评论家。4月~11月,艺术家们分期分批到杭州采风写生。计划2007年在新落成的杭州画院举办“全国著名画家画杭州作品展”,并出版大型画册。

【举办校园戏剧新剧目邀请赛】 6月12日~16日,为纪念“百花齐放、百家争鸣”方针发表50周年,市文联与浙江工业大学、杭州师范学院共同主办“2006在杭高校校园戏剧新剧目邀请赛”。承办单位杭州高校剧社联盟、杭州钱塘戏剧研究社相继召开了3次校园戏剧创作会议,从13个剧本初稿中选定浙江传媒学院的《再见,妈妈!》、杭州电子科技大学杭电剧社的《求职变奏曲》、中国美术学院封泥剧社的《留恋》、浙江工业大学梦工场话剧社的《落花时节》、浙江育英职业技术学院南风剧社的《明天,准备起飞》、浙江金融职业学院希冀剧社和浙江理工大学秋一剧社的《金黄的落叶》、杭州师范学院流霞剧社的《暴风雨来临的傍晚》与《儿子长大了》等8个剧本入围邀请赛。市人大常委会副主任安志云及各主办单位负责人出席晚会,为获奖剧目颁奖。

【举办“笑星社区欢乐行”活动】 6月18日~7月12日,市文联和广发银行联办“笑星社区欢乐行”活动。由杭城著名笑星领衔,通过群众喜闻乐见的表演形式,宣传社会主义荣辱观,倡导文明与和谐。先后到杭州20个社区,为居民和外来务工人员进行巡回演出,观众近10万人次,受到社区群众欢迎。

【参加法国安堤贝爵士节】 7月20日,市文联受法国安堤贝市政府邀请,组成杭州音乐工作者代表团前往法国观摩安堤贝爵士节。法国安堤贝市是杭州友好城市尼斯所属城市,该市已举办了46届爵士节,世界各著名爵士乐团每年以到此演出为荣。市文联代表团观看了3场爵士乐演出,并与法国方面具体商谈了合作事宜。

【举办国际剪纸艺术节】 10月17日~19日,在杭州西湖博物馆举办首届杭州国际剪纸艺术节。全国政协常委、民进中央专职副主席王立平,原中国作协党组书记金坚范,中共浙江省委宣传部副部长吴天行,省文联党组书记高而颐,杭州市委副书记叶明,市委常委、宣传部部长张鸿建,副市长陈重华,著名美术史论家,中华剪纸艺术委员会顾问王伯敏,著名画家、中华剪纸艺术委员会名誉会长林曦明,中华剪纸艺术委员会会长张树贤等出席开幕式。来自澳大利亚、法国、古巴、日本、奥地利等国的剪纸艺术家,各省、市包括香港特别行政区的剪纸艺术家、民间剪纸爱好者300余人参加。在此期间,举行王伯敏《中国民间剪纸史》首发式、国际剪纸艺术论坛、国内外剪纸精品展,观摩了杭州越剧院创作演出的越剧《剪花情》。

艺术节共收到剪纸作品2000幅,展出200余位剪纸艺术家创作精品近300幅,其中有王伯敏主持创作的24米《千年剪纸民族魂》剪纸长卷,中国古代剪纸发展史中的代表精品,欧洲剪纸大师恩格尔的作品,日本剪纸艺术家辰己雅章的彩色剪纸等作品。

【举办大学生电影节】 市影视协会承办的2006年联通新势力中国杭州大学生电影节(第三届杭州大学生电影节),于9月24日在浙江理工大学开幕,历时1个月。市有关领导和组委会负责人,电影节主席张瑜、特别形象代言人黄奕、电影《疯狂的石头》导演宁浩及主要演员刘德凯等出席开幕式。电影节期间,在浙江省23所高校内举行100部优秀国产电影展映;安排“影人面对面”,影片剧组走进校园,与大学生探讨关于电影等话题;开通短信、电话、网络3个平台,接受大学生对“金桂奖”和“新势力奖”进行投票。10月24日,电影节在杭州师范学院

6月12日~16日,举办杭州高校校园戏剧新剧目邀请赛。

(市文广新闻出版局 供稿)

艺术剧院闭幕。该电影节是第十五届中国金鸡百花电影节的组成部分。

【举办西湖合唱节】 6月~10月,第四届西湖合唱节由中国合唱协会、省合唱协会、市委宣传部、市文联共同主办,市音乐家协会承办。6月,面向全省范围报名以来,参赛队伍51支,其中老年组17支、成人组15支、少儿组19支。比赛规定不得使用扩音设备,一律由钢琴伴奏,让评委和观众真实检验实际演唱水平。为能让更多的观众欣赏和参与,组委会不指定参赛曲目,而变为自由选择,复赛和决赛同场进行,增设特等奖。组织安排获金奖和特别奖的团队参加展演。10月15日,颁奖展演在杭州大剧院歌剧厅举行,市委副书记叶明、市人大常委会副主任安志云等领导与1600余名观众一起观看演出,并为优胜者颁奖。

【举办民间工艺大师评选暨精品展】 10月13日~17日,由市文联、市民协、杭州市清河坊历史街区管委会主办的第二届杭州市民间工艺大师评选暨精品展在杭州朱炳仁铜雕艺术博物馆举行。该评展活动每3年举办一次,宗旨是为抢救保护民间工艺瑰宝,继承弘扬民族优秀传统文化,进一步推动民间工艺事业的发展。2006年初开始筹备,经过初选入选的民间工艺家共41名,其中有工人、农民、教师、退休人员及个体经营者。参展的作品丰富多彩,有28个品种、500余件。展出后观众络绎不绝,每天达8000余人次。市民热情关注和参与评选,出现了参观者排队领取选票的热闹场面。评展活动评出王惠良、刘晓宝、刘双和、许恩真、吴松江、吴金德、陈志炎、蔡履平等8人为第二届"杭州市民间工艺大师",并评选了"杭州市民间工艺师"13人。

【召开秋季文学笔会】 11月13日~16日,市文联创研室在临安西天目山召开秋季文学笔会。方格子等20余位较有潜力和实力的作者参加了笔会。笔会座谈了文学创作的价值取向问题,与会青年作者结合自己的写作实践交流了心得、创作收获和写作计划。

此前,方格子的短篇小说《深夜的冬青》、中篇小说《第三种声音》分别在《人民文学》第3期、第9期发表,短篇小说《李市的早晨》被《小说选刊》转载,其中《李市的早晨》和《锦衣玉食的生活》入选《2006年中国短篇小说年度选》(漓江出版社出版)。俞梁波的长篇小说《谎言》在《钟山》增刊上发表,徐社东的长篇小说《那个叫苹果的女生》由人民文学出版社出版。楚良《我的乡村小学》、俞梁波《逃跑的年代》、赵建华《失落的钥匙》被市文联定为重点签约的长篇小说。

【为外来务工者送文化】 2006年,市文联创意推出了"同一片蓝天下——常年为外来务工者送文化套餐工程",面向杭州的外来务工人员提供系列文化服务。开办"民工艺术讲堂",采写出版外来务工者到杭打拼经历的口述纪实文学作品。向外来民工赠送图书3000余册、春联5000余对。为外来民工免费交谊舞培训3000人、巡回文艺演出33场,受惠12.6万人次。市文联争取社会资助20万元,投入54.85万元开展文化套餐系列服务。 (项日槐)

·档案事业·

【档案事业概况】 全市档案事业全面协调发展,14个国家综合档案馆和市城建档案馆,馆藏档案总量158.6万卷,向社会开放档案资料44.15万卷(册);市档案馆馆藏档案65.91万卷,开放档案资料9.63万卷(册)。

加快档案馆舍建设,构建档案服务平台。市档案馆二期建设项目被列入《杭州市"十一五"重大项目建设规划》及《2006年杭州市投资储备项目前期研究计划》,选址及预可行性研究报告方案启动。上城区档案馆新馆立项。萧山区新馆完成设计、选址、方案规划,投资概算通过财政审批。余杭区档案馆新馆完成土地征用、监理招投标等前期准备。建德市档案馆新馆项目被列入《建德市国民经济和社会发展第十一个五年规划》。临安市档案馆新馆项目被列入《临安市国民经济和社会发展第十一个五年规划》和《临安市2006年政府性投资项目库》。淳安县政府投资46万元修缮县档案馆。

【加强档案法制化建设】 4月,市档案局组织编制的《杭州市档案事业发展"十一五"(2006年~2010年)规划》(草案),被列入全市"十一五"规划编制体系,由市发改委和市档案局联合发布。年底,《杭州市档案管理条例》(草案)报市人大常委会、市法制办审核。

7月,市档案局和市法制办联合组成执法检查组,对市文化广电新闻出版局、市规划局、上城区档案局、萧山区档案局等单位进行执法抽查。8月,配合省档案局和省政府法制办组成的档案执法检查组,对杭州市贯彻实施《浙江省重大活动档案管理办法》情况进行执法检查。12月,市委、市政府办公厅下发《加强重大活动档案工作的意见》,对做好重大活动档案的收集、整理、移交和开发利用作出具体规定。

各区、县(市)落实对重大活动档案监管职能。市档案局对120个单位的档案工作进行年检,合格率100%、优秀率55%。其中特优15个、优秀66个、合格39个。发现并查处涉及涂改伪造档案违法案1起。萧山区档案局与区教育局联合对50所学校进行档案执法抽查。建德市档案局采用《档案年检反馈表》,及时反馈落实检查成果。江干区档案馆实施区级单位档案管理现代化,93%的单位实行计算机管理档案。

全市档案目标管理水平提升。至年末,有111个市直属单位通过档案工作目标管理认定,其中省级56个,市级65个。上城区档案馆达到省一级水平。开展全市档案馆安全保密大检查,提高档案保密安全意识。

【档案编研成果数量和质量提高】 2月21日,市档案局组织编纂《中国杭州通鉴》,市长孙忠焕主持召开编委会会议。至年末,完成初稿200万字。完成《杭州古旧地图集》、《百年经典杭州》和《抗日烽火中的杭州》3本书的编纂出版,完成《杭州市志·文化篇·档案事业章》编纂。

上城区档案局编纂完成《上城年鉴(2005)》、《杭州市志上城区概况篇(1986~2005)》,余杭区档案局编写《余杭历年水文气象概况》、《档案工作法律、法规汇编》和《档案工作利用实例选编》，桐庐县档案局出版《桐庐与名人》，下城区档案局出版《武林遗韵》，完成《杭州市志·下城区概况篇(1986年~2005年)》。

杭州市参加省档案部门优秀编研成果评选，市档案馆《杭州历史文化图说》、《近代杭州图集》获一等奖和二等奖；萧山区档案局《口述档案——王建欢萧然记忆文集》、《萧山"三农"政策汇编》获二等奖和三等奖；市城建档案馆《鸟瞰新杭州》获三等奖。

【发挥爱国主义教育基地作用】 全市档案部门配合重大活动，深度挖掘档案资料中的历史文化信息，发挥爱国主义教育基地作用。4月，市档案局馆联合市旅委、杭州日报社、市文联、中国摄影杂志社等单位，举行百年经典杭州——"市长奖"摄影珍品大征集暨第二届"休闲在杭州"摄影作品大赛的颁奖仪式。举办百年经典杭州摄影珍品展。5月，配合世界休闲博览会，利用中国第一历史档案馆馆藏清代宫廷档案和市档案馆档案资料，举办"清代杭州·宫廷档案"展，国家档案局副局长李明华等出席开幕式。10月，市档案局(馆)与中国美院今艺社联合主办"冯炎山水画展"。

萧山区档案局(馆)举行萧山籍人士周金品《丁肇中传》首发式，举办《萧山区"十五"档案成果巡展》。临安市档案馆开出"临安市情"和"临安地方性史料"两个展厅。桐庐县档案局(馆)举办纪念中国工农红军长征胜利70周年大型图片展。上城区档案局(馆)举办建馆20周年纪念笔会。市城建档案馆完成"红楼"修复后一、二期装饰布展及7期城市建设公示展览。市房产档案馆举行"杭州住宅文化展"中房产历史档案展出。全市档案部门举办展览接待14万人次。

【档案征集接收和开放利用】 全市接收常规档案26.27万卷。市档案馆征集明清时期古籍近400卷，并征集一批档案实物资料和700余张照片资料；萧山区档案馆征集名人档案178卷（件）、家谱9部71卷(册)，桐庐县档案馆征集《金萧报》、严子陵钓台史料及家谱4部；富阳市档案馆征集著名作家郁达夫和陈乃斌、邵荫棠著作12部。市档案馆接收第三届全球化论坛、2005年首届中国国际动漫节等7个重大活动档案共188卷、1040件。各区、县(市)档案馆主动参与收集、管理重大活动档案资料。上城区档案馆接收西博会项目、全国部分城区卫生工作研讨会等重大活动档案资料。萧山区接收2006年世界休闲博览会、2006年全国强镇发展论坛、第四届"长三角"社区教育发展论坛等档案2300余件。富阳市档案馆加强对富阳市创建省双拥模范城市、文化先进县市和省文明示范城市等项目档案的指导和接收。全市档案部门收集录音录像299盘、照片2.97万张。

市档案馆对馆藏1977年以来市级机关和企事业单位的纸质档案进行开放鉴定，审定20个全宗的1.36万卷档案，开放率56.3%。开展电子影像页的开放鉴定，完成影像页开放鉴定24.19万页。全年接待利用档案资料和现行文件14.73万人次，提供档案资料和现行文件1.14万卷(册、件)。淳安县档案馆接待江西、浙江、安徽等地移民查档3.2万人次。

【档案信息化建设】 市档案馆对网上档案馆一期、二期网络系统中存在问题进行调整和完善。11月，三期项目通过专家组验收。下城区档案馆数字系统在区政府内网运行。西湖区档案馆修改和完善网上档案馆自助管理平台，提供网上查询管理档案，访问量14.31万次。余杭区数字档案馆一期数据库完成招标。萧山区30个单位、50%的乡镇街道创建数字档案室。桐庐县数字档案馆建设被列入县"十一五"发展规划。滨江区档案馆配合"数字滨江"建设，数字档案馆开始运行。

至年末，市档案馆数字化已完成扫描影像页480万页，通过质检影像页137万页。加强对"杭州档案"门户网站建设和维护，增加"十一五"规划、普法教育专栏等重点栏目和照片档案库等，全年访问数26.93万人次。建德、淳安等档案馆建立了"杭州档案"门户网站子网站。在省档案局组织的全省综合档案馆信息化评估中，杭州市档案馆获第1名。

实现纸质档案实体与电子目录、电子影像页同步进馆。年初，市档案局申报"市级机关档案进馆，100%实现档案实体与电子目录、电子影像页同步"创新项目。制定《杭州市档案馆纸质档案数字化加工质量标准(试行)》等标准制度。至年末，接收市级机关30个单位5.03万卷纸质档案，全部实现相应45.71万条电子目录和164.4万个电子影像页同步。

市档案局"DjVu格式在档案数字化中的研究和应用"课题于3月份完成，8月份通过国家档案局专家组鉴定；《数字档案海量存储整体解决方案的研究》获2006年度国家档案局优秀科技成果一等奖。

【开展档案宣传与教育】 全市档案部门与新闻媒体联合，宣传档案工作，营造档案事业发展的良好环境。新华社、光明日报社、香港文汇报社、浙江电视台、杭州日报社等新闻媒体，对杭州市档案工作进行重点宣传。全市档案局(馆)在《中国档案报》上发表文章24篇，《浙江档案》杂志发表24篇，省、市媒体报道100次。市档案局组织开展档案宣传月活动，制定《杭州市档案局2006~2010年普法教育依法治市实施意见》和《杭州市档案局2006年度普法教育工作计划》，组织参与浙江省暨杭州市2006年哲学社会科学普及周大型广场咨询活动。

市档案局举办初级、中级档案职称"以考代评"考前培训班、档案人员上岗培训班、档案继续教育培训班等5期，受训800人。各区、县(市)档案局(馆)举办各类档案专业培训班，受训2000余人次。萧山区档案局举办行政村、民营企业、教育系统和数字档案室应用进修班7期。拱墅区档案局制定档案管理菜单式培训计划，采取帮带等形式规范基层档案管理。桐庐县档案局举办档案业务培训班，乡镇、机关部门、企事业单位88名档案员参加。富阳市档案局举办1期档案干部岗位资格证书培训班。市档案局做好职称"以考代评"和档案专业高级职务推荐上报，全年通过初级、中级专业技术资格考试77人。做好高级职务材料的接收、整理、初评工作，有8人取得高级专业职称。（也登科）

杭州日报 报业集团
HANGZHOU DAILY PRESS GROUP
杭州日报
都市快报
DUSHIKUAIBAO
每日商报
都市周报
萧山日報
富阳日报
城乡导报
杭州网
休闲 Free
风景名胜杂志
National Park Of China
杭州通讯
集团成立大会

打造“长三角”一流传媒航母
共建共享“生活品质之城”
杭州日报报业集团凭借多品牌战略，面向未来构建传媒航母：以《杭州日报》为龙头，《都市快报》、《每日商报》、杭州网为主力，其他子报刊协同作战的主流舆论格局，兼具报纸、数字电视、互联网、图书出版、文化传播等多元媒体，横跨新闻、出版、信息、广告、印刷、银行、酒店、物流配送等多个产业。集团的目标是：提高舆论引导能力，构建主流舆论引导新格局，努力实现四个转变，打造“长三角”一流现代传媒集团。
杭报集团已经进入一个充满青春活力、更有希望的时期。愿与读者朋友朝夕相伴，积极投身共建共享“生活品质之城”的崭新事业之中。

华数
HUA SHU
由你更精彩
HANGZHOU
HUASHU

杭州数字电视有限公司

中共杭州市委、市政府对有线电视数字化发展极为重视，提出要使杭州成为全国率先实现有线电视数字化城市之一和中国数字电视产业基地之一，并确立了“将杭州数字电视打造成为适应中国国情的最普及、最便利的家庭信息化终端、城市公共信息化的平台”这一建设目标。

至2006年末，杭州数字电视用户达103.1万户。杭州数字电视提供69套数字电视直播频道、34套付费频道节目、18套数字广播、华数资讯等4套专用节目以及华数互动电视大型自主视频点播服务平台。自主视频点播服务平台为交互式增强型用户提供“家庭电影院”、“强档电视剧”、“新闻天天看”、“娱乐全接触”、“体育最前线”、“栏目大拼盘”等六大主打栏目，共有1000余部电影、10000多集电视剧、120多档各类栏目、70余档新闻节目。交互式增强型用户拥有10万个小时的影视、新闻、娱乐、体育、人文等包罗万象、随意点播的节目资源。华数互动电视大型自主视频点播服务平台的成熟运行，变以往硬性的“你播我看”为软性的“我点你播”，数字电视用户的收看方式发生了革命性的变化。

杭州数字电视还有教育充电馆、财经直通车、阳光政务行、生活点点通、游戏娱乐、社区服务等信息类栏目，为用户提供54个大类的信息服务。丰富的视频节目内容和多样、便捷的城市信息化内容，以及全国首创并顺利运营的“广播”和“交互”合一的数字电视服务，使杭州的数字电视居于全国领先的地位。

2005年12月，国家广电总局授予杭州市全国有线数字电视示范城市称号。

客服热线 96371　团购热线 28850202　网站 www.hzdtv.com

省委副书记夏宝龙（中）等一行参观数字电视技术中心

市委副书记叶明（右四）、宣传部长张鸿建（右二）等领导参观杭州数字电视公司城乡信息化建设成果

TVB明星黎姿、陈豪、陈敏之一行为华数互动电视平台播放的电视剧《金枝玉孽》、《胭脂水粉》作宣传

浙江广电集团入股杭州数字电视有限公司签约仪式

举办华数客服演讲大赛

新闻出版

Press & Publication

·新闻出版综述·

【新闻出版概况】2006年，全市新闻出版部门全面落实科学发展观，以“解放思想、干在实处、走在前列”为要求，围绕市委、市政府关于坚持“发展、创新、节约、稳定、为民”，推进“五大战略”、破解“七大问题”、打造“平安杭州”、引领“和谐创业”、构建“和谐杭州”，打响经济强市、文化名城、旅游胜地、天堂硅谷“四张金名片”的工作大局，坚持“三贴近”，牢牢把握正确舆论导向，精心谋划、创新载体，先后组织开展“走进新农村”大型集中采访、首届世界休闲博览会、第二届中国国际动漫节、杭州国家软件产业基地集中采访、背街小巷改善工程、创建中国最佳旅游城市等20余项重大主题报道，为杭州市实施“十一五”规划，全面建设小康社会，率先基本实现现代化营造了良好的舆论氛围。

杭州市区有电视台2座22套节目，广播电台9座18套节目，电视覆盖率和广播覆盖率为99.59%和99.77%。出版报纸17.98亿份、杂志7800万册、图书2.68亿册。

【举办全国电视易地采访活动】4月23日~30日，中央电视台海外中心和杭州市政府共同主办，中央电视台中文国际频道、英文国际频道、上海电视台等18个卫视参加“东方休闲之都”采访拍摄活动。各地、各部门精心选择，准备充分，确定反映世界休闲博览会盛况、杭州休闲生活、杭州休闲产业等内容的17个报道选题供各电视台挑选。中央电视台海外中心评价该活动为“中央电视台开展电视易地采访活动10多年来主题最集中、最适宜于电视表现的一次”，所拍摄的18部专题片整体质量好、制作水平高。杭州电视台《聚焦杭州》与中央电视台特别节目《相约杭州》，以及5个获一等奖、二等奖节目均在央视4套展播。杭州电视台全部播出易地采访的电视专题片，并通过黄河电视台、江苏电视台和浙江电视台的国际频道向海外播出。参加采访活动的各省、市电视台播出各自拍摄的专题片。

【加强新闻发言人制度建设】杭州市制定《关于进一步改进和加强杭州市政府新闻发布制度建设的意见》，对政府新闻发布的主要任务、主要内容、发布稿形成及审批程序、组织机构及职责、新闻发言人队伍建设等作出规定。11月，市政府新闻办公室与国务院新闻办公室干部培训中心合作，对区县(市)、企事业单位新闻发言人进行培训。健全了市、市属部门和区县(市)、重点企事业单位等三级新闻发言人网络。全年组织召开新闻发布会30场。

【英文报《杭州一周》创刊】4月22日，在世界休闲博览会开幕之际，杭州市政府新闻办公室和市旅游委员会共同主办，《IN TOUCH》编辑部承办的第一份英文报《杭州一周》(Hangzhou Weekly)创刊。主要介绍休博会活动项目及杭州的文化、旅游、经济、娱乐、美食等各方面情况。全年出刊34期，每周1期8版，发行1万份，主要免费发送到三星级以上宾馆(饭店)、机场、咖啡馆等服务窗口，同时进入外宣“灯下亮”工程发送网络，为到杭游、住、行的外国人提供资讯信息服务。

【《中国杭州》画册出版】4月，市委对外宣传办公室组织编写的综合性对外宣传画册《中国杭州》(中、英文版)由浙江摄影出版社出版。画册体现时代性、特色性、典型性和艺术性，迎合外国人欣赏习惯。画册通篇以“水”为主线，分“水色双西”、“水色三江”、“水色运河”、“水色杭州”4个篇章，以精美图片，立体、全面地反映杭州历史文化、经济社会、民俗风情、美丽风光，展示杭州充满活力的城市形象。

【举办“徒步西湖”活动】9月23日，由市委外宣办与市外办、西湖风景名胜区管委会、杭州文广集团等部门共同主办的第三届“中日友好徒步西湖”民间文化交流活动在柳浪闻莺举行，共有500多名杭州市民和日本客人参加，日本驻上海总领事和在杭的部分外国留学生也参加了活动。 (王坚勇)

·报纸·

【杭报集团转变经济增长方式】杭州日报报业集团（以下简称杭报集团）发扬“永不满足、永不停步、勇攀高峰、勇于跨越”的精神，迎接挑战，把握机遇，取得了骄人业绩，集团产业呈现出又好又快发展格局。全年实现营业总收入9.42亿元，广告到账收入6.02亿元，分别比2005年增长15%和12%。集团资产总额8.26亿元，净资产总额5.47亿元，集团经济增长水平排在全国和全省前列。

确定《杭州日报》、《都市快报》、《萧山日报》、风行传媒公司、盛元印务公司为五大重点扶持支柱。五大支柱实现年营业收入8亿元，占集团总收入84.9%，对集团产业增长的贡献率81.1%。《杭州日报》广告收入突破1亿元，盛元印务公司7483万元，风行传媒公司3109万元，《萧山日报》5000万元。《都市快报》发展势头迅猛，年营业总收入4.97亿元，实现利润9709万元。

杭报集团经营收入总量高速增长，经济效益大幅提高，全年实现利润总额1.02亿元，比2005年增长64%；副业增长72%，报业以外收入占集团总收入比重提高，从2004年的3.2%增加到2006年的11.4%。

【做大做强正面宣传】 杭报集团在正面宣传上做大做强。各媒体以落实科学发展观、推进“和谐创业”、建设“和谐杭州”为主线，总揽各项重大主题报道，形成正面宣传强势，配合了市委、市政府中心工作的开展，受到省、市领导肯定，社会反响良好。省委宣传部、省新闻出版局《新闻阅评》给予很高评价。《杭州日报》的文明礼仪报道、《都市快报》的社会主义荣辱观宣传受到中宣部表扬。

正确把握群众关心的热点难点问题的报道，吴山景区、湖滨二期和灵隐景区整治工程、背街小巷改善工程等热点难点的宣传报道积极主动，用团结和谐的主流舆论引导社会舆论，为杭州经济社会发展营造了积极和谐的舆论氛围。集团各媒体发挥监测环境的作用，做好内参工作，《杭州日报》、《都市快报》、杭州网通过新闻热线及信访途径，收集“社情民意”，汇编成“每周情况通报”，专送省、市主要领导及有关部门，为了解下情作决策参考。

【提高新闻创新能力】 杭报集团各新闻栏目互动，挖掘共享资源，推出更多特色新闻报道。《杭州日报》与有关部门推出“城市品牌全国公开征集活动”、“八荣八耻八日行”活动，《都市快报》打造“运河时尚运动路”、举办省首届民间世界杯，《每日商报》的“民营经济大会特刊”，《城乡导报》的“唱响余杭”快乐歌手大奖赛，增进与市民互动，社会反响良好。以报网互动等形式，为报纸注入新活力。《杭州日报》和杭州网联手打造报网互动版“报网e动——热帖大家谈”，新版面版式设计吸纳新兴媒体的特点，突出网络元素。《都市快报》在传统热线新闻的操作上进行尝试，推出了QQ、MSN两种热线沟通与报料的形式，开创《热线网上聊》版面，率先引领报网互动之风。做足“互动、联动、活动”的文章，扩大报道的影响力。

【注重报刊品牌建设】 杭报集团启动报刊品牌年建设活动，改革集团新闻奖评比办法，制订品牌栏目培育计划扶持名录，出台品牌栏目扶持奖励办法，引入市场监测机构对集团主要报刊的版面、栏目进行监测。开展年度“双十佳”评比，召开部分品牌栏目、品牌记者专题研讨会，涌现出一大批省市品牌栏目、品牌记者。《杭州日报》的“倾听·人生”被评为省首届名专栏（全省共10个），摄影记者陈庆港作品“母系”获联合国第五届国际民俗摄影赛“人类贡献奖”唯一大奖。《都市快报》总编辑杨星获浙江省第三届“飘萍奖”并入选市宣文系统“五个一批”人才。在年度浙江新闻奖评比中，杭报集团的“接力长征——纪念红军长征70周年大型采访活动”获特别奖，《杭州日报》的“文明礼仪讲习所”、背街小巷“市民直通车”系列互动报道、“我跟农民打交道”，《都市快报》的“韩国茶商承包三千亩台州茶园”、“平安浙江千里行”、“寻找每日最有意思的照片”，杭州网的“天堂湿地、湿地天堂——西溪今古大观”，新闻论文《加强新闻创新提高舆论引导水平》等8件作品获一等奖。

【加强把关防错】 杭报集团完善优化采编管理和考评制度，建立把关防错违规扣点办法，制订严格稿件审核制度，完善上级宣传报道指示通知传达的制度，加强执行力和把关防错能力。子报刊、网站有针对性地制订相关管理规定。杭州网完善举报制度，激励优秀版主、网友对不良信息进行举报，建立特约评论员队伍，协助网上管理。杭州日报社成立考评委员会。每日商报社完善考核、考勤、把关防错、干部聘用、出版

杭州日报社摄影记者陈庆港作品“母系”获联合国第五届国际民俗摄影赛“人类贡献奖”唯一大奖 （陈庆港 摄）

流程等一系列制度。萧山日报社出台月度优秀记者、编辑评选制度，完善采编人员考评奖罚制度。休闲杂志社实施稿件评级制度，与稿酬等级和编辑工作量考核挂钩。

【加快报业跨区域发展】 杭报集团各报刊影响力扩大，通过新一轮改扩版，特色更鲜明、定位更清晰，市场竞争力提升。《杭州日报》在市场经济条件下，坚持党报性质，求得快速发展的模式。《每日商报》获"2006年中国最具品牌传播力强势媒体"奖。《e时代周报·都市消费》转型为一张都市消费类周报，取得较好的社会和经济效益，并申请更名为《都市周报》(周2刊)。《萧山日报》、《富阳日报》、《城乡导报》在全省区域报中排名提升。《风景名胜》、《休闲》杂志影响力日增，杭州网论坛注册用户突破50万个。

跨区域、跨媒体发展步伐加快。《都市快报》被省委宣传部列入全省重大主题报道成员单位，受到各地党委和政府欢迎。《杭州日报》发行覆盖杭州市并辐射杭州湾地区的湖州、嘉兴、绍兴市，各地政府把《杭州日报》视为对杭宣传的最佳窗口。《每日商报》在义乌市发行并定点印刷，推出"义乌小商品市场特刊"受到欢迎。《萧山日报》以竞拍形式获得河南三门峡日报社3年广告经营权，并完成第一年任务指标。《风景名胜》在澳大利亚墨尔本建立了首个海外记者站。

中宣部、中央级媒体及全国各大门户网站、全国性主流媒体，与杭报集团各报刊合作越来越密切。人民网多次转载《杭州日报》理论版稿件，《杭州日报》楼时伟工作室的"新闻故事"栏目有8个故事被央视"道德观察"、"健康之路"栏目录播。

【拓展产业多种经营领域】 杭报集团拓展内容产业，顺应数字化、网络化、多媒体的发展趋势，制定并实施集团数字化报业战略，在报网互动、互联网业务、图文数据开发业务上取得新进展。杭州网推出"杭网宽频"节目，与各区、县(市)合作建立杭州网支站；组建都快网，成立都快网络技术有限公司，打造消费型社区网站；杭州每日传媒有限公司和集团新研所联合开发"传媒地产"、《传媒地产购房手册》；"图文数字光盘"获省政府唯一出版奖——浙江树人出版奖。

发展主业，拓展经营产业及相关产业。形成以广告、印刷、发行等报纸主业为核心，兼具商务印刷、物流配送、互联网业务、物业休闲、会展、艺术品经营、经济型酒店等多种经营格局。发行公司推出"绿色农产品配送业务"，受到市场欢迎；浙江风行传媒有限公司在房产展和汽车展的基础上，举办鼎集私人物品展、艺术品收藏拍卖会等项目，拓展了会展项目和艺术品业；都市快报社和市公交公司共同组建杭州都市巴士书报刊有限公司；《杭州日报》与杭州网推出"人居杭州网"；《萧山日报》推出"萧山阅报栏"，阅报栏广告经营全面展开；物业公司与"外婆家"合作经营餐饮项目，自主经营休闲中心，提高创利能力；杭州锦江之星湖滨店强化内部管理，入住率提升；印务中心引进"上海小高斯"印刷设备及印前设备，每小时印刷能力达到188万张；杭报集团出资购买西湖文化广场写字楼1500平方米。

【深化体制改革】 杭报集团完善运行机制，所属独资、控股公司及对外投资，出资人调整为杭报集团有限公司；明确董事会、党委会的议事规则，处理好党委领导和董事会的关系，宣传与经营的关系。杭州日报社党总支被评为省市基层先进党组织。制订下发《关于规范集团公司对子公司管理的若干意见》，明确对投资设立的全资子公司和控股子公司的管理规定。推行经营部门公司化改造，严格按公司法规定，规范产权管理、财务管理、运营监控管理，全面实施年薪制和企业化用工制度。启动干部和人事制度的改革，建立干部退出机制，制定后备干部的选拔管理培训机制。通过笔试、面试和群众推荐，确定第1批杭报集团后备干部。改革分配制度，以《都市快报》为试点，推行与岗位和绩效相配套、淡化身份的薪酬分配体系。

全年选派9名优秀骨干进修和攻读MBA，首派29名骨干赴香港浸会大学进行为期10天的采编、经营管理知识进修。举办了1000人参加的杭报集团首届运动会。

【提高企业化管理水平】 杭报集团所属企业提高企业化管理意识、服务意识以及管理水平，完成市直单位目标考核、重大课题调研等任务。加强报社间的友好交流，获得市"社会资源国际旅游访问点"优秀奖。提高信息技术部门的技术保障、服务和研发水平，内部管理软件研发取得新进展。浙江风行传媒有限公司被评为杭州市发展文化产业先进单位，发行中心被评为全国报纸自办发行先进集体，印务中心蝉联"全国印刷企业百强"并首获全国报纸印刷质量评比精品报奖。

强化内部审计职能，加强财务管理。配合市审计局对杭报集团进行审计，并进行财务整改。落实都市快报社等7个二级法人单位、每日送公司等12个三级法人单位的内审，规范管理程序，提高经营实效。

【《都市快报》获4个大奖】 3月，《都市快报》被评为首届中国十大最具成长性创新传媒，成为浙江省唯一入选媒体。6月，蝉联世界报业发行百强，并跃居至第71位，名列浙江省第一。入围"中国500个最具价值品牌"，品牌价值评估11.2亿元。《都市快报》蝉联世界报业百强被评为市精神文明十件大事，入选市宣传文化工作十大亮点。

【做好休博会新闻宣传】 杭报集团各媒体围绕"当好东道主、办好休博会"主题，搞好休博会的新闻宣传，为杭州打造"东方休闲之都"营造良好的舆论氛围。3月起，杭报集团与省内外媒体联动，陆续推出"相约东方休闲之都"迎休博十大系列活动。包括西湖·湘湖休博圣火传递、各地使者休博大探营、休博圣火"长三角"大巡游、百户孩子画休博·百名孩子游休博、寻找晶晶——当一回休博民间大使、古都文化使者湘湖论道、"孙权家宴"菜式征集、"游名茶之乡·寻茶道之源"读者摄影比赛、市民单车畅游休博园、一网千图大观休博会——网友贴图大比拼等。4月20日，西湖·湘湖休博圣火传递活动把"相约东方休闲之都"系列活动推向高潮。由集团各媒体分别组织的近2000名市民，通过自行车、自驾车、长跑接力，将休博圣火从吴山广场一路传递到休博园，杭州市民激情关注、踊跃参与休博会活动。

《杭州日报》开设“当好东道主、办好休博会”专栏，推出“看看休博会、月月免费游”活动，每月邀请特困家庭、市级以上先进者、福利院的小朋友、外来务工者、五好家庭、老年人等免费参加休博会。《杭州日报》推出“休博会50天轨迹白描”系列报道和“休博会全情报告”，回顾总结休博会在“东方休闲之都”建设中发挥的作用。《都市快报》的休博会报道与活动尽显亲民特色，推出“快乐休闲·博览世界”休博会百城馆知识竞赛，暑期向青少年推出“玩透休博百城馆、神游世界过暑假”系列报道等。《都市快报》“休博会回顾·视觉”特刊通过图片回顾精彩休博会；“休博会回顾·欢乐参与”特刊反映休博会亲民富民特色。《每日商报》在品牌栏目“18创富”中推出《寻找休博商机》特别报道。杭州网发挥新媒体优势，整合杭报集团和广电集团的资源，为网友献上精彩纷呈的“网上休博会”。《萧山日报》以活动和报道打响“西湘记”品牌。《休闲》杂志推出休博会会刊和专刊。

【组织记者下基层采访】 1月，杭报集团派出23名记者参加“走进新农村”主题实践采访活动，展示全市社会主义新农村建设和保持共产党员先进性教育活动的生动实践。各媒体建立了记者农村联系点和基层联系点，鼓励记者下基层倾听群众声音，反映群众需求。《萧山日报》记者作为新农村建设的专职报道员，新闻版向“三农”开放。《城乡导报》落实记者联系镇乡制度，要求记者每星期下乡不少于2次。年末，编印《新闻背后的感悟——记者下基层》一书，收录杭报集团各媒体记者和编辑深入基层的采访体会文章，受到了省委宣传部的肯定。（陈培新）

·广播电视·

【广播电视概况】 杭州文化广播电视集团(以下简称文广集团)所属杭州人民广播电台3个频率（新闻综合频率、西湖之声和交通经济广播），杭州电视台6个频道(综合频道、西湖明珠频道、生活频道、影视频道、少儿频道和导视频道)，1张广播电视节目周报（《杭州广播电视报》)。市区有线电视用户160余万个，其中数字电视用户超过100万个。广播电视从业人员1753人，广告收入4.6亿元。“村村通”工程建设进度加快，累计完成通行政村273个、完成率99.8%，自然村470个、完成率94%，萧山区、余杭区率先实现广播电视全覆盖。

通过抓好重大宣传，唱响主旋律，以积极向上、生动和谐的主流舆论服务于杭州经济社会的发展，实现舆论引导水平的新提高。围绕满足人民群众精神文化需求、服务杭州文化名城建设，实现文艺繁荣发展的新突破。围绕集团提升核心竞争力和综合实力，实现产业发展领域的新拓展。

加强广播电视正面宣传。2006年世界休闲博览会暨第八届西博会、第二届动漫节和第十五届金鸡百花电影节的宣传，是重大主题宣传的点睛之笔。为给各项盛会营造浓厚的舆论氛围，文广集团所属各媒体采用主题报道、开设专题、策划活动、现场直播、公益广告等多种形式进行宣传，形成强大宣传声势。在历时近7个月的休闲博览会（西博会）宣传中，各频道(频率)、周报(刊)发布相关新闻3100余条，播出动漫节新闻1300余条，播出电影节新闻420余条。博览会开幕式和闭幕式、烟花大会、动漫节狂欢大巡游、动漫产业博览会、“星光大道”命名仪式等20项直播精彩不断。注重发挥文广集团整体优势，利用广播、电视(模拟电视、互动电视、公交移动电视、网络电视)、网站、周报、短信平台等，全方位、立体化、多角度地进行宣传，取得良好的社会效益。全年，集团共承担市两会、“十五”成就、“十一五”规划、新农村建设、第三批先进性教育、社会主义荣辱观教育、世界佛教论坛、“西湖之夏”国际音乐节、迎接国家卫生城市复检、创建中国最佳旅游城市、“五纵六路”改造、西湖保护二期、建设创新型城市、生态市建设、纪念红军长征70周年等重大主题宣传40余项。承担了杭州市形象宣传、国家级荣誉申报的专题片制作任务，《动漫杭州欢迎你》、《绿满天堂》、《清洁杭州谱新章》、《打造东方休闲之都，建设人间幸福天堂》、《杭州的承诺》等电视专题片，为杭州市成功申报国家级奖项和荣誉，并通过国家各部委的专项检查等发挥了重要作用。

精心策划多项品牌活动。第二届十大“平民英雄”评选活动自6月开始，历时3个月。作为文广集团精心策划推出的品牌活动，为社会主义荣辱观主题宣传创建了鲜活载体。该活动得到社会各界好评，被评为2006年全市宣传工作十大亮点之一。组织策划了“休博炫西湖”系列活动、“动漫全接触”系列活动、东方休闲之都异地采访、“走进新农村”大型电视直播、京杭大运河申遗移动直播、我为“七一”献热血、“长征路，希望路”“长三角”十城市电视台大型新闻采访活动、14个城市广播电台“穿越‘长三角’”宣传活动、十大阳光少年评选、越剧票友大赛等宣传活动，主办或承办了“休闲杭州”全国书画邀请展、首届中国剧院(团)论坛、西湖之春艺术节、西湖之夏音乐节、新年音乐会等文化活动。

品牌栏(节)目彰显竞争力。文广集团强化频道(率)特色定位，实施市场取向、差异化和品牌带动战略，有计划、科学地进行节目调整改良和重要栏目的改版，节目生产呈现新优势。强调平民化理念的综艺娱乐栏目“开心茶馆”，推出后即受到观众的欢迎。全新推出了“济公说故事”、“生活大参考”、“快乐七点档”、“青春门5号”、“金手指乐翻天”、“交通快活人”等栏目，取得较好的收视收听率和市场占有率。做好原有品牌栏目维护，不断注入创新元素，“杭州新闻60分”、“阿六头说新闻”、“我和你说”、“小伢儿”、“民情热线”、“轧是轧非”、“老马识途，小马指路”等品牌栏目保持高收视收听率，“阿六头说新闻”获得2006年中国原创电视栏目20佳，成为全国城市电视台中唯一的获奖新闻栏目。

【拓展广播电视对外宣传】 文广集团承办的“东方休闲之都”大型异地采访活动是2006年杭州世界休闲博览会宣传的重头戏。中央电视台等18个国内主流电视媒体参加，前来采访的媒体档次高、数量多、声势大、拍摄内容广泛。活动后，由各电视台制作7部获奖专题片《双溪牛仔》、《武林衣秀》、《相约杭州》等在中央电视台及其他外宣电视平台、各省市电视台播出。“东方休闲之都”大型异地采访活动被中央电视台认为是近两年组织最为成功的活动。据中央台地方部统计,杭州电视台用稿量首次超过南京电视台,被誉为新崛起的“供稿大户”。加大外宣节目在央视中文国际频道、中国黄河电视台、美国斯科拉卫星电视网、江苏国际频道、浙江国际频道等的播出量,全年向涉外媒体选送100余部片子,创历史新高。集团加强与中央人民广播电台、中国国际广播电台、中央电视台以及兄弟城市台的合作,积极对外发稿,宣传、推介杭州。杭州新闻广播与中国国际广播电台合作采写有关沪杭“磁悬浮列车”的报道,用42种语言在国际台播出。通过加强对外合作和资源整合,电视英语节目《走遍杭州》、《英语速递》的质量不断提高,成为对外宣传杭州、推介杭州的重要窗口。“走遍杭州”栏目取得良好社会效益,受到省委宣传部的表扬。

【创作广播电视精品】 杭州文广集团全年有21件新闻作品获各类国家级奖项,59件新闻作品获各类省级奖项。大型电视专题片《追寻郁达夫》是集团重点扶持的文化精品工程,也是合作拍摄文化名人电视专题片的有益尝试。《最后一次爱你》、《来世有缘还叫你爸爸》、《秋海棠》、《星火》、《望春风》、《白蛇传》、《保密局1949》、《真爱之百万新娘》、《梧桐相思雨》等多部影视作品完成拍摄制作并播出。《白蛇传》在央视8套全年播出的35部电视剧中,收视率位列前三名。《星火》作为迎接中共十七大召开的主旋律作品在央视播出。电视连续剧《越王勾践》部分海外版权成功出售。 (江政卿)

【加强宣传导向监督管理】 杭州市高度重视广播电视安全播出。在全省率先建立两级广播电视安全播出领导协调机构和指挥部,并建章立制,完善考核,加强演练。全年开展应急演练近30次,确保了全年日常及敏感时期的安全播出。健全宣传导向管理制度及机制,充实、加强监听监看和审读队伍,全年刊发各类评议通报近30期,努力把握正确的舆论导向。坚持两个效益并重、社会效益第一原则,开展行风评议和净化荧屏声频工作。重点治理法制类、综艺娱乐类和谈话类节目的低俗问题及低俗化倾向,加强节目把关,努力营造“绿色荧屏声频”。

【注重广播电视科技创新】 杭州市建立市广电科技进步专业委员会,推进广播电视技术创新。召开全市广电科技创新工作会议,做好2006年度广播电视奖项的评审和上报工作。组织参加2006年度浙江省广播电视优秀技术论文奖评选,获一等奖1名,二等奖4名,三等奖2名。组织参加2006年度浙江省广播电视科技创新奖评选,获省级科技创新奖一等奖2名、二等奖3名。杭州数字电视有限公司《基于广播流的互动电视业务系统平台》获国家广电总局科技创新二等奖。全年获国家广电总局和省广电局技术质量、技术维护等奖项21项。加快广电监测中心建设,推进数字电视平移及移动电视管理工作。 (许 英)

【推出杭州新闻广播】 从元旦起,杭州新闻综合频率将原双频播出的调频89兆赫单独列出,推出杭州新闻广播,成为相对独立的播出频率。节目设置除主要新闻节目外,与原有中波节目完全分离,定位于“新闻、资讯、音乐”,借鉴国际流行的播出模式,以“即时气象—新闻(资讯)—路况—音乐”的格式,每30分钟刷新1次,18小时滚动播出,后半夜转播中央电视台新闻频道节目,体现出新闻密集滚动播报、现场连线、多媒体互动等特色。

【西湖之声首创网络直播电台】 9月20日,西湖之声成立独立于传统电台的纯网络广播电台——SHOW TIME,成为浙江省第1个由专业电台打造的网络直播电台。主要是以西湖之声国际网站为平台,集资讯、娱乐、生活和互动论坛为主的综合性网络电台。西湖之声网络电台感受动感节奏,追寻时代乐符,寻找温馨感觉,以听众的需求为方向,为网友提供新鲜有趣、千变万化的听觉感受。开播网络电台使西湖之声网站排序迅速上升,由原先的全球第52万余位上升到第25万位。

【交通经济广播互动话题多】 4月29日,杭州交通经济广播举办由全国著名广播电台节目主持人参加的“八方名嘴话休闲”系列活动。来自北京、兰州、成都、武汉、哈尔滨、南京、长沙等电台的著名主持人,为杭州听众奉献了1台4.5小时的精彩节目,宣传杭州休闲博览会。全年举办了“名嘴开出租,休闲当使者”、“司机一家亲,精彩交通人”、“让运河的历史从这里延伸——运河申遗大型公益主题报道”、“体验晚高峰,清凉交通人”、“高考爱心车”等20余项主题报道活动。

【西湖明珠频道建立节目资源网】 西湖明珠频道加强节目交流,建立了杭州各区、县(市)电视节目资源网、城市电视台节目资源网、新华社国内与国际信息网,以及网络节目资源网等一批为频道节目提供资源的网络渠道。与绍兴、苏州、温州、宁波等电视台合作,进行节目制作与交换。在苏州、绍兴开办“开心茶馆”栏目。与浙江教育科技频道建立协作关系,拓展了节目资源。

【举办“超级女声”选拔活动】 5月,西湖明珠频道与湖南电视台联合举办“2006年超级女声杭州赛区选拔赛”,历时两个月。西湖明珠频道播出4场海选节目和5场赛事直播,增进了杭州文广集团与湖南电视台的合作,提升了集团和西湖明珠频道的形象知名度,宣传推介了杭州。据央视索福瑞和AC尼尔森数据显示,西湖明珠频道晚间直播“超级女声”的平均收视率为5.6个百分点,最高达8.4个百分点,创下同时段杭州落地节目收视率新高。

【生活频道求新求变】 生活频道精心打造生活服务类栏目“生活大参考”,节目策划围绕贴近生活、贴近群众的宗旨,在节目制作中求新求变。推出首届青年导游技能大赛、私房美食大赛、茶博士PK赛、智多星进社区、快乐大篷车、欢乐农家、文明礼仪教育等。拍摄制作电视短剧《消费三十六计》,通过情景短剧形式将日常消费中的案例用轻松幽默的形式展示给观众,让消费者掌握生活中的一些“妙计”,识破不良商家及伪劣产品,防止上当受骗。节目播出后，观众反响良好，受到中国消费者协会肯定，并将该节目列为国家消费教育中心的教学片之一。

【举行"我行我秀"影视模仿秀】 10月，影视频道在杭州举行第十五届金鸡百花电影节之际，承办"我行我秀"影视模仿秀活动。该活动旨在让更多的观众和影迷参与，把电影节办成"电影的盛会，人民的节日"。活动分杭州、上海、沈阳、深圳、横店5个赛区，报名超过5000人。10月26日，决赛暨颁奖典礼在杭州举行，来自各赛区的全国15强选手作最后比拼决出前3名，以及最佳配音模仿、最佳表演模仿、最佳演唱模仿、最佳创意表现、最具演艺潜力、最佳人气等6个单项奖。国内40个媒体派记者到现场采集新闻，中央电视台电影频道、新浪网、香港无线娱乐台、澳门卫视、《中国日报社》、《杭州日报》等媒体均作了重点报道。晚会由杭州电视台影视频道、浙江在线、杭州网同步直播。据统计，浙江在线观众3000余人，点击60万余人次；杭州网平台点击23万人次。

【高峰时段播出精品】 少儿频道整合和优化节目资源，播出优秀国产动画片，推出4档适合孩子和家长收看的栏目，在每天16:00~20:00少儿观看电视高峰时段播出。"小伢儿星奇吧"成为在小朋友中具有影响力的品牌；少儿新闻栏目《老豇豆新闻联播》以少儿视角针对杭州市重大主题、重要会议、重点工程、重大活动进行报道。5月1日起，新辟《青春门5号》，作为杭州电视界第一个新闻情景剧栏目，通过对社会热点和新闻事件进行艺术化解读，以平民视角聚焦街头巷尾的百姓生活。9月1日，新闻故事栏目《天下故事》正式开播，主持人用杭州人熟悉亲近的方式和语言讲述天下故事。

【文广产业开创新局面】 集团产业工作深化改革，强化管理，促进发展，开创了新局面。通过挖潜增效，稳步提升广播电视广告收入，全年创收4.6亿元。发展数字电视，杭州移动电视与数字电视的资源整合，为杭州数字电视发展实现第三次跨越奠定了坚实的基础，移动电视的广告收入近1000万元。集团积极响应市委、市政府打造杭州"动漫之都"的战略决策，与中国传媒大学共同出资组建成立杭州汉唐影视动漫有限公司、杭州唐门动漫制作培训有限公司。以办好第二届中国国际动漫节三大会展项目为契机，组建杭州中国国际动漫节会展有限责任公司，进一步介入动漫产业。

【数字电视快速发展】 2006年，杭州有线电视数字化快速发展，杭州有线电视数字化整体转换用户突破百万大关，达103.1万户，这在国内同类城市中居首创。数字电视全年收入达5.5亿元。杭州有线数字电视和IP电视获运营许可证，双双被推选为杭州市2006年宣传文化工作十大亮点之一。杭州数字电视公司吸纳浙江广电集团入股，此举有利于杭州数字电视立足杭州，辐射浙江，做大做强，引领全省数字电视的快速发展。

【移动电视迎来新发展】 由杭州文化广播电视集团、杭州市公共交通集团有限公司出资成立的杭州广电公交移动多媒体有限公司，利用高新技术拓展杭州公交车(船)承载移动电视市场，至年末，装机量达1815辆(艘)。其中，1718辆公交车安装移动电视，安装率40.8%；93艘西湖游船、4艘运河水上巴士安装移动电视。全年总收入1053万元，实现利润144.2万元，成为全国城市中继上海后第2个实现赢利的移动数字电视运营商。 (江政卿)

·出版发行·

【加强出版管理】 市文广新闻出版局认真落实省新闻出版局委托管理事项，制定《关于对杭州市内部资料性出版物实行分级管理、核准备案，实施5项管理制度的意见》和《关于杭州市内部资料性出版物5项管理制度的实施意见》，在全省率先实施5项管理制度，理顺市、区(县、市)两级出版管理体制。依法履行出版行政许可工作，做好连续性内部报刊和一次性内部图书申报审批把关工作，全年共完成内部资料申报审批32个，审核报刊型内部资料申办5个。加大对属地出版机构管理监督，完成全市83个企业报和45个市级机关刊型内部资料出版物的年检换证工作。

杭州出版社和西泠印社出版社共出版图书468种，其中新出245种；总印数225.7万册，总印张16141千印张。有25种图书分别获得第二十二届优秀图书编辑奖和第十五届树人出版提名奖，受到浙江省新闻出版局嘉奖。由杭州出版社整理再版文澜阁《四库全书》正式开印，扩大了杭州出版社在城市出版社乃至全国出版界的影响。

【重视版权保护管理】 杭州市在全国率先推行企业软件正版化，做好"休博会"、"动漫节"相关知识产权保护，查处各类版权侵权投诉案。全年受理、立案、查处4起著作权侵权

10月，第十五届金鸡百花电影节在杭州举行之际，影视频道承办"我行我秀"影视模仿秀活动。 (杭州文广集团 供稿)

投诉案，6起网络侵权投诉案，查缴在销盗版软件1万余盘。查处部分商家侵权播放背景音乐案，首次作出音乐作品侵权案的行政处罚，引起全国各地关注，得到国家版权局、省版权局的肯定。“打击非法预装计算机软件专项治理行动”和“打击网络侵权专项行动”取得阶段性成果。杭州翰香图书有限公司等18个企业获得首批“浙江省版权保护示范企业”称号。

【举办“拒绝盗版从我做起”活动】 3月~6月，市文广新闻出版局、团市委、市教育局等部门联合在全市开展“拒绝盗版从我做起”杭州市中学生版权保护主题教育活动。赴全市60所中学进行版权知识图片巡回展览。近2万名师生参观展览，400余名中学生撰写版权保护主题征文，15所中学被确定为版权保护示范基地。该活动是杭州市近年来规模大、参与人数多、成效明显的版权保护普法教育活动。

【加强印刷业管理】 杭州市按照“分级管理、落实责任、方便企业”的原则，对印刷业实施分级、分类、动态管理。全市有各类印刷企业3738个。其中，出版物印刷企业89个，包装装潢印刷企业796个，其他印刷品企业984个，排版制版等专项企业17个，打字复印企业1852个，从业人员4万人。完成年产值170亿元，比2005年增长10%以上。市区有各类印刷企业1295个(不含三印企业)，年产值140亿元，占全市印刷企业总产值75%以上。年产值500万以上企业200个，成为杭州印刷企业的领头羊。中国印刷技术研究所主办的《印刷经理人》公布的2006年“中国印刷企业100强”排行榜中，杭州3个企业入围。年末，表彰了2006年市文明印刷示范单位13个、市文明印刷企业19个、市印刷企业优秀经营者27名。 (许 英)

·新闻出版团体·

【深入新闻理论研究】 3月，市新闻工作者协会(以下简称市记协)举办新闻论文笔会，邀请《中华新闻报》、《中国出版报》等中央级媒体的主编和资深编辑到杭为申报副高级职称采编人员授课，市报刊、广电系统采编人员50余人参加论文写作学习，撰写新闻论文，提交老师点评修改。至年末，市新闻工作者在国家级报刊上发表论文10篇。

由杭报集团、杭州文广集团和杭州市记协联合承办的新闻理论刊物《新闻纵横》，请原人民日报社总编辑范敬宜为刊物题词。加强新闻创新，不断提高舆论引导水平，从版式、内容上创新，新开设了“总编总监会客厅”、“老记看天下”摄影栏目以及新闻优秀作品点评等栏目。

市记协参与并做好省记协市级党报工委的中期会议和年终总编会议的组织筹备。参与由嘉兴日报社承办的“宝兰杯”新农村文化建设新闻大奖赛。编辑完成《新闻品牌建设与舆论引导能力》一书，受到省记协领导好评。

【评选2005年度杭州新闻奖】 经全市各新闻单位推荐，由市记协组织评委会评出获奖作品340篇。其中：报刊类一等奖27篇、二等奖39篇、三等奖65篇；广播电视类一等奖27篇、二等奖48篇、三等奖68篇。另有网络、副刊、摄影、漫画、新闻论文、内参报道和广电文艺类获奖作品66篇。组织参加2005年度浙江新闻奖评选，杭州市报刊类获特别奖1篇、一等奖5篇、二等奖6篇、三等奖4篇；广播电视类获一等奖2篇、二等奖7篇、三等奖10篇。杭州日报社的《倾听·人生》获省新闻名专栏。另有网络、摄影、版面、标题、副刊、内参、论文类获奖作品15篇。5月，市记协组织2005年度杭州新闻奖(人物奖)获奖者赴昆明，考察参观昆明日报社、昆明电视台，与当地新闻媒体进行交流，受到昆明市委宣传部和昆明市记协的热情接待。

11月7日，市委宣传部与市新闻工作者协会联合召开庆祝第7个中国记者节大会，表彰2006年度杭州新闻奖(人物奖)获奖者。

▶▶资料：2006年度杭州新闻奖(人物奖)

获奖者是杭州日报社陈庆港、杭州广播影视周报社徐庆、杭州网严勤、杭州电视台西湖明珠频道赵强、杭州电视台综合频道王明华、富阳广播电视台许哲军、杭州电视台生活频道黄浩泳、都市快报社林煜、杭州人民广播电台西湖之声沈麟、萧山日报社王柏华。

【举办市新闻界第二届运动会】 运动会自8月初开始，10月底结束，历时3个月。共设围棋、象棋、乒乓球、羽毛球、游泳、篮球、足球、登山8个比赛项目，16支媒体代表队650人次运动员参加比赛。杭报集团和杭州文广集团领导作为普通运动员参赛，县(市)媒体代表队领导带队参赛。10月29日~11月1日，由省记协主办、市记协和杭报集团承办，举行了全省新闻界乒乓球比赛。

(乌 颖)

【繁荣发展印刷业】 市印刷协会有会员单位550个。该协会坚持以服务为宗旨，发挥桥梁和纽带作用，开展学术活动，提高会员单位的科学管理水平，为繁荣与发展杭州印刷业做出贡献。影天快速印务有限公司自行研发的新技术——电脑直接制版10微米调频网制版印刷的《飞思中国用户摄影作品集》和《大地——张晶作品集》在第五十七届美国印制大奖赛上分别夺得金奖和铜奖。1月起，《杭州印刷》月报改版为16开32个页码，全年出刊12期，每期发行1500份。

【举办特种印刷暨智能识别技术展】 11月11日~13日，市印刷协会承办的2006年中国国际特种印刷暨智能识别(RFID)技术展在杭举办，展示代表特种印刷、防伪印刷、包装装潢印刷等新技术、新工艺、新设备、新材料及发展趋势。国内外100余个印刷设备器材生产供应商参展，展览面积1万平方米。杭州市有8个企业参展。 (许 英)

卫 生

Public Health

·卫生综述·

【建设卫生强市】 2006年，杭州市卫生机构数2570个（含市直属19个、省直属25个），比2005年增加374个；其中，医院134个（含市直属9个、省直属15个），社区卫生服务中心（站）640个（含社区卫生服务中心49个），卫生院260个，诊所（卫生所、医务室）1261个，妇幼保健院（站）10个，疾病预防控制中心（卫生防疫站）15个，卫生监督机构14个。有医疗床位3.4万张，增长2.2%。其中医院床位2.72万张，社区卫生服务中心床位1024张。卫生技术人员4.54万人，增长7.1%；其中，执业（助理）医师1.88万人，注册护士1.56万人，医护比例为1.21∶1。平均每千人口拥有医疗床位5.12张，医院床位4.10张，拥有卫技人员6.84人，执业医师（助理）2.84人，注册护士2.35人（含省级在杭卫生资源）。

全市医疗机构诊疗人次总数4360万人（市直属643.5万人、省直属1012万人），比2005年增长8.4%；门急诊人次总数4248万人（市直属639.8万人、省直属1012万人），增长10.8%。全市医疗机构入院总人数69.26万人、出院总人数69.10万人（市直属11.27万人，省直属26.87万人），均比2005年增加5万余人次。全年全市居民人均在医疗机构门诊急诊就诊数6.40次。住院治愈好转率95.5%。

全市居民人均期望寿命79.15岁（其中男性76.75岁、女性81.80岁）。孕产妇死亡率13.11/10万，比2005年略升。婴儿死亡率4.87‰，5岁以下儿童死亡率6.73‰，比2005年均有所下降。7岁以下儿童有32.68万人享受到保健管理服务，保健覆盖率提高97.1%。

市委、市政府召开建设"卫生强市"工作会议，市委书记王国平和市长孙忠焕在会上作重要讲话。各区、县（市）党委、政府的主要领导和分管领导，市有关部门、医疗卫生单位、各乡镇（街道）主要负责人近500人参加会议，营造了推进卫生事业发展的良好氛围。

开展学习华益慰、吴孟超等优秀医务人员先进事迹的活动，评选第五届市"十佳医卫青年"和首届市卫生系统"十佳志愿者"。"服务人民、爱岗敬业、健康向上、慎独守责"的卫生文化基本形成，从业人员素质提高，全市未发现医务人员索要和收受病人"红包"等情况。据市卫生局与市纠风办联合组织的行风建设问卷调查结果显示，病人对市属医疗机构的服务满意度99.02%。市卫生局卫生监督所获全市"人民满意基层站所（办事窗口）"荣誉称号。

全年引进博士12人、硕士79人。市卫生局直属事业单位有副高级以上职称人员745人。选拔推荐13人为省"151"培养人才候选人。推荐1人为卫生部和浙江省有突出贡献中青年专家候选人。完成市新世纪"131"人才培养人选推荐，第一层次10人、第二层次15人、第三层次27人。留学归国人员20人。

【深化医疗卫生体制改革】 市第四医院、整形医院改制后运行情况良好。深化以聘用制为核心的用人制度和以绩效评价为核心的分配制度改革，医疗机构内部运行机制继续深化。完善局属医疗卫生单位人员聘用合同制，实施中层干部竞争上岗，院长（主任）实行综合目标责任制。实施专业技术人员和技术工人"评聘分开"办法，聘用程序规范，新进人员实行人事代理制。市卫生局卫生监督所参照公务员制度管理。

下城区、高新区（滨江）社区卫生服务机构"收支两条线管理"试点进展顺利。下城区长庆潮鸣社区卫生服务中心改革后，人均门诊费用比2005年减少17.01元，下降16.2%，门（急）诊量上升15%。

【专项治理商业贿赂】 杭州市制订专项治理医疗购销领域商业贿赂实施方案，建立领导组织，通过调查摸底，提出了"重在教育，重在纠正，重在规范，重在查处大案要案，重在建立长效机制和重在稳定"的方针。各地、各单位推进宣传动员和自查自纠，向社会公布投诉举报电话、传真等信息，设立自查自纠专门账户。全年受理信访、举报66起，移送检察机关立案查处6起，自办案件1起，上缴200余万元。建立政务公开药品采购使用实时监督网络，积极探索治理商业贿赂的长效机制。

【控制医疗费用】 全市138个公立医疗机构通过网络联合集中招标采购药品6966种，占药品总额85%。实行处方外配，加大告知度，并纳入院长目标管理考核。严格用药管理，配合有关部门对药品打假治劣，发现销售、使用假药的医疗机构，考核或评审时实行一票否决制。村卫生室(社区卫生服务站)药品购销纳入乡镇(街道)卫生院(社区卫生服务中心),实行一体化管理。加强药品价格监管,及时检查各级各类医疗机构的执行情况,覆盖率 100%。对违反收费规定行为报经物价部门实施处罚。通过深化“均费双控”、检验结果共享等综合措施,市、区两级医疗机构人均门诊费用比 2005 年下降 2.2%,住院费用与 2005 年持平。

【开展医疗救助】 2006 年,惠民医院及其指导协作医院等 7 个医院为困难人员提供医疗减免服务 4.52 万人次,减免 200.4 万元。惠民医院提供医疗减免服务,困难人员就诊人均少花 45 元。完善救助网络,余杭、桐庐、富阳、临安、建德、淳安等 6 个区、县(市)均新建惠民医院进行医疗救助。全市公立医疗机构共开设“爱心门诊”183 个,设立“惠民病床”1004 张,对贫困病人实施“一免一减一控”(免挂号费,床位费减 30%,每次门诊处方控制在 50 元以下)。全年诊治 1.28 万人次,减免 15.14 万元。继续开展“光明行动”,为无劳动能力和固定收入的白内障患者恢复光明,做到发现 1 例,复明 1 例。

·公共卫生·

【公共卫生概况】 建立市公共卫生委员会及防疫防病等 7 个领导小组。建立完善市、区县(市)、乡镇(街道)公共卫生管理组织,各乡镇(街道)政府均明确 1 名领导分管卫生工作。以县为单位设立 20 个卫生监督派出机构,设置率 85.7%,基本形成市、区县(市)、乡镇(街道)三级卫生监督网。乡镇和村分别设立公共卫生管理员 208 名、联络员 4392 名,并分级实施培训,培训率 90.7%。

市公共卫生中心、市第十医院(传染病后备医院)动工,市第二医院、市中医院、市红会医院等大型基建项目进展顺利。各区、县(市)公共卫生建设重点项目进展良好,临安市疾控中心、桐庐县公共卫生中心投入使用,建德市疾控中心完成主体工程。

【签订公共卫生管理目标责任书】 探索初级卫生保健目标责任制考核方式,首次由市政府与各区、县(市)政府主要领导签订《杭州市公共卫生管理目标责任书》,建立和完善公共卫生考核督查机制,对新农村建设、落实农村公共卫生项目等作了指标分解。

【完善公共卫生体系】 规范公共卫生应急管理,健全突发公共卫生事件应急指挥体系,制订并印发杭州市《突发公共事件医疗卫生应急救援预案》和《食物中毒等卫生部门专项预案》,建立健全的疾病控制、医疗救治、卫生监督等突发公共卫生事件应急处理机制。明确突发公共卫生事件上报时限、报告方式、处置程序,乡镇及以上医疗机构传染病网络直报率 100%。全市基本构建了市、区(县、市)、乡镇(街道)、村(社区)四级公共卫生管理组织和公共卫生服务网络。全市已 100%设立了乡镇(街道)公共卫生管理员和村(社区)公共卫生联络员,共设立公共卫生管理员 208 名,公共卫生联络员 4392 名,并开展分级培训,培训率达到 90.65%。

【加强公共卫生监督与管理】 实行西博会卫生保障工作安全责任制管理,履行卫生监督、疾病预防控制、医疗急救、保健服务和爱国卫生等职责。完成春节、“五一”、“十一”等节假日及休博会、西博会、首届世界佛教论坛、动漫节和高校招生等 183 项大型会议及重大社会活动的公共卫生监督保障任务,累计出动卫生监督、疾病控制、医疗保健和应急救护人员 1.52 万人次,监督检查 1.53 万户(次),现场检测农药残留、餐具、各类食品等 2508 件,调查处理 5 起可疑疫情和 217 例发病案例,为 14 万人次提供公共卫生服务,防止了公共卫生安全和项目实施现场因抢救不到位而发生人员死亡,未发生重大集体食物中毒事件。

·预防保健·

【加强疾病控制】 制定下发了《杭州市县级以上医疗机构疾病预防控制工作责任书》,召开专题会议,进一步规范了医疗机构疾病预防控制工作。加强重大疾病预防控制,下发《杭州市霍乱监测方案》,做好霍乱等肠道传染病防治。完善疫情监测、报告和预警系统。做好呼吸系统发热病例和发热聚集性病例的监测和报告,明确 15 个定点医院,开展对 SARS 预警病例、不明原因发热病人症状的监测。全年网上报告突发传染病疫情 66 起,均妥善处理。完成 13 个区、县(市)突发公共卫生事件的应急演练。加大艾滋病、性病、结核病为重点的传染病及疟疾、血吸虫病等寄生虫病(地方病)防治力度。全市甲、乙类传染病报告发病数 2.52 万例,报告发病率 346.27/10 万,比 2005 年下降 1.2%。因传染病死亡 17 例。县及县以上医疗单位的病毒性肝炎诊断符合率 90.7%,细菌性痢疾诊断符合率 97.6%。报告病例数前 6 位的病种分别为痢疾、淋病、梅毒、肺结核、肝炎、麻疹。

贯彻落实《疫苗流通和预防接种管理条例》,通过全国免疫规划的评审。加强常规免疫预防,推进规范化门诊建设和动态管理。全市开始使用信息化管理系统进行预防接种管理,结束手工查询历史。制定下发杭州市《幼儿、学生入托入学查验接种证和学校内预防接种工作实施方案》和《关于进一步加强幼儿、学生入托入学查验接种证工作的通知》,加强学校预防接种管理。在全市范围内对 4 周岁前(47 月龄)儿童全面开展脊髓灰质炎疫苗强化免疫活动。实施外来务工人员子女免费接种“五苗”(脊髓灰质炎减毒活疫苗、麻疹疫苗、百白破疫苗、卡介苗、乙肝疫苗),全程合格接种率 95.5%。

开展以社区干预为重点的慢性非传染性疾病防治。全市社区慢性病综合防治深入开展,农村启动和推广社区慢性病防治。至年末,全市有慢性病防治示范点 13 个。开展高血压分级分层管理,并将高血压分级管理扩大到全部城区。市区高血压规范管理率 73.0%,糖尿病规范管理率 64.3%;农村高血压规范管理率 39.2%,糖尿病规范管理率 30.8%。肿瘤报告率 99.1%,获得全国肿瘤防治研究办公室肯定。完成省内首次中小学生哮喘患病现状调查,市中小学生哮喘患病率 6.2%。

推广健康教育示范社区、WHO“健康促进学校”的创建和“健康促进宣传月”、亿万农民健康促进行动、有关“节日卫生”宣传等活动,发放《农民健康教育手册》等宣传资料24万余册，举办健康促进学校50余所。

加强疾病控制专业人才的引进和培养。杭州市疾控中心有博士6人、硕士42人，分别占工作人员总数的3.2%和21.6%，高学历人员比例列全国省市级疾控中心前列。

完成卫生部“全国疾控机构规范参编和模拟运行任务”(国家自然基金项目)。市疾病预防控制中心编著的《医院疾病预防控制》由人民卫生出版社出版发行，成为国内第一本该类书籍。该中心参与撰写的《公共卫生案例教程》作为硕士研究生教材，由浙江大学出版社出版发行。

【拓展精神卫生工作的“杭州模式”】全市贯彻《杭州市精神卫生条例》，使精神卫生工作走在全国前列。以拱墅区为试点探索“心理卫生四级服务体系”，逐步完善市、区县(市)、街道(乡镇)、社区(村)四级心理卫生队伍的组织体系和技术指导网络，拓展精神(心理)卫生工作“杭州模式”的内涵。其他城区也创造条件，组织医疗骨干参加心理咨询培训，建立社区心理咨询服务点等，提高心理卫生服务质量，提供网络保障。下城区试点对精神分裂症康复期病人进行“药物自我管理训练”，取得良好效果。做好“国家686项目二期”治疗监管项目的技术指导，启动“杭州市社区精神分裂症病人治疗康复成本效益评估”项目。市心理危机干预中心参与地震、超强台风袭击等灾后危机干预，使灾民心理问题发生率降到最低点。畅通危机干预热线，全年接受求助电话1.05万个(次)，对有轻生意念或行为者等高危对象，通过电话回访、联系亲友、联合“110”等措施，直接挽救生命11人次。

【规范医用废弃物管理】全市医疗单位一次性医疗用品实行集中回收。根据杭州大地维康医疗环保有限公司回收数据显示，到10月30日止，全市有直接统一回收医疗废弃物机构点776个，覆盖医疗单位2960个，累计医疗废弃物处置量7153吨，回收点比2005年增加108个，集中回收量增长7.7%,全市日排放医疗废弃物量23.8吨。县级以上医疗机构医疗废弃物安全处置率在85%以上，其中市本级为100%。在国内率先开展整个地区的医疗废弃物产污系数的系统研究，得出全市县级以上拥有病床的医疗机构医疗废弃物平均产污系数为1.0(±0.25)千克/床·日。加强医疗污水管理，包括萧山、余杭在内的区级及以上医疗机构均采取医疗污水的集中处理，处理率100%。

【艾滋病和性病防治】开展世界艾滋病日主题宣传活动，举行“遏制艾滋，履行承诺”万人签名。下发《杭州市建设工地民工学校开展艾滋病防治知识培训实施方案》，启动以民工学校为平台的艾滋病防治知识培训。邀请中国工程院院士、省卫生厅厅长李兰娟为建设工地民工授课。编印7000册《杭州市建筑工地民工学校艾滋病性病防治知识读本》赠送给民工。开展艾滋病免费自愿咨询检测服务，全年自愿咨询检测室接待1160人，比2005年增长1.2倍；检测1142人，增长1.5倍。完成两个国家级艾滋病监测哨点的监测任务。实施美沙酮维持疗法项目，对艾滋病病人进行随访。规范全市医院性病实验室、HIV初筛实验室和性病规范化门诊的相关业务。市疾病预防控制中心艾滋病确证实验室通过省级和国家级评审。全市未发生因管理原因造成非法采供血或血源、针具不洁致艾滋病感染事件。

【结核病防治】各医疗机构加强对网络直报中未到结防机构就诊的传染性肺结核病人的及时追踪。对高危人群如学校、监狱的结核病预警和治疗加强管理。完成结核病(2001年~2005年)的评估。以项目管理为重点，加强结核病归口管理的督导。开展2004年以来结核病人死亡病例的调查350例，为改进结核病控制策略提供科学依据。完成省学校结核病健康促进试点。加强免费抗结核药品的管理，对各区、县(市)疾控中心及结核病诊治定点医院进行督导管理，全市抗结核免费药品管理的基本情况良好。全年完成新涂阳发现任务率117.9%，新涂阳肺结核发现率82.5%，可疑病人追踪率99.9%，治愈率87.7%。市结防中心被卫生部评为全国结核病防治工作先进集体。

【开展社区卫生服务】西湖区、高新区(滨江)通过省级社区卫生服务先进区评估，6个城区创建为全国社区卫生服务示范区和省级社区卫生服务示范区、先进区。健全社区卫生服务机构综合考评体系，完成13个省级社区卫生服务示范中心和36个市级规范化社区卫生服务中心的创建，其中老城区有32个通过市级规范化建设评估，规范率71.1%。

加强社区卫生服务机构建设。各区落实每1万人口20万元的社区预防保健专项经费，按户籍人口50%的标准安排非户籍常住人口的社区卫生预防保健经费。市政府实

12月，举行杭州市第十人民医院、杭州市传染病后备医院建设项目奠基典礼。
(市卫生局 供稿)

事工程通过改扩建加快落实用房面积，基本解决5个未达标的社区卫生服务中心和25个社区卫生服务站的业务用房。加强社区卫生服务机构信息化建设，45个社区卫生服务中心与189个服务站实现网络联接，信息化联网率达到92%。

市城区落实984名社区责任医师，组建365个社区责任医师团队。社区责任医师对服务对象实行分片包干，以慢性病防治为切入点，完善社区卫生服务机构综合服务功能，已为市区居民138.7万人建立健康档案。鼓励和引导市属医院退休医务人员到社区卫生机构服务，开展“帮困助医”活动，加大对社区老年人、残疾人、妇女儿童及困难家庭的医疗帮扶。通过市级医院与各区体检定点医院的结对指导，组织23.6万名企业退休人员进行健康体检。

【提升妇幼保健水平】 依据《浙江省妇幼保健院评审标准》，全市开展妇幼保健机构上等级达标创建活动。完成富阳市、余杭区妇幼保健院二级甲等妇幼保健院初评审，并通过省医疗机构等级评审委员会的评审。完成桐庐县、淳安县、建德市二级乙等妇幼保健院评审。妇幼保健院等级评审达标率83.3%。

贯彻市政府《关于加强婚前保健工作的实施意见》，组织开展27个定点婚前医学检查机构调研，举办婚检医师培训班，全市158名婚前保健工作者参加培训。7个区、县(市)实行免费婚检服务，婚检率提高到7.26%。

降低孕产妇死亡率。强化助产技术服务体系建设，完善助产技术服务准入制度。全市有76个助产技术服务单位，其中县级以下30个，完成机构、人员、技术的准入专项行政许可。落实高危妊娠专案管理和逐级上报制度，举办母婴保健知识培训班、新生儿复苏技术师资班等专业培训班，提高技术服务水平，降低产时并发症及新生儿窒息的发生率，保障母婴健康安全。

【提高出生人口素质】 杭州市着力提高出生人口素质，巩固提高监测和筛查质量。全年产前筛查覆盖率100%，筛查产妇2.81万名，筛查率63.70%，随访率95.7%。加强高危孕产妇孕28周县级水平筛查，对明确诊断为畸形儿的实施淘汰性引产。完善新生儿筛查网络，依法加强出生缺陷监测和新生儿疾病筛查管理，全市助产技术服务单位筛查新生儿6.23万名，筛查率96.8%。确诊为先天性甲状腺功能低下患儿36例，先天性苯丙酮尿症患儿1例，均进行及时治疗。

把性别比偏高预防列入年度工作重点。各医疗保健机构在相关场所设置禁止非医学需要的胎儿性别鉴定和选择性别的人工终止妊娠的醒目标记，制订B超管理制度，明确B超技术人员的执业资格及操作要求，统一规范使用计划生育技术服务记录簿和计划生育手术登记薄等表册。全年未发生非医学需要的胎儿性别鉴定事件。

【注重保健和干部体检】 加强干部保健政策制度调研，出台《杭州市干部疗养管理工作暂行规定》等政策。创立保健医务人员聘用制，聘用市第一医院、市中医院、市第三医院的保健人员，代表市保健办在各自医院从事日常医疗保健服务，缓解了医务人员不足的矛盾。转变体检经费管理模式，将体检经费由各单位自行管理改由市保健办公室集中审核管理。体检工作实行计算机管理，市属体检医院的体检计算机管理系统完成调试安装。完成市五云山疗养院的二期改造，新增疗养床位96张。开展多形式、多渠道进行保健知识的宣传教育，发放书刊、保健处方等宣传资料1.7万册，公务员健康网站浏览人数逾万人，开设公务员心理咨询专线。

·农村卫生·

【农村卫生概况】 市级财政补助农村卫生资金2300万元，比2005年增长15%。新型农村合作医疗实现乡村全覆盖。全市农民参加人数370.7万人，参合率94.8%；农民人均筹资65元，共有301.8万名农民享受合作医疗补助，报销合作医疗费用2.69亿元，提高了农民医疗保障水平。各地完善政策，提高人均筹资额度和农民受益程度，加强基金管理和经办机构建设，桐庐县“三医合一”模式（城镇职工基本医疗保险、新型农村合作医疗、困难人群医疗救助）引起关注，萧山区着力解决农民看病问题，被评为全国新型农村合作医疗先进县(区)。

首次在区、县(市)全面开展新型农村合作医疗参加人员健康体检，有216.2万名农民参加体检，占参加新型农村合作医疗农民人数的58.4%，疾病检出率16.7%，起到疾病“早发现、早预防、早治疗”的作用，受到农民好评。

全市有116个建制乡镇(街道)卫生院转型为社区卫生服务中心，占总数81.7%。395个有条件的村卫生室转换成以预防保健为主的社区卫生服务站，与其他村级医疗卫生机构共同构建农村三级卫生服务网，确保卫生服务的可及性。

首次从市级卫生经费中划出300万元，专项用于全市乡镇卫生院标准化建设。各区、县(市)落实配套资金，加强基本设施、设备、人才等方面建设，首批申报标准化建设的35个卫生院通过验收，占全市建制乡镇卫生院24.6%。

【实施“万名医生下基层”工程】 根据杭州市农村医疗卫生服务状况，市卫生部门会同财政局制定《关于实施杭州市“万名医师下基层”工程的意见》和《考核评估标准》。全年选送3批66名市属医院的高资历医务人员到5个相对薄弱的县级医院和乡镇卫生院开展业务帮扶，共诊治病人2.95万人次，开展三、四类手术414例，推广新技术、新项目18个，缓解了基层群众“看病难”问题。

【地方病防治】 杭州市实行血吸虫病历史流行区的干部“查螺日”制度，防止发生内源性血吸虫病新疫情，巩固血吸虫病传播阻断的成果。加强螺情监测，消灭钉螺孳生地。开展春季查螺灭螺，查出钉螺面积9000余平方米。开展疟疾主动检测，实施“三热”病人血检和疟疾流行季节月报制度。开展“全国碘缺乏病防治日”宣传活动。加强疟疾和丝虫病监测。开展国家级布鲁氏病监测点，与中国疾控中心签订“全国重点传染病及病媒生物监测工作任务委托书”。建立人畜共患病防控机制和信息通报等制度。

·医院管理·

【医院管理概况】 全市以等级医院评审为契机，抓医疗质量管理。市级综合性医院全部通过等级医院评审。完成4个二级甲等综合医院、2个三级专科医院、3个二级专科医院、5个妇幼保健医院的评审。结合等级医院"回头看"检查活动，加大医疗行业监管力度。发挥14个市医疗质控中心(组)作用，开展检查、培训和指导，扩大市医疗质量控制工作的覆盖面。组织全市150余个医疗机构（包括民营医院）的业务培训。通过各质控中心规范医疗执业行为，加强医疗安全管理，提升医疗服务质量，促进医院规范化、制度化、科学化管理。组建第二届医疗事故技术鉴定专家库，聘任专家620人，其中保留原有382人、新聘任238人，调整幅度近40%。

【支持民营医疗机构】 市政府出台《关于促进民营医疗机构健康发展的实施意见》，民营医疗机构发展环境得到进一步优化。严格按照医疗机构设置基本标准审批，把好医疗机构准入关。全年批准开设各类医疗机构102个，其中医院1个、门诊部23个、诊所78个。10月中旬，成立市医院管理学会民营医院管理分会，吸纳会员232人。该分会向全市753个民营医疗机构发出"杭州市民营医院诚信自律规范"的倡议。

【医疗机构规范执业】 完成全市医疗机构校验，对不符合校验要求的提出整改意见，敦促整改到位。组织全市执业医师资格考试，完成3445名考生报名资格审查，取消100名人员的考试资格，处理12名持假文凭报名考生。3220名考生参加实践技能考试，2515名考生进行综合笔试。完成367名医师(包括4名外国医师)、951名护士的首次执业注册和医师资格考试合格人员的医师资格证书、医师执业证书核发。

【加快急救体系建设】 以急救体系规范化建设为重点，下发《杭州市急救分中心建设标准》，组织对全市急救分中心规范化建设考核。完成2个区及5个县(市)急救分中心和市区医疗急救点的设置，组织全市应急救治演练。开展院前医疗救治理论知识和操作技能比武竞赛，组队参加中华医学会院前急救管理分会组织的全国急救比武，获得第3名。

【加大医疗市场监管力度】 开展"医院管理年"活动，组织医疗市场监管行动。联合公安、人口计生等部门，打击非法行医、"医托"、非法医疗广告等行为。全市出动执法人员2.46万人次，检查医疗机构8613个(次)，取缔无证行医点2088个；立案536起，涉及金额99.93万元，移送司法部门17起，追究刑事责任3起，注销和吊销执业许可证各1个。全年受理医疗事故技术鉴定58起，鉴定52起，鉴定为事故9起。协调处理医疗纠纷投诉和12345、96345电话交办420起，办结率100%。对媒体发布医疗广告进行9次集中监测，发现90个医疗单位的136个广告违规，及时抄告市工商行政管理部门查处。

【创建绿色医院】 在创建市级"绿色医院"基础上，鼓励创建省级"绿色医院"。全市有8个市级"绿色医院"申报创建省级"绿色医院"，其中市第七医院等6个医院获得第2批省级"绿色医院"称号。联合市环保局对21个申报市级"绿色医院"的医疗机构进行评估验收。

【推荐为全国无偿献血先进城市】 2006年，全市无偿献血13.47万人次，其中一次献血400毫升占56.9%，成分献血率98.7%。以"继续全面实行自愿无偿献血，探索长效应急机制"为模式，加大宣传力度，保持临床用血百分之百来自自愿无偿献血，并保证临床用血安全。杭州市获浙江省2004~2005年度无偿献血先进城市称号，被浙江省献血办公室推荐为全国无偿献血先进城市。

·中医中药·

【发展中医中药事业】 坚持中西医并重，继承发扬中医药特色，组织实施"三名"(即名院、名科、名医)战略。组织名院、名科申报，全市申报省名中医院7个、省重点学科9个、省重点专科35个和省级西医医院示范中医科6个。制定《杭州市综合性（专科）医院示范中医科建设标准》和《杭州市名老中医工作室暂行管理办法》等政策。余杭区中医院骨伤专科被国家中医药管理局确定为第2批全国农村医疗机构中医特色专科(专病)建设项目。市中医院增挂全国中医肛肠诊疗中心技术协作中心牌子。淳安县创建省农村中医药工作先进县(市)通过省卫生厅预审。全市名老中医工作室建设开展申报。第3批4名国家级名中医的5名学术继承人，第2批9名省名中医的16名学术继承人分别完成3年继承学业。25个课题立项，其中国家级1项、省(部)级1项、厅(局)级13项，其他10项。获得各级科技

7月28日，杭州市"亿万农民健康促进行动"启动仪式在桐庐举行。
（市爱卫会 供稿）

进步奖10余项次。

广兴堂国医馆作为杭州市中医文化的展示"窗口",接待来自美、英等近20个国家和地区的参观者1万余人次，成为第二批杭州市国际旅游访问点之一、杭州市第2批对外宣传采访基地,被列为2006年度杭州市大文化产业发展扶持项目之一,赢得世界休闲组织、世界旅游组织和国家旅游局的赞赏，也受到国家中医药管理局的肯定。

参与国家及省有关法律、法规与规章的调研与修改意见的建议工作。对《全国城乡社区卫生服务中心建设标准》讨论稿提出"保留中医医疗机构名称"的建议,得到国家卫生管理部门的认可。与杭州市针灸推拿学会、台湾传统民俗疗法协会合作举办"海峡两岸自然疗法(针灸推拿)学术论坛"。来自瑞士、加拿大等国和中国台湾的12名自然疗法工作者与77名内地中医针灸推拿工作者交流中医针灸推拿自然疗法。

加快中医药人才培养。高新区(滨江)西兴镇中心卫生院中医师沈绍英被评为"全国基层优秀中医"。开展浙江省农村中医骨干培养对象申报,选拔35名农村中医骨干送省级医疗机构培养。江干区彭埠镇卫生院叶玲等6名省农村中医骨干培养人员被授予"浙江省农村中医骨干"称号。杭州市中医院张红梅、市红会医院李艳娟、桐庐县中医院石菲被授予"全国首届百名优秀中医护理标兵称号"。杭州市中医院胡丽珍担任中华中医药学会中医护理分会副主任委员职务。

【推广中医药适宜技术】 推进在城市社区和农村卫生服务中推广中医药适宜技术，西湖区古荡街道社区卫生服务中心、富阳市富春街道街区卫生服务中心、高新区(滨江)西兴镇社区卫生服务中心、余杭区仓前镇社区卫生服务中心等4个单位被确认为第2批省级中医药参与社区卫生服务示范单位建设单位。全市有15个单位被列为第1批市级中医药参与社区卫生服务示范单位,建设周期3年。完成杭州市34个社区中医药适宜技术参与社区卫生服务需求情况的专项调查工作,组织全市150余名社区卫生服务工作者参加针灸、小儿推拿、颈椎病中医治疗、中医药疗、中医养生等5项中医药适宜技术培训。

【强化中医行业规范化管理】 开展2006年中医类执业医师考试,合格524人,考试合格率62.9%。依法初审中医医疗广告55个,监督覆盖率85%以上。完成中医医疗机构第2轮等级中医院评审。余杭区中医院、萧山区中医骨伤科医院和富阳市中医院、建德市中医院、淳安县中医院5个中医医疗机构通过省卫生厅评审,临安市、桐庐县2个中医院通过省医院评审委员会评审。组织全市各级中医(中西医结合医院)、综合性医院中医科规范实施浙江省中医(中西医结合)58个单病种诊疗,规范中医医疗技术服务行为。

·医教科研·

【医教科研概况】 市卫生部门调整院长(主任)目标责任制考核的学科建设指标分值比重，加大对年度考核不合格单位的检查和指导力度。实施《杭州市医药卫生科技奖励办法》,实施"以奖代拨",对学科建设优秀的学科及其带头人给予重奖。完善落实科研人员与管理人员沟通制度，加强在职硕士和博士的培养及对重点学科、重点专病、重点课题、重点人才的科研组织与管理。市第六医院中西医结合肝病、市第三医院中西医结合肛肠科、余杭区中医院中医骨伤、临安市中医院中医糖尿病等4个专科或专病(2003年被列入省中医药重点专科专病建设项目,建设周期共3年)进入建设阶段第3年。

全年科研立项178项，其中部级2项、省级12项。科研获奖76项。争取市卫生局以外科研经费745.7万元。

发挥医学会优势，开展学术交流活动，评选"医疗卫生改革与创新"建议,收集到金点子50篇。承办全国心血管重症疑难病例研讨会,得到中华医学会肯定。

【推进医学教育】 启动基层卫生技术人员素质提升工程，加强基础医学教育,强化医学教育管理,进行全科医师培训、社区护士岗位培训、农村卫生人员中专学历教育、卫技人员继续医学教育。2411名乡村医生参加执业注册培训，培训通过率95.2%,197名农村卫生人员和436名基层护理人员取得成人中专补缺教育学历。加大全科医师和社区护士培训力度，全市社区卫生服务机构临床医师和注册护士累计参加岗位培训人数分别达3662人和1274人,培训率分别为80.7%和83.6%,其中市区培训率85.7%和85.5%,居全省首位。

·卫生监督·

【卫生监督概况】 结合国家卫生城市复评迎检和创建"平安杭州"活动,以食品卫生和公共卫生为重点,实施整顿市场经济秩序和"食品放心工程"。加强卫生监督执法,联合加强对餐饮业、旅游业、建筑工地、学校等卫生监管，预防控制各类突发事故。检查重点职业危害企业1717个,查处32起,罚款60万元,检查学校、托幼机构及"两餐"定点企业2812个次,检查农村集贸市场和食品生产经营单位1.14万个,查处255个,罚款25.42万元,查处不合格产品4000余千克。开展百家职业卫生示范单位创建活动，首次表彰并认定53个职业卫生示范单位。作为全国公共场所卫生监督量化分级管理试点城市，加强公共场所卫生监督监测，对448个公共浴室和94个游泳场所实施卫生监督量化分级管理,创建A级浴室业9个、A级游泳场所15个。鼓励各地开展卫生监督管理试点，拱墅区开展小餐饮消毒管理和富阳市开展农村家庭聚餐管理等卫生监督管理新方法。优化行政审批程序,实施食品、公共场所前置审批卫生许可承诺制。全市社会公共卫生状况良好，卫生合格率80%以上，未发生环境污染和放射事故及重大急性职业中毒事件。

【实施食品放心工程】 开展保健食品、食品添加剂、学校与建筑工地食堂、散装食品等食品安全专项整治。完善市卫生局与市食品安全委员会各成员单位的沟通联络、抄告通报、联合执法、综合信息发布等机制,做好季度食品安全信息发布、食品信用体系建设，会同有关成员单位实施“食品放心工程”。在直管单位和大型宾馆饭店中开展食品卫生联片自查，在餐饮经营单位中推行HACCP(食品生产的危害分析与关键控制点)、五常法等先进管理体系，食品卫生监督覆盖率100%。

实施食品量化分级管理，引导食品行业自律。完成1.26万个餐饮单位的卫生量化分级管理，量化分级率99.1%，其中A级单位145个、B级1836个、C级1.01万个、D级513个。市区范围内经营面积200平方米以上持有效卫生许可证一年以上的含茶餐饮的茶楼(馆)、咖啡、酒吧业推行食品卫生监督量化分级管理，杭州青藤茶馆有限公司等9个单位被评为A级。

开展餐饮业“放心年夜饭”、“五一”和“十一”等节假日、食品卫生许可、农村食品卫生、食品添加剂生产企业、保健食品、食品卫生监督量化分级管理、建筑工地和学校等集体食堂等专项整治。全市检查9.05万次，取缔无证1893个，罚款565.7万元，没收违法所得12万元，没收销毁食品9200余千克。处理问题多宝鱼、福寿螺、红心鸭蛋等事件，及时查处危害群众健康的食品卫生案件，群体性食物中毒事件比2005年下降5%。全年未发生因食用杭产农产品、畜产品而引起的中毒事件。

(倪 睿)

·爱国卫生·

【爱国卫生概况】 2006年，杭州市以国家卫生城市复评为契机，以开展国家卫生城市先进城区评估为载体，巩固发展“创卫”成果。各县(市)以建设社会主义新农村为重点，突出改水改厕工作，强化基础设施建设，加大各级卫生乡(镇)、村的创建力度，全市城乡环境卫生质量提高。临安市获得“国家卫生城市”称号，淳安县通过国家卫生县城复评，建德市、萧山区临浦镇创建国家卫生城市(镇)工作通过市级考核。建德市“灭蝇先进城区”通过考核，富阳市“灭蟑、灭蝇先进城区”、桐庐县“灭蟑先进县城”通过复验。淳安县姜家镇、萧山区党湾镇、富阳市高桥镇3个镇创建为浙江省卫生镇。萧山区浦阳镇、余杭区径山镇、富阳市永昌镇、临安市岛石镇、淳安县瑶山乡、桐庐县合村乡和莪山乡7个镇(乡)创建为杭州市卫生镇(乡)，全市市级以上卫生镇(乡)达59.2%。康桥镇西杨村等180个行政村创建为杭州市卫生村，市级以上卫生村达11.1%。上城区老浙大、西湖区新金都、富阳市鹳山、临安市马溪、桐庐县迎春、淳安县望湖6个社区被评为杭州市卫生示范社区，西湖区双灵村、高新区(滨江)汤家井村、萧山区灵山村、富阳市白鹤村、建德市沙墩头村、桐庐县瑶溪村6个行政村被评为杭州市卫生示范村。评选杭州市爱国卫生标兵23人。

全市新增自来水受益人口5.95万人，累计普及率97.4%。新增卫生厕所13.18万座，累计普及率93.3%；新增无害化户厕12.86万座，粪便无害化处理率52.3%。

【通过国家卫生城市复评】 2月，杭州市启动国家卫生城市复评迎检工作，建立以市委分管书记，市政府分管卫生和城管的副市长为总协调，市政府分管卫生和城管的副秘书长为总指挥，37个市级部门、8个区和2个管委会分管领导为成员的复评迎检指挥部。按照新的《国家卫生城市标准》，结合杭州实际，坚持“以块为主、条块结合、属地管理”原则，通过统一思想认识、加强组织领导、广泛宣传发动、整治薄弱环节、强化监督检查、建立长效机制，提高城市环境保洁水平，有效管理控制市容市貌秩序，改善城乡结合部卫生，规范“八小”行业经营，提升农贸市场卫生面貌，加强建设工地卫生，保障二次供水水质安全，规范医疗机构污水处置，全面提升了杭州城市卫生整体水平。10月，通过复评，杭州市被全国爱卫会再次确认为国家卫生城市。

【深入实施国家卫生城市先进城区评估】 按照新的《国家卫生城市标准》，结合2006年市政府爱国卫生工作任务，重新修订《杭州市国家卫生城市先进城区评估标准和评估办法》，评估指标增加到100项，相应增加评估小组成员部门，完善评估实施意见，加强日常监督检查和阶段性评估，促进行业管理标准化、规范化。年末评估，上城区、下城区、西湖区、西湖风景名胜区、萧山区为国家卫生城市先进城区，江干区、拱墅区、高新区(滨江)、杭州经济开发区、余杭区为国家卫生城市达标城区。

【全面实行除“四害”市场化运作】 2006年，杭州市建城区的公共环境，全部实行除“四害”市场化运作。闻堰镇等12个建制镇乡推行市场化运作。市区80%宾馆、餐饮等重点行业的大中型单位实行PCO承包作业。为加强对PCO的行政监管和行业自律，制订了除“四害”市场化运作监管办法，完善和强化日常监督管理措施，确保市场化运作的工作质量。10月，成功举办中国PCO(西湖)论坛，并获得2006年西博会“会议类创新项目奖”。

2月14日，杭州市召开国家卫生城市复评总结表彰大会。(市卫生局 供稿)

【推进亿万农民健康促进行动】杭州市实施新一轮"健康促进行动"规划,在2005年试点基础上,健全各级健康促进网络,开展形式多样的宣传教育活动,赠送《农民健康促进行动读本》及各类健康宣传资料50余万册(份)。经对13个区、县(市)进行测评,全市农民健康知识知晓率71.3%,健康行为形成率70%。萧山区开展"健康促进学校"创建活动,被卫生部命名为全国"亿万农民健康促进行动示范区"。

【开展爱国卫生月活动】4月,全市开展"以文明礼仪宣传实践活动"为主线、以"深化清洁杭州、巩固创卫成果"为主题,以"城乡环境综合整治为重点"的第18个爱国卫生月活动。4月6日,在武林广场举行"倡导科学、弘扬文明、健康生活"启动仪式和现场宣传咨询活动。据统计,全市机关干部、社区群众、志愿者近20万人参与爱国卫生月环境综合整治,整改各类环境问题2.97万个。结合国家卫生城市复评,杭州市区印发《巩固创卫成果,共建和谐杭州》——告市民和来杭朋友的一封信60万份,市级新闻媒体宣传报道110余篇,在市区入城口、公园、车站等主要地段设置大型固定宣传牌75块,电线杆宣传牌200块。

·红十字会·

【红十字会概况】2006年,市红十字会所属基层组织1036个,会员31.8万人。各级红十字会依法履行职责,在救灾、救助、救护方面发挥政府在人道救助领域的独特作用,共募集救助款物909万元。开展初级自救互救知识培训2.46万人次。宣传红十字运动基本知识,组织红十字活动196次,媒体宣传498次。

【开展备灾救灾和帮困】7月以来,超强台风和严重洪水、泥石流,给浙江省及南方沿海5个省造成严重自然灾害。杭州市红十字会动员各级红十字会和会员开展"向灾区献爱心"专项募捐,募集款物350万元。向灾区提供100余万元紧急物资援助。捐款50万元在丽水庆元灾区援建2所杭州博爱卫生院。

年初,全市举办"迎新年博爱帮困"活动,发放款物158.2万元,帮助困难户3089个。"五八"世界红十字日期间,开展"健康援助进农家——红十字在行动"为主题的"红十字博爱周"活动,组织红十字医疗队52支,深入偏远农村、社区,免费提供药品7万元,为6000余名贫困农民提供医疗救助,有4万人受益。向广西省红十字会捐赠价值29余万元的抗艾滋病病毒药品。

【发展社区红十字服务】杭州市加强对社区红十字服务工作的指导,开展创建示范社区活动,命名表彰滨江区天官社区等8个红十字服务示范社区。滨江区被评为浙江省红十字社区服务示范区。1月25日,市红十字会联合浙江康莱特集团向全市200户生活困难的下岗女工家庭发放救助款物10余万元。上城区红十字会为辖区内271户居住在木结构住房的困难家庭购买每户8万元的家庭财产特殊保险,向250户特困家庭发放每户200元的医疗救助券。下城区投入66.5万元,完善红十字医疗援助站和民工医疗援助中心医疗设备。江干区对遭受意外灾害的35户困难家庭发放救助款2万余元。拱墅区制订红十字会医疗救助办法,对100名因病致贫的困难群众每位发放价值500元的医疗救助卡。建德市对76名特困精神病患者进行救助,承担全年的医疗费用2.28万元。临安市对86名家庭困难的大学新生进行资助。桐庐县参与新型农村合作医疗救助,建成"罗山红十字博爱卫生站"。

【进行卫生救护知识与技能培训】全市红十字会重视群众性卫生救护技术和健康知识的普及。市红十字会成立卫生救护培训中心,开拓卫生救护培训新领域,在6个城区开展"急救知识进社区"活动,免费培训5081人。市红十字会机关全年举办卫生救护培训班34期、培训1086人。重点对体育场所从业人员、学校师生、社区干部、公安消防人员、外资企业员工等人群进行培训。富阳、桐庐、萧山等地红十字会重点对机动车驾驶员进行卫生救护培训。滨江区红十字会举办以社区干部和外来务工人员为对象的急救知识培训班。建德市红十字会免费对254名乡村医生进行分批师资培训。萧山区红十字会被中国红十字会总会授予"全国红十字卫生救护工作先进集体"称号。

【开展红十字青少年活动】根据中国红十字会、教育部等部门《关于加强学校红十字会工作的指导意见》精神,重新调整市红十字会学校工作委员会,确定26所市直属学校为杭州市红十字会教育系统团体会员单位。按照"杭州市红十字示范学校表彰管理办法",开展争创红十字示范学校的活动,萧山戴村镇中心小学等8所学校成为示范学校。市红十字会对市属各学校进行两期红十字知识和卫生救护培训,举办两期以"关爱生命"为主题的夏令营活动。萧山区虎山路初中徐滨杰被评为浙江省"十佳"红十字青少年。

萧山区教育红十字会开展创建红十字模范学校和评选"十佳"红十字青少年活动,举办"学会生存,珍爱生命"系列比赛。西湖区红十字会教育系统工作委员会发动全区学校红十字会和会员,对1名身患白血病的外来务工人员子女募集捐款60余万元。

【无偿献血和捐献造血干细胞】全市红十字会依照红十字会法和献血法规定,做好无偿献血的宣传、动员和表彰。全市无偿献血13.47万人次。

市红十字会通过杭州人民广播电台、流动公交广告等媒体,宣传捐献造血干细胞知识。富阳、桐庐、临安、建德、淳安等地开展较大规模的宣传、动员和入库工作。全市完成造血干细胞志愿者捐献入库802人。杭州市红十字会获省红十字会授予的优秀组织奖,富阳市红十字会获突出贡献奖。（郦　汀）

体 育

Sports

·体育综述·

【建设体育强市】2006年，杭州市加快推动“体育强市”建设，将“体育强市”列入“一名城、四强市”建设战略，编制和实施《杭州体育强市建设规划纲要(2006年~2010年)》，召开全市建设“体育强市”工作会议，对建设“体育强市”的指导思想、目标任务和保障措施作出部署。体育部门和体育工作者围绕建设“体育强市”的奋斗目标，推进群众体育和竞技体育、城市体育和农村体育、体育事业和体育产业协调发展，杭州体育事业迈上新台阶。

围绕奥运争光计划，实施具有杭州特色的竞技体育发展战略，加强体育人才培养，促进运动水平提高。杭州籍运动员在国内外重大体育赛事中取得好成绩，获得国际比赛金牌9枚、银牌10枚、铜牌10枚，获得全国比赛金牌20枚、银牌15枚、铜牌18枚。在第十三届全省体育运动会上，杭州市代表团获得金牌和总分“两个第一”。

利用政府引导、市场运作、多方联办的模式，举办了世界青年举重锦标赛、杭州天目山国际山地户外运动挑战赛、“商业杯”国际城市围棋邀请赛、杭州国际马拉松比赛、全国游泳锦标赛暨亚运会选拔赛等大型体育赛事，并将部分赛事列入世界休闲博览会项目。

表79　2006年杭州籍运动员参加国际体育赛事取得冠军情况

比赛名称	比赛项目	姓 名	名 次
女子国际象棋个人世锦赛	国际象棋	许昱华	个人冠军
第三届武术散打世界杯	男子散打70公斤级	徐延飞	个人冠军
世界米氏帆板锦标赛	帆板米氏级	王水佳	个人冠军
第八届世界短池游泳锦标赛	男子200米蝶泳	吴 鹏	个人冠军
第八届世界短池游泳锦标赛	女子200米自由泳	杨 雨	个人冠军
羽毛球大师杯赛	羽毛球女子单打	王 琳	个人冠军
第十五届亚运会	4×200米自由泳接力	汤景之	团体冠军
第十五届亚运会	男子200米蝶泳	吴 鹏	个人冠军
第十五届亚运会	4×100米自由泳接力	杨 雨	团体冠军
第十五届亚运会	4×200米自由泳接力	杨 雨	团体冠军
第十五届亚运会	男子散打70公斤级	徐延飞	个人冠军
第七届亚洲游泳锦标赛	男子400米自由泳	于 诚	个人冠军
第七届亚洲游泳锦标赛	女子400米自由泳	汤景之	个人冠军
第七届亚洲游泳锦标赛	4×200米自由泳接力	汤景之	个人冠军
第七届亚洲游泳锦标赛	4×100米混合泳接力	汤景之	个人冠军
第七届亚洲游泳锦标赛	女子200米自由泳	汤景之	个人冠军
亚洲锦标赛	女子帆板米氏级	王水佳	个人冠军
亚洲锦标赛	女子帆船470级(双)	闻一梅	个人冠军

【中国体育博物馆杭州分馆建成】10月11日，杭州市和国家体育总局合作建设的中国体育博物馆杭州分馆(杭州体育陈列馆)开馆。市委书记王国平等市领导和体育总局、省体育局有关领导出席仪式。杭州分馆位于体育场路210号，是杭州市爱国主义教育基地，由室内、室外两大部分组成。市委、市政府专门成立了由市领导、专家和各界人士组成的评审委员会，评选出第1批杭州体育冠军，在室外绿地上树起杭州籍奥运冠军抽象铜像，世界冠军、亚洲冠军和全国冠军的刻名群雕。室内设“奥林匹克与中国”、“杭州当代体育”、“杭州古代体育和近代体育”3个展厅。

【陈经纶体校建校50周年】11月25日，陈经纶体校举行50周年校庆大会，市委书记王国平为建校50周年题写“体育冠军的摇篮”贺词，市长孙忠焕致贺信，市领导叶明、张鸿建、安志云、李松春、陈重华、曾东元等参加庆祝大会。陈经纶体校是国家重点中等职业学校、国家高水平体育后备人才基地，被人事部、国家体育总局联合授予“全国体育系统先进集体”荣誉称号。建校50年来，陈经纶体校形成并发展了游泳、体操、羽毛球、武术等优势项目，先后为国家培养输送了1200余名专业优秀运动员。其中有奥运冠军楼云、罗雪娟等，夺得世界冠军74人次、亚洲冠军71人次、全国冠军577人次。涌现出国家游泳队总教练张亚东等

表 79　2006 年杭州籍运动员参加全国体育赛事取得冠军情况

比赛名称	比赛项目	姓名	名次
全国冬季游泳锦标赛	1500 米自由泳	孙　杨	冠军
全国游泳锦标赛暨亚运会选拔赛	4×100 米自由泳接力	于　诚	冠军
全国游泳锦标赛暨亚运会选拔赛	4×100 米自由泳接力	吴　鹏	冠军
全国冬季游泳锦标赛	400 米自由泳	孙　杨	冠军
全国游泳锦标赛暨亚运会选拔赛	女子 50 米蛙泳	罗雪娟	冠军
全国游泳锦标赛暨亚运会选拔赛	男子 200 米蝶泳	吴　鹏	冠军
全国羽毛球锦标赛(单项)	混合双打	桑　洋	冠军
全国艺术体操锦标赛	个人全能	丁一丹	冠军
全国艺术体操锦标赛	个人棒操	丁一丹	冠军
全国翻波板锦标赛(场地赛)	女子米氏级	王水佳	冠军
全国翻波板锦标赛(长距离赛)	女子米氏级	王水佳	冠军
全国古典式摔跤锦标赛	60 公斤级	盛　江	冠军
全国男子武术散打锦标赛	70 公斤级	徐延飞	冠军
全国游泳冠军赛暨亚运会选拔赛	4×200 米自由泳接力	汤景之	冠军
全国游泳冠军赛暨亚运会选拔赛	4×200 米自由泳接力	杨　雨	冠军
全国游泳冠军赛暨亚运会选拔赛	4×200 米自由泳接力	郑　静	冠军
全国游泳冠军赛暨亚运会选拔赛	4×200 米自由泳接力	于　诚	冠军
全国游泳冠军赛暨亚运会选拔赛	4×200 米自由泳接力	吴　鹏	冠军
全国羽毛球冠军赛	男子双打	桑　洋	冠军
全国羽毛球冠军赛	混合双打	桑　洋	冠军
全国艺术体操冠军赛	个人全能	丁一丹	冠军
全国艺术体操个人冠军赛	个人团体(成年)	丁　叮	冠军
全国艺术体操个人冠军赛	个人团体(成年)	丁一丹	冠军
全国艺术体操个人冠军赛	全能(成年)	丁一丹	冠军
全国艺术体操个人冠军赛	带操(成年)	丁一丹	冠军
全国艺术体操冠军赛	球操(成年)	丁一丹	冠军
全国艺术体操个人冠军赛	绳操(成年)	丁一丹	冠军
全国艺术体操冠军赛	棒操(成年)	丁一丹	冠军
全国帆板冠军赛(长距离赛)	女子米氏级	王水佳	冠军

一批优秀教练员，在全国体育界享有很高的知名度和美誉度,为杭州市发展竞技体育作出了突出贡献。

·竞技体育·

【参加省运会获“两个第一”】10 月,杭州市组团参加第十三届全省体育运动会竞技体育部比赛,以 377 枚金牌（含贡献奖）、190 枚银牌、130.5 枚铜牌和团体总分 6007.58 分的成绩,夺得金牌和总分“两个第一”。杭州代表团获“体育道德风尚奖”,市体育局被评为“浙江省竞技体育事业突出贡献奖”。11 月 25 日,市委、市政府举行了杭州市竞技体育表彰会，表彰奖励优秀运动员、教练员和有关单位。

【杭州籍运动员取得好成绩】全年有 35 人次分别获得 9 项世界冠军和亚洲冠军、20 项全国冠军。其中,许昱华获得女子国际象棋世锦赛冠军，徐延飞获得第三届世界杯 70 公斤级散打比赛冠军,王水佳获得世界米氏帆板锦标赛冠军。6 名运动员参加第十五届多哈亚运会,夺得 6 枚金牌、3 枚银牌,为中国杭州争了光。

【加强体育后备人才培养】全市完成体育业余训练布局调整，比上一个 4 年周期增长 45%的运动员布局编制数，其中市属运动队编制增长 52%。新增射箭、沙滩排球项目,成立杭州围棋学校和杭州市棋类运动管理中心。市模型无线电运动中心被命名为“浙江省科普教育基地”。创建建德市举重竞技训练基地、临安金盾职业高中射击训练基地。举行陈经纶体校和射击、水上运动分校建校 50 周年庆祝活动。促进教育和体育相结合、推动学校开展体育特色项目，市体育局会同市教育局制定市级体育传统项目学校管理办法和考核评估细则,命名 48 所学校的 8 个市级体育传统项目。举办市级中小学体育竞赛 25 项、3000 人参加，其中 358 人获得国家二级运动员资格。培训教练员、裁判员 200 余人次,其中 61 人获得国家二级裁判员证书。

·群众体育·

【全面实施《杭州市全民健身条例》】全市进行贯彻实施《杭州市全民健身条例》执法检查,拟订《〈杭州市全民健身条例〉实施办法》,修订杭州市全民健身设施建设和管理办法。宣传科学健身知识，组织开展全民健身活动，构建杭州特色的全民健身服务体系。组团参加第十三届全省体育运动会大众体育部的各项比赛,以 33 枚金牌、团体总分 883.5 分获得省运会大众体育部金牌和总分“两个第一”,并获得“体育道德风尚奖”，24 个集体、16 人被评为省群众体育先进集体和个人。

【加快农村体育设施建设】市政府和区、县(市)政府把农村体育设施建设列入政府实事工程。按照园林化、人性化、人文化的要求,市级新建 179 个健身点（其中 19 个健身苑)、126 个篮球场（57 个灯光球场)、141 个乒乓球场地(101 个室内乒乓球室),区、县(市)新建各类农村体育设施 500 处。争取国家和省资金扶持，在经济欠发达农村建成省第 10 批健身路径 15 处、省首批小康村建设工程项目 8 处。余杭区争取到国家体育总局小康村试点项目 30 个,萧山区建成占地面积 5000 平方米、配有 5 个标准篮球场和 5 个乒乓球场地的国家篮球健身长廊。

【体育创强争先】下城区、余杭区、富阳市建成省级体育强县(市、区),富阳高桥镇等 26 个镇(乡)建成省级体育强镇(乡),数量均居全省各市之首。开展杭州市级体育强乡(镇)和体育先进街道(社区)的创建，评出武林街道等 8 个街道为杭州市城市体育先进街道，仙林社区等15个社区为杭州市城市体育先进社区，富阳胥口镇、上官乡和临安高虹镇为杭州市体育强乡(镇)。余杭区闲林镇被农业部、国家体育总局授予全国“亿万农民健身活动”先进乡镇称号，下城区朝晖街道创建国家级社区体育俱乐部，富阳富春街道秋月社区、西湖区古荡街道益乐社区创建全国城市体育先进社区。

【“十里琅珰”登山健身道被列为国家级全民健身基地。】 “十里琅珰”又名琅珰岭，古名扪壁岭，山冈蜿蜒数千米，是西湖群山中最高、最长的山岭，平均海拔200米以上，视野开阔、澄静明秀，一直是深受杭州市民和中外游客喜爱的西湖山林登山健身休闲旅游胜地之一，每年到此登高健身者超过20万人次。近年来，西湖风景名胜区管委会、市体育局坚持遵循《西湖风景名胜区管理条例》，依托“十里琅珰”丰富的自然和人文资源，完成了登山游步道的整治改造，增设了登山健身等配套设施。经国家体育总局批准，“十里琅珰”登山健身道被列为国家级全民健身基地，国家体育总局给予100万元的扶持经费。12月24日，在“十里琅珰”举办了5000余人参加的“全民健身与奥运同行”启动仪式暨全国群众新年登高健身杭州分会场活动。

【举行横渡钱塘江活动】 横渡钱塘江曾经是杭州市的传统性群众体育活动，受到游泳爱好者喜爱。7月22日，杭州恢复了中断10余年的市民横渡钱塘江活动，并列入西博会项目。横渡活动从钱塘江南岸至北岸，全程1200米，600余人参加，年龄最大73岁，最小6岁，吸引现场观看者5万人。中央和省、市新闻媒体现场直播或报道了活动盛况，渡江活动取得良好的社会效益，被评为西博会最受市民欢迎项目。

【群众体育比赛活动丰富多彩】 市体育局组织2万余人参加的2006年浙江·杭州全民健身月启动仪式(浙中片区)暨安利纽崔莱健康跑活动。在“十里琅珰”举办5000余人参加的“全民健身与奥运同行”启动仪式暨全国群众新年登高健身杭州分会场活动。组织第三届北京·杭州世界华人篮球邀请赛、省第十三届运动会火种汇聚暨杭州市民奥运行火炬传递、市桥牌联赛、市武术展演大会、市冬泳比赛、迎春环湖跑、迎奥运环湖跑等健身活动800余次，参加者超过100万人次。承办全国CBO篮球杭州赛区比赛，并被评为全国最佳组织赛区。会同市残疾人联合会组织市第七届残疾人运动会，会同市直属机关工作委员会举办“机关文化体育年”活动。

7月22日，杭州恢复了中断10余年的市民横渡钱塘江活动。

(市体育局 供稿)

【加快群众体育社团组织建设】 全年，在富阳市召开农村村级体育组织建设现场会；在下城区召开了全市社区健身俱乐部建设工作现场会，并承办了全省社区体育健身俱乐部建设工作现场会，总结推广基层体育组织建设经验。新成立杭州市瑜伽协会、休闲运动协会和象棋协会。市级体育社团发展到35个，会员10余万人。群众体育社团组织在开展全民健身活动等方面发挥日益重要的作用。

·体育产业·

【发展体育产业】 杭州市促进体育产业发展，加强体育市场管理。配合2006年世界休闲博览会的举行，组织了时尚健身秀等休博会项目，并举办了世界电子竞技四大赛事之一的WEG世界电子竞技大师赛等活动。

全市体育部门依法加强对游泳类、健身类、户外运动类等专业性强、技术要求高、存在危险性的体育项目经营活动与场所的监督管理和专业指导服务，切实保障人民群众的生命和财产安全。加强体育专业技能培训，全年培训单项体育社会职业指导员293人，培训水上救生员416人。

【评选体育产业示范企业】 2006年，市体育局组织市全民健身服务业、体育用品制造业示范企业评选，召开了市全民健身服务业经验交流会，评出杭州飞鹰船艇有限公司等5个企业为首批全民健身服务业示范企业或体育用品制造业示范企业，并由市政府命名。通过总结推广示范企业经验，发挥他们在发展体育产业中的带动和示范作用。

【加强体育彩票管理和销售】 全市电脑体育彩票全年销售额6.89亿元，超额完成年度目标。新增电脑体育彩票销售点50个，累计达393个，并成立了市体育彩票兑奖中心。

【加快体育场地设施建设】 杭州市按照申办第十二届全运会和开展全民健身活动的要求，落实《杭州市体育设施专项规划》的编制和论证。做好杭州市奥林匹克体育中心选址和功能论证，启动城北体育公园的建设。陈经纶体校综合训练馆、杭州体育馆综合健身楼、市水上运动中心苗圃生活基地等主体工程完成，杭州棋院完成内部装修。 (阮浩勇)

·社会救助·

【保障受灾群众基本生活】2006年，杭州市部分地方遭受干旱、暴雨、洪涝等自然灾害。全市受灾人口40.10万人次，被困人口98人，转移安置1457人，死亡6人；受灾农作物3.43万公顷，其中绝收9902公顷；倒塌房屋880间，其中居民住房425间，需恢复重建387间；直接经济损失4.39亿元，其中农业直接经济损失3.17亿元。全市投入各类救灾救济款572.60万元，其中省下拨春荒和冬令救济款376万元，市财政安排一次性救灾补助金35万元，各区、县(市)投入救灾救济资金161.60万元，受灾群众的基本生活得到有效保障，需重建的居民住房全部建成。

【开展走访慰问和结对帮扶活动】年初，全市开展大规模走访慰问困难群众活动，市四套班子领导率市有关部门分13路走访慰问各区、县(市)部分低保家庭、困难家庭、优抚对象、残疾人、下岗失业人员和农村敬老院。市四套班子领导、市管领导干部、市级机关女党员女干部与335户困难家庭结对。老城区（不含萧山、余杭区，下同）开展"万名党员访万家困难户"活动，市级机关党员干部走访慰问市级救助圈的低保和困难家庭，发放一次性救助金。第六次"春风行动"共向市区2.28万户各类困难家庭发放救助金3217万元。其中，市级救助圈1.05万户，发放救助金2620万元；区级救助圈1968户，发放救助金290.79万元；街道（乡镇)级救助圈2694户，发放救助金147.32万元；社区（村）级救助圈7673户，发放救助金158.52万元。萧山、余杭区和各县(市)元旦春节期间共走访慰问困难群众9.14万户，发放慰问金（含慰问品折价）4710万元。

【提高最低生活保障标准】2006年，根据省政府的要求，杭州市建立了城乡低保标准动态调整机制，城镇低保标准不低于当地最低工资的40%，农村低保标准不低于当地城镇低保标准的60%。萧山、余杭区和5县(市)均提高了低保标准。年末，老城区城镇低保标准280元~320元/人·月，农村低保标准220元~240元/人·月；萧山、余杭区和5县（市）城镇低保标准224元~280元/人·月，农村低保标准134元~168元/人·月，均达到省政府要求。至12月底，全市共有在册城乡低保对象4万户、8.03万人，全年支出保障金9152万元，分别比上年(指2005年，下同)增长4.7%、5.9%和13.8%。其中，城镇9117户、1.65万人，支出保障金3552万元，分别增长0.9%、-1.8%和3.8%；农村3.09万户、6.38万人，支出保障金5600万元，分别增长5.9%、8.1%和21.2%。12月，全市城乡低保对象人均月补差标准分别为183元和80元，分别比上年增加7元和9元。

【落实26项配套援助措施】2006年，市级17个部门和有关单位认真落实市委办公厅、市政府办公厅《关于进一步完善对杭州市区困难群众实施援助的意见》提出的26项配套援助措施。全年向市区持证困难家庭发放医疗救助、水电煤气费补贴、廉租住房补贴、低保残疾人特殊生活补助等援助金4186万元；免收有线电视初装费和视听费、小区保洁和垃圾清运费，减免自来水"一户一表"改装费、公交费、学杂费和住房援助、法律援助等费用1352万元。

【实施医疗救助】2006年，萧山、临安、淳安、建德等区、县(市)修订医疗救助政策，扩大救助范围，降低救助门槛，提高救助比例。老城区对城镇困难家庭成员8748人次实施医疗救助，发放救助金2470万元。其中，民政部门救助2312人次，发放救助金858.05万元。杭州市惠民医院及其指导医院、协作医院对市区困难家庭成员4.52万人次实施就医"十四免十减半六优惠"政策，减免金额200.44万元。萧山、余杭区和各县(市)对困难家庭成员5813人次实施医疗救助，发放救助金1778万元。全市资助困难群众参加农村新型合作医疗保险7.16万人、276.05万元。

【巩固集中供养工作成果】2006年，各区、县(市)在完成省、市农村"五保"和城镇"三无"对象集中供养目标任务的基础上，强化敬老院制度建设，加强规范化管理。市民政局分两期对全市农村敬老院院长进行培训，各区、县(市)民政局也普遍对敬老院工作人员进行业务培训，提高服务管理水平，巩固集中供养比例。年末，全市有农村敬老院154所，5745名农村"五保"对象中有5178人集中供养，集中供养率90.1%(其中户院挂钩供养的比例为6.3%)；1310名城镇"三无"对象中有1293

人集中供养，集中供养率98.7%（其中户院挂钩供养的比例为3.4%）。

3月，市政府召开全市劳动保障和社会救助工作会议，对西湖区三墩镇敬老院等13所优秀敬老院、方慧韵等14名优秀敬老院工作者予以通报表彰。

▶▶资料：市政府表彰的农村“五保”和城镇“三无”对象集中供养工作先进集体和先进个人名单

一、优秀敬老院(13所)

西湖区三墩镇敬老院
萧山区义桥镇敬老院(老年颐乐园)
萧山区临浦镇敬老院
萧山区河上镇敬老院
余杭区塘栖镇敬老院
余杭区中泰乡敬老院
桐庐县江南镇敬老院
淳安县威坪镇敬老院
建德市新安江街道敬老院
富阳市中心敬老院
富阳市新登镇敬老院
临安市於潜镇敬老院
临安市太湖源镇敬老院

二、优秀敬老院工作者(14名)

方慧韵　上城区清波街道敬老院院长
张菊美　下城区潮鸣街道敬老院负责人
邵燕维　江干区彭埠镇敬老院院长
李　青　拱墅区“爱心老年之家”院长
项七斤　西湖区转塘镇敬老院院长
汤关法　滨江区长河街道敬老院院长
章志相　萧山区宁围镇敬老院院长
顾杏林　余杭区运河镇老年乐园院长
申屠根毛　桐庐县桐君街道敬老院院长
汪功全　淳安县枫树岭镇敬老院院长
郑树禄　建德市航头镇敬老院院长
朱邦荣　富阳市中心敬老院院长
刘志寿　临安市太湖源镇敬老院院长
水平华　西湖风景名胜区西湖街道敬老院院长

【深化分层分类救助工作】杭州市进一步健全分层救助工作机制，完善相关政策，落实各项措施。2006年末，老城区有在册“四级救助圈”（市、区〈县、市〉、街道〈乡镇〉、社区〈村〉四级）困难家庭2.43万户、5.25万人，萧山、余杭区和各县（市）有在册“三级救助圈”（区〈县、市〉、街道〈乡镇〉、社区〈村〉三级）困难家庭13.11万户、28.41万人。在实施分层救助基础上，进一步深化分类救助工作，以形成分层与分类相结合的救助体系。市民政局和市总工会联合印发《杭州市“春风行动”助学援助管理办法》，对老城区人均收入在低保标准1.2倍以下、子女就读全日制普通高校的家庭实施助学援助，援助标准提高至每学生每学年5500元，但不再享受26项援助措施和“春风行动”一次性救助金。分层分类救助制度的建立和完善，在有效解决“边缘群体”和“夹心层”问题的同时，提高了对各类困难群众救助工作的针对性和实际效果。

【完成农村贫困家庭危房改造】2006年，杭州市对733户农村贫困家庭危房进行改造，全市农村贫困家庭危房改造3年工作计划圆满完成。

2004年~2006年，全市对3955户农村贫困家庭危房进行改造，其中新建2445户、改扩建459户、修缮888户、置换163户；改造总面积34.23万平方米，其中新建20.71万平方米、改扩建3.76万平方米、修缮8.55万平方米、置换1.21万平方米。改造对象中低保家庭1939户，占总数的49%；残疾人家庭1527户，占总数的38.6%。各级财政投入补助资金6391万元，其中市级1402万元、县级2652万元、乡镇级1593万元、村级投入资金和投工投料折价共计743.55万元。

9月，市政府召开全市农村贫困家庭危房改造总结表彰会，表彰余杭区人民政府等13个先进集体、胡妙夫等37名先进个人。

▶▶资料：市政府表彰的农村贫困家庭危房改造工作先进集体和先进个人名单

一、先进集体(13个)

一等奖(2个)
余杭区人民政府
萧山区人民政府

二等奖(2个)
富阳市人民政府
淳安县人民政府

三等奖(5个)
建德市人民政府
临安市人民政府
桐庐县人民政府
西湖区人民政府
江干区人民政府

组织奖(4个)
杭州市民政局

表80　**2006年杭州市城乡居民最低生活保障标准**

地区	城镇月保障标准(元/人)			农村月保障标准(元/人)		
	一人户	二人户	三人及三人以上户	一人户	二人户	三人及三人以上户
上城区	320	300	280	–	–	–
下城区	320	300	280	–	–	–
江干区	320	300	280	240	230	220
拱墅区	320	300	280	240	230	220
西湖区	320	300	280	240	230	220
滨江区	320	300	280	240	230	220
杭州经济开发区	320	300	280	240	230	220
西湖风景名胜区	320	300	280	240	230	220
萧山区	280			168		
余杭区	260			156		
桐庐县	230			140		
淳安县	224			134		
建德市	230			140		
富阳市	270			165		
临安市	230			140		

杭州市残疾人联合会
杭州市财政局
杭州市"百千"工程办公室(市农办)

二、先进个人(37名)

胡妙夫　萧山区民政局
钱志明　萧山区财政局
俞志牛　萧山区益农镇人民政府
俞裕长　萧山区浦阳镇人民政府
周虎勇　余杭区民政局
陈金生　中共余杭区乔司镇委员会
贺美芳　余杭区崇贤镇人民政府
葛国仙　余杭区闲林镇人民政府
俞成国　富阳市民政局
王光明　富阳市财政局
杨兰芳　富阳市残疾人联合会
申屠爱月　富阳市富春街道办事处
乐照明　建德市民政局
赖志祥　建德市残疾人联合会
王　柯　建德市下涯镇人民政府
李八一　临安市民政局
蒋坚平　临安市残疾人联合会
李晓芳　临安市锦城街道办事处
廖天水　桐庐县民政局
蒋小荣　桐庐县残疾人联合会
李　艺　桐庐县分水镇人大
叶小平　淳安县民政局
黄建钦　淳安县残疾人联合会
童建平　淳安县财政局
刘志虎　淳安县姜家镇人民政府
朱珊康　西湖区民政局
倪建华　中共西湖区袁浦镇委员会
张国良　江干区民政局
陈毛苟　江干区丁桥镇人民政府
史伟芳　拱墅区残疾人联合会
鲍滨喜　高新区(滨江)民政局
汪仁水　杭州经济开发区下沙街道办事处
吕芬芳　杭州市人民政府办公厅
严伟明　杭州市民政局
杨广发　杭州市残疾人联合会
鲍延凤　杭州市财政局
钟心田　杭州市"百千"工程办公室　(市农办)

【开展实物捐赠活动】 11月,杭州市开展集中捐赠衣被活动,向宁夏回族自治区固原市捐送各类衣被21节车皮、66.19万件,另有5465件衣被用于救助市区困难家庭和外来务工困难群众。12月21日,市民政局在下城区东新苑社区举行向外来务工困难群众发放捐赠衣被仪式,发放各类过冬衣被1300余件。13个区、县(市)建立了17家"捐赠物资调剂中心"或"慈善超市",有47个街道(乡镇)和社区建立"慈善超市"、"爱心家园",全年共接收价值393.31万元的捐赠物品,得到实物捐助的困难群众有5.03万人次。

【市区劳动年龄段以上人员享受生活补贴】 根据市政府《关于建立市区征地"农转非"劳动年龄段以上人员生活补贴制度的意见》,2006年起,杭州市对市区男满60周岁、女满50周岁,未曾招工安置,未享受过市、区财政"双低"养老等保险补贴的征地"农转非"劳动年龄段以上人员发放生活补贴(每人每月150元,其中市财政100元、区财政50元)。市民政局会同市公安局、劳动保障局、国土资源局、财政局等部门联合下发了《杭州市区征地"农转非"劳动年龄段以上人员生活补贴发放工作实施办法》。至年末,市区有3.45万人享受生活补贴(其中因死亡等原因核销661人),共发放生活补贴5890万元。　(虞培新)

·优抚 双拥 安置·

【认真落实优抚政策】 2006年末,据民政部门统计,全市有优抚对象17万人,其中烈士遗属817人,因公牺牲、病故军人遗属707人,现役军人家属3.74万人,残疾军人4130人,伤残国家机关工作人员49人,伤残人民警察25人,伤残民兵民工25人,在乡复员军人5229人,在乡退伍军人12.17万人,在乡红军失散人员5人。

根据省民政厅、省财政厅要求,从2006年1月1日起,全市提高残疾军人、伤残人民警察、伤残国家机关工作人员、伤残民兵民工残疾抚恤金标准(详见表81)。对抗战时期入伍的在乡复员军人,在当地自然增长机制优抚标准的基础上每人每年增加1200元补助;解放战争时期和1954年10月31日前入伍的在乡复员军人,在当地自然增长机制优抚标准的基础上每人每年增加490元补助。2006年全市调整重点优抚对象优抚金标准(市区标准详见表82、83),老城区对未享受定期抚恤金的烈士、因公牺牲军人、病故军人的父母(抚养人)及配偶退休或失业,年固定收入低于优抚金标准的,其差额予以补足。

全市享受定期抚恤的"三属"共680人,其中烈士遗属320人,发放优抚金274.79万元,月人均715.60元;因公牺牲军人遗属98人,发放优抚金83.74万元,月人均712.07元;病故军人遗属262人,发放优抚金222.72万元,月人均708.40元。享受残疾抚恤金的伤残人员4229人,发放抚恤金、优待金、生活补贴、护理费2477万元。享受定期定量补助的在乡复员军人5229人,发放优抚金2939万元,月人均468.30元,生活保障面继续保持100%。享受定期定量补助的在乡退伍军人4790人,发放定期补助金1181万元,月人均205.45元。享受定期定量补助的在乡红军失散人员5人,发放优抚金2.83万元,月人均471.67元。老城区对46名牺牲、病故军人的遗属发放一次性抚恤金265.25万元。

全市优待义务兵家属6438户,发放优待金4227万元,年户均优待6565元。老城区优待义务兵家属1303户,发放优待金1541万元,年户均优待11825元(市区标准详见表84)。

【出台重点优抚对象医疗补助办法】 为进一步解决全市重点优抚对象"医疗难"问题,健全优抚对象医疗补助制度,根据《军人抚恤优待条例》和省政府有关文件精神,杭州市和萧山区、余杭区、各县(市)政府分别出台重点优抚对象医疗补助办法,使医疗保障水平上了一个新台阶。全市有53名失业残疾军人办理改领优抚金的手续。老城区各街道在春节前首次走访慰问企业退休移交社会管理的4495名复员退伍军人。

【继续开展爱心献功臣活动】2006年，全市有491个机关企事业单位和驻杭部队与1226户优抚对象结对，为优抚对象解决生活、医疗、住房等方面的实际困难。资助建房资金5.5万元、医疗费84.63万元；赠送慰问金434.19万元，赠送食品、衣被、家电等生活用品3182件、价值45.68万元；为10户优抚对象修建住房620平方米。

【拥军慰问活动】1月6日，杭州市副市长孙景森、市委副秘书长戚才祥、市政府副秘书长许小富等前往舟山慰问海军杭州舰官兵，并赠送慰问金20万元。1月13日，市委常委、杭州警备区政委齐毓春和孙景森参加浙江省新春拥军慰问暨双拥模范城(县)命名大会，杭州市、富阳市、临安市被省委、省政府、省军区命名为省双拥模范城。1月23日、24日，省委常委、市委书记、市人大常委会主任王国平，市委副书记、市长孙忠焕，市委副书记于辉达、朱报春、叶明带领慰问团分四路走访慰问驻杭部队官兵，并赠送慰问金125万元。1月24日，市委、市政府在新侨饭店召开杭州市2006年党政军领导新春团拜会。4月7日，王国平、孙忠焕、市政协主席虞荣仁等市领导和驻杭部队领导出席在萧山休博园圣马可广场举行的驻杭部队支持世界休闲博览会义务劳动启动仪式。启动仪式结束后，市领导和驻杭部队官兵1200余人一起参加劳动。7月27日，齐毓春、市人大常委会副主任丁德明、孙景森等慰问在外地训练的驻杭部队官兵。7月28日，戚才祥、许小富带领慰问团分两路看望驻杭部队医院、疗养院的伤病员和休养员。7月31日，王国平、孙忠焕等市领导走访慰问省军区、省武警总队官兵。8月1日，于辉达、市人大常委会副主任吴键、市政协副主席马时雍慰问在外地训练的驻杭部队官兵。8月12日~19日，孙忠焕、孙景森和杭州警备区司令员李大清等赴西藏慰问杭州籍士兵，并赠送慰问金。全市在春节和"八一"建军节期间共赠送部队慰问金（含慰问品折价）850余万元，其中市本级200余万元。12月26日，市双拥办和市劳动保障局在南京军区杭州疗养院海勤疗养区召开随军家属就业招聘大会，有55个用人单位参加，提供1150个就业岗位。

2006年，全市支持部队科技练兵、训练演习及各项设施建设经费400万元，其中直接投入科技拥军的资金100万元。市科技局为驻杭部队研制开发一批装备器材，解决了

表81　杭州市残疾军人、伤残人民警察、伤残国家机关工作人员、伤残民兵民工残疾抚恤金标准

（从2006年1月1日起执行）　　单位：元/年

伤残等级	伤残性质	抚恤金标准
一　级	因　战	14 560
	因　公	14 040
	因　病	13 570
二　级	因　战	13 100
	因　公	12 480
	因　病	11 960
三　级	因　战	11 650
	因　公	10 920
	因　病	10 140
四　级	因　战	9 470
	因　公	8 580
	因　病	7 800
五　级	因　战	7 280
	因　公	6 550
	因　病	5 930
六　级	因　战	5 820
	因　公	5 460
	因　病	4 680
七　级	因　战	4 350
	因　公	3 880
八　级	因　战	2 880
	因　公	2 480
九　级	因　战	2 180
	因　公	1 870
十　级	因　战	1 460
	因　公	1 250

表82　2006年杭州市区部分重点优抚对象优抚金标准

类　别		城镇户口			农村户口		
		优抚金标准（元/年）	其中		优抚金标准（元/年）	其中	
			定期抚恤(补助)标准（元/月）	优待金（元/年）		定期抚恤(补助)标准（元/月）	优待金（元/年）
烈士遗属		16 620	885	6 000	11 500	750	2 500
因公牺牲军人遗属		14 940	795	5 400	10 770	710	2 250
病故军人遗属		13 320	710	4 800	9 980	665	2 000
在乡复员军人	抗日战争时期入伍	9 960	630	2 400	7 660	555	1 000
	解放战争时期入伍	9 180	565	2 400	7 300	525	1 000
	新中国成立后入伍	8 640	520	2 400	6 940	495	1 000
带病回乡退伍军人		4 980	415		4 980	415	

注：本标准不含萧山、余杭区。

表 83　　2006 年杭州市区无工作单位的残疾军人优抚金标准　　单位:元/年

伤残等级	伤残性质	城镇户口				农村户口			
		优抚金标准	其中			优抚金标准	其中		
			护理费	优待金	抚恤金、补助金		护理费	优待金	抚恤金、补助金
一级	因战	37 920	13 320	4 200	20 400	34 570	13 320	1 750	19 500
	因公	37 560	13 320	4 200	20 040	34 270	13 320	1 750	19 200
	因病	32 460	8 340	4 200	19 920	29 110	8 340	1 750	19 020
二级	因战	36 240	13 320	4 200	18 720	32 950	13 320	1 750	17 880
	因公	35 940	13 320	4 200	18 420	32 590	13 320	1 750	17 520
	因病	30 780	8 340	4 200	18 240	27 430	8 340	1 750	17 340
三级	因战	32 100	10 800	4 200	17 100	28 750	10 800	1 750	16 200
	因公	31 740	10 800	4 200	16 740	28 450	10 800	1 750	15 900
	因病	29 100	8 340	4 200	16 560	25 810	8 340	1 750	15 720
四级	因战	30 420	10 800	4 200	15 420	27 070	10 800	1 750	14 520
	因公	30 060	10 800	4 200	15 060	26 770	10 800	1 750	14 220
	因病	27 480	8 340	4 200	14 940	24 130	8 340	1 750	14 040
五级	因战	15 780		4 200	11 580	12 490		1 750	10 740
	因公	15 480		4 200	11 280	12 130		1 750	10 380
	因病	15 300		4 200	11 100	11 950		1 750	10 200
六级	因战	13 800		4 200	9 600	10 510		1 750	8 760
	因公	13 620		4 200	9 420	10 330		1 750	8 580
	因病	13 500		4 200	9 300	10 150		1 750	8 400
七级	因战	12 120		4 200	7 920	8 830		1 750	7 080
	因公	12 000		4 200	7 800	8 650		1 750	6 900
八级	因战	11 460		4 200	7 260	8 170		1 750	6 420
	因公	11 340		4 200	7 140	7 990		1 750	6 240
九级	因战	10 980		4 200	6 780	7 690		1 750	5 940
	因公	10 800		4 200	6 600	7 510		1 750	5 760
十级	因战	10 320		4 200	6 120	6 970		1 750	5 220
	因公	9 960		4 200	5 760	6 670		1 750	4 920

注:本标准不含萧山、余杭区。

表 84　　2006 年杭州市区义务兵家属优待金标准　　单位:元/年

优抚对象		城镇户口	农村户口
义务兵家属		12 000	5 000
在西藏服役的义务兵家属		30 000	12 500
义务兵立功增发优待金	获大军区以上荣誉称号	5 000	
	立一等功	3 000	
	立二等功	1 500	
	立三等功	500	

注:本标准不含萧山、余杭区。

一些科技难题。市双拥办制定驻杭部队现役军人免费乘坐市内公交车专用IC卡使用暂行办法,制作发放3000张军人免费乘车IC卡。为部队培养军地两用人才,举办计算机、美术、厨师、家电维修、文秘、园艺插花等培训班26期,组织专家讲授科学训练、心理卫生等知识。市教育局在重点高中、普通高中、职业高中、普通中专、技工学校的入学考试中,对驻杭部队干部子女增加5分投档,并照顾市区军人子女入学入托30余名 。市双拥办、市劳动保障局出台失业随军家属再就业的优惠政策,为300余人发放就业优惠证,为500余人发放生活补助费、办理基本养老保险补助,总金额180万元。

【深入开展双拥活动】杭州市以争创全国双拥模范城为动力,深入开展双拥活动。3月,市委、市政府下达《关于印发杭州市2006年双拥、军(警)民共建政治动员和国防教育工作意见的通知》。5月29日~6月1日,组织全市49名烈属、残疾军人和参加抗日战争、解放战争、抗美援朝战争的老复员军人、军队离退休干部代表到杭州参观休养。市委常委、杭州警备区政委齐毓春看望优抚对象代表,并赠送每人500元慰问金。12月14日,副市长孙景淼等代表市委、市政府向驻杭某部军史馆赠送建设资金150万元。国防教育和双拥教育列入全民教育体系和部队教育计划。在市区主要入城口树立大型双拥宣传牌。市双拥办与杭州神泰广告有限公司合作在老城区社区内设计制作双拥宣传牌,与市广电集团联办《国防之声》和《杭州国防》电视广播专题专栏104期。组织驻杭部队官兵观看世界休闲博览会暨2006年西博会开幕式文艺晚会和西湖国际烟花大会,参观游览休博园,参加杭州市纪念红军长征胜利70周年大型音乐会。

【军民共建活动】2006年,全市496个军民共建单位开展了内容广泛、形式多样、丰富多彩的活动。老城区各街道继续坚持优抚服务制度、军人立功奖励制度和走访慰问制度,利用市民学校、社区党校、青少年夏令营、少年军校等阵地,邀请部队领导宣讲革命传统,开展国防知识竞赛等各类活动。结合背街小巷改善工程,新建、改建"国防教育路"、"绿化双拥街"10余条。全市共制作双拥宣传板报1000余块、标语500余条、横幅100余条。部队为学校和企事业单位开展军训10万人次,参加植树6000余棵,开展医疗为民服务60余次,义务献血2000余人次。驻杭部队官兵出动1.2万人次、历时15天,参加建设世界休博园突击劳动。为迎战超强台风"桑美",驻杭部队派出1000余名官兵、数百辆车辆奔赴浙南投入救灾工作;两次调集人员日夜奋战以最快的速度完成"印象西湖"工地围堰管涌抢堵任务。省武警总队出动4000余名官兵参加休博会、西博会的各项准备工作和维护治安。

【退役士兵安置】全市接收2005年

度退役士兵3080人,其中退伍义务兵2932人,转业士官146人,复员干部2人。退伍义务兵回农村安置1890人、复工复职47人、需政府安置995人(其中安置39人、自谋职业956人,自谋职业率96.1%);转业士官安置71人、自谋职业75人,自谋职业率51.4%。全市发放退役士兵自谋职业补助金2203万元,待安置期间生活补助金148.70万元。

对获二等功以上奖励和因公被评为5级~8级伤残的退役士兵、服现役满10年以上的转业士官等重点安置对象实行政府包底安置。各级政府确定了重点安置、双向选择、培训技能、鼓励自谋职业的工作思路,对需包底安置的都下达了指令性安置计划。对符合城镇安置条件的退伍义务兵、复员士官基本按自谋职业的办法进行货币化安置。为提高退役士兵自谋职业比例,各区、县(市)制定多项优惠政策和服务措施。对经培训取得职业资格证书的城镇退役士兵凭资格证书给予500元资金补助。全市参加各类培训的退役士兵367人,支出教育培训经费20余万元。老城区提高了转业士官自谋职业一次性补助标准,并按城镇个体劳动者参保标准为他们缴纳两年基本养老保险和医疗保险。富阳市对自谋职业的城镇退役士兵,由财政为他们一次性缴纳3年养老保险金,转业士官参加当地事业单位公开招聘时可以适当放宽年龄限制。西湖区成立退役士兵就业服务指导站,将未就业退役士兵的个人资料输入区劳动就业信息网络,在职业介绍、创业指导、技能培训、信息服务、政策法规咨询、档案管理等8个方面提供指导服务。

农村退役士兵安置继续坚持立足农村、服务农村的原则,积极推荐有一技之长的军地两用人才到不同所有制性质的企业就业。对从事农业生产的,当地有关部门在生产服务、技术指导、农用物资供应、农副产品收购方面给予优惠。

杭州市政府被省政府、省军区评为2005年度退伍安置工作先进单位。

【新老兵中转】 11月21日,市政府召开杭州市2006年新老兵中转联席会议,具体部署新老兵中转工作。至年末,全市中转新老兵3.45万人次,托运行李1700件,达到了“精心组织、密切协同、认真实施、确保安全”的要求。市军供站还为演练、集训、调防的过往部队提供军供保障。

4月7日,驻杭部队支持2006年杭州世界休闲博览会义务劳动启动仪式在休博园圣马可广场举行。 (市民政局 供稿)

【悼念革命先烈】 4月4日,市委、市人大、市政府、市政协、杭州警备区领导,各民主党派、工商联、市级机关、各群众团体负责人,驻杭部队官兵和社会各界代表500余人在杭州市烈士陵园举行悼念革命先烈活动。省委常委、市委书记、市人大常委会主任王国平和市委副书记、市长孙忠焕代表市委、市人大、市政府、市政协、杭州警备区和社会各界人士向革命烈士纪念碑敬献花圈。市委副书记叶明在悼念仪式上讲话,号召全市人民继承和发扬革命先烈的高尚品格和崇高精神,坚持“发展、创新、节约、稳定、为民、和谐”的总要求,把改革开放和现代化建设事业不断推向前进。 (陈 珺)

【做好军队离退休干部安置服务工作】 根据民政部、总参谋部、总政治部、总后勤部有关文件精神,杭州市继续积极稳妥地做好第五批及分散安置的军队离退休干部接收安置工作。2006年度全市接收安置军队离退休干部92名(老城区88名,萧山区、余杭区、建德市、富阳市各1名)。至年末,全市共有军队离退休干部、退休志愿兵1176名,其中老城区1008名,萧山、余杭区和各县(市)168名。

2006年,市军队离休退休干部安置办公室为960名军队离退休干部增加离退休费,为13名军队离退休干部遗属发放特别抚恤金,向6名年满70岁的军队离休干部发放护理费。分别组织离休干部、退休保健干部498人去五云山疗养、体检,安排15名患矽肺病的军队离退休干部疗养。落实9人的劳模政策待遇,补发2005年11名离退休干部遗属生活补助费3.11万元。看望慰问住院病号450余人次,走访慰问遗属60余户。投入经费250万元,对军队离退休干部住房进行整改维修、环境绿化,面积2500平方米。全年组织军队离退休干部开展各种活动406次,参加人数近8000人次,支出经费25万余元。“杭州军休网”转发各干休所稿件46篇,编辑上传各类宣传资料64篇、原创作品1562件、摄影作品426帧、各种新闻报道图片749帧。

4月29日,市军队离休退休干部安置办公室新一届关心下一代工作委员会成立,并和浙江工商大学经济学院等多所院校建立党建共建实践基地,开展丰富多彩的交流活动。 (李永红)

·城乡基层组织建设·

【社区概况】 2006年底,全市共有社区703个(含乡镇社区224个)。其中上城区51个、下城区71个、江干区77个(乡镇社区29个)、杭州经济开发区 17 个、拱墅区 71 个(乡镇社区 20 个)、西湖区 117 个(乡镇社区 63 个)、西湖风景名胜区 6 个、高新区(滨江)12 个、萧山区 140 个(乡镇社区 51 个)、余杭区 58 个(乡镇社区 38 个)、桐庐县 9 个、淳安县 10 个(乡镇社区 10 个)、建德市 30 个(乡镇社区 9 个)、富阳市 23 个(乡镇社区 4 个)、临安市 11 个。

全市社区工作者 5594 人,平均年龄 39.03 岁。其中中共党员 2871 人, 占 51.3%; 女性 3315 人,占 59.3%。文化程度大专以上的 2882 人, 占 51.5%; 高中 2208 人,占 39.5%;初中以下 504 人,占 9%。社区工作者人均年收入 2.40 万元。

【纪念胡锦涛视察杭州社区建设 5 周年活动】 4 月 28 日,为更好地贯彻落实胡锦涛 2001 年在杭视察社区建设工作时提出的"全省示范、全国领先"目标要求,进一步总结和展示 5 年来全市社区建设取得的经验和成绩,市委、市政府召开深入贯彻胡锦涛重要讲话精神努力建设和谐社区大会。市领导王国平、孙忠焕、朱报春、李松春、孙景淼、曾东元等出席, 省民政厅厅长吴桂英应邀到会并讲话。各区、县(市)有关领导,各街道(乡镇)负责人及部分社区代表共 1500 多人参加会议。市委副书记、市长孙忠焕主持会议。省委常委、市委书记、市人大常委会主任王国平作题为《打造和谐社区,构建和谐杭州》的报告,强调要深入贯彻胡锦涛在视察杭州社区时的重要讲话精神,扎实推进服务型、自治型、文明型、平安型和谐社区建设。会上,市委、市政府通报表彰了"十五"期间杭州市十佳示范文明社区、十佳社区共建先进单位、十佳社区工作者、十佳社区志愿服务先进集体和十佳社区志愿者等。市社区建设领导小组通报表彰了杭州市"十五"期间社区建设工作先进单位和先进个人。4 月 28 日~6 月 30 日,由市社区建设领导小组主办的杭州市社区建设 5 年成果图片展在各区巡展。

5 月 18 日~6 月 19 日, 市文明办、市民政局、市文广新闻出版局联合举办以 "牢固树立社会主义荣辱观,努力推进和谐社区建设"为主题的杭州市第二届社区工作者演讲比赛。下城区文晖街道流水西苑社区田红卫、西湖区北山街道沿山河社区沈菊华分获一等奖, 拱墅区小河街道紫荆家园社区茅俊等 5 人获二等奖, 萧山区城厢街道拱秀社区朱开良等 9 人获三等奖,拱墅区、萧山区获组织奖。

7 月 1 日,市委宣传部、市文明办、市文广新闻出版局、市民政局共同主办杭州市庆 "七一" 暨建党 85 周年社区文艺汇演。市领导叶明、张鸿建、安志云、陈重华、陈振濂和 600 余名社区干部群众观看了演出。

4 月 28 日,中国杭州和谐社区建设论坛在杭州开幕。 (市民政局 供稿)

▶▶资料:"十五" 期间杭州市社区先进名单

十佳示范文明社区

上城区: 小营街道小营巷社区
下城区: 天水街道灯芯巷社区
拱墅区: 湖墅街道珠儿潭社区
江干区: 采荷街道洁莲社区
西湖区: 文新街道湖畔社区
滨江区: 长河街道天官社区
萧山区: 城厢街道南市社区
余杭区: 东湖街道梅堰社区
桐庐县: 桐君街道洋塘社区
建德市: 新安江街道健安社区

十佳社区共建先进单位

浙江省电信有限公司杭州市分公司
中信银行杭州分行
中国联通有限公司浙江分公司
浙江日报报业集团
杭州滨江房产集团有限公司
杭州钢铁集团公司
杭州三替服务集团有限公司
杭州兴耀控股集团有限公司
绿都控股集团有限公司
杭州余杭新城房地产有限公司

十佳社区工作者

蒋慧英 上城区南星街道紫花埠社区居委会主任
汪丽君 下城区长庆街道王马社区党委书记
陈振凤 江干区闸弄口街道万家花园社区党委书记、居委会主任
孙 洁 拱墅区湖墅街道珠儿潭社区党委书记
贺艳怀 西湖区文新街道德加社区党委书记
周叶春 滨江区长河街道天官社区党委书记
罗松南 萧山区城厢街道潘水社区党委书记
陈明媚 余杭区东湖街道梅堰社区居委会主任
王学勤 桐庐县桐君街道南门社区党委书记、居委会主任
徐慧群 建德市新安江街道罗桐社区党委书记、居委会主任

十佳社区志愿服务先进集体

上城区湖滨街道志愿者"时间银行"项目组
下城区天水街道志愿服务工作指导中心
下城区长庆街道浙大御跸社区"志工"项目组

江干区闸弄口街道红梅社区志愿服务站
拱墅区和睦街道华丰社区志愿服务站
西湖区西溪街道白荡海社区"1011"志愿者服务队
滨江区西兴街道水电社区志愿服务站
萧山区城厢街道藕湖浜社区志愿服务站
余杭区临平街道邱山社区志愿服务站
桐庐县桐君街道迎宾社区志愿服务站

十佳社区志愿者

邱芳妍	上城区小营街道阳光使者
吴连子	下城区武林街道中北社区志愿者
杨铮君	江干区采荷街道洁莲社区志愿者
王　萍	萧山区党山镇志愿者服务总队志愿者
张洪春	余杭区南苑街道河南埭社区志愿者
宋玉本	淳安县千岛湖镇施家塘社区志愿者
钱建刚	建德市新安江街道麻园社区志愿者
潘海燕	富阳市富春街道春晖社区志愿者
王公民	临安市锦城街道交通维护志愿者服务队志愿者
樊茂森	杭州经济技术开发区社区志愿者

【推进社区服务业发展】 9月1日，市政府召开全市社区服务业发展交流会。市社区服务业发展工作领导小组各成员单位的负责人，各区、县(市)有关领导，各街道(乡镇)负责人和受表彰的社区服务业先进代表等共150多人参加会议。副市长孙景淼在会上作题为《完善服务，创新手段，努力推进我市社区服务业加快发展》的讲话。市社区服务业发展工作领导小组通报表彰了上城区小营街道为老服务管理社等20个2005年度杭州市社区服务业工作先进单位和张英等30名先进个人。上城区政府、下城区政府、江干区闸弄口街道、西湖区翠苑街道、拱墅区翠玉家政服务部、杭州市望江街道为老服务中心等6个单位分别作了经验介绍。

7月27日，市民政局在临安市举办社区服务业统计管理工作培训班，就社区服务业统计软件的操作方法进行讲解和现场培训。来自全市各区、县(市)的40多名民政干部参加。社区服务业登记管理工作进一步推进，至年末，上城区、下城区、江干区、拱墅区、西湖区、滨江区、西湖风景名胜区、杭州经济开发区、余杭区共有2220个社区服务单位领取了杭州市社区服务业证书。11月27日，市财政局、市民政局联合下达1000万元社区服务业项目扶持资金，重点扶持为老年人服务、康复医疗、社区服务站等公益性项目和家政服务等经营性项目，有459个项目得到补助。

【培训社区干部】 8月21日~10月14日，为进一步提高全市社区干部的理论素养和业务能力，市委组织部和市民政局分12批在市基层干部培训中心轮训市区737名社区党组织书记、主任，每期3天。培训包括理论辅导、政策讲解、经验交流等，市委组织部、市文明办、市综治办、市劳动保障局、市房管局、市城管办、市城管执法局、市民政局、市人口计生委、市教育局、市信访局等11个职能部门负责人现场就社区干部提出的问题进行解答。为确保社区建设的可持续发展，杭州市今后每年都将对社区工作者进行培训并形成制度。

9月上旬和中旬，市民政局、市房管局先后共同举办两期市区社区干部房产知识培训班，每期2天。63个街道(乡、镇)的500多名社区干部参加培训。

11月9日，市委、市政府下发《关于引导和鼓励高校毕业生到农村和社区工作的实施意见》，就社会保险、住房公积金、公务员考试加分等多项优惠政策作了明确规定。计划2007年底前基本实现全市每个社区都有一名高校毕业生，2009年年底前基本实现全市每个村都有一名高校毕业生。

【规范社区管理】 10月24日，市财政局、市民政局印发《关于加强社区经费规范管理的若干意见》，从管理原则、收支范围、制度建设等方面进一步规范社区经费的管理，对使用经费的程序、财务监督的实行方法以及责任追究制度作出明确规定。

10月27日，市社区建设领导小组印发《关于明确杭州市社区工作准入项目的通知》，将经领导小组审定通过准予进入社区的组织机构、工作任务、评比考核项目进行规范。有16个组织机构、25项工作任务、18个考核评比项目通过这次审批。该通知还明确指出，除市委、市政府有文件规定以外，对准予挂牌的单位，牌(匾)一律挂入社区办公场所内；对准予进社区的工作任务，人员及经费要及时落实；对准予开展的评比考核，统一纳入市"和谐社区"

9月1日，杭州市召开社区服务业发展交流会，向先进单位和先进个人颁奖。
(市民政局 供稿)

考核范围，由市社区建设领导小组实行统一考评，分项表彰。民政部以《参阅文件》的形式将杭州市《关于加强社区居民委员会规范管理的若干意见》和《杭州市组织机构、工作任务、评比考核进社区申报准入制度》全文刊发并加编者按，向全国推广。

【提高社区工作者待遇】 1月6日，市财政局、市民政局下发《关于明确2005年度社区专职工作者福利待遇的通知》，按照人均年收入不低于2.23万元核定（不含5项社会保险单位缴费部分）。

11月29日，市委组织部、市财政局、市民政局、市劳动保障局、市人事局出台《关于社区工作者纳入企业在职人员医疗门诊医疗费社会统筹有关问题的通知》，规定社区专职工作者任职期间参照企业有关标准享受基本医疗保险待遇，并自2007年1月1日起按规定纳入企业在职人员门诊医疗费社会统筹范围，开创了全国将门诊医疗费社会统筹纳入社区工作者福利待遇的先河，保障了社区专职工作者的权益，进一步调动了社区专职工作者的积极性。

8月2日，市财政局、市民政局下达2006年社区设施建设专项补助经费，共计49个项目200万元；9月6日，下达2006年社区补助经费9790万元。

【表彰社区建设先进单位和个人】 1月19日，市委、市政府召开2006年杭州市社区工作者新春慰问暨社区建设先进表彰大会，市领导朱报春、李松春、孙景淼、曾东元等出席。会上，市委、市政府通报表彰2004~2005年度杭州市社区建设示范街道、杭州市社区共建十佳标兵单位和十佳先进个人。市社区建设领导小组通报表彰杭州卷烟厂等30个杭州市社区共建先进单位和林豪等50名先进个人。

7月12日，市卫生局举行全市首批“健康教育示范社区”授牌仪式。上城区望江街道在水一方社区、下城区武林街道竹竿巷社区、西湖区翠苑街道翠苑四区社区、江干区凯旋街道景芳社区、拱墅区小河街道董家新村社区、余杭区南苑街道高地村等6个社区(村)被命名为杭州市健康教育示范社区(村)。

9月27日，全市启动2006年创业新星评选活动。下城区天水街道灯芯巷社区党委副书记兼主任朱雅仙和江干区凯旋街道南肖埠社区党委书记兼主任王雅英两位社区工作者被市委、市政府评为2006年杭州市创业新星。

10月20日，省司法厅、省民政厅及普法教育领导小组联合下发《关于表彰全省首批五星级“民主法治村(社区)”的决定》，上城区望江街道在水一方社区，下城区天水街道灯芯巷社区、长庆街道王马社区，江干区采荷街道洁莲社区，拱墅区湖墅街道珠儿潭社区，西湖区文新街道德加社区、灵隐街道东山弄社区，滨江区西兴街道星民村，萧山区北干街道银河社区，余杭区南苑街道高地村，建德市乾潭乡梅塘村，富阳市新登镇塔山村，临安市太阳镇枫树岭村，桐庐县横村镇孙家村，淳安县枫树岭镇下姜村等15个单位被命名为全省首批五星级“民主法治村(社区)”。

12月11日，市文明办、市环保局、市民政局命名上城区东平巷社区等45个社区为2006年度杭州市绿色社区。

▶▶资料:2004~2005年度杭州市社区建设示范街道(14个)

上城区: 湖滨街道、南星街道
下城区: 天水街道、长庆街道、朝晖街道
江干区: 采荷街道、闸弄口街道
拱墅区: 湖墅街道、拱宸桥街道
西湖区: 文新街道、翠苑街道
滨江区: 西兴街道
萧山区: 北干街道
余杭区: 临平街道

▶▶资料:2006年度杭州市绿色社区(45个)

上城区: 东平巷社区、老浙大社区、在水一方社区、太庙社区、定安路社区
下城区: 环西社区、河东社区、三塘北苑社区、环北新村社区、吴牙社区、刀茅巷社区
江干区: 万家花园社区、绿茗社区、濮家社区、青荷苑社区
拱墅区: 紫荆家园社区、翠玉社区、杭钢北苑社区
西湖区: 莲花社区、府新社区、浙大求是社区、翠苑二区社区、文教社区
滨江区: 中兴社区、江二社区
杭州经济开发区: 月雅苑社区、大北社区
西湖风景名胜区: 九溪社区
萧山区: 广德社区、北干二苑社区、泰和社区、回澜北苑社区、崇化社区
余杭区: 邱山社区、南安社区、华兴社区、钱江社区、南苑社区
桐庐县: 南门社区、迎宾社区
淳安县: 西园社区
建德市: 明珠社区、广兴社区
富阳市: 春秋社区、盘龙山社区

【创建和谐社区】 4月24日，市委、市政府出台《杭州市社区建设发展规划(2006年~2010年)》和《关于开展创建杭州市和谐社区活动的意见》。规划提出，到2006年全市20%左右的社区达到和谐社区标准，到2008年50%以上的社区达到和谐社区标准，到2010年85%以上的社区达到和谐社区标准。意见在和谐社区创建的目的和意义、任务和目标、范围和办法以及创建标准等方面提出了要求，规定创建活动每两年评比一次，由市委、市政府命名表彰。这是杭州市首次提出创建和谐社区活动。

8月23日，市社区建设领导小组召开工作会议，市领导朱报春、李松春、孙景淼、曾东元参加。会议决定从2006年起，全市各部门有关社区工作的评比考核统一纳入和谐社区考核范围，做到一次考核，分项评比，结果共享。

12月11日，市社区建设领导小组印发《杭州市社区工作先进考评暂行办法》，对和谐社区考评的程序、方法等作了规定。12月25日起，由市社区建设领导小组办公室牵头，市委组织部、市文明办、市人口计生委等17个领导小组成员单位参加的市和谐社区创建评审检查组开展了2006年度全市和谐社区创建评审验收。

【举办中国杭州和谐社区建设论坛】 4月28日~30日，民政部基层政权和社区建设司、省民政厅、市委和市

政府、下城区委和区政府、市民政局共同举办中国杭州和谐社区建设论坛。民政部基层政权和社区建设司司长詹成付、中国社区工作协会副会长马学理、省民政厅厅长吴桂英、副市长孙景森等出席开幕式并讲话。省民政厅副厅长万亚伟主持开幕式。来自16个省市先进城区代表和国内社区建设专家120余人参加会议。下城区委和区政府作主题发言，介绍和谐社区建设经验，扩大了杭州社区建设工作的影响。

【开展社区居委会换届选举试点】为确保2007年全市社区居委会顺利换届，2006年8月10日，市民政局下发《关于认真做好社区居委会换届选举试点工作的通知》。10月15日，下城区天水街道灯芯巷社区采用“自荐海选”方式，经自荐职位、竞选演说、无记名投票，选举产生新一届社区居委会成员和社区议事协商委员会成员。近2000名居民参与选举，参选率达到94.8%。全市有18个社区开展试点工作，其中采取直选方式的有10个社区，直选率为55.6%。新选出社区居委会成员105名，平均年龄40.32岁。其中：中共党员68名，占64.8%；女性56名，占53.3%；文化程度大专以上的61名，占58.1%。（杨婷婷）

【举办第三届邻居节】10月15日，由市文明办、市民政局和钱江晚报社共同主办的杭州市第三届邻居节，在伍公山景区吴山州治广场举行开幕式，市领导王国平、叶明、张鸿建、安志云、俞国庆和浙江日报社总编杨大进、省文明办副主任陈海良、省民政厅副厅长俞志壮等出席。省委常委、市委书记王国平向各城区代表授邻居节节旗。市委副书记叶明代表市委、市政府致辞。来自各区的1000余名市民代表身着统一服装，和来自嘉兴、台州的市民代表一起唱响温馨欢快的《邻居之歌》，合吃象征家庭团圆的水饺。经社区居民推荐并投票评选出的“感动杭州十佳好邻居”集体亮相，接受表彰。好邻居代表宣读了《邻居公约》，并作了响应性发言。

这届邻居节以“邻里情、邻里和、邻里助”为主题，整个活动持续一个多月。活动期间，全市区、县（市）社区纷纷开展了社区运动会、社区厨艺大比拼、楼道全家福、寻找当年老邻居、外乡人佩戴黄丝带等丰富多彩的邻居节活动，展现了浓浓的邻里情和守望相助的精神。活动结束后，主办单位评选出“十佳创意社区邻居节”和“十佳优秀社区邻居节”。（杨婷婷　吴江湾）

10月15日，杭州市第三届邻居节在伍公山景区开幕。（市民政局 供稿）

【村级组织概况】2006年，全市有村委会3659个。其中江干区25个、拱墅区18个、西湖区55个、西湖风景名胜区9个、滨江区23个、萧山区411个、余杭区260个、桐庐县186个、淳安县898个、建德市512个、富阳市611个、临安市651个。村委会成员1.14万人，平均年龄41岁。其中，中共党员6376人，占55.8%；女性1442人，占12.6%；文化程度大专以上767人，占6.7%，高中以上4335人、占37.9%，初中以上5335人、占46.7%，小学994人、占8.7%。有村民代表10.51万人，其中中共党员3.25万人，占30.9%；女性1.39万人，占13.2%。

【健全村务公开民主管理】杭州市认真落实《中共中央办公厅、国务院办公厅关于健全和完善村务公开和民主管理制度的意见》和省村务公开民主管理工作电视电话会议精神，建立健全党委和政府统一领导，有关部门共同参与，民政部门组织协调的领导体制，在2005年市级首先理顺关系的基础上，2006年各区、县（市）村务公开的组织协调工作相继由组织部门移至民政部门，基本理顺了村务公开民主管理工作的领导体制。市乡镇政务公开和村务公开领导小组下文进一步明确领导小组各成员单位的工作职责，并建立了工作联系点制度。根据全国村务公开协调小组《关于开展“村务公开民主管理示范单位”创建活动的意见》和省村务公开民主管理工作领导小组的有关要求，全市开展了村务公开民主管理规范化建设和示范单位创建活动，涌现出一批符合中央和省规范化建设要求、具有自身特色和普遍推广意义的示范单位。余杭区被全国村务公开协调小组授予全国村务公开民主管理示范单位荣誉称号。有2个区（县）被省村务公开和民主管理工作领导小组命名为浙江省村务公开民主管理示范县（市、区），14个乡（镇、街道）和43个村分别被命名为浙江省村务公开民主管理示范乡（镇、街道）和浙江省村务公开民主管理示范村。年末，经各区、县（市）审核，全市有1748个村达到村务公开民主管理规范化建设标准，占全市建制村总数的47.8%。

▶▶资料：村务公开民主管理示范单位名单

全国村务公开民主管理示范单位：余杭区

浙江省村务公开民主管理示范县（市、区）：余杭区、淳安县

浙江省村务公开民主管理示范乡（镇、街道）：

江干区丁桥镇，拱墅区半山镇，西湖区龙坞镇，滨江区长河街道，萧山区坎山镇、浦阳镇，余杭区塘栖镇、黄湖镇，富阳市高桥镇，临安市青山湖街道，建德市钦堂乡，桐庐县富春江镇，淳安县石林镇、威坪镇

浙江省村务公开民主管理示范村：

江干区笕桥镇同心村、九堡镇宣家埠村，拱墅区康桥镇蒋家浜村，西湖区三墩镇山联村，滨江区西兴街道西兴村，萧山区瓜沥镇明朗村、衙前镇凤凰村、戴村镇东风村、益农镇众力村、闻堰镇黄山村，余杭区南苑街道高地村、星桥街道安乐村、闲林镇孙家坞村、径山镇小古城村、运河镇唐公村、东湖街道双林村，西湖风景名胜区西湖街道龙井村，桐庐县桐君街道大丰村、旧县街道西武山村、分水镇桥东村，淳安县文昌镇王家村、梓桐镇结蒙村、枫树岭镇丰家源村、瑶山乡幸福村、汾口镇前门村、千岛湖镇斋堂村、临岐镇梅口村，建德市李家镇沙墩头村、杨村桥镇杨村桥村、莲花镇里芳村、大洋镇胡宅村、寿昌镇卜家蓬村，富阳市鹿山街道谢家溪村、新登镇塔山村、万市镇万市村、永昌镇何云村、大源镇春一村，临安市青山湖街道桥头村、锦城街道横街村、锦城街道东门村、昌化镇三星村、於潜乡上骆村、太湖源镇龙溪村

【督查调研村务公开民主管理】 8月15日，市乡镇政务公开和村务公开领导小组召开专题会议，部署督查调研工作。组成4个督查调研组，分别由市委组织部、市纪委、市农办、市民政局领导带队，到各区、县(市)的22个乡(镇)、44个村，通过实地调研、查看档案、入户随机访问等方式了解工作目标的落实情况。全市村务公开内容、形式、程序"三到位"基本落实，村一级普遍设立了村务公开栏，村级会计代理面达到98%，建立了村两委联审联签制度，完成930个村的财务审计。不断健全村级民主管理，村民代表会议、村务公开监督小组、村民理财小组成员(代表)均民主选举产生，建有率达到100%。各村通过建立组织，强化村民代表会议制度，依法制定村规民约，重大村务讨论村民参与率达到95%。全面推出民主议事协商、集体财务审计监督、民主评议村干部3项制度，相继出台规范文件和示范制度，设计印制《村级民主决策流程图》、《村级集体经济财务审批流程图》下发全市每个村，张挂上墙。余杭区根据基层民主政治建设需要，出台《基层民主政治建设评价体系》，建立起评议分析、反馈通报的督查制度。 (潘国英)

·社会福利事业·

【"星光老年之家"稳步发展】 2006年，杭州市新增"星光老年之家"70个。至年末，全市建成"星光老年之家"633个，其中示范型261个、标准型265个、普通型107个，运行情况良好。为切实解决农村老年人的学习、活动场所，市政府办公厅转发了市民政局《关于杭州市农村村级老年福利服务"星光计划"的实施意见》，确定从2006年开始，用5年时间，通过实施"农村星光计划"，达到全市村村建有"星光老年之家"。

【社会福利机构增多】 杭州市各级政府根据当地社会发展和老年人口状况，积极改造、扩建和兴办社会福利机构。2006年末，全市城镇有各类社会福利机构60个，比上年增加6个；实有床位6667张，增加1077张。其中，国有15个、床位3951张；集体25个、床位1029张；民办20个、床位1687张。为提高社会福利机构的管理和服务质量，杭州市社会福利协会举办了全市福利机构院长培训班及第7期社会福利机构护理员培训班。 (杨立江)

【福利生产继续增长】 2006年，杭州市参加年检年审的福利企业537个，合格福利企业514个，被注销企业证书的23个。职工总数4.36万人，其中残疾职工1.86万人。福利企业总资产455.41亿元，比上年增加60.6%；完成工业总产值341.69亿元、销售收入329.70亿元、工业增加值55.03亿元，实现利润16.29亿元，分别增长17.5%、20.7%、12.5%、6.9%。工业总产值和销售收入列全省各市福利生产首位。残疾职工养老保险面继续保持100%。残疾职工人均投保额2500元，人均年收入1.07万元，分别增长13.6%、12.6%。残疾职工上岗率100%，出勤率保持在90%以上。根据市政府《关于杭州机床电器厂改制方案的批复》，杭州机床电器厂在市产权交易中心通过公开挂牌的形式出让，于2006年12月13日由杭州三意食品有限公司受让。至此，市民政局直属国有福利企业改制工作全部完成。 (张 慧)

【发行福利彩票3.85亿元】 杭州市发行福利彩票的各项规章制度进一步完善，市场占有率不断提高。2006年开展了形式多样的促销活动，发行福利彩票3.85亿元，比上年增长53%；筹集公益金1.3亿元，位居全省前列。 (张六三)

【慈善活动受益人次逾16万】 杭州市慈善总会2006年募集善款6312万元，接受各类捐赠物资价值约50.76万元。各类慈善救助活动支出慈善款5074万元，其中助困142.82万元、助学690.24万元、助医31.39万元、助残80.05万元、助老13.54万元、助孤27.03万元、赈灾25万元、资助非营利机构4064万元；使用援助物资价值60.99万元；受益3.63万人次。各区、县(市)和杭州经济开发区、西湖风景名胜区慈善机构全年募集善款1.31亿元，募集物资价值520.79万元；支出善款6266万元，使用援助物资价值687.85万元；受益12.5万人次。全市慈善活动受益16.13万人次。 (黄笑春)

·民政事务管理·

【地名管理】 2006年，杭州市民政地理信息系统建设取得重大进展，至年末，输入地名和地址有效信息160余万条。10月，民政部在杭州召开国家地名数据库建设工作总结和信息化服务工作会议，对杭州市的数字地名建设给予高度评价。12月，省民政厅在杭州召开全省地名公共服务工程经验交流会，推广杭州市地理信息系统建设的经验。

【地名规划获准实施】 5月12日，省民政厅组织专家评审组对《杭州城市地名总体规划(2005年~2020

年)》进行评审。6月1日,原则同意规划方案。7月28日,市政府批准该规划,由市民政局牵头组织实施。

【乡镇地名设标任务提前完成】至2006年末,全市141个乡镇的地名标志设标任务全部完成,共设置各类地名标志39.35万块,设置率99%以上,完好率98%以上,提前3年完成民政部下达的5年工作目标。 (罗庆华)

▶▶资料:2006年杭州市区经批准的标准地名

老城区道路桥梁等名称:沁苑路、蔡家桥弄、长城街、康嘉巷、先锋弄、石桥苑巷、长瀛弄、新桃弄、新晖巷、广兴弄、爱心巷、百田巷、三叉路、黄姑山横路、文德巷、紫名巷、紫荆雅路、欣桂巷、跑马场巷、龙井西路、竹清路、石港街、漾河弄、丰石巷、桃花漾街、亭东路、石桥路一巷、石桥路二巷、广丰街、钟衙弄、长滨街、双绍弄、化纤弄、隽家塘路、王家门街、草坝巷、伞坛巷、宝庆桥巷、香苑路、安埠街、球场街、紫金港路、石祥东路、石祥西路、之江东路、明珠街、蕙兰雅路、蕙北支路、环丁路、环丁东支路、丁群街、长虹路、紫丁香街、庆菱巷、安康路、人文路、兰里街、水月街、广业街、丰登街、通益路、文岚街、定海街、昼锦街、长阳路、梦溪街、法华路、金石街、毛家桥路、兰花街、灵隐支路;大清溪桥、婴儿港桥、沿溪桥、包建港桥、紫金港通道桥、重华桥、留恒桥、厚德桥、刻木桥、行偶桥、丁桥、闵顺桥、鹿乳桥、娱亲桥、孝感桥、子与桥、奉母桥、温衾桥、拾嚣桥、怀桔桥、寿昌桥、涌泉桥、闻雷桥、乳姑桥、子路桥、卧冰桥、扼虎桥、思贤桥、孝心桥、涪翁桥、竹生桥、尝忧桥、恣蚊桥、丰登桥、长青桥、袁富路立交桥、袁富路三号浦桥、袁富路四号浦桥、文渊桥、学源桥、学林桥;曙光人行地道、古荡人行地道、紫金港人行地道;凤山公园、滨江公园

老城区居住区建筑物名称:亿城嘉园、盛德欣苑、溪畔花园、阳光华城华景园、阳光华城华翠园、信步闲庭、西湖名苑、智格小区(临时)、三墩颐景园曲水苑、东方润园、浅草名苑、文亭公寓、丁桥景园南苑、丁桥景园北苑、蓝桥名苑、三墩美都公寓、铭和苑、复兴东苑、嘉泰馨庭、紫园、同仁家园金河湾、同仁家园金涛港、秀月家园、秀月家园青枫苑、秀月家园新月苑、秀月家园明月湾、秀月家园浩月苑、瑞立中央花城、留横家园、蒋村花园、西溪花园、三坝雅苑、三里新城董家苑、四季名门城市公寓、宝善公寓、国检新苑、三墩颐景园留云苑、文化新村、晓庐、金鸿嘉园、凤鸣苑、七格小区(临时)、漾河人家、阳明谷度假村蕙阳苑、阳明谷度假村丹阳苑、蒋村花园广安苑、蒋村花园如意苑、蒋村花园兴达苑、蒋村花园万丰苑、西溪花园白荻苑、西溪花园红柿苑、西溪花园翠竹苑、西溪花园紫菱苑、西溪花园蒹葭苑、西溪花园凌波苑、西溪花园流芳苑、三堡家园南区、留和家园、普福家园、新塘家园、沐桥公寓、长睦小区、长睦小区长睦家苑、后珠家苑、丁桥家苑、格畈家园(临时)、五福苑、亲亲家园幸福里、丁桥大唐苑、西溪花园桑梓苑、西溪花园芦雪苑、西溪花园春申苑、阳明谷度假村荻阳苑、阳明谷度假村天阳苑、阳明谷度假村沁阳苑、阳明谷度假村紫阳苑、阳明谷度假村畔阳苑、圣苑、浙新小区、钱塘景苑、沐桥公寓林岚院、沐桥公寓林溪院、沐桥公寓林景院、尚品庭院、华丰西苑(临时)、长睦邻里人家西苑、后珠美都雅苑、后珠辰秀嘉园、雪峰银座、阳光华城大厦、阳光华城创富中心、世贸丽晶城欧美中心、紫金广场、中联大厦、西溪时代商业中心、紫晶商务城、中华保险大厦、西城新座、中兴大厦、浙江邮电建设大厦、元茂大厦、钛合国际大厦、正浩国际投资发展中心、森禾商务广场、华元世纪广场、宏华大厦、文渊大厦、黄龙恒励大厦、兴业银行大厦、星光国际广场、新鑫大楼、苏泊尔大厦、天堂软件园、成就大楼、蓝鲸国际大厦、滨江慧港、浙江中财大厦、浙江物产国际广场、圣奥中央商务大厦、嘉联华铭座、西港发展中心、钱江国际时代大厦、仙林大厦、华成国际发展大厦、玫瑰园雨笛区、华洲商务中心、浙江传媒大厦、天际大厦、绿都大厦、东坡文物大楼、尚品商务楼、文新图书大楼

萧山区道路桥梁名称:党柯路、新誉路、成仕路、钱农一路、钱农二路、钱农三路、钱农四路、钱农五路、朝兴路、蜀惠路、岳阳路、惠业路、吉利路、环新路、惠岳路、荣新路、坎山路、联兴路、国星路、义府大街、新峡路、沈家里路、红泰一路、红泰二路、红泰三路、红泰四路、红泰五路、红泰六路、垦辉一路、垦辉二路、垦辉四路、垦辉五路、垦辉六路、垦辉七路、垦辉八路、垦辉九路、佳境街、戈雅街、振浦路、建浦路、新宾路、浦工一路、浦工二路、金园路、兴浦路、滨河路、政和路、卫东桥路、梅东路、永红路、桥森弄、富民弄、广仁桥

萧山区居住区建筑物名称:汇宇花园江南世家、君悦丽景公寓、广仁小区、休博园四区、郁金香岸花园含江苑、郁金香岸花园听江苑、郁金香岸花园揽江苑、郁金香岸花园依江苑、郁金香岸花园咏江苑、江南摩卡小区、福成公寓、林之语嘉园、新誉公寓、林之语嘉园流翠苑、林之语嘉园疏桐苑、林之语嘉园清露苑、林之语嘉园咏荷苑、林之语嘉园风雅苑、新乐公寓、休博园湖畔公寓、新贸小区、广和公寓、明怡花苑、锦园、高第府、宁泰家园、湘湖林语公寓、京明凤凰家园;汇宇大厦、商瑞大厦、金云综合楼、义桥商贸中心、名城大厦、万豪广场、萧山商会大厦、浙江萧然钢材物流中心

余杭区道路名称:绿荫街、石目路、银杏路、芙蓉路、牡丹路、紫藤路、玫瑰路、新区路、桂丰路、仙桃路

余杭区居住区建筑物名称:荷塘花苑、紫辰花园、凤惠家园、玲珑家园、仁和印象公寓、径山陆羽禅茶村、小城之春花苑、凤华苑、青枫西溪人家、宝塔星苑、书林苑、月荷小区、逸家花苑、星桥桂花城、华坞新苑、景雅苑、闲湖城、泉漳春晖小区、水乡名苑、北湖绿洲花园、福临花苑、江南新港公寓、圆乡名筑、康城国际花园、易居时代公寓、百汇中心、发展大厦、莱蒙商业中心

【婚姻登记管理】2006年,全市办理国内结婚登记6.45万对,比上年上升36%。其中,新婚6.22万对,复

婚 967 对，补办结婚登记 1303 对。办理离婚登记 1.07 万对，上升 14.6%。出具无婚姻登记记录证明 1.84 万份。办理涉外及华侨、港澳台同胞结婚登记 261 对，上升 27.3 %；离婚登记 33 对，上升 17.9 %。

继续贯彻落实民政部和省民政厅关于开展婚姻登记工作规范化建设活动的通知精神，积极组织实施和督查，严格创建标准。江干、西湖、萧山、临安、建德 5 个区、县（市）民政局婚姻登记处被评为浙江省婚姻登记机关规范化建设窗口单位，临安、江干、萧山 3 个区、县（市）民政局婚姻登记处被命名为全国婚姻登记机关规范化建设窗口单位。

市民政局在吸收第一代婚姻登记信息系统优点的基础上，开发了第二代婚姻登记信息系统。在此基础上，将老城区自解放以来的婚姻登记数据及老系统中的全部数据导入新系统中。

【收养登记管理】 全年办理收养登记 857 件，被收养人 857 人，比上年上升 0.2 %。其中，市本级 30 件、上城区 5 件、下城区 10 件、江干区 24 件、拱墅区 12 件、西湖区 15 件、滨江区 12 件、萧山区 201 件、余杭区 149 件、桐庐县 83 件、淳安县 29 件、建德市 97 件、富阳市 94 件、临安市 96 件。

【殡葬管理】 2006 年，全市火化遗体 3.04 万具，火化率 100%，其中杭州殡仪馆火化遗体 9758 具。全市经营性公墓（陵园）新建墓穴 7431 个。3 月 29 日，召开全市殡葬管理工作会议，表彰临安市民政局为 2005 年度杭州市“三沿五区”（“三沿”指沿江河堤坝、通航河道、铁路和国省道公路两侧视野范围；“五区”指风景名胜区、文物保护区、经济技术开发区、旅游度假区和饮用水源地）坟墓治理先进单位，余杭、西湖、富阳、建德、桐庐 5 个区、县（市）为 2005 年度杭州市生态墓地建设先进单位。4 月 24 日，在省人民大会堂召开浙江省暨杭州市纪念毛泽东等老一辈无产阶级革命家倡导火化 50 周年座谈会。市政府副秘书长何楷受副市长孙景淼委托在会上发言，对杭州市 50 年来殡葬改革的主要成果作了回顾，肯定了全市在推行遗体火化、殡葬改革等方面所取得的成绩，并对“十一五”期间殡葬改革的任务和举措提出要求。2006 年全市新建生态墓地 94 个，总数达 2186 个，覆盖 86.7%的行政村。

【举行第 13 次骨灰撒江活动】 3 月 26 日，举行杭州市第 13 次骨灰撒江活动，有 44 位已故者的骨灰撒入钱塘江。至年末，杭州市累计有 893 位已故者的骨灰撒江。

（黄　荣）

【民间组织管理】 2006 年，全市民间组织管理机构认真贯彻《社会团体登记管理条例》和《民办非企业单位登记管理暂行条例》，大力培育发展行业协会、农村专业经济协会，积极探索社区民间组织的培育管理，扎实开展民办非企业单位自律与诚信建设，进一步规范民间组织各项制度，取得了显著成效。市民间组织管理局被民政部评为全国民间组织登记管理工作先进单位。

至年末，全市民间组织总数 3196 个，比上年增加 227 个。全市社会团体 2005 个，其中学术性 428 个、行业性 416 个、专业性 435 个、联合性 592 个、其他 134 个。有民办非企业单位 1194 个，其中教育类 760 个、卫生类 101 个、文化类 46 个、科技类 80 个、体育类 34 个、劳动类 49 个、民政类 55 个、其他 69 个。市本级社会团体 629 个，其中学术性 154 个、行业性 102 个、专业性 149 个、联合性 100 个、其他 124 个。市本级民办非企业单位 176 个，其中教育类 94 个、卫生类 1 个、文化类 8 个、科技类 17 个、劳动类 27 个、体育类 7 个、民政类 7 个、其他 15 个。

【《杭州市行业协会管理办法》颁布实施】 9 月，市政府令第 228 号颁布《杭州市行业协会管理办法》，自 11 月 1 日起施行。这是杭州市近年来出台的第一部较为完善的关于行业协会管理的政府规章。该办法分总则、促进发展、登记、会员与组织机构、职能、监督管理、法律责任、附则等 8 章 57 条，对规范全市行业协会管理、推动行业协会健康有序发展具有积极的推动作用。

【民办非企业单位自律与诚信建设再创佳绩】 2 月 9 日，民政部召开全国民办非企业单位自律与诚信建设活动年表彰大会，市民政局获全国民办非企业单位自律与诚信建设活动最佳组织奖，杭州宋城华美学校、浙江临安乳腺病研究所、杭州市萧山区笑笑幼儿教育集团被评为全国民办非企业单位自律与诚信建设先进单位。4 月 27 日，市民政局组织全市 50 余个民办非企业单位参加在武林广场举办的全省民办非企业单位诚信建设广场公益活动，为市民提供免费或低偿的咨询、培训等服务。2006 年，全市民办非企业单位举办各类公益活动 358 次，参加活动的单位 630 个。

【评估民办非企业单位公信力】 6 月，市民政局启动民办非企业单位公信力评估工作，杭州人才开发学校、杭州下城区闻首幼儿园、杭州笑笑幼儿园、杭州计算机学校、杭州现代汽车维修学校、杭州宋城华美学校 6 个民办非企业单位参加。采取单位自评和评估委员会评估相结合的办法，经过实地考评和综合评估，对宗旨与远景、治理结构、组织管理与运作、信息透明、相关利益群体的权益保障、组织学习与创新、服务质量与绩效 7 大类 51 项指标逐项评分，并综合各方面社会评价，最终评出杭州人才开发学校、杭州下城区闻首幼儿园为“AAA”等级，杭州笑笑幼儿园、杭州计算机学校、杭州现代汽车维修学校、杭州宋城华美学校为“AA”等级。杭州市民办非企业单位公信力评估工作得到民政部、省民政厅的充分肯定和社会各界的广泛好评。

（郑张源）

【水库移民享受扶持新政策】 5 月，国务院出台《关于完善大中型水库移民后期扶持政策的意见》，决定从 7 月 1 日起，对 2006 年 6 月 30 日前搬迁的大中型水库移民及其后代扶持 20 年，每人每年补助 600 元。杭州市列入国家大中型水利水电工程的有 17 项：新安江水库、富春江水库、四岭水库、岩石岭水库、分水江枢纽工程、肖岭水库、罗村水库、枫树岭水库、铜山水库、严家水库、霞源山水库、里畈水库、英公水库、水涛庄水库、青山水库、青山殿水库、华光潭水库。

经移民申请,行政村入户登记,乡镇审核,区、县(市)审定和村、乡镇两级公示,全市核定登记可享受大中型水库移民后期扶持政策的总人数为346171人,其中核定到户到人的211617人,涉及大中型水库149座。 (沈军良)

【流浪乞讨人员救助管理】 2006年,全市8个救助管理站共救助1.25万人次,其中杭州市救助管理站救助1.08万人次,占86.4%。受助人员自己进站求助5132人次,占总数的41.1%;由公安、城管执法等部门护送进站7360人次,占58.9%。在发挥联合帮扶小分队、救助管理站救助服务队、志愿救助劝导服务队、城管执法服务队4支队伍作用的基础上,为使散布在背街小巷、菜场超市和居民社区等处的流浪乞讨人员能及时得到救助,市民政局与市城管办协作,在杭州"数字城管"网络体系中,将流浪乞讨人员救助管理工作纳入城管信息采集内容之一,使救助管理区域化、动态化和信息化,既提高了工作效率,节省了人力、物力和财力,也实现了整合资源、信息共享、多途径管理。

切实加强世界休闲博览会、世界佛教论坛、国际动漫节、西湖博览会和"五一黄金周"、"十一黄金周"期间的流浪乞讨人员救助管理,做好宣传、劝离、帮扶工作,采取临时救济和教育治理相结合的措施,有效维护了城市形象。各级民政部门制定救助管理工作预案,设立救助引导牌,公布求助电话,维护了流浪乞讨人员的合法权益。 (詹红军)

【法制工作取得新进展】 为适应依法行政的需要,经市编委同意,市民政局设置政策法规处,全面启动市民政系统"五五"普法规划,编制全市"十一五"期间民政立法计划,法制工作取得新进展。7月31日,上城区民政局被民政部评为2001年~2005年全国民政系统法制宣传教育先进集体。 (高光荣)

·残疾人事业·

【残疾人事业概况】 2006年,党和国家将加快发展残疾人事业作为构建和谐社会的重要内容,市委、市政府也明确提出要提高残疾人生活保障水平。全市各级残疾人联合会抓住机遇,积极工作,困难残疾人基本生活得到更好的保障,残疾人康复工作取得明显成效,残疾人联合会组织建设得到进一步加强。

全市有残疾人47.78万人。其中,听力语言残疾16.73万人,视力残疾6.48万人,肢体残疾10.82万人,智力残疾3万人,精神残疾4万人,综合残疾6.68万人。

2月9日,副市长孙景森在杭州市政府残疾人工作协调委员会工作会议上,要求将残疾人事业相关内容纳入各政府部门规划之中。在广泛征求意见、多次修改、反复论证的基础上,《杭州市残疾人事业"十一五"规划》于8月正式公布。

【困难残疾人社会保障机制更为完善】 12月15日,市政府印发《杭州市城乡居民最低生活保障实施办法》,为困难残疾人及其家庭提供了更为完善的保障。新办法规定特殊困难人员分类施保,与直系亲属共同生活无就业能力的未婚成年子女以及与直系亲属共同生活的残疾子女可单独申请低保,此项举措属全国首创。市残联认真做好生活不能自理且常年卧床不起的困难残疾人生活补助工作,老城区有241名长年卧床不起、生活不能自理、无经济来源的残疾人享受每月200元的特殊补助。各级残联认真做好第六次"春风行动"扩面救助工作,老城区享受救助的残疾人家庭3209户(低保1782户、困难家庭1059户、扩面368户),发放一次性救助金770.74万元;其中农村残疾人困难家庭197户,发放一次性救助金53.07万元,市和有关区残疾人联合会组织干部逐户上门走访慰问。

【出台扶持残疾人有关规定】 9月,市残联、市财政局联合出台《杭州市市级残疾人扶贫贷款贴息专项资金使用管理办法》,凡通过银行(信用社)取得小额信用贷款,从事农村种养业、农副产品加工业、小型企业和个体服务业(除国家限制行业),持有残疾人证的残疾人,或从事农村种养业、农副产品加工业,且安置残疾人或辐射带动残疾人脱贫的助残扶贫基地,均可申请贷款贴息。列入残疾人扶贫贷款贴息项目,按当年人民银行公布的一年期基准贷款利率,由残疾人、残疾人种养业大户或助残扶贫基地承担3%,其余由市财政局在预算额度内予以贴息。12月,市残联与市财政局、市劳动保障局联合出台《杭州市城镇残疾人个体户参加基本养老保险给予适当补贴的通知》,凡符合条件的残疾人个体户或从事非正规就业的残疾人缴纳基本养老保险费,享受市就业再就业扶持政策(基本养老保险费补贴)以外的自负部分,将给予适当补贴。具体补贴标准为:持有市低保家庭救助证的,自负部分给予全额补贴;持有市困难家庭救助证的,自负部分给予80%的补贴;无以上"两证"

2月9日,市政府召开残疾人工作协调委员会工作会议。 (市残联 供稿)

的，自负部分给予60%的补贴。补贴资金从各区残疾人就业保障金中列支。

为推动农村残疾人种养业“百家千户”(100个基地、1000户大户)竞赛活动，市残疾人联合会还出台《杭州市农村残疾人种养大户和示范基地扶持补助(暂行)办法》，引导农村残疾人种养大户上规模、上台阶。全年新发展771户残疾人从事农村种养业，其中种养大户255户；新建种养业基地21个。有32户种养大户通过扶持得到发展，达到了市级示范大户标准，10个种养业基地被评为市级示范基地。

【残疾人就业培训取得新成效】 全年安置残疾人就业1886人，其中城镇集中安置635人、分散安置714人、非正规就业岗位安置215人、个体就业215人、异地安置107人。4月，举办2006年杭州市残疾人人力资源交流会，组织42个用人单位参加，其中包括东芝信息机器(杭州)有限公司、杭州摩托罗拉移动通信设备有限公司、杭州松下马达和松下家用电器有限公司等大型外资企业，提供计算机、出纳、统计、财务、客服等近百个工作岗位。交流会上，有75名残疾人分别被近20个企业正式录用，其中大、中专毕业生有12名。各级残疾人联合会整合内外资源，加强与劳动部门合作，采取多种形式开展职业技能培训，共举办各类培训395期，培训残疾人5680人次，其中实用技术培训2930人次。举办“改善你的企业”盲人保健按摩行业业主培训班2期，34名盲人业主参加并通过考试，获得劳动部门颁发的结业证书。

9月，市残联与市劳动保障局共同举办以“学技术、练技能、当能手、作贡献”为主题的杭州市第三届残疾人职业技能竞赛。154名残疾人选手参加盲人按摩、计算机调试等15个项目的角逐，决出一等奖12人，二等奖24人。11月，市残疾人联合会承办浙江省第二届残疾人职业技能竞赛的9项赛事。杭州代表团参加杭州、绍兴两个赛区的15项比赛，取得团体总分第一、奖牌总数第一和4个一等奖、9个二等奖、9个三等奖的佳绩，有9名参赛队员获浙江省技术能手称号。

残疾人就业信息网络发展迅速，至年末，覆盖市本级和13个区、县(市)，覆盖率达到100%。

【残疾人康复工作深入开展】 杭州市继续深入开展“光明行动”，全年实施白内障复明手术2966例，其中“光明行动”为困难白内障人员复明1819名，复明率达100%。“光明行动”工作机制进一步健全，结合贯彻落实省民政厅、省财政厅、省卫生厅《关于做好全省城乡低保对象白内障复明手术工作的通知》精神，市政府将全市城乡低保对象白内障复明手术工作纳入“光明行动”，统一部署落实，明确“光明行动”经费由市和区(县、市)按1:1比例匹配解决，把好事办好，实事办实。

根据《全国残疾人社区康复示范区工作标准》，市残联修订了《杭州市残疾人社区康复工作考评标准》。全市有410个社区开展残疾人康复工作，康复训练残疾人216名，社区康复站建站率达70.8%。12月，在天津召开的全国残疾人社区康复示范区培育活动经验交流会上，民政部、卫生部、中国残疾人联合会命名15个市辖区(市)为全国残疾人社区康复示范区，杭州市下城区名列其中，是浙江省唯一被命名的示范区。

开展盲人定向行走训练服务试点。下城区58名盲人接受系统的定向行走训练服务，实现了独立—定向行走—走出家门的愿望。创办杭州启明星儿童康复中心，在省内率先开展自闭症儿童康复工作。认真落实《杭州市人民政府关于扶持发展社区服务业的若干意见》，市残联下拨老城区工疗站专项补助经费170万元，有关区残疾人联合会匹配170万元，共计340万元，用于扶持35个工疗站建设，确保889名工疗员在工疗站中得到“三疗一教育”(药物治疗、娱乐治疗、工作治疗和心理教育)。

【完成第二次全国残疾人抽样调查】 2006年，第二次全国残疾人抽样调查工作启动，杭州市余杭、富阳、下城、临安4个区(市)被抽中。市残联以“高质量、严要求、创一流”的标准，制定《杭州市第二次全国残疾人抽样调查实施方案》并精心组织落实，圆满完成调查摸底、现场登记、数据质量复查、编码及数据处理等各项任务。共调查住户5537户，入户率100%；人数15270人，见面率78.9%；筛查疑似残疾人3105人，医生检查见面率100%。经自查和省抽样调查办公室抽查、验收，杭州市第二次全国残疾人抽样调查各项数据均达到国家和浙江省规定的验收标准。

【加强基层残疾人联合会组织建设】 2月，市残联制定下发《关于开展杭州市街道(乡镇)残联达标验收工作的通知》；7月，又下发《杭州市街道(乡镇)残联规范化建设评估要点》。街道(乡镇)残疾人联合会组织建设取得新进展，基本形成了规范的工作机制、健全的组织网络，使基层残疾人工作上了一个台阶。10月，市残联举办有96人参加的区、县(市)残疾人专业协会骨干培训班。经年末检查验收，上城区小营街道等139个街道(乡镇)残疾人联合会的规范化建设达标，占全市街道(乡镇)残联总数的69.8%。

【开展残疾人机动轮椅车年检】 市残联配合交警部门开展残疾人机动轮椅车2006年年检。经市残联建议，市政府批准，残疾人机动轮椅车年检、换证费用免收。12月4日起，交警部门对2004年以来已领取专用车号牌的1474辆残疾人机动轮椅车统一进行集中检验，换发新的牌证。12月13日，残疾人机动轮椅车年检顺利完成。

【加强无障碍环境建设宣传】 市残联积极发挥杭州市无障碍环境促进会的作用，对新建、改建、扩建的城市道路、建筑物、景区进行定期检查，发现问题及时向城管等部门反映，同时联合新闻媒体对全市无障碍设施建设进行舆论监督。8月，组织力量对无障碍设施建设与管理存在的问题开展专题调研。根据调查情况形成调研文章《我市无障碍设施建设喜中有忧》，提出存在的问题和对策报市委、市政府。市委书记王国平、副市长杨戌标批示有关部门解决。加大宣传力度，全年制作20多块公益宣传广告置于入城口、闹市区、街(巷)；在省展览馆、市政府一楼大厅及市体育馆大厅内举办残疾人事业“十五”期间成果展览。

【举办杭州市第七届残疾人运动会】 杭州市残疾人运动会每4年举行1次。5月29日~31日，市残联和市体育局联合举办杭州市第七届残疾人运动会。535名残疾人运动员参加田径、游泳、乒乓球、羽毛球、射击、举重、地滚球等7个大项、130余个小项的角逐，产生了377枚奖牌。开幕式由副市长孙景淼主持，省委常委、市委书记、市人大常委会主任王国平宣布运动会开幕，市委副书记朱报春致开幕词。

9月，市残联组队参加浙江省第七届残疾人运动会，获团体总分第一。3支特殊球队（轮椅篮球、盲人门球、坐地排球）代表浙江省参加全国锦标赛，获得较好名次。（*严云云*）

·民族·

【民族概况】 2006年，杭州市有42个少数民族，户籍人口4.48万人，占全市总人口的0.65%。超过千人以上的少数民族有回族、满族、畲族、壮族、苗族和侗族等，呈现大散居、小聚集的分布格局。全市有一个少数民族乡，即桐庐县莪山畲族自治乡；有25个少数民族村，其中桐庐县7个、淳安县1个、富阳市2个、建德市10个、临安市5个。

杭州市遵循“各民族共同团结奋斗、共同繁荣发展”的方针，巩固和发展平等、团结、互助、和谐的社会主义民族关系。市民族宗教局认真组织实施“联乡结村”活动，广泛宣传，强化服务，积极牵线搭桥，做好少数民族扶持项目资金的落实工作，推动民族经济健康发展。从实事做起，建立领导干部走访困难少数民族制度，看望因常年多病、意外伤残或遭受自然灾害等造成困难的少数民族家庭，询问他们的生活和生产情况，了解他们的需求，解决他们的困难，送去党和政府对少数民族群众的关怀。

【省人大常委会检查杭州市少数民族工作】 6月1日，省人大常委会副主任孙优贤一行在省民族宗教事务委员会主任钟小毛和市人大常委会有关领导陪同下，对杭州市贯彻落实省少数民族权益保障法律法规情况进行检查。副市长项勤汇报了全市贯彻落实《浙江省少数民族权益保障条例》的情况，市公安局、市工商局、市卫生局、市财政局、市教育局等单位负责人参加汇报。

检查组高度评价杭州市在维护少数民族权益机制创新、促进民族团结与和谐、外来少数民族流动人口管理、清真食品生产、社区民族工作等方面取得的明显成效，希望杭州继续走在前列，把少数民族工作做得更好。检查组一行实地察看了下城区天水街道少数民族纪念馆和杭州翠沁斋清真食品有限公司，并召开少数民族代表座谈会。

【穆斯林群众欢度古尔邦节】 1月10日（伊斯兰教历1426年12月10日）是伊斯兰教的重大节日——古尔邦节。杭州清真凤凰寺张灯结彩，洋溢着欢乐、祥和的节日气氛。市政协副主席曾东元等与1000多名学习、工作、生活在杭州的中外穆斯林群众共庆传统佳节。曾东元向穆斯林群众致以节日问候，祝穆斯林群众新年生活幸福安康。市伊斯兰教协会表示将继续发扬爱国爱教的优良传统，进一步团结在杭穆斯林群众，为实现杭州市全面建设小康社会，加快推进和谐社会进程的宏伟目标而努力。

【慰问百户困难少数民族家庭】 1月16日，市政府和市民族宗教局有关领导，到建德市团结村、桐子源村等畲族少数民族村，走访、看望困难家庭，并给每户困难家庭送上500元现金和一些衣被、日用品，拉开了全市慰问百户困难少数民族家庭活动的序幕。

市领导每到一处，都详细询问困难少数民族家庭的经济收入、社会保障等情况，耐心听取他们的意见和建议。被慰问的困难群众连声感谢市领导对他们的关心，赞扬党和政府的政策好。

【举办民族宗教界人士迎新春茶话会】 1月23日，杭州市民族宗教界人士2006年迎新春茶话会在华庭云栖度假村举行，省、市及相关单位领导和200余名民族宗教界代表人士参加。副市长项勤出席会议，向全市少数民族同胞和宗教界的朋友致以节日的问候和新年的祝福，希望民族界继续维持民族团结的稳定局面，宗教界在“三自”方针指引下自觉抵制国外宗教势力的渗透，努力与社会主义社会相适应。少数民族代表和宗教团体代表先后发言，决心为杭州的经济发展、社会稳定和构建和谐社会作出新的贡献。茶话会上，民族宗教界人士表演了丰富多彩的文艺节目。

【“三下乡”活动情暖畲村】 1月24日，市民族宗教局机关干部前往淳安县富泽畲族村，开展2006年第二次科技、文化、卫生“三下乡”活动，给畲族群众送去价值2万余元的计算机、彩电和农业科技书籍，受到村民的热烈欢迎。

11月3日，第三届省少数民族传统体育运动会开幕。（市民族宗教局 供稿）

富泽畲族村是淳安县唯一的少数民族村，经济比较落后，新建的杭千高速公路穿村而过，征用了该村大部分农田，村庄进行了搬迁。党和政府高度重视富泽畲族村搬迁后的经济社会建设，市、县民族部门也进行了相应的帮扶活动。

【游客青睐“畲家乐”】 桐庐县莪山畲族乡是杭州市唯一的少数民族乡，境内山峦起伏，梯田重叠，溪曲林茂，极具自然野趣，民族文化内涵也十分丰富。2006年兴办乡村旅游“畲家乐”，迎来了大量游客。对于长期生活在大城市的居民，到畲乡呼吸新鲜空气，看畲族姑娘们民俗表演，品尝各种绿色食品，对减轻平时繁重的工作压力和身体健康都大有好处。畲乡农民抓住当地得天独厚的资源优势，开发“畲家乐”，办得红红火火，成为新的经济增长点。

【帮助受灾民族村开展生产自救】 7月7日，富阳市石门民族村遭遇强暴雨袭击，大片农田受淹，多处山体滑坡，道路桥梁被冲毁，造成的经济损失100多万元。市民族宗教局获悉后，及时研究救灾措施，并组织救灾组实地察看灾情。在石门民族村，救灾组详细询问人员转移和生活安置情况，勉励受灾村民振奋精神，开展生产自救，努力挽回灾害造成的损失。救灾组还看望慰问了4户受灾情况严重的家庭(其中畲族2户、苗族1户、汉族1户)，并送上慰问金；帮助联系解决100吨水泥，用于修筑堤坝。

【凤凰寺维修保护工程竣工】 凤凰寺礼拜殿是中国为数不多的早期伊斯兰教建筑之一，特别是建于元代的砖结构穹顶十分珍贵，是国务院公布的全国重点文物保护单位。因年代久远，凤凰寺大殿出现穹顶彩绘脱落和墙体裂缝日益严重的状况。

2005年底，省、市政府拨款对凤凰寺进行维修保护。2006年初，凤凰寺维修保护工程动工。根据国家文物局批准的由省古建筑设计院制定的凤凰寺维修方案，通过沉降监测、墙根防水、墙体裂缝修补、白蚁防治洒药、穹顶壁画维修、木质经板防霉防虫及石质读经台脱盐处理等工序，于9月底竣工并通过省、市文物部门和专家的初步验收。

【承办省少数民族传统体育运动会】 11月3日~7日，第三届浙江省少数民族传统体育运动会在杭州市萧山区隆重举行。这届运动会由省民族宗教事务委员会和省体育局主办，市民族宗教局和市体育局协办，萧山区政府承办。运动会设珍珠球、蹴球、陀螺、押加、武术、射弩、高脚竞速、板鞋竞速和表演等9大类、53个项目，来自全省11个市和景宁畲族自治县15个民族共12支代表队、约700名运动员和教练、裁判员参加。这届运动会是浙江省有史以来比赛项目最多、参赛队员最多、规模最大的一次民族传统体育的盛会。

(雷俊峰)

10月24日，省委常委、市委书记王国平在市伊斯兰教协会调研。

(市民族宗教局 供稿)

·宗教·

【宗教概况】 杭州市五大宗教俱全，信徒众多，团结和睦。2006年末，全市经政府登记的寺观教堂及固定活动场所937处(佛教273处、道教35处、伊斯兰教1处、天主教12处、基督教616处)，有教职人员878人。可统计的宗教信徒有基督教21万多人、天主教2500多人、伊斯兰教907人，佛、道教信徒无法统计。

2006年是中国实施《中华人民共和国宗教事务条例》两周年。杭州市采取多种方式，进一步学习宣传宗教事务条例，全面推进依法行政，稳妥实施宗教活动场所的登记换证工作，认真抓好市级宗教团体和宗教活动场所的制度建设，自觉抵制国外宗教势力的渗透，切实保障公民宗教信仰自由的权利，在维护宗教领域的团结和睦和规范宗教事务的管理方面取得明显成效。

全市宗教界人士积极响应“宗教与社会主义社会相适应”的号召，拥护中国共产党的领导，拥护社会主义制度，认真参政议政，关心社会发展，关爱社会弱势群体。发扬各自特点，利用宗教优良的传统、教义教规和道德，教育影响广大信徒。积极参加社会公益事业，开展为民服务、救困济贫活动。各教办好教务，为构建和谐社会、发展经济建设创造良好的环境；修建并管理好寺观教堂，传扬优良的宗教文化，为杭州的旅游事业服务。

【表彰宗教工作先进集体和先进个人】 1月12日，市民族宗教局召开表彰会，对凤凰寺等30处2005年度“五好”宗教活动场所和方法全等39名2005年度“五好”宗教界人士，以及近年来全市宗教界在“服务社会，造福人群”工作中作出显著成绩的杭州市佛教协会等14个先进集体和马玉婷等17名先进个人予以表彰。

2005年，杭州市在宗教界开展争创“五好”宗教活动场所和“五好”宗教界人士的活动。宗教界人士积极参与，争优创先，严格遵守国家的法律法规，坚持“三自”办教方针，自觉抵制国外敌对势力的渗透，认真做好信教群众工作，为全市社会稳定作出了积极贡献。在自办教会的同时，发扬爱国爱教传统，扶贫济困，为公益事业捐款近200万元。

【灵隐寺与中台禅寺缔结为同源禅寺】 4月15日，杭州灵隐寺与中国台湾中台禅寺缔结为同源禅寺的签约仪式在灵隐寺法堂举行。国家宗教事务局副局长蒋坚永到会讲话，国家台湾事务办公室和省民族宗教事务委员会、省台湾事务办公室等有关单位领导到会祝贺。中国佛教协会副会长、浙江省佛教协会会长戒忍大和尚代表灵隐寺方丈木鱼致欢迎辞，中台禅寺方丈惟觉致辞，圣辉大和尚代表中国佛教协会对两寺的友好缔结表示祝贺。

4月15日，灵隐寺与台湾中台禅寺缔结为同源禅寺签约仪式在杭州举行。（市民族宗教局 供稿）

中国台湾佛教与大陆佛教同根同祖，同宗同源，一脉相承。2002年灵隐寺木鱼方丈在接待到访的台湾中台禅寺惟觉方丈时，双方表达了加强交流与合作的良好愿望。2005年省佛教代表团赴台访问时得到中台禅寺和惟觉方丈的热情款待。杭州灵隐寺与台湾中台禅寺的友好缔结，对增进两地的了解与友谊，促进海峡两岸佛教文化的传播交流和发展，推进祖国和平统一大业都具有积极作用。

【市佛教协会举行吉祥钟声迎新年活动】 2005年12月31日晚，杭州市佛教协会在净慈寺举行吉祥钟声迎新年活动，浙江省副省长钟山、杭州市副市长项勤等省、市领导与广大市民、宗教界人士、海内外游客共同迎接新年的到来。净慈寺一年一度的吉祥钟声迎新年活动；已成为浙江省和杭州市迎接新年的一项重大活动，也是旅游文化中的一个精品项目，在国内外的影响日益扩大。这次活动，有5000余名市民和800余名来自日本、泰国等海外佛教信徒和游客参加，自始至终洋溢着欢乐祥和的气氛，安全有序，取得圆满成功。

【基督教鼓楼堂建成】 3月27日，杭州市基督教两会隆重举行鼓楼堂落成庆典。鼓楼堂建成开放，是杭州市基督教界的一件大喜事，也是全市宗教工作的一大盛事。省委统战部、省民族宗教事务委员会及市人大常委会、市政府等有关部门领导出席庆典仪式，美国基督教人士交流协进会组织奥兰多北地教会代表团参加庆典，香港基督教会代表团也参加了庆典。

因城市建设需要，原基督教鼓楼堂于1998年被拆除。市基督教两会配合政府做好信教群众工作，使所在区域的旧城改造得以顺利进行。鼓楼堂移地重建，得到政府和社会各界的大力支持，于2005年顺利竣工。鼓楼堂落成为信教群众过上正常宗教生活增添了活动场所，也是杭州市落实宗教政策的具体体现。

【杭州佛学院正式成立】 2月22日，国家宗教事务局根据宗教事务条例的有关规定，经实地考察，下发《关于同意成立杭州佛学院的批复》。杭州佛学院由浙江省佛教协会主办，杭州市佛教协会承办，学制三年。开办之初设立佛教艺术专业，办学资金自筹。5月31日，杭州佛学院在杭州正式成立。

1999年2月，杭州市佛教协会为培养一批合格的佛教人才，满足佛教界教务和寺院管理工作的需要，经省民族宗教事务委员会同意，举办了佛教僧伽进修班，2004年更名为杭州佛学院（筹）。经过多年实践，杭州佛学院（筹）在培养佛教文化研究和寺院管理人才等方面取得了一定成绩，形成了一整套教学管理制度，师资队伍和教学设施俱全，办学条件日益成熟。杭州佛学院的成立，是杭州市落实宗教自由政策，积极引导宗教与社会主义社会相适应的具体措施，对保证佛教工作健康、正常地开展具有现实意义。

【国际因明学术研讨会在杭举行】 6月15日上午，由中国社会科学院、中国藏学研究中心、中国玄奘研究中心、中国逻辑学会以及中山大学、燕山大学和杭州市佛教协会主办，杭州市佛学院和杭州市宗教研究会承办的国际因明学术研讨会在杭州市永福寺举行开幕式，来自美国、法国、日本、印尼、印度、蒙古等国和国内因明学知名专家学者，以及佛教界人士共100余人参加。研讨会为期2天。

【永福寺对外开放】 10月1日，永福寺对外开放。

永福寺位于杭州市灵隐景区内，飞来峰西侧，初建于后晋天福二年（937年），近代以来逐渐衰落。1952年，仅有破房7间、佛像5尊，一尼寄居。2002年，市政府批准复建永福寺，于当年奠基开工。2003年5月，考古发掘出南宋咸淳九年（1273年）建造的永福寺遗址。2005年4月，省民族宗教事务委员会批准恢复开放为宗教活动场所。

重建的永福寺占地6.2公顷，分4个建筑群体。第一院落是观音殿、客堂；第二院落为古筝轩、书法苑；第三院落名心越堂，纪念曾在永福寺隐居后东渡日本的东皋心越禅师；第四建筑群是大雄宝殿。4个建筑群错落有致，周围山林葱郁，景致

幽雅宜人。 （雷俊峰）

·人民生活·

【城市居民人均可支配收入超过 1.9 万元】 2006 年，市委、市政府采取一系列扩大就业、增加居民收入、提高生活品质的措施，使城市居民各项收入增长较快，生活水平稳中有升。据对市区 600 户居民家庭的抽样调查，2006 年市区居民家庭人均总收入 21367 元，其中人均可支配收入 19027 元，分别比上年增长 13.9%和 14.6%，剔除物价上涨因素，分别实际增长 12.5%和 13.2%。

工资性收入稳定增长。杭州市经济快速发展，效益不断提高，职工收入也同步增长。调查显示，2006 年市区居民工薪收入人均 14427 元，比上年增长 11.3%，其中工资及补贴收入 13915 元，增长 13.7%。工薪收入占家庭总收入的比重 67.5%，比上年下降 1.6 个百分点。工薪收入仍是居民的主要收入来源。

经营性收入继续增加。近几年来，杭州市鼓励居民自主创业，为个体私营经济发展创造越来越好的外部环境，个体私营经济发展较快。2006 年市区居民经营净收入人均 1102 元，比上年增长 5.8%；按实际从事个体经营的人数计算则人均收入 2175 元，增长 11.3%。

财产性收入增长迅猛。居民收入增多，促进了投资行为快速增加，房地产和金融证券等投资效益逐步显现。2006 年市区居民各种财产性收入人均 1138 元，比上年增长 94.2%，拉动家庭总收入增长 2.9 个百分点，成为居民收入新的增长点。其中房屋的出租收入人均 683 元，增长 65.9%；利息、股息、保险收益和卖房净收益等投资性收入人均 455 元，增长 1.7 倍。

转移性收入增长较快。2006 年，杭州市上调企业退休人员的退休金，继续加大对低保户、困难家庭的社会救济力度，促进了居民社会保障收入提高。全年市区居民转移性收入人均 4700 元，比上年增长 12.6%，其中养老金或离退休金人均 3788 元，增长 11.9%；“春风行动”、助学行动等对弱势困难群体的援助，使社会救济收入也有较大幅度的增长。此外，2006 年是民间公认为喜结连理的好年份，婚嫁喜事猛增，使居民的赠送收入人均达 474 元，增长 33.8%。

【城市居民生活质量不断提高】 伴随着收入的增加，居民消费支出稳中有升，消费结构更趋合理，消费层次不断升级，生活质量进一步提高。2006 年市区居民家庭总支出人均 19513 元，比上年增长 13.1%，其中消费性支出人均 14472 元，购房等非消费性支出人均 5041 元，分别增长 7.7%和 31.9%，剔除物价上涨因素，分别实际增长 6.4%和 30.3%。消费支出八大类构成六升二降，其中家庭设备及服务和医疗保健分别下降 13.2%和 10.0%。

恩格尔系数继续下降。2006 年市区居民食品类支出 4818 元，比上年增长 2.9%，占消费性支出的比重(即恩格尔系数)为 33.3%，下降 1.5 个百分点，表明居民生活质量得到进一步提高。粮油类支出人均 417 元，增长 4.1%；肉禽蛋水产类支出人均 1108 元，增长 1.1%；在外饮食支出人均 1286 元，增长 4.3%，占食品类支出比重达 26.7%；干鲜瓜果类人均支出 366 元，增长 9.1%。

交通和通信类支出大幅增长。2006 年市区居民交通和通信支出人均 2876 元，比上年增长 28.8%，占消费性支出比重达 19.9%，提高 3.3 个百分点，增幅列各类支出之首。其中交通支出人均 1949 元，增长 29.4%，购买家用汽车是交通支出增长的主要动力。2006 年市区居民人均购买汽车支出 1338 元，增长 37.5%，家用汽车拥有量增长 9.1%，每百户居民家庭拥有小汽车 14 辆。随着居民家庭汽车的增多，用于车辆的支出也不断增加。调查显示，2006 年居民车用燃料支出增长 52.2%，车辆使用税费增长 49.3%。居民用于乘坐各种交通工具的交通费支出人均 278 元，增长 7.0%。通信支出人均 927 元，增长 27.4%，其中通信工具支出下降 7.3%。以手机为主的通信工具每百户拥有量达 176.8 部。

居住装修及水电燃料支出增长较快。收入水平的不断提高，促使人们越来越注重居住条件的改善。2006 年市区居民居住类支出人均 1479 元，比上年增长 28.5%，增幅提高 20.1 个百分点。其中，居民用于住房装潢支出人均 535 元，增长 78.3%，成为拉动居住类消费增长的主要因素。受能源等基础性生活材料的价格上涨影响，水电燃料及其他支出人均 752 元，增长 19.9%。其中，水费支出增长 28.1%，电费支出增长 17.0%，液化石油气费支出增长 31.4%，管道煤气费支出增长 30.1%。居住服务支出人均 79 元，增长 23.9%。

参观游览支出成倍增长。2006 年杭州市文化娱乐活动丰富多彩，世界休闲博览会、西湖博览会、“万人手拉手，走近大运河”等大型文化活动，刺激了居民的文化娱乐支出。调查显示，2006 年市区居民用于公园门票、游玩公园内设施等支出比上年增长 1.1 倍；旅游支出人均 549 元，增长 9.7%。

居民购房等非消费性支出显著增长。2006 年市区居民非消费性支出人均 5041 元，比上年增长 31.9%，增幅提高 1.3 个百分点。其中，用于购房支出人均 951 元，增长 1.2 倍，购房支出占非消费性支出比重达 18.9%，提高 7.4 个百分点。社会保障支出人均 1925 元，增长 10.7%。

金融证券投资支出增长迅猛。2006 年随着金融证券市场升温，居民投资热情空前高涨。调查显示，市区居民购买有价证券支出人均 619 元，比上年增长 23 倍；各种保险支出人均 426 元，增长 82.1%。

【农民收入呈两位数增长】 2006 年，杭州市按照“提升农业、建设农村、保障农民”的要求，加大农业基础设施投入，优化农业生产结构和布局，农业增效、农民增收明显。据农村住户抽样调查显示，2006 年全市农民人均纯收入 8515 元，比上年增加 860 元，增长 11.2%；扣除价格上涨因素，实际增长 9.9%。

工资性收入仍是农民增收的主要来源。2006 年，全市农民人均工资性收入 4772 元，比上年增加 455 元，增长 10.5%，占农民人均纯收入的比重为 56.0%，对农民增收的贡献度达 52.9%，仍是拉动农民增收的主要因素。从工资性收入的构成看，本地企业从业收入 3518 元，增长 12.4%;外出从业收入 796 元,增长 8.7%;担任乡村干部、教师及在行政事业单位工作所得 458 元,增长 5.1%。

家庭经营收入继续增长。2006 年,全市农民人均家庭经营收入 3011 元,比上年增加 268 元,增长 9.8%。其中,来自第一产业的收入 1411 元,增加 152 元,增长 12.1%,占家庭经营收入的比重近半。在第一产业收入构成中,来自农业的收入 777 元,居首位;来自林业、牧业和渔业收入分别为 306 元、234 元和 94 元。

非经营性收入增长较快。2006 年,全市农民人均非经营性收入 732 元,增加 137 元,增长 23.0%,占农民人均纯收入的 8.6%,对农民增收的贡献度为 15.9%。非经营性收入增长主要是:股息与红利收入 90 元,增长 88.7%;以农用机械为主的租金收入 75 元,增长 15.7%;土地征用补偿收入 155.9 元,增长 11.4%。此外,随着社会保障覆盖面的进一步扩大,离退休金和养老金收入 103 元,增长 6.5%。

低收入农户收入增长明显。2006 年,在农民收入总体增长的同时,低收入户收入的增速高于中高收入户。20%的低收入户人均纯收入 3384 元,比上年增加 395 元,增长 13.2%;60%的中低、中等及中上收入户人均纯收入 8088 元,增加 809 元,增长 11.1%;20%的高收入户人均纯收入 16796 元,增加 1457 元,增长 9.5%。

【农民消费结构日趋合理】 随着收入的不断增长,农民消费欲望逐步增强。2006 年,全市农民人均消费支出 6674 元,比上年增加 670 元,增长 11.2%;八大类消费支出均呈增长态势。

基本生活质量进一步提高。吃、穿、用方面的消费是人们赖以生存的基础,是反映基本生活质量的刚性度量。2006 年,全市农民人均食品消费支出 2203 元,衣着消费支出 438 元,家庭日用品消费支出 326 元,比上年分别增长 2.7%、15.0%和 6.2%;农村居民恩尔格系数为 33.0%,下降 2.7 个百分点。农村居民已不仅仅满足于吃饱穿暖,更加注重生活质量。2006 年,农村居民

10 月 28 日,浙江林学院、临安市人口计生局、临安市锦城街道办事处联合举行人口文化进校园系列活动启动仪式。 (市人口计生委 供稿)

粮食消费基本维持上年水平,但肉、禽、蛋、奶及其制品,烟酒饮料,成品服装及家庭设备用品消费支出明显增长。人均肉、禽、蛋、奶及其制品消费支出 567 元,烟酒饮料消费支出 546 元,成衣消费支出 333 元,家庭设备用品消费支出 317 元,分别增长 6.9%、9.0%、17.3%、8.6%。年末,全市农村居民家庭每百户彩电 156 台,增长 10.6%;空调器 70 台,增长 22.8%;计算机 19 台,增长 58.3%;洗衣机 72 台,增长 16.1%;电冰箱 83 台,增长 15.3%。

居住条件逐步改善。农村居民在基本生活质量得到保障的同时,居住条件逐步改善。2006 年,全市农民人均居住消费支出 1469 元,比上年增加 326 元,增幅达 28.5%。其中,用于购房建房及装修房屋的支出 1021 元,增长 27.6%;用于居住消费的服务性支出 448 元,增长 29.5%。年末,全市农民人均住房面积 66.46 平方米,增加 0.46 平方米。

文化教育倍受关注,娱乐生活日趋丰富,医疗保健服务消费略有增长。2006 年,全市农民人均文化教育、娱乐消费支出 823 元,比上年增长 12.0%,位居八大类消费支出第三位,占农民人均消费支出总额的比重提高到 12.3%。从构成项目看,文化教育、娱乐用品消费支出 167 元,增长 46.5%;教育服务消费支出 567 元,增长 3.8%。人均医疗保健服务支出 478 元,增长 0.8%。

便捷的生活方式逐渐成为时尚。2006 年,全市农民人均交通、通讯支出 793 元,增加 113 元,增长 16.6%。其中,购买交通和通讯用品支出 422 元,增长 45.7%;交通和通讯服务消费支出 371 元,增长 11.8%。年末,全市每百户农村家庭生活用汽车拥有量达 7 辆,比上年增加 3 辆;手机和电话每百户拥有量分别为 149 部和 97 部,分别增长 19.2%和 8.9%。 (卢学法)

·人口和计划生育·

【人口和计划生育概况】 2006 年,杭州市认真贯彻落实计划生育基本国策,坚持把人口和计划生育工作纳入经济社会发展总体规划,综合决策,统筹安排。市委、市政府主要领导和四套班子分管领导多次参加有关人口和计划生育工作会议,深入基层调研督查,研究解决实际问题。2 月 15 日,召开全市计划生育国土资源环境保护工作会议,省委常委、市委书记王国平和市委副书记、市长孙忠焕等出席,全面部署人口和计划生育工作。7 月 25 日,召开全市半年人口形势分析会,市领导于辉达、安志云、陈重华、韩国熹及省人口和计划生育委员会主任章文彪、副主任陈燕萍等到会,研究分析上半年工作情况,确定下半年工作任务。各区、县(市)坚持党政一把手亲自抓、负总责,认真落实人口和计划生育目标管理责任制。各相关部门认真履行工作职责,密切配合,齐抓共管,综合治理。2006 年,全市出

生 57790 人，人口出生率 8.71 ‰，自然增长率 2.84‰，计划生育率 98.01 %；出生人口性别比 103.39，统计误差率控制在 2%以内。市人口和计划生育委员会获浙江省“十五”期间计划生育工作先进集体称号，下城区、拱墅区被评为全国计划生育优质服务先进区。

11 月 13 日，杭州市开展农村计划生育奖励扶助政策网上直播活动。

（市人口计生委 供稿）

【全面实施农村部分计划生育家庭奖励扶助制度】 3 月，市政府下发《关于农村部分计划生育家庭奖励扶助制度的实施意见》。市人口计生委制定了具体的实施方案，先后召开 5 次座谈会，专题研究部署，并认真开展指导督查。各区、县（市）高度重视，有关部门密切配合，严格按照实施意见组织落实动员部署、宣传培训、对象申报、审核确认和资金发放等环节。7 月 10 日，浙江省、杭州市、建德市三级人口计生部门联合在建德市举行农村部分计划生育家庭奖励扶助金首发仪式。至 9 月底，全市 2006 年度的奖励扶助工作圆满结束，共发放奖励扶助金 739.4 万元，有 11282 人得到奖励扶助。认真执行计划生育公益金制度，全市发放公益金 391.5 万元，有 2498 户得到救助。各地按照有关规定，认真落实计划生育家庭成员在就学、就业、就医等方面的优先优惠政策。

【推进婚育新风进万家活动】 5 月，市人口计生委与市委宣传部等 11 个部门联合下发《关于 2006 年~2010 年继续深入开展婚育新风进万家活动的意见》，推进新型生育文化建设。各地进一步创新宣传形式和手段，拓展宣传教育对象和范围，精心组织开展“十五”期间计划生育“十佳明星”先进事迹演讲会、“五二九”会员活动日、“七一一”世界人口日、关爱女孩行动等有特色、有创意的主题宣传教育活动。全市共举办各类宣传活动 1039 次，受众 94.9 万人次。努力打造生育文化精品亮点示范园区。全市累计建有生育文化示范园区（地）389 个，其中下城区东新园社区的谐园、拱墅区运河生育文化广场、临安市大峡谷生态生育文化园获省级生育文化示范园区称号。加强人口理论教育工作，10 月 31 日邀请复旦大学社会发展与公共政策学院院长彭希哲教授在全市领导干部会议上作题为《人口发展与城市公共安全》的讲座。

【深入开展计划生育优质服务】 杭州市继续以计划生育优质服务先进区、县（市）创建活动为载体，开展计划生育咨询、随访、查孕、查环、查病及免费婚检、优生检测、生殖健康检查等温馨化、人性化、个性化服务工作。2006 年，各地积极推进避孕方法知情选择、出生缺陷干预和生殖道感染干预“三大工程”，全市避孕方法知情选择率达 90%以上。推进避孕药具管理改革，范围从市区拓展到 5 个县（市）城关镇。至年末，全市共设立免费避孕药具供应点 1982 个，其中 24 小时免费供应点 47 个，避孕药具发放数量比上年增长 30%以上。加大技术服务经费投入，调整了计划生育免费技术服务项目结算标准。推进计划生育技术服务机构标准化、规范化建设，开展 ISO 9000 国际质量标准管理体系认证工作，杭州市及萧山区计划生育宣传技术指导站年内通过质量认证。深化青春健康教育，市青少年生殖健康服务中心全年接待咨询并提供免费服务 1558 人次。

【推进依法行政】 2006 年，市人口计生委进一步推进政务公开，对公民实行计划生育应享有的权利，计划生育行政执法的依据、程序，育龄群众实行法律救济的途径，投诉、监督的渠道，奖励、处罚、收费等项目及标准等内容，通过多种途径向群众宣传。改进浙江省生殖健康服务证的办理方法，进一步明确发放渠道，精简办理环节，简化办事程序。严格遵守时限规定，提高办理生殖健康服务证、独生子女父母光荣证、流动人口婚育证明及审批生育申请等的工作效率。认真执行计划生育行政执法责任制，严格执法，规范管理，全年无行政侵权行为发生。加大社会抚养费依法征收力度，加强联动执法。全市征收社会抚养费 3049 万元，比上年增加 800.2 万元，兑现率、结案率分别提高 8 和 2.8 个百分点。

【指导督查薄弱乡镇工作】 2006 年，市人口计生委继续加强对建德、淳安、桐庐、富阳等山区县（市）计划生育工作薄弱乡镇的指导，特别是对市、县（市）两级重点指导帮扶的 10 个乡镇，多次组织调研督查组进村入户调查研究、督促检查。组织人员深入山区县（市）偏远乡镇，开展为育龄群众“送知识、送健康、送服务”等活动，全年为 1.67 万人次育龄妇女进行免费 B 超、妇科检查和节育手术等服务。各县（市）进一步加大指导和考核力度，落实措施，切实抓好整改。11 月，市委、市政府在富阳市召开重点指导帮扶乡镇计划生育工作座谈会，肯定成绩，提出今后工作意见。年末考核，全市 10 个重点指导帮扶乡镇计划生育率达到 94.14 %，比上年提高 0.12 个百分点；有 4 个乡镇由重点指导帮扶转为正常管理。

【加强流动人口计划生育管理】 5月，杭州市建立流动人口计划生育管理工作联席会议制度，并召开了第一次会议。探索建立流入地与流出地双向协作配合机制，增强管理服务责任，初步构建了全市流动人口计划生育“一盘棋”综合治理机制。探索建立流动人口信息交换、通报制度，构建孕、环情信息交流平台。市人口计生委与市公安局、市民政局等部门实现了暂住人口育龄妇女信息和新婚登记信息互通互联，资源共享。全市办理暂住证的流动人口育龄妇女信息，流动人口育龄妇女的查孕、查环和怀孕、生育信息等，基本做到了系统内上下之间和系统外相关部门之间交换互用。采取经常督查与重点稽查相结合的方法，积极开展计划生育管理服务工作。市人口计生委、市公安局联合下发文件，明确流动人口协管员计划生育工作职责，加大管理力度，并与市劳动保障监察支队联合开展计划生育工作专项稽查，对违反《杭州市流动人口计划生育管理办法》的单位、个人实施了处罚。全市流动人口计划生育管理服务率在82%以上。

【综合治理出生人口性别比】 2006年，杭州市高度重视出生人口性别比综合治理工作。市人口计生委与有关部门联合对各地计划生育和医院B超管理情况进行了专项检查。深入开展“关爱女孩行动”，广泛宣传男女平等、少生优生等文明婚育观念，大力营造“生男生女一样好”的社会新风。各区、县(市)从实际出发制定优惠政策，着力解决计划生育女孩户的实际困难。12月，萧山区组团代表浙江省赴京参加全国“关爱女孩行动”知识竞赛，获二等奖。市人口计生委与市民政局联合开展了事实收养问题专题调研、业务培训及清理整治工作。

【研究人口发展战略】 2006年，市人口计生委认真履行“研究战略、制定规划”的新增职能，加强与有关部门及高校科研机构的合作，加大调查研究力度，开展人口发展战略研究，制定了《杭州市“十一五”期间人口和计划生育事业发展规划》，完成了《杭州市区人口发展及人口现代化研究》课题。市政府牵头组织开展的杭州市人口发展战略课题研究进展顺利，市人口计生委负责开展招标工作，经常与课题承担单位、相关部门沟通联系，及时掌握课题研究进展情况，协调解决研究过程中出现的新问题，各课题研究单位积极配合，完成了年度研究任务。各区、县(市)建立了人口形势分析通报制度，定期召开人口形势分析会，充分发挥为决策服务、为公众服务的作用。 (刘德武)

·老龄工作·

【老龄工作概况】 2006年，杭州市老龄工作呈现积极向上的新局面，多项工作走在全省前列。市老龄工办被全国老龄工作委员会、公安部、司法部联合授予“全国老年维权示范岗”荣誉称号，并被省老龄工作委员会、省人事厅评为浙江省老龄工作先进集体。

老龄人口继续增长，高龄化迹象显现，空巢家庭迅速增多。年末，全市60岁及以上老年人99.38万人，占总人口的14.91%，比上年提高0.39个百分点，其中65岁及以上老年人71.69万人、70岁及以上老年人51.22万人、80岁及以上老年人14.06万人，分别占老年人总数的72.14 %、51.54%、14.15 %。全市城镇60岁及以上老年人43.94万人，乡村60岁及以上老年人55.44万人，分别占老年人总数的44.22%和55.78%。全市空巢家庭(纯老年人家庭)的老年人14.01万人，占老年人总数的14.09%。全市百岁及以上老年人211人，其中男35人、女176人，年龄最大的是居住在江干区新凯旋苑社区人民新村2幢3单元103室的孟昭熹老人，生于1900年1月。百岁老人居住地分布为:上城区13人、下城区21人、拱墅区16人、江干区21人、西湖区14人、滨江区8人、西湖风景名胜区1人、萧山区55人、余杭区15人、桐庐县9人、淳安县3人、建德市13人、富阳市15人、临安市7人。

老龄机构组织服务网络进一步健全。市、区(县、市)、乡镇(街道)都建有老龄工作委员会，共有老龄工作专职人员622人。有681个社区和3291个行政村建立老年人协会，分别占社区和行政村的96.9%和89.9%。全市有674支助老志愿者队伍、833个养老保障站、517个医疗保障站（室)、518个生活照料站(点)、523个文化教育站(点)和517个权益保护等服务站(点)，社区老年人日常生活基本有保障。6月，市老龄工办在市委党校举办为期5天的全市乡镇(街道)以上老龄工作干部培训班，有160余人参加。各区、县(市)也先后举办基层老龄工作干部培训班，提高老龄工作干部的政治和业务素质。

老年文教体育事业深入发展。全市老年电大教学点发展到878个，秋季在校学员9.6万人，累计毕(结)业学员20.79万人次，列全省前茅；有老年学校295所，在校学员3.27万人，累计毕(结)业6.14万人次。全市建有各类老年文艺团队1513个，经常参加活动的老年人3.95万人；各类老年体育团队1747个，参加人数16.78万人。

老年福利设施不断完善。2006年，市政府投资1.1亿元、建筑面积1.6万平方米的杭州市老年活动中心改建工程继续推进，预计2007年5月可投入使用。新建1个老年公寓和1个托老所，总投资2676万元，新增床位297张。年末，全市有各类老年活动中心（室)4169个，建筑面积共55.24万平方米。有1282个行政村向17.29万老年人发放生活补贴，全年发放金额9758万元；有1.78万名老年人被纳入低保（其中城镇2343人、农村1.55万人)，领取救助金2037万元。

【出台加强老龄工作的有关规定】 5月，市老龄工作委员会召开第三次全体成员会议，传达贯彻国务院召开的全国第二次老龄工作会议和省政府召开的全省老龄工作会议精神。6月，省委常委、市委书记王国平听取老龄工作情况专题汇报，强调要贯彻好“两会”精神，明确工作目标，力争全省示范、全国领先，把杭州市老龄事业做成精品亮点。市老龄工办抓住时机，深入基层调查研究，走访有关部门征求意见，提出加强老龄工作和完善老年人优待规定等建议。市委、市政府相继出台了《关于进一步加强老龄工作的意见》、《杭州市优待老年人规定》和《杭州市“十一五”期间老龄事业发展规划》。各区、县(市)结合本地实际，也先后参照出台了加强老龄工作的有关规定。

【继续实施社区“3587工程”】 2006年是浙江省实施社区“3587工程”3年创建的最后一年。该工程的主要内容是社区老龄工作规范化，在社区建立老龄工作领导小组、老年人协会、助老志愿者队伍3个组织，建立健全养老保障、医疗保障、生活照料、文化教育、权益保护5个为老服务网络体系，按照8项工作任务和7条工作标准开展老龄工作。市老龄工办坚持标准，加强指导，把创建达标与推进居家养老服务工作结合起来，严格把关。经过努力，有90个社区达到省级社区老龄工作规范化建设标准。3年累计共有522个社区达标，居全省各市之首。

【市区居家养老服务工作全面推开】 根据杭州市老龄人口持续增长、空巢家庭不断增多的实际情况，市和各区老龄工办在2006年把居家养老服务工作作为大事认真抓好。市区以居家养老为基础、社区服务为依托、机构养老为补充的社会养老服务体系初步形成。上城区借助“三网一册”(电视网、电话网、计算机网、便民服务手册)和“为老服务联盟”平台，深入开展居家养老服务工作；下城区通过建立“五大服务中心”(配送餐中心、康复保健中心、日间照料中心、爱心服务中心、96198老年呼叫中心)和500个为老服务点，向区内老年人提供便捷的居家服务；江干区和拱墅区采取“一岗解两难”的办法，招聘社区助老服务员，就近上门为老年人提供生活照料服务；西湖区探索建立乡村养老基地，试行城镇老人到乡村寄宿养老；其他区都结合自身特点，积极开展居家养老试点工作，深受老人欢迎。

【创建规范化老年人协会】 年初，市老龄工办下发《关于创建规范化老年人协会工作的意见》，确立了为期5年的创建规划，明确各级职责，提出创建要求。年底经考核，有581个社区和1835个行政村老年人协会达标，达标率分别为82.6%和50.2%。通过创建，建立和规范了基层老年人协会的工作机制，特别是农村老年人协会按省定的统一模式，围绕“六个老有”(老有所养、老有所医、老有所学、老有所教、老有所乐、老有所为)开展工作。各区、县(市)还抓住村级活动场所建设和农村远程教育建设的机遇，兴建和改善一批老年活动设施，增设老年电大教学班(点)，满足了农村老年人精神文化生活需求。为加强老年电大教育，市老龄工办争取省福利彩票公益基金34万元，分别资助桐庐、淳安、建德、富阳、临安等县(市)的17个老年电大教学点。

市司法局退休干部郭朝武获中华孝亲敬老楷模提名奖

(市老龄工办 供稿)

【纪念老年法颁布10周年】 2006年是《中华人民共和国老年人权益保障法》颁布10周年、《浙江省实施〈中华人民共和国老年人权益保障法〉办法》颁布5周年。市老龄工办配合省老龄工作委员会等单位对杭州市及富阳市执法情况进行了调研；联合杭州电视台《金秋》栏目摄制老年维权电教片，老人节前后在省、市电视台播放，并刻制成光盘下发各地老龄组织，广泛开展宣传教育；在全市开展敬老爱老助老评比表彰等活动，树立典型，弘扬美德，营造敬老助老良好社会氛围；与市司法局联合开设老年维权联络处，常年为老年人提供免费法律咨询服务。

11月，上城区望江街道在水一方等14个社区被全国老龄工作委员会、中共中央宣传部等单位评为全国敬老模范居民区(社区)，市司法局退休干部郭朝武获中华孝亲敬老楷模提名奖。年末，桐庐县长运公司退休工人何炳堂和富阳市受降镇大山角村村民朱爱仙分别被省老龄工作委员会等单位评为浙江省“十佳热心老人”和“十佳孝心子女”。

【老人节庆祝活动丰富多彩】 10月19日是浙江省第19个老人节。老人节前后，市老龄工办联合市老年基金会、市民政局、市残联、市总工会等单位开展丰富多彩的庆祝活动。有关领导走访了211位百岁老人，转达市委、市政府的关怀；组织人员分路慰问1311位特困老人，送给每人500元慰问金。余杭区承办浙江省第六届老年文化艺术周庆祝汇演，杭州市组织选送的12个节目有7个获奖。举办全市老年人交谊舞大奖赛、老年越剧票友赛和老年围棋赛，为老年人提供展示风采的舞台。

(郑文嫣)

效能建设树形象

宣传活动千里行

深入基层查实情

奖抚政策暖人心

杭州市人口和计划生育委员会坚持以“三个代表”重要思想为指导，紧紧围绕市委、市政府的决策部署，按照“解放思想，干在实处，走在前列”的要求，以“稳定低生育水平和人的全面发展，统筹解决人口问题”为主要任务，勇于创新思路，大力深化改革，推进人口计生事业稳步健康发展。近几年来，群众婚育观念发生了很大变化，少生优生成为大多数群众的自觉行为，低生育水平保持稳定，自然增长率控制在4‰以下，计划生育率保持在98%左右，出生婴儿性别比保持在正常范围，为构建和谐社会，推进社会主义新农村建设，促进人口与经济社会资源环境全面、协调和可持续发展创造了良好的人口环境。多次受到国家、省、市表彰，并荣获“全国婚育新风进万家示范市”称号。

杭州市 人口和计划生育委员会

杭州市革命烈士纪念馆

浩气贯长虹　丹心照人间

杭州市革命烈士纪念馆，坐落于万木苍郁的月轮山麓，南与钱塘江相望，西临六和塔。它的前身是蔡永祥烈士事迹陈列馆，建于 1968 年 10 月。1983 年 4 月，经中共杭州市委同意，增名杭州市革命烈士纪念馆，一馆两名。

杭州市见义勇为事迹展厅。展厅建筑面积约 450 平方米，分甘洒热血捍正义、危难之中现英雄、水火无情人有情、自古英雄出少年 4 个部分。

1000 平方米的广场。正前方屹立着一座高 9 米的蔡永祥紧抱木头跃出铁轨的宏伟塑像，塑像底座正中的大理石上雕刻着“一心为公的共产主义战士——蔡永祥烈士”。塑像背面有毛泽东手迹“为有牺牲多壮志，敢叫日月换新天”，与塑像交相辉映，气势恢弘。

广场西侧是新改建的纪念馆，共两层，建筑面积为 1770 平方米，分两个展厅。第一展厅是杭州市革命历史和革命烈士事迹展厅，展出近 70 年来，杭州人民在党的领导下为民族解放、国家昌盛、人民幸福前赴后继的革命斗争历史，分中国共产党的创立、第一次大革命时期、抗日战争时期、解放战争时期、社会主义革命建设时期 5 个部分。第二展厅是蔡永祥烈士事迹展厅。

杭州市革命烈士纪念馆自开放以来，接待观众 300 多万人次。1993 年 5 月和 1995 年 3 月分别被杭州市和浙江省命名为首批爱国主义教育基地，1995 年被民政部授予革命烈士建筑物管理工作先进单位称号，1998 年被评为杭州市文明单位。

英烈亭

蔡永祥烈士塑像

展厅一角

杭州殡仪馆

办事大厅

杭州殡仪馆建于1951年，1970年由城南迁至城西。占地面积5公顷，总建筑面积9800平方米，大中小礼厅共11个，业务专用车辆18辆，火化炉8台。现有在职职工100人、离退休人员32人。杭州殡仪馆是一个集殡仪、防腐、火化服务于一体的综合性殡仪馆，系国家一级殡仪馆，具有涉外服务资格，先后获得全国殡葬事业先进单位、浙江省民政系统十佳窗口单位、杭州市文明单位、杭州市绿化先进单位等荣誉称号。2001年7月，该馆在全省率先通过ISO 9001国际质量管理体系认证。

近年来，杭州市殡仪馆紧紧围绕“科学化管理、规范化运作、人性化服务”目标，以“奉献在岗位，服务于客户”为宗旨，着力抓好各项建设。

坚持办事程序、办事项目、收费标准、投诉电话四公开，严禁职工私自收受客户的馈赠。每年客户办事满意率均在99%以上。

坚持靠制度管理，引入新的管理理念，开展优质安全月活动，严格按ISO 9001质量管理体系运行，定期检查，修正不足，持续改进。建立健全安全生产、优质服务、环境卫生、馆容仪表、作风纪律、电话回访等系列制度。

注重以人为本，坚持24小时面向社会，提供上门服务，坚持对特殊群体实行“七免一减半”优待；在馆外主要城区设立7个殡仪服务网点，殡葬服务进社区。

杭州殡仪馆将继续坚持“以民为本、为民解困、为民服务”宗旨，努力创建和谐殡仪馆。

花园一角

绿化一流的环境

人　物

People

·新任市领导简介·

蔡　奇　男，1955年12月出生于福建永安，1973年3月参加工作，1975年8月加入中国共产党，福建师范大学博士研究生毕业。历任福建师范大学党委办公室干部，中共福建省委办公厅综合处干部，中共福建省委办公厅综合处副处长，中共福建省委办公厅正处级秘书，中共福建省委政改办副主任，中共福建省委党建办副主任、办公厅厅务会议成员，中共福建省委办公厅副主任、厅务会议成员，中共福建省三明市委副书记（挂职），中共福建省三明市委副书记，中共福建省三明市委副书记、副市长，中共福建省三明市委副书记、市长，中共浙江省衢州市委副书记、市长，中共浙江省衢州市委书记，中共浙江省衢州市委书记、市人大常委会主任、中共十六大代表、中共浙江省委委员，中共浙江省委委员、台州市委书记，中共浙江省委委员、杭州市委副书记、副市长。2007年4月任中共浙江省委委员、杭州市委副书记、市长。

许勤华　男，1957年10月出生于浙江杭州，1976年9月参加工作，1982年2月加入中国共产党，中央党校在职研究生毕业。历任杭州锅炉厂工人，杭州师范学院系团总支书记、院团委副书记，共青团杭州市委常委、办公室主任，共青团杭州市委书记、党组书记，共青团浙江省委常委、杭州市委书记，共青团中央委员、浙江省委常委、杭州市委书记、中共杭州市委委员，中共杭州市委委员、中共杭州市江干区委副书记，中共杭州市委委员、宣传部副部长，中共杭州市委宣传部副部长，中共杭州市拱墅区委副书记、代区长、区长、中共杭州市委委员，中共杭州市委委员、拱墅区委书记，中共杭州市委委员、拱墅区委书记、区人大常委会主任，中共杭州市委委员、副秘书长（副厅级）。2007年2月任中共杭州市委常委、秘书长。

洪航勇　男，1956年12月出生于浙江临安，1974年6月参加工作，1976年2月加入中国共产党，中央党校大学毕业。历任临安县堰口公社电工，临安县堰口公社党委委员、团委书记，临安县於潜区人武部干部、区团委书记，临安县乐平公社党委副书记、副主任，临安县千洪公社党委书记，临安县副县长，中共临安县委常委、副县长，杭州市种猪试验场副场长，杭州市牛奶联合企业公司党委委员、副总经理，杭州市林业水利局党委委员、副局长，杭州市农业局党委书记、局长，杭州市林业水利局党委书记、局长，中共杭州市江干区委副书记、代区长、区长、中共杭州市委委员，中共杭州市委委员、滨江区委书记，中共杭州市委委员、杭州高新开发区（滨江）党委书记，中共杭州市委委员、杭州高新开发区（滨江）党委书记、滨江区人大常委会主任，中共杭州市委委员、副秘书长（副厅级）。2007年2月任中共杭州市委常委、萧山区委书记。

朱金坤　男，1956年4月出生于浙江杭州，1974年12月参加工作，1976年8月加入中国共产党，浙江省委党校在职研究生毕业。历任解放军33652部队战士、文书，杭州市公共交通公司一车队司机、党支部书记，杭州市公共交通公司经理办公室秘书，杭州市公共交通公司副经理，杭州市公共交通总公司总经理，杭州市市政公用事业管理局副局长、党委委员，杭州市市政公用事业管理局局长、党委书记，杭州市建设委员会主任、党委书记，中共杭州市委委员、杭州市建设委员会主任、党委书记。2007年2月任中共杭州市委常委、余杭区委书记。

翁卫军　男，1958年5月出生于浙江永康，1984年8月参加工作，1982年12月加入中国共产党，中央党校在职研究生毕业。历任中共浙江省委党史办公室秘书、秘书科副科长，浙江省监察厅机要秘书、监察一处主任科员、宣传教育处主任科员，监察部浙江大学教育培训中心办公室副主任，中共浙江省委办公厅秘书处主任干事、信息督查处主任干事、副处级秘书，《今日浙江》编辑部副主编，中共杭州市委办公厅副主任，中共杭州市委副秘书长，中共杭州市委副秘书长、办公厅纪检组组长，中共杭州市委副秘书长、办公厅纪检组组长、市直机关党工委书记、中共杭州市委委员，中共杭州市委委员、下城区委书记，中共杭州市委委员、下城区委书记、下城区人大常委会主任，中共杭州市委委员、副秘书长（副厅级）。2007年2月任中共杭州市委常委、宣传部部长。

孟祥锋　男，1964年12月出生于河北平乡，1986年8月参加工作，1986

年1月加入中国共产党，中央党校研究生毕业，法学硕士。历任文化部国家文物局干部，中央纪委研究室干部、副主任干事、主任科员，中央纪委中国纪检监察报社主任科员、新闻部副主任（副处级）、采通部（记者部）主任（正处级）、总编助理（正处级），中央纪委监察部第四纪检监察室副主任，中央纪委中国纪检监察报社副总编辑、总编辑（正局级）。2007年4月任中共杭州市委委员、常委。

张鸣放　女，1957年5月出生于浙江杭州，1976年4月参加工作，1980年7月加入中国共产党，浙江省委党校在职研究生毕业。历任杭州丝绸印染厂工人、团委书记、宣教科科长、组宣科副科长、党政办公室副主任、党委办公室主任兼书记助理、党委副书记、党委书记，共青团杭州市委书记、党组书记，杭州市人大常委会委员、共青团浙江省委常委、杭州市委书记、党组书记、中共杭州市委委员，中共杭州市委委员、中共杭州市上城区委副书记，中共杭州市委委员、中共杭州市上城区委副书记、代区长、区长，中共杭州市委候补委员、上城区委副书记、区长，中共杭州市委委员、上城区委副书记、区长，中共杭州市委委员、上城区委书记，中共杭州市委委员、副秘书长（副厅级）。2007年4月任杭州市人大常委会副主任、党组成员。

何关新　男，1956年2月出生于浙江富阳，1979年3月参加工作，1982年7月加入中国共产党，浙江农业大学普通班毕业。历任富阳众圃农场茶叶技术辅导员，富阳县农业局茶叶技术员、特产股副股长，富阳县政府办公室副主任、党组成员，中共富阳县委办公室主任，富阳县副县长，杭州市农经委党委委员、副主任，中共余杭市委副书记、代市长、市长，中共杭州市余杭区委副书记、区长，中共杭州市余杭区委副书记、区长兼杭州良渚遗址管理区党工委副书记、管委会主任、浙江省杭州良渚遗址管理局局长，中共杭州市余杭区委书记、区人大常委会主任兼杭州良渚遗址管理区党工委书记，中共杭州市委委员、副秘书长（副厅级）。2007年4月任中共杭州市委委员、杭州市副市长、党组成员。

佟桂莉　女，1969年10月出生于贵州安顺，1990年7月参加工作，1988年5月加入中国共产党，浙江省委党校在职研究生毕业。历任共青团杭州市委青工部干事、副部长，共青团杭州市委常委、青工部副部长、部长，共青团杭州市委副书记、党组成员，共青团杭州市委书记、党组书记，中共杭州市委委员、共青团中央委员、浙江省委委员、杭州市委书记、党组书记，中共杭州市委委员、富阳市委副书记（副厅级），中共杭州市委委员、富阳市委书记（副厅级），中共杭州市委委员、富阳市委书记、富阳市人大常委会主任（副厅级），中共杭州市委委员、副秘书长（副厅级）。2007年4月任中共杭州市委委员、杭州市副市长、党组成员。

张建庭　男，1957年9月出生于浙江杭州，1981年12月参加工作，1985年12月加入中国共产党，中央党校大学毕业。历任杭州市园林文物局西区管理处基建科技术员，杭州市风景名胜管理处设计室技术员、团委副书记，杭州市园林文物局规划建设处干部，杭州市园林文物局团委书记，杭州市园林文物局宣传处副处长、处长，杭州市园林文物局规划建设处处长，杭州市园林文物局党委委员、副局长，杭州市园林文物局党委副书记、局长，杭州市园林文物局党委副书记、局长、杭州西湖风景名胜区管委会党委副书记、主任，杭州市园林文物局党委书记、局长、杭州西湖风景名胜区管委会党委书记、主任，杭州西湖风景名胜区管委会（市园文局）党委书记、主任（局长），中共杭州市委委员、杭州西湖风景名胜区管委会（市园文局）党委书记、主任（局长）。2007年4月任中共杭州市委委员、杭州市副市长、党组成员。

陈小平　男，1963年1月出生于浙江杭州，1983年8月参加工作，1997年1月加入中国民主建国会，浙江大学成人教育学院大学毕业。历任杭州市西湖区广播站记者、编辑、编辑组长，杭州市西湖区政府办公室秘书、秘书科长、副主任，杭州市西湖区政府办公室副主任、区经济体制改革办公室副主任，杭州市西湖区政府办公室副主任、区经济体制改革办公室主任，杭州市西湖区区长助理、区政府办公室副主任、区经济体制改革办公室主任，杭州市西湖区副区长、民建杭州市委会副主委，杭州市政协副秘书长、经济科技委员会副主任、民建杭州市委会副主委，杭州市政协副秘书长、经济科技委员会主任、民建杭州市委会副主委，杭州市政协副秘书长、经济科技委员会主任、民建杭州市委会主委。2007年4月任杭州市政府副市长、民建浙江省委会副主委、杭州市委会主委。

董建平　男，1956年4月出生于浙江杭州，1970年12月参加工作，1974年11月加入中国共产党，杭州教育学院大专毕业。曾在解放军83311部队服役。历任杭州重工机械修配厂工人，杭州市重工业局组织科办事员，杭州市城乡建设委员会综合科办事员，杭州市城乡建设委员会设计管理科副科长兼杭州市中东河指挥部清泰立交桥工程处副处长、处长，杭州市城乡建设委员会市政工程建设处处长，杭州市城市建设综合开发公司党委副书记、经理，杭州市城乡建设委员会党委委员、副主任、市城市建设综合开发公司党委副书记、经理，杭州市城乡建设委员会党委委员、副主任、杭州之江国家旅游度假区党工委书记、管委会主任、市城市建设综合开发公司党委副书记、经理，杭州之江国家旅游度假区党工委书记、管委会主任，杭州市发展计划委员会党委书记、主任、市信息化办公室党组书记、主任、市经济建设规划院院长，杭州市发展和改革委员会党委书记、主任、市信息化办公室党组书记、主任、市经济建设规划院院长。2007年4月任杭州市政协副主席、党组成员、中共杭州市委统战部部长。

赵光育　男，1956年10月出生于浙江天台，1975年5月参加工作，1989年12月加入中国民主促进会，浙江师范学院大学毕业。曾在浙江省宁海县青珠广播站工作。历任浙江师范大学教师，浙江师范大学科研处副处长，衢州市柯城区副区长（挂职)、民进金华市委会副主委，浙江师范大学科研处处长、研究生部主任、民进金华市委会主委，金华市政协副主席、民进金华市委会主委、浙江师范大学科研处处长，民进中央委员、浙江省委会专职副主委，浙江省政协常委、副秘书长、浙江省社会主义学院副院长、民进中央委员、浙江省委会专职副主委，浙江省政协常委、副秘书长、浙江省社会主义学院副院长、民进中央委员、浙江省委会专职副主委、杭州市委会主委。2007 年 4 月任杭州市政协副主席、民进杭州市委会主委。

吴正虎 男，1960 年 9 月出生于浙江常山，1981 年 8 月参加工作，1996 年 11 月加入中国农工民主党，中国医科大学博士研究生毕业。历任浙江省常山县人民医院耳鼻咽喉科医师，浙江医科大学附属第一医院耳鼻咽喉科主治医师、科副主任、副教授，杭州市第一人民医院副院长、耳鼻喉科主任、副主任医师，杭州市第四人民医院院长兼第一人民医院副院长、主任医师，杭州市卫生局副局长兼第一人民医院副院长、主任医师、博士生导师，杭州市卫生局副局长兼第一人民医院副院长、农工党杭州市委会副主委，浙江省人大常委会委员、杭州市卫生局副局长兼第一人民医院副院长、农工党浙江省委会副主委、杭州市委会副主委，浙江省人大常委会委员、农工党浙江省委会副主委、杭州市委会副主委、中国医科大学绍兴华宇医院院长，浙江省人大常委会委员、农工党浙江省委会副主委、杭州市委会副主委、市第二人民医院(杭州师范学院临床医学院)院长，浙江省人大常委会委员、农工党浙江省委会副主委、杭州市委会主委、市第二人民医院（杭州师范学院临床医学院）院长。2007 年 4 月任杭州市政协副主席、浙江省人大常委会委员、农工党浙江省委会副主委、杭州市委会主委、杭州市第二人民医院(杭州师范大学临床医学院)院长。

朱祖德 男，1955 年 5 月出生于浙江杭州，1976 年 12 月参加工作，1998 年 12 月加入九三学社，浙江大学大学毕业。历任杭州大河船厂工人，浙江省计算机技术研究所科研人员、课题组组长、科技业务部副主任、副所长，金华县科技副县长(挂职)，浙江省计算机技术研究所副所长，九三学社浙江省委会副秘书长、组织部部长，九三学社浙江省委会专职副主委兼秘书长，九三学社浙江省委会专职副主委兼秘书长、浙江省政协副秘书长、浙江省社会主义学院副院长，九三学社浙江省委会专职副主委兼秘书长、杭州市委会主委、浙江省政协副秘书长、浙江省社会主义学院副院长。2007 年 4 月任杭州市政协副主席、九三学社浙江省委会专职副主委兼秘书长、杭州市委会主委、浙江省政协副秘书长、浙江省社会主义学院副院长。

张必来 男，1963 年 2 月出生于吉林榆树，1983 年 7 月参加工作，英国剑桥大学经济学硕士。历任吉林省榆树市教师进修学校教师，借调至榆树市人民检察院工作，国家教育委员会财务司科员、主任科员，借调至国家经济体制改革委员会国际合作司(外事司)工作，国家经济体制改革委员会综合规划与试点司主任科员、助理调研员，国务院经济体制改革办公室综合调研司助理调研员，杭州经济技术开发区(浙江杭州出口加工区)管委会副主任，杭州市工商联会长、杭州经济技术开发区(浙江杭州出口加工区)管委会副主任。2007 年 4 月任杭州市政协副主席、杭州市工商联会长。

翁钢粮 男，1959 年 2 月出生于浙江余姚，1976 年 5 月参加工作，1980 年 6 月加入中国共产党，解放军军事经济学院大学毕业。历任浙江省浦江县消防中队战士，浙江省东阳县消防中队副中队长，浙江省常山县消防中队指导员，浙江省消防总队后勤处副处长，浙江省消防总队后勤部副部长、代部长、部长，中共杭州市委政法委员会副书记、市综合治理办公室主任，中共杭州市委候补委员、市委政法委员会副书记、市综合治理办公室主任，中共杭州市委委员、市委政法委员会副书记、市综合治理办公室主任。2007 年 4 月任中共杭州市委委员、政法委员会委员、杭州市中级人民法院党组书记、院长。

吴春莲 女，1954 年 12 月出生于浙江永嘉，1978 年 8 月参加工作，1982 年 7 月加入中国共产党，杭州大学普通班毕业。历任浙江省人民检察院办公室书记员、研究室书记员、助理检察员，浙江省人民检察院控告申诉检察处副处长、检察员，杭州市上城区人民检察院副检察长、党组成员(挂职)，浙江省人民检察院控告申诉检察处处长、检察委员会委员，浙江省人民检察院刑事检察处处长、检察委员会委员，浙江省人民检察院党组成员、纪检组组长、检察委员会委员、机关党委书记，浙江省人民检察院副检察长、党组成员、纪检组组长，浙江省人民检察院副检察长、党组成员，浙江省人民检察院副检察长、党组成员、中共杭州市委委员。2007 年 4 月任浙江省人民检察院副检察长、党组成员、中共杭州市委委员、杭州市人民检察院党组书记、检察长。 （市委组织部）

·新闻人物·

沈亚平 女，1972 年 5 月出生，余杭区人民检察院公诉科科长。全国五一劳动奖章获得者、浙江省劳动模范。

沈亚平 1992 年进检察院后一直工作在公诉第一线，先后承办各类刑事案件 900 余件，有罪判决率达 100%。她理论功底扎实，业务水平精湛，坚持秉公执法，伸张公平正义，面对犯罪嫌疑人的威胁无所畏惧，面对金钱的诱惑不为所动，对受害者热心相助。曾被评为全国优秀公诉人，省、市十佳检察官，立二等功 1 次、三等功 4 次。

戚宝兴 男，1952 年 1 月出生，下城区中北市容环卫所管理员。全国五一劳动奖章获得者、浙江省劳动模范。

戚宝兴长期在环卫第一线从事垃圾收集、粪便清挖、污水管道疏通等工作。他爱岗敬业、恪尽职守，以“宁愿一人脏，换来万家洁”的奉献精神，赢得广大群众高度赞誉。2003年“非典”期间，他不顾个人安危，一人承包了天水街道、武林街道两个“非典”隔离区的垃圾桶清理、消毒等工作。他组建“为民服务队”，长期为居民排忧解难。曾被评为全国城市市容环卫系统先进个人、浙江省优秀共产党员、杭州市劳动模范、市优秀共产党员、市双十佳创业新星。

林肃浩 男，1961年3月出生，杭州第二中学特级教师。全国五一劳动奖章获得者、浙江省劳动模范。

林肃浩讲究教学策略，注重优化学生的认知结构，关心每一个学生的发展。他根据学生特点，研究并实践“化学资优生教学创新模式”，增强学生自主学习的能力。在他指导的学生中，有500多人次在全国和省化学竞赛中获奖，其中1人获第32届国际化学奥赛金奖，实现了浙江省国际化学奥赛金牌“零”的突破。他在全国核心刊物上发表论文20余篇，其中1篇获全国一等奖、1篇获二等奖，完成2项省级课题。曾被评为全国优秀教师、浙江省教坛新秀、杭州市劳动模范和优秀共产党员。

忻剑明 男，1950年9月出生，杭州市交通工程建设管理处高级经济师。全国五一劳动奖章获得者、浙江省劳动模范。

忻剑明从事道路建设30余年，先后参与杭州绕城高速公路、杭千高速公路、杭徽高速公路、杭州江东大桥等重点工程建设。他高度重视工程质量，创建“一主三关”（即成本控制以资金管理为主，把好进度控制关、计量支付关、设计变更关）的管理监督体系。他参与建造的下沙大桥被评为国家优质工程。忻剑明严以律己，一身正气，在工程建设中注重廉政建设，积极开展廉政教育、廉政监督、廉政共建等活动，对工程实施效能监察，推行廉洁工程。曾被评为杭州市劳动模范、市“交通西进”十大功臣之一。

陆学伟 男，1970年6月出生，杭州旭化成纺织有限公司营业部次长。全国五一劳动奖章获得者、浙江省劳动模范。

陆学伟刻苦钻研专业技术，把掌握的知识应用到生产工作中去，为企业培养了大批生产技术能手。2004年夏天企业缺电期间，他主动协调相关部门，制订周密的生产计划，同时采取自购发电机、停用空调等措施，尽量满足生产一线的用电，确保公司正常运转，为企业创造了较好的经济效益。他对客户认真负责，热情周到，想客户所想，急客户所急，受到客户广泛好评，为企业赢得了声誉。

楼苏琴 女，1964年12月出生，浙江华特实业集团财务主管。全国五一劳动奖章获得者、浙江省劳动模范。

楼苏琴勤奋好学，爱岗敬业，开拓进取，为企业管理、改革和发展作出重要贡献。她根据企业管理需要，制订了一套对企业生产经营进行预测、控制、分析、考核的办法，降低了生产成本，提高了经济效益。她积极参与纳米有机膨润土项目开发、聚酯漆产品结构调整等企业重大经营决策的财务评价和方案制定，使企业取得良好效益，连续多年被评为金融AAA级信用企业。曾被评为杭州市劳动模范、临安市优秀共产党员。

（市总工会）

聂海芬 女，1965年9月出生，1986年参加工作，同年加入中国共产党，杭州市公安局刑侦支队预审大队大队长。全国“三八”红旗手。

2000年以来，聂海芬主办及牵头主办的杭州市区重特大案件350余起，一审判处死刑的300余起，准确率达到100%。经她手装订的案卷材料可以装满一间30平方米的房间。她审核的预审案件，移送起诉后无一起冤假错案及无罪判决案件。在近5年的办案中，通过发挥预审职能作用，破获各类刑事案件180余起，追回赃款800余万元，各项办案指标在省、市名列前茅。她受聘担任杭州市警校兼职教官，自编教材，将自己20年预审经验毫无保留地传授给新人。

聂海芬获嘉奖2次，立三等功2次，曾被评为浙江省“三八”红旗手、省刑侦行家、杭州市“三八”红旗手。

（市公安局）

邱　锋 女，1960年11月出生，中共党员，杭州第十四中学副校长兼党总支书记，中学高级教师，兼任杭州市外语教学理事会理事长、中国外语教学专业委员会浙江省分会副会长、杭州师范学院教育硕士专业学位研究生指导教师。全国“三八”红旗手。

邱锋与同行在全国率先进行在高中实施“任务型教学”的探索研究，研究成果被人民教育出版社出版的《任务型语言教学》一书收录，应邀在全国外语教学研究会第十届年会上作《任务型教学初探》的学术报告，《钱江晚报》等多家媒体对此进行报道。她对新课程有着独特的理解并成功付诸实践，参与外语教学与研究社《新标准英语》零起点教材教师用书的撰写，并赴北京、海南及浙江省各个地区作题为《新课程标准下的课堂教学改革》的讲座，为新课程的推广作出贡献。她对高考有深入的研究，整理出一套以阅读带词汇来提高语篇阅读、理解、分析能力的高考备考方法，在教学中取得很好的效果。她经常下农村支教，热情地帮助杭州市兄弟学校带教。

邱锋曾被评为全国优秀教师、浙江省特级教师、省中小学教师师德楷模、杭州市优秀教师、市为人师表优秀教师、市十大爱生标兵、市“三八”红旗手、市“新长征突击手”、市十大杰出青年，获第三届全国中小学外语教师园丁奖。

（市第十四中学）

汪素莲 女，1962年7月出生，1985年参加工作，2002年7月加入中国共产党，杭州康鑫食品有限公司董事长。全国“三八”红旗手。

汪素莲出生于一个普通的农民家庭，办过塑料加工厂，跑过运输，开过饭店。后经努力引进外资，创建中外合资杭州康鑫食品有限公司。在她的带领下，公司发展成为水煮笋精加工龙头企业，出口量居全国第4位，拥有浙江临安、德清和福建建瓯、顺昌4个生产基地，并在日本设立康鑫（日本）有限公司，成为全国经济林产业化龙头企业和浙江省省级骨干农业龙头企业。“文同”牌水煮笋通过农业部无公害农产品和国家有机产品认证，被评为浙江名牌产品和杭州市著名商标、杭州名牌产品。

汪素莲在带领企业发展壮大的同时，不忘服务“三农”、回报社会。她探索出“公司+基地+农户”的模式，与当地近万农户共建8700公顷毛竹笋基地，实行最低保护价收购，农民人均每年增收800元以上。为提高农民的科技素质，她聘请专家编写《无公害毛竹笋经营技术》，2004年以来举办技术培训班39期，受训农民3700多人次，无偿发放技术资料4000多份，给示范户送去竹笋专用肥200多吨。2006年，她牵头建立大同竹笋产业合作社，组织竹笋经销大户和加工厂入社。

汪素莲积极投身社会公益事业，每年都拿出一部分资金资助教育和扶贫帮困事业，6年来共捐资数百万元。

汪素莲曾被评为浙江省城镇妇女巾帼建功标兵、杭州市劳动模范、市创业新星。

（杭州康鑫食品有限公司）

丁常菊 女，1958年5月出生，大专文化，杭州巾帼西丽服务管理有限公司总经理。全国“三八”红旗手。

丁常菊原在浙江武林健身院任餐饮部经理，2001年健身院被撤销，她成了一名下岗人员。此后，她从承包一条道路的清扫保洁工作做起，接管了巾帼家政服务社，创建杭州巾帼西丽服务管理有限公司。公司有员工500多名，其中下岗职工、生活困难的农民工及残疾人占26%，公司从单一的家政服务逐步扩展到单位保洁、道路保洁、绿化保洁、城市家具保洁、除四害服务等环卫服务领域，年营业收入近1000万元。六年来，丁常菊和员工们走到哪里就把爱心、精心、细心带到哪里，获得客户的好评。公司先后被授予再就业先进单位、巾帼再就业基地、十业百店（百城万店无假货）示范点、全市家政品牌企业等荣誉称号。

丁常菊曾被评为全国城镇妇女巾帼建功标兵、浙江省“三八”红旗手、杭州市十大再就业明星 、市优秀城市美容师、市优秀经营者。

（杭州巾帼西丽服务管理有限公司）

孟　伟 男，1970年5月出生，大专文化，杭州万马高能量电池有限公司高级技师。2006年获“全国技术能手”荣誉称号。

孟伟刻苦钻研技术，十年如一日，敢于创新，硕果累累。他研制的锂电池PACK电池成品测试工艺和设备，解决了电池快速测试的瓶颈难题；研发的200安培大电流高倍率锂电池测试设备，攻克了高倍率锂电池的测试难题；研制的节能灯老化测试仪为10多个节能灯生产企业提高了产品质量。他先后研发30余种锂电池充电保护板和4种电池测试设备，创新的锂电池封口工艺达到国内领先水平。几年来，孟伟创经济效益300余万元，节约生产成本150余万元。

孟伟2004年被聘为杭州市“技术带头人”后，积极开展“传帮带”活动，自编教材4册，讲课80多次，辅导2000余人次，有256名普通技工经过他的培养后晋升为中级工和高级工。他还培养家电和精密仪器维修技术人员30名，参加科普宣传活动10多次，为农村服务20余次。

孟伟先后4次夺得省级技术比武第一，曾被评为浙江省技术能手、省十佳能工巧匠、省职工经济技术创新能手、杭州市技术能手、临安市劳动模范。（杭州职业技术学院）

王兴柱 男，1969年6月出生，中专学历，1988年3月参加工作，2001年11月加入中国共产党，杭州市设备安装有限公司工人。全国十大知识型职工标兵之一。

王兴柱于1988年3月进入杭州市设备安装有限公司从事电气安装工作。他勤学苦干，带领班组成员出色完成多项省市重点工程，其中浙江省高速公路指挥中心、杭州卷烟厂办公楼和杭州游泳健身中心工程分别获“钱江杯”和“鲁班奖”。参与编写的《提高项目部技术资料编制水平》获杭州市建筑系统质量管理成果三等奖。

王兴柱曾被评为浙江省知识型职工标兵、省十佳最感动你的民工、杭州市十佳外来青年、市双十佳创业新星、市学习成才标兵、杭州市西湖区十佳外来青年、区新长征突击手。

（杭州市设备安装有限公司）

·逝世人物·

木　鱼　男，1913年5月11日出生，浙江省平阳县人，中国佛教协会咨议委员会委员、浙江省佛教协会名誉会长、杭州市佛教协会名誉会长、杭州市政协委员、灵隐寺方丈。因病医治无效，于2006年7月28日在温州江心寺圆寂，享年92岁。

木鱼法师，俗名毛廷权，1932年以优异成绩考入厦门大学中文系，1936年在温州江心寺皈依佛教，取法号为“东衡”，自号“木鱼”。1937年在瑞安仙岩寺受具足戒。1937年~1949年在温州江心寺潜心钻研佛学。1949年~1985年在平阳青山寺和温州妙果寺静心修持。1985年~1997年回温州江心寺担负修复寺院和落实宗教政策的重任。1991年被推举为江心寺方丈。1997年8月担任杭州灵隐寺方丈。木鱼法师出家70多年，把毕生的精力奉献给了佛教事业，把爱国爱教有机地统一起来，是中国当代著名高僧。

项秀文　男，1927年8月出生，原杭州市政协副主席，地专级离休干部。因病医治无效，于2006年12月17日在杭州逝世，享年79岁。

项秀文1948年5月加入中国共产党，1949年1月任杭州高级中学地下党支部书记。解放后，项秀文先后在杭州市青年干部学校、中共杭州市青年委员会、市委组织部、市委党校、市文教党委、市委宣传部、转塘公社党委、西湖区委工作，并在中共中央第三中级党校、浙江省委干部学习班学习。1975年12月后历任市委宣传部副部长、市文教委员会副主任、市政协副主席。1992年离休。

薛　生　男，1919年11月出生，河南省偃师县人，原新疆和田地区物资局干部，红军离休干部（享受地专级待遇）。因病医治无效，于2006年12月23日在杭州逝世，享年87岁。

薛生于1936年5月加入中国共产党，先后在晋西北党校、抗日军政大学二大队一队学习，历任山西军政训练班409团二纵政治部指导员，晋东南鲁迅艺术学院秘书、副大队长，新四军二纵队政治指导员，独四旅政治部干事、助理员，二军四师政治部民运科科长，新疆疏附县军事代表、副县长，岳普湖县县委书记，喀什地委副秘书长，和田地委宣传部长，专署专员，昆仑农场副场长，物资局副站长、副经理。1980年11月离休。

陈天霓　女，1912年8月出生，浙江省绍兴县人，大学文化，原富阳市富阳中学教师，红军离休干部（享受地专级待遇）。因病医治无效，于2006年12月1日在富阳逝世，享年93岁。

陈天霓1929年参加上海大夏大学学生运动，1930年10月加入中国共产党。后受党组织委派在上海申新第一纱厂做地下工作，1932年5月因参加沪西纱厂大罢工而被捕关押3个月。1933年5月~1935年12月参加“左联”。1936年在陕西长安做统一战线工作。1937年1月在延安抗大学习。1938年1月潜入国民党政府江西妇女指导处，任赣北地区特派员，兼任上饶地区特委书记。1939年4月第二次被捕，关押9个月后逃脱出狱，在苏南茅山地区任金坛、宜兴等五县地区的代区长。1942年9月第三次被捕，后出狱到上海。1943年5月在绍兴德星小学、稽山中学任教。1949年11月在浙江干校第二期干训班学习。1950年2月在台州参加土改工作，任队长。1951年后历任杭州工农文化补习学校教导主任、杭州女子中学教师、富阳中学图书管理员。1975年2月离休。

杨雄辉　女，1917年5月出生，浙江省平阳县人，原浙江师范大学组织部干事。红军离休干部（享受地专级待遇）。因病医治无效，于2006年3月16日在杭州逝世，享年88岁。

杨雄辉1937年5月参加革命，1939年3月加入中国共产党。先后在新四军教导队、新四军司令部军需处学习，历任新四军司令部军需处出纳、会计，浙江省平阳县委管理排长，瑞安县妇联主任，文成县妇联主任，浙南地委民运部干事，华东军事政治大学大妇干团区队长、副中队长。解放后，任浙江宁波军分区干事、助理员，1956年2月转业，先后在浙江省体育运动委员会、浙江师范学院组织部工作。1970年12月退休，1981年12月改为离休，1997年5月享受副厅级干部待遇。

（市委老干部局）

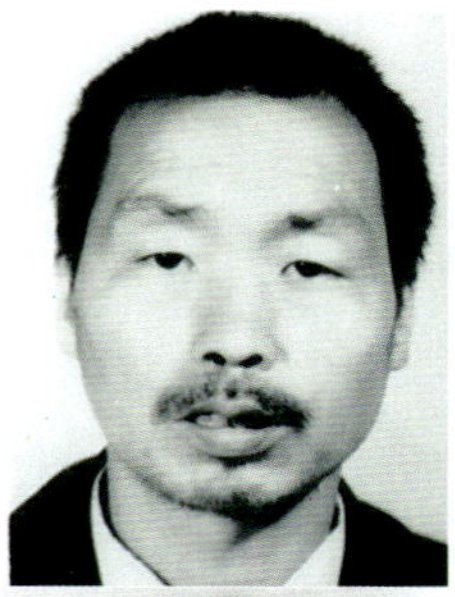

童汝良　男，1962年3月8日出生，建德市大洋镇庆丰村村民。

汪俊余　男，1953年2月7日出生，建德市大洋镇庆丰村村民。

2005年12月22日11时左右，庆丰村竹竿坞自然村里坞湾森林失火。童汝良和汪俊余闻讯，立即带着柴刀、锄头直奔火场。当时气候干燥，风力6~8级，森林火险等级五级。两人不顾火势凶猛，毫不犹豫地冲在最前面，顶着热浪，与村民们一起边扑火边砍防火带，全然不顾自身安危。12时20分左右，火场出现意想不到的情况，突如其来的火团从背后向扑救队伍逼近，村民们呼喊着向外撤退。童汝良、汪俊余两人冲在最前面，与大家相距较远，未听到村民的呼喊，也没有注意到火势的逼近，刹那间被大火包围而壮烈牺牲。

2006年1月6日，杭州市见义勇为基金会授予童汝良、汪俊余见义勇为积极分子称号。7月4日，浙江省人民政府批准童汝良、汪俊余为革命烈士。

帅　棋　男，1986年4月出生，2004年从临安市入伍，生前为海军某部战士。

2006年6月，帅棋随艇参加舰队组织的演习和诸兵种区域协同合作战术演练。6月22日凌晨4时06分，帅棋在执行军事演习和战备航行任务中壮烈牺牲。

2006年6月30日，中国人民解放军总政治部批准帅棋为革命烈士。

贾行之　男，1912年出生，浙江省浦江县人，生前系浙江省国民抗敌自卫团第一支队第十一中队中队长。

1939年2月，贾行之率部驻防富阳东洲沙，与日军隔江对峙，遭到日军猛烈炮轰。3月19日夜，贾行之率部破坏日军新筑的凌家桥至周浦段公路。20日清晨，日军调集大量步兵、炮兵和汽艇，企图渡江，被抗敌自卫团第一支队击退。21日清晨，日军在烟雾毒气弹和猛烈炮火掩护下，登陆东洲沙，抗敌自卫团第一支队撤守南岸。晚上12时，第一支队开始反攻。贾行之率部向驻陆家浦日军发起袭击，击毙日军一名少佐指挥官。贾行之率部趁势强攻，不幸被日军机枪击中头部阵亡。

2006年1月13日，浙江省人民政府批准贾行之为革命烈士。

方立义　男，1905年出生，淳安县瑶山乡里庄村人。

1949年4月，方立义被推选为瑶山乡岑后农会主任。任职期间，曾多次为皖南部队筹集军粮，遭到当地反动势力疯狂报复。1949年7月24日凌晨，被秘密逮捕，面对严刑拷打，方立义大义凛然，宁死不屈。7月25日，反动势力将方立义押到启安村里畈自然村的一座石拱桥头杀害。

2006年1月13日，浙江省人民政府批准方立义为革命烈士。

徐　胜　男，1901年出生，建德市梅城镇人，生前系国民革命军第一师第一旅第一团第一营第一连上尉。

1937年8月，淞沪抗战爆发后，徐胜所在部队奉令到上海宝山县杨行、蕴藻浜、纪家桥一带阻击日军。日本陆海空三军联合作战，火力十分强大。徐胜所在的第一师先后与日军第三师团和第十一师团作战，伤亡惨重。9月8日，徐胜在战斗中阵亡。

2006年7月4日，浙江省人民政府批准徐胜为革命烈士。

（陈　珺）

·历史人物选介·

王星斋　杭州人，出生年月不详。生于三代扇业工匠之家，自幼随父学艺，年轻时已成为杭州扇业中制作黑纸扇的砂磨能手。他初在三圣桥钱部记扇坊作砂磨工，后与制扇贴花能手陈益斋长女陈英结婚。陈英亦擅长制作真金回泥花色黑扇，婚后夫妇自立作坊，辛勤劳作，稍有积累，遂于清光绪十九年（1893年）在上海城隍庙开设一爿季节性的小扇庄。王星斋夫妇所制高级花扇不仅远销各地，而且成为朝廷用品和回赠外国使节的珍贵礼品，被称为贡扇。王星斋名声远扬，扇子销量增大，获利亦大，资本渐丰，清光绪二十七年（1901年）在北京杨梅竹斜桥开设王星斋扇庄，尔后在天津、济南、成都等地相继开设分庄。杭州的作坊搬到祖庙巷，由陈英掌管，雇工逐渐增至60余人。当时杭城有张子元、舒莲记和王星斋三大扇业名庄，竞争激烈。舒莲记老板舒青莲于清光绪三十年（1904年）捐银千两买了一个道台官衔，出入官府，结交显要，几乎垄断官府所需之扇。王星斋改变经营方针，撇开高级花扇，面向市民，生产经久耐用、浸水而不走样的黑纸扇，打开了销路。这种黑纸扇后来成了王星记传统名扇中的著名品种之一。清宣统元年（1909年），王星斋病故于北京。其子王子清继承父业，于民国18年（1929年）春在杭州太平坊正式开设王星记扇庄。

张小泉　明末清初安徽黟县人，生卒年月不详。出身制铁世家，自幼随父学艺，18岁就学得一手打制剪刀的好手艺，制作的剪刀式样精巧，外观光滑，胜人一筹。明崇祯年间，张小泉因打抱不平得罪了乡绅，携子出逃，最后落脚杭州大井巷，搭棚设灶，开起张大隆剪刀店。他根据顾客意见，改原来一通到底的剪刀为鲫鱼刀背、芝麻刀头、壶瓶刀把、腰子下脚的形状，使之开合和顺，剪用轻巧。这个形状一直沿用至今。他还汲取了龙泉宝剑嵌钢的锻打技术，使剪刀刃口锋利，钢铁分明，光亮照人，惹人欢喜。于是，张大隆剪刀店名声大振，生意很好。许多同行纷纷仿效，且冒用“张大隆”招牌。清康熙二年（1663年），张小泉将招牌“张大隆”改为“张小泉”。不料改牌后竟招来更多的冒名者，以至杭产剪刀必冠“张小泉”，出现“青山映碧湖，小泉满街巷”的情形。改牌后不久，张小泉就去世了，但“张小泉剪刀”这一杭州名牌产品，至今仍光彩夺目。

（摘编自《杭州市志》）

区县(市)

Districts & Counties (Cities)

·上城区·

【上城区概况】 全区辖6个街道,有51个社区。户籍人口31.97万人,人口自然增长率0.07‰。全年实现生产总值65.8亿元,比上年(指2005年,下同)增长15%。

工业总产值89.3亿元,比上年增长13.2%;工业销售产值91.4亿元,增长16.3%;工业利税11.3亿元,增长22.8%;其中利润6.8亿元,增长20.1%。规模以上工业实现工业产值86.7亿元、工业销售产值88.7亿元,分别增长14.1%和17.3%。科技经济园区实现工业总产值13.2亿元,增长13.2%;实现销售产值13.5亿元,增长24.4%;实现销售收入13.8亿元,增长30%;实现利税1.44亿元,增长1.9%。全年实现建筑业增加值14.2亿元,增长7.6%;实现工程结算收入92.7亿元,实现利税5亿元。

商贸旅游服务业收入290.9亿元,比上年增长19.6%。其中零售贸易业营业收入277.6亿元,增长20.4%;住宿餐饮服务业收入13.3亿元,增长2.2%。全社会消费品零售总额61.5亿元,增长16.3%。其中批发零售贸易业零售额50.8亿元,增长16.3%;住宿餐饮业零售额9.1亿元,增长15.9%。各类商品交易市场34个,全年成交额112.5亿元。积极推进现代服务业发展,制定《西湖创意谷建设和发展规划》,面积4000平方米的创意产业孵化基地改造竣工。

全年批准外商直接投资合同项目48个,协议利用外资3.9亿美元;实际利用外资9355万美元,增长29.8%。引进内资项目1455个,实际到位资金91.2亿元,增长11.8%。

全区财政收入27.1亿元,比上年增长18.5%;其中地方财政收入14.6亿元,增长18.0%。地方财政支出8.5亿元,增长10.5%。科技、教育、卫生、文体和城市维护等支出增长较快,分别增长11.4%、16.6%、7.6%、14.7%和14.7%。

全社会固定资产投资总额35.8亿元,比上年增长19.3%。其中基本建设投资13.0亿元,更新改造投资5.1亿元,房地产开发投资17.7亿元。城市建设速度加快。旧城改造房屋新开工面积80.8万平方米,竣工面积45.1万平方米;湖滨商贸旅游街区二期的吴山路19号地块完成动迁,22号、25号地块进入施工;清河坊历史文化特色街区中山中路步行街(鼓楼—高银街段)完成综合管线工程;吴山博物馆、吴山科技馆项目开工建设;望江地区东宝电器厂启动区块的土建工程基本完工;元福巷历史建筑保护修缮工程启动,韩国独立运动旧址(湖边村23号)整修竣工。全年改善背街小巷228条,平整道路58万平方米,整治立面40万平方米,绿化8000余平方米,治理低洼积水250处,实施"上改下"143条,截污纳管138条,完成房屋"平改坡"63幢。10处历史建筑景点和40条历史街巷展现新姿,拓宽57条街巷,新增880个停车泊位,4万多户居民生活环境得到改善。新建、改建公厕10座,完成26个生活小区、27个公建单位、20个污染源的截污纳管改造。飞云江路、凤山路和南星火车站前路市政设施和12条道路、40个公建单位的无障碍设施得到改善。完成清江路的综合整治和19条道路的"洁面工程",延安路、环城东路实施亮灯工程。对各放射源管理不到位的单位下达限期整改任务,严格控制新污染。高银街餐饮特色生态示范街和南山路艺术休闲娱乐环境友好示范街创建工作启动。上城区获杭州市市政设施考核第一名。

全区组织实施科技项目143个,其中国家重点新产品计划项目2个,国家中小型创新基金项目2个,获省、市科技进步奖的10个。小学22所,在校学生1.71万人;中学10所,在校学生0.97万人。在浙江省第十三届运动会上,上城区参赛运动员获金牌40.5枚,列全省各区、县(市)第一,获杭州市竞技体育事业突出贡献单位和浙江省群众体育先进单位称号。医疗机构14个,医疗病床620张,医疗卫生技术人员998人。

全区有敬老院11个,床位487张。"星光老年之家"71个,社区服务机构428个,社区服务加盟单位1124个。全区计划生育率98.92%。

【上城成为全国社区服务示范区】 上城区的社区服务以完善硬件设施为支撑,以群众需求为方向,以群众满意为标准,以产业化、实体化、社会化为导向,在全国首创"5A"社区服务信息化模式。2006年,清波、湖滨、望江街道被评为全国社区服务示范街道,湖滨街道被评为全国和谐社区示范街道，小营街道被评为全国和谐社区建设自主创新先进单位。11月，中国社会工作协会授予上城区全国社区服务示范区称号。

【上城被评为全国平安家庭创建活动先进区】 上城区高度重视创建“平安家庭”，制定《上城区“平安家庭”创建活动实施意见》，开展形式多样、内容丰富的创建活动。全区有4400余名家庭志愿者参加社区群防群治巡防队伍，形成“创建服务群众，群众参与创建”的局面。9月1日，全国“平安家庭”创建活动现场推进会在济南召开，上城区获全国“平安家庭”创建活动先进区称号。

【上城被评为全国残疾人工作先进区】 5月，上城区被国务院残疾人工作委员会命名为全国残疾人工作先进区。全区困难残疾人全部纳入低保范围，得到就业、就医、就学、救困等方面的社会救助，残疾儿童义务教育入学率100%。开展“知情”、“送情”“动情”工作；制订扶持残疾人的优惠政策，提供各种无偿康复服务；开办残疾人大专学历班。上城区残疾人事业与经济社会同步发展，残疾人组织建设制度化、规范化，成为服务残疾人的“娘家”。

【上城成为省科技强区】 3月1日，省委、省政府授予上城区浙江省科技强区称号。2005年，上城区有2个国家重点新产品计划项目、1个火炬计划项目和20多个省、市科技计划项目，专利授权220多件，获国家、省、市科技经费资助370多万元。建成覆盖全区51个社区的治安动态监控系统，建立生物芯片重点实验室，开展传染病早期发现和诊断的研究，提高全区社区卫生服务能力，科技进步水平居全省第四位。曾连续3次被科技部认定为全国科技进步先进区。

【上城区被评为省社会治安综合治理先进集体】 上城区围绕创建“平安浙江”、“平安杭州”目标，落实社会治安综合治理责任制要求，加强基层工作，构筑社会治安防控体系。2006年，全区发案率比上年下降2.06%，破案率上升2.95%，连续4年保持“命案必破”，为全区经济社会全面和谐发展提供稳定的社会政治环境、完善的社会治安环境和良好的民主法制环境。5月，省委、省政府授予上城区社会治安综合治理先进集体称号。

【市工艺美术特色园地落户安荣巷】 10月，位于清河坊历史街区安荣巷38号的杭州市工艺美术特色园地向社会开放。该园地面积1000平方米，一楼为工艺美术企业的大卖场，二楼是工艺美术大师的优秀作品展示及销售场所。特色园地为杭州市工艺美术大师作品和工艺美术企业产品面向市场开辟了一个重要窗口，提升了清河坊历史街区的文化艺术品位。

参见工业类目中的工艺美术特色园地条目。

5月27日，上城区举办“城市一家人”演出。 （上城区志办 供稿）

【承办全国社区青少年素质教育研讨会】 4月25日~29日，全国社区青少年素质教育研讨会在上城区召开。研讨会由中国社区教育专业委员会主办，杭州市教育局协办，上城区教育局承办。研讨会就构建“三位一体”的青少年素质教育模式、建立学校教育与社区教育互动机制、构建科学有效的社区德育网以及整合社区素质教育资源等问题进行研讨。教育部和全国25个城区的代表参加研讨会并考察了上城区湖滨街道岳王路社区、东平巷社区的“红色港湾”和紫阳街道的科教中心，对该区早教入户、亲子活动、手工创意、电子百拼、陶艺制作、社区科普等青少年素质教育形式给予高度评价。

【上城科创中心获得“金桥奖”】 1月，中国技术市场协会授予上城区“金桥奖”先进集体称号。中国技术市场协会“金桥奖”是经国家科学技术奖励工作办公室批准设立的，每两年评审一次。上城科创中心积极构建紧密型的“产、学、研”合作平台，形成科研项目—专利申请—成果转化—产业化的良性循环。2006年，上网企业有12个项目签约，合同金额2475万元，比上年增长2倍。登记技术开发和转让合同274份，金额2493万元。

【开设“劳斯莱斯”轿车销售门店】 2月16日，杭州新表现汽车销售公司在上城区南山路成立，主要销售世界顶级品牌“劳斯莱斯”轿车。“劳斯莱斯”进入杭州市场的第一个门店在上城区落户，对于提高上城区的市场知名度及市场竞争力具有积极作用。

【望江街道获得自主创新奖】 上城区望江街道积极探索和实践居家养老服务新路子，打造以“幸福家园”为主题的居家养老“惠民工程”，投入500余万元新建敬老院、老人公寓、托老所和“星光老年之家”，拥有“星光老年之家”12个。7月26日，在全国和谐社区建设表彰会上，望江街道获得中国社会工作协会授予的全国居家养老服务社会化自主创新奖。 （沈全木）

·下城区·

【下城区概况】 全区辖8个街道,有71个社区。户籍人口36.70万人,人口自然增长率3.11‰。全年实现生产总值239.65亿元，比上年增长18.2%。

全年实现工业总产值168.63亿元,比上年增长11.7%。规模以上工业销售产值161.23亿元，增长13%。工业增加值40.04亿元,增长10.3%。

全年引进内资企业1735个,注册资金93.86亿元，比上年增长25.3%。引进外资企业42个,协议利用外资3.08亿美元,增长35.2%;实际利用外资9689万美元，增长13.7%。引进1000万元以上内资大项目115个，注册资金76.01亿元;引进协议资金200万美元以上外资项目9个,协议资金1.97亿美元。整顿和规范市场经济秩序,推进"信用下城"建设。武林路时尚女装街被评为中国最具升值前景商业街和全国"百城万店无假货"活动示范街,中国丝绸城被评为中国特色商业街和全国百强专业市场。

全社会消费品零售总额251.06亿元，全社会固定资产投资总额69.28亿元，外贸出口总值51.05亿元。完成外贸自营出口6.54亿美元,增长35.47%。

财政收入40.12亿元,比上年增长13%;其中地方财政收入22.48亿元。地方财政支出13.56亿元。

城区面貌不断改善。朝晖、石桥、长庆、天水4个街道的生态街道建设初见成效。全区拆迁、修缮危旧房面积约4.8万平方米,完成竹竿巷等4个精品小区整治及62幢房屋"平改坡"工程。投资1.85亿元,完成庆春路(下城段)、凤起路、体育场路等"一纵三横"整治工程,被市委、市政府评为综合环境最佳城区。投入资金约2700万元完成运河沿线景观带整治。投入1200余万元对中国丝绸城进行环境综合整治。北景园居住区全面建成启用，交付使用经济适用住房6600套;杨家村经济适用房项目开工面积13万平方米。全年新增绿地9.8万平方米,西湖文化广场10万平方米景观带建成并向市民开放。

全区组织实施科研新产品项目102项,其中6项列入国家级科技计划项目,25项列入省、市级科技计划项目。社会科技工作跃上新台阶,科技"三项经费"全年支出1960万元。全区新改建学校7所,竣工面积7.6万平方米,11所学校通过省标准化学校验收。小学18所，在校学生1.85万人;中学13所，在校学生1.10万人。承办全国长跑邀请赛、全国太极拳邀请赛。医疗机构185个,医疗病床344张，医疗卫生技术人员1211人。和谐社区建设扎实推进,武林、潮鸣、文晖、东新、石桥5个街道被评为全国社区服务示范街道。承办"中国杭州和谐社区建设论坛",《建设现代和谐社区》由中国社会出版社出版。积极创建以家庭责任医生为核心的新型社区卫生服务体系,在30个社区开展社区责任医生团队服务进家庭工作。

全年办理人民代表议案、意见、建议117件,办结率100%,满意和基本满意率100%;办理政协委员提案96件,办结率100%,满意和基本满意率100%。

【下城被评为全国计划生育优质服务先进区】 下城区以实施计划生育优质服务工程为突破口,以"温馨、和谐、关爱"为服务理念,以群众满意为标准,建成18个新型生育文化园区;健全计划生育三级网络,探索社区、药店、医院、单位"四方联动"的药具管理新路子;推出长效管理服务模式,形成了组织保障、基础工程、优质服务"三位一体"的计划生育工作运行机制，全区计划生育率99.04%。12月20日,国家人口和计划生育委员会授予下城区全国计划生育优质服务先进区称号。

【下城被评为全国残疾人社区康复示范区】 下城区以实现"人人享有康复服务"为目标,以服务残疾人、造福残疾人为宗旨，积极推进残疾人社区康复工作，建立了网络化的社区康复保障平台和全方位的社区康复服务平台，残疾人社区康复工作成效显著。12月18日,民政部、卫生部、中国残疾人联合会命名下城区为全国残疾人社区康复示范区。

【下城成为省体育强区】 下城区不断完善体育基础设施建设，新建和改扩建了一批社区体育健身苑(点)，积极主动地引导群众开展丰富多彩的群体活动。全区拥有中国田联评定的国际一类标准田径比赛场地，建成社区多功能文体活动室63个、健身苑(点)104个，214个体育场所向社区居民开放，人均体育占地面积1.17平方米。在省第十三届运动会上,取得总分第2名、金牌数第5名的成绩。11月,下城区被省政府命名为浙江省体育强区。

【大力发展楼宇经济】 下城区鼓励扩大楼宇开发规模，商务区核心区块累计新增商务楼宇129万平方米，外延区域新增商务楼宇110万平方米。制定楼宇经济发展扶持政策，鼓励引导企业改造提升硬件设施和管理水平。编印《杭州市(武林)CBD楼宇图》，加大招商引资力度。实施"百楼工程",以100幢重点税源楼宇为突破,建立"楼宇评估"和"一楼一档"机制,及时掌握和实时跟踪楼宇经济信息，适时调整楼宇内部业态结构,大力培育"特色楼",培育了3幢税收"亿元楼"和2幢中介服务业发展"主题楼"。

【社区卫生服务实行"收支两条线"】 作为国家"十五"计划科技攻关课题项目之一,下城区自2006年1月起在长庆、潮鸣街道所辖社区开展卫生服务"收支两条线、部分基本医疗用药零差率"试点。实行社区卫生服务"收支两条线"试点后,均次费用下降16.2%，住院床日均费下降17.1%。医务人员下社区服务比试点前增加6888人次,进家庭服务增加5666人次。居民群众对社区卫生服务中心的满意度达99.2%。10月起全面推行社区卫生服务机构"收支两条线",300种基本医疗用药实现零差率销售，区财政落实专项保障经费400万元。

【漾河公寓交付使用】 漾河公寓位于下城区东新街道西文村，用地面积6.51公顷,总建筑面积6.53万平方米，住宅面积5.66万平方米(共619套),商铺3243.4平方米,物管房602平方米,地下车库4619平方米,绿地面积1.35万平方米。该项目于2004年8月开工建设,2006年

钱塘江沿江大道下沙段 （顾一进 摄）

11 月交付使用。

【城北体育公园开工】 杭州市最大的集健身、休闲、娱乐于一体的主题公园——杭州城北体育公园于 10 月 20 日开工建设。该项目位于绍兴路以东，白石路以西，规划中的重工路以南，颜三河以北，建设用地约 45 公顷，有体育场馆、休闲区和人工湖。工程总投资 10 亿元，计划到 2010 年完成。

【改善背街小巷 290 条】 下城区全年投入资金 1.6 亿元，改善背街小巷 290 条，其中"上改下"156 条、特色类 24 条。改善道路 47 万余平方米，新增停车泊位 1800 余个。获得杭州市背街小巷改善总量、"上改下"数量、特色类数量、立面整治率四个第一的成绩，有效提升了背街小巷的环境和居民的生活品质。（俞 钧）

·江干区·

【江干区概况】 全区辖 4 个镇、6 个街道（下沙、白杨街道委托杭州经济技术开发区管理），有 25 个行政村、94 个社区、1 个居民区。户籍人口 43.17 万人，人口自然增长率 3.6‰。全年实现生产总值 134.73 亿元（不含下沙、白杨街道，下同），比上年增长 15.6%。

全区农、林、牧、渔业总产值 3.1 亿元，比上年下降 15.9%。农民人均年收入 11581 元，增长 9%。新增省、市级农业龙头企业各 1 个。中得农业休闲观光园、蜂农氏蜂文化休闲观光园成为市休闲观光农业旅游示范园。区外拓展农业产业基地 1960 公顷，累计外拓基地 5360 公顷。

全年实现工业总产值 221 亿元、销售产值 217.6 亿元，分别比上年增长 5.6%和 7.2%。385 个规模以上工业企业销售产值 196.6 亿元，利税 17.1 亿元，分别增长 9.1%和 12.3%。5 个企业进入全国民营企业 500 强，12 个企业进入市"双五亿"名单，西子电梯集团列入市大企业大集团。机械电子、食品医药、服装三个优势产业实现工业销售产值 129.2 亿元、利税 13.7 亿元，分别增长 7.6%和 11.4%。江干科技经济园工业销售产值 26.2 亿元，税收 1.3 亿元，分别增长 19.4%和 118%。

全社会消费品零售总额 103 亿元，比上年增长 12.2%。338 个限额以上服务企业营业收入 285 亿元，增长 14.6%。四季青服装特色街全年成交额 121 亿元，税收 1.16 亿元，分别增长 10%和 3%。"名车长廊"引进汽车 4S 店 12 个，销售汽车 3.4 万辆，实现销售收入 54.5 亿元、税收 4660 万元，分别增长 6.8%和 12%。建立杭州市中央商务区（江干）中介服务业发展中心，发展区、街道（镇）、物业公司三级楼宇经济服务团队，15 幢重点楼宇入驻企业 809 个。祐康电子商务网络有限公司"96188 服务到您家"被市政府授予杭州商贸特色企业品牌。

全区引进内资项目 1520 个，实际到位资金 108.2 亿元，比上年增长 62.1%。新批外商投资企业 38 个，协议利用外资 2.76 亿美元，实际利用外资 1.2 亿美元，分别增长 48.1%和 50.5%。

全年财政收入 25.72 亿元，比上年增长 28.6%。地方财政收入 13.32 亿元，增长 36.5%；地方财政支出 9.19 亿元，增长 24.9%。

围绕省、市重点工程建设，配合完成钱江新城核心区块、九堡经济适用房、丁桥大型居住区等工程的征地拆迁任务，交地 329.7 公顷，拆迁建筑 79.8 万平方米。德胜路东段、凤起东路延伸段、火车东站绿岛等工程竣工，运河综合整治保护开发工程一期景观带整治完成。全年开工建设"农转居"多层公寓 60.71 万平方米，竣工 40.98 万平方米。投资 1.7 亿元，完成景芳路等 138 条背街小巷改善工程和 5 处生活小区截污纳管工程，改善 9 条道路和 23 个公建单位的无障碍设施。以主要道路两侧和居民小区绿化为重点，新扩绿地 63.2 万平方米。新改建垃圾中转站 3 座、垃圾房 945 个，新建公厕 7 座。实行区、街道（镇）两级城市管理联席会议制度，推行"数字城管"，建立社区城管联系站 71 个。全区主要道路市场化保洁率 60.7%，市政维护市场化率 68%，绿化养护全面实行市场化。

实施科技项目 84 项，10 项科技成果通过省级鉴定，4 项获省、市科技进步奖；创建省级科普示范单位 2 个、市级科普示范单位 3 个，开展科普活动 63 场次；科技进步水平居全省区、县（市）第 2 位。完善中小学布局调整规划，实施学校建设工程 21 项。推进名校集团化战略，组建采荷第二幼儿园学前教育集团，全区有教育集团 8 个。小学 16 所，在校学生 2.38 万人；中学 16 所，在校学生 1.12 万人。外来务工创业人员子女就读人数为 1.58 万人，占全区学生总人数的 41.7%。社会事业健康发展，开展文体活动进村（社区）活动和健康图书进村（社区）活动。新建健身苑（点）32 个、篮球场 4 个、羽毛球场 8 个。医疗卫生机构 11 个，医疗病床 329 张，卫生技术人员 575 人。新型农村合作医疗参保人数达 9.31 万人，参保率 95%。新建社区卫生服务站 6 个，社区卫生服务信息系统建立了 21.14 万人的档案。全区计划生育率 99.18%。

完善人民调解组织网络建设，建有调解委员会 138 个，工作人员 697 人，受理各类矛盾纠纷 1127 件，调处成功 1117 件，调处成功率 99%。全年共受理信访电 16725 件，办结率 99.9%。

【吴仪视察万事利集团】 4 月 22 日，中共中央政治局委员、国务院副总理吴仪在省、市负责人习近平、吕祖善、乔传秀、王国平、孙忠焕等陪同下，到万事利集团考察企业自主创新工作情况。吴仪参观企业“打造女装之都”和“弘扬丝绸之府”展厅，对万事利集团通过产品创新、组织创新和文化创新，发展特色丝绸工艺，走自主品牌之路予以肯定。

【祐康集团党委被评为全国先进基层党组织】 祐康集团是一个以冷冻产业链为核心，食品制造、城市电子商务、物流配送与会展交易等多元投资经营的民营企业。集团实行党建与生产经营两手抓的机制，54%的党员在中层岗位任职；建立党政工联席会议制度，把党建工作列为公司经营者的考核内容；建立群众监督评议、困难党员帮扶等制度，为一线工人维权，帮助困难职工解决医疗、住房等问题。党组织成为工人的“娘家”和代言人，党群关系融洽和谐。集团党委开展“做工作的带头人，做职工的带领人”等活动，引导党员想在前、干在前、走在前，以党员活力激发企业活力。7 月 1 日，中共祐康食品集团有限公司委员会被中共中央组织部评为全国先进基层党组织。

【推进新农村建设】 江干区成立由 41 个区级部门、4 个镇和 1 个街道组成的新农村建设工作领导小组，制定以工促农、以城带乡、加快解决“三农”问题步伐的意见和社会主义新农村建设规划。开展建设新农村宣传活动，营造关心农业、关爱农民、服务农村的氛围；10 个村(社区)开展新农村建设试点工作；按照“村美、户富、班子强”要求，推进“布局优化、道路序化、村庄绿化、路灯亮化、卫生洁化、河道净化”工作；投入资金 1930 万元，新建村民公园 13 个。“百村示范、千村整治”工程建设取得初步成效，俞章村、三义村获省全面小康建设示范村称号，2 个示范村和 4 个重点整治村通过市级考核验收，皋城村、花园社区通过省级园林绿化村验收。

【四季青街区被评为中国服装第一街】 5 月 27 日，杭州四季青服装特色街区被中国商业联合会授予中国服装第一街称号。该街区位于杭海路西段（清泰立交桥至秋涛路段），全长 1100 米，有专业服装市场 13 个，市场营业面积 30 万平方米，日客流量 10 万人次，年成交额逾 100 亿元。四季青服装市场以“品种多、款式新、质量好、价格廉”为经营特色，是大江南北服装交易的重要集散地。2000 年 10 月，街区被市政府授予四季青服装特色街牌匾。2003 年~2005 年，先后获得浙江省十大商业特色街、全国诚信规范街区、中国特色商业街等称号。

【杭罗项目启建】 杭州福兴丝绸厂是杭州唯一采用木制织造机及传统工艺生产杭罗的企业。3 月，该厂迁入江干科技经济园，用地面积 0.67 公顷。12 月 18 日，总投资 2100 万元、建筑面积 1.05 万平方米、年产杭罗 7 万平方米的“杭罗 H1226”项目开工建设。该项目投产后预计年产值 2500 万元、利税 944 万元。

▶▶资料:杭罗

生产始于汉代，与苏缎、云锦同被列为中国东南地区三大名产。杭罗为纯桑蚕丝织制的罗织物，以平纹和纱罗组织联合构成，其绸面具有等距规律的直条形或横条形纱孔，孔眼清晰，质地刚柔滑爽，穿着舒适凉快，耐穿、耐洗，多用作夏季衬衫、便服面料。

【万事利医院建成】 6 月 6 日，万事利集团投资的杭州万事利医院建成开张。该院位于机场路 319 号，院区占地 1.33 公顷，医疗用房面积 2.68 万平方米，首期开放医疗床位 100 张。万事利医院以骨伤治疗特色，重点发展显微脊柱外科、显微手足外科和创伤骨科。临床门诊设骨伤科、内科、外科，并设有中医名医馆。

【开展 10 项整治】 江干区在“国家卫生城市”复评迎检中，以提高城区综合卫生管理水平、完善和拓展城区整体功能为目标，立足区情，制定《江干区“十项”重点整治工作实施方案》，分宣传发动、全面整治、查遗补漏、监督管理四个阶段开展整治工作。2 月~10 月，全区整治无证、无照食品生产经营户 3522 个，整治公共场所无证经营户 960 个，整治有证农贸市场 25 个，规范无证农贸市场 19 个，整治倚门占道经营 7152 起，处罚无证摊点 1105 个，整改医疗污水处理设施 51 处，实施主、次道路(含背街小巷)和社区的长效保洁，整治城中村 15 个，整治无证废品收购站 542 个。

【侦破少女铜像锯盗案】 2 月 27 日凌晨，杭州城东公园的一座铜质少女塑像《幻》从脚腕处被锯断后偷走，现场只剩下一对脚掌。当天下午，召开杭州市、江干区两级刑侦专项会议。3 月 2 日，江干公安分局成立专案组，通过新闻媒体征集线索，发动市民举报。在清查排摸后，专案组逐步查明该案主要犯罪嫌疑人的基本情况和活动轨迹。3 月 11 日，先后抓获涉案嫌疑人刘旭金、胡永忠、吴利民、郭海心。7 月 21 日，4 名案犯被江干区人民法院判处 8 个月至 5 年6 个月不等刑期。

【企业捐资助教】 9 月 6 日，西子联合控股有限公司向江干区人民教育基金会捐助 1000 万元，建立江干区九堡科技园单元学校发展基金，用于改善学校办学条件、教师培训及专家聘请。该公司还设立奖学奖教基金，每年投入一定资金用于对优秀教师和学生的奖励。

利用社会资源合力办学，已经成为江干区教育事业发展的一种形式。2002 年以来，杭州滨江房产集团有限公司通过优惠供房、捐款、设立基金等形式，向教师提供住宅近 1 万平方米，累计资助金额 2000 余万元。（张杭平）

·拱墅区·

【拱墅区概况】 全区辖 3 个镇、7 个街道，有 71 个社区、18 个行政村，户籍人口 30.07 万人，人口自然增长率 2.48‰。全年实现生产总值 53.03 亿元,比上年增长19.88%。

三次产业结构比例由上年的1.74:45.27:52.99,调整为0.98:46.02:53。农林牧渔业总产值0.86亿元,蔬菜总产量1.74万吨,家禽出栏6.23万羽,淡水鱼起水量591吨。实施科技兴农战略,"桃花岛"系列产品获国家发明专利,稻鸭共育生产技术、新型综合生态种养模式等7个项目通过验收。农产品安全管理工作不断加强。

实现工业总产值134.85亿元,比上年增长16.7%;工业销售产值133.54亿元,增长17.1%;销售收入132.72亿元,增长26.6%;工业利润4.81亿元,增长15%。全社会固定资产投资总额45.11亿元,增长12.44%。实施工业投入项目102个,完成工业项目投资13.61亿元,增长8.9%。品牌建设成效突出,新增省著名商标5个、市著名商标3个,新创浙江名牌8个、杭州名牌1个。工业功能区建设进展顺利,6个项目开工建设,15个项目建成投产,实现技工贸收入31亿元。建筑业稳步发展,拥有资质建筑企业158个,建筑业增加值1.45亿元。商品房销售面积49.41万平方米,销售收入29.65亿元。

全社会消费品零售总额126.98亿元,比上年增长4.9%。服务业销售收入555.92亿元,利润3.08亿元,分别比上年增长29.1%和27.5%。完成三产项目投资16.52亿元,增长31.84%。康桥集团、海外海集团、盈都集团、话机世界公司4个企业进入全国民营企业500强行列。汽车商务功能区建设稳步推进,浙江元通依维柯旗舰店等12个4S汽车品牌店项目建设相继竣工,第七届国际汽车展等系列展会举办成功。拱墅区钢材市场企业协会成立,城北钢材交易市场、运河钢材市场进入全市超大型市场前10位。全区专业市场成交额358.36亿元。

全区外贸出口供货总值22.01亿元,比上年增长7.2%;企业自营出口2.62亿美元,增长24.9%。全年引进各类项目2630个,实际到位资金95.15亿元,在全市招商引资考核评比中名列首位。新批外商投资企业38个,增资13个,协议利用外资3.11亿美元,实际利用外资1.06亿美元,分别增长36.1%和38%。

全区财政收入28.54亿元,比上年增长18.7%;其中地方财政收入13.91亿元,增长21%。地方财政支出5.9亿元,增长20.4%。

开工建设各类住宅和公建设施61.5万平方米,竣工100.06万平方米。开工建设安置房30.1万平方米,竣工32.5万平方米,安置拆迁户1500户。实施祥符阮家桥、庆隆片和吉如片城中村改造,开工建设农转居多层公寓12万平方米,竣工9.4平方米,227户入住新居。巨州路至小河路段、湖墅路、绍兴路等整治项目顺利竣工。拆除各类违章建筑1648处共33万余平方米,改善背街小巷182条,新增绿地20万平方米。全面完成13个小区、45个公建单位、26个污染源点的截污纳管工程和12处低洼积水治理。老虎山2号矿地质灾害治理工程通过验收。

实施市级以上科技计划项目84个,其中国家级8个、省级47个。新增2个省级专利示范企业和5个省级高新技术企业。全区小学28所,在校学生1.9万人;普通中学14所,在校学生9177人。建新小学一期、小河小学一期和大关小学二期等教学设施项目如期完工。以弘扬运河文化为主题的第四届运河文化艺术节、"2006运河之春——福犬旺春"元宵灯会等群众性文化活动顺利开展,中国京杭大运河博物馆开馆。积极开展全民健身活动,成功承办6项省、市级比赛项目,新建17处健身场所。医疗机构10个,医疗病床483张,医疗卫生技术人员455人。建立公共卫生目标管理责任制,改建康桥镇、半山镇社区卫生服务中心,新(改)建长征桥、台州路等12个社区卫生服务站。计划生育率99.02%。获浙江省精神卫生项目示范区、国家计划生育优质服务先进区和浙江省新型生育文化示范区称号。

城乡居民收入持续增长,职工年平均工资30170元,农民年人均纯收入11360元。办理人民代表意见、建议74件,满意和基本满意率100%;受理信访电16504件,办结率99.2%。

【"张小泉"名列中华老字号】 12月,经商务部认定,杭州张小泉集团有限公司被列入首批中华老字号。杭州张小泉集团有限公司前身为杭州张小泉剪刀厂,主要生产家庭用剪系列、农业园林剪系列、服装剪系列、美容美发剪系列、旅游礼品剪系列、刀具系列等共100多个品种、400多个规格的产品。1997年,"张小泉"被评定为中国驰名商标。2000年,企业顺利通过转制,杭州张小泉集团有限公司宣告成立。2002年,获原产地注册保护。

【浙江旧货交易市场开业】 10月28日,由浙江海外海集团投资建设的浙江旧货交易市场投入营运。该市场位于城北核心商圈,占地9.33公顷,建筑面积6万平方米,有3个交易区、1000多个摊位,是华东地区规模较大的旧货及廉价商品集散中心之一。市场主要经营通信设备、电脑数码、音像制品、仪器仪表、二手手机、古旧书籍等万余种商品,并专门开辟"跳蚤交易区",为闲置物品交易提供平台。 (金　马)

【2个世界500强企业到拱墅投资】 2006年,拱墅区相继引进浙江元通汽车救援服务有限公司、迪卡侬(杭州)体育用品有限公司等2个世界500强投资的企业,全区世界500强投资企业总数达12个。浙江元通汽车救援服务有限公司由日本丰田通商株式会社与浙江物产元通机电(集团)有限公司共同出资成立,投资总额714万元,注册资金500万元,是全省首个外商投资的汽车救援服务企业;迪卡侬(杭州)体育用品有限公司由法国迪卡侬股份有限公司出资兴办,投资总额714万元,注册资金500万元,是全省首个外资体育用品专业超市。

【4个企业入选全国民营企业500强】 经全国工商联评定,拱墅区有4个企业入选2005年度全国民营企业500强。浙江康桥汽车工贸集团有限公司名列104位,浙江海外海集团有限公司名列151位,浙江盈都集团有限公司名列248位,浙江话机世界数码连锁集团有限公司名列457位。 (虞　翀)

【运河(拱墅段)综合整治与保护开发一期工程竣工】 按照市委、市政府确定的"一馆两带两场、三园六埠十五桥”运河综合整治与保护开发建设计划，运河(拱墅段)综合整治与保护一期工程的重点是“一馆一场一桥两带两园两景点”项目建设。一馆即运河博物馆，一场即运河广场，一桥即华光桥，两带即运河两侧沿线地区江桥暮雨、夹城夜月、半道春红等景点，两园即北星公园、青莎公园，两景点即御码头、忠亭。2006年10月1日，一期工程项目顺利完工并对社会开放。（富荣欣）

【改革农村小学管理体制】 9月1日起，拱墅区对辖区农村小学管理体制进行改革，原校属人、财、物统一移交区教育局管理，并对农村村(完)小进行撤并。原康桥镇中心小学、祥符镇中心小学、上塘镇中心小学分别更名为杭州市文澜小学、杭州市莫干山路小学、杭州市明德小学。此举加大了师资、经费等各方面统筹力度。（翁红亮　吴国安）

【拱墅被评为全国计划生育优质服务先进区】 拱墅区坚持“以人为本、依法管理、依法服务”的宗旨，建立健全“政府领导、部门协调、综合治理、优质服务”四位一体工作机制，积极探索计划生育服务市场化、社会化运作，使计划生育服务“人性化、个性化、温馨化”。该区建成生育文化广场，设立人口计划生育事务所，并获省“十五”期间人口计生工作先进集体、省生育文化示范区等称号。2006年计划生育率99.02%，群众满意率在95%以上。11月，拱墅区被国家人口和计划生育委员会评为全国计划生育优质服务先进区。（翁红亮　曹盛艳）

【老年关怀医院成为全国试点】 浙江老年关怀医院（拱宸桥街道社区卫生服务中心）办院10多年来，先后收治老年病人8600多名。医院采用中西医结合、针灸、推拿、理疗等多种治疗手段，推行心理护理和星级护理制；护理、治疗和生活照料三位一体，名称、标志、理念、功能设施、服务规范五个统一，体现了“医养结合”的理念。1月，被中国老年事业发展基金会确定为首批全国爱心护理工程试点单位。（翁红亮）

【上塘镇撤镇建街】 该镇地处拱墅区东南部，东临上塘河，与下城区石桥街道相望，西与拱宸桥、小河、湖墅、米市巷街道界邻，北与半山镇、康桥镇接壤，全镇面积13.5平方千米，有10个社区和11个经济合作社，常住人口38.5万人，外来人口6万余人。随着城市化进程的推进，该镇已处于中心城区范围内。2月，经省、市政府批准，撤销上塘镇建制，在原辖区范围内设立上塘街道办事处。（傅科兵）

运河拱墅段御码头夜景　（市运河指挥部 供稿）

【“圣奥”成为中国驰名商标】 12月，“圣奥”商标被国家工商总局认定为中国驰名商标。浙江圣奥家具制造有限公司是一个集研发、生产、营销为一体的中外合资家具企业，主营中高档办公家具，营销网点遍布全国大中城市，并与日本、加拿大、美国、荷兰、澳大利、瑞典等国家的著名经销公司建立了长期战略合作关系。

【“TMB”成为中国驰名商标】 12月，经国家工商总局认定，浙江天马控股集团有限公司TMB产品商标成为中国驰名商标。成立于2002年的浙江天马控股集团有限公司是一个专业从事汽车、铁路、工程机械轴承生产的大型民营企业。公司坚持“科技强企”的方针，加大技术改造投入力度，注重引进吸收与自主创新相结合，累计研发投产2000余个新产品，先后获得新产品专利20余项，产品综合实力位居同行业首位。2006年，公司实现销售产值10.49亿元，创利税3.21亿元。（金　马）

·西湖区·

【西湖区概况】 西湖区辖7个街道（其中西湖街道由风景名胜区托管）、5个镇、2个乡，有123个社区、64个行政村。全区户籍人口54.63万人，人口自然增长率5.85‰。全年实现生产总值236.28亿元，比上年增长12.8%。

全区完成农业总产值5.84亿元，三次产业比重调整为2:30:68。优势特色农业快速发展，西湖龙井茶、蔬菜、花卉苗木、水产品、食用菌等五大特色优势产业实现产值4.75亿元，比上年增长0.9%。农业产业结构不断优化，沿江特色农业休闲带初具规模，新增市级农业示范园2个。

工业总产值176.40亿元，比上年增长9.1%；工业销售产值174.11亿元，增长10.4%。312个年销售收入500万元以上工业企业完成工业产值158.71亿元，增长7%；实现工业销售产值156.70亿元，增长9.2%。交通运输设备制造、电子仪表与通信设备制造、生物医药和环保化工等四大支柱产业完成工业总产值111.77亿元，增长2.4%，占规模以上工业总产值的70.4%。高技术产业实现工业总产值39.7亿元，比上年增长6.8%，在全区规模以上工业总产值中的比重为25%；实现工业增加值12.75亿元，在全区规模以上工业增加值中的比重为35.5%。建筑业持续发展，对地方财政贡献率达9%。

全年完成全社会固定资产投资总额67.55亿元，比上年增长23%。西湖科技经济区块建设进程加快，35个企业竣工投产。转塘科技经济区块基础设施进一步完善。浙大科技园老和山区块规划调整和部分地块完成拆迁。筹措资金5000余万元，全面推进农村基础设施建设，实施"百村整治"工程，创建省、市级示范村3个、重点整治村16个。

实现全社会消费品零售总额111.74亿元，比上年增长15.1%。第三产业增加值146.09亿元，增长17%，服务业对地方财政的贡献率79.5%。文三路电子信息街区品牌优势凸显，42个企业落户数字娱乐产业园。城西商贸圈发展氛围良好，沃尔玛、紫金广场等一批商贸项目启动建设，香园大酒店完成改造，百瑞大酒店、米兰洲际酒店投入运营。充分利用世界休闲博览会、西湖博览会和国际茶文化博览会平台，精心组织西湖区主题双周展示、大清谷野外拓展、西湖龙井开茶节、龙舟胜会等活动。之江度假区、西溪湿地和其他景区景点全年接待游客377余万人次，门票收入1.92亿元，分别增长12.9%和12.5%。

全年引进内资102.64亿元，比上年增长36.5%。协议利用外资3.9亿美元，下降18.6%；实际利用外资3.39亿美元，增长136.7%。楼宇经济、总部经济和中介服务业快速发展。赴上海、北京、香港招商推介活动取得圆满成功。积极调整出口产品结构，全年自营出口额7.58亿美元，增长33.2%。

全区财政收入35.27亿元，比上年增长12.5%；其中地方财政收入19.54亿元，增长10.6%。地方财政支出14.52亿元，增长39.3%。

西溪湿地综合保护二期工程详细规划编制完成，深入挖掘湿地历史文化遗存。沿江城市设计等规划编制得到调整优化，道路、管网等市政基础设施建设全面推开，之江度假区深度开发的条件日趋成熟。全年建成之浦路、杭富路、科海路、环镇北路等17条道路。古墩路改造主体工程完成，留祥路整治前期工作全面启动。全年开工建设农转居公寓36万平方米，竣工51万平方米，交付使用63万平方米，回迁安置居民1741户。5个城中村改造规划方案编制完成，登云圩城中村整体改造进入实施阶段。土地储备和出让工作有序推进，整理土地114.13公顷，出让土地18.27公顷。

投入资金1.89亿元，完成216条背街小巷改善和63个截污纳管项目。实施生态区规划，拆除饮用水源保护区内12个企业排污口，完成东穆坞石矿、西山下羊矿区生态治理。全年新建绿地62.7万平方米。城市管理"绿化、美化、洁化、亮化"覆盖率达85%。

实施市级以上科技开发项目87个，新增省级高新技术企业7个、市级高新技术企业3个、市级高技术研发中心3个。调整城乡新一轮教育布局，完成乡镇中小学、幼儿园布点规划，建成塘北小学等3所学校和区青少年宫。全区小学20所，在校学生3.39万人；中学18所，在校学生1.92万人。落实义务教育免杂费和救助制度，妥善解决困难家庭、外来务工人员子女和残疾儿童的就学问题。举办区第八届运动会，新建乒乓球室、健身苑(点)等村(社区)文体设施87个，龙坞镇、周浦乡成功创建省级体育强镇(乡)。医疗机构78个，医疗病床3264张，医疗卫生技术人员4402人。区残疾人综合服务中心建成启用。全区计划生育率98.38%。

城镇职工人均年可支配收入32136元，比上年增长7.7%。农民年人均纯收入10343元，增长13.6%。

(沈　剑)

西溪湿地周家村码头　　(施　智　摄)

【建立数字城管协同指挥中心】 7月，西湖区建立数字城管协同指挥中心。该中心以数字城管为基础，整合区长公开电话、城市管理投诉热线等信息资源，将城市"四化"(洁化、绿化、亮化、序化)长效管理和城区防汛抗台应急管理纳入统一指挥。将城市管理相关职能部门和各乡(镇)、街道纳入协同指挥中心，以便更好地发挥有关单位的行业管理作用。

【西湖区成为省级示范文明城区】 2006年，西湖区实施"洁美西湖"、"平安西湖"、"诚信西湖"、"文化西湖"、"生态西湖"五大工程，开展省级示范文明城区创建工作。市文明委对西湖区进行问卷调查、实地考察、材料审核和整体观察后，推荐西湖区申报省示范文明城区。在省文明委先后5次考核验收中，西湖区均以优异成绩通过验收，成为首批省级示范文明城区。　(齐剑伟)

【大力发展休闲观光农业】 西湖区休闲观光农业发展迅速，至2006年末，累计培育休闲观光园(点)47个。为规范服务、提高档次，西湖区区制定了区级休闲观光农业示范单位和特色村的认定标准，组织旅游服务和接待礼仪礼仪培训。2006年，5个休闲观光园(点)被命名为第1批区级休闲观光农业旅游示范单位，101个农家乐经营户达到二星级标准。

休闲观光园(点)接待游客65万人次，营业额5380万元，实现利润1000余万元。 (余世刚)

【上城埭村被评为浙江魅力新农村】1月18日，西湖区龙坞镇上城埭村获省广电集团、省农办联合授予的浙江魅力新农村称号。上城埭村以"百村示范,千村整治"工程为契机，以建设生态休闲旅游村庄目标,加强基础设施建设和环境整治力度，绿化覆盖率达25.5%，自来水入户率、村庄主干道硬化率和道路亮化率均为100%。积极打造以茶文化为特色的休闲旅游精品村庄，开发集观光茶园、康乐登山和农家休闲为一体的"龙坞茶村"生态旅游项目。全年接待游客3万余人次，营业收入100余万元。 (沈 剑)

【国家数字娱乐产业示范基地成立】8月8日,杭州数字娱乐产业园成为国家数字娱乐产业示范基地，作为浙江省三大动漫基地之一的杭州数字娱乐产业园迎来新的发展契机。2006年末，园区已有入驻企业42个。其中联梦娱乐软件有限公司、安利星电脑动画有限公司、世娱玩具有限公司等位居全国同行业前列。 (徐冠群)

【西城广场被评为全国特色文化广场】 西城广场位于文二西路,总面积1.8万平方米,是杭州城西规模最大、设施最齐全的一个大型全开放式主题景观广场。广场不仅设有喷水池、溜冰场等设施,5.5万平方米的购物中心内设物美超市、UME电影城、银乐迪KTV等商业项目。自2002年建成开放以来,西城广场成功举办"全国摘星大行动"、"全家总动员杭州赛区总决赛"等20余场大型活动。10月26日,西城广场在第二届全国特色文化广场展示活动中荣获全国特色文化广场称号。 (邵建华)

【"天堂"成为中国驰名商标】10月，杭州天堂伞业集团有限公司的"天堂"商标被国家工商行政管理总局认定为中国驰名商标，成为中国制伞行业首个驰名商标。天堂伞业集团积极实施品牌发展战略，制伞工艺国内领先。2006年，公司实现销售产值4.9亿元、利税3739万元。 (蒋庭镨)

【西溪湿地综合保护二期工程启动】5月26日，西溪湿地综合保护二期工程正式启动。二期工程北至文二西路,南至天目山路,西至一期保护工程东界，东至紫金港路，面积约4.89平方千米，是西溪国家湿地公园的重要功能区块。工程主要划分为"一带三区":即花蒋堤特色景观带、东部的湿地生态保护区、北部的民俗文化展示区以及东南面的曲水庵湿地景观区。工程坚持"生态优先、最小干预、修旧如旧、注重文化、以人为本、可持续发展"六大原则,以生态保护为主题,保护池塘、港湾和植被;以文化为内涵,通过历史文化碎片整理和乡土民俗风情片段修复，原汁原味地展示西溪湿地的人文风采;以生态旅游为主线,用科学生态廊道，串起湿地生态景观及文化景观。二期工程计划于2007年10月1日建成开放。 (沈 剑)

【举办第二届国际湿地论坛】 10月20日,由国家林业局主办、西湖区承办的2006年中国杭州西溪第二届国际湿地论坛在杭举行，来自世界20多个国家和地区的160多名专家、代表参加了会议，会议主题是"湿地公园建设与公众宣传教育"。西溪湿地作为中国第一个国家级湿地公园，一期工程建成开放以来取得了比较明显的生态效益、社会效益和经济效益。 (胡 鹏)

·滨江区·

【滨江区概况】 全区辖3个街道,有12个社区、23个行政村。户籍人口13.53万人，人口自然增长率3.82‰。全区实现生产总值170.5亿元,比上年增长13.2%。

经济结构调整优化，三次产业比重由上年的1.2:68.4:30.4,调整为1.1:66.7:32.2。全区实现农林牧渔业总产值3.09亿元。粮食播种面积491公顷,花卉苗木种植面积447.87公顷。组织农产品展销，先后参加"2006杭州市暨台湾优质农产品迎新春大联展"、"杭州2006中国国际名茶博览会"等活动。全区有11个农业建设项目获得扶持资金212万元。杭州之江生态园和杭州冠山特色生态园被列入市农业现代化示范区建设项目。

高新技术产业持续发展，传统优势产业结构调整步伐加快，工业增长质量不断提高。全区工业销售收入197.82亿元，比上年增长24%。通过加强引导、搭建交流平台、实施重点帮扶等措施,促进传统企业结构调整。2个企业项目列入杭州市高新技术产业化专项,7个企业列入杭州市最具成长型中小企业。组织实施区科技计划15项、信息化提升推广项目7项、技术改造项目60项,2006年技术改造项目占全区技改项目总数的42.2%。

商贸服务业发展较快。江滨九号会所、新街坊假日酒店、蓝山咖啡等11个商贸服务业项目相继开张;建筑高度200余米的五星级标准海威喜来登大酒店动工;集文化艺术、旅游休闲、商贸为一体的"星光大道"工程进展顺利。

全社会消费品零售总额7.15亿元,比上年增长16.8%;第三产业增加值占全区生产总值的32.2%,提高1.7个百分点。房地产业平稳发展,全年完成投资44.38亿元,增长29.6%。全年成交商品房6382套,增长40%；每平方米成交均价7390元,增长2.3%。

全区新批外商投资企业67个，协议利用外资5.21亿美元，实际利用外资3.03亿美元，比上年增长18.3%。协议引进内资83.95亿元，实际引进内资43.25亿元，增长41.3%。

全年出口总额30亿美元,比上年增长44.1%;其中自营出口13.19亿美元,增长29%。

全区财政收入42.8亿元，比上年增长15.6%；其中地方财政收入20.5亿元,增长13.9%。地方财政支出14.07亿元,增长11%。

城市建设和管理稳步推进。地铁一号线滨江段站点周边地区,沿钱塘江、江南大道、时代大道两侧及美院附中周边用地设计完成。全年投入基础设施建设资金9.13亿元，建成道路15千米。公交线路增开2条,绿地新增64万平方米。江南大道被命名为省级城市街容示范路。全年投入资金12.2亿元，新开工建设农村多层住宅50.2万平方米,交

表 85　　滨江区进入 2005 年度全国民营企业 500 强名单

序　号	排　名	企业名称	主营业务	营业收入(万元)
1	54	UT 斯达康通讯有限公司	通讯设备	820 042
2	71	浙江吉利控股集团有限公司	汽车	660 000
3	112	杭州斯达康通讯有限公司	通讯设备	445 494
4	116	盾安控股集团有限公司	制冷配件、民爆化工、中央空调	437 543
5	117	浙江浙大网新科技股份有限公司	软件产品销售、系统集成、软件服务	433 561
6	315	浙江中南建设集团有限公司	建筑幕墙装饰市政工程、钢结构产品	200 968
7	389	浙江万利工具集团有限公司	进出口贸易、五金工具、橡塑制品	166 984
8	396	康恩贝集团有限公司	医药、保健品	164 046
9	397	浙江海威控股有限公司	钢家具	163 864
10	496	杭州兴耀控股集团有限公司	建筑、市政、园林、房产、工业	134 202

付使用 45.5 万平方米，安置农户 1528 户。

全区义务教育阶段学生全部接受免费教育，困难家庭学生得到政府资助。优化教育资源配置，深入实施义务教育万校标准化建设工程。推进“名师名校长”工程，引进教师 85 名。全区有中小学 17 所，在校学生 14354 人。全民健身“三个一百”工程完成，文体基础设施建设力度加大。首届社区中老年人运动会、元宵灯会、优秀民间文化艺术展示等活动举办成功，群众性文化体育活动丰富多彩。医疗卫生机构 74 个，医疗病床 85 张，医疗卫生技术人员 423 人。全面实施社区医疗服务一体化管理，加强疾病预防控制，顺利通过省级社区卫生服务先进城区评估验收。计划生育率 99.01%。

认真办理和落实人民代表的议案、建议和意见 58 件，办结率 100%，代表满意率达到 96.6%。

【10 个企业列入全国民营企业 500 强】 7 月 27 日，全国工商联在北京公布了 2005 年度全国民营企业 500 强，滨江区 UT 斯达康通讯有限公司、浙江吉利控股集团有限公司、康恩贝集团有限公司等 10 个企业榜上有名。参见表 85。

【企业家获中国 25 大功勋品牌人物大奖】 8 月 8 日，由全国工商联宣教部、中国民(私)营经济研究会等单位联合主办的“爱国者”品牌中国总评榜(1980 年—2005 年)颁奖大会在北京人民大会堂举行。这是中国改革开放 25 年来最隆重的品牌评选活动。阿里巴巴网络技术有限公司总裁马云、吉利集团董事长李书福获中国 25 大功勋品牌人物大奖。

【西兴街道成为省小康型老年体育街道】 12 月，西兴街道被省老年体协评为全省首批小康型老年体育街道。西兴街道有 60 周岁以上老年人 3800 余人，其中老年体育人口 2622 人，占 69%。街道围绕“老有所养、老有所医、老有所学、老有所教、老有所为、老有所乐”的方针，积极为老年人办实事好事。各村(社区)都建有老年体育辅导站和老年文化活动室，成立了乒乓球、门球、木兰扇、棋牌、腰鼓、气排球、地掷球等老年运动队 28 支。登山、乒乓球、棋类、趣味体育等比赛活动丰富了老年人的精神文化生活。

【推进城建领域惩防体系建设】 滨江区在城建领域积极构建惩防体系。举办专题研讨会，对城建领域有关热点、难点问题进行讨论交流，研究对策，提出进一步完善制度的方案，制定《构建城建领域惩防体系实施办法》。围绕招投标、资金管理和拨付、工程建设管理以及有效监督等四个关键环节，建立了招投标管理、项目代建、财政直接支付、工程审价、廉政预警等相关制度。全年完成决算内审项目近 100 个，核减金额近 1000万元，有效降低了工程建设成本。　　(李海松　陈　悦)

·萧山区·

【萧山区概况】 全区辖 22 个镇、4 个街道，有 411 个行政村、140 个社区。户籍人口 118.53 万人，人口自然增长率 2.77‰。全年实现生产总值 699.85 亿元，比上年增长 18.7%。

农林牧渔业总产值 54.70 亿元，比上年增长 8.2%。其中：农业产值 32.97 亿元，增长 10.6%；林业产值 0.70 亿元，增长 16.2%；畜牧业产值 12.67 亿元，增长 0.9%；渔业产值 6.51 亿元，增长 8.9%。畜牧、水产、蔬菜、花木、茶果五大特色主导产业产值 46.6 亿元，占农林牧渔业总产值的 85.2%，增长 0.2%。全年粮食种植面积 5 万公顷，下降 0.1%；粮食产量 27.51 万吨，增长 2.6%。棉花产量 636 吨，下降 18.6%；络麻产量 317 吨，下降 31.7%；油菜子产量 9285 吨，下降 0.7%；蔬菜种植面积 3.2 万公顷；花卉苗木种植面积 1.8 万公顷；水果总产量 12 万吨，增长 47.8%。粮食与经济作物的比例由上年的 45.3:54.7，调整为 45.5:54.5。全年生猪饲养量 144.7 万头，生猪年末存栏 46.8 万头，分别增长 1.9%和 4.7%；肉类总产量 8.5 万吨，增长 1.2%；牛奶产量 5300 吨；水产品产量 4.5 万吨。绿化造林面积 41 公顷，全民义务植树 106 万株，森林覆盖率 22.1%。

工业总产值 2507.27 亿元，比上年增长 25%；工业销售产值 2464.3 亿元，增长 25.1%；工业产品销售率 98.3%。工业增加值 429.9 亿元，增长 20.4%；工业利润 124.2 亿元，增长 33%。规模以上工业企业 1834 个，工业产值 2244.68 亿元，占全区工业总产值的 89.5%。销售产值超 10 亿元的企业 22 个，超 5 亿元企业 59 个，超 1 亿元企业 379 个。企业技术中心新增 25 个，总数达到 167 个，其中国家级 3 个、省级 19 个。全年开发省级以上新产品 430 种，其中国家级 4 种。上市公司增加 2 个，总数达到 12 个。名牌产品增加 46

种,总数达到161种,其中国家级名牌产品15种、省级名牌产品54种。新增著(驰)名商标41个,累计162个,其中国家级5个、省级66个。全区拥有资质建筑企业234个,全年完成建筑业产值376.3亿元,实现建筑业增加值26.1亿元,房屋建筑施工面积1251.2万平方米。

全社会消费品零售总额145.3亿元,比上年增长18.1%,其中批发零售贸易业132.7亿元、餐饮业12.2亿元。年末,有各类专业市场139个,其中消费品市场109个、生产资料市场29个。全年市场成交额376.7亿元,增长25.1%。

全年进出口总额61亿美元,比上年增长19.4%。进口额20.1亿美元,出口额41亿美元,分别增长9.8%和24.8%,贸易顺差20.9亿美元。产品出口企业938个,其中出口额超1000万美元的企业99个、超2000万美元的企业39个,分别增加16个和5个。外贸公司293个,自营进出口权的生产企业959个,境外办事处(公司)43个。全年新批外商投资企业160个,增资项目75个,总投资33.2亿美元;协议利用外资11.03亿美元,实际利用外资4.7亿美元,分别增长88.5%和47.6%。

全社会固定资产投资总额268.2亿元,比上年增长10.7%。其中:限额以上投资额242.5亿元,增长11.5%;限额以下投资额25.7亿元,增长3.3%。房地产投资51.3亿元,下降8%。

全区拥有机动车31.3万辆,每百户居民拥有汽车30.5辆。全年货运量5600万吨,比上年增长9.9%;客运量1.5亿人次,增长27.1%。全年实现邮电业务收入17亿元,其中邮政业务收入0.9亿元。固定电话用户73.06万户,增长9%;移动电话用户92.6万户,增长5.2%;宽带网用户13万户。

全区财政收入83.87亿元,比上年增长30.5%;其中地方财政收入39.93亿元,增长29%。地方财政支出36.32亿元,增长18.1%。年末,全区金融机构各项本外币存款余额1001.35亿元,增长22.7%;贷款余额780.1亿元,增长32.1%。

全年组织实施科技项目252项,其中国家级38项、省级22项;申请专利1106件,授权专利715件;获各类科技进步奖73项;博士后科研工作站11个,各类技术人员5.2万人。全区小学94所,在校生10.54万人;初中45所,在校生4.63万人;普通高中10所,在校生2.45万人。全区有杭州市标志性教育强镇11个、浙江省教育强镇(街道)23个。文艺表演团体演出158场次,观众79万人次。全区等级运动员425人,其中一级运动员1人、二级运动员120人、三级运动员304人;全年萧山籍运动员获杭州市级以上运动会奖牌133枚,其中省级64枚。各类医疗机构427个、病床3915张、卫生技术人员5254人。全区计划生育率98.63%。

城镇居民人均可支配收入21238元,比上年增长12.5%;人均生活消费性支出17131元,增长22.2%。农民人均纯收入10588元,增长11.5%。城镇居民人均居住面积33.09平方米,增加0.16平方米;农村居民人均居住面积71.29平方米,增加0.44平方米。

【黄孟复视察萧山】 5月20日,全国政协副主席、全国工商联主席黄孟复视察休博园和湘湖。黄孟复一行参观了休博园百城馆中的杭州馆、萧山馆和上海馆等。他希望把湘湖建设得更加美好,成为人们休闲度假的胜地。

【萧山成为省级示范文明城区】 12月25日,萧山区被中共浙江省委、省政府命名为浙江省示范文明城区,成为全省首批获此称号的10个城市(城区)之一。萧山区以“双创”活动为载体,创建省级示范文明城区,政务环境、法治环境、市场环境、人文环境、生活环境、生态环境有很大改观,市民素质文明、城市功能文明和社会形态文明程度不断提高。

【萧山成为省级平安区】 3月28日,浙江省建设“平安浙江”电视电话会议公布首批平安县(市)、区,萧山名列其中。萧山区生产总值年均增长速度超过15%,治安稳定有序。2006年,七类重大刑事案件发案率比上年下降12.7%。

【江东、临江省级工业园区成立】 4月17日,国家发改委批准杭州江东、临江工业园区为省级工业园区。5月8日,江东、临江两个工业园区举行省级工业园区授牌仪式。杭州江东工业园区由国家级萧山经济技术开发区实施开发,2001年开始建设,规划面积105平方千米,其中启动区块11.3平方千米,发展目标是成为环杭州湾产业带先进制造业基地。杭州萧山临江工业园区规划面积74.3平方千米,组建于2003年3月,发展目标是成为杭州工业发展的平台、环杭州湾产业带的核心区、“长三角”南翼先进制造业的重要基地。

【萧山入选中国最令人向往的地方】 7月20日,萧山入选“2006中国最令人向往的地方”。此次评选是由中国旅游电视协会、中国国际经济电视台、世界旅游China报主办的,全国783个旅游城市和景区参评。经网络投票、专家评审,产生了50个佼佼者(城市10强、城镇10强和景区30强)。

【承办中欧企业合作论坛】 9月29日~30日,由商务部欧洲司、外贸发展事务局和中国外商投资企业协会主办,中华全国工商业联合会协办,萧山区委、区政府承办的中欧企业合作论坛在萧山举行。论坛的主题是中欧合作现状与发展前景。全国人大常委会委员、财经委副主任委员、中国外商投资企业协会会长石广生在开幕式上致词。商务部欧洲司司长孙永福作专题报告,浙江恒逸集团总裁邱建林在论坛上演讲。

【举办全国强镇发展论坛】 10月14日,“2006全国强镇发展论坛”在萧山开幕。发展论坛的主题是社会主义新农村建设与强镇发展。在此次论坛上,国家统计局公布了2006年全国小城镇1000强的前20位,并向千强镇代表颁发证书和奖牌。萧山22个镇全部列入全国千强镇名单,宁围镇入围前六强,衙前镇、闻堰镇和新街镇跻身百强。

【萧山五大产业基地成立】 11月20日,萧山区的汽车电子、数控装备、信息软件、生物工程和精密模具五大产业基地成立,表明萧山经济由量的扩张向质的提升转变。汽车电子产业基地启动区块位于蜀山街道,规划面积66.7公顷;数控装备产业基地位于江东工业园区,规划面积80公顷;信息软件产业基地位于闻堰区块,规划面积84.7公顷;生物工程产业基地位于省农业高科技示范园区内,规划面积70公顷;精密模具产业基地位于瓜沥镇,规划面积100公顷。

【萧山成为园林绿化产业基地】 11月,萧山区被中国风景园林学会授予中国园林绿化萧山新兴产业基地称号,成为国内首个园林绿化产业基地。花卉苗木种植业是萧山传统产业,特别是近10年迅速发展。花木品种超过1000个,年产绿化苗木1亿株、盆花2000万盆。全区有四级以上园林绿化企业66个,有500多个企业、300多个村、3万多农户从事花卉苗木生产、销售、服务和园林建设工程。

【70周岁以上农村老人享受生活补助金】 6月1日起,全区59585名70周岁以上的农村老人,每人每月可领取60元的生活补助金。享受农村老人生活补助金的对象是2005年12月31日前是萧山区常住农村人口、无社会养老保障、无政府固定补贴,在2006年5月31日前年满70周岁的老年人。享受补助金的人员必须遵纪守法。补助金按季发放,区、镇两级财政每年支出4200多万元用于保障农村老人的生活。

【中国(国际)书法大会在萧山举行】 12月9日~13日,"2006中国(国际)书法大会"在萧山举行。大会的主题是"书法之美——文化与精神的融合",国内外的150位书法家参加。书法家在新建的区文化中心展出100余幅书法作品,在开元名都大酒店共同创作了一幅"翰墨华章——百米长卷",并举行为期一天的国际书法论坛。 (徐燕锋)

·余杭区·

【余杭区概况】 全区辖1个乡、14个镇、4个街道,有259个行政村、58个社区。户籍人口81.9万人,人口自然增长率1.71‰。全年实现生产总值350.24亿元,比上年增长17.6%。

全年实现农林牧渔业总产值44.5亿元,比上年增长8.5%。其中:农业产值20.1亿元,增长10.4%;林业产值4.0亿元,增长17.6%;牧业产值8.4亿元,增长2.2%;渔业产值10.8亿元,增长8%;农业服务业产值1.2亿元,与上年持平。种植业结构继续优化,粮食经济作物面积比例45.3:54.7,全年粮食种植面积2.95万公顷。粮食总产量21.2万吨,增长9.8%;蔬菜产量50.5万吨,增长20.5%;茶叶产量8888吨,增长5.7%;水果产量7.56万吨,增长28.1%。全年生猪出栏47.2万头,增长1.7%;羊出栏11.5万只,增长9.5%;年末,家禽存栏470.3万羽,下降1.9%。水产品产量5.10万吨,增长5%。生态公益林面积1.08万公顷,林木绿化率40.1%。农业龙头企业增至63个,其中省级2个;农业专业合作组织75个。省级高新农业示范中心和30个特色园区总面积3000公顷。

全年完成工业总产值961.8亿元,比上年增长22.5%;实现工业利润21.9亿元,增长7.2%。规模以上企业1598个,增加231个;完成产值731.2亿元,占全区工业经济总量的76%,增长23%。销售收入超1亿元的企业124个,增加34个。高新技术企业新增12个,总数达到69个,其中省级以上35个。全区高新产业年产值99.5亿元,增长速度连续4年超过15%。高新技术研发中心、技术中心100个,其中省级以上8个。国家免检产品8个。

全年完成外贸出口交货值199.95亿元,自营出口16.6亿美元,分别比上年增长24.1%和43.5%。全年新批外商投资项目88个,总投资7.88亿美元,增长60.8%;协议利用外资4.38亿美元,增长43.7%;实际利用外资1.44亿美元,增长11.7%。全年实际利用内资63.6亿元,增长67.4%。

全社会消费品零售总额90.15亿元,比上年增长16.1%。其中:批发零售贸易业零售额76.82亿元,比上年增长15.7%;住宿餐饮业零售额13.3亿元,增长18.8%。

全年旅游总收入27.44亿元,比上年增长20.5%。接待入境游客6.1万人次,增长31.8%;旅游外汇收入1332万美元,增长31.8%。接待国内游客319.5万人次,增长15.1%;国内旅游收入26.37亿元,增长20.1%。

全区财政收入50.18亿元,比上年增长25.4%;其中地方财政收入27.46亿元,增长19.3%。地方财政支出27.63亿元,增长33.7%。金融机构年末各项存款余额495.21亿元,增长20.5%;贷款余额355.46亿元,增长26.5%。全年保险机构保费收入4.4亿元,保险赔付金额1.2亿元。

全社会固定资产投资总额191.67亿元,其中限额以上固定资产投资175.87亿元,比上年增长2.4%。全年完成基础设施投资12.55亿元,杭徽高速公路余杭段、104国道良渚段改建工程、迎宾路铁路立交、塘康路等项目竣工通车。全区有公交线路21条、公交营运车辆113辆、营运出租车354辆。全年公路、水运完成货物运输总量2820万吨,公路客运量4100万人次。全年用电量37.62万千瓦时,增长18.9%;其中工业用电28.97万千瓦时,增长18.9%。全年完成邮电业务总量8.15亿元,增长13.8%。固定电话用户46.1万户,增长2.9%;住宅电话用户20.4万户,增长1.3%;移动电话用户55.3万户,增长15.1%;公用电话5.1万部,增长8.7%。互联网宽带用户8.6万户。

余杭家电行业数字化综合集成技术开发与应用、纺织电子提花机关键技术及样机的设计制造项目被列入国家"863"计划项目,LCOS数码彩扩设备列入国家火炬计划项目,LCOS数码转换器列入国家重点新产品计划。全年申请专利720件,授权515件。全区小学96所,在校学生5.41万人;初中37所,在校学生2.8万人;普通高中11所,在校学生1.38万人。医疗机构360个,医疗病床2423张,卫生技术人员3595人。市级以上卫生镇12个、卫生村93个,瓶窑镇成为国家级卫生镇。全区计划生育99.22%。全民健身苑51个、健身点327个,成为省体育强区。成功举办第三届"良渚文化杯"全国越剧票友演唱大赛等大型文化活动。区图书馆藏书总量47万册。全年出版《城乡导报》365期,日发行量2.58万份。余杭电视台每天播出16小时,广播电台播出19小时。实施有线电视“模转数”整体转换,数字电视用户5.2万户,有线电视入户率83%。

城镇居民年人均可支配收入18870元,比上年增长11.9%;农村居民年人均纯收入9615元,增长10.8%。城镇居民人均住房面积22.6平方米,农民人均住房面积63平方米。

【余杭进入省科技综合实力10强】 10月,省统计局、科技厅公布2005年度全省各县(市)、区科技进步统计监测报告,余杭区综合实力(科技进步规模)列全省第8位,首次进入全省十强。2006年,余杭区提出推动科技创新和发展的一系列政策措施。1月,颁发首届青年科技奖;3月,出台13项鼓励自主创新政策,公布余杭区首批信息技术应用示范企业、现代农业科技型龙头企业各10个;4月,召开科技创新大会,提出率先建成创新型城区的目标,并举办首届科技新成果展。

【余杭成为“质量兴市”先进区】 11月,国家质监总局召开《质量振兴纲要》实施10周年表彰大会,表彰了“质量兴市”先进市(县)、区和中国名牌产品,余杭区被评为全国“质量兴市”先进区,这也是余杭区第二次蝉联该项荣誉。1998年,余杭成立质量振兴工程领导小组,制定“质量兴市”实施意见,开展大规模质量振兴活动。至2006年末,全区有6种产品获中国名牌产品和国家免检产品称号。

【杭徽高速公路余杭段建成】 12月25日,杭徽高速公路余杭段建成,杭徽高速公路全线贯通。杭徽高速公路余杭段(留下—汪家埠)全长18.3千米,总投资16.25亿元,双向四车道,路基宽26米。架在02省道上空的12.5千米高架采用Y型立柱施工,是省内最长的陆地高架公路。

【余杭建立国家家纺布艺实验室】 11月8日,国家家纺服装产品质量监督检验中心家纺布艺实验室(简称国家家纺布艺实验室)在余杭挂牌成立。该实验室隶属于杭州市质量技术监督局余杭分局,拥有国际最先进的气质联用仪、气相色谱、液相色谱、PE原子吸收光谱仪等家纺产品检测设备50余台,可对装饰用织物,棉、毛、针织类服装和丝绸、布艺等产品进行检测,检测内容包括PH值、甲醛含量、禁用偶氮染料和重金属含量等70余项。实验室为第三方公正实验室,出具的数据国际认可。

【农业休闲观光区成为国家农业旅游示范点】 11月4日,余杭区杭州大地之春农业休闲观光区通过国家旅游局验收,成为国家农业旅游示范点。该观光区创建于2002年,投资3000余万元,已形成精品水果采摘园、红杉珍稀植物园、蔬菜种子种苗园、休闲生态园、珍奇瓜蔬采摘园、水生蔬菜观光园、新优植物园和园艺盆景园8大景点,园区接待中心为游客提供餐饮和电瓶车观光等服务。园区于2002年10月正式对外开放,至2006年末,累计收入1340万元,年平均接待21万人次。

【章太炎故居列入全国重点文保单位】 4月,余杭区仓前镇的章太炎故居被国家文物局列入第6批全国重点文物保护单位。该故居系著名国学大师、近代民主革命家章太炎的出生地,章太炎在此度过了22个春秋,投身革命后也曾几次回家探亲、避难。故居为仓前镇老街中段的临街建筑,坐北朝南,三间四进一弄,总面积635平方米。前三进为晚清建筑,第四进系民国初年建造。故居于1986年被列为杭州市级文物保护单位,1994年被杭州市列为爱国主义教育基地,1997年被列为省级文物保护单位。

【良渚遗址列入“申遗”预备名单】 12月15日,国家文物局公布了最新确定的《中国世界文化遗产预备名单》,良渚遗址名列其中。

良渚遗址主要位于余杭区境内,因1936年在良渚发现而得名,系中国新石器时代晚期著名的考古遗址。以良渚遗址命名的良渚文化是中国重要的考古文化之一,距今5300年~4200年,是中国文明多元起源的重要实证。历年的考古调查与发掘表明,良渚遗址分布密集、规模宏大、结构考究,已发现墓地、祭坛、建筑基址、防护工程、村落遗迹、制玉作坊等遗址点135处。2006年9月,国家文物局派出专家组对良渚遗址“申遗”进行重新考察并组织专家委员会评审。

【余杭人民广场被评为全国特色文化广场】 10月25日,第二届全国特色文化广场授牌仪式暨展示活动在杭州举行,余杭人民广场被中国群众文化学会、中国文化报社授予全国特色文化广场称号,“相约周末”文化夜市同时获得全国特色文化活动称号。余杭人民广场位于城区中心地带,以该广场为主阵地的“相约周末”文化夜市活动,至2006年末已演出300余场,培育、完善了《余杭滚灯》等一批具有地域特色的优秀广场文化节目。

5月26日至6月1日,中国非物质文化遗产保护论坛在余杭举行。
(闻金明 摄)

【小古城村实施“阳光村务”】小古城村是2003年村规模调整时由原钱家滩、吴山和俞家堰3个村合并而成的,“阳光村务”、基层民主管理和法治建设工作做得较好。村级党组织和村委会努力探索,健全和完善“二项制度”(村务公开、民主管理制度)与“二项机制”(民主决策、民主监督机制)。小古城村党群、干群关系密切,各项事业全面发展。11月11日,中共中央办公厅调研组杜永胜等一行5人到径山镇小古城村调研。

【余杭被命名为中国竹子之乡】10月22日,第五届中国竹文化节在福建省武夷山举行。开幕式上,国家林业局命名余杭区为中国竹子之乡。余杭是浙江省竹子主产区,竹林总面积2.4万公顷,占林业用地面积的50%,为土地总面积的20%。毛竹1.3万公顷,旱竹4840公顷,苦竹2067公顷,淡竹2733公顷。苦竹是余杭的特色竹种。

【瓶窑成为全国小城镇建设示范镇】7月19日,瓶窑镇列入国家建设部公布的第2批58个全国小城镇建设示范镇。该镇把规划作为小城镇建设的突破口,委托著名高校和设计院编制规划,建立了包括经济社会发展规划、城镇建设总体规划、新老城区控制性规划在内的规划体系。以道路建设带动整个小城镇建设,实施“通村联网”工程,完成“康庄工程”,加大农村改水力度,自来水接入平原各村。城镇绿化面积300公顷。该镇曾于1997年被列为浙江省小城镇综合改革试点镇,2000年被确定为浙江省中心城镇。

【见义勇为好司机受到表彰】11月8日,在中华见义勇为基金会开展的“见义勇为好司机”评选活动中,屈伟达当选为全国见义勇为好司机,在北京人民大会堂受到表彰。屈伟达,1974年10月出生,余杭众信客运出租车有限公司司机。2005年9月,屈伟达在凌晨下班途中挺身抢救生命垂危的伤员。2006年6月19日,屈伟达经过临平木桥浜路,发现嫌犯开车抢夺他人钱财,不顾自身安危追赶作案车辆,并在第一时间报警,为警方迅速破案提供线索。8月5日,放下半天生意不做,主动为生病的老人送还失落在车上的药品。屈伟达把余杭区交通局奖励的6000元现金全部捐给了区慈善总会。

(沈文娇)

·桐庐县·

【桐庐县概况】全县辖2个街道、4个乡、7个镇,有186个行政村、9个社区、7个居民区。户籍人口39.69万人,人口自然增长率2.18‰。全年实现生产总值120.37亿元,比上年增长13.7%。

全县农林牧渔业总产值17.72亿元,比上年增长10.9%。农作物播种面积3.65万公顷,增长1.7%。粮食作物播种面积1.72万公顷,增长0.6%,占农作物总面积的47.1%;经济作物播种面积1.9万公顷,增长3.2%。农业产值10.36亿元,增长14.7%。林业产值1.27亿元,增长15.7%。全年肉类总产量2万吨,下降10%;禽蛋3360吨,增长2.3%;蚕茧3942吨,增长7.3%。畜牧业产值4.39亿元,下降0.2%。渔业产值1.4亿元,增长17.7%。县级以上农业龙头企业44个,增加8个;实现产值12.23亿元,增长11%。农业机械总动力21.7万千瓦,增长11.4%。全县农田有效灌溉面积14.05千公顷,旱涝保收面积9.26千公顷。农林牧渔业生产用电量1713万千瓦时,增长6.7%。

工业总产值343.85亿元,比上年增长21.9%;工业销售产值377.7亿元,增长21.9%。工业产品产销率98.21%。规模以上工业企业506个,增加53个。规模以上工业企业产值200.89亿元,增长28.4%;销售产值197.55亿元,增长28.8%;实现利税10.25亿元、利润5.11亿元,分别增长28.7%和18.6%。工业产业结构调整取得新进展,规模工业企业中纺织、皮革制造、服装制造、文教体育用品制造四大支柱产业实现销售收入88.49亿元。

社会固定资产投资总额61.16亿元,比上年增长14.7%;其中基础设施投资10.49亿元,房地产投资12.21亿元。房屋施工面积447.13万平方米,增长24.9%;竣工面积158.88万平方米,增长12.4%。20省道桐庐段改建、16省道与320国道连接线、桐庐综合码头等基础设施工程开工,新桐庐剧院投入使用。年末,桐庐县城有园林绿地面积511万平方米、公共绿地面积110万平方米,分别增长7.8%和25%。县城日供水能力8万立方米。2006年,城乡居民生活用电1.84亿千瓦时,增长8.4%。

全社会消费品零售总额31.56亿元,比上年增长16.2%,其中批发零售贸易业销售额27.76亿元,餐饮业销售额3.80亿元。商品交易市场稳步发展,拥有各类商品交易市场16个,其中交易额超过1亿元的市场3个。城乡集市贸易成交额10.53亿元,增长7.5%。

全年新建等级公路19千米,改造路面21千米;完成乡道路面硬化112千米、路面整治18千米。全县公路通车里程1662千米。全年货运量1566万吨,货物周转量12.2亿吨千米;客运量1346万人次,旅客周转量5.82亿人千米。邮电业务总收入2.96亿元,增长13.8%;其中通信业务收入2.78亿元,邮政业务收入1865万元,分别增长14.8%和6.2%。年末,全县固定电话用户41.75万户,每百人拥有固定电话45.84部;移动电话用户23.56万户,每百人拥有移动电话59.36部;宽带用户3.30万户。

全年接待游客380.11万人次,比上年增长15.8%。景点接待游客255.76万人次,增长16.8%;其中国外和港、澳、台游客1.79万人次。旅游总收入17.31亿元,增长23.6%;其中景点门票收入5838万元,增长17.8%。

实现外贸出口供货总值130.66亿元,比上年增长17.1%,外贸出口供货总值占全县工业销售产值的38.7%。外贸生产企业1085个,增加110个。外贸自营出口权的企业170个,增加42个;自营出口总额3.57亿美元,增长16.4%。

全年引进外资项目29个,协议利用外资1.18亿美元,比上年增长61.8%;实际利用外资4143万美元,增长15.7%。全年新批总投资500万美元以上的项目13个,协议资金1.05亿美元。

全县财政收入11.85亿元,比上年增长15.3%;其中地方财政收入5.73亿元,增长17.8%。地方财政支出7.48亿元，增长8.1%。年末，全县金融机构本外币存款余额102.49亿元，比上年增长17.8%；各项贷款余额66.59亿元，增长15.9%。金融机构资产质量进一步好转，不良贷款减少5981万元。

建立企业研发中心，培育高新技术产品和高新技术企业，积极开展与高校的科技合作，技术创新体制不断完善。新增省级高新技术企业1个、省级区域科技创新服务机构1个、市级企业研发中心4个，引进市级专利中介服务机构1个。全县专利申请630件，专利授权315件。全县有各类在聘专业技术人员15785人，比上年增加265人。全县小学35所，在校学生2.74万人；初中14所，在校学生1.93万人；高中3所，在校学生7796人。省级教育强镇2个，杭州市现代化标志性教育强镇1个，省级示范学校6所。各类图书馆年末藏书158.86万册。举办书画展、故事比赛、剪纸比赛等文艺活动48次。桐庐电视台平均每周播出115.5小时，其中自办节目49.8小时。桐庐人民广播电台每天播音17.1小时，其中自办节目14.5小时。《今日桐庐》全年出版发行230万份。桐庐籍运动员参加省、市比赛获金牌22枚、银牌10枚、铜牌15枚。全年举办县级群众性体育健身和竞赛活动38项次，参加人数4万余人次。各类医疗机构97个，医疗病床977张，卫生技术人员1804人。计划生育率95.45%。

农村居民年人均纯收入7590元，城镇居民人均可支配收入16353元，均比上年增长11.2%。全县民用汽车1.38万辆，其中私人汽车9985辆，分别增长28.1%和34.4%。城镇居民人均住房面积30.4平方米，农村居民人均住房面积64.9平方米，均增加0.7平方米。

【桐庐被评为国际花园城市】 11月14日，由联合国环境规划署、国际公园与康乐设施管理协会联合举办的第十届全球国际花园城市总决赛在杭州举行，桐庐参加国际花园城市B类城市的评比，获国际花园城市称号。

【桐庐成为成全国绿化模范县】 3月31日，国务院在北京人民大会堂召开表彰大会，县长陈祥荣从国家领导人手中接过了全国绿化模范县的奖牌。桐庐县以生态公益林建设为中心，绿化工作取得了显著成效。全县森林覆盖率73.6%，活立木蓄积量312万立方米。森林旅游快速发展，建成森林公园7个。2005年末，县城绿化覆盖率39.3%，人均公共绿地面积8.89平方米。

【桐庐成为中国蜂产品之乡】 2月28日，中国养蜂学会理事扩大会一致通过浙江省桐庐县为中国蜂产品之乡。有70余年发展历史的蜂产业是桐庐的特色优势产业，1988年，国家农业部将桐庐县列为全国优质蜂产品生产基地。桐庐县不断加大政策、财力、科技等方面的支持力度。养蜂专业户、企业合作组织，蜂业龙头企业迅速发展，“蜂之语”、“万事吉”等蜂品牌在消费者心目中树立了良好形象。2006年，全县蜂群7.14万群，蜂产品加工企业18个，经营企业11个，全国农产品加工示范龙头企业1个，省级农业龙头企业2个。

【国家级生态示范区通过验收】 11月23日，国家级生态示范区验收组检查县污水处理厂、蜂之语集团和阳山畈生态村，审核相关资料，开展创建知识公众问卷调查。桐庐12项基本条件、26项考核指标均达到了国家级生态示范区一类地区标准，顺利通过考核验收。国家级生态示范区的创建对提升桐庐经济竞争力、推进区域经济、社会、环境协调发展有重要意义。

【桐庐综合码头工程开工】 12月29日，桐庐综合码头工程开工。该工程是桐庐县“十一五”规划实施的重点工程之一，位于县城新区东侧的富春江畔，旁倚桐庐经济开发区，地处钱江水系“黄金水道”的中游，距320国道1千米，距杭千高速公路2千米，水陆交通十分便利。工程总投资1.84亿元，设计年货物吞吐量385万吨，是一个集装卸、仓储、物流为一体的多功能货运码头。建设工期两年，分两期进行，其中一期工程投资5000多万元，沿富春江岸线布置500吨级泊位10个，二期工程将布置300吨级泊位8个。

桐庐县城新貌　　（章祖森 摄）

【举办中韩国际文化交流节】 4月30日,2006年杭州世界休闲博览会桐庐分会场开幕式暨中韩国际文化交流节在严子陵钓台举行。这次活动旨在加强中韩文化交流与经济合作。文化交流节上,举行了退庵先生"罔仆之义"屏铭碑揭碑仪式。

韩国有众多严子陵后裔,2006年初,他们与桐庐县联络,双方经过多次协商后,最终促成了中韩国际文化交流节。

【出土隋代文物】 3月28日,在桐庐富春江镇上泗村出土了3件文物:虎子(夜壶)、盘口瓶、青瓷罐。据县文管办工作人员初步鉴定,这是桐庐县首次出土的隋代文物。

【发现古墓葬】 5月12日,江南镇横山埠村村民在村后山上取土时,发现了一些墓葬品。桐庐县文管办工作人员对两穴古墓进行初步发掘,确定是东汉至西晋时期的墓葬。其中一穴古墓是整体发掘的,出土了较完整的大小6个陶罐、3把铁剑和1面铜镜。

【富春江镇健身球队获全国比赛金奖】 9月,在海南海口举行的全国保健球操比赛中,代表浙江省参赛的桐庐县富春江镇健身球队获得农村组金奖和球操编排奖。富春江镇健身球队是一支民间自发组织的代表队,通过几年的艰苦训练,队员球技、节目编排都达到了较高水平,曾多次参加全国、全省的比赛。

【春江牌阀门被评为中国知名品牌】 7月,中国五金制品协会授予杭州春江阀门有限公司春江牌阀门为中国阀门知名品牌称号。这是该企业被评为全国用户满意企业称号后取得的又一殊荣。全国阀门企业有1000余个,这次评选仅有8个品牌获此称号。

【"原乡人"农家菜亮相上海】 6月下旬,上海合作组织成员国元首理事会议第六次会议在上海西郊宾馆召开。该宾馆对会议用餐菜肴进行了精心挑选,由杭州农发原乡人农特产有限公司生产的"原乡人"农家菜被选中。

杭州农发原乡人农特产有限公司与上海西郊宾馆开展业务联系,提供豆腐干、辣酱、土鸡、臭豆腐等菜肴加工原料,并为西郊宾馆制作了富有乡村风味的农家菜。

【水蜜桃通过国家级无公害农产品认证】 4月,桐庐阳山畈牌水蜜桃通过农业部无公害农产品认证。该产品产于桐庐县横村镇阳山畈村。全村有水蜜桃基地173公顷,所产水蜜桃个大、味甜、色泽红润,深受消费者青睐。2004年,该村的水蜜桃基地被评为杭州市都市农业试验基地。同年,蜜桃专业合作社成立,在杭州设立水蜜桃直销点。

【举办国际剪纸艺术节】 10月17日至18日,首届杭州国际剪纸艺术节暨桐庐第二届"神州风韵"全国剪纸大赛举行。这次大赛由中华民族文化促进会、杭州市人民政府主办,中华民族文化促进会剪纸艺术委员会、中共杭州市委宣传部、杭州市文联、桐庐县人民政府协办,是2006年杭州国际休闲博览会的一项重要文化活动,设杭州主会场和桐庐分会场。澳大利亚、德国、法国等国家的剪纸艺术家、国际友人,国内各省、市的剪纸艺术家代表和民间剪纸爱好者,共300余人参加了此次活动。首届杭州国际剪纸艺术节暨桐庐第二届"神州风韵"全国剪纸大赛活动内容有国内外优秀剪纸作品展、国际剪纸艺术高峰论坛、越剧《剪花情》演出、《中国民间剪纸史》首发式、桐庐第二届"神州风韵"全国剪纸艺术大赛等。 (章祖森)

·淳安县·

【淳安县概况】 全县辖11个镇、12个乡,有898个行政村、10个社区、2个居民区。户籍人口45.27万人,人口自然增长率0.65‰。全年实现生产总值67.4亿元,比上年增长14.6%。

全年实现农林牧渔业总产值21.0亿元。其中:农业产值12.6亿元,比上年增长11.5%;林业产值3.2亿元,增长13.6%;牧业产值4.1亿元,增长9.5%;渔业产值1.1亿元,增长11.4%。粮食播种面积2.6万公顷,产量10.6万吨,增长0.3%;油料产量1.2万吨,与上年持平;水果产量8.1万吨,增长14.1%;茶叶产值3.3亿元,增长8.6%;蚕桑产值2.5亿元,增长32.6%;蔬菜产值2.84亿元,增长20.9%。茶叶、蚕桑、干果、蔬菜四大支柱产业产值11.1亿元,占农林牧渔业产值的52.6%。造林600公顷,封山育林14.6公顷,全县森林覆盖率73.9%。全年生猪出栏24.6万头,下降3.9%;家禽存栏46.6万羽,肉类总产量2万吨。鲜鱼起水量1万吨,增长5.2%。

工业总产值103.50亿元,比上年增长25.74%;工业销售产值101.3亿元,增长26.2%。年销售收入500万元以上的规模工业企业实现销售产值58.18亿元,增长36.6%。全县工业企业实现利税7.5亿元,增长26.8%。全年完成工业投入12.5亿元,增长19%。规模工业企业由上年的103个增加到114个,其中亿元企业13个。

全社会固定资产投资总额36.2亿元,比上年增长18.6%。其中限额以上投资32.4亿元,增长17.8%;房地产开发投资6.4亿元,增长7.1%。建筑业增加值5.2亿元,增长5.4%。杭(杭州)千(千岛湖)高速公路淳安段竣工通车,淳(淳安)开(开化)公路淳安段工程进展顺利,严家水库基本建成。

全县等级公路通车里程2219千米,其中高速公路13.6千米。全年完成货物运输量481万吨,比上年增长12.4%;旅客运输量833万人,下降7.8%。邮政业务量1371万元,增长10.9%;电信业务总量5507万元,增长2.2%。全县固定电话用户12.6万户,平均每百人拥有固定电话27.3部;移动电话用户18.3万户;互联网用户1.65万户,增长19.7%。

全社会消费品零售总额17.2亿元,比上年增长15.6%。城镇居民消费价格总水平上升2%。与上年比较,食品消费上升4.8%,衣着类消费下降0.4%,家庭设备及用品消费下降0.5%,医疗保健消费上升1.5%,交通和通讯类消费上升0.1%,娱乐教育文化用品消费下降0.6%,居住类消费上升3.4%。

旅游设施建设和改造加快推进,休闲度假、乡村旅游进一步发展。千岛湖全年接待中外游客182.1万人,比上年增长21.4%;实现旅游经济总收入19.3亿元,增长28.6%。

外贸出口供货总值22.9亿元,比上年增长18.4%;其中自营出口6381万美元,增长34.7%。全年新增外商投资项目11个,协议利用外资1.2亿美元,增长27.1%;实际利用外资5313万美元,增长34.1%。全年外派国际劳务401人。

全年实现财政收入6.09亿元,比上年增长27.5%;地方财政收入3.29亿元,增长19.2%。地方财政支出8.02亿元,增长23.4%。年末,全县金融机构人民币存款余额63.7亿元,增长25.8%;其中城乡居民储蓄余额33.7万元,增长18.2%。贷款余额34.5亿元,增长26.8%。全年保险机构保费收入9636万元,支付各类赔款1813万元。

城镇道路、供排水、公用事业、电力等基础设施建设投资加大。南山污水处理厂投入使用,滨湖景观大道二期至旅游码头段建成通车。千岛湖镇城区框架扩大,汾口、威坪两个副中心镇建设加快。绿化面积376公顷,公共绿地面积72.8公顷,城区绿化覆盖率49.9%。年末,千岛湖镇城区拥有新型公交车辆39辆,出租车111辆。千岛湖水质总体符合地面水一类标准,城镇环境空气符合一级标准。

全年列入国家、省、市科技发展计划的项目53项,其中国家级1项、省级10项、市级42项,有3项科技成果获杭州市2006年科技进步奖。全年专利申请52件,专利授权63件。康盛管业、千岛湖啤酒有限公司列入市专利试点企业。全县在职各类专业技术人员7123人,其中中级以上职称3326人。

全县小学99所,在校学生2.8万人;初中18所,在校学生1.69万人;高中4所,在校学生0.89万人。全县小学学龄儿童入学率100%,小学升初中比率99.99%,初中升高中比率95.7%。职业高中4所,在校学生6058人;广播电视大学在校学生509人;听力和言语残疾儿童特殊教育学校1所,学生60人。

全县拥有文化馆(站)1个,藏书量8万册。《今日千岛湖》全年发行160期,计147.2万份。有线电视台、广播电台各1个,有线电视用户10.4万户。

承办全国春季赛艇锦标赛、环千岛湖自行车国际邀请赛,举办全县第二届残疾人运动会。在市以上各类体育比赛中,淳安籍运动员共获金牌30.5枚、银牌29枚、铜牌18枚。医疗卫生机构(网点)62个,医疗病床878张,专业卫生技术人员1205人。计划生育率95.42%。

全年城镇居民人均可支配收入13673元,比上年增长11.5%;人均消费性支出9758元,增长15.7%。农民人均纯收入4816元,增长10.5%。城镇居民人均住房使用面积23平方米,农民人均住房面积40.3平方米。

【市级非物质文化遗产12项】 淳安县有1800多年的建制历史,民间文化积淀深厚。12月,杭州市公布99项非物质文化遗产名录,淳安县的三脚戏、淳安竹马、八都麻绣、里商仁灯舞、瑶山秋千舞、汾口草龙舞、贺城拉狮、青溪龙砚、畲族山歌、方腊传说、陈硕金传说、念四胡子机智人物故事被列入其中。

【发现抄本《商文毅公文集》】 6月,淳安县发现手抄本《商文毅公文集》。《商文毅公文集》成书于明成化年间,作者商辂,字弘载,淳安芝山人,历任少保兼吏部尚书、谨身殿大学士,赠太傅,卒年七十三。抄写者是清初吉林人张一魁,字耀珊,进士出身。全书10万余字,用小楷写成,分诗、词、序、疏、策、铭、碑、纪、志等10卷,其中有著名的《罢西厂疏》、《务政疏》、《殿试状元策》等。

【"爬树灵"投入批量生产】 淳安县瑶山乡琅洞村吴樟树经过钻研,发明了"爬树灵",于3月向国家知识产权局申请专利后投入批量生产。吴樟树的家乡是山核桃主产区,由于山核桃树外皮光滑,爬树采收十分困难且不安全。吴樟树投入资金4万余元,进行数十次的试验,利用力学原理研制开发出小巧玲珑、操作方便、安全系数高的爬树工具——"爬树灵"。

【实行免费婚前医学检查】 7月,淳安县政府下发《关于切实做好新婚夫妇婚前医学检查工作的通知》,从8月1日开始,全县新婚夫妇实行免费婚前医学检查。由于不再把婚前医学检查作为登记结婚的前提条件,全县的婚检率由2003年的98%下降到2005年的0.68%。许多夫妇带病成婚,导致新生儿生理缺陷、先天性疾病、遗传病的患病率显著增高。为提高婚前医学检查率,保证出生人口质量,县政府决定对全县的新婚夫妇除免费提供婚前卫生指导和婚前卫生咨询等婚前保健服务外,还对参加婚检的对象赠送免费婚检联系卡,婚前医学检查费用由财政支出。

【千岛湖新旅游码头启用】 10月26日,新建的千岛湖旅游码头启用。该码头位于千岛湖排岭半岛北侧,整体项目包括码头公建区、商业文化街区及运动娱乐区三大块,占地面积19.7万平方米,总投资1.3亿元。

列入杭州市非物质文化遗产的汾口草龙舞　　(淳安县志办 供稿)

主码头建设区占地 10.6 万平方米，投入建设资金 6000 万元。千岛湖新旅游码头配置了新生代数字化消控系统和电子售票系统，提高了接待效率和接待质量，具有强大的游客集散功能。800 多米长的停泊岸可同时停泊 150 艘游船艇，停车场则能一次性停泊 500 辆大小车辆，每年可接纳 100 多万名游客登船游览千岛湖。此外,新码头还具有文化展示功能。

【杭千高速公路淳安段通车】 10 月 28 日，杭千高速公路淳安段建成通车，杭州至千岛湖一个半小时交通圈基本形成。杭千高速公路工程于 2004 年 5 月 5 日开工，全长 191 千米，包括千岛湖支线和建德龙游支线,总投资 121 亿元。其中千岛湖支线接杭新景主线洋溪枢纽的匝道，终点为淳安坪山工业园区，全长 20.1 千米，淳安境内路段长 13.6 千米,路基宽 23 米,路面宽 20.5 米,双向四车道,设计时速 80 千米。

【"山海协作工程"促进淳安发展】 2002 年,萧山区与淳安县成为"山海协作工程"的对口单位后,双方加强对接合作,多次开展互访考察、项目洽谈等活动,实现了互利共赢。2006 年末，萧山企业在淳安的投资项目有 30 个,协议资金 11.29 亿元,到位资金 5.57 亿元，促进了淳安县经济和社会的发展。

【生态农产品进入上海市场】 11 月 10 日,千岛湖绿色生态农产品展示会在上海举行。千岛湖有机鱼、有机鳖、野生鱼干、山核桃、笋干、茶叶、高山蔬菜、农家酱、蚕丝产品等特色有机绿色农产品，受到上海市民和大批客商的青睐。杭千高速公路的开通，为淳安县有机生态绿色农产品进入上海带来了新的机遇。

【有机鲢鳙鱼种投放千岛湖】 12 月 7 日，杭州千岛湖发展有限公司在中心湖区水域投放鲢、鳙鱼种 8000 千克,尾重超过 100 克。杭州千岛湖发展有限公司计划"十一五"期间在千岛湖投放鲢、鳙鱼种 3320 吨。通过大规模鱼种投放,千岛湖的鲢、鳙鱼存量不断增加，促进了有机渔业稳步发展，也使千岛湖秀水更加清洁亮丽。

【《新安江大移民》出版】 由淳安县政府组织、县政协文史资料委员会和县移民局编撰的《新安江大移民》于 12 月出版。全书共 13 篇、42 章、97 节,110 万字。卷首以概述、大事记为志纲,卷中设江水断流、淹没损失、城镇迁建、移民安置、外迁综述、重建家园、旅游开发、重大事件、移民文化、纪实回忆、文稿辑录和移安对照共 12 篇。《新安江大移民》以纪实的形式,客观、真实、历史、全面地记述新安江水力发电站建成前后淳安县的政治、经济、文化和山川地貌的情况,记述淳安县 29 万名移民安置工作的全貌和移民遗留问题处理实况,展示了淳安人民勇于牺牲、甘于奉献的大局意识。 (章杜耿)

·建德市·

【建德市概况】 全市(以下均指建德市)辖 3 个街道、12 个镇、1 个乡,有 512 个村、27 个居民区、30 个社区。户籍人口 50.97 万人,人口自然增长率 2.58‰。全年实现生产总值 115.12 亿元,比上年增长 12.8%。

全市完成农林牧渔业总产值 24.47 亿元，比上年增长 8.2%。草莓、茶叶等六大主导产业占全市农业总产值的 61%。全市粮食种植面积 1.92 万公顷,减少 733 公顷;大田结构调整面积 1.4 万公顷，增长 3.7%。蔬菜种植面积 6816 公顷,增长 0.1%;蔬菜产量 25.82 万吨,增加 1.07 万吨。油菜子 8339 吨,减少 148 吨。茶叶 3676 吨,增加 339 吨。水果 15.45 万吨,增加 1.77 万吨。累计建成草莓、茶叶等有机、无公害基地面积 1.91 万公顷。新增农业龙头企业 6 个,累计 29 个。草莓观光、渔家乐、农家乐等休闲观光农业发展势头良好。造林更新面积 880 公顷,建设生态公益林 8 万公顷。年末,生猪存栏 14.49 万头，下降 1.8%；家禽存栏 582.86 万羽，增长 3.4%;肉类总产量 2.69 万吨,增长 11.6%。水产品产量 1.11 万吨,增长 6.7%。

全年实现工业总产值 300.92 亿元,比上年增长 23.2%;工业销售产值 292.98 亿元,增长 23.5%。工业产品产销率 97.4%。梅城、乾潭两镇工业产值均突破 50 亿元。规模以上工业企业总产值 174.64 亿元，增长 26.8%，占全市工业总产值的 58.5%;利税总额 16.95 亿元,增长 58.8%,利润 10.2 亿元,增长 67.1%。外贸出口交货值 67.51 亿元(含税),增长 26.2%；自营出口 2.9 亿美元，增长 26.4%。高新技术产业产值 45.9 亿元,增长 31%。化工医药、建材水泥、食品饮料等行业较具竞争优势。全市工业用电量 13.91 亿千瓦时,增长 18.8%。

全年新批自营进出口企业 44 个,自营出口企业数累计 180 个。引进外资项目 23 个，协议利用外资 1.28 亿美元，实际利用外资 834 万美元。引进内资项目 234 个,协议利用内资 21.52 亿元，增长 68.8%;实际到位内资 8.52 亿元。

全市个体工商户 1.21 万户,从业人员 2.45 万人；民（私）营企业 2939 个,从业人员 6.71 万人。个体民(私)营经济完成现价工业总产值 261.8 亿元，比上年增长 24.3%,占全市工业总产值的 87.0%。个体民(私)营经济零售额 20.4 亿元,增长 16.5%,占全市零售总额的 82.6%。

全社会固定资产投资总额 45.33 亿元,比上年增长 10.6%。全市 24 个重点项目完成投资 6.7 亿元。建筑业实现增加值 5.16 亿元,房地产开发投资 8.8 亿元，增长 13.3%;商品房施工面积 87.88 万平方米，竣工面积 18.90 万平方米;商品房销售面积 25.22 万平方米,销售额 8.54 亿元。成功举办第二届新安江生态人居展。

全社会消费品零售总额 24.59 亿元,比上年增长 16.3%。全市拥有各类商品交易市场 37 个,总成交额 11.01 亿元,增长 3.0%,其中消费品市场成交额 10.52 亿元,生产资料市场成交额 4888 万元。乡镇连锁超市实现全覆盖,69 个行政村建立便利店。接待游客 236.46 万人次，增长 11.3%。旅游业实现综合收入 13.6 亿元，增长 19.3%；其中直接收入 2.71 亿元,增长 24.2%。全市主要景区接待游客 67.37 万人次，增长 17%；门票收入 1377 万元，增长 28.1%。成功举办 2006 年杭州国际休博会建德分会场各项活动和中国国际休闲旅游新安江论坛。

全市公路 1515 千米,其中等级公路 959 千米、高速公路 83 千米,

新安江镇东门入口大道　　（建德市志办 供稿）

杭州至建德一个半小时交通圈基本形成。全市固定电话用户 17.69 万户，每百人拥有固定电话 34.8 部。宽带用户 2.65 万户，增长 17.3%；移动电话用户 26.03 万户，增长 27.5%。全市居民全年生活用电 1.17 亿千瓦时，城区使用液化石油气普及率 100%。

全市财政收入 13.12 亿元，比上年增长 20.6%；其中地方财政收入 6.77 亿元，增长 15.4%。地方财政支出 8.71 亿元，增长 19.7%。年末，全市金融机构本外币存款余额 108.49 亿元，增长 20.4%；贷款余额 66.69 亿元，增长 24.1%。保险机构保费收入 1.84 亿元，增长 2.9%；支付各类赔款 2407 万元，增长 3.6%。

完成 5 个全面小康建设示范村和 52 个重点整治村建设，提前一年完成康庄工程，基本实现村村通公路；强化农村生活垃圾、生活污水和畜禽粪便处理三大工程建设，农村面源污染得到有效控制；工业固体废物综合利用率 91.3%，工业废水排放达标率 100%，饮用水源水质达标率 100%，城市地面水质达标率 100%。2006 年，建成区绿化覆盖面积 320 公顷，绿化覆盖率 39.3%，公园绿地面积 72 公顷。实施农村帮扶项目 145 个，投入资金 7800 万元。培训农村劳动力 3.57 万人次，转移 9657 人次，完成万名农民信箱工程。全年新增土地流转面积 1113 公顷，累计 1.99 万公顷。

全市拥有省级以上高新技术企业 9 个，省、杭州市级以上研发中心 30 个；全年专利申请 122 件，授权 87 件。申报国家、省、杭州市各类科技项目 156 项，其中国家级和省级 23 项。新安化工技术中心被认定为国家级企业技术中心。全市小学 49 所，在校学生 3.36 万人；初中 28 所，在校学生 2.08 万人；高中 5 所，在校学生 0.95 万人。市公共图书馆藏书量 14.3 万册。全年放映电影 363 场次，观众 3.6 万人次。全市有线电视用户 10.5 万户。建德电视台全年播出 5658 小时，建德广播电台全年播出 5658 小时。市文化中心建成启用。举办市以上各种体育比赛活动 63 次。建德籍运动员获杭州市级以上各项比赛奖牌 116 枚，其中金牌 57 枚。全市参加经常性体育锻炼的人数有 23 万人，占人口总数的 44.8%。各类医疗机构 160 个，医疗病床 1526 张，卫生技术人员 2062 人。全市计划生育率 96.39%。

城市居民年人均可支配收入 15602 元，比上年增长 11%；人均消费性支出 11045 元，增长 12.9%。农民年人均纯收入 6298 元，增长 12.2%；人均消费性支出 4695 元，增长 9%。全市城乡居民储蓄余额 60.38 亿元，增加 8.66 亿元。其中城镇居民储蓄余额 44.02 亿元，农村居民储蓄余额 16.36 亿元，分别增长 17.5%和 14.6%。城镇居民人均居住面积 22.5 平方米，农民人均居住面积 53.2 平方米。

【建德成为省旅游休闲城市】 2006 年 3 月，《浙江日报》向读者公布了浙江省十大旅游休闲城市，建德市因个性鲜明、风景秀丽、休闲氛围独特而入选。2005 年 12 月，浙江日报社为更好地宣传浙江旅游，展示浙江丰富的旅游资源，在国内外树立浙江旅游大省的形象，开展了 2005 年度浙江省十大旅游休闲城市公众评议活动，专版介绍全省 62 个重点县(市、区)的旅游资源及特色，供读者评议。至 2006 年 1 月 5 日，组委会收到选票 7 万余张，评选出浙江省十大旅游休闲城市。

【三都镇被评为全国环境优美镇】 12 月 15 日~22 日，经国家环保总局审定，建德市三都镇被授予全国环境优美镇称号。2002 年 3 月，该镇建立“政府主导、部门配合、群众参与”的工作机制。几年来，新建江滨大道、东方红大桥，改造老集镇府前路、文卫路；建造无动力厌氧净化池 28 座和垃圾集中填埋场 1 座；抓好小流域环境综合治理，加快农村改水改厕，大力实施“万里清水河道”和“千万农民饮用水”等农业工程；通村公路实现全面硬化。开展生态环境警示教育，形成人人关心、人人参与生态环境保护的良好氛围。充分利用位处新安江、兰江、富春江“三江口”的优越自然环境，大力发展“渔家乐”生态休闲旅游，实现生态保护与经济发展的双赢。

【千岛湖通用机场竣工】 7 月 28 日，经有关部门批准杭州建德市千岛湖通用机场竣工试飞。该机场坐落在寿昌镇，始建于 2001 年，首期占地面积 26.27 公顷，投资 2000 多万元。2006 年 5 月 31 日，千岛湖通用机场通过民航华东地区管理局验收组验收。机场成功引进一家航空公司并安排飞机运营，开展空中游览、航空摄影、播种造林、护林防火、防治虫害、紧急救援等业务。

【严州大道全线贯通】 严州大道建设工程是建德市重点基础设施建设项目之一，2003 年 12 月动工建设。严州大道西起白沙大道、东至 320 国道焦山转盘，全长 3.6 千米，路宽 30 米，工程总投资 5376.5 万元(不含土地及给水、通信通讯、燃气工程)。严州大道按Ⅲ级城市主干道设计，设计时速 40 千米，年限 15 年。

道路采用沥青混凝土路面，人行道铺设彩色道板，给水、排水、电力、通信、路灯、燃气等所有配套均同步建设，管线均入地埋设。6月，严州大道全线贯通。

【举办中国国际休闲旅游新安江论坛】 4月21日，2006年中国国际休闲旅游新安江论坛开幕，来自意大利、法国、比利时、美国、阿根廷、印度、埃及等国的旅游专家参加了该论坛。各国专家普遍认为，休闲旅游已成为当下的潮流风尚，休闲旅游的主题是休息和享受，发展休闲旅游要注重生态环境保护。建德山清水秀，发展休闲旅游具有良好的基础。

【建德成为中国碳酸钙产业基地】 11月1日，中国无机盐工业协会授予建德市中国碳酸钙产业基地称号。建德市石灰石、方解石储量多、品位高，具有发展碳酸钙生产的资源优势，现已探明石灰石储量3.5亿吨、方解石储量570万吨。该市碳酸钙产业经过多年发展，具有一定的集聚优势，牙膏级、食品级、纳米级等高附加值产品生产已形成一定规模。至2006年末，全市有碳酸钙及其制品企业218个，全年实现销售产值11.27亿元。碳酸钙产业成为该市重点产业之一。

【"致中和"列入中华老字号】 12月24日，商业部在北京举行首批中华老字号授牌仪式，浙江致中和酒业有限公司的"致中和"获中华老字号授牌。

"致中和"五加皮酒坊是徽商朱仰懋于清同治六年（1867年）设立的，位于建德严东关大街北侧。1876年，"致中和"红五加皮酒在新加坡南洋商品赛上，获新加坡金质奖章。1929年西湖博览会上，"致中和"卫生白五加皮酒获优等奖。1942年，由于日寇抢掠和特大洪水侵袭，酒厂歇业。1958年，"致中和"在新安江酒厂恢复生产。2003年，"致中和"字号被浙江省工商行政管理局认定为首届浙江省知名商号、浙江省著名商标。

【"农夫山泉"被认定为中国驰名商标】 10月25日，国家工商总局商标局、商标评审委员会公布了新认定的驰名商标名单，浙江省农夫山泉饮用水有限公司的"农夫山泉"商标榜上有名。"农夫山泉"成为建德市首个中国驰名商标。

该公司成立于1996年，注册资金1.47亿元，主要产品有农夫山泉天然水、农夫山泉矿泉水、农夫果园混合果汁饮料等，是国内规模最大的集科研、开发、生产、营销为一体的农产品果汁饮料加工生产企业之一，并入选中国饮料工业"十强"。2002年，"农夫山泉"商标被评为浙江省著名商标，并被国家质检总局批准为首批国家免检食品。2003年，农夫山泉天然水被国家质检总局评为中国名牌产品，被指定为中国航天员专用饮用水。2004年，公司取得国家质检总局颁发的全国工业产品生产许可证，成为饮料行业首批取得食品质量安全市场准入认证的企业之一。

【建成国家级有机食品生产基地】 2月13日，建德市霞雾农业开发中心建设的食品生产基地被国家环保总局命名为国家有机食品生产基地。霞雾农业开发中心食品生产基地位于大同镇上马村，建于2000年6月，总面积1600公顷。2004年5月，国家有机食品发展中心(OFDC)正式向该基地颁发了有机农场证书、商标标志准用证以及有机农场转换证书。该基地基本形成较为规范的有机食品生产体系和内部管理制度，完成从常规生产向有机生产的转化，制定了科学的轮作、采收、加工计划和生态环境保护与建设方案，建立起较为有效的技术支持和质量监督体系。

【草甘膦成为用户满意第一品牌】 8月27日，第四届中国市场品牌用户满意度调查公益活动和第四届中国市场用户满意品牌高峰论坛年会在北京召开，浙江新安化工集团股份有限公司的新安牌草甘膦获用户满意第一品牌称号。此次评选经过为期5个月的候选提名、网上公示、公众投票、电话访问、评委审核和综合评定，具有较强的公正性和权威性。

【徐延飞夺得亚运会散手冠军】 12月14日，建德籍运动员徐延飞在多哈亚运会男子70公斤级散手项目比赛中夺冠，成为建德体育史上第一个亚运冠军。 （杨忠平）

·富阳市·

【富阳市概况】 全市(以下均指富阳市)辖6个乡、15个镇、4个街道，有611个行政村、3个居民区、23个社区。户籍人口63.59万人，人口自然增长率3.56‰。全年实现生产总值238.45亿元，比上年增长18.5%。

农林牧渔业总产值29.2亿元，比上年增长10.5%。农业产值16.7亿元，增长16.6%；农作物播种面积7.44万公顷，增长2.5%；粮食总产量15.1万吨，增长5.4%。农业龙头企业56个，实现销售收入21亿元，出口创汇1亿美元，带动农户12万户；各类专业合作组织和行业协会81个；新建杭州市都市农业示范园区7个、都市农业示范村7个；7个农产品被评为富阳市名牌产品，其中2个被评为杭州市名牌产品。林业产值3.6亿元，增长10.2%。牧业产值6.6亿元，下降3.8%。肉类产量4.17万吨，禽蛋产量5771吨，蚕茧产量1338吨。渔业产值2.1亿元，增长3.9%，淡水产品产量8380吨，增长4.8%。年末，全市拥有农机总动力37.1万千瓦。全年投入农田水利建设劳动力341万工，完成土石方397万立方米；耕地有效灌溉面积20.54千公顷，占全市耕地面积的95.1%。

工业总产值776.5亿元，比上年增长28.6%。其中：规模以上工业产值585.4亿元，增长36.3%，占工业总量的75.4%；规模以下工业产值191.1亿元，增长9.8%。全市有工业产值超亿元企业91个，其中工业产值超10亿元的10个、超20亿元的4个、超30亿元的2个。全市929个规模以上工业企业实现利税37.3亿元，增长29.9%；利润19.6亿元，增长32.8%。全年完成建筑业增加值9亿元，增长3.5%。

全社会消费品零售总额44.8亿元，比上年增长17.2%。其中：城镇零售额35.1亿元，增长17.4%；农村零售额9.7亿元，增长16.6%。在全部零售额中，批发零售贸易业零售额39.3亿元，增长16.7%；住宿餐饮业零售额5.5亿元，增长21.3%。年末，全市有商品交易市场44个，其中年成交额超亿元市场9个。全年消费品市场成交额38.6亿元，增长7.6%。

全年新批外商投资项目45个，协议利用外资2.12亿美元，比上年增长8.5%；实际利用外资0.9亿美元，增长13.6%。进出口总额8.16亿美元，增长12.8%。自营出口3.95亿美元，增长17.6%；自营进口4.21亿美元，增长8.7%。根据2005年度统计资料，县域社会经济综合发展指数列全国百强县第30位。在《福布斯》发布的2006年中国大陆最佳商业城市排行榜中富阳市列第88位，比2004年排名前移5位。主要旅游景点接待游客187.9万人次，增长34.3%；旅游景点门票收入9104.1万元，增长36.3%。

全市财政收入30.26亿元，比上年增长23.1%；其中地方财政收入15.96亿元，增长25.1%。地方财政支出16.4亿元，增长14.8%。年末，金融机构本外币存款余额212.84亿元，增长19.4%；各项贷款余额187.16亿元，增长22.2%。全年保险费收入1.41亿元，增长0.8%；理赔支付5229万元，增长14.3%。

全市公路通车里程892千米，货物运输量1614万吨，增长3.7%；公路旅客运输量1721万人次，增长5.8%。邮电业务总收入1.91亿元，下降6.4%。城乡交换机总容量26.96万门，增长2.1%；固定电话用户30.8万户，移动电话用户36.7万户，每百人拥有电话105.7部；互联网用户5.8万户。

全年组织实施各类科技计划项目93项，其中国家级12项，省级18项。专利申请605件，授权396件；认定登记技术合同126项，总金额2932万元；认定国家级高新技术企业3个、省级25个、杭州市级13个。年末，全市拥有各类专业技术人员2.45万人，比上年增长6.9%。全市小学49所，在校学生4.9万人；初中28所，在校学生2.54万人；高中9所，在校学生1.35万人；中等职业学校4所，在校学生1.08万人。新增普通中小学校舍7.6万平方米，拥有专任教师5871人，每位教师负担学生16.8人。有线广播电视用户18.73万户；《富阳日报》全年出版313期，日发行2万份；市图书馆藏书16.6万册(件)。全年举办各类群众性体育比赛22场，参赛运动员1.8万人；全市369个行政村体育设施达到省级标准，占行政村总数的60.4%。各类医疗机构199个，医疗病床2128张，医疗卫生专业技术人员2568人。计划生育率97.50%。

恩波公园二期工程竣工　　（富阳市志办 供稿）

城镇居民年人均可支配收入16680元，比上年增长10.9%；农民年人均纯收入8497元，增长12%。城镇居民人均居住面积25.7平方米，农村居民人均居住面积72.32平方米，分别增长0.83平方米和2.88平方米。全市验收合格生态示范村60个，建成杭州市生态乡镇(街道)3个，已有3个乡镇通过全国环境优美乡镇验收。　（章金桥）

【富阳入选“长三角”最具投资价值市】 1月10日，由中国国际住宅与建筑科技展览会主办、上海东方早报社承办的首届“长三角”最具投资价值县(市)评选活动评出12个最具投资价值的县(市)，富阳市名列其中。此次活动评选对象包括泛“长三角”100余个县及县级市（不含县级市辖区)，20个县(市)入围并进入最后角逐。

【八一综合污水处理工程投入运行】 6月5日，八一综合污水处理工程正式投入运行。该工程由浙江板桥集团投资建设，总投资24656万元，占地面积13.33公顷。工程设计规模为日处理污水15万吨，配套收集管网12.5千米。2002年7月18日，该工程经省发改委批准立项；2003年11月8日，工程开工建设；2005年5月开始试运行。该项目是浙江省重点工程和德国第二批援华项目，获得德国复兴银行贷款650万欧元。工程建成后，春江街道区域内的42家造纸企业和8000户居民生活污水得到集中处理。

【龙门古镇通过4A级旅游景区验收】 12月11日，龙门古镇通过国家AAAA级旅游景区验收。2004年，富阳市委、市政府作出以政府为主导保护与开发龙门古镇决策，严格按照国家AAAA级旅游景区的标准和要求规划建设，并委托上海同济大学教授阮仪三编制《龙门古镇保护与旅游开发规划》。保护与旅游开发一期工程自2004年10月开工，至2005年9月竣工，投入资金1亿元，重点整治了入口广场、龙门溪、主要厅堂、道路和环境，形成10个全新的主题景点。在一期工程基础上，景区加强文化建设，征集评选旅游宣传口号和形象标识，编辑出版《龙门古镇摄影集》、《历代名人咏龙门》等系列书籍，深入挖掘古镇的民俗文化内涵。至2006年末，景区已接待游客50余万人次。

【造纸行业结构调整】 富阳市造纸行业围绕工业兴市的发展战略，坚持科学发展观，积极进行结构调整。限期淘汰“低小散”企业，推行企业联合重组，倡导循环经济，开展清洁生产。浙江永泰纸业集团股份有限公司被列为杭州市工业循环经济试点。浙江正大控股集团有限公司、浙江永泰纸业集团股份有限公司等龙头企业规模进一步扩大。浙江正大控股集团有限公司涂布白版纸产量占全市产量的10%。结构调整后,企业竞争力得到增强,环境污染明显改善。全年减少废水排放3960万立方米、COD排放5940吨、二氧化硫排放1408吨、烟尘排放485吨。全年造纸行业实现工业总产值148.72亿元,占全市工业经济总量25.4%。

【环保工作者获得国家"地球奖"】4月,富阳市环保局助理调研员周兆木被授予国家"地球奖"。该奖是经国家环境保护总局、国务院港澳办公室批准,由中国环境新闻工作者协会和香港地球之友共同设立的。周兆木从事环境保护工作19年来,致力于贯彻执行国家环保政策和法规,积极开展环保宣传,参加环保公益活动,提高公众环保意识,先后在国内10余家报刊发表1000余篇文章,撰写科普文章、论文和调研报告160余篇,为中小学校、企业、农村干部义务讲授环保课300余次,曾获杭州市"环保公益使者"和浙江省"环保公益使者"称号。

(陈炜祥)

【《中国共产党富阳历史(第二卷)》出版】2003年4月,富阳市被浙江省委党史研究室列为全省第二卷地方党史编写工作试点单位。《中国共产党富阳历史(第二卷)》于2006年3月底完成定稿,5月由中共党史出版社正式出版,成为全省第一个出版第二卷地方党史的县级市。全书设5编,近50万字,图片40余幅,系统地记述了解放后至党的十一届三中全会召开前近30年,中共富阳县委(包括原中共新登县委)带领全县人民进行社会主义革命和建设的实践历程,反映了当地政治、经济、社会等各方面在不同历史时期发生的深刻而巨大的变化。省委常委、杭州市委书记王国平为该书题词,中央党史研究室副主任张启华、富阳市委书记佟桂莉分别作序。

(陈炜祥 曹正法)

【举办优质农产品展销会】10月13日~15日,富阳市首届优质农产品展销会在市体育中心举行,58个企业、专业合作社和种养殖大户参加现场展销。此次农展会还设立了富阳农业产业化成果展示厅,宣传介绍富阳市农业产业化基地、农业龙头企业和农产品品牌,现场发送《富阳市农产品信息手册》8000余份。展销会吸引顾客3万余人次,营业额100余万元。

【《红军将帅手迹选》在富阳首发】10月15日,由中央档案馆和中国人民解放军档案馆共同编辑,中国档案出版社和富阳华宝斋古籍书社联合出版的线装本《红军将帅手迹选》在富阳举行首发式。该书被国家新闻出版总署列为"纪念红军长征胜利七十周年"重点图书,全书分4卷,收录了参加过红军并从1955年以来被授予元帅、大将、上将军衔的将帅们的题词、题字、书信、文电、批示等珍贵手迹385件,部分手迹属首次公开发表。

12月25日,杭徽高速公路临安段贯通。 (临安市志办 供稿)

【纪念郁达夫诞辰110周年】12月7日,是著名作家郁达夫烈士诞辰110周年纪念日。12月6日,郁达夫烈士诞辰110周年纪念大会在富阳举行。12月6日~8日,举办了由中国现代文学研究会、中国现代文学馆主办,北京大学中文系等8家单位协办的郁达夫国际学术研讨会,收到专家学者论文或著作58篇(部)。活动期间还举行了郁达夫研究资料馆开馆仪式、《郁达夫》传记艺术片首播式、第十一届郁达夫文艺奖颁奖大会、当代作家眼中的郁达夫主题论坛等活动。

【富阳成为省体育强市】12月,省政府命名富阳为浙江省体育强市。至年末,全市各乡镇、街道有健身苑(点)263个、篮球场289个、体育活动室211个,行政村体育设施覆盖率在50%以上。2006年举行各种竞赛活动200多次,其中较有影响有中国门球冠军赛、西湖休闲博览会横渡富春江游泳邀请赛、中美男子篮球赛等。全市经常性参加体育活动的人数达29万人,占总人口的45%。体育用品制造业发展迅速,赛艇、皮划艇远销40多个国家和地区,无敌牌赛艇入选雅典奥运会;2004年,富阳市被中国工业经济联合会授予中国球拍之乡称号。2004年~2006年,市财政投入体育事业经费近1200万元。

(陈炜祥)

·临安市·

【临安市概况】全市(以下均指临安市)辖7个乡、15个镇、4个街道,有651个行政村、15个居民区、11个社区。年末户籍人口52.61万人,人口自然增长率0.92‰。全市实现生产总值162.37亿元,比上年增长16.5%。

全市实现农林牧渔业总产值26.7亿元,比上年增长12.2%。其中:农业产值8.44亿元,增长9.3%;林业产值12.77亿元,增长16.2%;牧业产值4.77亿元,增长7.4%;渔业产值0.37亿元,增长5.7%。粮食生产继续保持稳定,播种面积1.60万公顷,总产量9.31万吨。蔬菜、花卉、水果生产稳步增长,茶叶产量略有下降。竹笋产量20.91万吨,山核桃产量8350吨,分别增长9.3%和19.6%。肉类总产量2.86万吨,下降1.7%。蚕茧产量4111吨,增长11.1%。休闲渔业快速发展,有休闲渔场30余个。全年水利资金投入5.6亿元。全市拥有农业机械总动力38.4万千瓦,增长11.5%。农村专业合作经济组织74个,农业龙头企业67个,各类无公害农产品基地14个。建成四级共35个农药残留检验检测室,实现整个检测体系的网络化管理,肉类、蔬菜和豆制品上市合格率在98%以上。

全年实现工业总产值438.29亿元,比上年增长20%;实现工业销售产值428.76亿元,增长20.1%。全市规模以上企业新增100个,达到589个,2006年实现销售产值221.68亿元,增长24.1%。规模工业企业销售产值占全市工业销售总产值的51.7%;实现利税15.26亿元,增长27.2%;实现利润8.22亿元,增长27.1%。50个成长性企业实现工业销售产值23.4亿元,增长30.1%。开发区和工业功能区投产企业221个,全年完成固定资产投资13.72亿元,实现工业总产值97亿元,增长53%,占规模工业的42.6%。

全力推进33个重点项目建设。全年固定资产投资65.53亿元,比上年增长13.8%;工业性投资21.88亿元,增长17.8%;制造业投资18.89亿元,增长19.7%。全市有房地产开发企业55个,全年完成投资20.39亿元,增长13.9%。房地产施工面积197万平方米,增长9.4%。其中新开工面积67.4万平方米,下降34.5%;竣工面积26.7万平方米,增长58.6%。商品房销售面积29.89万平方米,销售额11.12亿元。全市有三级及以上建筑企业43个,实现建筑业总产值29.31亿元。

全社会消费品零售总额38.08亿元,比上年增长16.9%。城镇消费增长17.7%,农村消费增长15.8%,呈现同步增长态势,消费增长首次高出投资增长。26个乡镇(街道)、20个企业和12个旅游景点设立了消费维权站,189个行政村设立消费维权监督点,基本建成"群众监督网"。限额以上批发零售贸易企业销售额中,汽车、石油及制品、家电、通讯器材类的销售额分别增长97.6%、

5月,八百里风景区举行乡村休闲游活动。 施智摄

39.4%、22.7%和17.1%。全年餐饮业收入5.58亿元,增长16.6%。全年接待游客367.23万人次,增长11.2%。旅游景点接待游客217.29万人次,增长10.6%;旅游景点门票收入5715万元,增长8.9%。休闲服务业继续发展。"农家乐"经营持续红火,有经营户336户,床位6800余张。

全年引进内资项目15个,协议引进资金30.03亿元,增长18.1%;实际引进资金11.64亿元,增长16.4%。引进外资项目15个,协议利用外资7694万美元,实际利用外资1187万美元。全市自营出口3.57亿美元,增长19.5%;进口5841万美元,增长32.8%。欧盟和美国为主要出口市场。

全年公路客运量2615万人次,旅客周转量97180万人千米,分别比上年增长3.2%和2.1%。公路货运量1280万吨,货物周转量88325万吨千米,分别增长3.3%和3.5%。水路货运量16.5万吨,货物周转量1155万吨千米。机动车辆快速增加,全市民用汽车拥有量2.8万辆,新上牌汽车5986辆,平均日增16.4辆。全年交通建设投资11.5亿元,年末公路通车里程2797千米。

邮电业务收入3.83亿元,比上年增长6.7%。年末,全市固定电话用户25万户,移动电话用户32.4万户,每百人拥有电话109.5部;互联网用户4.42万户,增长8.5%。

全市财政收入14.7亿元,比上年增长23.9%;其中地方财政收入8.04亿元,增长19.5%。地方财政支出9.42亿元,增长24.6%。年末,全市金融机构本外币存款余额139.6亿元,增长20%;各项贷款余额129.79亿元,增长20.1%。全年保险机构承保金额282亿元,保费收入2.80亿元。

实施各类科技计划项目259项,其中国家级29项、省级43项、杭州市级53项;获得浙江省科技进步奖3个、杭州市科技进步奖3个、杭州市级优秀新产品新技术奖12个。全年专利申请390件,专利授权170件。鑫富药业股份有限公司4项发明专利实现国外专利申请和受理零的突破。高等教育继续发展,浙江林学院教职工1337人,在校学生1.7万人。小学68所,在校学生3.24万人;初中31所,在校学生2.05万人;高中6所,在校学生1.01万人。2006年"吴越风情"广场文化艺术节被评为全国特色广场文化活动,"吴越风情"文化广场被评为全国特色文化广场。《临安响竹》获"2006华夏一绝"全国民族民间鼓乐舞蹈邀请赛金奖。《龙腾狮跃》获浙江省广场舞蹈大赛金奖。开展百姓阳光文化工程——"双千百十"文化活动,启动千场电影下乡活动,完成农村广播村村通工程。临安新闻网被评为第二届文明办网示范单位。《今日临安》报全年出版262期,赠阅1.2万份。举办千人环城跑、杭州天目山国际山地户外运动挑战赛和临安市第十一届全民运动会。临安籍选手在第十三届省运会上所获金牌数在全省参赛的88个区、县(市)中排列第

九。健身苑(点)80个,各类卫生医疗机构130个,医疗病床1291张,医疗卫生技术人员1972人。计划生育率98.42%。首家慈善超市建立企业冠名留本基金2800万元。

城镇居民年人均可支配收入16360元,比上年增长10.1%;城镇居民年人均消费性支出12153元,增长8.2%。农民年人均纯收入8011元,增长10.3%;农民年人均生活消费支出6507元,增长15.1%。

【临安成为国家卫生城市】 8月2日,全国爱卫会命名临安市为国家卫生城市。临安市自2003年以来,投入20多亿元,完善城市道路建设、城防工程、污水处理厂、垃圾填埋场、公共厕所等基础设施建设;相继开展环境卫生、交通秩序、楼道和里弄小巷卫生、"五小"行业、集贸市场等专项整治;开展创国家卫生城市文艺宣传进社区(村)、"市民道德体检"、"小手牵大手"、"向不文明行为告别"等系列活动。2005年12月,临安市通过全国爱卫会的暗访调研。2006年4月,通过全国爱卫会的技术考核;6月14日~17日,全国爱卫会考核鉴定组对临安市进行考核鉴定,认为临安市整体卫生水平达到《国家卫生城市标准》要求。

【临安再次被命名为中国竹子之乡】 10月,临安市再次被国家林业局命名为中国竹子之乡。1996年,临安市列入国家林业部命名的全国首批10个中国竹子之乡。10年来,临安市依托资源、区位和科技优势,大力实施"三竹(毛竹、菜竹、笋干竹)并举、三产联动"发展战略。全市竹林面积从4.67万公顷增加到6.58万公顷,竹笋产量从6.8万吨增加到20万吨,竹业总产值从4.1亿元增加到19.2亿元,农民年人均竹业收入从1200元增加到2200元,涌现出一批笋竹制品加工龙头企业、竹业精品示范区和专业合作社。

【临安经济开发区被评为"长三角"最具投资价值开发区】 10月17日,首届"长三角"投资发展论坛暨首届"长三角"最具投资价值开发区评选颁奖典礼在上海举行,临安经济开发区被评为"长三角"最具投资价值开发区,获综合实力奖。临安经济开发区于2001年9月由浙江省政府批准设立,控制面积22.4平方千米,规划面积11.3平方千米。首届"长三角"最具投资价值开发区评选的对象是泛长三角近200个国家级及省级开发区。

【杭徽高速公路临安段贯通】 杭徽高速公路临安段(汪家埠至昱岭关段)是国家重点公路建设规划中杭州至兰州干线公路的一部分,全长103.55千米,总投资29.28亿元,是临安市投资规模最大的交通基础设施项目。杭徽高速公路临安段与205国道、320国道、104国道、沪杭甬高速公路、杭宁高速公路相衔接,是联结长江三角洲与黄山的交通枢纽。2006年12月25日,二期工程汪家埠至昌化段完成,标志着杭徽高速公路临安段贯通。

【超高压电缆生产立塔建成】 万马超高压电缆生产立塔是浙江万马集团电缆有限公司年产420千米超高压交联聚乙烯电力电缆生产线技改项目的主体工程,主要生产110千伏至500千伏电力电缆。立塔位于临安经济开发区,高158米,于2005年10月动工建设,2006年8月结顶,年末完成设备安装并进入调试阶段。该立塔是国内生产工艺最先进的电缆生产立塔之一。

【举办国际山地户外运动挑战赛】 5月28日~30日,"中国电信杯2006年杭州天目山国际山地户外运动挑战赛"在临安举行。该挑战赛由国家体育总局主办,中国登山协会、浙江省体育局、浙江省旅游局、杭州市旅委、杭州市体育局、临安市政府承办。日本、俄罗斯、澳大利亚、新西兰、韩国和国内20支代表队共80名运动员参赛。比赛历时3天,主要比赛地点设在青山湖西天目山风景旅游区,赛程全长180千米,设越野跑、直排轮滑、跑骑交替、山地车、划船、速降、越野技能、竹筏、登山9个运动项目。日本代表队夺冠,中国香港代表队和北京探路者代表队分获亚军、季军。

【承办中国山地休闲旅游国际论坛】 8月14日~16日,以"山地休闲引领出游时尚"为主题的杭州大明山·中国山地休闲旅游国际论坛在临安举行。此次论坛是2006年杭州世界休闲博览会临安分会场的一项重要活动,由中国旅游协会、中国登山协会、浙江省旅游局和北京大学主办,临安市政府、杭州市旅委、浙江林学院、北京大学旅游规划与研究中心、中国旅游报承办。美国、加拿大、俄罗斯等11个国家和地区的国际旅游专家,国内知名机构和院校的旅游专家、学者等参加论坛。临安市被命名为中国山地户外运动基地。

【《吴越钱王》开拍】 26集电视连续剧《吴越钱王》在钱镠出生地——临安开拍。《吴越钱王》为历史题材剧,演绎了五代吴越国开国君主钱镠的传奇一生。10月14日,剧组在钱王陵园举行开机仪式。11月8日,在天目山完成最后一组镜头的拍摄。

【背母求学事迹感动社会】 刘霆,男,1986年出生,浙江省湖州市双林镇人,浙江林学院学生。面对母亲病危、家庭失去经济来源的艰难境遇,刘霆自强自立。2005年,刘霆考上大学后,将母亲接到学校驻地,一边读书一边悉心照料母亲。经《人民日报》、《中央电视台》等媒体披露后,刘霆的事迹在社会上引起极大反响,社会各界被他自强自立的精神和感恩图报的孝心所感动,纷纷给予援助。在社会关爱下,刘霆的母亲成功实施了换肾手术。2006年3月16日,刘霆捐出5万元社会救助款,设立全国首个大学生孝心奖励基金——浙江林学院刘霆孝心奖励基金,用于资助贫困学生。4月,刘霆应邀参加中国母亲援助行动大型慈善晚会,并接受晚会主持人杨澜现场采访。刘霆被中央组织部评为2006年全国十佳中华孝亲敬老楷模,成为中国妇女发展基金会2006年中国母亲援助行动爱心宣传大使,并入选团中央和人民网等举办的2006年度全国大学生年度人物候选人,并获得2006年浙江骄傲年度人物、杭州市十大平民英雄等荣誉。

(曾南方)

天水街道

杭州市下城区天水街道毗邻秀丽的西子湖，紧贴古老的大运河，坐落在杭州市武林商圈中心，总面积1.37平方千米，常住人口5万余人，辖7个社区，具有独特的地段优势、经济格局和深厚的文化氛围，拥有以武林商圈为标志的高档商务商贸区，第三产业占区域总产值98%以上。街道成立以来先后获得中国街道之星、全国和谐社区示范街道和连续两届蝉联杭州市社区建设示范街道评比第一名等近200项全国、省、市、区荣誉。

2006年，天水街道在经济社会发展中取得新的优异成绩。经济建设增添新实力。2006年商贸收入达360亿元，国、地税收入总额近3.8亿元，地方财政收入超2.1亿元；招商引资近三年企业总注册资金超40亿元，实际利用外资4000余万美元。城建城管焕发新面貌。先后投入6000万元对80余条背街小巷及辖区内旧小区进行整治；组建党员群众志愿者义务卫生监督员队伍，“洁美杯”竞赛成绩稳居全区前列。社区建设再上新台阶。街道基础持续夯实，创新社区建设的组织体系、服务内涵、工作机制，和谐社区雏型逐步形成。社区居民自治不断深化。“居家养老”服务，24小时“12345”为老服务，独居老人、“空巢”老人、归侨、侨眷“八个一”服务保障机制新模式广受社会好评。社会稳定确保新秩序。通过平安巡防大队和20个巡防中队的人防，路面和社区电子监控设施的技防，刑事、治安案件发案率比上年下降13.1%；加强消防、安全、维稳、信访、调解、矫正、禁毒等工作，成效显著。党群工作增添新活力。社区党建导入ISO 9000质量管理体系，深化背街小巷党员责任区、党群“双百互动”、党员为民服务夜市等活动；非公党建以街道社区党委为主体，以党群工作进楼宇为抓手，实现组织、工作双覆盖。宣传统战、工青妇群团、志愿者等工作得到整体提升。

长庆街道

CHANGQING JIEDAO

区委书记赵敏、区长项永丹在长庆街道王马社区参加“财税情、社区行”活动启动仪式

长庆街道位于杭州市中心，面积 1.39 平方千米，辖 6 个社区，人口 5 万人。2006 年，街道着力打造“六民工程”，造福辖区居民，经济和社会事业取得全面发展。

围绕发展打造“民富工程”。街道经济工作总体呈现出“发展快、创新多、成效大”的特点，引资与税收同步增长。引进企业 194 个，招商引资 10.4 亿元，其中外地资金 7.3 亿元，上缴国、地税 2.1 亿元。

围绕自治打造“民主工程”。进一步深化社区自治工作，推出“专业工作一条线、社会事务一块田”的社区管理与自治新模式，完善楼宇自治会、楼道单元长的网络体系。推进人大代表进社区、进单位工作。

围绕和谐打造“民本工程”。在全市率先推行《公益性岗位管理办法》和“慈善爱心家园”执行主席制度，对 520 多户困难家庭 1250 余人次进行帮扶。发放低保救助金 63.78 万元；医疗救助 55 户，发放救助金 27.01 万元；就学救助 54 户，发放救助金 4.02 万元。

围绕长效打造“民亮工程”。继续完善城市管理属地包干工作机制，配合做好十五家园、中河绿化带的改造工作。全年共有 29 条背街小巷列入改善工程。保质保量按时完成中国丝绸城的改造任务，积极开展新华路行业示范街的创建工作。

围绕稳定打造“民安工程”。做好街面电子监控点和沿街住宅电控门安装工作，抓好治安巡防队伍的建设和平安楼道创建工作。组建全区首支电动车“平安巡防”直属中队，开展 24 小时不间断巡逻，发案率明显下降。

围绕核心打造“民心工程”。建立管理机制，充分发挥党员作用，实现背街小巷长效管理。推出由一名社区党务工作者或政府相关职能部门党员和一名党建志愿者共同联系一个非公企业党组织或楼宇中一层楼面的“2+1”工作机制，新建党组织 13 个。

省委常委、市委书记、市人大常委会主任王国平看望长庆街道参加体检的企业退休人员

下城区区长项永丹等到街道调研

长庆街道引进的税源企业越都大厦竣工典礼

长庆街道建立电动车“平安巡防”直属中队

书法教育进社区

潮鸣街道 CHAOMING JIEDAO

潮鸣街道纪念建党 85 周年暨党课教育大会

潮鸣街道年度工作会议

潮鸣街道党工委书记徐嘉华慰问一线民工

潮鸣街道位于杭州市下城区东南部，东临贴沙河，西依东河，南靠庆春路，北接运河，辖区面积 1.98 平方千米，辖 9 个社区，人口 6.6 万人。街道牢固树立“干在实处、走在前列”的意识，解放思想，克难攻坚，开拓创新，全面推进街道经济建设，稳步发展各项社会事业。2006 年，街道实现工业销售产值 9.7 亿元，商贸销售收入 265 亿元；税源企业全年上缴国、地税 2.1 亿元，地方财政收入 1.08 亿元。先后获得全国和谐社区建设示范街道、全国社区服务示范街道、全国特色创新先进街道、全国优秀社区服务中心、全国和谐社区建设自主创新奖等荣誉称号。

潮鸣街道党工委书记徐嘉华(右一)、办事处主任朱云祥(左二)参加人防演习

太平廊桥

潮鸣街道东园宋词一条街

采荷科普公园

喜迎“三八”妇女节

品质采荷 温馨家园

学习型社区一角

HANGZHOU
CAIHE

采荷社区服务中心

江干区采荷街道成立于1987年11月,位于杭州市城市东扩的前沿地带,南临钱塘江,西依贴沙河,是江干区人民政府所在地。辖区面积约5.5平方千米,下辖15个社区,常住人口7.02万,外来人口约2.3万,是80年代初杭城旧城改造的最大住宅小区之一。

采荷街道始终坚持以“全国一流、全省示范”为社区建设目标,以创建全国社区建设区域示范中心为动力,以服务群众为主题,以党的建设为龙头,以居民自治为基础,以培育社区主流文化为重点,积极完善运作机制,充分挖掘整合社区资源,不断改善居民的生活品质、环境品质,不断提升居民的文化品质,不断增强党对社区工作的领导。

以党旗引领和谐社区建设,创建了“阳光家园”社区党建中心;按照美化、亮化、智能化、音乐化、生态化、社会化的标准建成了采荷市民中心;以艰苦奋斗的工作精神,完成了杭城最大的成片旧小区改造工程;以“全省示范、全国一流”的目标要求,逐步完善社区“办事、休闲、娱乐、商贸、服务、教育”六大职能,构建“服务全程化、帮困规范化、结对多元化”的助弱体系,配齐了社区配套用房,并重金打造了4个文化中心,3个文体公园,4个精品电子阅览室,16个图书馆(室),50个健身苑(点)以及60多处社区活动室,有力地促进了社区事业的蓬勃发展。

如今的采荷,社区品位有了明显提升,生态池塘、科普公园、精品小区,构成了洁美的家园;阳光系列服务、党员结对帮扶、楼道亲情门铃,创建了温馨的家园;托老所、互助会、千人文艺团队,营造了欢乐的家园;“大防控”、“大调解”、“大联动”,刑事案件发案率逐年下降,筑成了平安的家园;“居代会”、“户代表”、“两委直选”,突出了自主的家园。

街道相继获得全国城市物业管理优秀住宅小区、全国造林绿化千佳村、全国绿色社区、全国青年文明社区、全国体育先进社区、全国和谐社区示范街道、浙江省民政工作先进街道、洁美小区、浙江省绿色街道、杭州市社区建设示范街道、杭州市最佳人居环境奖、杭州市综合治理示范街道等8个国家级、7个省级、27个市级荣誉。

为民服务活动现场

采荷公园

鸬鸟镇

余杭区西北部，距杭州主城50公里，天目山系中；离国际大都市上海200多公里。开车沿04省道、104国道、杭州绕城高速和沪杭高速仅需2.5小时距空港萧山国际机场18公里，规划

● 鸬鸟镇，位于杭州市余杭区西北部，距杭州主城约 50 千米。离上海 200 多千米，距杭州萧山国际机场 100 千米；规划 2010 年建成的杭长高速山沟沟互通与杭州绕城高速三墩互通相距 33 千米。省道、国道、高速公路以及上海、杭州的空港构成了该镇十分便利的现代交通网络。

● 鸬鸟镇，历史悠久，人杰地灵。全镇面积 72.8 平方千米，人口 1.3 万人。境内有两个省级自然保护区，海拔 1095 米的窑头山为杭州市区第一峰；集万种生物于一地的红桃山是太湖的重要源头之一。生态环境优良，动物种类丰富，珍稀植物繁多，有千年红豆杉群，有被誉为植物活化石的古银杏，以及国家一级保护动物黑麂等。87%的植被覆盖率，充裕的负氧离子，形成了“康乐型”气候环境。

● 鸬鸟镇，是天堂杭州的生态“绿肺”。境内 25 平方千米的山沟沟国家级森林公园获“中国生物圈保护区”授牌，杭州山沟沟风景区为国家 AAAA 级风景名胜区。

● 鸬鸟镇，气候温润，物产丰富。有草莓、杨梅、杏、梅、桃、甜瓜、蜜梨等四时鲜果，有四季豆、水芹菜、“压脚板”、蕨菜、笋等绿色高山蔬菜，有甜玉米、番薯、芋艿、南瓜等特色农产品，还有山沟沟盛产的本鸡、“草猪”、山羊、野兔、野鱼等。

闲林镇

HANGZHOU XIANLIN ZHEN

杭城新兴的现代卫星镇

镇党委书记历承越(右)参加“清洁闲林”义务劳动

镇长陆建友(中)在闲林镇中学扩建工程暨十大项目开工仪式上致辞

闲林工业区

龙舟竞渡

闲林镇旧称闲林埠，有着悠久的历史，历代就是“闲居林下，修身养性”的好去处。现在已是一座面积达53.16平方千米、拥有3.06万名居民的现代化小镇。

2006年，全镇实现工农业生产总值75.95亿元，比2005年增长23.93%；农村经济总收入80.5亿元，增长23%；税收3.51亿元，增长6%；财政收入1.9亿元；农民人均收入10018元，增长16%。闲林镇综合经济实力位居全省百强乡镇第29位，全国千强乡镇第46位。

镇党委、政府积极鼓励企业技术创新。政府专门拨款100万元设立企业科技创新鼓励基金，在全区乡镇中首开先河，以科技促生产的氛围日渐浓厚。东方表面技术有限公司被认定为省高新技术企业；诺贝尔集团被批准为区级高新技术企业、市级企业技术中心，其产品无锆镁质高白瓷质砖被列入2006年国家重点新产品计划项目；杭州闲林龚老汉特种水产有限公司、杭州常青保健品公司等企业通过科技创新，顺利通过了有机产品认证。

镇政府投资1600多万元完成闲富西路改扩建工程、闲林中路续建工程等一批集镇基础设施建设项目。积极配合区重点工程的建设，高教路一期、高教路南段等项目推进顺利，杭徽高架全线通车，余杭组团污水主干管埋设接近尾声。

广泛开展文化示范村(社区)建设，全镇70%的村和100%的社区达到区级文化示范村(社区)标准。成功举办首届老年人运动会。深入挖掘民间艺术，开展“一村一品”文体队伍建设，坚持办好“小端午”民间龙舟节等活动。

闲林镇被农业部、国家体育总局、中国农民体育协会评为第八批全国亿万农民健身活动先进乡镇，被省精神文明委员会评为省级文明乡镇。

新农村建设

方家山文化主题公园

高桥镇
GAOQIAO ZHEN

新农村建设

工艺伞制作

云森集团纺织车间

群众文体活动

高桥镇位于富阳市北部，320国道穿境而过，交通便捷。全镇地域总面积104.03平方千米，辖37个行政村、266个村民小组，人口2.96万人。经济社会发展指数列全国“千强镇”第200位、全省“百强镇”第34位、杭州“十强镇”第8位。先后获得浙江省文明乡镇、省体育强镇、省教育强镇、省优秀乡镇、省卫生镇、省“东海明珠工程”先进单位、省综合治理先进单位和省十大特色花卉乡镇等荣誉称号，被国家环保总局命名为全国环境优美乡镇。

全镇有工业企业753个，实现工业总产值67.5亿元，橡胶、机械、化工、通讯器材、轻纺五大支柱产业齐头并进。农业粮食总产量1.25万吨。粮食和经济作物种植比例为42:58。先后建成浙江省、杭州市和富阳市三级农业示范基地12个。2001年以来，累计投入水利建设资金3538万元，完成高桥江、坑西溪、新义溪综合整治工程，新建及治理山塘水库28座。全镇建有干水果基地333.34公顷，云森生态农业观光园初具规模。房地产业快速发展，高桥集镇商贸一条街建设全面启动。2006年，全镇实现三产增加值1.59亿元。集镇基础设施建设日益完善，初步形成以金桥北路为中心的三纵二横一环交通格局。

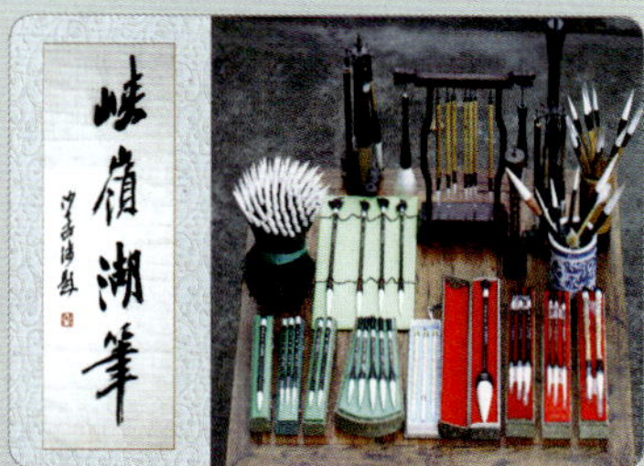

统计资料

Statistics

·统计表·

表 86　杭州市土地面积、年末户数、人口数及人口变动情况 (2006 年)

指标名称	计量单位	全市	为上年(%)	市区	为上年(%)
一、土地面积	平方千米	16 596	100.0	3 068	100.0
二、年末总户数	万户	209.91	101.2	123.31	101.1
三、年末总人口数	万人	666.31	100.9	414.18	101.1
按性别分					
男性	万人	338.23	100.6	209.45	100.8
女性	万人	328.08	101.2	204.73	101.4
按农业、非农业分					
农业人口	万人	356.53	98.2	157.76	96.2
非农业人口	万人	309.78	104.1	256.42	104.4
四、人口密度	人/平方千米	401	100.8	1350	101.1
五、人口自然变动情况					
自然增长人口	人	18 898	86.6	12 104	95.0
本年出生人数	人	57 790	101.0	33 260	97.7
本年死亡人数	人	38 892	109.8	21 156	99.3
自然增长率					
本年	‰	2.85	–	2.94	–
上年	‰	3.33	–	3.14	–
六、人口机械变动情况					
(一)本年迁入人口合计	人	128 964	89.9	99 151	85.4
其中:省内	人	80 878	85.1	59 170	79.4
省外	人	48 086	99.4	39 981	96.2
(二)本年迁出人口合计	人	83 494	100.9	57 877	104.2
其中:省内	人	64 807	104.4	42 223	110.3
省外	人	18 687	90.4	15 654	90.6
(三)本年净迁入人口	人	45 470	74.9	41 274	68.2
七、暂住人口(一个月以上)	万人	245.33	113.6	218.53	113.5

注:1.暂住人口中,市区的萧山、余杭区,分别为 71.22 万人、25.29 万人;桐庐县 4.98 万人、淳安县 0.76 万人、建德市 3.40 万人、富阳市 11.03 万人、临安市 6.63 万人。

2.统计表中的上年指 2005 年,下同。

表 87

杭州市国民经济主要指标(一)

项　目	计量单位	2002 年	2003 年	2004 年	2005 年	2006 年
年末总人口	万人	636.81	642.78	651.68	660.45	666.31
非农业人口	万人	252.02	263.67	282.58	297.54	309.78
人口自然增长率	‰	2.72	2.31	3.99	3.33	2.85
市区	‰	3.45	2.01	3.88	3.14	2.94
年末从业人员数	万人	441.14	450.59	455.52	481.10	512.21
全市生产总值(当年价格)	亿元	1 781.83	2 099.77	2 543.18	2 942.65	3 441.51
第一产业	亿元	114.64	126.59	132.23	148.21	154.86
第二产业	亿元	901.82	1 075.78	1 318.23	1 496.94	1 734.58
第三产业	亿元	765.37	897.40	1 092.72	1 297.50	1 552.07
全市生产总值指数 (以 1978 年为100)		2 372.28	2 732.87	3 142.80	3 551.36	4 059.20
人均生产总值(当年价格)	元	28 150	32 819	39 293	44 853	51 878
人均生产总值指数 (以 1978 年为 100)		1 881.35	2 144.74	2 438.57	2 719.01	3 072.48
年末耕地面积	公顷	183 969	182 706	183 451	182 950	182 490
每万人耕地面积	公顷	288.89	284.24	280.00	277.01	273.88
规模以上独立核算工业企业利税总额	亿元	274.98	359.54	394.37	450.68	576.51
全社会交通运输客运量	万人次	21 089	21 348	22 833	24 124	25 810
全社会交通运输货运量	万吨	14 341	16 815	18 895	19 909	20 924
限额以上固定资产投资	亿元	562.34	895.21	1 108.20	1 277.80	1 373.45
社会消费品零售总额	亿元	660.65	742.58	855.45	975.43	1 112.37
到杭的外国人、华侨、港澳台同胞人数	万人次	105.63	86.12	123.41	151.36	182.02
实际利用外资(外商直接投资)	万美元	52 186	100 850	140 982	171 274	225 536

表 88

杭州市国民经济主要指标(二)

项目	计量单位	2002 年	2003 年	2004 年	2005 年	2006 年
财政收入	亿元	257.14	329.71	395.75	520.79	624.49
财政支出(预算内)	亿元	141.02	163.59	195.63	238.33	275.48
金融机构年末存款余额	亿元	3 373.15	4 652.73	5 707.20	6 748.72	7 855.55
金融机构年末贷款余额	亿元	2 752.38	3 818.70	4 800.04	5 545.30	6 603.86
城乡居民储蓄年末存款余额	亿元	1 183.40	1 589.96	1 835.17	2 191.66	2 555.24
全市城镇单位职工工资总额	亿元	164.84	190.46	222.47	301.01	385.16
全市城镇单位职工平均工资	元	20 712	23 969	28 186	30 580	32 440
市区居民消费价格指数(以上年为 100)		98.8	99.5	102.5	101.7	101.2
市区商品零售价格指数(以上年为 100)		97.9	98.1	101.6	100.3	100.2
市区居民年人均可支配收入	元	11 778	12 898	14 565	16 601	19 027
农村居民年人均纯收入	元	5 708	6 250	6 382	7 655	8 515
高等学校在校学生数	人	208 338	251 363	292 946	351 918	373 563
中等专业学校在校学生数	人	26 255	21 735	21 262	20 344	12 540
普通中学在校学生数	人	374 586	376 940	367 594	362 257	359 704
小学在校学生数	人	456 535	448 969	447 971	458 942	459 529
卫生机构数	个	1 817	1 901	1 985	2 196	2 570
医院	个	116	99	114	127	134
卫生技术人员	人	37 193	39 019	39 816	42 353	45 375
执业(助理)医师	人	16 092	16 614	16 770	17 833	18 831
床位数	张	27 609	29 144	31 738	33 251	33 972
医院	张	22 797	22 036	24 444	25 907	27 186

注:1.医院数不包括卫生院。
2.高等学校在校学生数包括高校研究生。

表 89

杭州市历年生产总值及发展指数

年份	全市生产总值(万元，按当年价计算)				全市生产总值发展指数			
	总计	第一产业	第二产业	第三产业	总计	第一产业	第二产业	第三产业
1978	284 046	63 372	169 344	51 330	100.00	100.00	100.00	100.00
1985	904 897	159 684	520 853	224 360	268.85	139.90	300.80	352.81
1990	1 896 216	309 404	961 673	625 139	372.37	154.40	422.20	528.01
1991	2 279 545	334 024	1 131 088	814 433	439.77	161.12	492.38	669.52
1992	2 900 690	349 033	1 487 838	1 063 819	540.48	161.61	637.53	814.80
1993	4 247 094	419 364	2 264 440	1 563 290	703.16	171.15	878.66	1 004.65
1994	5 855 239	575 131	3 143 430	2 136 678	888.09	185.01	1 161.59	1 225.67
1995	7 620 055	692 510	4 100 008	2 827 537	1 064.82	198.15	1 434.56	1 445.06
1996	9 066 133	839 985	4 776 225	3 449 923	1 203.25	208.85	1 644.01	1 621.36
1997	10 363 299	913 611	5 415 017	4 034 671	1 360.88	223.05	1 852.80	1 861.32
1998	11 348 899	960 558	5 879 589	4 508 752	1 513.30	244.02	2 071.43	2 060.48
1999	12 252 795	975 821	6 307 510	4 969 464	1 667.66	257.44	2 280.64	2 287.13
2000	13 825 616	1 039 641	7 093 233	5 692 742	1 867.78	272.11	2 565.72	2 563.87
2001	15 680 138	1 114 569	7 935 809	6 629 760	2 095.65	292.25	2 891.60	2 884.40
2002	17 818 302	1 146 388	9 018 225	7 653 689	2 372.28	304.23	3 276.18	3 308.41
2003	20 997 744	1 265 890	10 757 812	8 974 042	2 732.87	322.48	3 885.55	3 725.27
2004	25 431 796	1 322 341	13 182 254	10 927 201	3 142.80	338.93	4 534.44	4 257.98
2005	29 426 519	1 482 145	14 969 361	12 975 013	3 551.36	350.45	5 037.76	4 956.29
2006	34 415 068	1 548 600	17 345 783	15 520 685	4 059.20	364.82	5 672.52	5 813.73

注：生产总值发展指数以 1978 年为 100，按可比价格计算。

表 90

杭州市各县(市)主要经济指标(2006 年)

指标名称	计量单位	全市合计	市区	其中		桐庐县	淳安县	建德市	富阳市	临安市
				萧山	余杭					
土地面积	平方千米	16 596	3 068	1 163	1 222	1 780	4 452	2 364	1 808	3 124
年末总人口	万人	666.31	414.18	118.53	81.90	39.69	45.27	50.97	63.59	52.61
年末总户数	万户	209.91	123.31	37.64	23.61	14.71	14.85	17.44	21.29	18.31
人口自然增长率	‰	2.85	2.94	2.77	1.71	2.18	0.65	2.58	3.56	3.94
耕地面积	公顷	182 490	97 000	53 189	33 867	15 500	11 443	18 453	21 336	18 758
粮食总产量	万吨	107.07	51.05	27.51	21.16	10.36	10.65	10.56	15.13	9.31
全市生产总值(当年价格)	亿元	3 441.51	2 737.77	699.85	350.24	120.37	67.42	115.12	238.45	162.37
限额以上固定资产投资	亿元	1 373.45	1 094.41	242.48	175.87	47.05	32.44	37.79	101.74	60.03
社会消费品零售总额	亿元	1 112.37	956.14	145.33	90.15	31.56	17.22	24.59	44.77	38.08
财政总收入	亿元	624.49	548.46	83.87	50.18	11.85	6.09	13.12	30.26	14.70
财政支出(预算内)	亿元	275.48	225.43	36.32	27.63	7.50	8.02	8.71	16.40	9.42
城镇单位年末在岗职工人数	万人	118.63	100.32	19.99	7.85	3.69	1.84	2.64	5.44	4.69
城镇单位职工工资总额	亿元	385.16	337.20	54.43	22.98	8.25	4.80	7.98	15.52	11.42
城镇单位职工平均工资	元	32 440	33 566	27 715	29 106	22 218	26 845	29 594	28 477	24 696

表 91

杭州市规模以上工业企业单位数、总产值 (2006 年)

项　目	全　市				市　区		
	单位数(个)		产值(亿元)		单位数(个)	产值(亿元)	
	实　绩	为上年(%)	实　绩	为上年(%)		实　绩	为上年(%)
合　计	7 826	106.3	6 975.46	128.2	5 195	5 725.55	127.9
一、按轻重工业分							
轻工业	4 222	105.7	2 909.35	120.9	2 800	2 372.29	121.0
重工业	3 604	107.1	4 066.11	134.0	2 395	3 353.26	133.2
二、按经济类型分							
国有经济	110	88.7	677.68	111.9	85	630.51	112.7
集体经济	162	95.9	66.76	110.6	91	34.78	89.1
股份合作制经济	136	85.0	33.30	84.6	129	31.97	85.1
联营经济	10	76.9	6.71	99.2	8	5.85	94.2
股份制经济	5 122	108.7	3 613.74	126.5	3 464	2 767.86	124.9
三资经济	1 385	105.4	2 408.80	139.6	1 055	2 163.51	140.9
其他经济	901	104.2	168.47	113.8	363	91.08	108.5
三、按企业规模分							
大型企业	30	111.1	1 144.91	119.8	30	1 144.91	119.8
中型企业	619	113.6	2 665.09	132.0	497	2 244.70	132.1
小型企业	7 177	105.7	3 165.47	128.3	4 668	2 335.93	128.2

表 92

杭州市规模以上工业企业主要财务指标 (2006 年)

单位：亿元

项　目	合计		国有经济	集体经济	股份合作制经济	联营经济	股份制经济	三资经济	其他经济
	本年	为上年(%)							
企业单位数(个)	7 826	106.3	110	162	136	10	5 122	1 385	901
其中：亏损企业数(个)	1 037	96.1	36	28	15	1	612	281	64
工业总产值(当年价)	6 975.46	128.2	677.68	66.76	33.30	6.71	3 613.74	2 408.80	168.48
产品主营业务收入	6 807.64	128.9	546.05	63.79	31.40	5.88	3 492.29	2 505.88	162.36
营业费用	210.67	118.5	16.67	0.88	0.42	0.09	82.06	107.94	2.59
产品主营业务税金及附加	81.61	119.6	59.61	0.34	0.15	0.03	17.08	3.21	1.19
产品销售利润	675.31	139.6	57.81	4.16	2.78	0.59	72.28	256.88	280.81
固定资产净值年平均余额	1 520.12	115.2	228.95	10.87	5.97	1.88	814.77	432.87	24.81
流动资产年平均余额	3 056.41	119.4	279.01	35.41	18.42	3.82	1 629.22	1 031.11	59.44
利润总额	314.49	133.8	34.06	2.00	0.93	0.31	148.72	122.62	5.85
利税总额	576.51	127.9	128.85	4.53	1.97	0.58	251.34	177.78	11.45

表 93

杭州市规模以上工业企业主要工业产品产量(2006 年)

产品名称	计量单位	本 年	为上年(%)	产品名称	计量单位	本 年	为上年(%)
发电量	亿千瓦时	157.09	140.9	橡胶轮胎外胎	万条	1 792.23	127.3
罐头	万吨	18.85	106.8	水泥	万吨	1 711.97	115.5
乳制品	吨	93 912.13	89.6	平板玻璃	万重量箱	440.25	111.5
啤酒	千升	862 674.44	138.9	生铁	万吨	231.07	105.0
软饮料	万吨	311.17	101.6	铁合金	万吨	2.29	140.6
精制茶	吨	15 080.6	90.4	钢材	万吨	449.85	112.4
卷烟	亿支	411.7	91.5	铜	万吨	4.52	144.7
味精	吨	34 695	124.6	搪瓷制品	吨	26 683.8	126.1
化学纤维	万吨	323.26	121.6	工业锅炉	蒸发量吨	5 210.22	126.2
纱	万吨	32.46	118.4	内燃机	万千瓦	128.92	69.6
布	万米	289 572.65	110.9	金属切削机床	台	12 531	108.6
印染布	万米	363 929.45	111.2	锻压设备	吨	13 643	112.6
丝	吨	5 076.51	102.1	泵	万台	27.41	111.5
丝织品	万米	20 746.78	111.1	滚动轴承	万套	18 694.59	102.9
服装	万件	35 117.18	113.2	叉车	台	43 254	139.9
皮鞋	万双	231.48	96.5	光纤通讯电缆	万蕊千米	537.64	225.4
家具	万件	2 702.65	106.7	通信及电子网络用电缆	万对千米	2 466.99	108.6
塑料制品	吨	798 808.19	127.0	家用电冰箱	万台	115.69	161.7
机制纸及纸板	万吨	530.66	121.8	电工仪器仪表	万台	1 294.14	86.4
焦炭	万吨	51.58	94.5	家用洗衣机	万台	202	105.0
盐酸(含量 31%以上)	吨	87 235.33	112.2	吸排油烟机	万台	103.84	99.6
氢氧化钠(烧碱)(折 100%)	吨	144 278.12	99.5	微型电子计算机	万台	152.58	109.8
碳酸钠(纯碱)	吨	139 207	105.5	移动通信手持机	万部	3 643.76	229.7
农用氮、磷、钾化肥总计	吨	54 231.42	94.9	自动化仪表及系统	万台	51.62	118.8
化学农药	吨	76 568.23	124.8	电视机	万台	327.33	83.6
合成洗涤剂	吨	133 886.23	110.9	其中:彩电	万台	144.32	115.1
化学药品原药	吨	617.85	149.5	灯泡	亿只	8.19	157.2
中成药	吨	7 192.2	101.3	肥(香)皂	吨	17 913	83.4

表 94

杭州市农林牧渔业总产值 (2006 年)

单位:亿元

指　标	本　年	上　年	为上年(%)
农林牧渔业总产值	234.94	219.48	107.0
农业产值	125.14	113.66	110.1
林业产值	26.77	23.30	114.9
牧业产值	48.72	49.59	98.2
渔业产值	28.91	27.08	106.8

注:1.2003 年起,农林牧渔业总产值包括农林牧渔业服务业产值。
2.为上年(%)系同口径对比。

表 95

杭州市主要农产品产量 (2006 年)

单位:吨

指　标	本　年	上　年	为上年(%)
粮食	1 070 661	1 034 950	103.4
谷物	874 325	848 155	103.1
豆类	92 177	89 197	103.3
番薯	104 159	97 598	106.7
油料	78 128	78 681	99.3
油菜子	70 336	70 733	99.4
棉花(皮棉)	935	1 038	90.1
麻类	554	750	73.9
蔬菜	3 266 190	3 093 203	105.6
蚕茧	18 384	16 339	112.5
茶叶	26 939	25 551	105.4
水果	637 638	525 535	121.3
柑橘	121 020	105 697	114.5
梨	47 048	41 150	114.3
桃	41 489	37 900	109.5
葡萄	7 830	6 974	112.3
肉类	292 498	307 377	95.2
猪肉	217 498	229 145	94.9
禽蛋	108 689	98 722	110.1
鲜牛奶	41 196	50 436	81.7
淡水产品	157 304	147 800	106.4

表 96

杭州市外商直接投资情况
(2006 年)

指　标	计量单位	本　年	为上年(%)
项目个数	个	747	98.8
协议总投资额	万美元	1 080 602	140.2
协议利用外资	万美元	537 986	134.3
实际利用外资	万美元	225 536	131.7

表 97

杭州市进出口情况
(2006 年)

单位:亿美元

指　标	实际数		
	本　年	上　年	为上年(%)
全市进出口总值(海关口径)	389.09	298.70	130.3
一、出口总值	262.28	198.04	132.4
1.国有企业	72.61	66.72	108.8
2.三资企业	121.76	81.16	150.0
其中:(1)中外合作企业	0.84	0.77	109.8
(2)中外合资企业	72.55	41.58	174.5
(3)外商独资企业	48.37	38.81	124.6
3.集体企业	16.43	16.81	97.7
4.私营企业	51.48	33.35	154.4
二、进口总值	126.81	100.66	126.0

表 98

杭州市工业“三废”排放及处理率
(2006 年)

单位:%

指　标	全　市	市　区
工业废水排放达标率	72.92	69.78
工业废水重复用水率	65.80	74.00
工业废气化学需氧量排放降低率	1.17	0.27
工业废气二氧化硫去除率	43.37	41.90
工业废气烟尘去除率	96.91	98.14
工业废气粉尘去除率	84.63	92.95
工业废气二氧化硫排放达标率	95.05	93.12
工业废气二氧化硫排放降低率	3.70	3.38
工业废气烟尘排放达标率	97.54	95.39
工业废气粉尘排放达标率	97.31	97.66
工业固体废物综合利用率	94.29	96.63
工业固体废物贮存率	0.04	0.05
工业固体废物处置率	5.80	3.48
工业固体废物排放率	0.03	0
工业锅炉烟尘排放达标率	97.88	96.76
工业炉窑烟尘排放达标率	93.79	91.67
城市污水处理率	76.64	77.78

表 99

杭州市区城市公用事业情况
(2006 年)

指　标	计量单位	数　值
一、城市居民人均住房使用面积	平方米	21.0
二、城市公共交通		
(市公交公司,不含萧山、余杭区)		
年末营运线路条数	条	381
年末营运线路总长度	千米	5 172
年末营运公共汽车	辆	4 396
客运总量	万人次	78 027
全年票款收入	万元	98 416
三、城市供电(含萧山、余杭区)		
全年用电总量	亿千瓦时	279.94
其中:工业用电	亿千瓦时	197.61
生活用电	亿千瓦时	32.53
四、城市自来水供应(含萧山、余杭区)		
总售水量	万立方米	57518
平均日供水量	万立方米	177
供水能力	万立方米/日	256
供水总量	万立方米	64 734
其中:生产用水	万立方米	20 258
生活用水	万立方米	33 979
用水普及率	%	100
五、城市供气(含萧山、余杭区)		
1.城市液化气供气总量	万吨	8.54
其中:家庭用气	万吨	5.53
家庭用气户数	万户	11.28
2.天然气		
家庭用气量	万立方米	3 101
家庭用气户数	万户	29.50
3.全社会气化率	%	100
六、园林绿化(含萧山、余杭区)		
园林绿地面积	公顷	11 309
其中:公共绿地	公顷	2 926
建成区绿化覆盖率	%	38.14
公园景点	个	106
公园景点面积	公顷	852
七、收费公园、风景点游人量	万人次	2 994
八、市政建设(含萧山、余杭区)		
年末实有道路面积	万平方米	4 216
年末实有道路长度	千米	1 942
年末实有桥梁数	座	857
排水管道长度	千米	2 419
城市污水排放量	万立方米	44 108

表 100

杭州市限额以上固定资产投资 (2006 年)

单位:亿元

项 目	本 年	上 年	为上年(%)
限额以上固定资产投资	1 373.45	1 277.80	107.5
1.第一产业	1.79	1.40	127.9
2.第二产业	465.14	445.19	104.5
3.第三产业	906.52	831.21	109.1

表 101

杭州市金融机构本外币年末存、贷款余额 (2006 年)

单位:万元

指标名称	全 市		市 区	
	本年末	为上年(%)	本年末	为上年(%)
一、各项存款	78 555 500	116.4	72 269 600	116.1
1.企事业单位存款	33 204 000	119.1	31 341 200	118.9
(1)活期存款	18 175 400	116.5	16 928 500	116.0
(2)定期存款	15 028 600	122.5	14 412 700	122.5
2.储蓄存款	25 552 400	116.6	22 391 800	116.4
(1)活期存款	8 306 400	118.2	7 036 700	117.3
(2)定期存款	17 246 000	115.9	15 355 100	116.0
3.委托存款	1 061 600	106.5	1 060 600	106.4
4.其他存款	18 737 500	114.9	17 476 000	114.5
二、各项贷款	66 038 600	119.1	61 190 700	118.9
1.短期贷款	34 172 400	122.6	31 268 900	122.4
2.中长期贷款	26 046 600	121.9	24 254 900	122.7
3.委托贷款	950 700	95.5	950 700	95.5
4.其他贷款	879 900	133.9	873 400	133.9
5.票据融资	3 973 200	93.4	3 827 500	91.9
6.各项垫款	15 800	120.6	15 300	119.5

表 102　　杭州市城市住户调查情况

项　目	计量单位	2002 年	2003 年	2004 年	2005 年	2006 年
调查户数	户	500	500	500	600	600
平均每户人口	人	2.93	2.92	2.92	2.84	2.81
平均每户就业人数	人	1.53	1.51	1.48	1.42	1.44
年人均可支配收入	元	11 778	12 898	14 565	16 601	19 027
年人均消费性支出	元	9 215	9 950	11 213	13 438	14 472
人均住房使用面积	平方米	16.3	17.2	17.8	20.7	21.0

表 103　　杭州市区城镇居民家庭每百户耐用消费品拥有量

项　目		2001 年	2002 年	2003 年	2004 年	2005 年	2006年
摩托车	辆	4.00	6.58	7.38	7.53	11.00	11.67
助力电动车	辆	4.70	10.75	15.34	20.67	28.67	33.33
家用汽车	辆	0.70	1.40	2.09	3.67	12.83	14.00
微波炉	个	44.00	46.42	54.09	60.25	68.17	67.17
影碟机	台	58.30	62.43	66.91	67.12	69.67	68.33
普通电话	部	97.70	101.48	106.29	101.36	99.83	97.00
移动电话	部	57.00	96.67	124.88	144.19	178.67	176.83
淋浴热水器	台	86.00	80.47	84.64	86.93	92.33	91.50
吸排油烟机	台	71.67	77.42	78.94	78.55	83.33	85.33
洗衣机	台	98.86	98.10	98.26	97.92	94.17	96.50
电冰箱	台	102.95	101.30	103.68	102.33	100.00	99.50
电炊具	个	95.50	98.98	111.11	121.28	100.50	106.33
家用电脑	台	30.67	36.30	45.37	56.73	74.50	74.50
彩色电视机	台	157.95	161.20	167.49	168.53	182.67	180.67
吸尘器	台	22.67	23.70	25.58	22.94	20.67	20.00
组合音响	套	30.68	25.00	27.36	29.89	37.83	34.83
摄像机	架	3.33	2.20	2.05	3.08	7.50	7.00
照相机	架	64.09	61.10	63.94	62.94	59.00	56.67
空调器	台	112.95	122.55	139.83	151.99	183.33	187.83

表 104

杭州市城市居民家庭人均消费支出

单位:元

项　目	2002 年	2003 年	2004 年	2005 年	2006 年
消费性支出	9 215	9 950	11 213	13 438	14 472
食品类	3 707	3 853	4 421	4 682	4 818
粮食	195	206	260	250	261
油脂类	50	62	81	73	77
肉禽及制品	505	531	586	574	555
蛋类	48	51	54	55	52
水产品类	507	502	564	466	501
菜类	357	377	420	365	405
酒和饮料	212	235	259	298	259
干鲜瓜果类	269	276	310	335	366
在外用餐	813	800	963	1 233	1 286
衣着类	837	815	922	1 299	1 355
设备用品及服务	566	585	561	674	585
医疗保健	746	874	855	983	885
交通和通讯	788	959	1 280	2 234	2 876
娱乐文教服务	1 461	1 518	1 717	1 970	2 011
居住	808	1 038	1 062	1 151	1 479
杂项商品和服务	302	309	395	445	464

表 105

杭州市农村住户调查情况

项　目	计量单位	2002 年	2003 年	2004 年	2005 年	2006年
调查户数	户	630	670	670	1 100	1 100
平均每户人口	人	3.53	3.48	3.48	3.34	3.63
平均每户劳动力	人	2.53	2.53	2.54	2.34	2.52
农民人均年纯收入	元	5 708	6 250	6 950	7 655	8 515
人均生活消费支出	元	4 444	5 142	5 608	6 004	6 674
人均住房面积	平方米	52.7	54.7	58.9	66	66.5

表106　**杭州市农村居民家庭人均消费支出**　单位:元

项　目	2002年	2003年	2004年	2005年	2006年
生活消费支出	4 444	5 142	5 608	6 004	6 674
食品类	1 716	1 866	2 086	2 145	2 203
在外饮食	130	160	190	221	302
食品加工费	13	13	46	11	10
衣着类	239	273	308	381	438
居住	830	1 011	1 085	1 143	1 469
住房	603	534	503	724	1 021
电费	60	71	78	110	140
燃料	47	142	82	77	83
家庭设备用品及服务	237	313	307	307	326
医疗保健	545	678	393	474	478
医药卫生保健品	136	107	168	189	170
医疗保健服务费	133	209	188	256	292
交通和通讯	327	355	644	680	793
交通工具	95	115	215	158	252
交通费	56	60	63	83	79
邮电费	110	138	156	219	218
文教娱乐用品及服务	393	521	667	735	823
文化教育娱乐用品	77	105	97	114	167
文化教育娱乐服务	316	416	570	621	656

表 107

杭州市房地产销售价格指数

（上年=100）

项　目	2001 年	2002 年	2003 年	2004 年	2005 年	2006 年
总　计	105.8	106.9	106.1	111.7	109.7	102.6
一、商品房	106.2	106.9	106.0	112.4	110.1	102.9
(一)住宅	105.3	107.5	106.1	112.9	109.7	103.2
1.经济适用房	102.1	103.9	101.0	102.3	100.0	100.0
2.普通住宅	105.3	108.1	106.2	116.3	112.1	103.0
(1)多层住宅	106.6	109.7	106.2	114.0	115.5	103.0
(2)高层住宅	104.2	106.6	106.2	116.9	110.6	102.8
3.豪华住宅	105.9	107.1	107.3	110.2	110.2	105.5
(1)别墅	106.1	107.1	104.3	113.9	112.9	103.5
(2)高档公寓	106.2	107.2	108.5	106.8	109.8	105.6
(二)非住宅	109.1	103.9	104.8	108.7	111.0	102.0
1.写字楼	110.3	103.9	105.4	109.0	112.6	102.5
2.商业用房	110.2	104.1	105.4	105.7	105.3	101.2
3.其他	107.7	100.0	111.7	117.5	113.2	102.8
二、私房交易	105.7	108.9	108.0	110.6	108.4	102.0
(一)非住宅	–	–	106.3	110.7	110.6	104.0
(二)住宅	105.7	108.9	107.8	110.5	107.6	101.6
三、公房交易	102.2	100.0	100.0	100.4	–	–
其中:住宅	102.2	100.0	100.0	100.4	–	–

表 108

杭州市区居民消费价格指数
(2006 年)

(上年=100)

项　目	指　数	项　目	指　数
居民消费价格总指数	101.2	3.鞋袜帽	99.4
一、食品	101.3	4.衣着加工服务	97.5
1.粮食	104.9	四、家庭设备用品及维修服务	102.8
2.淀粉及薯类	84.3	1.耐用消费品	102.2
3.干豆类及豆制品	100.6	2.室内装饰品	104.4
4.油脂类	97.9	3.床上用品	100.6
5.肉禽及其制品	96.7	4.家庭日用杂品	100.7
6.蛋类	93.9	5.家庭服务及加工维修服务	108.2
7.水产品类	100.1	五、医疗保健和个人用品	103.3
8.菜类	103.8	1.医疗保健	103.3
9.调味品	102.8	2.个人用品及服务	103.2
10.糖类	107.3	六、交通和通讯	100.0
11.茶及饮料	101.6	1.交通	104.0
12.干鲜瓜果类	111.8	2.通讯	93.6
13.糕点饼干面包	101.1	七、娱乐教育文化用品及服务	98.6
14.奶及奶制品	98.1	1.文娱用耐用消费品及服务	88.8
15.在外用膳食品	100.5	2.教育	98.6
16.其他食品类	99.7	3.文化娱乐用品	100.9
二、烟酒及用品	101.2	4.旅游及外出	105.2
1.烟草	100.8	八、居住	104.5
2.酒	102.3	1.建房及装修材料	108.2
3.吸烟饮酒用品	100.0	2.租房	103.3
三、衣着类	99.8	3.自有住房	104.9
1.服装	99.7	4.水、电、燃料	103.1
2.衣着材料	108.9		

表 109

杭州市社会保障分县(市)情况
(2006 年)

单位：万人

指　标	基本养老保险参保人数	基本养老保险参保职工	基本医疗保险参保职工	职工失业保险参保人数	工伤保险参保人数	生育保险参保人数
全市	253.34	208.87	208.50	145.77	132.09	128.89
市区	205.73	168.94	179.59	126.02	110.95	112.45
萧山区	46.82	41.94	24.85	26.52	24.67	26.83
余杭区	22.23	18.74	17.45	8.73	12.04	7.27
桐庐县	7.84	6.58	4.78	3.18	3.77	1.00
淳安县	5.10	4.21	4.80	1.65	1.60	1.60
建德市	9.34	7.17	6.42	3.82	2.86	3.80
富阳市	16.19	14.31	6.60	8.13	8.43	7.07
临安市	9.13	7.66	6.30	2.97	4.48	2.98

表 110

杭州市主要经济指标在全国 15 个副省级城市中的位次
(2006 年)

城　市	生产总值（亿元）	规模以上工业销售产值（亿元）	全社会固定资产投资（亿元）	社会消费品零售总额（亿元）	出口总额（亿美元）	城镇居民人均可支配收入（元）
杭　州	3 441.51	6 860.81	1 460.74	1 112.37	262.28	19 027
沈　阳	2 482.50	3 208.98	1 790.35	1 048.74	26.58	11 651
大　连	2 569.70	3 415.10	1 469.50	839.30	172.58	13 350
长　春	1 741.30	2 014.50	950.40	666.30	10.86	11 357
哈尔滨	2 094.10	1 222.90	809.87	894.50	13.30	11 231
南　京	2 774.00	4 687.75	1 613.55	1 166.85	173.65	17 538
宁　波	2 864.50	5 863.68	1 501.94	882.54	287.71	19 673
厦　门	1 162.40	2 345.58	662.10	314.94	205.08	18 513
济　南	2 185.10	2 624.20	1 016.80	939.30	24.39	15 340
青　岛	3 206.60	5 155.66	1 485.70	1 006.67	234.66	15 328
武　汉	2 590.00	2 775.07	1 325.29	1 293.33	37.77	12 360
广　州	6 068.41	7 166.55	1 696.38	2 182.77	323.78	19 851
深　圳	5 684.39	11 230.35	1 272.26	1 671.29	1 361.08	22 567
成　都	2 750.00	2 030.60	1 899.60	1 155.30	41.41	12 789
西　安	1 450.02	1 171.07	1 066.62	776.20	27.29	10 905
杭州位次	3	3	8	6	4	4

表 111　杭州市经济占浙江省的比重（2006 年）

指　标	计量单位	浙江省	杭州市	比重(%)
生产总值	亿元	15 742.51	3 441.51	21.9
第三产业增加值	亿元	6 307.85	1 552.07	24.6
规模以上工业利税	亿元	2 393.88	576.51	24.1
社会消费品零售总额	亿元	5 325.30	1 112.37	20.9
限额以上固定资产投资额	亿元	6 962.33	1 373.45	19.7
出口总额	亿美元	1 008.77	262.28	26.0
实际利用外资	亿美元	88.89	22.55	25.4

表 112　杭州市主要经济指标在长江三角洲 16 个城市中的位次（2006 年）

城　市	生产总值（亿元）	规模以上工业销售产值（亿元）	全社会固定资产投资（亿元）	社会消费品零售总额（亿元）	出口总额（亿美元）	城镇居民人均可支配收入（元）
杭　州	3 441.51	6 860.81	1 460.74	1 112.37	262.28	19 027
上　海	10 296.97	18 151.38	3 925.09	3 360.41	1 135.73	20 668
南　京	2 774.00	4 687.75	1 613.55	1 166.85	173.65	17 538
无　锡	3 300.00	6 983.55	1 474.94	959.47	214.40	18 189
常　州	1 560.00	3 237.90	951.60	515.80	78.91	16 649
苏　州	4 820.26	15 086.20	2 106.99	1 055.44	946.85	18 532
南　通	1 758.34	2 948.32	1 048.90	621.96	72.13	14 058
扬　州	1 100.00	1 846.49	533.30	355.83	23.61	12 945
镇　江	1 025.31	1 651.02	501.18	280.07	26.63	14 291
泰　州	1 002.50	1 630.73	532.56	277.33	22.04	12 682
宁　波	2 864.49	5 863.68	1 501.94	882.54	287.71	19 673
嘉　兴	1 343.10	2 602.01	800.21	429.72	91.76	17 129
湖　州	760.89	1 362.08	479.62	273.80	26.66	17 758
绍　兴	1 678.19	3 785.01	765.06	440.64	105.03	19 178
舟　山	333.20	343.80	218.99	113.97	16.22	17 525
台　州	1 467.48	2 095.28	623.74	511.57	70.35	19 953
杭州位次	3	4	6	3	4	5

·统计指标数据解读·

生产总值(GDP) 2006年,杭州市生产总值(GDP)最终核算数为3441.51亿元,比上年(指2005年,下同)增长14.3%。杭州市生产总值的核算,是通过各行业生产和劳务活动的统计调查以及行政记录来进行核算的。如农业则通过农业统计产生农业增加值,工业则通过工业统计产生工业增加值,对量大面广的第三产业,则采取全面调查、抽样调查、重点调查以及部门行政记录相结合的方法来测算有关行业的增加值。各行业增加值之和即为生产总值。

人均GDP的计算 2006年,杭州市按户籍人口计算的人均GDP为51878元,比上年增长13%,按国家公布的2006年平均汇率计算,超过6000美元,达到6506美元。按常住人口计算的人均GDP为45170元,折算美元也达到5665美元。

人均GDP是一定时期内该地区GDP与同期人口平均数的比值。按照国际标准,人口平均数应该是同期平均常住人口。常住人口是指一定时间内实际经常居住在某地域的人口,用公式表示:常住人口=本地户籍人口-户籍在本地外出半年以上人口+外来半年以上人口。

城镇居民人均可支配收入 2006年,杭州市区城镇居民人均可支配收入为19027元,比上年增长14.6%,扣除物价上涨因素后实际增长13.2%。杭州市区的人均可支配收入调查,是市统计局城市抽样调查队在对市区所有社区进行排序,按一定间隔等距抽选出50个调查社区,之后在抽中的社区,整理出一份每个住户的地址表,再按一定间隔等距抽选出12户调查户。这样抽出600户家庭作为经常性调查对象,由这些家庭逐日对家庭成员的收支情况进行账簿登记,按月归结出收支总数及其构成,由统计部门汇总,计算出杭州市区城镇居民的人均可支配收入。

农民人均纯收入 2006年,杭州市农村居民人均纯收入达8515元,比上年增长11.2%,扣除物价上涨因素后实际增长9.9%。农民纯收入是指农民家庭全年总收入中(包括实物收入)扣除家庭经营费用支出、生产用固定资产折旧、税收、上交集体承包任务和调查补贴等归农民所有的收入。主要有四个方面:(1)农民家庭成员中的职工工资性收入;(2)农民家庭经营纯收入;(3)财产性收入,包括利息、股息、租金等收入;(4)转移性收入,包括亲友相互赠送的收入。农民纯收入和城镇居民可支配收入的区别在于:城镇居民可支配收入只有一种价值形态,只反映城镇居民的现金收入情况;而农民纯收入的实际形态有两种:一种是价值形态;另一种是实物形态。主要是指农民自留的粮食、食油、蔬菜、肉禽蛋等。它不但反映了农民的现金收入情况,也反映了农民的实物收入情况。

恩格尔系数和基尼系数 恩格尔系数和基尼系数都是衡量贫富程度的统计指标。恩格尔系数是居民用于食品的支出占生活消费支出的比重。比重越小,即居民花在食品上的开销越少,而用于文化、娱乐等方面的消费越多,说明居民生活质量越高。国际上通常用恩格尔系数来衡量一个国家和地区人民生活水平的状况。根据联合国粮农组织提出的标准,恩格尔系数在59%以上为贫困,50%~59%为温饱,40%~50%为小康,低于40%为富裕。目前发达国家的恩格尔系数基本上在10%~20%左右。基尼系数是判断收入分配差异程度的指标。基尼系数越小,收入分配越是趋向平等;反之,基尼系数越大,收入分配越是趋向不平等。联合国有关组织规定:若基尼系数低于0.2表示收入高度平均;0.2~0.3之间表示相对平均;0.3~0.4之间表示分配相对合理;0.4~0.5之间表示差距偏大;0.5以上表示差距悬殊。0.4被作为一般的警戒线。

2006年,杭州市农村居民的恩格尔系数和基尼系数分别为33.0%和0.3276;城镇居民的恩格尔系数和基尼系数分别为33.3 %和0.3205。显示杭州市居民生活水平总体较高,贫富差距处于相对合理区间。

居民消费价格指数(CPI) 居民消费价格指数(Consumer Price Index,简称CPI)是反映居民购买并用于消费的一组代表性商品和服务项目价格水平的变化趋势和变动幅度的统计指标。调查内容既有城乡居民日常生活需要的各类消费品,也包括多种与人民生活密切相关的服务项目,如水、电、交通、教育、医疗等。当价格指数超过100时,说明价格总体水平在上升,当价格指数不到100时,说明价格总体水平在下降。

2006年,杭州市区居民消费价格指数为101.2,即居民消费价格比上年上升1.2%。

经济景气指数 经济景气指数是通过对企业家进行定期的问卷调查,并根据企业家对企业经营情况及宏观经济状况的判断和预期来编制的,由此反映企业的生产经营状况、经济运行状况,预测未来经济的发展变化趋势。经济景气指数目前主要通过两个指标来反映,一是企业家信心指数。该指数是根据企业家对企业外部市场经济环境与宏观政策的看法、判断与预期(主要通过对“乐观”、“一般”、“不乐观”的选择)而编制的指数,用以综合反映企业家对宏观经济环境的感觉与信心。二是企业景气指数。该指数是根据企业家对本企业综合生产经营情况的判断与预期(主要通过对“好”、“一般”、“不佳”的选择)而编制的指数,用以综合反映企业的生产经营状况。景气指数的表示范围为0~200之间。100为景气指数的临界值,表明景气状况变化不大;100~200为景气区间,表明经济状况趋于上升或改善,越接近200越景气;0~100为不景气区间,表明经济状况趋于下降或恶化,越接近0越不景气。

2006年第四季度,杭州市企业家的信心指数为135.2,企业景气指数为142.3,均平稳运行于“较为景气”区间,表明杭州市企业对宏观经济和自身发展趋势的信心正稳步增强。

(袁民军)

附　录

Appendix

·先进名录·

【2006年度杭州市市级文明单位】

浙江省杭州第十中学
杭州铁路中学
杭州市上城区国家税务局
杭州华辰国际饭店有限公司
杭州市上城区疾病预防控制中心
杭州市上城区教师进修学校附属小学
杭州口腔医院
浙江公众信息系统集成有限公司
杭州市下城区城市管理行政执法局
杭州市江心岛实验学校
杭州市下城区国家税务局
杭州市光明中学
浙江省血液中心
杭州西开发物业管理发展有限公司
杭州四季青苏杭服装市场有限公司
浙宝电气(杭州)集团有限公司
杭州市景华小学
杭州市江干区妇幼保健院
浙江省钱塘江管理局
杭州市江干区国家税务局
浙江省杭州四季青中学
浙江省地球物理地球化学勘查院
浙江省肿瘤医院
杭州市城郊河道管理处
杭州市大关中学
杭州市拱墅区疾病预防控制和妇幼保健中心
杭州市拱墅区中医医院(浙江老年关怀医院)
杭州市拱宸桥小学
浙江省交通干部学校
广厦房地产开发集团有限公司
中国银行股份有限公司杭州市高新技术开发区支行
杭州市西湖区国家税务局
杭州外国语学校
浙江省省直机关后勤房地产开发有限公司
杭州市第十五中学教育集团(总校)
杭州市滨江区国家税务局
杭州市公安局滨江分局消防大队
杭州大豪物业管理有限公司
杭州市萧山区建筑工程质量监督站
杭州振亚纺织有限公司
浙江建杰控股集团有限公司
浙江金帝集团有限公司
浙江萧山农村合作银行
杭州永盛集团有限公司
中国联通有限公司萧山分公司
浙江全富达电力建设有限公司
开元旅业集团有限公司
杭州市萧山区第八高级中学
杭州市萧山区环境卫生管理处
萧山出入境检验检疫局
杭州市港航管理局萧山管理处
杭州市萧山区第一中等职业学校
萧山区党湾镇第二小学
萧山区城北小学
杭州市萧山区农机水利局
浙江红剑集团有限公司
深圳发展银行杭州余杭支行
杭州建工建材有限公司
杭州市余杭区妇幼保健院
杭州奥坦斯布艺有限公司
杭州市余杭区临平第一中学
杭州市余杭区第一人民医院
04省道杭州市余杭区收费所
中国茶叶博物馆
浙江经贸职业技术学院
杭州经济技术开发区城市管理行政执法大队
杭州士兰集成电路有限公司
桐庐县分水实验小学
桐庐县公路运输管理所
桐庐县体育中心
浙江省电信有限公司桐庐县分公司
杭州桐庐尖端内窥镜有限公司
杭州腾飞拉丝机厂
桐庐县劳动和社会保障监察大队
桐庐县春江小学
桐庐县公路管理段
淳安县卫生监督所
淳安县国有粮食收储有限公司
浙江移动通信有限责任公司淳安分公司
淳安县第二人民医院
浙江省淳安县烟草专卖局(公司)
淳安县第二中学
杭州市港航管理局淳安管理处
浙江省淳安县国家税务局
浙江省建德市地方税务局乾潭税务分局
中国银行股份有限公司建德支行
浙江省建德市国家税务局
浙江移动通信有限责任公司建德分公司
建德三狮松涛水泥有限公司
建德市洋溪初级中学
中信银行杭州富阳支行
富阳市富春第二小学
杭州市港航管理局富阳管理处
中共富阳市委党校
富阳市地方税务局大源税务所
杭州住房公积金管理中心富阳分中心
中国联通有限公司富阳分公司
富阳市城镇职业高级中学
富阳市社会保险管理中心
浙江省临安市国家税务局
浙江省临安市烟草专卖局
临安市人民法院
临安市水利水电局
临安市天目高级中学
中国联通有限公司临安分公司

浙江万马天屹特种线缆股份有限公司
浙江省杭州市国家税务局
杭州联合农村合作银行
中国工商银行股份有限公司杭州延中支行
中国银行股份有限公司浙江省分行
中国银行股份有限公司杭州市开元支行
杭州市商业银行股份有限公司环北支行
杭州市商业银行股份有限公司萧山支行
中国农业银行杭州市延安路支行
中国农业银行杭州市余杭支行
中国农业银行杭州浙大支行
中国建设银行股份有限公司杭州钱江支行
中国建设银行股份有限公司杭州延安支行
中国建设银行股份有限公司杭州天水支行
杭州市机动车服务管理局
杭州市交通规划设计研究院
浙江余杭高速公路有限责任公司
杭州市电力局城北供电局
浙江大有实业股份有限公司
杭州市交通信息中心
杭州长运运输集团有限公司
杭州杭千高速公路发展有限公司
杭州第一汽车运输有限公司
杭州市药品检验所
杭州市农业科技信息服务中心
杭州市农业科学研究院
杭州合众工业集团投资有限公司
杭州市工商行政管理局下城分局长庆工商所
杭州江南粮油批发交易市场有限公司
杭州市白蚁防治研究所
杭州市市容环境卫生监管中心
杭州市城市管理行政执法支队直属大队
杭州市居住区发展中心有限公司
杭州市房地产开发实业有限公司
杭州市城建材料采购中心
杭州市公共交通总公司培训中心
杭州市体育中心
杭州市美术职业学校
浙江大学附属中学
杭州市源清中学
杭州市开元职业学校
杭州绿城育华学校
杭州市萧山区人民法院
杭州市滨江区人民检察院
杭州市军队离休退休干部石灰桥休养所
浙江省能源集团有限公司
浙江东南发电股份有限公司
中国信达资产管理公司杭州办事处
浙江省电信实业集团公司(浙江省通信产业服务有限公司)

【2006 年度杭州市市级文明镇】

萧山区:新湾镇
余杭区:瓶窑镇
桐庐县:凤川镇
淳安县:姜家镇
富阳市:环山乡、胥口镇
临安市:河桥镇

【2006 年度杭州市市级文明村】

江干区:九堡镇九堡村
拱墅区:康桥镇吴家墩村
西湖区:三墩镇华联村、转塘镇缪家村
杭州高新开发区(滨江):西兴街道共联村
杭州西湖风景名胜区:西湖街道杨梅岭村
萧山区:戴村镇三头村、浦阳镇灵山村、党山镇世安桥村、党湾镇大西村、义蓬镇金星村、坎山镇群谊村
余杭区:仁和镇九龙村、余杭镇宝塔村、闲林镇民丰村、良渚镇安溪村、径山镇小古城村、鸬鸟镇山沟沟村、百丈镇石竹园村、东湖街道双林村
桐庐县:瑶琳镇姚村村、横村镇上塘村、富春江镇象山桥村、新合乡引坑村、合村乡瑶溪村、旧县街道合岭村
淳安县:文昌镇西河村、威坪镇梓洲村、枫树岭镇乳洞山村、临岐镇菖蒲村、姜家镇双溪村
建德市:新安江街道梅坪村、大慈岩镇泉山村、莲花镇里芳村、乾潭镇安仁村、杨村桥镇杨村桥村、寿昌镇卜家蓬村
富阳市:高桥镇洪庄村、富春街道柳溪村、新登镇施村村、春江街道南峰村、灵桥镇光明村
临安市:锦城街道联合村、玲珑街道板坞村、高虹镇新德村、太湖源镇横路村、於潜镇敖干村、西天目乡张庄村、昌化镇庐岭村

【2006 年度杭州市劳动模范】

骆广进　陈均站　瞿云富　陈　群
孙熊杰　聂建明　何书梅　沈晋德
汪根祥　阮燕萍　李有森　沈建琴
曹　平　赵礼敏　郑霖霖　陈亚萍
方云凤　李恒敬　施金宝　彭青松
谢德林　叶智宣　张　璐　钟超文
钱根木　徐小军　赵尚良　俞昂军
封国仙　郭兴高　徐　乐　姚国海
周　琳　王季文　刘国铭　周华明
陈立群　李春艳　赵种霞　高土生
马品华　郑积荣　李春晨　周好俊
高　炎　韩树新　周顺华　戴剑平
来光荣　杨红亮　王　希　李佑英
何荣祥　陈相强　王文仙　赖美云
汪　坚　杜　珉　张　俊　王钰澄
徐秀良　潘南屏　陈家梁　刘瑞东
施文艳　沈　勤　朱　伟　徐剑鸿
范毅润　俞　良　范　琪　高振华
裘伟康　梁国富　毛小华　钱国兴
李进富　胡爱军　孙晗斌　张灵军
许荣根　施林昌　徐俊昌　马廷方
张　猛　顾群辉　朱慧明　董　杰
许　彪　郑光荣　沈天仁　陈　刚
邹志永　黄耀坤　傅建华　何晓音
汪素芳　戴德高　葛萍兰　杨泉明
吴明建　陈国校　俞　霞　沈观兴
俞建国　裘兴乔　俞金火　黄莉莉
许水康　单小荣　俞传坤　颜芬娟
陆春利　肖　山　金荣南　李玲东
傅华东　梅兆林　徐松青　邵润根
计国良　金花玉　阮棉教　周海东
孙坚强　罗顺君　梅海强　张金宝
张永康　王荣生　徐吉良　俞正喜
胡月珠　王金钟　李国平　郭旭强
过鑫富　董万春　沈为平　顾春序
陈富根　金　琳　郑龙华　袁和军
杨奉田　周文峰　罗忠平　章张儿
骆长源　季绍敏　刘　钦　叶亚飞
张　升　俞　强　郭增宝　许丽华
李秀娟　季　丰　王月根　吴初升
钱老三　于建云　邓长松　蒋秀英
储　斌　邵月刚　钟　泽　周关生
李睿萍　吴根雨　赵林芳　孙　毅
王建林　杨小珍　胡长胜　吴庆跃
洪伟民　方振华　陈汉康　白植标
郑长峰　祝百昌　胡胜龙　余卫东
戴利国　凌纪江　方明贤　沈跃军
葛建时　陈士心　吴林土　梅朝云
王金明　张凤珍　张志清　盛建旗
林土根　章征天　祝田来　鲁全位

【2006 年度杭州市模范集体】

杭州金鱼电器集团有限公司
中国重汽集团杭州发动机有限公司
杭州橡胶(集团)公司子午二分厂硫化丁班
杭州锅炉集团有限公司管件车间

蛇形管大车总装组
杭州市化工研究院有限公司石油化工助剂研发中心
杭州蓝孔雀化学纤维(股份)有限公司二动车间管焊组
杭州新华集团有限公司(新华纸业有限公司)4号造纸机班组
杭州市城市基础设施建设发展中心工程建设管理一处
杭州市城市建设发展有限公司
杭州市建设工程交易中心信息科
上城区城市管理办公室(区背街小巷改善办)
杭州市市政工程集团有限公司第五项目部
杭州长运运输集团有限公司汽车东站心馨岗
杭州市高速公路路政管理大队沪杭甬中队
中国农业银行浙江省分行营业部
杭州市园文局凤凰山管理处胡雪岩故居文物保护管理所
杭州知味观杨公堤湖畔酒家有限公司
杭州豆制食品有限公司豆制品车间成型班
杭州师范大学后勤发展总公司
杭州第九中学政治教研组
杭州合众工业集团投资有限公司
杭州市第七人民医院老年三病区
正大青春宝药业有限公司
西湖电子集团三菱数源移动通信设备有限公司组立车间装配班
杭州市高级技工学校教务科
杭州市国土资源局办事窗口
杭州三替服务集团有限公司家政服务部
虎牌控股集团电气成套公司
杭州新希望双峰乳业有限公司品控部
杭州经济技术开发区文海实验小学
史陶比尔(杭州)精密机械电子有限公司多臂装配车间
杭州士兰集成电路有限公司制造一厂
杭州市公安局上城区分局行政科
上城区清波市容环卫所南山路清扫班
下城区天水街道灯芯巷社区居民委员会
下城区朝晖街道劳动和社会保障站
杭州古荡农贸市场有限公司
西湖区财政局财政综合服务厅
浙江康桥汽车工贸集团股份有限公司一汽销售公司
拱墅区对外贸易经济合作局招商投资服务中心
杭州市江干区笕桥医院烧伤科
江干区闸弄口街道万家花园社区居民委员会
江干区社会劳动保险统筹办公室
杭州威陵钢家具有限公司技术开发部
浙江万利工具集团有限公司销售部
杭州东冠通信建设有限公司通信网络事业部
中控科技集团有限公司
萧山区公路运输管理所
萧山区房地产交易登记中心
杭州开元名都大酒店有限公司总台班组
浙江金帝集团有限公司工程技术部
杭州兴达市政公用服务有限公司
胜达集团有限公司纸包装车间
浙江华成控股集团有限公司建设工程部
杭州圣山实业有限公司印花车间
浙江华欣控股集团有限公司纺丝生产技术部
浙江万达汽车方向机有限公司技术中心
萧山区城厢街道车家埭社区居民委员会
杭州金丰纺织有限公司纺纱三工区
杭州之江有机硅化工有限公司硅酮事业部白鹿塘车间
杭州老板实业集团有限公司
杭州崇钢集团有限公司
华立集团股份有限公司机械表工厂三相车间
杭州宝鼎铸锻有限公司锻造分厂
杭州钱江压缩机有限公司装配车间
浙江省电信有限公司余杭区分公司
杭州南方特种泵业有限公司技术部
余杭区瓶窑镇环境卫生管理站
中国江南水乡文化博物馆
杭州富沃德电子电器有限公司
临安市市容环境卫生管理处车场机修班组
临安市看守所
临安市玲珑街道办事处综治工作中心
临安市地方税务局直属分局
浙江富春江光电科技股份有限公司光缆事业部
富阳市供电局富春供电营业所
宏丰实业集团有限公司拼装班
富阳万马纸业有限公司三桥化工分公司胶乳车间第三组
浙江正大控股集团有限公司正大分公司5号机制浆车间
富阳市卷烟零售公司第四门市部
富阳市人民检察院民事行政检察科
建德市五星车业有限公司
建德市新化化工有限责任公司销售二科
建德市广播电视台新闻部
中国移动通信集团浙江有限公司桐庐分公司
桐庐三狮建材有限公司烧成工段
桐庐县行政审批中心林业窗口
桐庐县桐君街道迎宾社区居民委员会
淳安县公路段千岛湖公路管理站
淳安县第二人民医院妇产科
杭州市虾龙圩股份经济合作社
拱墅区半山镇半山村村民委员会
杭州农茂食品有限公司
萧山区瓜沥镇明朗村村民委员会
杭州华东家禽交易中心有限公司
临安市太湖源镇白沙村村民委员会
富阳市富春街道拔山村村民委员会
建德市国茂饲料有限公司
杭州天厨蜜源保健品有限公司
淳安县供销合作总社

【杭州市十佳农业示范园区】

西湖袁浦河蟹养殖示范园区
杭州冠山特色生态农业示范园区
杭州翁家山—双峰西湖龙井茶示范园区
萧山吉天蔬菜示范园区
余杭娘娘山茶叶示范园区
桐庐县高节竹农业示范园区
杭州天香园林示范园区
临安双干肉猪养殖示范园区
建德麻车向阳杨梅示范园区
淳安县唐村山核桃农业示范园区

【杭州市十佳农产品加工企业】

杭州新希望双峰乳业有限公司
杭州御牌茗茶总公司
杭州市姚生记食品有限公司
杭州天海水产食品有限公司
杭州万隆肉类制品有限公司
富阳市富春江罐头食品有限公司
杭州天厨蜜源保健品有限公司
杭州临安三峰实业有限公司
杭州浙大天赐生态科技有限公司
杭州商铬丝绸有限公司

【杭州市十佳农民专业合作组织】

杭州古潭蔬菜专业专业社
杭州天和水产合作社
杭州农垦蔬菜合作社
余杭区余杭镇粮油专业合作社

杭州余杭塘栖蛋鸭合作社
富阳市龙羊盆景苗木专业合作社
临安市东坑有机名茶合作社
桐庐阳山畈蜜桃合作社
建德市马目茶叶专业合作社
淳安千岛湖天坪石笋专业合作社

【杭州市农业丰收奖一等奖项目】

单季晚稻病虫无害化治理技术推广
　　余杭区农业生态与植物保护管理总站
桑树病虫害综合防治技术推广
　　淳安县蚕桑管理总站、淳安县姜家蚕桑技术推广站、淳安县梓桐蚕桑技术推广站、淳安县威坪蚕桑技术推广站、淳安县汾口蚕桑技术推广站、淳安县千岛湖蚕桑技术推广站、淳安县大市蚕桑技术推广站
商品蛋鸡增产高效综合技术推广
　　建德市畜牧兽医局、建德市莲花镇农业综合服务站、建德市下涯镇农业综合服务站、建德市杨村桥镇农业综合服务站、建德市大同镇农业综合服务站
钱塘江三角鲂的开发与养殖示范推广
　　杭州市农业科学研究院、建德市水产技术推广站、淳安县水产技术推广站、余杭区渔业渔政管理总站、萧山区农业技术推广中心
实施土地承包仲裁,维护农民承包权益
　　桐庐县农经管理总站　淳安县山地气候资源在中药材(黄贡菊)生产、发展中的应用　淳安县气象台、淳安县农业技术推广站
苗木良种容器育苗繁育技术推广
　　萧山区农业技术推广中心林业特产站
淳安县200村2万户节水技术推广工程
　　淳安县水利技术服务总站

【2006年度杭州市外贸出口“金龙奖”名单】

杭州摩托罗拉移动通信设备有限公司
东芝信息机器(杭州)有限公司
杭州中策橡胶有限公司
杭州市轻工工艺纺织品进出口有限公司
杭州热联进出口有限公司
杭州矢崎配件有限公司
杭州华为三康技术有限公司
杭州余杭国际贸易有限公司
博世电动工具(中国)有限公司
杭州市对外经济贸易服务有限公司
浙江庆丰纺织印染有限公司
汉帛(中国)有限公司
浙江华立国际发展有限公司
万向进出口有限公司
杭州菱庆高新材料有限公司
杭州松下马达有限公司
杭州威陵钢家具有限公司
达利(中国)有限公司
杭州中艺经贸有限公司
杭州余杭对外贸易有限公司
杭州松下住宅电器设备(出口加工区)有限公司
浙江汉欣家具工业有限公司
泰尔茂医疗产品(杭州)有限公司
浙江顾家工艺沙发制造有限公司
杭州市萧山进出口贸易有限公司
浙江新安化工集团股份有限公司
杭州大和热磁电子有限公司
杭州豪盛机电工贸有限公司
国际香料香精(杭州)有限公司
浙江恒迪寝具有限公司
浙江国脉电信设备有限公司
杭州华宁五金有限公司
东方通信股份有限公司
杭州汽轮机股份有限公司
杭州久祺工贸有限公司
拜耳作物科学(中国)有限公司
杭州巨星科技有限公司
杭州三星羽绒制品有限公司
杭州维美进出口有限公司
杭州帝凯工业布有限公司
西子奥的斯电梯有限公司
浙江万马集团特种电子电缆有限公司
杭州力武机电有限公司
杭州胜辉纺织品有限公司
杭州鹏越印染有限公司
杭州博瑞进出口有限公司
杭州鸿星电子有限公司
万事利集团有限公司
浙江杭州鑫富药业有限公司
杭州顿力实业有限公司

·名牌产品名录·

【2006年度杭州市获中国名牌产品及其生产企业】

工牌工业汽轮机
　杭州汽轮动力集团有限公司
娃哈哈牌瓶装饮用水
　杭州娃哈哈集团有限公司
钱潮(QC)牌万向节、万向牌汽车制动系统
　万向集团公司
农夫山泉牌瓶装饮用水
　农夫山泉股份有限公司
祐康牌饺子、汤圆
　祐康食品集团有限公司
天堂牌晴雨伞
　杭州天堂伞业集团有限公司
湘湖牌汽车制动系统
　浙江亚太机电股份有限公司
杭申牌万能式低压电器
　杭申控股集团有限公司
富通牌通信光缆
　富通集团有限公司
金鼠牌硅酮密封胶
　杭州之江有机硅化工有限公司
XINAN牌除草剂(草甘膦)
　浙江新安化工集团股份有限公司

【2006年度杭州市获国家免检产品及其生产企业】

MARY KAY牌化妆品(护肤类产品、膏状/粉块类)
　玫琳凯(中国)化妆品有限公司
富杭、永通牌电线电缆(光缆/通信电缆、电力电缆)
　浙江富春江通信集团有限公司
隆和牌电线电缆(光缆)
　浙江华达通信器材集团有限公司
德意牌吸油烟机
　德意控股集团有限公司
永泰牌纸张
　浙江永泰纸业集团股份有限公司
诺贝尔牌陶瓷墙地砖
　杭州诺贝尔集团有限公司
飞虹牌电线电缆(光缆)
　浙江飞虹通信集团有限公司
中财牌建筑型材
　浙江中财型材有限责任公司
富通牌电线电缆(光缆)
　杭州富通通信技术股份有限公司
铁流牌汽车离合器
　杭州西湖汽车零部件集团有限公司
传化、Transfar牌液体洗涤剂
　传化集团有限公司
澳坦斯牌家用纺织品(装饰布)
　杭州奥坦斯布艺有限公司
众望牌家用纺织品(装饰布)
　杭州众望布艺有限公司
祐康牌速冻面米食品/冷冻饮品
　祐康食品集团有限公司
迪欧达牌羽绒服
　浙江柳桥羽毛有限公司
珍琪牌照明灯具
　杭州珍琪电器有限公司
NF牌水泵(轻型多级离心泵)
　杭州南方特种泵业有限公司
红协、concord牌陶瓷墙地砖

浙江协和陶瓷有限公司
大桥牌、宝塔牌涂料
杭州油漆有限公司
五丰牌冷冻饮品(雪糕、冰棍系列)
杭州五丰冷食有限公司
FS(富生)牌微电机
杭州富生电器有限公司
Panasonic 、National 牌电饭煲
杭州松下厨房电器有限公司
华伦牌电线电缆
华伦集团有限公司
星光牌农(地)膜
杭州新光塑料有限公司

【2006 年度杭州市获浙江名牌产品及其生产企业】

邦德牌电子可视对讲防盗门
浙江邦德光电集团有限公司
富杭牌通信电缆、通信光缆、光纤耦合器
浙江富春江通信集团有限公司
隆和牌通信电缆、通信光缆
浙江华达通信器材集团有限公司
Aolynk 牌 SOHO 网络产品
杭州华为三康技术有限公司
士兰牌集成电路
杭州士兰微电子股份有限公司
HOLLiAS 牌分布式控制系统
杭州和利时自动化有限公司
圣奥牌办公家具系列产品
浙江圣奥家具制造有限公司
顾家牌沙发
杭州海龙家私有限公司
牌涂布白纸板
浙江三星纸业股份有限公司
爱迪尔牌环保型全息防伪真空镀铝纸
浙江爱迪尔包装集团公司
苏泊尔牌电饭煲
浙江苏泊尔家电制造有限公司
WANSHENG 牌冰箱压缩机
杭州钱江制冷集团有限公司
金迪牌整体浴室家具
杭州金迪家私装饰有限公司
富可达牌皮革服装
富可达控股股份有限公司
百泰首饰牌黄金饰品
杭州航民百泰首饰有限公司
玫瑰牌萧山花边
杭州萧山美艺花边有限公司
RONGXIANG 牌涤纶长丝
荣盛化纤集团有限公司
千岛湖牌桑蚕丝
淳安县茧丝绸总公司
喜得宝牌真丝印染绸,丝绸服装
杭州喜得宝集团有限公司
众望牌装饰布
杭州众望布艺有限公司
柯力达牌装饰布
杭州柯力达纺织装饰织造有限公司
TIDYLON 牌羽绒制品
杭州金弘三鸟羽绒制品有限公司
SIDANDA 牌羽绒制品
杭州华隆羽绒制品有限公司
科尔牌棉纱
浙江航民科尔纺织有限公司
鹤舞牌制式服装
浙江蓝天鹤舞控股有限公司
萧星牌密封材料.密封制品
浙江国泰密封材料股份有限公司
恒星牌减速机
杭州减速机厂
飞鸽、武林牌手动葫芦
杭州武林机器有限公司
牌不锈钢多级离心泵
杭州南方特种泵业有限公司
发达牌船用齿轮箱系列
杭州发达齿轮箱集团有限公司
HD 牌污水处理设备
杭州恒达环保实业有限公司
兴源牌压滤机
杭州兴源过滤机有限公司
FS 牌小功率电机
杭州富生电器有限公司
永通牌 35 千伏及以下电力电缆
杭州电缆有限公司
南都 Narada 牌阀控式密封铅酸蓄电池
浙江南都电源动力股份有限公司
海久牌摩托车用铅酸蓄电池
杭州海久电池有限公司
梦虹牌钢芯铝绞线
杭州江南电缆有限公司
众力牌氯化聚乙烯橡胶
杭州科利化工有限公司
天王、威尔达牌杀虫剂系列农药
浙江威尔达化工有限公司
天松牌高耐候聚酯树脂
浙江天松集团有限公司
华德牌建筑涂料
浙江华特实业集团华特化工有限公司
大桥、宝塔牌油漆涂料
杭州油漆有限公司
杭华牌油墨
杭华油墨化学有限公司
利泰牌炭黑
杭州富春江化工有限公司
甘泉牌 110 甲基乙烯硅橡胶
浙江新安化工集团股份有限公司
XAJ 牌有机胺
建德市新化化工有限责任公司
富春江牌井冈霉素
浙江省桐庐汇丰生物化工有限公司
公牛轮胎牌子午线轮胎
浙江杭廷顿公牛橡胶有限公司
双帆牌电线电缆用软聚氯乙烯塑料
杭州高新塑料厂
TENDE 牌电线电缆用聚氯乙烯、聚乙烯电缆料
杭州通达电缆材料有限公司
鑫富牌 D-泛酸系列产品
浙江杭州鑫富药业股份有限公司
狮牌新赛斯平牌新赛斯平(软胶囊和口服溶液)·卡博平牌卡博平
杭州中美华东制药有限公司
青春宝牌抗衰老片、登峰牌丹参注射液/参麦注射液
正大青春宝药业有限公司
胡庆余堂牌胃复春片
杭州胡庆余堂药业有限公司
Tian song 牌医用硬管内窥镜
杭州桐庐尖端内窥镜有限公司
顺达牌塑料管材管件
杭州顺达塑胶有限公司
和合牌钢化玻璃、居室镜
杭州和合玻璃工业有限公司
娃哈哈牌饮料系列、罐头食品
杭州娃哈哈集团有限公司
牡丹牌小麦粉
杭州东南面粉有限公司
小王子牌膨化食品
浙江小王子食品股份有限公司
千岛湖牌啤酒
杭州千岛湖啤酒有限公司
千岛湖牌桑蚕茧
淳安县茧丝绸总公司
怡可牌有机千岛银针茶
杭州浙大天赐生态科技有限公司
文同牌水煮笋
杭州康鑫食品有限公司
深宝牌山核桃系列产品
杭州深宝绿色食品有限公司
淳牌有机鲢鳙鱼
杭州千岛湖发展有限公司
秋梅牌倒笃菜
浙江秋梅食品有限公司
万隆牌腌腊肉制品
杭州万隆肉类制品有限公司
湖羊牌酿造酱油
杭州市食品酿造有限公司
五味和牌月饼
杭州市食品酿造有限公司

TT(图案)牌出租车客运
杭州外事旅游汽车公司

【2006年度杭州名牌产品及其生产企业】

苏泊尔牌电饭煲
浙江苏泊尔家电制造有限公司
登峰牌丹参注射液
正大青春宝药业有限公司
登峰牌养胃颗粒
正大青春宝药业有限公司
泮立苏牌泮立苏
杭州中美华东制药有限公司
民生牌大输液
杭州民生药业集团有限公司
天目山牌珍珠明目滴眼液
杭州天目山药业股份有限公司
HAWK好克牌医用系列内窥镜及配套手术设备
杭州好克光电仪器有限公司
Optcla牌电动子宫切割器
杭州光典医疗器械有限公司
水晶牌PVC/PVDC等药用复合硬片
杭州塑料工业有限公司
亚通牌锡焊料
亚通电子有限公司
银宇牌铝镁合金线
杭州银河线缆有限公司
崇钢牌圆钢
杭州崇钢集团有限公司
泉林牌稀土铝合金型材
杭州泉林稀土铝业有限公司
鸿光·浪花牌豆制品系列
杭州豆制食品有限公司
Cheerday牌啤酒
杭州千岛湖啤酒有限公司
玫隆牌糕点
杭州玫隆食品有限公司
溢佳香牌牛肉干系列产品
杭州佳美旅游营养食品有限公司
燕牌系列乳制品
杭州燕牌乳业有限公司
牌冷冻饮品
杭州五丰冷食有限公司
长鼻王牌膨化食品
杭州大恩食品有限公司
西子三千牌饮用天然水
淳安千岛湖人人企业有限公司
西子牌电度表
杭州(西子)集团有限公司
龙生牌汽车座椅功能件
杭州市汽车内饰件有限公司
张小泉牌刀剪
杭州张小泉集团有限公司
杭宝牌薄膜
浙江杭宝特种薄膜厂
星光牌塑料薄膜
杭州新光塑料有限公司
HGL牌电子数显卡尺
杭州工具量具有限公司
玫瑰牌萧山花边
杭州萧山美艺花边有限公司
天煌牌教学专用仪器
浙江天煌科技实业有限公司
鹤舞牌制式服装
浙江蓝天鹤舞控股有限公司
仕铭牌办公家具
杭州宏达办公家具制造有限公司
桑莱特牌装饰卫浴镜
杭州桑莱特镜业有限公司
广众牌圆珠笔
杭州桐庐广众文具礼品有限公司
杭宝牌胶带
杭州杭宝胶带厂
鹰牌金属软管
杭州萧山顺和金属软管有限公司
YUANCHENG牌圆珠笔
杭州市桐庐远成制笔有限公司
顺达牌塑料管材管件
杭州顺达塑胶有限公司
丰牌通信及电力电缆保护管
浙江华丰管业有限公司
HD牌钢结构
杭州恒达钢结构实业有限公司
金盾牌埋地用硬聚氯乙烯PVC-U加筋管
浙江金盾塑胶有限公司
邦德牌聚乙烯管材
杭州邦德市政塑管有限公司
锦程牌PVC-U管材
杭州锦程塑胶有限公司
ZONGLI牌玻璃
浙江中力特种玻璃有限公司
SWE牌家用电器装置件开关插座
杭州鸿世电器有限公司
金龟牌JM系列精密冷冲模架
浙江萧山金龟机械有限公司
浙宝牌高低压开关成套设备
浙宝电气(杭州)集团有限公司
杭发牌水(汽)轮发电机组
杭州杭发集团公司(杭州发电设备厂)
永通牌圆线同心绞架空导线
杭州电缆有限公司
发达牌船用齿轮箱系列产品
杭州发达齿轮箱集团有限公司
万马牌电缆附件
浙江万马电气电缆集团有限公司
电联(DY-Link)牌单管塔
浙江电联设备工程有限公司
HZF牌汽车轮毂单元总成
杭州兆丰汽车零部件制造有限公司
方园牌泡沫塑料机械
杭州方圆塑料机械有限公司
新福牌电动自行车
杭州永利摩托车有限公司
牌通信管
浙江八方电信有限公司
西子孚信牌永磁同步无齿轮曳引机
杭州西子孚信科技有限公司
杭州/杭牌高中压阀门、减温减压装置
杭州华惠阀门有限公司
创远牌物理发泡射频同轴电缆
杭州创远电缆有限公司
千岛湖牌电焊条
建德市新安江电焊条厂
YOUNGSUN牌MH全自动捆扎机
杭州永创机械有限公司
千岛湖牌漆包圆绕组线
建德市新安江电工器材有限公司
牌低速货车
杭州杭挂机电有限公司
春江牌阀门
杭州春江阀门有限公司
杭弹牌弹簧垫圈
杭州弹簧垫圈有限公司
通兴牌输电线路铁塔、钢管杆
浙江通兴铁塔有限公司
铁流牌摩擦材料
杭州西湖汽车零部件集团有限公司
环辰牌轮胎链条
杭州华丰链业有限公司
正强牌汽车十字轴万向节
杭州正强万向节有限公司
牌通信铁塔
浙江八方电信有限公司
杭起牌起重机
杭州起重机械有限公司
和泰HOTA牌垂直斗式提升机
杭州和泰机电工业有限公司
新魁牌液压件
杭州金鼎液压件制造有限公司
甘泉牌有机硅环体
浙江新安化工集团股份有限公司
公牛轮胎牌子午线轮胎
浙江杭廷顿公牛橡胶有限公司
大桥、宝塔牌油漆
杭州油漆有限公司
保俶牌阳离子染料系列
杭州近江化工染料有限公司
白浪牌聚氯乙烯树脂
杭州电化集团有限公司

传化牌涂料
　杭州传化涂料有限公司
六和牌工业硬脂酸
　杭州油脂化工有限公司
顺帆牌塑胶跑道
　杭州顺帆化学有限公司
唐诗牌服装
　杭州市丝绸服装进出口有限公司
礼根牌服装
　杭州杰丰服装有限公司
TIDYLON 牌羽绒制品
　杭州金弘三鸟羽绒制品有限公司
SIDANDA 牌羽绒制品
　杭州华隆羽绒制品有限公司
SIAPKANGDA 牌 PU 人造革
　杭州西雅普康大制革有限公司
阿尔特贝娜牌女式服装
　杭州鑫溢制衣有限公司
汉龙威尔(hallowell)牌休闲服
　杭州汉龙服饰有限公司
红化牌涤纶长丝
　杭州红山化纤有限公司
牌雪尼尔花式线
　浙江力达现代纺织有限公司
云森牌棉纱系列
　浙江云森集团有限公司
牌环保多功能遮光布
　杭州华辰植绒有限公司
飞航牌无纺布
　杭州萧山航民非织造布有限公司
圣菲丹牌装饰布
　杭州圣菲丹纺织品有限公司
中强牌白厂丝
　杭州金利丝业有限公司
日月牌电接插件
　杭州日月电器股份有限公司
海康威视牌网络硬盘录像机系列产品
　杭州海康威视数字技术有限公司
士兰牌集成电路
　杭州士兰微电子股份有限公司
Aolynk 牌 SOHO 网络产品
　杭州华为三康技术有限公司
FPI 牌半导体激光在线气体分析系统
　聚光科技(杭州)有限公司
威利广牌半导体发光器件材料
　杭州威利广科技有限公司
Sunwave 牌直放站
　浙江三维通信股份有限公司
牌 FR-4 覆铜板
　浙江华正电子集团有限公司
维尔牌手持式指纹识别终端
　浙江维尔科技有限公司
三以牌移动通讯方舱.智能通风系统
　杭州三以实业有限公司
HOLLIAS 牌集成化系统平台 1.0
　杭州和利时自动化有限公司
SUPCON 牌交通信息采集与综合控制系统
　浙江浙大中控信息技术有限公司
中恒牌高频开关电源系统
　杭州中恒电气股份有限公司
文同牌水煮笋
　杭州康鑫食品有限公司
浙福牌水煮笋
　浙江松友食品有限公司
牌竹地板
　杭州临安三峰实业有限公司
野娇娇牌贡鱼系列
　淳安千岛湖野娇娇特色食品有限公司
野娇娇牌白花鱼制品系列
　淳安千岛湖野娇娇特色食品有限公司
尚舒兰牌生鲜蔬菜
　杭州萧山舒兰农业有限公司
雪水云绿牌茶叶
　桐庐县雪水云绿茶产业协会
秋梅牌干菜鸭
　建德市秋梅食品有限公司
西湖之春牌甲鱼
　浙江上升农业开发有限公司
江乐牌酱菜
　杭州萧山江乐蔬菜酱品有限公司
远圣牌蒸青茶系列
　杭州远圣贸易有限公司
天潮牌南美白对虾
　杭州萧山天潮水产养殖有限公司
西湖牌茶叶
　杭州茶厂有限公司
佳惠牌芦笋
　杭州佳惠农业开发有限公司
唯新牌肉制品
　杭州唯新食品有限公司
健蜂牌蜂产品
　杭州健蜂蜂业有限公司
鹳山牌本鸡
　富阳市湖源鹳山本鸡养殖合作社
瑞得牌桑蚕茧制品
　杭州瑞得寝具有限公司
千岛湖牌中华鳖
　淳安县千岛湖中华鳖基地
龙坞牌西湖龙井茶
　杭州龙都茶业有限公司
顶顶牌梨
　富阳市顶顶水果合作社
金年牌肉制品
　浙江金年食品有限公司
飞羽牌野鸭
　杭州萧山蓝天野生水禽驯养繁殖场
楼外楼牌肉制品
　杭州楼外楼食品有限公司
大乐牌豆腐皮
　富阳市国青食品有限公司
清香源牌柑橘
　淳安千岛湖清香源果品有限公司

【2006 年度杭州市获中国驰名商标及企业】

农夫山泉　农夫山泉股份有限公司
天堂　杭州天堂伞业集团有限公司
奥普　杭州奥普电器有限公司
德意　德意控股集团有限公司
北天鹅 BEITIANE　浙江北天鹅服饰股份有限公司
康恩贝　浙江康恩贝医药销售有限公司
TMB　浙江天马轴承股份有限公司
杭申·图形　杭申控股集团有限公司
金富春　杭州金富春丝绸化纤有限公司
圣奥　圣奥集团有限公司

【2006 年度新认定杭州市获浙江省著名商标企业】

知味　杭州饮食服务集团有限公司杭州知味观
鑫富　杭州鑫富药业股份有限公司
之江牌·图形　杭州龙山化工有限公司
华东钢构·图形　杭州华东钢结构制造有限公司
图形　富阳市马铁厂
天伦·图形　浙江天伦钢丝有限公司
杭氧·图形　杭州制氧机集团有限公司
图形　杭州富生电器有限公司
爱知·图形　杭州爱知工程车辆有限公司
华伦·图形　华伦集团有限公司
海康威视　杭州海康威视数字技术有限公司
图形　浙江万能通信器材集团有限公司
万马神　浙江万马集团有限公司
华日电器·拼音　浙江华日实业投资有限公司
图形　浙江新亚太机电集团有限公司
循环·图形　浙江万达汽车方向机有限公司
胜达·图形　浙江大胜达包装有限公司
众意·图形　杭州众意纸业有限公司
萧星·图形　浙江国泰密封材料股份有限公司
天杰·图形　浙江天杰实业有限公司
顺达　杭州顺达塑胶有限公司
利禾·图形　杭州正泰家具厂
图形　淳安县茧丝绸总公司

图形 浙江力达现代纺织有限公司
翔盛纺织·图形 杭州翔盛集团有限公司
曼江利 杭州江宁丝绸制衣有限公司
JNBY 杭州江南布衣服饰有限公司
世外桃源 杭州临安桃源绿色食品有限公司
秋梅·图形 浙江秋梅食品有限公司
湖羊 杭州市食品酿造有限公司
鸿光 杭州豆制食品有限公司
中得 杭州中得实业有限公司
桐江 桐庐县农业技术推广中心
萝兰 浙江传化江南大地发展有限公司
大观山 杭州市种猪试验场
塘栖 杭州余杭塘栖枇杷专业合作社
绿茵·图形 杭州绿茵园林花卉有限公司
双径 杭州余杭区径山四岭名茶厂
天目山·图形 浙江天目山酒业有限公司
颐高 颐高集团有限公司
图形 阿里巴巴(中国)网络技术有限公司
海外海 浙江海外海集团有限公司
凌飞 杭州萧山凌飞环境绿化有限公司

【2006 年度延续确认杭州市获浙江省著名商标企业】

民生 杭州民生药业集团有限公司
大桥牌·图形 杭州油漆有限公司
图形 杭州东南化工有限公司
孔凤春·图形 杭州孔凤春化妆品有限公司
康恩贝 康恩贝集团有限公司
XINAN·图形 浙江新安化工集团股份有限公司
登峰·图形 中国(杭州)青春宝集团有限公司
21金维他 杭州民生药业集团有限公司
贝因美·图形 浙江贝因美科工贸股份有限公司
威尔达·图形 浙江威尔达化工有限公司
大地·图形 杭州大地网架制造有限公司
万利·图形 浙江万利纺织机械有限公司
山水 杭州山水实业有限公司
西湖·图形 杭州西湖台钻有限公司
杭州·图形 杭州机床集团有限公司
华立·图形 华立集团股份有限公司
西湖 西湖电子集团有限公司
隆和·图形 浙江华达通信器材集团有限公司
飞虹·图形 浙江飞虹通信集团有限公司
南都·图形 浙江南都电源动力股份有限公司
鸿雁·图形 杭州鸿雁电器有限公司
西子·图形 杭州西子(集团)有限公司
海久 杭州海久电池有限公司
天松·图形 杭州桐庐尖端医光器械总厂
德意·图形 德意控股集团有限公司
老板·图形 杭州老板实业集团有限公司
朝阳·图形 杭州橡胶总厂
杭叉·图形 浙江杭叉工程机械股份有限公司
前进·图形 杭州前进齿轮箱集团有限公司
东华 杭州东华链条集团有限公司
铁流 杭州西湖汽车零部件集团有限公司
YONGTAI 浙江永泰纸业集团股份有限公司
爱迪尔 浙江爱迪尔包装集团公司
双圈牌 杭州新华集团有限公司
邵芝岩·图形 杭州邵芝岩笔庄
钓鱼 杭州宇人纸业有限公司
双帆·图形 杭州高新塑料厂
诺贝尔·图形 杭州诺贝尔集团有限公司
东冠·图形 东冠集团有限公司
红协·图形 浙江协和陶瓷有限公司
王星记 杭州王星记扇业有限公司
图形 浙江云森集团有限公司
孔雀·图形 杭州蓝孔雀化学纤维(股份)有限公司
春江·图形 浙江春江轻纺集团有限责任公司
富丽达·图形 富丽达集团控股有限公司
金富春·图形 杭州金富春丝绸化纤有限公司
BEITIANE·图形 中服浙江北天鹅服饰股份有限公司
兽王·图形 兽王集团有限公司
喜得宝·图形 杭州喜得宝集团有限公司
金华火腿 浙江省食品有限公司
唯新 杭州唯新食品有限公司
汇林·图形 杭州汇林食品集团有限公司
小王子 杭州小王子食品有限公司
古钟·图形 杭州市余杭区径山茶叶管理协会
西湖·图形 杭州西湖味精集团有限公司
恒天 杭州恒天面粉集团有限公司
保灵 杭州保灵有限公司
御·图形 杭州御牌茗茶总公司
三家村·图形 杭州三家村藕粉厂
贡·图形 杭州西湖龙井茶叶有限公司
中华钱江·图形 华润雪花啤酒(浙江)股份有限公司
西湖 杭州啤酒厂
三替 杭州三替服务集团有限公司
致中和 浙江致中和酒业有限责任公司

【2006 年度新认定杭州市著名商标企业】

图形 浙江八方电信有限公司
SUMMIT 浙江森嘉实业有限公司
新世电气·拼音 浙江电力成套控股集团有限公司
富贝·图形 杭州富贝电器有限公司
银江·图形 杭州银江电子有限公司
MultiF 浙江中控自动化仪表有限公司
图形 杭州蓝鸟通信电缆有限公司
虎·图形 虎牌控股集团有限公司
SL·图形 杭州士兰微电子股份有限公司
HZSHLI 杭州圣力电气有限公司
JJFZ·图形 杭州建杰纺织有限公司
天外天·图形 杭州富春染织服装有限公司
星冠·图形·拼音 杭州金星植绒厂
圣菲丹 杭州圣菲丹纺织品有限公司
自然伊格 大自然控股集团有限公司
万帛 浙江万通家纺有限公司
盈湖 杭州赛尔美服饰有限公司
樱久儿·图形 杭州伊斯特服装有限公司
星光·图形 杭州新光塑料有限公司
天松图 浙江天松集团有限公司
钱塔·图形 杭州灯塔涂料玻璃有限公司
图形 杭州新港石油化工有限公司
图形 杭州依维柯汽车变速器有限公司
WGC 万向集团公司
公牛轮胎·拼音 浙江杭廷顿公牛橡胶有限公司
新福·拼音 杭州永利摩托车有限公司
久运·英文 杭州运河橡塑化工有限公司
亚通·图形 亚通电子有限公司
图形商标 浙江威陵金属集团有限公司
杭通·图形 杭州川空通用设备有限公司
LULUTONG及图形 杭州大路实业有限公司
杭发·图形 杭州杭发集团公司、杭州发电设备厂
新魁·图形 杭州金鼎液压件制造有限公司
和泰 HOTA 杭州和泰机电工业有限公司
WANSHENG·图形 杭州钱江制冷

集团有限公司
西子孚信·图形·英文 杭州西子孚信科技有限公司
银宇·图形 杭州银河线缆有限公司
盛龙·图形 浙江盛龙装饰材料有限公司
帝龙·图形 浙江万利实业有限公司
狮象·图形·拼音 建德三狮松涛水泥有限公司
金中南·图形·英文 浙江中南建设集团有限公司
华特·图形 浙江华特实业集团有限公司
OPTCLA·图形 杭州光典医疗器械有限公司
康利达 杭州康利达卫浴有限公司
Dandy 德意控股集团有限公司
舒奇蒙·图形 杭州福莱特塑料开发有限公司
金盾·图形 浙江金盾塑胶有限公司
苏杭 杭州天堂伞业集团有限公司
LET RIGHT 杭州中艺经贸有限公司
顾家 KUKA 杭州海龙家私有限公司
欣业·图形 杭州欣业制盖有限公司
建新·图形 杭州钱江五金工具有限责任公司
HUANYU·图形 杭州环宇工具有限公司
天煌·图形 浙江天煌科技实业有限公司
毛源昌 杭州毛源昌眼镜厂
中华·图形 华润雪花啤酒(浙江)股份有限公司
雪宜 杭州洁康药业有限公司
华锦生物·图形·英文 杭州华锦药业有限公司
回音必 回音必集团有限公司
西子三千 淳安千岛湖人人企业有限公司
大庄 杭州大庄地板有限公司
明成·图形 杭州明成木业有限公司
新安江·图形 新安江罐头食品有限公司
山之子·图形 杭州千岛湖山之子食品实业有限公司
文同·图形 杭州康鑫食品有限公司
万事吉 杭州天厨蜜源保健品有限公司
蜂源堂·图形 杭州桐庐蜂源堂保健有限公司
谷王 建德市国茂饲料有限公司
其门堂·图形 杭州其门堂蔬菜食品有限公司
钱江·图形 杭州萧山钱江蔬菜食品有限公司
草窝·图形 杭州天源养殖有限公司
绿神·图形·拼音 杭州余杭区径山绿神茶苑
广济桥·图形·拼音 杭州兴良米业有限公司
玉鼎·图形 杭州余杭粮油加工有限公司
巨佳·图形 杭州巨佳茶业有限公司
雪水云绿·图形 桐庐县雪水云绿茶产业协会
洪德兴·图形 杭州德兴蜂业有限公司
萧湘·图形 杭州萧山萧湘水产养殖场
吉天·图形 浙江吉天农业开发有限公司
雏宝·图形 杭州萧山玉泉家禽有限公司
绿冬·图形 杭州之江园林绿化艺术有限公司
周氏·图形 杭州市拱墅区德胜蜜蜂养殖场
萧宏·图形 杭州萧宏建设集团有限公司
维尔 浙江维尔科技有限公司
中程 中程科技有限公司
诚信通 阿里巴巴(中国)网络技术有限公司
武林 杭州武林药店有限公司
WULIAN·图形 浙江省五联律师事务所
星韵 浙江星韵律师事务所
八达·图形 浙江省八达物流有限公司

【2006 年度延续确认杭州市著名商标企业】

胜奇·图形·拼音 杭州胜奇纺塑有限公司
超翔·图形·拼音 建德超翔水泥有限公司
临平·拼音 杭州余杭宏发食品厂
JOININ 杭州嘉艺针织有限公司
獐山虎·图形 杭州山虎机械有限公司
顺达 杭州顺达塑胶公司
奇碟·图形 杭州奇碟离合器有限公司
HD·图形 杭州恒达环保实业有限公司
金鹭·图形 杭州金鹭家私制造有限公司
胜达·图形 浙江大胜达包装有限公司
禹神·拼音 杭州禹神减速机有限公司
美施·图形 杭州美施服饰有限公司
重峰及图形 浙江重峰制衣有限公司
HZF·图形 杭州兆丰机械有限公司
TZD·图形 浙江万能通信器材集团有限公司
金国 浙江金固汽车部件制造有限公司
富春江 浙江富春江酒业有限公司
月桂·图形 杭州月桂袜业有限公司
飞鱼·图形 杭州洗涤设备总厂
安琪儿·图形 杭州安琪儿置业股份有限公司
双喜·图形 杭州轴承集团有限公司
斯莱特·图形 杭州斯莱特泵业有限公司
万里·图形 杭州万里塑胶有限公司
西湖 杭州照明电器有限公司
千岛湖·图形 建德市新安江电工器材有限责任公司
蔡小珍 建德市梅城绿原蔬菜制品厂
图形 杭州市种猪试验场
华味·图形 杭州华味亨食品有限公司
羽天野·图形 杭州华东家禽交易中心有限公司
中得 杭州中得实业有限公司
华城·图形·拼音 杭州华城房地产开发有限公司
九鼎·图形 浙江九鼎建筑装饰工程有限公司
花中城 杭州花中城大酒店有限公司
百大·图形 百大集团股份有限公司
GJG·图形 杭州公交广告公司

·获科技进步奖名录·

【2006年杭州市获国家技术发明奖项目】

超临界二氧化碳萃取中药有效成分产业化应用技术 浙江康莱特集团有限公司 浙江中医学院 李大鹏 杨岳洲 李炳生 金波 林奇 杨军 张旭峰 孔福奎 蔡烈涛

【2006年杭州市获国家科技进步奖项目】

年产20万吨聚酯四釜流程工艺和装备研发暨国产化聚酯装置系列化 中国纺织工业设计院 南京化学工业有限公司化工机械厂 浙江恒逸聚合物有限公司 天津大学 北京化工大学 罗文德 周华堂 刘金宝 张菀 洪学立 梅兆林 张慧书 万网胜 顾爱军 黄家琪

激光在线气体分析系统 杭州电子科技大学、聚光科技(杭州)有限公司 王健 陈人 王欣 顾海涛 曾宏晔 刘罡 熊志才 张涛 余检求 叶华俊

全集成新一代工业自动化系统 浙江大学 浙江浙大中自集成控制股份有限公司 杭州电子科技大学

孙优贤　王文海　皮道映　薛安克　曹永岩　黄逢时　杨春节　林长枝　沈德堂　储消和

【2006年杭州市获浙江省科技进步奖项目】

一等奖

循环悬浮多级增湿半干法烟气净化技术　浙江大学机械与能源工程学院　浙江大学蓝天环保设备工程有限公司　陈　鹰　杨灿军　顾临怡　叶　瑛　李世伦　金　波　谢英俊　秦华伟　武光海　翁振涛　曹建伟　赵　伟　黄　霞

支持数字化产品的嵌入式系统软件平台　浙江大学计算机学院　浙江浙大网新科技股份有限公司　浙江正原电气股份有限公司　数源科技股份有限公司　杭州信雅达科技有限公司　杭州平治信息技术有限公司　浙江天信科技发展有限公司　陈　纯　吴朝晖　卜佳俊　陈天洲　史　烈　赵民德　郑扣根　陈文智　戴　扬　蔡　亮　应放天　张海翔　郭　庆

新型有机膨润土及其在污染控制中的应用　浙江大学环境与资源学院　浙江华特实业集团华特化工有限公司　朱利中　陈宝梁　雷乐成　沈学优　王春伟　李济吾　田森林　苏玉红　葛渊数　王云华

EPA实时工业以太网技术　浙江大学　浙江中控技术有限公司　褚　健　金建祥　冯冬芹　孙优贤　谭　平　钟国庆　施一明　陈　健　刘世龙　陶　力　杨　钧　崔　韬　田颖颖

二等奖

卫星/有线数字电视信道接收集成电路　杭州国芯科技有限公司　浙江大学　邹志永　黄智杰　王　匡　张　明　庞智博　刑新景　刘东栋　陈继晖　梁　骏　来永胜　方伟彬

"十一五"时期加快"天堂硅谷"建设的思路和对策研究　杭州电子科技大学　杭州市科技局　陈畴镛　于　俭　王　雷　楼健人　曹粤江　徐长明　施立曼　王永丽

腹腔镜成套设备　杭州裕华医用光学技术有限公司　杭州市桐庐医疗光学仪器总厂　申屠裕华　白闻喜　周伟东　陈达权　葛步峰　严丽萍　邬继芬　徐玉泉

二段往复式生活垃圾焚烧与高温余热锅炉技术与设备　杭州新世纪能源环保工程股份有限公司　杭州锅炉集团有限公司　伟明集团有限公司　屠柏锐　王　柯　项光明　卞　俊　朱善银　傅先成　柴会平　沈世红　季秀珍

青光眼治疗的系列研究　杭州市第一人民医院　张惠成　胡勇平　项　燕　陈友慈　董　映　陈　滨

草甘膦铵盐原药及其制剂产业化开发　浙江新安化工集团股份有限公司　周曙光　任不凡　鲍　敏　陈志明　张柏青　叶世胜　郑红朝　钱文飞　蒋志秋

提高线路输送容量研究　浙江省电力试验研究院　浙江省电力公司生产部浙江省电力调通中心　浙江省电力设计院　杭州市电力局　金华电业局　陈卫中　叶自强　包建强　胡文堂　李继红　朱天浩　应伟国　冯立华　倪秋龙

有机硅单体副产物综合利用产业化技术开发　浙江大学　浙江新安化工集团股份有限公司　李伯耿　范　宏　任不凡　邵月刚　谭　军　叶明亮　卜志扬　詹　波　周建梅

高产牛奶营养调控技术研究及产业化示范　浙江大学动物科学学院　浙江省畜牧兽医局　杭州市农业局　刘建新　叶均安　徐国忠　吴跃明　郑会超　吴文旋　赵占宇　叶宏伟　严　冰

食品(茶叶、海产鱼虾)安全关键技术研究与综合示范　浙江大学　杭州市科学技术局　舟山市科学技术局　中国农业科学院茶叶科学研究所　浙江省农业科学院　杭州市农业局　徐建明　于　涟　沈　勇　乐海华　方维焕　朱　诚　韩文炎　俞利妹　马永均

基抗降水的环境效应及防治方法研究　浙江大学　杭州市城市基础设施开发总公司　龚晓南　陈湧彪　俞建霖　祝哨晨　丁洲祥　裘秀群　金小荣

基于人工神经网络及时间序列分析的城市用水量预测模型及其应用研究　浙江大学建筑工程学院　杭州市自来水总公司　张土乔　吕　谋　龚　诚　俞亭超　孙国厚　柳景青　高建勤　邵卫云　周鑫潮

数码彩扩技术及应用　浙江大学国家光学仪器工程技术研究中心　浙江金成科技发展有限公司　倪旭翔　严惠民　叶　子　陆祖康　吴碧珍　董　琦　王国军　王麟峰　黄红娟

基于RE的制笔精密模具设计与制造技术研究　浙江大学机械与能源工程学院　浙江大学-桐庐分水镇制笔技术研发中心　胡树根　宋小文　王　耘　黄长林　李辉毅　陈志林　沈益民　柴海啸　张　嫔

工业动力机组关键部件的激光合金强化技术开发　浙江工业大学　浙江理工大学　杭州汽轮机股份有限公司　姚建华　居　毅　赖海鸣　程　成　楼程华　赵坚勇　郭振武　杨晓鹏

真丝绸高色牢度染色应用技术及基础研究　浙江理工大学　杭州喜得宝集团有限公司　沈一峰　邵建中　赵之毅　林鹤鸣　王柏忠　刘今强　郑今欢　杨爱琴　吴明华

现代商贸信息系统关键技术研究与应用　浙江工商大学　浙江华瑞信息技术有限公司　杭州商益电子有限公司　杭州信雅达三佳系统工程有限公司　杭州百大集团股份有限公司　杭州高达机械有限公司　琚春华　王光明　凌　云　魏贵义　王　勋　刘东升　王　蓓　王　冰　费玉莲

名优绿茶专用品种选育与配套技术体系研究　浙江省农业厅经济作物管理局　中国农业科学院茶叶研究所　浙江大学茶叶研究所　杭州市农业科学研究院茶叶研究所　遂昌县农业局茶叶技术推广站　安吉县农业局经作站　毛祖法　杨亚军　梁月荣　余继忠　罗列万　陈　亮　赵　东　陆德彪　杨素娟

聚合物正温度系数热敏电阻材料及系列产品　浙江华源电热有限公司　袁建波　袁大铭　袁丽青　罗　军　何　晔　帅宏喜　袁　维　丁海燕

【2006年杭州市科学技术进步奖项目】

一等奖

超临界二氧化碳萃取中药有效成分产业化研究　浙江康莱特集团有限公司　浙江中医学院　李大鹏　杨岳洲　李炳生　金　波　林　奇　杨　军　张旭峰　孔福奎　蔡烈涛

卫星/有线数字电视信道接收集成电路　杭州国芯科技有限公司　浙江大学　邹志永　黄智杰　王　匡　张　明　庞智博　刑新景　刘东栋　陈继晖　梁　骏　来永胜　方伟彬

山核桃新品种选育及高效培育

技术研究　浙江林学院　临安市林业局淳安县林业局　宁国市科技局　杭州临安人长久食品有限公司　浙江林学院天则山核桃科技开发有限公司　黄坚钦　刘　徽　郑炳松　胡国良　王正加　黄有军　刘　力　程晓建　余　琳　丁立忠　赵伟明

青光眼治疗的系列研究　杭州市第一人民医院　张惠成　胡勇平　项　燕　陈友慈　董　映　陈　滨

GF全自动灌装封口拧盖机　杭州中亚机械有限公司　史　正　吉永林　侯高强　周观福　章双满

·彩色图版单位信息·

杭州市农业局(63页)
法定代表人:程春建
地　址:杭州市南山路262号
电　话:0571-87070747
传　真:0571-87022470
邮　编:310002

浙江贝因美科工贸股份有限公司(79页)
法定代表人:谢　宏
地　址:杭州市天目山路160号国际花园B-17层
电　话:0571-28911000
传　真:0571-28036848
邮　编:310017

杭州市墙体改革领导小组办公室(80页)
地　址:杭州市庆春路139号
电　话:0571-87218449
传　真:0571-87240016
邮　编:310003

浙江杭州市电力局(82页)
地　址:杭州市建国中路219号
电　话:0571-87261114
传　真:0571-87229320
邮　编:310009

杭州华电半山发电有限公司(84页)
法定代表人:邓建玲
地　址:杭州市拱康路200号
电　话:0571-85272222
传　真:0571-85272225
邮　编:310015

浙江红剑集团有限公司(97页)
法定代表人:周凤剑
地　址:杭州市萧山区红山农场
电　话:0571-82867999
传　真:0571-82867305
邮　箱:info@cn-hongjian.com
网　址:www.cn-hongjian.com
邮　编:311234

浙江翔盛集团有限公司(98页)
法定代表人:沈柏祥
地　址:杭州市萧山区党山镇信源村
电　话:0571-82523036
传　真:0571-82523188
网　址:www.xstex.cn
邮　编:311245

中国重汽集团杭州发动机有限公司(99页)
法定代表人:胡伯康
地　址:杭州市萧山区红垦农场红六路(杭州湖墅南路66号)
电　话:0571-88078888
传　真:0571-88086768
邮　编:310005

杭州知味观杨公堤湖畔酒家有限公司(136页)
总经理:董顺翔
地　址:杭州市杨公堤12号
订座电话:0571-87971913
传　真:0571-87988071
邮　编:310007

拱墅区商贸旅游局(138页)
法定代表人:宋月明
地　址:杭州市塘河路32号
电　话:0571-88830839
传　真:0571-88886181
邮　编:310011

杭州大众汽车租赁有限公司(139页)
法定代表人:杨国平
地　址:杭州市中山北路642号
电　话:0571-88031700
传　真:0571-56767167
邮　编:310006

杭州市城市管理行政执法局(199页)
法定代表人:陈祥荣
地　址:杭州市体育场路238号
电　话:0571-85153057
传　真:0571-85163805
邮　编:310003

杭州市环境保护局(200页)
法定代表人:何荣坤
地　址:杭州市新华路112号
电　话:0571-87238512
传　真:0571-87238523
邮　编:310003

杭州市西湖游船有限公司(224页)
法定代表人:孟东生
地　址:杭州市龙井路9号
电　话:0571-87967838
传　真:0571-87967839
邮　编:310007

中国移动通信集团浙江有限公司杭州分公司(242页)
总经理:林长春
地　址:杭州市体育场路406号
电　话:13805710571
客户服务热线:10086
网　址:www.zj.chinamobile.com
邮　编:310006

杭州市财政局(杭州市地方税务局)(248页)
法定代表人:陈锦梅
地　址:杭州市中河中路152号
电　话:0571-87805588
传　真:0571-87803515
网　址:www.hzft.gov.cn
邮　编:310009

杭州联合银行(258页)
法定代表人:张　晨
地　址:杭州市中山北路288号
客户服务热线:96596　96592
传　真:0571-87923222
邮　箱:urcb@urcb.com
邮　编:310003

中国银行浙江省分行(260页)
法定代表人:曾小平
地　址:杭州市凤起路321号
电　话:0571-85011888
客户服务热线:95566
传　真:0571-87074837
邮　编:310003

中信银行杭州分行(262页)
行　长:王利亚
地　址:杭州市延安路88号

电 话: 0571-87032888
传 真: 0571-87089180
网 址:www.ecitic.com
邮 编: 310002

兴业银行杭州分行(264 页)
法定代表人: 杨华辉
地 址: 杭州市庆春路 40 号兴业银行大厦
电 话: 0571-87037999
传 真: 0571-87370888
邮 编: 310009

杭州青少年活动中心(318 页)
法定代表人:黄建明
地 址: 杭州市昭庆寺里街 22 号
电 话: 0571-85821011
传 真: 0571-85821012
邮 箱: hzqsn@vip.sina.com
网 址: www.hzqsn.com
邮 编: 310007

杭州市人民防空办公室(347 页)
法定代表人: 陈 玮
地 址: 杭州市粮道山 23 号
电 话: 0571-87034068
传 真: 0571-87036937
邮 编: 310002

杭州风帆中学(356 页)
法定代表人: 徐萍萍
地 址: 杭州市朝晖六区光明巷
电 话: 0571-85330230
传 真: 0571-85330230
网 址: www.hzffzx.com
邮 编: 310014

浙江省萧山中学(358 页)
法定代表人: 夏国良
地 址: 杭州市萧山区城厢街道拱秀路 538 号
电 话: 0571-82722091
传 真: 0571-82703209
邮 编: 311201

杭州日报报业集团(370 页)
法定代表人: 李建国
地 址: 杭州体育场路 218 号
电 话: 0571-85052109
总编办: 0571-85109451
发行咨询: 0571-85170671
广告咨询电话:8008571183
传 真: 0571-85106130
网 址: www.hangzhou.com.cn
邮 编: 310041

杭州数字电视有限公司(372 页)
法定代表人:方建生
地 址: 杭州市文三路 20 号建工大厦 5 楼
电 话: 0571-28958066
传 真: 0571-28958234
邮 编: 310012

杭州市人口和计划生育委员会(415 页)
法定代表人: 姚雅仙
地 址: 杭州市延安路 484 号
电 话: 0571-85157912
传 真: 0571-85811570
邮 编: 310006

杭州市民政局(416 页)
法定代表人: 邵 胜
地 址: 杭州市戒坛寺巷 21 号
电 话: 0571-85175831
传 真: 0571-85151897
邮 编: 310006

杭州殡仪馆(417 页)
法定代表人: 罗齐本
地 址: 杭州市西溪路 731 号
电 话: 0571-85229183
传 真: 0571-85229183
邮 编: 310023

下城区人民政府天水街道(449 页)
法定代表人: 何政祥
地 址: 杭州市延安北路天元巷 25 号
电 话: 0571-85152648
传 真: 0571-85054804
邮 编: 310006

下城区人民政府长庆街道(450 页)
党工委书记: 方 昱
办事处主任: 沈凯波
地 址: 杭州市青春坊 31 幢
电 话: 0571-87042197
传 真: 0571-87229428
邮 编: 310003

下城区人民政府潮鸣街道(451 页)
法定代表人: 朱云祥
地 址: 杭州市潮鸣苑 16 幢
电 话: 0571-87240058
传 真: 0571-87224612
邮 编: 310003

江干区人民政府采荷街道(452 页)
地 址: 杭州市五安路 12 号
电 话: 0571-86039650
邮 编: 310016

余杭区鸬鸟镇人民政府(454 页)
法定代表人: 吴 健
地 址: 杭州市余杭区鸬鸟镇雅城村
电 话: 0571-88576819
传 真: 0571-88576162
邮 编: 311118

余杭区闲林镇人民政府(456 页)
法定代表人: 陆建友
地 址: 杭州市余杭区闲林镇闲富中路
电 话: 0571-88681001
传 真: 0571-88686607
邮 编: 311122

富阳市高桥镇人民政府(457 页)
党委书记: 张 霖
党委副书记:戴爱良
地 址: 富阳市高桥镇高桥东路 28 号
电 话: 0571-63431185
传 真: 0571-63435266
邮 编: 311402

杭州市建筑业协会(西湖杯)(488 页)
会 长: 陆秀乔
地 址: 杭州市浣纱路 347 号 6 楼
电 话: 0571-87012114
传 真: 0571-87011350
网 址: www.hzjzxh.com
邮 编: 310006

富阳市交通局(496 页)
法定代表人: 赵庆林
地 址: 富阳市富春街道市心北路 30 号
电 话: 0571-63323866
传 真: 0571-63321766
邮 编: 311400

杭州市旅游委员会(封三)
法定代表人: 李 虹
地 址: 杭州市延安路 228 号
电 话: 0571-87925051
传 真: 0571-87925050
邮 编: 310001

工程名称：浙江省电力生产调度大楼
承建单位：浙江省建工集团有限责任公司

工程名称：杭州钱江新城新城大楼
承建单位：浙江昆仑建设集团股份有限公司

工程名称：浙江省中医院医疗综合楼
承建单位：浙江省建工集团有限责任公司

工程名称：浙江省体育运动训练中心教学行政大楼
承建单位：浙江国泰建设集团有限公司

工程名称：绿都·泰富广场
承建单位：浙江中强建工集团有限公司

工程名称：浙医二院急诊中心
承建单位：浙江省建工集团有限责任公司

工程名称：杭州兴耀总部大楼
承建单位：杭州兴耀建设集团有限公司

工程名称：浙江工业大学屏峰校区图书馆
承建单位：龙元建设集团股份有限公司

2006年"西湖杯"建筑优质工程

YOUZHIGONGCHENG

工程名称：浙江工业大学屏峰校区体育馆
承建单位：浙江省长城建设集团股份有限公司

工程名称：浙江中浙·太阳国际公寓
承建单位：浙江中南建设集团有限公司

工程名称：浙江财经学院文化活动中心及会堂
承建单位：歌山建设集团有限公司

工程名称：杭州电子科技大学下沙校区国际教育中心
承建单位：浙江省建工集团有限责任公司

工程名称：杭州银座大厦
承建单位：浙江昆仑建设集团股份有限公司

工程名称：杭州市中级人民法院审判办公楼
承建单位：浙江华成建设有限公司

工程名称：浙江工商大学学生活动中心
承建单位：杭州建工集团有限责任公司

工程名称：浙江工商大学生活后勤设施C区块二期二标段
承建单位：中天建设集团有限公司

工程名称：杭州经济技术开发区邻里商贸中心
承建单位：浙江西奥建设工程有限公司

工程名称：金色家园A标段
承建单位：杭州通达建筑工程公司

工程名称：金色家园B标段
承建单位：浙江杭州湾建筑集团有限公司

工程名称：中山花园二期
承建单位：浙江省长城建设集团股份有限公司

工程名称：杭州市草荡小区学校、幼儿园教学行政楼
承建单位：浙江昆仑建设集团股份有限公司

工程名称：杭州东新园中学
承建单位：浙江三丰建设有限公司

工程名称：浙大紫金港校区医药学院组团Ⅰ标段
承建单位：浙江省建工集团有限责任公司

工程名称：苏泊尔大厦
承建单位：华丰建设股份有限公司

工程名称：杭州广播电视大学远教楼
承建单位：浙江国泰建设集团有限公司

工程名称：古荡北公建(二)
承建单位：浙江大华建设集团有限公司

2006年“西湖杯”建筑优质工程

JIANZHU YOUZHIGONGCHENG

工程名称：华星科技大楼
承建单位：浙江展诚建设集团股份有限公司

工程名称：杭州喜园大酒店改建工程
承建单位：浙江省一建建设集团有限公司

工程名称：杭州世贸丽晶城M、L住宅工程
承建单位：浙江宝业建设集团有限公司

工程名称：杭州世贸丽晶D座公建综合楼
承建单位：中天建设集团有限公司

工程名称：丁香公寓
承建单位：浙江省建工集团有限责任公司

工程名称：良渚白鹭郡二期二标BLOCK3号、4号、5号楼
承建单位：杭州市工程承包有限公司

工程名称：桐庐县公共卫生中心
承建单位：浙江莪建建设有限公司

工程名称：临安市青少年活动中心
承建单位：临安市第九建筑工程有限公司

工程名称：临安市老干部局活动大楼
承建单位：临安市恒达建筑工程有限公司

工程名称：杭州萧山自来水公司供水调度大楼
承建单位：恒元建设控股集团有限公司

工程名称：余杭时代广场 1 号楼
承建单位：中天建设集团有限公司

工程名称：望湖时代广场南、北楼
承建单位：浙江宝业建设集团有限公司

工程名称：浙江旅游职业学院扩建工程二期教育用房
承建单位：中天建设集团有限公司

工程名称：浙江水利水电学校迁扩建工程 Ⅱ 标段图书信息中心
承建单位：浙江省建工集团有限责任公司

工程名称：浙江水利水电学校继续教育中心行政楼
承建单位：中鑫建设集团有限公司

工程名称：浙江水利水电学校文体中心及食堂
承建单位：五洋建设集团股份有限公司

工程名称：佳境天城 E1 号楼
承建单位：杭州永翔建设集团有限公司

2006年“西湖杯”建筑优质工程

JIANZHU YOUZHIGONGCHENG

工程名称：钱江彩虹城三期R4组团K标段
承建单位：浙江大华建设集团有限公司

工程名称：钱江彩虹城二期R7组团G标段
承建单位：歌山建设集团有限公司

工程名称：舟山路农贸市场综合楼
承建单位：浙江三丰建设有限公司

工程名称：三里新城二期BC组团Ⅰ标段19–22号楼
承建单位：中建七局（上海）有限公司

工程名称：浙江节能环保开发（孵化）综合大楼
承建单位：浙江省建工集团有限责任公司

工程名称：杭州环球时代广场Ⅲ标段
承建单位：广厦湖北第六建设工程有限责任公司

工程名称：浙江宾馆改扩建工程
承建单位：华丰建设股份有限公司

工程名称：欣龙华府小区A组团
承建单位：杭州市兴宇建设有限公司

工程名称：杭州五云山疗养院改扩建工程
承建单位：浙江省建工集团有限责任公司

工程名称：浙江林学院8号学院楼
承建单位：中天建设集团有限公司

工程名称：庆春大厦
承建单位：杭州通达建筑工程公司

工程名称：绿都湖滨花园Ⅲ标段
承建单位：浙江天华建设有限公司

工程名称：江南豪园一期D标4-7号楼及2号地下车库
承建单位：浙江萧峰建筑工程有限公司

工程名称：杭州师范学院学生公寓E1区二期1号、5号楼
承建单位：浙江宝业建设集团有限公司

工程名称：广厦绿洲花园三期
承建单位：广厦建设集团有限责任公司

工程名称：迪尚商务大厦
承建单位：浙江杭州湾建筑集团有限公司

工程名称：锦昌文华苑二期A标段
承建单位：中天建设集团有限公司

工程名称：新桐庐宾馆
承建单位：浙江长城建设集团股份有限公司

2006年“西湖杯”建筑优质工程

YOUZHIGONGCHENG

工程名称：富阳市行政服务中心
承建单位：浙江大同建设工程有限公司

工程名称：萧山三中A、B、C教育楼
承建单位：浙江林森建筑工程有限公司

工程名称：翻建西兴街道办公用房及其他业务用房
承建单位：杭州兴耀建设集团有限公司

工程名称：杭州市下城区人民法院审判办公大楼
承建单位：杭州建工集团有限责任公司

工程名称：凯旋·金牛坊安置房工程一期
承建单位：杭州通达建筑工程公司

工程名称：杭州市级机关经济适用房
承建单位：浙江国泰建设集团有限公司

工程名称：春江花月三期映霞苑
承建单位：浙江省一建建设集团有限公司

工程名称：春江花月三期潇湘苑1-6号楼
承建单位：浙江省长城建设集团股份有限公司

工程名称：三新生活购物中心B楼
承建单位：浙江杭州湾建筑集团有限公司

工程名称：西溪阳光城1号楼
承建单位：浙江昆仑建设集团股份有限公司

1月1日，富阳市启动旧出租汽车更新升级工作。

改建后的05省道新貌

19省道

富阳市交通局

2006年,富阳市交通局以科学发展观为统领,突出交通建设和行业管理两大重点,做好发展、服务两篇文章,坚持以民为本,认真履行部门职能,全市交通事业建设取得新的发展。

交通重点工程在克难攻坚中有序推进，两大续建工程建成通车。新中线二期改建工程于8月建成通车,19省道富阳上官至常绿段改建工程于10月建成通车。两大续建项目总投资1.84亿元,建设里程17.11千米。

道路建设和公路养护工作投入增加,力度加大,确保道路交通安全畅通。全市实施国、省、县道路面整治工程106千米,总投资1.25亿元。富阳市在全省率先完成乡道砂石路面改造工程,总里程55.2千米,总投资2475万元。

交通行业管理工作举措有力，城乡客运交通网络建设加快,成效明显。169辆旧出租车全部更新完毕,52辆无人售票公交车投入运营。建成准四级客运站9个,港湾式停靠站60个。

2006年征收养路费8649万元、公建金1400万元;征收航政规费2069.12万元、港政规费939.82万元。

索　引

Index

说　明：

一、本类目设主题索引、图、表和资料4个分目。

二、主题索引采用分析索引方法，按标引词第一字汉语拼音(同音字按声调)顺序排列；第一字相同，按第二字音序排列。依次类推。

类目、分目用黑体红字标示。标引词后的阿拉伯数字表示内容所在页码。数字后的英文字母a、b、c分别表示从左到右第一、二、三栏。

参见条目的标引词缩后两格放在相关分目或条目的标引词下面。标引词后有多个页码的，则表示互见内容所在的位置。

本年鉴的“特载”、“大事记”、“统计资料”、“附录”和“彩色图版”均未做主题索引。

三、图和表按序号排列，所在位置标注方法同上。

四、资料按标题第一字汉语拼音(同音字按声调)顺序排列；第一字相同，按第二字音序排列。依次类推。所在位置标注方法同主题索引。

·主题索引·

0–9

A

B

H

M

N

T

W

X

附:笔画检字表

说 明:

一、 本表收录索引中全部标引词汉字首字,供按笔画检字用。

二、各标引词汉字首字按笔画数排列。同笔画的字按第一笔的笔形顺序排列。笔形顺序为:横、竖、撇、点、折。

三、标引词汉字首字后的汉语拼音字母表示该字在主题索引中的位置。如"安 A",即表示"安"字应在"A"部查找。

四、标引词首字为数字的,在主题索引的"0–9"中查找。标引词首字为英文字母的,则在该字样部位查找。

一画

一 Y

二画

丁 D 七 Q 二 E 十 S 厂 C
人 R 儿 E 入 R 八 B 九 J

三画

万 W 三 S 下 X 于 Y 土 T 士 S
大 D 工 G 干 G
上 S 口 K 小 X 山 S 巾 J
个 G 千 Q
义 Y 广 G
卫 W 子 J 马 M 女 N 乡 X

四画

不 B 专 Z 互 H 五 W 元 Y 与 Y
友 Y 历 L 天 T 太 T 开 K 支 Z
无 W 木 M 王 W 车 C 区 Q
中 Z 内 N 少 S 日 R 水 S 见 J
贝 B
丹 D 公 G 反 F 凤 F 分 F 化 H
毛 M 气 Q 长 C 风 F
为 W 之 Z 六 L 户 H 文 W 方 F
计 J 火 H
办 B 双 S 引 Y

五画

世 S 东 D 功 G 古 G 平 P 打 D
未 W 正 Z 灭 M 石 S 示 S
艾 A 节 J 龙 L
四 S 帅 S 归 G 申 S 电 D
代 D 外 W 失 S 生 S 矢 S
永 Y 立 L 议 Y 主 Z 半 B
丝 S 出 C 发 F 台 T 司 S 圣 S
奶 N 对 D 幼 Y 民 M 皮 P
纠 J

六画

亚 Y 共 G 再 Z 刑 X 动 D 吉 J
在 Z 地 D 存 C 成 C 扣 K
执 Z 有 Y 机 J 死 S 百 B 老 L
考 K 轨 G 西 X 协 X 达 D
过 G
同 T 因 Y 团 T 尖 J 师 S 网 W
乔 Q 价 J 企 Q 伍 W 休 X 优 Y
会 H 传 C 伤 S 先 X 全 Q

七画

八画

九画

十画

十一画

十二画

十三画

十四画以上

·图·

·表·

·资料·